法国民法典

罗结珍 | 译

CODE CIVIL

图书在版编目(CIP)数据

法国民法典 / 罗结珍译. —北京：北京大学出版社，2023.10
ISBN 978-7-301-33588-8

Ⅰ. ①法… Ⅱ. ①罗… Ⅲ. ①民法－法典－法国 Ⅳ. ①D956.53

中国版本图书馆 CIP 数据核字(2022)第 214956 号

书　　　名	法国民法典 FAGUO MINFADIAN
著作责任者	罗结珍　译
责 任 编 辑	焦春玲
标 准 书 号	ISBN 978-7-301-33588-8
出 版 发 行	北京大学出版社
地　　　址	北京市海淀区成府路 205 号　100871
网　　　址	http://www.pup.cn　http://www.yandayuanzhao.com
电 子 邮 箱	编辑部 yandayuanzhao@pup.cn　总编室 zpup@pup.cn
新 浪 微 博	@北京大学出版社　@北大出版社燕大元照法律图书
电　　　话	邮购部 010-62752015　发行部 010-62750672 编辑部 010-62117788
印 刷 者	南京爱德印刷有限公司
经 销 者	新华书店
	880 毫米×1230 毫米　A5　48.625 印张　929 千字 2023 年 10 月第 1 版　2023 年 10 月第 1 次印刷
定　　　价	288.00 元

未经许可，不得以任何方式复制或抄袭本书之部分或全部内容。
版权所有，侵权必究
举报电话：010-62752024　电子邮箱：fd@pup.cn
图书如有印装质量问题，请与出版部联系，电话：010-62756370

简要说明

法国《民法典》是世界上最早的一部近现代民法典。2004年纪念法国《民法典》200周年前后,这部法典的许多内容进行了全面改革。例如,2001年12月3日第2001-1135号法律修改了继承编;2004年5月26日第2004-439号法律对离婚程序进行了修改;2006年3月23日第2006-346号授权法令将担保法修改为法典的独立一卷,法国《民法典》由原来的人法、物法、债法三卷改为四卷,另有适用于马约特的专门规定(第五卷),2021年再次对担保法进行了改革。200多年来,拿破仑时代制定的法国《民法典》中有关财产法和债法的规定一直较少修改,2016年2月10日第2016-131号授权法令对债法进行了改革,主要涉及合同编;与此同时,对侵权行为法的改革也在推动之中:在广泛征求意见的基础上,法国司法部于2017年3月提交了"民事责任改革法案"(见本书附目九),但该法案至今尚未经国民议会通过。人法方面,尤其是有关婚姻、家庭编章的修改更为频繁。

本书翻译的大量条文中间插有括号,其中所标注的是该条文最近一次由哪一法律进行过修改。这些标注并非立法机关颁布的正式法律文本所固有,而是根据立法文件进行的编纂。从这些标注可以了解相应条文的修改情况。法国《民法典》问世以后,有很多条文可能经过多次修改,译本只标注了最近一次的修改。

很多法律条文采用"分条"的形式,对同一项内容进行规范,例如,"法国国籍的取得"第一节仅第 21 条一个条文,但它包括第 21-1 条至第 21-29 条。这种编纂方式比较灵活,避免了法典整体上条文过于浩繁,便于随时修改、增加新的内容而不会导致法典条文序号需要整体顺延。

法典的修改大体上可以分为两类情况:一是如上所述,对法典的某个卷编的整体修改;二是对少量条文的修改或部分修改。后一种情况,除了增加新的规范,常常是由于其他法典或立法修改,法国《民法典》的相应条文或相应的文字表述也随之修改。

译本除法典条文译文外,脚注、译者简述、附目和内容提示均为译者所加。译者水平有限,谬误在所难免,敬请赐教,诚表感谢!

2010 年,北京大学出版社出版过法国《民法典》的中译本。新版本是依据法兰西共和国法律网站 Légifrance 发布的文本翻译。

衷心感谢北京大学出版社蒋浩副总编辑和焦春玲编辑为本书出版付出的辛劳。

原文文本截止时间为 2023 年 1 月 1 日。

罗结珍

2023 年 4 月 1 日

目 录

序编 法律的颁布、效力与适用之通则 ································ 1

第一卷 人

第一编 民事权利 ·· 13
  第一章 民事权利 ·· 13
  第二章 尊重人的身体 ·· 16
  第三章 对人的遗传特征进行检查以及通过遗传特征对人
         进行鉴别 ·· 19
  第四章 脑成像技术的运用 ·· 23

第一编（二） 法国国籍 ·· 24
  第一章 一般规定 ·· 24
  第二章 原始法国国籍 ·· 27
    第一节 依亲子关系为法国人 ································ 27
    第二节 依出生在法国为法国人 ····························· 28
    第三节 共同规定 ·· 29
  第三章 法国国籍的取得 ··· 30
    第一节 取得法国国籍的方式 ································ 30
      第一目 因亲子关系取得法国国籍 ······················ 30
      第二目 因婚姻取得法国国籍 ···························· 31

第三目　依出生和居住在法国取得法国国籍 …………… 33

　　　第四目　经提出国籍声明取得法国国籍 ………………… 35

　　　第五目　依公共权力机关的决定取得法国国籍 ………… 37

　　　第六目　有关取得法国国籍的特定方式的共同规定 …… 41

　　　第七目　取得法国公民资格的欢迎仪式 ………………… 43

　第二节　取得法国国籍的效力 ……………………………… 44

第四章　法国国籍的丧失、剥夺与恢复 ……………………… 45

　第一节　法国国籍的丧失 …………………………………… 45

　第二节　法国国籍的恢复 …………………………………… 48

　第三节　法国国籍的剥夺 …………………………………… 49

第五章　有关取得或丧失法国国籍的文书 …………………… 50

　第一节　有关国籍的声明 …………………………………… 50

　第二节　行政决定 …………………………………………… 52

　第三节　在户籍登记簿上登记 ……………………………… 53

第六章　有关国籍的争议 ……………………………………… 55

　第一节　司法法院的管辖权与适用的程序 ………………… 55

　第二节　向司法法院提出有关国籍的证据 ………………… 56

　第三节　法国国籍证书 ……………………………………… 58

第七章　特定领土的主权转移对法国国籍的效力 …………… 59

第八章　受宪法第 74 条调整的海外领土及新喀里多尼亚的特别规定 …………………………………………… 60

第二编　身份证书 …………………………………………… 62

第一章　一般规定 ……………………………………………… 62

第二章　出生证书 ……………………………………………… 67

　第一节　出生申报 …………………………………………… 67

　第二节　更改姓名 …………………………………………… 71

目 录

第二节(二) 关于民事身份性别记载的变更 …………… 73
第三节 认领证书 ……………………………… 75
第三章 结婚证书 ………………………………… 76
第四章 死亡证书 ………………………………… 83
第五章 有关军人与海员在特殊情况下的身份证书 … 89
第六章 出生在外国,取得或恢复法国国籍的人的身份证书 …………………………………………… 92
第七章 身份证书的撤销与更正 ………………… 93
第八章 身份证书的公示 ………………………… 95

第三编 住 所 …………………………………… 97

第四编 失 踪 …………………………………… 100
第一章 推定失踪 ………………………………… 100
第二章 宣告失踪 ………………………………… 103

第五编 婚 姻 …………………………………… 107
第一章 结婚应当具备的资格与条件 …………… 107
第二章 有关举行结婚仪式的手续 ……………… 115
第二章(二) 法国人在外国结婚 ……………… 118
  第一节 一般规定 ……………………………… 118
  第二节 法国人在国外由外国机关主持结婚之前应当履行的手续 …………………………… 118
  第三节 在国外由外国机关主持的结婚的登记 … 119
  第四节 在国外定居的法国人不能在外国举行结婚的情形 ……………………………………… 122
第三章 婚姻异议 ………………………………… 123
第四章 婚姻无效之诉 …………………………… 126
第四章(二) 法律冲突规范 ……………………… 134

第五章　由婚姻产生的义务 …………………………………… 134
　　第六章　夫妻相互的义务与权利 ………………………………… 138
　　第七章　婚姻的解消 ……………………………………………… 145
　　第八章　再婚（废止） …………………………………………… 145
第六编　离　婚 ……………………………………………………… 147
　　第一章　离婚的各种情形 ………………………………………… 148
　　　第一节　两愿离婚 ……………………………………………… 150
　　　　第一目　夫妻双方采用律师副署的、原本寄存于公证
　　　　　　　　人处的私署文书两愿离婚 ……………………… 150
　　　　第二目　经法院裁判两愿离婚 ……………………………… 151
　　　第二节　接受离婚 ……………………………………………… 153
　　　第三节　夫妻关系恶化无可挽回 ……………………………… 154
　　　第四节　因有过错离婚 ………………………………………… 156
　　　第五节　变更离婚诉讼请求的基本根据 ……………………… 159
　　第二章　裁判离婚的程序 ………………………………………… 160
　　　第一节　一般规定 ……………………………………………… 160
　　　第二节　经法院裁判两愿离婚适用的程序 …………………… 162
　　　第三节　其他裁判离婚情形适用的程序 ……………………… 163
　　　　第一目　提起诉讼 …………………………………………… 163
　　　　第二目　临时措施 …………………………………………… 166
　　　　第三目　证　据 ……………………………………………… 168
　　第三章　离婚的后果 ……………………………………………… 170
　　　第一节　离婚产生效力的日期 ………………………………… 170
　　　第二节　离婚对夫妻双方的后果 ……………………………… 172
　　　　第一目　一般规定 …………………………………………… 172
　　　　第二目　除两愿离婚外其他离婚情况的后果 ……………… 174

　　　　第三目　补偿性给付 …………………………………… 176
　　　　第四目　住　房 ……………………………………………… 185
　　第三节　离婚对子女的后果 …………………………………… 185
　第四章　分　居 …………………………………………………… 186
　　第一节　分居的各种情形与程序 ……………………………… 186
　　第二节　分居的后果 …………………………………………… 187
　　第三节　分居的终止 …………………………………………… 188
　第五章　有关离婚与分居的法律冲突 …………………………… 190

第七编　亲子关系 …………………………………………………… 191
　第一章　一般规定 ………………………………………………… 192
　　第一节　证据与推定 …………………………………………… 193
　　第二节　有关亲子关系的法律冲突 …………………………… 195
　　第三节　家族姓氏的转移规则 ………………………………… 196
　第二章　亲子关系的确立 ………………………………………… 199
　　第一节　依法律效力确立亲子关系 …………………………… 199
　　　第一目　在出生证书上指明生母 …………………………… 199
　　　第二目　父子(女)关系的推定 ……………………………… 199
　　第二节　依认领确立亲子关系 ………………………………… 201
　　第三节　依占有身份确立亲子关系 …………………………… 204
　第三章　有关亲子关系的诉讼 …………………………………… 205
　　第一节　一般规定 ……………………………………………… 205
　　第二节　以确立亲子关系为目的的诉讼 ……………………… 207
　　第三节　有关亲子关系异议的诉讼 …………………………… 209
　第四章　以请求生活费为目的的诉讼 …………………………… 211
　第五章　采用医学方法、借助第三人捐献辅助生育 …………… 214

第八编　收养子女 …… 217

第一章　收养子女要求具备的条件 …… 217
第一节　收养人 …… 217
第二节　被收养人 …… 218
第三节　收养人与被收养人的关系 …… 219
第四节　对收养的同意 …… 220

第二章　收养程序与判决 …… 223
第一节　为收养进行安置 …… 223
第二节　认可 …… 224
第三节　收养判决 …… 224

第三章　收养的效力 …… 226
第一节　共同规定 …… 226
第二节　完全收养的效力 …… 227
第三节　简单收养的效力 …… 228

第四章　由伴侣一方收养另一方的子女 …… 232
第一节　共同规定 …… 233
第二节　有关完全收养的特别规定 …… 234
第一段　完全收养要求具备的条件 …… 234
第二段　完全收养的效力 …… 234
第三节　简单收养的特别规定 …… 235
第一段　简单收养要求的条件 …… 235
第二段　简单收养的效力 …… 236

第五章　国际收养，在国外宣告的收养在法国的效力 …… 237

第九编　亲权 …… 239

第一章　与子女人身相关的亲权 …… 239
第一节　亲权的行使 …… 242

目 录

    第一目 一般原则 ································ 242
    第二目 由分离的父母行使亲权 ················ 244
    第三目 家事法官的干预 ························ 248
    第四目 第三人的参与 ···························· 252
   第二节 教育性救助 ································ 253
   第二节(二) 家庭经费管理的司法协助措施 ·············· 261
   第三节 委托行使亲权 ···························· 262
   第四节 全部或部分剥夺亲权 ···················· 265
   第五节 父母遗弃子女的司法宣告 ·············· 268
  第二章 与子女的财产相关的亲权 ···················· 269
   第一节 法定管理 ···································· 269
   第二节 法定的使用、收益权 ···················· 271
   第三节 监护法官的干预 ························ 272

第十编 未成年、监护与解除亲权 ···················· 277
 第一章 未成年 ·· 277
 第二章 监 护 ·· 279
  第一节 监护的设立与终止 ························ 280
  第二节 监护的组织与运作 ························ 282
   第一目 监护职责 ································ 282
   第二目 亲属会议 ································ 283
   第三目 监护人 ···································· 285
   第四目 监护监督人 ···························· 287
   第五目 没有设立监护的情况 ·············· 288
   第六目 责 任 ································ 289
 第三章 解除亲权 ·· 289

第十一编　成年与受法律保护的成年人 …… 292
第一章　一般规定 …… 292
第一节　独立于保护措施的规定 …… 292
第二节　有关受保护的成年人的共同规定 …… 293
第二章　有关成年人的法律保护措施 …… 296
第一节　一般规定 …… 296
第二节　有关司法保护措施的共同规定 …… 298
第三节　司法保护 …… 300
第四节　财产管理与监护 …… 303
第一目　措施持续的时间 …… 303
第二目　措施的公示 …… 304
第三目　实施保护的机关 …… 305
第一段　财产管理人和监护人 …… 305
第二段　财产管理监督人和监护监督人 …… 308
第三段　专门指定的财产管理人与专门指定的监护人 …… 309
第四段　受监护的成年人的亲属会议 …… 309
第四目　财产管理与监护在人身保护方面的效力 …… 310
第五目　行为的合规性 …… 314
第六目　在财产管理中实施的行为 …… 315
第七目　在监护期间实施的行为 …… 317
第五节　关于将来实行保护的委托 …… 318
第一目　共同规定 …… 318
第二目　公证的委托书 …… 322
第三目　私署的委托书 …… 323
第六节　家庭授权 …… 324
第三章　司法随护措施 …… 329

第十二编 未成年人与受监护的成年人的财产管理 ········· 332
第一章 管理方式 ········· 332
第一节 亲属会议或法官的决定 ········· 333
第二节 监护人实施的行为 ········· 335
第一段 监护人无须得到批准实施的行为 ········· 335
第二段 监护人需经批准才能实施的行为 ········· 336
第三段 监护人不得实施的行为 ········· 338
第二章 账目的制定、审核与批准 ········· 339
第三章 时 效 ········· 342

第十三编 紧密关系民事协议和姘居 ········· 343
第一章 紧密关系民事协议 ········· 343
第二章 姘 居 ········· 352

第十四编 对家庭暴力受害人的保护措施 ········· 353

第二卷 财产及所有权的各种限制

第一编 财产的分类 ········· 361
第一章 不动产 ········· 363
第二章 动 产 ········· 367
第三章 财产与其占有人的关系 ········· 369

第二编 所有权 ········· 372
第一章 对物所生之物的添附权 ········· 373
第二章 对与物结合并结成一体之物的添附权 ········· 374
第一节 相对于不动产物的添附权 ········· 374
第二节 相对于动产物的添附权 ········· 379

第三编　用益权、使用权和居住权 ……………………… 382
第一章　用益权 ……………………………………………… 382
第一节　用益权人的权利 ………………………………… 385
第二节　用益权人的义务 ………………………………… 389
第三节　用益权如何终止 ………………………………… 393
第二章　使用权和居住权 …………………………………… 395

第四编　役权或地役权 …………………………………… 400
第一章　因场所的位置产生的役权 ………………………… 403
第二章　由法律规定设立的役权 …………………………… 406
第一节　共有分界墙与分界沟 …………………………… 408
第二节　对特定建筑物要求留出的距离和中间设施 …… 413
第三节　对相邻人财产的眺望 …………………………… 414
第四节　檐　滴 …………………………………………… 415
第五节　通行权 …………………………………………… 415
第三章　由人的行为设立的役权 …………………………… 417
第一节　可以对财产设立的各种役权 …………………… 417
第二节　役权如何设立 …………………………………… 419
第三节　享有役权的土地所有权人的权利 ……………… 421
第四节　役权如何消灭 …………………………………… 423

第五编　不动产公示 ……………………………………… 424
全一章　文书的公署形式 …………………………………… 424

第三卷 取得财产的各种方法

通 则 ·· 429
第一编 继 承 ·· 431
 第一章 继承的开始,部分概括继承与继承人占有遗产 ······ 431
 第二章 继承应当具备的资格以及继承人资格的证据 ········ 434
  第一节 继承应当具备的资格 ································ 434
  第二节 继承人资格的证据 ···································· 438
 第三章 继承人 ·· 440
  第一节 在没有有继承权的配偶的情况下,亲属的权利 ··· 441
   第一目 继承人的顺序 ·· 442
   第二目 亲 等 ··· 444
   第三目 按照父系与母系分支分割遗产 ··················· 446
   第四目 代位继承 ·· 447
  第二节 有继承权的配偶的权利 ····························· 452
   第一目 权利的性质、数额及行使 ························ 452
   第二目 用益权的转换 ·· 456
   第三目 对住房的暂时权利和终身权利 ··················· 457
   第四目 有关扶养费的权利 ·································· 459
 第四章 继承人的选择权 ······································· 460
  第一节 一般规定 ·· 460
  第二节 无条件接受继承 ······································· 464
  第三节 以净资产为限接受继承 ····························· 467
   第一目 以净资产为限接受继承的方式 ··················· 467
   第二目 以净资产为限接受继承的效力 ··················· 468

第四节　放弃继承 …………………………………… 473
　第五章　无人承认与无人继承 ………………………………… 475
　　第一节　无人承认的继承 ……………………………………… 475
　　　第一目　无人承认的继承的开始 …………………………… 475
　　　第二目　遗产管理人的权限 ………………………………… 476
　　　第三目　交代管理账目以及遗产管理的终止 ……………… 478
　　第二节　无人继承 ……………………………………………… 479
　第六章　由委托代理人管理遗产 ……………………………… 481
　　第一节　身后效力的委托 ……………………………………… 481
　　　第一目　身后效力的委托的条件 …………………………… 481
　　　第二目　受委托人的报酬 …………………………………… 483
　　　第三目　身后效力的委托的终止 …………………………… 483
　　第二节　协议指定受委托人 …………………………………… 485
　　第三节　法院指定的遗产管理受委托人 ……………………… 485
　第七章　共有的法定制度 ……………………………………… 488
　　第一节　与共有财产有关的行为 ……………………………… 490
　　　第一目　由共有人实施的行为 ……………………………… 490
　　　第二目　得到法院批准的行为 ……………………………… 491
　　第二节　共有人的权利与义务 ………………………………… 494
　　第三节　债权人的追偿权 ……………………………………… 497
　　第四节　用益权的共有 ………………………………………… 498
　第八章　分　割 ………………………………………………… 499
　　第一节　分割活动 ……………………………………………… 499
　　　第一目　共同规定 …………………………………………… 499
　　　第二目　自愿协商分割 ……………………………………… 508
　　　第三目　法院裁判分割 ……………………………………… 509

目录

第二节　无偿处分的财产的返还 ………………………… 510
第三节　债务的清偿 …………………………………… 516
　第一目　共同分割人的债务 ………………………… 516
　第二目　其他债务 ………………………………… 517
第四节　分割的效力与分配份的担保 ……………………… 520
第五节　分割无效之诉或请求补足分配份额之诉 ……… 521
　第一目　分割无效之诉 …………………………… 521
　第二目　请求补足份额之诉 ……………………… 522

第二编　无偿处分 …………………………………… 524
第一章　通　则 ……………………………………… 525
第二章　通过生前赠与或遗嘱处分财产或接受财产的能力 …………………………………………… 531
第三章　特留份、可处分的部分以及过多数额的减少 …… 536
第一节　特留份与可处分的部分 ……………………… 536
第二节　无偿处分的过多数额的减少 ………………… 541
　第一目　减少无偿处分数额的前置活动 ………… 541
　第二目　减少无偿处分数额的具体实施 ………… 543
　第三目　减少诉权的提前抛弃 ………………… 548
第四章　生前赠与 …………………………………… 551
第一节　生前赠与的形式 ……………………………… 551
第二节　生前赠与不得撤销之规则的例外 …………… 556
第五章　遗嘱处分 …………………………………… 560
第一节　有关遗嘱形式的一般规则 …………………… 560
第二节　有关特定遗嘱形式的特别规定 ……………… 564
第三节　指定继承人与遗赠通则 ……………………… 570
第四节　概括遗赠 ……………………………………… 571

第五节　部分概括遗赠 ·················· 574

　　第六节　特定遗赠 ···················· 575

　　第七节　遗嘱执行人 ·················· 577

　　　附：原第七节　遗嘱执行人 ············ 579

　　第八节　遗嘱的撤销与失效 ············· 581

第六章　向后位受赠人无偿处分财产以及剩余财产的无偿
　　　　处分 ··························· 583

　　第一节　向后位受赠人无偿处分财产 ········ 584

　　第二节　剩余财产的无偿处分 ············ 586

　　　附：原第六章　允许为赠与人或遗嘱人的孙子女或其
　　　　　兄弟姐妹的子女的利益进行的处分 ········ 588

第七章　无偿处分—分割 ·················· 593

　　第一节　一般规定 ···················· 593

　　第二节　赠与—分割 ·················· 595

　　　第一目　向推定的继承人进行的赠与—分割 ······ 595

　　　第二目　向不同亲等的直系卑血亲进行的赠与—
　　　　　分割 ························· 598

　　第三节　遗嘱—分割 ·················· 600

第八章　通过夫妻财产契约向夫妇双方以及他们婚后出生
　　　　的子女进行的赠与 ················ 601

第九章　夫妻之间依财产契约或者在婚姻期间进行的财产
　　　　处分 ··························· 604

第三编　债的渊源 ························ 608

第一分编　合　同 ······················ 609

　第一章　编首规定 ···················· 609

　第二章　合同的成立 ·················· 613

第一节 合同的订立 ………………………………………… 613
第一目 谈　判 ……………………………………… 613
第二目 要约与承诺 ………………………………… 614
第三目 优先缔约简约和单方预约 ………………… 617
第四目 有关经电子途径订立的合同的专门规定 … 620

第二节 合同的有效性 ……………………………………… 622
第一目 同　意 ……………………………………… 623
第二目 能力与代理 ………………………………… 628
第三目 合同的内容 ………………………………… 633

第三节 合同的形式 ………………………………………… 636
第一目 一般规定 …………………………………… 636
第二目 有关经电子途径订立的合同的特别规定 … 637

第四节 制　裁 ……………………………………………… 638
第一目 无　效 ……………………………………… 638
第二目 失　效 ……………………………………… 641

第三章 合同的解释 ……………………………………………… 642

第四章 合同的效力 ……………………………………………… 643

第一节 合同在当事人之间的效力 ………………………… 643
第一目 强制力 ……………………………………… 643
第二目 转移权利的效力 …………………………… 645

第二节 合同对第三人的效力 ……………………………… 646
第一目 一般规定 …………………………………… 646
第二目 担保他人为特定行为与利他约款 ………… 648

第三节 合同的存续期限 …………………………………… 650

第四节 合同的转让 ………………………………………… 651

第五节 合同的不履行 ……………………………………… 653

第一目　同时履行抗辩 ·· 654

第二目　强制现实履行 ·· 655

第三目　降低价金 ·· 655

第四目　解除合同 ·· 656

第五目　因合同不履行引起的损失的赔偿 ················ 659

第二分编　非合同责任 ·· 663

第一章　非合同责任之一般规定 ································ 663

第二章　有缺陷的产品引起的责任 ···························· 666

第三章　对生态损害的赔偿 ······································· 670

第三分编　债的其他渊源 ··· 672

第一章　无因管理 ·· 673

第二章　非债清偿 ·· 675

第三章　不当得利 ·· 676

第四编　债的一般制度 ··· 678

第一章　债的类型 ··· 678

第一节　附条件之债 ··· 678

第二节　附期限之债 ··· 680

第三节　多数之债 ·· 682

第一目　多数标的 ·· 682

第一段　并合之债 ··· 682

第二段　选择之债 ··· 682

第三段　任意之债 ··· 684

第二目　多数主体 ·· 684

第一段　连带之债 ··· 685

第二段　不可分给付之债 ······························· 689

第二章　有关债的各种活动 ··· 690

目 录

  第一节 债权转让 …………………………………… 690
  第二节 债务转移 …………………………………… 692
  第三节 债的更新 …………………………………… 694
  第四节 债的承担 …………………………………… 696
 第三章 为债权人设立的诉权 ………………………… 698
 第四章 债的消灭 ……………………………………… 700
  第一节 清 偿 ……………………………………… 700
   第一目 一般规定 ………………………………… 700
   第二目 有关金钱之债的特别规定 ……………… 703
   第三目 催 告 …………………………………… 705
    第一项 对债务人的催告 ……………………… 705
    第二项 对债权人的催告 ……………………… 706
   第四目 代位清偿 ………………………………… 707
  第二节 债的抵销 …………………………………… 709
   第一目 一般规则 ………………………………… 709
   第二目 特别规则 ………………………………… 711
  第三节 债的混同 …………………………………… 712
  第四节 债务免除 …………………………………… 712
  第五节 履行不能 …………………………………… 713
 第五章 返 还 ………………………………………… 714

第四编(二) 债的证据 ……………………………… 717
 第一章 一般规定 ……………………………………… 717
 第二章 证据形式的可采性 …………………………… 719
 第三章 各种证据形式 ………………………………… 721
  第一节 书 证 ……………………………………… 721
   第一目 一般规定 ………………………………… 721

    第二目 公署文书 …………………………………… 722
    第三目 私署文书 …………………………………… 723
    第四目 其他证书 …………………………………… 725
    第五目 副 本 …………………………………………… 726
    第六目 承认证书 …………………………………… 727
  第二节 证人证言 ………………………………………… 728
  第三节 裁判推定的证据 ………………………………… 728
  第四节 自 认 …………………………………………… 729
  第五节 宣 誓 …………………………………………… 730
    第一目 决讼宣誓 …………………………………… 730
    第二目 法院依职权要求进行宣誓 ………………… 731
第五编 夫妻财产契约与夫妻财产制 ……………………… 733
 第一章 通 则 …………………………………………… 733
 第二章 共同财产制 ……………………………………… 741
  第一部分 法定的共同财产制 ………………………… 741
   第一节 构成共同财产的资产与债务 ……………… 741
    第一目 共同财产的资产 …………………………… 741
    第二目 共同财产的负债 …………………………… 744
   第二节 共同财产及特有财产的管理 ……………… 747
   第三节 夫妻共同财产制的终止 …………………… 753
    第一目 共同财产制终止的原因与分别财产 …… 753
    第二目 共同财产的清算与分割 ………………… 756
    第三目 共同财产制终止后的债务以及对债务的
            分担 ……………………………………… 760
  第二部分 约定的共同财产制 ………………………… 762
   第一节 动产及婚后所得共同制 …………………… 763

目录

　　第二节　联合管理条款 …………………………………… 764
　　第三节　通过给予补偿的方式先取财产的条款 ………… 765
　　第四节　生存配偶的先取权 ……………………………… 766
　　第五节　不等份额约款 …………………………………… 768
　　第六节　概括共同财产制 ………………………………… 770
　有关第二章两部分的共同规定 ……………………………… 770
　第三章　分别财产制 ………………………………………… 772
　第四章　所得参与制 ………………………………………… 775

第六编　买　卖 ……………………………………………… 781

　第一章　买卖的性质与形式 ………………………………… 781
　第二章　得为买卖之人 ……………………………………… 785
　第三章　得予买卖之物 ……………………………………… 786
　第三章（二）　待建不动产的买卖 ………………………… 787
　第四章　出卖人的义务 ……………………………………… 788
　　第一节　一般规定 ………………………………………… 788
　　第二节　交　付 …………………………………………… 789
　　第三节　担　保 …………………………………………… 793
　　　第一目　标的物被追夺情况下的担保 ………………… 793
　　　第二目　对出卖物的瑕疵担保 ………………………… 796
　第五章　买受人的义务 ……………………………………… 799
　第六章　买卖无效和解除 …………………………………… 800
　　第一节　买回权 …………………………………………… 801
　　第二节　因显失公平之原因取消买卖 …………………… 804
　第七章　拍　卖 ……………………………………………… 807
　第八章　特定的无形权利、继承权益以及系争权利的让渡 … 808

第七编　互　易 ·· 812
第八编　租赁合同 ··· 813
　第一章　一般规定 ··· 813
　第二章　物的租赁 ··· 814
　　第一节　房屋租赁与农产租赁的共同规则 ················· 814
　　第二节　房屋租赁的特别规则 ······························· 822
　　第三节　土地租赁的特别规则 ······························· 824
　第三章　雇工与劳务 ·· 828
　　第一节　为他人提供劳务的雇工 ···························· 828
　　第二节　水陆运输劳务合同 ·································· 829
　　第三节　工程承揽与包工 ····································· 830
　第四章　牲畜租养 ··· 836
　　第一节　一般规定 ··· 836
　　第二节　单纯的牲畜租养 ····································· 837
　　第三节　对半租养牲畜 ······································· 839
　　第四节　土地所有权人将牲畜交由承租人或分成制佃农
　　　　　　租养 ··· 840
　　　第一目　将牲畜交由土地承租人租养 ···················· 840
　　　第二目　将牲畜交由分成制佃农租养 ···················· 841
　　第五节　非严格意义上的牲畜租养合同 ···················· 842
第八编（二）　房地产开发合同 ··································· 843
第九编　公　司 ·· 845
　第一章　一般规定 ··· 845
　第二章　民事公司 ··· 862
　　第一节　一般规定 ··· 862
　　第二节　公司的管理 ·· 863

第三节	集体决定	865
第四节	向股东通报情况	866
第五节	股东对第三人的义务	866
第六节	公司股份的转让	867
第七节	股东的退出或死亡	870
第三章	隐名合伙	871

第九编(二)　有关行使共有权的协议 …… 874

- 第一章　在没有用益权人的情况下有关行使共有权的协议 …… 874
- 第二章　在有用益权人的情况下有关行使共有权的协议 …… 879

第十编　借　贷 …… 881

- 第一章　使用借贷或无偿借贷 …… 881
  - 第一节　使用借贷的性质 …… 881
  - 第二节　借贷人的义务 …… 882
  - 第三节　出借人的义务 …… 883
- 第二章　消费借贷或单纯借贷 …… 884
  - 第一节　消费借贷的性质 …… 884
  - 第二节　贷与人的义务 …… 885
  - 第三节　借贷人的义务 …… 886
- 第三章　有息借贷 …… 886

第十一编　寄托与讼争物寄托 …… 889

- 第一章　寄托的通则及其种类 …… 889
- 第二章　本义上的寄托 …… 889
  - 第一节　寄托合同的性质与本质 …… 889
  - 第二节　自愿寄托 …… 890
  - 第三节　受寄托人的义务 …… 891

第四节　寄托人的义务 ·· 894
　　　第五节　紧迫寄托 ·· 895
　第三章　讼争物寄托 ·· 896
　　　第一节　讼争物寄托的种类 ··· 896
　　　第二节　约定的讼争物寄托 ··· 896
　　　第三节　裁判上的讼争物寄托 ······································ 897

第十二编　射幸契约 ··· 899
　第一章　赌博性游戏与赌注 ·· 899
　第二章　终身定期金契约 ·· 900
　　　第一节　终身定期金契约的有效性要求具备的条件 ········ 900
　　　第二节　契约在缔约当事人之间的效力 ························ 902

第十三编　委　托 ·· 905
　第一章　委托的性质与形式 ·· 905
　第二章　受委托人的义务 ·· 906
　第三章　委托人的义务 ··· 908
　第四章　终止委托的各种方式 ··· 909

第十四编　财产托管 ··· 911

第十五编　和　解 ·· 918

第十六编　仲裁协议 ··· 922

第十七编　参与性程序协议 ··· 923

第十八编　（空缺） ·· 925

第十九编　不动产扣押及价金的分配（废止） ······················· 926
　　　附：《民事执行程序法典》第三卷　不动产扣押
　　　　　及买卖价金的分配 ··· 926

第二十编　消灭时效 ··· 932
　第一章　一般规定 ··· 933

目 录

  第二章 消灭时效的期间及其起始时间 ········· 934
   第一节 普通法的期间及其起始时间 ········· 934
   第二节 若干特别时效及其起始时间 ········· 935
  第三章 消灭时效期间的计算 ················· 936
   第一节 一般规定 ··························· 936
   第二节 时效起始时间的后延或时效中止的原因 ········· 937
   第三节 时效中断的原因 ···················· 939
  第四章 消灭时效的条件 ······················ 941
   第一节 主张时效 ···························· 941
   第二节 抛弃时效 ···························· 941
   第三节 时效的协议调整 ···················· 942

第二十一编 占有与取得时效 ················· 943
 第一章 一般规定 ································ 943
 第二章 取得时效 ································ 944
  第一节 取得时效的条件 ······················ 945
  第二节 不动产的取得时效 ···················· 948
  第三节 动产的取得时效 ······················ 948
 第三章 占有保护 ································ 950

第四卷 担 保

第一编 人的担保 ································ 961
 第一章 保 证 ································ 961
  第一节 一般规定 ···························· 961
  第二节 保证的成立与范围 ···················· 963
  第三节 保证的效力 ·························· 965

           第一目　保证在债权人与保证人之间的效力 ············· 965
           第二目　保证在债务人与保证人之间的效力 ············· 967
           第三目　保证在诸保证人之间的效力 ················· 971
        第四节　保证的消灭 ································· 971
    第二章　独立担保 ·· 973
    第三章　意愿函 ·· 974
第二编　物的担保 ··· 975
  第一分编　一般规定 ·· 975
  第二分编　动产担保 ·· 976
    第一章　动产优先权 ······································ 978
        第一节　一般优先权 ································· 978
        第二节　特别优先权 ································· 980
        第三节　优先权的排列顺序 ··························· 980
    第二章　有体动产质权 ···································· 981
        第一节　有体动产质权之普通法（标题已废止） ·········· 985
        第二节　用机动车辆设立的动产质权 ···················· 989
        第三节　共同规定 ··································· 990
    第三章　无形动产质权 ···································· 990
    第四章　以担保的名义留置或让与所有权 ···················· 995
        第一节　以担保的名义留置所有权 ······················ 996
        第二节　以担保的名义让与所有权 ······················ 997
           第一目　以担保的名义托管财产 ····················· 997
           第二目　以担保的名义让与债权 ····················· 1000
           第三目　以担保的名义让与钱款 ····················· 1001
  第三分编　不动产担保 ······································ 1002
    第一章　不动产优先权 ···································· 1003

第二章　不动产质权 …………………………………… 1005
　第三章　抵押权 ………………………………………… 1007
　　第一节　一般规定 …………………………………… 1007
　　第二节　法定抵押权 ………………………………… 1009
　　　第一目　一般规定 ………………………………… 1009
　　　　第一段　夫妻法定抵押权的特别规则 ………… 1010
　　　　第二段　未成年人或者受监护的成年人的法定抵押权的
　　　　　　　　特别规则 ………………………………… 1011
　　　　第三段　与处罚判决相关联的法定抵押权的特别规则 … 1013
　　　第二目　特别抵押权 ……………………………… 1013
　　第三节　裁判上的抵押权 …………………………… 1016
　　第四节　约定的抵押权 ……………………………… 1016
　　第五节　抵押权的排列顺序 ………………………… 1020
　　第六节　抵押权的登记 ……………………………… 1021
　　　第一目　一般规定 ………………………………… 1021
　　　第二目　登记的注销与减少 ……………………… 1027
　　　　第一段　一般规定 ………………………………… 1027
　　　　第二段　有关夫妻和受监护的人的抵押权的特别规定 … 1029
　　　第三目　登记簿的公示以及在不动产公示方面的责任 … 1030
　　第七节　抵押权的效力 ……………………………… 1033
　　　第一目　优先受偿权和追及权 …………………… 1033
　　　第二目　抵押权的清除 …………………………… 1035
　　第八节　抵押权的转移与消灭 ……………………… 1038
　第四章　以担保的名义托管财产 ……………………… 1039
第三编　担保代理人 ……………………………………… 1042

第五卷 适用于马约特的规定

序编 有关序编的规定 …………………………………… 1048
第一编 有关第一卷的规定 ………………………………… 1049
第二编 有关第二卷的规定 ………………………………… 1053
第三编 有关第三卷的规定 ………………………………… 1054
第四编 有关不动产登记以及对不动产的权利登记的规定 …… 1056
  第一章 不动产登记制度 ………………………………… 1056
    第一节 一般规定 …………………………………… 1056
    第二节 不动产登记及其效力 ……………………… 1058
    第三节 对不动产的权利的登记 …………………… 1059
  第二章 其他规定 ………………………………………… 1063
    第一节 优先权与抵押权 …………………………… 1063
    第二节 强制剥夺所有权 …………………………… 1064

附 目

附目一 原离婚(第229条至第295条)的条文 ………… 1067
附目二 原亲子关系(第310-1条至第342-8条)的条文 ……… 1091
附目三 原收养子女的条文 ………………………………… 1115
附目四 原未成年、监护及解除亲权的条文 ……………… 1134
附目五 原继承法部分的条文 ……………………………… 1159
附目六 原第三卷第三编与第四编关于债法的条文 ……… 1211
附目七 原时效与占有的条文 ……………………………… 1280
附目八 2006年3月23日第2006-346号授权法令修改第四卷

目 录

　　　担保 …………………………………………………… 1292
附目九　司法部 2017 年 3 月 13 日提交的民事责任改革法案 … 1344

部分内容提示 ………………………………………………… 1367

序编　法律的颁布、效力与适用之通则

第1条

（2004年2月20日第2004-164号授权法令①第1条）法律和《法兰西共和国官方公报》上公布的行政法规②，于其确定的日期生效；没有确定日期的，于其公布之翌日生效；但是，法律和行政法规有必要制定适用措施的，推迟至此种措施实施之日生效。

---

① "授权法令"（ordonnance），根据法国宪法的规定，经立法机关授权，由行政权力机关就通常属于立法权限的某个领域的事项制定的法令，经立法机关批准以后，具有立法（法律）价值（授权立法程序）。第三共和国、第四共和国时期曾使用"décret-loi"的名称，译为"具有法律效力的法令"或"法律性法令"，后改为现在的名称。

与"授权法令"不同，一般行政法令或行政令（décret），是最高行政权力机关或执行权力机关签署、颁布的行政法令或行政法规，也称为"实施法令或实施条例"（décret d'application）；按照颁布程序，行政权力机关发布的行政法规或法令分为无须经过最高行政法院合法性审查的法令、需经最高行政法院合法性审查的法令。由此，行政法规或法令也分为普通法令（les décrets simples）、内阁法令（les décrets en Conseil des ministres）以及最高行政法院提出资政意见后颁布的法令（les décrets en Conseil d'Etat），大多数行政法令属于后一类型。法国最高行政法院的前身是国家参事院，兼有最高行政审判机关与政府资政顾问两大职能。这些概念尚无统一的中文译名，但是，不能将"需经最高行政法院合法性审查的法令"简单译为"最高行政法院法令"，最高行政法院没有颁布法令的权限。

根据涉及的事项和内容，行政法规或法令分为条例性质（règlementaire）和非法规性质（non règlementaire），前者对涉及社会总体利益的事项进行规制，后者仅仅涉及个人或某些个人的特定法律状态，例如，任命大使、任命司法官以及其他委任状、嘉奖令等，称为"个别行政令"或"个人行政令"。

② 行政法规，原文也称为"les actes administratifs"。王名扬先生在《法国行政法》一书中按照不同情况将其分别解释为：行政行为、行政法规或行政条例（règlement）等。

紧急情况下，由颁布法律的法令作出规定，以及政府就行政法规作出的专门规定有此命令时，法律与行政法规自其公布即行生效。

本条规定不适用于个人性质的文书。①

第2条

法律仅适用于将来，没有追溯力。

> **译者简述**：第2条的原文为"la loi ne dispose que pour l'avenir"，直译为"法律仅对将来作出规定"。法律无追溯力是一项具有公共秩序性质的一般原则，但其适用需根据具体情形判断。刑法方面更为明确，实体刑法，不溯及既往是原则，溯及既往是例外。比旧法规定较轻的新法具有溯及既往的效力，法国《刑法典》第112-1条第3款规定了"从轻从新"规则："新法生效之前实行的犯罪，未经产生既判力的有罪判决的，在新法之规定轻于旧法规定时，适用新法之规定。"民事方面，立法者虽然不受法律无追溯力原则的约束，但要求其对法律具有追溯力的规范作出明文表述。新法的规定立即适用于非合同性质的法律状态。法律无追溯力原则不适用于单纯的司法解释。

第3条

维护社会秩序与安全保障的强制性法律，对住在②法国领土上的所有人均有强行力。

不动产，即使属外国人占有的不动产，仍适用法国法律。

有关人的身份与能力的法律，适用于全体法国人，即使居住在外

---

① 原文为"les actes individuels"，也称"les décret individuels"，指行政机关签发的、仅对特定个人或特定事项产生效力，而且通常指明当事人姓名的行政文书、命令或证书，诸如（个人的）委任状、承认个人国籍的行政令、行政机关签发的证书等，译为"个人性质的行政文书"，也称为"个别行政行为"。

② 原用语为"habiter"，没有强调"居民""国民"，应当理解为：凡是身处（se trouver）法国领土上的人，即使仅仅是在法国短暂停留或者过境的外国人，都必须遵守法国"维护社会秩序与安全保障的强制性法律"。

国,亦同。

译者简述:如同其他私法领域,国际私法渊源是法律、判例与学理。法国国内立法有关法律冲突与司法管辖权冲突的成文法规范极少。法国著名法学家巴蒂福尔与拉加德在《国际私法总论》一书中谈及法国国际私法的国内法渊源时指出:"《民法典》和《民事诉讼法典》中仅有几个条文涉及法律冲突和管辖权冲突以及外国人的地位问题,以后补充或者增加的法律条文主要是有关国籍问题的规定,除国籍问题外,其他条文非常零散且数量很少,因此,必然需要大量的、创造性的判例。实际上,法国国际私法的国内法渊源主要是最高法院的判例。"([法]亨利·巴蒂福尔、[法]保罗·拉加德:《国际私法总论》,陈洪武等译,中国对外翻译出版公司1989年版,第22页)。第二次世界大战后,曾打算在《民法典》内增加第2282条至第2316条关于国际私法规范的专章规定,但这一尝试未能成功(译文参见刘慧珊、卢松主编:《外国国际私法法规选编》,人民法院出版社1988年版)。

《民法典》第3条是法国国际私法规范的一项基本条文,它确定了"在那些最敏感的领域应当适用法国法的基本原则",除第3条外,《民法典》中还有一些关于法律适用的专门冲突规范,例如,第370-3条至第370-5条(关于收养关系)、第202-1条与第202-2条(关于婚姻),等等。

第3条原文术语为"les lois de police et de sécurité"(有时简称为"loi de police"),其中"police"一词有警察、治安等多层意思。在法国法里,"les lois de police et de sécurité"是一个特定概念,但是,无论是法律条文还是法院判例都没有对其进行明确定义。法国著名学者科尔尼(Cornu)主编的《法律词汇》中对这一概念的解释包括以下两层意思:其一,传统意义上的有关国家组织的法律与刑事法律,从这个意义而言,住在法国(领土上)的所有人都受强制遵守;其二,不考虑冲突法规则,仅仅因其规范的内容所具有的重要性,必须得到适用的法律,其中强调的是"les lois de police et de sécurité"的重要性和必要性。

1980年欧洲共同体《关于合同债务的适用法律公约》(《罗马公约》)第7条(2008年6月17日第593/2008号罗马规则第9条)的英文文本使用的术语是"Mandatory rules"(译为"强制性规则")。该条译文为"本公约任何条款不得限制法院地法强制性规则的适用,不论合同适用什么法律";但其法文文本仍然使用的是"lois de police"。

欧洲共同体法院1999年11月23日的判决对这一概念的解释是:"凡是对于保护国家政治、社会或经济的组织而言具有关键性作用,对于在国家领土上的所有人或者定位在其领土上的任何法律关系,都强制应予遵守的国内法规定,均属于维护社会秩序与安全保障的强制性法律。"

根据以上解释,译者认为,简单用"强制性规则"来表示这一概念似乎很勉强。译者在本书中将其译为"维护社会秩序与安全保障的强制性法律"。

究竟哪些法律属于法国法意义上的"维护社会秩序与安全保障的强制性法律",应当依据法国法院判例的解释。按照法院判例,这类规范涉及救助儿童、丧葬礼制、薪金雇员的代表权、文学艺术知识产权、货币、婚姻义务、消费者保护等诸方面的规定,另见第714条(维护社会秩序与安全保障的法律规定的有关使用共同物的方式)。

国内对这一术语的翻译也不相同,例如,维护公共秩序法、公序法、直接适用法、强制性法律,也有学者将其称为"直接适用的规范"(règles d'application immédiate),译者本人此前将其译为"有关公共秩序与安全的法律",似乎不能涵盖其完整意义;李浩培先生等在《拿破仑法典》中将其直译为"警察法",涵盖面似过于狭窄。"les lois de police"并非仅指狭义的"警察法""警察"或"警察制度"。

第4条

法官借口法律没有规定、不明确或者不完备而拒绝审判者,得以拒绝审判罪受到追诉。

译者简述:2007年12月20日关于简化法律的第2007-1787号法律将"法官拒绝回答当事人的诉求(requête)或者怠于裁判在相应审级已经达到可审判状态的诉讼案件"作为拒绝审判罪的典型特征。从广义上说,拒绝审判,统指国家没有尽到司法保护个人之责任的所有情形。例如,法官不得以各方当事人提供的证据不足为理由拒绝对案件进行审理、作出裁判;不得仅限于宣告"当事人提出的证书上记载的债权数额与其陈述中提及的数额不一致",径直驳回当事人的清偿请求;法官在承认案涉不动产的所有权必定属于一方诉讼当事人的情况下,不得以"任何一方都不能证明其权利具有优势地位或占先地位,鉴定资料也不能证明当事人持有的证书与争议的土地有联系"为借口,驳回双方当事人的诉讼请求。法律还规定,国家对因(法官)拒绝审判罪之原因被判处的损害赔偿应在民事上承担责任,但对实行了此种犯罪的法官有求偿权。

第5条①

禁止法官对其审理的案件以一般的规则性处分进行判决。

译者简述:第5条规定的基本原则是禁止法官造法,排除制定法以外的法源,既禁止规则性判决(arrêt de règlement),也禁止原则性判决(arrêt de principe)。

所谓规则性判决,指法官超越权限,以一般的制定规则的处分,对其审理的案件作出宣告,在法官受理的案件争议之外,赋予其判决对将来相同性质的争议以权威效力。所谓原则性判决,按照通常解释,指提出一般的适用原则,对将来类似的案件可以产生拘束力的判决。

"arrêt de principe"这一概念,有多层意思,因此有不同的翻译,其一为原则性判决,其二为指导性判决或原理性判决。第一种解释强调的是,法官对其审理的案件必须做到具体个案具体裁判,不得作出一般的、笼统的原则性宣告。第二种解释是指,法院第一次对于某一类问题作出处理或者提出新的处理意见的、具有指导意义的判决。法国法以成文法为主要法源,法国宪法没有规定司法解释具有法律渊源地位,原则上不承认判例为法源。禁止法官造法是成文法与英美判例法的一个根本差别。英美法国家,法官受先例的约束,而法国的司法判决传统上只有既判力。

判例的地位如何,在何种程度上也是法源?这既是法国现代法律制度提出的理论问题,也是近30年来的司法实践已经作出部分回答的问题。早在1804年,波塔利斯就说过:"如同法律一样,判例已不可或缺。"法国法虽然禁止规则性判决,但并不妨碍著名判

---

① 第5条的原文是:"il est défendu aux juges de prononcer par voie de disposition générale et règlementaire sur les causes qui leur sont soumises."其中"générale"一词通常解释为"一般的""普遍的""笼统的""总体的",等等,"règlementaire"则是"有规则的、符合规则的""制定规则的"(例如,法国《宪法》第21条规定的"规章制定权"就称为"pouvoir règlementaire")。第5条有不同的译文。李浩培先生等翻译的《拿破仑法典》(商务印书馆1979年版)将这一条文译为:"审判员对其审理的案件,不得用确立一般规则的方式进行判决。"

例的重大影响。

各级法官作出的司法解释的效力并不相同,一般认为,只有最高法院作出的裁判才能成为"原理性判决"或"指导性判决"。对于存在争议但具有重大影响或特别疑难的问题,由最高法院全体庭(L'Assemblée plénière,大法官全体会议)以判决的形式作出司法解释。这类司法解释可以奠定理论指导原则,例如,"主要车站理论"(la théorie des gares principales)就是如此,它为(法官)识别企业的主要机构所在地提供了新的参照标准。

第6条

任何人不得以特别约定违反涉及公共秩序和善良风俗的法律。

译者简述:公共秩序的概念在古罗马法的诸多文本中均有所体现。随着时代的发展,这一概念也处在不断变化之中,是法律基本价值的体现,是社会生活存续的核心。公共秩序建立在各种价值划分为不同层级的基础之上,它证明在一个国家的法律制度里存在着一种更高的价值秩序。任何个人之间的特别约定均不能损害这种更高的价值秩序,这就是国内公共秩序;一国的这种更高的价值秩序也不受外国法规范的损害,这就是所谓"国际公共秩序"。在国际私法领域,国际公共秩序主要用于解决法国社会的根本原则与在法国适用特定外国法规范之间可能存在的冲突。公共秩序保留是国际私法上的一项基本规则。

随着国家干预功能的加强,公共秩序从传统的政治、文化等领域逐渐扩展。法国学者提出了各种公共秩序概念,例如,传统的公共秩序:合同的宗旨或目的不得违反国家宪制、行政和司法组织的公共秩序,不得规避刑法的适用;调整家庭关系的法律规范具有公共秩序性质;在人身权、人格权的保护方面,更为集中地体现了公共秩序的性质。除传统的公共秩序外,经济公共秩序已成为现代公共秩序内涵的一个重要内容。经济公共秩序是现代社会生活的重要保障,经济公共秩序可以分为指导性公共秩序与保护性公共秩序,主要是维护社会整体利益,诸如宏观调控、抑制通货膨胀、限定产品的最高价格,对金融进行管制。

与公共秩序相比,善良风俗是一个更难把握的概念,不同社会,不同时代,有关善良风俗的观念以及基本定位有所不同,善良风俗不是一个僵化不变的概念。善良风俗也不等同于道德。道德所追求的是人的心灵的完善或完美,而善良风俗相对应的是"人的外在行为的社会道德"。法律所认同的是善良风俗,而不是风俗(参见法国《债法》第370节至第388节)。

第 6-1 条

(2013 年 5 月 17 日第 2013-404 号法律第 13 条)不论配偶双方或者双亲的性别是否相同,结婚与收养子女,均产生得到法律承认的相同的效力、权利与义务,但本法典第一卷第七编规定的事项除外。

第 6-2 条

(2022 年 10 月 5 日第 2022-1292 号授权法令)依法确立亲子关系的所有子女,在与父母的关系中享有相同权利,负担相同义务,但保留适用有关简单收养的规定。子女依亲子关系成为父母每一方家庭的亲属成员。

第一卷

人

第一卷　人

译者简述：各国民法典的体系多有差异。法国《民法典》继承了罗马法《法学阶梯》的结构体系，至2006年担保法改革，200年间一直保持着三卷体系：第一卷"人"，第二卷"财产及所有权的各种限制"，第三卷"取得财产的各种方法"。法国《民法典》三卷体系遵循的内在逻辑何在？李浩培先生在为《中国大百科全书·法学卷》(第95页)撰写的"法国民法典"条目中指出：第一卷为人法，实际上是关于民事生活主体的规定；第二卷为物法，实际上是关于静态的民事权利客体的规定；第三卷则是关于民事权利客体从一个权利主体转移于另一个权利主体的各种可能性的规定。

民事生活的主体、民事权利的客体、民事主体运用或通过权利客体实施的行为，从根本上说，是民事社会的三大根本要素，共同构成民事社会大厦，离开其中任何一个要素，就不存在民事社会。法国《民法典》三卷体系的基本逻辑紧紧抓住三大根本要素这条主线，并以其为基础依据，分别将各自相关内容集中归类。就三大根本要素本身而言，无论各自的内容分支多么繁杂，始终没有离开各自的主干。涉及民事主体时，凡是有关主体资格、权利能力、行为能力、出生、死亡、家庭、婚姻、子女、收养等，一律归入第一卷。法国《民法典》起草人之一波塔利斯在谈及该法典关于所有权的规定时说，所有权是所有立法的灵魂，是一项最基本的权利，是社会的基石之一。法典第三卷，表面上看囊括了非常庞杂的内容，但它始终没有脱离"民事主体实施的法律行为，形成动态的财产流转关系"这一总体框架。财产可以原始取得和继受取得。依照《民法典》第711条与第712条的规定，所有权可以通过以下方式取得：债的效力，是通过有偿合同(买卖、互易等)或无偿合同(赠与)取得财产的所有权；无遗嘱继承或遗嘱继承，是继受取得财产；时效，尤其是取得时效和消灭时效，其效力是直接"取得财产所有权或者自行免除义务"(原第2219条)。学者认为，法国《民法典》的立法技术之所以令人满意，是因为起草者避免了陈述哲学原则，没有采用极难把握的抽象思辨，而是注重实际运用，没有刻意追求体系化、概念化、抽象化、形式化。它是一部由法律实务者创建的实用之作。拿破仑曾希望这部民法典能够被全体法国人读懂,能够人手一册,能够像《圣经》一样广泛流传,家喻户晓。我们可以说法国《民法典》是一部平民法典,而不是一部只有法官、律师与学者才能读懂的法典。它最初被定名为《法国人之民法典》(Code civil des Français),是符合逻辑的。法国有学者说:"对于民法典的结构,几乎所有的人都一致认为很糟糕,它的开篇是一个仅仅涉及法律原则的序编,并非民法所特有,随后,法典分为三卷,第一卷人,第二卷财产及所有权的各种限制,第三卷取得财产的各种方法,这简直就像一个杂物间,其中堆满了一连串的规则,没有严格的条理。如果是在一本教材或专著中,这样的混乱无序会让人很恼火,但是,在一部法典中,这一缺点并不重要,至关重要的是内在逻辑的严密性,而这一点在民法典而言却是无可辩驳的。"(参见〔法〕雅克·盖斯旦、〔法〕吉勒·古博:《法国民法总论》,陈鹏等译,法律出版社2004年版,第98页)。一方面自1804年以来,法国《民法典》经常修改,尤其是近年,《民法典》的各编章在改革过程中修改更加频繁;另一方面,法律的起草者过于倾向追求条文的全面、完整、细致,很多条文变得冗长繁杂,再加上其中包含了大量的非常具体的程序性规范,致使法典的文字表述风格似乎远逊于1804年的最初文本(现行的法国法典和立法文件都有类似情形,有些立法条文中译后超过千字)。此种立法形式的优劣有待实践检验。

第一编　民事权利

（1994 年 7 月 29 日第 94-653 号法律）

第一章　民事权利

第 7 条

（1889 年 6 月 26 日法律）行使民事权利独立于行使政治权利；政治权利的取得与保有依宪法法律和选举法。

第 8 条

（1889 年 6 月 26 日法律）所有法国人均享有民事权利。

（第 2 款由 1927 年 8 月 10 日法律第 13 条废止）

第 9 条

（1970 年 7 月 17 日第 70-643 号法律）任何人均享有私生活受到尊重的权利。

法官可以命令采取诸如对有争议的财产实行保管、扣押或其他适于阻止或制止妨害私生活隐私①的任何措施，且不影响对造成的损害

---

① 第 9 条第 1 款与第 2 款中的私生活与私生活隐私，原文分别为"la vie privée"与"intimité de la vie privée"。在同一法律条文中使用两个不同的术语，表明两者之间存在差别，两种表述不是完全的同义反复。有人将"la vie privée"译为"私人生活"，有待商榷。私人生活与私生活在含义上并不相同，私生活也并不全属隐私的范畴，不应当将"la vie privée"译为"隐私"。"intimité"一词的本义是指，内心深处的"隐秘""私密"或"藏于私密、不便外露"的一切，并据此提出"私生活隐私权"（droit à l'intimité de la vie privée）的概念。也有人认为，"intimité de la vie privée"是指"私生活秘密"。依照我国法律通常用语，可直译为"隐私"。

给予赔偿;如果情况紧急,此种措施得依紧急审理程序命令之。

译者简述:第 9 条宣告"任何人均享有私生活受到尊重的权利",但法律没有对私生活及其构成要素作出定义、进行列举。法院判例通常将对私生活的保护原则运用在对感情生活的权利、对家庭生活的权利、肖像权以及私生活信息的散布或披露,包括患有疾病的人的形象、健康、住所、居所的秘密等方面。对他人私生活的任何专断干涉均属非法,对他人私生活的妨害与采取何种方式(进行干涉、实施妨害)无关,以同情方式、善意方式或者令人不愉快的方式实施的行为,同样可能构成对私生活的侵害;指使他人窥伺、监视或者跟踪某人,此种行为具有非法干预他人私生活之性质;依照 2008 年 7 月 15 日关于档案的第 2008-696 号法律,民事身份出生登记簿,自其封存起经过 75 年,成为公共档案,凡提出申请的人都可以调阅,档案中记载的特定信息,尤其是有关确立亲子关系的方式,仍然属于私生活的范畴,仍然受到第 9 条规定的保护。法人主要享有名称、注册住所、通信与名誉受到保护的权利。只有自然人才能主张第 9 条规定的保护私生活免受侵害的权利。

第 9-1 条

(2000 年 6 月 15 日第 2000-516 号法律)每一个人均有主张遵守无罪推定的权利。

一个人在受到任何有罪判决之前被公开作为受到司法调查或预审之犯罪事实的罪犯介绍时,法官得命令,甚至经紧急审理程序命令,采取任何措施,诸如发布一项更正或公告,以制止对无罪推定的妨害,且不妨碍对受到的损害提起赔偿之诉,由此引起的全部费用,由负有妨害无罪推定之责任的自然人或法人承担。

第 9-1 条原条文:(1993 年 1 月 4 日第 93-2 号法律第 47 条)每一个人均有主张遵守无罪推定的权利。

(1993 年 8 月 24 日第 93-1013 号法律第 44 条)受到拘留、审查,接到出庭传票,受到共和国检察官提起公诉,或者受到民事当事人控告的人,如果在对其作出任何有罪判决之前,被公开作为受到调查或司法预审之犯罪事实的罪犯介绍,法官得命令在公开发布的有关材料中刊载一项公告,甚至依紧急审理程序命令发布一项公告,以制止对无罪推定的妨害,且不妨碍当事人对所受到的损害提起赔偿之诉,也不妨碍依据新《民事诉讼法典》的规定可以命令采取的其他任何措施。由此引起的全部费用,由负有妨害无罪推定责任的自然人或法人承担。

第 10 条

(1972 年 7 月 5 日第 72-626 号法律)为了查明事实真相,每一个人均有义务为司法提供协助。

受到合法请求的人没有正当理由逃避履行此种义务的,得受强制履行之;必要时,得处以逾期罚款或民事罚款,且不影响损害赔偿。

第 11 条

外国人在法国享有与其所属国家按照条约的规定给予或将要给予法国人的相同的民事权利。

第 12 条及第 13 条

(1927 年 8 月 10 日法律第 12 条、第 13 条废止)

第 14 条

外国人,即使不居住在法国,因履行其在法国与法国人缔结的债务,得受传唤(cité)至法国法院;因履行其在外国与法国人缔结的债务,亦可被诉(traduit)至法国法院。①

第 15 条

法国人得因其在外国缔结的债务被诉至法国法院,即使是与外国

---

① 第 14 条与第 15 条的规定"将司法管辖权主要置于国籍原则的基础之上",被称为"le privilège de juridiction",译为"裁判优先权"或"裁判特权",也译为"法院优先权""司法管辖优先权"。

人缔结的债务,亦同。

第二章 尊重人的身体

（1994 年 7 月 29 日第 94-653 号法律）

> **译者简述：** 法国《民法典》没有设置有关人格权的专门编章,法律条文也没有对具体的人格权进行列举。判例解释在实施人格权保护原则方面起着至关重要的作用。法院判例不仅涉及保护人的生命、尊严、健康、人体组织,还对隐私权、肖像权、名誉权、姓名权的保护规则作出了司法解释。
>
> 法国《民法典》"民事权利"编实际上是保护民事主体的人格权的基本规定,这种保护规范建立在"尊重私生活"与"尊重人的身体"基础之上。第 16 条规定:"法律确保人的首要地位,禁止对人的尊严的任何侵犯,保证每一个人自生命开始即受到尊重。"保护人的尊严不受任何形式的侵害与贬损,是一项具有宪法价值的原则。法律规定确保尊重人的身体,只有基于本人医疗上的必要性,或者在特别情况下,为他人治疗疾病之利益有此必要时,才能损害人体的完整性。任何人均不得损害人种之完整性。

第 16 条

法律确保人的首要地位（la primauté）,禁止对人的尊严的任何侵犯,保证每一个人自生命开始即受到尊重。

第 16-1 条

每一个人均享有其身体受到尊重的权利。

人体不得侵犯。

人体、人体之组成部分及其所生之物,不得作为财产权利的标的。

第 16-1-1 条

（2008 年 12 月 19 日第 2008-1350 号法律第 11 条）对人体的尊重，不随人的死亡而停止。

死者的遗骸，包括遗体火化后的骨灰，应当受到尊敬以及有尊严的体面对待。

第 16-2 条

法官得命令采取任何适于阻止或制止非法侵害人体的措施，或者命令采取任何相应措施，以阻止或制止涉及人体组成部分或其所生之物的非法行为，包括人死之后实施的此种侵害或非法行为。

第 16-3 条

（2004 年 8 月 6 日第 2004-800 号法律第 9 条）只有基于本人医疗之必要性，或者在特别情况下，在为利益于他人治疗疾病而有此必要时，才能损害人体的完整性。

除因当事人的健康状况有必要进行手术治疗且本人不能表示同意意思的情形外，损害人体的完整性应当事先征得本人同意。

第 16-4 条

（2021 年 8 月 2 日第 2021-1017 号法律）任何人不得损害人种的完整性。

禁止任何旨在安排对人进行选择的优生学实践活动。

禁止开展任何手术活动，以导致与另一个仍然生存或者已经去世的人在遗传学上完全同一的儿童出生为目的。

不得为改变人的后代之目的，对人的遗传特征进行任何改造，但不妨碍开展以预防、诊断和治疗疾病为目的的研究。

第 16-5 条

以赋予人体、人体组成部分及人体所生之物以财产价值为效力的任何协议一律无效。

第16-6条

对于同意在本人身上做实验，同意摘取其身体之组成部分或者采集其身体所生之物的人，不得给予任何报酬。

第16-7条

订立旨在为他人生育或怀孕的任何协议①均无效。

译者简述：依照法国现行制定法，从亲子关系的角度，旨在为他人孕育而订立的任何协议一律无效，此种协议即使在(某个)外国属于合法协议，但它违反法国法关于"人的身份不可处分"之根本原则。第16-9条规定本章各项规定具有公共秩序性质。人的身份、能力、亲子关系均涉及公共秩序，检察院对这类问题实行监督、提起诉讼，是基于保护公共利益而不是私益。

现实生活中，希望借助代孕方法生育的人情况各不相同：患不孕症的夫妇、单身男子、同性婚姻伴侣。在代孕生育方面，供体以及具体实施方法也是多种多样：有同质和异质人工授精之分。体外受精产生的父母子女之间的权利义务关系比较复杂。同质人工授精，意向父母是代孕出生的子女的生物学上的父母，与自然血亲的父母子女关系相同；异质人工授精，意向父母在生物学上与出生的子女之间血缘上仅有部分联系，或者没有任何联系。不同国家对代孕的法律规定各不相同。有的国家完全禁止代孕生育，法国以"人体不得处分"之原则的名义禁止代孕；有的国家有条件地允许代孕，但对采用的方法有所限制；有的国家准许或者禁止向代孕妈妈给付报酬，而给付报酬的代孕被称为"商业代孕"（GPA commercial）。由于存在这些差别，也引出了所谓"生育旅游"（tourisme procréatif）现象。代孕，不同于第342-9条至第342-13条规定的采用医学方法、借助第三人捐献辅助生育。

---

① 第16-7条的原文为"la gestation pour le compte d'autrui（GPA）"，简译为"代孕"，利用代孕生育子女的人为"parents d'intention""père d'intention""mère d'intention"（意向父母、意向父亲或意向母亲），也被称为"père commanditaire""mère commanditaire"（隐名父母、隐名父亲或隐名母亲）。为他人孕育胎儿的妇女为"mère porteuse"，俗称"代孕妈妈"。

第 16-8 条

不得泄露可以鉴别提供其身体之某一成分或身体所生之物的人以及接受此种供体的人的任何信息。提供人不得了解接受人的身份,接受人亦不得了解提供人的身份。

在出于治疗之必要性的情况下,只有提供人和接受人的医生才能接触可以鉴别提供人与接受人的身份信息。

第 16-8-1 条

(2021 年 8 月 2 日第 2021-1017 号法律新增条文)在捐献配子或者接受胚胎(移植)的情况下,接受人是同意借助医学方法辅助生育的人(本人)。

供体捐献的匿名原则,不妨碍由第三人作为捐献人、借助医学方法辅助生育出生的人在其成年后提出请求,依照《公共卫生法典》第二部分第一卷第四编第三章规定的条件,接触、了解(accès)不具有鉴别作用的资料或捐献第三人的身份(l'identité)。

第 16-9 条

本章各项规定具有公共秩序性质。

第三章　对人的遗传特征进行检查以及通过遗传特征对人进行鉴别

(2004 年 8 月 6 日第 2004-800 号法律第 4 条)

第 16-10 条

(2021 年 8 月 2 日第 2021-1017 号法律)一、对一个人的体质遗传特征的进行检查,仅限于医疗和科学研究目的。在实施此种检查之前,应当书面征得当事人的明文同意。

二、在按照规定向当事人告知以下事项后,接收第一项所指的同意意思:

1. 检查的性质。

2. 如果是为了医疗目的,说明待要进行的检查;如果是为了进行科学研究,指明研究的最终目的。

3. 相应情况下,指明所进行的检查有可能附带揭示出与原先的说明或原定目的无关的遗传特征,但了解这种情况可以使当事人或其家庭成员获得预防措施,其中包括有关遗传学方面的建议或治疗。

4. 指明(当事人)可以拒绝透露与原先的说明或原定目的无关的遗传特征的检查结果;并且(向当事人)指明,在发现某种可能引起严重疾病的不正常的遗传基因因而有理由采取预防措施的情况下,如其仍然拒绝透露此种检查结果,有可能使潜在涉及的家庭成员面临的风险。提议采取的预防措施包括提出遗传方面的建议或者进行治疗。

同意意思(的表述中),应当写明第二项第 2 点提及的说明或目的。

可以随时撤销所表示的同意,无须要求任何形式。

为科学研究目的进行检查,在传达或通知上述第 4 点所指的附带显示的检查结果时,应当确保遵守《公共卫生法典》第一卷第二编规定的各项条件;为治疗目的进行检查时,应当确保遵守该第一卷第三编规定的各项条件。

三、尽管有上述第一项与第二项的规定,将为了另一目的[①]提取的人体检材用于科学研究目的,实现第一项所指的遗传特征检查的情况

---

① 例如,在刑事案件侦查活动中提取的检材。

下,适用《公共卫生法典》第 1130-5 条的规定。

四、禁止有关人的体质遗传特征检查的任何广告性质的推销活动。

第 16-11 条

(2019 年 9 月 18 日第 2019-964 号授权法令)只有以下情况,才能通过遗传标记进行人的身份鉴别:

1. 在司法程序中进行的调查或预审范围之内;

2. 为医疗和科学研究目的;

3. 在死亡的人身份不明的情况下,为了确定死者的身份;

(2016 年 6 月 3 日第 2016-731 号法律第 116-2 条)4. 在《国防法典》第 1381 条规定的条件下。

在民事方面,只有在请求确认亲子关系或者对亲子关系提出异议的诉讼中,或者受理有关取得或者放弃抚养费的诉讼中,采取法官命令的证据调查措施时,才能通过遗传标记对一个人进行鉴别,并且应当在进行鉴别之前明文征得当事人的同意。(2004 年 8 月 6 日第 2004-800 号法律第 5-1 条)除当事人在生前已经明确表示同意外,在人死后,不得通过遗传标记进行任何鉴别。

为了医学或科学研究目的进行遗传特征鉴别时,应当在实施此种检查之前,按照规定将检查的性质与目的告知当事人之后,书面征得当事人的明确同意。当事人表示的同意应当写明进行鉴别的目的。可以随时不需任何形式撤回所表示的同意。

(2011 年 3 月 14 日第 2011-267 号法律第 6 条)以上第 3 点所指的查明身份涉及在武装力量或附属于武装力量的组织开展的行动时死亡的军事人员或者自然灾害中的受害人,或者是 1995 年 1 月 21 日关于安全导向与计划安排的第 95-73 号法律第 26 条所指的追查对象的人被认为已经死亡时,可以在他们以前常去的地点或场所进行旨在取得该人生物学痕迹的提取活动,但事先应当征得场所的负责人同意。在场所的负责人表示拒绝或者无法取得其同意的情况下,应当经司法法院的自由与羁押法官①批准,才能进行上述提取活动。可以从被认为是本款所指之人的直系尊血亲、卑血亲或旁系亲属身上提取比对检材。在此情况下,应当事先向每一个有关的人告知提取比对检材的性质与目的,并且事先征得他们每一个人的书面同意,同时告知他们可以随时撤回其表示的同意。所表示的同意意见也应当写明提取检材的目的和进行鉴别的目的。

本条第3点所指的鉴别检查的具体实施方式,由最高行政法院提出资政意见后颁布的法令作出具体规定。

第 16-12 条

(2020年12月7日第2020-1525号法律)只有下列组织或个人,才能进行遗传标记鉴别:

1.《刑事诉讼法典》第157-2条所指的科学技术警察部门或组织;

2. 按照最高行政法院提出资政意见后颁布的法令确定的条件得到认可的人。

在司法程序范围内,这些人还应当是在司法鉴定人名册上登记注册的人。

---

① 法官的专门化或"专业化",是指由专门的法官负责特定领域的案件。法律往往赋予这些法官以特定名称,诸如,家事法官、少年法官(未成年人法官)、(民事方面的)庭前准备法官(审前准备法官)、(刑事方面的)预审法官、(财产征收征用方面的)财产征用法官、(民事执行程序方面的)执行法官,等等。《刑事诉讼法典》规定的专门负责羁押、假释、减刑或释放职权的法官称为自由与羁押法官。有时负责具体案件的法官也被赋予特定名称,例如离婚法官。此外,商事法院的法官通常称为商事法官。由于当今时代许多领域的专业知识比较复杂,有些案件牵涉的问题也很复杂,需要法官在法律专业之外有更多的专门学识,由此也带来了司法组织、法院组织方面的专门化趋势,例如,知识产权法庭、互联网法院(法庭)等。

第 16-13 条

（2004 年 8 月 6 日第 2004-800 号法律）任何人均不得因其遗传特征而受到歧视。

第四章　脑成像技术的运用

（2011 年 7 月 7 日第 2011-814 号法律第 4 条）

第 16-14 条

脑成像技术只能用于医学目的（2021 年 8 月 2 日第 2021-1017 号法律）或科学研究目的，或者在司法鉴定框架之内使用；在司法鉴定架内，排除功能性脑成像。在实施检查之前，应当按照规定向当事人告知检查的性质与目的，并征得当事人同意。在当事人表示的同意意思中应当写明检查的目的。可以在任何时候不要求任何形式撤回所表示的同意。

第一编（二） 法国国籍
（1993年7月22日第93-933号法律）

第一章 一般规定

第17条

（1973年1月9日第73-42号法律）法国国籍的赋予、取得或丧失依本编之规定，但保留适用法国缔结的条约和作出的其他国际义务承诺。

第17-1条

（1973年1月9日第73-42号法律）有关赋予原始国籍的新法适用于其生效之日尚未成年的人①，但不影响第三人已经取得的权利，也不得以国籍之原因对此前订立的契约的有效性提出异议。

前款规定，以解释性名义，适用于本法典本编颁布之后生效的有关原始国籍的法律。

第17-2条

（1973年1月9日第73-42号法律）法国国籍的取得与丧失，受法律赋予此种效力的证书作成时或者事实发生时有效的法律调整。

---

① 原始国籍，是一个人出生即取得的国籍，是法律直接创设或赋予的国籍，不以当事人的意志为转移。

前款规定，以解释性名义，对1945年以前实行的有关国籍的法律在时间上的适用作出处理。

第17-3条

（1993年7月22日第93-933号法律）为取得或者丧失法国国籍的申请，或者恢复法国国籍的申请以及有关法国国籍的声明，可以自当事人年满16周岁时按照法律规定的条件提出，无须经过批准。

年龄不满16周岁的未成年人，应当由对其行使亲权的人代理。

（1995年2月8日第95-125号法律第34条）年满16周岁至18周岁的任何未成年人，因精神官能或身体官能损坏妨碍其表达意思的，亦应由对其行使亲权的人代理。（2015年10月15日第2015-1288号授权法令第8条）妨碍表达意思之事实（删除"由监护法官依职权，应未成年人家庭的一名成员或者检察院的申请"），以在共和国检察官制定的名册上挑选的专科医生出具的证明确认之。出具的证明附于申请。

在对前款所指的未成年人实行监护的情况下，由亲属会议为此授权的监护人负责代理。

第17-4条

（2003年11月26日第2003-1119号法律）依本编之意义，"在法国"一语是指，法国本土、各海外省与海外领地以及新喀里多尼亚，法属南大洋与南极的领土。

第17-5条

（1993年7月22日第93-933号法律）在本编中，"成年"与"未成年"均依法国法律意义确定之。

第17-6条

（1973年1月9日第73-42号法律）为确定法国领土，任何时期，均应考虑由于法国公共权力机关依据宪法和法律以及此前签署的国际协定颁布的文件所引起的变更。

第17-7条

（1973年1月9日第73-42号法律）在没有协定作出规定的情况下，领土的合并和让与对法国国籍的效力，按以下规定处理。

第17-8条

（1973年1月9日第73-42号法律）主权转移之日住所在与法国合并之领土上的让与国的国民，取得法国国籍，但实际定居在该领土之外的除外；依相同保留条件，主权转移之日住所在法国让与的领土上的法国人，丧失法国国籍。

第17-9条

（1973年1月9日第73-42号法律）共和国原有的海外省或海外领地取得独立对法国国籍的效力，依本编第七章的规定。

第17-10条

（1973年1月9日第73-42号法律）第17-8条的规定，以解释性名义，适用于依据1945年10月19日之前订立的条约发生的领土让与及合并所引起的国籍变更。

但是，当时住所在法国依据1814年5月30日《巴黎条约》归还的领土上，随后将住所迁移至法国的外国人，仅在符合1814年10月14日法律的规定时，始能因住所迁移而取得法国国籍；出生在上述归还领土以外，但在其上保留有住所的法国人，适用上述条约，不丧失法国国籍。

第17-11条

（1945年10月19日第45-2441号授权法令）不影响对此前的协定已经作出的解释，如果有关的国际协定没有明文规定，在任何情形下均不因国际协定引起改变国籍。

第 17-12 条

（1973 年 1 月 9 日第 73-42 号法律）如果依据某项国际协定的条款的表述，改变国籍应当完成一项选择行为时，该行为的形式按其实施时所在的缔约国的法律确定。

第二章　原始法国国籍

第一节　依亲子关系为法国人①

第 18 条

（1973 年 1 月 9 日第 73-42 号法律）父母至少一方为法国人，（2005 年 7 月 4 日第 2005-759 号授权法令删除"婚生或非婚生"）其子女为法国人。

第 18-1 条

（1993 年 7 月 22 日第 93-933 号法律）但是，如果父母仅一方为法国人，他们的不出生在法国的子女有权在成年之前 6 个月以及在成年之后 12 个月内选择放弃法国人资格。

（1973 年 1 月 9 日第 73-42 号法律）如果儿童的外国籍或无国籍的父或母一方在儿童未成年时已取得法国国籍，该儿童丧失前款所指的选择权利。

---

① "les français par filiation"，也译为"依血统为法国人"。

第二节　依出生在法国为法国人

第 19 条

（1973 年 1 月 9 日第 73-42 号法律）父母不明,出生在法国的儿童为法国人。

但是,如果儿童在未成年期间已经对外国人确立亲子关系并且按照该外国人国家的法律具有该外国国籍的,视该儿童从未是法国人。

第 19-1 条

（1973 年 1 月 9 日第 73-42 号法律）以下所列之人为法国人：

1. 父母无国籍,他们的出生在法国的子女；

2. 父母为外国人,子女本人出生在法国,（2003 年 11 月 26 日第 2003-1119 号法律）但依父母之外国国籍法,任何一方的国籍均不能转移给子女的。

（1998 年 3 月 16 日第 98-170 号法律）但是,如果前两点所指的子女在未成年时期因父母一方取得或者占有外国国籍并转移至该子女的,视该子女从未是法国人。

第 19-2 条

（1973 年 1 月 9 日第 73-42 号法律）儿童的出生证书是依据本法典第 58 条之规定作成的,推定其出生在法国。

第 19-3 条

（1973 年 1 月 9 日第 73-42 号法律）父母中至少有一人出生在法国,他们的出生在法国（2005 年 7 月 4 日第 2005-759 号授权法令删除"婚生或非婚生"）的子女为法国人。

第 19-4 条

（1993 年 7 月 22 日第 93-933 号法律）但是，如果父母中仅有一人出生在法国，法国儿童依第 19-3 条的规定在其达到成年年龄之前 6 个月以及在成年之后 12 个月内有选择放弃法国人身份的权利。

（1973 年 1 月 9 日第 73-42 号法律）如果在儿童未成年时期（1993 年 7 月 22 日第 93-933 号法律）父母中一人已经取得法国国籍，该儿童丧失前款所指的选择权利。

第三节　共同规定

第 20 条

（1973 年 1 月 9 日第 73-42 号法律）子女依据本章的规定为法国人的，视其自出生起为法国人，即使其具备法律规定的赋予法国国籍的条件仅在此后才得到确认，亦同。

（1976 年 12 月 22 日第 76-1179 号法律）经完全收养的儿童的国籍，依照以上第 18 条、第 18-1 条、第 19-1 条、第 19-3 条及第 19-4 条所作的区分确定。

但是，出生之后才确定法国人资格，并不损及利益关系人此前订立的合同的有效性，也不损及第三人此前依据儿童的表见国籍已经取得的权利。

第 20-1 条

（1973 年 1 月 9 日第 73-42 号法律）儿童的亲子关系，只有如其在未成年期间即已确立时，才对其国籍产生效力。

第 20-2 条

（1993 年 7 月 22 日第 93-933 号法律）在本编所指情况下占有放弃法国国籍之选择权的法国人，得以其依照第 26 条及随后条款的规定签署的声明行使此项权利。

前款所指的法国人自年满 16 周岁起可以按照该款所指的相同条件放弃此项选择权利。

第 20-3 条

(1973 年 1 月 9 日第 73-42 号法律) 在前条所指情况下,任何人如果未证明其依血统已经有外国国籍,均不得放弃法国国籍。

第 20-4 条

(1998 年 3 月 16 日第 98-170 号法律) 缔结参加法国军队之义务的法国人,丧失选择放弃法国国籍的权利。

第 20-5 条

(1973 年 1 月 9 日第 73-42 号法律) 第 19-3 条与第 19-4 条的各项规定不适用于外交人员或外国籍的职业领事人员的出生在法国的子女。

(1993 年 7 月 22 日第 93-933 号法律) 但是,前款所指的儿童有权 (1998 年 3 月 16 日第 98-170 号法律) 依照第 21-11 条的规定自愿取得法国人资格。

第三章　法国国籍的取得

第一节　取得法国国籍的方式

第一目　因亲子关系取得法国国籍

第 21 条

(1973 年 1 月 9 日第 73-42 号法律) 简单收养,不当然对被收养人的国籍产生任何效力。

第二目 因婚姻取得法国国籍

第 21-1 条

（1973 年 1 月 9 日第 73-42 号法律）结婚，不当然对国籍产生任何效力。

第 21-2 条

（2006 年 7 月 24 日第 2006-911 号法律第 79 条）外国人或者无国籍人与法国籍配偶结婚，自结婚起经过 4 年（1998 年 3 月 16 日第 98-170 号法律规定为"2 年"）期限之后，可以通过提出声明取得法国国籍，但以其在提出此项声明之日夫妻之间情感上和物质上的共同生活自结婚以后不曾停止以及法国籍配偶仍然保留法国国籍为条件。

外国人在提出前项声明时，如果不能证明其自结婚起在法国不间断地符合规定居住至少 3 年，或者不能提出证据证明其法国籍配偶在他们到国外共同生活期间在法国之外制作的法国人登记簿上进行登记，那么，要求夫妻共同生活的期限增加至 5 年。此外，如果是在国外举行结婚，则应当事先在法国户籍登记簿上进行登记。

此外，外国籍配偶（2011 年 6 月 16 日第 2011-672 号法律第 3 条）还应当证明按照其条件充分掌握法语知识。掌握法语的水平以及评价方式，由最高行政法院提出资政意见后颁布的法令具体确定。

第 21-3 条

（1973 年 1 月 9 日第 73-42 号法律）除第 21-4 条与第 26-3 条规定的保留外，当事人于其提交的声明登记之日取得法国国籍。

第 21-4 条

（1993 年 7 月 22 日第 93-933 号法律）政府得以经最高行政法院提

出资政意见后颁布的法令,以声明人不具备资格或者(2003年11月26日第2003-1119号法律)除语言以外的不能融入法国社会(défaut d'assimilation)之其他原因,反对法国人的外国籍配偶自出具第26条第2款所指的(登记)收据之日起(2006年7月24日第2006-911号法律第80条)2年(原规定为"1年")期限内取得法国国籍;或者,如果当事人提交的声明被拒绝登记,政府得反对该人自承认其声明符合规定的法院判决产生既判事由之确定力①之日起2年(原规定为"1年")期限内取得法国国籍。

(2006年7月24日第2006-911号法律第80条)法国人的外国籍配偶实行一夫多妻制的实际状况,或者外国籍配偶因实施《刑法典》第222-9条所指的犯罪受到有罪判决,并且是对未满15周岁的未成年人实行此种犯罪的,构成该人不能融入法国社会之原因。

(1973年1月9日第73-42号法律)在政府反对当事人加入法国国籍的情况下,视当事人从未取得法国国籍。

但是,在当事人提交的声明与政府提出反对其取得法国国籍的行政令两者期间缔结的合同的有效性,不因缔结该合同的一方未能取得法国国籍而受到异议。

第21-5条

(1973年1月9日第73-42号法律)经法国法院作出判决宣告无效的婚姻,或者经外国法院作出的、其效力在法国得到承认的判决宣告无效的婚姻,并不导致第21-2条所指的利益于善意缔结婚姻的配偶一方的声明失去效力。

---

① 此处原文为"force de chose jugée",与"autorité de la chose jugée"(既判力)概念有所不同。参见第1355条译者简述。

第 21-6 条

（1973 年 1 月 9 日第 73-42 号法律）婚姻被撤销，对该婚姻所生子女的国籍不产生任何影响。

第三目　依出生和居住在法国取得法国国籍

第 21-7 条

（1998 年 3 月 16 日第 98-170 号法律）父母为外国人，他们的出生在法国的所有子女，如果在成年之日在法国有居所，以及自年满 11 周岁开始至少有 5 年连续或间断时期在法国有惯常居所，得于其成年之日取得法国国籍。

各司法法院、地方行政部门、公共组织与公共服务部门，特别是教育机构，有义务将有关国籍的现行规定告知公众，尤其有义务向适用第 1 款规定的人进行此项告知。最高行政法院提出资政意见后颁布的法令对进行告知的条件作出规定。（1998 年 9 月 1 日起生效）

第 21-7 条原条文：（1993 年 7 月 22 日第 93-933 号法律）父母为外国人，他们的出生在法国的子女，自年满 16 周岁起至 21 周岁止，可以取得法国国籍，但以其表明此种意愿，并且在表明意愿之日居住在法国，且能够证明此前 5 年期间在法国有惯常居所为条件。

对于第 21-20 条意义上的法语国家的外国人，可以不要求 5 年期间在法国有惯常居所之条件。

经最高行政法院提出资政意见后颁布的法令确定，公共组织机构，尤其是教育机构、社会保险组织与地方行政部门依何种条件将现行的国籍法有关规定告知公众，尤其是告知本条所涉及的个人。

第 21-8 条

（1998 年 3 月 16 日第 98-170 号法律）当事人按照第 26 条及随后

条款规定的条件,并且以其证明具有外国国籍为保留条件,有权在成年之前6个月或者在成年之后12个月内声明放弃法国人资格。

后一种情况下,视其从未是法国人。

第21-8条原条文:(1993年7月22日第93-933号法律)但是,在18周岁至21周岁之间因犯罪受到下列惩处的外国人,丧失依前条的规定承认其享有的权利:

——因侵害国家基本利益之重罪或轻罪,或者因恐怖活动罪,被判处任何监禁刑的;

——因故意伤害人之生命罪、造成他人死亡之暴力罪、毒品走私罪或淫媒牟利罪,被判处6个月或6个月以上无缓期监禁刑的;

——故意伤害未满15周岁的未成年人的生命或身体,或者因对未满15周岁的未成年人实施性侵犯,被判处6个月或6个月以上无缓期监禁刑的;

——(1993年12月30日第93-1417号法律)受到驱逐,且驱逐令未经明文撤销或废除,或者受到禁止进入法国领域,禁止令并未完全执行的外国人,也适用以上规定。

第21-9条

(1998年3月16日第98-170号法律)具备第21-7条有关取得法国人资格之条件的人,如果缔结参加法国军队之义务,丧失放弃法国人资格的选择权利。

父母为外国人,其出生在法国的子女以应征入伍的身份正规编入(法国)部队编制的,自其入伍之日取得法国国籍。

第21-10条

(1998年3月16日第98-170号法律)第21-7条至第21-9条之规定,不适用于外交人员和外国籍的职业领事人员的出生在法国的子女,但这些儿童有依照第 21-11 条的规定自愿选择取得法国国籍的权利。

第 21-11 条

（1998 年 3 月 16 日第 98-170 号法律）父母为外国人，他们的出生在法国的未成年子女自年满 16 周岁起，按照第 26 条及随后条款规定的条件提出声明，并且如其在提出声明之日在法国有居所，以及如其自年满 11 周岁开始至少有 5 年连续或间断的时期在法国经常居住，可以要求取得法国国籍。

（2007 年 11 月 20 日第 2007-1631 号法律第 39 条）外国籍的父母，自他们的出生在法国的子女年满 13 周岁开始，可以按照相同条件，以这些未成年子女的名义，为他们申请法国国籍。在此情况下，这些子女应当符合自年满 8 周岁起经常在法国居住之条件。为未成年人申请法国国籍，需得到未成年人同意，但如果按照第 17-3 条第 3 款规定的方式认定未成年人的精神官能或身体官能受到损坏，因而不能表达意愿的除外。

第四目 经提出国籍声明取得法国国籍

第 21-12 条

（1973 年 1 月 9 日第 73-42 号法律）由具有法国国籍的人简单收养的子女，至其成年之前，均可以声明（déclaration de nationalité，有关国籍的声明）其按照第 26 条及随后条款规定的条件要求取得法国人资格，但其提出声明之日应当居住在法国。

（1998 年 3 月 16 日第 98-170 号法律）对于具有法国国籍、在法国没有惯常居所的人简单收养的子女，取消有关居所的条件要求。

下列情形，得按照同样条件要求取得法国国籍：

1. （2016 年 3 月 14 日第 2016-297 号法律第 42 条）由具有法国国

籍的人按照司法判决收留并抚养至少已经3年(原规定为"5年")的儿童,或者交由救助儿童社会部门收容的儿童;

2. 由法国公共组织机构,或者由具有最高行政法院提出资政意见后颁布的法令确定的性质的私立组织机构在法国收留并抚养的儿童,如果收留与抚养条件能够使该儿童至少在5年期间接受法国教育的。

(最后一款由1993年7月22日第93-933号法律废止)

第 21-13 条

(1973年1月9日第73-42号法律)在提出声明之前10年期间一直占有法国人身份①的人,可以(1993年7月22日第93-933号法律)按照第26条及随后条款的规定提出声明,要求取得法国国籍。

申请人提出声明之前作成的证书的有效性,需以占有法国国籍为条件;只能以提出声明的人在此前不具有法国国籍为唯一原因对此证书的有效性提出异议。

第 21-13-1 条

(2015年12月28日第2015-1776号法律第38条)年龄至少已经65周岁,符合规定惯常在法国居住至少已经25年、属于法国国民直系尊血亲的人,可以按照第26条至第26-5条的规定提出声明,要求取得法国国籍。

(当事人是否具备)本条第1款确定的条件,按照提出该款所指的声明之日的情况评判。

政府可以依照第21-4条规定的条件反对提出声明的人主张按照本条的规定取得法国国籍。

---

① 关于法国亲属法(droit de famille,家庭法)上的占有身份,参见第196条、第197条(有关占有夫妻身份)、第311-1条、第311-2条(关于亲子关系方面占有身份);依法国国籍法,占有身份可以作为取得国籍的依据。

第 21-13-2 条

（2016年3月7日第2016-274号法律第59条）自6周岁起惯常在法国领土上居住的人，如果在接受国家监督的教育机构内接受法国义务教育，在其有兄弟姐妹已经依照第21-7条或者第21-11条的规定取得法国国籍的情况下，可以在其成年时依照第26条至第26-5条的规定向法国行政部门提出声明，要求取得法国国籍。

第21-4条的规定适用于依照本条的规定提出的声明。

第 21-14 条

（1993年7月22日第93-933号法律）依照第23-6条的规定已经丧失法国国籍的人，或其提出的请求依照第30-3条的规定被宣告不予受理的人，得依照第26条及随后条款的规定提出声明，要求取得法国国籍。

前款所指之人，此前应当与法国保有或者取得文化、职业、经济或家庭方面的明显联系，或者在法国军队的一个部门内实际完成服役义务，或者战争时期在法国或盟国军队里参加战斗。

在法国军队的一个部门内实际完成服役义务，或者战争期间在法国或盟国军队里参加过战斗的人的生存配偶，也可以享有本条第1款规定的利益。

第五目 依公共权力机关的决定取得法国国籍

第 21-14-1 条

（1999年12月29日第99-1141号法律）参加法国军队并在执行任务或者开展行动时负伤的任何外国人，提出申请，按照国防部长的提议，经行政令授予其法国国籍。

如果当事人在前款所指条件下死亡，在其死亡之日具备第22-1条规定的居所条件的该人的未成年子女,适用相同程序。

第 21-15 条

(1999 年 12 月 29 日第 99-1141 号法律)除第 21-14-1 条所指情况外,依公共权力机关的决定取得法国国籍,由外国人申请,通过行政令予以同意。

第 21-16 条

(1945 年 10 月 19 日第 45-2441 号授权法令)任何人,如其在入籍行政令签署时在法国没有居所,不能加入法国国籍。

第 21-17 条

(1993 年 7 月 22 日第 93-933 号法律)除第 21-18 条、第 21-19 条与第 21-20 条规定的例外情形,只有证明在提交申请之前 5 年期间在法国有惯常居所的外国人,始能同意其加入法国国籍。

第 21-18 条

(2011 年 6 月 16 日第 2011-672 号法律)下列之人,第 21-17 条所指的条文中提及的事先在法国有惯常居所的时间减为 2 年:

1. 为取得法国大学或高等教育机构颁发的毕业文凭,圆满完成 2 年高等教育学业的外国人;

2. 以其能力和才干已经为法国或者可以为法国作出重要贡献的人;

3. (2011 年 6 月 16 日第 2011-672 号法律第 1 条)从公民事务、科学、经济、文化或体育领域已从事的活动或完成的行动来评价,具有融入法国社会之特别经历的外国人。

第 21-19 条

(1993 年 7 月 22 日第 93-933 号法律)下列之人,不要求具备事先在法国有居所之条件,可以加入法国国籍:

1.（2006 年 7 月 24 日第 2006-911 号法律第 82 条废止）。

2.（2006 年 7 月 24 日第 2006-911 号法律第 82 条废止）。

3.（1993 年 7 月 22 日第 93-933 号法律废止）。

4.（1973 年 1 月 9 日第 73-42 号法律）在法国军队的一个部门里实际完成服役，或者战争时期志愿参加法国军队或盟国军队的外国人。

5.（2006 年 7 月 24 日第 2006-911 号法律第 82 条废止"法国过去曾对其行使主权、宗主权、托管权或保护权的领土或国家的侨民或原侨民"）。

6. 为法国提供过特别服务的外国人，或者其加入法国国籍对法国具有特殊利益的外国人。此种情况，只有在听取最高行政法院依据有管辖权的部长的报告提出意见之后才能同意签发入籍行政令。

7.（1998 年 3 月 16 日第 98-170 号法律）依据 1952 年 7 月 25 日关于设立法国保护避难者和无国籍人管理局的第 52-893 号法律已经取得避难者身份的外国人。

第 21-20 条

（1993 年 7 月 22 日第 93-933 号法律）隶属于法国语言与文化实体的人，如其是以法语为官方语言或官方语言之一的领土或国家的侨民，或者其母语是法语，或者能证明在使用法语的教育机构内至少有 5 年学历，可以加入法国国籍，不要求具备此前一定时间内在法国有居所之条件。

第 21-21 条

（1993 年 7 月 22 日第 93-933 号法律）以其从事的杰出活动，为提高法国的声望以及促进国际经济关系的发展作出贡献、讲法语并且提出加入法国国籍申请的任何外国人，依外交部提出的建议，经入籍手续，得给予其法国国籍。

第 21-22 条

（2006 年 7 月 24 日第 2006-911 号法律第 83 条废止"除可以援用

第 21-19 条规定之利益的未成年人以外"）任何人，如果未满 18 周岁，均不得加入法国国籍。

（2006 年 7 月 24 日第 2006-911 号法律第 83 条）但是，父母中有一人已经取得法国国籍，他们的仍然为外国人的未成年子女如果证明在提出入籍申请之前 5 年与该人一起在法国居住，可以同意其加入法国国籍。

第 21-23 条

（1973 年 1 月 9 日第 73-42 号法律）任何人，如果没有良好的生活与道德，或者受到本法典第 21-27 条所指的有罪判决，不得加入法国国籍。

但是，在国外宣告的有罪判决可不予考虑；在此情况下，仅在听取最高行政法院的同意意见后，始得签发宣告（当事人）加入法国国籍的行政令。

第 21-24 条

（1945 年 10 月 19 日第 45-2441 号授权法令）任何人，如果不能证明其可以融入法国社会，特别是按照其条件，不能充分掌握法语，（2011 年 6 月 16 日第 2011-672 号法律第 2 条）了解法国历史、文化和社会，（2003 年 11 月 26 日第 2003-1119 号法律）充分了解法国国籍所赋予的权利和义务，以及（2011 年 6 月 16 日第 2011-672 号法律第 2 条）赞同共和国的根本原则与价值，不得加入法国国籍。如何评价申请人在这方面的水平以及评判方式，由最高行政法院提出资政意见后颁布的法令作出具体规定。

在对当事人融入社会的状况进行监督审查之后，由其签署《法国公民权利与义务宪章》（la charte des droits et des devoirs du citoyen français）。最高行政法院提出资政意见后颁布的法令批准的这项宪章向(当事人)重申法兰西共和国的根本原则、价值与标志象征。

第 21-24-1 条

(2003 年 11 月 26 日第 2003-1119 号法律)政治避难者以及至少 15 年以来一直符合规定在法国惯常居住且年龄已过 70 周岁的无国籍人,不要求具备掌握法语之条件。

第 21-25 条

(1945 年 10 月 19 日第 45-2441 号授权法令)由最高行政法院提出资政意见后颁布的法令确定条件,对外国人在提出加入法国国籍申请时的健康状况和融入法国社会状况进行审查。

第 21-25-1 条

(2006 年 7 月 24 日第 2006-911 号法律第 84 条)对于通过入籍方式取得法国国籍的申请,公共权力机关最迟应当在 18 个月内作出答复。为制作完整案卷,申请人应提交各项必要的材料。立即向申请人出具确认已经提交证明材料的回证(回执),18 个月期间自此日开始计算。

提出入籍申请的外国人证明其至提交申请时在法国有惯常居所至少已经 10 年的,第 1 款所指的期限减为 12 个月。

前两款所指期限,得以说明理由的决定延长一次,延长的时间为 3 个月。

第六目 有关取得法国国籍的特定方式的共同规定

第 21-26 条

(1973 年 1 月 9 日第 73-42 号法律)凡是规定在法国有居所是取得法国国籍之条件的,以下所指情况视同在法国有居所:

1. 为法国的国家利益,或者为所从事的活动对法国经济和文化具

有特别利益的组织机构的利益,在国外从事公共性质或私人性质的职业活动的外国人,在法国国外居留的时间;

2. 在法令指明的与法国同属关税联盟的国家内居留的时间;

(1998年3月16日第98-170号法律)3. 和平时期或战争时期,在法国军队的正规编制内或者以《国民兵役法典》第二编所指的服役名义在国外停留的时间;

4. 以志愿人员的身份为法国国家服务,在国外停留的时间。

利益于夫妻一方的有关视同居所的规定,如果夫妻二人实际在一起居住,扩张至夫妻之另一方。

第21-27条

(1998年3月16日第98-170号法律)任何人,有下述情形的,不得取得法国国籍或加入法国国籍:如其因危害国家基本利益或恐怖活动之重罪或轻罪受到有罪判决,或者不论所犯何罪,被判处6个月或6个月以上无缓期监禁刑的;

(1993年12月30日第93-1417号法律)如其受到驱逐,且驱逐令没有明文规定推迟执行或者没有撤销的,或者禁止进入法国领域的禁止令尚未执行完毕的;

(1993年8月24日第93-1027号法律第32条)依据有关外国人在法国居留的法律和条例的规定,不符合规定在法国居留的人,亦同。

(1998年3月16日第98-170号法律)本条规定不适用于依照第21-7条、第21-11条、第21-12条与第22-1条的规定可以取得法国国籍的未成年子女,(2003年11月26日第2003-1119号法律)也不适用于享有当然恢复权利之利益或者依照《刑法典》第133-12条的规定享有司法恢复权利之利益的被判刑人,或者依照《刑事诉讼法典》第775-1条与第775-2条的规定,在犯罪记录第2号登记表上不予记录其受到的有罪判决的人。

第 21-27-1 条

（2011 年 6 月 16 日第 2011-672 号法律第 4 条）当事人依公共权力机关的决定或者依据其提出的声明取得法国国籍时，应当向有权限的主管机关指出其已经占有一国或数国国籍，其在法国国籍之外保留的一国或数国的国籍及其打算放弃的一国或数国的国籍。

第七目 取得法国公民资格的欢迎仪式

（2006 年 7 月 24 日第 2006-911 号法律第 85 条）

第 21-28 条

（2006 年 7 月 24 日第 2006-911 号法律第 86 条）自当事人取得法国国籍之日起 6 个月期限内，由国家在各省的代表或者巴黎警察局局长安排一项仪式，欢迎居住在本省内的本法典第 21-2 条、第 21-11 条、第 21-12 条、(2015 年 12 月 28 日第 2015-1776 号法律第 38 条) 第 21-13-1 条、(2016 年 3 月 7 日第 2016-274 号法律第 60 条) 第 21-13-2 条、第 21-14 条、第 21-14-1 条、第 21-15 条、第 24-1 条、第 24-2 条与第 32-4 条以及 1964 年 12 月 26 日关于批准 1963 年 5 月 6 日在斯特拉斯堡签署的欧洲理事会有关减少多重国籍以及在多重国籍情况下履行军事义务的第 64-1328 号协议第 2 条所指的人取得法国公民资格。

在本省当选的国民议会议员与参议员应邀出席欢迎仪式。

依照第 21-7 条的规定当然取得法国国籍的人，应邀出席自颁发第 31 条所指的法国国籍证书起 6 个月期限内举行的这一仪式。

（2011 年 6 月 16 日第 2011-672 号法律第 5 条）在欢迎仪式上，向本条第 1 款与第 3 款所指的已经取得法国国籍的人交付一份第 21-24 条所指的《法国公民权利与义务宪章》。

第 21-29 条

（2006 年 7 月 24 日第 2006-911 号法律第 87 条）国家在各省的代表或者巴黎警察局局长，向作为身份官员的市长报告居住在本市镇行政区内的可以享有取得法国国籍之仪式利益的人的身份与地址。

在市长提出要求时，可以批准其以身份官员的身份组织取得法国国籍的欢迎仪式。

第二节　取得法国国籍的效力

第 22 条

（1983 年 12 月 8 日第 83-1046 号法律）取得法国国籍的人，自取得国籍之日，享有与法国人资格相关的所有权利，承担与之相关的各项义务。

第 22-1 条

（1998 年 3 月 16 日第 98-170 号法律）父母中有一人已经取得法国国籍的，他们的（2005 年 7 月 4 日第 2005-759 号授权法令废止"婚生或非婚生或者完全收养的"）未成年子女，如果与该法国籍父或母在法国有相同的惯常居所，或者在父母分居或离婚的情况下，交替与该方在一起居住，依法当然成为法国人。

父母一方是经公共权力机关作出决定或经提出有关国籍的声明取得法国国籍时，只有在该（1999 年 12 月 29 日第 99-1141 号法律废止"入籍"）行政令或者有关国籍的声明上写有其姓名的子女才适用本条的规定。

第 22-2 条

（1973 年 1 月 9 日第 73-42 号法律）前条规定不适用于已婚的

子女。

第 22-3 条

（1993 年 7 月 22 日第 93-933 号法律）但是，依据第 22-1 条的规定，不是出生在法国的儿童，在其成年之前 6 个月以及成年之后 12 个月内有放弃法国人资格的选择权利。

前款所指之人依照第 26 条及随后条款的规定经提出声明，行使这一选择权利。

第 1 款所指的人，自年满 16 周岁开始，得依相同条件放弃此项选择权利。

第四章　法国国籍的丧失、剥夺与恢复

第一节　法国国籍的丧失

第 23 条

（1973 年 1 月 9 日第 73-42 号法律）平常居住在国外的法国籍成年人，自愿取得外国国籍的，仅在其按照本编第 26 条及随后条款规定的条件明确声明放弃法国国籍时，始丧失法国国籍。

第 23-1 条

（1973 年 1 月 9 日第 73-42 号法律）自当事人提交取得外国国籍的申请之日即可为丧失法国国籍而作出声明，并且此项声明最迟可以在当事人取得外国国籍之日起 1 年期限内提出。

第 23-2 条

（1998 年 3 月 16 日第 98-170 号法律）年龄不满 35 周岁的法国人，

只有履行了《国民兵役法典》第二编规定的义务,才能提出第 23 条与第 23-1 条所指的声明。

第 23-3 条

(1973 年 1 月 9 日第 73-42 号法律)法国人(1998 年 3 月 16 日第 98-170 号法律)在第 18-1 条、第 19-4 条与第 22-3 条所指情况下行使放弃法国国籍之选择权利的,丧失法国国籍。

第 23-4 条

(1973 年 1 月 9 日第 73-42 号法律)法国人已经有外国国籍的,即使尚未成年,依其提出请求,经法国政府准许(autoriser),丧失法国国籍。

此项允许,以行政令给予。

(第 3 款由 1993 年 7 月 22 日第 93-933 号法律废止)

第 23-5 条

(1973 年 1 月 9 日第 73-42 号法律)有法国国籍的人与外国人结婚,取得配偶的国籍并且夫妻惯常居所确定在国外的,法国籍配偶可以依照第 26 条及随后条款的规定放弃法国国籍。

(1998 年 3 月 16 日第 98-170 号法律)但是,年龄不满 35 周岁的法国人,只有履行了《国民兵役法典》第二编规定的义务,才能行使放弃法国国籍之选择权利。

第 23-6 条

(1973 年 1 月 9 日第 73-42 号法律)当事人虽因血统具有法国原始国籍,但从未占有此种身份且在法国没有惯常居所的,如果其据以享有法国国籍的直系尊血亲也不占有法国人身份且在法国没有惯常居所的时间已达 50 年,可以经法院判决,确认其丧失法国国籍。

法院判决应当确定该人丧失法国国籍的日期。判决还可确定当事人的上辈人此前已经丧失法国国籍,并认定该当事人从来不是法国人。

第 23-7 条

(1973 年 1 月 9 日第 73-42 号法律)法国人,在事实上以某个外国的国民身份行为处事,如其有该外国的国籍,可以由最高行政法院提出同意意见后颁布行政令宣告其丧失法国国籍。

(第 2 款由 1984 年 5 月 7 日第 84-341 号法律废止)

第 23-8 条

(1973 年 1 月 9 日第 73-42 号法律)在外国军队服役或在外国公共部门任职,或者在法国没有加入的国际组织任职的法国人,广而言之,为外国军队或公共部门或前述国际组织提供协助的法国人,尽管法国政府向其发出指令禁止其行为,仍然不辞去工作或者不停止协助的,丧失法国国籍。

如果当事人在政府向其发出的命令所限定的期限内仍然没有终止其活动,由最高行政法院提出资政意见后颁布行政令,宣告其丧失法国国籍。前述期限不得少于 15 天,也不得超过 2 个月。

如果最高行政法院提出不同意见,仅得由内阁会议发布行政令采取前款所指的措施。

第 23-9 条

(1973 年 1 月 9 日第 73-42 号法律)丧失法国国籍,按以下规定产生效力:

1. 第 23 条所指情形,自取得外国国籍之日;
2. 第 23-3 条及第 23-5 条所指情形,自提出声明之日;
3. 第 23-4 条及第 23-7 条与第 23-8 条所指情形,自行政令发布之日;

4. 第 23-6 条所指情形，自法院判决确定的日期。

第二节　法国国籍的恢复

第 24 条

（*1973 年 1 月 9 日第 73-42 号法律*）经认定曾经占有法国人资格的人，按照以下各条所定的区别情况，经行政令决定，或者经提出声明，恢复法国国籍。

第 24-1 条

（*1973 年 1 月 9 日第 73-42 号法律*）在任何年龄均可按照行政令的决定恢复法国国籍，不要求具备事先在法国有居所之条件；除此之外，恢复法国国籍应当遵守有关加入法国国籍的各项条件和规则。

第 24-2 条

（*1973 年 1 月 9 日第 73-42 号法律*）由于与外国人结婚或者因某项个人性质的措施而取得外国国籍的人，（*1993 年 7 月 22 日第 93-933 号法律*）依第 21-27 条规定的保留条件，经其依照第 26 条的规定在法国或国外提出声明，可以恢复法国国籍。

前款所指之人（在恢复国籍之前）应当与法国保持或者已经取得明显的联系，尤其是文化、职业或家庭方面的明显联系。

第 24-3 条

（*1993 年 7 月 22 日第 93-933 号法律*）按照行政令的决定或者经提出声明恢复法国国籍，对于年龄不满 18 周岁的子女，依本编第 22-1 条与第 22-2 条的规定产生效力。

第三节 法国国籍的剥夺

第 25 条

（1973 年 1 月 9 日第 73-42 号法律）已经取得法国人资格的人有下列情形的，得经最高行政法院提出的同意意见之后发布行政令剥夺其法国国籍，(1998 年 3 月 16 日第 98-170 号法律）但剥夺法国国籍导致该人成为无国籍人的情况除外：

1. 如其因（1993 年 7 月 22 日第 93-933 号法律）构成危害国家基本利益之重罪或轻罪，(1996 年 7 月 22 日第 96-647 号法律第 12 条）或者因构成恐怖活动罪之重罪或轻罪受到有罪判决；

2. 如其因（1993 年 7 月 22 日第 93-933 号法律）《刑法典》第四卷第三编第二章规定并惩处的重罪或轻罪之行为受到有罪判决；

3. 如其因逃避《国民兵役法典》规定的义务受到有罪判决；

4. 如其为外国利益从事与法国人身份不符的损害法国利益的活动；

5. (1998 年 3 月 16 日第 98-170 号法律废止："如其因法国法律认定为重罪并引起至少当处 5 年监禁刑的行为在法国或外国受到有罪判决"）。

第 25-1 条

（2003 年 11 月 26 日第 2003-1119 号法律）只有当第 25 条所指的归咎于当事人的犯罪行为发生在该人取得法国国籍之前或者发生在其取得法国国籍起 10 年之内时，才能宣告剥夺其法国国籍。

（1973 年 1 月 9 日第 73-42 号法律）只有自实行犯罪之日起 10 年期间内才能宣告剥夺法国国籍。

（2006年1月23日第2006-64号法律第21条）如果当事人受到指控的行为属于第25条第1点所指的行为，前两款规定的期限增至15年。

第五章　有关取得或丧失法国国籍的文书

第一节　有关国籍的声明

第26条

（2015年12月28日第2015-1776号法律第38条）依据第21-2条的规定，由于与法国籍配偶结婚，或者依据第21-13-1条的规定，由于直系尊血亲有法国人的身份，(2016年3月7日第2016-274号法律第60条）或者依据第21-13-2条的规定，因兄弟姐妹有法国人的身份，据此提出的有关（法国）国籍的声明①由行政机关接收之；（2009年5月12日第2009-526号法律）其他有关国籍的声明，(2016年11月18日第2016-1547号法律第16-1条）由司法法院书记室主任书记员或者法国领事按照最高行政法院提出资政意见后颁布的法令规定的形式接收。

（1993年7月22日第93-933号法律）在用于证明该项声明具有可受理性的必要材料提交之后，应当（向提交材料的当事人）出具收据。

第26-1条

（1993年7月22日第93-933号法律）在法国提出的有关国籍的任何声明，(2016年11月18日第2016-1547号法律第16-1条）由司法

---

① "有关国籍的声明"既包括申请取得国籍的声明，也包括申请丧失国籍的声明（参见第21-12条、第23条、第28条以及第32-5条）。

法院书记室主任书记员(原规定为"由法官")或者领事进行登录;在国外提出此项声明时,由司法部长登录,否则无效,(2009 年 5 月 12 日第 2009-526 号法律第 60 条)但以下声明除外,这些声明由负责入籍事务的部长登录:

1. 由于与法国籍配偶结婚而提出的入籍声明;

2. 由于直系尊血亲有法国国籍,依照第 21-13-1 条的规定提出的有关国籍的声明;

3. 由于兄弟姐妹有法国人的身份,依照第 21-13-2 条的规定提出的有关国籍的声明。

第 26-2 条

(1993 年 7 月 22 日第 93-933 号法律)有权接收有关国籍的声明并进行登录的司法法院的所在地与管辖范围由法令规定。

第 26-3 条

(1993 年 7 月 22 日第 93-933 号法律)有关国籍的声明不符合法定条件的,部长或(2016 年 11 月 18 日第 2016-1547 号法律第 16-1 条)司法法院书记室主任书记员得拒绝登录。

部长或司法法院书记室主任书记员作出的说明理由的决定,应通知提出声明的人;申请人得在 6 个月期限内向司法法院提出异议;未成年人,自其满 16 周岁起,得由其本人提起诉讼。

拒绝登录的决定,应在申请人提交证明其有关国籍的声明可予受理的各项材料并向其出具收据之后,最迟 6 个月内作出。

(2015 年 12 月 28 日第 2015-1776 号法律第 38 条)对于依据第 21-2 条的规定提出的声明,上述期限增至 1 年。

(2016 年 3 月 7 日第 2016-274 号法律第 60 条)第 21-13-1 条与第 21-13-2 条所指情况下,政府依据该条文的规定提起异议程序时,该期限增至 2 年。

第 26-4 条

（1993 年 7 月 22 日第 93-933 号法律）如果在法定期限内没有拒绝登记，声明的副本（1998 年 3 月 16 日第 98-170 号法律废止"或者包含有第 21-9 条所指之意思表示的材料"）退还申请人，并在其上注明该项声明"已登录"。

（2003 年 11 月 26 日第 2003-1119 号法律）在提交的声明进行登录之后（2006 年 7 月 24 日第 2006-911 号法律）2 年期限内，检察院得对不符合法定条件的有关国籍的声明提出异议。

提交的声明有弄虚作假或者舞弊行为的，自发现此种情形起 2 年期限内，检察院仍可对该声明的登录提出异议。① 夫妻在第 21-2 条所指的声明登录以后 12 个月内即停止共同生活的情形，成立舞弊行为之推定。

第 26-5 条

（1993 年 7 月 22 日第 93-933 号法律）除第 23-9 条第 1 点之保留规定外，有关国籍的声明一经登录，自其提出之日起产生效力。

（1998 年 3 月 16 日第 98-170 号法律废止："取得法国国籍的意思表示，按照第 21-9 条确定的条件产生效果。"）

第二节　行政决定

第 27 条

（1993 年 7 月 22 日第 93-933 号法律）凡是采用行政令宣告（1999

---

① 检察院一般不干预民事诉讼案件，但是，涉及公共秩序的事由，法律往往规定应当向检察院报送案卷，由检察院决定是否参与诉讼，甚至提起诉讼，特别是涉及人的身份能力，诸如国籍、亲子关系等，检察院参与诉讼的情形比较多见。参见第 29-3 条。

年12月29日第99-1141号法律)取得、加入或者恢复法国国籍的申请不予受理、推迟受理或者予以驳回的,以及批准丧失法国国籍的决定,均应当说明理由。

第27-1条

(1999年12月29日第99-1141号法律)取得、加入、恢复法国国籍或者批准丧失法国国籍以及载明丧失或剥夺法国国籍之事由的行政令,应当按照法令规定的形式作成并进行公示。此项行政令没有溯及力。

第27-2条

(1973年1月9日第73-42号法律)如果提出申请的人不符合法定条件,有关(1999年12月29日第99-1141号法律)取得、加入或恢复法国国籍的行政令,得自其在《法兰西共和国官方公报》上公告之日起1年期限内,依最高行政法院提出的同意意见予以撤销;通过欺骗或舞弊手段取得的行政决定,自发现舞弊行为起2年内得予撤销。

第27-3条

(1973年1月9日第73-42号法律)在因第23-7条与第23-8条所指的原因作出丧失或者剥夺法国国籍的行政令之前,应当听取当事人的辩解或者传唤当事人作出说明。

第三节 在户籍登记簿上登记

第28条

(1978年7月12日第78-731号法律)具有取得、丧失或者恢复法国国籍之效力的行政文书和声明,应当在(当事人的)出生证书的备注栏内作出记载。

(1998年3月16日第98-170号法律)凡是第一次颁发法国国籍证书以及涉及法国国籍的司法裁判性质的决定,亦应作出记载。

第28-1条

(1998年3月16日第98-170号法律)前条所指的有关国籍的记载,依职权写入出生证书的副本或该证书的节本,其上应指明亲子关系,或者写入替代出生证书而制作的证书的副本。

应有关当事人的请求,在其出生证书的(2007年12月20日第2007-1787号法律第11条)不指明亲子关系(原规定为"指明亲子关系")的节本中或者家庭户籍簿①上,亦应作出以上记载。但是,如果某人先前已经(1999年12月29日第99-1141号法律)取得法国国籍,或者经司法判决承认其法国国籍或已经取得签发的法国国籍证书,在其提出的有关文件上予以载明时,(1999年12月29日第99-1141号法律)取得、丧失、放弃法国国籍,丧失权利以及对取得法国国籍提出异议,撤销加入法国国籍的行政令,或者撤销确认外国国籍的司法决定,均应当依职权在出生证书的所有节本与家庭户籍簿上作出记载。

---

① 采用册页形式制作的有关家庭的户籍、身份的文件。巴黎公社时期,巴黎户籍登记资料几乎全部毁于战火,1974年5月15日关于家庭户籍本的第74-449号法令决定设置(家庭)"户籍簿",实际上成为法国户籍文件的第三副本。在结婚成立家庭时以及在第一个子女出生时,由户籍官员签发,其上登记的内容包括婚姻状况、子女出生、认领非婚生子女、收养等事项。根据具体情况,户籍簿上的登记事项可补充、变更。各省"家庭户籍簿"采用的开本、大小、颜色与形式并不相同。法国居民户籍、住所及其变动等方面的制度与我国有很大不同,(家庭)"户籍簿"不等同于我国居民的"户口簿"。

第六章　有关国籍的争议

第一节　司法法院的管辖权与适用的程序

第 29 条

（1973 年 1 月 9 日第 73-42 号法律）有关自然人的法国国籍或外国国籍的争议，普通法民事法院唯一有管辖权。

有关国籍的各种问题，在行政系统或司法系统的其他任何法院，均为先决问题，但设置重罪陪审团的刑事法院①除外。

第 29-1 条

（1993 年 7 月 22 日第 93-933 号法律）对有关自然人的法国国籍或外国国籍的争议，有管辖权的大审法院的所在地及其管辖范围，由法令确定。

第 29-2 条

（1973 年 1 月 9 日第 73-42 号法律）有关国籍的诉讼适月的程序，尤其是向司法部长呈送传唤通知书与准备书状以及上诉途径，均依《民事诉讼法典》的规定。

第 29-3 条

（1973 年 1 月 9 日第 73-42 号法律）任何人均有权向法院提起诉讼，诉请法院确认其占有或者不占有法国人资格。

---

① 审判军事重罪（有可能泄露国防机密时）、危害国家基本利益罪、恐怖活动罪的重罪法庭，不设陪审团。设陪审团的"重罪法庭"（cour d'assise），依照《刑事诉讼法典》第 231 条的规定，一审或上诉审对经起诉决定向其移送的人有完全的裁判权。

对于任何人，共和国检察官均享有前款所指的相同权利。在有关宣告国籍的诉讼中，共和国检察官为必要被告人；有关国籍的问题，只要以附带事件的名义提交到有权受理此种问题的法院，均应通知共和国检察官参加诉讼。

第 29-4 条

（1973 年 1 月 9 日第 73-42 号法律）如果公共行政部门提出请求，或者如果提出国籍问题抗辩的第三人向依照第 29 条的规定决定延期审理的法院提出请求，检察官应当提起诉讼。作为申请人的第三人应受通知参加诉讼。

第 29-5 条

（1973 年 1 月 9 日第 73-42 号法律）普通法院法官在有关法国国籍的案件中作出的判决，对于既不是诉讼当事人，也没有代理诉讼的人，具有相同效力。

但是，任何利益关系人，均得通过提出第三人异议①，请求撤销判决，但以共和国检察官受通知参加诉讼为条件。

第二节　向司法法院提出有关国籍的证据

第 30 条

（1973 年 1 月 9 日第 73-42 号法律）在涉及法国国籍的诉讼中，举

---

① 第三人异议，原文为"tierce opposition"（也译为"案外人异议"），即"第三人撤销之诉"。诉讼当事人以外的第三人或案外人，在当事人之间的诉讼所作的判决侵害其权益时提出撤销判决之诉。在法国，第三人撤销之诉（第三人异议）与向最高法院提出上诉、申请再审，统称为"非常上诉"，但第三人撤销之诉应当向作出受到异议的判决的原审法院提出。

证责任由国籍受到质疑的人负担。

但是,对持有按照第 31 条及随后条款颁发的法国国籍证书的人的法国人资格提出异议时,由提出异议的人负举证责任。

第 30-1 条

(1945 年 10 月 19 日第 45-2441 号授权法令)在经提出声明以及通过(1999 年 12 月 29 日第 99-1141 号法律)取得、加入、恢复国籍的行政令或者因领土合并以外的其他途径给予或取得法国国籍的情况下,只有经确定具备法律要求的全部条件时,始为提出证据。

第 30-2 条

(1961 年 12 月 22 日第 61-1408 号法律)但是,在只能依血统取得法国国籍的情况下,如果当事人以及可以向其传予法国国籍的父母中有一人始终占有法国人身份,该人的法国国籍视为得到确认。

(1993 年 7 月 22 日第 93-933 号法律)出生于马约特,1994 年 1 月 1 日已经成年的人,如果一直占有法国人身份,其法国国籍视为得到确认。

(2006 年 7 月 24 日第 2006-911 号法律第 110 条)自 2006 年 7 月 24 日关于移民与恢复国籍的第 2006-911 号法律颁布起 3 年期间,为适用本条第 2 款的规定,1994 年 1 月 1 日已经成年的人确认其出生于马约特的,如果证明其在 2006 年 7 月 24 日第 2006-911 号法律颁布之前至少已有 10 年在马约特的选举登记册上进行过选举登记,并且证明其在马约特有经常居所,即视为一直占有法国人之身份。

第 30-3 条

(1961 年 12 月 22 日第 61-1408 号法律)依血统而具有相应国籍的直系尊血亲在外国定居已达 50 年,其所生之人长期居住在国外或者曾经长期居住在国外的,如果该人本人或者可以向其传予法国国籍的父母中有一人不占有法国人之身份,不允许其举证证明其依血统而具有法国国籍。

法院在此情况下应当按照第 23-6 条的规定确认该人已经丧失法国国籍。

第 30-4 条

(1973 年 1 月 9 日第 73-42 号法律)除丧失或者剥夺法国国籍的情形外,仅在证明当事人不具备法律对占有法国人资格所要求的任何一项条件时,该人占有外国人身份的证据才能得到认定。

第三节 法国国籍证书

第 31 条

(2016 年 11 月 18 日第 2016-1547 号法律第 16-1 条)司法法院书记室主任书记员唯一有资格向任何证明自己具有法国国籍的人出具一份法国国籍证书。

第 31-1 条

(1993 年 7 月 22 日第 93-933 号法律)对出具国籍证书有管辖权的司法法院的所在地与管辖范围,由法令确定。

第 31-2 条

(1973 年 1 月 9 日第 73-42 号法律)国籍证书应当依据本编第二章、第三章、第四章与第七章的规定指明当事人占有法国人身份所依据的法律规定,以及可以确认此种身份的各项文件。证书,得以相反证据推翻之。

(1995 年 2 月 8 日第 95-125 号法律第 16 条)为制作国籍证书,(2016 年 11 月 18 日第 2016-1547 号法律第 16-1 条)司法法院书记室主任书记员在没有其他材料的情况下,得推定向其提交的颁发给外国人的身份证书包含有法国法律赋予的此种证书的效力。

第31-3条

（1945年10月19日第45-2441号授权法令）在（2016年11月18日第2016-1547号法律第16-1条）司法法院书记室主任书记员拒绝提交国籍证书时，当事人得向司法部长提出请求，由司法部长决定是否提交国籍证书。

第七章　特定领土的主权转移对法国国籍的效力

第32条

（1973年1月9日第73-42号法律）原籍在1960年7月28日构成法兰西共和国领土上的法国人，直至原来具有法兰西共和国海外省地位的领土获得独立之日一直居住在该领土之上的，保留法国国籍。

这些人的生存配偶以及直系卑血亲，亦同。

第32-1条

（1973年1月9日第73-42号法律）在阿尔及利亚自决的公民投票的结果正式公布之日居住在该国的享有普通法民事地位的法国人，无论从阿尔及利亚国籍的角度来看他们的地位如何，均保留沄国国籍。

第32-2条

（1973年1月9日第73-42号法律）1962年7月22日之前出生在阿尔及利亚、享有普通法民事地位的人，如果一直占有法国人身份，其法国国籍视为按第30-2条规定的条件得到认定。

第 32-3 条

（1973 年 1 月 9 日第 73-42 号法律）在原属于（法兰西）共和国海外省与海外领地的一国取得独立之日居住在该领土上的所有法国人，如果该国法律未赋予他其他任何国籍，当然保留法国国籍。

享有前款规定之利益的人的子女，在其父母居住地的领土取得独立之日未满 18 周岁的，亦保留法国国籍。

第 32-4 条

（1973 年 1 月 9 日第 73-42 号法律）共和国议会、法兰西联盟议会以及经济委员会的原成员，因一般规定而丧失法国国籍并取得外国国籍的，在其定居于法国时，得提出简单声明，恢复法国国籍。

这些人的生存配偶，不论是哪一方，以及他们的子女，亦享有此项权利。

第 32-5 条

（1993 年 7 月 22 日第 93-933 号法律）前条所指的恢复国籍的声明，在当事人年龄达 18 周岁时，由其按照第 26 条及随后条款的规定提出；不得由他人代理提出此项声明。

声明按第 22-1 条与第 22-2 条的规定对未成年的儿童产生效果。

第八章　受宪法第 74 条调整的海外领土及新喀里多尼亚的特别规定

第 33 条

（1973 年 1 月 9 日第 73-42 号法律）为适用本法典（本编）：

1. "大审法院"一语均以"一审法院"替代；

2. 按照第 21-28 条与第 21-29 条的规定,"在省内"一词由"在各行政区"或者"在新喀里多尼亚"替代。

在瓦里与弗图纳群岛、法属波利尼西亚、新喀里多尼亚按照第 68 条宣告的金钱性处罚使用当地货币宣告,但应考虑其与欧元的比值。

第 33-1 条

(1993 年 7 月 22 日第 93-933 号法律)尽管有第 26 条的规定,有关国籍的声明,由一审法院院长或负责委派部门的法官接收之。

第 33-2 条

(1993 年 7 月 22 日第 93-933 号法律)尽管有第 31 条的规定,一审法院院长或负责委派部门的法官,唯一有资格向所有能证明其具有法国国籍的人颁发国籍证书。

第二编　身份证书①

第一章　一般规定

第 34 条

（1922 年 10 月 28 日法律）身份证书写明其制作的年、月、日、时，身份官员的姓名以及证书上记载的每一个人各自的姓名、职业和住所。身份证书写明下列人等的出生日期与出生地点：

1. 出生证书与认领证书上写明的（2013 年 5 月 17 日第 2013-404 号法律）双亲②的出生日期与出生地点。

---

① "身份证书"（acte d'état civil），不是通常所说的"身份证"（carte d'idendité），而是一个人的户籍（身份）登记（表），是记载自然人身份，包括出生、婚姻、死亡等重要事件的文字档案，由公共权力机关以当事人的申报为基础登录于（专门的户籍）"登记簿"。在每一个市镇行政区，均由身份官员制作、签字并保存，其中保存的材料原件主要有出生证书、结婚证书、死亡证书；有些事件也应当在已有的文书、材料备注栏内作出记载，例如，认领子女、非婚生子女的准正、离婚判决等。"身份证书"与"身份官员"也可分别译为"户籍证书"与"户籍官员"。

② 中文在表述法语"époux"和"parents"等概念或称呼时，往往存在某种不确定性。"époux"一词，视其前面的冠词不同，可以译为配偶、丈夫、夫妻双方或夫妻一方（un époux），"parents"可以译为父母、双亲、亲属等。自 2013 年 5 月 17 日第 2013-404 号法律承认同性婚姻的立法以后，法国《民法典》的许多条文很难使用清晰术语来指称"mari"（丈夫）、"femme"（妻子）、"père"（父亲）、"mère"（母亲），从而改称"époux"或者"couple"（一对、一双，或者成双成对），尽管从传统婚姻的角度来说，"一对"也可以作为夫妻的别称。（转下页）

2. 认领证书上写明的子、女的出生日期与出生地点。

3. 结婚证书上写明的配偶双方的出生日期与出生地点。

4. 死亡证书上写明的死者的出生日期与出生地点,如果知道该日期和地点;相反情形,死者的年龄按照年数记明;所有情况下,均应当写明申报人的年龄。对于证人,仅写明他们具有成年人身份即可。

第 34-1 条

(2013 年 5 月 17 日第 2013-404 号法律第 2 条)身份证书由身份官员制作;身份官员在共和国检察官的监督下履行职责。

第 35 条

身份官员不得在其作成的证书中采用任何注解或说明,增加应当由到场的当事人申报的事项以外的其他任何事项。

第 36 条

在当事人并非必须亲自到场的情况下,可以通过公证的特别委托书委托他人代理。

第 37 条

(1879 年 12 月 7 日法律)身份证书的证人,不论是否亲属,也不论性别,均需年满 18 周岁。身份证书的证人,由当事人挑选。

(第 2 款由 1919 年 10 月 27 日法律废止)

第 38 条

(1958 年 8 月 23 日第 58-779 号授权法令)身份官员向到场的各当事人或当事人委托授权的人以及证人宣读证书。身份官员要求这些人在签字之前直接阅读证书。

(接上页)本书译文根据上下文,分别译为夫妻、配偶、父母、双亲。两个同性的人结婚,除他们相互有明确的指称外,很难确定丈夫、妻子,但法典有些条文仍然明文保留了"mari""femme""père""mère"等概念。

证书上应当记明履行了这些手续。

第 39 条

证书由身份官员、到场的各当事人以及证人签字；或者写明妨碍到场的人与证人签字的原因。

第 40 条

（2016 年 11 月 18 日第 2016-1547 号法律第 51 条）身份证书用纸本制作，在每一市镇行政区内，登录于一个或数个一式两份的登记簿。

市镇行政区建立了身份信息资料自动化处理系统的，应当确保具备证书的安全与完整性条件。为保存身份信息资料所采用的处理技术的各项性能，由最高行政法院提出资政意见后颁布的法令作出具体规定。

尽管有前款规定，凡是采用的身份信息资料自动化处理系统具备法令规定的技术性能的市镇行政区，免除建立身份证书第二备份的义务。

由外交部建立的身份证书，也适用此项免除事项。

第 41 条至第 45 条

（1962 年 8 月 3 日第 62-921 号法律废止）

第 46 条

在没有户籍登记簿或户籍登记簿遗失的情况下，得以证书作为证据，亦得以证人证明；在此情况下，结婚、出生与死亡，得以去世的父母留下的登记簿册和文件作为证明，也可以由证人作证。

（2019 年 3 月 23 日第 2019-222 号法律）在重建或者归还登记簿之前，可以用公知证书替代因发生灾难或战争导致原件被毁或下落不明的所有身份证书。

此种公知证书由公证人提交。

公知证书依据至少三名证人所作的声明以及提交的证实当事人身份的其他任何文件的信誉制作,公知证书由公证人与所有证人签字。

对申请人和证人,可以科处《刑法典》第441-4条规定的刑罚。

第47条

(2021年8月2日第2021-1017号法律)在外国符合该国通常采用的形式作成的法国人与外国人的身份证书,具有证明效力,但是,如果从掌握的其他文书或材料来看,以及从来自证书之外的材料或者文书本身的要件来看,(2006年11月14日第2006-1376号法律第7条)相应情况下,在经过任何必要的审核之后,确认该身份证书不符合规定、经过变造,或者其上声明的事实与实际情况不符的除外。具体情节依法国法律的规定进行评价。

第48条

(1993年1月8日第93-22号法律)在外国的法国人的任何身份证书,如果是由法国外交人员或领事人员依据法国法律作成,一律有效。

(2016年11月18日第2016-1547号法律第5条)身份证书资料的保存采用符合第40条规定之条件的自动处理方式予以保障,并由外交部负责保管,可以对外提交其节本。

第49条

(1932年3月10日法律)与身份证书有关的某项文书所记载的事项应当记入另一项已经作成或者已经登录的证书的备注栏时,均依职权为之。

制作或登录该身份证书的身份官员3日之内在其掌管的登记簿上进行此项记载,以及如果应在其上作出记载的登记簿的备份三本存放在法院书记室,身份官员应向所在城区的共和国检察官寄送通知。

如果应当在其备注栏内记载有关事项的证书是在另一市镇行政区内制作或登录，应当在 3 日之内向该市镇的身份官员进行通知；如果登记簿副本存放在法院书记室，则应立即通知该法院所在城区的共和国检察官。

（1993 年 1 月 8 日第 93-22 号法律）如果应当在其备注栏内记载某一事项的身份证书是在外国作成或者登录，作成或登记应予记载之事项的身份证书的身份官员应在 3 日内通知外交部长。

（2016 年 11 月 18 日第 2016-1547 号法律第 51 条）第 40 条第 3 款所指的身份官员免于向法院书记室发送有关身份证书上记载事项的通知。

第 50 条

前述各条指名的公务员有任何违反这些条款之规定的行为，在司法法院受到追究，并科处（2000 年 9 月 19 日第 2000-916 号授权法令）3 欧元至 30 欧元罚款。

第 51 条

登记簿的任何保管人，对于登记簿上发生的任何变造承担民事责任，但如果有必要，保管人对实行此种变造的行为人有求偿权。

第 52 条

行为人对身份证书的任何变造、伪造以及在活页纸或者在不是用于身份登记的登记簿上进行身份证书的任何登记，均产生对当事人的损害赔偿责任，且不影响科处《刑法典》规定的刑罚。

第 53 条

（2016 年 11 月 18 日第 2016-1547 号法律第 51 条）有地域管辖权（原规定为"驻大审法院"）的共和国检察官得随时（原规定为"在身份登记簿存交至该法院的书记室时，有义务"）检查登记簿的状况。检察官制作此项检查的简单笔录,揭露身份官员实行的违警罪或轻罪并要求对其科处罚金。

第 54 条

在司法法院受理有关身份证书之诉的所有情况下,任何利益关系人均得对判决提起上诉。

第二章　出生证书

第一节　出生申报

（1993 年 1 月 8 日第 93-22 号法律）

第 55 条

（2006 年 6 月 23 日第 2006-728 号法律第 29-1 条）在分娩后（2016 年 11 月 18 日第 2016-1547 号法律第 54 条）5 日（原规定为"3 日"）之内,向婴儿出生地的身份官员进行出生申报。

（2016 年 11 月 18 日第 2016-1547 号法律第 54 条）尽管有前款之规定,在(婴儿)出生地与身份官员所在地距离较远的情况下,上述期限可延长至 8 日。最高行政法院提出资政意见后颁布的法令具体规定哪些市镇行政区适用本款之规定。

（2006 年 6 月 23 日第 2006-728 号法律第 29-1 条）如果在法定期限内没有进行出生申报,身份官员只有根据儿童出生地所在辖区的区法院作出的判决,才能在户籍登记簿上进行补记,并且在出生日期旁的备注栏内作出简单说明。如果儿童的出生地点不明,申请人住所地的法院有管辖权。（2011 年 12 月 13 日第 2011-1862 号法律第 16 条）儿童的姓氏按照第 311-21 条与第 311-23 条宣告的规则确定。

（2006 年 6 月 23 日第 2006-728 号法律第 29-1 条）在国外，出生申报应当在分娩后 15 日内向法国外交人员或领事人员进行；但是，在特定的领事管辖区域内，该期限得依行政令的规定延长之。

第 56 条

婴儿出生，由父申报；或者，如果父不在，由内科或外科医生、助产士、医疗人员或者婴儿出生时在场的其他人进行申报；如果母是在其住所以外的地方分娩，由当时在该处的人进行申报。

（1924 年 2 月 7 日法律）出生证书应立即写成。

第 57 条

（2021 年 8 月 2 日第 2021-1017 号法律）出生证书写明婴儿的出生日期、时间、地点及性别，为其所取的名字、家族姓氏，相应情况下，关于父母就选择的名字进行共同申报的记载以及父母的姓名、年龄、职业和住所，必要时，写明申报人的姓名、年龄、职业和住所。如果（2005 年 7 月 4 日第 2005-759 号授权法令废止"非婚生"）婴儿的父母或者其中一人没有向身份官员透露身份，登记簿对此事项可以不做任何记载。

在证书制作之日从医学上无法认定婴儿的性别的情况下，共和国检察官可以批准身份官员在出生证书上不立即记载婴儿的性别。

自出生申报之日起不超过 3 个月期限，应婴儿的法定代理人或者共和国检察官提出的请求，对医学上认定的婴儿的性别进行登记。共和国检察官命令在婴儿的出生证书的备注栏内记载婴儿的性别，以及应法定代理人的请求，对儿童的名字进行相应更改。

儿童的名字由其父与母选择。妇女分娩时要求保守身份秘密的，可以告知其希望为婴儿所取的名字，不属于此种情形或者婴儿的生父母不明的，身份官员为婴儿取 3 个名字，其中最后一个名字相当于家族姓氏。身份官员立即在婴儿的出生证书上记载为其所选的名字。出生证书上登记的任何名字均可选为常用名。

身份官员认为替婴儿所取的名字或其中某一名字单独或者与其他姓、名结合使用时违背儿童的利益，或者违反家族姓氏应当受到保护的第三人的权益时，立即将此事由通知共和国检察官。共和国检察官得提请家事法官进行处理。

法官认为所取的名字不符合儿童的利益，或者损害家族姓氏应当受到保护的第三人的权益时，命令从户籍登记簿上取消该名字；相应情况下，如果儿童的父母没有为儿童重新选择符合上述所指利益的名字，法官得自行确定为儿童另取名字。这项决定应在儿童出生证书的备注栏内作出记载。

第 57-1 条

（2005 年 7 月 4 日第 2005-759 号授权法令）儿童（原规定为"非婚生儿童"）出生地的身份官员在该儿童的出生证书上记载该儿童已经得到认领时，应当用挂号信并要求回执通知该儿童的双亲（parents，即父母）中的另一方。

如果无法向另一方通知，身份官员应当向共和国检察官报告，由共和国检察官进行必要的努力。

第 58 条

（1958 年 8 月 23 日第 58-779 号授权法令）拾得婴儿的任何人，均有义务向发现该儿童地点的身份官员进行报告。如果拾得婴儿的人不同意负担照管义务，应当将婴儿与拾得的衣服和其他物品一并送交身份官员。

应当制作详细笔录。这份笔录，除载明本法典第 34 条规定的应载事项外，还应当写明拾得婴儿的日期、时间、地点以及当时的具体情形,婴儿的估计年龄、性别以及其他有助于鉴别婴儿的各种特征,婴儿已交给何人或何机关。笔录应当在制作之日在户籍登记簿上作出记载。

随后,并且与前述笔录分开,身份官员应当制作相当于出生证书的证书,除第 34 条规定的事项外,证书还应写明儿童的性别以及为其所取的姓名;证书应确定儿童的出生日期,该日期应与估计的年龄一致,并且指定在其管辖范围内拾得婴儿的市镇行政区作为该婴儿的出生地点。

对于交由救助儿童社会部门监护但没有已知出生证书的儿童,或者对被要求保守出生秘密的儿童,依救助儿童部门的申报,也应制作相同的证书。

拾得婴儿的笔录的副本或节本,或者临时出生证书的副本或节本,按照本法典第 57 条规定的条件并区别不同情形予以签发。

如果后来发现儿童有出生证书,或者如其出生是经裁判宣告,有关发现该婴儿的笔录以及临时出生证书,应共和国检察官或有利益关系的当事人的请求,予以撤销。

第 59 条

(1924 年 2 月 7 日法律)婴儿是在父母海上旅行途中出生的,父在船时,依父进行的申报,在婴儿出生起 3 日内作成出生证书。

(1893 年 6 月 8 日法律)如果婴儿出生时船只停靠在港口,在无法与地面联系的情况下,或者船只停靠在外国港口,且没有被赋予身份官员职责的法国外交或领事人员时,按前述相同条件作成婴儿的出生证书。

出生证书的制作依下述方式进行:在国家的舰船上,(2014 年 7 月 10 日第 2014-792 号授权法令第 3 条)由该舰船的军需官作成;如果没有军需官,由指挥官或履行指挥官职责的人作成;在其他船只上,由船长、船主或履行其职责的人制作。

对制作证书的上述具体情节，应当作出记载。

制作的出生证书，应登记于（2016年6月20日第2016-816号法律第16条）船员名册之后。

第二节　更改姓名

（1993年1月8日第93-22号法律）

第60条

（2016年11月18日第2016-1547号法律）任何人（原规定为"凡证明有正当利益的人"）均可向身份官员请求改名。改名申请向居所地或出生证书制作地的身份官员提交。如果涉及未成年人或者受监护的成年人，改名申请由其法定代理人提交，也可以请求对已有的名字进行增加、取消或变更顺序。

如果儿童已经年满13周岁，改名应征得其本人同意。

改名决定登记于身份登记簿。

如果身份官员认为（当事人申请）改名并无正当利益，特别是违反儿童的利益或者家族姓氏应受到保护的第三人的利益时，身份官员立即向共和国检察官提出请求并通知申请人；如果共和国检察官反对申请人改名，申请人或者其法定代理人可以向家事法官提出请求。

第61条

（1993年1月8日第93-22号法律）凡证明有正当利益的人均可以申请改姓。

请求人为了避免直系尊血亲或旁系亲属直至第四亲等所使用的姓氏湮灭无继，可以申请改姓。

改姓,经行政令批准。

第 61-1 条

(1993 年 1 月 8 日第 93-22 号法律)批准某人改姓的行政令在《法兰西共和国官方公报》上公示之日起 2 个月内,任何利益关系人均可对此项行政令向最高行政法院提出异议。

批准改姓的行政令,如果在对其可以提出异议的期限内没有受到异议,或者相反,在提出的异议被驳回之后,即产生效力。

第 61-2 条

(1993 年 1 月 8 日第 93-22 号法律)改姓当然扩张至受益人的年龄未满 13 周岁的子女。

第 61-3 条

(1993 年 1 月 8 日第 93-22 号法律)如果不是基于确立或变更亲子关系之原因而申请改姓,年满 13 周岁的儿童改姓必须得到其本人同意。

但是,即使是由于确立或变更亲子关系,只有得到已成年的子女本人同意,才能改变他们的(2002 年 3 月 4 日第 2002-304 号法律)家族姓氏。

第 61-3-1 条

(2022 年 3 月 2 日第 2022-302 号法律)任何成年人,为了使用第 311-21 条第 1 款与最后一款所指的姓氏,均可向其居所地或者其出生证书保管人申请改姓,但不影响适用第 61 条的规定。此种选择只能进行一次。

(2016 年 11 月 18 日第 2016-1547 号法律第 57-1-1 条)任何人,证明其在另一国家的民事身份登记簿上所登记的姓氏的,可以向在法国制作的其出生证书存留地的身份官员申请将姓氏变更为在另一国家原先取得的姓氏；如果申请人是未成年人，由对其行使亲权的双亲提出声明，或者由单独行使亲权的一人提出声明，如果当事人本人已年满 13 周岁，应当征得其同意。

改姓，由身份官员批准并在使用的出生登记簿上签名。

在发生困难的情况下，身份官员向共和国检察官提出请求，检察官可以反对申请人更改姓氏。于此情形，应通知当事人。

当事人出生地的共和国检察官在相同条件下受理请求时，可以自行命令更改姓氏。

在前五款确定的条件下获准更改的姓氏，当然扩张适用于受益人的年龄不满 13 周岁的子女。

第 61-4 条

（1993 年 1 月 8 日第 93-22 号法律）更改姓名的决定记载于当事人的身份证书的备注栏，以及在相应场合，记载于配偶、（2016 年 11 月 18 日第 2016-1547 号法律第 57-1-2 条）与之订立紧密关系民事协议的伙伴以及子女的身份证书的备注栏。

（2016 年 11 月 18 日第 2016-1547 号法律第 57-1-2 条）同样，在国外符合规定获准更改姓名的决定，依共和国检察官的指令，在身份证书的备注栏内作出记载。

第 100 条与第 101 条的规定适用于更改姓名。

第二节（二） 关于民事身份性别记载的变更

（2016 年 11 月 18 日第 2016-1547 号法律第 56-11 条）

第 61-5 条

任何成年人或者已经解除亲权的未成年人，有充分的事实证明其身份证书上关于性别的记载不符合其显现的且为人所知的性别时，可以获准变更有关其性别的记载。

得以任何方法提出证据的主要事实可以是：

1. 本人公开以属于其主张的性别露面；
2. 在家庭、朋友或职业圈内均认为其属于他本人所主张的性别；
3. 符合其主张的性别，已经获准改名的。

第 61-6 条

变更性别记载的请求向司法法院提出。

申请人需说明其自由且明确同意在身份证书上变更有关性别的记载，并提交支持其申请的全部证明材料。

申请人并未接受过医学治疗、外科手术或绝育手术之事实，不能作为拒绝其提出的变更性别记载之请求的理由。

法院确认申请人符合第 61-5 条确定的条件，命令变更该人的身份证书上有关其性别的记载，以及相应情况下，命令更改其名字。

第 61-7 条

有关变更性别的决定的记载，以及相应情况下，有关名字的记载，应共和国检察官的申请，自该决定产生既决事由之确定力起 15 日内，登录于当事人的出生证书的备注栏。

作为第 61-4 条的例外，与变更性别相应的更改名字，只有在各当事人或者他们的法定代理人均表示同意时，始在申请人的配偶与子女的身份证书上作出记载。

第 100 条与第 101 条的规定适用于改变性别。

第 61-8 条

变更身份证书上有关性别的记载，不影响（当事人）在此之前与第三人缔结的义务以及已经确立的亲子关系。

第三节　认领证书

（2005 年 7 月 4 日第 2005-759 号授权法令）

第 62 条

（1993 年 1 月 8 日第 93-22 号法律）认领（2005 年 7 月 4 日第 2005-759 号授权法令废止"非婚生子女的"）子女的认领证书应当写明认领人的姓名、出生日期，或者没有出生日期的，写明其年龄、出生地点及住所。

认领证书应当写明子女的出生日期与出生地点、性别和名字；没有此种资料时，写明有关子女出生的各项有用的情况，但（2009 年 1 月 16 日第 2009-61 号法律第 1 条）第 326 条之保留规定除外。

认领证书，（2006 年 6 月 23 日第 2006-728 号法律第 29-2 条）在其制作之日，登录于户籍登记簿（les registres d'état civil）。①

（2006 年 6 月 23 日第 2006-728 号法律第 29-2 条）相应情况下，在儿童的出生证书备注栏内仅记载第 1 款所指事项。

在第 59 条所指的情形下，认领子女的声明（2006 年 6 月 23 日第 2006-728 号法律第 29-2 条）可以由该条所指的文书制作官员按照该条指明的形式受理之。

（2002 年 3 月 4 日第 2002-305 号法律）在制作认领证书时，（应当）向认领人（2006 年 6 月 23 日第 2006-728 号法律第 29-2 条）宣读第 371-1 条与第 371-2 条的条文。

---

① 此处的"户籍登记簿"（les registres d'état civil）是户籍部门设置与掌管的相应辖区的户籍、身份簿册。

第 62-1 条

（2002 年 1 月 22 日第 2002-93 号法律第 14 条）如果因生母在子女出生时提出保守身份秘密的要求，致使生父对子女的认领无法进行登录时，生父可以将此事由告知共和国检察官，由共和国检察官查明该子女出生证书制作的日期与地点。

第三章　结婚证书①

第 63 条

（1927 年 4 月 8 日法律）举行结婚仪式②之前，身份官员在市镇政府门前张贴一份告示。该告示写明拟婚夫妇双方的姓名、职业、住所和居所以及举行结婚仪式的地点。

（2006 年 11 月 14 日第 2006-1376 号法律）第 1 款所指的公示，或者在按照第 169 条的规定免于张贴告示的情况下，举行结婚仪式之前：

1. 拟婚夫妇每一方应当提交以下书面材料或文件：

——（已废止"一份在此前 2 个月内所做的医疗检查的证明，该项证明仅需证明拟婚夫妇为结婚已经进行检查，无须做其他任何说明"）；

——第 70 条与第 71 条要求的各项文件、材料；

---

① 结婚证书（acte de mariage）是记载结婚应当办理的手续以及有关婚姻事项的文书，而不是指我们通常所说的"结婚证"。

② 此为"民事婚"（mariage civil）或公证结婚，是世俗婚。"举行结婚仪式"（célébrer le mariage, la célébration du mariage）是指，在身份官员面前办理结婚手续、举行民事婚姻仪式，与宗教婚姻仪式不同。举行结婚（仪式）不能与"举行婚礼"相混淆。参见第 165 条及随后条文。

——用公共权力机关签发的证件证明身份；

——写明各证人的姓名、出生年月、出生地点、职业和住所，但是，如果应当由外国机关主持结婚仪式，不做此项要求。

——(2021年8月24日第2021-1109号法律)相应情况下，负责执行第460条所指保护措施的人的信息证明。

2.听取拟婚配偶双方共同的表态，但是，在不可能这样做时，或者如果从提供的证件、材料来看，根据第146条与第180条的规定，没有必要这样做的情况除外。

在听取未成年的拟婚配偶的表态时，其父母或法定代理人以及将来的配偶不得在场。

身份官员如果认为有必要，可以要求分别与拟婚配偶一方或另一方谈话。

根据提交的文件，在共同听取表态时接收的材料，或者从其他渠道获得的有关情节，只要不是匿名提供的这些情节，身份官员有理由担心当事人打算缔结的婚姻有可能依照第146条或者第180条的规定被撤销时，可以要求与未婚夫妻每一方单独谈话。

身份官员可以授权其市镇行政区的户籍部门的一名或数名正式公务员听取拟婚配偶的共同表态，或者分开听取他们的表态。在拟婚配偶中有一方居住在国外时，身份官员可以请求外交机关或有地域管辖权的领事机关听取当事人的表态。

外交机关或者领事机关可以授权负责户籍管理的一名或数名正式公务员或者有管辖权的法国籍名誉领事听取拟婚配偶的共同表态或者分开听取他们的表态。

如果拟婚配偶中有一方居住在将要举行结婚仪式的国家之外，外交机关或者领事机关可以请求有管辖权的身份官员听取当事人的表态。

(1945年11月2日第45-2720号授权法令)身份官员不遵守(2003年11月26日第2003-1119号法律)以上各款的规定,得在司法法院受到起诉,并对其科处(2000年9月19日第2000-916号授权法令)3欧元至30欧元罚款。

第64条

(1927年4月8日法律)前条所指的告示在市镇政府门口保留10天。

张贴告示的当天不包括在内,第10天届满之前,不得举行结婚仪式。

如果在此期限届满之前告示的张贴被中断,应在市镇政府门前重新张贴的被中断的告示中作出说明。

第65条

(1907年6月21日法律)自进行公示之日起,拟婚夫妇在当年内没有举行结婚仪式的,只有按照上述相同形式重新进行公示之后才能举行结婚仪式。

第66条

对婚姻提出异议①的文书,由提出异议的人或者得到经公证的专门授权的人在该文书的原本与副本上签字。提出婚姻异议的文书连同授权委托书,送达各当事人本人或他们的住所,同时送达身份官员。身份官员在提出异议的文书的原本上签字。

第67条

(1927年4月8日法律)身份官员立即在婚姻登记簿上概括记述提出的异议;在向其送交判决或撤销异议的文书的副本之后,身份官员

---

① 有利益关系的人对婚姻提出异议,参见第172条至第179条。

应在原先登录的异议文书的备注栏内记明该判决或撤销文书。

第 68 条

在对婚姻提出异议的情况下,身份官员在收到向其送交的撤销异议的文书之前,不得主持结婚仪式;违反规定者,处(2006 年 7 月 24 日第 2006-911 号法律)3000 欧元罚款以及其他任何损害赔偿。

第 69 条

(1919 年 8 月 9 日法律)如果在数个市镇行政区内进行公示,每一市镇行政区的身份官员均应将确认对该婚姻没有提出任何异议的文书送交拟在其辖区内举行结婚仪式的市镇的身份官员。

第 70 条

(2016 年 11 月 18 日第 2016-1547 号法律第 56-11 条)拟婚夫妇每一方均应向办理结婚手续的身份官员送交各自出生证书的指明其亲子关系的节本,如果是由法国身份官员签发的节本,签发后超过 3 个月的,失去效力。

但是,身份官员在事先通知拟婚夫妇之后要求审核在他们的出生证书的保存处保存的该证书上的个人性质的信息记载;在此情况下,拟婚夫妇免除提交出生证书的节本。

如果(申请结婚的人的)出生证书不是由法国身份官员所持有,节本出具的日期不得已超过 6 个月;从外国身份证书管理系统取得的证书,只要是证书制作之后的文本,不适用上述有关期限的规定。

第 71 条

(1929 年 7 月 11 日法律)拟婚夫妇中如果有一方不能取得此项证书,可以提交一份由(2011 年 3 月 28 日第 2011-331 号法律)公证人签发的公知证书①替代，或者在国外，由有管辖权的外交机关或领事机关出具的此种证书替代。

公知证书依据至少三名证人所作的声明信誉以及提交的证明以下事项的其他任何文件制作：拟婚夫妇的姓名、职业与住所，他们的父母的姓名、职业与住所，以及尽可能证明拟婚夫妇的出生时间或者妨碍提交出生证书的原因。公知证书由公证人及证人签字，或者由外交或领事机关签字。

第 72 条

（2011 年 3 月 28 日第 2011-331 号法律废止）

第 72 条原条文：无论是对公知证书本身，还是就拒绝签发公知证书事由，均不得提出不服申请。

第 73 条

（1919 年 8 月 9 日法律）有关父母或祖父母对婚姻表示同意意见的公署文书，或者在没有父母或祖父母时，有关亲属会议表示同意意见的公署文书，应当写明拟婚夫妇以及所有参与此项证书事宜的人的姓名、职业与住所以及他们各自的亲等。

（1922 年 2 月 28 日法律）除本法典第 159 条所指的情形外，此项表示同意意思的公署文书，或者由公证人作成，或者由直系尊血亲住所地或居所地的身份官员作成；如果是在外国，由法国外交人员或领事人员作成。如果此项文书是由身份官员作成，除有相反的国际协定外，仅在

---

① 文书总体上分为两大类："公署文书"（acte authentique）和"私署文书"（acte sous seing privé）。公署文书，相对于私署文书而言，统指由有权限的公务助理人员制作的、具有公信力的文书（参见第 73 条第 2 款），因此，公署文书不仅仅是指公证人出具的文书或证书。公知证书和公证书都属于公署文书。本条和第 72 条是指由公证人而不是由其他公务助理人员签发的公知证书。参见第 730-1 条、1368 条、第 1369 条。

有必要向外国主管当局提交时,始应对其合法性进行认证。

第 74 条

（2013 年 5 月 17 日第 2013-404 号法律第 3 条）由配偶双方选择,结婚仪式在其中一方或他们的双亲之一有住所或者自法律规定的公示之日起已连续居住至少 1 个月而确立的居所所在的市镇行政区举行。

第 74-1 条

（2006 年 11 月 14 日第 2006-1376 号法律第 1 条）在举行结婚仪式之前,拟婚夫妇确认按照第 63 条的规定报明证人的身份,或者在相应情况下,指明他们选择的新的证人。

第 75 条

（1966 年 6 月 9 日第 66-359 号法律）在公示期限经过之后,身份官员于各当事人指定的日期,在市镇政府,至少两名最多四名证人在场,向未来的夫妇宣读本法典第 212 条、(2013 年 5 月 17 日 2013-404 号法律第 4 条)与第 213 条、第 214 条第 1 款、第 215 条以及第 371-1 条的规定。证人是否当事人的亲属均可。

（1919 年 8 月 9 日法律）但是,在遇有严重障碍的情况下,结婚举行地的共和国检察官可以要求身份官员前往当事人之一的住所或居所,为他们举行结婚仪式；在未来的夫妇有一方即将死亡的情况下,身份官员可以不待提出任何请求,或者不待共和国检察官批准,立即前往当事人之一的住所或居所为其举行结婚仪式；但是,身份官员随后应当尽早向共和国检察官报告在当事人的共同居所之外举行结婚仪式的必要性。

结婚证书应当记明此事项。

身份官员传召拟婚夫妇,如果拟婚夫妇是未成年人,应当传召允许其结婚并参加结婚仪式的直系尊血亲,让他们声明是否已经订立夫妻财产契约；如果已经订立此种契约，订立契约的日期以及作成契约的公证人的姓名和居所地。

如果拟婚夫妇一方提交的各项文件上所写的名字或姓氏的写法不完全一致，身份官员应当传召与此有关的一方，如果当事人是未成年人，应当传召其最近的直系尊血亲作出说明，让他们声明文件相互间之所以不一致是否由于疏漏或错误所致。

身份官员应当分别听取拟婚双方各自表示的愿意以对方为（2013年5月17日第2013-404号法律第13条）配偶（原规定为"丈夫或妻子"）的声明。

身份官员以法律的名义宣告他们因婚姻而结合，并当场作成结婚证书。

第76条

（1928年2月4日法律）结婚证书应写明以下事项：

1. 配偶双方的姓名、职业、年龄、出生日期与出生地点、住所与居所。

2. 配偶双方的父、母的姓名、职业与住所。

3. 在有此要求的情况下，配偶双方的父母、祖父母对婚姻表示同意，以及亲属会议表示同意。

4. 配偶各方（可能有）的原配偶的姓名。

5. （1932年2月13日法律废止）。

6. 缔结婚姻的双方当事人同意结为夫妻的声明，以及身份官员对当事人结为夫妻的宣告。

7. 证人的姓名、职业、居所以及他们具有成年人资格。

8. 依据前条规定传召相关当事人作出的已经订立或没有订立夫妻财产契约的声明；如果有此项契约，尽可能写明订立该财产契约的时间；此外，写明作成契约的公证人的姓名与居所地。任何违反此种规定的行为，对身份官员科处第50条所规定的罚款。

在所作的声明有遗漏或者有错误的情况下，由共和国检察官提出要求，可以对遗漏事项或错误作出纠正，但不影响有利益关系的各当事人依照第 99-1 条的规定产生的权利。

9. (1997 年 10 月 28 日第 97-987 号法律) 如果有必要，按照 1978 年 3 月 14 日在海牙订立的关于夫妻财产制适用法律公约，有关指定适用法律的文书的声明以及该文书签字的日期与地点，相应情况下，制作该文书的人的姓名与身份。

(1959 年 1 月 7 日第 59-71 号授权法令) 在配偶双方各自的出生证书的备注栏内应写明举行结婚仪式之事宜以及配偶的姓名。

第四章　死亡证书

第 77 条

(1960 年 3 月 28 日第 60-285 号法律废止)

第 78 条

(1924 年 2 月 7 日法律) 死亡证书，依死者的亲属之一进行的申报，或者依可能掌握死者户籍身份最准确、最完整情况的人进行的申报，由死亡地所在的市镇行政区的身份官员制作。

(2016 年 11 月 18 日第 2016-1547 号法律第 52-1 条) 为了确保申报事项信息准确，身份官员可以要求核实在保存死者出生证书的保存处所保存的个人性质的信息记载；在法国不持有此种证书的情况下，可以核实死者结婚证书上的个人性质的信息记载。

第 79 条

(1927 年 2 月 7 日法律) 死亡证书写明：

1. 死亡日期、时间与地点；
2. 死者的姓名、出生日期与出生地点、职业与住所；
3. 死者的父与母的姓名、职业与住所；
4. 如果死亡的人已婚、丧偶或离婚，其配偶的姓名；
5. 申报人的姓名、年龄、职业与住所，如果有必要，写明申报人与死者之间为何亲属关系。

以上各项，应尽申报人所知，进行完整申报。

（1945年3月29日第45-509号授权法令）在死者的出生证书备注栏内应记载该人死亡。

第 79-1 条

（1993年1月8日第93-22号法律）在尚未向身份官员申报出生之前，婴儿已死亡的，身份官员依据提交的医疗证明，作成婴儿的出生证书与死亡证书。医疗证明指出婴儿出生时存活，并指明其出生日期和死亡日期、死亡时间。

没有前款所指的医疗证明时，身份官员制作一份无生命婴儿证书。该证书于其作成之日在死亡登记簿上进行登记，并写明分娩的日期、时间和地点，同时写明婴儿的父与母的姓名、出生日期与出生地点、职业和住所；如有必要，写明申报人的姓名、出生日期与出生地点、职业和住所。应父和母的请求，证书上也可以记载儿童的姓氏，或者记载父或母的名字，或者按照父母从各自家族的一个姓氏中选择的顺序，结合使用的两姓氏。关于姓名的这项记载不产生任何法律效力。由此作成的证书并不预判认定该婴儿是否存活。任何利益关系人均可向司法法院请求就此问题作出审理裁判。

第 80 条

（1919年11月20日法律）如果当事人是在其住所所在的市镇行

政区以外的地方死亡,作成死亡证书的身份官员应当尽早向死者最后住所地的身份官员寄送该人死亡证书的副本。死亡证书的副本应立即在登记簿上进行登记。(1958年8月23日第58-779号授权法令)如果同一城市划分为数个市区,在当事人死于其住所以外的市区时,不适用这项规定。

(2009年5月12日第2009-526号法律第4条)如果当事人是在医疗机构、接待老年人的社会机构、社会医疗机构内死亡,这些机构的领导人应在24小时内采取任何方法通知身份官员。在这些机构里,应备置登记簿登记向身份官员报告的各项声明与情况。

在发生困难的情况下,身份官员应当前往这些机构,现场确认当事人死亡,并依照第79条的规定,在已向其报告的情况的基础上制作死亡证书。

第81条

如果有暴死的痕迹或迹象,或者有其他情形可以怀疑属于暴死时,只有警官在内科或外科医生的协助下,根据尸体的状况以及与此相关的情形,将收集到的有关死者的姓名、年龄、职业、出生地点与住所等情况作成笔录以后,才能安葬死者。

第82条

警官随后有义务向当事人死亡地的身份官员转送据以制作死亡证书的各种情况的记载笔录。

如果已知死者的住所,身份官员向死者住所地的身份官员寄送死亡证书的副本。该副本登录于户籍登记簿。

第83条

(2011年5月17日第2011-525号法律第158条废止:"在执行死刑判决之后24小时内,刑事书记员向被判刑人处决地的身份官员寄送

第 79 条所指明的全部情况,并按照这些情况作成死亡证书。")

(死刑已由 1981 年 10 月 9 日第 81-908 号法律废止)

第 84 条

如果人犯是在监狱、羁押所或拘留所内死亡,这些场所的看守人员或看管人员应立即通知身份官员。身份官员依照第 80 条的规定前往现场并制作死亡证书。

第 85 条

凡属暴死(2011 年 5 月 17 日第 2011-525 号法律第 158 条)或者死于监狱的情形(废止"看守所或者执行死刑的情形"),在各类登记簿上对这些情况均不做任何记载。死亡证书简单地按照第 79 条规定的形式作成。

第 86 条

(1924 年 2 月 7 日法律)如果是在海上旅行时死亡,或者是在第 59 条所指情况下死亡,应由这些条款所指定的文书制作官员在 24 小时内按照规定的形式作成死亡证书。

(第 2 款与第 3 款由 1965 年 6 月 1 日第 65-422 号法令废止)

第 87 条

(1958 年 8 月 23 日第 58-779 号授权法令)如果找到死者的尸体并且可以辨认其身份,无论死亡时间距离发现尸体的时间有多久,均由推定的死亡地点的身份官员作成死亡证书。

如果不能辨认死者身份,死亡证书应当尽可能完整地写明死者的体貌特征;在事后查明死者身份时,死亡证书按照本法典(2016 年 11 月 18 日第 2016-1547 号法律第 56-11 条)第 99-1 条规定的条件进行更正。(2011 年 3 月 14 日第 2011-267 号法律第 6 条)身份官员立即向共和国检察官报告有人死亡,由共和国检察官进行必要的调查,以确认死者的身份。

第 88 条

（1958 年 8 月 23 日第 58-779 号授权法令）在法国国内或国外因足以使当事人面临生命危险的情形而下落不明（disparu）的法国人，如果没有找到其尸体，应共和国检察官或利益关系人的请求，得经法院宣告死亡。①

在属于法国当局管辖的领土上以及在法国舰船或航空器上下落不明的外国人或无国籍人，即使后两种情况发生在国外，但如其在法国有住所或惯常居所，亦可按照相同条件经法院宣告死亡。

在可以肯定当事人已经死亡但未能找到尸体的情况下，亦适用经法院宣告死亡之程序。

第 89 条

（1958 年 8 月 23 日第 58-779 号授权法令）如果死亡或下落不明（disparition）发生在属于法国当局管辖的领土之上，宣告死亡之申请向死者死亡或下落不明之地的大审法院提出，否则，应向死者或下落不明之人的住所地或最后居所地的法院提出；在没有此种住所或居所时，向航空器或舰船所属的空港或船籍港所在地的法院提出；在以上所指情形均不适用时，巴黎大审法院有管辖权。

（2011 年 5 月 17 日第 2011-525 号法律第 87 条）如果在同一事件中有多人下落不明，向事件发生地的法院或者航空器或舰船所属的空港或船籍港所在地的法院提出一份集体申请；在以上所指情形均不适用时，向巴黎大审法院提出该集体申请。

---

① 第 88 条、第 89 条关于"宣告死亡"的规定涉及的是当事人面临生命危险或者发生严重事故、事件的特别情形，与第 112 条、第 122 条分别规定的推定失踪、宣告失踪的发生条件不完全相同。

第 90 条

（1958 年 8 月 23 日第 58-779 号授权法令）如果不是由共和国检察官提出前述申请，该申请应通过共和国检察官转送法院。案件在评议室进行评议与判决。不强制（2011 年 1 月 25 日第 2011-94 号法律第 31 条）律师协助。各项诉讼文书以及这些文书的副本和节本均免付印花税与登记税。

如果法院认为死亡尚未得到充分确认，得命令采取任何补充情况调查措施，尤其可以要求对下落不明的具体情节进行行政性调查。

如果对死亡作出宣告，根据对案件具体情节的推定确定死亡日期；如果没有推定的死亡日期，死亡日期确定为下落不明发生的日期。任何情形，死亡日期均不得为不确定的日期。

第 91 条

（1958 年 8 月 23 日第 58-779 号授权法令）宣告死亡的判决书的主文，应在实际的死亡地或者推定的死亡地的户籍簿（les registres d'état civil）上登记，并且在相应场合，应在死者的最后居所地的户籍簿上登记。

进行登记之事由，应按死亡日期在登记簿的备注栏内作出记载；在作出集体判决的场合，从判决的主文中分别节录出每一个人的相应内容之后，将此节本交给每一个失踪者最后居所地的身份官员，以便作出登录记载。

宣告死亡的判决具有相当于死亡证书的效力，对第三人具有对抗效力；第三人仅能按照本法典（2016 年 11 月 18 日第 2016-1547 号法律第 55 条）第 99 条与第 99-1 条的规定获准对判决进行更正或撤销。

第 92 条

（1958 年 8 月 23 日第 58-779 号授权法令）经法院判决宣告死亡的

人，如果在宣告其死亡的判决作出之后重新出现，共和国检察官或任何利益关系人，均可按照第 89 条及随后条款规定的形式请求法院撤销原判决。

（1977 年 12 月 28 日第 77-1447 号法律）有必要时，适用第 130 条、第 131 条与第 132 条的规定。

（1945 年 10 月 30 日第 45-2561 号授权法令）撤销宣告死亡判决之事由，应在判决登记的备注栏内作出记载。

第五章　有关军人与海员在特殊情况下的身份证书

第 93 条

国家军人与海员的身份证书，按以上各章的规定作成。

（2007 年 3 月 29 日第 2007-465 号授权法令第 3 条）但是，发生战争或者在法国领土之外开展军事行动，或者实行占领以及依据政府间的协定向外国领土派驻法国军队的情况下，上述人员的身份证书也可以由国防部长发布的条令指定的军事身份官员作成。（1958 年 8 月 23 日第 58-779 号授权法令）这些军事身份官员，在前章的规定不能适用的情况下，亦对非军事人员的身份证书事务有管辖权。

（2007 年 3 月 29 日第 2007-465 号授权法令第 3 条）在国家领土上，因进行总动员或者被围困，市镇户籍部门不能正常工作的那部分领土，上述军事身份官员亦可处理有关军人或非军人身份证书问题。

在军队中申报出生，应在婴儿出生后 10 日内为之。

（2007 年 3 月 29 日第 2007-465 号授权法令第 3 条）即使身份官员

未能前往死者所在地点,在军队内亦可作成死亡证书;尽管有第 78 条的规定,但根据两名申报人出具的证明,即可在军队内作成死亡证书。

第 94 条

(1965 年 6 月 1 日第 65-422 号法令废止)

第 95 条

(1957 年 11 月 28 日第 57-1232 号法律)在第 93 条第 2 款与第 3 款所指情况下,此种身份证书依据在专门的登记簿上的登记事项作成。登记簿的设置与保存,(2007 年 3 月 29 日第 2007-465 号授权法令第 3 条废止"武装力量部部长以及老战士与战争受害者事务部部长联合")由国防部长发布的条例作出规定。

第 96 条

(1957 年 11 月 28 日第 57-1232 号法律)如果是在第 93 条第 2 款与第 3 款所指的一种情形下举行结婚仪式,在情况允许的范围内,应在拟婚配偶最后住所地进行公示;与此同时,结婚还应在当事人所属的部队按照(2007 年 3 月 29 日第 2007-465 号授权法令第 3 条废止"与军事部长")国防部长发布的条令确定的条件进行公告。

第 96-1 条

(2008 年 5 月 26 日第 2008-493 号法律第 7 条)发生战争或者在法国领土之外开展军事行动的情况下,基于重大原因,以及一方面经司法部长、掌玺官批准,另一方面经国防部长批准,可以为国家军人和海员以及雇佣的随军和舰上人员举行结婚仪式,无须结婚的配偶另一方亲自到场,并且即使拟婚配偶已经死亡,仍可举行结婚仪式,但应按照以下条件对同意结婚作出确认:

1. (2007 年 3 月 29 日第 2007-465 号授权法令第 3 条)在法国领土上,经当事人驻扎地的身份官员制作的文书确认拟婚配偶同意结婚;

2. 在法国领土之外，或者在当事人驻扎地的户籍部门已经不能运作的所有情况下，由第 93 条所指的身份官员制作当事人表示同意结婚的文书；

3. 如果涉及成为战俘的军人或者被关押的军人，由这些军人被俘后受扣押地国家内负责法国利益的外国外交人员或领事人员确认当事人同意结婚，或者由这些军人被关押时所在国的外交人员或领事人员确认当事人同意结婚，也可以由法国两名军官或副职军官，或者由一名法国军官或副职军官在两名同国籍的证人的协助下确认当事人同意结婚；

4. 在举行结婚仪式时，身份官员应宣读同意结婚的文书。

以上所指的当事人签署的授权书或者同意他们的子女结婚的文书，可以按照上述条款所指的文书相同的条件制作。

本条之实施方式由条例确定。

第 96-2 条

（2007 年 3 月 29 日第 2007-465 号授权法令第 3 条）第 96-1 条提及的婚姻的效力追溯至拟婚配偶表示同意结婚之时。

第 97 条

（1957 年 11 月 28 日第 57-1232 号法律）由军事机关在上述第 93 条所指情形下作成的死亡证书，或者由民事机关作成的武装力量成员的死亡证书，以及民政机关作成的参加军事行动及有统一指挥的服务工作的平民或随军雇佣人员的死亡证书，在军事机关依第 93 条的授权可以作成此种证书的时期与领土上，可以依法令规定的条件进行行政性更正。

第六章 出生在外国，取得或恢复法国国籍的人的身份证书

（1978年7月12日第78-731号法律）

第98条

对于出生在外国并取得或者恢复法国国籍的任何人，均为其制作具有相当于出生证书之效力的证书，但如果该人出生时作成的证书已经登录于法国主管当局掌管的登记簿，不在此限。

这项证书应写明当事人的姓名与性别，并指明其出生地点与日期，亲子关系以及取得法国国籍之日的居所。

第98-1条

同样，如果取得或恢复法国国籍的人此前已在外国结婚，亦作成相当于结婚证书之效力的证书，但如果举行结婚仪式已经由在法国主管当局掌管的登记簿上登记的证书确认，不在此限。

证书应写明以下事项：

——举行结婚仪式的日期和地点；

——主持结婚的机关；

——配偶双方各自的姓名、出生日期与出生地点；

——配偶双方的亲子关系；

——如有必要，作成婚姻财产契约的机关的名称、资格与所在地。

第98-2条

可以作成同一份证书载明有关出生和结婚的应载事项，但是，如果

出生和结婚均已由在法国主管当局掌管的登记簿上登记的证书确认，不在此限。

该同一证书同时具有出生证书与结婚证书的效力。

第 98-3 条

第 98 条至第 98-2 条所指的各项证书还应当载明：

——证书作成的日期；

——身份官员的姓名与签字；

——由这些证书所替代的证书的备注栏内记载的事项；

——有关当事人的国籍的证书与决定的说明，事后在备注栏内注明；

——写明现行法律对每一类证书规定的事项。

第 98-4 条

依据第 98 条至第 98-2 条的规定已经为其作成证书的人，丧失要求登录由外国主管机关颁发的出生证书与结婚证书之副本的权利。

在外国身份证书或法国领事机构作成的身份证书与按照上述条款的规定作成的证书两者之间载述事项不一致时，后者具有效力，对证书作出更正时除外。

第七章　身份证书的撤销与更正

（2016 年 11 月 18 日第 2016-1547 号法律第 55 条）

第 99 条

（1981 年 5 月 12 日第 81-500 号法令）身份证书的更正，由法院院长命令。

（2021 年 8 月 2 日第 2021-1017 号法律）生殖器官发育呈现变异的任何人，提出请求，或者如果是未成年人，经医学上认定其性别与出生证书上记载的性别不符时，由其法定代理人提出请求，命令更正有关性别的记载，相应情况下，命令更改名字。

（2016 年 11 月 18 日第 2016-1547 号法律第 55 条）身份证书的撤销，由法院院长命令，但是，如果身份证书的制作不符合规定，有地域管辖权的共和国检察官得申请撤销该证书。

第 99-1 条

（2016 年 11 月 18 日第 2016-1547 号法律第 55 条）由身份官员对其保管的身份证书的备注栏内记载的事项与表述存在的纯属事实的错误或遗漏进行更正；可更正的事项的名单由《民事诉讼法典》确定。

如果其他的身份证书存在类似错误，由受到请求的身份官员进行更正，在其不是证书保管人时，由其请他人进行更正。

此种更正的方式同样由《民事诉讼法典》作出规定。

有地域管辖权的共和国检察官始终可以要求对身份证书存在的纯属事实的错误或遗漏进行行政性更正，为此，共和国检察官可以直接向存在错误的证书登记簿的保管人以及持有相类似的错误的证书的人发出必要的指令。

第 99-2 条

（1978 年 7 月 12 日第 78-731 号法律）得到授权、有资格作成第 98 条至第 98-2 条所指证书而履行身份官员职责的人，可以（2016 年 11 月 18 日第 2016-1547 号法律第 55 条）依照第 99-1 条的规定对身份证书备注栏内存在的纯属事实的错误或遗漏进行行政管理性质的更正。

在法国保护政治避难人员与无国籍人的工作部门有授权资格行使身份官员职责的人，依相同条件，可以对按照《外国人进入及留居法国与避难权利法典》的规定而制作的相当于身份证书的证明书进行更正。

第 100 条

（2016 年 11 月 18 日第 2016-1547 号法律第 55 条）对一项文书进行的任何司法更正或行政更正，自其在身份证书登记簿上进行公示起，对所有的人均具有对抗效力。

第 101 条

（1981 年 5 月 12 日第 81-500 号法令）此后仅能提交记载有更正事项的证书的副本，否则，对登记簿保管人科处《民法典》第 50 条规定的罚款以及其他任何损害赔偿。

第八章　身份证书的公示

（2016 年 11 月 18 日第 2016-1547 号法律第 55 条）

第 101-1 条

由身份官员提交身份证书的完整副本或节本，确保证书公示。

提交身份证书的完整副本与节本的内容和条件，由最高行政法院提出资政意见后颁布的法令作出具体规定。

为了替代按照最高行政法院提出资政意见后颁布的法令规定的条件提交身份证书的完整副本与节本，可以设置对身份证书中记载的个人性质的资料安全核查程序；尤其是在公证人可以通过非实物途径（电子版）设置核查程序的情况下，此种核查可以取代前几项所指的任何形式的提交完整副本或节本。

在其管辖地域设有妇产院的市镇行政区设置非实物（电子版）的审核程序，属于强制性规定。

第 101-2 条

身份证书还可通过家庭户籍簿确保其公示;家庭户籍簿的内容、制作、更新规则及其提交与安全处理的条件,由最高行政法院提出资政意见后颁布的法令作出具体规定。家庭户籍簿的样本由政府部门作出决定予以规定。

第三编 住 所

第 102 条

每一个法国人的住所,就行使其民事权利而言,均在其主要定居地。

(2014 年 3 月 24 日第 2014-366 号法律第 46 条)没有稳定住所的人,行使民事权利的地点是按照《社会行动与家庭法典》第 264-1 条规定的条件选定的住所地。

(1958 年 10 月 7 日第 58-923 号授权法令)船夫与其他生活在法国注册的内水航运船只上的人,凡是没有前款所指的住所或法定住所的,均应在掌玺官、司法部长、内政部长、公共工程、运输与旅游部长(联合)发布的条例确定的名册上载有其名的市镇行政区选定一处住所;但是,受雇佣的领工资的船夫以及与其在船上生活的人,可以在其他市镇行政区选定住所,但以经营船只的企业在该市镇行政区内设有总机构或机构为限。在此情况下,船夫的住所确定在该企业的办事处;如果船夫未做此选定,其住所在经营船只的企业的总机构所在地;如果该企业的总机构设在国外,企业在巴黎的租船办事处即为船夫的住所。

(第 3 款由 1969 年 1 月 3 日第 69-3 号法律废止)

第 103 条

实际居住在另一处,同时带有在该处确定主要定居地之意图的,住所随此变更。

第 104 条

关于有上述意图的证据,依当事人既向其迁出的城市又向其打算迁往的城市所作的明确声明产生。

第 105 条

在没有明确声明的情况下,有关上述意图的证据,依具体情形作出认定。

第 106 条

公民受委任担任有任期的公职或者担任可以撤销的公职的,保留其原住所,但以其没有表明相反意愿为限。

第 107 条

公务员接受终生职务,意味着需要立即将其住所迁至其履行职务的地点。

第 108 条

(1975 年 7 月 11 日第 75-617 号法律)夫与妻(mari et femme)可以有分别的住所,但不得因此损害有关夫妻共同生活之规则。

涉及人的身份与能力的事由,向配偶一方进行的任何通知,亦应通知另一方,即使双方已经分居,否则通知无效。

第 108-1 条

(1975 年 7 月 11 日第 75-617 号法律)夫妻双方在离婚程序或分居程序中分开居住,当然引起分别住所。

第 108-2 条

(1975 年 7 月 11 日第 75-617 号法律)没有解除亲权的未成年人以其父母的住所为住所。

如果父和母有分别的住所,没有解除亲权的未成年人以与其一起居住的父或母的住所为住所。

第 108-3 条

受监护的成年人以其监护人的住所为住所。

第 109 条

受雇于他人或者平常在他人处工作的成年人,如果与其为之工作或服务的人在同一房屋内居住,其住所与该人的住所相同。

第 110 条

(2001 年 12 月 3 日第 2001-1135 号法律废止)

第 110 条原条文:继承开始之地点,依住所确定。

第 111 条

如果一项合同中写明了诸当事人或某一当事人为履行合同在实际住所以外选定的住所,可以向该约定的住所进行或提出与该合同有关的送达、请求和追偿,(1975 年 12 月 5 日第 75-1122 号法令)以及保留执行《民事诉讼法典》第 48 条的规定,向该选定的住所地的法官提出有关的请求。

第四编 失 踪

(1977年12月28日第77-1447号法律)

译者简述：法国民法上的"失踪"，原文为"absent"和"absence"，也译为"不在"，分为推定失踪和宣告失踪。两者发生的条件与引起的效果均不相同。第112条，对于推定失踪，并没有明确规定时间条件，仅仅规定"当一个人停止出现在其住所地或居所地且无音信时"，监护法官可以应有利益关系的当事人或检察院提出的请求，确认失踪推定。此种推定产生的效果是指定代理人代理推定失踪人实施行为、管理财产。宣告失踪是在确认推定失踪的判决作出之后经过10年，或者没有此项判决时，失踪20年，应任何利益关系人或检察院提出的申请，由法院作出宣告。宣告失踪判决 (jugement déclaratif d'absence) 自登记之日起，产生确认失踪人死亡之全部效力。被宣告失踪的人的配偶可以重新缔结婚姻；即使宣告失踪的判决被撤销，失踪人的婚姻仍然解消。

第一章 推定失踪

(1977年12月28日第77-1447号法律)

第112条

当一个人停止出现在其住所地或居所地且无音信时，监护法官可以应有利益关系的当事人或检察院提出的请求，确认推定失踪。

第 113 条

法官可以指定被推定失踪的人的一名或数名血亲或姻亲,或者在相应情况下,指定其他任何人,代理失踪的人行使权利或者实施与失踪的人有利益关系的一切行为以及管理其全部或部分财产。在此情况下,推定失踪的人的代理及其财产管理,除保留适用本章之规定外,受没有设置亲属会议的成年人监护所适用的各项规则约束,或者作为特别情况,并且依法官的明确决定,如果代理人是第 494-1 条所指的人之一,受有关家庭授权的规则约束。

第 114 条

在不影响赋予其他法院特别管辖权的情况下,为相同目的,在相应场合,法官可以根据财产多寡,确定每年用于家庭生活费用开支或婚姻家事负担的款项的数额。

法官确定如何处理子女的成家安置费用。

法官还专门规定如何处理财产管理所需的费用以及可能应当给予负责为推定失踪的人代理各种事务和管理财产的人的报酬。

第 115 条

法官得于任何时候,甚至依职权,终止由此指定的人的任务。法官亦可指定他人替换原指定的人。

第 116 条

(2006 年 6 月 23 日第 2006-728 号法律第 29-3 条)如果已经向被推定失踪的人发出参与财产分割的召唤,财产分割可以自愿协商进行(原规定为"适用《民法典》第 838 条第 1 款的规定")。

在代理人与推定失踪的人之间存在利益冲突的情况下,由监护法官批准,在依照第 115 条的规定指定的人在场时进行财产分割,即使仅为部分分割,亦同(原规定为"如果有必要,指定一名公证人,由公证人在推定失踪人的代理人在场时，或者如果原代理人本人与财产分割有关，在依照第 115 条的规定指定的一名替代人在场时，主持财产分割"）。所有情况下，财产分割清算的明细账目应当提交监护法官批准。

也可以依照第 840 条至第 842 条的规定由法院进行财产分割。

其他任何分割均视为临时分割。

第 117 条

检察院特别负责关注推定失踪的人的利益；凡是与推定失踪的人有关的请求，均应听取检察院的意见；检察院得依职权要求适用或者变更本编所指的措施。

第 118 条

如果推定失踪的人重新出现或者有音信，应其请求，法官终止为其事务代理和财产管理所采取的各项措施。推定失踪的人收回在其失踪期间被管理或者为其利益取得的财产。

第 119 条

基于推定失踪且没有欺诈地正当取得的权利，在随后确认失踪人已经死亡或者经法院宣告失踪人死亡的情况下，无论最后确定的死亡日期如何，均不受影响。

第 120 条

以上有关推定失踪的人的事务代理和财产管理的规定，也适用于因距离遥远、并非出于己愿但不能表示其意愿的人。

第 121 条

如果推定失踪的人或第 120 条所指的人此前就代理其事务与管理其财产留有某项充分的委托授权，不适用上述相同规定。

如果推定失踪的人的配偶依据夫妻财产制，尤其是依据第 217 条、

第 219 条、第 1426 条与第 1429 条的规定而取得的决定的效力,能够充分保护所涉及的利益时,亦不适用以上规定。

第二章 宣告失踪

(1977 年 12 月 28 日第 77-1447 号法律)

第 122 条

确认推定失踪的判决作出之后经过 10 年,按照第 112 条规定的方式,或者在进行第 217 条与第 219 条、第 1426 条与第 1429 条规定的司法程序时,应任何利益关系人或检察院提出的申请,可以由司法法院宣告失踪。

在没有确认推定失踪的情况下,如果当事人在其住所地或居所地停止出现且没有音信超过 20 年,亦可宣告失踪。

第 123 条

为宣告失踪之目的提出的申请(诉状)的节本,经检察院签署后,在本省内两份报纸上进行公告,或者在相应场合,在没有音信的当事人的住所地或最后居所地的两份报纸上进行公告,

受理宣告失踪申请的法院,还可以命令在其认为一切有益的场所采用其他公告措施。此种公告措施由提出申请的一方当事人确保执行。

第 124 条

经检察院签署的申请节本一经公告,请求宣告失踪的申请由共和国检察官转送法院。法院依据提交的文件、材料、当事人在何种条件下失踪以及能够解释当事人之所以没有音信的具体情节,作出审理裁判。

法院可以命令采取任何补充情况调查措施,并且如有必要,在宣告

失踪的申请不是由共和国检察官提出时,法院可以规定在其认为有益的任何场所,与共和国检察官一起进行对席调查,尤其是在当事人住所地的行政区内进行调查,或者如果当事人住所与居所不在同一地点,在其最后居所地的行政区内进行调查。

第 125 条

在第 122 条第 1 款与第 2 款所指的期限届满前一年即可提出提起诉讼的诉状(申请)。宣告失踪的判决在该申请的节本公告之后至少经过一年作出。判决确认推定失踪的人在第 122 条所指的期间没有再出现过。

第 126 条

如果失踪人在判决宣告之前重新出现,或者其死亡日期在判决宣告之前得到确认,为宣告失踪而提出的诉状视为不曾提出。

第 127 条

如果法院已经作出宣告失踪判决,该判决的节本按照第 123 条规定的方式,在法院规定的期限内进行公告。如果判决在此期限内没有进行公告,视其不曾作出。

在判决已经产生既判事由之确定力时,应共和国检察官申请,判决的主文抄录于失踪人的住所地或其最后居所地的死亡登记簿。该项抄录事由,按宣告失踪判决作出的日期,记载于登记簿的备注栏,并且在宣告失踪的人的出生证书的备注栏内亦作出记载。

判决的登录使其产生对抗第三人的效力;第三人只能(2016 年 11 月 18 日第 2016-1547 号法律第 55 条)依照第 99 条与第 99-1 条的规定获准对判决作出更正或撤销。

第 128 条

宣告失踪判决(jugement déclaratif d'absence)自登录之日起,产生

确认失踪人死亡的全部效力。①

依照本编第一章的规定为管理失踪人的财产而采取的措施亦告终止，但法院另有规定或者命令采取管理措施的法官另有决定时，不在此限。

失踪人的配偶可以重新缔结婚姻。

第 129 条

如果失踪人在宣告其失踪的判决作出之后重新出现，或者如果证明失踪人仍然活着，应共和国检察官或任何利益关系人的请求，得诉请法院撤销宣告失踪的判决。

但是，如果利益关系人拟由他人代理进行诉讼，只能由在律师公会符合规定登记注册的律师代理。

按照第 123 条规定的方式立即公告撤销判决的主文。撤销判决记载于原先宣告失踪的判决的备注栏，并且在记载有该事项的任何登记簿上均作出记载。

第 130 条

经法院裁判确认仍然活着的失踪人，可以按照财产的现状收回其财产以及在其失踪期间本应受领的财产，收回已经被转让的财产的价金或者用属其所有的资本或收入取得的各项财产。

第 131 条

任何利益关系人采取欺诈方式主动挑起宣告他人失踪的，应当将其在享有失踪人的财产期间获得的收入归还经法院宣告仍然活着的失踪人，并且应当归还自其得到收入之日起计算的法定利息，且不妨碍在

---

① 意味着自法院作出宣告失踪的判决登录之日起，宣告失踪成为继承开始的原因，但是，遗产的转移并未因此终局确定，在有证据证明失踪人仍然生存时，遗产的转移将随之消灭。参见第 720 条。

相应场合应当给予补充的损害赔偿。

如果欺诈行为的责任在于被宣告失踪的人的配偶，被宣告失踪的人可以诉请法院对经宣告其失踪的判决所终止的夫妻财产制进行清算。

第132条

即使宣告失踪的判决被撤销，宣告失踪的人的婚姻仍然解消。

第133条至第142条

（废止）

第五编 婚 姻

第一章 结婚应当具备的资格与条件

译者简述：第一章的标题原文为"qualités et conditions requises pour pouvoir contracter le mariage"，直译为"为了能够缔结婚姻而要求具备的资格和条件"。法国《民法典》的许多条文，如第144条、第146-1条、第147条、第148条、第156条、第158条、第159条等，有关结婚的表述都使用了"contracter le mariage"或者"le mariage à contracter"，直译均为"缔结婚姻"，其中第146条明确规定"没有合意，不成婚姻"。这些表述意味着法国民法学说对于民事婚姻通常主张契约说。缔结婚姻以双方合意为必要。针对婚姻契约说，有学者提出批评意见，例如，勒费布尔（Lefevbre）就质疑"婚姻是一种契约吗？"（le mariage n'est-il qu'un contrat?），他们认为婚姻并非契约，本质上是一种制度（institution）；自然人的身份关系不可能完全适用有关契约的规则。法国1791年革命宪法所谓婚姻为民事契约，仅仅是指其属于世俗行为。婚姻自由是受宪法保护的权利。尊重婚姻自由，在宪法上受到保护，是1789年《人权宣言》保护的个人自由的组成部分；同样，人们有不结婚的权利。

行使结婚的权利不取决于当事人本身是否处在自由状态，因此，不得阻挠在押人员行使结婚的权利，但出于安全原因除外。结婚的权利、选择对象、决定婚嫁，严格属于私人及个人性质，不能由主管当局强制规定，也不能由当局来评价和判断。

（在法国）婚约是指双方对婚姻的相互许诺，这种许诺并不构成具有民事强制效力的契约义务，虽然在法律上对作出许诺的人没有约束力，但是，在滥行中断婚约的情况下，许诺人可能要负损害赔偿责任。此外，缔结婚姻（contracter le mariage）也不能与"夫妻财产契约"或"婚姻财产契约"（contrat de mariage）相混淆，后者不能简单译为"婚姻契约"。

第 143 条

（2013 年 5 月 17 日第 2013-404 号法律第 1 条）婚姻由不同性别或者相同性别的两个人缔结。

译者简述：2013 年 5 月 17 日第 2013-404 号法律正式承认"同性婚姻"，该法律的原文名称为"Loi N° 2013-404 du 17 mai 2013 ouvrant le mariage aux couples de personnes de même sexe"，直接翻译是"为相同性别的人结合成配偶开放婚姻的第 2013-404 号法律"。在此之前，1999 年 11 月 15 日第 99-944 号法律已经承认两个同性或异性之间为了安排共同生活订立"紧密关系民事协议"（参见第 515-1 条至第 515-7-1 条）。两个相同性别的人依据此种协议在一起共同生活，虽然也属于得到民法承认的同性伴侣关系，但它还不是法律意义上的同性婚姻关系。在正式承认同性婚姻的法律出台之后，法国社会生活中存在几种不同的婚姻形态：传统的（一夫一妻）婚姻关系、同性婚姻关系、由紧密关系民事协议调整的（男女之间或同性之间的）关系、（一般的）姘居关系以及由于移民或其他原因存在的一夫多妻的事实状况。虽然如此，但法国《民法典》第 147 条规定"前婚尚未解除的，不得再婚"，表明法国仍然不承认一夫多妻制，仅承认因具体的社会原因而存在的此种事实：如果配偶每一方所属国家的法律都准许实行一夫多妻制，由夫妻一方或者双方在国外按照一夫多妻制缔结的婚姻，在法国并不无效，但是，只要妻子是法国人，应当受第 147 条规定的约束，那么，一夫多妻婚姻在法国就没有效力。法律对一般的同居关系或姘居关系仅作了简单规定。基于现行法律，法典中有关婚姻家庭和收养方面的规定往往都包含异性婚姻和同性婚姻两种情况。

第 144 条

（2013 年 5 月 17 日第 2013-404 号法律第 1 条）未满 18 周岁的人①，不

---

① 原文"le mariage ne peut etre contracte avant dix-huit ans révolus"，意为"18 周岁之前不得缔结婚姻"（与德国《民法典》第 1303 条第 1 项"成年之前不得结婚"的表述相同）。第 144 条原规定："男、女未满 18 周岁，不得结婚。"因承认同性婚姻，现行第 144 条取消了"男、女"二字。第 144 条对配偶双方年龄的差别没有任何要求。

得结婚。

第 145 条

（1970 年 12 月 23 日第 70-1266 号法律）但是，结婚举行地的共和国检察官得基于重大理由（motifs graves）同意免除结婚年龄的限制。

第 146 条

没有合意①，不成婚姻。

第 146-1 条

（1993 年 8 月 24 日第 93-1027 号法律）法国人结婚，要求本人到场，即使是在外国结婚，亦同。

第 147 条

前婚尚未解除的，不得再婚。②

第 148 条

（1927 年 7 月 7 日法律）未成年人非经父与母同意③不得结婚（contracter le mariage，不得缔结婚姻）；父母之间意见不一致时，此种意见不一致情形仍可产生同意之效力。

（第 2 款与第 3 款由 1933 年 2 月 2 日法律废止）

第 149 条

（1924 年 2 月 7 日法律）如果父母中一方已经去世或者不能表达

---

① 第 146 条原文为"il n'y a pas de mariage lorsqu'il n'y a point de consentement"，其中"consentement"，既指双方的合意，也指一方的同意，因此该条也译为："没有同意，即无婚姻。"法国民法在婚姻成立上强调意思表示，与"缔结婚姻"的表述相一致。

② 原文为"on ne peut contracter un second mariage avant la dissolution du mariage"，也译为"在前婚解除之前不得缔结第二次婚姻"。

③ 此为"需经有同意权的人同意"始能结婚，也适用于受保护的成年人。原文仍然表述为"不得缔结婚姻"，与中文"不得结婚"有差别。

意思，有另一方表示同意即可。①

如果拟婚夫妇中有一方的父或母已去世，在死者的配偶或死者的父母采用宣誓的形式证明该人已经去世时，无须提交该人的死亡证书。

如果父或母现在的居所不明且有1年无音信，子女本人及其父与母中一人表示同意婚姻并以宣誓作出声明时，可以举行结婚仪式。

所有事项，均应在结婚证书上作出记载。

在本条和本章以下条款所指情况下进行假宣誓的，处《刑法典》第434-13条规定的刑罚。

第 150 条

（1927年7月17日法律）如果父母双亡或者均处于不能表达意思的状态，由祖父母②替代之。如果同系祖父母之间或者两系祖父母之间意见不一致，此种不一致情形仍可产生同意之效力。

（1924年2月7日法律）如果父母现在的居所不明且有1年无音信，祖父母以及子女本人以宣誓作出声明时，可以举行结婚仪式；如果两系祖父、母中一人或数人已经对婚姻表示同意，而其中另一些人的居所不明且已有1年无音信时，同样可举行结婚仪式。

第 151 条

如果已经作出宣告失踪的判决，或者已作出宣告对失踪进行调查的判决，仅需提出这项判决的经认证与原本相符的主文的副本，即相当于在本法典第149条、第150条、第158条与第159条所指场合提出的死亡证书的效力。

---

① "对未成年人的婚姻有同意权"的父母一方死亡或者不能表达意思（例如，神志不清、精神错乱），不能行使同意权时，仅由一方行使此项权利即可。

② 此处的祖父母称为"les aïeuls et aïeules"，是祖父母、外祖父母的统称，后文的"同系祖父母之间或者两系祖父母"的表述也说明，祖父母和外祖父母有相同的权利。

第 152 条

（1927 年 7 月 17 日法律废止）

第 153 条

（2011 年 5 月 17 日第 2011-525 号法律废止）

第 153 条原条文：依照 1854 年 5 月 30 日关于执行苦役（travaux forcés）刑罚的法律第 6 条的规定被判处流放刑或者留在殖民地不准归国之刑罚的直系尊血亲，视为不能表达意思；但是，拟婚夫妇始终有权向身份官员提出请求，让该直系尊血亲表示同意意思，以及有权向身份官员提出该直系尊血亲已经表示的同意意思。

第 154 条

（1933 年 2 月 2 日法律）父与母之间，同系祖父与祖母之间或者两系祖父母之间意见不一致时，由拟婚夫妇中一方提出要求，并且无须有第二公证人和证人在场，经公证人见证、作成公证书；公证人向（拟婚夫妇的）父母或祖父母中没有表示同意意见的人通知拟定中的婚姻。

通知文书应当写明拟婚夫妇以及他们的父、母的姓名、职业、住所与居所，或者相应情况下，写明他们的祖父与祖母的姓名、职业、住所和居所，并且写明将要举行结婚仪式的地点。

通知书还声明其目的是取得尚未表示同意的人的同意，并且声明如果其不同意，仍可举行结婚仪式。

第 155 条

（1934 年 2 月 4 日法律）直系尊血亲之间意见不一致时，也可以通过向应当主持结婚仪式的身份官员寄送信件，以兹确认；信件上的签字应当经法定形式认证，或者通过按第 73 条第 2 款所指形式制作的证书（1934 年 2 月 4 日法律废止"或以举行结婚仪式的事实"）予以确认。

本条及前一条列举的各项证书均应当进行备案，缴纳印花税与登记税。

第 156 条

（1907 年 6 月 21 日法律）身份官员为不满 18 周岁的青年男女举行结婚仪式，而婚姻证书上没有写明该婚姻已经得到父母或者祖父或祖母以及亲属会议的同意，在有此项要求的情况下，有利益关系的当事人提出请求，或者由在其辖区内举行结婚仪式的驻司法法院共和国检察官提出要求的，对主持结婚仪式的身份官员科处《民法典》第 192 条规定的罚款。

第 157 条

（1934 年 2 月 4 日法律）身份官员不要求证明已经进行了第 154 条规定的通知的，亦科处前条所指之罚款。

第 158 条

（2005 年 7 月 4 日第 2005-759 号授权法令废止）

第 158 条原条文：依法认领的非婚生子女，未满 18 周岁的，非经认领其为子女的父或母一方的同意，或者如果其得到父母双方认领，非经父母双方同意，不得结婚。

在父与母意见不一致的情况下，此种不一致情形仍可产生表示同意之效力。

（1924 年 2 月 7 日法律）如果父母中一方已经去世或者处于不能表达自己意思的状态，有另一方表示同意即可。非婚生的未成年子女，亦适用第 149 条第 3 款、第 4 款、第 5 款的规定。

第 159 条

（1913 年 3 月 10 日法律）年龄未满 18 周岁的未成年人，既无父母又无祖父母，或者在他们均处于不能表达意思的状态时，非经亲属会议同意，不得结婚。

（第 2 款由 2005 年 7 月 4 日第 2005-759 号授权法令废止："未经任何人认领的非婚生子女，以及虽得到生父生母认领，但他们均已去世或者不能表达意思的非婚生子女，年龄未满 18 周岁的，非经亲属会议同意，不得结婚。"）

第 160 条

（1924 年 2 月 7 日法律）如果不满 18 周岁的未成年人的直系尊血亲的居所不明且有 1 年没有音信但并未证实已经死亡的，该未成年人应当在其居所地的监护法官面前，(1964 年 12 月 14 日第 64-1230 号法律）由法院书记官协助，在法官的办公处经宣誓作出声明，并且（1964 年 12 月 14 日第 64-1230 号法律）由监护法官对此作出确认。

（1964 年 12 月 14 日第 64-1230 号法律）监护法官将此项宣誓通知亲属会议，亲属会议就请求允许结婚事由作出审议决定。但是，未成年人可以在亲属会议成员在场时直接进行宣誓。

第 161 条

在直系亲属中，所有的尊血亲与卑血亲之间，(2005 年 7 月 4 日第 2005-759 号授权法令删除"不论婚生还是非婚生关系"）以及同系的姻亲之间禁止结婚。

第 162 条

（2005 年 7 月 4 日第 2005-759 号授权法令）在旁系亲属中，(2005 年 7 月 4 日第 2005-759 号授权法令废止"婚生或非婚生关系的"）兄弟与姐妹之间、(2013 年 5 月 17 日第 2013-404 号法律）兄弟之间以及姐妹之间①，禁止结婚。

（第 2 款由 1975 年 7 月 11 日第 75-617 号法律废止："即使在产生

---

① 即使是同性婚姻，近亲属之间结婚一律受到禁止。

姻亲关系的婚姻因离婚而解除的同亲等的姻亲之间,亦禁止结婚。")

第163条

(2013年5月17日第2013-404号法律)禁止叔、伯与侄女或侄子,舅父与外甥女或外甥,姑母与内侄或内侄女,叔伯母与侄子或侄女,姨母与外甥或外甥女,舅母与外甥或外甥女之间结婚。①

第163条原条文:(1972年1月3日第72-3号法律)叔伯与侄女、舅父与外甥女、姑母与内侄、叔伯母与侄、姨母与外甥、舅母与外甥之间,禁止结婚(2005年7月4日第2005-759号授权法令废止"不论亲属关系是否由婚姻或非婚姻产生")。

第164条

(1938年3月10日法律)但是,共和国总统得基于特别重大理由,取消以下条款规定的限制。

1. 在原先建立姻亲关系的人已经死亡的情况下,第161条对直系姻亲之间禁止结婚的规定②;

2. (1975年7月11日第75-617号法律废止"由第162条规定禁止的内兄弟、姐夫、妹夫与嫂子、弟媳、姑、姨之间的婚姻");

3. 由(2013年5月17日第2013-404号法律)第163条禁止的规定。

---

① 在法国,亲属关系没有中国传统和习俗中那样复杂的称谓。本条所列的对应称谓是译者按照中国传统称谓演绎而来。第164条及这些条文都体现了对同性婚姻的规定。

② 第164条第1点的规定似指,例如公公与前儿媳之间。

第二章 有关举行结婚仪式的手续

第 165 条

（1907 年 6 月 21 日法律）结婚，在配偶一方（2013 年 5 月 17 日第 2013-404 号法律第 5 条）或者配偶的双亲之一于第 63 条规定的公告之日有住所或居所，或者在免于公告的情况下，在第 169 条所指的免于公告之日有住所或居所的市镇行政区内，由身份官员（2013 年 5 月 17 日第 2013-404 号法律第 5 条）依共和制婚姻仪式（une cérémonie républicaine）①公开举行。

第 166 条

（1958 年 8 月 23 日第 58-779 号授权法令）应当在结婚地的市府以及在拟婚夫妇各自住所地的市府进行第 63 条规定的公示；在没有住所地的情况下，应当在拟婚双方各自居所地的市府进行此项公示。

第 167 条与第 168 条

（1958 年 8 月 23 日第 58-779 号授权法令第 8 条废止）

第 169 条

（1927 年 4 月 8 日法律）共和国检察官对在其管辖区内举行的结婚仪式，得以重大理由免除进行任何公示和任何期限，或者仅免除张贴公告。

（2007 年 12 月 20 日第 2007-1787 号法律废止："在特殊情况下，共和国检察官也可以免除拟婚夫妇双方或者仅其中一方提交所要求的医

---

① 共和制政体下的世俗婚，而非宗教婚（依宗教仪式缔结的婚姻）。

疗检查证明。

"在本法典第 75 条所指的拟婚夫妇中有一方面临死亡危险的情况下，对夫妇双方均可不要求提交医疗证明。")

第 170 条

（2006 年 11 月 14 日第 2006-1376 号法律废止）

第 170 条原条文：法国人与法国人、法国人与外国人在国外结婚，如果系按照所在国习惯上的形式举行仪式，只要进行了"身份证书"编第 63 条规定的公告，并且法国人并未违反前一章的各项规定，婚姻有效。

(1901 年 11 月 29 日法律) 法国人与 (2003 年 11 月 26 日第 2003-1119 号法律) 外国人 (原规定为"外国女子") 在外国结婚，如果经法国外交人员或领事人员按照法国法律举行结婚仪式，同样有效。

但是，法国的外交人员或领事人员仅在共和国总统法令指名的国家内，始可主持法国人与 (2003 年 11 月 26 日第 2003-1119 号法律) 外国人 (原规定为"外国女子") 的结婚仪式。

(2003 年 11 月 26 日第 2003-1119 号法律) 除不可能这样做的情形或者从案卷的各项材料来看，无论是依照第 146 条还是第 180 条的规定，均无 (2006 年 4 月 4 日第 2006-399 号法律第 3 条) 必要听取说明之外，外交人员与领事人员应当依照本条第 1 款与第 2 款的规定，视具体情况，在请求进行第 63 条规定的公告时，或者在签发婚姻证书时，或者在法国侨民提出婚姻登记时，对拟婚夫妻或者夫妻进行共同听证。如果有必要，外交人员与领事人员可以要求与夫妻或者拟婚夫妻一方或另一方谈话；(2006 年 4 月 4 日第 2006-399 号法律) 外交人员与领事人员可以授权一名或数名负责户籍身份的正式公务员进行上述共同听取意见或者分别谈话。如果夫妻或者拟婚夫妻之一方居住在举行结婚仪式地以外的国家,外交人员与领事人员可以要求有地域管辖权的身份官员听取意见,也可以要求夫妻双方或者拟婚夫妻双方在办理上述每一项手续时均到场。

第170-1条

(2006年11月14日第2006-1376号法律第6条废止。参见现第171-4条)

第170-1条原条文:(1993年8月24日第93-1027号法律)有可靠线索能够推定在外国举行的结婚具有(2006年4月4日第2006-399号法律第3条)第180条、第184条(2003年11月26日第2003-1119号法律废止"第190-1条")或第191条意义上的无效事由时,负责证书登记事务的法国外交人员或领事人员应立即通知检察院,并暂缓证书登记。

共和国检察官就证书登记事由作出宣告。如果共和国检察官提出婚姻无效,得命令仅为法院受理案件之目的进行证书登记;直至法院作出判决之日,已登记的证书的副本仅能提交司法机关,或者只有经共和国检察官批准,始能提交该副本。

如果共和国检察官在受理案件后6个月期限内未作出宣告,法国外交人员或领事人员得进行证书登录。

第171条

(2011年5月17日第2011-525号法律)在拟婚夫妇一方去世的情况下,只要综合充分的事实毫无歧义地确定他们的同意意思(废除1959年12月31日第59-1583号法律的原规定"如果拟婚夫妇一方在完成明确表示同意结婚的正式手续之后去世"),共和国总统得以重大理由批准举行结婚。

在此情况下,结婚的效力追溯至配偶一方死亡的前一日。

但是，该婚姻并不引起任何利于生存配偶的无遗嘱继承权，并且视夫妻之间不存在任何夫妻财产制。

第二章（二） 法国人在外国结婚

（2006年11月14日第2006-1376号法律第3条）

第一节 一般规定

第 171-1 条

法国人与法国人或者法国人与外国人在国外结婚，如果是按照结婚举行地所在国家习惯上的形式举行，以及法国人并未违反本编第一章的各项规定，婚姻有效。

经法国外交机关或领事机关按照法国法律主持的结婚，婚姻有效。

但是，只有在法令指明的国家内，法国的外交机关或领事机关才能主持法国人与外国人结婚。

第二节 法国人在国外由外国机关主持结婚之前应当履行的手续

第 171-2 条

法国人结婚，在外国机关举行仪式时，事先应当提交一份有结婚能力的证明书，此项证明书应当在对结婚仪式举行地有管辖权的外交机关或领事机关完成第 63 条的各规定事项之后制作。

除第 169 条规定之保留外，还应当在拟婚的法国籍配偶的住所地或居所地的身份官员前或者外交机关或领事机关进行第63条所指的公示。

第171-3条

从结婚仪式举行地来看有管辖权的外交机关或领事机关提出要求,由拟婚配偶一方或双方在法国的住所地或居所地的身份官员依据第63条的规定,(2021年8月24日第2021-1109号法律)分别与拟婚配偶单独谈话并听取情况说明,或者如果拟婚配偶的住所或居所在国外,由有地域管辖权的外交机关或领事机关听取他们的情况说明。

第171-4条

(2019年9月18日第2019-964号授权法令第35条)有可靠线索推定拟在外国举行的结婚具有第144条、第146条、第146-1条、第147条、第161条、第162条、第180条或第191条所指的无效事由时,法国外交机关或领事机关应立即通知有管辖权的共和国检察官,并通知有利益关系的人。

共和国检察官自受理案件起2个月期限内,以说明理由的决定向拟定的结婚仪式举行地的外交机关和领事机关通知其反对当事人举行结婚,并且通知有利益关系的人。

拟婚夫妇,即使尚未成年,亦可随时按照第177条与第178条的规定向司法法院申请撤销前款所指的反对意见。

第三节 在国外由外国机关主持的结婚的登记

第171-5条

法国人在国外由外国机关主持结婚的证书,应当在法国户籍登记簿上进行登录,才能在法国产生对抗第三人之效力;由外国机关有效主持仪式的法国人的婚姻没有进行此项登录的，在法国对夫妻双方及子女仍产生民事效力。

在向拟婚配偶出具第 171-2 条所指的结婚能力证明书时应向他们告知第 1 款所指规则。

登录申请向从结婚仪式举行地来看有管辖权的领事机关或者外交机关提出。

第 171-6 条

在不顾共和国检察官提出的反对结婚的异议仍然举行结婚仪式的情况下，只有在夫妻双方提交了法院作出的撤销异议的判决之后，领事机关的身份官员才能在法国户籍登记簿上登录外国结婚证书。

第 171-7 条

（2021 年 8 月 24 日第 2021-1109 号法律）举行结婚仪式违反第 171-2 条规定的情况下，外交机关或领事机关，只有在同时或者分别听取配偶双方共同或单独作出的解释说明之后，才能进行证书登记。但是，如果外交机关或领事机关从掌握的情况可以确认依照第 146 条与第 180 条的规定婚姻的有效性没有疑问，可以作出说明理由的决定，不必事先听取配偶的解释说明，即进行证书登记。

从结婚仪式举行地来看有管辖权的外交机关或领事机关提出要求，由配偶双方在法国的住所地或居所地的身份官员，或者如果配偶双方的住所或居所在国外，由有地域管辖权的外交机关或领事机关听取配偶双方共同作出的解释说明以及分别与他们单独谈话。可以授权一名或数名负责户籍身份的正式公务员，相应情况下，授权领导使馆分设的办公室的公务官员或有管辖权的法国籍名誉领事，听取配偶双方共同作出的解释说明以及分别与他们单独谈话。

有可靠的线索推定在外国举行的结婚具有第 144 条、第 146 条、第

146-1条、第147条、第161条、第162条、第163条、第180条或者第191条意义上的无效事由时,负责证书登记的外交机关或领事机关应立即通知有管辖权的共和国检察官,并暂缓证书登记。

共和国检察官自受理案件起6个月期限内就登记事由作出宣告。

如果共和国检察官在该期限届满时仍然没有作出宣告,或者反对证书的登记,配偶双方可以向司法法院提出申请,请求对婚姻登记事由作出裁判。司法法院在当月内作出审理裁判。在向上诉法院提起上诉的情况下,上诉法院亦应在相同期限内作出裁判。

在6个月期限内共和国检察官要求宣告婚姻无效的情况下,命令仅限于提请法官受理案件之目的进行婚姻证书的登记。在法官作出裁判之前,已经进行登记的证书的副本只能提交司法机关,或者只能经共和国检察官批准才能提交。

第171-8条

(2021年8月24日第2021-1109号法律)如果第171-2条所指的各项手续均得到遵守,并且是按照结婚仪式举行地的国家习惯上的形式举行结婚仪式,可以在(法国)户籍登记簿上进行证书登记,但是,如果根据可靠的线索发现的新情况,可以推定在国外举行的结婚存在第144条、第146条、第146-1条、第147条、第161条、第162条、第163条、第180条或者第191条意义上的无效事由,不在此限。

后一种情形,外交机关或者领事机关在听取配偶双方共同作出的解释说明,以及相应情况下,分别与他们单独谈话之后,立即通知有管辖权的共和国检察官,并暂缓证书登记。

从结婚仪式举行地来看有管辖权的外交机关或领事机关提出要求,由配偶双方在法国的住所地或居所地的身份官员,或者如果配偶双方的住所或居所在国外,由有地域管辖权的外交机关或领事机关,听取配偶双方共同作出的解释说明以及分别与他们单独谈话。可以授权一名或数名负责户籍身份的正式公务员,相应情况下,授权领导使馆分设的办公室的公务官员或有管辖权的法国籍名誉领事,听取配偶双方共同作出的解释说明以及分别与他们单独谈话。

共和国检察官可以在受理案件起 6 个月期限内提出宣告婚姻无效的要求,在此情况下,适用第 171-7 条最后一款的规定。

如果共和国检察官在 6 个月期限内没有作出决定,外交机关或者领事机关可以进行证书的登记,但进行证书登记并不妨碍此后按照第 180 条与第 184 条的规定诉请撤销婚姻的可能性。

第四节　在国外定居的法国人不能在外国举行结婚的情形

第 171-9 条

（2021 年 8 月 24 日第 2021-1109 号法律）尽管有第 74 条和第 165 条的规定,如果相同性别的未来配偶中至少一方有法国国籍,双方在一个不准许同性婚姻的国家有住所或居所,并且法国外交机关和领事机关不能在该国为他们举行婚姻仪式时,由配偶一方的出生地或最后居所地所在的市镇的身份官员,或者由他们的双亲之一有住所或根据第 74 条规定的条件确定的居所地的市镇的身份官员为他们公开举行婚姻仪式,否则,由他们选择的市镇的身份官员举行婚姻仪式。

未来配偶所选择的市镇的身份官员的地域管辖权,依照他们至少在第 63 条规定的公示之前 1 个月提交的案卷材料确定。身份官员可要求有地域管辖权的外交机关或者领事机关依照第 63 条的规定听取配偶双方共同作出的解释说明以及分别与他们单独谈话。

第三章　婚姻异议

译者简述：基于婚姻自由原则，他人无权干涉拟婚当事人的婚姻，但是，法律也规定了阻止结婚的"法定障碍"（empêchements légaux）：有这些"障碍"情形的人，要么受禁止与其他任何人结婚（例如，已有的婚姻关系尚未解除），要么受禁止与特定的人结婚（例如，相应亲等之内的血亲或者姻亲之间）。

"婚姻异议"，原文为"opposition au mariage"，依照第172条的规定，具体指"对举行结婚提出异议"，实际上指第三人反对当事人结婚。准许法律确定的人主张存在"阻止当事人结婚的法定障碍"，由其提出申请，经司法执达员向拟婚夫妇双方以及身份官员送达文书，反对并禁止拟结婚的人举行结婚。第173条至第175-1条具体规定了哪些确定的人在相应情况下可以反对他人结婚。依照第172条的一般规定，只要婚姻关系尚存，即准许配偶一方对另一方与他人结婚提出异议，但是，已经离婚的（原）配偶没有资格对前配偶与另一人结婚提出异议。

第172条

对举行结婚提出异议的权利，属于与缔结婚姻的双方当事人中一方因此婚姻而受义务约束的人。

第173条

（1919年8月9日法律）父母，以及无父无母时，祖父母，可以对他们的子女和直系卑血亲的婚姻提出异议，即使子女和直系卑血亲已经成年。

直系尊血亲之一对婚姻提出的异议经法院裁判撤销之后，另一直系尊血亲再提出任何新的异议，不予受理，也不能推迟举行结婚仪式。

第 174 条

在没有直系尊血亲的情况下,已经成年的兄弟或姐妹、叔伯、舅父或姑母、舅母、姨母及堂、表兄弟姐妹,仅得于下列两种情形提出婚姻异议:

1.(1933 年 2 月 2 日法律)依第 159 条的规定结婚应当经亲属会议同意而没有取得同意的;

2. 对结婚提出异议是基于拟婚配偶一方的(2019 年 3 月 23 日第 2019-222 号法律修改)身体官能已经损坏(原规定为"处于精神错乱状态")时。只有在提出异议的人主动提议负担对该成年人实行法律保护措施的情况下,其提出的异议始予受理。法院可以宣告无条件撤销提出的异议。

第 175 条

(2019 年 3 月 23 日第 2019-222 号法律修改)在第 173 条所指的条件下,监护人或财产管理人可以对由其协助或代理的人结婚提出异议。

第 175 条原条文:在前条所指的两种情况下,监护人或财产管理人在进行监护与管理财产期间,只有经亲属会议批准,才能对婚姻提出异议;监护人或财产管理人可以召集亲属会议。

第 175-1 条

(1933 年 8 月 24 日第 93-1027 号法律)检察院对于其可以提出婚姻无效的情况,可以提出婚姻异议。

第 175-2 条

(2003 年 11 月 26 日第 2003-1119 号法律)在有可靠的线索,以及在相应情况下,按照第 63 条的规定听取拟婚配偶双方的解释说明或者与他们单独进行谈话之后,可以推定依照本法典第 146 条(2006 年 4

月 4 日第 2006-399 号法律第 3 条)或第 180 条的规定拟议中的婚姻可以被撤销时,受理申请的身份官员(2006 年 11 月 14 日第 2006-1376 号法律第 4 条)立即向共和国检察官提出请求,并通知所有的利益关系人。

共和国检察官有义务在受理请求后 15 日内:或者同意举行结婚,或者对结婚提出异议,或者决定推迟举行结婚,等待其派人进行的调查的结果。共和国检察官向身份官员以及各有关当事人通知其作出的决定。这项决定应当说明理由。

共和国检察官决定推迟举行结婚的期限不得超过 1 个月,但是,经作出特别说明理由的决定,期限得延长一次。

在推迟结婚的期限经过之后,共和国检察官以说明理由的决定告知身份官员其准许或反对举行结婚。

拟婚夫妇一方或另一方,即使未成年,对推迟举行结婚仪式或者延长推迟结婚的期限的决定,可以向(2019 年 9 月 18 日第 2019-964 号授权法令)司法法院院长提出异议。司法法院院长在 10 日内作出审理裁判。对司法法院院长(原规定为"大审法院院长")的裁判决定,可以向上诉法院提出上诉;上诉法院在相同期限内作出审理裁判。

第 176 条

(2006 年 11 月 14 日第 2006-1376 号法律)对婚姻提出异议的任何异议书(acte d'opposition),应当写明异议人是以何资格赋予其提出异议的权利。异议书还应当写明提出异议的理由,抄录据以提出异议的法律条文以及异议人在拟定的结婚仪式举行地选定的住所;但是,依照第 171-4 条的规定提出异议时,检察院选定的住所为法院所在地。

前款关于异议书的规定如果未得到遵守,以无效论处,并且禁止在包含婚姻异议的书状上签字的公务助理人员履行其职务。

（1933 年 3 月 15 日法律）异议书提出之后经过 1 年，其效力停止。异议书可以再行提出，但第 173 条第 2 款所指情形除外。

但是，由检察院提出异议时，只有根据法院的判决，异议书的效力才能停止。

第 177 条

（2019 年 9 月 18 日第 2019-964 号授权法令）司法法院（原规定为"大审法院"）在 10 日内就拟婚配偶提出的撤销婚姻异议的请求作出宣告，即使拟婚配偶尚未成年，亦同。

第 178 条

（1933 年 3 月 15 日法律）如果当事人向上诉法院提出上诉，上诉法院在 10 日内作出裁判。如果受到上诉的原判决是撤销提出的婚姻异议，上诉法院甚至应当依职权作出裁判。

第 179 条

如果婚姻异议被驳回，提出异议的人得被判处损害赔偿，但由直系尊血亲提出异议的情形除外。

（1896 年 6 月 20 日法律）对驳回婚姻异议的缺席判决，不准提出缺席判决异议（opposition，取消缺席判决之异议）。

第四章　婚姻无效之诉

译者简述：婚姻无效与撤销并无严格区分，但无效有绝对无效与相对无效之分。引起婚姻相对无效的原因是：胁迫、错误（不包括欺诈，参见第 180 条注释），属于婚姻合意

第五编 婚 姻

瑕疵。

有学者认为,有必要对那些由于明显缺乏某种根本性要件而不能产生效力的法律状态与法律关系作出特别处理,对于这种不能发生任何效力的情形,没有必要经法院判决作出认定。这就是法国法上的所谓"不存在"理论(la théorie de l'inexistence),它既适用于合同,称为"合同不存在",也适用于婚姻,称为"婚姻不存在"。第146条表述"没有合意,不成婚姻",体现了"婚姻不存在"理论。

由此可以认为,在婚姻无效之外,法律还承认"婚姻不存在",它包括婚姻违反公共利益的那些情形:同意之绝对欠缺、没有在有权限的身份官员面前举行仪式、主持结婚的官员无权限,均构成婚姻不存在(inexistance du mariage)。第184条提及违反第144条(结婚年龄)、第146条(非经合意)、第146-1条(本人未到场)、第147条(前婚尚未解除)、第161条(直系亲属结婚)、第162条(旁系亲属兄弟姐妹结婚)以及第163条(旁系亲属叔伯侄等结婚)的规定而缔结的任何婚姻属于绝对无效的婚姻。

婚姻不存在(mariage inexistant)与婚姻无效(le mariage nul)有所区分。

第180条

未得到配偶双方或其中一方自由同意而缔结的婚姻,只能由配偶双方或者其中并未自由表示同意的一方提出无效之诉,(2006年4月4日第2006-399号法律第5条)或者由检察院提出婚姻无效。对配偶双方或者对其中一方实施的强制(contrainte)①,其中包括出于对某个直系尊血亲的敬畏,构成婚姻无效之情形。

(1975年7月11日第75-617号法律)如果对人或对人的根本资格

---

① 此处原文为"contrainte",指强迫或强制婚姻,与胁迫同义,例如,受到来自父母或隶属的上司施加的精神压力(精神强制),剥夺了当事人一方所表示的同意的任何有效性,向当事人发出死亡威胁,迫使其同意结婚,此等情形,构成婚姻相对无效,得以受到胁迫为理由请求撤销婚姻。

发生错误①,另一方可以提出婚姻无效之诉。

第 181 条

前条所指情况下,(2006 年 4 月 4 日第 2006-399 号法律第 6 条)自结婚起(2008 年 6 月 17 日第 2008-561 号法律废止"或者自配偶一方获得完全自由之日或者自其知道发生的错误之日")已经过 5 年的②,提出婚姻无效之诉不再受理。

第 181 条原条文:在前条所指情况下,只要自配偶一方获得完全自由之日或者自其知道发生的错误之日已经与另一方连续同居达 6 个月,提出婚姻无效之诉不再受理。

第 182 条

在有必要经父、母、直系尊血亲或者亲属会议同意才能结婚的情况

---

① 第 180 条第 2 款所说的对人的身份或根本资格的错误,诸如,一方对另一方的身份、国籍、姓名乃至所属家庭发生错误,只有当这种错误对其同意结婚起到决定性作用时,才能构成同意瑕疵,才能构成婚姻无效的原因。

第 180 条第 1 款与第 2 款中仅提及"强制"和"错误",没有提及欺诈,这意味着,在婚姻方面并不特别保护受到欺诈的人。在法国,人们说"谈情说爱时,沉默胜言词"(en amour, un silence vaut mieux qu'un langage),"谈婚论嫁事,欺瞒两由之"(en mariage, il trompe qui peut)。这方面的问题,需要根据个案的具体情况进行处理,例如,配偶一方并不知道对方以前离婚的事实,配偶一方根本无意中断(已存在的)关系而且仍然保持着这种关系;不知道妻子过去是妓女;不知道配偶没有正常的性生活能力或生育能力;结婚之前不知道妻子血清检查呈阳性;不知道未婚夫精神不健全;不知道受到过刑事有罪判决;等等。简单的谎言不涉及人的根本品质,不构成可据以主张撤销婚姻的有效依据。

假结婚的情况,与一方对另一方实行欺瞒或欺诈有所不同。假结婚可能是一方为了达到"与婚姻毫无关系的其他目的",没有"真实的婚姻意愿",对另一方实行欺瞒或欺诈,但也往往是双方串通作出虚假意思表示,以所谓配偶的名义获得婚姻产生的特定效果,以达到婚姻之外的其他目的,例如,通过假结婚,获得法国国籍。

② 如果结婚之后夫妻已经同居,甚至已同居很长时间,再提起婚姻无效之诉,往往不能得到法院的支持;在夫妻双方没有同居的情况下,不适用第 181 条的规定:婚姻无效之诉的时效,依普通法有关"因同意瑕疵产生的无效之诉"的规定。

下未经此同意而结婚,只能由应当得到其同意的人①或者夫妻二人中需要取得此种同意的一方提出婚姻无效之诉。

第 183 条

只要结婚需得到其同意的人已经明示或者默示赞同婚姻,或者自这些人知道结婚事由起已过(2006 年 4 月 4 日第 2006-399 号法律第 6 条)5 年而没有提出请求,夫妻双方或者原本要求其对婚姻表示同意的父母,均不得再主张婚姻无效。在本人达到可以自行表示同意结婚之意思的年龄后经过(2006 年 4 月 4 日第 2006-399 号法律第 6 条)5 年未提出请求的,亦不得再主张婚姻无效。

第 184 条

(1933 年 2 月 19 日法律)违反第 144 条、第 146 条、(1993 年 8 月 24 日第 93-1027 号法律)第 146-1 条、第 147 条、第 161 条、第 162 条与第 163 条的规定缔结的任何婚姻,(2008 年 6 月 17 日第 2008-561 号法律第 7-2 条)自举行结婚仪式起计算 30 年期限内,得由配偶双方本人或有利益关系的人或者检察院提出无效诉讼。

第 185 条与第 186 条

(废止)

第 185 条原条文:但是,夫妻双方或者其中一方在没有达到规定的年龄结婚,属下列情形的,不得再对婚姻提起诉讼:

1. 夫妻双方或者一方达到规定的年龄之后经过 6 个月;
2. 尚未达到规定年龄的妻子在结婚后 6 个月未满即已怀孕。

第 186 条原条文:父母、直系尊血亲以及亲属对前条所指情况下的

---

① 对婚姻有同意权的人是撤销权人。提出婚姻无效之诉,是行使婚姻撤销请求权。参见第 148 条关于未成年人结婚需经父母同意的规定。

结婚表示同意之后再提出婚姻无效之诉,不予受理。

第 187 条

在依照第 184 条的规定任何利益关系人均可提出婚姻无效之诉的所有情况下,旁系血亲或者由另一婚姻所生的子女在夫妻双方生前均不得提起该夫妻的婚姻无效之诉;而这些人仅在有已经发生的现时利益时,才可以提起诉讼。

第 188 条

损害配偶的利益而缔结另一婚姻,受到损害的配偶,即使是在与其有婚姻义务约束的配偶生前①,也可以提出再婚无效之诉。

第 189 条

如果是新结婚的配偶双方提出前一婚姻无效之诉,法院首先应当对前一婚姻之有效或无效作出判决。

第 190 条

凡是适用第 184 条之规定的情况(废止"并且依第 185 条所指限制"),国王检察官(共和国检察官)均可并且应当在夫妻双方生前提出有关他们的婚姻无效之诉讼,以及要求判令夫妻分离。

第 190–1 条

(2003 年 11 月 26 日第 2003-1119 号法律废止)

第 190-1 条原条文:规避法律举行的结婚,在结婚当年,应善意的配偶一方或者检察院的请求,可予撤销。

---

① 已经离婚的前配偶不再具有配偶的身份,不能主张第 188 条规定的以重婚之原因提起婚姻无效之诉,而应当证明其有金钱或道德利益而提起诉讼。

第 191 条

任何非公开缔结的婚姻,以及不是在有管辖权的公务官员面前举行的结婚,配偶双方本人、其父母、直系尊血亲以及具有已经发生的现时利益的任何人,或者检察院,均可在(2008 年 6 月 17 日第 2008-561 号法律第 7-111 条)结婚之后 30 年期限内提起诉讼。

第 192 条

(1907 年 6 月 21 日法律)如果结婚之前没有进行任何公示,或者没有获准法律允许的免予公示,或者没有遵守公示与举行结婚仪式两者之间应当经过的期限,共和国检察官得要求对公务官员科处不超过(2000 年 9 月 19 日第 2000-916 号授权法令)4.5 欧元的罚款,以及对缔结婚姻的双方当事人或者在其主导下缔结此项婚姻的人,按照各自财产的比例科处罚款。

第 193 条

前条所指的人违反第 165 条所定规则的任何行为,即使不足以认定构成请求法院宣告婚姻无效的依据,亦得被科处前条所指的处罚。

第 194 条

任何人,如果不能提出在户籍登记簿上登录的举行结婚的证书,均不得主张夫妻(配偶)的名义,也不得主张婚姻的民事效力,但"身份证书"编第 46 条所指情形除外。

第 195 条

自称夫妻或配偶的人相互主张占有配偶身份的,仍然不能免除提出在身份官员面前举行结婚仪式的证书。

第 196 条

在占有身份并且提出了在身份官员面前举行结婚仪式的证书时,

夫妻或配偶双方各自主张该证书无效的诉讼请求均不予受理。①

第 197 条

但是，如果在第 194 条与第 195 条所指情况下公开以丈夫和妻子的身份在一起生活的两人有子女，在两人死亡之后，只要这些子女的婚生资格依占有身份而得到证明，并且他们的出生证书上对占有身份没有异议的，不得以他们不能提出父母举行结婚仪式的证书为理由对他们的婚生子女资格提出异议。

第 198 条

在经过刑事诉讼的结果取得合法举行结婚的证据时，法院判决一经在身份登记簿上登录，既对夫妻双方，也对该婚姻所生的子女，确保该婚姻自其举行之日起具有全部民事效力。

第 199 条

如果并未发现欺诈行为，夫妻双方或者一方已死亡，有利益请求宣告该夫妇的婚姻有效的任何人，以及国王检察官（共和国检察官），均得提起刑事诉讼。

第 200 条

如果在发现欺诈行为时有关的公务人员已经死亡，国王检察官（共和国检察官）得于各方当事人在场时并依据他们的告发，对该公务人员的继承人提起民事诉讼。

第 201 条

（1972 年 1 月 3 日第 72-3 号法律）被宣告无效的婚姻，如其是善

---

① 第 196 条唯一是指法国人之间缔结的婚姻。夫妻任何一方以举行结婚的形式存在瑕疵为理由，主张撤销婚姻的任何诉讼，均可适用第 196 条规定的诉讼不受理。但提出诉讼不受理的配偶一方应当证明其持久、持续地占有合法夫妻身份。

意缔结,对夫妻双方仍然产生效力。

如果仅有夫妻一方为善意,该婚姻仅产生有利于该方的效力。

第202条

(1972年1月3日第72-3号法律)即使缔结婚姻的每一方均不为善意,他们之间的婚姻对子女仍然产生效力。

(1993年1月8日第93-22号法律)法官按照离婚案件就行使亲权的方式作出审理裁判。

译者简述:第201条与第202条主要涉及所谓"误想婚",是对这种制度的专门规定。误想婚(mariage putatif,也译为臆想婚)是指,当事人臆断或误认为合法的婚姻:夫妻双方确实举行了结婚仪式,至少其中一方为善意(误想婚的成立以此两项为要件),臆断其婚姻为有效婚姻,但由于发生事实上或法律上的误解或错误,该婚姻实际上无效。成立"误想婚",要求(双方当事人)举行了结婚仪式,尽管举行结婚的仪式不符合规定或者无效,例如,在外国驻法国的领事馆举行结婚仪式但没有法国身份官员在场。第201条所指的善意为推定的善意,是立法者对承认误想婚规定的条件,即使当事人发生法律上的误解或者搞错了事实,不论这种误解是涉及行为的形式还是涉及缔结婚姻的当事人的能力,仍然可以存在善意,错误(或误解)的性质或者其严重程度,仅仅属于单纯的事实因素,因此不产生影响。

误想婚虽然是一种无效婚姻,但如果经认定举行结婚时双方或者至少一方为善意,那么,法律仍然赋予其有利于善意一方的某种效力,视该婚姻在已经过去的时间里对善意的一方为有效婚姻,例如,已经给付的扶养费仍然为受领方取得,给付方没有理由请求法院宣告"追溯取消已给付的扶养费";善意缔结婚姻的妻子,因可归咎于丈夫的过错导致婚姻被撤销而受到损失时,可以以赔偿损失的名义请求给付扶养费;善意缔结婚姻的配偶一方在婚姻被撤销之前死亡,其遗产转移给享有权利的所有继承人,继承人的权利自该人死亡之日开始,而婚姻之无效,不能消灭此前已经取得的继承权益;误想婚的配偶一方因(他人实施的)非故意杀人行为受到伤害,在提起追诉的诉讼中,受害人的臆想合法的妻子,可以作为民事当事人提起民事诉讼;等等。即使结婚双方为恶意,对子女也不产生影响,对于子女而言,(父母)无效的婚姻始终属于"自认为的合法婚姻"。婚姻无效对将来发生效力,误想婚经离婚程序解除时,产生与此相同的效力。此种情形为"臆想合法的婚姻",但不同于"推定合法的婚姻"。

第四章(二)　法律冲突规范

(2013 年 5 月 17 日第 2013-404 号法律第 1 条)

第 202-1 条

为了能够缔结婚姻而要求具备的资格与条件,对于配偶每一方,均受其属人法调整。(2014 年 8 月 4 日第 2014-873 号法律第 55 条)不论适用的属人法如何,结婚均要求依第 146 条与第 180 条第 1 款规定的意义得到配偶双方同意。

性别相同的两个人,在至少其中一方的属人法或其住所或居住所在地的国家法律准许时,可以缔结婚姻。

第 202-2 条

举行结婚仪式,如果符合举行地国家的法律规定的各项手续,即为有效。

第五章　由婚姻产生的义务

第 203 条

配偶①双方,仅依结婚之事实,即共同缔结抚养、教育子女的义务。

---

① 此处原文仍然为"les époux",由于同性婚姻,不译为"夫妻"。养育子女包括收养的子女。

第 204 条

子女不因结婚或其他事由,为成家安置而享有对父、母的诉权。①

第 205 条

(1972 年 1 月 3 日第 72-3 号法律)子女②应当对他们的有需要的父与母或者其他直系尊血亲负赡养义务。③

第 206 条

(1919 年 8 月 9 日法律)女婿(gendre)和儿媳(belle fille)也应当在相同情况下对公、婆、岳父、岳母负相同义务④,但是,在产生姻亲关系的夫妻一方及其与配偶的婚姻所生子女均已死亡时⑤,此种义务停止。

第 207 条

(1972 年 1 月 3 日第 72-3 号法律)依照上述条文的规定产生的义务为相互义务。

---

① 译者理解,此项规定意味着,成年子女不能成为"啃老族",不能理所当然地享有要求父母为其结婚提供物质给付的诉讼权利。

② 原用语为"les enfants",词义上包括孩子、儿童、子女等多种意义。译文视具体情况使用不同用语。

③ 关于父母对子女的抚养义务,子女对父母或其他直系尊血亲的赡养义务以及夫妻之间的扶养义务,法典使用的表述是"l'obligation alimentaire"或者"des aliments""des nourritures",均可译为"生活费",但根据具体情况分别译为"赡养""抚养""扶养"或者"生活费"。在不能具体区分的情况下,统一译为"扶养义务"。

④ 指与第 205 条相同的情况:父母或其他直系尊血亲有需要。

⑤ 法语"beau-fils""belle fille"既可用指"女婿""儿媳",也可用指继子、继女,而"beau père""belle mère"既指"公婆""岳父母",也指"继父母"。第 206 条中使用的称谓是"gendre"(女婿)与"belle fille"(儿媳),似不包括继子女。继子女与继父母之间的关系情况复杂,法律一般不作特别规定,一般而言,他们相互之间没有法定权利义务关系。法国《民法典》对"收养配偶的子女"作出了规定,而对继子女与继父母之间的关系没有明确规定。在姻亲关系中,赡养义务仅限于第一亲等,此种义务负担不能推及适用于超过第一亲等的姻亲;法院判决普遍承认,由姻亲产生的赡养义务,因(女婿与女儿、儿媳与儿子)夫妻离婚而停止。

但是，在债权人本人严重违反其对债务人的义务时，法官可以取消债务人负担的全部或部分扶养债务。

（2020年7月30日第2020-936号法律）在债权人因对债务人或其直系尊、卑血亲及兄弟姐妹之一的人身实施重罪受到有罪判决的情况下，债务人解除其对债权人负担的扶养义务，法官另有判决的除外。

第 207-1 条

（2001年12月3日第2001-1135号法律废止）

第207-1条原条文：先去世的配偶的遗产，应当用于有需要的生存配偶的扶养费。可以提出扶养费请求的期限为1年，自配偶死亡之日起计算，并且在进行遗产分割的情况下，该期限得延长至遗产分割完成之时。

扶养费从先去世的配偶的遗产中先取。扶养费由全体继承人负担，以及在遗产不足的情况下，扶养费得由全体特定受遗赠人按照各自所得遗赠的比例分担。

但是，如果去世的人事先有明确声明，某项遗赠财产先于其他遗赠财产用于负担生存配偶的扶养费时，适用第927条的规定。

第 208 条

（1972年1月3日第72-3号法律）扶养费仅按照请求人的需要和负担人的财产的比例①进行给付。

---

① "生活费"一语应当理解为"生活所必需的一切费用"，尤其包括医疗方面所需要的费用。只能按照请求人的"需要"比例给予其请求的生活费。按照要求生活费的人的需要及应当负担生活费的人的财富的比例计算生活费数额是指两个方面的比例，而不仅仅是指"根据债务人的财产、收入的比例"；债权人的"需要"是确定生活费数额的一项基础原则，法官不得仅限于对债务人的财富状况进行评价。生活费债务人的债务是个人性质的债务，应当根据债务人的收入情况确定这种债务的数额；负担生活费的所有债务人（例如，所有的子女）之间并不存在连带关系；在确定每一个债务人应当负担的债务数额时，只考虑每一个人的个人收入情况；在出现新的情况时，可以请求变更生活费数额。

法官可以视具体情形对扶养费附加现行法律准许的调整变动条款。

第 209 条

在提供扶养费的人或者受领扶养费的人的情况发生变化，一方无力继续负担给付，或者另一方全部或部分不再需要给付时，可以请求免除扶养义务或者减少负担的数额。①

第 210 条

应当给付扶养费的人如果证明自己有不能支付扶养费的正当理由，(1993 年 1 月 8 日第 93-22 号法律)家事法官(原规定为"法院")可以在查明情况之后，命令该人将其应当负担扶养义务的人接至自己家中，给予衣食和照应。

第 211 条

(1993 年 1 月 8 日第 93-22 号法律)家事法官(原规定为"法院")还宣告，父或母在提议将他们应当负担抚养费的子女接至自己家中负担衣食、给予照应的情况下是否免于支付抚养费。(参见 1975 年 7 月 11 日关于通过公共途径收取生活费的第 75-618 号法律及 1975 年 12 月 31 日第 75-1339 号法令)

---

① 请求变更或取消生活费的权利，是一种不可转让、不可扣押的个人性质的权利，这种权利占主导性的依据是某种道德利益。生活费债务人破产，可以由其财产管理人提出"取消负担生活费的诉讼请求"。

第六章　夫妻相互的义务与权利

（1942 年 9 月 22 日法律，1945 年 10 月 9 日法令生效）

第 212 条

夫妻应当相互（2006 年 4 月 4 日第 2006-399 号法律第 2 条）尊重①、忠诚、救助与扶助。

第 213 条

（1970 年 6 月 4 日第 70-459 号法律）夫妻共同负责家庭道德与物质事务的管理，负责子女的教育，为子女的未来做准备。

第 214 条

（1965 年 7 月 13 日第 65-570 号法律）如果夫妻财产协议对双方如何分担家事费用负担②没有作出规定，双方根据各自的能力按比例

---

① 第六章的标题将"义务"放在前面，此处的"义务"一词原文为"devoir"，是一种"应尽的责任"。夫妻应相互"尊重"或"尊敬"为新增的义务。救助与扶助，分别表述为"devoir de secours"和"devoir d'assistance"。夫妻之间的救助义务是对配偶一方"身无分文"状况的补救，随着配偶一方"有需要的状况"而出现，有别于夫妻双方应当分担的家事费用负担（charges de mariage）。配偶一方因工伤事故造成残疾之后，负有扶助义务的一方的劳动量有所增加，这种负担的增加同样可以构成因事故造成的损害，可以请求加害人给予赔偿。

② "家事费用负担"（charges de mariage），直译为"婚姻负担"。法国法律中这一特定概念的准确含义与中文的"家庭负担"有所差别。分担家事费用负担之诉，不意味着配偶双方之间一定存在共同生活。法官在这方面有可能考虑案件的具体情形，例如，一妇女与其情人保持着关系，而她的丈夫并无任何可以责备之处，法院拒绝该妇女提出的分担家事费用负担的诉讼请求，但是，配偶一方拒绝与另一方同居，仅凭此，并不必然可以排除其要求另一方分担家事费用负担的请求。家事费用负担具有整体性质，在确定应当向平常与子女在一起居住的配偶一方支付的家事费用时，有必要对与子女的生活和教育有关的所有负担一并作出宣告。

分担。

（第 2 款与第 3 款由 1975 年 7 月 11 日第 75-617 号法律废止）

如果夫妻中一方不履行自己的义务,另一方可以按照《民事诉讼法典》规定的形式强制其履行。

第 215 条

（1970 年 6 月 4 日第 70-459 号法律）夫妻相互负有共同生活①的义务。

（1975 年 7 月 11 日第 75-617 号法律）家庭居所在夫妻共同选定的处所。

（1965 年 7 月 13 日第 65-570 号法律）未经他方同意,夫妻任何一方均不得擅自处分据以保障家庭住房的权利,也不得处分住宅内配备的动产家具。对处分行为没有表示同意的配偶一方可以请求撤销所作的处分;请求撤销处分行为的诉讼,可以在知道该行为之日起 1 年内提起;夫妻财产制终止超过 1 年的,不得再提起此种诉讼。

第 216 条

（1965 年 7 月 13 日第 65-570 号法律）夫妻每一方均有完全的权利能力,但其权利与权限(权力)可以受到夫妻财产制的效力以及本章规定的限制。

第 217 条

（1965 年 7 月 13 日第 65-570 号法律）配偶一方处于不能表达意思的状况,或者家庭利益不能证明其有正当的拒绝理由时,另一方得经法院批准单独实施本应经对方参与或者同意的行为。

---

① 此处的共同生活原用语为"communauté de vie",包括"同居"义务(devoir de cohabitation)。

按照法院的批准确定的条件实施的行为，对于没有参与或者没有表示同意的配偶一方也具有对抗效力，但不得因此产生应当由其负担的任何个人义务。

第 218 条

（1965 年 7 月 13 日第 65-570 号法律）夫妻一方可以委托另一方代理其行使依据夫妻财产制赋予自己的权利，(1985 年 12 月 23 日第 85-1372 号法律第 1 条）在所有情况下，夫妻一方均可自由解除此项委托。

第 219 条

（1965 年 7 月 13 日第 65-570 号法律）如果夫妻一方处于不能表达意思的状况①，另一方可以请求法院授权一般地或者就特定的个别行为代理行使依夫妻财产制产生的权利，此种代理的条件和范围由法官确定。

在没有法定权利、未得到委托授权或法院批准的情况下，由配偶一方代理另一方实施的各项行为依照无因管理规则对另一方产生效力。

第 220 条

（1965 年 7 月 13 日第 65-570 号法律）夫妻每一方均有权单独订立旨在维持家庭日常生活和教育子女的合同；夫妻一方因此缔结的任何债务均对另一方产生连带约束力。

但是，视家庭生活境况、所进行的活动是否有益，以及缔结合同的第三人是善意还是恶意，对于明显过分的开支，不发生此种连带效力。

（1985 年 12 月 23 日第 85-1372 号法律第 2 条）以分期付款的方式进行的购买和借贷，如果未经夫妻双方同意，不引起夫妻之间的连带债

---

① 不论夫妻实行何种财产制度，均适用第 219 条的规定。配偶一方是家庭住房的所有人但处于不能表达意思的状况时，另一方可以经法院批准，作为代理人，获得处分家庭住房据以得到保证的权利。

务,但属于家庭日常生活所需而必要进行的小额借贷(2014年3月17日第2014-344号法律第50条)以及在多项借贷情况下,从家庭日常生活境况来看,借贷的款项加起来总额并不明显过分时,不在此限。

译者简述:关于夫妻共同债务的认定,法国《民法典》没有确立"共债共签"原则。除本条有关夫妻连带债务的规定外,在第1409条至第1420条还有关于共同财产的负债的专门规定。

第220条第1款规定"夫妻每一方均有权单独订立旨在维持家庭日常生活和教育子女的合同",并设置了此种债务的连带性质,其唯一目的是保护债权人。这一条款仅限于宣告夫妻双方对家庭生活负债的连带规则,而不是宣告夫妻之间分担债务的规则。这一规定不适用于姘居关系。

凡是以维持家庭生活开支或子女教育为目的而产生的债务,即使不是合同约定的债务,均适用第220条的规定。子女治疗与住院所需的费用,夫妻一方缔结的有关健康方面的所有债务,强制性疾病保险的补充保险项目应当交纳的保费,属于夫妻双方的连带债务;夫妻二人共同订立居住场所的租约,对费用负担和交纳房租负连带义务,在夫妻离婚的情况下,配偶一方不得借口自己已经离开夫妻住所而逃避这项义务。

在法院作出认定夫妻双方没有达成和解并准许双方分开居住的裁定之后,由其中一方为其本人单独使用而订立的住房租约不适用有关连带债务的规定。由于一方挪用资金,需要赔偿其造成的损失时,由此引起的损害赔偿债务,也不能归入当然具有连带性质的家庭费用开支的类别。第220条规定的连带债务,即使不是建立在费用开支的紧迫性基础之上,至少是以此种开支的必要性为基础。一方对另一方为了休闲旅游购买机票的票款不负连带义务。

依照第220条第2款的规定,排除"明显过分"的债务。是否属于"明显过分"的债务,应当依据家庭生活境况进行评价。

第220条第3款对于举债、借贷作出了专门规定,对于夫妻一方缔结的借贷,要求符合两项条件:家庭生活性质的借贷、家庭生活所必要的小额借贷,才能构成夫妻双方的连带债务。如果借贷的款项数额很小并且是家庭日常生活所必要,不考虑配偶一方对另一方的签字权进行的限制,这一事实情节不妨碍认定所进行的借贷具有连带性质。只要是为了家庭生活的需要、符合家庭生活境况,由夫妻双方同意缔结的借贷,均属于连带性质的借贷,且没有必要限定借贷数额的多少以及是否为家庭日常生活所必要。

不是为家庭生活费用开支进行的借贷,排除其为连带性质。由夫妻一方缔结的分期付款购买合同产生的债务,不考虑数额多少,均排除其为连带性质;夫妻一方为保障属于自己的企业的运作而进行的借贷,为个人债务。

第三人借给夫妻一方资金并主张是夫妻双方的连带债务时,应当证明其同意进行的借贷是用于借贷人的家庭生活费用开支及子女的教育。借贷人负举证责任。

第 220-1 条

(1965 年 7 月 13 日第 65-570 号法律)如果夫妻一方严重违反其应当承担的义务并因此危害到家庭利益时,(1993 年 1 月 8 日第 93-22 号法律)家事法官可以命令采取家庭利益所要求采取的各项紧急措施。

家事法官尤其可以禁止该配偶一方在未经另一方同意的情况下处分其特有财产或夫妻共同财产,不论是动产还是不动产;法官也可禁止其搬走动产,但按照专门规定属于配偶一方或另一方个人使用的动产除外。

(2010 年 7 月 9 日第 2010-769 号法律第 1 条废止:"配偶一方实施暴力,致使另一方或者一名或数名子女处于危险状况时,法官可以裁判夫妻分开居住,并明确规定夫妻中哪一方继续在夫妻共同住宅内居住。除特殊情况外,该住所的使用权应当给予未实施暴力行为的配偶一方。如果有必要,法官就行使亲权的方式以及分担家事费用负担作出宣告。如果在此项宣告之后经过 4 个月,双方没有提出任何分居申请或离婚申请,所采取的措施即告失效。")

(2004 年 5 月 26 日第 2004-439 号法律第 22-1 条)依照本条规定采取的(2010 年 7 月 9 日第 2010-769 号法律第 1 条废止"其他")措施持续的时间由法官确定,包括可能延展期限在内,采取此种措施的总时间不得超过 3 年。

第 220-2 条

（1965 年 7 月 13 日第 65-570 号法律）如果法院的裁定涉及禁止处分需经公示才能转让的财产，由提出请求的配偶一方负责进行此项裁定的公示。此项公示的效力至法院裁定确定的期限届满时停止，但是，如果有利益关系的一方在此期间取得一项变更性裁定，不在此限。变更性裁定应当按照相同形式进行公示。

如果法院的裁定涉及禁止处分有形动产，或者禁止搬走此种动产，这项裁定由提出诉讼请求的配偶一方送达另一方，依裁定的效力，另一方按照与财产受扣押人相同的条件负担动产看管人的责任。如果将此裁定送达第三人，构成恶意送达。

第 220-3 条

（1965 年 7 月 13 日第 65-570 号法律）违反法院的裁定实施的所有行为，如果是与恶意第三人订立的文书，或者涉及需经公示才能转让的财产，如果纯属前条规定的公示之后实施的此种行为，提出诉讼请求的配偶一方可请求撤销之。

主张此种行为无效的诉讼，应当在提出请求的配偶一方知道该行为之日起 2 年期限内提起；如果涉及的是应当进行公示的行为，提起诉讼的期限自公示之日起不得超过 2 年。

第 221 条

（1965 年 7 月 13 日第 65-570 号法律）配偶每一方，无须经另一方同意，均可以其个人的名义开立任何存款账户和证券账户。

（1985 年 12 月 23 日第 85-1372 号法律第 3 条）对于接受存款的人而言，存款人始终被视为对存入账户的资金和证券享有自由处分的权利，即使是在其婚姻关系解消之后，亦同。

第 222 条

（1965 年 7 月 13 日第 65-570 号法律）如果夫妻一方单独对其个人持有的动产实施管理、收益或处分行为，对于善意第三人而言，视该夫妻一方享有单独实施此种行为的权限。

前款规定不适用于第 215 条第 3 款所指的住宅内配备的动产家具，也不适用于按照本法典第 1404 条的规定依其性质可以推定属于配偶另一方的有形动产。

第 223 条

（1985 年 12 月 23 日第 85-1372 号法律第 4 条）夫妻每一方均可自由从事职业，获得收益与工资，并且在分担家事费用负担以后自由处分之。

第 224 条

（1985 年 12 月 23 日第 85-1372 号法律第 5 条废止）

第 224 条原条文：夫妻每一方可获得收益与工资，并且可以在偿付因婚姻引起的负担之后自由处分之。

妻用其在与夫分开从事的职业中得到的收益与工资取得的财产，由其自行管理、收益和自由处分，但应当遵守第 1425 条与第 1503 条对夫妻各自之权限的限制性规定。

保留给妻的财产的来源与具体组成，对第三人以及另一方，均依第 1402 条之规则确定。

第 225 条

（1985 年 12 月 23 日第 85-1372 号法律）夫妻每一方单独管理、转让其个人财产以及用此财产承担义务。

第 225-1 条

（2013 年 5 月 17 日第 2013-404 号法律第 10 条）夫妻每一方均可

用对方的姓氏取代自己的姓氏,或者根据自己确定的顺序将其添加于自己的姓氏。

第 226 条

（1965 年 7 月 13 日第 65-570 号法律）本章之规定,凡是没有保留适用夫妻财产契约的情形,无论实行何种夫妻财产制,仅凭婚姻效力,均应适用之。

第七章 婚姻的解消

第 227 条

婚姻依以下原因解消：

1. 配偶一方死亡；
2. 依法宣告离婚；
3. (1854 年 5 月 31 日法律废止)。①

第八章 再婚(废止)

（2004 年 5 月 26 日第 2004-439 号法律第 23 条废止）

原第 228 条

（废止）

---

① 在 1804 年《民法典》中,第 227 条第 3 点规定："夫妻一方受民事死亡宣告的判决已经确定。"

原第 228 条规定：(1919 年 8 月 9 日法律) 妇女仅在前婚解除之后满 300 天①，才能重新结婚。

(1975 年 7 月 11 日第 75-617 号法律) 夫死后，妻分娩，前述期限即告终止。如果妻能提出其没有怀孕的医疗证明，前述期限亦终止。

(1928 年 2 月 4 日) 如果根据显而易见的情形，可以认定前夫有 300 天未与妻同居，在其管辖区内举行结婚仪式的大审法院得依简单申请，作出裁定，缩短本条 (1975 年 7 月 11 日第 75-617 号法律废止 "及本法典第 296 条") 所规定的限制期限。(1933 年 2 月 19 日法律) 申请应当报送检察院。在申请被驳回的情况下，可以向上诉法院提出上诉。

---

① 该条规定体现了欧洲国家原来的法律奉行的"防止血统混乱"的立法思想。300 日期间称为"法定的女子待婚期"（délais de viduité，也译为"再婚禁止期间"）。在 1804 年《民法典》中，第 228 条是唯一关于"再婚"的规定而且仅有 1 款："妇女在婚姻关系解除后满 10 个月才能再婚。" 后经多次修改，2004 年 5 月 26 日第 2004-439 号法律废止了该条规定，其序号归入"离婚"编，2009 年 5 月 12 日第 2009-526 号法律第 14-11 条又将其废止。

第六编　离　婚
（2009年5月12日第2009-526号法律）

第228条

（2009年5月12日第2009-526号法律第14-11条废止）

第228条原条文：审理民事案件的大审法院对宣告离婚及其后果唯一有管辖权。

（2002年3月4日第2002-305号法律）大审法院的一名法官受委任负责家事案件。该法官对宣告离婚有管辖权，不论离婚原因如何；法官可以将案件依其进展状况移送合议庭；在一方当事人提出请求时，案件当然移送合议庭审理。

（2004年5月26日第2004-439号法律第22-11条）同样，该法官唯一有权限在不论何种原因宣告离婚之后，就行使亲权的方式、变更子女生活费与教育费用的分担、决定将子女交由第三人照管以及补偿性给付的复议或支付方式作出审理裁判。法官在进行裁判时，不需履行任何程序性手续，并且可以经有利益关系的人提出的简单申请受理诉讼请求。

第一章 离婚的各种情形

(1975年7月11日第75-617号法律)

> **译者简述**：近年来，法国《民法典》关于离婚的立法规定多次修改，且修改幅度较大，译本中附有相关原条文，但也只能部分反映修改情况（2004年5月26日第2004-439号法律对这方面内容的修改参见北京大学出版社2010年版《法国民法典》）。
>
> 原第229条规定三种情形下可以宣告离婚：夫妻双方相互同意离婚（两愿离婚），共同生活破裂，有过错。两愿离婚程序又分为"夫妻双方共同申请离婚"与"一方提出申请，另一方接受离婚"，两种情形都需要经法院裁判，均为司法程序。
>
> 2016年11月18日第2016-1547号法律对离婚程序进行了改革。现行第229条第1款增加了"夫妻双方可以采用律师副署的、原本寄托于公证人处的私署文书两愿离婚"。这是一种"由双方自愿同意不经过诉讼的两愿离婚程序"，相当于我国到民政局进行登记的协议离婚程序。法国没有民政局，双方自愿登记离婚是将由律师副署的私署文书寄托于公证人处。
>
> 除上述协议离婚程序外，现行法律仍然保留了"在第229-2条第1点所指的情况下"由夫妻共同申请，经法院裁判批准的两愿离婚程序。这是对未成年人和受保护的成年人协议离婚的特别规定。
>
> 依照现行第229条的规定，法国现行的离婚程序同样分为协议离婚与（法院）宣告离婚，与我国《民法典》第1079条第2款规定的"应当准许离婚"的五种情形相比，这两种程序主要体现为原则，而不是离婚的具体原因。

第229条

(2016年11月18日第2016-1547号法律) 夫妻双方可以采用律师

副署的、原本寄托于公证人处的私署文书两愿离婚。①

(2004 年 5 月 26 日第 2004-439 号法律第 1 条)下列情形,得宣告离婚:

——(2016 年 11 月 18 日第 2016-1547 号法律第 50-1-1 条)在第 229-2 条第 1 点所指的情况下两愿离婚②;

——接受中断婚姻关系之原则③;

——夫妻关系恶化无可挽回④。

——因有过错。(参见附目第 229 条)

---

① 第 229 条是对本章以下四节的概括规定。第 229 条第 1 款规定的是"两愿离婚",原文为"divorce par consentement mutuel",直译为"(夫妻双方)相互同意离婚",是双方自愿离婚,也可以说是公证登记离婚。该条第 2 款规定的是"宣告离婚"程序,是司法程序(分为四种情况)。在 2016 年 11 月 18 日第 2016-1547 号法律进行的改革之前,两愿离婚仍然需要"向法官提出处理离婚后果的协议,请求批准",现在只规定在听取未成年人陈述情况下两愿离婚仍然需经司法程序(第 229-2 条第 1 点)。

② 该规定是在需要听取未成年人的意见陈述情况下协议离婚的特别规定(参见第 229-2 条第 1 点)。

③ 该规定原文为"acceptation du principe de la rupture du mariage",是对原来规定的修改。原来的规定表述为"由配偶一方提出申请,另一方接受(同意)离婚"(du divorce demandé par un époux et accepté par l'autre)。与"(夫妻双方)相互同意离婚"相比,这一程序最大的差别是,它并没有要求夫妻双方就离婚的其他问题提交已经达成的协议,只要双方均"接受中断婚姻关系之原则"即可,也没有要求夫妻双方"相互同意"。"接受离婚"程序是司法程序。

④ 该规定反映了大多数西方国家法律有关离婚的标准,体现了某种"离婚自由化"的倾向。其法文表述为"altération définitve du lien conjugale",其中"altération",有"恶化""变质"之意,即"夫妻关系恶化无可挽回",但主要是涉及已经分居的夫妻离婚(第 258 条),也称为"共同生活破裂"(rupture de la vie commune)。

第一节　两愿离婚

第一目　夫妻双方采用律师副署的、原本寄存于公证人处的私署文书两愿离婚

（2016 年 11 月 18 日第 2016-1547 号法律）

第 229-1 条

夫妻双方就中断婚姻关系（rupture du mariage，婚姻关系破裂）及其效力达成一致时，各自由一名律师协助，用一份按照第 1347 条规定的条件制作并且由律师副署的私署文书形式的协议，对他们达成的一致意见作出确认。

这项协议的原本存交于公证人处。公证人监督遵守第 229-3 条第 1 点至第 6 点规定的形式要求；公证人还应确保协议草案不是签署于第 229-4 条规定的考虑期限经过之前。

向公证人存交协议的行为赋予该协议以效力和确定的日期，并赋予其执行力。

第 229-2 条

下列情形，夫妻双方不得采用律师副署的私署文书两愿离婚：

1. 未成年人，在父母告知其有权利请求法官按照第 388-1 条规定的条件听取其意见陈述之后，请求法官听取陈述的；

2. 配偶一方处于本卷第十一编第二章规定的一种保护制度的。

第 229-3 条

对离婚及其效力的同意，不得推定。

协议应当明文包含以下事项，否则无效：

1. 配偶双方各自的姓名、职业、居所、国籍、出生日期与地点、结婚日期与结婚地点,相应情况下,写明有关每一个子女的相同的事项;

2. 负责协助配偶双方的律师的姓名、执业地址与执业的(法律)结构形式以及执业登记的律师公会;

3. 按照订立的协议的文字表述,记载配偶双方就中断婚姻关系及其效力所达成的一致协议;

4. 按照本编第三章关于处理离婚效力的方式,特别是如果有必要支付补偿性给付时,处理离婚效力的方式;

5. 夫妻财产制清算说明书,相应情况下,在涉及需经公示的财产的清算时,在公证人面前作成的清算说明书,或者没有必要进行财产清算的声明;

6. 写明子女已经得到父母告知他们有权利请求法官按照第388-1条规定的条件听取其意见陈述。

第229-4条

律师用挂号信并要求回执向由其协助的夫妻一方寄送协议草案。自收到该草案起15日考虑期限尚未经过时,不得签署该协议草案,否则以无效论处。

(离婚)协议自取得确定的日期之日产生执行力。

第二目 经法院裁判两愿离婚

(2016年11月18日第2016-1547号法律第50条)

第230条

(2016年11月18日第2016-1547号法律50-1条第2点)在第229-2条第1点规定的情况下,(2004年5月26日第2004-439号法律第2-2条)配偶双方就中断婚姻关系及其效力达成一致意见,并向法官提交一份处理离婚后果的协议请求批准的,可以共同诉请离婚。①

第 231 条

（2004 年 5 月 26 日第 2004-439 号法律第 23 条废止）

第 231 条原条文：法官应当首先分别与夫妻各方,然后再与夫妻双方一起,对离婚申请进行审查,此后,再传唤当事人的律师或他们各自的律师。

如果夫妻双方坚持离婚意愿,法官向他们指出给予他们 3 个月的考虑期限,其后重新提出离婚申请。

如果在考虑期限届满后 6 个月内没有重新提出离婚申请,原来的共同离婚申请即失去效力。②

第 232 条

（2004 年 5 月 26 日第 2004-439 号法律第 2-2 条）如果法官已经形成内心确信③,认定配偶双方意思表示真实,均是自由地明确同意离婚,法官得认可所订立的协议并宣告离婚（原规定为"法官得以同一判

---

① 在第 229-2 条规定的两种情况下,夫妻双方不得采用由律师副署的私署文书协议（两愿）离婚,而是需要经过诉讼程序,请求法院认可所订立的协议并宣告离婚。

② 法国《民法典》原来规定,双方相互同意离婚或共同申请离婚（两愿离婚）,都需要诉请法官批准,因此原第 231 条规定,向法院申请两愿离婚时,法官给予"3 个月的考虑期限",仍然不完全等同于在"登记离婚"程序中规定所谓离婚"冷静期"。原第 231 条规定的考虑期限为 3 个月,3 个月之后,在 6 个月期限内重新提出离婚申请;如果在此 6 个月内没有重新提出离婚申请,原来的共同离婚申请失去效力。

需要强调的是,现在关于经法院裁判两愿离婚情况下的考虑期限的规定已经废止,仅仅保留了在公证登记离婚情况下收到律师起草的协议草案之后的（第 229-4 条）15 日考虑期限。另外,参见附目第 252-2 条就诉讼调解作出的强制性规定。

③ 所谓"自由心证"（conviction intime）,实际意思是"内心深信""内心确信"。法官有义务对夫妻双方的意思实行监督,确信双方确实有坚持离婚的真实意思并且是自由同意离婚。只有在认定离婚协议充分保护了子女的利益以及夫妻双方的利益的情况下,才能认可离婚协议并宣告离婚。法官对协议的"认可"具有整体性质。

决认可夫妻双方处理离婚后果的协议")。

法官如果认定提交的协议对子女的利益或者对配偶一方①的利益保护不够,得拒绝认可协议,并且不宣判离婚。

第二节 接受离婚②

(2004年5月26日第2004-439号法律第3-1条)

第233条

(2019年3月23日第2019-222号法律)在夫妻双方均接受中断婚姻关系之原则而不考虑造成关系中断的事实时,双方可以共同诉请离婚。

夫妻每一方均由一名律师协助,用律师副署的私署文书接受中断婚姻关系之原则时,一方或另一方,或者双方可以诉请离婚。这项私署文书可以在提起诉讼之前签署。

夫妻双方也可以在程序进行的任何时候接受中断婚姻关系之原则。

接受中断婚姻关系之原则不得撤回,即使是通过向上诉法院提起上诉,亦不得撤回。

第233条原条文:(2004年5月26日第2004-439号法律第3-2

---

① 此处原文是"un des époux",笼统地指"配偶中的一人",没有特别强调对妇女一方的保护。

② 本节原标题为"由配偶一方提出申请,另一方接受而离婚",现改为"divorce accepté",直译为"经接受的离婚",也可以译为"承受离婚"或"同意离婚",是对第229条第2款中"接受中断婚姻关系之原则"的具体规定。从第233条原条文的表述来看,"接受离婚",表明是夫妻一方主动请求离婚,另一方相对被动但双方都接受离婚之原则。修改后的条文有所不同。接受离婚是向法院诉请离婚,不等于第一节规定的两种"两愿离婚程序",也不等于夫妻一方是被强迫或被强制离婚。

条)在夫妻双方均接受中断婚姻关系之原则,不考虑造成婚姻关系破裂的事实时,夫妻一方或另一方或者双方均可诉请离婚。

此种接受不得撤回,即使通过向上诉法院提起上诉,亦同。

第 234 条

(2004 年 5 月 26 日第 2004-439 号法律第 3-2)如法官形成心证确信夫妻双方均是自由同意离婚,作出离婚宣告,并对离婚的后果作出裁判。

第 235 条

(2004 年 5 月 26 日第 2004-439 号法律第 23 条废止)

第 235 条原条文:如果另一方不承认此种事实,法官不宣告离婚。

第 236 条

(2004 年 5 月 26 日第 2004-439 号法律第 23 条废止)

第 236 条原条文:夫妻双方所作的声明,不得作为证据用于其他任何诉讼。

第三节　夫妻关系恶化无可挽回[①]

(2004 年 5 月 26 日第 2004-439 号法律第 4-2 条)

第 237 条

(2004 年 5 月 26 日第 2004-439 号法律第 4-2 条)夫妻关系恶化无

---

① 第三节的原标题为"divorce pour rupture de la vie commune"(因共同生活破裂离婚),现改为"divorce pour altération définitive du lien conjugal"(夫妻关系恶化无可挽回),是对第 229 条第 2 款中所指的离婚原因的具体规定。依照现行第 238 条的规定,夫妻关系恶化无可挽回,意味着在提出"离婚传唤状"(assignation en divorce)时夫妻双方已经分居 1 年、停止共同生活(原第 237 条规定分开生活达 6 年)。这是在分居基础上提出离婚,是诉讼离婚程序(长时间分居意味着夫妻关系恶化)。

可挽回时,夫妻一方可以诉请离婚。

第 238 条

至提出离婚请求时夫妻双方分开生活已经 1 年的,因双方停止共同生活引起夫妻关系恶化无可挽回。

如果原告提起诉讼但并未指明其提出离婚请求的原因,在离婚宣告中应当对表明夫妻关系破裂无可挽回的延续期间作出评判。

但是,只要在以此为依据提出请求同时还提出另一离婚请求,以夫妻关系恶化无可挽回之原因宣告离婚,不要求夫妻分开生活已达 1 年时间,且不妨碍适用第 246 条的规定。

第 238 条原条文:(2004 年 5 月 26 日第 2004-439 号法律第 4-2 条) 至提出离婚传唤状(起诉状)①之日夫妻分居生活已经 2 年的,夫妻之间停止共同生活意味着夫妻关系恶化无可挽回。

尽管有前述规定,在第 246 条第 2 款所指情况下,只要是在此基础上以反诉的名义提出离婚请求,得以夫妻关系恶化无可挽回之原因宣告离婚。

第 239 条

(2004 年 5 月 26 日第 2004-439 号法律第 23 条废止)

---

① 法国《民事诉讼法典》第 54 条规定,可以采用五种方式或途径提起民事诉讼。五种方式分别是:当事人自愿出庭(comparution volontaire),送达传唤状(assignation),向法院书记室提交诉状(requête)或共同诉状(requête conjointe),或者提交声明(déclaration)。

法国民事法院实行登记立案制度,没有立案审查制度。在通过送达传唤状的方式提起民事诉讼时,原告不是首先向法院提交起诉状,而是向被告发出传唤状,这项文书称为"assignation",它是经执达员向被告送达的诉讼文书,传唤被告前往受理诉讼的法院出庭应诉,所以也称为"assigner à comparaître"(传唤出庭)。无论是传唤状,还是传票,都是由原告通过司法执达员送达被告。法院经向其书记室送交的传唤状或传票的副本受理诉讼。

第239条原条文：以夫妻共同生活破裂为理由申请离婚的配偶一方应承担全部负担，在其提交的申请中应当具体写明以何种方式履行其对配偶和子女的义务。

第240条

（2004年5月26日第2004-439号法律第23条废止）

第240条原条文：如果另一方能证明，鉴于其本人的年龄与结婚时间，离婚对其本人和子女在精神与物质上都将引起极为严重的后果，法官得驳回离婚申请。

在第238条所指情况下，法官甚至得依职权驳回申请。

第241条

（2004年5月26日第2004-439号法律第23条废止）

第241条原条文：只有起诉离婚的配偶一方，也就是提出本诉请求的配偶一方，才能主张以共同生活破裂为离婚理由。

另一方在此场合得提出称为反诉的诉讼请求，并且可以援用主动提出离婚请求的一方的过错。但此种反诉仅得为主张离婚之诉，而不得为主张分居之诉。如果法官支持提出的反诉，即驳回本诉，并宣告因主动提出离婚的一方的过错而离婚。

第四节　因有过错离婚

（2004年5月26日第2004-439号法律第5-1条）

第242条

（2004年5月26日第2004-439号法律第5-2条）配偶一方有可归咎的严重的或者反复的违反婚姻权利义务之事实，致使继续维持共同生活变得无法容忍时①,另一方可以诉请离婚。

第 243 条

(2004 年 5 月 26 日第 2004-439 号法律第 23 条废止)

第 243 条原条文:在配偶一方被判处《刑法典》第 131-1 条所指刑罚之一时,另一方得请求离婚。

第 244 条

(1975 年 7 月 11 日第 75-617 号法律)夫妻在诉讼中援引的事实发生之后双方已实行和解的,不得再主张以相同事实作为请求离婚的原因。

在此情况下,法官宣告离婚申请不予受理;但是,可以依据夫妻在实现和解之后发生或发现的事实重新提出离婚请求;于此情形,可以重提原来的事实,用以支持新的离婚请求。

夫妻暂时维持共同生活或者暂时恢复共同生活,如果仅仅是为了进行和解努力而有所必要,或者是为了子女教育之需要,不视为夫妻已经实现和解。

第 245 条

(1975 年 7 月 11 日第 75-617 号法律)主动提出离婚的配偶一方有

---

① 法官不得依职权提出夫妻一方有过错并且唯一以该方有过错而宣告离婚;配偶一方的行为表现是由于其精神状态所致,不能归咎于其有过错;不得要求当事人援引的事实同时具备严重性和反复性(才准许离婚):法律条文的表述是"或者",表明这类事实的两种性质是可以相互交替的。

夫妻一方与他人通奸并在其情人的住所生活,仅此事实,构成反复违反婚姻义务,寻致无法容忍继续维持夫妻共同生活;引起配偶一方民事责任的事实,也可以构成离婚的原因;夫妻之间经常激烈争吵并带有语言暴力,表明每一方都缺乏对对方的尊重,可以构成双方都有过错离婚的理由;一方对另一方采取鄙视态度,有造成损害的意图;一方的行为构成对他方的严重侮辱;一方实施变性手术,法院"唯一以该方有过错宣告离婚";等等。配偶一方的过错可以因另一方的行为表现而得到原谅。

过错,并不妨碍对其提出的离婚请求进行审查,但此种过错可以抵消其归咎于另一方并构成离婚原因的事实的严重性。

另一方可以援引主动提出离婚的配偶一方的过错,用以支持其本人提出的离婚反诉请求。如果本诉与反诉均得到法院支持,以夫妻双方均有过错宣告离婚。

即使没有提出反诉,如果经审理确认夫妻双方均有过错,得以夫妻双方均有过错宣告离婚。

第 245-1 条

(2004 年 5 月 26 日第 2004-439 号法律第 6 条、第 22-3 条及第 22-4 条)应夫妻双方的请求,法官可以在判决理由中仅限于确认存在构成离婚原因的各项事实,无须对双方当事人的过错及损害作出表述。

第 246 条

(2004 年 5 月 26 日第 2004-439 号法律第 5-3 条)如果同时提出了因夫妻关系恶化无可挽回以及因有过错而离婚的请求,法官首先审查以有过错之原因提出的离婚请求。

(2019 年 3 月 23 日第 2019-222 号法律废止:"法官如果驳回因有过错离婚的请求,则对以夫妻共同生活恶化无可挽回为理由提出的离婚请求作出裁判。")

第五节① 变更离婚诉讼请求的基本根据

（2004年5月26日第2004-439号法律第7-1条）

第247条

（2016年11月18日第2016-1547号法律第50-1条第3项）夫妻双方可以在离婚程序的任何时候：

1. 通过提交有律师副署的、原本存交至公证处的私署文书，两愿离婚；

2. 在第229-2条第1点所指情况下，向法官提交处理离婚后果的协议，请求法官确认他们同意宣告两愿离婚。

第247条原条文：（2004年5月26日第2004-439号法律第7-2条）夫妻双方得在离婚程序进行的任何时候，向法官提交处理离婚后果的协议，请求法官确认他们同意宣告两愿离婚。

第247-1条

（2004年5月26日第2004-439号法律第7-2条）在夫妻关系恶化无可挽回或者因有过错请求离婚的情况下，夫妻双方均可在离婚程序进行的任何时候请求法官确认他们同意接受中断婚姻关系之原则宣告离婚。

第247-2条

（2019年3月23日第2019-222号法律）如果原告以夫妻关系恶化无可挽回为理由提出离婚请求，被告以原告有过错提出离婚反诉，原告可以援引其配偶有过错，变更其此前提出的离婚请求的依据。

---

① 本节为新增条文，变更离婚诉讼请求的基本根据是指，用另一种原因作为离婚请求的依据，取代原先提出的请求离婚的依据。

第二章 裁判离婚的程序

第一节 一般规定

第 248 条

（1975 年 7 月 11 日第 75-617 号法律）就离婚原因、离婚后果以及先予执行措施，法庭审理辩论不公开进行。

第 248-1 条

（经 2004 年 5 月 26 日第 2004-439 号法律修改并移至第 245-1 条）

第 249 条

（2019 年 3 月 23 日第 2019-222 号法律）在离婚诉讼中，受监护的成年人由其监护人代理，财产受管理的成年人由其本人在财产管理人的协助下提起与进行诉讼。

但是，受保护的人可以单独接受中断婚姻关系之原则且不考虑造成中断婚姻关系的原因事实。

第 249 条原条文：（2004 年 5 月 26 日第 2004-439 号法律第 8 条）如果离婚请求应当以受监护的成年人的名义提出，在设置亲属会议的情况下，这一请求由监护人经亲属会议或法官批准之后提交，在提出离婚请求之前，按照具体情况，由亲属会议或者法官听取（2007 年 3 月 5 日第 2007-308 号法律第 10 条）医疗意见（原规定为"治疗医师的意见"），在可能情况下，应当听取当事人本人的意见。

（1975 年 7 月 11 日第 75-617 号法律）财产受管理的成年人在其财产管理人的协助下自行进行诉讼。

第 249-1 条

（2019 年 3 月 23 日第 2019-222 号法律废止）

第 249-1 条原条文：如果被诉离婚的配偶一方是受监护人，离婚之诉向其监护人提出；如果被诉离婚的人是财产受管理人，由其本人在财产管理人的协助下进行辩护。

第 249-2 条

（2007 年 3 月 5 日第 2007-308 号法律第 10 条）在此前已经托付受保护人的配偶实行监护或财产管理的情况下，可以任命一名特别监护人或财产管理人。

第 249-3 条

（2019 年 3 月 23 日第 2019-222 号法律）如果提出了实行法律保护措施的请求，或者仍在实行此种措施，只有在就实行此种措施的事由作出宣告判决之后，才能对离婚请求进行审查。（2004 年 5 月 26 日第 2004-439 号法律第 8 条）但是，法官可以采取第 254 条与第 255 条规定的临时措施。

第 249-4 条

（1975 年 7 月 11 日第 75-617 号法律）在配偶一方置于（2007 年 3 月 5 日第 2007-308 号法律第 10 条）本卷第十一编第二章规定的某一项保护制度时，不得提出任何两愿离婚请求（2004 年 5 月 26 日第 2004-439 号法律第 8 条）或接受中断婚姻关系之原则的请求。

第二节　经法院裁判两愿离婚适用的程序

(2016年11月18日第2016-1547号法律第50条)

第 250 条

(2004年5月26日第2004-439号法律第9-2条)离婚请求(la demande en divorce,离婚起诉状)由夫妻双方各自的律师提出,或者由夫妻一致同意选任的一名律师提出。

法官与夫妻每一方一起审查离婚申请,然后将夫妻双方召集在一起。法官此后再召见律师。

第 250-1 条

(2004年5月26日第2004-439号法律第9-2条)在具备第232条规定的各项条件时,法官认可处理离婚后果的协议,并以同一判决宣告离婚。

第 250-2 条

(2004年5月26日第2004-439号法律第9-2条)但是,法官在拒绝认可协议的情况下,得认可双方当事人同意采取的第254条与第255条意义上的各项临时措施,直至离婚判决产生既判事由之确定力,但以这些措施符合子女的利益为前提条件。

夫妻双方可以最长在6个月期限内提出新的协议。

第 250-3 条

(2004年5月26日第2004-439号法律第9-2条)如果在第250-2条规定的期限内没有提出新的协议,或者法官再次拒绝认可协议,提出的离婚申请过期失效。

第三节 其他裁判离婚情形适用的程序①

（2016年11月18日第2016-1547号法律）

第一目 提起诉讼

（2004年5月26日第2004-439号法律第10-2条）

第251条

（2019年3月23日第2019-222号法律）如果是以接受中断婚姻关系之原则或者夫妻关系恶化无可挽回为依据提出离婚请求，提起诉讼的配偶可以指明其请求离婚的各项原因。除此两种情况外，在就实体问题进行的最初陈述中应当阐明提出离婚请求的依据。

第251条原条文：（2004年5月26日第2004-439号法律第10-2条）提出离婚请求的配偶一方通过其律师向法官提交起诉状②，无须指明诉请离婚的理由。

第252条

（2019年3月23日第2019-222号法律）起诉状应当重申有关以下问题的规定：

1. 有关家事调解及参与性程序的规定；
2. 有关对双方当事人就行使亲权的方式以及离婚的后果达成的部

---

① 第三节关于"其他裁判离婚情形适用的程序"的规定是指，除第二节规定的程序外，经法院裁判离婚程序，也就是第229条中（接受中断婚姻关系之原则、夫妻关系恶化无可挽回、因有过错）规定的离婚适用的程序。参见第257-1条。

② 第一目原来的标题为"起诉状"，其原文为"requête initiale"。"requête"一词有"申请""诉状""请求"等意思。现在第252条及原第四目中使用的概念是"deamnde introductive d'instance"，意思为"向法院提出离婚诉讼请求"，指"起诉"。

分协议或者全面协议所给予的认可。

起诉状还应包括有关处理夫妻金钱利益和财产利益的提议,否则不予受理。

第 252 条原条文:(2004 年 5 月 26 日第 2004-439 号法律第 11-1 条)在司法诉讼之前,试行调解属于强制性步骤,也可以在诉讼中再次试行调解。①

法官尽力就离婚原则以及离婚后果对双方当事人进行调解。

第 252-1 条

(2019 年 3 月 23 日第 2019-222 号法律废止)

第 252-1 条原条文:法官在寻求对夫妻双方试行调解时,应当亲自与夫妻各方分别谈话,然后当面召集夫妻双方。

(2004 年 5 月 26 日第 2004-439 号法律第 11-3 条)随后,双方的律师受召唤到场并参与谈话。

没有提出离婚请求的配偶一方不到庭,或者处于不能表达意思的状况,法官仍应与另一方进行谈话并提请其多加考虑。

第 252-2 条

(2019 年 3 月 23 日第 2019-222 号法律废止)

---

① 原第三节共包括五目,分别是:第一目"起诉状"(第 251 条),第二目"调解"(原第 252 条至第 253 条),第三目"临时措施"(第 254 条至第 257 条),第四目"提起离婚诉讼"(第 257-1 条至第 258 条),第五目"证据"(第 259 条至第 259-3 条);现在改为三目:2019 年 3 月 23 日第 2019-222 号法律废止了第二目和第四目,译本保留了废止的条文,但去掉了废止的目标题。现在第 255 条对调解作出了具体规定,而依照原第 252 条第 1 款的规定,法院在判决离婚之前必须首先进行调解。调解属于强制性程序。此处的调解原文为"conciliation",也有和解的意思:诉前试行调解有可能促成夫妻和解、和好。在诉讼中此种调解为诉讼调解。依照原第 252 条第 2 款的规定,也可以在双方当事人之间仅就离婚原则与离婚后果进行调解。

第252-2条原条文:在法官给予夫妻双方不超过8天的思考时间内,可以暂行中止调解尝试,并且可以不经任何手续恢复尝试调解。

如果从具体情况来看,有必要给予更长的思考时间,法官可以决定暂时中止调解程序,并决定最长在6个月期限内进行新的调解尝试;如果有必要,法官可以命令采取临时措施。

第252-3条

(2019年3月23日第2019-222号法律废止)

第252-3条原条文:法官在确认原告坚持其离婚请求时,鼓励夫妻双方通过协商处理离婚的各项后果。

法官要求夫妻双方为开庭审理提交一份处理离婚效力的方案。为此,法官可以采取第255条所指的必要的临时措施。

第252-4条

(2019年3月23日第2019-222号法律废止)

第252-4条原条文:在试行调解期间口头与书面提到的各种事由,不论其产生的形式如何,均不得在随后的诉讼程序中为了或者针对配偶一方或第三人加以援用。

第253条

(2019年3月23日第2019-222号法律)法官终局驳回离婚请求时,可以就分担家事费用负担、家庭居所以及行使亲权的方式作出裁判。

第253条原条文:(2004年5月26日第2004-439号法律第11-5条)夫妻双方只有在各自律师的协助下,才能接受中断婚姻关系之原则,并同意以第233条为依据宣告离婚。

第二目　临时措施

（2004 年 5 月 26 日第 2004-439 号法律第 12-1 条）

第 254 条

除夫妻双方或者指明的单独一方表示放弃外，法官在离婚程序一开始主持一次开庭；通过此次开庭，法官依据双方可能达成的各项协议，决定采取必要的措施，以确保自提起离婚诉讼至判决产生既判事由之确定力期间夫妻双方和子女的生活。

第 255 条

（2020 年 7 月 30 日第 2020-936 号法律）法官尤其可以：

1. 除夫妻一方提出他方对其本人或子女实施暴力，或者提出对其本人实施明显的控制之情形外，向夫妻双方提议由第三人进行调解（médiation），并且在征得双方同意之后，指定一名家事调解人（médiateur familial）；

2. 除夫妻一方提出他方对其本人或子女实施暴力，或者提出对其本人实施明显的控制之情形外，指示夫妻双方与家事调解人见面，家事调解人告知夫妇双方进行调解的目的以及如何进行调解；

3. 就夫妻分开居住的方式作出裁判；

4. 将夫妻双方的住宅及其内的家具给予一方使用，或者由双方分别使用，并说明是否无偿使用，相应情况下，确认夫妻双方就住宅和家具的使用补偿金数额达成的协议；

5. 命令交还个人衣物；

6. 确定配偶一方应当向另一方支付的扶养费数额以及预付的诉讼费用，并指定其中一方或者双方负担先行清偿全部或一部负债；

7. 如果具体情况有此必要，同意预先给予配偶一方在共同财产制清算时可以主张的权利；

8. 就共同财产或者共有财产的使用或管理分配作出裁判，但第 4 点所指财产除外，并以保留夫妻每一方在夫妻财产制清算中的权利为条件；

9. 指定任何有资质的专业人士就夫妻双方的金钱利益清算制定一份大体的盘存清册，或者提出建议；

10. 指定一名公证人制作夫妻财产制清算方案以及搭配待分割的财产份。

第 256 条

（2004 年 5 月 26 日第 2004-439 号法律第 22-5 条）有关（1975 年 7 月 11 日第 75-617 号法律）子女的临时措施，依本卷第九编第一章的规定处理。

第 257 条

（2019 年 3 月 23 日第 2019-222 号法律废止）

第 257 条原条文：离婚申请一经提出，法官即可规定采取紧急措施。①

法官得依此申请批准提出离婚请求的配偶一方分别居住；如果有必要，与其未成年的子女一起居住。

为保证配偶一方的权利，法官得命令采取任何保全措施，例如，对夫妇共有财产加贴封签。但是，第 220-1 条（2010 年 7 月 9 日第 2010-769 号法律第 1 条）与本卷第十四编的规定以及由夫妻财产制规定的其他保护措施仍然适用。

---

① 尤其是在当事人可能因此受到威胁的情况下，在宣告离婚之前需要采取的紧急措施。

第 257-1 条

（2019 年 3 月 23 日第 2019-222 号法律废止）

第 257-1 条原条文：在作出夫妻没有实现和解的裁定（ordonnance de non-conciliation）之后，夫妻一方得以"接受中断婚姻关系之原则""夫妻关系恶化无可挽回"或者以"有过错"之原因提起离婚诉讼或者提出反诉。

但是，如果夫妻双方在调解开庭时声明接受中断婚姻关系之原则，并且接受以第 233 条的规定为依据宣告离婚，便只能以这一相同依据提起离婚诉讼。

第 257-2 条

（2019 年 3 月 23 日第 2019-222 号法律废止）

第 257-2 条原条文：起诉状（demande introductive d'instance），应当包含关于处理夫妻金钱利益与财产利益的提议，否则不予受理。

第 258 条

（2019 年 3 月 23 日第 2019-222 号法律废止）

第 258 条原条文：法官在最终驳回离婚请求时，得就家事费用负担的分担、家庭居所以及（1987 年 7 月 22 日第 87-570 号法律）行使亲权的方式作出裁判。

第三目 证 据

（2004 年 5 月 26 日第 2004-439 号法律第 14-1 条）

第 259 条

（1975 年 7 月 11 日第 75-617 号法律）不论是作为离婚的理由，还是作为对离婚请求的答辩，所主张的各项事实，得以任何证据形式予以证明，其中包括自认；但是，(2004年5月26日第2004-439号法律第14-2条)始终不得就夫妻之间提及的伤害事实听取直系卑血亲的证言。

第259-1条

(2004年5月26日第2004-439号法律第14-3条)夫妻一方不得将其采取胁迫或欺诈手段获得的证据材料①(原规定为"不得将对方与第三人之间的往来信件")提交法庭辩论。

第259-2条

(1975年7月11日第75-617号法律)应夫妻一方的请求进行的现场验证(现场查看)所取得的材料，如果有非法侵犯住所或私生活隐私的情形，应当将其排除出法庭辩论。

第259-3条

(1975年7月11日第75-617号法律)夫妻双方应当相互传达，并向法官及其指定的鉴定人(2004年5月26日第2004-439号法律第14条)和法官按照第255条第9点与第10点的规定指定的其他人传达对于确定给付数额、扶养费以及对夫妻财产制的清算有益的各项材料与文件。

法官得派人前往债务人或为夫妻持有有价证券的任何人那里进行调查。对此种调查，不得以保守职业秘密相对抗。

---

① 例如，私人日记、个人电脑资料、私人电话。

第三章　离婚的后果

第一节　离婚产生效力的日期

第 260 条

（2016 年 11 月 18 日第 2016-1547 号法律第 50 条）婚姻关系于以下时间解消：

1. 以律师副署的私署文书订立的协议离婚，于该协议产生执行力（force exécutoire）之日；

2. 经判决宣告离婚，于判决取得既判事由之确定力（force de chose jugée）之日。

第 261 条

（2004 年 5 月 26 日第 2004-439 号法律第 23 条废止）

第 261 条原条文：女方重新结婚，应遵守第 228 条规定的 300 天期限。

第 261-1 条

（2004 年 5 月 26 日第 2004-439 号法律第 23 条废止）

第 261-1 条原条文：如果夫妻双方在离婚诉讼期间即已获准分开居住，前述期限自批准分开居住的裁定作出之日起计算，或者在双方共同申请离婚的情况下，该期限自认可为此订立的临时协议的裁定作出之日起计算。

在第 237 条与第 238 条所指情况下宣告离婚，女方重新结婚不需遵守任何期限。

第 261-2 条

（2004 年 5 月 26 日第 2004-439 号法律第 23 条废止）

第 261-2 条原条文：在批准或认可夫妇分开居住的裁定作出之后，如果女方分娩，或者在没有此种情形时，自离婚判决产生既判力之日，前述期限即告终止。

如果夫在离婚判决尚未产生既判力之前去世，前述期限自批准或认可夫妇分开居住的决定作出之日起计算。

第 262 条

（2016 年 11 月 18 日第 2016-1547 号法律第 50 条）关于夫妻财产，离婚判决，自完成有关身份的规则所定的、在身份证书的备注栏内作出记载的手续起，对第三人产生对抗效力。

第 262-1 条

（2004 年 5 月 26 日第 2004-439 号法律第 15 条）关于夫妻财产，离婚协议或离婚判决，按照以下所列，在夫妻关系中产生效力（effet）：

（2016 年 11 月 18 日第 2016-1547 号法律第 50 条）在以律师副署的、向公证人存交原本的私署文书确认两愿离婚时，于处理离婚的全部后果的协议取得执行力之日，但协议另有规定的除外。

（2016 年 11 月 18 日第 2016-1547 号法律第 50 条）在第 229-2 条第 1 点所指情况下依夫妻双方宣告两愿离婚的判决，自处理离婚的全部后果的协议得到认可之日，但协议另有规定的除外。

在接受中断婚姻关系之原则、夫妻关系恶化无可挽回或者因有过错离婚的情况下作出宣告离婚的判决，（2019 年 3 月 23 日第 2019-222 号法律）自提起离婚诉讼之日（原规定为"自作出夫妻双方未实现和解的裁定之日"）。

应夫妻一方的请求，法官可以将判决产生效力的日期确定为夫妻停止同居或停止合作之日；但是，这项请求只能在离婚诉讼时提出。由夫妻一方单独使用夫妻住房时，此种使用保持无偿性质，(2019年3月23日第2019-222号法律)直至提起离婚诉讼之日(原规定为"直至作出夫妻双方未实现和解的裁定之日")，法官另有决定时除外。

第262-2条

（2019年3月23日第2019-222号法律）夫妻一方在提起离婚诉讼之后(原规定为"在提出离婚起诉状之后")缔结的由共同财产负担的一切债务，以及在其权限范围内进行的共同财产的任何转让，如经证明侵害另一方的权利，此种协议宣告无效。

第二节　离婚对夫妻双方的后果

第一目　一般规定

第263条

（1975年7月11日第75-617号法律）已经离婚的夫妻，如果愿意复婚，必须重新举行结婚仪式。

第264条

（2004年5月26日第2004-439号法律第16条）夫妻离婚，各自丧失使用对方姓氏的权利(原规定为"夫妻各方均得恢复使用其本人的姓氏")。①

但是，如果夫妻一方证明继续使用对方的姓氏对其本人和子女均具有特别利益，经对方同意，或者经法官批准，可以保留使用对方的姓氏。（参见附目第264条）

---

① 依婚姻原因引起姓氏的转移，法国传统与我国不同。

第 264-1 条

(2004 年 5 月 26 日第 2004-439 号法律第 23 条废止)

第 264-1 条原条文：家事法官在宣告离婚时，(1993 年 1 月 8 日第 93-22 号法律)应当裁定对夫妻财产性质的利益进行清算与分割，并且如果有必要，应当对维持财产共有或优先分配财产的请求作出裁判。

第 265 条

(2004 年 5 月 26 日第 2004-439 号法律第 16 条)离婚，对于在婚姻期间产生效力的婚姻财产利益①以及不论何种形式的现有财产的赠与，均不产生影响。

夫妻离婚当然引起撤销由配偶一方通过夫妻财产契约或者在婚姻期间给予另一方的、仅在夫妻财产制终止或者配偶一方死亡之后才产生效力的婚姻财产利益和死因处分(disposition à cause de mort)，但是，同意给予此种利益的一方有相反意思表示的，不在此限。(2016 年 11 月 18 日第 2016-1547 号法律第 50 条)在夫妻双方签署并由律师副署的协议中或者由法官在宣告离婚时对此种意思表示作出确认，并使得到保留的利益或处分不得撤销。

(2006 年 6 月 23 日第 2006-728 号法律第 43 条)但是，如果夫妻财产契约有此规定，双方均可取回各自投入共同财产的财产。

---

① 婚姻财产利益(des avantages matrimoniaux)，也译为夫妻财产利益，法国《民法典》规定的特定概念，参见第 1094-1 条、第 1526 条、第 1527 条。按照判例解释，第 265 条第 1 款有关现有财产的赠与的规定具有强制性，因此，不得在婚姻期间进行的现有财产的赠与的协议中订入"与宣告离婚或者提出离婚请求相联系"的解除条款，例如，不得订立条款规定：如果提出离婚，就撤销赠与；对于在结婚之前为了准备结婚而进行的没有包括进夫妻财产契约的赠与，在夫妻离婚的情况下，适用有关"当然丧失婚姻财产利益"的规定。关于某些赠与的特别制度以及结婚戒指的返还问题，参见第 852 条。依第 265 条第 2 款的规定，给予婚姻财产利益的一方有明示或默示保留此种利益的意思表示时，可以确认是放弃运用撤销赠与的权利。

第 265-1 条

（2004 年 5 月 26 日第 2004-439 号法律第 16 条）离婚，不影响夫妻各方依据法律或者依据与第三人订立的契约而享有的权利。

第 265-2 条

（2004 年 5 月 26 日第 2004-439 号法律第 6 条）夫妻双方可以在离婚诉讼进行期间就（2004 年 5 月 26 日第 2004-439 号法律第 21-3 条与第 21-4 条）夫妻财产制的清算及财产分割订立任何协议。

涉及需要进行不动产公示的财产的清算时，协议应当采用公证文书的形式。

第二目 除两愿离婚外其他离婚情况的后果

（2004 年 5 月 26 日第 2004-439 号法律第 17-1 条）

第 266 条

（2004 年 5 月 26 日第 2004-439 号法律第 17-2 条）对于因婚姻关系解消而遭受特别严重后果的配偶一方，如其在以夫妻关系恶化无可挽回而宣告离婚的诉讼中作为被告但其本人并未提出任何离婚请求，或者在唯一因其配偶有过错而宣告离婚时，可给予损害赔偿①，且不影响适用第 270 条的规定。

---

① 第 266 条规定的"可给予损害赔偿"要求具备特定条件。法院判例认为，这一条文的规定具有其独立性，离婚宣告（本身）不是以赔偿某种损失为目标，第 266 条规定的损害赔偿是对因中断婚姻关系造成的损失的赔偿。在夫妻双方都有过错的情况下离婚，不可能依据第 266 条的规定向其中一方给予赔偿。所谓特别严重的后果是指超过处于相同状况下的任何人通常可能遭受的后果。例如，丈夫在结婚 39 年之后在特别困难的条件下离开妻子去寻找新的伴侣，这一情形仍然不足以体现特别严重后果的性质。法官没有具体说明判处赔偿的依据，不得判决配偶一方给予损害赔偿；对损害的评判，唯一依据配偶一方受到的损失大小，不考虑作为债务人的配偶一方的收入状况。

这项请求只能在离婚诉讼时提出。

第 267 条

（2015 年 10 月 15 日第 2015-1288 号授权法令第 2-1 条）夫妻双方在没有进行协议结算的情况下提出继续维持财产共有以及对共同财产或者共有财产的份额优先分配或提前分配财产的请求，由法官进行审理、作出裁判。

如果通过任何方法，尤其是从提交的以下文件来看，证明双方当事人之间存在分歧意见时，由法官按照《民事诉讼法典》第 1361 条与第 1378 条确定的条件，对清算与分割财产性质的利益（intérêts patrimoniaux）①的请求进行审理、作出裁判。这些文件是指：

——夫妻双方表示接受裁判分割财产并指明双方有哪些分歧点的共同声明；

——依据第 255 条第 10 点的规定指定的公证人制定的方案。

法官可以，甚至依职权，裁判确定夫妻双方适用的是何种财产制。

第 267-1 条

（2015 年 10 月 15 日第 2015-1288 号授权法令废止）

第 267-1 条原条文：婚姻财产利益的清算与分割，按照《民事诉讼法典》确定的规则进行。

第 268 条

（2004 年 5 月 26 日第 2004-439 号法律第 17-2 条）夫妻双方在诉讼期间可以将处理全部或部分离婚后果的协议提交法官认可。

---

① 此处的"财产性质的利益"（intérêts patrimoniaux）不同于第 265 条所说的"婚姻财产利益"（des avantages matrimoniaux），而是指身份性质的权益之外的一般财产利益。

法官在对夫妻各方与子女的利益进行审查之后，认可提交的协议，并宣告离婚。

第 268-1 条与第 269 条

(2004 年 5 月 26 日第 2004-439 号法律第 23 条废止)

第三目 补偿性给付

译者简述：依照第 270 条的规定，补偿性给付(les prestations compensatoires)是在离婚诉讼中法官裁判由其中一方在离婚之后向另一方给予的、一次性确定数额的给付（原则上不再进行调整）。如果在婚姻期间，妻子（通常情况）参与丈夫的职业活动而不领取报酬，或者为了操持家务、照管双方共同的子女而放弃参加工作，或者需要继续照管子女的教育，但由于年龄、健康状况，无法再从事或恢复工作，因而没有收入，由另一方向其支付一定的补偿金，目的是尽可能地补偿因婚姻关系中断造成的双方生活条件的巨大差距。补偿性给付是离婚请求的附带请求，也可以第一次在上诉审中提出，但如果法院作出的离婚宣告判决已经终局确定，则不能再提出给予补偿性给付请求。如果法官并未确认因中断婚姻关系造成双方各自的生活条件过分差距，不得命令采取涉及补偿性给付的审前准备措施。

补偿性给付可以采用本金或者按指数计算的定期金的形式。法官决定本金支付可以采用支付一笔金钱或者给予财产实物的所有权，有期限的或者终身的使用权、居住权、用益权，但不得同时采用支付定期金兼本金的形式；只有债权人才能请求以终身定期金的形式支付补偿性给付。第 276-4 条规定债务人可以请求用本金替换尚待支付的定期金。由补偿性给付产生的债权具有生活费性质以及补偿性质，因此不能与（离婚之后原配偶负担的）扶养费给付相混淆。在配偶一方对另一方从事的职业活动给予无代价的合作因而其自身没有收入，财产很少的情况下，原则上，向该方给予补偿性给付并不妨碍其提起请求"返还不当得利之诉"(action in remverso)。

法官在确定给予补偿性给付及其数额时，应当具体说明是依据哪些因素。第 271 条对此作出了规定。可以考虑的因素包括：夫妻双方各自的概括财产状况、双方在离婚时各自的财产与收入、各自特有财产的价值以及可得的社会性给付(prestation sociale)，诸如最低收入、年金与赔偿金、失业补贴金、因工伤事故可获得的残疾补助定期金等；可以考虑夫妻在一起共同生活的时间长短,而不是考虑结婚的时间长短;不考虑在配偶一方先去世情况下的可复归性补助金(养老金),也不考虑婚前同居的时间以及在宣告离婚时并未实际发生的因素;不考虑因孩子的抚养教育而应当支付的款项,以及债权人可能继承所得的居住用建筑或商业建筑;不得回避债务人可能需要负担的他本人的非婚生子女的生活费。债务人在有严重财务困难的情况下,可以提出暂时中止支付补偿性给付名义的终身定期金。

在评判夫妻双方离婚之后各自生活条件的差距时,原配偶一方以分担子女抚养费而支付的款项,应当作为其负担,但是国家以家庭补助金的形式给予子女的社会性补助费,目的是使子女受益,而不是让领取这种补助费的父母增加收入,因此,在评判负责照管子女的配偶一方的收入时,无须将这种补助金考虑在内。第三人(例如,祖父母)给予某个已经成年的子女的补助性补贴,旨在弥补该子女不能自立情况下的生活需要,这些补贴不构成其母亲的收入。由于夫妻共同财产的清算遵循的是平等原则,夫妻每一方在离婚之后均自由地管理自己的份额,因此,在评价因中断婚姻关系而引起的夫妻双方各自状况的差距时,无须考虑共同财产分割时每一方的可得份额。

第270条

(2004年5月26日第2004-439号法律第18-1条)离婚,终止夫妻之间的扶助义务(devoir de secours)。

配偶一方可能有义务向另一方支付某种给付,目的旨在尽可能补偿因婚姻关系中断造成的双方各自生活条件的差距。补偿性给付一次性总算,采用本金的形式,数额由法官确定。

但是,如果从第271条规定的标准来看,或者在唯一是因请求此种给付的配偶一方有过错而宣告离婚的情况下,考虑到婚姻关系破裂的特别情节,法官可以拒绝给予补偿性给付。

第271条

(1975年7月11日第75-617号法律)补偿性给付(的数额),按照受领方的需要以及给付方的收入情况而定,但应当考虑夫妻离婚时的情况以及在可以预见的将来此种情况的变化。

（2004年5月26日第2004-439号法律第6条与第18-2条）为此，法官尤其应当考虑：

——婚姻关系持续的时间；

——夫妻双方的年龄和健康状况；

——夫妻双方的职业资历与状况；

——夫妻一方在共同生活期间为子女教育所花费的时间以及仍需负担子女教育的时间，或者为了配偶的事业牺牲自己的事业作出职业选择所产生的后果；

——在夫妻财产制清算之后双方估计的和可以预计的以资本和收入计算的总财产状况；

——夫妻双方现有的和可以预计的权益；

——夫妻双方各自的退休金状况，(2010年11月9日第2010-1330号法律第101条)在考虑退休金的情况时，应尽量估计因上述第6款所指的情形造成的作为补偿性给付债权人的配偶享有的退休权益的减少。

第272条

（2004年5月26日第2004-439号法律第6条与第14-5条）在由法官或当事人确定的补偿性给付的框架内，或者在当事人申请复议时，各方当事人应当向法官提交能够忠实证明其收入和概括财产数额以及生活条件的申报。

（2014年6月2日第2014-398号宪法委员会诉讼先决问题的裁决废止："在确定夫妻双方的需要与收入时，法官不考虑以劳动事故赔偿和残疾人补偿金的名义支付的款项。"）

第273条

（2004年5月26日第2004-439号法律第23条废止）

第 274 条

（2004 年 5 月 26 日第 2004-439 号法律第 18-3 条）法官从下列形式中决定采用本金支付补偿性给付的方式：

1. 支付一笔款项，且宣告离婚得以设立第 277 条所指的担保为条件。

2. 以所有权或者有时间限制的或终身的使用权、居住权、用益权的形式分配某项财产，并由法院判决规定利益于债权人的强制性转让；但是，在以所有权的形式分配配偶一方因继承或赠与所得的财产时，应当征得其同意。

第 275 条

（2004 年 5 月 26 日第 2004-439 号法律第 6 条与第 18-4 条）债务人无力按照第 274 条规定的条件支付（补偿性给付的）本金时，法官确定债务人在 8 年期间采用定期（原规定为"按月或者按年"）支付的形式进行支付，并规定按照扶养费适用的规则计算指数。

债务人在其经济状况发生（2004 年 5 月 26 日第 2004-439 号法律第 18-4 条）重大改变（原规定为"明显改变"）的情况下，可以请求调整补偿性给付的支付方式；特殊情况下，法官可以作出说明理由的专门判决，准许债务人支付本金的总时间超过 8 年期限。

（2004 年 5 月 26 日第 2004-439 号法律第 18-4 条）债务人可以在任何时候结清按照指数计算的本金的余额。

在夫妻财产制清算之后，补偿性给付的债权人可以向法官提出请求，结清（2004 年 5 月 26 日第 2004-439 号法律第 18-4 条）按指数计算的本金的余额。

第 275-1 条

（2004 年 5 月 26 日第 2004-439 号法律第 18-5 条）第 275 条第 1 款规定的支付方式，不排斥按照第 274 条规定的形式支付部分本金。

第 276 条

（2004 年 5 月 26 日第 2004-439 号法律第 18-6 条）由于债权人的年龄或健康状况，其生活需要不能得到满足时，作为例外，法官可以作出特别说明理由的裁定，确定采用终身定期金的形式支付补偿性给付。法官应当考虑第 271 条规定的各项评判因素。

在具体情况有此要求时，可以在第 274 条规定的形式中采用本金进行部分支付，以此降低定期金的数额。

第 276-1 条

（2000 年 6 月 30 日第 2000-596 号法律）定期金①按指数计算。定期金指数的确定方式，如同确定扶养费的方式。

确定指数之前的定期金数额，按照统一的方式对整个期间确定，或者按照收入和需要可能发生的变化按期进行变更。

第 276-2 条

（由 2004 年 5 月 26 日第 2004-439 号法律第 6 条移至第 280-2 条并有修改）

第 276-3 条

（2004 年 5 月 26 日第 2004-439 号法律第 22-6 条）在当事人一方或另一方的收入或需要发生重大改变的情况下，采用定期金的形式确定的补偿性给付可以进行调整、暂时停止或者取消。

（2000 年 6 月 30 日第 2000-596 号法律）对终身定期金进行调整

---

① "定期金"（la rente）分为"终身定期金"（la rente viagère，终身年金）和"永久定期金"（la rente perpétuelle，la rente à perpétuité，永久性年金）两种形式。终身定期金通常是以定期金债权人的生存或生命时间为期限，而永久定期金并无期限限制，称为永久性设立的定期金，但始终可以赎回。参见第 1910 条至第 1913 条。

时,不得将其上调至高于法官一开始确定的数额。

(2004年5月26日第2004-439号法律第22-6条废止:"债务人及其继承人均有权请求调整定期金的数额。")

第276-4条

(2004年5月26日第2004-439号法律第18-7条)采用定期金的形式负担补偿性给付的债务人,可以随时向法官提出请求,用本金替代全部或部分定期金。此种替代按照最高行政法院提出资政意见后颁布的法令确定的方式进行。

(2000年6月30日第2000-596号法律)补偿性给付的债权人如果证明债务人的经济状况已经发生改变,可以用支付本金的形式替代全部或部分定期金时,特别是在进行夫妻财产制清算时,也可以提出同样的请求。

(2004年5月26日第2004-439号法律第18-7条)第274条、第275条与第275-1条规定的履行条件得予适用。法官拒绝用本金替代定期金之全部或其中一部分时,应当特别说明理由。

第277条

(2000年6月30日第2000-596号法律)即使有法定抵押权或者裁判上的抵押权,法官仍可要求作为债务人的配偶一方设立动产质押或者提供保证人,或者订立一份担保支付定期金或本金的担保合同。

第278条

(2004年5月26日第2004-439号法律第22-7条)在两愿离婚情况下,夫妻双方可以(2016年11月18日第2016-1547号法律第50条)在用律师副署的私署文书制定的协议中或者在提交法官认可的协议中,自行确定补偿金的数额与给付方式;(2000年6月30日第2000-596号法律)夫妻双方还可以约定,在确定的事件发生时即停止补偿性给付的支付。补偿性给付可以在限定的期间采取定期金的形式支付。

但是,法官如果认为协议中约定的夫妻双方的权利与义务不平衡,得拒绝认可该协议。

第 279 条

(1975 年 7 月 11 日第 75-617 号法律)经法官认可的协议具有与法院裁判决定相同的执行力。

只有夫妻之间订立新的协议并同样经法官认可之后,才能变更原协议。

但是,夫妻双方可以在协议中事先约定当(2004 年 5 月 26 日第 2004-439 号法律第 22-8 条)一方或另一方的收入和需要发生(2000 年 6 月 30 日第 2000-596 号法律)重大改变(原规定为"未预见到的变化")时,任何一方均可请求法官对补偿性给付进行调整。(2004 年 5 月 26 日第 2004-439 号法律第 22-8 条)视补偿性给付是采取本金形式还是采用有时间限制的定期金或者终身定期金形式,也可以适用第 275 条第 2 款与第 3 款以及第 276-3 条与第 276-4 条的规定。

除协议另有规定外,适用第 280 条至第 280-2 条的规定。

(2016 年 11 月 18 日第 2016-1547 号法律第 50 条)本条第 3 款与第 4 款适用于采用律师副署的、正本寄托于公证人处的私署文书订立的离婚协议。

第 279-1 条

(2004 年 5 月 26 日第 2004-439 号法律第 18-8 条)在夫妻双方依照第 268 条的规定将有关补偿性给付的协议提交法官认可时,适用第 278 条与第 279 条的规定。

第 280 条

(2004 年 5 月 26 日第 2004-439 号法律第 18-9 条)作为债务人的

配偶一方死亡以后,补偿性给付不论采取何种形式,均从其遗产中先取清偿。补偿性给付的支付,由该配偶一方的所有继承人在遗产的资产限度内承担,继承人个人不负担清偿义务;在可继承的遗产资产不足的情况下,由所有的特定财产受遗赠人按照各自所得资产的比例承担,但保留适用第927条的规定。

补偿性给付是按照第275条的条件以支付本金的形式确定时,按照指数计算的这项本金的余额立即成为到期债务。

按照定期金的形式确定的补偿性给付,以立即到期的本金替代之。此种替代按照最高行政法院提出资政意见后颁布的法令确定的条件进行。

第280-1条

(2004年5月26日第2004-439号法律第18-10条)尽管有第280条的规定,继承人也可以共同决定继续维持由原来作为债务人的夫妻一方所承担的补偿性给付的支付方式,并且可以决定由他们个人承担支付此种给付义务。这项协议应当用公证文书确认,否则无效。如果作为债权人的配偶一方没有参与这项协议,该协议自向债权人通知之日起,对第三人产生对抗效力。

在维持原定的补偿性给付的支付方式时,视补偿性给付是采取本金还是采取有时间限制的定期金或者终身定期金的形式之不同情形,债务人的继承人可以提起第275条第2款与第276-3条和第276-4条规定的诉讼。在补偿性给付是采取第275条第1款所指的形式时,债务人的继承人也可以随时结清按照指数计算的本金的余额。

第280-2条

(2004年5月26日第2004-439号法律第6条与第22-9条)可能

因已经死亡的配偶的原因而支付的可复归性养老金①,如果在当事人死亡之日采用的是定期金的形式,当然从补偿性给付中扣减,但继承人采用第280-1条规定的选择权利以及法官另行作出决定的除外;如果债权人丧失其对可复归性养老金的权利或者对其权利进行调整,仍然应当进行上述数额的扣减。

第281条

（2004年5月26日第2004-439号法律第6条）本段所规定的转让与放弃,不论补偿性给付的支付形式如何,均视为(2004年5月26日第2004-439号法律第22-9条)对夫妻财产制的参与。此种转让与放弃不视同赠与。

第282条至第285条

（2004年5月26日第2004-439号法律第23条废止）

---

① 可复归性养老金(pension de réversion)是指,在某人既得权利的基础上,向与其有特定法律联系(lien de droit)的人支付的抚恤金或定期金。享受养老金的人在退休之前死亡,该去世配偶的部分退休金转归其生存配偶领取,但仅仅是领取退休金中的一定比例。可复归性养老金涉及的是生存配偶的权利：社会保险的被保险人的遗孀如果符合最低年龄条件、结婚年限以及收入条件,可以领取属于先去世的配偶的部分养老金,主要包括社会保险基本退休金、补充退休金;可复归性养老金并非自动发放,需由当事人提出申请。去世的公务员的遗孀或孤儿可以享受此种抚恤金。2003年8月21日关于改革退休制度的第2003-775号法律规定了可复归性养老金的分派条件。在与退休保障制度管理机构订有协议的情况下,也可以支付可复归性养老金。通常情况下,生存配偶再婚或与他人同居,即使没有订立"紧密关系民事协议",可复归性养老金停止支付。

第四目 住 房

（2004 年 5 月 26 日第 2004-439 号法律第 19 条）

第 285-1 条

（2004 年 5 月 26 日第 2004-439 号法律第 19 条）如果作为家庭住房①的场所属于夫妻一方的特有财产或者属于个人所有，在夫妻双方的子女日常在此住房内居住，或者子女的利益有此要求时，法官可以将该住房租让给单独或者共同对一子女或数子女行使亲权的配偶一方。

法官确定这项租约的期限；租约的期限可以延长，直至最小的子女成年。

如果新的情况证明有正当理由，法官可以解除此项租约。

第三节 离婚对子女的后果

第 286 条

（2002 年 3 月 4 日第 2002-305 号法律）父母离婚对子女的后果依照本卷第九编第一章的规定处理。

第 287 条至第 295 条

（2002 年 3 月 4 日第 2002-305 号法律废止）

---

① 第 285-1 条是对夫妻离婚后处理住房问题的一项专门规定，它针对的具体情况是：作为家庭住房的场所是属于夫妻一方的特有财产或者属于一方个人所有，夫妻双方的子女日常在此住房内居住。法国法在这里采取的处理方式，不是适用有关居住权的规则，而是采用租赁方式。由于居住权通常是无偿设立并且具有终身性质，如果在第 285-1 条所指情况下适用居住权规则，反而会增加不必要的麻烦。

第四章 分　居

第一节　分居的各种情形与程序

第 296 条

应夫妻一方按照与离婚相同的情况并依相同条件提出的请求，可以宣告分居。

第 297 条

受到离婚诉讼请求的配偶一方可以提出请求分居之反诉；(2004年5月26日第2004-439号法律第20-1条) 但是，在以夫妻关系恶化无可挽回为依据提出离婚本诉时，只能以离婚为目的提出反诉。受到分居诉讼请求的配偶一方可以提出请求离婚之反诉。

第 297-1 条

(2004年6月26日第2004-439号法律第20-2条) 离婚之诉与分居之诉竞合提出时，法官首先审查离婚之诉；只要具备离婚的各项条件，法官宣告离婚；在不宣告离婚的情况下，对分居之诉作出审理裁判。

但是，在以有过错为依据提出离婚之诉与分居之诉时，法官同时审查两项请求；如果法官支持这些请求，以夫妻双方均有过错并且针对双方宣告离婚。

第 298 条

此外，(2019年3月23日第2019-222号法律) 第229-1条至第229-4条以及以上第二章所包含的各项规则，适用于分居程序。

第二节　分居的后果

第 299 条

分居,不解除婚姻关系,但终止共同居住义务。

第 300 条

(2004 年 5 月 26 日第 2004-439 号法律第 20-3 条)分居的夫妻双方均保留使用对方的姓氏;但是,(2019 年 3 月 23 日第 2019-222 号法律)采用有律师副署的私署文书订立的分居协议,分居判决或者此后作出的判决,得考虑夫妻双方的利益,禁止使用对方的姓氏。

第 300 条原条文:已经与丈夫分居的妻子可以保留使用夫姓;但是,分居判决或者此后作出的判决可以禁止其使用夫姓。夫在其姓氏中附有妻之姓氏的情形,妻亦可诉请禁止夫使用之。

第 301 条

分居的夫妻一方死亡的情况下,另一方保留法律赋予生存配偶的权利(2004 年 5 月 26 日第 2004-439 号法律第 22-12 条废止"但是,如果按照第 265 条所指的不同情形,生存配偶是受分居宣告的一方,可以剥夺其享有生存配偶的权利")。(2004 年 5 月 26 日第 2004-439 号法律第 22-12 条)在依两愿(原规定为"依夫妻双方共同申请")分居的情况下,夫妻双方得在订立的协议中订入条款规定放弃(2001 年 12 月 3 日第 2001-1135 号法律)第 756 条至第 757-3 条与第 764 条至第 766 条赋予他们的继承权。

第 302 条

(夫妻)分居始终引起分别财产。①

分居对财产产生效果的期日,依照第 262 条至第 262-2 条的规定确定。

第 303 条

夫妻分居,救助义务仍然存在。应当给予有需要的配偶的扶养费的数额,由宣告分居的判决或者其后作出的判决确定。

扶养费的给予不考虑过错;但是,作为扶养费债务人的配偶一方,如果有必要,可以主张第 207 条第 2 款的规定。

(2004 年 5 月 26 日第 2004-439 号法律第 20-4 条)扶养费受有关扶养之债的规则调整。

但是,如果作为债务人的配偶一方的财产组成准许,也可以按照第 274 条至第 275-1 条、第 277 条与第 281 条的规定,采取设立本金的方式替代扶养费之全部或部分。如果设立的本金不能满足债权人的需要,债权人可以请求按照扶养费的形式追加数额。

第 304 条

除本节各项规定外,分居的后果受上述第三章有关离婚后果的相同规则约束。

第三节　分居的终止

第 305 条

夫妻双方自愿恢复共同生活的,分居终止。

---

① 分居不解除婚姻关系,但终止共同居住义务,并且第 302 条明确规定,夫妻分居始终引起分别财产或财产分开(séparation des biens),但并不影响在分居之前的时间里已经形成的共同财产。

为了使夫妻双方恢复共同生活对第三人产生对抗效力,自愿恢复共同生活应当用公证文书(acte notarié,公证书)确认,或者通过向身份官员提出的声明确认,并且在结婚证书与(1985年12月23日第85-1372号法律第45条)夫妻双方的出生证书的备注栏内作出记载。

夫妻自愿恢复共同生活后,财产仍然分开,但如果夫妻双方按照第1397条的规则采取新的财产制度,不在此限。

第306条

夫妻分居时间已持续满(2004年5月26日第2004-439号法律第22-13条)2年(原规定为"3年")的,应配偶一方的请求,分居判决当然转为(convertir)离婚判决。

第307条

在所有的分居情形下,均得(2004年5月26日第2004-439号法律第22-14条)经夫妻两愿(原规定为"应夫妻双方的共同请求")转为离婚。

在(2004年5月26日第2004-439号法律第22-14条)夫妻两愿(原规定为"应夫妻双方的共同请求")分居的情况下,(2019年3月23日第2019-222号法律)只有经夫妻两愿(原规定为"只有经双方提出新的共同申请"),才能将分居转为离婚。

第308条

由于诉讼请求的转换,分居原因即成为离婚原因;过错在哪一方,仍依原已得到认定的情形不做变更。

法官确定离婚的后果。夫妻之间的给付及扶养费,依离婚适用的规则确定。

第五章 有关离婚与分居的法律冲突

第 309 条
下列情形,离婚与分居受法国法律调整:
——夫妻双方均有法国国籍;
——夫妻双方在法国领土上有住所;
——在没有任何外国法认定有管辖权,而法国法院对受理离婚或分居有管辖权时。

第七编 亲子关系
（1972年1月3日第72-3号法律）

译者简述：依法得到确定的所有子女，在与他们的父和母的关系中，享有相同的权利、承担相同的义务。法国民法规定，亲子关系依推定、自愿认领以及占有身份确立。只要按照本编的规定提起的诉讼具有可受理性，可以以任何方法证明亲子关系或者对其提出异议。

寻认直系尊血亲关系的权利，是《欧洲人权公约》第8条意义上的"私生活"概念所不可缺少的组成内容，寻认直系尊血亲关系的利益不随人的年龄而停止。因此，在此项权利与第三人主张的、对死者的遗体不可触犯的权利之间，以及在尊重死者的权利与公共利益之间，应当做到正确的平衡。

占有身份得以任何方法证明。综合起来可以确认占有身份的各种事实证据，得以任何方式提出。此种事实证据的证明力，由法官自由裁量。在亲子关系方面，生物学鉴定是法律的规定，存在不做此种鉴定的正当理由时除外。法院判例确认对亲子关系可以提出异议之原则。可以通过各种事实的综合证据确立对父子（女）关系的推定，法律另有规定的除外。对于当事人拒绝接受事实审法官命令进行的配子检验是否可以产生推定价值，由法官自由裁量。

第310条

（2021年8月2日第2021-1017号法律废止）

第310条原条文：亲子关系依法得到确立的所有子女，在与其父

(père)母(mère)①的关系中享有相同的权利、承担相同的义务;所有子女②均为其家庭的成员。

第一章　一般规定

（2005 年 7 月 4 日第 2005-759 号授权法令）

第 310-1 条

（2021 年 8 月 2 日第 2021-1017 号法律）亲子关系,因法律的效力、自愿认领或者经公知证书确认的占有身份,按照本编第二章规定的条件依法确立,以及在本编第五章规定的条件下,经共同认领确立。

亲子关系亦可按照本编第三章规定的条件依判决确立。

第 310-2 条

（2005 年 7 月 4 日第 2005-759 号授权法令）如果父与母之间因亲属关系,存在第 161 条与第 162 条规定的不准结婚之障碍,在子女已对父母中的一方确立亲子关系的情况下,禁止以任何理由对另一方确立亲子关系。

---

① 法国《民法典》第 34 条第 1 点中用"parents"一词取代过去使用的"父亲"（père）与"母亲"（mère），而第 310 条仍然保留了这两个称谓，因此第七编所指的亲子关系（filiation）是指血缘上的亲子关系，是生物学上的父母子女之间的血缘关系。收养关系则是拟制的父母子女关系。法国法律禁止代孕，同性双亲不可能正常生育，涉及子女问题，只能是收养关系，仅为拟制的亲子关系。

② 法国法律已取消婚生子女与非婚生子女的区分，法律条文也不再使用"非婚生子女"这一概念。

第一节　证据与推定

（2005年7月4日第2005-759号授权法令）

第310-3条

（2005年7月4日第2005-759号授权法令）亲子关系依子女的出生证书、认领证书或者确认占有身份的公知证书（acte de notoriété）①证明之。

如果依照本编的规定提起诉讼，亲子关系得以任何方法证明或者对其提出异议，但以此种诉讼具有可受理性为保留条件。

第311条

（1972年1月3日第73-3号法律）法律推定子女是在其出生之日前第300日至第180日期间受胎，第300日与第180日包括在内。②

基于子女的利益提出的要求，受胎时间推定为上述时期内的任何时刻。

为推翻此推定，相反证据得予受理。

第311-1条

（2005年7月4日第2005-759号授权法令）占有身份，根据能够表明一个人与其自称所属家庭之间产生的亲子关系和亲属关系的充分的综合事实予以确认。

这些事实主要是指：

---

① 关于"公知证书"（acte de notoriété），参见第730-1条注释。
② 法律关于受胎时间的推定，是基于生理和生物学之事实，据此可以作为确认或否认亲子关系的基本依据。参见原第228条关于"法定的女子待婚期间"（délais de viduité）的规定。

1. 人们认为某人系由某人所生,后者待前者为自己的子女,前者也待后者为其父或母或者父母;

2. 被认为是该人的父母的人以此身份负担该人的教育、抚养与居住安置;

3. 在社会上以及家庭中均承认该人是某人的子、女;

4. 公共机关亦承认;

5. 该人一直使用被认为是其父或母或者父母的姓氏。

译者简述: 占有身份是指一个人在家庭内部以及周边的人就该人与其自称的父母子女关系所见证、确认的特定事实,在此基础上,可据以确立该人的亲子关系的法律推定。

修订后的法国《民法典》第 311-1 条规定了占有身份的要素,包括使用姓氏(使用父的姓氏),在家庭内与社会上受到的对待(父母子女相互以此名分相待)。社会上和家庭内对此种相互待遇众所周知,并且得到承认。待遇是占有身份的基本证据要素,名分是占有身份的重要证据要素,通常情况下,它是证明占有身份的不可或缺的事实;姓氏因素只具有相对意义,只是证明占有身份的辅助材料。总之,身份的占有应视具体情况而定,法官对上述证据要素有进行判断的广泛权限。但占有身份并不必然要求这些要素同时存在,如果各项要素同时成立,自然能够更加精确地证明占有身份。此外,这些要素并非占有身份的构成要素,而是可据以证明占有身份的证据要素。占有身份以及能够确认占有身份的各种事实,得依任何方式证明。

第 311-2 条对占有身份规定的条件与普通占有基本相同。法院判例认为:孩子的母亲承认在法律认定的妇女受孕期内与第三人保持着亲密关系,而且该第三人在女方怀孕期间就已经要求承认与尚在胎中的孩子为父子(女)关系,随后,在孩子出生后不到 6 个月时就针对孩子生母的丈夫提出了婚生父子(女)关系异议之诉,在这种情况下,受到异议的占有身份并不属于平静的、名义清楚的、持续的占有;虽然要求占有身份必须具有持续性,但并不一定意味着要求当事人在一起共同生活或者要求他们之间有经常不断的联系。

认定占有身份的公知文书可以确立占有身份。子女出生之后如果确认连续多年持续地、肯定地占有身份,在子女出生之前就已经进行认领的人不能再提起"父子(女)关系异议之诉"(action en contestation de paternite legitime)。

第 311-3 条至第 311-13 条废止或重新编号,参见第三章有关亲子关系的诉讼第 318 条至第 324 条。

第 311-2 条

占有身份,应当是持续的、平静的、公开的且无歧义的明确的占有。

第 311-3 条至 311-13 条

(废止)

第二节　有关亲子关系的法律冲突

(2005 年 7 月 4 日第 2005-759 号授权法令)

第 311-14 条

(1972 年 1 月 3 日第 72-3 号法律)亲子关系适用子女出生之日母之属人法(la loi personnelle);如果生母不明,适用子女之属人法。

第 311-15 条

(1972 年 1 月 3 日第 72-3 号法律)但是,如果(2005 年 7 月 4 日第 2005-759 号授权法令废止"婚生子女与其父母,非婚生子女与其父母之一人",并改为)子女与其父母或者其中一人在法国有共同的或分开的惯常居所,占有身份产生按照法国法律可以产生的全部后果,即使亲子关系的其他要件可能取决于某一外国法律规定,亦同。

第 311-16 条

(由于取消了非婚生子女的概念,2005 年 7 月 4 日第 2005-759 号授权法令废止了有关非婚生子女的准正的规定)

第 311-16 条原条文:如果在举行结婚仪式之日,此种后果为约束婚姻效力的法律所承认，或者为配偶一方的属人法所承认，或者为子女的属人法所承认，（二人）结婚即告承认（他们的）非婚生子女为婚生子女。

经法院裁判承认非婚生子女为婚生子女，依请求人选择，适用申请人之属人法或者子女之属人法。

第 311-17 条

（1972 年 1 月 3 日第 72-3 号法律）自愿承认父子（女）关系或母子（女）关系，如果符合作出此项承认的人的属人法，或者符合子女本人的属人法，自愿承认有效。

第 311-18 条

（废止）

第 311-19 条至第 311-20 条

（此处关于"采用医学方法辅助生育"的规定后移为第 342-9 条至 342-13 条）

第三节　家族姓氏的转移规则

（2005 年 7 月 4 日第 2005-759 号授权法令）

第 311-21 条

（2003 年 6 月 8 日第 2003-516 号法律）如果最迟在申报子女出生之日或者在此之后，子女同时对父母双方确立亲子关系，由父母双方选择转移子女使用的家族姓氏：或者选用父姓，或者选用母姓，或者按照他们选定的顺序将父母双方各自家族的姓氏结合使用，但仅以转移各自的一个姓氏为限。在父母双方没有向身份官员作出为子女选用姓氏的共同声明时,子女取首先对其确立亲子关系的父或母一方的姓氏;如果子女同时对父母双方确立亲子关系,首先取父姓。(2013年5月17日第2013-404号法律)最迟在申报子女出生之日,或者子女在此后同时对父母双方确立亲子关系时,由其中一方向身份官员告知双方就子女使用姓氏达不成一致意见的情况下,子女选用父母双方的姓氏,但仅以转移父母各自的第一个姓氏为限,排列顺序按字母顺序确定。

父母至少有一方是法国人,子女出生在国外的情况下,没有按照前款规定的条件行使为子女选用姓氏的权利时,最迟可以在子女出生后3年内通过提出证书登记请求,作出此项声明。

(2005年7月4日第2005-759号授权法令)在已经对某一共同子女适用本条的规定或者(2013年5月17日第2013-404号法律)第311-23条第2款或第357条之规定的情况下,为该子女转用或选用的姓氏,对其他共同子女同样有效。

在父母双方或者其中一方使用双姓的情况下,可以经夫妻提出共同的书面声明,仅向其子女转归其中一个姓氏。

第311-22条

(2003年6月8日第2003-516号法律)按照最高行政法院提出资政意见后颁布的法令确定的条件,子女依据第22-1条的规定已经成为法国人的,适用第311-21条之规定。

第311-23条

(2009年1月16日第2009-61号法律)如果在申报子女出生之日该子女仅对父、母中一方确立亲子关系,仅使用该方的姓氏。

随后在子女未成年期间对父母中另一方确立亲子关系时,父母双方可以向身份官员提出共同声明,为子女选择用父、母中后一个确立亲子关系的一方的家族姓氏替代原来的姓氏,或者按照父母双方选定的顺序结合使用两个姓氏，但以选用每一方的一个姓氏为限。改姓，应在出生证书上作出记载。(2016年11月18日第2016-1547号法律)在有重大障碍的情况下，父或母由持有公署的特别授权书的人代理。

但是，在对夫妻双方的另一共同子女已经适用第311-21条、本条第2款、第342-12条或者第357条的情况下，有关改姓的声明只能以赋予先前已经使用或选择的姓氏为效果。

(2021年8月2日第2021-1017号法律)如果子女已年满13周岁，有必要征得本人同意。

第311-24条

(2003年6月8日第2003-516号法律)依照第311-21条(2005年7月4日第2005-759号授权法令)与第311-23条的规定设立的选择权只能使用一次。

第311-24-1条

(2016年11月18日第2016-1547号法律)国外出生的儿童，父母至少有一方是法国人的，在该儿童的出生证书的转录登记中应当保留国外出生证书上使用的姓氏；但是，为了申请转录登记，父母可以选择适用依照本节规定的条件确定儿童姓氏的法国法律。

第311-24-2条

(2022年3月2日第2022-301号法律)任何成年人均可使用第311-21条第1款与最后一款所指的姓氏。

对于未成年人，这项选择权利由行使亲权的父母或者仅由其中行使亲权的一人实施。

此外，没有转移姓氏的父母一方，可以在未成年子女的姓氏上增加使用其姓氏，但仅以增加父母每一方的一个姓氏为限。该方应当事先及时告知行使亲权的另一方。在双方意见不一致的情况下，行使亲权

的一方可以请求法官根据子女的利益作出裁判

在所有情况下,如果子女已年满 13 周岁,要求征得其本人同意。

第二章 亲子关系的确立①

（2005 年 7 月 4 日第 2005-759 号授权法令）

第一节 依法律效力确立亲子关系

（2005 年 7 月 4 日第 2005-759 号授权法令）

第一目 在出生证书上指明生母

（2005 年 7 月 4 日第 2005-759 号授权法令）

第 311-25 条

（2005 年 7 月 4 日第 2005-759 号授权法令）子女的出生证书指明生母的,对生母确立亲子关系。

第二目 父子(女)关系的推定

（2005 年 7 月 4 日第 2005-759 号授权法令）

第 312 条

婚姻期间受胎(2005 年 7 月 4 日第 2005-759 号授权法令)或出生

---

① 第 310-1 条规定,亲子关系,因法律的效力、自愿认领或者经公知证书确认的占有身份,依法确立。第二章分三节作出具体规定。

的子女，(母之)夫为其父。①

（第2款由2005年7月4日第2005-759号授权法令废止："但是，夫如果能够提出事实证据足以证明其不可能是子女之父，得向法院否认该子女。"）

第313条

（2009年1月16日第2009-61号法律）在子女的出生证书上没有指明母的丈夫具有该子女父亲身份的，排除父子(女)关系之推定(présomption de paternité)。(2019年3月23日第2019-222号法律) 自提起离婚诉讼或分居诉讼之后或者在向公证人寄存处理离婚全部后果的协议的原本之后超过300天出生的孩子，以及自终局驳回离婚或分居请求，或者在实现和解之后不到180日出生的孩子，同样排除父子(女)关系推定。

第314条

（2009年1月16日第2009-61号法律）虽然按照第313条的规定排除有关父子(女)关系的推定，但如子女对母之夫占有身份并且没有对第三人确立父子(女)亲子关系，有关父子(女)关系的推定当然恢复。

第315条

（2005年7月4日第2005-759号授权法令）在按照(2009年1月16日第2009-61号法律)第313条规定的条件排除父子(女)关系的推

---

① 此即拉丁语法谚"pater is qui nuptiae demonstrant"。父母结婚前已经成孕但婚后才出生的孩子，即使在"生母之夫"死亡情况下，也适用父子(女)关系的推定(présomption de paternité)。欧洲人权法院1999年10月10日裁决认为：基于"保证法律的确定性之必要"，以及出于"保障家庭关系之安全"的正当理由，就已婚男子的妻子所生的子女而言，对该男子适用父子(女)关系的一般推定是正确的；如同两个异性结合的婚姻，母亲不能享有推定的父子(女)关系，两个同性别的伴侣也不能享有推定的父子(女)关系，这样认定，并不存在任何歧视性对待。法国宪法委员会2013年5月7日裁决：在同性别的一对伴侣内部，不能依据第312条所指的推定来确立亲子关系。

定时,可以按照第329条规定的条件经法院恢复此种推定的效果。母之夫也可以按照第316条与第320条规定的条件认领子女。

第二节 依认领确立亲子关系

(2005年7月4日第2005-759号授权法令)

第316条

(2005年7月4日第2005-759号授权法令)亲子关系没有依照本章第一节规定的条件确立的,可以在子女出生之前或其后通过承认父子(女)关系或母子(女)关系而确立。

认领子女[①],仅对认领人确立亲子关系。

认领子女,由身份官员制作文书或者用其他任何公署文书,在(子女的)出生证书上作出记载。

(2018年9月10日第2018-778号法律)认领证书依照认领人的声明制作,认领人应当证明以下事项:

1. 用公共权力机构签发的正式文件证明其身份;文件内容包括认领人的姓名、出生日期和出生地点、其照片与签名,以及签发文件的机关、签发日期与地点。

2. 提交一份签发之后未超过3个月时间的证明材料,用于证明认

[①] 依照现行法律规定,婚生子女与非婚生子女的法律地位没有差别,尽管认领子女是认领或承认非婚生子女,但法典条文现在使用的表达是"认领子女",而不再使用"认领非婚生子女"。认领子女具有宣告亲子关系的效力,由此确立的亲子关系产生对非婚生子女的亲权。认领子女产生的绝对效力追溯至子女出生之日,但是,如果有利益关系的人对认领子女提出异议,另当别论。认领子女要求符合法定要求的方式:在向身份官员进行出生申报时指明婴儿是申报人与其指名的女子所生。此项申报构成对子女的认领;经法院确认的对父子(女)关系的自认,可以构成"为自愿认领非婚生子女而提出的公署文书"。关于认领子女的原规定,参见本书附目二。

领人的住所或居所；在其不能提出有住所或居所的证据以及法律并未确定其隶属的某个市镇行政区时，认领人应当提交一份按照《社会行动与家庭法典》第 264-2 条确定的条件选定住所的证明。

认领文书应当写明第 62 条规定的各事项，并且写明认领人知道由此确立的亲子关系所具有的可分性质（caractère divisible）。

第 316-1 条

（2019 年 9 月 18 日第 2019-964 号授权法令）相应情况下，从身份官员听取认领子女的人所作的说明来看，有严肃的迹象可以推定其认领子女有欺诈之嫌时，身份官员立即向共和国检察官报告，并将此通知认领人。

共和国检察官有义务在受理案件起 15 日内决定：或者听由身份官员对当事人认领子女进行登记或在出生证书的备注栏内作出记载，或者决定暂缓登记或记载，等待其派员进行调查的结果，或者决定反对登记或记载。

共和国检察官决定暂缓登记或暂缓记载的持续期间不得超过 1 个月，但作出特别说明理由的决定，可以延展一次期间；如果是由外交机关或领事机关在国外进行全部或部分调查，暂缓登记或暂缓记载的持续时间可以增至 2 个月。所有情况下，暂缓登记或暂缓记载的决定，以及期限的延展均应通知身份官员和请求认领子女的人。

在暂缓登记或暂缓记载的时间经过之后，共和国检察官如果听由身份官员对认领子女事由进行登记或在子女的出生证书的备注栏内作出记载，应以说明理由的决定通知身份官员及有关利益关系的人。

请求认领子女的人，即使尚未成年，可以就暂缓登记或暂缓记载的决定向司法法院提出异议。司法法院在受理异议起 10 日内作出裁判。在向上诉法院提起上诉的情况下，上诉法院于相同期限内作出裁判。

第 316-2 条

（2018 年 9 月 10 日第 2018-778 号法律）共和国检察官提出异议的

任何文书,均应当写明认领人的姓名和涉及的子女的姓名、出生日期和出生地点。

在儿童出生前进行认领的情况下,共和国检察官提出异议的文书应当写明认领人的姓名以及向身份官员报送的有关将要出生的儿童的所有说明事项。

反对就认领子女进行登记或者反对在儿童的出生证书的备注栏内作出记载的任何文书,均应当写明提出反对意见的人的身份资格以及反对的理由,文书应当照录有关提出异议或反对意见所依据的立法规定。

提出反对意见的人在文书的原本与副本上签字,并通知身份官员,身份官员在文书的原本上画签。

第316-3条

(2019年9月18日第2019-964号授权法令)司法法院在受理诉讼请求起10日内就认领人提出的撤销异议的请求作出宣告,即使认领人是未成年人。

宣告撤销异议的判决受到上诉时,应在相同期间进行审理、作出裁判;上诉法院甚至应当依职权作出裁判。

如果缺席作出的判决是驳回对认领登记提出的异议或者是驳回反对在儿童的出生证书上作出记载,不得再提出异议。

第316-4条

(2018年9月10日第2018-778号法律)共和国检察官受理的请求涉及儿童出生之前进行的认领或者涉及在出生申报的同时进行的认领时,在制作的儿童出生证书不写明此种认领。

第316-5条

(2018年9月10日第2018-778号法律)认领子女已经进行登记

的，就适用第 311-21 条或者第 311-23 条的规定而言，认领的效力追溯至共和国检察官受理请求之日。

第三节　依占有身份确立亲子关系

（2005 年 7 月 14 日第 2005-759 号授权法令）

第 317 条

（2011 年 3 月 28 日第 2011-331 号法律第 1 条）父母每一方，或者子女本人，均可向（2019 年 3 月 23 日第 2019-222 号法律）一名公证人（2011 年 12 月 13 日第 2011-1862 号法律原规定为"向子女出生地或他们的住所地的初审法院的法官"）请求签发一份公知证书，用以证明占有子女身份[①]，但是，如果提出相反证据，占有身份得予推翻。

（2019 年 3 月 23 日第 2019-222 号法律）此项公知证书依据至少三名证人所作的声明以及提交的能够证明具备第 311-1 条意义上的充分事实的其他任何文件作成。（2011 年 3 月 28 日第 2011-331 号法律第 13 条原规定为："公知证书依据至少三名证人所作的声明制作；如果法官认为有必要，还应当提交其他任何文件、材料，用以证明具备第 311-1 意义上占有身份的充分事实。"）

只有被认为停止占有身份起 5 年期限内，(2009 年 1 月 16 日第 2009- 61 号法律第 1 条）或者自被指认的父或母死亡之日起 5 年期限内，(2011 年 3 月 28 日第 2011-331 号法律第 13 条）其中包括父或母在

[①]　公知证书具有证明占有身份的效力，只有提出相反证据才能予以推翻；对于公知证书的证明效力，事实审法官有自由裁量权。医院出具的医疗证明写明子女是由其生母与一个已经去世的男子采用试管受孕方法所生，这项证明方法虽然不能视为原第 335 条意义上的认领子女，但构成子女可以主张占有身份的事实要件。

尚未申报子女出生之前死亡的情况,才能请求签发上述公知证书。

在采用公知证书证明占有身份时,由此确立的亲子关系应当在子女的出生证书的备注栏内作出记载。

第三章 有关亲子关系的诉讼

(2005年7月4日第2005-759号授权法令)

第一节 一般规定

(2005年7月4日第2005-759号授权法令)

第318条

(1972年1月3日第72-3号法律)就出生时不是活体的婴儿的亲子关系提起任何诉讼均不予受理。

第318-1条

(1972年1月3日第72-3号法律)审理民事诉讼案件的(2019年9月18日第2019-964号授权法令)司法法院(原规定为"大审法院")①唯一有权管辖有关亲子关系的诉讼。

第319条

(1972年1月3日第72-3号法律)在发生侵害(2005年7月4日第2005-759号授权法令)某人的亲子关系的(2005年7月4日第

---

① 法国法院分为行政法院系统和司法法院系统。2019年3月23日第2019-222号法律进行的司法改革,法国《民法典》和其他许多法典的有关条文的表达也随之修改,例如,将原来使用的"初审法院""大审法院"改为"司法法院"。

2005-759 号授权法令）犯罪的情况下，只有在有关亲子关系问题的判决产生既判事由之确定力以后，才能对刑事诉讼作出裁判。

第 320 条

（2005 年 7 月 4 日第 2005-759 号授权法令）依法确立的亲子关系，只要没有在法院受到异议，阻却确立与之相抵触的另一亲子关系。

第 321 条

（2005 年 7 月 4 日第 2005-759 号授权法令）有关亲子关系的诉讼时效期间为 10 年，自当事人个人被剥夺其主张的身份之日计算，或者自其身份受到异议之日计算，但法律对此种诉讼规定了时效期间的，不在此限。对于子女本身，在其未成年时期，该时效期间中止进行。

第 322 条

（2005 年 7 月 4 日第 2005-759 号授权法令）在规定提起诉讼的期限经过之前已经死亡的人的继承人可以提起诉讼。（废止："属于某一个人的有关亲子关系的诉权，仅在该人未成年时即已死亡的情况下，或者仅在其成年或解除亲权后 5 年内死亡的情况下，始得由其继承人行使。"）

继承人也可以继续死者在生前已经开始的诉讼，但如其已撤诉或者应当继续进行诉讼的期间已过，不在此限。

第 323 条

（1972 年 1 月 3 日第 72-3 号法律）有关亲子关系的诉权不得舍弃。

第 324 条

（2005 年 7 月 4 日第 2005-759 号授权法令）就有关亲子关系的诉讼作出的判决，即使对于并非诉讼当事人的人，也具有对抗效力；如果并非诉讼当事人的人享有诉权，有权在第 321 条规定的期限内对判决提出第三人撤销之诉(第三人异议)。①

(1972年1月3日第72-3号法律)对于法官认为应当对他们作出共同判决的所有利益关系人,法官得依职权通知他们参加诉讼。

第二节 以确立亲子关系为目的的诉讼

(2005年7月4日第2005-759号授权法令)

第 325 条

(2009年1月16日第2009-61号法律)在没有证书也没有占有身份的情况下,准许提起寻认母子(女)关系(recherche de martenité)的诉讼。

此项诉讼只能由子女提起,并且应当证明本人是其所指认的母亲所生。

第 326 条

(1993年1月8日第93-22号法律)妇女(生母)在分娩时可以要求②对其住院和身份保守秘密。

第 327 条

婚外父子(女)关系③可以经法院裁判作出宣告。

---

① 准许第三人对有关亲子关系的诉讼作出的判决提出撤销之诉,唯一效果是受到异议的判决不能对抗提出异议的第三人。当寻认父子(女)关系的诉讼是针对所谓父亲的继承人提起时,其他继承人可以受传唤参加诉讼。

② 由于法律承认妇女可以合法地匿名分娩,因此不能从匿名分娩这一单纯事实推定存在欺诈。匿名分娩的母亲与由此出生的子女之间并没有确立亲子关系。欧洲人权法院2003年2月13日裁判认为:保护母亲的秘密与"子女了解自己身世的正当要求"两者之间应当做到公正的平衡的协调,每一个人都享有了解自己身世的权利。第325条规定符合现实与逻辑:在没有证书也没有占有身份的情况下,准许提起寻认母子(女)关系的诉讼。

③ 由于法律不再使用"非婚生子女"这一概念,原文在这里使用的是"la partenité hors mariage",简译为"婚外父子(女)关系"。

(2005年7月4日第2005-759号授权法令)寻认父子(女)关系之诉权①专属于子女。

第328条

(2005年7月4日第2005-759号授权法令)子女已经对其确立亲子关系的父、母一方即使是未成年人,在该子女尚未成年时期,唯一有资格提起寻认母子(女)关系或父子(女)关系的诉讼。

如果子女没有确立任何亲子关系,或者如子女已对其确立亲子关系的父或母一方死亡或者不能表达意思,前项所指诉讼(2011年5月17日第2011-525号法律)由监护人按照(2011年5月17日第2011-525号法律)第408条第2款的规定提起。

诉讼针对被指认是父或母的人或其继承人提起。在被指认的父或母没有继承人,或者继承人放弃继承时,针对国家提起此项诉讼。放弃继承的继承人受传唤参加诉讼,以主张他们的权利。

第329条

(2005年7月4日第2005-725号授权法令)在依照(2011年5月17日第2011-525号法律)第313条的规定已经排除父子(女)关系的推定时,父、母任何一方均可在子女尚未成年时期,通过证明夫即是该子女之父,以请求恢复父子(女)关系推定的效力。子女本人在其成年后10年内均可提起这一诉讼。

---

① 原文为"action en recherche de partenité",是寻认或确认父子(女)关系之诉,包括婚生亲子关系(filation légitime,嫡出亲子关系)和非婚生亲子关系(filiation naturelle,私生亲子关系)。第327条是有关非婚生子女寻找生父的特别规定,因为,除前两条规定的特别情形以及弃婴之外,生母通常已经确定,条文在这里使用的术语是"paternité"[父子(女)关系]。

第 330 条

（2009 年 1 月 16 日第 2009-61 号法律）应任何利益关系人①提出的请求，自停止占有身份（possession d'état）起，或者自被指认是父、母的人死亡起 10 年期间，可以对占有身份作出确认。

第 331 条

（2005 年 7 月 4 日第 2005-759 号授权法令）在按照本节的规定提起诉讼时，如果有必要，法院对亲权的行使、子女抚养费与教育费用的分担以及使用姓氏之事由作出裁判。

第三节　有关亲子关系异议的诉讼②

（2005 年 7 月 4 日第 2005-759 号授权法令）

第 332 条

（2005 年 7 月 4 日第 2005-759 号授权法令）提出母并未生育子女的证据，可以对母子（女）关系提出异议；提出父或认领子女的人并非子女之生父的证据，可以对父子（女）关系提出异议。

---

① 第 328 条与第 329 条是关于确认亲子关系的规定，而对占有身份提出异议之诉，有别于要求确认身份之诉（action en réclamation d'etat，主张身份之诉）或身份异议之诉（action en contestation d'état），因此，凡是证明有正当利益的人，均可提起此种诉讼。

② "有关亲子关系异议的诉讼"也称为"亲子关系异议之诉"（action en contestation d'étatt），由于其中包括各种不同的情形，并不仅仅是指自认为并非子女之父的人"否认亲子关系"。原第 312 条规定："婚姻期间受胎的子女，夫为其父。但是，夫如果提出事实证据足以证明其不可能是子女之父，得向法院否认该子女。"现行第 333 条第 2 款规定："除检察院外，自子女出生或者后来被认领之日起按照证书占有身份至少已满 5 年的，任何人均不得对亲子关系提出异议。"这实际上否定了成年子女享有"否认亲子关系"之诉权。第 337 条专门规定："如果法院支持提出的异议之诉，为了子女的利益，可以确定其与抚养他的人之间的关系模式。"依照这两项规定，在亲子关系被否定的情况下，抚养人与被抚养人各自的利益均应当得到平衡的保护。

第 333 条

（2005 年 7 月 4 日第 2005-759 号授权法令）当占有身份与证书相一致时，唯有子女本人、父、母之一或者自认是真正父、母的人才能提起诉讼。此种诉讼时效期间为 5 年，自停止占有身份起（2009 年 1 月 16 日第 2009-61 号法律第 1 条）或者自亲子关系受到异议的父、母一方死亡之日起计算。

（2009 年 1 月 16 日第 2009-61 号法律）除检察院外，自子女出生或者后来被认领之日起按照证书占有身份至少已满 5 年的，任何人均不得对亲子关系提出异议。

第 334 条

（2005 年 7 月 4 日第 2005-759 号授权法令）在没有与证书相一致的占有身份的情况下，任何利益关系人均可在第 321 条规定的期限内提出异议之诉。

第 335 条

（2005 年 7 月 4 日第 2005-759 号授权法令）在公知证书签发之日起（2009 年 1 月 16 日第 2009-61 号法律）10 年（原规定为"2 年"）期限内，任何利益关系人均可提出相反证据，对依据该项公知证书确认的占有身份所确立的亲子关系提出异议。

第 336 条

（2005 年 7 月 4 日第 2005-759 号授权法令）如果从证书本身产生的线索可以证明亲子关系不真实，或者证明存在规避法律的情形，检察院可以对原已合法确立的亲子关系提出异议。

第 336-1 条

（2009 年 1 月 16 日第 2009-61 号法律）有管辖权限的身份官员根据掌握的情况知道在儿童出生之前已经得到父亲认领，在有关认领人的记载和申报人报送的有关父亲的情况不一致时,可以根据申报人报送的情况,依照第55条的规定制作出生证书,并立即将此情况通知共和国检察官。共和国检察官依照第336条的规定提起有关父子(女)关系争议之诉讼。

第337条

(2005年7月4日第2005-759号授权法令)如果法院支持提出的异议之诉,为了子女的利益,可以确定其与抚养他的人之间的关系模式。

第338条至第341-1条

(废止或者重编序号)①

第四章 以请求生活费为目的的诉讼

第342条

(1972年1月3日第72-3号法律)凡是没有依法确立父子(女)关系的(2005年7月4日第2005-759号授权法令废止"非婚生")子女,均有权向在法定的妇女受孕期内与其母有关系的人请求生活费。

(1977年12月29日第77-1456号法律)子女在未成年的整个时期内,均可提起此种诉讼;如果子女在未成年期间没有提起诉讼,其成年后10年内仍可提起此种诉讼。

即使父或母在法定的妇女受孕期内与另一人有婚姻关系约束,或

---

① 法国《民法典》此前将婚生亲子关系和非婚生亲子关系分开作出规定,在法律不再区分婚生子女与非婚生子女之后,这方面的规定在现实生活中仍然有其作用。

者父与母之间存在本法典第 161 条至第 164 条规定的不准结婚之障碍,提起前项诉讼仍可得到受理。

第 342-1 条

(2005 年 7 月 4 日第 2005-759 号授权法令废止)

第 342-1 条原条文:已婚妇女的子女,如果其婚生子女的名分未经占有身份证实,亦可提起取得生活补助费的诉讼。

第 342-2 条

(1972 年 1 月 3 日第 72-3 号法律)生活费,以抚养费的形式,按照子女的需要和债务人的收入及其家庭状况而定。

子女成年后,如其仍有需要,仍可请求对其负担抚养费,但以其处于有需要这种状况并非因其过错造成为条件。

第 342-3 条

(2005 年 7 月 4 日第 2005-759 号授权法令废止)

第 342-3 条原条文:在有必要适用上述第 311-11 条规定的情况下,如果没有其他据以作出裁判的材料,经认定被告有过错或者被告在此前有义务约束,法官有权规定被告负担用于保证子女生活和教育的补偿金。

此种补偿金,由儿童社会援助基金、经认定具有公益性质的慈善事业或法院确定的受托人收取。受托人应保守职业秘密。收取的补偿金由其支付给子女的法定代表人。补偿金的收取与支付条件由法令具体规定。

有关补助费的各项规定亦适用于补偿金。

第 342-4 条

(1993 年 1 月 8 日第 93-22 号法律)被告得以任何方法提出证据,

证明其不可能是孩子的生父,以排除对其提出的诉讼请求。

第 342-5 条

(1972 年 1 月 3 日第 72-3 号法律)生活费可以按照(2001 年 12 月 3 日第 2001-1135 号法律)第 767 条所定的规则,转由债务人的遗产负担。

第 342-6 条

(1977 年 12 月 29 日第 77-1456 号法律)为取得生活费目的的诉讼,适用(2005 年 7 月 4 日第 2005-759 号授权法令)上述第 327 条第 2 款与第 328 条的规定。

第 342-7 条

(1972 年 1 月 3 日第 72-3 号法律)法院作出的同意给予生活费的判决,在债务人与生活费受益人之间,以及相应情况下,在每一个受益人与其父母或者另一方的配偶之间,成立由本法典第 161 条至第 164 条规定的不准结婚之障碍。

第 342-8 条

(1972 年 1 月 3 日第 72-3 号法律)有关生活费诉讼的既判事由,对以后提起的寻认父子(女)关系之诉,不构成任何不受理之理由(fin de non-recevoir)。

如果此后子女对债务人以外的另一人确立父子(女)关系,生活费的给付停止。

第五章　采用医学方法、借助第三人捐献辅助生育

（2021 年 8 月 2 日第 2021-1017 号法律）

第 342-9 条

（2021 年 8 月 2 日第 2021-1017 号法律）有必要由第三人作为捐献人参与，采用医学方法辅助生育的情况下，捐献人与采用此种方法出生的儿童之间不得确立任何亲子关系性质的联系（lien de filiation）。

不得针对捐献人提起任何责任之诉。

第 342-10 条

（2021 年 8 月 2 日第 2021-1017 号法律）配偶双方或者没有结婚的妇女，有必要借助第三人作为捐献人参与，采用医学方法辅助生育的，应当事先向公证人表明其同意采用此种方法生育。公证人告知他们的行为在亲子关系方面的后果，并且告知，子女成年时，如其有此愿望，在何种条件下可以接触不具有鉴别作用的资料以及了解捐献第三人身份。

对采用医学方法辅助生育表示同意之后，禁止（2005 年 7 月 4 日第 2005-759 号授权法令）为确立亲子关系或者对亲子关系提出异议之目的提起任何诉讼；但如果证明子女并非采用医学方法辅助所生，或者证明当事人原先表示的同意没有效力的，不在此限。

在实施人工授精或胚胎移植之前，当事人死亡，或者已提起离婚诉讼或分居诉讼，或者依照第 229-1 条规定的方式签订了两愿离婚协议或两愿分居协议，或者已经停止共同生活，此前表示的同意失去效

力。如果在实现医学方法辅助生育之前,配偶中一方采用书面形式向负责实施人工授精或胚胎移植的医生或者向就此进行公证的公证人撤回其同意,原表示的同意亦失去效力。

第 342-11 条

(2021 年 8 月 2 日第 2021-1017 号法律)两妇女结成的一对配偶,在依第 342-10 条的规定听取她们的同意意思时,共同认领子女。

对于生育的妇女一方,依照第 311-25 条的规定确立亲子关系,对于另一方,依照本条第 1 款所指的共同认领确立亲子关系。共同认领文书由两妇女之一提交,或者相应情况下,由向身份官员申报子女出生的人提交,并在出生证书中指明。

只要没有依照第 342-10 条规定的条件在法院对由此确立的亲子关系提出异议,阻止依照本编规定的条件确立另一亲子关系。

第 342-12 条

(2021 年 8 月 2 日第 2021-1017 号法律)按照第 342-11 条规定的条件经共同认领确立亲子关系的,认领文书指名的两妇女最迟于申报子女出生时选择赋予子女的家族姓氏:或者选用其中一人的姓氏,或者按照她们选定的顺序结合使用双方各自家族的姓氏,但仅以按第一个字母的顺序排列转移各自的一个家族姓氏为限。在没有向身份官员共同申报子女出生并写明子女姓氏的情况下,该子女取两妇女的姓氏,但仅以按第一个字母的顺序排列转移各自的第一个家族姓氏为限。

国外出生的儿童的双亲至少有一人是法国人的,没有按照本条第 1 款规定的条件行使为子女选用姓氏的权利时,最迟可以在子女出生后 3 年内,于提出登记出生证书的请求时,作出此项声明。

在已经对某一共同子女适用本条、第 311-21 条、第 311-23 条第 2 款或者第 357 条之规定的情况下,此前转移给该子女的或者为其选用的姓氏,对其他共同子女同样有效。

在双亲每一方或者其中一方使用双姓的情况下,可以提出共同的书面声明,仅向子女转移其中一个姓氏。

在适用第 342-13 条最后一款的规定并且子女的亲子关系因此发生变更的情况下,共和国检察官依照本条之规定更改子女的名字。

第 342-13 条

(2021 年 8 月 2 日第 2021-1017 号法律)原已对采用医学方法辅助生育表示同意的人,事后不承认由此出生的子女的,应当对子女之母和子女本人承担责任。

(2005 年 7 月 4 日第 2005-759 号授权法令)此外,由法院裁判宣告该儿童的父子(女)关系。此种诉讼适用第 328 条与第 331 条的规定。

妇女在同意采用医学方法辅助生育之后,阻止向身份官员送交第 342-10 条所指的共同认领子女的证书的,引起其承担责任。

在没有送交第 342-10 条所指的共同认领子女的证书的情况下,应已经成年的子女的申请,或者如果子女未成年,应其法定代理人或任何有利益提出请求的人的申请,由共和国检察官向身份官员转送共同认领证书。该共同认领证书在子女的出生证书的备注栏内作出记载。但是,只要经推定、自愿认领或者完全收养,已经对第三人确立的亲子关系并未依照本编第三章第三节规定的条件在法院受到第三人依照第 353-2 条规定的条件提出的异议之诉,或者并未受到依照法令规定的条件受到重新认定之诉,不得在出生证书中记载经共同认领确立的亲子关系。

第八编　收养子女①
（2022年10月5日第2022-1292号授权法令）

第一章　收养子女要求具备的条件

（2022年10月5日第2022-1292号授权法令）

第一节　收养人

（2022年10月5日第2022-1292号授权法令）

第343条

（2022年10月5日第2022-1292号授权法令）没有分居的配偶②、订立紧密关系民事协议的两伙伴，或者两姘居人，可以请求收养子女。

两收养人应能提出至少有1年共同生活的证据，或者双方年龄均已满26周岁。

---

① 通常情况下，"filiation"一词用指父母子女血缘上的关系，译为"亲子关系"或"父母子女关系"。本编由2022年10月5日第2022-1292号授权法令修改，其标题原文为"filiation adoptive"，直接翻译应为"收养亲子关系"，是拟制的血缘关系。由于法国民法承认同性婚姻和姘居关系，必然牵涉相关的法律制度，法国《民法典》的相应条文随之修改。

② 包括同性配偶和异性配偶。参见第143条注释。

第 343-1 条

（2022 年 10 月 5 日第 2022-1292 号授权法令）凡年满 26 周岁的人①，均可申请收养子女。

如果收养人已婚且没有分居或者受紧密关系民事协议约束，收养子女必须征得另一方伴侣②的同意，但是，如果另一方处于不能表达意思的状态，不在此限。

第二节　被收养人

（2022 年 10 月 5 日第 2022-1292 号授权法令）

第 344 条

（2022 年 10 月 5 日第 2022-1292 号授权法令）可以收养：

1. 父母双亲或者亲属会议有效同意送养的未成年人；
2. 国家收容的弃儿，其亲属会议同意送养的；
3. 依照第 381-1 条与第 381-2 条规定的条件经司法宣告为被遗弃的子女；
4. 在第 345 条规定的情况下依简单收养与完全收养形式收养成年人。

第 345 条

（2022 年 10 月 5 日第 2022-1292 号授权法令）只有年龄不满 15 周

---

① 第 343 条与第 343-1 条第 1 款分别是有关两人共同收养子女和一人收养子女的规定。

② 第 2 款提及两种婚姻状态：已婚且没有分居，或者受紧密关系民事协议约束。条文使用的表述是"l'autre membre du couple"，直接翻译应为"一对伴侣中的另一成员"，这是一种模糊的概念，回避了"夫妻"或"夫妻一方"的表达。参见第四章。

岁,在收养人或两收养人家庭中接纳至少已经 6 个月的儿童,始允许完全收养。

但是,下列情形,儿童虽然已年满 15 周岁,如在其尚未成年时期,或者成年以后 3 年内,具备完全收养条件,也可以请求完全收养之:

1. 儿童在年满 15 周岁之前已经由此前不符合收养子女条件的人收留的;
2. 儿童在年满 15 周岁之前已经被简单收养的;
3. 在第 344 条第 2 点与第 3 点所指的情况下;
4. 在第 370-1-3 条所指的情况下。

第 345-1 条

(2022 年 10 月 5 日第 2022-1292 号授权法令) 不论被收养人的年龄如何,均允许简单收养。

第 345-2 条

(2022 年 10 月 5 日第 2022-1292 号授权法令) 如果收养人不是两配偶、订立紧密关系民事协议的两伙伴或者两姘居人,任何人均不得由数人收养。

但是,在收养人或者两收养人死亡之后,可以宣告再次简单收养或完全收养,以及如果有重大理由,对此前已经完全收养的儿童,仍可宣告简单收养。

第三节　收养人与被收养人的关系

(2022 年 10 月 5 日第 2022-1292 号授权法令)

第 346 条

(2022 年 10 月 5 日第 2022-1292 号授权法令) 直系卑血亲与直系

尊血亲相互之间,以及兄弟姐妹之间,禁止收养。

但是,如果有基于被收养人的利益要求而考虑的重大理由,法院可以宣告收养。

第 347 条

(2022 年 10 月 5 日第 2022-1292 号授权法令)收养人或两收养人的年龄应当比其打算收养的子女的年龄大 15 周岁以上。

但是,如果有正当理由,在收养人与被收养人的年龄相差不到前款规定的周岁数时,法院可以宣告收养。

第四节　对收养的同意

(2022 年 10 月 5 日第 2022-1292 号授权法令)

第 348 条

(2022 年 10 月 5 日第 2022-1292 号授权法令)在未成年人已经对父母双方确立亲子关系的情况下,送养应当得到父母双方的同意。

如果父母一方已死亡或者不能表达自己的意思,或者如一方已丧失亲权,仅有另一方同意送养即可。

第 348-1 条

(2022 年 10 月 5 日第 2022-1292 号授权法令)仅对父母中一方确立亲子关系的儿童的送养,由该一方表示同意。

第 348-2 条

(2022 年 10 月 5 日第 2022-1292 号授权法令)如果儿童的父母均已死亡,或者不能表达自己的意思,或者双方均丧失亲权,由亲属会议听取实际照管儿童的人的意见以后,对送养表示同意。儿童没有确立亲子关系的情况,亦同。

第 348-3 条

(2022 年 10 月 5 日第 2022-1292 号授权法令)同意收养或送养,应当是自由的,并且知道在儿童出生之后不给予任何对应给付,同时对收养或送养的后果明确同意;如果是对完全收养作出同意表示,尤其应当对断绝现有的亲子关系的后果所带有的完全的、不可撤销的性质有明确的认知。

同意收养,在法国或外国的一名公证人面前或者法国外交人员或领事人员面前作出表示;对于已经托付给社会援助儿童机构照管的儿童,也可以由该机构接收对收养或送养表示的同意。

第 348-4 条

(2022 年 10 月 5 日第 2022-1292 号授权法令)只有如儿童原已实际送交社会援助儿童部门,才能有效同意收养不满 2 周岁的儿童,但是,收养人与被收养人之间存在包括第六亲等在内的血亲或姻亲关系的除外,或者收养配偶的子女以及收养订立紧密关系民事协议的伙伴或姘居人的子女,也不受此年龄限制。

第 348-5 条

(2022 年 10 月 5 日第 2022-1292 号授权法令)可以在 2 个月期间撤回对送养儿童已经作出的同意表示。撤回同意,应当用挂号信并要求回执向此前接收同意意思表示的人或部门提出。按照提出的请求,甚至是口头提出请求,将儿童交还其父母,均具有撤销同意(送养)的证据效力。

即使在同意送养之后 2 个月期限届满没有撤回同意,只要儿童尚未为收养进行安置,父母仍然可以请求送还儿童。如果已经接纳儿童的人拒绝将儿童送还,父母可以向法院提出请求;法院根据儿童的利益,评判是否有必要送还儿童。将儿童送还,引起此前表示的同意失去效力。

第 348-6 条

（2022 年 10 月 5 日第 2022-1292 号授权法令）儿童的父母、其中一人或者亲属会议,将儿童送交社会援助儿童部门,同意承认儿童为国家收容的弃儿的身份时,由监护人经国家收容的弃儿的亲属会议同意,选择收养人。

第 348-7 条

（2022 年 10 月 5 日第 2022-1292 号授权法令）在父母拒绝同意将他们完全不闻不问的子女送交他人收养,存在危害子女身体或精神健康风险的情况下,如果法院认为此种拒绝完全是一种滥权行为,可以宣告儿童送养。

亲属会议滥行拒绝送养的情况,亦同。

第 349 条

（2022 年 10 月 5 日第 2022-1292 号授权法令）年满 13 周岁的儿童的送养或收养,应当得到本人同意。

同意表示,依照第 248-3 条第 2 款规定的形式作出。

至收养宣告之前,随时可以撤回同意。

第 350 条

（2022 年 10 月 5 日第 2022-1292 号授权法令）年满 13 周岁的未成年人或者受保护的成年人,在其处于不能亲自表示同意意思的情况下,如果送养符合被收养人的利益,法院在听取负责实施司法保护措施并享有关于人身代理权限的指定的管理人的意见之后,可以宣告收养。

第二章　收养程序与判决

（2022年10月5日第2022-1292号授权法令）

第一节　为收养进行安置

（2022年10月5日第2022-1292号授权法令）

第351条

（2022年10月5日第2022-1292号授权法令）为收养进行安置，涉及的是国家收容的弃儿，或者是经法院判决宣告为弃儿的儿童。在完全收养情况下，为收养进行安置，也涉及已经有效并且最终确定同意送养或收养的儿童。

将儿童实际交给将来的收养人之日，收养安置产生效力。

第352条

（2022年10月5日第2022-1292号授权法令）如果父母要求送还已经确立亲子关系的儿童，只要法院尚未应最迫切请求的当事人的申请就父母提出的请求是否有依据作出审理裁判，不得进行收养安置。

如果儿童没有确立亲子关系，自接纳儿童起2个月期限内，不得为完全收养而进行安置。

第352-1条

（2022年10月5日第2022-1292号授权法令）自将儿童送交将来的收养人或两收养人之日，至判决作出收养宣告，有关亲权的日常行为，均由收养人或两收养人实施。

第 352-2 条

（2022 年 10 月 5 日第 2022-1292 号授权法令）为完全收养进行安置，阻止将儿童送还原家庭；完全收养安置，使任何有关亲子关系的声明和任何认领均不能产生效力。

如果为完全收养进行的安置已经停止，或者法院拒绝宣告收养，已经进行的安置追溯解除。

第二节　认　可

（2022 年 10 月 5 日第 2022-1292 号授权法令）

第 353 条

（2022 年 10 月 5 日第 2022-1292 号授权法令）收养国家收容的弃儿或者收养外国儿童，如其并非收养人的配偶的子女，或者不是订立紧密关系民事协议的人或姘居人的子女，法院在宣告收养之前，应当审查收养申请人或两申请人是否得到收养认可或免于认可。

如果此前提出的认可申请被拒绝，或者在法定期限没有给予收养认可，法院在认为收养人具备接纳儿童的能力并且收养符合儿童的利益时，可以宣告收养。

第三节　收养判决

（2022 年 10 月 5 日第 2022-1292 号授权法令）

第 353-1 条

（2022 年 10 月 5 日第 2022-1292 号授权法令）收养，由司法法院应收养人的申请作出宣告。司法法院应当在受理申请之日起 6 个月期限内审查是否具备法律规定的收养条件以及收养是否符合儿童的利益。

法院听取有辨别能力的未成年人的意见,或者在未成年人的利益有此要求时,由法院为此指定的人听取意见。在听取未成年人的意见时,应当采用与其年龄与成熟程度相适应的方式。在未成年人拒绝法院或他人听取其意见时,由法院评判这种拒绝是否有依据。可以单独听取未成年人的意见,也可以与其律师或由其选择的人一起听取其意见。如果未成年人自己进行的挑选看来不符合其自身利益,法院可以另行指定他人。

在收养人有直系卑血亲的情况下,法院还应当审查该人收养子女是否影响家庭生活。

如果收养人在符合规定地接纳拟收养的子女后死亡,可以由收养人的生存配偶、与之订立紧密关系民事协议的人或姘居人,或其继承人之一,以收养人名义提出收养申请。

收养人在提交收养申请之后死亡的,法院不因此停止管辖。

如果儿童本人在符合规定地受到收养接纳之后死亡,(对该儿童的)收养申请仍然可以提出。法院作出的判决自儿童死亡前一日产生效力,但该判决仅仅引起儿童身份的改变。

宣告收养的判决无须说明理由。

第353-2条

(2021年8月2日第2021-1017号法律)仅在有可归咎于收养人或其配偶、与之订立紧密关系民事协议的人或姘居人的欺诈(dol)或舞弊(fraude)行为的情况下,对收养判决提出第三人撤销之诉,始予受理。

(2021年8月2日第2021-1017号法律)向法院隐瞒家事法官依据第371-4条的规定作出的关于在被收养的儿童与第三人之间继续保持

联系的判决，隐瞒存在同意由第三人作为供体捐献人借助医学方法生育的意思表示，以及在相应情况下，隐瞒双方如本卷第七编所指的共同认领子女，均构成本条第 1 款意义上的欺诈（dol）。

第 354 条

（2022 年 10 月 5 日第 2022-1292 号授权法令）宣告收养的判决，按照最高行政法院提出资政意见后颁布的法令确定的条件，登记或转录于户籍（身份）登记簿。

收养登记，具有相当于被收养人的出生证书的效力。

收养登记，应当按照收养判决写明儿童的出生日期、时间与地点、性别及其家庭姓氏、名字等事项，并且写明收养人或两收养人的姓名、出生日期与地点，职业与家庭住所。

登记的事项中不包括有关儿童的原始亲子关系的任何说明。

第三章　收养的效力

（2022 年 10 月 5 日第 2022-1292 号授权法令）

第一节　共同规定

（2022 年 10 月 5 日第 2022-1292 号授权法令）

第 355 条

（2022 年 10 月 5 日第 2022-1292 号授权法令）完全收养或简单收养，由法院宣告。

收养，自提交收养申请之日起产生效力。

第二节　完全收养的效力

（2022 年 10 月 5 日第 2022-1292 号授权法令）

第 356 条

（2022 年 10 月 5 日第 2022-1292 号授权法令）完全收养，赋予子女以一种亲子关系替代原始亲子关系。被收养人不再属于其原始家庭，但保留适用第 161 条至第 164 条有关禁止结婚的规定。

第 357 条

（2021 年 8 月 2 日第 2021-1017 号法律）完全收养，赋予子女以收养人的姓氏。

在收养配偶子女的情况下，或者在由配偶二人收养子女的情况下，由收养人与其配偶或者两收养人作出共同声明，选择转移给子女的姓氏。转移给子女的姓氏可以是收养人之一的家族姓氏，或者是两者的姓氏按照第一个字母的顺序结合而成的姓氏，但以每一家族各取一个姓氏为限。

选用姓氏的权利，只能行使一次。

在没有作出选用子女姓氏的共同声明的情况下，子女使用收养人及其配偶的家族姓氏，或者使用两收养人各自的家族姓氏，但以按照字母顺序，结合两者的姓氏，取每一家族的第一姓氏为限。

在对共同的子女适用第 311-21 条、第 311-23 条第 2 款或者本条规定的情况下，前述姓氏的转移或选择，适用于被收养人。

收养人或者其中一人使用双姓的，可以通过共同的声明，仅向被收养人转移其中一个姓氏。

应收养人或者两收养人的请求，法院可以更改子女的名字。如果子女年龄已满 13 周岁，更改名字应当征得本人同意。

第 358 条

（2022 年 10 月 5 日第 2022-1292 号授权法令）第 357 条的规定，除最后一款外，适用于在国外符合规定宣告的、在法国产生完全收养效力的收养子女。

收养人在申请登记收养判决时，可以通过向登记地的共和国检察官提交声明，作出该条为其规定的选择。

收养人在请求签发国外收养判决的执行令时，应当将其作出的选择声明附于所提出的请求。在判决上记载该声明。

为子女选用的姓氏，在共和国检察官关注下，记载于子女的出生证书。

第 359 条

（2022 年 10 月 5 日第 2022-1292 号授权法令）完全收养不得解除。

第三节　简单收养的效力

（2022 年 10 月 5 日第 2022-1292 号授权法令）

第 360 条

（2022 年 10 月 5 日第 2022-1292 号授权法令）简单收养，按照本章规定的方式，赋予被收养人一种亲子关系，增加在其原始亲子关系之上；被收养人继续属于其原始家庭并保留所有的权利。

在被收养人与其原始家庭之间，适用第 161 条至第 164 条有关禁止结婚的规定。

第 361 条

（2022 年 10 月 5 日第 2022-1292 号授权法令）由简单收养产生的

亲属关系,扩张至被收养人的所有子女。

下列之人相互之间禁止结婚:

1. 收养人、被收养人及其直系卑血亲之间。

2. 被收养人与收养人的配偶,或者与收养人订立紧密关系民事协议的人或姘居人之间;反之,收养人与被收养人的配偶,或者与被收养人订立紧密关系民事协议的人或姘居人之间。

3. 同一个收养人的所有养子女(les enfants adoptifs)相互之间。

4. 被收养人与收养人的所有子女之间。

但是,以上第3点与第4点规定的结婚禁止,如有重大原因,可以由共和国总统特许令取消。

上述第2点规定的结婚禁止,在创设婚姻关系的人死亡之后,或者曾受紧密关系民事协议约束的人死亡之后,也可以按照相同条件取消。

第362条

(2022年10月5日第2022-1292号授权法令)收养人唯一对被收养人享有全部亲权性质的权利,其中包括同意被收养人婚姻的权利。

亲权性质的各项权利,由收养人或两收养人按照(2002年3月4日第2002-304号法律)本卷第四编第一章规定的条件行使。

有关未成年人财产的法定管理与监护的规则,适用于被收养人。

第363条

(2022年10月5日第2022-1292号授权法令)简单收养赋予被收养人以收养人的姓氏,并增加在被收养人的姓氏之上,但是,如果被收养人已年满13周岁,必须得到其同意。

如果被收养人与收养人或者其中一人使用的是复姓,赋予被收养人的姓氏由收养人的姓氏加上被收养人本人的姓氏构成,但仅以两姓氏中各取一个姓氏为限。使用哪一个姓氏以及两姓氏的顺序,由收养人选定，但是，被收养人年满13周岁的，应当事先得到其同意。双方意见不一致或者没有作出选择的，赋予被收养人的姓氏由收养人与被收养人各自的第一个姓氏相加组成，收养人的第一姓氏放在被收养人第一姓氏的后面。

在由配偶二人、订立紧密关系民事协议的两伙伴或姘居人收养子女的情况下，加在被收养人姓氏上的姓氏，应收养人的要求，使用其中一人的姓氏，且仅限于使用一个姓氏；如果被收养人使用的是双姓，其保留使用哪一姓氏以及姓氏的顺序，由收养人选择确定；被收养人年满13周岁的，应当征得其本人的同意；如果达不成一致意见，或者没有作出选择的，赋予被收养人的姓氏由收养人与被收养人各自的第一个姓氏相加组成，并按字母顺序排列，收养人的第一个姓氏放在被收养人第一个姓氏的后面。

但是，应收养人的请求，法院可以裁判被收养人仅使用收养人的姓氏，或者，在收养配偶的子女的情况下，被收养人仍然保留其原来的姓氏。在配偶二人收养子女的情况下，由收养人选择，可以用丈夫的姓氏或者妻子的姓氏替代被收养人的原姓氏，或者结合使用夫妻二人的姓氏，顺序由夫妻二人决定，但仅以各自取一个姓氏为限。有关使用姓氏的请求，也可以在收养之后提出。如果被收养人已年满13周岁，家族姓氏的替代必须得到其本人同意。

第363-1条

（2022年10月5日第2022-1292号授权法令）被收养人的出生证书是由法国权力机关存档保管的，第363条的规定适用于在国外符合规定宣告的、在法国具有简单收养效力的收养子女。

收养人依照该条的规定，向提出申请时被收养人出生证书保存地的共和国检察官提交声明，行使该条为其规定的选择权利。

在共和国检察官的关注下，收养人选用的姓氏记载于子女的出生证书。

第 364 条

（2022 年 10 月 5 日第 2022-1292 号授权法令）如果收养人有需要，被收养人应当负担赡养费，与此相对应，收养人应当给予被收养人生活费。被收养人的原父母，仅在被收养人不能从收养人那里得到生活费时，才有义务为其提供生活费。只要被收养人经认定具有国家收容的弃儿的身份，或者在《社会行动与家庭法典》第 132-6 条规定的期间是由国家负担生活费，向其父母提供生活费的义务即告停止。

第 365 条

（2022 年 10 月 5 日第 2022-1292 号授权法令）被收养人及其直系卑血亲，在收养人的家庭里，享有第三卷第一编第三章规定的继承权。

但是，被收养人及其直系卑血亲对收养人的直系尊血亲不享有特留份继承人的资格。

第 366 条

（2022 年 10 月 5 日第 2022-1292 号授权法令）被收养人没有直系卑血亲和生存配偶的，其遗产中原来由收养人赠与的财产或者自收养人的遗产中受领的财产，如果在被收养人死亡时原财产实物尚存，除用于负担债务并且保留第三人已经取得的权利外，转归收养人或者收养人的直系卑血亲。被收养人从其生父或生母无偿受领的财产，同样转归其生父、生母或者他们的直系卑血亲。

被收养人财产的其余部分，在其有血缘关系的原家庭和收养家庭之间对半分割。

第 367 条

（2022 年 10 月 5 日第 2022-1292 号授权法令）即使被收养人此后确立某种亲子关系性质的联系，收养仍然保留其全部效力。

第 368 条

（2022 年 10 月 5 日第 2022-1292 号授权法令）如果证明有重大理由，在被收养人已经成年时，应其本人请求或者收养人的请求，可以解除收养(关系)。

在被收养人未成年人时，只能由检察院提出要求解除收养(关系)。

第 369 条

（2022 年 10 月 5 日第 2022-1292 号授权法令）解除（简单）收养的判决应当说明理由。

判决的主文，按照最高行政法院提出资政意见后颁布的法令规定的条件，记载于(被收养人的)出生证书的备注栏，或者记载于收养判决的登记备注栏。

第 369-1 条

（2022 年 10 月 5 日第 2022-1292 号授权法令）（简单）收养关系的解除，对于将来而言，终止收养的全部效力，但姓名的更改除外。

第四章　由伴侣一方收养另一方的子女

（2022 年 10 月 5 日第 2022-1292 号授权法令）

第 370 条

（2022 年 10 月 5 日第 2022-1292 号授权法令）除第 351 条、第 352 条、第 352-1 条、第 352-2 条与第 353 条的规定之外，且保留适用本章之特别规则,本编第一章至第三章的规定,适用于没有离婚的配偶①、订立紧密关系民事协议的人或姘居人中一方收养另一方的子女。

第一节 共同规定

（2022年10月5日第2022-1292号授权法令）

第370-1条

（2022年10月5日第2022-1292号授权法令）伴侣一方收养另一方的子女的,对收养人不规定年龄条件。

第370-1-1条

（2022年10月5日第2022-1292号授权法令）收养人应当比其打算收养的子女的年龄大10周岁以上。

但是,在收养人与被收养人的年龄相差不到前款规定的年龄时,如果有重大理由,法院可以宣告收养。

第370-1-2条

（2022年10月5日第2022-1292号授权法令）在两收养人之一死亡的情况下,应新的配偶、订立紧密关系民事协议的人或姘居人提出的申请,可以宣告再次收养。

---

① 本章标题原文仍然为"l'adoption de l'enfant de l'autre membre du couple",直译为"收养一对人中另一方成员的子女"。条文中所说的"没有离婚的配偶",似应包括再婚的异性配偶一方收养另一方前婚所生的子女（按中国习惯为继子女,但法国民法没有关于继子女的规定）,以及同性伴侣一方收养另一方此前可能结过婚,可能生育（或收养）的子女。

第二节　有关完全收养的特别规定

（2022年10月5日第2022-1292号授权法令）

第一段　完全收养要求具备的条件

（2022年10月5日第2022-1292号授权法令）

第370-1-3条

（2022年10月5日第2022-1292号授权法令）以下情况，准许完全收养配偶的子女或者订立紧密关系民事协议的人或姘居人的子女：

1. 子女仅对该配偶、订立紧密关系民事协议的人或姘居人一方合法确立亲子关系的；

2. 子女已经由该配偶、订立紧密关系民事协议的人或姘居人一人单独完全收养并且仅对该人确立亲子关系的；

3. 该配偶、订立紧密关系民事协议的人或姘居人的原配偶或伴侣另一方被完全取消亲权的；

4. 该配偶、订立紧密关系民事协议的人或姘居人的原配偶或伴侣另一方已死亡且没有第一亲等的直系尊血亲，或者这些直系尊血亲对子女不闻不问的。

第二段　完全收养的效力

（2022年10月5日第2022-1292号授权法令）

第370-1-4条

（2022年10月5日第2022-1292号授权法令）完全收养配偶的子女或者订立紧密关系民事协议的人或姘居人另一方的子女，仍然保留子女对另一方及其家庭的亲子关系；对于其他事项，产生由一对伴侣进行的收养的全部效力。

第 370-1-5 条

（2022 年 10 月 5 日第 2022-1292 号授权法令）收养人与其另一方伴侣，依共同声明（déclaration conjointe，联合声明）选择转移给（养）子女的姓氏：转移给（养）子女的姓氏为两伴侣之一方的姓氏，或者按照他们所作的选择，由两者的姓氏按字母顺序结合而成，但以每一家族各取一个姓氏为限。

这种选择权利只能运用一次。

在没有写明为子女选用姓氏的共同声明的情况下，子女使用收养人及其另一方伴侣的姓氏，但以两者姓氏按照字母顺序结合，每一家庭各取第一姓氏为限。

在对共同的子女适用第 311-21 条、第 311-23 条第 2 款或者本条规定的情况下，此前已经转移或者选择的姓氏，适用于被收养人。

应收养人的请求，法院可以变更（养）子女的名字。如果子女年龄已满 13 周岁，（为其选择姓氏）要求得到其本人同意。

第三节　简单收养的特别规定

（2022 年 10 月 5 日第 2022-1292 号授权法令）

第一段　简单收养要求的条件

（2022 年 10 月 5 日第 2022-1292 号授权法令）

第 370-1-6 条

（2022 年 10 月 5 日第 2022-1292 号授权法令）此前仅由两伴侣中

一方收养的子女，不论是简单收养还是完全收养，仍可由两伴侣的另一方再次简单收养。

第二段　简单收养的效力

（2022 年 10 月 5 日第 2022-1292 号授权法令）

第 370-1-7 条

（2022 年 10 月 5 日第 2022-1292 号授权法令）简单收养赋予被收养人以收养人的姓氏，添加在被收养人的姓氏之上；如果被收养人已年满 13 周岁，姓氏的添加必须得到其本人同意。

如果被收养人与收养人或其中一人使用的是复姓，赋予被收养人的姓氏，由收养人的姓氏加上被收养人本人的姓氏构成，但以两姓氏中各取一个姓氏为限。使用哪一姓氏以及两个姓氏的顺序，由收养人选定，但是，被收养人已年满 13 周岁的，应当征得其本人同意。双方意见不一致或者没有作出选择的，赋予被收养人的姓氏由收养人的第一个姓氏加在被收养人第一姓氏的后面的组成。

但是，应收养人的请求，法院可以裁定被收养人保留其原来的姓氏。

应收养人的请求，法院可以更改子女的名字，如果被收养人已年满 13 周岁，改名必须得到其本人同意。

第 370-1-8 条

（2022 年 10 月 5 日第 2022-1292 号授权法令）收养人与另一方伴侣竞合享有亲权，亲权由另一方行使，但是为了共同行使亲权，与收养人一起向司法法院司法书记室提出共同声明的除外。

第五章　国际收养，在国外宣告的收养在法国的效力

（2022年10月5日第2022-1292号授权法令）

第370-2条

（2022年10月5日第2022-1292号授权法令）以下情形为国际收养（跨国收养）：

1. 平常居住在外国的未成年人，在收养框架内，已经或者应当迁移到收养人或两收养人平常居住的法国的；

2. 平常居住在法国的未成年人，在收养框架内，已经或者应当迁移到收养人或两收养人平常居住的外国的。

第370-3条

（2022年10月5日第2022-1292号授权法令）国际收养的条件，受收养人的本国法约束，或者在由一对伴侣收养子女的情况下，受伴侣双方于提出收养申请之日的共同内国法约束；不属此情形的，受伴侣双方于提出收养申请之日的共同居所地的内国法约束。但是，如果伴侣双方的本国法禁止收养（制度），不得宣告收养。

如果外国未成年人的本国法禁止收养制度，不得宣告收养该外国未成年人，但是，如果该未成年人出生在法国并且惯常在法国居住，不在此限。

不论适用何种法律，收养，均要求按照第348-3条规定的条件，得到儿童的法定代理人的同意。

第 370-4 条

在法国宣告的收养的效力,是由法国法律规定的效力。

第 370-5 条

在国外符合规定宣告的收养,如其完全地、不可撤销地断绝原有的亲子关系,在法国产生完全收养的效力;不属此种情形的,在国外符合规定宣告的收养,在法国产生简单收养的效力;如果当事人在完全知情的情况下明确表示同意,简单收养也可以转为完全收养。

第九编 亲 权

（1970年6月4日第70-459号法律）

第一章 与子女人身相关的亲权

（1970年6月4日第70-459号法律）

第371条

子女，无论年龄如何，均应敬重和尊敬父母。

第371-1条

（2002年3月4日第2002-305号法律）亲权是以子女的利益为最终目的的各项权利和义务之整体。

为了保护子女的安全、健康与道德，确保其教育，使之得到培养，人格受到尊重，亲权属于（2013年5月17日第2013-404号法律）双亲①，直至子女成年或者解除亲权为止。

（2019年7月10日第2019-721号法律）行使亲权时不应有身体上或者精神上的胁迫。

双亲视子女的年龄及其成长阶段，协助子女作出与之有关的决定。

---

① 此处原表述使用的是"père et mère"（父与母），明定"亲权属于父与母"，现改为属于"parents"（双亲），与准许同性婚姻有关，但是，法语中"parents"一词还有统称"亲属"的意思，似乎可以理解为其他亲属也（可以）享有亲权，不过，第372条的表述强调"父与母共同行使亲权"，仍然使用的是"père et mère"，由此可以认为"parents"限指父母。

第 371-1 条原条文：子女受父母管束（sous l'autoritē），直至其成年或解除亲权。

第 371-2 条

（2002 年 3 月 4 日第 2002-305 号法律）父母每一方均应根据本人和另一方的收入情况以及子女的需要，分担子女的抚养费与教育费用，

（2019 年 12 月 28 日第 2019-1480 号法律）在被取消亲权或者被取消行使亲权的情况下，以及子女成年时，这项义务并不当然停止。

第 371-2 条原条文：保护子女之安全、健康与道德品行的管束权，属于父与母。

父与母对其子女有照管、监督、教育的权利与义务。

第 371-3 条

未经父母许可，子女不得离开家庭，仅在法律有规定的紧迫情况下，才能从家庭中被领走。

第 371-4 条

（2002 年 3 月 4 日第 2002-305 号法律）子女有权与其直系尊血亲（原规定为"其祖父母、外祖父母"）保持个人关系，（2007 年 3 月 5 日第 2007-293 号法律）唯有基于子女自身的利益，才能阻止行使这种权利（原规定为"除有重大理由外，父母不得妨碍这种个人关系"）。①

---

① 欧洲人权法院 2000 年 4 月 27 日裁决认为，祖父母可以主张"家庭生活应当受到尊重"的权利。法国法院判例认为，第 371-4 条推定孙子女与祖父母保持种种个人关系符合子女的利益，但是，如果证明有重大原因阻止保持这种关系，不在此限；因此是否阻止一个孩子与其直系尊血亲保持个人关系，唯一应当考虑的是孩子的利益；这些规定不能被解释成排他性赋予子女对个人关系的权利，它同时赋予直系尊血亲以此种权利，否则，实际就等于否定直系尊血亲的一切权利；在祖父母与孙子女之间保持家庭联系属于受到《欧洲人权公约》第 8 条保护的"当事人享有的家庭生活得到尊重的权利"。只有基于重大理由，才可以拒绝给予祖父母以探望权。祖父母或者外祖父母与儿媳和（转下页）

如果符合子女利益,(2013年5月17日第2013-404号法律)尤其是当第三人与孩子及其双亲之一稳定地在一起居住,为该子女提供教育费用和生活费用,或者提供安置费用,并与之形成持续的亲情关系的,家事法官可以确定子女与第三人关系的形式,无论该人是否为亲属。

第371-4条原条文:父母无重大理由不得妨碍子女与其祖父母、外祖父母的个人关系;在诸当事人之间达不成协议的情况下,此种关系的形式,由(1993年1月8日第93-22号法律)家事法官确定。

考虑到极为特殊情形,(1993年1月8日第93-22号法律)家事法官可以同意其他人的通信权或探望权,无论该人是否为亲属。

第371-5条

(1996年12月30日第96-1238号法律)子女不得与其兄弟姐妹分开,但如果不可能这样做,或者子女的利益要求另做安排的,不在此限;必要时,法官对兄弟姐妹之间的关系作出裁判。①

第371-6条

(2016年6月3日第2016-731号法律)子女没有行使亲权的人的陪同离开国境的,应当持有经行使亲权的人签字的准许其离境的批准书。

最高行政法院提出资政意见后颁布的法令具体规定本条的实施条件。

(接上页)女婿之间明显不和睦,仅此事实,不能看成有重大理由。父母离婚之后,母亲没有资格向法院提起诉讼请求孩子的外祖父母对外孙、外孙女的探望权,在发生争议的情况下,应当由外祖父母向有管辖权的法院提出请求。按照第371-4条第2款的规定,给予探望权,对于法官来说,只不过是一种单纯的任意性选择权力,属于其自由裁量权限。

① 这一规定意味着有多名子女的父母离婚,原则上不应将子女分别判给双方,造成子女不仅失去了与父、母一方共同生活的机会,还加上兄弟姐妹的日常分离。

第一节　亲权的行使

第一目　一般原则

（2002年3月4日第2002-305号法律）

第372条

（2002年3月4日第2002-305号法律）父与母（père et mère）共同行使亲权。（2021年8月2日第2021-1017号法律）在第342-11条规定的情况下，亲权共同行使。

但是，子女已经对父母一方确立亲子关系，在其出生后超过1年才对另一方确立亲子关系的，亲权仍然由前者单独行使；父母中后一个与子女的亲子关系是经法院裁判作出宣告的，(2021年8月2日第2021-1017号法律）或者是应共和国检察官的要求在证书上写明父母共同认领子女的，按照本卷第七编第五章规定的条件确立的亲子关系，亦做相同处理。

在父母向（2019年9月18日第2019-964号授权法令）司法法院书记室主任书记员提出共同声明或者由家事法官作出判决的情况下，亲权可以由父母双方共同行使。

第372-1条

（2002年3月4日第2002-305号法律废止）

第372-1条原条文：由家事法官依申请人提交的材料签发一份证书，证明父母在认领非婚生子女时已在一起共同生活。

对证书本身以及对法官拒绝签发此证书，均不得提出上诉。

第 372-1-1 条

（2002 年 3 月 4 日第 2002-305 号法律废止）

第 372-1-1 条原条文：如果父与母就子女利益所要求的有关事项达不成协议，他们原先在类似情形下采取的做法，可以作为适用此种情形的规则。

在以前没有类似做法的情况下，或者在对此种做法的存在及其依据有异议的情况下，父母中最迫切请求的一方可以向家事法官提出请求，由法官在双方当事人之间试行和解后作出裁判。

第 372-2 条

对于善意第三人，(1993 年 1 月 8 日第 93-22 号法律) 双亲中任何一人单独实施的涉及子女人身的亲权性质的日常行为，视为得到另一方的同意。

第 373 条

（2002 年 3 月 4 日第 2002-305 号法律）父或母由于无能力、失踪或者其他任何原因处于不能表达意思的状态时，剥夺 (priver) 其行使亲权。

第 373 条原条文：父与母有下列情形的，丧失行使亲权之权利，或者暂时剥夺其行使亲权：

1. 如果其无能力、失踪、离家远出或其他任何原因，处于不能表达意思之状态；

2. 如果其按照本章第三节确定的规则，已同意将其权利委托他人行使；

3. 如果其因任何一种情形遗弃家庭罪被判刑，只要已达 6 个月未重新开始承担义务；

4. 如果对其已宣告因逾期而丧失权利或撤销权利的判决，不得行使其已经丧失或被撤销的权利。

第 373-1 条

（2022 年 2 月 7 日第 2022-104 号法律）如果父与母（père et mère）有一人已经去世或者被剥夺行使亲权，亲权由另一方行使，但此前经司法判决已剥夺亲权的除外。

第二目　由分离的父母①行使亲权

（2002 年 3 月 4 日第 2002-305 号法律）

第 373-2 条

父母分离，对行使亲权的转移规则不产生影响。

父母每一方均应当与子女维系个人关系，并尊重子女与另一方的关系。

为此目的，作为特殊情况，为了执行家事法官的裁判决定，或者为了执行采用律师副署的、原本存交至公证人处的私署文书形式的协议或得到认可的确定行使亲权方式的协议，由直接利益关系人或者家事法官提出请求，共和国检察官可以要求公共力量给予协助。

父母一方居所的任何变更，只要由此引起变更行使亲权的方式，均应事先及时通知另一方。在双方达不成协议的情况下，由其中最迫切请求的一方向家事法官提出申请，家事法官根据子女利益的要求作出裁判。法官规定父母双方分担子女的交通费用，因此可以调整父母双方各自负担的子女的抚养费与教育费用。

第 373-2-1 条

如果子女的利益有此要求，法官可以将亲权交由双亲中一人行使。

只有出于重大理由，才能拒绝另一方对子女的探望权与留宿权。

---

① 第二目标题中"分离的父母"原文为"les parents séparés"，新条文中的"父母分离"原文为"la séparation des parents"，指"离婚或者分居的父母"。

（2010年7月9日第2010-769号法律第7条）为了使子女与双亲中不行使亲权的一方保持持续的、实际的联系，在有此要求时，家事法官可以安排在专门指定的会见地点行使探望权。

（2010年7月9日第2010-769号法律）在子女的利益有此要求或者直接将子女交给双亲中的另一方对其中一方有危险时，法官可以对探望子女的方式作出安排。为了使之具备各种必要的保障，法官可以规定在其指定的会见空间交接子女，或者在可以信赖的第三人或者有资质的法人的代表的协助下进行交接。

双亲中不行使亲权的一方仍然保留随时关注子女的抚养与教育的权利和义务；凡是涉及子女生活的重大选择，均应通知该方。该方应当遵守其按照第371-2条的规定所负担的义务。

第373-2-2条

一、在父母分离或者父母与子女分开的情况下，子女的抚养费与教育费采取支付生活费的方式分担；根据具体情况，生活费由父、母中一方向另一方支付，或者向受托照管子女的人支付。

给予生活费的方式及担保：

1. 法院判决确定；
2. 由得到法官认可的协议确定；
3. 由依照第229-1条规定的方式两愿离婚或两愿分居的协议确定；
4. 由公证人制作的公署形式的文书确定；
5. 由负担家庭补助性给付的组织依照《社会保障法典》第582-2条的规定赋予其执行力的协议确定；
6. (2022年12月23日第2022-1754号法律)经过调解、和解或参与性程序使双方达成一项协议的，由确认该项协议而制作的和解书或文书确定,该和解书或文书由每一方当事人的律师副署,并由有管辖权的法院书记室加盖执行令印鉴。

尤其可以通过银行转账或者其他任何支付工具进行生活费的支付。

为子女受益,可以全部或者部分采取直接负担支出的费用的形式,或者采用使用权与居住权的形式,支付全部或部分生活费。

二、在确定按照第一项第 1 点至第 6 点所指的一种名义全部或者部分用现金支付生活费的情况下,通过负担家庭补助性给付的组织,依照《社会保险法典》第五卷第八编第二章以及《民事诉讼法典》规定的条件与方式,向作为债权人的父、母一方交付现金:

但是,下列情形,不得采用通过中间人进行支付的方式:

1. 父母双方拒绝通过中间人进行支付的。应当在上述第一项所指的文书上记载这项拒绝表示,以及在按照上述第一项第 1 点所指的一种文书确定生活费的情况下,在程序进行的任何时间均可作出此种拒绝表示。

2. 作为特殊情形,法官作出特别说明理由的裁定,认为当事人一方的状况或者为子女提供的生活费与教育费用的履行方式不适宜通过中间人进行支付的。

在通过负担家庭补助性给付的组织作为中间人进行支付的情况下,应父母一方向该组织送交的请求,停止此种支付方式,但以另一方同意为保留条件。

当父母中一方在导致签发本条第一项所指的一种文书的程序中指出,作为债务人的一方因对作为债权人的一方或子女实施威胁或故意实施暴力而受到控告或有罪判决,或者当事人一方指出,在相同条件下法院在与作为债务人的父母一方有关的判决的理由或主文中提及此种威胁或暴力时,不适用本条第二项第 1 点、第 2 点以及倒数第 1 款的规定。

三、没有采用通过负担家庭补助性给付的组织作为中间人向作为债权人的父母一方支付生活费的方式,或者已经停止采用此种方式的情况下,由父母中至少一方按照《社会保险法典》第582-1条规定的条件向负担家庭补助性给付的组织提出请求,可以采取通过金融中间人进行支付的方式,但以生活费的全部或部分是由本条第一项第1点至第6点所指的一种文书确定用现金支付为条件。

在依据本条第二项第2点的规定排除通过金融机构作为中间人进行生活费的支付时,可以向法官请求恢复此种方式,法官对是否存在新的因素作出评判。

四、在上述第一项第3点至第6点所指的情况下,通过负担家庭补助性给付的组织进行支付的生活费数额,其支付日期以及年度调整方式,均应当遵守最高行政法院提出资政意见后颁布的法令确定的条件;在第一项第2点所指的情况下,亦同,但是,如果得到法院认可的协议中包含有关生活费支付和调整的规定,或者明确排除调整其数额的,不适用本规定。

第373-2-3条

(2021年12月23第2021-1754号法律)如果债务人的财产组成允许,可以向受委托的机构支付一笔钱款,抛弃负担用益权的财产,或者将能够产生收益的财产投入使用,由该机构负责,作为对应给付,按照第373-2-2条第一项第1点至第6点所指的判决、文书或协议规定的方式和担保,向子女支付按指数计算的定期金,用以替代全部或部分生活费的支付。

第373-2-4条

此后如果有必要,可以请求追加给付数额,尤其是以给付生活费的形式追加数额。

第 373-2-5 条

对于不能自食其力、无法满足生活需要的成年子女,负有主要抚养责任的父、母一方,可以请求另一方分担该子女的生活费与教育费用;法官可以决定,或者由父母双方协议约定,将照此分担的费用全部或部分支付①至子女手中。

第三目　家事法官的干预

（2002 年 3 月 4 日第 2002-305 号法律）

第 373-2-6 条

受委任负责家事的(2019 年 9 月 18 日第 2019-964 号授权法令)司法法院法官,在本章规定的范围内,负责处理向其提出的所有问题,特别是关注保护未成年子女利益的问题。

法官可以采取各种措施,确保子女与父母每一方保持联系的持续性与实际性。

法官尤其可以命令,非经父母双方同意,禁止子女离开法国领土。未经父母双方准许不得离开法国领土的这项禁止事项,在共和国检察官的查找人员登记网页上予以记载。

为了确保其决定得到执行,法官可以命令,甚至依职权命令逾期罚款。如果具体情况表明有必要,为了确保由另一法官作出的裁判决定以及第 373-2-2 条第一项第 1 点与第 2 点所指的一种文书中确认的父

---

① 生活费直接支付程序是 1973 年 1 月 2 日法律规定的一种民事执行程序,现归入《民事执行程序法典》第 213-1 条至第 213-6 条,其中第 213-1 条规定:"任何生活费债权人,在第三人对负担生活费的债务人欠有数额确定且已到期的款项时,均可要求该第三人作为生活费债务人的债务人,直接支付生活费的数额。任何生活费债权人,尤其可以在以劳动报酬的名义以及以资金受寄托人的名义应当向对生活费债务人支付款项的任何债务人行使这项权利。"

母双方订立的协议得到执行,法官可以附加规定逾期罚款。在此情况下,适用《民事执行程序法典》第 131-2 条至第 131-4 条的规定。

如果父、母一方故意妨碍或者反复阻挠执行第 373-2-2 条第一项第 1 点至第 5 点所指的某项文书的规定,法官也可以对该方判处民事罚款,罚款数额不得超过 1 万欧元。

第 373-2-7 条

父母双方可以订立协议,就行使亲权的方式作出安排,确定分担子女生活费与教育费用,并请求家事法官认可他们所订的协议。

由法官对订立的协议进行认可,但如果法官认定所订协议未能充分保护子女的利益,或者认定父母双方对该协议并未自由表示同意,不在此限。

第 373-2-8 条

对于行使亲权的方式以及分担子女生活费与教育费用的方式,父母中一方,或者检察院,可以向法官提出诉讼请求;第三人,不论是否亲属,也可以向检察院提出请求,由法院就此事由作出裁判。

第 373-2-9 条

依照前两条的规定,子女的居所可以交替确定在父、母一方的住所,或者仅确定在其中一方的住所。

应父母中一方的请求,或者在父母双方就子女确定居所的方式达不成协议的情况下,法官可以先行命令居所轮换,并确定交替时间。在规定的暂时交替居所的时间终止时,法官最终确定子女在父母各方的住所轮流居住还是仅在其中一人的住所居住。

(2007 年 3 月 5 日第 2007-293 号法律)如果子女的居所固定在父母一方的住所,家事法官对另一方的探望权作出裁判;在基于子女的利益有此必要时,可以(2016 年 3 月 14 日第 2016-297 号法律第 23 条)作出特别说明理由的裁决,规定在法官专门指定的见面场所行使探望权。

(2010年7月9日第2010-769号法律)在子女的利益有此要求,或者直接将子女交给双亲中的另一方,将给其中一方带来危险时,法官可以对探望方式作出安排,以确保具备各种必要的保障。法官可以规定在其指定的会见空间交接子女,或者在可以信赖的第三人或者有资质的法人的代表的协助下进行探望交接。

第373-2-9-1条

家事法官受理涉及行使亲权的方式的申请时,可以决定将家庭住房暂时给予父母中一方使用,相应情况下,对双方就占用住房的补偿金达成的协议予以确认。

法官确定临时使用家庭住房的最长时间为6个月。

在财产属于父母双方共有时,如果在此期间法院受理最迫切请求的一方提出的分割共有财产的清算请求,由任何一方提出申请,可以延长实行前述措施的时间。

第373-2-10条

在父母双方达不成协议的情况下,法官应当努力对当事人进行调解以解决争议。

(2020年7月30日第2020-936号法律)除其中一方提出另一方对其本人或子女实施暴力,或者一方对另一方实行精神控制的情况外,为了便于当事人找到两愿的行使亲权的方式,法官可以向他们提出其建议的调解措施,并且在得到双方当事人的同意之后,指定一名家事调解员进行调解,其中包括就行使亲权的方式作出终局安排。

法官可以命令双方当事人与家事调解员见面,调解员向双方当事人告知实行调解的目的以及如何进行调解,但其中一方对另一方或子女实施暴力,或者一方对另一方实行明显的精神控制的情况除外。

第 373-2-11 条

法官在对行使亲权的方式作出宣告时,尤其应当考虑:

1. 父母双方此前在这方面采取的实际做法和已经订立的协议;

2. 未成年的子女依照第 388-1 条所指的条件表达的感情;

3. 父母双方对确保履行其责任以及尊重另一方的权利的能力;

4. 在主要考虑子女的年龄的基础上可能进行的鉴定的结果;

5. 通过进行第 373-2-12 条所指的社会调查与再调查收集到的各种情况;

6. (2010 年 7 月 9 日第 2010-769 号法律)双亲中一方对另一方的人身实施身体上或精神上的压力或暴力的情况。

第 373-2-12 条

(1987 年 7 月 22 日第 87-570 号法律)在有关确定行使亲权与探望权的方式或者将子女交由第三人照管的任何决定作出之前,法官可以委派任何有资质的人进行社会调查。此种调查的目的是收集有关家庭的(已删去"物质与道德")状况、子女的生活与教育条件(已删去"为其利益有必要采取的措施")等方面的情况材料。

如果父、母中有一方对社会调查的结论持有异议,可以请求法官命令另行调查。

在对离婚原因进行审理时,不得采用社会调查方法。

第 373-2-13 条

对于在得到认可的协议中所作的各项规定,(2016 年 11 月 18 日第 2016-1547 号法律)或者对采用律师副署的、正本存交于公证人处的私署文书订立的两愿离婚协议中所作的各项规定,或者法院作出有关行使亲权的判决,应父母双方或其中一方或者检察院提出的申请,法官可以随时进行变更或补充;第三人,不论是否亲属,也可以向检察院提出请求。

第四目　第三人的参与

（2002年3月4日第2002-305号法律）

第373-3条

（2002年3月4日第2002-305号法律）父母分离，（1987年7月22日第87-570号法律）不妨碍第373-1条所指的行使亲权的移转①，即使仍在行使亲权的父母一方因受到对其宣告的判决的效力被剥夺行使亲权中的某些权利，亦同。

（2002年3月4日第2002-305号法律）作为例外，并且如果子女的利益有此要求，特别是在父母一方被剥夺行使亲权的情况下，法官可以决定将子女托付给第三人照管。该第三人优先从有亲属关系的人当中挑选；法官依照第373-2-8条与第373-2-11条的规定受理请求并作出裁判。

特殊情况下，（1993年1月8日第93-22号法律）家事法官在对（2002年3月4日第2002-305号法律）双亲分离（原规定为"夫妻离婚或分居"）之后行使亲权的方式作出判决时，可以决定，甚至在父母双方生前即作出决定：在父母中行使亲权的一方死亡的情况下，子女不交由生存的一方照管。于此情形，法官可以指定临时受托付照管子女的人。

第373-4条

（1987年7月22日第87-570号法律）在将子女托付第三人照管的情况下，亲权继续由父与母行使；但是，受托付照管子女的人可以完成

---

① 指父母中有一人去世，或者被剥夺行使亲权，由另一方单独行使亲权。

与子女的监督、教育相关的所有日常行为。

（1993 年 1 月 8 日第 93-22 号法律）家事法官在决定将子女暂时托付给第三人照管的同时，可以决定第三人应当提出设立监护的请求。

第 373-5 条

（1987 年 7 月 22 日第 87-570 号法律）如果父母二人都处于不能行使亲权的状态，有必要依照以下第 390 条的规定设立监护。

第 374 条

（2002 年 3 月 4 日第 2002-305 号法律废止）

第 374-1 条

（1993 年 1 月 8 日第 93-22 号法律）法院在对确立（2005 年 7 月 4 日第 2005-759 号授权法令废止"非婚生"）亲子关系的事由作出裁判时，可以决定将子女临时托付给第三人照管。该第三人应负责请求设立监护。

第 374-2 条

在本编所指的各种情况下，即使没有需要管理的财产，亦可设立监护。

于此情形，监护的设立依第十编所确定的规则作出安排。

第二节 教育性救助

第 375 条

如果尚未解除亲权的未成年人的健康、安全或道德品行面临危险，或者如其教育条件（2007 年 3 月 5 日第 2007-293 号法律）或身体、情感、智力成长以及社会交往受到严重影响，应父母共同提出的请求，或者应其中一人提出的请求,(1987年7月22日第87-570号法律)或者应受托付照管儿童的个人或部门,或者监护人、儿童本人或检察院提出的请求,法院可以命令采取教育性救助措施①;(2007年3月5日第2007-293号法律)在检察院得到省议会议长的通知并且认定未成年人的状况属于《社会行动与家庭法典》第226-4条的适用范围时,作为例外情况,法官可以依职权受理案件。

可以对属于同一亲权管领下的数个子女同时命令采取教育性救助措施。

(2016年3月14日第2016-297号法律)有关实行教育性救助措施的决定应当确定措施的具体延续时间;此种措施的实施时间不得超过2年。法院作出说明理由的判决可以延展已经采取的措施。

(2007年3月5日第2007-293号法律)但是,如果按照父母当前的状况评判,在相互关系方面与教育方面长期存在严重困难,将持续影响他们在履行亲权责任方面的能力时,法院可以命令采取由某一机构或部门收留子女的措施,以便相关的儿童能够在其生活的地方保持与父母的关系和亲情的持续性。所选机构的地理距离只要适应儿童当前与将来的需要即可。

每年均应向少年法官提交一份有关子女情况的报告。(2016年3月14日第2016-297号法律)对于不满2周岁的儿童,每6个月提交一份报告。

---

① 教育性救助,是对行使亲权给予的一种特殊帮助,是一种特殊辅助制度;对于尚未解除亲权的未成年人,在其健康、安全或道德品行面临危险,或者其教育条件或身体、情感、智力成长与社会交往受到严重影响的情形下,应父母共同提出的请求,或者应其中一人提出的请求,或者应受托付照管儿童的个人或部门,或者监护人、儿童本人或检察院提出的请求,法官可以命令采取这种措施,实际上包含对所谓"问题少年"的教育。

第 375-1 条

有关教育性救助的一切事由,少年法官均有管辖权,但是,对少年法官作出的判决与裁定,可以向上诉法院提出上诉。

(2022年2月7日第2022-140号法律)少年法官应当始终尽力接纳家庭参与其打算采取的措施,并在严格考虑子女利益的基础上作出宣告。

法官应当在开庭或者听取证词时,与有识别能力的儿童进行一次涉及各方面问题的系统交谈。

在儿童的利益有此要求时,少年法官依职权或者应省议会议长的请求,要求律师公会会长为有识别能力的儿童指定一名律师,以及要求为没有识别能力的儿童指定一名专门管理人。

第 375-2 条

只要有可能,均应让未成年人留在他现在的环境中;在此情况下,法官指定一位有资格的人或者社会上某一观察、教育与再教育部门并对其规定义务,向儿童的家庭提供帮助与建议,以克服家庭在物质上与精神上遇到的困难。受到指定的人或部门负责随时了解儿童的发展状况,并定期向法官提交报告。(2022年2月7日第2022-140号法律)根据具体状况,在有必要时,少年法官可以命令加强或强化这种随护措施,最长期限为1年。

(2007年3月5日第2007-293号法律)在将子女托付给第1款所指的部门时,法官可以批准该部门为子女安排特别的住处或定期的住处,但以该部门获得这方面的专门授权为条件。在该部门获得批准向未成年人提供住处时,应当立即通知未成年人的父母或其法定代理人以及少年法官和省议会议长。涉及此种住处的任何争议由法官处理。

法官也可在确定维持儿童现有环境的同时,规定儿童服从其他特别条件,例如,规定儿童经常去一般的或专门的医疗机构接受检查,或者(2007年3月5日第2007-297号法律)在相应情况下,对其实行寄宿制,或者让其从事一项职业。

第375-3条

（2007年3月5日第2007-293号法律）如果为了保护儿童而有此要求,少年法官可以决定将儿童交给：

1. 父、母中另一人；
2. 家庭的另一成员或值得信任的第三人；
3. 省救助儿童社会部门；
4. 经授权在白天或者按任何方式负担接纳未成年人的部门或机构；
5. 普通的或专门的医疗或教育部门或机构。

除紧急情况外,只有在有权限的部门,在由家庭某一成员或者指定的可信任的人接纳儿童的框架内,结合《社会行动与家庭法典》第223-1-1条为儿童规定的方案,并且在儿童有识别能力的情况下听取其意见,对儿童的教育条件,身体、情感、智力或社会交往方面的发展条件进行评估之后,法官才能决定适用第3点至第5点的规定,将儿童托付他人照管。

但是,在父母已经提出离婚申请或者法院作出离婚判决的情况下,(2007年3月5日第2007-293号法律)或者为了处理子女的居所以及对子女的探望权而提出了申请,或者在父母之间已经作出某项决定的情况下,只有在有关行使亲权的方式或者将子女交由第三人照管的决定作出以后又发现足以对儿童造成危险的新的事实时,才能采取此种措施。采取这些措施不妨碍(1993年1月8日第93-22号法律)家事法官按照(2002年3月4日第2002-305号法律)第373-3条的规定决定将儿童交由何人照管的选择权利。相同规则,适用于父母已分居的情形。

(2017年2月28日第2017-258号法律)共和国检察官可以直接要求动用公共力量执行有关教育性救助方面实行安置的决定。

第375-4条

在第375-3条第1点、(2007年3月5日第2007-293号法律)第2点、第4点与第5点特别规定的情况下,法官可以责成一位有资格的人士或者社会开放环境下负责观察、教育与再教育的机构向(1987年7月22日第87-570号法律)受托付照管儿童的人或部门以及儿童的家庭给以帮助、提出建议,并且随时了解儿童的成长状况。

(2019年12月20日第2019-1479号法律)在第375-3条第3点所指情况下,儿童的利益证明有正当理由时,应检察院提出的书面要求,作为特殊情形,法官可以责成负责青少年司法保护的公共部门为受托付照管儿童的服务部门提供帮助和建议,并进行本条第1款所指的随时跟踪了解情况。

在所有情况下,法官均可对送交儿童规定第375-2条第3款所指情况下的相同方式;法官还可以规定定期向其报告儿童的情况。

第375-4-1条

(2022年2月7日第2022-140号法律)少年法官在依照第375-2条至第375-4条的规定命令采取教育性救助措施时,可以向父母提议实行家事调解,并且在征得他们同意以后,指定一名家事调解人,按照最高行政法院提出资政意见后颁布的法令规定的条件进行调解,但是,父母一方指出另一方对其本人或子女实施暴力,或者其中一方对另一方实行明显的控制的情形除外。

法官在依照本条第1款的规定提议实行家事调解的情况下,告知父母双方可以依照《社会行动与家庭法典》第222-2条至第222-4-2条与第 222-5-3 条的名义享有家事调解利益。

第 375-5 条

法官可以在诉讼过程中命令将儿童交给某一收容中心或观察中心照管，或者采取第 375-3 条与第 375-4 条所指的一项措施。对采取这种临时措施的决定，可以向上诉法院提出上诉。

紧急情况下，未成年人被找到的场所所在地的共和国检察官有相同权力，并且应当在 8 日之内向有管辖权的法官提出要求，由法官作出维持、变更或推迟实行此种措施的决定。（2007 年 3 月 5 日第 2007-293 号法律）如果子女的状况允许，共和国检察官确定父母通信、探望与留宿权的性质，以及行使权利的频率，但以儿童的利益有此要求为限。

（2016 年 3 月 14 日第 2016-297 号法律）当社会儿童救助部门向共和国检察官报告某个儿童已经暂时或者最终得不到家庭的保护时，根据具体情况，共和国检察官或者少年法官可以向司法部提出请求，要求传送每一个省在保护儿童的导向方面的情况。

共和国检察官或者少年法官，根据向其传送的材料，就能够保障对适当的接纳儿童的方式与条件作出评判，并且严格根据儿童的利益作出相应的决定。

（2016 年 6 月 3 日第 2016-731 号法律）只要从严肃的材料来看，可以认为儿童在可能面临危险境地的条件下准备离开法国，而行使亲权的人中至少有一人不肯采取保护措施时，如情况紧急，该未成年人居住地的共和国检察官可以作出说明理由的决定，禁止该儿童离开法国国土；共和国检察官在 8 日之内向有管辖权的法官提出请求，由法官按照第 375-7 条最后一款规定的条件继续维持已经采取的措施或者取消此种措施。共和国检察官的决定应当明确确定禁止儿童离境措施的持续时间。这项禁止措施延续的时间不得超过 2 个月。禁止离境的决定，应在追查人员的名单上进行登记。

第 375-6 条

就有关教育性救助措施作出裁判的法官，可以依职权，或者应父母共同提出的请求，或者应其中一人提出的请求，(1987 年 7 月 22 日第 87-570 号法律) 或者应受托付照管儿童的个人或部门，或者监护人、儿童本人或检察院提出的请求，随时变更或取消其决定。

第 375-7 条

(2022 年 2 月 7 日第 2022-140 号法律) 受到教育性救助措施帮助的儿童的父母，继续行使与此种措施不相抵触的全部亲权权能。在执行教育性救助措施期间，非经少年法官允许，父母不得解除对子女的亲权。

不影响适用第 373-4 条以及有关准许第三人完成不经亲权权利人同意即可完成某些非日常行为的规定，如果亲权权利人滥行拒绝、无理拒绝或者怠于行使亲权，或者因其对子女人身实施重罪或轻罪受到追诉或有罪判决，即使判决尚未终局确定，在儿童的利益有此要求的所有情况下，少年法官均可特别批准受托付照管儿童的人、部门或机构，实施属于亲权范畴的确定的行为，但申请人应当提出证据证明有必要采取此种措施。

就寻找接待儿童的地点而言，应当本着儿童的利益，并且方便父母一方或双方行使探望权和留宿权，方便儿童按照第 371-5 条的规定与其兄弟姐妹保持联系。

如果有必要将儿童托付给某一个人或机构照管，儿童的父母仍然保留与儿童的通信权、探望权和留宿权。行使此种权利的方式由法官确定。如果儿童的利益有此要求，法官可以决定父母二人或者其中一人暂时停止行使此种权利。法官(2016年6月3日第2016-731号法律第50条)也可以作出特别说明理由的决定,强制规定在已经将儿童托付某一部门或机构照管时,只有该部门或机构指定的第三人在场,父母二人或者其中一人才能行使上述权利。对于在第375-3条第2点规定的情况下已经托付他人照管的儿童,少年法官如果命令只有第三人在场时父母或其中一人才能行使探望权,可以责成帮助儿童的社会部门或负责实施第375-2条所指措施的部门陪伴行使亲权。(2016年6月3日第2016-731号法律第50条)需要有第三人在场安排探望子女的方式,由最高行政法院提出咨政意见后颁布的法令作出具体规定。

如果子女的状况允许,由法官确定父母探望权与留宿权的性质以及行使权利的频率,并且可以决定亲权权利人和受托付照管儿童的人、机构或部门之间共同行使亲权的条件。在达不成协议的情况下,由法官处理。

法官可以根据儿童的利益决定接待儿童的方式。如果儿童的利益有此要求,或者在其面临危险状况时,法官可以决定不告知接待儿童的地点。

(2010年7月9日第2010-769号法律第3条)在适用(2016年6月3日第2016-731号法律第50条)《民事诉讼法典》第1183条以及本法典第375-2条、第375-3条或者第375-5条规定的情况下,法官也可以命令禁止儿童离开法国领土。法官的决定应当明确规定这一禁止事项持续的时间不得超过2年。禁止离开法国领土的规定,由共和国检察官在被查找的人员登记簿上进行登记。

第375-8条

受到教育性救助措施帮助的儿童的生活费与教育费用,继续由父母负担,以及由该儿童可以向其请求抚养费的直系尊血亲负担,但法官有权免除这些人负担此种费用的全部或其中之部分。

第 375-9 条

（2002 年 3 月 4 日第 2002-305 号法律）在听取治疗机构之外的医生按照具体情况提出的意见之后，可以命令依照第 375-3 条第 5 点的规定将未成年人托付给接受因精神障碍而住院治疗之人的机构，但期限不得超过 15 日。

按照接收病人的机构的精神病医生提出的治疗意见，前述措施可以延展 1 个月，并且可以再次延展。

第二节（二） 家庭经费管理的司法协助措施

（2007 年 3 月 5 日第 2007-293 号法律第 20-2 条）

第 375-9-1 条

（2022 年 2 月 7 日第 2022-140 号法律）在家庭给付①或者《社会行动与家庭法典》第 262-9 条所指的给予孤身人员主动互济收入（le revenu de solidarité active）没有用于与子女的住房、生活费、医疗和教育方面相关的需要，以及该条规定的家庭补助性给付看来并不足够时，少年法官可以命令将这种给付全部或其中一部分支付给被称为家庭补贴给付受委托人的自然人或法人。

受委托人可以作出任何决定，尽力接纳家庭给付或第 1 款所指的补贴的受益人参与其中，以便尽力满足子女生活费开支以及医疗和教育费用的需要。受委托人可以对家庭成员进行教育，帮助他们恢复对

---

① "prestation familiale"，指"家庭补助金"或"补贴"，属于《社会保险法典》和《社会行动与家庭法典》规定的给予相关家庭的补贴，例如，给予多子女家庭的各种补贴。

所得的补助费用进行自行管理。

有资格向法官提出要求命令采取此种救助措施的人的名单,由法令确定。

法官在其决定中确定采取此种措施的期间,该期间不得超过2年,但可以经说明理由的决定,予以延长。

第375-9-2条

(2007年3月5日第2007-293号法律)市长或者其在家庭权利与义务委员会内的代表,可以与负担家庭补贴性质的给付的组织机构共同向少年法官提出请求,依照第375-9-1条的规定,向法官报告某个家庭所遇到的困难。市长在按照《社会行动与家庭法典》第121-6-2条的规定任命一名协调人时,经该专业人员隶属的机关同意,向少年法官说明此事项。少年法官可以指定协调人行使"家庭补贴给付受托管理人"的职责。

由协调人行使家庭补贴给付受托管理人的职责时,应当遵守《社会行动与家庭法典》第474-3条、第474-5条第1款与第2款以及《民法典》第375-9-1条提出的各项规则。

第三节　委托行使亲权[①]

第376条

若非在下列情况下依据判决而为,亲权的任何抛弃、转让,均不发

[①] 原文称为"la délégation de l'autorité parentale",依照第377条的规定,委托行使亲权是指,经法院裁判,将亲权全部或一部委托并转移给"值得信赖的人(第三人)"行使,例如,家庭成员、值得信任的近亲属或者得到认可的、有资质接纳儿童的机构或省救助儿童社会部门。委托他人行使对未成年人的亲权,也译为"亲权的转移"。

生效力。

第 376-1 条

（1993 年 1 月 8 日第 93-22 号法律）家事法官，在受请求（1987 年 7 月 22 日第 87-570 号法律）对行使亲权的方式或者对未成年子女的教育问题进行审理、作出裁判时，或者在决定将儿童交由第三人照管时，可以考虑父母之间就此问题已经自由达成的协议，但是，如果其中一方能够证明有重大理由，从而允许其撤回原已表示的同意，不在此限。

第 377 条

（2002 年 3 月 4 日第 2002-305 号法律）在具体情况有此要求时，父母可以共同或者分别向法官提出请求，将亲权全部或部分委托给第三人行使，例如，家庭成员、值得信任的近亲属或者得到认可的、有资质接纳儿童的机构或省救助儿童社会部门。

如果父母明显对儿童漠不关心、不闻不问，或者不可能行使全部或部分亲权，(2019 年 12 月 28 日第 2019-1480 号法律）或者父母一方对另一方实施重罪导致后者死亡因而受到追诉或者被判刑，已经接纳儿童的个人、机构或省救助儿童社会部门，（2010 年 7 月 9 日第 2010-769 号法律）或者家庭的某个成员，也可以向法官提出申请，请求接受委托、行使全部或部分亲权。

（2016 年 3 月 14 日第 2016-297 号法律）后一种情况下，经愿意接受委托、行使全部或部分亲权的候选人的同意，检察院可以向法官提出请求，由法官就此项委托作出裁判；相应情况下，检察院经少年法官移送案卷或者发出通知得到情况告知。

在本条所指的各种情况下，父母双方均应受传唤参加诉讼。如果对有关的儿童已经采取教育性救助措施，只有经少年法官提出意见之后，才能委托行使亲权。

第 377-1 条

（2002年3月4日第2002-305号法律）全部或部分亲权的委托行使，由家事法官作出判决。

但是，委托行使亲权的判决可以规定，为了儿童的教育需要，由父与母或者由其中一人与接受委托的第三人一起分担行使亲权。只要父母原本行使亲权，分担行使亲权必须得到父母的一致同意。第377-2条的推定，适用于亲权委托人或受委托人完成的行为。

由父母分担行使亲权可能引起的困难，法官可以受理；父母中任何一方，受委托行使亲权的人或者检察院，均可向法官提出请求；法官依照第373-2-11条的规定对此种困难作出审理裁判。

第 377-2 条

如经证明出现了新的情况，任何情况下均可作出新的判决，委托行使亲权得依新的判决终止或转移。

在同意将儿童交由父与母领回的情况下，如果父与母生活并不困难，（1993年1月8日第93-22号法律）家事法官可以规定由他们偿还儿童此前的全部或部分生活费用。

（第3款由2002年3月4日第2002-305号法律废止："在要求送还儿童的请求被驳回时，仅在驳回请求的判决不可撤销之后至少满1年，才能再行提出送还儿童的请求。"）

第 377-3 条

送养未成年人的同意权，在任何时候均不得委托他人行使。

第四节　全部或部分剥夺亲权①

（1996年7月5日第96-604号法律）

第378条

（1996年7月5日第96-604号法律）父母作为对其子女人身实施的重罪或轻罪的正犯、共同正犯或共犯被判刑，或者作为由其子女本人实施的重罪或轻罪的共同正犯或共犯被判刑的，得依刑事判决的规定，（1996年7月5日第96-604号法律）全部剥夺亲权。②

（1996年7月5日第96-604号法律）父母以外的其他直系尊血亲，就属于他们可以对直系卑血亲行使的亲权之部分，适用前项剥夺亲权的规定。

第378-1条

（1996年7月5日第96-604号法律）父母因虐待子女，或者因经常酗酒、使用毒品、行为明显不轨或者犯罪行为，或者对子女不加照管或引导，显然危害子女的安全、健康与道德品行时，可以在没有任何刑事有罪判决的情况下，被全部剥夺亲权；（2019年9月18日第2019-964号授权法令）特别是在儿童亲眼见证父母一方对另一方实施身体上或

---

① 这里的"剥夺"一词原文为"retrait"，本义为"取消""撤回""收回"；第345-1条中使用的是"retirer"一词，虽然不是同源词，但意义相近。

② 欧洲人权法院2008年10月14日裁决认为：如果在当事人受到刑事有罪判决的情况下自动宣告剥夺亲权，既没有对犯罪的性质进行监督，也没有对儿童的利益作出评价，这种处理不符合《欧洲人权公约》第8条的规定。剥夺亲权，性质上不是一种从刑（所谓从刑，是由有罪判决必然引起的刑罚处分），不是一种制裁，而是一种完全属于民事性质的对儿童的保护措施。在第373条修改之前，遗弃家庭罪本身并不是一种针对子女的人身实施的犯罪，只能适用原第373条第3点的规定，而不能适用第378条关于剥夺亲权的规定。

精神上的暴力或压力,或者因对子女缺乏关照和引导,明显危害儿童的安全、健康和道德的情况下,被全部剥夺亲权。

在对子女采取教育性救助措施后,父母在超过 2 年的时间内故意放弃行使和履行第 375-7 条所指的权利与义务,同样可以(1996 年 7 月 5 日第 96-604 号法律)被全部剥夺亲权。

(1996 年 7 月 5 日第 96-604 号法律)有关全部剥夺亲权的诉讼,由检察院或家庭一名成员或者儿童的监护人、(2019 年 9 月 18 日第 2019-964 号授权法令)受托付照管儿童的省救助儿童社会部门向司法法院(原规定为"向大审法院")提起。

第 379 条

(1996 年 7 月 5 日第 96-604 号法律)依据第 378 条与第 378-1 条的规定宣告全部剥夺或取消亲权,对于与亲权相关的所有权能,包括人身权利及财产权利,均当然产生效力。在没有其他明确规定时,全部取消亲权的效力扩张至判决作出时已出生的所有未成年子女,(父母被)全部剥夺或取消亲权,对于子女而言,引起他们可以不适用第 205 条至第 207 条的规定,从而免除负担赡养义务,但是,如果全部取消亲权的判决另有规定,不在此限。

第 379-1 条

(2019 年 12 月 28 日第 2019-1480 号法律)法院也可以判决不全部取消亲权,仅限于就特别列举的权能取消部分亲权,或者仅限于取消行使亲权。判决还可以决定全部或者部分取消亲权仅对已经出生的子女中的某些子女产生效力。

第 380 条

(2019 年 12 月 28 日第 2019-1480 号法律)受理案件的法院在宣告父、母被全部或者部分剥夺或取消亲权或对子女的照管权时,如果其中另一方已去世或者已丧失行使亲权的权利,可以(1987年7月22日第87-570号法律)将儿童交由法院指定的第三人临时照管,并由该第三人负责请求设立监护,或者决定将儿童交给省救助儿童社会部门。

因法院作出的宣告儿童的父母中一人被全部剥夺或取消亲权或者取消行使亲权的判决所产生的效力,亲权由父、母中另一方行使时,受理案件的法院也可以采取前款所指的相同措施。

第380-1条

(2022年2月7日第2022-140号法律)受诉法院在宣告全部取消亲权时,可以对子女改变姓氏作出宣告,但是,如果子女年龄已满13周岁,应当征得其本人同意。

第381条

父与母因第378条与第378-1条所指的一种原因被宣告(1996年7月5日第96-604号法律)全部剥夺或取消亲权时,或者被宣告取消某些权利(原规定为"对子女的照管权")时,可以提出申请,证明已发生新的情况,向法院请求恢复其被剥夺的全部或部分权利。

只有在宣告(1996年7月5日第96-604号法律)全部或部分剥夺或取消亲权的判决成为不可撤销的判决之后至少经过1年,才能提出恢复亲权的申请;如果提出的申请被驳回,只有再经过1年,才得再提出此项申请。如果在提交申请之前,已经为准备送养子女进行安置,任何(恢复亲权的)请求均不予受理。

如果法院同意(申请人)恢复亲权,相应情况下,检察机关可以要求采取教育性救助措施。

第五节　父母遗弃子女的司法宣告①

(2016年3月14日第2016-297号法律第40条)

第381-1条

在提出诉状之前的1年时间里,不论出于何种原因,儿童的父母,与该儿童不维系其教育与成长所必要的联系,该儿童视为被遗弃。

第381-2条

在向法院请求宣告儿童遭父母遗弃的诉状提出之前1年时间里,个人、机构或者省救助儿童社会部门收留的儿童处于第381-1条所指状况的,司法法院宣告该儿童遭到遗弃。

在向儿童的父母提议适当的支持措施之后,第381-1条规定的1年期间经过时,收容儿童的个人、机构或者省救助儿童社会部门必须转交请求法院宣告儿童遭遗弃的申请。检察院也可以依职权或者根据少年法官的建议提出此项申请。

单纯的撤回对送养儿童表示的同意,打听儿童的消息,或者表示了某种意图,但并不将孩子接回的,不能构成(父母)已采取充分的行动,从而可据以当然驳回宣告儿童遭遗弃之申请,也不能中断本条第1款规定的期间。

如果在本条第1款规定的期间内儿童的家庭有一名成员提出由其确保负担儿童生活的请求,并且可以认定这项请求符合儿童的利益时,

---

① 原文为"délaissement parental",与"abandon d'enfant"同义,在法国民法中,指父母在1年期间与子女没有任何联系的情形。刑法上的遗弃罪(délaissment),不仅仅是指遗弃儿童(子女),也指遗弃由于年龄、身体或者精神状态而无力保护自己的人,视具体情节,构成重罪或者轻罪。

不宣告遗弃儿童(遗弃子女)。

可以对父母二人或者仅对其中一人宣告遗弃子女。

法院宣告儿童遭遗弃的同一判决将对该儿童的亲权转移给收容儿童的个人、机构或者省救助儿童社会部门。

只有在存在舞弊、欺诈行为或者搞错了儿童身份的情况下,第三人对宣告儿童遭遗弃的判决提出的撤销之诉(第三人异议)始能得到受理。

第二章 与子女的财产相关的亲权

(2015年10月15日第2015-1288号授权法令)

第一节 法定管理

(2015年10月15日第2015-1288号授权法令)

译者简述:法定管理(administration légale),总体而言,是一种保护无(行为)能力人(未成年人或者受保护的成年人,乃至推定失踪人)的制度,由有关法定管理人代理无行为能力人并且管理该人财产的全部规则组成。但本章是对子女财产的"法定管理",是"与子女的财产相关的亲权"权能。

法国《民法典》有关法定管理的规则原来规定在第十编"未成年、监护与解除亲权"第一章"未成年"中。法定管理分为无条件的法定管理和受司法监督的法定管理:如果是由父母共同行使亲权,父母为法定管理人(administrateurs légaux);其他情况下,法定管理权属于父母中行使亲权的一方。由父母共同行使亲权时,法定管理无任何条件。受司法监督的法定管理的基本特征是,法定管理人必须得到监护法官的批准,才能实施监护人需经批准才能实施的行为;如果父母中一人去世或者被剥夺行使亲权,以及由父母中一人单方行使亲权的情况下,法定管理受监护法官的监督。

现行第388-1-1条特别规定:"法定管理人在所有的民事生活行为中代理未成年人,但法律与习惯准许未成年人自己实施行为的情况除外。"法律赋予行使亲权的父母或其中一人对子女的人身权益与财产权益的全部权限,尤其是对子女财产的管理权限。依照这一条文的规定,"法定管理"也可以理解为广义上的监护。

第382条

法定管理(权)属于父母。如果父母二人共同行使亲权,每一个人都是法定管理人;其他情况下,法定管理权属于行使亲权的父或母一人。

第382-1条

在由父母共同实行法定管理的情况下,对于第三人,父母中每一个人均被视为从另一方得到单独实施与子女的财产有关的所有管理行为。

视为管理行为的名单,依照第496条所定的条件具体规定。

第383条

唯一的法定管理人的利益,或者相应情况下,两法定管理人的利益,与未成年人的利益发生冲突的,由法定管理人请求监护法官指定一名专门管理人;在法定管理人没有主动提出请求的情况下,法官可以应检察院、未成年人本人的请求或者依职权指定专门管理人。

在两法定管理人中一人的利益与未成年人的利益发生冲突时,监护法官可以批准另一法定管理人就一项或数项确定的行为代理子女。

第384条

赠与或者遗赠给未成年人的财产,规定由第三人进行管理的,不适用法定管理(制度)。

作为管理人的第三人享有由赠与(合同)、遗嘱赋予他的各项权限;没有作出规定的,第三人享有法定管理人的权限。

作为管理人的第三人拒绝接受这项职责,或者处于第 395 条与第 396 条所指的状况时,监护法官指定一名专门管理人替代之。

第 385 条

法定管理人有义务唯一按照未成年人的利益,对管理未成年人的财产给以谨慎、勤勉和深思熟虑的关注。

第 386 条

法定管理人对其在管理未成年人的财产中发生的任何过错引起的损害承担责任。

如果是父母双方共同实行法定管理,承担连带责任。

对于监护法官与司法法院司法书记室主任书记员按照第 412 条规定的条件履行法定管理方面的职责时可能造成的损害,由国家承担责任。

有关责任的诉讼时效期间为 5 年,自利益关系人成年或者解除亲权之日起计算。

第二节 法定的使用、收益权[①]

第 386-1 条

法定的使用、收益(权)与法定管理相关联;法定的使用、收益权共同属于父母,或者属于父母中负责管理未成年人财产的一方。

[①] 原文为"jouissance légale",属于特定类型的用益权,与第 601 条及其他条文中使用的法定的用益权(usufruit légale)在表述上有所不同,但含义相同。

第 386-2 条

法定的使用、收益（权）因下列事由停止：

1. 在子女已满 13 周岁时，或者当其结婚时；
2. 由于终止亲权之原因，或者由于终止法定管理之原因；
3. 由于引起任何用益权消灭的原因。

第 386-3 条

法定的使用、收益（权）的负担是：

1. 用益权人应负的负担；
2. 根据财产的多寡，子女的食宿、抚养与教育费用；
3. 子女受领的遗产上负担的、应当用遗产的收入负担清偿的债务。

第 386-4 条

法定的使用、收益（权）不扩张至：

1. 子女通过自己的劳动取得的财产；
2. 按照父母不得使用、收益之明确条件赠与或遗赠给子女的财产；
3. 子女作为受害人以其受到的非财产性损失的赔偿金的名义受领的财产。

第三节　监护法官的干预

第 387 条

在法定管理人之间达不成一致意见的情况下，为了请求批准实施某项行为，可向监护法官提出请求。

第 387-1 条

只要未经监护法官批准，法定管理人不得：

1. 通过自愿协商途径出卖属于未成年人的不动产或营业资产；

2. 用属于未成年人的不动产或营业资产作为向公司的出资。

3. 以未成年人的名义缔结借贷。

4. 代替未成年人抛弃某项权利,以未成年人的名义实行和解或者达成妥协。

5. 无条件承认应当由未成年人接受的遗产继承。

6. 购买或承租未成年人的财产。就缔结购买合同或承租合同而言,视为法定管理人与未成年人的利益发生冲突。

7. 为了担保第三人的债务,以未成年人的名义无偿设立担保。

8. 实施与未成年人的有价证券或《货币与金融法典》第211-1条意义上的金融工具有关的变现行为,如果此种行为牵涉未成年人现有的或将来的财产,由于其内容发生重大改变、本金价值发生明显贬值或者未成年人的特别权益受到持续的损害,因而引起动用未成年人的概括财产承担义务。

监护法官的批准书确定行为的实施条件,如果有必要,确定拟实施的行为涉及的财产的价位和起拍价。

译者简述:法国商法所说的"fonds de commerce"(营业资产)是一个特定概念,一般指"从事商业活动的店铺",但"店铺"是一个与传统零售商业联系在一起的概念,含义比较狭窄,现代商法意义上的营业资产涵盖面要广泛得多:小商店、大商场、餐馆、酒吧、咖啡馆、烟草店、报刊亭、理发店、美容店、药店、音乐厅、放映厅、游戏厅、加油站、汽车修理铺、旅行社、婚姻介绍所,乃至大型工厂,等等,都可以是营业资产(网店也有可能)。不过,受传统观念影响,营业资产主要涉及的仍然是"直接向顾客销售商品、提供服务的营业机构"。法国《商法典》没有关于营业资产的定义(不能与会计法上的营业资产的概念相混淆)。法院判例与学理认为:营业资产是"商人用于从事经营活动的全部动产",由有形动产和无形动产两部分组成,前者包括:待出售的商品,从事经营活动所需的设备、器材,诸如货架、货柜等;后者主要是指顾客群体(clientèle)、经营场地的租约权、商业名称、招牌,还可能包括商标品牌、专利权或专有技术,以及从事特定职业的资质证书、营业执照或许可证等。

显然，并非任何营业资产都必须具备以上全部要素。不同行业、不同机构，从事不同的活动，营业资产的构成有很大差别：酒吧不同于加油站，剧场、音乐厅也有别于麦当劳和肯德基。即使是同一种财产要素，在不同的营业资产中的地位也不尽相同：有些营业资产的价值主要体现为商标品牌，例如，路易威登品牌门店；街边水果铺通常不包括商标权等无形权利。随着经营活动的持续，营业资产的组成要素也会发生变化：有的被卖出，有的新买进，有的已消失。营业资产是"一个内容可变的容器"。

法国法律总体上将不动产排除在商法的调整范围之外，营业资产的全部构成要素仅包括动产。人们习惯上将用于从事经营活动的建筑物或场地称为"四壁"（经营场所或场地）。商人一般只是"四壁"的承租人而不是所有权人，即使是在自家房产内从事经营活动，"四壁"与营业资产也是分开的两项财产。"四壁"的租赁适用特别制度：商业承租人享有的延展租约的权利，而这种租约权（droit au bail）则构成营业资产的重要组成部分。

一切营业资产都必须有一项最根本要素，那就是"顾客群体"，它指的是凭借营业资产的地理位置、产品、服务、品种和质量，通过竞争逐步形成的潜在的消费者人群。顾客群体越大，营业资产的价值就越高。顾客群体虽然很难量化，但可以从营业额上反映出来，因此，它应当具有"现实性"和"肯定性"。商誉好的店铺往往拥有稳定的顾客群体。在自由竞争的商品经济环境里，顾客群体流动性很大，是商人追求的目标，甚至可以说，营业资产的其他要素都是为了吸引顾客群体。顾客群体是一条纽带，将原本独立的不同要素结合起来，形成法律意义上的营业资产。顾客群体是营业资产存在的前提条件：没有顾客群体，便没有营业资产；丧失顾客群体，营业资产就会消亡。谁占有顾客群体，谁就是营业资产的实际占有人。法学家里佩尔（Ripert）说："顾客群体即是营业资产本身。"

第 387-2 条

法定管理人即使得到批准，仍然不得：

1. 无偿转让未成年人的财产或权利；
2. 从第三人那里取得对未成年人的某项权利或债权；
3. 以未成年人的名义经商或从事自由职业；
4. 将未成年人的财产或权利转入交付托管的整体财产之内。

第 387-3 条

法官在对第 387-1 条所指的行为实行监督时,如果从未成年人的概括财产的组成或价值、未成年人本人的年龄或其家庭的状况来看,认为拟实施的行为对于保护未成年人的利益实属必不可少,可以决定某项行为或者一系列行为在实施之前需得到其批准。

为此目的,未成年人的父母,或者其中一人,或者检察院,或者知道存在从根本上明显危及未成年人财产利益的行为或疏漏,或者知道足以给未成年人的财产利益带来重大损失之情形的任何第三人,均可向法官提出请求。

但是,第三人向法官告知上述情形的,并非法定管理人管理未成年人财产的担保人。

第 387-4 条

法官在依据第 387-1 条与第 387-3 条的规定实行监督时,可以要求法定管理人向其报送一份每年及时更新的未成年人全部财产的年度盘存账目。

财产盘存账目的副本应交给年满 13 周岁的未成年人。

第 387-5 条

在进行前条所指的监督时,法官可以要求法定管理人向司法法院(2016 年 11 月 18 日第 2016-1547 号法律)司法书记室主任书记员提交年度管理账目,并应附有证明材料,以供审核。

在要求提交账目的情况下,法定管理人在任务结束时,应当向司法书记室主任书记员提交自制定最后的年度管理账目以来所进行的全部活动的最终账目。

司法书记室主任书记员在按照《民事诉讼法典》确定的条件对账目进行审核时,可以由他人协助;书记室主任可以向以未成年人的名义开立账户的机构要求提供一份年度对账单,对此项要求,不得以保守职业秘密或银行秘密相对抗。

司法书记室主任书记员如果拒绝批准账目,应当制作一份关于遇到的困难的报告,并将报告提交法官。法官就账目的真实性作出裁判。

如果未成年人的总体财产的数额与组成证明有此必要,法官可以决定审核与批准账目的任务由未成年人负担费用。费用数额按照技术人员确定的方式计算。

对于已经年满 16 周岁的未成年人,应向其提交管理账目的副本。

制作账目、追讨账目或者进行清偿的诉讼,时效期间为 5 年,自当事人成年起计算。

第 387-6 条

法定管理人有义务回答监护法官与共和国检察官的传唤,并向他们报送要求提供的任何情况、信息。

法官得对法定管理人宣告指令,如果法定管理人不予回答,法官得对其判处《民事诉讼法典》规定的民事罚款。

第十编　未成年、监护与解除亲权

（2015年10月15日第2015-1288号授权法令第4条）

第一章　未成年

（2007年3月5日第2007-293号法律）

第388条

（1974年7月5日第74-631号法律）年龄未满18周岁的男或女是未成年人。

（2016年3月14日第2016-297号法律）在没有有效的身份文件的情况下，以及主张的年龄看来不真实的情况下，只有根据司法机关的决定，并且在听取当事人的意见之后，才能为确定年龄进行骨骼放射线检查。

检查结论应当具体说明大概年龄的误差范围，不能仅凭此结论确定当事人是未成年人。存疑时，有利于当事人。

在对当事人未成年存有疑问的情况下，可以进行第一性征与第二性征的发育情况检查，据以评判其年龄。

第388-1条

（1993年1月8日第93-22号法律）在涉及未成年人的任何诉讼程序中，凡是有辨别能力的未成年人，均可由法官，或者（2007年3月5日第2007-293号法律第9条）在未成年人的利益有此要求时，由法官为此指定的人听取其意见，但不影响有关未成年人参加诉讼或者提起诉讼应当得到同意的规定。

（2007年3月5日第2007-293号法律第9条）未成年人提出请求的，当然应听取其意见；未成年人拒绝听取其意见时，由法官评判此种拒绝是否有正当理由。在听取未成年人的意见时，未成年人可以单独一人到场，或者由律师或其挑选的人陪同。如果未成年人所作的挑选不符合其本人的利益，法官得为其另行指定他人。

在诉讼程序中听取未成年人的意见，并不因此赋予未成年人以诉讼当事人的资格。

（2007年3月5日第2007-293号法律第9条）法官应确保已经告知未成年人有权要求听取其意见以及有权得到律师的协助。

第388-1-1条

（2015年10月15日第2015-1288号授权法令）法定管理人在所有的民事生活行为中代理未成年人，但法律与习惯准许未成年人自己实施行为的情况除外。

第388-1-2条

（2015年10月15日第2015-1288号授权法令）年满16周岁的未成年人经其法定管理人批准，可以单独完成为了设立与管理有限责任个体企业或一人公司所必要的管理行为；但处分行为仍然只能由其法定管理人完成。

第1款所指的批准可以采用私署文书或者公证文书的形式，并且应当包括对未成年人可以完成的各项管理行为的逐项列举。

第388-2条

（1993年1月8日第93-22号法律）如果在诉讼中发生未成年人的利益与其法定代理人的利益相冲突的情形，监护法官按照第389-3条规定的条件，或者在没有监护法官时，受理诉讼的法官得为未成年人指定一名专门管理人代理该未成年人。

在实行教育性救助程序的范围内,依据本条第1款的规定指定的专门管理人应当独立于受托付照管未成年人的法人或自然人。

第388-3条

(2015年10月15日第2015-1288号授权法令第5条废止)

第388-3条原条文:监护法官与共和国检察官对其辖区内的法定管理与监护实行一般监督。法定管理人、监护人以及其他负责监护事务的组织,均有义务服从法官与共和国检察官的传召,并向其报送要求提供的任何情况。

对于不回应传召的人,法官得对其宣告指令以及判处《民事诉讼法典》规定的罚款。

第389条

(空缺)①

第二章 监 护

(2007年3月5日第2007-308号法律)

译者简述:在古罗马《十二铜表法》中,监护制度的目的在于保护家族的利益,以监

---

① 法国《民法典》有关法定管理(adminstration légale)的规定多次修改。例如本书附目四第389条至第392条的规定,后来将其与"监护"共同组成"未成年"一章(原第389条至原第389-7条),分为"无条件的法定管理"(原第389-1条)和"受司法监督的法定管理"(原第389-2条)。法定管理是行使亲权的父母二人或其中一人对子女人身权益与财产权益的管理权,似可理解为广义上的监护。现在将"法定管理"归入"与子女的财产相关的亲权",不涉及"与子女人身相关的亲权"。

督被监护人,防止有挥霍浪费恶习的人或精神病人因缺乏自制能力和判断能力而导致倾家荡产。现今各国的监护制度通常指对无民事行为能力人和限制民事行为能力人的人身、财产及其他合法民事权益进行监督和保护的法律制度。

法国民法中,关于未成年子女,亲权与监护并存。亲权分为有关子女人身的亲权和有关子女财产的亲权。父母生存时,共同行使亲权;亲权的任何抛弃、让与、均不发生效力;父母分离对行使亲权的转移规则不产生影响,法官可以将亲权交由父母中一人行使;父或母因对子女人身实行重罪或轻罪被判刑或者有危害子女安全、健康与道德品质的恶劣行为的,法官可以应请求委托第三人行使亲权。对于未成年人的财产,父母共同或者其中一人享有法定的使用、收益权,这种权利与对未成年人的财产实行法定管理联系在一起。行使亲权,被认为是一种监护类型。

与前面第九编规定的亲权不同,本编,尤其是本章规定的"监护"(la tutelle),实际指狭义上的监护:为(未成年人的)父母二人均已去世或均被剥夺行使亲权,或者亲子关系尚未依法得到确立的儿童,设立监护(第390条);第391条规定,在实行法定管理的情况下,监护法官可以随时并因重大原因,或者依职权,或者应血亲或姻亲提出的请求,或者应检察院的要求,除紧急情形外,在听取法定管理人的意见或者传唤法定管理人之后,设立监护。狭义的监护与法定管理有所不同。

"设立监护"(la tutelle s'ouvre,也译为"实行监护"),不仅仅属于家庭的私益范畴,作为对儿童的应有保护,是一种公共负担,它是家庭与公共机构的一项共同的应尽职责。法国的监护机关是指监护人、监护监督人、亲属会议,但是监护法官起着重要的作用。

第一节 监护的设立与终止

(2015年10月15日第2015-1288号授权法令)

第390条

父母二人均已去世,或者均(2002年3月4日第2002-305号法律)被剥夺亲权时,设立监护。

对于(2009年1月16日第2009-1288号法律)亲子关系未依法得到确立的儿童(原规定为"无父无母的儿童"),亦设立监护。

有关调整救助儿童社会部门之特别法的规定,应当得到遵守。

第 391 条

(2015年10月15日第2015-1288号授权法令)在实行法定管理的情况下,监护法官可以随时并因重大原因,或者依职权,或者应血亲或姻亲提出的请求,或者应检察院的要求,除紧急情形外,在听取法定管理人的意见或者传唤法定管理人之后,设立监护。法定管理人,自提出设立监护的请求之日起,直至法院作出终局判决,不得实施任何处分行为,紧急情况除外。

如果已经设立监护,由监护法官召集亲属会议。亲属会议可以任命监护人作为法定管理人,或者另行指定监护人。

第 392 条

如果在设立监护之后(2005年7月4日第2005-759号授权法令废止"非婚生")子女得到生父母之一的认领,应该人提出的请求,监护法官可以用(2015年10月15日第2015-1288号授权法令废止"第389-2条所指的")法定管理形式①替代监护。

第 393 条

(2007年3月5日第2007-308号法律)未成年人解除亲权或者成年之时,监护终止,但不影响适用第392条的规定。在解除监护的判决产生既判事由之确定力的情况下,或者因当事人死亡,监护亦终止。

---

① 原第389-2条规定的法定管理是指"(由监护法官实行的)受司法监督的法定管理"。

第二节 监护的组织与运作

（2007年3月5日第2007-308号法律）

第一目 监护职责①

（2015年10月15日第2015-1288号授权法令）

第394条

（2007年3月5日第2007-308号法律）监护，作为对儿童的应有保护，是一种公共负担（charge publique），它是家庭与公共机构的一项应尽职责（devoir）。

原第427条规定：监护，作为对儿童的保护，是一种属于公共性质的职责。

第395条

（2007年3月5日第2007-308号法律）下列之人不得担负各种监护职责：

1. 尚未解除亲权的未成年人，但如其已为受监护的未成年人的父、母，不在此限；

2. 享有本法典规定的法律保护措施之利益的成年人；

3. 被取消亲权的人；

4. 依据《刑法典》第131-26条的规定被禁止担任监护任务的人。

原第442条规定：下列之人无能力负担任何监护职责：

---

① charges tutélaire 译为"监护职责"，其中"charge"一词有"负担""任务""职责"之义，也译为"监护任务"。

1. 未成年人，但已为人之父、母者除外；
2. 受监护的成年人、精神病人以及财产受管理的成年人。

第 396 条

（2007 年 3 月 5 日第 2007-308 号法律）被赋予监护职责的人无能力、懈怠、行为不轨或者欺诈舞弊的，可以取消其负担的任何监护职责。因存在争议或利益冲突，妨碍负担监护职责的人为未成年人利益履行职责的，亦取消其负担的各项监护职责。

在负担监护职责的人本人的情况发生重大改变时，可以另选他人替代。

原第 444 条规定：行为明显不轨的人以及公认的不诚实、一贯失职或无能力管理事务的人，得被排除或解除其负担各项监护职责。

第 397 条

（2007 年 3 月 5 日第 2007-308 号法律）凡是涉及妨碍或解除监护人及监护监督人履行监护职责的事由，以及他们的替代事由，由亲属会议审议决定。

凡是涉及妨碍或取消亲属会议其他成员担任监护职责的事由，以及他们的替代事由，由监护法官审理决定。

只有在听取负担监护职责的人所作的说明之后，或者对其进行传唤之后，才能取消其负担的监护职责。

法官如果认为情况紧急，可以为未成年人的利益命令采取临时措施。

第二目　亲属会议

（2007 年 3 月 5 日第 2007-308 号法律）

第 398 条

（2007 年 3 月 5 日第 2007-308 号法律）即使有遗嘱指定的监护人

以及除不设立监护的情况外,在组织监护的同时,应设置亲属会议(conseil de famille)。

第 399 条

(2007年3月5日第2007-308号法律)亲属会议成员由法官指定;设置亲属会议的期间为实行监护的持续时间。

亲属会议至少由四名成员组成,其中包括监护人与监护监督人,但不包括法官。

未成年人的父母的血亲或姻亲,以及居住在法国或国外的、对未成年人表示关注的任何人,均可为亲属会议的成员。

选任亲属会议的成员,应考虑未成年人的利益、受选任人与未成年人的父母的平常关系、他们的能力、与未成年人维系的情感联系以及是否有可以支配的时间。

法官应当尽量避免出现父、母两系中有一系没有代表的情形。

第 400 条

(2007年3月5日第2007-308号法律)亲属会议由监护法官主持。亲属会议的审议决定由其成员通过投票表决作出。

但是,监护人,或者在由监护监督人替换监护人的情况下,监护监督人,不参加投票表决。

在两种表决意见票数相等的情况下,法官的表决票起主导性作用。

第 401 条

(2007年3月5日第2007-308号法律)亲属会议,在考虑未成年人的父母原已表达的意愿的基础上,处理并决定有关未成年人的抚养与教育的一般条件。

亲属会议评价可给予监护人的报酬的数额。

由亲属会议作出各项决定,并且由其对监护人按照第十二编的规定管理未成年人财产给予各项必要的批准。

（2010年6月15日第2010-658号法律）亲属会议批准（2012年3月22日第2012-387号法律）年满16周岁的未成年人单独完成为了设立与管理有限责任个体企业或一人公司所必要的管理行为。

前款所指的批准采用私署文书或者公证文书（acte notarié）的形式，并具体写明未成年人可以完成哪些行为。

第402条

（2007年3月5日第2007-308号法律）亲属会议的审议决定如果在有欺诈或舞弊的情况下作出，或者遗漏某些实质性手续，所作决定无效。

依照（2016年2月10日第2016-131号授权法令）第1182条的规定作出新的审议决定，对原决定予以追认的，原决定之无效不再追究。

监护人、监护监督人、亲属会议的其他成员或者共和国检察官在审议决定作出之后2年内，以及已经成年或者已经解除亲权的未成年人在其达到成年年龄或解除亲权之后2年内，得提起无效之诉。

在有欺诈行为或舞弊行为的情况下，只要构成欺诈的事实没有被发现，时效停止进行。

依据被撤销的审议决定实施的行为本身亦可按照相同方式予以撤销，但期间仅自行为实施之日而不自决定作出之日开始计算。

第三目　监护人

（2007年3月5日第2007-308号法律）

第403条

如果父母二人中后去世的一方在其本人去世前仍然行使亲权，选任监护人的个人权利仅属于该后去世的父或母，无论其选任的监护人是否未成年人的血亲属。

（在此情况下）只能以遗嘱的形式或者以在公证人面前作出的特别声明的形式指定监护人。

除未成年人的利益要求排除采取上述形式外，监护人的指定对亲属会议具有约束力。

由父或母指定的监护人没有接受负担监护职责的义务。

第404条

如果没有遗嘱指定的监护人，或者如果指定为监护人的人停止履行监护职责，由亲属会议为未成年人指定监护人。

第405条

根据未成年人的具体状况、有关当事人的能力以及需要管理的概括财产的组成状况，亲属会议可以指定数名监护人共同实施保护（未成年人的）措施。对于第三人，每一个监护人均视为得到其他监护人的授权，可以单独实施监护人无须经任何批准即可实施的行为。

亲属会议可以决定由负责未成年人人身保护的监护人和负责管理未成年人财产的监护人分开行使监护权，或者决定将某些特别财产交由一位助理监护人管理。

除亲属会议另有决定外，依照第2款的规定指定的监护人相互独立，不相互承担责任，但应当相互告知各自作出的决定。

第406条

监护人受指定任职的期间，与监护的延续时间相同。

第407条

监护是一种应当由其本人负担的职责。此种职责不转移给监护人的继承人。

第408条

监护人应当关注未成年人的人身利益,在所有的民事生活行为中代理未成年人,但法律或习惯准许未成年人本人实施行为的情况除外。

监护人在法院代表未成年人,但是,监护人只有得到亲属会议批准或者按照亲属会议的指令,才能在法院起诉或应诉,以主张非财产性质的权利。亲属会议也可以指示监护人撤诉或舍弃诉权,或者实行和解。

监护人管理未成年人的财产,并依照第十二编的规定报告其管理情况。

在得到亲属会议批准之后,为设立与管理有限责任个体企业或一人公司,监护人可以实施必要的处分行为。

第408-1条

不得将未成年人的财产或权利转移至交付托管的概括财产之内。

第四目 监护监督人①

(2007年3月5日第2007-308号法律)

第409条

监护,包括由亲属会议从其成员中任命一名监护监督人。

如果监护人是未成年人的父系或母系的血亲或姻亲,尽量从另一亲系的成员中挑选监护监督人。

监护监督人的任务停止时间,与监护人停止职责的时间相同。

第410条

监护监督人负责监督监护任务的实施,在未成年人的利益与监护

---

① "监护监督人"的法文为"subrogé tuteur",字面意思为"代位监护人",负责监督监护人,以及在可能有需要时,是取代监护人的人。

人的利益发生抵触时,代表未成年人。

监护人在实施任何重大行为之前,均应通知监护监督人并听取其意见。

监护监督人对监护人以此身份订立的合同进行监督,监护监督人在认定监护人履行监护任务中有过错时,应立即向监护法官报告,否则对未成年人承担责任。

在监护人停止职务的情况下,监护监督人并不当然取代监护人;但是,在此情况下,监护监督人应当主动提议任命新的监护人,否则同样应承担责任。

第五目 没有设立监护的情况

第 411 条

(2022 年 2 月 7 日第 2022-140 号法律)如果不可能安排设置亲属会议的监护,或者不可能承认儿童具有国家收容的弃儿的身份,宣告监护空缺。

在此情况下,监护法官将监护职责交由在社会救助儿童方面有权限的公共行政部门负担。于此情形,监护既不包括设置亲属会议,也不包括设置监护监督人。

儿童只要被承认具有国家收容的弃儿的身份,监护解除。

第 411-1 条

(2015 年 10 月 15 日第 2015-1288 号授权法令)监护法官与共和国检察官对其辖区内的监护事务实行一般监督。

监护人和其他监护机关有义务听从监护法官与共和国检察官的传唤,向他们报送要求的任何情况。

对于不听从传唤、不报送情况的监护人和其他监护机关,法官可以宣告指令以及判处《民事诉讼法典》规定的罚款。

第六目 责 任

(2007年3月5日第2007-308号法律)

第412条

(2007年3月5日第2007-308号法律)所有的监护组织,均对其在履行职责中的任何过错承担责任。

如果造成损害的过错发生在监护法官、(2019年9月18日第2019-964号授权法令)司法法院书记室主任书记员或书记员对监护的组织与运作当中,责任诉讼针对国家提起,但国家享有求偿诉权。

第413条

(2007年3月5日第2007-308号法律)前条所指的责任诉讼,时效期间为5年,自当事人成年起计算,即使财产管理一直延续至其成年之后,或者在未成年人尚未成年之前财产管理即已停止,自管理措施停止之日起计算。

第三章 解除亲权[①]

(2007年3月5日第2007-308号法律)

第413-1条

(1974年7月5日第74-631号法律)未成年人结婚,当然解除亲权。(参见附目第476条)

---

① 原文为"émancipation",本义为"解放",译为"解除亲权"。"解除亲权"有别于"亲权的消灭",也与"剥夺"或"取消"亲权完全不同。

第413–2条

（1974年7月5日第74-631号法律）未成年人即使未婚,在其年满16周岁时,可以解除亲权。

（1993年1月8日第93-22号法律）应父母（père et mère）或其中一人的请求,监护法官在听取未成年人本人的意见之后,如果认定有正当理由,可以宣告解除亲权。

在解除亲权的请求仅由双亲中一人提出时,法官在听取另一人的意见之后,作出判决,但另一人处于不能表示意思的状态时除外。

第413–3条

（1974年7月5日第74-631号法律）无父无母的未成年人,应亲属会议的请求,得依相同方式解除亲权。

第413–4条

在前条所指情况下,监护人未采取任何行动时,如果亲属会议之一成员认为未成年人有能力解除亲权,可以请求监护法官召集亲属会议就此问题作出审议决定。未成年人本人亦可请求召集亲属会议。

第413–5条

（2015年10月15日第2015-1288号授权法令）财产管理账目或监护账目,视具体情况,分别按照第387–5条与第514条规定的条件,交还给已经解除亲权的未成年人。（参见附目第480条）

第413–6条

已经解除亲权的未成年人,如同成年人,有实施一切民事生活行为的能力。

但是,就结婚或自行同意由他人收养而言,解除亲权的未成年人仍然应当遵守如同其尚未解除亲权时相同的规则。

第 413-7 条

已经解除亲权的未成年人不再处于其父与母的权力之下。

父与母也不再仅仅因为具有父母之身份而对未成年人在解除亲权以后给他人造成的损害当然承担责任。

第 413-8 条

(2010 年 6 月 15 日第 2010-658 号法律)依据监护法官在作出解除亲权的判决时给予的批准,或者由解除亲权的未成年人在解除亲权之后提出申请,经司法法院院长给予批准,解除亲权的未成年人可以为商人。①

第 413-8 条原条文:(1974 年 7 月 5 日第 74-631 号法律)解除亲权的未成年人不得为商人。

---

① 现在,16 周岁至 18 周岁的人在达到成年年龄之前,经批准可以经商,而此前的法律则予禁止。

第十一编 成年与受法律保护的成年人

第一章 一般规定

第 414 条

年满 18 周岁为成年。凡年满 18 周岁的人,均有能力行使其享有的各项权利。

第一节 独立于保护措施的规定

第 414-1 条

任何人,为实施的行为有效,应当精神健全;但是,以精神原因主张行为无效的人,应当证明在该行为实施之当时存在精神障碍(trouble d'esprit)。

第 414-2 条

在人生前,无效之诉只能由当事人本人提起;在人死后,对其生前所为之行为,除生前赠与或遗赠外,只有在下列情况下,才能以精神不健全为原因,由其继承人提起诉讼:

1. 如果行为本身就带有行为人存在精神障碍的某种证据;
2. 如果行为是在对当事人实行司法保护的期间实施;
3. 如果在当事人死亡之前已经为实行财产管理或设立监护提起诉

讼,或者如果已对将来实行保护之委托赋予效力。

无效之诉,依(2016年2月10日第2016-131号授权法令)第2224条(原第1304条)规定的5年期间而消灭。

第414-3条

处于精神障碍状态的人给他人造成损失的,仍应负赔偿责任①。

第二节 有关受保护的成年人的共同规定

第415条

成年人由于其状况或情形有必要按照本编规定的方式对其人身与财产给予保护的,应当予以保护。

在设立和确保此种保护时,应当尊重人的自由、基本权利和尊严(la dignité)。

保护的最终目的是维护受保护人的利益,尽可能有利于受保护人独立自理。

此种保护是家庭与公共机关的一项应尽的义务。

第416条

监护法官与共和国检察官对在其辖区内实施的保护措施进行一般监督。

监护法官与共和国检察官可以走访或派人走访已经实施保护的人以及向其提出实行保护的请求所涉及的人,不论已经采取或请求采取何种保护措施。

负担保护职责的人,应当服从监护法官与共和国检察官的传召,并

---

① 原文为"n'en est pas moins obligé",意为"并不少负义务",也译为"同样应当承担赔偿责任"。

向他们报送要求提供的任何情况。

第 417 条

监护法官可以对负担保护职责的人宣告指令,对于不服从其指令的人,可以宣告《民事诉讼法典》规定的民事罚款。

在负担保护职责的人明显不履行职责时,监护法官在听取其陈述和说明之后,或者在对其进行传唤之后,可以解除负担保护职责的人的任务。

相同条件下,监护法官可以向共和国检察官提出请求,将保护成年人的司法委托代理人①从《社会行动与家庭法典》第 471-2 条所指的名单上除名。

第 418 条

受保护的成年人死亡,负担保护职责的人的任务即告终止,但不妨碍适用有关无因管理的规则。

第 419 条

保护成年人的司法委托代理人以外的其他人执行司法保护措施的,属于无偿实施行为;但是,监护法官,或者如果已设置亲属会议,亲属会议也可以根据需要管理的财产的数量以及履行保护措施的困难程度,准许向负担保护职责的人支付补偿费,并且确定补偿费的数额。这项补偿费用由受保护人负担。

如果是由保护成年人的司法委托代理人执行司法保护措施,其所需经费,根据受保护人的财产收入情况,并按照《社会行动与家庭法典》规定的方式,全部或部分由受保护人负担。

---

① 由法院指定的委托代理人必须是有资质担任此种职责的人,应当从具备此种资质的人员名单上选任。

如果受保护的人不能全额负担实行保护措施所需的经费,相应经费由公共部门负担;不论此种经费的来源如何,均按照各类保护成年人的司法委托代理人的共同的规则计算,并考虑实施保护措施的具体条件。具体负担方式,由法令确定。

作为特别情形,监护法官,或者如果已设置亲属会议,亲属会议,在听取共和国检察官的意见之后,可以决定给予负责保护成年人的司法委托代理人以补贴,以便其能够完成保护措施所必要的、需要很长时间的或者比较复杂的各项工作。给予的补贴数额,在前两款所指的款项明显不足时,作为添补款项。这些补贴款项由受保护人负担。

对将来实行保护给予的委托,无代价地执行,有相反约款的除外。

第420条

除公共机构或部门就法人的一般运作给予的帮助或补助之外,负担成年人保护职责的司法委托代理人不得以任何名义、任何形式收取与其负担的职责有直接或间接关系的其他任何款项或者获得任何资金利益。只有在得到监护法官的批准之后,负担成年人保护职责的司法委托代理人才能发出寻找受保护人的继承人的委托书。

第421条

所有的监护组织,均应对其在履行职责中的任何过错引起的损失承担责任;但是,除强化的财产管理情况之外,财产管理人与财产管理监督人仅在其有欺诈或严重过错的情况下,才对经他们协助而完成的行为承担责任。

第422条

如果监护法官、(2019年9月18日第2019-964号授权法令)司法法院书记室主任书记员或书记员在监护的组织与运作中存在引起损害的过错,由受保护人或者曾受到保护的人或者其继承人提起的责任诉讼,针对国家提出,但国家有求偿请求权。①

如果是因负担保护成年人职责的司法委托代理人的过错造成损害,可以针对该人或者针对国家提起诉讼,但国家有求偿请求权。

第 423 条

追究责任之诉讼,时效期间为 5 年,自保护措施终止起计算,即使财产管理延续至保护措施终止之后,亦同;但是,由于实行监护而终止财产管理的情况,时效期间仅自监护终止起开始计算。

第 424 条

为将来实行保护措施而指定的委托代理人,就其履行委托任务而言,按照第 1992 条规定的条件承担责任。

(2015 年 10 月 15 日第 2015–1288 号授权法令)按照本编第二章第六节的规定得到授权的人,就执行给予他的授权而言,按照相同条件对被代理人承担责任。

第二章 有关成年人的法律保护措施

第一节 一般规定

第 425 条

凡是经医疗认定,因精神官能(facultés mentales)或身体官能(facultés corporelles)受到损坏,妨碍其表达自己的意思,无法自行保障

---

① 法文为"action récursoire"。例如,对发生交通事故负有责任的车辆驾驶人员对共同责任人有求偿权。"action"一词既指诉讼,又指诉权,因此,"action récursoire"译为"求偿诉权"或"求偿之诉",此处译成"求偿请求权"。

其利益的成年人,均可获得本章规定的某一种法律保护措施的保护。

除另有规定外,实行法律保护措施,既是保护当事人的人身,也是保护其财产利益,但是,此种保护可以明文限制于其中的一种任务。

第 426 条

受保护人的住房,不论是主要居所还是第二居所,以及住房内配备的家具,均应尽可能长时间地保留给该人使用和支配。

第 1 款提及的财产的管理权限,只准许订立临时性使用、收益协议(convention de jouissance);无论订立任何相反规定或约款,受保护人返回住宅时,此种临时性使用、收益协议应停止执行。

如果有必要,或者符合受保护人的利益,通过转让、解除租约或者订立租约,处分与受保护人的住房及动产有关的权利,此种处分行为也应当得到法官批准,或者如果设置了亲属会议,应当得到亲属会议批准,且不影响根据财产的性质要求办理的各项手续。(2015 年 2 月 16 日第 2015-177 号法律)如果实施前述行为的目的是让某个机构接纳受保护的当事人①,必须事先听取不在该机构内任职或者不受雇于该机构的医生的意见(原规定为"听取在第 431 条所指名册上登记的医师事先提出的意见")。所有情况下,受保护人的纪念物品、个人物品,或者残疾人必需的物品,或者用于病人护理的物品,仍然保留给当事人支配,相应情况下,交由当事人暂住的机构照管。

第 427 条

(2019 年 3 月 23 日第 2019-222 号法律)负责实施保护措施的人,在宣告采取措施之前,不得关停以受保护人的名义设置的账户或簿册,也不得在另外的有资格接收公众资金的机构内设立新的账户或簿册。

---

① 也就是说,为了将受保护的人送进某个机构,使其在那里得到照管,因而有必要将其住房转让或出租,这样做符合受保护人的利益。

但是，如果受保护人的利益有此要求，监护法官或者亲属会议，如果后者已设置，可以批准上述事项。

监护法官或者亲属会议，如果后者已设置，在认为有必要时，可以批准负担保护职责的人可以以受保护人的名义在信托寄存处（信托银行）开立账户。

受保护人如果没有任何账户或簿册，负担保护职责的人为其设立一个账户或簿册。

以受保护人的名义并为其利益在银行进行的收支活动与财产管理活动，只能通过以受保护人的名义开立的账户进行，但仍然保留需要执行受公共会计规则的医疗卫生机构、社会机构或者社会医疗机构的职员或职责部门实施保护措施时应当适用的规定。

属于受保护人的资金或有价证券获得的孳息、产品与增加值，唯一由受保护人独占取得。

如果受保护人被禁止签发支票，负担保护职责的人经法官或者亲属会议批准，如果后者已经设置，可以由其签字，启动受保护人持有的账号，以及使用各种通常的支付手段。

第二节　有关司法保护措施的共同规定

第428条

（2019年3月23日第2019-222号法律）只有在紧迫必要的情况下，以及在实行由当事人签订的将来保护委托适用有关代理的普通法规则、有关夫妻双方各自的权利与义务的规则、夫妻财产制规则，特别是适用本法典第217条、第219条、第1426条与第1429条的规定或者采取某种限制较少的保护措施，仍然不能满足当事人的利益时，法官才能命令实行司法保护措施。

应当根据受保护的当事人本人的身体官能受损坏的程度,采取与其个人状况相适应的个别化保护措施。

第 429 条

对于已经解除亲权的未成年人,如同成年人,也可以实行司法保护措施。

对尚未解除亲权的未成年人实行保护的请求,可以在其未成年的最后一年内提出并作出判决,但司法保护措施仅自其成年之日开始生效。

第 430 条

实行保护措施的请求,由有必要对其给予保护的人向法官提出,或者,视具体情况,由其配偶或者与之订立紧密关系民事协议的伙伴或姘居人提出,但以其本人与后者没有停止共同生活为限;实行保护措施的请求,也可以由血亲或姻亲或者与成年人保持紧密的稳定关系的人或具体实施法律保护措施的人提出。

此项请求,也可以由共和国检察官依职权或者应第三人的请求提出。

第 431 条

在提交申请的同时,应当提交从共和国检察官制定的名册上登记的医师中选任的医师出具的详细说明情况的证明。(2015 年 2 月 16 日第 2015-177 号法律)出具证明的医生可以要求听取有必要实行保护的人的治疗医生的意见。

此项证明的收费标准,由最高行政法院提出资政意见后颁布的法令作出具体规定。

如果是由第 430 条第 1 款列举的成年人身边的人以外的其他人向共和国检察官提出申请,向监护法官转送的这项申请还应当写明申请人所掌握的关于有必要给予保护的人的社会状况与资金状况的信息,以及相应情况下,此前为该人采取的各项行动的情况总结,否则,所提申请不予受理。收集的信息的性质以及收集信息的方式由条例具体规定。共和国检察官可以要求提出这项申请的第三人提供补充情况。

第 432 条

法官在听取当事人的意见或者传唤当事人之后作出裁判。当事人可以由律师陪同,或者经法官同意,由当事人自行选定的任何人陪同。

但是,如果听取当事人的意见足以损害其健康,或者当事人已经不能表达意思,法官也可以(2015 年 2 月 16 日第 2015-177 号法律)根据第 431 条所指的医师的意见,以特别说明理由的判决决定不需要听取当事人本人的意见。

第三节　司法保护

第 433 条

由于第 425 条所规定的原因之一,需要暂时受到法律保护或者需要由他人代理其完成某些确定行为的人,法官可以决定对该人实行司法保护。

法官在受理财产管理的诉讼或设立监护的诉讼时,也可以宣告此种措施,其实施时间为诉讼进行的期间。

尽管有第 432 条的规定,紧急情况下,法官可以不听取当事人的意见即作出裁判。在此情况下,法官随后应尽快听取意见;但是,如果根据医师的建议,听取当事人的意见有害其健康,或者当事人本人已经不能表达其意思的情况除外。

第 434 条

按照《公共卫生法典》第 3211-6 条规定的条件向共和国检察官进

行申报之后,也可以决定实行司法保护。

第 435 条

实行司法保护的成年人保留行使其权利,但是,不得实施依照第 437 条的规定应当由指定的专门代理人实施的行为,否则实行的措施无效。

实行司法保护的人在保护措施实施期间订立的合同与缔结的义务,得纯粹因显失公平、受到损害而取消,或者在其负担的义务过分的情况下,可以减少负担的义务,即使是依照第 414-1 条的规定可以撤销此种合同与义务的情况,也可以减少负担的义务。

对于此种问题,法院应当主要考虑所进行的活动有益还是无益,受保护人的财产多寡,与其订立合同的人是善意还是恶意等情况。

有关取消合同或者减少义务的诉权,受保护人生前,仅属于其本人;当事人死后,仅属于其继承人。此种诉讼依(2016 年 2 月 10 日第 2016-131 号授权法令)第 2224 条(原第 1304 条)规定的 5 年期间而消灭。

第 436 条

如果受保护人已经委托指定另一人管理其财产,此项委托在实行司法保护期间继续产生效力,但如果监护法官在听取委托代理人的意见或者对其进行传唤之后解除或者中止委托,不在此限。

在没有委托书的情况下,适用有关无因管理的规则。

有资格请求设立财产管理制度或监护制度的人,在知道情况紧急并且知道实行保护措施时,有义务为保护当事人的财产完成必不可少的保全行为。接纳受保护人在其处居住的人或机构,亦适用相同的规定。

第 437 条

如果有必要在第 436 条规定的情况之外提起诉讼,任何利益关系人均可向监护法官提出意见。

法官可以按照第 445 条、第 448 条至第 451 条规定的条件与方式指定一名专门的委托代理人负责实施受保护人的财产管理所必要的一项或多项确定的行为,委托代理人尤其可以接受任务,负责提起第 435 条所指的诉讼。

专门的委托代理人有义务按照第 510 条至第 515 条规定的条件,向受保护人以及向法官汇报其执行委托任务的情况。

第 438 条

也可以按照第 457-1 条至第 463 条规定的条件赋予专门的委托代理人保护受保护人人身的任务。

第 439 条

实行司法保护措施的时间不得超过 1 年,否则措施失效(caducité)①,但可以按照第 442 条第 4 款规定的条件延展一次。

在按照第 433 条的规定宣告司法保护(sauvegarde de justice)的情况下,如果在一定时间内实行保护之需要已经停止,法官得于任何时候命令取消保护。

在按照第 434 条的规定实行司法保护的情况下,如果在一定时间内实行保护之需要已经停止,或者根据共和国检察官的决定提出的医疗声明被注销,可以终止司法保护。

所有情况下,即使没有取消保护措施,也没有作出实行保护之需要已经停止的声明或者没有注销医疗声明,司法保护时间到期或者在命令实施的各项行为完成之后,亦终止保护。由于实行财产管理措施或者监护措施,司法保护自此种新的法律保护(protection juridique)措施

---

① 参见第 1186 条关于合同失效的规定。

生效之日亦予终止。

第四节　财产管理与监护

第440条

对于并非完全不能自己实施行为但因第425条所指的原因之一在民事生活的重大行为中需要持续得到他人指导与监督的人，可以实行财产管理制度。

只有认定如果仅仅实行司法保护仍然不能切实保障对当事人给予充分的保护时，才能宣告实行财产管理制度。

对于因第425条规定的原因之一在民事生活行为中需要持续由他人代理的人，可以实行监护。只有经认定无论是实行司法保护还是实行财产管理均不能切实保障给予充分的保护时，才能实行监护。

第一目　措施持续的时间

第441条

法官确定措施[①]持续的时间，持续时间不得超过5年。

（2015年2月16日第2015-177号法律）宣告监护措施的法官，如果根据现有的科学资料认定，从第425条具体规定的情形判断受保护的当事人的个人能力显然不可能得到改善时，可以根据第431条所指的医师提出的意见，以特别说明理由的决定，确定在更长的时间里实行此种措施，但不得超过10年。

---

① 法国《民法典》对受法律保护的成年人规定了不同的保护措施：第433条规定了司法保护，第440条对受保护人分别规定了财产管理与监护制度。这是根据实际需要设置的不同制度。第二章的条文中分别使用了"受保护人""受监护人""财产受管理人"等不同术语。第441条的"法官确定措施的持续时间"，包括安排实行财产管理或监护的措施。

第 442 条

法官可以将已经实行的措施延长相同时间。

但是,如果根据现有的科学资料,从第 425 条具体规定的情形判断,受保护的当事人的个人能力显然不可能得到改善时,法官可以根据第 431 条(2015 年 2 月 16 日第 2015-177 号法律)所指的医师提出的意见,以特别说明理由的决定,将此种措施延长比其原定时间更长的时间,但不得超过 20 年。

法官可以随时在听取负担执行保护措施之职责的人的意见后,终止、变更此种措施,或者用本编规定的其他措施替代。

法官依职权,或者应第 430 条所指的一人提出的申请,根据医疗证明并按照第 432 条规定的条件作出审理裁判。但是,法官只有在符合第 430 条与第 431 条规定的条件下受理申请时,才能强化对当事人的保护制度。

第 443 条

原确定的期限到期时如果没有延长,在取消措施的判决产生既判事由之确定力或者当事人死亡的情况下,原来采取的措施即告终止。

受保护的当事人居住在国家领土之外,如果因距离遥远而无法实时跟踪监督措施的执行情况的,法官也可以终止保护措施,但不影响适用本法典第 3 条与第 15 条的规定。

第二目　措施的公示

第 444 条

关于实行、变更或者取消财产管理或监护的判决,只有按照《民事诉讼法典》规定的方式,在受保护人的出生证书上作出记载,才能对第三人产生对抗效力。

但是,即使没有作出前项记载,对于本人已经知道该判决的人,该判决亦具有对抗效力。

第三目 实施保护的机关①

第 445 条

（成年人）财产管理与监护的各项职责，受第 395 条至第 397 条对未成年人的监护职责所规定的各项条件的约束。但是，在没有设置亲属会议的情况下，第 397 条规定由该（监护）机关行使的各项权限，由法官行使。

治疗职业与医药职业的成员，以及医疗助理人员，不得负担其病人的财产管理职责与监护职责。

（2008 年 8 月 4 日第 2008-776 号法律）由财产托管合同指定的受托人，不得对财产托管人负担财产管理职责或监护职责。

第一段 财产管理人和监护人

第 446 条

财产管理人或者监护人，依照本段规定的条件指定，但保留在已设置亲属会议的情况下应当由亲属会议行使的各项权限。

第 447 条

财产管理人或者监护人由法官指定。

法官可以根据受保护人的状况、各利益关系人的能力以及需要管理的总体财产的构成，指定数名财产管理人或数名监护人共同实施保护措施。对于第三人，每一个财产管理人或监护人均视为得到其他管理人或监护人的准许，可以单独实施一个监护人无须经任何批准的所有行为。

---

① 所谓实施"保护的机关"（organes de protection），是指负责实施和履行保护职责的机关，具体指财产管理人、监护人、财产管理监督人和监护监督人以及亲属会议。

法官可以在负责当事人人身保护的管理人或监护人与负责财产管理的管理人或监护人之间进行保护职责的分工。法官可以将特定财产交由某一管理人或者助理监护人进行管理。

除法官另有决定外,依照前款规定指定的各人之间相互独立,不相互承担责任,但应当相互通知各自所作的决定。

第 448 条

如果某人已经为其本人在可能实行财产管理或监护的情况下指定另一人或数人担任财产管理人或监护人,这项指定对法官有约束力,但是,如果受指定的人拒绝接受任务,或者不能担任此种职责,或者从受保护人的利益来看,应当排除受指定的人负担此种职责的,不在此限。在发生困难的情况下,由法官作出裁判。

如果父母或者父母中后去世的人本身没有受到财产管理或监护措施的约束,并且对其未成年子女行使亲权或者负担物质上或情感上的责任,可以指定一人或数人,并且规定在父母死亡之日,或者在他们不能继续关照受保护人的时候,负担财产管理或监护职责。此种情形,亦适用前款的规定。

第 449 条

在没有依照第 448 条的规定进行指定的情况下,由法官任命受保护人的配偶、与其订立紧密关系民事协议的人或姘居人作为财产管理人或者监护人,但是,如果他们之间已经停止共同生活或者有其他原因妨碍执行此种保护措施的,不在此限。

在没有依照前款的规定进行任命时,并且按照与该款相同的保留条件,法官可以指定一名血亲或姻亲或者与(2009 年 5 月 12 日第 2009-526 号法律第 116 条)受保护的成年人在一起居住或与其保持紧密的稳定关系的人作为财产管理人或监护人。

法官应当考虑该人自己表达的意思,准备指定的人平常与该人的关系、对其利益给予的关照程度以及父母、姻亲或关系亲近的人(entourage)提出的建议。

第 450 条

如果没有任何家庭成员或近亲属(proches)可以承担财产管理或监护任务,法官从《社会行动与家庭法典》第 471-2 条所指的名册上指定一名登记的保护成年人的司法委托代理人承担此项职责。受指定的司法委托代理人不得拒绝完成受保护人的利益所要求实施的紧急行为,特别是为保护该人的概括财产所必不可少的各项保全行为。

第 451 条

如果在卫生机构、社会机构或社会医疗机构内留住或治疗的人的利益证明有此必要,法官可以按照最高行政法院提出资政意见后颁布的法令规定的条件,指定以《社会行动与家庭法典》第 471-2 条第 1 点或第 3 点规定的身份在保护成年人的司法委托代理人名册上登记的机构的人员或所属部门,作为财产管理人或监护人。

交付给司法委托代理人的任务扩张至受保护的成年人的人身保护,法官另有决定时除外。

第 452 条

财产管理与监护是一种应当由本人负担的任务(charges pesonnelles,属人性质的负担)。

但是,由财产管理人或者监护人本人承担责任,可以由没有实行法律保护措施的成年第三人作为他们的助手,协助完成最高行政法院提出资政意见后颁布的法令确定之名单的特定行为。

第 453 条

除当事人的配偶、与其订立紧密关系民事协议的伙伴、其子女以及保护成年人的司法委托代理人之外,任何人都没有义务在连续超过5年的时间里负担财产管理职责或监护职责。

第二段　财产管理监督人和监护监督人

第 454 条

如果设置了亲属会议,除保留亲属会议的权限外,法官认为有必要时,可以指定一名财产管理监督人或监护监督人。

如果财产管理人或监护人是受保护人的一方亲系中的血亲或姻亲,尽量从另一方的亲系中选任财产管理监督人或监护监督人。

如果没有任何家庭成员或近亲属可以承担财产管理监督人或监护监督人的职责,可以从第 471-2 条所指的名册上指定一名注册的保护成年人的司法委托代理人承担此种职责。

财产管理监督人或者监护监督人对财产管理人或监护人实施的各项行为实行监督,并且,如果认定在履行管理或者监护职责的过程中确实存在过错,应当及时报告法官,否则应承担责任。

在财产管理人或监护人与受保护人之间存在利益冲突,或者财产管理人或监护人不能为受保护人提供协助,或者由于他们的任务的限制,不能为受保护人的利益采取行动时,由财产管理监督人或者监护监督人根据具体情况协助或者代理受保护人。

财产管理人或监护人在实施任何重大行为之前,应当通知监督人,并听取其意见。

监督人的职责与财产管理人或监护人的职责同时停止。但是,在财产管理人或监护人停止履行职责的情况下,监督人有义务主动要求对财产管理人或监护人进行替换,否则,对受保护人承担责任。

第三段　专门指定的财产管理人与专门指定的监护人

第 455 条

在没有财产管理监督人或监护监督人的情况下，财产管理人或监护人在实施某一行为或一系列行为时，如果与受保护人的利益存在冲突，或者不能为受保护人提供协助，或者因其任务所限不能采取行动的，可以请求法官或亲属会议（如已设置），任命一名专门的财产管理人或专门的监护人。

法官，应共和国检察官或任何利益关系人的请求，或者依职权，可以进行此项任命。

第四段　受监护的成年人的亲属会议

第 456 条

如果当事人的人身保护有此必要，或因财产的组成有此必要，并且受保护人的家庭及其亲属成员的组成具备此种条件，法官在安排监护时可以设置亲属会议。

法官在指定亲属会议的成员时，应当考虑受保护人表达的意思，他与受指定的人之间日常的关系，以及父母、姻亲和近亲属对其给予关注的程度和嘱托。

由亲属会议指定监护人、监护监督人，以及相应情况下，依照第 446 条至第 455 条的规定指定一名专门监护人。

有关未成年人亲属会议的规则，亦适用于受监护的成年人的亲属会议，但第 398 条、第 399 条第 4 款以及第 401 条第 1 款的规定除外。为适用第 402 条第 3 款的规定，在诉讼是由受保护的成年人提起时，时效期间自保护措施终止之日计算。

第 457 条

在亲属会议已经指定受保护的成年人的司法委托代理人作为监护人或监护监督人时,法官可以批准亲属会议在其不出席的情况下召开会议。于此情形,亲属会议应当在除监护人与监护监督人之外的其他成员中指定一名会议主持人及秘书。

亲属会议主持人事先应向法官转送每一次会议的议程。

亲属会议所作的决定,仅在法官没有按照《民事诉讼法典》规定的条件提出异议时才能生效。

亲属会议主持人执行由法官召集与主持会议以及审议方面的任务;法官可以在任何时候召集亲属会议并亲自主持会议。

第四目 财产管理与监护在人身保护方面的效力

第 457-1 条

负担保护职责的人,采取与受保护人的状况相适应的方式,向受保护人告知有关情况;其个人的状况、拟实施的相关行为、实施这些行为有何好处、紧急程度与效果,以及如果其拒绝实施这些行为将会产生的后果,且不影响第三人根据法律的规定有义务向受保护人告知各种情况。

第 458 条

除法律有特别规定外,凡是基于其性质严格要求非经本人同意不能实施的行为,始终不得由他人协助或代理受保护人实施。

申报子女出生、认领子女、为子女选用姓氏或者改姓、对其本人的送养或子女的送养,均严格视为属于人身性质。

第 459 条

除第 458 条所指的情况外,受保护人在其状况允许的限度内,可以单独作出与其人身有关的决定；如果受保护人的状况不允许其单独作出涉及人身性质的明确决定，法官，或者如果已设置亲属会议，亲属会议，可以规定涉及受保护人或其子女人身的具体列举的所有行为均应当在负担保护职责的人的协助下完成。如果仅仅有此种协助仍然不够，相应情况下，可以在实行监护措施之后，准许监护人作为受保护人的代理人。

（2009年5月12日第2009-526号法律）但是，除紧急情况外，负担保护成年人职责的人，未经法官批准，或者如果已设置亲属会议，未经亲属会议批准，不得作出有可能严重损害受保护人的身体完整性或者私生活隐私的决定。

负担保护成年人职责的人，可以对受其保护的成年人采取有严格必要性的措施，以终止因其本人的行为可能导致受保护人面临的危险，并且立即告知法官，或如果已设置亲属会议，立即向亲属会议作出报告。

第459-1条

在适用本目的规定时，不得产生违反《公共卫生法典》及《社会行动与家庭法典》有关法定代理人参与的规定。

（2009年5月12日第2009-526号法律）但是，如果是由公共卫生机构、社会机构、社会医疗机构的人员或所属部门按照第451条规定的条件实施保护措施，在其所作的决定按照第459条第3款的规定需经法官或亲属会议批准时，或者为了受保护人的利益，需要完成《公共卫生法典》规定的应有法官参与的工作或行为时，法官如果认为存在利益冲突，可以将有关的任务交由财产管理监督人或者监护监督人完成；在没有财产管理监督人或者监护监督人时，交由专门指定的财产管理人或监护人完成。

第 459-2 条

受保护人自行选择其居所地，自由保持与任何第三人的个人关系，不论第三人是否亲属。受保护人有权接受探视，相应情况下，可以在第三人处留宿。

在发生争议的情况下，由法官或亲属会议（如果已设置），作出决定。

第 460 条

（2019 年 3 月 23 日第 2019-222 号法律）受保护的成年人打算结婚的，事先应当告知协助或代理该成年人的负责实施保护措施的人。

第 460 条原条文：只有经财产管理人批准，或者没有财产管理人时，只有经法官批准，财产受到管理的人才能结婚。

只有在听取拟婚配偶双方的意见说明之后，以及在相应情况下，听取其亲属或者周围近亲的人的意见之后，经法官或者亲属会议批准，受监护的成年人才能结婚。

第 461 条

财产受管理的人，没有财产管理人的协助，不得为了订立紧密关系民事协议而签署契约。但是，在（2016 年 11 月 18 日第 2016-1547 号法律）身份官员面前或者（2011 年 3 月 28 日第 2011-331 号法律）在见证、制作公证书的公证人面前提出第 515-3 条第 1 款所指的共同声明时，不要求有其他任何人协助。

在变更原已订立的协议的情况下，亦适用前款之规定。

财产受管理的人得以共同声明或单方声明中断其订立的紧密关系民事协议；只有在进行第 515-7 条第 5 款规定的送达时，才要求由财产管理人协助。

在第 515-7 条第 10 款与第 11 款所指的各项活动中，财产受管理的人均由财产管理人协助。

为适用本条之规定,托付紧密关系民事协议的伙伴负担财产管理职责的,视为财产管理人与受其保护的人之间存在利益冲突。

第462条

(2019年3月23日第2019-222号法律废止:"受监护的人订立紧密关系民事协议,需经法官批准,或者如果已设置亲属会议,需经亲属会议批准;在批准之前,应事先听取尚未结伴的两伴侣的意见,相应情况下,听取他们的亲属或近亲的人的意见。")

在紧密关系民事协议签字时,受监护人由其监护人协助。在(2016年11月18日第2016-1547号法律)身份官员面前或者(2011年3月28日第2011-331号法律)在见证、制作公证书的公证人面前提出第515-3条所指的共同声明时,不要求有其他任何人协助或代理。

在变更协议的情况下,亦适用前几款的规定。

受监护人得以共同声明或者单方声明中断已订立的紧密关系民事协议。第515-7条第5款规定的送达手续由监护人负责进行。在由另一方伙伴主动提出中断关系时,这项送达向监护人本人为之。

在听取当事人的意见说明之后,以及相应情况下,在听取他们的亲属或近亲属的意见之后,经法官批准,或者,如果已设置亲属会议,经亲属会议批准,也可以单方面中断紧密关系民事协议。

在提出共同声明的情况下,完成有关中断协议的各项手续时,不要求其他任何人协助或代理。

在实施第515-7条第10款与第11款所指的各项行为时,受监护人均由其监护人代理。

为适用本条之规定,在由紧密关系民事协议的伙伴实施监护时,视为监护人与受其保护的人之间存在利益冲突。

第 463 条

在决定实行财产管理或监护时,或者在此之后,法官或亲属会议(如果已设置),可以决定负担保护成年人的财产管理人或监护人按照何种条件报告他们以此名义所作的各项努力。

第五目　行为的合规性

第 464 条

对于受保护人在实行保护措施的判决公示之前不到 2 年内实施的行为,只要提出证据证明该人因其身体官能损坏,众人皆知其明显无能力维护自己的利益,或者相对人在缔结合同的当时知道此种状况,可以减少原合同产生的债务的数额。

相同条件下,如果证明受保护人因实施的行为受到损失,可以撤销该行为。

尽管有第 2252 条的规定,前款所指诉讼应当在决定采取保护措施的判决作出后 5 年内提起。

第 465 条

自实行财产管理或者实行监护的判决公示起,由受保护人或负担保护职责的人所完成的各项行为的合规性依照以下条件处理:

1. 如果受保护人单独完成的是无须负担保护职责的人协助或代理即可完成的行为,此种行为仍然受第 435 条规定的取消之诉或减少债务数额之诉的约束,如同该行为是由已经实行司法保护的人所完成,但是,如果此种行为已经明确得到法官或亲属会议的批准,不在此限。

2. 如果受保护人单独完成的行为是本应由他人协助才能完成的行为,只有在确认受保护人受到损失时,才能撤销所实施的行为。

3. 如果受保护人单独完成需由他人代理才能完成的行为,此种行为当然无效,且无必要证明其受到损失。

4. 如果财产管理人或者监护人单独完成本应由受保护人单独完成或者应当由财产管理人或监护人协助完成的行为,或者只有经法官或亲属会议的批准才能完成的行为,此种行为当然无效,且无必要证明其造成了损失。

财产管理人或监护人可以经法官批准,或者如果已设置亲属会议,经亲属会议批准,单独提起第1点、第2点与第3点所指的无效之诉、取消之诉或者减少债务数额之诉。

所有情况下,经过(2016年2月10日第2016-131号授权法令)第2224条规定的5年期间,相关诉权消灭。

在此期间,只要已经开始实行保护措施,对于第4点所指的行为,经法官或亲属会议(如果已设置)批准,可给予追认。

第466条

第464条与第465条不妨碍适用第414-1条与第414-2条的规定。

第六目 在财产管理中实施的行为

第467条

财产受管理的人,如果没有财产管理人协助,不得实施在实行监护的情况下需经法官或亲属会议批准的行为。在订有书面文书的情况下,财产管理人的协助,以其在受保护人的签字旁边签署自己的名字作为体现和标示。

向受保护人进行的任何送达,也应当送达财产管理人,否则送达无效。

第468条

应当由财产受管理的人收取的资金,直接支付至唯一以受保护人的名义在有资格接受公众资金的机构内开立的账户,并写明对该账户持有人已实行保护制度。财产受管理的人,没有财产管理人的协助,不得(2008年8月4日第2008-776号法律)订立财产托管合同,也不得将其资金投入再使用。在法院提起诉讼或者应诉时,同样要求有财产管理人协助。

第469条

财产管理人不得取代财产受管理的人并以后者的名义开展活动。

但是,如果财产管理人确认财产受管理的人(的行为)已经严重危及其自身的利益,可以请求法官批准其单独完成某些确定的行为,或者主动提请设立监护。

如果财产管理人拒绝协助要求其给予协助的某项行为,财产受管理的人可以请求法官批准由其单独完成此项行为。

第470条

财产受管理的人可以自由订立遗嘱,但保留适用第901条的规定。

只有在财产管理人协助下,受保护人才能进行生前赠与。

财产管理人如果是某项赠与的受益人,视其与受保护人之间存在利益冲突。

第471条

尽管有第467条的规定,法官得于任何时候,逐一列举财产受管理的人可以单独完成哪些特定的行为,或者相反,增加必须有财产管理人协助才能完成的具体行为。

第472条

法官也可以随时命令实行强化的财产管理制度。在此情况下,财产管理人单独受领以财产受管理的人的名义开立的账户的收入。财产管理人自行保障向第三人结算支出的费用并将剩余款项存入由当事人支配的账户,或者将其支付至当事人手中。

法官可以批准财产管理人单独订立住房租约,或者订立保障受保护人住房的居住协议,但不影响适用第 459-2 条的规定。

强化的财产管理(制度)受第 503 条、第 510 条至第 515 条的规定约束。

第七目 在监护期间实施的行为

第 473 条

除法律或者习惯上准许受监护人自行完成的行为之外,在所有的民事生活行为中,均由监护人代理受监护人。

但是,法官可以在设立监护的判决中或者在其后,逐一列举受监护人有能力单独完成哪些行为,或者列举应由监护人协助完成的行为。

第 474 条

受监护人在实施管理其概括财产所必要的行为时,按照第十二编规定的条件与方式,由监护人作为其代理人。

第 475 条

受监护人在法院由监护人作为其代理人。

只有经法官或者亲属会议(如果已设置)批准,或者只有依据指令,监护人才能在法院起诉和应诉,主张受保护人的非财产权利。法官或亲属会议也可以指示监护人撤诉或舍弃诉权,或者实行和解。

第 476 条

受监护人可以经法官或者亲属会议批准,由监护人协助,或者在必要时由监护人代理,进行赠与。

在监护开始之后,受监护人只有经法官批准,或者如果已设置亲属会议,只有经亲属会议批准,才能单独订立遗嘱,否则订立的遗嘱无效。在此情况下,监护人既不能协助也不能代理受监护人。

但是，受监护人可以单独撤销其在监护开始之前或之后订立的遗嘱。

在设立监护之前订立的遗嘱仍然有效，但如果证明自监护开始之后致使遗嘱人进行财产处分的原因已经消失，不在此限。

第五节　关于将来实行保护的委托

（2007 年 3 月 5 日第 2007-308 号法律）

第一目　共同规定

第 477 条

没有实行监护（2015 年 10 月 15 日第 2015-1288 号授权法令）或者不要求得到家庭授权的任何成年人，或者已经解除亲权的未成年人，可以用同一份委托书，写明在其因第 425 条所指的情况之一，不再能够维护其本人的利益时，委托一人或数人作为其代理人。

财产受管理的人，只有在财产管理人的协助下，才能订立有关将来实行保护的委托书。

父母或者父母中后去世的一方，如其本身没有实行财产管理或实行监护（2015 年 10 月 15 日第 2015-1288 号授权法令）或者不要求得到家庭授权，并且对子女行使亲权或者对成年子女负担物质上或情感上的职责，可以为他们在第 425 条所指的一种情况下不再能够维护自己的利益时，指定一人或数人作为他们的子女的代理人。这项指定，自委托人死亡之日或者不能再关照利益当事人①之日开始生效。

这项委托书应以公证文书或私署文书作成，但是，第 3 款所指的委

---

① 此处的利益当事人就是将来事务委托人的子女。

托书只能用公证文书订立。

第 477-1 条

（2015 年 12 月 28 日第 2015-1776 号法律）关于将来实行保护的委托书，应在专门的登记簿上进行登记公示。委托书的公示与查阅方式，由最高行政法院提出资政意见后颁布的法令具体规定。

第 478 条

为将来实行保护而订立的委托，受本法典第 1984 条至第 2010 条与本节的各项规定不相抵触的规定约束。

第 479 条

如果将来的委托事项扩张至人身的保护，委托代理人的权利和义务由第 457-1 条与第 459-2 条的规定确定。任何相反条款均视为未予订立。

委托书可以规定由委托代理人负担《公共卫生法典》与《社会行动与家庭法典》赋予受监护人的代理人或其信任的人的各项任务。

委托书对这些任务的执行情况规定（具体的）监督方式。

第 480 条

委托代理人可以是委托人选任的任何自然人，或者是在《社会行动与家庭法典》第 471-2 条规定的保护成年人的司法委托代理人名册上登记的任何法人。

委托代理人在执行委托任务的整个期间，均应当有民事能力，并且应当具备本法典第 395 条及第 445 条（2011 年 5 月 17 日第 2011-525 号法律）最后两款对负担监护职责所规定的各项条件。

但是，委托代理人在执行委托任务期间，只有经监护法官批准才能卸任职责。

第 481 条

在经认定委托人不再能够自行维护其利益时,关于将来实行保护的委托开始生效。应当按照《民事诉讼法典》规定的条件,向委托人通知委托生效。

为此目的,委托代理人应向(2019 年 9 月 18 日第 2019-964 号授权法令)司法法院书记室提交委托书以及从第 431 条所指的名册上选任的医师出具的医疗证明,以确认委托人已经处于第 425 条所指的一种状况。法院书记员在委托书上画签并确认委托生效的日期,然后将委托书交还委托代理人。

第 482 条

委托代理人应当亲自执行委托任务,但可以由第三人替代其完成涉及受保护人的概括财产的管理行为,且仅以特别名义为限。

委托代理人按照第 1994 条规定的条件对于替代其执行任务的人承担责任。

第 483 条

已经开始执行的委托,因下列原因终止:

1. 应委托人或委托代理人的请求,依照第 481 条规定的形式确认当事人已经恢复身体官能的;

2. 受保护人死亡,或者决定对其实行财产管理或监护措施,但规定采取此种措施的法官另有决定的除外;

3. 委托代理人死亡、实行保护措施或者个人破产(déconfiture);

4. 在委托代理人不再具备第 425 条规定的各项条件,(2019 年 3 月 23 日第 2019-222 号法律)继续执行委托将损害委托人的利益时。(废止:"如果从委托代理的普通法规则或夫妻相互权利与义务以及夫妻财产制的规则来看,由没有停止共同生活的配偶负担保护职责就可以满足当事人的利益,或者如果继续执行委托足以损害委托人的利益,应任何利益关系人的请求,由监护法官宣告解除委托。")

法官也可以规定在实行司法保护措施的期间内暂时中止委托。

第 484 条

任何利益关系人均可就实施委托事由,向法官提出异议,或者请求法官就执行委托的条件与方式作出审理裁判。

第 485 条

法官在终止执行委托时,可以决定依照本章第一节至第四节规定的条件和方式,实行某种法律保护措施。

如果因委托的适用范围所限,实行委托仍然不能充分保护当事人的人身权益或财产权益时,法官可以采取某种补充的法律保护措施;相应情况下,将此种保护措施交由"将来保护的委托代理人"执行;法官也可以批准"将来保护的委托代理人"或者专门的委托代理人完成委托书中没有包括的某一项或数项任务。

"将来保护的委托代理人"以及由法官指定的人之间相互独立,不相互承担责任,但应当相互通知各自所作的决定。

第 486 条

负责管理受保护人的财产的委托代理人,在管理措施开始实施时,应当对财产进行盘存;在执行委托任务期间,应当及时了解财产的当前状况,并制作当前概括财产的状态说明书。

委托代理人每年均应制定管理账目,并按照委托书规定的方式对账目进行审核;法官在任何阶段均可派人依照第 511 条规定的方式审核管理账目。

第 487 条

委托到期时及其后 5 年之内,委托代理人应当将受保护人的财产盘存清册，按照盘存后财产的当前状况，以及最近 5 年的管理账目和为了继续进行管理或者确保受保护人的遗产清算所需的全部必要材料，移交给接替的管理人，或者，如果受保护人已经恢复其权利，交给受保护人或其继承人支配。

第 488 条

由于实行将来保护的委托，受保护人订立的合同和承诺的义务，得因单纯的显失公平而解除，或者在其承诺的债务过分的情况下，可减少债务数额，即使根据第 414-1 条的规定此种合同或义务承诺可以被撤销。法院尤其应当考虑所进行的活动有益无益、涉及的数额大小或者受保护人的概括财产的构成状况以及与之订立合同的人是善意还是恶意。

此种诉权仅属于受保护人；在其死后，仅属于受保护人的继承人。(2016 年 2 月 10 日第 2016-131 号授权法令) 第 2224 条规定的 5 年期间经过，此种诉权即告消灭。

第二目　公证的委托书

第 489 条

委托书，采用公署文书①制作时，由委托人选任的公证人作成；委托代理人对委托的接受，也应采用相同形式。

只要委托尚未生效，委托人可以按照相同形式变更或撤销委托，并通知委托代理人与公证人；委托代理人也可以放弃已接受的委托，并通知委托人与公证人。

---

① 经公证的委托书（mandat notarié）是公署文书（acte authentique）之一种。

第 490 条

尽管有第 1988 条的规定,委托书,即使文字表述笼统,均包括监护人有权单独或者经批准可以完成的财产性质的行为。

但是,委托代理人只有得到法官的批准才能实施无偿处分行为。

第 491 条

为适用第 486 条第 2 款的规定,委托代理人应当向制作委托书的公证人进行汇报并向其提交管理账目,提交的账目应附有全部有益的证明材料。公证人负责保管该账目以及财产盘存表和实时更新的财产状态说明书。

没有正当理由证明,或者看来不符合委托书规定的任何资金收支项目及文书,公证人均应将其提交给监护法官。

第三目 私署的委托书

第 492 条

用私署文书制作的委托书,应当由委托人亲笔签字并署明日期,同时由一名律师副署,或者按照最高行政法院提出资政意见后颁布的法令规定的样本制作。

委托代理人在委托书上签字即是接受委托。

只要委托尚未执行,委托人可以按照相同形式变更或取消委托;委托代理人也可以放弃委托并通知委托人。

第 492-1 条

只有符合(2016 年 2 月 10 日第 2016-131 号授权法令)第 1377 条(原第 1328 条)规定的条件,委托书才能取得确定的日期。

第 493 条

就财产管理而言,委托,仅限于完成一个监护人不经批准可以完成的行为。

如果从委托人的利益考虑,有必要完成某项需经批准才能实施的行为,或者有必要完成委托书中没有规定的行为,委托代理人向监护法官提出请求,由法官裁定。

第 494 条

为适用第 486 条最后一款的规定,由委托代理人保存财产的盘存表以及财产的当前状况说明书、最近 5 年的管理账目、各项证明材料以及为继续进行管理所必要的各项材料。

委托代理人有义务依照第 416 条规定的条件向监护法官或者共和国检察官提交这些文件。

第六节　家庭授权①

(2015 年 10 月 15 日第 2015-1288 号授权法令)

第 494-1 条

一个人经医疗确认精神官能或身体官能已经损坏,足以妨碍其表达自己的意思,不能自行单独保护其利益时,为了切实保护其利益,监护法官可以从该人的(2016 年 11 月 18 日第 2016-1547 号法律)直系尊血亲或直系卑血亲或者兄弟姐妹中挑选一人或数人,或者如果夫妻双方并未停止共同生活,由其配偶、与其订立紧密关系民事协议的伴侣或者姘居人,按照第 467 条规定的条件,以及本节和第三卷第十三编规定的方式和条件,代理、协助该人或者以其名义缔结或实施一项或数项行为,以便切实保护其利益。

---

① 原文为"habilitation familiale"。

得到授权的人应当具备履行监护职责的条件。得到授权的人无偿履行其任务。

第494-2条

只有在紧迫必要的情况下,以及按照有关代理的普通法规则,(2016年11月18日第2016-1547号法律)有关夫妻各自权利与义务的规则和夫妻财产制的规则,特别是第217条、第219条、第1426条与第1429条所定的规则,或者按照当事人订立的将来实行保护的委托书的条款规定,均不能充分满足当事人的利益时,法官才能命令实行家庭授权。

第494-3条

(2019年3月23日第2019-222号法律)有必要对其给予保护的人,第494-1条所指的人之一,或者共和国检察官应其中一人的请求,可以向法官提出请求指定一名获得授权的人。

此项申请,依照《民事诉讼法典》所定的规则并遵守第429条与第431条规定,提出、审理和判决。

为实行某种司法保护措施而提出的申请,或者在监护法官依照第442条第3款的规定用家庭授权替代监护或财产管理措施时,也可以指定一名获得授权的人。

第494-4条

(2015年10月15日第2015-1288号授权法令)法官依照第432条第1款规定的方式听取被要求给予他人授权的人(本人)的意见,或者对其进行传唤,但是,如果听取该人的意见可能对其身体带来伤害或者当事人已经处于不能表达意思的状态,法官以特别说明理由的决定,或者依据第431条所指的医生的意见,可以作出没有必要听取本人意见的决定。

（2019年3月23日第2019-222号法律）对于第494-1条所指的与请求对其实行家庭授权的人保持紧密联系或者对该人表现关注的近亲属，法官进行裁判时如果知道其身在何处，应当确知他们同意实行家庭授权，或者确知即使他们未表明同意，至少不持反对意见。

第494-5条

法官对获得授权的人的挑选以及授权的范围作出裁判，并且确保拟作出的安排符合当事人的财产权益，以及在相应情况下，符合当事人的人身权益。

（2019年3月23日第2019-222号法律）如果实行家庭授权并不能保障当事人获得充分的保护，法官可以命令实行本章第三节与第四节所指的一种司法保护措施。

第494-6条

家庭授权可以涉及以下事项：

1. 监护人有权单独或者经过批准就当事人的财产完成的某一项和数项行为。

2. 与需要受到保护的人的人身有关的某一项或数项行为。在此情况下，家庭授权的执行应当遵守第457-1条至第459-2条的各项规定。

得到授权的人只有经监护法官批准，才能代理实施无偿处分行为。

如果需要保护的人的利益有此要求，法官可以就上述第1点与第2点所指的全部行为或者两类行为中的一类行为，给予一般授权。

在给予一般授权的范围内，得到授权的人不得实施与受保护人的利益有冲突的行为，但是，作为特殊情况，以及在当事人的利益有此必要时，法官可以批准得到授权的人实施此种行为。

在给予一般授权的情况下，法官确定这种授权安排的延续时间。此种授权安排的延续时间不得超过10年。法官在接受第494-1条所指的人之一或者共和国检察官提出的请求之后,作出审理裁判。法官认为具备第 431 条与第 494-5 条规定的条件时,可以宣告延长授权的时间。宣告延长的时间与此前的时间相同。但是,如果根据已有的科学资料,为其利益而需要给予他人授权的人的身体官能受到的损坏明显不可能改善,法官可以根据第 431 条所指的医生的意见,作出特别说明理由的决定,延长家庭授权的时间。延长的时间长短由法官确定,但延长的时间不得超过 20 年。

给予、变更或者延长一般授权的判决,依照第 444 条规定的条件,在当事人的出生证书上作出记载;由于第 494-11 条规定的原因之一终止授权的情况,亦同。

第 494-7 条

得到家庭授权的受保护人的代理人,可以不经批准实施第 427 条第 1 款所指的各项行为,另有决定时除外。

第 494-8 条

除依照本节的规定已经托付给获得授权的受保护人的代理人行使的权利之外,为其利益安排家庭授权的人仍然保留行使其他权利。

但是,在已经给予受保护人的代理人一般授权的情况下,在授权期间,已经对其安排家庭授权的人不得另行签署有关将来实行保护的委托书。

第 494-9 条

如果为其利益安排家庭授权的人单独实施依照本节的规定已经交由获得授权的人实施的行为,由其单独实施的此种行为当然无效,且无须证明造成了某种损失。

(2019 年 3 月 23 日第 2019-222 号法律)如果为其利益安排家庭授权的人单独实施依照本节的规定有必要由获得授权的人协助才能实施

的行为，只有证明其单独实施的此种行为使受保护人本人遭受损失的，才能撤销其实施的该行为。

为其利益安排家庭授权的人，在宣告家庭授权措施的判决作出之前 2 年内单独实施的行为所产生的债务，可以依照第 464 条规定的条件减少数额或者撤销。

得到授权的人可以经监护法官批准，单独提起以上几款所指的无效之诉或减少数额之诉。

如果得到授权的人以此资格单独完成不属于给予其授权范围内的行为，或者实施只有经法官批准才能完成的行为，此种行为当然无效，且无须证明造成了某种损失。

所有情况下，无效之诉和减少数额之诉，均应当在（2016 年 2 月 10 日第 2016-131 号授权法令）第 2224 条规定的 5 年期间提起。

在此期限，以及只要授权措施仍在执行之中，可以在得到监护法官批准之后，对有争议的行为予以追认。

第 494-10 条

应任何利益关系人的请求，或者应共和国检察官提出的请求，法官对在实施保护措施过程中可能发生的困难作出审理裁判。

为此目的，依照第 494-3 条第 1 款规定的条件受理诉讼的法官，可以随时变更授权的范围，或者终止授权；在此之前，应当依照第 494-4 条第 1 款规定的条件，听取为其利益安排家庭授权的人以及得到此种授权的人的意见，或者对他们进行传唤。

第 494-11 条

除为其利益安排家庭授权的人死亡之外，家庭授权因以下事由终止：

1. 对当事人实行司法保护、财产管理或者监护；

2. 法官应受保护人本人、第 494-1 条所指的人之一或者共和国检察官提出的请求，作出的取消授权措施的判决已经取得既判事由之确定力的情况下，已经不再具备该条规定的条件时，或者执行家庭授权有可能损害受保护人的利益时；

3. 此前确定的授权期限已经到期而没有延长的，授权当然终止；

4. 为之给予授权的行为已经完成。

第 494-12 条

本节之规定的实施条件，由最高行政法院提出资政意见后颁布的法令确定。

第三章　司法随护措施

（2007 年 3 月 5 日第 2007-208 号法律）

第 495 条

如果依照《社会行动与家庭法典》第 271-1 条至第 271-5 条的规定为成年人的利益已经采取的各项措施仍然不能保障其对获得的社会性给付实行妥善管理，并且其健康或安全因此受到影响的，监护法官可以命令采取司法随护措施（la mesure d'accompagement），目的是恢复当事人自主管理其（社会性给付）收入的能力。

如果适用有关夫妻权利与义务的规则以及夫妻财产制规则就可以保障配偶妥善管理当事人获得的社会性给付，对于已经结婚的人没有必要宣告实行司法随护措施。

第 495-1 条

如果对当事人已经实行本编第二章规定的某一种法律保护措施，

不得再对其宣告司法随护措施。

如果(后来)宣告实行某项法律保护措施,已实行的司法随护措施当然终止。

第 495-2 条

只有应共和国检察官的要求,才能宣告实行司法随护措施。共和国检察官根据社会服务部门依照《社会行动与家庭法典》第 271-6 条的规定提出的报告,评判实行此种措施的适当性。监护法官在听取当事人的意见或者对其进行传唤之后作出裁判。

第 495-3 条

除保留执行第 495-7 条的规定外,实行司法随护措施,不随之引起(当事人的)任何无能力。

第 495-4 条

司法随护措施针对的是在法官宣告该项措施时由法令确定的名单上选择的社会性给付的管理。

法官应当对在执行此种措施时可能发生的困难作出裁判;法官可以随时依职权或者应保护成年人的司法委托代理人或共和国检察官的请求,在听取当事人的意见或者对其进行传唤之后,变更此种措施的适用范围,或者终止执行此种措施。

第 495-5 条

对于少年法官已经命令采取第 375-9-1 条规定的措施的社会性给付,当然排除实行司法随护措施。

为同一家庭分别负责执行第 375-9-1 条规定的一种措施的人和负责实行司法随护措施的人,应当相互通知各自作出的决定。

第 495-6 条

只有在第 471-2 条规定的名册上登记的负责保护成年人的司法委托代理人才能接受法官的指定,执行司法随护措施。

第 495-7 条

负责保护成年人的司法委托代理人受领包括在司法随护措施之内的各项补助性给付,并按照第 472 条第 1 款规定的条件将这些给付款项存入在有资格接纳公众资金的机构内以受保护人的名义开立的账户,但是,保留执行有关受公共财会制度约束的卫生机构、社会机构或社会医疗机构的人或职务部门实行的保护措施的规定。

受保护的成年人的司法委托代理人,为当事人的利益并考虑其意见和家庭状况,负责管理这些款项。

为了使当事人能够恢复自行管理社会性给付的条件,委托代理人对当事人进行教育。

第 495-8 条

实行此种(司法随护)措施的期间由法官确定,但期间不得超过 2 年。应受保护人、其委托代理人或共和国检察官的请求,法官作出特别说明理由的决定,可以延长实行司法随护措施的期间,但全部时间加起来不得超过 4 年。

第 495-9 条

第十二编有关建立、审核和通过账目的各项规定,凡与本章的规定不相抵触的,均适用于第 495-7 条规定的社会性补助金给付的管理。

第十二编　未成年人与受监护的成年人的财产管理

第一章　管理方式

第 496 条

　　监护人,在实施对管理受保护人的概括财产有必要的行为时,代理受保护人。

　　监护人应当唯一为了受保护人的利益,对管理其财产给予尽心尽力、谨慎周密的照管。

　　依照最高行政法院提出资政意见后颁布的法令具体规定和本编的规定,确定哪些行为被视为与受保护人的概括财产的日常管理有关的管理行为,哪些行为属于将在长时间里实质性引起概括财产承担义务的处分行为。

第 497 条

　　在已经任命了监护监督人的情况下,监护监督人向法官证明监护人有义务实施的活动已经得到正常开展。

　　监护监督人尤其应当向法官证明,按照亲属会议的规定,或者在没有亲属会议的情况下,按照法官的指令,已经将资金投入使用或再使用并且相应活动进展良好。

第 498 条

　　应当归受保护人所得的资金,直接存入在有资格接纳公众资金的机构内唯一以受保护人的名义开立的账户,并写明正在对该人实行监护措施。

在监护措施是交由实行公共财会制度的卫生机构、社会机构或者社会医疗机构的人或其职务部门实施时,按照最高行政法院提出资政意见后颁布的法令确定的条件进行资金的支付。

第 499 条

第三人如认为监护人的作为或不作为足以损害受保护人的利益,可以向法官报告。

第三人并不是资金再利用的保证人;但是,如果在使用此种资金时,第三人了解到明显危及受保护人利益的作为或不作为,应当向法官报告。

受保护人的债权人,只有在发生欺诈他们的权利的情况下,才能对亲属会议或法官给予的批准,提出第三人异议。

第一节 亲属会议或法官的决定

第 500 条

(2015 年 2 月 16 日第 2015-177 号法律)监护人(原规定为"根据监护人的建议,由亲属会议,或者如果没有设置亲属会议,由法官"),根据受保护人的财产多少,其管理所牵涉的各项活动,确定实施监护所需的经费预算、每年为维持财产管理以及偿还财产管理费用所必要的款项。(2015 年 2 月 16 日第 2015-177 号法律)监护人向亲属会议,或者如果没有设置亲属会议,向法官告明上述事项。在发生困难的情况下,经费预算,由亲属会议,或者如果没有设置亲属会议,由法官最后确定。

亲属会议，或者如果没有设置亲属会议，法官可以批准监护人将由其请求提供协助并由其负责的特别管理人的报酬也纳入管理费用。

亲属会议，或者如果没有设置亲属会议，法官可以批准监护人与第三人订立管理受保护人的有价证券与金融工具的合同，并且在考虑第三人的职业经验和支付能力的基础上，选择作为合同相对当事人的第三人。不论有何相反规定，得随时以受保护人的名义解除所订立的合同。

第 501 条

亲属会议，或者如果没有设置亲属会议，法官规定自哪一数额起，监护人有义务将可以支配的资金以及收入的节余部分投入使用。

亲属会议，或者如果没有设置亲属会议，法官提前或者在每次活动进行时，就资金的使用与再使用规定其认为适当的任何措施。在命令将资金投入使用的决定规定的期限内，由监护人实现资金的使用和再使用；对于过此期限仍然没有投入使用的资金，可以宣告由监护人负担利息。

亲属会议，或者如果没有设置亲属会议，法官可以命令将某些特定的资金存入一个不得处分的账户。

亲属会议，或者如果没有设置亲属会议，法官考虑到受保护人的实际状况并认为有此必要时，只能在信托寄存处开立受保护人的概括财产的管理账目。

第 502 条

亲属会议，或者如果没有设置亲属会议，法官对监护人就其不能单独实施的行为而提出的批准请求，作出审议决定。

但是，如果有待实施的行为涉及的财产价值按本金计算不超过法令确定的数额，得以法官的批准替代亲属会议批准。

第二节　监护人实施的行为

第一段　监护人无须得到批准实施的行为

第 503 条

（2019 年 3 月 23 日第 2019-222 号法律）监护人，如果已经指定监护监督人，在监护监督人在场时，对受保护人的财产进行盘存，在开始实行监护之后 3 个月内将有体动产盘存账册，6 个月内将其他财产的盘存账册送交法官。在实行监护期间，监护人应当实时更新财产的盘存账册。

监护人可以取得公法人或私人向其通报的各种情况和制作财产盘存清册所必要的文件；不得以职业秘密或银行秘密对抗监护人的请求。

如果法官认为有必要，自开始实行监护，可以指定一名财产评估作价员、司法执达员或者公证人，进行第 1 款所指的有体动产的盘存。费用由受保护人负担。

如果没有制作财产盘存清册，或者制作的清册不完整或不准确，受保护人，以及在其死后，其继承人，可以以任何方式提出有关受保护人的财产价值及其组成细目的证据。

在延迟转交财产盘存账册的情况下，法官可以指定一名财产评估作价员、司法执达员或者公证人进行第 1 款所指的有体动产的盘存。费用由监护人负担。

第 504 条

监护人单独实施保全行为，除保留执行第 473 条第 2 款的规定外，实施为管理受保护人的概括财产所必要的管理行为。

监护人单独在法院主张受保护人的财产权益。

经监护人同意订立的财产租赁契约,并不赋予承租人对事后成为有能力人的受保护人可以主张的任何延长租约的权利,也不赋予承租人在租约期满后仍然可以留在租赁场所的权利,即使有相反的法律规定,亦同。

但是,在监护开始之前订立的租约已经由监护人延长的,不适用前款规定。

第二段　监护人需经批准才能实施的行为

第 505 条

(2022 年 2 月 7 日第 2022-140 号法律)监护人,非经亲属会议批准,或者,在没有亲属会议的情况下,非经法官批准,不得以受保护人的名义实施处分行为。

为此给予的批准,应当确定各项具体条款,相应情况下,确定财产的价金,或者确定所订立的文书规定的起拍价。在按照法院判决进行财产强制拍卖,或者经法官批准由当事人自愿协商买卖的情况下,不再要求请求批准。

如果法官批准公开竞价拍卖待处分的财产,由得到授权、有资格按照《商法典》第 321-4 条的规定进行"动产自愿公开竞价拍卖"的人组织和实施此种拍卖活动。

只有在技术人员事先进行并完成审查以后,或者只有在听取至少两名有资质的专业人员的意见之后,才能批准买卖不动产、营业资产或没有在规范市场上公开流通的金融工具,或者将它们用于向公司的出资。

紧急情况下,法官应监护人的申请,可以作出特别说明理由的判决,取代亲属会议,批准金融工具的买卖,并责成监护人立即向作出资金使用决定的亲属会议进行报告。

第 506 条

只有在和解条款或者相应情况下仲裁条款得到亲属会议批准之后，或者在没有设置亲属会议的情况下，只有在得到法官批准之后，监护人才能以受保护人的名义实行和解或诉诸仲裁。

第 507 条

（2019 年 3 月 23 日第 2019-222 号法律）在与负责执行保护措施的人存在利益冲突的情况下，经亲属会议批准，或者在没有设置亲属会议的情况下，经法官批准，可以针对受保护人提出自愿协商进行财产分割的请求；财产的分割可以是部分分割。

财产清算清册应当提交亲属会议批准，或者在没有设置亲属会议的情况下，应当提交法官批准。

也可以依照第 840 条与第 842 条的规定在法院进行财产分割。

其他任何财产分割均视为临时性分割。

第 507-1 条

尽管有第 768 条的规定，监护人只能以净资产为限接受应当由受保护人接受的继承；但是，如果（2019 年 3 月 23 日第 2019-222 号法律）经负责处理遗产继承的公证人提出的证明书证实遗产的资产明显超过负债，或者在没有此项证明书的情况下，监护人得到亲属会议或者法官的批准之后，也可以无条件接受继承（原规定为"法官得经专门审议或特别决定批准监护人无条件接受继承"）。

未经亲属会议批准，或者在没有设置亲属会议的情况下，未经法官批准，监护人不得放弃应当由受保护人接受的遗产继承。

第 507-2 条

在以受保护人的名义放弃继承的遗产尚未被其他继承人接受时，或者在国家尚未经法院判决认许占有遗产时，由亲属会议就此作出新的审议决定给予批准,或者在没有设置亲属会议的情况下,由法官作出新的判决给予批准,监护人可以撤回已表示的放弃继承,或者在受保护人已成为有能力人时,由其本人撤回原来表示的放弃继承。此种情形适用第 807 条第 2 款的规定。

第 508 条

作为特别情况,并且为了受保护人的利益,监护人不是保护成年人的司法委托代理人时,经亲属会议批准,或者如果没有设置亲属会议,经法官批准,可以购买受保护人的财产或者订立租约。

就订立此种租约而言,视为监护人与受保护人存在利益相冲突。

第三段　监护人不得实施的行为

第 509 条

监护人即使得到批准,仍然不得:

1. 除有关赠与的规定外,实施无偿转让受保护人的财产或权利的行为,诸如减免债务、无偿放弃某项已经取得的权利、提前抛弃第 929 条至第 930-5 条所指的请求减少债务数额的诉权、在债务尚未清偿的情况下取消抵押权或担保、无偿设立役权,或者为第三人的债务提供担保;

2. 取得第三人对受保护人持有的某项权利或债权;

3. 以受保护人的名义经商或从事自由职业;

4. 购买受保护人的财产或者取得其财产的租约权,但保留执行第 508 条的规定;

5. (2008 年 8 月 4 日第 2008-776 号法律)将受保护的成年人的财产转移至交付托管的概括财产之内。

第二章　账目的制定、审核与批准

第 510 条

监护人每年均应对其进行的管理制作账目并附有必要的证明材料。

为此目的,监护人向以受保护人的名义开立一个或者多个账户的各机构请求提交这些账目的对账单;这些机构不得以职业秘密或银行秘密相对抗。

监护人有义务保守管理账目的秘密,但是,在受保护人至少已年满 16 周岁时,监护人每年均应将账目和证明材料的副本交给受保护人,以及如果任命了监护监督人,应将账目和证明材料的副本交给监护监督人;如果法官认为有必要,还应将账目和证明材料的副本交给负担保护当事人之职责的其他人。

此外,如果受保护人已达上述年龄并且状况允许,法官在听取其意见并征得其同意之后,可以批准受保护人的配偶、与其订有紧密关系民事协议的伙伴、血亲或姻亲,或者一名近亲属,如果他们证明有正当利益,提出向他们提交账目与证明材料的副本或其中部分文件的请求。费用由他们各自负担。

第 511 条

(2019 年 3 月 23 日第 2019-222 号法律)对于受监护的未成年人,为了进行账目审核,监护人应当向司法法院(2016 年 11 月 18 日第 2016-1547 号法律)司法书记室主任书记员送交年度管理账目并附有各项证明材料。

在账目送交(2016年11月18日第2016-1547号法律)司法书记室主任书记员之前,由监护监督人进行账目复核。

司法书记室主任书记员在履行对账目的监督任务时,可以按照《民事诉讼法典》规定的条件由他人协助。

法官可以决定将审核与批准账目的任务交给监护监督人。

如果受保护人的收入准许,以及概括财产数额证明有必要,法官可以决定由有资质的专业人员按照法官确定的方式执行审核与批准账目的任务。费用由未成年人负担。

第512条

(2019年3月23日第2019-222号法律)在为受保护的成年人任命了监护监督人的情况下,管理账目每年均由监护监督人负责审核,或者在适用第457条的规定时,由亲属会议负责审核。如果按照第447条规定的条件指定了数人管理受保护人的概括财产,年度管理账目应当由每一个管理人签字。在账目上签字,具有赞同账目的效力。在发生困难的情况下,应由负责执行保护措施的人提出申请,法官就账目是否符合实际情况作出裁判。

尽管有本条第1款的规定,在受保护人的概括财产的数量与组成证明有必要时,法官在接到预算盘存表之后,指定有资质的专业人员负责按照最高行政法院提出资政意见后颁布的法令确定的条件负责审核与批准账目。为执行审核任务,法官确定监护人向该专业人员提交管理账目以及各项证明材料的方式。

在没有指定监护监督人、共同监护人或助理监护人或者没有设置亲属会议的情况下,法官适用本条第2款的规定。

第513条

(2019年3月23日第2019-222号法律)尽管有第510条至第512

条的规定,鉴于受保护人的收入或者概括财产很少,法官可以免除监护人提交账目。

在由保护成年人的司法委托代理人负担监护职责时,法官也可以决定免除其制定管理账目。

第 513-1 条

(2019 年 3 月 23 日第 2019-222 号法律)负责审核和批准账目的人可以运用第 510 条第 2 款规定的要求向其通报情况的权利。不得以保守职业秘密对抗其提出的请求,但负责审核与批准账目的人有义务保守管理账目的秘密。

在对管理账目进行审核之后,负责执行这项任务的人立即将制作的账目的副本送交法院存档。

在拒绝批准账目的情况下,应当向法官送交一份有关遇到困难的报告,由法官对账目是否符合实际情况作出裁判。

第 514 条

(2019 年 3 月 23 日第 2019-222 号法律)在不论何种原因终止监护任务时,监护人均应制作并提交自设置年度账目以来进行的全部活动的管理账目,以便进行第 511 条至第 513-1 条所指的审核与批准。

此外,监护人在任务终止之后 3 个月内,或者如果监护人死亡,其继承人,应当将最近 5 年的管理账目以及本条第 1 款提及的账目交给已经成为有能力人的受保护人,或者交给接替负担管理措施的人或受保护人的继承人。

在第 513 条所指的情况下,不适用前两款的规定。

所有情况下,监护人均应当向本条第 2 款提及的人提交必要的材料,以便继续进行管理或保障遗产清算,同时应当提交原始盘存清册以及其后产生的现有财产的状况清册。

第三章 时 效

第 515 条

受保护人或者原来受保护的人,或者他们的继承人就有关监护事由提起的制作账目、追还财产或者支付款项的诉讼,时效期间为 5 年,自监护措施终止时计算,即使管理仍将持续至此之后。

第十三编 紧密关系民事协议和姘居
(1999年11月15日第99-944号法律)

第一章 紧密关系民事协议

(1999年11月15日第99-944号法律)

第515-1条

"紧密关系民事协议"①是两个异性或同性的成年自然人之间为安排他们的共同生活订立的一种合同。

第515-2条

下列情形,不得订立紧密关系民事协议,否则协议无效:

1. 直系尊血亲与卑血亲之间、直系姻亲之间,以及直至包括第三亲

---

① "紧密关系民事协议"原文为"pacte civil de solidarité",首先是由1999年11月15日第99-944号法律作出的规定,二十多年来经过多次修改与补充。根据第515-1条的规定,通过"紧密关系民事协议"建立起来的关系,不等同于同性婚姻关系,也不是姘居关系(传统上,所谓姘居,是男女之间持续的、事实上的共同生活,但并不存在任何契约约定),更不同于传统意义上的婚姻关系。2013年5月17日关于同性婚姻的第2013-404号法律正式承认同性婚姻关系。这样,依照法国法现在规定的制度,婚姻家庭关系方面存在多种形态:传统的异性婚姻关系、同性婚姻关系、姘居关系、同性或异性之间订立的紧密关系民事协议。

关于"pacte civil de solidarité"这一术语,目前国内有各种译法,如"民事团结协议""民事连带协议""民事结合"等。日常生活中,人们将同性恋关系称为"同志关系""亲密关系"或"亲密伙伴关系"。法国法规定的这种关系比较强调两伙伴之间的连带关系或连带责任(这种协议的范本也是如此);紧密关系民事协议可以由两伙伴提出共同声明或者其中一人的单方决定而解除,但它并不是一种松散的同居关系。

等在内的旁系亲属之间；

2. 其中至少有一人受婚姻关系义务约束的两个人之间；

3. 其中至少有一人已经与另一人订立紧密关系民事协议的两个人之间。①

第 515-3 条

（2016 年 11 月 18 日第 2016-1547 号法律）订立紧密关系民事协议的人向他们确定的共同居所地，（2009 年 11 月 24 日第 2009-1436 号法律）或者，在有重大障碍不能确定共同居所的情况下，向其中一方的居所所在市镇行政区的（2016 年 11 月 18 日第 2016-1547 号法律第 48 条）身份官员（原规定为"居所所在辖区的初审法院书记室"）作出共同声明（déclaration commune）。

（2009 年 11 月 24 日第 2009-1436 号法律）在有重大障碍的情况下，（2016 年 11 月 18 日第 2016-1547 号法律）身份官员（2011 年 3 月 28 日第 2011-331 号法律第 12 条原规定为"初审法院书记员"）前往当事人之一的住所或居所，对紧密关系民事协议进行登记。

（2009 年 11 月 24 日第 2009-1436 号法律）订立紧密关系民事协议的人向（2016 年 11 月 18 日第 2016-1547 号法律）身份官员提交他们之间订立的协议（原规定为"用公证文书或者私署文书订立的协议"），否则，不予受理。身份官员在协议上签证之后，将协议退还给双方当事人。

（2016 年 11 月 18 日第 2016-1547 号法律）身份官员对提交的声明进行登记，办理公示手续。

（2011 年 3 月 28 日第 2011-331 号法律第 12 条）在紧密关系民事协议是用公证文书订立时，由见证该文书的公证人接收共同声明并对

---

① 依照第 2 点与第 3 点规定，有夫之妇或者有妇之夫以及已经订立了此种协议的人，不得与第三者订立"紧密关系民事协议"。

订立的协议进行登记,办理前款所指的公示手续。

两伙伴订立的修改原紧密关系民事协议的协议,送交或者寄送接收原协议的(2016年11月18日第2016-1547号法律)身份官员(2011年3月28日第2011-331号法律第12条)或者公证人,以便进行登记。

在国外,订立紧密关系民事协议的两伙伴至少有一方具有法国国籍时,有关他们订立该协议的共同声明的登记和本条(2009年11月24日第2009-1436号法律)第3款与第5款规定的手续,以及变更原协议时要求履行的手续,由法国外交人员与领事人员办理。

第515-3条原条文:订立紧密关系民事协议的人,应当向他们确定的共同居所所在辖区的初审法院书记室作出共同声明。

订立紧密关系民事协议的人应向法院书记室提交他们订立的协议一式两份,并附交有关民事身份的各项材料,以便依照第515-2条的规定确认该协议的有效性;同时,应提交他们出生地的初审法院书记室出具的证明,或者两人中有一人出生在国外时,应提交巴黎大审法院书记室出具的证明,证明他们没有因此前订立的紧密关系民事协议而受到约束,非如此,提交的声明不予受理。

在当事人提交全部材料之后,法院书记员将提交的这项声明登记于登记簿。

法院书记员在协议的两份原本上签字并注明日期,将其返还协议的每一方伙伴,双方各执一份。

提交的声明,应在两伙伴每一人的出生地的初审法院书记室备置的登记簿上作出记载,或者如果当事人出生在国外,应当在巴黎大审法院书记室的登记簿上作出记载。

在当事人的居所地法院的登记簿上进行登录,赋予他们订立的协议以确定的日期,并使其自该日起产生对抗第三人的效力。

紧密关系民事协议的任何变更,均应当由两伙伴提出共同声明,并在接受原协议的法院书记室进行登记；这项共同声明应当附有修改原协议的协议，一式两份，否则不予受理。应当办理本条第4款规定的手续。

在国外，订立紧密关系民事协议的两伙伴中至少有一方是法国人时，有关他们订立此项协议的共同声明的登记和本条第2款与第4款规定的手续以及变更原协议时应当履行的手续，均由法国外交人员与领事人员办理。

第515-3-1条

（2006年6月23日第2006-728号法律）有关紧密关系民事协议的声明，应当在两伙伴每一方的出生证书上作出记载并指明另一方伙伴的身份；对于出生在国外的外国人，这些信息记载于（2016年11月18日第2016-1547号法律）外交部身份中心服务部门所掌管的（原规定为"巴黎大审法院书记室掌管的"）登记簿。变更原协议的协议，也进行相同的公示。

紧密关系民事协议，仅自其登记并被赋予确定的日期时，始在双方当事人之间产生效力；并且只有自完成各项公示手续之日起才对第三人产生对抗效力。修改原协议的协议，亦同。

第515-4条

（2006年6月23日第2006-728号法律）受紧密关系民事协议约束的两伙伴承诺义务在一起共同生活，以及承担物质上相互帮助和相互扶助的义务。如果两伙伴没有作出另外的安排，物质帮助与他们各自的能力相适应。

两伙伴[①]对其中任何一人因他们的日常生活需要（删去"以及与共

[①] 法律通常称订立紧密关系民事协议的双方当事人为"partenaires"，是"共同生活伙伴或伴侣"，在同性婚姻关系中的双方当事人称为"époux"（配偶），在异性婚姻关系中的当事人通常称为"mari"（丈夫）与"femme"（妻子）。

同住房有关")而缔结的债务连带对第三人承担义务,但是,对于明显过分的费用开支,不承担连带义务。(2010年7月1日第2010-737号法律)如果是采用分期付款的方式进行购买或者进行借贷,非经两伙伴同意,也不发生连带义务,但是,如果是为了共同生活所需,借贷数额很小的必要款项,(2014年3月17日第2014-344号法律第50条)以及在多次借贷的情况下,从家庭生活的日常水准来看,借贷的数额加起来并不明显过分时,不在此限。

第515-4条原条文:受紧密关系民事协议约束的两伙伴应当相互给予物质帮助和相互扶助。此种帮助的方式由紧密关系民事协议确定。

两伙伴对其中任何一人为他们的日常生活需要以及与共同住房有关的费用而缔结的债务,对第三人承担连带责任。

第515-5条

(2006年6月23日第2006-728号法律)除第515-3条(2009年11月24日第2009-1436号法律)第3款所指的协议另有规定外,紧密关系民事协议的每一方伙伴均保留各自管理、使用和处分个人财产并取得收益的权利。对于在协议订立之前或协议期间于第515-4条最后一款所指情况以外产生的个人债务,由每一方单独承担义务。

两伙伴中每一方均得以任何方法对另一方伙伴和第三人证明其本人是某项财产的唯一所有权人。凡是两伙伴中任何一方均不能证明独占所有权的财产,视为两人共有,各占一半。

两伙伴个人各自持有的动产财产,对于善意第三人,视为有权单独对其实施任何管理、使用、收益或处分行为。

第515-5条原条文:紧密关系民事协议的两伙伴应当在第515-3条第3款所指的协议中指明他们打算对在紧密关系民事协议订立之后

有偿取得的动产家具实行共有制度①,非如此,推定这些家具属于两人对半共有;在取得这些家具的日期不能确定的情况下,亦同。

在紧密关系民事协议订立之后两伙伴有偿成为所有权人的财产,如果取得或订购财产的文书没有作出另外的规定,亦推定为两伙伴对半共有。

第 515-5-1 条

(2006 年 6 月 23 日第 2006-728 号法律)两伙伴可以在原始协议或修改协议中选择对他们自该协议登记之日起共同或分别取得的财产实行共有制度。在此情况下,这些财产视为两伙伴对半共有,任何一方均不得以各自作出的贡献不等而对另一方主张求偿。

第 515-5-2 条

(2006 年 6 月 23 日第 2006-728 号法律)但是,以下所列财产,仍然由每一方伙伴独占所有权:

1. 两伙伴任何一方在订立紧密关系民事协议之后不论以何种名义受领的且没有用于取得某项财产的金钱;
2. 两伙伴任何一方创造的财产及其添附物;
3. 具有个人性质的所有财产;
4. 按照原始协议或修改协议的规定选择的制度,在其登记之前用属于伙伴一方的金钱取得的财产或者某项财产之部分;
5. 用受赠与或者继承所得的金钱取得的财产或财产之部分;
6. 通过拍卖两伙伴之一在一项共有遗产内或者在受赠与之后作为所有权人的某项财产的全部或部分,由此拍卖取得的财产之部分。

第 4 点与第 5 点规定的金钱的使用,应当在用其取得的财产的证书上作出记载;没有作出此种记载的,财产视为两伙伴对半共有,仅在

---

① 此处为"indivision",是普通共有,而不是夫妻共同财产制(communauté)。

两伙伴之间产生债权。

第 515-5-3 条

（2006 年 6 月 23 日第 2006-728 号法律）在紧密关系民事协议没有相反规定的情况下，两伙伴中每一方均为共有财产的管理人，可以实施本法典第 1873-6 条至第 1873-8 条承认的各项权限（pouvoir）。

为了管理共有财产，两伙伴可以订立一份按照第 1873-1 条至第 1873-15 条规定的条件行使共有权的协议；在取得每一项需要进行不动产公示的财产时，有关行使共有权的协议应在（2010 年 6 月 10 日第 2010-638 号授权法令）不动产登记档案管理处（fichier immobilière）（原规定为"抵押权登记处"）进行公示，否则所订协议无效。

尽管有第 1873-3 条的规定，财产共有协议的期限视为与紧密关系民事协议的期限相一致，但是，在解除紧密关系民事协议时，两伙伴仍然可以决定共有协议继续有效。这项决定应当遵守第 1873-1 条至第 1873-15 条的规定。

第 515-6 条

（2006 年 6 月 23 日第 2006-728 号法律）在解除紧密关系民事协议的情况下，两伙伴之间适用第 831 条、第 831-2 条、第 832-3 条与第 832-4 条的规定。

如果死亡的伙伴一方订立的遗嘱有明文规定，第 831-3 条第 1 款的规定适用于生存的伙伴。

在因两伙伴中一方死亡紧密关系民事协议终止的情况下，生存伙伴可以主张第 763 条第 1 款与第 2 款的规定。

第 515-6 条原条文：在解除紧密关系民事协议的情况下，第 832 条的规定适用于订立此种协议的双方当事人，但是，有关某一项农产经营事业之全部或一部的规定以及此种经营事业的共有份额或股份的规定除外。

第 515-7 条

（2011 年 3 月 28 日第 2011-331 号法律）因两伙伴中一方死亡，或者因两伙伴或其中一人结婚，紧密关系民事协议解除。在此情况下，协议的解除于前述事件发生之日产生效力。

（2016 年 11 月 18 日第 2016-1547 号法律）紧密关系民事协议原登记地的身份官员或者为该协议进行登记的公证人，在得到有管辖权的身份官员关于订立此种协议的伙伴死亡或者结婚的通知以后，对该协议的解除进行登记并办理公示手续。

紧密关系民事协议也因两伙伴提出共同声明或者其中一人单方作出的决定而解除。

紧密关系民事协议的两伙伴一致同意决定终止协议时，应当向协议登记地的(2016 年 11 月 18 日第 2016-1547 号法律)身份官员送交或寄送他们为此目的提出的共同声明。

伙伴一方决定终止紧密关系民事协议时，应向另一方送达传唤状。传唤状的副本送交或者寄送原协议登记地的身份官员或者进行协议登记的公证人。

身份官员或者公证人对协议的解除进行登记、办理公示手续。

紧密关系民事协议的解除，自其进行解除登记之日，在两伙伴的关系中产生效力。

自办理公示手续之日起，紧密关系民事协议的解除对第三人产生对抗效力。

在国外，本条赋予身份官员的职责由法国外交人员与领事人员承担，由其办理或者委托办理本条第 6 款规定的手续。

紧密关系民事协议的双方伙伴自行对依据该协议产生的权利与义务进行清算；在达不成协议的情况下，由法官对终止此种关系在财产方面的后果作出审理裁判,且不影响对可能受到的损害给予赔偿。

(2006年6月23日第2006-728号法律)除有相反协议之外,两伙伴相互持有的债权,按照第1469条所定的规则进行评估。这些债权可以与其持有人从共同生活中获得的利益两相抵销,在债权持有人没有按照其能力分担因共同生活需要而缔结的债务的情况下,尤其如此。

第515-7条原条文:如果紧密关系民事协议的两伙伴一致决定终止他们之间订立的协议,应当向至少其中一人的居所所在辖区的初审法院书记室提交书面的共同声明,法院书记员将此声明登记于登记簿,并予保管。

仅有伙伴一方决定终止紧密关系民事协议时,应当向另一方送达其决定,并将送达文书的副本寄送接收协议原本的初审法院书记室。

订立紧密关系民事协议的伙伴之一决定结婚并由此终止所订立的协议时,应经执达员送达,通知另一方伙伴,并将送达文书的副本以及出生证书的复印件寄送至接收该协议原本的法院书记室,出生证书上应写明结婚。

如果紧密关系民事协议是由于至少一方伙伴死亡而终止,生存的一方或者任何有利益关系的人,均可将死亡证书寄送至接收该协议原本的初审法院书记室。

法院书记员在接收前款所指的声明或文书之后,在原来的紧密关系民事协议的正文后面作出记载,同时将此记载转录于第515-3条第5款所指的登记簿。

在国外接收、登记、保管本条前4款所指的声明或文书,由法国外交人员与领事人员负责,并由他们进行前款规定的记载。

紧密关系民事协议依下列情况终止:

1. 第1款所指的共同声明在该协议原本上进行记载之时;

2. 按照第2款的规定进行送达后3个月,但以向该款所指的法院书记室送达文书的副本为保留条件;

3. 在伙伴之一结婚或者死亡之日。

紧密关系民事协议的双方伙伴自行清算由该协议产生的权利与义务。在双方达不成协议的情况下，由法官就终止此种关系在财产方面的后果作出审理裁判，且不影响对可能受到的损害的赔偿。

第 515-7-1 条

（2009 年 5 月 12 日第 2009-526 号法律）已经进行登记的伙伴关系的形成条件与效力，以及解除这种关系的原因与效力，受进行登记的机关的国家实际规定调整。

第二章　姘　居

（1999 年 11 月 15 日第 99-944 号法律）

第 515-8 条

姘居（concubinage）[①]是指在一起成双生活的两个异性，甚至同性别的人之间具有一定稳定性、持续性的共同生活的事实结合。

[①] 订立"紧密关系民事协议"的同性或者异性的两人之间的关系实际上也属于姘居关系或同居关系。不过，法国法承认两种类型的同居关系：订立紧密关系民事协议的同居，以及简单的同居或姘居。简单的同居或姘居是一种事实状态：两个异性，甚至两个同性别的人之间有意图建立持久的同居生活的状态，同居的两人并无事先确定的规则，便在一起共同生活，两者之间并未订立有关共同生活的协议。法律对同居或姘居并未作出定义，但条文明确指出它是一种持续的、具有一定稳定性的事实上的亲密关系，如果两人之间虽然存在持久的亲密关系，但在婚姻、财产方面的各种联系上均处于完全自由状态，且不在一起居住，则不适用第 515-8 条关于姘居（或同居）的表述。

第十四编　对家庭暴力受害人的保护措施

(2010年7月9日第2010-769号法律第1条)

第515-9条

(2019年12月28日第2019-1480号法律)在一对夫妻内部,包括在没有共同居住的情形下,或者前配偶、订立紧密关系民事协议的前伙伴、前姘居人,包括始终没有共同居住的情形,实施暴力,致使作为受害人的一方或者一个或多个子女人身处于危险状况时,家事法官可以为受害人紧急签发人身保护令(ordonnance de protection)。

第515-10条

(2019年12月28日第2019-1480号法律)如果需要协助,由人身处于危险状况的人向法官提出申请,或者经当事人同意,由检察院提出申请,由法官签发人身保护令。

法官接到请求签发人身保护令的申请时,以任何适当的方法召见保护令申请方与辩护方,并通知检察院,听取他们的意见,相应情况下,双方当事人由律师协助。在评议室进行听证。应申请方的请求,听证分开进行。

第515-11条

(2022年2月7日第2022-140号法律)家事法官依据向其提交的并且经过对席辩论的材料,认为有严肃理由可以认定受害人讲述的实施暴力行为的事实确属存在,受害人(2014年8月4日第2014-873号法律第 32 条）或者一个或数个子女面临危险时，应当自确定开庭审理的日期最迟 6 天内签发人身保护令。在签发人身保护令时，家事法官就以下每一项措施听取双方当事人的说明之后，对下列事项有管辖权：

1. 禁止辩护方接待或会见家事法官特别指明的人，禁止辩护方与这些人有任何形式的联系。

1b. 禁止辩护方前往家事法官特别指明的申请方平常所在的特定地点或场所。

2. 禁止辩护方持有或携带武器。保护令规定上述第 1 项所指的措施时，关于不禁止辩护方持有或携带武器的决定应当特别说明理由。

2b. 责令辩护方将持有的武器送交距离其住所最近的警察部门或宪兵部门。

2c. 向辩护方提出由其自费参加卫生、社会或心理方面的治疗或者提高责任心方面培训，以预防和制止夫妻之间实施暴力和性虐待行为。在辩护方表示拒绝的情况下，家事法官立即向共和国检察官报告。

3. 就配偶双方分开居住以及与住宅相关的费用的负担方式，作出审理裁判，并且明确其中哪一方继续在夫妻住宅内居住，除因特别情况并作出特别说明理由的裁判外，夫妻双方住宅的使用权，赋予不是暴力行为人的配偶一方，即使其已经获得紧急住宿场所，亦同。在此情况下，与住房相关的费用由实施暴力的配偶一方负担。

4. 就订立紧密关系民事协议的两伴侣或者姘居人的共同住房问题作出裁判。除因特别情形并作出特别说明理由的裁判外，紧密关系民事协议的两伴侣或姘居人的住房的使用权，给予不是暴力行为人一方，即使其已经获得紧急住宿场所，亦同。在此情况下，与住房相关的费用由实施暴力的一方负担。

5. 就行使亲权的方式，以及依据第 373-2-9 条的规定，就探望权和留宿权作出宣告,相应情况下,对已经结婚的双方分担家事费用负担、第515-4条关于对订立紧密关系民事协议的人给予实际的物质上的帮助,以及子女的抚养和教育费用的分担作出裁判。在保护令规定上述第1点所指的措施时,关于不裁定在指定的场所或者没有第三人在场的情况下行使探望权的决定,应当特别说明理由。

6. 批准请求方不透露其住所或居所(的地址),以及在其作为一方当事人的所有民事诉讼中,将住所选定在为其提供协助的律师或代理律师的事务所,或者选定在驻请求方通常作为诉讼当事人的司法法院的共和国检察官的办公地。如果因执行法院判决的需要,负责实施执行行为的司法执达员应当了解当事人的地址时,向司法执达员告明该地址,但不得将其透露给执行行动的委托人。

6b. 批准请求方不透露其住所或居所,以及为其日常生活需要,准许其将住所选定在某一有资质的法人的所在地。

7. 就双方当事人或者其中一方依据1991年7月10日有关司法协助的第91-647号法律第20条第1款的规定准许先行获得司法协助作出宣告。

相应情况下,法官向请求方提交一份有资质在保护令实施期间随时了解具体情况的法人的名单;经请求方同意,法官可以将请求方的有关联络方式转告有资质的法人,以便于联络。

法官签署保护令时,应立即告知共和国检察官,并向检察官指明一个或多个儿童可能面临的暴力。

第515-11-1条

(2020年7月30日第2020-936号法律)一、在已经宣告第515-11条第1点所指的禁止措施时,家事法官可以宣告禁止实施暴力的一方接近申请方,但是,如果在听取双方当事人的意见之后,并且命令双方均佩戴可用于反接近的电子装置,能够及时显示辩护方不遵守应当保持的距离时,不在此限。由于辩护方表示拒绝佩戴此种装置,因而不能采取此项措施时,家事法官立即报告共和国检察官。

二、对可用于反接近的电子装置记录的个人数据可以进行处理,处理这些数据的条件与方式由最高行政法院提出资政意见后颁布的法令作出具体规定。

第 515-12 条

(2019 年 3 月 23 日第 2019-222 号法律)第 515-11 条所指的各项措施,最长延续时间为(2014 年 8 月 4 日第 2014-873 号法律)6 个月,自通知人身保护令之日起计算;如果在此期间当事人提出了离婚起诉状或者分居诉状,或者如果家事法官已经受理了有关行使亲权的诉状,期限可以延长超过 6 个月;应检察院或者一方当事人提出的申请,或者在采取任何必要的调查措施并且要求每一方当事人表达自己的意见之后,家事法官可以随时取消或者变更在人身保护令中宣告的全部或部分措施、决定采取新的措施、同意辩护方暂时免于遵守对其规定的特定义务,或者推迟执行人身保护令。

第 515-13 条

对于受到强迫婚姻威胁的成年人,法官也可以依照第 515-10 条的条件(2014 年 8 月 4 日第 2014-873 号法律)紧急签发人身保护令。

法官对采取第 515-11 条第 1 点、第 2 点、第 6 点和第 7 点所指的措施有管辖权;法官也可以提出要求,命令暂时禁止受到威胁的人出境。这项禁止出境令登记于共和国检察官的追查人员档案。第 515-12 条适用于依据本条规定所采取的各项措施。

第二卷

财产及所有权的各种限制

第二卷 财产及所有权的各种限制

译者简述：法国《民法典》第二卷的标题原文为"des biens et des differentes modifications de la propriété",其中"modification"一词的本义是"改变""变化""更改",因此,按照字面意思翻译,可以译为"财产及所有权的各种变更"。

自罗马法时期,学理上就认为所有权的各项权能可以单独或者同时与所有权分离开来,也就是说,所有权性质的物权是可分的(divisible),其不同组成要素(éléments constitutifs),可以按照不同的理解,相互分离,所有权人的各项特权可以在不同的人之间分配,可以分别属于不同的人,但这些被分解的要素仍然具有与所有权本身相同的性质。当所有权的权能分离出去后,所有权人只剩下一种"裸体的所有权"(nue-propriété),又可译为"虚有权"。被分解的权能部分重新合并或回归,可重构一个完全所有权整体。所有权的分解(权利),法文表述为"le démembrement",本义是"分解"或"肢解",它既是一个习惯上使用的概念,也是一种简便说法。法国民法所说的"所有权的分解权利"是对这种观念的继受与体现,这种观念的出发点是站在所有权人的立场,从所有权的角度看待与分析问题。

也有学者对这一观念持评判态度,他们认为应当将这些权利称为"对他人之物的权利"(le droit sur la chose d'autrui),因此应当称之为"他物权"。这显然是离开所有权人,站在他物权人的角度看待与分析问题,但实际上"他物权"仍然是从他人的财产所有权上"分解"或派生而来的权利。由于存在他物权,所有权必然受到限制,顺理成章,将"modification"一词解释为对所有权的"限制"。

仍然主张"所有权的分解权利"的学者认为,将这些权利定性为"他物权"或"对他人之物的权利",不能体现它们是"完全所有权的各项固有特权的重配",也不能体现它们是所有权人的完全所有权的一部分。所有权是一种绝对权、对世权,如果没有所有权本身,如果没有所有权人的同意或者法律的强制规定,很难想象存在他物权。

我国也有学者将法国人所说的"所有权的分解"(le démembrement)称为用益物权,将法国《民法典》第四卷规定的"担保"(les sûretés)称为"担保物权",有待商榷,况且法国法所说的"les sûretés"包括人的担保与物的担保,将其称为担保物权似乎不太妥当。

第515-14条

(2015年2月16日第2015-177号法律第2条)动物是具有灵性的活的生命,除适用保护动物的法律外,也适用财产制度。

第一编　财产的分类

第516条

（1804年2月4日颁布的1804年1月25日法律）一切财产，或为动产，或为不动产。

译者简述：我国《民法典》第115条规定："物包括不动产和动产。法律规定权利作为物权客体的，依照其规定。"表面上看，这一条文的前一句话与法国《民法典》第516条的规定似乎仅有"一切财产"和"物"这两个概念之差别，实质上远非如此简单。前些年，中国学界曾有过"制定财产法还是制定物权法"的争论。这场争论实质上涉及我国《民法典》在这一领域的立法观念取向。

法国《民法典》第516条中，"财产"一词原文为"les biens"，依通常解释，其第一层意思是指"可以被人占为己有、取得所有权的物质之物"（chose matérielle），仅指有体物（chose corporelle）或有体财产（bien corporel），与权利（droit）相对应，权利具有非物质属性。"les biens"的第二层意思，是指组成一个人的概括财产（patimoine）的全部动产要素与不动产要素，是属于一个人所有的全部物质之物及其作为持有人的全部权利。

法语所说的"物"（chose）是一个使用频率非常高的多义词，其主要意思是"东西""事情""事物"等，一块石头、一段木头……诸如此类的物件（objet）当然是"chose"。海德格尔在《生活之物》（les choses de la vie）一书中写道："我们说，夏日的草地上，有各种各样的物（东西）：草、植物，还有蝴蝶；物就挂在墙壁上；还有那幅油画，我们也称之为物；雕刻家的工作室也有各种已经完成或尚未完成的物。"从狭义来看，"chose"是指"一切可以觉察到的东西""一切可以看得见的东西""一切可以用手触及的东西"（das vorhandere）；从广义来说，"chose"是指"一切事情"，"以这样或那样的方式进行中的一切事情"，也就是"在这个世界上发生的一切东西、事实、事件"（参见《法国财产法》，罗结珍译,中国法制出版社 2008 年版,第 4 页)。

物、财产、财产权这三个概念及其异同,学界讨论持续不断。这些概念不是或者不完全是同义语,各自的涵盖面不完全重叠。

按照中国学界的解释,法律上所指的物主要是不动产和动产,物权法上的物指有体物或有形物。依法国民法,不是所有的物都是财产,物不等于财产。法律意义上的物不仅仅是指有体物。法律不仅承认有体物,而且承认无体物或无形物。人的能力可能控制的、具有交易价值的有体物以及无体物或权利无疑都是财产(债权、股权、知识产权等财产权是财产)。财产不再是物,而是一种权利,财产的实质是财产权。现代社会中有体财产只是财产的一部分。法国《民法典》基本定位是财产基本法,而不是有体财产法。

在科学技术高速发展的当今时代,无形财产层出不穷,很多无形财产的价值远远高于有体财产。在无形财产中,权利占有突出的地位。面对新的社会实际,民法不可能忽视无形财产。

中国有些学者认为,法国民法中的"les biens"和"droit des biens"就是"物权法"。译者认为,在这里不应模糊法国法与德国法关于这一法律制度的基本理论和立法观念上的差异。法国《民法典》仅有极少数条文使用"物权"这一概念,法国学者的著作通常以"les biens"为标题,法国《民法典》的核心是财产法,而不是物权法。"一切财产",包括有形财产和无形财产。

不同国家的立法相互借鉴是必然的。法国民法虽然始终坚持以财产法为其核心观念,但学者的著述与法院判例也不乏将所有权、用益权、役权等称为物权的情形;学理上也将物权划分为主物权和从物权,前者是指所有权及所有权的分解权利——用益权、使用权和居住权、役权、永租权等,后者是指物的担保——抵押权、不动产优先权、不动产质权、有体动产质权、无形动产质权、动产优先权。法国《民法典》同样有物权法定原则,由其明文确认的物权有以下几种:虚有权、用益权、使用权与居住权、地役权,此外,期间可长达 99 年的永租权(emphytéose,也译为永佃权或长期租约权)、地上权(le droit de superficie)也是得到法律承认的所有权的分解权利。随着时代的发展,立法上也将类似于长期租约的"建筑租约"(bail à construction)、"矿产经营许可权"(permis d'exploitation)与"矿场租赁经营权"(concession de mine,1957 年 8 月 16 日《矿产法典》第 36 条与第 55 条)、"水力资源租赁经营权"(concession hydraulique,1919 年 10 月 16 日法律)归入物权之列,不仅如此,学界有人提出,以下几种制度也可以解释为创设新的所有权的分解权利,例如,"商业租约"(bail commercial)与"农地租约"(bail rural),前者往往被称为"商业所有权"(la propriété commerciale)。商业建筑物或其中经营场地的承租人往往享有的各项特权,对于这一类租约,尤其是从其提供的合同关系的稳定性保障来看,将它们定性为物权,称其是所有权的分解(权利),似乎不存在任何障碍。

第一章 不动产

第517条

(1804年2月4日颁布的1804年1月25日法律)财产,或依其性质,或依其用途①,或依其附着的客体为不动产②。

第518条

(1804年2月4日颁布的1804年1月25日法律)土地与建筑物,依其性质为不动产。

第519条

(1804年2月4日颁布的1804年1月25日法律)固定于柱石且构成建筑物之部分的风磨或水磨,依其性质,亦为不动产。

第520条

(1804年2月4日颁布的1804年1月25日法律)连于根系、尚未收割的庄稼,以及树上尚未摘取的果实,同样为不动产。

谷物一经收割,以及已经摘取的果实,即使尚未运走,为动产。

---

① 此处的"用途"一词原术语为"destination",指所有权人将一物用于另一物或服务于另一物,使之对另一物具有特别用途,在两物之间建立起紧密的联系,这种联系产生于人所指定的特定用途。参见第524条。

② 参见第526条的规定。在权利义务关系中,权利主体也称为积极主体(sujet actif),义务主体称为消极主体(sujet passif),权利义务共同指向的对象则是权利义务的客体(objet)。

庄稼仅部分收割时,仅此部分为动产。

第 521 条

(1804年2月4日颁布的1804年1月25日法律)平常定期采伐的矮树木或者有规则采伐的多年生高大树木,仅随其被砍伐,始成为动产。

第 522 条

(1804年2月4日颁布的1804年1月25日法律)土地所有权人向土地承租人或分成制佃农提供的用于耕作的牲畜,不论是否作价,只要依合同的效力与租地相关联,(2015年2月16日第2015-177号法律)受不动产制度约束。①

土地所有人出租给土地承租人或分成制佃农以外的其他人租养的牲畜,为动产。

第 523 条

(1804年2月4日颁布的1804年1月25日法律)房屋或其他不动产上用于引水的管道,为不动产,并且属于其定着的不动产之部分。

第 524 条

(2015年2月16日第2015-177号法律)不动产所有权人为其不动产的便益和利用,在其上安置的物件,依其用途为不动产。

不动产所有权人为相同目的在其上安置的动物,受依其用途为不动产的制度约束。

(1999年1月6日第99-5号法律)依此而言,下列各物在其是由不动产所有权人为该不动产的便益与利用所安置时,依其用途为不

---

① 自1804年以来,始终表述为"视为不动产"(sont censées immeuble),现修改为"受不动产制度约束"(sont soumis au régime des immeubles)。

动产：

——（2015年2月16日第2015-177号法律废止："专用于耕作的牲畜"）；

——农具；

——提供给土地承租人或（2009年5月12日第2009-526号法律）对等分成制佃农的种子；

——（2015年2月16日第2015-177号法律废止："鸽笼中饲养的鸽子；

——"兔笼中饲养的兔子"）；

——蜂巢中饲养的蜂群；

——（2015年2月16日第2015-177号法律废止："《农村与海洋渔业法典》第402条以及同一法典第432条与第433条没有指明的池塘育养的鱼类"）；

——压榨机械、锅炉、蒸馏器、酿酒桶与大木桶；

——经营铸造厂、造纸厂与其他工厂所必需的用具；

——禾草与肥料。

由不动产所有权人永久固定于不动产上的一切动产物品，亦依其用途而为不动产。

第525条

动产，在其用石膏浆、石灰或水泥紧紧固定于不动产，非经折断或毁损或者非经破碎或损坏其附着的不动产之部分，便不能分离时，视所有权人已将其永久定着于不动产。

套房内安置的镜子，如果与其附着的墙壁护板连为一体，亦视其永久附着于墙壁。

画幅与其他装饰物，亦同。

雕像，在其安放于墙壁上专门留置的框架内，即使不折断或不损坏仍能取下的,仍为不动产。

第526条

以下所列,依其附着的客体为不动产:

——不动产物(chose immobilière)的用益权;

——役权或地役权;

——旨在请求追还不动产的诉权。

译者简述:第516条是一个确定基础理念的条文:"一切财产,或为动产,或为不动产。"有体动产与不动产是财产,无形财产也是财产。无形财产中包含权利(财产权)。债权、股权、知识产权,诸如商标权、专利权等是财产。非财产权,诸如人格权、名誉权,受到侵害时,产生赔偿请求权,在此程度上,转换为财产权。

第526条列举不动产的用益权、役权以及不动产追还诉权为不动产,其依据是,这些权利附着的客体是不动产,但法典没有明文将"动产物的用益权"认定为动产(参见第529条及第581条);役权仅对不动产设立(第637条)。

法国法律将诉权划分为动产诉权(action mobilière,动产诉讼)与不动产诉权(action immobilière,不动产诉讼),区分依据是行使的权利的客体或标的(参见第529条)。对动产或者以取得动产为直接标的的诉权,谓之动产诉权,可以是对人权或债权;以取得不动产为直接标的的诉权,称为不动产诉权,可以是对人诉权或对物诉权。法院判例认为,一项财产是动产性质还是不动产性质,由法律规定,当事人之间订立的协议在这方面不产生影响。

权利是否可以作为所有权的标的?针对这一问题始终存在争论。第516条所说的"一切财产"包括所有的有形和无形财产。无形财产,既然是财产,同样可以作为所有权的标的。法国法承认无形财产的所有权(droit de propriété incorporelle)。

虽然权利载体与权利本身可以区分,但在许多情况下相互重叠、不能分离。有体动产与不动产的所有权如此,商标与商标权、专利与专利权、股权与股份、有体动产质押权与质押物等,都是如此。

我国学界通常称商标权人、专利权人,商标使用权人、专利使用权人。法国法院判例的表述常常使用以下概念:对一项专利的所有权(droit de propriété sur un brevet),或者商标所有权、股东所有权、股份所有权人(propriétaire de parts),而不是表述为"股权所有权"

"专利权所有权"或者"商标权所有权"。法国商法将营业资产(fond de commerce,例如,商业店铺等)视为一种无形动产(un meuble incorporel),其持有人同样是所有权人;至于知识产权,其中的"产权"一词本身就是"所有权",法文表述为"propriété intellectuelle"(知识所有权、智力所有权),工业产权则表述为"propriété industielle"(工业所有权)。法文"propriété"一词既可指所有权,也可指财产本身。

第二章 动 产

第 527 条

财产,依其性质或法律的规定,为动产。

第 528 条

(2015年2月16日第2015-177号法律)可以从一处移至另一处的财产,依其性质为动产。

第528条原条文:(1999年1月6日第99-5号法律)动物,以及能够从一处移至另一处的物体,不论其是自行移动还是仅在外力作用下才能改变位置,均依其性质为动产。

第528条此前的原条文:能够从一处移至另一处,或者诸如牲畜等能自行行动之物,或者仅在受外力作用时才能改变位置之物,例如,无生命之物,依其性质为动产。

第 529 条

以可追偿的到期款项或动产为标的的债(obligation)与诉权(action),在金融、商业、工业公司内的股份与权益,尽管依附于这些企业的不动产属于公司,依法律的规定为动产;但是,只要公司存续,此种股份与权益仅对每一参股人而言视为动产。

对国家或者对个人的永久定期金或终身定期金,依法律的规定,亦为动产。①

第530条

用买卖不动产的价金或者作为有偿或无偿转让不动产的条件而设立的永久定期金,本质上可以通过还清本金而赎回。

但允许债权人规定赎回的条款与条件。

亦允许债权人订立条款规定,只有经过一定期限才能赎回定期金;但是,在任何情况下,该期限均不得超过30年,任何相反约款均无效。

第531条

各类船只、船舶上使用的风车和沐浴设备,广而言之,一切未经柱石固定、不构成房屋之部分的任何制造设备,均为动产;但是,由于这些动产物品所具有的重要性,在对其中某些物件实行扣押时,应当依照《民事诉讼法典》的规定遵守特别形式。

第532条

拆卸建筑物所得的材料,归集起来用于新的建筑的,直至工人将这些材料用于某一建筑时为止,为动产。

第533条

在法律的规定或者由人作出的规定中单独使用"动产"(meuble)一词时,如果不另加其他词汇,也没有具体说明,不包括现金、珠宝、应收的债款、书籍、勋章、科学仪器、工艺与手工器具、日常衣物(2015年2

---

① 国内有学者认为,法国《民法典》第526条和第529条规定存在不能自圆其说的逻辑缺陷,其疑问是:究竟财产是具体的物还是建构在这些物上的权利?译者认为,法典的有关条文实际上回答了这个问题。法国法院判例认为,无记名证券受有体动产制度的约束。这意味着证券实物与其代表的权利合二为一,因此可以进行"现实的转手交易",交付证券实物即是转移权利。

第一编　财产的分类

月 16 日第 2015-177 号法律废止"、马匹、车辆配置、兵器、谷物、酒、干禾草与其他食物");也不包括作为商事交易标的的货品。

第 534 条

"配备的动产家具"一语,仅指房间里使用和装饰的动产,例如,地毯、床、座椅、镜子、挂钟、桌子、瓷器以及其他此种性质的物品。

构成房间内家具之部分的绘画与雕像,亦属动产家具之列,但不包括可以放置于专门陈列室或特别藏室的收藏品。①

瓷器,亦属相同情形,仅有其中属于房间装饰之部分,才包括在动产家具的名目之内。

第 535 条

"动产财产""动产"或者"动产物品"等词,一般包括按照以上确定的规则视为"动产"的一切物品。

出卖或者赠与"带家具的房屋",仅包括房屋内配备的动产。

第 536 条

出卖或者赠与某一房屋,连同出卖或赠与其中的一切物品时,仍不包括可能存放在房屋内的现金、应收债款或者以证书为代表的其他权利;其他所有动产物品均包括在出卖或赠与之内。

第三章　财产与其占有人的关系

第 537 条

个人得自由处分属其所有的财产,但应当遵守法律规定的各种限制。

---

① 此种收藏品是动产,但不是房屋内"配备的动产家具"(meubles meublants)。

不属于个人所有的财产，按照与其相关的特别形式和规则进行管理，并且只能按照此种形式和规则进行转让。

第 538 条

（2006 年 4 月 21 日第 2006-460 号授权法令第 7-2 条废止）

第 538 条原条文：由国家负责管理的道路、公路与街道，可航运或可漂流的江河、海岸、海滩、港口与小港口、停靠锚地，广而言之，不得产生私有财产权性质的法国领土之任何部分，均视为公产①不可分割之部分。

第 539 条

（2004 年 8 月 13 日第 2004-809 号法律第 147-1 条）死后无继承人的人的财产，或者继承人放弃继承的遗产，属于国家。

第 539 条原条文：无主财产，或者死后无继承人的人的财产，或者继承人放弃继承的财产，归于公产。

第 540 条与第 541 条

（2006 年 4 月 21 日第 2006-460 号授权法令第 7-2 条废止）

第 540 条原条文：军事要塞与堡垒的门、墙、壕、垒，亦属于公产。

第 541 条原条文：不再作为军事要塞的地段、工事或墙垒，亦为公产。此种财产，如果未经有效转让，或者其所有权未因时效而丧失的，均属于国家。

第 542 条

市镇行政区的财产（les biens communaux）是指，一个或数个市镇行

---

① 所谓"公产"（domaine public）是指，受公法制度调整的公法人的概括财产，是为公众使用或者为公共服务事业所使用的各种财产，其中包括"自然公产"（例如，海滨、海滩、特定的水流、江河）和"人工公产"。

政区的居民对其所有权和所生利益享有既得权益的财产。

第 543 条

对于财产,可以享有所有权,或者享有单纯的用益权,或者仅享有可以主张的地役权。

第二编　所有权

第 544 条

所有权①是对物最绝对的使用、收益和处分的权利,但法律或条例禁止的使用除外。

第 545 条

非因公益原因(pour cause d'utilité publique)且事先给予公道的(juste)补偿,任何人均不受强制转让其财产所有权。②

---

① 第 544 条原文对所有权权能的表述仅使用了"jouir"和"disposer"两个词。后者意为"安排""支配""掌握",按照通常解释,译为"处分",其含义比较单一;但前者是一个有多层意思的词汇,通常译为"享有""享受"或"享益"。因此,这一条文似可简译为:"所有权是对物最绝对的享益和支配的权利。"学者解释,在法律上,"jouir"一词的第一层意义是指,"与广义的占有财产相关联的利益和好处",狭义则是指"受领财产孳息的权利",仅指收益权,例如,受领不动产的租金。因此,该词广义上既包含第一层意义的"享有",又包括"使用权"(个人使用物的权利,例如,使用套房、供居住用),也用指特别类型的用益权,例如,父母对未成年子女的财产享有的法定的使用、收益权(jouissance légale,参见第 386-1 条及随后条文)。按照罗马法,所有权是所有权人对其所有物行使的最完全、最绝对的权利,其内容包括使用权、收益权与处分权。第 544 条关于所有权的定义仍然遵循罗马法的基础框架,其中"最绝对的"原文为"de la manière la plus absolue"(以最绝对的方式)。译本这一条文的翻译为直译,另有译文为:"所有权是对物有绝对无限制的使用、收益及处分的权利,但法令所禁止的使用不在此限。"

② 这一条文原文使用的是"pour cause d'utilité publique",其意思是"公共用益""为公众所用"或者"对公众有用途",而不是指"公共利益"(intérêts publiques)。"公共用益""公共利益"是两个不同的概念。法国法律用语中,"公共利益"是一个涉及范围非常广泛的复杂概念。

第 546 条

无论是动产还是不动产,物的所有权,对该物所生之一切以及因自然地或者人工地添附而与该物结合(s'unir accessoirement)的物,均产生权利。

此种权利称为"添附权"(droit d'accession)。

第一章　对物所生之物的添附权

第 547 条

土地的自然孳息或人工孳息①;

法定孳息②;

繁殖的牲畜,依添附权属于所有权人。

第 548 条

(1960 年 5 月 17 日第 60-464 号法律)由物产生的果实,仅在所有权人偿还第三人为此付出的耕作、劳动与种子的费用时,才能属于所有权人;此种耕作、劳动与种子的价值,按偿还之日评估。

第 549 条

(1960 年 5 月 17 日第 60-464 号法律)单纯的占有人,仅在其为善

---

① 第 547 条第 1 款在自然孳息或人工孳息前加有"土地的"作为限定语,表述为"fruits naturels ou industriels de la terre"。自然孳息,也称为天然果实或自然果实,指植物或动物在生长周期里定期自然产生的果实或产物:农作物的收成、果树的果实或砍伐的木材、蜂蜜、羊毛、鲜奶等。天然孳息的收取或采摘通常不会牺牲动植物的本体。

② 第 547 条所指的"法定孳息"原文为"fruits civils"。法院判例明确指出:公司利润属于孳息,但不是民事法律规定的孳息,而是商法规定的孳息,法律上认为它是指本金产生的定期收入,例如,借贷与债券的利息、公司股份的股息、租金或者发明创造的使月费等。就财产带来的金钱收入而言,例如,租金,具有约定性质,与"法定孳息"似有差异。

意占有的情况下，才能取得物的孳息；相反情形，单纯的占有人应当将物及其所生之物一并返还给要求追还该物的所有权人；如果所生之物不再有实物存在，按照偿还之日评估其价值。

第 550 条

占有人不知道转移所有权的证书有瑕疵，依据该证书作为所有权人而实行占有的，为善意。

占有人自知道此种瑕疵时仍为占有，不再为善意。

第二章　对与物结合并结成一体之物的添附权

第 551 条

与物结合①，并与之结成一体的一切，按以下规则，属于所有权人。

第一节　相对于不动产物②的添附权

第 552 条

土地所有权包括地上所有权和地下所有权。③

---

① 原文为"incorporation"，本义为"混合""掺和""归并"。如果一物与另一物仅仅是简单地"混合"在一起，并不一定形成民法上的添附权。

② 此处的表述原文为"chose immobilière"（不动产物），与"bien immobilère"（不动产财产）有别，这两个概念与"物的添附"和"财产的添附"相对应。

③ 第 552 条第 1 款规定的土地所有权包括地上所有权（la propriété du dessus）和地下所有权（la propriété du dessous），常简称为"地上"（le dessus）与"地下"（le dessous）。地上所有权和地上权是两个不同的概念。"地上""地下"或者"地上所有权"（转下页）

除"役权或地役权"编规定的各项例外情形,土地所有权人可以在地上进行其认为适当的任何栽种与建筑。

土地所有权人可以在地下进行其认为适当的任何建筑与发掘,并且从发掘中获取其可提供的所有产物,但应当遵守有关矿产与治安的法律和条例规定的各种限制。

第 553 条

如果未得到相反的证明,地上或地下的任何建筑物、栽种物与工程,推定是土地所有权人以其费用所为,并属于所有权人①,但不妨害第三人因时效已经取得或可以取得他人建筑物的地下或其他任何部分的所有权。

第 554 条

(1960 年 5 月 17 日第 60-464 号法律)土地所有权人用不属于其本人的材料进行建筑、栽种或工程,应当偿还按照支付之日计算的这些材料的价款;如有必要,得被判处损害赔偿;但是,材料的所有权人没有拆卸这些材料的权利。

(接上页)"地下所有权",是土地所有权的一部分,属于土地所有权人,这是从土地所有权人的角度来看待权利,其中"le dessus"一词统指"在……上面",但并不一定是指"在(土地的)……表面";而"地上权",法文称为"droit de superficie",字面意思是"地表权","地上权人"称为"superficiaire",指在土地所有权本身与地上的建筑物、栽种物或其他地表物的所有权分开时,权利人(地上权人)对这些建筑物、栽种物与地表物享有的所有权,是对他人土地(表面)的一种物权,是他物权。当土地与土地的地下部分(sous-scl, tréfonds)分别属于不同的所有权人时,后者则称为"地下权人"(tréfoncier)。法国也有学者认为,"地上所有权"这一术语并不准确,它会使人误以为"特定面积的土地上方的空气也是所有权的标的"。为了保持法国法律术语的原貌,译文仍然保留了"地上所有权"与"地下所有权"的概念(参见《法国财产法》,罗结珍译,中国法制出版社 2008 年版,第 216 节至第 219 节)。

① 这些条文都是站在所有权人的角度对所有权进行规范,而不是规定他物权或者地上权。

第 555 条

（1960 年 5 月 17 日第 60-464 号法律）对于第三人使用属于自己的材料在他人土地上进行的建筑、栽种或工程，土地所有人有权：或者保留此种建筑物、栽种物或工程的所有权，或者强制第三人拆除或铲除，但保留适用本条第 4 款的规定。

如果土地所有权人要求拆除建筑物、工程或铲除栽种物，费用由第三人负担，第三人不得请求任何补偿；此外，对于土地所有权人可能受到的损失，第三人得被判损害赔偿。

如果土地所有权人宁愿保留已经进行的建筑物、栽种物或工程的所有权，由其选择向第三人偿还：或者相当于土地由此增加的价值的款项，或者按支付之日计算的材料的成本费用以及劳动力费用。在计算时，应当考虑建筑物、栽种物与工程的当前状态。

如果建筑物、栽种物或工程是由第三人善意而为，因而没有受到返还孳息之处罚的，虽然第三人被追夺所有权，土地所有权人仍然不得要求拆除此种建筑物与工程，或者不得要求铲除已经进行的栽种物，但可以选择向第三人偿还前款所指的这种或那种费用。

第 556 条

（2006 年 4 月 21 日第 2006-460 号授权法令）水流（原规定为"江、河"）岸边不为人觉察的、逐步形成的冲积地与扩增地称为"新增滩地"（alluvion）。

（2006 年 4 月 21 日第 2006-460 号授权法令）不论水流是否属于公产（原规定为"不论是可航行的江河还是可漂流的江河"），涨滩冲积地均为沿岸地产的所有权人带来利益；但是，在水流属于公产的情况下，土地所有权人应当按照规则留出供通行或者拉纤的小道。

第 557 条

因流水侵蚀,无形中从彼岸向此岸冲积形成的滩地,亦为新增滩地。此岸新形成的河边滩地,给河岸土地所有权人带来利益;彼岸土地所有权人不得请求返还其丧失的土地。

海边形成的新增滩地(relais de mer)不产生此种权利。

第 558 条

湖泊与池塘不产生新增滩地。湖泊或池塘的所有权人始终保有满水时被水面覆盖、低水位时露出的土地的所有权。

与此相对应,池塘所有权人也不能对在异常涨水期被其池塘的水面覆盖的岸边土地取得任何权利。

第 559 条

(2006 年 4 月 21 日第 2006-460 号授权法令)水流,不论是否为公产(原规定为"江河不论是否可用于航行"),因突发力量卷走岸边田地的可以辨认的大块土地,并将其移至下游田地或对岸时,被卷走的土地的所有权人可以主张所有权,但应在当年内提出此项请求,过此期限提出请求,不予受理;但如果在此期限内与卷走的土地连接的田地的所有权人并未占有该部分土地,不在此限。

第 560 条

(2006 年 4 月 21 日第 2006-460 号授权法令)属于公产的水流(原规定为"可通航的河道与江道")河道中形成的沙洲、小岛或滩地,在没有相反权利证书或者依相反时效可以主张权利时,属于作为相应地产所有权人的公法人①(原规定为"属于国家")。

---

① 此处的"公法人",原文为"personne publique",与"personne morale de droit public"(公法法人)在表述上有所不同。第 563 条的用语与此相同。

第 561 条

（2006 年 4 月 21 日第 2006-460 号授权法令）在非公产的水流中间（原规定为"在不可通航的河流中间"）形成的小岛与增滩地，属于距离其最近一侧河岸的土地的所有权人；如果形成的小岛不是全部偏向河岸一侧，按照（2006 年 4 月 21 日第 2006-460 号授权法令）水流（原规定为"河流"）正中假想的中心线，分别属于两侧土地的所有权人。

第 562 条

（2006 年 4 月 21 日第 2006-460 号授权法令）水流（原规定为"江、河"）形成新的支流，分割或者环绕岸边土地所有权人的土地，使之形成小岛时，该所有权人保留其对原有土地的所有权，即使形成的小岛处在属于公产的水流中间（原规定为"即使是在可通航或可漂流的河流之内"），亦同。

第 563 条

（2006 年 4 月 21 日第 2006-460 号授权法令）属于公产的水流（原规定为"可通航的江河"）改道，取新水道而弃原河床时，岸边土地的所有权人可以取得原河床在该地段一侧的土地的所有权。每一人可得的权利至（2006 年 4 月 21 日第 2006-460 号授权法令）水流（原规定为"河流"）正中假想的中心线为止。原河床土地的价格，应（2006 年 4 月 21 日第 2006-460 号授权法令）有管辖权的机关（原规定为"省长"）的要求，由土地所在地的法院指定鉴定人经鉴定确定。

在（2006 年 4 月 21 日第 2006-460 号授权法令）有管辖权的机关（原规定为"省长"）进行通知之后 3 个月届满，沿岸土地的所有权人无人表明愿意按照鉴定所确定的价格取得这些土地时，按照转让（2006 年 4 月 21 日第 2006-460 号授权法令）公法人（原规定为"国有"）的地产所适用的规则，转让属于原河床的土地。

转让此种土地所得的价金，在被新的水流占据的土地的原所有权人之间分配,按每人丧失的土地的价值比例给予补偿。

第 564 条

鸽子、兔子、鱼逃逸至他人的鸽舍、兔笼或者(2015 年 2 月 16 日第 2015-177 号法律)《环境法典》第 431-6 条与第 431-7 条所指的水面时,属于接收它们的鸽舍、兔笼或水面的所有人,但如果是因该人采取欺诈手段人为引诱造成的逃脱情形,不在此限。

第二节 相对于动产物①的添附权

第 565 条

添附权,在其是以属于两个不同所有人的两动产物(chose mobilière)为标的时,完全依自然衡平(équité naturelle)之原则处理。

以下规则为法官在法律没有规定的情况下按照特殊情形作出裁判提供范例。

第 566 条

(1960 年 5 月 17 日第 60-464 号法律)分别属于不同所有人 (maitre)的两物虽然附合成一个整体但仍然可以分开,一物即便脱离另一物仍可存在的,该整体属于构成其主要部分之物的所有人,但应当向另一人支付其被附合之物的价金。价金按支付之日评估。

第 567 条

一物附合于另一物,仅仅是为了后者的使用、装饰或补充的,另一物视为主要部分。

---

① 与第一节"相对于不动产物的添附权"的表述相对应,使用的是"动产物"(chose mobilière),而不是直接称"动产"。

第568条

一物虽然附合于另一物，但其价值远比作为主要部分之物的价值贵重，且所有人并不知道其物已被使用的，所有权人可以要求将附合于另一物的该物分开，并归还本人，即使在此情况下可能对其附着之物有所损坏，仍得请求之。

第569条

两物附合形成一个整体，无法区分主从时，视其中价值较高之物为主物，或者，两物的价值大致相同时，视体积较大之物为主物。

第570条

（1960年5月17日第60-464号法律）手工业者或其他任何人使用不属于自己的材料作成某种新物时，不论被使用的材料能否恢复原有形态，其所有人偿还手工费用，有权请求已作成的新物。手工费用按照偿还之日的情形计算。

第571条

（1960年5月17日第60-464号法律）但是，如果手工费用很高，远远超过被使用的材料的价值，则视加工技艺为主要部分；加工人向材料所有权人偿还材料的价金，有权保留其加工作成的新物。价金按照偿还之日的情形计算。

第572条

（1960年5月17日第60-464号法律）如果某人使用部分属于其本人，部分属于他人的材料作成某种新物，两部分材料即使均未完全毁坏但已不可能方便分开时，新物应属于二人共同所有：一方基于被使用的材料，另一方基于材料同时基于其提供的人工价值。人工价值依照第575条所指的拍卖之日所定价值计算。

第 573 条

使用属于不同所有权人的多种材料混合作成一物,在其中任何一种材料均不能视为主要材料时,只要被使用的材料相互之间尚能分开,事先不知其材料被使用的人得请求分离之。

如果被使用的各种材料已不可能方便分开,各所有人得按照被使用的属于各自的材料的数量、质量与价值的比例,共同取得该物的所有权。

第 574 条

(1960 年 5 月 17 日第 60-464 号法律)如果某一所有人的材料被使用的部分在数量与价值上远远超过其他所有人的被使用的材料,于此情形,价值较高的材料的所有人得请求用这些材料混合作成之物,但应当向其他所有人偿还他们各自被使用的材料的价值。材料的价值按照偿还之日的情形计算。

第 575 条

如果作成之物在其使用的材料的各所有人之间为共同所有,应为共同利益拍卖该物。

第 576 条

(1960 年 5 月 17 日第 60-464 号法律)凡属所有人不知情,其材料被用于作成另一新物因而可以请求该物所有权的情形,所有人均有权选择:或者要求按原材料的相同性质、数量、质量、重量及良好状态,实物返还其材料;或者要求偿还其材料的价值。材料的价值按照返还之日的情形计算。

第 577 条

在他人事先不知情的状况下使用该他人材料的人,得被判处损害赔偿;如果有必要,不影响经特别途径对其提起刑事追诉。

第三编 用益权、使用权和居住权

第一章 用益权

译者简述：用益权（usufruit），是指权利人使用所有权人的财产并受领收入的权利。一个人可以采取多种方式行使对自己财产的所有权。所有权人当然可以享有并行使完全所有权，也可以将所有权分解为虚有权和用益权。在所有权分解的法律状态下，所有权人是为了利益于第三人，用自己的财产设立用益权，或者设立使用权和居住权。在所有权权能分解期间，所有权人成为虚有权人，但仍然保留某些特权：他可以处分其财产，变更甚至毁弃其财产。在用益权人和虚有权人之间，就所有权而言，不存在共有关系，用益权人和虚有权人分别是互不相同的独立权利的持有人。虚有权人本质上依然是所有权人。

依法国法，所有的财产原则上均可用于设立用益权：动产或不动产、确定的有体财产或无形财产，确定的不动产、营业资产、某项债权。用特定财产设立的用益权，称为特定财产用益权（usufruit à titre particulièr）；可以用全部财产或部分财产设立用益权，此种用益权称为部分概括用益权（usufruit à titre universel）；也可以是消费物的用益权，称为"准用益权"（quasi-usufruit）。

依照第579条的规定，按照设立方式，用益权可以是依法律设立的法定用益权，例如，生存配偶的用益权；某个直系卑血亲死亡，由直系尊血亲继承遗产时，产生直系尊血亲享有的用益权；父母对其未成年子女的财产的法定使用、收益权；夫妻离婚，其中一方享有的补偿性给付也可以采用用益权的形式。由人的意思设立的意定用益权是协议设立的用益权，例如，买卖财产但保留用益权。夫妻离婚时，可以补偿性给付的名义分配住房的用益权；如果以补偿性给付的名义给予的用益权没有明文规定期限，该用益权必然是以受益人的寿命为期限(为终身性质);以补偿性给付的名义将不动产的用益权给予妻子一方时,既准许她本人使用,她也可以将不动产用于出租。但是,为履行救助义务将住房无偿提供给作为债权人的配偶一方使用时,则不能将此视为使用权与居住权,它仅仅构成一种属人权的住房无偿使用权(享益权)。

用益权人本人使用、收益,如同所有权人,可以要求交付作为其权利依托的财产。标的物的使用以及收取孳息的权利,是第578条赋予用益权人的主要特权。用不动产设立用益权,用益权人有使用不动产并受领收益的权利;债券的用益权,由权利人收取利息;商事公司股份的用益权,由用益权人收取股息。依照修改后的第1844条的规定,虚有权人或用益权人有权参与公司的集体决定,表决权属于虚有权人,但关于利润分配的集体决定,表决权属于用益权人;虚有权人和用益权人可以协议约定表决权由用益权人行使。在用从事经营活动的建筑物设立用益权的情况下,只有用益权人有权辞退承租人或者拒绝续订该建筑物的租约。虚有权和用益权通常分别属于不同的人,但也可以回归于同一个人,例如,用益权终止时或者用益权人取得虚有权人的权利。法国《民法典》对用益权人与虚有权人的关系以及他们与第三人的关系均进行了规范。

用益权可以无条件设立,或者附条件,或者附确定的期限。用益权人只需要有明确的不含糊的意思表示,无须任何特别手续,即可放弃用益权。用益权人的权利必然具有时间性(caractère temporaire),而不是永久性。用益权具有终身性质(caractère viager)。

用益权人按照物所处状态受领标的物;只有在所有权人到场或者按规定召唤所有权人到场,对设立用益权的动产制作盘存清册,制作不动产状态说明书之后,才能开始享有用益权;用益权人应当负责保存物之本体。用益权人未经虚有权人同意,不得处分作为权利标的的财产,不得进行财产互易,这种互换为相对无效,只有互易相对人(coéchangiste)才能主张此种相对无效。如果已经进行的互换得到虚有权人的确认或追认,无效事由不再追究。禁止用益权人变更标的物的指定用途(destination de la chose),例如,如果用益权人将(原本)用于休闲使用的房屋改作商用房屋,则违反第578条强制用益权人保存物之本体的规定;在用益权消灭时,用益权人有返还财产的义务。用益权人按照不动产所处的状态返还该财产。用益权人应当维护不动产,使之能够在用益权终止时按照用益权设立开始(ouverture)时所处的状态予以归还,如果用益权设立时财产处于很糟糕的状态,(如果)强制用益权人在用益权终止时返还"维护至新"的财产,将导致虚有权人不当得利。在继承法方面,第759条规定:"属于配偶一方的对其先死亡的配偶

第 578 条

财产的任何用益权,不论是依据法律规定还是由遗嘱或将来财产的赠与而产生,由作为虚有权人的继承人之一,或者由有继承权的配偶本人提出请求,可以产生转换为终身定期金的选择权利。"

用益权是一种物权,当用益权是以有体物为标的时,将其定性为物权,没有争议。我国学者依据罗马法将用益权称为人役权(servitude personnelle),但法国《民法典》第 637 条规定:"役权是指为另一所有权人的不动产的使用和便益对某一不动产所加的负担。"第 638 条特别指明:"役权并不确立一不动产对另一不动产的任何优越地位。"只不过出于历史原因,有时在"servitude"(役权)一词的前面加上"foncière"或"prēdiale"(土地的),或者"rēelle"(物役权),但是,所有这些附加术语都是同义的,按照现在的法律意义,加上这些形容词并不会对役权增加任何新的含义。(在法国法律中)这些表述之所以仍然在使用,只有一个原因,是因为它们沿袭了罗马法与法国旧时法律关于"地役权"与"人役权"(对人役权)的区分。罗马法上的"人役权"是指,为另一人的利益,对他人财产的所有权所加的限制或者进行的分解,例如,用益权、使用权与居住权。现在,这些权利——至少在它们设立于有体物时——不论是动产还是不动产,都被视为由所有权分解而形成的物权,但不是役权。早在 1804 年,法国《民法典》的制定者非常小心地避免使用"人役权"这一术语。第 686 条中对"人的意思设立的役权"还作出了一项专门规定:"只要设定的义务不是加于人也不是为了人的便益,允许财产所有权人在其财产之上或者利益于财产设立其认为适当的役权。此种役权只能就不动产以及为不动产的便益设立,且不得违反公共秩序。"因此,(法国)现代制定法只有一个"仅适用于不动产的关于役权的单一概念",也就是说,一切役权都是地役权,而对于人役权这一概念,学者们通常持批评态度。(参见《法国财产法》,罗结珍译,中国法制出版社 2008 年版,第 1008 页。)

第 578 条

用益权是对他人所有之物,如同本人是所有权人,享有使用、收益①的权利,但用益权人应负责保存物之本体。

---

① 与第 544 条的表述相同,"使用、收益"原文为"jouir",译文有时也表述为"享益"或"享益权"。参见第 544 条注释。"本体"原文为"substance",也译为"实体"。

第579条

用益权依法律设立,或者依人的意思设立。

第580条

用益权得无条件的设立,或者附条件,或者附确定的期限。

第581条

用益权得设立于各种动产或不动产。①

第一节　用益权人的权利

第582条

用益权人对其享有用益权之物可以产生的任何种类的孳息均享有用益权,不论是自然孳息(fruits naturels,天然孳息)、人工孳息或法定孳息,均有权享益。

第583条

自然孳息是土地的自然产物之类的果实;畜类的产物与繁殖,亦属于自然孳息。

土地的人工孳息是通过耕作获得的果实。

第584条

法定孳息是指房屋的租金、款项的到期利息以及定期金的分期支付款项。

租赁土地的地租,亦归入法定孳息之列。

---

① 虽然法国学者认为用益权是一种主物权,但依照第529条的规定,动产这一概念涵盖的内容不限于有体物或有体财产,不动产的概念也是如此。法院判例承认(无形)权利的用益权。

第 585 条

用益权开始时,枝条或根系上挂结的自然果实与人工果实,属于用益权人;用益权终止时处于相同状态的果实属于所有权人,任何一方均无须对耕作和种子给以补偿;但是,如果在用益权开始或停止时存在应当收取的部分果实的(2009 年 5 月 12 日第 2009-526 号法律第 10 条)分成制佃农,不影响其应予收取的果实之部分。

第 586 条

法定孳息,视为按照用益权存续的时间的比率逐日取得,并归用益权人享有。此项规则适用于土地租赁的地租、房屋租赁的房租以及其他民事法律规定的孳息。

第 587 条

(1960 年 5 月 17 日第 60-464 号法律)如果用益权包括非经消费便不能使用之物,如金钱、谷物、饮料等,用益权人有权使用之,但应当偿还相同数量与质量之物,或者在用益权终止时,偿还已使用之物的价值。① 物的价值按照返还之日计算。

第 588 条

终身定期金的用益权也赋予用益权人在用益权期间受领分期支付的款项的权利,无须负担任何返还义务。

第 589 条

如果用益权包括虽然不是立即消费但因使用而逐步损耗之物,如衣物、动产家具等,用益权人有权按照它们的规定用途使用之,并且仅

---

① 准用益权人可以消费准用益权的标的物,也就是进行处分,不言而喻,意味着准用益权人与虚有权人的权利失去平衡。这就要求有一项协议,此项协议称为"返还协议"(convention de restitution)。

在用益权终止时按照它们所处的状态予以返还,但不得恶意或因过错损坏其使用之物。

第 590 条

如果用益权中包括定期砍伐的小树木,用益权人应当遵照林木所有权人原来的安排或通常习惯,遵守砍伐顺序以及每次砍伐的限量;用益权人在享有用益权期间通常可以砍伐矮树、小树或者大树;凡是没有砍伐的,无论是对用益权人还是对其继承人,均不给予补偿。

无须毁坏苗圃即可拔起的苗木,只有用益权人按照当地习惯对苗圃进行补栽的,始构成用益权之部分。

第 591 条

对于按规则采伐的高大树木,不论是在林场的特定范围内定期采伐,还是在整个林场内不分地段抽取砍伐一定的数量,用益权人均可获得利益,但始终应当遵守原所有权人规定的采伐时期和习惯。

第 592 条

其他所有情形,用益权人均不得采伐高大树木。用益权人仅能使用因偶然事故被拔起或者折断的树木,用于进行其应当负责进行的修整;为此目的,如果有必要,用益权人甚至可以砍伐树木,但应与林木所有权人一起确认是否有砍伐的必要。

第 593 条

用益权人为了做葡萄架支柱,可以自林木中采取材料;亦可收取树木每年或定期的产物,但应当遵守当地惯例或所有权人的习惯。

第 594 条

枯死的果树、因偶然事故拔起或折断的果树,属于用益权人,但应负补栽义务。

第 595 条

（1965 年 7 月 13 日第 65-570 号法律）用益权人可以自己享用其权利，或者向他人出租甚至出卖或无偿让与其权利。

用益权人单独订立的期限超过 9 年的租约，在用益权停止的情况下，仅在尚未经过的时间里对虚有权人有约束力：如其所订租约尚在 9 年期内，该租约尚未经过的时间至该第一个 9 年期满为止；或者，如（用益权停止时 9 年期已过）各方当事人仍在，租约至第二个 9 年期满为止；依此而言，承租人仅有权自始至终享有其所处的 9 年期的使用、收益权。

用益权人单独订立的期限为 9 年或者不到 9 年的租约，或者在涉及农用财产的租约时，至原租约到期尚有 3 年以上的时间即已延展的，或者在涉及房屋租赁时，至原租约到期尚有 2 年以上的时间即已延展的，此种租约不能产生任何效力，但如果租约在用益权终止前已开始执行，不在此限。

没有虚有权人参与，用益权人不得出租工业、商业或手工业使用的农村土地或不动产。在虚有权人不同意的情况下，用益权人可以经法院批准之后自行订立此种契约。

第 596 条

用益权人对于其享有用益权的标的物（objet）因新增滩地①而增加的部分，亦享有利益。

第 597 条

用益权人享有地役权、通行权以及所有权人通常可以享有的各项权利；用益权人对这些权利的享有，如同其是所有权人本人。

---

① 此处原用语为"新增滩地"（alluvion），参见第 556 条。本条所说的"用益权的标的物"显然是指"地产"。

第 598 条

用益权人也可以按照所有权人相同的方式，对用益权设立时正在开采的矿场与采石场享有使用、收益的权利；但是，如果涉及非经特许便不得开采和经营的项目，用益权人仅在获得共和国总统（原规定为"国王"）的许可之后始能享有使用、收益权。

用益权人对尚未投入开采的矿场、石材场、泥炭矿藏以及在用益权期间可能发现的埋藏物，不享有任何权利。

第 599 条

所有权人不得以其行为，也不得采取任何方式，损害用益权人的权利。

在用益权终止时，用益权人不得就其自称进行的改善要求任何补偿，即使物的价值因改善而有所增加，亦同。

但是，用益权人或者其继承人可以取走其安置的镜子、画幅和其他装饰物，但应恢复原安置场所的原状。

第二节 用益权人的义务

第 600 条

用益权人按照物所处状态受领标的物；但是，用益权人仅在所有权人到场或者按规定召唤所有权人到场，对设立用益权的动产制作盘存清册，对不动产制作状态说明书之后，才能开始享有用益权。

第 601 条

如果设立用益权的证书没有规定用益权人免于提供保证，用益权人应当对物的使用提供（2014 年 8 月 4 日第 2014-873 号法律第 26 条）保证人，担保其合理地使用、收益（原规定为"提供担保其以善良管理人的态度享用财产的保证人")①;但是,对子女的财产享有法定用益权(usufruit légale)的父母、出卖人或者保留用益权的赠与人,没有义务提供此项保证。

第602条

如果用益权人找不到保证人,不动产予以出租或者实行寄托保管;用益权内包括的钱款存入银行;

食品予以出卖,由此得到的款项亦存入银行。

在此情况下,这些款项产生的利息以及不动产的租金属于用益权人。

第603条

在用益权人方面没有提供保证人的情况下,所有权人可以要求出卖因使用即消耗的动产,并将所得价金如同出卖食品的价金一样存入银行;在此情况下,用益权人享有在用益权期间可得的利息;但是,用益权人可以请求,并且法官可以视具体情形,命令为用益权人保留一部分必需使用的动产,并由用益权人经简单宣誓作保证,负责在用益权消灭时将这些动产交还所有权人。

第604条

用益权人迟延提供保证人的,并不剥夺其对孳息可以享有的权利;此种孳息自用益权设立开始属于用益权人。

第605条

用益权人仅负维修保养义务。

---

① 此处是提供"保证人"(caution),而不是一般的"担保"(garantie),参见第602条。由于财产受到损坏或用益权人的任何滥用权利行为,或者由于用益权的标的物是可消费物但到时应予返还,为了防止用益权人没有支付能力,为了使虚有权人得到保障,用益权人应当提供保证人。保证人是第三人,担保用益权人"以善良家父的态度享用设立用益权之财产"。如果用益权人不履行其义务,所有权人对保证人有求偿权,但是,对其子女的财产享有法定用益权的父母、出卖人,以及保留用益权的赠与人,无须提供保证人。

大型修缮仍由所有权人负担；但是，如果大型修缮是因用益权设立之后缺乏维修保养所造成，不在此限；此种情形下，应由用益权人负担之。

第 606 条

所谓大型修缮，是指房屋的大墙、拱顶的重大修缮，以及对屋梁与屋顶的全面翻修、翻建。

堤坝、护墙与围墙的全部翻修，亦属于大型修缮。

其他所有修缮，均属于维修。

第 607 条

无论是所有权人还是用益权人，对于因破旧引起的倒塌或者因偶然事件引起的破毁，均不负重建义务。

第 608 条

用益权人在用益权期间应当承担不动产每年的各项负担，例如，捐税以及习惯上被认为属于孳息性负担的其他税项。

第 609 条

对于用益权期间可能加在财产所有权上的各种负担，用益权人和所有权人按照以下规定分担：

所有权人有义务支付这些费用，但用益权人应当向所有权人支付这些费用的利息。

如果用益权人已垫付这些费用，在用益权终止时，有权请求返还费用的本金。

第 610 条

遗嘱人所为之终身定期金或扶养费的遗赠，由享有用益权的概括遗赠的受遗赠人支付全额，由部分概括遗赠的受遗赠人按照其享益的比例支付部分，并且不得请求任何返还。

第 611 条

对于特定不动产享有用益权的人,对用该不动产负担的抵押债务不负清偿义务;如果用益权人被迫清偿,对所有权人有求偿权,但第 1020 条规定的情形除外。

第 612 条

不论是概括用益权人还是部分概括用益权人,均应当与所有权人一起按以下规定分担清偿债务。

首先评估设立用益权的不动产的价值,然后按照评定的价值确定分担债务的数额。

如果用益权人愿意垫付不动产上应当负担的款项,在用益权终止时,本金予以归还,但不计任何利息。

如果用益权人不愿意垫付,所有权人可以作出选择:或者支付该款项,在此情况下,用益权人应当对所有权人支付此款项在用益权期间产生的利息;或者出卖设立用益权的财产之一部分,其数额以足够清偿债务为限。

第 613 条

用益权人仅负担与物的使用、收益有关的诉讼的费用,以及因此种诉讼可能引起的被判令其负担的其他费用。

第 614 条

在用益权期间,第三人对不动产的任何侵夺,或者以其他方式侵害所有权人的权益时,用益权人应当告知所有权人;用益权人未进行此项告知的,应当对所有权人因此受到的全部损失承担责任,如同此种损失是由用益权人本人所造成。

第 615 条

仅仅是对某一牲畜设立用益权的情况下,如果该牲畜死亡,用益权人并无任何过错的,无须用另外的牲畜替代返还,也无须作价赔偿。

第 616 条

(1960 年 5 月 17 日第 60-464 号法律)如果设立用益权的牲畜畜群因发生事故或病疫而全部损失,用益权人于其中并无过错的,用益权人仅负有向所有权人如数返还畜皮的义务,或者按返还之日评价的兽皮的价值。

如果畜群并未全部损失,用益权人有义务按照繁殖的牲畜头数补足损失的牲畜数目。

第三节　用益权如何终止

第 617 条

用益权因以下事由消灭:

——用益权人死亡;

——约定设立用益权的期限已到;

——用益权人与所有权人之身份并合或集于同一人;

——30 年期间不行使权利;

——用于设立用益权之物全部灭失。

第 618 条

用益权人如果滥用其享有的使用、收益权,造成财产毁损,或者听任财产毁损而不予修缮,用益权也可因此而终止。

用益权人的债权人得参加诉讼,以保全自己的权利。用益权人的债权人可以主动提议对已经发生的毁损进行修缮,以及为标的物将来不受毁损提供保证。

法官得视财产毁损情况的轻重程度,或者宣告用益权绝对消灭,或者裁定所有权人只有在用益权本应终止之日前每年向用益权人或其权利继受人支付确定数额的款项的条件下，才能恢复对负担用益权的财产的使用、收益权。

第 619 条

不是给予个人的用益权，以 30 年期间为限。

第 620 条

如果规定设立用益权的期限以第三人达到确定的年龄为止，即使该人在达到确定的年龄之前死亡，用益权仍然持续至原定的到期日。

第 621 条

（2006 年 6 月 23 日第 2006-728 号法律第 29-14 条）在同时买卖一项财产的用益权和虚有权的情况下，价金在用益权和虚有权之间按照每一种权利各自价值的比例进行分配，但如果各方当事人同意将用益权转移到价金之上，不在此限。

未经用益权人同意，负担用益权的财产的买卖，并不改变用益权人的权利；如果用益权人并未明示放弃用益权，可以继续享有此项权利。

第 622 条

用益权人抛弃用益权，损害其债权人的利益时，债权人得请求撤销此种抛弃行为。

第 623 条

如果设立用益权的物仅有部分被毁，对该物其余部分继续保持用益权。

第 624 条

如果用益权仅设立于某一建筑物，在该建筑物因火灾或其他事故被毁时，或者因年久破败倒塌时，用益权人对作为地基的土地以及建筑物的材料均不享有使用、收益权。

如果是用土地设立的用益权,其上所建的建筑物属于该地产的一部分时,用益权人对土地和建筑物的材料均享有使用、收益权。

第二章 使用权和居住权

译者简述:法国《民法典》第625条至第636条规定了用益权的两种缩小模式:使用权(le droit d'usage)和居住权(le droit d'habitation),属于用益权性质的物权,但权利本身以及权利人的范围均小于用益权,因此常被学者称为"缩小的用益权"。

用益权不是役权(之一种),不是人役权(servitude personnelle),同样,使用权和居住权也不是人役权,尤其应当强调的是,民法上所说的居住权与公法上的"居住权利"完全不是同一个概念,民法规定居住权的主要目的并不是解决低收入或无住房的人的住房(困难)问题。

居住权是对某一住房设立的使用权(le droit d'usage sur un logement)。从法国公证事务的实践来看,设立使用权和居住权的做法远不是个别情形。居住权的产生可以有多种原因,例如,不动产出卖人保留使用权和居住权:年事已高的人,为了获得足够的收入,满足其生活所需,将其居住的房屋卖出,但为了不造成晚年生活环境的巨大改变,为本人的利益保留使用权和居住权,房屋的买受人不能立即占有、使用其购买的该房屋,并且强制其负有不确定期限的义务,且应支付价金——当然,价金中需要扣减因出卖人保留使用权和居住权而产生的权利的价值。类似的买卖是一种射幸性质的买卖。赠与人也可以在赠与财产时,将财产处分给受赠与人,同时为自己保留居住权,这样可以保持自己原来的生活框架不变。所有权人进行生前赠与,但保留对赠与房屋的居住权,也属于类似情形。

遗嘱人可以通过遗嘱为特定的人设立居住权,例如,作为房屋所有权人的配偶一方去世,在遗嘱中为生存配偶保留居住权。法国《民法典》为生存配偶专门规定了"以主要住宅的名义实际占有属于夫妻双方的住房"的临时权利和终身权利(第763条、第764

条)。依照第764条第1款的规定,在被继承人死亡时,有继承权的配偶实际占有原来属于夫妻的或者全部属于遗产的住房作为主要住宅时,对该住房享有居住权,对住房内配置的家具享有使用权,直至其本人死亡;被继承人依照第971条的规定,采用公证书的形式表示了相反意思的除外,也就是第764条第2款规定的被继承人"表示取消生存配偶的居住权和使用权"的情况除外。法国《民法典》为生存配偶的利益规定的居住权与使用权属于普通法的例外处理。正因为如此,"在生存配偶的状况表明设立居住权和使用权的住房已经不能适应其需要时,其本人或其代理人可以将该住房出租,用于商用租赁或农用租赁以外的其他用途,从中获得为其本人提供新的居住条件所必要的收入"(第764条第5款),并且依照第766条第1款的规定,有继承权的配偶与所有的继承人,可以通过订立协议将居住权和使用权转换为终身定期金或本金。

法国《民法典》第625条及随后条款意义上的使用权和居住权,从根本上说,仅具有"终身性质"(而不是永久性质);居住权为属人性质与家庭性质,通常情况下为终身性质,至权利人死亡而终止。

居住权,依用益权相同的方式设立与丧失。除生存配偶享有的居住权外,是否设立居住权,取决于所有权人的意愿。居住权具有不可转让性,权利人不得通过出租的方式在房屋内安置其不熟悉的人。

第625条

使用权和居住权,依用益权相同的方式设立和丧失。

译者简述: 第625条将使用权与居住权规定于同一条文,所谓"使用"(usage)必然包含"使用权",但使用权并不仅仅限于使用居住的房屋。

总体而言,所谓使用权,是指使用属于他人之物并在自己与家庭需要的限度内受领孳息的权利,是一种有时间限制的不可转让、不得扣押的权利,是由分解的所有权派生的物权。住房及房屋内备置的家具的使用权较为常见,这种情况下,使用权实际上是居住权的内容。使用权人仅仅有权在自己及其家庭需要的限度之内使用作为权利标的的财产。

罗马法中一开始设计的是唯一包含"使用权"(jus utendi)的所有权的分解权利,其中并不包含任何收取孳息的权利,后来才增加了对孳息的有限权利,也就是说,使用权扩张到受领物的孳息,但仅以使用权人本人与其家庭的需要为限度,第630条第2款特别规定:"对此种孳息享有使用权的人,也可以为其在使用权设立之后出生的子女要求所需的部分。"对于由物直接产生的孳息,使用权人只能受领其有权享有的部分,例如酒类的使用权人只能为了购买其他必需的食品而卖掉多余的部分,以取得所需的钱款;如果是实物受领孳息,也就意味着权利人可以要求对其使用权的标的实行占有。依照第631条的规定,使用权人不得将其权利让与他人或者出租其权利,因此,使用权人不能更多地转让其权利或者从使用权的标的中获得出租的收入。

有关使用权和居住权的多项法律条文都明确提到参照用益权制度,但是,不论是第625条及随后条款的专门规定,还是它们所指示的参照条文,都只是在设立使用权与居住权的文书没有特别规定的情况下才予适用,也就是说,相对于当事人的意思而言,法定规则仅仅具有补充性质,例如,使用权与居住权,依用益权相同的方式设立与丧失(第625条),同样适用"因权利滥用而丧失权利"的规则。法官如果认定双方当事人的关系恶化,不能"实际"行使居住权,也可以相对应地命令将此权利转为终身定期,等等。

第626条

如同用益权的情况一样,事先没有提供保证人以及没有制作财产现状说明书和盘存清册,不得享有使用权和居住权。

第627条

使用权人以及享有居住权的人,应当(2014年8月4日第2014-873号法律)合理地(原规定为"以善良管理人的态度")享用其权利。

第628条

使用权和居住权由设立此种权利的证书具体规定,并且依据证书的具体条款,权利范围有所不同。

第629条

使用权和居住权的权利证书如果没有明确规定权利的范围,按以下各条的规定处理。

第 630 条

对不动产的孳息享有使用权的人,只能为其本人和家庭请求所需的部分。

对此种孳息享有使用权的人,也可以为其在使用权设立之后出生的子女要求所需的部分。

第 631 条

使用权人不得将其权利让与他人,也不得出租其权利。

第 632 条

对房屋享有居住权的人,可以偕同其家庭在该房屋内居住,即使在给予居住权时权利人本人尚未结婚,亦同。

第 633 条

居住权,仅以为其利益设立此种权利的人及其家庭居住之必要为限。

第 634 条

居住权既不得转让,也不得出租。

译者简述:特定类型的财产和权利属于"必然不得转让的财产",因此也是"必然不得扣押的财产"。《民事执行程序法典》第 112-2 条第 2 点规定"法律规定不得处分的财产"不得扣押。这就是所谓因"财产的不可转让性"(intransmissibilité)引起的"财产的不可扣押性"(insaisibilité)。参见第 900-1 条关于意定的财产不得转让的规定。由于使用权和居住权不得转让,所以这种权利也不得用于设立抵押权。只有可以转让的财产才能用于设立抵押权。法院判例宣告对使用权与居住权不得实施扣押。使用权与居住权的享有人将其套房之一部分出租给第三人,即属有过错。此种过错所产生的后果,由法官自由裁量。通过支付一定的款项并将其转换为终身定期金从而放弃使用权或居住权,构成受到法律禁止的权利转让。使用权和居住权,严格以权利持有人的需要为限,具有特别突出的个人性质(属人性质,intuitu personae),从某种意义上说,具有"扶养金性质"。

使用权和居住权的受益人必须自己实际享用其权利,而用益权人则可以转让其权利或者将设立用益权的财产出租给他人。但是,对于具体情节和当事人的意图,各法院仍然有自由裁量权,并且承认对这一原则作出的例外处理,特别是根据居住权人的年龄、疾病情况或者致使其无法行使权利的情节作出评判。例如,一孤寡老人因重病不得不到其侄女家里居住,并让另一无家可归的人在其家中暂住,就不应认定违反第 634 条的规定。因此有关使用权和居住权的规则有一定的灵活性。但是,就原则而言,居住权,对于权利持有人,具有属人性质(le caractère personnel,个人性质),这意味着只要权利持有人离开所涉及的居住场所,即丧失居住权。

在没有任何特别规定的情况下,依照第 632 条与第 633 条的规定,任何与权利持有人的家庭无关的外人,均不得占用设立居住权的场所,即使是无偿使用与居住。很难将姘居男女视同家庭成员。如果设立权利的文书并无任何规定禁止权利持有人让他人在房屋内居住,居住权人让其家庭之外的人在房屋内居住,因没有遵守规定由其本人或家庭使用房屋之义务而有过错。

第 635 条

如果使用权人受领不动产的全部孳息,或者如果其占用整个房屋,应当如同用益权人,负担土地的耕作、房屋的维修的费用并缴纳税款。

如果使用权人仅受领部分孳息,或者仅占用房屋的一部分,仅按其享益之部分的比例负担前述费用。

第 636 条

森林与林木的使用权由特别法规定。

第四编 役权或地役权

译者简述：自 1804 年以来，法国《民法典》中这一编的标题始终为"役权或地役权"(servitudes ou services fonciers)，两者表述虽有不同但属同义。所谓"役"或"役务"，在法语中称为"service"（服务），是指强加于承役地的负担或对承役地所有权的限制。役权是关于所有权的第二卷中的一编，从这一角度也可以看出，役权属于所有权的一种分解（权利）。

德国《民法典》将用益权和役权均规定在"物权法"编，而且两者都是"役权"一章的内容，学理上通常称两者为"用益物权"。

法国《民法典》有所不同。承役地由于承受役权负担，其所有权人的特权有所削减，与此相对应，在要役地所有权人的概括财产中增加了一种物权性质的权利。对于承役地而言，役权负担是对其所有权的限制。按照学者的解释，在法国财产法中，所有权以及由所有权分解或派生的用益权和地役权是不同的主物权。法国民法没有采用统一的或单一的用益物权概念。

依照法国《民法典》，役权分为三大类型：(1)由场所的自然位置产生的役权，也称为自然役权；(2)由法律规定设立的役权，也称为法定役权；(3)由人的行为设立的役权(les servitudes du fait de l'homme)，它既不是产生于场所的自然状态，也不是产生于法律的规定，而是产生于所有权人之间的合意，是通过协议、遗嘱、持续的占有或者唯一的前所有权人指定的用途来表示的人的意思（意志）而设立对役权，也译为"意定役权"或"约定役权"。法定役权与自然役权并不是两类有特别区分的役权，因为，只有根据法律的规定，自然役权才能对承役不动产加以种种负担，大多数的法定役权都是法律以不同事实情形为基础设立的役权，从这一角度来看，法定役权也是自然役权，但是，依照第 640 条与第 649 条的规定，两者之间还是存在细致的差别：由法律规定设立的役权，以公共便益或者市镇行政区或个人的便益为目的。

依照第637条的规定,构成役权的要件有:(1)必须有分别属于不同的所有权人私人所有、相互独立的两宗不动产,即承役地和要役地(供役地和需役地);(2)役权是为了被称为要役地或需役地的不动产的便益或利用;(3)是对承役地或供役地的不动产所加的负担,而不是对人所加的负担。

如果没有要役地,役权不能成立;属于同一个人的同一块土地上不能设立役权,而且不能承认同一土地的特定共有人享有通行役权;如果仅仅为集体便益,例如,在一块土地上行使栽种草坪的权利,虽然也构成该土地的一种负担,但它并不是为需役地的便益,而仅仅是利益于该地段的居民,不要求这些居民是所涉土地的所有权人,因此,这种情况也不构成役权。第693条还规定:"仅在证明现在被分开的两宗不动产原本属于同一个所有权人,而且正是该人将此不动产安排成现在的状态并产生役权时,才能成立由唯一的前所有权人所作的指定用途。"这种情况是指,原本属于同一个所有权人的同一宗不动产,被分割成属于不同所有权人的部分。唯一的前所有权人所作的指定用途,对于持续的、表见的役权,具有设立役权证书的价值。

设立役权是为了要役地的便益,而不是为人的利益。役权不是强加于人的负担。承役地的所有权人不受强制为要役地所有权人进行任何积极的给付。早在1804年,法国《民法典》的制定者就非常小心地避免使用"人役权"这一术语。役权是与土地相关联的权利,而不是与人(personne)相关联的权利,不论其中一不动产由于所有权变动而转入何人之手,役权始终都是与两不动产相联系。如果是强加于人的"役务"或"服务",或者是为人的利益强加此种"服务",那么,这种服务或给付只能具有对人之债的形式,属于债的关系。

第638条还特别强调:"役权并不确立一不动产对另一不动产的任何优越地位。"第686条第1款更加明确规定:"只要设定的义务不是加于人也不是为了人的便益,允许财产所有权人在其财产之上或者利益于财产设立其认为适当的役权。此种役权只能就不动产以及为不动产的便益设立,且不得违反公共秩序。"

法国《民法典》的条文中,以及法院判例,均未使用"地役权人"这一概念,使用的表述往往是"役权享有人"(bénéficiare d'une servitude),"要役地的所有权人"(proprietaire du fonds dominant),"享有役权的土地所有权人"(第697条)等,这显然是对立法观念的特定表达(第637条)。

虽然承役地的所有权人仅负有消极的承受役权的义务,不受强制为需役地进行任何积极给付。但是,为了确保役权的使用,使之能够发挥效果,也不禁止承役地的所有权人履行某些特定服务,例如,规定由其负担费用,实施修整通行或安设管道的道路所必要的工程(第699条);法院判例认为,在设立汲水役权的情况下,可以强制承役地的所有权人控制水阀或闸门。这样的义务属于从物义务(obligation réelle, propter rem)——一种"与物相联系、因物引起的义务",是由物的所有权人以所有权人的名义负担的义务。如果所有权人转让其物,从物义务转移由财产取得人负担。承役地的所有权人不得以任何行为减少役权的行使,或者造成役权不能方便行使(第700条)。承役地的所有权人可以通过抛弃负担役权的不动产的一部分甚至全部从而摆脱其负担的义务(第699条)。

为了行使和保持役权,享有役权的土地所有权人有权进行所有的必要工程(第697条);此种工程的费用由享有役权的人负担,而不是由负担役权的不动产的所有权人承担,但如果设立役权的证书另有规定,不在此限(第698条);享有役权的所有权人只能按照役权证书的规定行使其权利,不得在供役地上也不得在需役地上进行变更,加重承役地的负担。

第637条

役权是指为另一所有权人的不动产(héritage)的使用和便益①对某一不动产②所加的负担。

第638条

役权并不确立一不动产对另一不动产的任何优越地位。③

---

① 原文为"usage"与"utilité",后者意为"益处""效益""用途"。

② 此处原术语为"héritage",与第647条中的用语相同,指"依性质为不动产",即第518条的规定:"土地与建筑物,依其性质为不动产。""héritage"是一个过时的术语,也用指遗产,第640条、第641条、第642条中的不动产使用的是另一术语"fonds",另见第687条的规定。"héritage"与"fonds"实际意义相同。

③ 这一规定主要是为了"防止恢复封建权利",也是为了避免"承役地与要役地之间不可避免的对立"。

第四编　役权或地役权

第 639 条①

役权的发生,或者因场所的自然位置,或者因法律强制规定的义务,或者因诸所有权人之间的协议。

第一章　因场所的位置产生的役权②

第 640 条

低位置不动产③应当接受高位置不动产不假人工疏导的自然

---

①　第 639 条规定了设立役权的三种方式。役权可以分为"自然役权"(servitudes naturelles)、"法定役权"(servitudes légales)和"意定役权或约定役权"(servitudes conventionnelles),后者是依不动产所有权人的意思表示设立的役权(第 639 条)。役权还有多种分类方法:按照役权的性质,可以分为"私益役权"(servitudes d'intérêt privé)与"公益役权"或"公共用益役权"(servitudes d'utilité publique);按照其行使方式,可以分为积极的役权(servitudes positives,也称为"作为役权")与消极的役权(servitudes négatives,也称为"不作为役权"),持续的役权(servitudes continues)与非持续的役权(servitudes discontinues),表见的役权(servitudes apparentes)与非表见的役权(servitudes non apparentes)。第 639 条中没有列举"依司法裁判发生的役权"(裁判设立的役权)。役权的具体名称,更是不胜枚举,例如,通行役权、视野役权(禁止土地所有权人进行建筑、实施工程或栽种妨害相邻所有权人的视野)、眺望役权(禁止所有权人不遵守规定的距离,在自己的墙壁上设置朝向相邻不动产的窗户,或者听任在法定距离之内设置眺望窗口)、汲水役权、排水役权、倚靠役权、管道架设役权,以及水槽、水道设立役权,邻地枝条、根荆修剪役权,禁止建筑役权,建筑限高役权,放牧役权,家畜饮水役权,等等。

②　因场所的位置产生的役权也称为"自然役权"。从第 640 条至第 648 条的规定来看,法国《民法典》规定的"自然役权"主要是"引水役权"(servitude d'écoulement d'eau,排水役权),但第 646 条、第 647 条及第 648 条也规定了有关"分界石"(le bornage)以及由"围栏"(la clôture)产生的义务。

③　此处原用语为"fonds",是"依性质为不动产"的统称,包括地产(fonds de terre)与建筑物(batiments,房屋),不仅仅指土地。在罗马法中,地役权可以为土地之便益设立,但不限于土地,也可以为建筑物的便益而设立。从第 637 条以及第 640 条和其他条文使用的术语来看,沿袭了类似的规定,因此,无论是供役地(fonds servants)还是需役地(fonds dominant),均可用指建筑不动产或非建筑不动产(immeuble batis,immeubles non-batis)。法国学者对"fonds"这一术语的解释并不一致,有人认为它仅指"地产"或"土地"。译者采纳的是前一种看法。

403

排水。

低位置不动产的所有权人不得筑坝阻止水的下排。

高位置不动产的所有权人不得实施任何加重低位置不动产负担的役权的行为。

第 641 条

（1898 年 4 月 8 日法律）任何所有权人，均有权利用和处分落在其不动产上的雨水。

如果因利用雨水或疏导排水而导致第 640 条所指的排水自然役权加重，应当对低位置不动产的所有权人给予补偿。

发生于地上水源的泉水适用相同规定。

所有权人通过钻探或者实施地下工程，在其土地上挖出水源的，低位置土地的所有权人应当接受水的下排，但是，如果因排水造成损害，低位置土地的所有权人有权得到赔偿。

前几款所指的各种情形，不得加重房屋、庭院、花园、公园以及与住宅相连的、有围墙的场所负担的排水役权。

因前几款所指的役权的设立和行使产生的争议，以及因必要时应当给予低位置不动产的所有权人的赔偿金的计算产生的争议，一审应当向本区的（2019 年 9 月 18 日第 2019-964 号授权法令）司法法院法官提出。司法法院进行宣告时，应当在尊重所有权的同时协调农业与工业利益。

如果有必要进行鉴定，可以仅任命一名鉴定人。

第 642 条

（1898 年 4 月 8 日法律）自己的土地上有水源的人，始终可以在其地产的界限内并为其不动产的需要任意用水。

如果低位置土地的所有权人在有水源的土地上进行并完成旨在利

用该水源之水的明显的永久性工程,或者,为便于其土地排水而实施此种工程,时间已逾30年的,水源发生地的所有权人不得再因自己使用水源之水而损害低位置土地的所有权人的利益。

水源的所有权人不得因其利用水源之水而导致某一市镇行政区、村庄或小村庄的居民得不到必需的用水;但是,如果这些居民并未取得使用权,或者未因时效取得使用权,水源的所有权人可以要求补偿。补偿金的数额由鉴定人确定。

第643条

(1898年4月8日法律)如果自水源所在的土地流出之水形成具备公共水道性质的水流,水源的所有权人不得损害下游的使用人的利益改变水流的自然流向。

第644条

除依据"财产的分类"编宣告的属于公共地产之部分的土地以外,位于水流近旁的土地的所有权人,可以在水流经过其土地之处引水灌溉。

水流从其地产上横穿的,该地产的所有权人同样可以在水流流经其地产的地段利用该水流之水,但是,水流一经离开其土地,应当将之归复于通常的水道。

第645条

如果不同的所有权人之间因可利用的水流之水发生争议,法院在作出宣告时,应当协调农业利益与尊重所有权两者之间的关系;任何情况下,均应遵守地方制定的有关水流和用水的特别规章。

第646条

任何所有权人均可要求相邻人对相互邻接的地产建立划界标识,所需费用共同负担。

第 647 条

任何所有权人均可对其不动产设围,但第 682 条规定的例外不在此限。

第 648 条

打算对其土地设围的所有权人,按其设围土地的比例,丧失在共同土地上的通行权与自由放牧的权利。

第二章　由法律规定设立的役权

第 649 条①

由法律规定设立的役权,以公共便益或者市镇行政区或个人的便益为目的。

第 650 条

为公共便益或者市镇行政区的便益设立的役权,以沿着(2006 年 4 月 21 日第 2006-460 号授权法令)公产水流(原规定为"可通航或可漂流的河流")开辟通道,建设或修整道路,以及实施其他公共工程或市镇工程为目的(objet)。

与此种役权有关的一切事项,由法律或特别规章确定。

---

① 法定役权存在的条件:由法律规定设立的役权的存在,不以供役地与需役地的存在为根本条件;在地产分割时,由行政机关本着整体利益强制设立的役权,具有公共秩序性质,此种役权不因 30 年期间不使用而消灭,也不能由司法判决对这些役权进行变更。公共用益性质的役权不适用调整私法(私权)性质的役权的有关规则。为公共便益或者市镇行政区的便益而设立的役权由特别法律与规章调整,排除适用为个人的便益设立的私权性质的役权的规则。

第651条

法律规定诸所有权人独立于任何协议相互负有各种义务。

译者简述：依法国民法，相邻关系通常表述为"le rapport de voisinage""la relation de voisinage"，或者直接称为"le voisinage"，较少使用"相邻权"（droit de voisinage）的概念。

相邻关系是一个总体概念。不动产相邻，即使不是相互紧紧邻接，都属于因自然位置或人的行为产生的事实状态，基于这种事实状态，法律规定了名称各不相同的役权。

法国《民法典》将相邻关系规定在"役权或地役权"编第二章，其性质是"由法律规定设立的役权"。因相邻关系产生的法定役权，并不像其他役权那样是一种独立的权利。法律所规定的，是如何处理相邻关系的规则。

我国学者多数认为，相邻关系本质上是法律对不动产所有权的干预，旨在界定所有权的范围，是对不动产所有权的扩张、延伸或限制，仍然是所有权制度的一部分，并不构成独立的地役权。

这里体现了两种不同的观念和思想，源于不同的审视角度。如果站在相邻所有权人一方的角度，他有权要求相对人为其不动产的日照、采光、通风等给予便利，这体现为该方所有权权能的延伸；反过来，站在相对人的角度，其不动产需要承受通行、排水、限高、不妨害相邻人视野等负担或限制，需要负担法定役权，这是对其所有权的限制。如前所述，法定役权与自然役权并不是两类有特别区分的役权，只有根据法律的规定，自然役权才能对相应的不动产加以种种负担，大多数的法定役权都是法律以种种事实情形为基础设立的役权。显然，两不动产相邻时，此不动产上的建筑物享有限制他不动产上建筑物高度的权利，是一种相互对应关系：一方承受负担或限制，相对方才有权利的延伸，前者所承受的限制构成役权负担。但是，并非对所有权的任何限制都构成役权。

人在世间，生活于社会，必须考虑他人的存在。相邻关系作为一种"友爱关系"，应当是人们互相帮助、相互救助的源泉。在财产法中，调整相邻关系的主要规则是在"考虑个人利益"的基础上，与人们和谐相处的愿望联系在一起，例如，为了避免私人之间发生冲突，方便私人之间的共存，保证人们生活的独立性以及保证自由、隐私与安宁之必要空间，等等。这一切都不能无视相邻人的安宁，也不能无视邻居财产的安宁。实际上，法律对相邻关系的调整与其说是强调所有权的延伸，不如说更多的是对相邻人双方所有权的权能加以限制，如第651条规定的"法律规定诸所有权人独立于任何协议相互负有各种义务",诸如,不影响或妨害相邻不动产的采光、日照、通风、便益,袋地的通行役权、视野役权、眺望役权、排水役权以及水道上下游两岸居民的用水、饮水役权,相邻土地或建筑物的共同分界物或分界墙、邻地枝条、根荆修剪役权,和禁止建筑役权、建筑限高役权,等等。第 649 条规定:"由法律规定设立的役权,以公共便益或者市镇行政区或个人的便益为目的。"

法国《民法典》和学者并没有忽视因相邻关系产生的共同所有权层面,例如,共同分界物的所有权、共同分界墙的使用权。

在日常生活中,妨害或者扰乱相邻关系的情形时有发生,甚至不可避免。法律仅仅要求:任何人都不得对相邻关系造成"不正常妨害"。法官应当根据造成妨害的时间与场所的具体情形,自由裁量什么情形属于"对相邻关系的正常妨害",什么情形属于正常界限之内。在建筑不动产区分所有权情况下,应当避免噪声、视觉、嗅觉等方面的各种各样的有害侵扰或污染:扬尘、烟气、广告牌的灯光或遮挡光线、妨害通风、乱倒垃圾、废物、煤气泄漏、动物尸体腐烂发出的臭气,等等,但并不等于任何一点妨害都构成"妨害相邻关系"。

第 652 条

此种义务中一部分由有关乡村治安的法律①作出规定,另一部分义务涉及公共分界墙、分界沟,以及是否有必要建立外墙(护土墙),对相邻人财产的眺望、檐滴与通行权。

第一节 共有分界墙与分界沟

第 653 条

城市与乡村,凡在建筑物之间起分隔作用的墙壁以共用部分的高度为界的,或者,在庭院与花园之间,甚至在田地的围场之间,用于分隔

---

① 原文为"les lois sur la police rurale",与第 3 条相比较,应当理解为"维护乡村治安秩序与安全的法律"(乡村秩序与治安法)。

的墙壁,如果没有相反的证书或标志,均推定为共有分界墙。

第 654 条

如果墙的一面与墙顶垂直,另一面呈倾斜度,此种情形构成非共有分界墙之标志。

在建墙的当时,墙的一面设有墙檐或石嵌线装饰或托石等情形,也构成非共有分界墙之标志。

上述情形,墙壁视为完全属于设有墙檐或石嵌线装饰或托石一侧的所有权人。

第 655 条

共有分界墙的修缮与重建,由所有对其享有权利的人按各自所占权利的比例负担。

第 656 条

但是,共有分界墙的任何共同所有权人①如果放弃对共有分界墙的权利,只要共有分界墙不再承受其建筑物,可以免除分担原共有分界墙的修缮与重建义务。

第 657 条

任何共同所有权人均得倚靠共有分界墙进行建筑并且以墙的全部厚度为依托架设梁椽,但应留出 54 毫米的宽度,且不影响相邻人欲在同一地点架设梁椽,或者在同一地点安置烟囱时要求将已经架设的梁椽搭在分界墙上的长度截短至墙的 1/2 厚度。

第 658 条

(1960 年 5 月 17 日第 60-464 号法律)任何共同所有权人均可对共

---

① 此处原文为"copropriètaire",意为"共同所有权人",与"indivisaire"(共有人)基本同义,但习惯上用于不同场合。

有分界墙进行加高;但应单独负担加高工程的费用以及共同分界墙原高度以上被加高部分的维护修缮;同时,还应单独负担因墙壁加高引起的原墙壁的共同部分的相应维修费用,以及单独偿还共同所有权人因墙壁加高所必需的全部费用。

第 659 条

如果共有分界墙的状态不能承受加高,打算加高该分界墙的人应当自负费用重建整个分界墙;新建的分界墙超过原墙厚度的部分应当占用属于该人自己一侧的土地。

第 660 条

(1960年5月17日第60-464号法律)原先没有分担共有分界墙加高费用的相邻人,可以支付加高墙壁所需费用的一半,取得分界墙加高部分的共有权,以及如果共有分界墙增加了厚度,还应当支付因其厚度增加而占用的土地的一半价值;因加高共有分界墙所付出的费用按取得共有权时的情形计算,但应考虑分界墙的加高部分所处的现状。

第 661 条

(1960年5月17日第60-464号法律)与一墙相邻接的财产的所有权人,如果向分界墙的所有权人偿付建墙的一半费用,或者偿付其希望取得共有权的墙壁部分的一半费用以及墙壁所占土地的一半价值,有权取得该分界墙的一半所有权。分界墙的费用按照取得该一半所有权时的情形计算,但应当考虑分界墙所处的现状。

第 662 条

非经他方相邻人同意,或者在他方相邻人不同意时,未经专门人员处理,相邻人在采取必要方法保障其新建的工程不至于损害他方相邻人的权利之前,不得在共同分界墙的墙体上穿孔打洞,也不得在墙上或者倚墙修建任何工程。

第 663 条

在城市或小城镇,任何人均可强制相邻人分担费用,建立或修缮围墙,以分隔双方坐落在此类地点的房屋、庭院或花园。分界围墙的高度应当遵守特别规章或公认的习惯;在没有此种特别规章或公认的习惯时,在 5 万人或 5 万人以上的城市,相邻人之间将建或再建的任何分界围墙,高度至少应为 3.2 米(10 法尺),其中包括墙檐的高度;其他城市,分界围墙的高度至少应为 2.6 米(8 法尺)。

第 664 条

(1938 年 6 月 28 日法律废止)

第 664 条原条文:一栋楼房的不同楼层分属于不同所有权人时,如果所有权证书没有对其修缮或重建作出规定,应当按照以下规定处理:

大墙及屋顶由全体所有权人按照各自所有的楼层的价值比例分担费用;

每一楼层的所有权人各自负担其行走的地板;

第二层楼的所有权人负担通往第二层的楼梯,第三层楼的所有权人自第二层开始负担通往第三层的楼梯,依次顺推。

第 665 条

在重建共有分界墙或重建房屋时,积极的或消极的役权对新墙或新房屋仍然存在,但不得加重役权,并以时效完成之前即已进行重建者为限。

第 666 条

(1881 年 8 月 20 日法律)将数宗不动产分开的任何围栏(围墙),均视为共有分界围栏(围墙),但是,如果围栏(围墙)所圈围的仅有一宗不动产,或者有相反证书、相反规定或相反标示,不在此限。

就分界沟而言,如果开沟时挖出的土或抛出的土均倒在沟的一侧,此即为非共同分界沟的标志。此种分界沟应视为专属于挖沟时向其土地一侧抛土倒土的一方。

第 667 条

（1881 年 8 月 20 日法律）共同分界围栏（围墙）的维修，应共同分担费用；但是，相邻人可以通过放弃共有权而不再负担此项义务。如果分界沟日常仅用于排水，终止此种选择权。

第 668 条

（1881 年 8 月 20 日法律）相邻人的土地与非共有分界沟或分界篱笆相连时，不得强制该分界沟或分界篱笆的所有权人让渡共有权。共有分界篱笆的共有权人可以在其所有权的范围内拆除篱笆，但应在此界限上修建一道分界墙。对于仅起隔离作用的共有分界沟的共有权人，亦适用相同规则。

第 669 条

（1881 年 8 月 20 日法律）只要存在分界篱笆的共同所有权，篱笆的产物对半属于各所有权人。

第 670 条

（1881 年 8 月 20 日法律）共有分界篱笆内生长的树木，如同篱笆本身，属共同所有。两宗不动产的分界线上栽种的树木，亦视为共同所有。此种树木死亡、砍伐或被拔起时，由各所有权人对半平分。树上所结的果实由双方共同负担收获费用并对半平分，无论此种果实是自然掉落、打落或采摘。

每一所有权人均有权要求砍去或拔去共同的分界树。

第 671 条

（1881 年 8 月 20 日法律）在相邻财产的分界线附近，只有在现行的特别法规以及公认的习惯允许的距离之外，才准许有树木、矮树或小树丛；在没有法规或习惯的情况下，只有在距离两宗地产的分界线 2 米之外,才准许有高度超过 2 米的栽种物;仅在距分界线半米之外,才准许有其他栽种物。

可以在分界墙的两侧沿着墙壁栽种树木、矮树或小树丛,无须遵守任何距离,但树木的高度不得超过墙头。

如果墙壁不是共有分界墙,只有所有权人才有权倚墙进行栽种。

第 672 条

(1881 年 8 月 20 日法律)相邻人得要求拔除栽种在法律规定的距离以内的树木、矮树或小树丛,或者将其砍至前条规定的高度,但如果有证书规定或者前所有权人有指定用途安排,或者已过 30 年时效期间,不在此限。

如果此种树木死亡或被砍掉或拔起,相邻人仅在遵守法律规定的距离时,始得补种之。

第 673 条

(1921 年 2 月 12 日法律)相邻人可要求他方相邻人砍去其树木、矮树或小树丛伸展至自己土地上的树枝;从这些树枝上自然掉落在相邻人土地上的果实,属于该相邻人。

相邻人有权自行砍去伸展至其土地上的树根、荆棘或细小树枝,但以分界线为界限。

砍去树根、荆棘、细小树枝的权利以及要求相邻人砍去其树枝、树木的权利,不受时效限制。

第二节 对特定建筑物要求留出的距离和中间设施

第 674 条

在共有分界墙或非共有分界墙近旁:

——挖井或挖粪池；

——建造烟囱或壁炉，锻造炉或冶炼炉或炉灶；

——倚墙修建牲畜栏圈；

——或者倚墙建立盐栈或存放腐蚀性材料的场所；

均应当留出条例或特别习惯就安放这些物件所规定的距离，或者建造依同样条例与习惯所规定的分隔设施，以避免给相邻人带来损害。

第三节　对相邻人财产的眺望

第 675 条

非经他方相邻人同意，相邻人不得以任何方式在共有分界墙上开设窗户或出口，即使是设置不能开启的玻璃窗户，亦同。

第 676 条

与相邻人的不动产紧紧相连的非共有分界墙的所有权人，可以在该墙壁上开设朝向相邻人财产的带有铁栏杆或不能开启的玻璃窗口或窗户。

此种窗户应当安装栏杆并且应当有不能开启的加装玻璃的框子。栏杆的网眼最大为 10 厘米。

第 677 条

如果为了底层房间采光而开设此种窗户或窗口，其距离地板或地面的高度只能为 2.6 米；如果在其他楼层，其距离地板的高度仅为 1.9 米。

第 678 条

（1967 年 12 月 30 日第 67-1253 号法律）相邻人在墙壁上开设窗户，或者在建筑物上设置阳台或其他延伸出墙体之外的类似设施，如果该墙壁与相邻人的不动产之间的距离不足 1.9 米,不得开设向相邻人的不动产进行正面直线眺望或观望的开放口,不论该不动产是否设有围墙;但是,如果受到眺望的不动产或其一部分为享有眺望权的另一不动产的便益而负担阻止进行建筑的通行役,不在此限。

第 679 条

(1967 年 12 月 30 日第 67-1253 号法律)依相同保留条件,如果不动产之间的距离不足 60 厘米,不得有可以从旁侧或斜向对他人不动产进行眺望的开放口。

第 680 条

前两条规定的距离,自设有窗口的墙壁外侧起计算;如果有阳台或其他类似的外延设施,前述距离自阳台或设施的外沿开始计算,至两财产的分界线为止。

第四节 檐 滴

第 681 条

任何(房屋的)所有权人均应当设置屋檐,让雨水流向自己的土地或公共道路;所有权人不得让雨水倾注于相邻人的不动产。

第五节 通行权

第 682 条

(1967 年 12 月 30 日第 67-1253 号法律)不动产被其他不动产包

围,没有任何通往公共道路①的通道或者通道不足时,所有权人为了从事农业、工业生产或商业经营活动,或者为了进行建筑或区分所有权建筑②,有依据要求在相邻人的土地上享有足够的通行权,以确保通达其本人的不动产,但应当对由此造成的损害按比例给予补偿。

第 683 条

(1881 年 8 月 20 日法律)开辟通道的位置应当按照正规情况,取袋地至公共道路的距离最近的一侧。

但是,通道还应取对其经过的土地造成损害最小的位置。

第 684 条

(1881 年 8 月 20 日法律)如果是由于买卖、交换、分割或其他任何合同引起整块土地被分割成小块,造成其中某块土地没有出入通道的,只能在属于此种合同标的范围的土地上请求通行权。

但是,如果仅在被分割成小块的土地上开辟通道仍然不够,适用第 682 条的规定。

第 685 条

(1881 年 8 月 20 日法律)因土地没有进出通道而产生的行使通行

---

① 第 682 条所说的不动产是指土地。一块土地被他人的土地包围,与公共道路完全隔离,完全没有进出口或通道,称为袋地(enclave,国际法上这个术语称为"飞地");一块土地没有适当的进出口或通道,称为"准袋地"。处于此种状态的土地的所有权人有"在其土地与公共道路之间的他人的土地"上通行的权利。这里所说的公共道路,不仅仅是指陆地上的道路,也指水路。

② 袋地的所有权人享有的可以要求从相邻人的土地上通行的权利,以"正常利用其土地"为依据,不论其土地是何种用途。因实施居民住房建设计划需要大面积的空地,将原来的农业用地改为建筑用地,仍然属于正常利用;所有权人以外的其他人也可以对不动产正常利用。如果是所有权人自己故意堵住通往公共道路的进出口,不得以袋地原因主张(经他人土地的)通行权;土地是否属于袋地性质,事实审法官有自由裁量权。因交通工具的技术进步,原有通道的宽度不够用时,役权享有人有权获准拓宽通道。

役权的路基①及其行使方式,经连续 30 年的使用得到确定。

有关补偿费的诉讼,在第 682 条所指的情况下,受时效期间的约束,并且即使补偿费诉讼不予受理,通行权仍然存在。

第 685-1 条

(1971 年 6 月 25 日第 71-494 号法律)在袋地状态已经停止的情况下,不论此前是如何确定行使通行役权的路基及其行使方式,只要按第 682 条规定的条件确保需役地有足够的出入通道,承役地所有权人便可在任何时候主张役权已经消灭。

协商不成的情况下,由法院判决认定袋地状态已经消失。

第三章 由人的行为设立的役权②

第一节 可以对财产设立的各种役权

第 686 条

只要设定的义务不是加于人也不是为了人的便益,允许财产所有权人在其财产之上或者利益于财产设立其认为适当的役权。此种役权

---

① 此处原文为"assiéte de la servitude",与承役地(fonds servant)本身还是有所差别。"assiéte de la servitude"属于承役地中的"实际负担或行使役权的具体地点或路径",例如,通行役权情况下,承役地上开辟的通道的具体地点、宽度、走向,构成"具体的承受通行役权的基础";在一块土地上架设电线支架的具体坐落地点以及占据的具体面积大小,也构成行使通行役权的基础(assiéte)。

② 指由人的意思表示(volonté)设立的役权。依照第 686 条及随后条款的规定,由人的行为设立的役权有以下三种方式:证书(titre)、时效(prescription)以及"唯一的前所有权人所作的安排或指定用途"(destination du père de famille)。这里所指的证书,可以是协议(合同)与遗嘱;时效则是指符合要求之条件的"持续占有"。

只能就不动产以及为不动产的便益设立①,且不得违反公共秩序。

由此设立的役权的使用及范围,由设立役权的证书作出规定;在没有此种证书的情况下,按以下规则处理。

第 687 条

役权,或者为建筑物(bâtiments)的使用(usage),或者为地产(fonds de terre)的使用而设立。

不论享有役权利益的建筑物位于城市还是乡村,第一种役权称为"城市役权"(sevitudes urbaines)。

第二种役权称为"乡村役权"(sevitudes rurales)。

第 688 条

役权,或者为持续的役权,或者为非持续的役权。

持续的役权是指无须人的现时行为(fait actuel)而持续行使或者可以持续行使的役权,例如,安设水管、檐滴、眺望或其他类似的役权。

非持续的役权是指需要人的现时行为才能行使的役权,例如,通行役权、汲水役权、放牧役权或其他类似的役权。

---

① 第 686 条第 1 款规定,"只要设定的义务不是加于人也不是为了人的便宜,允许财产所有权人在其财产之上或者利益于财产设立其认为适当的役权",体现了设立役权的"自由原则"。设立役权的法律行为可以是协议(合同)与遗嘱。例如,两地产的所有权人可以约定,在这一地产上设立便宜于另一地产的通行役权。此种约定可以是无偿的,这就构成一种生前赠与,也可以是有偿的,供役地的所有权人可以要求支付一定的费用或者给予其他利益。地产所有权人也可以在遗嘱中写明此地产为彼地产的便宜负担役权,在此情况下,需役地的所有权人便是享有遗赠之利益,往后成为供役地所有权人的继承人或受遗赠人的人也应遵守此种役权。

同时,禁止以役权为掩盖将"义务加于人"或者"为人的利益"设定义务。这一条文明确将"役权"与"人的义务"(obligation personnelle)区别开。役权是一种物权,不涉及人的积极的给付义务,只要有积极的给付义务,便不是役权问题而是债权问题。役权与其设立的不动产相连,但承役不动产的所有权人仅负有"消极承受"(役权的)义务,通常不负积极作为义务。

第689条

役权,或为表见的役权,或为非表见的役权。

表见的役权是指,由诸如门、窗、引水渠等外部设施显示的役权。

非表见的役权是指,没有外部标志显示其存在的役权,例如,禁止在某一地产上进行建筑,或者在其上的建筑不得超过确定的高度。

第二节 役权如何设立

第690条

持续的、表见的役权,依证书取得,或者依30年[①]占有取得。

第691条

持续的、非表见的役权,以及非持续的役权,不论其是否表见,只能依证书设立。

占有,即使时间很久远,仍不足以设立前款所指的役权,但是,以往在可以按照此种方式取得役权的地区,已经因占有取得此种役权的,现在不得再对其提起诉讼。

第692条

唯一的前所有权人所作的指定用途,对于持续的、表见的役权,具有设立役权证书的价值。

[①] "30年时效"是经过30年占有,是确立役权的一种方式(un mode d'établissement),与法律条文中使用的"取得"(s'acquerir)应作相同理解。依照第690条的规定,只有持续的、表见的役权,才能依时效取得。"持续"与"表见"是依时效取得役权的两项条件;而第691条规定的是"持续的、非表见的役权,以及非持续的役权",这类役权只能依证书设立。占有,即使时间很久远,仍不足以取得非持续的役权或非表见的役权,前者如通行役权或汲水役权,后者如禁止建筑役权。

译者简述：第 692 条所说的"唯一的前所有权人所作的指定用途"原文为"destination du père de famille"，是指"一家之主"（père de famille）为了便利原本属于同一块土地的各部分的利用而作出的安排或者规定的用途，例如，在土地上开设通行道路或排水系统，设置引水渠、引水管道或者牲畜的饮水槽等。原本是在属于同一所有权人的整块土地的这种安排或规定的用途，在该土地分块卖出或者家庭成员之间进行分割之后，成为归属于不同所有权人的数块土地，每一个新的所有权人仍然应当遵守原有的安排或指定用途，由此构成"人的行为设立对役权"。

因唯一的前所有权人所作的安排或指定的用途设立的役权应当符合两个构成要件。第一，原所有权人是在他的不动产的两部分或各部分之间或者在原来属于他一人的两小块地产中作出的某种安排。如果原来就涉及两块属于不同所有权人的土地，本来就足以成立役权。第二，原不动产现在被分开成为不同的部分，在分割之后不同的部分属于不同的所有权人，或者其中某一块或某一部分土地被转让，原来在该不动产上所作的安排并未因此而改变。土地分割或转让之后，取得小块土地的所有权人原则上应当遵守唯一的前所有权人所作的安排或设置，应当继续承受由此设立的役权。

"善良家父"（bon père de famille）是罗马法创造的一个特别概念，字面意思是"一个好的家长"，也就是说，承担合同义务的人应当以一个"合格的一家之主"的态度，审慎认真地履行自己的义务。为了确定合同债的不履行是否属于有过错的不履行（inexécution fautive），在评判债务人的行为表现时，应当采用单一的参照典范，这个单一的参照典范，就是"善良家父"模式。法国法接过这一概念，并且运用在不同场合，尤其是在合同法、亲属法领域。"善良家父"甚至成为衡量一个人（是否有）正常的理性社会行为的标准。在法国《民法典》中，除合同法外，还有许多条文也都是运用"善良家父"的标准作为"参照典范"。为了确定合同之债的不履行是否属于有过错的不履行，法国学界也有人主张应当区分行为人过失的不同程度，提出了诸如"杰出的家父"（excellent père de famille）、"不太谨慎的家父"（père de famille peu diligent）等更细的区分类型。这些细致的区分很难把握（多数人也不主张如此细分）。"善良家父"是一个老概念，现在基本上已退出法律条文的用语。

第 693 条

仅在证明现在被分开的两宗不动产原本属于同一个所有权人，而且正是该人将此不动产安排成现在的状态并产生役权时,才能成立由唯一的前所有权人所作的指定用途。

第 694 条

如果属于同一个所有权人的两宗不动产之间存在明显的役权标志,在所有权人处分其中一宗不动产时,即使合同中没有任何关于役权的约定,役权继续存在:或者积极地便益于被让与的土地,或者由被让与的土地消极承受。

第 695 条

对于不能依时效取得的役权,只有出自承役地的所有权人的、承认此种役权的证书,才能替代设立役权的证书。

第 696 条

设立役权,视为同意给予行使役权所必要的一切便利。

依此而言,自他人水源汲水的役权,必然包含通行役权。

第三节 享有役权的土地所有权人的权利

第 697 条

享有役权的土地所有权人,为了行使和保持役权,有权实施所有的必要工程。

第 698 条

此种工程的费用由享有役权的土地所有权人负担,而不是由承役地的所有权人承担,设立役权的证书另有规定的除外。

第 699 条

承役地的所有权人,即使为了行使或者保持役权,按照证书的规定应当负担费用实施必要的工程,始终可以通过将其承役地抛弃给享有役权的不动产的所有权人,从而免除负担此种义务。

第 700 条

如果为其设立役权的不动产被分割,分割以后的该不动产的每一部分仍然享有役权,但不能因此而加重承役地的负担。

依此而言,例如,如果涉及的是通行役权,分割后的不动产的每一部分的所有权人均应当从同一地点行使通行役权。

第 701 条

承役地[①]的所有权人不得以任何行为减少役权的行使,或者造成役权不能方便行使。

例如,承役地的所有权人不得改变场所的状态,也不得将行使役权的具体位置从原来指定的地点移至其他地点。

但是,如果原来指定行使役权的具体位置给承役地所有权人造成更加繁重的负担,或者妨害不动产所有权人进行可以为其带来利益的修缮时,承役地的所有权人得向另一不动产的所有权人提供行使役权的具体位置,另一不动产的所有权人不得拒绝。

第 702 条

享有役权的土地所有权人,只能按照役权证书行使其权利,不得在承役地上和需役地上进行变更,加重承役地的负担。

---

① 在法典中,承役地的原文常常有不同表述,例如"fonds servant""fonds assujetti" "fonds débuteur de la servitude",后两种表述均可译为"负担役权的不动产"。第 705 条则将承役地与要役地(需役地)分别表述为"le fonds qui doit la servitude"和"le fonds à qui elle est due",直接翻译为"应当负担役权的不动产(土地)"和"应当享有役权的不动产(土地)"。

第四节　役权如何消灭

第 703 条

当物（les choses）处于不能再使用的状态时，役权停止。

第 704 条

如果物经过修整仍可使用，役权得予恢复；但是，依照第 707 条的规定，经过相当长的时间之后足以推定役权已经消灭的，不在此限。

第 705 条

如果应当负担役权的不动产与享有役权的不动产归于同一人所有，任何役权均告消灭。

第 706 条

役权因 30 年期间不使用而消灭。

第 707 条

依役权的类型不同，对于非持续的役权，30 年期间自停止享有役权之日计算；对于持续的役权，30 年期间自实施与役权相反的行为之日起计算。

第 708 条

行使役权的方式，得如同役权本身并依相同方式，因时效而消灭。

第 709 条

如果为其便益设立役权的不动产属于数人共有，其中一人行使役权，对其他人阻止时效进行。

第 710 条

如果共同所有权人中有时效对其不能进行的人，例如未成年人，由此将保留其他共同所有权人的权利。

第五编　不动产公示

（2011 年 3 月 28 日第 2011-331 号法律第 9 条）

全一章　文书的公署形式[①]

第 710-1 条

为了履行不动产公示手续,任何文书或者权利,均应当采用在法国执业的公证人以公署文书的形式作成的证书、司法裁判决定或者某个行政机关签发的公署文书。

将私署文书的正本寄托于公证人处,不论是否有公证人副署,即使有对文书上的字迹或签字的承认,仍然不能产生相当于履行不动产公示手续的效力;但是,向公司或者由公司用不动产财产或权利出资,在出资之前或者由于此种出资而召开的股东大会的审议笔录以及设立不动产分界标志的笔录,即使不是采用公署文书的形式作成,仍可在抵押权登记处进行公示,但需将此项笔录附于"确认向公证人寄托正本"的文书。

向法院送交的起诉传唤状、具有扣押效力的支付令、与此相关联的各种诉讼文书,以及不动产的拍卖成交判决、载有对所有权加以行政性

[①] 不动产公示应当采用公署文书的形式,不能采用私署文书的形式。公署文书（acte authentique）不等于公证书（acte notarié）,这就是说,不动产公示并不一定需经公证人公证。第 710-1 条对不动产公示可以使用的文书进行了列举。

限制或载明行政性役权的文件、由地籍管理部门制作的笔录、由土地测量员制作的土地丈量文件、因行政决定或自然事件引起的财产改变等文件的不动产公示手续,不适用第 1 款的规定。

第三卷

取得财产的各种方法

通 则

第711条

财产的所有权,因继承、生前赠与或遗赠①以及债的效力取得和转移。

第712条

所有权亦因添附或混合以及依时效取得。

第713条

(2014年3月24日第2014-366号法律第152-1条)无主财产属于其所在的地域区划范围内的市镇行政区,但是,经市镇行政区议会审议,市镇行政区可以对其全部或部分地域区划范围放弃行使此项权利,以利益于公共机构、本行政区作为其成员的实行独立税制的跨市镇行政区的合作组织,于此情形,无主财产视为属于该实行独立税制的跨市镇行政区的合作组织。

(2016年8月8日第2016-1087号法律第109条)但是,如果市镇行政区或者实行独立税制的"跨市镇行政区的合作组织"放弃行使此项权利,财产的所有权按以下规定当然转移:

1. 位于《环境法典》第322-1条划定的区域内的财产,在"海滨空

---

① 原文分别为"donation entre vifs"和"donation testamentaire",后者意为"遗嘱赠与",与"legs"(遗赠)同义,但"legs"一语也用指"遗赠物"。

间与观察保护机构"提出要求时,或者,如果没有设立这类保护机构,在以《环境法典》第414-11条的名义认可的"地区自然空间观察保护机构"提出要求时,分别向这些机构转移财产的所有权;

2.其他无主财产的所有权属于国家。

第713条原条文:无主财产,属于国家。

第714条

不属于任何人之物,由公众共同使用之。

有关维护社会秩序与安全保障的法律规定此种物的使用方式。

第715条

狩猎权或捕鱼权,由特别法律规定。

第716条

埋藏物的所有权,属于在自己土地内发现该物的人;如果是在他人土地内发现的埋藏物,一半属于发现人,另一半属于土地的所有权人。

埋藏物是指,被隐藏或埋藏,其发现纯属偶然,任何人均不能证明其所有权之物。

第717条

对海上漂浮物、海洋漂浮至岸边之物的权利,无论其为何种性质,以及对海岸边生长的木本、草本植物的权利,由特别法律规定。

物主不明的遗失物,亦同。

第一编 继 承①

第一章 继承的开始,部分概括继承与继承人占有遗产

(2001 年 12 月 3 日第 2001-1135 号法律第 18 条)

第 720 条

继承,因被继承人死亡②在死者的最后住所开始。

第 721 条

死者生前没有无偿处分其财产的,遗产按照法律规定的顺序转移。③

---

① 近年来法国继承法的修改频繁。译本保留了 2006 年修改前的部分原条文。
② 法国《民法典》现时没有第 718 条与第 719 条。1804 年《民法典》第 718 条规定:"继承,因自然死亡与民事上的死亡而开始。"第 719 条规定:"因民事上的死亡开始的继承,以'民事权利的享有与丧失'一章第二节第二目规定受到死亡判决时开始。"1854 年 5 月 31 日法律废除了因"民事上的死亡"开始的继承,继承人死亡限指自然死亡,但是,依照第 128 条的规定(1977 年 12 月 28 日第 77-1447 号法律):宣告失踪判决(jugement déclaratif d'absence)自登录之日起,产生确认失踪人死亡之全部效力。也就是说,宣告失踪构成继承开始的原因。现代民法少见所谓"生前继承"(Succession anticipata)制度。
③ "无偿处分"原文均为"libéralité",统指法国法律限制性规定的两种形式的"无代价处分财产":生前赠与和遗赠,两者均为法律行为。第 721 条第 1 款与第 2 款分别规定了法定继承与遗嘱继承。遗产的"转移",原文为"dévolué"(dévolution),本义为"转归"。生前赠与包括:一般赠与、间接赠与或伪装的赠与(donation ordinaire、indirecte 或 déguisée);"死因无偿处分"(libéralité à cause de mort)指遗赠(legs)、契约指定财产继承人(institution contractuelle)。

遗产得依在不抵触继承人特留份的限度内所为之无偿处分转移。

第 722 条

就尚未开始的继承之全部或部分或者就属于此种继承的某项财产之全部或部分，创设权利或放弃权利，以此为标的的所有协议，只有在法律准许的情况下，才能发生效力。

译者简述：第722条所指的协议也称为"关于将来继承的协议"（pacte sur succession future），指所谓"继承契约"（succession contractuelle）。"pacte"（协议、简约）一词广义上可用指所有的法律行为（acte juridique），乃至单方的行为（例如，原第791条）。罗马法对继承契约采取禁止原则，人们甚至称其为"乌鸦协议"（pactum corvinum），认为它在道德上是"就活着的人将来死亡"进行交易；在法国封建社会，这类协议却受到青睐，特别是通过长子的夫妻财产契约以及女子提前放弃继承遗产等形式而得到广泛运用。法国大革命的理念以及法国《民法典》原则上禁止"继承契约"。除第722条外，还有其他条文也规定了类似的"禁止性原则"，例如，原第791条规定："任何人，即使通过订立夫妻财产契约，亦不得放弃对生存之人将来的遗产的继承，不得让与可能对此种遗产继承享有的权利。"原第1600条规定："生存的人将来留下的遗产，即使经其同意，亦不得买卖。"原第1130条第2款规定："但是，任何人只有按照法律规定的条件才能放弃尚未开始的继承，才能就此种继承订立任何约款。"另见第770条。

但是，这项原则有很多例外，例如，"契约指定继承人""得到准许的替代继承"（一般的替代继承）、"赠与—分割""后位继承"以及"跨代赠与—分割"；还有其他制度，例如，在夫妻财产契约（参见第1390条、1391条）或者公司契约中作出的安排（参见第1870条），以及份额增添条款等。但法律对这些例外制度所规定的限制往往更多。

第 723 条

（2006年6月23日第2006-728号法律第29-15条废止："概括继

承人或部分概括继承人,对遗产的债务负无限责任。")

第723条原条文:(1958年12月23日第58-1307号授权法令)婚生继承人、非婚生继承人以及生存配偶之间,继承顺序由法律规定;无继承人时,财产归属国家。①

第724条

由法律指定的继承人当然占有死者的财产、权利与诉权。

概括遗赠的受遗赠人与概括受赠与人,按照本卷第二编规定的条件占有遗产。

无前两款所指之人时,遗产由国家取得,国家应当经法院判决认许对遗产实行占有。②

译者简述:继承人(héritier)一语广义上是指,依据法律的效力或遗嘱,继承死者遗产的人,狭义上仅指依据法律规定继承死者遗产的人,不包括遗嘱指定的受遗赠人。

以前,法国民法将继承人分为婚生继承人(les héritiers légitimes,嫡出继承人)、非婚生继承人(les héritiers naturels)以及生存配偶(conjoint survivant)和国家(国库)。前者是

---

① 1804年法国《民法典》"继承编"第四章标题为"succession inrrégulière",实为"变则继承"(李浩培先生等译为"不正常的继承"),与此相对,属于"正则继承"。1958年12月23日第58-1307号授权法令修改了这一标题,并将生存配偶归为正则继承人,同时,不再规定国家为"变则继承人",原第723条,后来改为第731条与第768条均排除国家为继承人。

② 由法院作出判决认许对遗产实行占有,是指法院院长应当事人的请求,批准"法律指明的"特定的人对转移的死者的遗产或遗产之部分实行占有的程序。

过去,正则继承人对死者遗产为法定占有(saisine),合并继承死者的权利与义务,而变则继承人非经占有认许(envoi en possession),不得对遗产实行占有。现在,第724条第1款规定"由法律指定的继承人当然占有死者的财产、权利与诉权",无须经过占有认许程序;在遗嘱具有公证文书的形式时,以及在执行第1030条所指权限时,也不要求(现在已经废止的)第1008条规定的认许占有程序。但是,对于受遗赠人以及概括受赠与人而言,实行占有认许程序属于强制性程序,目的是审查证书(遗嘱、赠与文书或合同)是否符合规定。无人继承的遗产由国库取得时,国家(国库)需经认许才能对遗产实行占有(se faire envoyer en possession),参见第811条。另见附目第724条。

固有意义上的继承人,仅限于嫡出血亲,为正则继承人(héritier légitime),包含直系卑血亲及尊亲属(无亲属范围的限制),旁系血亲(范围限制在十二亲等之内);非婚生子女、非婚生父母、非婚生兄弟姐妹以及生存配偶为变则继承人。

后来,法律给予非婚生父母、非婚生子女、兄弟姐妹与嫡出血亲相同的继承人资格,生存配偶也归为正则继承人。随着法律取消非婚生子女这一概念,所有子女在身份、地位上没有任何区分,非婚生继承人的概念也随之取消。由此,"héritier légitime"改译为"合法继承人"(参见附目第745条、附目第746条、附目第750条、附目第753条、附目第755条)。

本条第1款所说的"由法律指定的继承人"是法定继承人。条文指明并且列入继承顺序的继承人均为法定继承人,与原来使用的"嫡出继承人"的概念相比,范围有所扩大。法定继承人当然占有遗产(saisi de plein droit, saisine),对死者遗产的法定占有(saisine)是合并继承死者的权利与义务。

第 724-1 条

在没有作出另外规定的特别规则时,本编的各项规定,特别是有关选择权、遗产的共有和分割的规定,作为合理安排,适用于概括遗赠或部分概括遗赠的受遗赠人和受赠与人。

第二章 继承应当具备的资格以及继承人资格的证据

(2001 年 12 月 3 日第 2001-1135 号法律第 19 条与第 20 条)

第一节 继承应当具备的资格

第 725 条

只有继承开始时生存的人,或者已在胎中,出生时存活的人,才能继承。

依照第 112 条的规定推定失踪的人可以继承。

第 725-1 条

相互有继承资格的两人在同一事件中死亡的,死亡先后得以任何方法认定。①

如果无从确定死亡先后,每一个人的遗产均发生转移,不由其中另一人继承。

但是,如果两死者之一留有直系卑亲属,在准许代位继承(la représentation)的情况下,直系卑亲属可以代位(représenter)其被继承人继承另一人的遗产。

---

① 在诸如交通事故、空难、海难、海啸等突发事件中,相互有继承资格的人于同一事件中死亡,但"死亡之先后不明"的,确定准确的死亡时间虽然有用处但很困难。

对于这种情况,法国《民法典》原第 720 条至原第 722 条基于各人的年龄、性别,确定了复杂的推定规则。

原第 720 条 如果相互有继承权的数人在同一事件中死亡,无从了解何人死亡在先时,对后死亡的推定依具体的事实情形确定;无此种情形时,依年龄与性别确定之。

原第 721 条 同一事件中死亡的数人均不满 15 周岁,推定其中年龄最大的后死亡。同一事件中死亡的数人年龄均在 60 周岁以上,推定其中年龄最小的后死亡。同一事件中死亡的数人有的年龄不满 15 周岁,有的年龄在 60 周岁以上,推定年幼者后死亡。

原第 722 条 同一事件中死亡的数人年龄在 15 周岁以上 60 周岁以下而且年龄相同,或者年龄相差不到 1 周岁,推定男性后死亡。同一事件中死亡的数人性别相同,应当采用能够使继承按照自然顺序开始的推定,并据此确定后死亡者:依此而定,推定年轻者后于年长者死亡。

法院判例对这些条文的解释极为严格,实践中这些规定很少适用。2001 年 12 月 3 日第 2001-1135 号法律废除了"濒临死亡的理论",排除了死亡先后的任何推定,而是规定死亡先后得以任何方式证明;如果无从确定死亡先后,每一个人的遗产均转移由其继承人继承,而不由其中另一人继承另一人。第 3 款则规定可以代位继承。

第 726 条

下列之人无继承资格①,鉴于此,被排除继承:

1. 故意杀害被继承人既遂或未遂,作为正犯或共犯被判处重罪刑罚的;

2. 虽无杀人意图但因故意对被继承人实施殴打或暴力行为致其死亡,作为正犯或共犯被判处重罪刑罚的。

原第 727 条规定:下列之人无资格继承,排除其继承遗产:

1. 因杀害被继承人既遂或未遂而被判刑的人;

2. 控告死者,指控其当受死刑②,但此种控告被判决认定为诬告的;

3. 成年继承人知道被继承人被杀害而不向司法机关告发的。

第 727 条

下列之人得被宣告无继承资格:

1. 故意致被继承人死亡既遂或未遂,作为正犯或共犯被判处轻

---

① 罗马法中的继承缺格(indignitas),法文为"indignité(successorale)",通俗地说,是"无资格"或"不配作继承人"(indigne),似同"丧失继承权"。1804 年法国《民法典》没有规定"剥夺继承权"(exhérédation)(司法实践中则有这种判决),而是规定了继承缺格。只有在无遗嘱继承(les successions ab intestat)中才发生继承缺格;与此相对应,在无偿处分方面规定了"因受赠与人有负义行为之原因撤销赠与"的制度,但这一制度与继承缺格的条件和机制不同(参见第 953 条)。

继承缺格分为两种情形:第 726 条规定的"当然缺格"(indignité de plein droit),是由于继承人对被继承人实施严重程度不同的犯罪行为而作出的制裁性规定;第 727 条与第 727-1 条规定的"宣告缺格",属于"选择性或任意性缺格"(indignité facultative)。第 726 条与第 727 条中的"被继承人"一语原文均为"死者"(défunt)。

② 法国已经废除死刑,原第 727 条第 1 点关于"当受死刑"的指控的规定已经过时。原第 728 条规定:"对杀人者的直系尊血亲与直系卑血亲,以及同系等的姻亲,其夫或妻,兄弟姐妹、叔伯、姑姊姨、舅侄甥,不得因他们没有告发而对抗其继承权。"在古代,为了维护宗法伦理和家族制度,对亲属犯罪的事实,应当互相隐瞒,即使不进行告发或者不肯作证,亦不论罪,此为亲亲相隐。现代法治社会的价值要求人们不论关系亲疏,均有检举、揭发犯罪行为的义务。

罪①刑罚②的；

2. 虽无杀人意图但因故意对被继承人实施殴打或暴力行为致其死亡，作为正犯或共犯被判处轻罪刑罚的；

2b. (2020年7月30日第2020-936号法律)因对死者实施毒打与野蛮行为、故意暴力、强奸或性侵犯，作为正犯或共犯被判处重罪或轻罪刑罚的；

3. 在刑事诉讼中针对被继承人作伪证被判刑的；

4. 在可以采取措施，且对本人或第三人并无危险的情况下，因故意不作为，对侵犯被继承人人身并引起其死亡的重罪或轻罪不加阻止被判刑的；

5. 诽谤被继承人，致其因诽谤事实而受到刑事处罚，行为人因犯诽谤罪被判刑的。

实施第1点与第2点所指行为的人，虽因当事人死亡，公诉未能进行或者消灭，仍可宣告其无继承资格。

第727-1条

第727条规定的无继承资格宣告，由(2019年9月18日第2019-964号

---

① 法国刑法规定当处10年(包括10年)以下监禁刑的犯罪为轻罪(délit)。轻罪刑罚(peine correctionnelle)也译为"轻罪矫正刑"。刑期10年以上的犯罪为重罪，但重罪刑罚有不同的名称。

② 第726条规定的"当然缺格"，只需要具备该条规定条件，即可成立，无须作出宣告继承缺格判决，第727条规定的"任意性缺格"则需要经法院作出宣告判决；两者均要求"继承人因其实施的行为已经受到法院判处刑罚"，仅仅有杀人、诽谤(行为)事实，尚不足以认定继承缺格。在法院并未对行为人作出判刑宣告，公诉消灭时，不适用继承缺格，例如，实施犯罪行为的人死亡，公诉时效已过，但继承人的行为引起被继承人死亡的情况除外。司法实践中，法院宣告继承缺格或者因负义而撤销赠与的情况很少。对比我国《民法典》第1125条的规定："继承人有下列行为之一的，丧失继承权：(一)故意杀害被继承人；(二)为争夺遗产而杀害其他继承人；(三)遗弃被继承人，或者虐待被继承人情节严重；(四)伪造、篡改、隐匿或者销毁遗嘱，情节严重；(五)以欺诈、胁迫手段迫使或者妨碍被继承人设立、变更或者撤回遗嘱，情节严重。继承人有前款第三项至第五项行为，确有悔改表现，被继承人表示宽恕或者事后在遗嘱中将其列为继承人的，该继承人不丧失继承权。受遗赠人有本条第一款规定行为的，丧失受遗赠权。"

授权法令）司法法院(原规定为"大审法院")应其他继承人之一的请求,在继承开始以后作出。如果判刑判决或有罪宣告是在被继承人死亡之前作出,此种请求应当在被继承人死亡后6个月内提出；如果判刑判决或有罪宣告是在被继承人死亡之后作出,应在判决作出后6个月内提出请求。

没有继承人时,此项请求得由检察院提出。

第728条

如果被继承人在有继承权的人实行犯罪之后,或者在知道此种犯罪事实之后,仍然用遗嘱的形式明文声明其愿意继续保留该人对遗产的继承权利,或者仍然向该人进行概括的或部分概括的无偿处分,有第726条与第727条所指的丧失继承资格之原因的人,仍然不被排除继承遗产。

第729条

因缺格而被排除继承遗产的继承人,有义务返还其自继承开始之后受领、享益的全部孳息和收入。①

第729-1条

无继承资格的人的子女,不因该人的过错被排除继承权,不论他们是以自己的名义还是依代位之效力参与继承,但是,无继承资格的人在任何情况下都不得要求对其子女由此继承的遗产享有法律规定的父母对子女的财产可以享有的用益权。

第二节　继承人资格的证据

第730条

有关继承人资格的证据,得以任何方法确立。

---

① 因缺格而被排除继承遗产的继承人丧失对其受害人(被继承人)的遗产的权利,除表见情形产生的效力外,由其同意给予第三人的权利也将消灭。

第一编 继承

前述规定不抵触有关由司法机关或行政机关签发产权证书或者继承资格证书(certificats de propriétéou d'hérédité)的规定或习惯。

第 730-1 条

有关继承人资格的证据,可以来自公证人应一名或数名权利继受人的请求制作的公知证书。①

(第 2 款由 2007 年 12 月 20 日第 2007-1787 号法律第 9 条废止:"在请求制作具有公证效力的文书的人的被继承人没有夫妻财产契约或者没有最后遗愿安排的情况下,公知证书也可以由继承开始地的初审法院的司法执达员制作。")

这项公知证书应当指明被继承人的死亡证书,继承已经开始,同时写明已提交的各项证明材料,例如,身份证书以及可能情况下有关对遗产的转移产生影响的死因无偿处分(libéralité à cause de mort)的文件。

公知证书还应当确认提出请求的权利继受人有资格单独或者与指明的人共同受领死者的全部或部分遗产。此项确认应当有提出请求的权利继受人签字。

能够提供有益情况说明的任何人,都可以受到召唤。

(2007 年 12 月 20 日第 2007-1787 号法律第 9 条)在死亡证书的备注栏内写明存在这份公知证书。

---

① "公知证书",原文为"acte de notoriété",其中"notoriété"一词的本义是作为公证人所具有的资格,或者在或大或小的范围内,为众人共知的某种事实或状态(例如,众所周知某人患有精神疾病)。"公知证书"或"公认证书"是由公务助理人员在没有任何诉讼或者不需进行任何调查程序的情况下收集多方面的证言,记载多名证人(至少三人)所知道的、众人都可以见证或者确认的情节或事实而作出的声明(证言),并且得到法官正式承认的证书。制作公知证书的公务助理人员是公证人或身份官员。这种公知证书在收养法、继承法方面都得到运用,用以证明人所共知的公认事实或状态(例如,某人自幼就是由某人抚养)。公知证书具有公署文书的效力。2007 年 12 月 20 日关于简化法律的第 2007-1787 号法律之后,只有公证人有制作公知证书的权限,公证人也可以利用"家庭户籍簿"(livret de famille)以及身份证书上的记载制作公知证书。

第 730-2 条

公知证书中包含的确认事项,本身并不意味着(请求人)已接受继承。

第 730-3 条

照此制作的公知证书具有证明效力,有相反证据时除外。

主张此种文书的人,推定其按照文书中指明的比例享有继承权。

第 730-4 条

对于持有属于遗产之财产的第三人,公知证书指明的继承人或者他们的共同委托代理人被视为可以自由处分这些财产;如果涉及不动产,视他们可以按照文书中指明的比例自由处分这些财产。

第 730-5 条

对于恶意并故意主张某项不准确的公知证书的人,依(2006 年 6 月 23 日第 2006-728 号法律第 29-16 条)第 778 条所指的隐匿遗产罪惩处,且不影响损害赔偿。

第三章 继承人

(2001 年 12 月 3 日第 2001-1135 号
法律第 1 条至第 4 条与第 9 条)

第 731 条

遗产,按照以下确定的条件,依法律转归死者的亲属和有继承权的配偶。

第 732 条

有继承权的配偶(conjoint successible)①是指,没有离婚(2006 年 6 月 23 日第 2006-728 号法律第 29-17 条废止"且没有对其作出已产生既判事由之确定力的分居判决")的生存配偶。

第一节 在没有有继承权的配偶的情况下,亲属②的权利

第 733 条

法律在确定受召唤继承遗产的亲属③时,(2005 年 7 月 4 日第 2005-759 号授权法令)不依确立亲子关系的方式进行区分(原规定为"不按照婚生亲子关系还是非婚生亲子关系进行区分")。

因收养关系产生的权利,按照"收养子女"编所定的规则处理。

---

① 其中"successible"一词是指,有继承资格的人。"有继承权的人"在继承开始时也称为"推定的继承人"(héritier présomptif),"推定的继承人"对遗产持有一种"不确定的"(有可能的)权利(un droit éventuel)。

② 此处为"parents",指生存配偶以外的其他亲属。为了理解法国民法无遗嘱继承(法定继承)中遗产的转归机制,必须结合其他继承制度与夫妻财产制度,其中最基本的事实是:实行普通共同财产制的有婚姻关系的人死亡,其遗产由特有财产以及共同财产的一半组成,共同财产的另一半,是由于夫妻财产制的效力而不是由于遗产的转移效力,属于生存配偶。在优士丁尼继承顺序中不包括配偶,现行法国《民法典》在这一节也仅规定在没有有继承权的配偶的情况下,其他亲属的继承权利和继承顺序。

③ 第 733 条所说的"受召唤继承遗产的亲属",原文为"les parents appelés à la succession",指由于被继承,死亡,继承开始,继承权已经产生,继承资格已成现实的继承人,与推定的继承人(héritier présomptif)有所差别。不依确立亲子关系的方式区分继承权,是一项以平等观念为基础的原则,主要涉及非婚生子女、乱伦奸生子女与婚生子女的平等地位。

第一目　继承人的顺序

第 734 条

在没有有继承权的配偶的情况下,亲属按照以下顺序继承遗产:

1. 子女和他们的直系卑血亲;

2. 父和母,兄弟姐妹以及他们的直系卑血亲;

3. 父和母以外的直系尊血亲;

4. 兄弟姐妹和他们的直系卑血亲以外的旁系亲属。

以上四类亲属各构成一个继承人顺序,并排除其后各顺序继承。

第 735 条

子女,或者他们的直系卑血亲,不分性别,也不分是否长子身份①,即使系出不同婚姻,均得继承父与母或者其他直系尊血亲的遗产。

第 736 条

死者既没有后裔,也没有兄弟姐妹,且兄弟姐妹也没有直系卑血亲时,由其父与母各继承一半遗产。

---

① 第 734 条规定的是在没有有继承权的配偶的情况下的继承顺序。

子女或者他们的直系卑血亲继承其父与母或其他直系尊血亲的遗产,这是人类历史上恒久的普遍规则:继承是朝向未来,所谓"代代相继"(se succéder de génération en génération)。在封建时代,子女之间地位不平等是社会制度的基础规则,男丁继承权、长子继承权,在贵族家庭更是如此(特别是关于将来财产的继承问题)。现代社会,在继承父与母或者其他直系尊血亲的遗产方面,子女或他们的直系卑血亲的平等规则是普遍规则。有学者认为,继承是朝向未来,这一事实有着某种"家庭永续的活的意义",从这个角度来看,尊亲继承、旁系继承以及配偶继承实际上都不是真正的继承,因为在这些情况下,遗产要么"向上转归"(remonter),要么"分散转归"(diverger)或"平行转移"(s'en aller),很难理解"父母为何是子女的继承人"。第 734 条第 2 点与第 3 点实际上是将直系尊血亲分为"优先继承之尊血亲"和有继承权的普通尊血亲,前者是父母(不论婚生、非婚生或收养关系),后者指祖父母及其他长辈直系尊血亲。

第 737 条

死者的父母先亡，本人没有后裔，由其兄弟姐妹或者兄弟姐妹的直系卑血亲继承，排除其他直系尊亲属或旁系亲属继承。

第 738 条

死者本人没有后裔，但其父母生存，且有兄弟姐妹或兄弟姐妹的直系卑血亲时，由父与母各继承 1/4 遗产，其余的 1/2 由兄弟姐妹或者兄弟姐妹的直系卑血亲继承。（参见附目第 748 条第 1 款）

如果死者的父与母仅有一人生存，由生存的父或母继承 1/4 遗产，其余 3/4 由兄弟姐妹或者他们的直系卑血亲继承。

第 738-1 条

（2006 年 6 月 23 日第 2006-728 号法律）死者的父母中仅有一人生存，且没有兄弟姐妹，兄弟姐妹也没有直系卑血亲，但生存的父或母所属亲系的另一亲系①中有一名或数名直系尊血亲的，死者遗产的一半由（生存的）父或母继承，另一半由先死亡的父或母的亲系中的尊血亲继承。

第 738-2 条

（2006 年 6 月 23 日第 2006-728 号法律）死者的父母或其中一人生存且死者没有后裔时，所有情况下，父与母均可对他们在死者生前赠与死者的财产行使取回权（droit de retour）②；取回或者返还的数额以第

---

① "生存的父或母所属亲系的另一亲系"，法文表述为"de l'autre branche que celle de son père ou de sa mère survivant"，反过来说，就是先去世的父或母所属的亲系。

② 第 738-2 条规定的是法定的取回权（droit de retour, retour légal），有时也称其为"复归或复归权"（réversion），是在受赠与人先于赠与人去世且没有留下后裔的特定条件下，无偿处分人对其处分的财产的复归权，赠与人收回其此前进行的赠与的财产。此种财产的特别转移方式是源于财产本身的来源，所谓"物归原主"。这种取回权的标的是特定遗产，因此不适用遗产转移的普通规则，往往被冠以"非正常的遗产继承"（succession anormale）。另见第 951 条规定的约定的取回权。

738 条第 1 款确定的分配份额为限。

受取回权约束的财产部分的价值优先计入父母的继承权利。

在不能对实物行使取回权的情况下,在遗产资产的限度内按财产的价值行使此项权利。

第 739 条

在第一、第二顺序没有继承人时,遗产转归父与母以外的直系尊血亲继承。

第 740 条

在第一、第二和第三顺序均无继承人时,遗产转归死者的除兄弟姐妹或兄弟姐妹的直系卑血亲之外的旁系亲属继承。

第二目 亲 等

第 741 条

亲属关系之远近,依代数(le nombre de générations)确定,一代称为一个亲等。①

---

① 亲等是血缘关系远近的计算单位。在法国,亲等计算方法采用罗马计算法。这时,"génération"一词是指:己身所从出与己身所出、上下辈之间血缘关系谱系的每一个环节。在这一意义上,它与两个"génération"之间的间隔(intervalle)同义。这种直系血缘关系上的"两代之间隔"称为亲等(dégré)。父与子之间间隔一代,互为一亲等直系血亲,依此类推,祖与孙互为二亲等直系血亲。旁系亲等的计算与此不同:首先从己身往上至共同的上辈同源人,其次从上辈同源人往下,其间间隔几代,再两者相加。例如,在计算侄与叔、伯的亲等时,先从侄身往上至爷爷(但不包括爷爷在内),再往下至叔或伯,代数相加为三代,侄与叔、伯为旁系第三亲等。不过,按照日常用法,法文"génération"一词通常也译为"代"或"世",例如,"de génération de génération"被译为"世世代代""一代接一代""世代相传",等等。

在汉文化中,"世"和"代"都可用于表达血缘关系的人之间世代相传而形成的辈分和家族谱系,例如,孔子三十三世(代)孙,祖孙三代,四世同堂等。但如果涉及亲等计算,不论将"génération"译为"世"还是"代",中法文化均有所不同。按照中国文化传统,父母与子女为两代人,孙子女与祖父母为三代人。

第 742 条

亲等的相互连续形成一亲系①:一人为另一人所生,此等人相互之间的亲等连续称为直系(ligne directe);一人非另一人所生但有共同的上辈同源人,此等人相互之间的亲等连续称为旁系(ligne collatérale)。

直系血亲分为直系尊血亲与直系卑血亲。(与附目第 736 条第 1 款、第 2 款相同)②

第 743 条

(2009 年 5 月 12 日第 2009-526 号法律第 10 条)直系血亲,各代人之间间隔几代即为几个亲等。因此,子女对父母为第一亲等,孙子女对祖父母为第二亲等;与此相对应,父母对子女,祖父母对孙子女,分别为第一亲等和第二亲等。依次类推。

旁系血亲,自亲属之一往上数至共同的长辈但不包括共同的长辈在内,再自共同的长辈往下数至相对的亲属,亲等按代数相加计算。

(2009 年 5 月 12 日第 2009-526 号法律第 10 条)因此,兄弟姐妹互为第二亲等;叔父、伯父、姑母与侄子、侄女,舅父、姨母与外甥、外甥女互为第三亲等;堂、表兄弟姐妹为第四亲等,依次类推。(参见附目第 737 条、附目第 738 条同)

第 744 条

每一继承顺序中,最近亲等的继承人排除更远亲等的继承人为继承。

---

① 关于血亲属继承人,法国兼采亲等与亲系继承制度。参见附目五中的第 745 条、第 746 条、第 750 条、第 751 条、第 753 条与第 755 条等。

② 原第 736 条第 3 款规定:"直系尊血亲是指,联系上辈及该上辈所生之人相互间的亲系;直系卑血亲是指,联系一人与其所生之人相互间的亲系。"

相同亲等的继承人按人均份(par égale portion et par tête)继承。

以上各项,有关父、母两系分支分割遗产及代位继承的规定除外。

第 745 条

属于第 734 条第 4 点所指的继承人系列的旁系亲属,超过第六亲等的,不继承遗产。

第三目　按照父系与母系分支分割遗产

第 746 条

亲属关系,按其源于父或母,划为两个分支(branche)。①

第 747 条

遗产转归直系尊血亲继承时,在父系尊血亲与母系尊血亲之间对半分割。②

第 748 条

在每一亲系内,亲等最近的直系尊血亲排除其他任何尊血亲为继承。

同一亲等的直系尊血亲按人均份继承。

有一亲系没有直系尊血亲时,另一分支(branche)的直系尊血亲受领全部遗产。

第 749 条

遗产转归除兄弟姐妹或者兄弟姐妹的直系卑血亲以外的旁系亲属

---

①　此处的分支指亲系,分为父系亲属和母系亲属。本目是对第 734 条第 3 点与第 4 点的具体规定。与代位继承情况下同一个被代位人有数个卑血亲的情况不同,此种情形法文称为"souches",译为"房"或"股"(参见第 753 条)。

②　在第 747 条与第 748 条规定的情况下,父母两系尊血亲均为直系卑血亲的继承人,例如,父系分支中的祖父母、曾(高)祖父母,母系分支中的外祖父母、外曾(高)祖父母。

继承时,在父系亲与母系亲之间对半分割。

第750条

在每一亲系内,亲等最近的旁系亲属排除其他任何旁系亲属为继承。

同一亲等的旁系亲属按人均份继承。

如有一亲系没有旁系亲属,另一系的旁系亲属受领全部遗产。

第四目　代位继承

第751条

(2006年6月23日第2006-728号法律第29-20条)代位继承是一种法律拟制,其效力是在继承时召唤(appeler)代位人取得被代位人的权利。

译者简述:法国《民法典》关于代位继承的条文先后多次修改。1804年法国《民法典》有关代位继承的规定是第739条至第744条,其中第744条第1款规定:"任何人不得替代生存之人取得其继承的地位,代位继承仅得替代自然死亡或者民事上死亡之人的地位。"因此,被代位人先于被继承人死亡是代位继承发生的唯一原因。现行法国《民法典》有关代位继承的规定有所放松:被代位人先于被继承人死亡、丧失继承权以及抛弃继承权,均(可)发生代位继承,但后两种情形,各自有其限制。

1804年法国《民法典》第739条规定:"代位继承是法律上的一种拟制,其效力是让代位继承人进入被代位人的地位、亲等与权利。"(faire entrer dans la place, dans le dégré et dans le droit du représentés) 2001年12月3日第2001-1135号法律将法国《民法典》第751条的表述修改为"代位继承是一种法律拟制,其效力是让代位继承人进入被代位人的权利"(faire entrer dans les droits du représenté);2006年又将该条的后半部分修改为"其效力是在继承时召唤代位人取得被代位人的权利"(appeler à la succession les representants aux droits du représenté)。按照学者的解释,这里的"召唤"一词取"赋予权利"的意思。

从这些条文的表述来看,在被代位人先于被继承人死亡,但他是被继承人的推定的继承人的情况下,为了补救被打乱的正常继承顺序,法律视先去世的被代位人"并未死亡",由其继承人按照被代位人的继承顺序和亲等,代为继承被继承人的遗产。由于被代位人死亡在前,由其最近的晚辈血亲(直系卑血亲)为"代表",取得其应继份,受领其本可继承的财产。参见第753条。

法国《民法典》关于代位继承的术语是"la représentatation""representer""représentant"(代位人)和"représenté"(被代位人)。这些术语的本义均为"代表",这也表明,对于代位继承的性质,法国法在理论上采"代表权说",而不是倾向于认为"代位人是以自己的固有权利直接继承被继承人"。虽然这里的"代位"与民法上的"代理"用语相同,但它不是法律行为的代理,不是意思的代理,代位继承是被继承人身份的代表。

第752条

直系卑血亲代位继承没有代数限制。

不论是被继承人自己的子女与其中先去世的子女的直系卑血亲共同继承,还是因被继承人的所有子女都已先去世,他们留下的直系卑血亲的亲等是否相同,所有情况,均准许代位继承。

第752-1条

不为直系尊血亲受益发生代位继承。父母两亲系中,亲等最近者排除亲等较远者为继承。(参见附目第741条)

译者简述: 代位继承制度主要是在被继承人有的子女先于被继承人死亡的情况下,由先死亡的子女的直系卑血亲享有并行使代位继承权。第752条第2款是对第1款规定的原则的进一步深化,在实际生活中,叔伯姑与侄子女共同继承祖父、母的遗产是最典型的代位继承情形,当然,也有被继承人的所有子女都先去世,仅有孙辈或他们的直系卑血亲代位继承的情况。直系卑血亲代位继承没有代数限制,其中的"没有代数限制"原文仅为"à l'infini",意思是"无限地""无穷无尽地"。

法院判例认为,只有在被继承人有多个子女,其中有一人(或几人)先于被继承人去世的情况下,才发生代位继承。如果被继承人仅有独生子或女一人且先去世,即使该独生子或女本人有数个子女,这些直系卑血亲在他们的祖父、母去世时,是以他们自己的名义继承祖父、母的遗产,而不是代表他们先去世的父或母为继承,不属于代位继承。

只有在无遗嘱继承(法定继承)情况下发生代位继承,但并非所有的无遗嘱继承均发生代位继承。遗嘱人明示或者默示规定代位继承的,可以发生代位继承。代位继承人必须是被代位人的晚辈亲属(卑亲属),这是代位继承的一项原则。"不为直系尊血亲受益发生代位继承"原文为"la représentation n'a pas lieu en faveur des ascendants",学者将这一表述解释为"在直系尊血亲系列里排除代位继承"(la représentatation est exclue dans la ligne ascendante)。排除直系尊血亲代位继承的规定,在一定程度上符合代位继承本身所追求的目的。从技术上看,没有任何障碍阻止在向普通的旁系亲属转移遗产时发生代位继承,但是,如果准许直系尊血亲代位继承,在该尊血亲的子女或直系卑血亲人数众多的情况下,势必导致遗产继承过于分散,导致有些应当整体转移的遗产被分割成极小碎块的后果。然而,有一些国家,代位继承人的范围实际上超出被继承人的直系卑亲属的范围。参见第752-2条。

第752-2条

旁系亲属中,被继承人的兄弟姐妹的子女和他们的直系卑血亲,不论是与叔、伯、舅、姑、姨共同继承,还是被继承人的兄弟姐妹均已先死亡,遗产转归与他们的亲等相同或不同的直系卑血亲,为他们受益,准许代位继承。

第753条

在准许代位继承的所有情况下,如同是由被代位人本人继承一样,遗产按股数分配①;如果有必要,按同一股亲属的次分支进行分配。在每一股的亲属或者每一股亲属的次分支内,遗产按人均份分配。

第754条

代位继承是对先死亡的人的代位;(2006年6月23日第2006-728

---

① 在(同一个)被代位人有多名代位人时,这些代位人不是行使他们自己的权利,而是行使他们的共同的被代位人的权利。因此,同一个被代位人的数个代位人只能按被代位人一人计算,并依此继承被代位人有权继承的遗产份额,排除诸代位人按人头继承。

号法律)只有当遗产依直系或者旁系转移时,才能对放弃继承的人(renonçant)为代位继承。

在放弃继承的人被排除的继承尚未开始之前已经受胎的子女,如果与继承开始之后受胎的子女共同继承放弃人本人的遗产,应当将他们取代放弃人代位继承的财产返还至放弃人本人的遗产之内。财产的返还,依照本编第六章第二节的规定进行。

除处分人另有意思表示外,在对放弃继承的人代位继承的情况下,(被继承人)向放弃继承的人所为之生前赠与,应当从如同该人没有放弃继承时本应由其享有的特留份数额中扣除。

此前放弃继承其被继承人的遗产的人①,仍可代位继承。

译者简述:代位继承,以被代位人先于其(本人的)被继承人去世为条件。关于能否对放弃继承的人为代位继承的问题,法国《民法典》的规定多次修改。1804年法国《民法典》第744条规定不得对生存的人为代位继承。1972年1月3日第72-3号法律将后半句话改为"只能代表已去世的人为代位继承"。后来又改为:"代位继承是对先死亡的人的代位;不得对已经放弃继承的人为代位继承。"原第787条就放弃继承作出明确规定:"继承人如果已经放弃继承,任何人均不得代位继承。如果放弃继承的人属于其亲等中的唯一继承人,或者如果所有的共同继承人均放弃继承,他们所生的子女按人均份继承。"这些条文的规定都表明,继承人本人放弃继承,他的直系卑亲属没有代位继承权。

放弃继承的人是放弃继承其本人的被继承人的遗产,这表明他在作出放弃继承的意思表示时仍然生存,而依照1804年法国《民法典》第791条的规定,任何人,即使通过订立夫妻财产契约,亦不得放弃对生存之人将来的遗产的继承,不得让与可能对此种遗产

---

① 这一表述原文为"on peut représenter celui à la succession duquel on a renoncé",直接翻译可以是"可以代位此前已放弃继承其遗产的人"。这种情形是指,此前在被代位人死亡时,他的某个子女放弃继承该人的遗产。例如,父亲先于祖父去世,在父亲去世时,某个子女放弃继承,但在祖父去世时,该孙子女仍可对他的先去世的父亲为代位继承。参见第805条、第913条及附目第787条。这一条文也曾翻译为"此前放弃继承其(本人的)被继承人遗产的人,仍可对该被继承人为代位继承"。

继承享有的权利。现行第770条规定:"在继承尚未开始之前,不得行使选择权,即使通过订立夫妻财产契约,亦同。"这里的"不得行使选择权"是指,只要继承尚未开始,任何继承人均不得作出"无条件继承""按净资产继承"或者"放弃继承"之选择。

如果准许放弃人(renonçant)的直系卑亲属代位继承,实际上违反上述规定,不符合"被代位人先于被继承人死亡"这项条件,并且,按照法国法对代位继承所采取的"代表说"观念,继承人本人既然放弃继承,再由其晚辈代替他继承,未免自相矛盾。因为,原第785条还规定了"放弃继承遗产的继承人,视其从未是继承人"。

现在,第754条第1款修改为:"代位继承是对先死亡的人的代位;只有当遗产依直系或者旁系转移时,才能对放弃继承的人为代位继承。"这就是说,在一定条件下,准许对放弃继承的人为代位继承;与这一修改相吻合,现行第805条规定:"放弃继承的继承人,视其从未是继承人。除第845条之保留规定外,放弃人原可继承的遗产部分转由其代位继承人继承;无代位继承人时,该部分遗产增添给其他共同继承人继承;如果没有任何共同继承人,遗产转归后一顺序的亲等继承。"

第755条

准许缺格继承人的子女和直系卑血亲代位继承,即使在继承开始时该人仍然生存。

(2006年6月23日第2006-728号法律第29-22条)第754条第2款的规定适用于生前无资格继承的人的子女。

译者简述:根据1804年法国《民法典》第730条的规定,丧失继承资格的人的子女,不是借助代位继承而是以他们自己的名义参与继承时,并不因他们的父亲的过错被排除继承。但是,无继承资格的人在任何情况下都不得要求对其子女由此继承的遗产享有法律规定的父母对子女的财产本可享有的用益权。也就是说,父母丧失继承权,其子女或直系卑亲属仍然可以他们自己的名义参与继承,但不是适用代位继承规则。这也就否定了对缺格继承人的代位。

现行第729-1条规定:"无继承资格的人的子女,不因该人的过错排除继承权,不论他们是以自己的名义还是依代位之效力参与继承,但是,无继承资格的人在任何情况

第 756 条

下都不得要求对其子女由此继承的遗产享有法律规定的父母对子女的财产可以享有的用益权。"第755条明确规定了不论缺格继承人是否先于被继承人去世,都准许他的子女和直系卑血亲为代位继承。

与原第730条的规定相比较,现行法律更多考虑的是公平以及无辜的子女的利益。虽然说,因第726条与第727条的规定丧失继承权的人应当受到制裁,但如果因他们的行为而株连其无辜的晚辈,不是现代社会的正义观。

无论是当然缺格还是任意缺格,丧失继承资格的人,在继承开始时并不一定已经去世,故第755条第1款最后强调"即使在继承开始时该人仍然生存",至于第754条关于放弃继承的人的代位,放弃人在被继承人死亡时显然仍然生存,故条文表述无须作此强调。

对丧失继承资格以及放弃继承的人为代位继承,对于"代位继承是对先去世之人的代位"这一规则而言,属于例外情形。

第三节　有继承权的配偶的权利

第一目　权利的性质、数额及行使

第 756 条

有继承权的配偶,或者单独继承,或者与被继承人的亲属共同继承。

译者简述:法国立法关于配偶继承的规定兼采单独继承或者与被继承人共同继承(第756条),所有权与用益权选择继承(第757条)。

历史上,关于配偶的继承权的规定同样在不断变化。1804年法国《民法典》规定配偶仅在特别情况下有继承资格。随后的演变,配偶的继承资格更多体现为用益权的继承而不是完全所有权的继承。尽管引起变化的因素很复杂,但其倾向和线条却很清晰:配偶的继承权在逐步增大,同时也有两项主要的限制性因素:关注保护前婚所生子女利益,综合考虑夫妻财产制度和继承制度。2001年12月3日第2001-1135号法律赋予"生存配偶在概括财产的用益权与1/4的完全所有权之间进行选择的权利"。由于两者各有弊端,这一处理被排除。因为,在选择完全所有权的情况下,财产容易脱离被继承人的原家庭(特别是年轻妇女丧夫后再婚);在选择用益权情形,往往造成财产共有,经常引起困难局面。针对由此引起的社会状况,卡尔波尼耶先生曾说过:人们看到的是"成群的年迈体衰的享有用益权的老太太"。据不准确统计,在法国,所谓"生存配偶"绝大多数是寡妇(甚至占到4/5)。法国2001年有关继承法改革的报告中对这个问题作出了分析,认为法国社会上,寡妇大体分为三种情形:第一种情形,60周岁至70周岁之间丧偶的老年妇女在余生中通常有退休金或者可复归的养老金,她们是继承关系中时日无多的过客,由她们按完全所有权继承亡夫的财产,主要是为了避免遗产发生两次征税;第二种情形是很年轻的丧偶女子,没有养老金,但有需要抚养的年幼子女,应当承认她们对亡夫的遗产管理享有尽可能多的权利;第三种情形,二婚甚至三婚的妇女,她们往往面对甚至与自己年龄相近的再婚丈夫的前婚所生子女,在这种情况下,她们依完全的所有权继承遗产,似乎是唯一最佳处理方式。

现在,按照第757条的规定,如果先去世的配偶留有数个子女或直系卑血亲,且所有子女均为夫妻双方所生,生存配偶,由其选择:或者受领现存全部财产的用益权,或者受领1/4财产的所有权;如果其中有一子女或数子女不是夫妻双方所生,有继承权的配偶受领1/4财产的所有权。这一限制性规定,兼顾了家庭和谐与前婚所生子女利益的保护。在法国同样存在父亲偏心于后婚所生子女的情况。法国《民法典》对于继子女的利益保护有一系列规定,其中特别是第1094-1条、第1527条的规定,值得参考。

依照第763条的规定,有继承权的生存配偶可以在1年时间内当然无偿使用在其配偶死亡时以主要住宅的名义实际占有的住房和室内配备的属于遗产的动产,不论该住房是否属于夫妻双方或者全部属于被继承人的遗产;有继承权的生存配偶对住房享有居住权,对住房内配置的家具享有使用权,直至其本人死亡。

第914-1条为有继承权的配偶规定了特留份:处分人如果没有直系卑血亲,但有与其没有离婚的生存配偶,其可以通过生前赠与或遗嘱无偿处分的部分,不得超其财产的3/4。

第 757 条

如果先死亡的配偶留有数个子女或直系卑血亲,且所有子女均为夫妻双方所生时,生存配偶,由其选择:或者受领现存全部财产的用益权,或者受领 1/4 财产的所有权;如果其中有一子女或数子女不是夫妻双方所生,有继承权的配偶受领 1/4 财产的所有权。

第 757-1 条

如果被继承人没有子女或直系卑血亲,但其父母生存,生存配偶受领遗产财产的一半,其余一半由父、母各继承 1/4。

如果被继承人的父或母已先死亡,由父或母继承的财产之部分转由生存配偶继承。

第 757-2 条

如果被继承人既无子女或直系卑血亲,也没有父母,生存配偶受领全部遗产。

第 757-3 条

尽管有第 757-2 条的规定,在被继承人的父母先死亡的情况下,被继承人本人此前因继承或赠与,从其(2006 年 6 月 23 日第 2006-728 号法律第 29-23 条)直系尊血亲(原规定为"父母遗产中")受领的实物仍然存在于其遗产中的财产,在其没有直系卑血亲时,一半转归死者的兄弟姐妹或者他们的直系卑血亲。这些人本身就是引起遗产移转的先死亡的亲属的直系卑血亲。

第 758 条

如果生存配偶受领被继承人的全部财产或者 3/4 财产,死者的父母以外的直系尊血亲"有需要"时,对先死亡的人(prédécédé)的遗产享有一种扶养债权。

请求此种债权的期限为 1 年,自被继承人死亡之日计算,或者自各继承人停止支付他们过去向这些直系尊血亲提供的给付之日计算。在财产共有的情况下,该期限延长至共有财产分割终了。

扶养费或生活费从(2009年5月12日第2009-526号法律第10条)遗产中先取,由所有的继承人承担;如果从遗产中提取的扶养费不足的情况下,由所有的特定受遗赠人按照他们各自受遗赠数额的比例负担。

但是,如果死者明示宣告某项遗赠先于其他遗赠进行交付,适用第927条之规定。

第758-1条

在生存配偶可以选择所有权或者用益权时,只要尚未行使选择权,其权利不得转让。

第758-2条

生存配偶是选择所有权还是选择用益权,得以任何方法证明之。

第758-3条

任何继承人均可采用书面方式要求被继承人的生存配偶行使选择权;生存配偶如果在3个月内仍然没有采用书面形式作出选择决定,视为选择用益权。

第758-4条

(生存)配偶如果在尚未作出选择决定之前死亡,视其选择用益权。

第758-5条

第757条与第757-1条规定的生存配偶按任何财产权计算的权利,均按照其配偶死亡时存在的全部财产整体计算;在纳入计算的财产整体内,应当拟制计入其配偶通过生前赠与或遗嘱为有继承权的人受益已经处分的但不免于返还的财产。

生存配偶只能就先死亡的配偶没有通过生前赠与也没有通过遗嘱处分的财产行使其权利，且不能损害特留份权利以及取回权。

第 758-6 条

（2006 年 6 月 23 日第 2006-728 号法律第 29-24 条）生存配偶此前受领的死者无偿处分的财产，应当从其对遗产享有的权利中扣除。在通过此种无偿处分受领的财产数额没有达第 757 条与第 757-1 条规定的权利时，生存配偶可以要求补足数额，但始终不得受领超过第 1094-1 条确定的份额。

第二目　用益权的转换

第 759 条

属于配偶一方的对其先死亡的配偶财产的任何用益权，不论是依据法律规定还是由遗嘱或将来财产的赠与而产生，由作为虚有权人的继承人之一，或者由有继承权的配偶本人提出请求，可以产生转换为终身定期金的选择权利。①

第 759-1 条

这项转换选择权不得抛弃。各共同继承人也不得因先去世者的意思表示而被剥夺此种权利。

第 760 条

如果诸当事人之间达不成协议，转换请求提交法官处理。直至财产终局分割，均可提出转换请求。

---

① 关于用益权转换为终身定期金的法律性质，第 762 条及法院判例认为它是一种遗产分割活动。为了确保用益权与终身定期金两者的价值相当，应当考虑"有可能增加用益权价值"的各种收入，尤其应当包括转换进行之日的收入，以及后来形成的财产或租约延展时的租金收入，并且在计算用益权的基础上计算终身定期金的数额。

如果法官支持并认可提出的转换请求,应当确定定期金的数额,并且确定作为债务人的各共同继承人应当提供的保证以及适当的计算指数的类别,以便保持一开始确定的定期金数额与用益权大体相等。

但是,法官不得违反生存配偶的意愿,命令将其作为主要住宅占用的住房以及住宅内配置的家具的用益权转换为定期金。

第 761 条

诸继承人与被继承人的生存配偶之间达成协议,可以将生存配偶享有的用益权转换为(定期金)本金。

第 762 条

用益权的转换,属于遗产分割活动;此种转换不产生追溯力,但诸当事人另有约定的除外。

第三目 对住房的暂时权利和终身权利

第 763 条

如果有继承权的生存配偶在其配偶死亡时以主要住宅的名义实际占有属于夫妻双方的住房,或者住房全部属于遗产,生存配偶可以在 1 年时间内当然无偿使用该住房以及室内配备的属于遗产的动产。

如果原本是通过订立租约来保障居住用房,(2006 年 6 月 23 日第 2006-728 号法律第 29-25 条)或者住房属于死者与他人共有财产的一部分,在 1 年时间内,由生存配偶交纳租金。其交纳的租金或占用住房的补偿费用,用遗产向其偿还。

本条规定的权利视为婚姻的直接效果,而不是继承权。

本条规定具有公共秩序性质。

第 764 条

有继承权的生存配偶,在其配偶死亡时以主要住宅的名义实际占有属于夫妻双方的住房,或者该住房全部属于被继承人遗产时,对该住房享有居住权，对住房内配置的家具享有使用权，直至其本人死亡，但是，死者依照第 971 条规定的条件表示了相反意思的除外。

死者依照第 1 款所指的条件表示取消生存配偶的居住权和使用权的，对生存配偶依据法律规定或赠与而受领的用益权不产生影响，此种用益权仍然受其特有规则约束。

此种居住权和使用权依照第 627 条、第 631 条、第 634 条与第 635 条规定的条件行使。

有继承权的生存配偶、其他继承人或者继承人之一，可以要求对设立使用权和居住权的不动产制作状态说明书，对其内配备的家具制作盘存清册。

尽管有第 631 条与第 634 条的规定，在生存配偶的状况表明设立居住权和使用权的住房已经不能适应其需要时，其本人或其代理人可以将该住房出租，用于商用租赁或农用租赁以外的其他用途，从中获得为其本人提供新的居住条件所必要的收入。

第 765 条

居住权和使用权的价值，计入生存配偶可以从遗产中受领的权利的价值。

如果居住权和使用权的价值低于（生存配偶可以）继承的权利的价值，生存配偶可以从现存的财产中受领补充部分。

如果居住权和使用权的价值超过其可以继承的权利的价值，生存配偶没有义务因此超额部分对遗产给予补偿。

第 765-1 条

自配偶死亡之日起，生存配偶可以在 1 年内表明其享有此种居住权和使用权利益的意思。

第 765-2 条

如果是通过订立租约租用住房,生存配偶对配偶死亡时以主要住宅的名义实际占用的场所内配备的包括在遗产内的动产有使用权。

第 766 条

有继承权的配偶与所有的继承人,可以通过订立协议将居住权和使用权转换为终身定期金或本金。

如果在订立前述协议的有继承权的各当事人中有未成年人或者受保护的成年人,所订协议应当经监护法官批准。

第四目 有关扶养费的权利

第 767 条

先死亡的配偶的遗产应当为有继承权的生存配偶提供其需要的扶养费。提出扶养费要求的期间为 1 年,自配偶死亡之日计算,或者自其他继承人停止支付他们此前一直提供的赡养费之日起计算。在财产共有情况下,提出此项要求的期限可以延长至财产分割终结。

扶养费从(2009 年 5 月 12 日第 2009-526 号法律第 10 条)遗产中提取,扶养费由所有的继承人负担。在遗产不足的情况下,由所有的特定受遗赠人按照他们各自受领财产的数额比例负担。

但是,如果被继承人原已明确宣告某一特定遗赠物先于其他遗赠物交付,适用第 927 条的规定。

第四章　继承人的选择权[1]

（2006 年 6 月 23 日第 2006-728 号法律第 1 条）

第一节　一般规定

（2006 年 6 月 23 日第 2006-728 号法律第 1 条）

第 768 条

继承人可以无条件接受继承，或者放弃继承。继承人为概括继承或部分概括继承时，亦可以按净资产为限接受继承。[2]

附条件或者附期限的选择无效。

---

[1] 传统上，没有"必要的继承人"，在继承开始之后，法律并不强制继承人必须继承遗产。任何继承人都有选择权，1804 年法国《民法典》第 775 条规定："任何人对于可归其继承的遗产，不负有接受之义务。"现行第 768 条具体规定了继承人可以作出的三种选择。

[2] 继承人可以选择：放弃继承（renonciation，抛弃继承）、单纯接受继承（acceptation pure et simple，无条件接受或承认继承）、限定继承（acceptation sous bénéfice d'inventaire）。

法国《民法典》原第 774 条在表述限定继承时，使用的术语是罗马法的概念——"beneficium inventarii"，法文为"bénéfice d'inventaire"，译为"遗产清册利益"。继承人仅以其从遗产中受领的财产价值为限继承遗产。在继承法中，如果强制继承人必须承担被继承人的全部债务或负担，特别是当他并不了解遗产债务负担的具体状况下仍然必须无条件接受继承，显然有失公允，为此，法律准许继承人选择按照遗产清册利益接受继承。现行条文将"按照遗产清册利益接受（继承）"直接改为"按净资产为限接受继承"。参见第 785 条。

第 769 条

选择权利不可分割。①

但是,对于同一遗产的继承兼有一个以上名义的人②,就每一种名义而言,享有分开的选择权。

第 770 条

在继承尚未开始之前,不得行使选择权,即使通过订立夫妻财产契约,亦同。

第 771 条

自继承开始起 4 个月期限届满之前,继承人不得受强制作出选择。

自继承开始后 4 个月期限届满,遗产的某一债权人、某一共同继承人、后一顺序的继承人或者国家,可以主动通过诉讼外文书③催告继承人作出(选择)决定。

第 772 条

继承人在受到催告之后,应当在 2 个月内作出选择决定,或者,如其不可能在此期间内终结已经开始进行的遗产盘存,或者证明有其他

---

① 法院判例认为,继承人接受继承(承认继承),是最终确定其具有继承人的资格,或者最终确定其具有受遗赠人的资格,同时确定其对遗产中应占份额或遗赠物的所有权。接受继承不能分割,一个人在表示其意思时,不可能对某些继承人而言,是接受继承,而对另一些继承人来说,是放弃继承。只要接受继承,(在遗产分割之前)接受继承的人对其遗产中可享份额的所有权或者对遗赠物的所有权,均不能再通过份额增添方式或者遗产转移方式而进行转移。由此产生的结果是,对所有的人来说,接受继承均不可撤销,如果此后放弃(受领)遗产,仅仅是一种对第三人不产生任何权利、没有任何价值的抛弃行为。

② 例如,在进行遗赠情况下,同一个人同时享有概括遗赠和一项特定(财产的)遗赠时,他可以(只)放弃前一项遗赠,而不放弃后一项遗赠,无论从遗赠的标的还是从遗嘱人的意思来看,这两项无偿处分之间均不存在任何不可分性。

③ 原文为"acte extrajudiciaire",指特定的程序中经司法执达员送达的文书,为"执达员文书"(acte d'huissier de Justice)之一种,也译为"裁判外文书"。

严肃的正当理由,可以向法官请求给予补充期限。自提出延长期限的申请至法官作出裁判,期间停止计算。

在规定的2个月期限届满,或者在同意延长的期限经过之后,继承人仍未作出选择决定的,视为无条件接受继承。

第773条

在没有进行催告的情况下,如果继承人没有实施继承行为,并且没有依照第778条、第790条与第800条的规定作为无条件继承人承担义务,仍然保有进行选择的权利。

第774条

在前一顺序的继承人放弃继承或者无资格继承的情况下,第771条、第772条与第773条的规定适用于受召唤继承的后一顺序的继承人。第771条规定的4个月的期限,自后一顺序的继承人知道前一顺序的继承人放弃继承或者无继承资格时开始计算。

第775条

第774条所指的各项条文的规定,也适用于在尚未作出选择决定即已死亡的人的继承人。① 上述4个月期限自该人的遗产继承开始之日计算。

尚未作出选择决定即已死亡的人的继承人,就各自的应继份额(pour sa part)分开作出选择。

第776条

已经作出的选择决定的效力,追溯至继承开始之日。

---

① 第774条规定的由后一顺序的继承人继承遗产,与第898条规定的补位继承不同,也与第896条规定的替代继承不同,另参见第1048条至第1056条关于后位继承的规定,后位继承实为中继继承。第775条规定的情况引起转继承(succession par transmission)。第783条规定的继承人对遗产的全部权利或部分权利的转让是另一种情形。

第 777 条

错误、欺诈或者胁迫,构成继承人所作选择决定的无效原因。

此种无效诉讼的时效期间为 5 年,自发现错误或欺诈之日或者自胁迫停止之日计算。

第 778 条

继承人隐匿属于遗产的财产或权利,或者隐瞒某个共同继承人的存在,视其无条件接受继承①,即使他已作出任何放弃继承或者仅按净资产接受继承的意思表示,亦同,且不妨碍损害赔偿,而且不得对(2009 年 5 月 12 日第 2009-526 号法律第 10 条)被其隐匿或隐瞒的财产或权利主张任何份额。

本来应当由被隐瞒的继承人继承的权利,已经增加或可能增加到实施隐瞒行为的人头上的,视为被隐瞒的权利。

在被隐匿的财产涉及的是应当返还或者应当扣减的赠与数额时,继承人应当进行返还或扣减,并且不得对这些财产主张任何份额。

隐匿遗产的继承人有义务返还自继承开始由其享益的被其隐匿的财产产生的孳息与收入。(参见附目第 792 条)

第 779 条

继承人放弃接受继承或者放弃继承,损害其本人的债权人的权利时,债权人可以经法院准许,取代其债务人并以债务人的名义接受继承。②

此种接受继承仅为这些债权人的利益发生,并且仅以他们的债权

---

① 共同继承人攫取属于遗产的物品、物件,成为隐匿遗产行为人(receleur),受到的处罚是,强制其无条件接受继承,并且丧失对被隐匿的财产享有的权利。这两项后果均属于对隐匿遗产的人实行制裁。

② 根据第 779 条的规定,在作为债务人的继承人不行为,损害债权人的权利时,债权人可以经法院准许,取代债务人并以债务人的名义接受继承。这里实际上规定的是一种代位诉权(action oblique)。

数额为限;此种接受继承对继承人不产生其他效力。

第 780 条

选择权的时效期间为 10 年,自继承开始之日计算。

继承人在此期间内没有作出选择决定的,视为放弃继承。

继承人已表示的接受继承被取消时,对其后顺序的继承人,仅自确认无效事由的判决终局确定时才开始计算时效期间。

继承人本人死亡,留有对遗产财产享有使用权的生存配偶时,对于该继承人,选择权的时效期间仅自其本人的继承开始时计算。

只要继承人有正当理由无从知道其权利已经产生,特别是无从知道继承已经开始,时效不进行。

第 781 条

在第 780 条规定的时效期间经过之后,主张有继承人资格的人,应当证明他本人或者据以享有此种资格的人在期间终止之前已经接受继承。

第二节 无条件接受继承

第 782 条

无条件接受继承①得为明示,或为默示。有继承权的人用公署文书或私署文书使用继承人的名义或资格时,为明示接受继承;已占有遗产的有继承权的人实施只能以继承人的身份或资格实施的

---

① 无条件接受继承(accepter purement et simplement)是无条件继承被继承人的一切权利与义务。无限继承,因单纯承认继承之事实或者因法定选择权的丧失而发生;以净资产为限(la succession à concurrence de l'actif net)接受继承是限定继承。限定继承也译为有限责任继承。无条件接受继承或无限继承的继承人丧失两项权利:放弃继承的权利和按遗产清册利益承认继承的权利。

行为①,必然意味着他有接受继承的意思时,为默示接受继承。

第783条

继承人对其在被继承人的遗产中的全部或部分权利进行任何无偿或有偿转让的,均意味着无条件接受继承。

以下情形,亦同:

1. 一继承人为其他共同继承人中一人或数人受益②,或者为后一顺序的继承人受益而放弃继承,甚至是无代价的放弃;

2. 一继承人为其他全体共同继承人或后一顺序的继承人受益不加区别地有偿放弃继承。

第784条

有继承权的人可以完成单纯的保全、监管和临时性管理行为,如其在实施这些行为时没有使用继承人的名义或资格,不意味着接受继承。

有继承权的人不用继承人的名义或资格完成遗产利益所要求的其他任何行为,均应当得到法官批准。

以下所列事项视为单纯保全性质:

1. 支付死者的丧葬费及其最后患病所支出的费用,缴纳死者尚未缴纳的税金、租金以及遗产上负担的需要立即结算的其他债务;

2. 收取遗产的孳息与收入,或者出卖遗产中容易变质的财产,但应

---

① 例如,概括遗赠的受遗赠人将其个人财产与属于遗产的财产混同,视其默示无条件接受继承。默示接受继承,不言而喻包含继承人方面"有必然意味着接受继承的意图"的行为。继承人如果事后不履行此种行为,对其默示表示的接受继承不产生任何效果,不能准许继承人撤回其默示表示的接受继承。

② 法院判例认为,为了另一共同继承人受益或者为第三人受益放弃继承,具有转移所有权协议的性质,不受第784条规定的形式规则约束。在某项交易中表示的放弃继承,附有相应的对价,在此种对价构成交易的价金时,这种放弃意味着接受继承。概括遗赠的受遗赠人有偿放弃对其进行的遗赠但并未指定受益人的,此种放弃被视为"不加区分地利益于所有的继承人"。

当证明所得的资金是用于清偿第 1 点所指的债务,或者已经提存于公证人处或者已经进行提存;

3. 旨在避免遗产负债加重的行为。

4.（2015 年 2 月 16 日第 2015-177 号法律第 5 条）与死亡的雇主个人的薪金雇员中断劳动合同有关的行为,向该薪金雇员支付工资及补偿金以及在合同终止时交付相关的文件。

为了属于遗产的企业在短期内能够继续进行经营活动所必要的日常业务,视为临时性管理行为。

死者原先作为承租人或出租人订立的租约,如不延长便要支付补偿金的,延展此种租约以及实施死者作出的为企业良好运作所必要的管理决定或安排,也视为有继承权的人可以完成但并不意味着其默示接受继承的行为。

第 785 条

无条件接受继承的概括继承人或者部分概括继承人对遗产的债务与负担负无限责任。

无条件接受继承的概括继承人或者部分概括继承人对遗赠的钱款的清偿,仅以不负债务的遗产资产为限。

第 786 条

无条件接受继承的继承人不得再放弃继承,也不得再以净资产为限接受继承。[1]

但是,如果无条件接受继承的人在接受继承的当时有正当原因不知道遗产负有某种债务,如果其清偿该债务将导致其本人的概括财产

---

[1] 原则上,无条件接受继承具有不可撤销性。继承人请求分割遗产,由此产生的接受继承的意思表示,自该请求提出之时即属终局确定,不得再通过撤回这项请求,进而撤销已经作出的接受继承。

严重负债的,可以请求免负该项债务之全部或其中之部分。

继承人应当在知道存在这项债务及其很高的数额起5个月内提起诉讼。

第三节 以净资产为限接受继承①

第一目 以净资产为限接受继承的方式

第787条

继承人可以声明其仅打算以遗产的净资产为限取得继承人资格。

第788条

前项声明向继承开始地所在辖区的(2019年9月18日第2019-964号授权法令)司法法院(原规定为"大审法院")作出,或者在公证人面前作出。② 作出这项声明意味着选定唯一住所。选定的住所可以

---

① 以净资产为限接受继承,原文为"acceptation à concurrence de l'actif net",以前使用的是"按遗产清册利益接受继承"(acceptation sous bénéfice d'inventaire),实际为"限定继承"或"有限继承"。这些概念在文字表述上虽有差别,实质上并无差别。这项源于罗马法的限定继承制度中清偿遗产债务的有限责任原则,已被许多国家的继承法所采用,逐步发展成为一个普遍适用的原则。

② 法国《民事诉讼法典》第1334条规定:"向司法法院书记室作出的按净资产接受继承的声明应指明继承人的姓名与职业、其选定的住所以及参与继承所依据的资格。法院书记员在为此设置的登记簿上登记该声明并向声明人出具收据,告知声明人有义务进行第1335条第3款所指的公示。共同继承人、遗产的债权人、受遗赠人可以依据各自的名义查阅与所涉及的继承有关的登记簿。《民法典》第788条、第790条与第794条规定的公示在《民商事公告简报》上进行。经电子途径进行的公示由司法部长、掌玺官发布条例作出具体规定。"第1335条规定:"在《民法典》第788条所指的声明提出后15日内,继承人在有管辖权的法院辖区内发行的法定公告报纸上按照与该条第1款规定的公示相同的形式进行公告。"第1336条规定:"按净资产接受继承的继承人,有关遗产的所有请求均针对其他继承人提出;如果没有其他继承人或者如果是由所有的继承人提起的诉讼,此种请求针对与无人继承的遗产管理人相同的形式任命的遗产管理人提出。"

是声明以净资产为限接受继承的人之一的住所,或者是负责清理遗产的人的住所,但选定的住所应当在法国境内。

这项声明应当进行登记,并在国内进行公示。公示可以经电子途径进行。

第789条

在提交声明的同时或者其后,应当提交遗产盘存清册并对资产与负债的每一构成要素逐项作出价值评估。

遗产清册,由司法拍卖评估人、司法执达员或者公证人按照这些职业适用的规章制作。

第790条

遗产清册自提出上述声明之日2个月期限内存交至法院。继承人如果证明有正当原因需要推迟存交遗产清册,可以向法官申请延长期限;于此情形,自提出延长期限的申请开始,期间中止。

存交遗产清册,应当进行与上述声明相同的公示。

在规定的期限内没有存交遗产清册的,视继承人无条件接受继承。

遗产的债权人以及钱款的受遗赠人,经提出文书作为证明,可以查阅遗产清册并取得复印件;这些人可以要求向他们告知可能进行的任何新的公示。

第二目　以净资产为限接受继承的效力

第791条

以净资产为限接受继承给予继承人以下利益:

1. 避免其个人财产与属于遗产的财产相互混同;
2. 对遗产保留其此前对死者的财产所享有的全部权利;
3. 仅有义务按照其受领的财产的价值限度清偿遗产的负债。

第 792 条

遗产的债权人通过向前述选定的住所通知其债权证书,申报各自的债权。债权人依照第 796 条规定的条件受偿。数额尚未最终确定的债权,以估计数额为基础进行临时申报。

如果在第 788 条所指的公示起 15 个月期限内没有申报债权,对遗产的财产享有的不附担保的债权即告消灭。这一规定同样为保证人与共同债务人以及原来同意对现在被消灭的债权提供独立担保的人带来利益。

第 792-1 条

自进行公示以及在第 792 条规定的期间申报债权,停止或禁止任何强制执行措施,以及停止或禁止遗产的债权人就动产与不动产登记任何新的担保。

但是,为了适用本节的规定,以及除第 877 条规定的送达外,实施扣押的债权人,视为对此前被扣押的财产与权利享有担保利益。

第 792-2 条

在一名或数名继承人无条件接受继承,另一名或数名继承人仅以净资产为限接受继承的情况下,后一种选择所适用的规则,对全体继承人均有强制力,直至遗产分割。

在一名或数名继承人无条件接受继承,另一名或数名继承人仅以净资产为限接受继承的情况下,遗产的债权人经证明他们在收取以净资产为限接受继承的继承人应当负担清偿的债权份额遇到困难时,可以主动提出进行分割遗产的要求。

第 793 条

在第 792 条规定的期限内,继承人可以声明其保存有属于遗产的一项或数项财产实物。在此情况下,该继承人应负担按照遗产清册确定的该财产的价值计算的债务。

该继承人可以出卖其不打算继续保存的财产,在此情况下,应负担按照财产转让价金计算的债务。

第 794 条

上述有关转让或保存有一项或数项财产的声明,应在 15 日内向法院提出,由法院保障其进行公示。

在不影响专属于持有担保利益的债权人的权利的情况下,遗产的任何债权人均可在第 1 款所指的公示之后 3 个月期限内对被保存的财产的价值提出异议,或者在自愿协商出卖财产的情况下,对转让价金提出异议并证明被转让的财产具有更高的价值。

法院如果支持债权人的请求,前款所指的继承人有义务用本人的财产进行填补,但如其将保存的财产返还至遗产之内,不在此限,且不影响(2016 年 2 月 10 日第 2016-131 号授权法令)第 1341-2 条所指的诉讼。

第 795 条

关于保存有某项财产的声明,只要没有进行公示,对债权人不具有对抗效力。

在第 794 条规定的期限内没有进行财产转让的公示,由继承人在转让财产的价值数额之内用本人的财产承担责任。

第 796 条

继承人应当清偿遗产的负债。

继承人按照债权人的债权所享有的担保的顺位,清偿已经登记的债权人的债权。

报明了债权的其他债权人,按照申报债权的顺序接受清偿。

钱款的遗赠,在债权人获得清偿之后再予支付。

第 797 条

继承人应当在作出保留财产的声明或者转让财产的所得可以支配之日起 2 个月内,向债权人进行清偿。

继承人不可能在此期限内清偿全部债权时,特别是在对债权的顺位或性质发生争议的情况下,只要争议存在,可支配的款项予以提存。

第 798 条

在不影响持有担保利益的债权人的权利的情况下,遗产的债权人以及钱款的受遗赠人,只能对继承人接受继承且没有依照第 793 条规定的条件保留与转让的财产进行追偿。

继承人的个人债权人,只有在第 792 条所指的期限经过以及在遗产的债权人与受遗赠人全额得到清偿之后,才能就他们的债权进行追偿。

第 799 条

在第 792 条规定的期限内于资产用尽之后才申报债权的债权人,只能对权利已得到满足的受遗赠人提出求偿。

第 800 条

继承人负责管理其从遗产中受领的财产。继承人对其进行的管理、已进行的债权清偿、用其受领的财产承担义务或者影响财产价值的行为,均应做账。

继承人对其负责的管理中的重大过失(faute grave)承担责任。

遗产的任何债权人提出要求时,继承人均应向其提交上述账目,并且在经司法外文书向其送达催告通知书起 2 个月期限内,答复提出要求的债权人并告知从遗产中受领的且没有依照第 794 条所指的条件转让或保留的财产与权利所在何处,非如此,继承人受强制用本人的财产清偿债权。

继承人明知而恶意将属于遗产的某些资产和负债项目不计入遗产清册,或者不将其保留或已转让的财产的价值或价金用于清偿遗产的债权人的债权,丧失按净资产接受继承的权利。继承人被视为自继承开始即是无条件接受继承。

第 801 条

只要接受继承的权利尚未经过时效期间,继承人均可以通过无条件接受继承而撤销此前表示的按净资产为限接受继承。此种无条件接受继承的效力,追溯至继承开始之时。

以净资产为限接受继承阻止任何放弃继承。①

第 802 条

即使继承人丧失以净资产为限接受继承的权利,或其原已表明的以净资产为限接受继承被撤销,遗产的债权人和钱款的受遗赠人,仍然保留对第 798 条第 1 款所指财产的排他性追偿权。

第 803 条

制作遗产清册与账目以及加封印的费用,用遗产负担。这些费用按照分割遗产时应当优先清偿的费用支付。

---

① 法国《民法典》对被继承人生前债务实行无限继承与限定继承两项规则。无条件接受继承的继承人不得再放弃继承,也不得再按照以净资产为限接受继承;以净资产为限接受继承(的人)则可以将其改为无限继承,由此改变原来的选择,但在表示以净资产为限接受继承之后,不得再放弃继承。参见第 807 条。

第四节 放弃继承

（2006年6月23日第2006-728号法律第1条）

第804条

放弃继承①不得推定。（参见附目第784条）

概括继承人或部分概括继承人表示放弃继承，应当向（2009年5月12日第2009-526号法律）继承开始地的法院寄送或存交，(2016年11月18日第2016-1547号法律）或者在公证人面前作出这项表示，否则，不能对抗第三人。

公证人在见证放弃继承声明的1个月内向继承开始地的法院寄送副本。

第805条

放弃继承遗产的继承人，视其从未是继承人（同附目第785条）。②

---

① 罗马法上有"必要的继承人"（héritier nécessaire），例如，儿子不能不接受继承。拒绝继承是对孝道与家庭祭祀义务的一种严重忤逆行为。法国法传统上没有"必要的继承人"，法国古代习惯法已有"不欲继承者，不为继承人"（n'est héritier qui ne veut）。法国《民法典》原第775条规定："任何人对于可归其继承的遗产，不负有接受之义务。"现行条文中虽然没有明文重申这项原则，但相应条文仍然是对这一规则的必然"默示"规定，例如，第771条第1款规定："自继承开始起4个月期限届满之前，继承人不得受强制作出选择。"但其他继承人在这一期限届满，可以经催告作出选择决定。现代各国立法普遍承认"非强制继承"。放弃继承是单方的法律行为，必须遵守特别形式条件：向继承开始地的法院书记室寄送或存交放弃声明，或者向公证人作出放弃声明。不存在默示的放弃继承。放弃继承不得推定。

② 放弃继承的效力可以归结为看来相互矛盾的两句话：放弃继承的继承人被视为"从未是继承人"，意味着放弃人丧失一切继承权；放弃继承的继承人虽然丧失对遗产的财产性质的继承权利，但并不是放弃家庭，他仍然保留着各项非财产性质的权利，例如，姓氏权以及对死者的纪念、祭祀权。

除第845条之保留规定外,放弃人原可继承的遗产部分转由其代位继承人继承(参见第754条);无代位继承人时,该部分遗产增添给其他共同继承人继承;如果没有任何共同继承人,遗产转归后一顺序的亲等继承。(参见附目第786条)

第806条

放弃继承的继承人,对遗产的债务与负担不负清偿义务,但是,应当按照其财力的比例负担支付其放弃继承的直系尊血亲或直系卑血亲的丧葬费用。

第807条

如果遗产尚未被其他继承人受领,或者国家尚未经认许对遗产实行占有,已放弃继承的继承人,只要其接受继承的权利未因时效而消灭,仍然可通过无条件接受继承撤回其表示的放弃。①

在此情况下,接受继承的效力追溯至继承开始之日,但不得因此损害第三人依时效或者在无人继承期间与遗产管理人有效订立的合同已经对遗产的财产取得的权利。(参见附目第790条)

第808条

继承人在放弃继承之前正当支付的费用,由遗产负担。

---

① 通常情况下,选择权既已行使,便不得撤回。虽然继承人没有(作为必要的继承人)"必须接受继承"的义务,但是,为了避免造成遗产无人继承的局面,法国法并不鼓励人们放弃继承。放弃继承,虽然应当符合有关法律行为的一般条件,但也有其特殊性:在具备第807条所规定的条件时,放弃人可以撤回其此前已经表示的放弃。

第五章　无人承认与无人继承①

(2006年6月23日第2006-728号法律第1条)

第一节　无人承认的继承

第一目　无人承认的继承的开始

第809条

以下情况为无人继承：

1. 没有任何人出面要求继承以及没有已知的继承人②；

2. 所有的已知继承人均抛弃继承③；

3. 自继承开始6个月期限经过，已知的继承人没有明示或默示作出选择决定。

第809-1条

任何债权人、为死者的利益负责管理其全部或部分概括财产的任何人、(2016年11月18日第2016-1547号法律)公证人、其他有利益关系的任何人或者检察院提出申请，受理请求的法官委托负责公产管理的行政机关管理无人承认继承的遗产。无人接受继承的遗产的管理制度由本节规定。

---

① 无人承认(继承)原文为"successions vacante"，包括第809条所指的三种情形；无人继承(La déshérence)则是第811条所指的两种情形：死者没有留下任何已知的继承人或者所有已知的继承人均放弃继承，由国家经认许占有、受领遗产。

② 显然，这种情况下不等于死者没有继承人。

③ 参见第811条所指的第二种情形。

法院作出的对无人承认继承的遗产实行管理的裁定应当公示。

第 809–2 条

遗产管理人自受指定起，即应聘请司法拍卖作价人、司法执达员或者公证人，按照适用于这些职业的法律与规章，对遗产的净资产逐项进行盘存、作价、制作财产清册，或者由属于管理公产的行政部门经宣誓的公务员进行盘存、作价、制作财产清册。

财产管理人向法官提交的有关制作财产盘存清册的通知，如同对财产实行管理的判决，应当进行公示。

死者的债权人和钱款的受遗赠人，依据提出的证书为凭证，可以查阅财产盘存清册并可取得复印件，可以要求在进行任何新的公示时均应向其进行通知。

第 809–3 条

债权申报，向遗产管理人为之。

第二目　遗产管理人的权限

第 810 条

遗产管理人①自受指定起，占有由第三人持有的有价证券和其他财产，并收取和追偿他人应当向遗产偿还的款项。

遗产管理人可以继续经营属于遗产的个人企业，不论是商业、工业、农业还是手工业企业。

遗产管理人在提取管理费用与销售费用之后，将构成遗产资产的款项以及由遗产财产产生的收入和财产变现所得的款项予以寄存。在企业继续从事经营活动的情况下，收入中只有超过企业运作所必要的

---

① 无人继承的遗产不发生正常的移转效力，无人承认或者无继承人的遗产处于一种被抛弃的事实状态，与托付给国家暂时管理的状态相似。

周转资金的部分才予以提存。

来自无人接受继承的遗产的不论何种名义的款项,在任何情况下,均只有通过遗产管理人才能进行提存。

第 810-1 条

在继承开始之后的 6 个月期间,遗产管理人只能实施单纯的保全行为或监管行为以及临时管理行为和出卖容易变质的财产。

第 810-2 条

在第 810-1 条规定的期限经过之后,遗产管理人得实施所有的保全行为与管理行为。

遗产管理人进行或者指示进行财产的出卖,直至清偿全部负债。

只有在出卖动产的预计收入不足时,才能转让不动产。如果财产的保存有困难或代价太高,即使将其变现并非清偿债务所必要,遗产管理人仍可出卖或指示出卖此类财产。

第 810-3 条

出卖财产,由司法拍卖作价人、司法执达员或者公证人按照适用于这些职业的法律与规章进行,或者在法院进行,或者按照《公法人财产总法典》关于有偿转让属于国家的不动产或动产公产所规定的形式进行。

出卖属于遗产的财产,应当进行公示。

在考虑自愿协商出卖财产的情况下,任何债权人均可要求实行竞价拍卖。如果竞价拍卖的价格低于协商出卖方案中约定的价格,提出竞价出卖的债权人应当对其他债权人承担他们受到的损失。

第 810-4 条

遗产管理人唯一有资格向遗产债权人进行清偿。遗产管理人仅负有按照资产的数额清偿遗产负担的债务的义务。

在尚未制订清偿债务的方案之前,遗产管理人只能支付保管死者概括财产所必要的费用、丧葬费及其最后患病的费用开支、应纳的税款、应交的房租以及其他需要紧急偿还的遗产的债务。

第 810-5 条

由遗产管理人制订债务清偿方案。

债务清偿方案应当规定按照第 796 条所定的顺序进行清偿。

债务清偿方案应当进行公示。没有获得全数清偿的债权人,可以在债务清偿方案公示起 1 个月内,针对该方案向法官提出异议。

第 810-6 条

遗产管理人权利的行使,以执行已经开始实行保护程序、司法重整与司法清算程序的人的遗产所适用的规定为保留条件。

第三目 交代管理账目以及遗产管理的终止

第 810-7 条

遗产管理人向法官汇报其进行的管理活动。账目的存交,应当进行公示。

遗产管理人向提出要求的任何债权人或任何继承人提交账目。

第 810-8 条

法官在收到账目之后,批准遗产管理人变现尚存的财产。

应向已知的继承人通知财产的变现方案。如果承认继承的期限尚未经过,继承人可以在 3 个月内对财产变现提出异议,并要求接管遗产。只有在此期限经过之后,才能依照第 810-3 条第 1 款规定的形式变卖财产。

第 810-9 条

在遗产管理人交代账目之后才报明债权的债权人,只能对尚存的资产主张权利。在尚存的资产不足的情况下,这些债权人只能对权利已得到全额满足的受遗赠人提出求偿。

此种求偿权的时效期间为 2 年,自剩余资产全部变现之日起计算。

第 810-10 条

尚存资产变现所得的净收入予以提存。各继承人,如果在可以要求受领遗产的期限内提出要求,准许对此种净收入行使权利。

第 810-11 条

管理与出卖遗产所需的费用,产生本法典第 2331 条与第 2375 条所指的优先权(先取特权)。

第 810-12 条

遗产管理因以下事由终止:

1. 资产已全数用于清偿债务和遗赠;
2. 资产已全数变现并且净收入已经提存;
3. 遗产已归还权利得到承认的继承人;
4. 国家已受认许对遗产实行占有。

第二节 无人继承

第 811 条

(2006 年 6 月 23 日第 2006-728 号法律第 1 条)国家主张接收死亡

时没有继承人的人的遗产或继承人抛弃继承的遗产时①,应当向法院请求认许对遗产实行占有。

第 811-1 条

如果没有制作第 809-2 条所指的财产清册,第 809-1 条所指的行政部门依照第 809-2 条规定的形式进行财产盘存、制作清册。

第 811-2 条

在有某一个继承人接受继承的情况下,遗产无人继承(successions en déshérence)的状况即告终止。

第 811-3 条

国家没有完成应当履行的手续即占有遗产,如果有继承人出面,国家得被判向继承人给予损害赔偿。

---

① 国家可以通过两种方式主张其地方行政部门对死者的财产享有权利:其一是继承性质的财产转移,其二是税收。在以下三种可能情况下,发生向国家进行"具有继承性质"的遗产转移:继承顺序中没有继承人,也没有指定的概括遗赠的受遗赠人;所有的继承人均被剥夺继承权,且没有特留份权利人;第三种属于特别情况,即死者指定国家为概括遗赠的受遗赠人——国家依概括遗赠取得遗产,依据的是死者的意思。但是,在前两种情况下,长期以来,学者对国家取得死者遗产的性质持不同见解:是行使主权权能还是以继承人的名义?现在,这一问题已得到解决。另见第 724 条的规定,"国家应当经法院判决认许对遗产实行占有"。

第六章 由委托代理人管理遗产

(2006年6月23日第2006-728号法律)

第一节 身后效力的委托①

第一目 身后效力的委托的条件

第812条

任何人均可以委托一个或数个自然人或法人,以一名或数名已经确定身份的继承人的名义,并为他们的利益,管理其全部或部分遗产,但保留赋予遗嘱执行人的权利。

受委托人可以是某个继承人。

受委托人应当具备完全的民事能力;在概括遗产中包括有用于从事职业的财产时,受委托人没有受到禁止管理此种财产的处分。

受委托人不得是负责处理遗产的公证人。

---

① 通常而言,遗托是遗嘱人在其遗嘱中对受遗赠人或遗嘱继承人提出的某种附加义务要求。本节标题原文为"mandat à effet postume",其意思是"身后才产生效力的委托",是被继承人(在身前)对其死后遗产的管理安排的管理委托(如第812条第1款)。第812-1条提到两种引起身后效力的委托情形,这种委托也可以看成关于财产管理的遗托。委托合同是基于人的资格,对受委托人的信任并以此为主导。2006年6月23日第2006-728号法律新增加的这种委托是一种特别委托,其目的与效力是,在确定的期限内代为管理被继承人留下的遗产,在一定意义上与所谓"遗嘱信托"有类似之处,但法国法并未采用遗嘱信托制度,不要求受委托人是从事信托职业活动的人。受委托人可以是某个继承人,但负责处理遗产事务的公证人不能担任受委托人。

第 812-1 条

即使继承人中有未成年人或者受保护的成年人,受委托人仍然行使其权利。

第 812-1-1 条

只有从继承人的人格或者遗产的概括财产状况来看,有严肃的正当利益并具体说明理由时,身后效力的委托才能有效。

给予此种委托的期限不得超过 2 年,可以由某个继承人或者受委托人提出请求,由法官作出决定延长一次或数次;但是,由于继承人或诸继承人无管理能力或者年龄原因,或者用于从事职业的财产的管理有必要,给予委托的期限也可以超过 5 年,并可按照相同条件延长。

身后效力的委托的给予和接受,均应当采用公署文书形式。

在尚未开始执行委托之前,委托人与受委托人均可向另一方通知其决定,放弃此项委托。

第 812-1-2 条

受委托人在其任务范围内实施的行为,对继承人的选择权不产生影响。

第 812-1-3 条

只要委托书指明的任何继承人均未接受继承,受委托人仅享有第 784 条承认的有继承权的人可以享有的权利。

第 812-1-4 条

身后效力的委托,受第 1984 条与第 2010 条中与本目规定不相抵触的规定约束。

第二目 受委托人的报酬

第 812-2 条

身后效力的委托不取报酬,另有约定的除外。

如果规定对受委托人给付报酬,报酬的数额应当在委托书中明文确定。报酬数额应当与受委托人实行的管理给(2009 年 5 月 12 日第 2009-526 号法律第 10 条)遗产带来的孳息及收入部分相适应。在由此产生的孳息不足或者没有收入的情况下,此项报酬可以用本金补足,或者采用本金的形式。

第 812-3 条

受委托人的报酬是由遗产承担的一种负担,如其引起的后果是剥夺继承人全部或部分特留份,可以产生减少数额请求权。委托书中指明的各继承人或者他们的代理人如果证明从受委托人接受委托的时间或者因该项委托引起的遗产负担来看,给予受委托人的报酬过高,可以向法院提出请求,重新议定报酬数额。

第三目 身后效力的委托的终止

第 812-4 条

身后效力的委托因以下事件之一而终止:

1. 规定的委托期限已到;

2. 受委托人的放弃;

3. 没有对遗产实行委托管理的严肃的正当理由,或者不再存在实行委托管理的理由,或者受委托人对其受委托的任务履行得很不好,应一名继承人或其代理人提出的请求,由法院解除委托;

4. 诸继承人与持有身后效力的委托书的受委托人之间另行订立一

份委托协议；

5. 继承人转让身后效力的委托书中写明的所有财产；

6. 作为身后效力的委托的受委托人的自然人死亡或实行保护措施，或者作为受委托人的法人解散；

7. 在有利益关系的继承人死亡或者实行保护措施的情况下，监护法官决定终止原委托。

为数名继承人的利益给予的身后效力的委托，并不因仅仅与继承人之一有关的消灭原因而全部终止；同样，在有多名受委托人的情况下，对其中一人的委托终止，并不因此终止对其他受委托人的委托。

第 812-5 条

因实行委托管理的严肃的正当理由消失而解除委托时，不引起受委托人返还其以报酬的名义受领的全部或部分款项，但是，如果从受委托人接受委托的时间或者实际承担的任务来看，给予的报酬过高的，不在此限。

因受委托人对其受托的任务履行得很不好而解除委托时，受委托人可能有义务返还其作为报酬受领的全部或部分款项，且不影响损害赔偿。

第 812-6 条

受委托人只有事先向有利益关系的继承人或者他们的代理人通知其决定，才能放弃继续履行其原已接受的委托。

除受委托人与有利益关系的继承人之间另有协议外，受委托人放弃所受委托的意思表示在上述通知发出后 3 个月内生效。

受委托人的报酬采用本金形式支付时，得负返还其受领的全部或部分款项之义务，且不影响损害赔偿。

第 812-7 条

受委托人每年,以及在委托终止时,应当向有利益关系的继承人或他们的代理人报告管理情况,并告知其进行的各项活动,非如此,任何利益关系人均可请求法院解除委托。

如果因受委托人死亡委托终止,前述义务由受委托人的继承人履行。

第二节 协议指定受委托人

第 813 条

继承人,如一致同意,可以委托他们中一人或者第三人管理被继承人的遗产。此项委托受本法典第 1984 条至第 2010 条的规定调整。

在至少有一名继承人是以净资产为限接受继承的情况下,即使全体继承人一致同意,仍然只能由法官指定受委托人。在此情况下,该项委托受第 813-1 条至第 814 条的规定调整。

第三节 法院指定的遗产管理受委托人

第 813-1 条

由于一名或者数名继承人怠于管理遗产、缺乏管理或者管理有过错,或者继承人之间不和、利益相互抵触,或者遗产的状况比较复杂,法官可以指定任何有资质的自然人或者法人作为管理遗产的受委托人暂时管理遗产。

这项请求可以由一名继承人提出,或者由债权人或在死者生前即为其利益管理全部或部分财产的任何人,以及其他有利益关系的任何人或检察院提出。

第 813-2 条

遗产管理的受委托人,只能在与依照第 815-6 条第 3 款指定的人、依照第 812 条指定的受委托人或者遗嘱人依照第 1025 条的规定指定的遗嘱执行人的权利相适应的范围内进行管理活动。

第 813-3 条

任命遗产管理受委托人的决定应当进行登记并公示。

第 813-4 条

只要没有任何继承人接受继承,遗产管理受委托人只能完成第 784 条所指的活动,但该条第 2 款所指的活动除外。法官也可以批准受委托人进行为遗产的利益所要求的其他活动。法官可以批准受委托人依照第 789 条规定的形式制作遗产盘存清册,或者依职权提出这一要求。

第 813-5 条

受委托人在赋予的权利范围内,代表全体继承人实施所有的民事生活行为,以及在法院代表继承人。

即使继承人中有未成年人或者受保护的成年人,遗产管理受委托人仍然行使其权利。向遗产管理受委托人进行的清偿有效。

第 813-6 条

遗产管理受委托人在其任务范围内完成第 813-4 条所指的各项活动,对继承人的选择权不产生影响。

第 813-7 条

在遗产管理受委托人明显不履行管理任务的情况下,应任何利益关系人或者检察院的请求,法官可以解除受委托人的任务。在此情况下,法官另行指定受委托人,并确定其受指定的期限。

第 813-8 条

每一个继承人均可随时向受委托人提出查阅有关执行管理任务的文件。

每年,以及在管理终结时,受委托人应当向法官,以及应请求,向每一个继承人送交一份履行任务情况的报告。

第 813-9 条

法官在指定遗产管理受委托人时,确定受委托人任务的期限及报酬。应第 813-1 条或者第 814-1 条所指的人之一提出的请求,法官可以延长原先确定的期间。

在继承人之间订立财产共有协议或者在签署遗产分割文书时,遗产管理受委托人的任务当然终止。法官确认其交给遗产管理受委托人的任务已经全部完成时,委托亦停止。

第 814 条

在至少有一名继承人时,不论是无条件接受继承还是仅以净资产为限接受继承,依照第 813-1 条与第 814-1 条的规定指定遗产管理受委托人的法官,可以批准该继承人实施管理遗产的所有行为。

法官也可以批准继承人随时实施遗产的良好管理所必要的处分行为并且确定处分遗产的价格和处分条件。

第 814-1 条

任何情况下,以净资产为限接受继承的继承人均可请求法官指定有资质的人作为遗产管理受委托人,以替代其负责遗产的管理与清算。

第七章　共有的法定制度

（2006年6月23日第2006-728号法律第2条）

译者简述：依法国民法，共有称为"indivision"，本义为（物或财产的）"不分割"。1804年法国《民法典》中没有设置关于共有的专门编章，而是在"遗产的分割与返还"中就此作出规定，其中第一节为（遗产的）"分割之诉及其方式"，1976年12月31日法律将其修改为"共有与分割遗产之诉"："indivision"主要是指遗产的共有，也称为"普通共有"（indivision ordinaire）。2006年6月28日第2006-728号法律改革后在继承编专章规定了"共有的法定制度"。

1804年法国《民法典》的制定者对共有没有表现出更多兴趣，共有被看成一种事实状态，并且希望这种事实状态延续的时间尽可能短暂，强调共有的暂时性原则：共有状态在法律上属于一种"不正常状态"，是一种不得不"承受的状态"，而不是"乐意需要的状态"，它在经济上也是一种有害的状态。第815条表述为"任何人均不受强制维持财产的共有，得随时提出财产分割请求"（前一句话的原意是"任何人都不受强制留在共有之内"）。

构成共有的共同所有权（la propriété commune），有时涉及特定财产，有时涉及某种财产整体（une universalité），引起共有的原因各不相同：数人共同取得某项财产，引起共有；但引起共有的最常见原因是遗产继承：在有多名处于有效继承顺序的继承人的情况下，尚未分割的遗产属于全体继承人的共有财产。共有，这项制度在法国《民法典》中虽然被规定在继承编，但夫妻共同财产制实际上也是一种共有，称为"communauté"。夫妻共同财产制解消之后也可能出现的财产共有状态，称为"indivision post-communautaire"（后共同制共有）。在夫妻离婚、分居或者法院裁判夫妻分居或分别财产以及夫妻双方改变财产制的情况下，实行分别财产制的夫妻之间也会引起共有，同样适用有关共有的法定制度。但是，对婚姻财产契约中"共有财产的推定"并不等于存在"共有协议"。第1538条规定，"夫妻每一方得以任何方式对其配偶或第三人证明自己对某项财产享有独占所有权","夫妻任何一方均不能证明其享有独占所有权的财产,属夫妻共同所有,双方各占一半"。在"紧密关系民事协议"订立之后双方伙伴取得的财产推定为共有,双方各占一半。

将公司财产看成股东的共有财产是不正确的。公司在存续期间,作为一个享有法律人格的"独立的人"——法人,有其自己的概括财产,这种概括财产不属于其他任何人。股东仅仅对公司享有股权,股权既不是所有权也不是债权。因此,法国《民法典》第1844-8条第3款规定"为公司进行清算之需要,公司的法人资格延续至清算终结公示",从而可以避免在公司财产分割之前出现一个财产共有的阶段,不过,这丝毫不影响公司的原参股人或者其中某些参股人仍然维持对公司的全部财产或者部分财产共有。

法国法中还有另一个可以用于表述共有的术语,称为"copropriété",学者竭力将其与"indivision"加以区分,但实际上也没有说出个所以然,这两个概念主要还是同义语,只不过出于用语上的约定俗成,在特定场合用此不用彼,例如,前者往往用于表述"建筑不动产区分所有权",强调的是公用部分的共有或共同所有权。

依法国法,共有没有法律人格,其本身没有法律能力,全体共有人加在一起也没有法律人格,由共有人组成的整体也是如此。以共有的名义完成的行为不符合规定,例如,以不具有法律人格的共有的名义订立的租约相对无效,单独针对某一共有人作出的判决,对其他共有人不具有对抗效力。

财产的共有状态(situation d'indivision)从根本上来说属于临时性质,除此之外,也没有任何组织(形式)。学理上在强调每一共有人对其抽象的、潜在的财产份额享有排他性权利的同时,将共有归结为数个"个人所有权的并置"(une juxtaposition de propriétés individuelles),因为,每一共有人均可以处分他在共有财产中所占的份额,不论是生前处分还是死因处分;每一共有人均可单独对第三人追还其权利,均有权用其份额设立抵押权。从这一角度来看,法国法上的共有似乎没有明确区分按份共有与共同共有。

第815条

(2006年6月23日第2006-728号法律第2条)任何人均不受强制

维持财产的共有,得随时提出财产分割请求①,但如果判决或契约规定暂缓分割,不在此限。

第 815-1 条

(2006 年 6 月 23 日第 2006-728 号法律第 2 条)全体共有人可以依照第 1873 条至第 1873-18 条的规定订立关于行使共有权的协议。

第一节 与共有财产有关的行为

(2006 年 6 月 23 日第 2006-728 号法律第 2 条)

第一目 由共有人实施的行为

(2006 年 6 月 23 日第 2006-728 号法律第 2 条)

第 815-2 条

(1976 年 12 月 31 日第 76-1286 号法律)任何共有人均可采取保全共有财产的必要措施,(2006 年 6 月 23 日第 2006-728 号法律第 2 条)即使这种措施并不具有紧急性质,亦同。

共有人得为此使用由其掌握的用于此项安排的共有资金,并且对于第三人,共有人被视为对此资金享有自由处分的权利。

在没有属于共有财产的资金的情况下,共有人得要求其他共有人与其一起负担必要的费用支出。

共有财产负担用益权时,在用益权人应负的维修义务的限度内,前述权利对用益权人具有对抗效力。

---

① 请求分割共有财产的权利不受时效限制,这项权利具有绝对性。实行分别财产制的夫妻对共有财产享有请求分割的权利,并且可以随时行使此种分割请求权,无须等到婚姻关系解消。

第 815-3 条

（2006 年 6 月 23 日第 2006-728 号法律第 2 条）至少持有 2/3 共有权利的一名或数名共有人可以依此多数：

1. 实施与共同财产有关的管理行为；
2. 给予一名或数名共有人或第三人一般管理委托；
3. 出卖共有的动产财产，用于清偿共有财产的债务与负担；
4. 订立或延长不涉及农用、商用、工业或者手工业使用的不动产的其他租约。

这些共有人有义务向其他共有人告知所实施的行为，否则作出的决定对其他共有人不具有对抗效力。

但是，实施不属于共有财产正常经营范围的任何行为以及第 3 点所指以外的任何处分行为，均应得到全体共有人同意。

（1976 年 12 月 31 日第 76-1286 号法律）如果共有人之一在其他共有人不知情的情况下负责管理共有财产但其他共有人事后并未表示反对，视其得到其他共有人默示的委托授权。这种委托授权包括所有的管理行为，但不包括处分行为以及缔结租赁合同或延长租赁合同的行为。

第二目　得到法院批准的行为

（2006 年 6 月 23 日第 2006-728 号法律第 2 条）

第 815-4 条

（1976 年 12 月 31 日第 76-1286 号法律）如果共有人之一处于不能表示意思的状态，另一共有人可以向法院提出请求，由其一般代理该共有人，或者仅代理特定的个别行为。此种代理的条件与范围由法官确定。

在无法定权限、无委托授权或者无法院授权的情况下,由一共有人代理另一共有人所为之行为,按照无因管理规则对该人有效。

第 815-5 条

(1976 年 12 月 31 日第 76-1286 号法律)如果因某一共有人拒绝订立合同导致共同利益受到危害,其他共有人可以经法院批准,单独订立本应得到该共有人同意才能订立的合同。

(1987 年 7 月 6 日第 87-498 号法律)法官不得应虚有权人的请求,不顾用益权人的意愿,命令出卖负担用益权的财产的完全所有权。

但是,按照法院批准的条件订立的合同,对并未表示同意的共有人具有对抗效力。

第 815-5-1 条

(2009 年 5 月 12 日第 2009-526 号法律第 6 条)除财产的所有权被分解①之情况外,或者如果共有人之一处于第 836 条所指的状况,由至少持有 2/3 共有权利的一名或数名共有人提出请求,(2019 年 9 月 18 日第 2019-964 号授权法令)司法法院(原规定为"大审法院")可以批准按照以下各款规定的条件与方式,转让某项共有财产。

至少持有 2/3 共有权利的一名或数名共有人,依此种多数条件,向公证人表明他们转让共有财产的意图。

公证人在接收向其表明的此种意图之后 1 个月内,向其他共有人送达相关通知。

如果有一名或数名共有人反对转让该项共有财产,或者自送达通知之日起 3 个月内没有表示意见,公证人用笔录对此作出确认。

在此情况下,如果转让共有财产不会给其他共有人的权利带来过

---

① 例如,财产的所有权分解为用益权与虚有权。

分的损害,司法法院可以批准转让该共有财产。

此种转让通过公开拍卖方式进行,由此取得的款项不得使用,但如果将其用于清偿共有财产的负债,不在此限。

按照司法法院批准确定的条件进行的共有财产的转让,对于没有表示同意意见的共有人具有对抗效力,但如果至少持有 2/3 共有权利的一名或数名共有人此前没有依照第 3 款规定的方式进行送达,因而不知转让财产之意图的共有人除外。

第 815-6 条

(2019 年 9 月 18 日第 2019-964 号授权法令)司法法院(原规定为"大审法院")院长可以规定或者批准采取共同利益所要求的各种紧急措施。

法院院长尤其可以批准一共有人从共有财产的债务人或共有资金的受寄托人那里提取资金,用于应付紧急需要,并且在必要时规定提取的资金的使用条件。此种批准,并不导致该共有人具有生存配偶或继承人的资格。

法院院长也可以指定共有人之一作为财产管理人,并规定其在必要时应当提供保证人,或者任命财产保管人。除法官另有决定外,从合理的角度考虑,本法典第 1873-5 条至第 1873-9 条的规定适用于管理人的权利与义务。

第 815-7 条

(1976 年 12 月 31 日第 76-1286 号法律)法院院长亦可禁止搬走有体动产,但如果已经特别指定属于某一权利继受人个人使用的动产,不在此限。如果法院认为有必要,由权利继受人提供保证人,才能搬走该财产。

第 815-7-1 条

（2009 年 5 月 27 日第 2009-594 号法律第 34 条）在瓜德罗普、圭亚那、马提尼克、留尼汪与圣马丁岛，如果用于居住或从事职业和居住混合使用的房屋不动产无人居住，或者自两个民事年度以来没有人实际占用，共有人之一得经法院批准，依照第 813-1 条与第 813-9 条规定的条件，对房屋不动产实施改善、恢复居住条件、进行修整工程，并且完成管理行为与公示手续，这样做的唯一目的是将房屋作为主要居住场所或出租。

第二节 共有人的权利与义务

（2006 年 6 月 23 日第 2006-728 号法律第 2 条）

第 815-8 条

（1976 年 12 月 31 日第 76-1286 号法律）任何人为共有财产的利益受领的收入或支出的费用，均应建立清册，以备共有人查阅。

第 815-9 条

（1976 年 12 月 31 日第 76-1286 号法律）每一共有人均可在不违背其他共有人权利的范围内以及依据在共有期间符合规定订立的合同，按照共有财产的用途使用共有财产。在有利益关系的共有人之间无法达成一致意见时，此种权利的行使，由法院院长临时裁定之。

共有人私人使用或享用共有物，应负补偿责任，但另有约定的除外。

第 815-10 条

（2006 年 6 月 23 日第 2006-728 号法律第 2 条）取代共有财产的债权与补偿金，以及经全体共有人同意因共有财产的使用或再使用而取得的财产,依物上代位①的效力,当然归入共有财产。

(1976年12月31日第76-1286号法律)在没有进行预先分割或者没有订立分别享用共有财产的孳息与收益的任何协议的情况下,共有财产的孳息与收益增加到共有财产之内。

但是,前述孳息与收益受领之后如果已经超过5年时间,任何有关追回孳息与收益的诉讼,均不予受理。

每一共有人均有权获得由共有财产产生的利润,以及应当按照各自在共有财产中的权利比例负担亏损。

第815-11条

(1976年12月31日第76-1286号法律)任何共有人均得请求其每年应得的利润份额,但应扣除由其同意的行为或对其具有对抗效力的行为所产生的费用。

在没有其他证书的情况下,每一共有人在共有财产中的权利范围依公证文书产生,或者依公证人制定的财产清册的前言确定。

在有争议的情况下,(2019年9月18日第2019-964号授权法令)司法法院(原规定为"大审法院")院长可以命令先行分配利润,但在最后清算时应当进行结算。

在可处分的资金允许的限度内,法院院长还可以命令按照共有人在将来进行的财产分割中所占的权利比例先行支付本金。

---

① 物上代位(subrogation réelle,物的代位)与人的代位(subrogation personnelle)相对应。(在财产整体内部)一项财产替代另一项财产,属于物上代位。参见第855条、第1406条第2款、第1434条与第1435条。保险标的因遭受保险事故发生全损或推定全损的,保险人向被保险人全额支付保险赔付款,这项赔付款替代保险标的,并且保险人取得代位权,享有对受损的保险标的的权利和义务;物的担保中,因意外损害或其他原因致担保物消失,担保权人对给予的赔偿金享有权利;等等。

第 815-12 条

（1976 年 12 月 31 日第 76-1286 号法律）负责管理一项或数项财产的共有人，应当负责返还其管理财产所产生的净收益；管理人有权按照共同协商确定的条件，或者在没有一致意见的情况下，按照法院判决确定的条件，就其管理活动取得报酬。

第 815-13 条

（1976 年 12 月 31 日第 76-1296 号法律）如果一共有人用自己的费用对某项共同财产进行了改善，应当依据公平原则以及该财产在分割或转让时增加的价值，对该共有人给予补偿。即使该共有人没有对财产进行任何改善，亦应当考虑其为保管财产用其本人的金钱支付的必要的（2009 年 5 月 12 日第 2009-526 号法律第 10 条）费用（原规定为"修缮费用"），并给予补偿。

反过来，共有人应当对因其所为或过错给共有财产造成的损坏或贬值以及财产价值的减少承担责任。

第 815-14 条

（1976 年 12 月 31 日第 76-1286 号法律）共有人拟将其在整个共有财产或者其中一项或数项共有财产中的权利全部或部分有偿让与共有人以外的其他人时，应当用司法外文书通知其他共有人其拟定让与的财产的价格和条件以及自荐财产取得人的姓名、住所与职业。

任何共有人，均可在此项通知之日起 1 个月期限内用司法外文书通知让与人，表明自己将按照让与人向其通知的价格和条件行使先买权。

在行使先买权的情况下，先买权人自其向财产出卖人作出答复之日起，可以有 2 个月期限实现财产的买卖；超过此期限，经向其发出催告后 15 日后仍无效果的，该人有关优先买受财产的声明当然无效

(nulle),且不妨碍出卖人可能对其提出的损害赔偿请求。

如果有多名共有人行使先买权,按照他们各自在共有财产中所占的份额比例,共同取得拟出卖的财产,有相反协议的除外。

如果让与人同意给予宽限期,适用(2006年6月23日第2006-728号法律第2条)第828条的规定。

第815-15条

(1976年12月31日第76-1286号法律)如果有必要拍卖共有人之一在全部共有财产或者其中一项或数项财产中的全部或部分权利,律师或公证人应当在预定的拍卖日期之前1个月通知其他共有人。

(1978年6月10日第78-627号法律)每一共有人均可在拍卖竞价起1个月期限内,通过向(2006年4月21日第2006-461号授权法令)法院书记室或者公证人提出声明,取代在拍卖中取得这些财产的人。

(2006年4月21日第2006-461号授权法令)在为出卖财产制定的"拍卖条件细则"中应当写明可以行使此种替代权(droit de substitution)。

第815-16条

(1976年12月31日第76-1286号法律)违反第815-14条与第815-15条的规定进行的任何让与或任何拍卖均无效。无效之诉,时效期间为5年。此种诉讼仅得由应当向其进行通知的人或他们的继承人提起。

第三节 债权人的追偿权

(2006年6月23日第2006-728号法律第2条)

第815-17条

(1976年12月31日第76-1286号法律)在财产成为共有财产之前

本可追偿债务的债权人，以及由于保管或管理财产而产生债权的债权人，可以在财产分割之前，从财产的资产中先取受偿。此外，这些债权人可以诉请扣押和出卖共有财产。

共有人个人的债权人，仅得对该共有人在共有的动产或不动产财产中所占有的份额实施扣押。

但是，共有人个人的债权人有权以其债务人的名义主动提出分割财产的要求，或者参加由债务人主动提出的财产分割活动。诸财产共有人，得以该债务人的名义并按其应当负担的债务数额，清偿其债务，以停止分割财产的诉讼。行使此项权利的人，可以从共有财产中先取受偿。

第四节 用益权的共有

（2006年6月23日第2006-728号法律第2条）

第815-18条

（1976年12月31日第76-1286号法律）第815条至第815-17条的规定，凡是与用益权规则不发生抵触的，均适用于用益权的共有。

第815-14条、第815-15条与第815-16条所指的通知，应当送交任何虚有权人以及任何用益权人；但是，仅在任何虚有权人均不打算取得财产的情况下，某一用益权人才能按照虚有权取得该部分财产；而虚有权人也仅在没有任何用益权人打算取得财产的情况下，才能按照用益权取得该部分财产。

第八章 分　割

(2006年6月23日第2006-728号法律第3条)

第一节　分割活动

第一目　共同规定

一、分割请求

第816条

即使共同继承人之一对全部或部分共有财产已经分开享有使用、收益权，如果没有财产分割证书或者未经充分占有而取得时效，仍可请求进行分割。

第817条

依使用、收益权而为共有人的人，可以限定对于某项财产请求分割共有的用益权，或者在不可能这样做的情况下，可以请求通过拍卖用益权的途径分割共有的用益权；在只有进行拍卖才能保护全体对该共有财产享有权利的人的利益时，可以拍卖完全所有权。

第818条

前条相同的选择权也属于依虚有权而为共有人的人。在拍卖完全所有权的情况下，适用第815-5条第2款的规定。

第819条

对财产的一部分享有完全所有权，同时与用益权人和虚有权人处于共有状态的人，可以适用第817条与第818条规定的选择权。

在拍卖完全所有权的情况下，不适用第 815-5 条第 2 款的规定。

第 820 条

如果立即实现共有财产分割有损共有财产的价值，或者共有人之一只有在经过一定的时间之后才能接手属于遗产的农业、商业、工业、手工业或自由职业企业，应共有人之一的请求，法院可以最长推迟 2 年时间进行共有财产的分割。推迟分割，适用于全部共有财产，或者仅适用于其中一部分财产。

如有必要，可以请求推迟分割公司权益。

第 821 条

在无法达成协议的情况下，可以应第 822 条所指的人提出的请求，按照法院确定的条件，维持原来由死者或其配偶负责经营的任何农业、商业、工业、手工业或自由职业企业的共有。

如果有必要，也可以提出继续维持公司权益共有的请求。

法院根据涉及的各方利益以及家庭可以从共有财产获得的生活手段，作出审理裁判。

即使在上述企业中包含继承人或生存配偶在继承开始之前就已经是所有权人或共同所有权人的财产，仍然可以维持共有。

第 821-1 条

对于被继承人死亡时由其本人或其配偶实际用于居住或从事职业的场所的所有权，应相同的人的请求，并且按照法院确定的条件，也可以维持共有。居住场所内配备的动产物品或者用于从事职业的动产物品，亦同。

第 822 条

如果死者留有一名或数名未成年的直系卑血亲，生存配偶或任何继承人，或者这些未成年人的法定代理人，均可以请求继续维持共有。

在没有未成年的直系卑血亲的情况下,只有生存配偶才能请求继续维持共有,并且以其在被继承人死亡之前已经是或者因被继承人死亡而成为企业或居住场所或职业场所的共同所有权人为条件。

如果涉及的是居住场所,生存配偶在被继承人死亡时应当是在此居住。

第 823 条

规定维持共有的时间不得超过 5 年。在第 822 条第 1 款所指情况下,维持共有的时间可予延长,直至最小的直系卑血亲达到成年年龄,以及在同一条文第 2 款规定的情况下,直至生存配偶死亡之时。

第 824 条

如果部分共有人希望维持共有,法院可以应其中一人或数人的请求,根据所涉及的各方利益,且不妨碍适用第 831 条至第 832-3 条的规定,向请求分割财产的共有人分配其应得的份额。

如果共有财产中没有足够的现款,不足的部分由参与提出分割请求的共有人支付,但如果其他共有人表示愿意支付,不影响他们参与支付。这些共有人在共有财产中的份额按其支付的数额相应增加。

二、财产份额与分割时组成的财产份

第 825 条

可以分割的遗产总额包括继承开始时存在的死者没有进行死因处分的财产或者替代这些财产的财产,以及与之相关联的孳息。

可以分割的遗产总额还应当加上将要向遗产返还或者应予扣减的价值,以及共同分割人对死者或共有财产的债务。

第 826 条

等分分割是指价值上相等。

每一个共同分割人均按照相等于他在共有财产中的权利的价值受领财产。

如果有必要进行抽签,应当先将可分割的财产搭配成必要的分配份数。

由于财产的组成状况,不可能搭配成价值相等的份数时,差额按照多退少补的方式处理。

第 827 条

按照继承人的人数进行遗产总额的分割;但是,在有代位继承的情况下,则按照房数分割继承的遗产。在按照房数进行分割之后,相应情况下,应在每一房的各继承人之间进行另一次分配。

第 828 条

因多取财产应当向遗产的财产总额内支付多取的财产差额的人,如果获得支付宽限期,自财产分割以后因经济情势变化导致其受领的财产价值增加或者减少超过 1/4 时,其尚未退足的款项部分亦按照相同比例增加或减少,但是,诸当事人原已排除此种浮动退还方式的,不在此限。

第 829 条

在进行分配时,财产的价值按照分割文书确定的对财产分开享益之日的情况评估;如有必要,应考虑财产上的负担。这一日期应尽量接近实际进行分割之日。

但是,如果选择确定的日期更便于实现财产的等额分割,法官也可以将分开享益的时间确定为某个更早的日期。

第 830 条

在组成和搭配财产份时,应当尽量避免将构成一个整体的经济单位和其他财产分割成零星小块而造成其降低价值。

三、优先分配

第 831 条

生存配偶,或者任何继承人,作为共同所有权人,均可请求通过遗产分割,优先分配其实际参与或者曾经参与经营的任何农业、商业、工业、手工业或自由职业企业的事业整体或者其中之部分,或者优先分配这种企业的共有份额①,即使在被继承人死亡之前组成企业的财产中有一部分原已属其所有或者是共同所有的财产,亦可提出此项请求。对于继承人而言,其配偶或者直系卑血亲对企业经营的参与,也视其可以具备或者曾经具备参与经营之条件。

如果有必要,亦可对公司权益提出优先分配请求,但不影响法律与公司章程关于生存配偶或一名或数名继承人参与公司,公司可继续存在的规定。

第 831-1 条

在生存配偶或者任何享有共同所有权的继承人均没有要求适用第 831 条或第 832 条或第 832-1 条的规定时,对农用财产规定的优先分配权可以给予任何共同分割人,但条件是,受分配人应当在 6 个月内,按

---

① 可以进行优先分配的财产主要是用于农业、商业、工业、手工业或者自由职业企业的财产,居住用场所以及其中配备的家具的所有权或租约权;从事职业用的场所的所有权或租约权,以及其中配备的职业用的家具(参见第 831-2 条),农产经营所必要的动产(参见第 831-2 条第 3 点);在分割非家庭性质的约定的共有财产时,如果事先没有作出约定,某一个共同分割人不能获准优先分配特定财产;在对夫妻之间约定的财产共有进行分割时,准许(将特定财产)优先分配给其中一人(共同分割人),参见第 833 条、第 1476 条、第 1542 条。

照《农村法典》第四卷第一编第六章的规定,将财产出租给具备上述第831条所指的个人条件的一名或数名共同继承人,或者租赁给这些共同继承人的具备同样条件的一名或数名直系卑血亲。

第 831-2 条

生存配偶或者任何共同所有权继承人亦可请求优先分配下列权利:

1. 如其在被继承人死亡时在该场所居住,其实际用于居住的场所以及该场所内配备的动产的所有权或租约权,(2015 年 2 月 16 日第 2015-177 号法律第 6 条)以及死者的车辆,只要该车辆为其日常生活所需要;

2. 其实际用于从事职业活动的场所以及这些场所内配备的(2015年2月16日第2015-177号法律第6条)从事职业所必要的动产物品的所有权或租约权;

3. 由去世的人生前以佃农身份或分成制佃农身份经营的农用财产所必需的全部动产要素,如果为请求人的利益继续租赁土地或者对请求人已经同意给予新的租赁。

第 831-3 条

(2015 年 2 月 16 日第 2015-177 号法律第 6 条)对于生存配偶,当然进行第 831-2 条第 1 点所指的优先分配。

因优先分配而产生的权利,不损及配偶依据第 764 条之规定可以行使的终身居住权和使用权。

第 832 条

对于不超过最高行政法院提出资政意见后颁布的法令确定的面积的农业经营事业,如果法院没有裁定维持共有,当然进行第 831 条所指的优先分配。

第 832-1 条

如果没有裁定继续维持共有,以及没有按照第 831 条或第 832 条规定的条件优先分配财产，生存配偶或任何共同所有权继承人，均可请求优先分配属于遗产的具有农业用途的财产和不动产权利的全部或部分，以便与一名或数名共同继承人，或者相应情况下，与一名或数名第三人一起组成一个农用土地经营组合。

如果生存配偶或者一名或数名符合第 831 条所指的个人条件的共同所有权继承人或者实际参与经营的直系卑血亲提出请求，要求按照《农村法典》第四卷第一编第六章规定的条件向其出租属于该农用土地经营组合的全部或部分财产，当然可以进行优先分配。

在有多人提出优先分配财产请求的情况下，如果属于农用土地经营组合的财产的组成情况允许，可以订立多项租约，将财产分别出租给不同的共同所有权继承人。

如果对租约或各项租约的条款或条件无法达成一致意见，由法院确定这些条款或条件。

请求人不准备投入农用土地共同经营组合的不动产财产和权利以及遗产中的其他财产，可以在共有人各自享有的继承权利的限度内，优先分配给对组成共同的农用土地经营组合并未表示同意的共同财产的共有人。如果在照此分配之后这些共有人的权利仍未得到满足，应当向他们支付尚欠的差额。除共同分割人之间协商一致外，可能尚欠的差额应在财产分割之后 1 年内支付。可以采用农用土地经营组合的股份份额的形式进行抵偿，各利益关系人在向其提出上述建议之后的 1 个月内表明反对采取此种支付形式的除外。

只有在签署共同农用土地经营组合的协议之后，以及在必要时，在长期租约签字之后，财产分割才告完成。

第 832-2 条

如果不打算对构成一个经济单位但不是以公司的形式经营的农场维持共有，也未依照第 831 条、第 832 条或者第 832-1 条规定的条件进行优先分配,参与或者先前实际参与过经营活动的生存配偶或任何共同所有权继承人,不论有谁提出任何拍卖财产的请求,均可以要求共同分割人同意按照《农村法典》第四卷第一编第六章确定的条件订立长期租约,并在此条件下进行财产分割。对于继承人而言,他的配偶或者直系卑血亲对企业经营的参与,也视其本人具备或已经具备前述参与经营之条件。除当事人之间协商一致外,请求享有本条规定之利益的人,可以优先按照其应得的份额受领用于从事经营活动和用于居住的建筑物。

对于可以构成一个经济单位的农业经营事业的一部分,亦适用前述规定。这种经济单位中的部分财产可以由生存配偶或继承人在被继承人死亡之前即是所有权人或共同所有权人的财产组成。

如有必要,在对已经搭配的各份财产内的土地进行作价时,应当考虑因该土地上存在租约而引起其价值的降低。

《农村法典》第 412-14 条与第 412-15 条确定本条第 1 款所指的租约的专门规则。

如果提出请求的人明显不具备管理整个经营事业或其中之部分的能力,共同所有权继承人的利益有可能受到危害时,法院可以裁定没有必要执行本条前 3 款的规定。

第 832-3 条

多名有继承权的人可以联合提出优先分配财产的请求,以便共同保持财产的共有。

在各方当事人不能协商一致的情况下,优先分配财产的请求向法院提出,法院根据各方当事人的利益作出判决。

在有多人竞争提出优先分配财产的请求时,法院应考虑提出请求的每一个人管理所涉及的财产的能力以及他们坚持(长期)管理的能力;涉及企业时,法院尤其应考虑他们本人参加经营活动的时间。

第 832-4 条

作为优先分配之标的的财产,依照第 829 条确定的日期的价值评估作价。

除所有的共同分割人达成一致意见外,可能需要多退少补的差额部分①,用现金支付;但是,在第 831-3 条与第 832 条所指情况下,优先分配财产的人仍可要求其他共同分割人支付最高相当于差额的一半款项,支付期限不得超过 10 年,除另有约定外,拖欠未付的款项按法定利率计算利息。

在将分配到的财产全部出卖的情况下,与此相关的差额部分成为可以立即追偿的款项;在仅仅部分出卖财产的情况下,买卖所得的款项支付给共同分割人,并扣除尚欠的差额之部分。

第 833 条

第 831 条至第 832-4 条的规定利益于生存配偶或者按照法律规定可以继承遗产的任何继承人,无论他是完全所有权共有人还是虚有权共同所有权人(copropriétaire)。

除第 832 条的规定外,上述规定也利益于依据遗嘱或契约指定而享有概括遗赠或部分概括遗赠之受遗赠人资格的继承人。

第 834 条

享有优先分配利益的受益人,仅在财产终局分割之日,才能成为其分得的财产的唯一所有权人。

至这一日期,受益人,只有不是由于其本人的原因,按照分配之日确定的财产价值已经增加 1/4 以上时,才能放弃优先分配权。

---

① 优先分配的财产的价值超过或者少于受分配人应得的财产份额时,通常产生与优先分配人的应继份之间的差额,应当多退少补。

第二目 自愿协商分割

第 835 条

如果全体共有人均到场并且均有能力,可以按照各当事人选择的方式和形式进行财产分割。

如果共有财产是应当进行不动产公示的财产,分割文书应当用公证书作成。

第 836 条

如果某个共有人被推定失踪或者距离遥远,因而处于不能表达意思的状况,可以依照第 116 条规定的条件进行自愿协商分割财产。

同样,如果对共有人之一实行保护制度,可以依照第一卷第十编、第十一编与第十二编规定的条件进行自愿协商分割财产。

第 837 条

如果某一共有人不到场但并非处于第 836 条所指的一种情形时,在另一共有人关注下用司法外文书进行催告,催促不到场的共有人由他人代理参与协商。

如果该共有人在收到催告起 3 个月内仍然不指定委托代理人,共同分割人之一可以请求法官指定任何有资质的人代理不到场的共有人,直至完全实现财产分割。该代理人只有经法官批准才能对打算进行的财产分割表示同意。

第 838 条

自由协商分割财产,可以是全部分割,或者仅进行部分分割。在进行分割之后如果仍然保留某些财产的共有或者仍然有某些人维持共有,属于部分分割。

第 839 条

在相同的人之间排他性存在多项共有的情况下,不论是相同财产的共有还是不同财产的共有,均可以进行一次性协商分割。

第三目 法院裁判分割

第 840 条

如果共同继承人之一拒绝同意自愿协商进行分割,或者因分割遗产的方式或终结分割的方式发生争议,或者在第 836 条与第 837 条所指的一种情况下协商分割并未得到准许,由法院裁判分割财产。

第 840-1 条

在相同的人之间排他性存在多项共有的情况下,不论是相同财产的共有还是不同财产的共有,均可以进行一次性分割。

第 841 条

继承开始地的法院,对于分割财产诉讼,以及对于在维持财产共有时或者对分割活动过程中发生的争议,唯一有管辖权。法院命令拍卖财产,并就有关共同分割人之间分配的财产份的担保以及有关分割无效或补足份额的请求作出裁判。

第 841-1 条

如果因某一共有人不行为,指定的公证人在制定财产清册时遇到困难,可以用司法外文书催告该共有人指定他人为代理人。

如果共有人收到催告后 3 个月内仍然没有指定委托代理人,公证人得请求法官指定任何有资格的人代理不行为的共有人,直至完成分割活动。

第 842 条

共同分割人在任何时候均可放弃通过法院裁判分割财产,并且在具备自愿协商分割财产的各项条件时,要求自愿协商分割。

第二节　无偿处分的财产的返还

(2006年6月23日第2006-728号法律第5条)

第843条

(1898年3月24日法律)任何继承人,即使是(2006年6月23日第2006-728号法律第5条)以净资产接受继承,在继承时均应当向其他共同继承人(ses cohéritiers)返还①其因死者生前赠与直接或间接受领的所有财产,继承人不得留置死者向其进行的赠与,但已明确是(2006年6月23日第2006-728号法律第5条)应继份之外(hors part successoral,参见第919条注释)的赠与除外。

向某一继承人进行的遗赠②,视为(2006年6月23日第2006-728号法律第5条)应继份之外而为,但遗嘱人有相反意思表示的除外;在

---

① 在继承法与无偿处分财产方面,通常会发生三种不同的活动,分别称为减少(réduction)、返还(rapport)和计入(imputation,记入)。减少是指减少处分人无偿处分的超过其可处分的数额。返还,也称为"rapport successsoral",总的来说,是指在有特留份继承人的情况下,非特留份继承人受领的财产价值超过处分人可自由处分之部分的,应当将超过的数额返还于遗产,而不是向其他某个继承人进行返还(虽然第843条的条文使用的术语是"继承人",但这里应是指"其他共同继承人"全体)。第850条明确规定:"仅向赠与人的遗产返还财产。"计入,通常是指将处分人处分的数额计入其可以处分的部分。三种活动的目标实际上是相同的,但针对的对象不同。另见第857条、第918条。

② 当受遗赠人是自然人时,法国民法不限定受遗赠人必须是法定继承人以外的人,受遗赠人也可以是继承人。依照第843条第2款的规定,除遗嘱人另有意思表示外,向某一继承人进行的遗赠,视为"在应继份之外"给予的利益。

此情形下,受遗赠人只有少受领(en moins prenant)①其应继份,才能请求保留其所受之遗赠。

第 844 条

参与分割遗产的继承人,只能在被继承人可处分的部分的限度内保留(2006 年 6 月 23 日第 2006-728 号法律第 5 条)应继份之外的赠与,以及在此限度内要求交付遗赠,超过死者可处分的部分,应予扣减。

第 845 条

但是,放弃继承的继承人,在被继承人可处分的部分的限度内,仍可保留被继承人生前赠与的财产,或者要求交付向其进行的遗赠;但是,(2006 年 6 月 23 日第 2006-728 号法律第 5 条)如果处分人原已明确要求在继承人放弃继承的情况下应当返还这些财产,不在此限。

在此情况下,按照财产的价值进行返还。应当返还的价值超过放弃继承的人如参与继承本可从遗产分割中享有的权利时,以超过的数额为限向接受继承的继承人给予补偿。

第 846 条

(2006 年 6 月 23 日第 2006-728 号法律第 5 条)受赠人在受赠时并非推定的继承人但在继承开始之日取得继承人资格的,无须进行返还,但赠与人原已明确要求返还的除外。

---

① "moins prenant"(少取财产),传统上是用来表述在财产分割之前进行清算时账目结算的一种方式。当共同分割人对清算的财产负有债务或者有应当归属于清算的财产总额之内的财产价值时,应当扣除这一部分价值;在遗产分割时应当少取,即所谓"价额归还主义",或者将其已经受领的数额超过的部分按其价值冲抵其应得的分割份额,即所谓"冲抵计算主义"。采用冲抵计算方法,可以简化分割活动。赠与的返还(rapport)或者数额的减少(réduction),两种方式的作用相同。参见第 858 条。

第 847 条

向继承开始时有继承权的人的儿子进行的赠与和遗赠,始终视为免于返还。

受赠人的父亲参与继承赠与人的遗产时,无须返还前述赠与和遗赠。

第 848 条

同样,有继承权的人的儿子依本人的名义继承作为赠与人的被继承人的遗产时,无须返还赠与人向其父亲进行的赠与,即使他已接受继承其父亲的遗产,亦同;但是,如果儿子仅仅是代位继承,则应当返还赠与人向其父亲进行的赠与,即使他原已放弃继承父亲的遗产,亦同。

第 849 条

向有继承权的人的配偶进行的赠与和遗赠,视为免予返还。

如果是向夫妻二人共同进行的赠与和遗赠①,其中仅一人有继承权时,该人应当返还受赠与的财产的一半;如果仅仅是向夫妻二人中有继承权的一方进行的赠与,该人应当全数返还其受赠的财产。

第 850 条

仅向赠与人的遗产返还财产。

第 851 条

为了共同继承人之一成家立业或者清偿其债务而动用的财产的赠与,应予返还。

---

① 第 1 款与第 2 款规定的是两种不同情形,前者如公、婆向儿媳及岳父、母向女婿进行赠与和遗赠;后者如父、母向儿子儿媳夫妻二人及岳父、母向女儿女婿夫妻二人进行的赠与和遗赠。向夫妻二人进行的共同赠与和遗赠,也译为"联合赠与"或"联合遗赠",参见第 1044 条。第 849 条最后的规定实际上仍然是向自己的子、女一方进行赠与或遗赠。

（2006年6月23日第2006-728号法律第5条）在赠与孳息或收入的情况下，也应予返还，但是，如果明确此种无偿处分是在应继份之外而为，不在此限。

第852条

（2006年6月23日第2006-728号法律第5条）衣食、抚养、教育、学徒费用以及一般设备费用、婚礼与日常的礼品费用，无须返还，但处分人有相反意思表示的除外。

按照给予礼品之日以及处分人的财产状况评判日常礼品的性质。

第853条

如果在订立契约时并没有给予继承人以任何间接利益，继承人无须返还从死者与其订立的契约中获得的利益。

第854条

同样，死者与其继承人之一没有欺诈而成立的合伙的条件是用公署文书作出规定时，此种合伙的财产无须返还。

第855条

（1971年7月3日第71-523号法律）因偶然事件灭失的财产，受赠人并无过错的，无须返还。

但是，如果财产灭失以后得到损害赔偿，重新组成财产的，受赠人应当按照用于重组该财产的赔偿金的比例进行返还。

如果所得到的赔偿金并未用于重组财产，赔偿金本身应予返还。

第856条

（2006年6月23日第2006-728号法律第5条）应当返还之物的孳息，自继承开始之日计算。

利息，仅自应当返还的财产数额确定之日计算。

第 857 条

返还,仅仅是共同继承人对(其他)共同继承人的义务;无须向受遗赠人或遗产的债权人进行返还。

第 858 条

(2006 年 6 月 23 日第 2006-728 号法律第 5 条)返还,通过少取应继份的方式进行,但在第 845 条第 2 款规定的情况下除外。

不得要求实物返还,但赠与证书另有规定的,不在此限。

(1971 年 7 月 3 日第 71-523 号法律)在有此种约款规定的情况下,由受赠人同意设立的物权或进行的物权转让因返还的效果而消灭,但由赠与人原已同意设立或转让的物权除外。

第 859 条

(1971 年 7 月 3 日第 71-523 号法律)继承人也可选择原物返还(rapporter en nature,参见第 858 条第 2 款)仍然属其所有的原受赠与的财产(le bien donné),但以该物不负担赠与之当时不曾有的负担或占用为条件。

第 860 条

(1971 年 7 月 3 日第 71-523 号法律)返还,按照赠与的当时财产所处状态以及遗产分割时财产的价值进行。

(2006 年 6 月 23 日第 2006-728 号法律第 5 条)如果在进行分割之前,赠与的财产已经转让,按照财产转让时的价值返还;在由新的财产替代被转让的财产时,根据该财产取得时的状况,按其在分割时的价值返还。但是,如果由于新财产的性质,在取得之日其价值无法避免发生贬值的,不考虑物上代位。

凡是赠与证书另有规定的,依证书规定。

如果赠与证书有此规定,应当返还的财产价值低于按照第 922 条规定的评价规则确定的财产价值时,此种差额成为受赠人在(2006 年 6 月 23 日第 2006-728 号法律第 5 条)应继份之外取得的一种间接利益(un avantage indirect)。

第 860-1 条

(2006 年 6 月 23 日第 2006-728 号法律第 5 条)钱款按照原数额返还,但是,如果赠与的钱款是用于取得某项财产,依照第 860 条的规则,应予返还的是用该钱款取得的财产的价值。

第 861 条

(1971 年 7 月 3 日第 71-523 号法律)如果以实物返还财产,并且原赠与财产的状况因受赠人的所为得到改善,对受赠人而言,该财产在分割或转让时增加的价值之部分,应予计算。

受赠人为了保存财产所支出的必要费用,亦应计算,即使财产并未得到任何改善,亦同。

第 862 条

(1971 年 7 月 3 日第 71-523 号法律)实物返还财产的共同继承人,可以留置占有其原受赠的财产,直至为改善或保存财产所支出的费用得到全数偿还。

第 863 条

(1971 年 7 月 3 日第 71-523 号法律)在实物返还财产的情况下,受赠人对因其所为或过错,使受赠的财产受到损坏或损伤而减少的价值,亦应计算。

第三节　债务的清偿

(2006年6月23日第2006-728号法律第6条)

第一目　共同分割人的债务

(2006年6月23日第2006-728号法律第6条)

第864条

在可分割的财产总额中包含有对共同分割人之一的某项债权时,不论其是否到期,该共同分割人按照其在可分割的财产总额中所占的权利,分配该债权的份额。

(共同分割人的)债务,在其数额限度内,经混同而消灭。如果债务数额超过债务人在财产总额中可以享有的权利,应当按照原先规定的条件与期限,清偿超过的部分。

第865条

除与共有财产相关的债权外,在遗产分割活动终结之前,债权为不得追偿的债权,但是,作为债务人的继承人可以决定在任何时候自愿清偿债务。

第866条

应当返还的钱款按照法定利率计算利息,另有规定的除外。

如果继承人是被继承人的债务人,钱款的利息自继承开始之日计算;如果债务发生在遗产共有期间,自其可追偿之日计算利息。

第867条

(2006年6月23日第2006-728号法律第6条)共同继承人自己也有可以主张的债权的,仅在两相平衡之后仍然有应当对共有财产负债的余额时，才应在分割时仍然计算其债务。

第868条与第869条

（废止）

第二目　其他债务

（2006年6月23日第2006-728号法律第3条）

第870条

所有的共同继承人均按照各自从遗产中受领的财产数额的比例，分担清偿遗产的债务和负担。

第871条

部分概括遗赠的受遗赠人与所有的继承人一起，按照其获得的遗赠利益的比例，分担遗产的债务和负担；特定遗赠的受遗赠人不对债务和负担承担义务，但抵押权人就遗赠的不动产提起确认抵押权的诉讼[①]除外。

第872条

遗产中的特定不动产依据特别抵押权负担支付定期金时，每一继承人均可要求在进行分配份的搭配之前偿还定期金，消除该不动产上的负担；如果共同继承人按照遗产所处的状态进行分割，应当对负担定期金的不动产按照其他不动产相同的标准进行作价，然后从其总价金中减去定期金的本金；该不动产归入哪一继承人的财产份内，由该继承人单独负担定期金的支付义务，并且就定期金的支付向其他共同继承

[①] 抵押权人针对持有财产的第三人、物上保证人或者债务人提起的、确认其抵押权的对物诉讼（action réelle）是一种"从物诉讼"或"物上诉讼"，有别于确认债务人向债权人缔结的、受抵押权担保的债务的债权诉讼（action personnelle，对人诉讼）。

人作出保证。

第 873 条

全体继承人对遗产的债务与负担,各自按照(2006 年 6 月 23 日第 2006-728 号法律)他们的继承份额(原规定为"按照实际分配份")的比例负清偿义务,以及对遗产享有抵押权的债务与负担,负全部清偿义务;但是,在进行清偿之后,对其他共同继承人或概括遗赠的受遗赠人,依据他们各自应当分担的份额,享有求偿权。

第 874 条

特定遗赠的受遗赠人,在清偿其受遗赠的不动产负担的债务之后,对(2006 年 6 月 23 日第 2006-728 号法律 6 条)诸继承人代位行使债权人的权利。

第 875 条

(2006 年 6 月 23 日第 2006-728 号法律第 6 条)共同继承人,因抵押权的效力,清偿的债务数额超过其在共同债务中应当负担的份额时,(2006 年 6 月 23 日第 2006-728 号法律第 6 条)对其他共同继承人仅能就他们各自应当负担的债务部分行使求偿权,即使清偿了债务的共同继承人在清偿之后对债权人的权利取得代位权,亦同,且不影响某一共同继承人因(2006 年 6 月 23 日第 2006-728 号法律第 6 条)以净资产为限接受继承,如同任何债权人一样,要求偿还其个人债权的权利。

第 876 条

(2006 年 6 月 23 日第 2006-728 号法律第 6 条)在共同继承人之一没有清偿能力的情况下,其应当负担的抵押债务之部分,由其他继承人按比例分担。

第 877 条

（2006 年 6 月 23 日第 2006-728 号法律第 6 条）原已对死者取得的执行根据，在向继承人进行送达之后经过 8 日，对继承人本人同样具有执行力。

第 878 条

（2006 年 6 月 23 日第 2006-728 号法律第 6 条）死者的债权人以及钱款的受遗赠人，可以请求就遗产的资产优先于继承人本人的债权人受偿。

与此相对应，继承人本人的债权人可以请求对继承人不是以继承的名义受领的财产，优先于死者的任何债权人受偿。

优先受偿权产生第 2402 条第 5 点所指的特别法定抵押权，并且应当依照第 2418 条进行登记。

第 879 条

（2006 年 6 月 23 日第 2006-728 号法律第 6 条）某一债权人向竞合受偿的其他债权人表明其就某项确定的财产优先受偿之意图的任何行为时，可行使此种优先权。

第 880 条

（2006 年 6 月 23 日第 2006-728 号法律第 6 条）提出请求的债权人放弃优先受偿权的，不得行使这项权利。

第 881 条

（2006 年 6 月 23 日第 2006-728 号法律第 6 条）对于动产，此种优先受偿权的时效期间为 2 年，自继承开始时计算。

对于不动产，只要该不动产仍在继承人手中，均可行使优先受偿权。

第 882 条

共同分割人之一的债权人,为避免遗产分割损害其权利,可以对在其没有到场时进行的分割活动提出异议。共同分割人之一的债权人有权自行负担费用参加遗产分割,但不得对已经完成的分割提出异议;共同分割人不顾债权人已经提出异议,在债权人没有到场时仍然进行财产分割的情形除外。

第四节　分割的效力与分配份的担保

(2006 年 6 月 23 日第 2006-728 号法律第 7 条)

第 883 条

(1976 年 12 月 31 日第 76-1286 号法律)每一共同继承人均视为单独继承,并且视为直接接受包括在其分配份内的全部财产或者经裁判拍卖归其所得的全部财产,同时视为对遗产中的其他财产从未享有所有权。

通过其他具有终止共有之效力的任何行为进行的财产分割,不论此种行为是终止全部共有还是部分共有,也不论是仅对某些财产还是仅对某些继承人终止共有,归属于每一个共同继承人的财产,也适用前款规定。

但是,依据共同共有人的委托或者经法院裁判批准有效完成的行为,仍然保留其效力,不论作为分割客体的财产在分割时分配给了何人,均不受影响。

第 884 条

所有的共同继承人仅就由于分割前的原因引起的对财产的侵害、追夺,相互负担保责任,(2006 年 6 月 23 日第 2006-728 号法律第 7 条)

某一共同分割人在遗产分割之前就已经显露对归入其财产份额中的债务没有支付能力时,所有的共同继承人应为该债务人无支付能力负担保责任。

如果财产被追夺的具体情形属于分割证书中明定的特别条款排除的情况,不发生前条所指的担保责任;如果共同继承人的财产被追夺是由于其本人的过错引起,前项担保责任亦告停止。

第885条

每一共同继承人均按照其继承份额所得利益的比例,对其他共同继承人因继承的遗产(可能)被追夺而受到的损失负补偿义务。损失的大小按照财产被追夺之日的情况评估。

如果共同继承人之一没有支付能力,应当由其负担的部分,由被担保人和其他有清偿能力的共同继承人分担。

第886条

担保之诉时效期间为2年,自财产被追夺或者发现侵害之日计算。

第五节 分割无效之诉或请求补足分配份额之诉

(2006年6月23日第2006-728号法律第8条)

第一目 分割无效之诉

第887条

财产分割得因受到胁迫或欺诈之原因予以撤销(annuler)。

如果对共同分割人的权利的存在或权利份额发生错误,或者对纳入可分割的财产总数中的财产的所有权发生错误,遗产分割得因此错误而取消。

如果通过撤销分割之外的途径同样可以补救因胁迫、欺诈或错误造成的后果，法院可以应当事人之一的请求，命令进行补充分割或更正性分割。

第 887-1 条

如果在进行遗产分割时遗漏了某一共同继承人，也可以撤销已进行的分割。

但是，被遗漏的继承人可以请求在不撤销已经进行的分割的情况下受领其份额：或者受领实物，或者受领财产份额的价值。

为了确定被遗漏的继承人的份额，已经实现分割的所有财产与权利，均应当按照如同进行新的分割相同的方式重新作价。

第 888 条

共同分割人已经转让其分配到的财产份额之全部或部分的，如果是在发现欺诈或错误之后或者是在胁迫停止以后进行的转让，不得再以存在的欺诈、错误或胁迫为依据提起诉讼。

第二目 请求补足份额之诉

第 889 条

当某个共同分割人证明因显失公平、其分配份比应继份短少超过 1/4 时，由被告选择：用金钱或实物向其补足份额。为了评判是否存在显失公平，对遗产的所有物件均按照分割时的价值进行评估作价。

请求补足份额之诉，时效期间为 2 年，自分割开始时计算。（参见附目第 887 条）

第 890 条

对于以停止共同分割人之间财产共有为目的而实施的任何行为，不论其名称如何，都准许提出旨在补足分配份额之诉讼。

在遗产分割之后就其引起的困难达成和解或者实现相当于和解的行为以后,不准许再提出请求补足分配份额之诉讼。

在先后分数次对遗产进行部分分割的情况下,评判受到的损害时,可以不考虑此前采用等额方式给予各当事人以权利而进行的部分分割,也不考虑尚未分割的财产。

第 891 条

对于共同继承人或者其中一人并无欺诈地向共同继承人之一出卖其共有权利,在买卖文书中包含有具体规定的风险,并且买受人明示承担此种风险的,不允许针对此种买卖提出补足分配份额之诉讼。

第 892 条

因单纯遗漏某项共有财产而没有进行分割的情况下,可以对该财产进行补充分割。

第二编　无偿处分①

译者简述：在 2006 年 6 月 23 日第 2006-728 号法律之前，法国《民法典》这一编的标题为"生前赠与及遗嘱"(des donations entre vifs et des testaments)，现改为"libéralités"，依照第 893 条的规定，这一术语为生前赠与和遗嘱处分的统称，但有时也专指生前赠与。

法国《民法典》第 893 条第 2 款规定只能通过生前赠与或遗嘱进行财产的无偿处分，因此无偿处分的法定形式仅此两种类型。生前赠与是合同，是双方行为，遗嘱处分是单方行为。

法国民法原则上禁止死因赠与(donation à cause de mort)。死因赠与是一个源于罗马法的概念(donatio mortis causa)，它不同于生前赠与，但也不是遗赠。死因赠与是赠与人将自己的财产无偿给予受赠与人，受赠与人自愿承受，在赠与人死亡时才发生效力的赠与，且以赠与人先于受赠与人死亡为生效要件，赠与人未死亡或者受赠与人先于赠与人死亡，死因赠与均不发生效力。死因赠与可以撤销(révocable)。如前所述，无偿处分财产只有生前赠与和遗赠两种法定形式。第 943 条规定，生前赠与，仅能包括赠与人的现有财产；如果其中包括将来的财产，涉及这些财产的赠与无效。死因赠与是涉及将来财产的赠与。也有人认为，在谈及死因赠与时，也可以说它就是遗赠。

法律格言"既已赠与，又把持赠与物，毫无意义"(donner et retenir ne vaut)，它表达的是赠与物的"现实的立即转移"和"赠与的不可撤销性"(irrévocabilité)规则。第 894 条将"不可撤销性"作为赠与的有效性条件，相对于(其他特定)契约的不可撤销而言，赠与的不可撤销更为突出。

---

① 赠与的本质是处分人将其全部或部分财产或权利无偿给予他人的行为；赠与人必须有进行赠与或无偿处分的意图(intention libérale)；要求现时地、不可撤销地放弃赠与之物，意味着终局确定转移所有权。

遗赠是通过遗嘱的形式进行的无偿处分,目的是不按照遗产移转的法定规则,将遗产全部或者其中一部分给予某个通常不参与遗产继承的人,或者向某个法定继承人给予超过其依照法律的规定可得份额的部分。在法国,受遗赠人可以是继承人,而不限于继承人以外的人(第843条第2款)。

遗嘱人处分遗产的自由往往受到限制:法国继承法不仅规定了特留份制度,而且法律宣告特定的人无能力进行赠与或接受赠与。法律也宣告"禁止替代"继承,这样可以避免在法律宣告某人无能力继承遗产的情况下,遗嘱人指定某个特定的人为受遗赠人而实际上是通过此种方式隐瞒向第三人进行无偿处分。法律对禁止替代的规则也作出了例外规定。

第一章 通 则

第893条

(2006年6月23日第2006-728号法律)无偿处分(la libéralité)是指,一人为他人受益,无代价地处分其全部或部分财产的行为。

只能通过生前赠与或遗嘱进行财产的无偿处分。

第893条原条文:只能按以下规定的形式,经生前赠与或者遗嘱无偿地处分财产。

第894条

生前赠与是赠与人为了使接受赠与的受赠与人受益、不可撤销地(irrévocablement)现时地放弃赠与之物的行为。

第895条

遗嘱是遗嘱人用以处分其死后留下的全部或部分财产(2006年6月23日第2006-728号法律)或权利,并且可以由其撤销的行为(acte,文书)。

第896条

(2006年6月23日第2006-728号法律)规定由某人保管其继承的财产并负责将此财产转交给第三人的处分,只有在法律准许的情况下才能产生效力。

第896条原条文:禁止替代继承。

规定由受赠与人、指定继承人、受遗赠人负责保管受赠的或者继承的财产,将这些财产转交给第三人的任何处分一律无效;即使对于其他受赠与人、指定继承人或受遗赠人,亦无效。

(第3款由1835年5月13日与1849年5月11日关于取消长子世袭财产的法律废止)

译者简述:原第896条所说的"替代继承",原文为"les substitutions",本义是"替代"或"替换"。该条第1款的原文是"les substitutions sont prohibées"。李浩培先生等对这一条文的译文是"赠与或遗赠附有受赠与人或受遗赠人死亡后赠与物或遗赠物应归特定第三人承受的条款者禁止之"。该译文是对原条文意思的解释。

在卡尔波尼耶先生2001年提出的改革草案基础上,2006年6月23日法律对继承法进行了改革,承认在法律规定条件下的后位继承的效力,后位继承不再受《民法典》原来规定的"禁止替代继承"的条件限制,原第896条的规定随之废止。现行第896条规定:"规定由某人保管其继承的财产并负责将此财产转交给第三人的处分,只有在法律准许的情况下才能产生效力。"有关新制度的具体规定见第1048条至第1056条。在1804年《民法典》中原来就有关于"向孙子女或兄弟姐妹的子女进行财产处分"的规定,有关后位继承的制度是在这些规定的基础上进行的改革。

罗马法上所谓"委托遗赠"或"信托遗赠"(substitution fidéicommissaire,也译为"信托替代继承")是处理遗产最终去向的一种方式,古代法国,这种方式在所有的社会阶层中均得到采用。所谓"信托",是"信任他人之善意"而给予嘱托或委托。采用这种遗赠方式,追求的目的各不相同,诸如:防止财产过于分散,延续家族财富,保护家道长久,防止姓氏衰败,对死者的恒久纪念。贵族领地的家产、土地,特别是在长子继承权制度下,往往都准许委托遗赠,期待家族门庭或其经济实力代代相传。通过这种遗赠制度,还可以达到一个更高的目标:围绕着王权,保持一个由富有而强大的贵族阶层统治的社会制度。法国《民法典》是大革命的成果,其中第896条明文规定禁止任何替代继承,这项原则,首先是出于彻底打碎贵族制度体系的政治理念和目标,其次才是出于经济与财产流通的考虑。

"信托遗赠"(信托或委托替代继承)实际上是"中继继承":前位受遗赠人并不是遗产的真正最终受领人,仅仅是保管人或转交义务人,遗产的真正受领人通常是(受遗赠人的)已出生或将来出生的直系卑血亲。法国大革命已过去两个世纪,不用再担心贵族制度复活,对原来的继承制度进行改革,是为了满足当今社会的期待。

需要区分的是,在法国继承法里,替代继承包括"普通替代继承"(substitution vulgaire,一般替代继承)和"信托遗赠"(substitution fideicommissaire,信托或委托替代继承)。第898条规定的是前一种情形,也译为补位继承,1804年《民法典》中的同一条文的规定相同,但补位继承与第1048条至第1056条规定的后位继承是不同的制度。

第897条

(2006年6月23日第2006-728号法律废止)

第898条

规定在受赠与人、指定的继承人或者受遗赠人不接受赠与、继承或遗赠的情况下,将召唤第三人受领此种赠与、(2009年5月12日第2009-526号法律第10条)遗产或遗赠的①,此种处分不视为替代继承,并且有效。

第899条

通过生前赠与或者遗嘱处分,将用益权给予一人,虚有权给予另一人,此种处分亦有效。②

---

① 第898条关于"补位继承"的规定,如该条所列举,是在遗嘱人指定的前位受遗赠人不能受领或者不接受向其进行的遗赠的情况下,指定第三人为受遗赠人取代原受指定人。这种情况属于一般的替代继承或普通的替代继承,条文明确指出它"不视为(第896条所说的)替代继承",因此实践中不会存在任何困难,并且为法律所准许。

② 这种关于分开赠与或遗赠用益权和虚有权的"双重遗赠",不同于"受到禁止的替代继承"。

第 900 条

在任何生前处分或遗嘱处分中规定的不可能的条件、违反法律或善良风俗的条件①,均视为未予订立。

第 900-1 条

(1971 年 7 月 3 日第 71-526 号法律)对赠与或遗赠的财产规定其不得转让的条款,仅在其属于有时间性并且有重大的正当利益证明其理由时,才能有效;即使属于此种情况,如果证明据以订立财产不得转让条款的原因已经消失,或者有更重要的利益所要求,受赠与人或受遗赠人可以请求法院裁判批准其处分受赠与或受遗赠的财产。②

(第 2 款由 1984 年 7 月 4 日第 84-562 号法律第 8 条废止)

---

① 法院判例认为:依照第 900 条条文的表述,在任何生前处分或遗嘱处分中规定的不可能的条件、违反法律或善良风俗的条件,均视为未予订立,这样的条件可以引起赠与或遗赠无效,但是,只有当这样的条件是推动(赠与人或遗嘱人)进行无偿处分的决定性原因时,才会引起赠与或遗赠无效。例如,遗嘱人规定受遗赠人不得结婚(不得再婚,所谓"守寡条款"),如果不是出于"损害社会秩序"之怪癖或稀奇古怪的想法,而是出于个人情感或者出于对家庭的眷恋,便不得宣告此种条件违反善良风俗并视其未予订立。遗嘱人为了保障其最后的意愿得到履行或实现,在遗嘱中规定处罚条款,如果对继承人强加的这种处分仅仅损害私人利益,那么,该处罚条款合法并具有拘束力。

② 依照第 900-1 条的规定,在特定条件下,处分人可以在其可处分的数额限度内,对其赠与或遗赠的财产附加规定所赠财产"不得转让条款",并依此声明,这些财产在受赠人手中不得被扣押。对赠与或遗赠的财产附加财产不得转让的条款,属于"意定的财产的不可转让性",应当具备严格的条件:(1)必须有"重大的正当的(légitime,合法的)利益"证明实属必要。(2)赠与人或遗赠人只能在其可处分的财产数额限度内附加特定财产不得转让的声明,属于特留份的财产排除在外。财产不得处分条款的效力局限于当事人可处分的财产之部分。(3)对赠与或遗赠的财产规定不得转让条款的效力必须在时间上有限制,因此只能属于临时性质。即使是后一条件,如果经证明此前据以订立不得转让条款的重大的合法利益之原因已经消失,或者更为重要的利益有此要求,受赠与人或受遗赠人可以经法院批准处分其受赠与或受遗赠的财产。法国《民事执行程序法典》第 112-2 条第 4 点规定,对于遗嘱人或者赠与人可以处分但其声明不得扣押的财产,不得实施扣押,但在赠与行为或者遗赠开始之后的债权人经法官准许,对法官确定的数额部分仍可实行的扣押。

本条之规定不损及向法人进行的无偿处分，也不损及向负责成立法人的自然人进行无偿处分。

第 900-2 条

（1984 年 7 月 4 日第 84-562 号法律）由于情势发生改变，如果按照原先接受赠与或遗赠的条件和负担执行，将给受赠人造成极大困难或严重损害时，任何受赠人均可请求法院变更对其此前接受的赠与和遗赠附加的条件与负担。

第 900-3 条

（1984 年 7 月 4 日第 84-562 号法律）调整之诉得经本诉提出，也可经反诉提出，并且可以作为对财产处分人的继承人提起的执行之诉或撤销之诉的答辩。

调整之诉，针对诸继承人提出。如果对继承人中某些人的存在或身份有疑问，可以同时向检察院提出变更之诉。如果没有已知的继承人，调整之诉向检察院提出。

上述所有情况，均应当向检察院报送案件。

第 900-4 条

（1984 年 7 月 4 日第 84-562 号法律）受理调整之诉的法官，可以酌情甚至依职权减少无偿处分所负担的给付数量或者减少定期给付的次数，或者参照财产处分人的本意变更给付的目的，或者甚至将此种给付与其他的无偿处分引起的类似给付合并。

受理调整之诉的法官可以批准转让作为赠与标的的全部或部分财产，以及命令将转让所得的价金用于与财产处分人的意愿相关的目的。

法官规定采取适宜的措施，尽可能维持财产处分人此前已经对其进行的无偿处分所定的名称。

第 900-5 条

（1984 年 7 月 4 日第 84-562 号法律）只有在财产处分人死亡以后经过 10 年，提出调整之诉才能得到受理；在相继提出此种请求的情况下，仅在此前命令调整负担的判决作出后经过 10 年，始予接受。

无偿处分的财产的受领人，应当证明他在此期间为履行债务所作的各种努力。

第 900-6 条

（1984 年 7 月 4 日第 84-562 号法律）第三人对法院作出的支持调整之诉的判决提出撤销之诉的，仅在有可归责于受赠与人或受遗赠人的欺诈行为的情况下，始予受理。

受到异议的判决被撤销或被变更的，仍然不产生针对善意取得财产的第三人的任何诉权。

第 900-7 条

（1984 年 7 月 4 日第 84-562 号法律）在对原来规定的负担进行调整或变更之后，如果有可能按照原先规定的条件与负担执行，诸继承人仍然可以请求继续按照原条件和负担执行。

第 900-8 条

（1984 年 7 月 4 日第 84-562 号法律）财产处分人订立任何条款规定如果对财产不得转让条款提出异议或者提出转让财产的请求，便剥夺提出异议或请求的人受赠的财产，此种条款视为不曾订立。

第二章　通过生前赠与或遗嘱处分财产或接受财产的能力

第 901 条

（2006 年 6 月 23 日第 2006-728 号法律）就无偿处分财产而言，处分人应当精神健全；因误解、欺诈或胁迫而同意进行的无偿处分无效。

第 902 条

任何人均可通过生前赠与或遗嘱处分财产和受领财产①，但法律宣告无能力的人除外。

第 903 条

未满 16 周岁的未成年人不得实施任何财产处分行为，但本编第九章的规定除外。

第 904 条

（1964 年 12 月 14 日第 64-1230 号法律）年满 16 周岁但未解除亲权的未成年人仅得以遗嘱处分财产，且其可以处分的财产数额仅限于法律允许成年人以遗嘱处分的财产的一半。

（1916 年 10 月 28 日法律）但是，在战争期间，如果年满 16 周岁尚未解除亲权的未成年人应征入伍，可以向包括第六亲等在内的亲属中的任何一人或数人，或者向其生存配偶处分如同其已经成年时可以处

---

① 第 902 条重申了原第 1123 条确定的原则：任何人，如果未经法律宣告无能力，均得订立契约。但是，在无偿处分财产方面有一些特别的无能力情形，主要是出于两种原因：保护无能力人，基于公共秩序性质的考虑，例如，尽量避免出现"死产"（biens de mainmorte），无助于社会经济发展。

分的相同数量的财产。

在未成年人没有包括第六亲等以内的亲属时,可以如同成年人一样处分其财产。

第 905 条

(1938 年 2 月 18 日法律废止)

第 906 条

就有能力接受生前赠与而言,仅需在进行赠与之当时受赠与人已在胎中。

遗嘱人死亡时已受胎的胎儿,有按照遗嘱接受遗产的能力。

但是,只有在婴儿出生为活体的,(对其所为之)生前赠与或遗嘱才产生效力。

第 907 条

未成年人,即使已年满 16 周岁,仍然不得为其监护人受益处分财产,即使是遗嘱处分,亦同。

(1964 年 12 月 14 日第 64-1230 号法律)未成年人达到成年年龄或者解除亲权之后,如果财产监护账目尚未提交并复核完毕,不得通过生前赠与或遗嘱,为原来是其监护人的人受益而处分其财产。

前述两种情况下,未成年人的直系尊血亲作为监护人或原是监护人时,不在此限。

第 908 条

(2001 年 12 月 3 日第 2001-1135 号法律废止)

第 908 条原条文:如果非婚生子女的父或母在该子女受胎时与另一人存在婚姻关系约束,不论是通过生前赠与还是遗嘱,该非婚生子女从其父或母受领的财产数量,均不得超过父或母依据第 759 条与第 760

条的规定可以给予非婚生子女的财产数量。

但是,有关减少给予非婚生子女财产数额的诉讼,视情况,仅得由非婚生子女的生父或生母的配偶提起,或者由其生父或生母与其配偶的婚姻所生的子女提起,并且仅能在继承开始以后提起。

第 908-1 条

(2001 年 12 月 3 日第 2001-1135 号法律废止)

第 908-1 条原条文:即使受赠人的亲子关系并未依法得到确立,但如果从赠与行为本身所表现的各种情节判断,能够证明赠与人正是基于亲子关系进行赠与,仍适用前条的规定。

第 908-2 条

(2009 年 1 月 16 日第 2009-61 号法律废止)

第 908-2 条原条文:在生前处分或遗嘱处分中,子与孙、子女与孙子女一语,在没有任何附注或特指时,是指婚生与非婚生的直系卑血亲,但如果依据证书或具体情节应当另作理解时,不在此限。

第 909 条

(2007 年 3 月 5 日第 2007-308 号法律)某人在生病期间通过生前赠与或遗嘱向为其治病的内科或外科医生、医疗保健人员或药剂人员处分财产,如果该人是死于该疾病,这些人员不能取得此种生前赠与或遗嘱处分之利益;保护成年人的司法委托代理人,以及他们在其内并以其名义担任司法委托代理人职务的法人,不能享有由他们负担保护任务的人为他们受益而进行的生前赠与或遗嘱处分之利益,不论此种处分的日期如何,但是有以下情形的,不在此限:

1. 从财产处分人的能力以及受益人提供的劳务来看,以个别名义作为报酬处分的财产;

2. 在上述人等属于死者的包括第四亲等在内的亲属的情况下进行的概括处分；但获得向其所为之处分利益的人本人是死者的继承人之一时除外。

对于主持祭祀仪式的牧师，亦应遵守相同规定。

第 910 条

（2015 年 7 月 23 日第 2015-904 号授权法令第 4 条）一、向卫生机构、社会机构、医疗—社会机构或公益机构进行生前处分或遗嘱处分，只有在（2006 年 6 月 23 日第 2006-728 号法律）国家在各省的代表发布的条例准许时，才能产生效力。

二、但是，向有接受无偿处分能力的基金会、公会与协会进行生前处分或遗嘱处分，以及在上、下莱茵省和莫塞尔省向依照当地法律登记的公共信仰机构和协会进行生前处分或遗嘱处分，得由它们自由接受之；但从事的活动或其领导人从事的活动属于 2001 年 6 月 21 日关于预防与制裁侵犯人权与基本自由的邪教组织之活动的法律第 1 条所指的协会或基金会除外。

但是，如果国家在省内的代表认定，根据接受遗赠和赠与的组织的章程规定的宗旨，该组织并不具备法律规定的接受无偿处分的能力，或者不具备利用向其无偿处分的财产的能力时，可以依照最高行政法院提出资政意见后颁布的法令确定的条件反对该组织接受赠与和遗赠。

本条第 3 款的规定不适用于向获得承认具有公益性质的协会与基金会，以及《民法典》第 88 条所指的在上、下莱茵省和莫塞尔省适用地方法律承认其使命具有公益性质的协会与基金会进行的生前处分或遗嘱处分。

三、向外国国家或者外国法授权接受无偿处分的外国机构进行的无偿处分，由这些国家或机构自由接受之，但法国有权限的机关依照最高行政法院提出资政意见后颁布的法令确定的条件反对这些机构接受赠与和遗赠的情况除外。

第 910-1 条

（2021 年 8 月 24 日第 2021-1109 号法律）直接或间接向 1905 年 12 月 9 日关于教会与国家分离的法律第 18 条与第 19 条意义上的文化团体（协会）、公会，以及在上、下莱茵省和莫塞尔省，由外国国家、外国法人或者不居住在法国的自然人向宗教公共机构、按照当地法律登记的具有文化目的的团体进行的无偿处分，由这些团体与机构自由接受，但是有管辖权的行政机关，在实行对席审理程序之后，以上述 1905 年 12 月 9 日法律第 19-3 条第三项所指的理由提出反对意见的除外。

按照最高行政法院提出资政意见后颁布的法令规定的条件对无偿处分提出的反对意见取消此处处分的效力。

第 911 条

（2006 年 6 月 23 日第 2006-728 号法律）为了使无能力接受无偿处分的自然人或（2015 年 12 月 28 日第 2015-1776 号法律第 29 条）法人受益而进行的任何财产的无偿处分，不论是以有偿契约的形式为掩护还是以作为中间人的自然人或法人名义而为，一律无效。

无能力人的父母、子女、直系卑血亲以及配偶被推定为中间人，有相反证据时除外。

第三章 特留份、可处分的部分以及过多数额的减少

(2006年6月23日第2006-728号法律)

第一节 特留份与可处分的部分

译者简述：特留份是法律规定遗嘱人不得通过遗嘱予以取消的由特定的法定继承人依法应当继承或保留的遗产份额。只有继承人才能是特留份权利人。特留份属于遗产性质，是无遗嘱继承（法定继承）的遗产之部分（pars hereditatis）。为了限制无偿处分其遗产的人通过生前赠与或遗嘱向并非法定继承人以及被剥夺继承权的一人或多人无偿处分（过多的）财产，法律为他的直系卑血亲设置特留份（la réserve, la réserve héréditaire），实质上是限制遗嘱处分的自由，至少可以强制保持遗产分割的基本平等。遗嘱如果没有为特留份权利人保留法定份额，相应部分的处分无效。大多数国家的继承立法都规定了特留份制度，有关特留份的规则同样是法国继承法的基本规则之一。

这样，遗嘱人（被继承人）的遗产就被分为（遗嘱人）可处分的部分（quotité disposible, portion des biens disponibles）和特留份。被继承人的子女越多，遗嘱人可处分的部分的数额越少。这一部分财产是死者死亡时留下的全部财产的价值的一部分（参见第913条）。法国《民法典》没有直接规定特留份的数额，而是从相反的角度对遗嘱人可处分的部分作出具体规定。法律确定的遗嘱人可处分的部分的比例（第913条）具有不可变更性，由此也就间接规定了其余的部分即是特留份。如果死者留下的财产的价值超过特留份数额，超过的部分属于被继承人可以处分之部分。特留份是为全体特留份继承人集体保留的份额，因此特留份的转移是概括转移（à titre unversel），而不是"个别转移"（à titre particulier）。法国《民法典》没有规定在各特留份权利人之间对这一"集体性保留财产"如何进行分配，但是，没有任何规则阻止处分人将其可处分的部分留给某个享有特留份

的继承人;被继承人也可以剥夺某个特留份继承人对其可处分的部分享有利益,可以向某个第三人进行赠或遗赠。2006年6月23日第2006-728号法律废止了原来规定的"在死者没有直系卑血亲的情况下,其尊血亲也享有特留份利益(原第914条)";但现行第914-1条规定,"处分人如果没有直系卑血亲",与其没有离婚的生存配偶享有的特留份为处分人财产的1/4,处分人可以通过生前赠与或遗嘱无偿处分的部分不得超过其财产的3/4。

第912条

(2006年6月23日第2006-728号法律)特留份是法律规定的、在被称为特留份继承人的特定继承人受召唤且接受继承时,确保向其转移属于遗产的、不带任何负担的财产和权利之部分。

可处分的部分(quotité disponible)是法律没有规定应当作为特留份的、死者可以自由无偿处分的其遗产财产与权利之部分。

第913条

(1972年1月3日第72-3号法律)处分人死亡时,如其仅有(废止"婚生"二字)子女一人,由其通过生前赠与或遗嘱进行无偿处分的数额不得超过处分人财产的一半;如其有子女二人,无偿处分的数额不得超过其财产的1/3;如其有子女三人或三人以上,无偿处分的部分不得超过其财产的1/4。(2005年7月4日第2005-759号授权法令废止"在计算子女人数时,不区分婚生子女与非婚生子女")。

(2006年6月23日第2006-728号法律)放弃继承的子女,仅在其被代位继承或者有义务依照第845条的规定返还其受领的赠与财产时,才计入死者的子女人数。

(2021年8月24日第2021-1109号法律)被继承人死亡时,其本人或者至少其子女之一,作为欧盟成员国的国民或者平常在成员国居住,在继承适用外国法律时,如果该外国法律不准许对子女有任何保护性特留份机制,每一个子女或者继承人或权利继受人,均可以对被继承人死亡之日在法国的财产进行补偿性提取,以期在法国法律给予他们的特留份权利限度内,恢复此种权利。

(废止1896年3月25日法律规定的第913条原第2款与第3款:"合法认领的非婚生子女享有特留份权利。其特留份为如果他是婚生子女时可以享有的份额,但份额的计算需遵守按照无遗嘱继承情况分配给非婚生子女的财产部分和在此情况下如果其是婚生子女应得的财产部分的比例。

"在本条所使用的子女的名义下,包括不论何种亲等的直系卑血亲,但是,直系卑血亲仅在其对处分人的遗产为代位继承时,才能按子女计算。")

第913-1条

(1972年1月3日第72-3号法律)所有的直系卑血亲,不论属于哪一亲等,均以子女的名义包括在第913条的规定之内,但是,在直系卑血亲代位继承处分人的遗产时,仅按由其代位继承的处分人的子女一人计算。①

第914条

(2006年6月23日第2006-728号法律废止)

第914条原条文:死者如果没有子女,但在父系与母系中均有一名或数名直系尊血亲时,其通过生前赠与或遗嘱可以无偿处分的部分不得超过其财产的一半;如其仅在一亲系中留有直系尊血亲,可无偿处分

---

① 第913-1条所说的"所有的直系卑血亲",是指被继承人本人的子女先去世、放弃继承或者继承缺格,遗产转移给孙子女的情况。不论(同一个)被代位人的直系卑血亲有几人,在计算处分人(被继承人)的子女时,只按被代位人一人计算。

第二编 无偿处分

的部分不得超过其财产的 3/4。①

照此规定为直系尊血亲保留的财产,由他们按照法律规定受召唤参与继承时的顺序受领;在他们与旁系亲属竞合分割财产而不能给予已经确定的特留份份额的所有情况下,直系尊血亲唯一有权享有这些保留的财产。

第 914-1 条

(2001 年 12 月 3 日第 2001-1135 号法律第 13 条)处分人如果没有直系卑血亲(2006 年 6 月 23 日第 2006-728 号法律废止"及直系尊血亲"),但有与其没有离婚(2006 年 6 月 23 日第 2006-728 号法律第 29-26 条废止"也没有对其作出的、已经产生既判力的分居判决,并且没有提起离婚或分居诉讼")的生存配偶,其可以通过生前赠与或遗嘱无偿处分的部分,不得超其财产的 3/4。②

第 915 条

(2001 年 12 月 3 日第 2001-1135 号法律废止)

第 915 条原条文:(1972 年 1 月 3 日第 72-3 号法律)非婚生子女,如果在其受胎时父或母与另一人存在婚姻关系约束,在与婚生子女一起参与继承其父或母的遗产时,为计算处分人可以处分的部分,凡出面参与继承的,均计算人数;但是,在特定的保留遗产中,非婚生子女所能享有的部分,仅为如果所有子女(包括其本人在内)都是婚生子女时可以分配到的份额的一半。非婚生子女可分配的财产依此规定减少的部

---

① 有关直系尊血亲的特留份的规定被废止,但在第 914-1 条中为没有离婚的配偶规定了特留份。
② 在此之前,没有为生存配偶保留特留份的规定,2001 年 12 月 3 日第 2001-1135 号法律则为没有离婚的生存配偶保留了特留份,但有限制:仅在处分人没有直系卑血亲的条件下享有 1/4 遗产的特留份。

分,加在因父或母通奸而受到损害的婚生子女的应继份内,并在所有婚生子女之间按等份分配。

第 915-1 条

(2001 年 12 月 3 日第 2001-1135 号法律废止)

第 915-1 条原条文:(1972 年 1 月 3 日第 72-3 号法律)如果仅有前条所指的非婚生子女参与继承,或者在非婚生子女与并非受到通奸损害的婚姻所生的子女一起继承时,为了受保护的配偶以外的其他任何人受益可以处分的部分,为第 913 条所指的部分。

第 915-2 条

(2001 年 12 月 3 日第 2001-1135 号法律废止)

第 915-2 条原条文:(1972 年 1 月 3 日第 72-3 号法律)因适用第 759 条与第 760 条的规定,享有的权益被减少的非婚生子女,在其有需要的情况下,可以抛弃继承权,改为要求从遗产中取得抚养费。

此种抚养费受本法典第 207-1 条之规定约束。

但是,其他继承人可以向请求人提供相当于不执行第 759 条与第 760 条的规定的情况下本可得到的财产份额,并依此排除前述有关抚养费的要求。

第 916 条

(2001 年 12 月 3 日第 2001-1135 号法律第 13 条)处分人在没有直系卑血亲(2006 年 6 月 23 日第 2006-728 号法律废止"与直系尊血亲")也没有与其未离婚(2006 年 6 月 23 日第 2006-728 号法律第 29-26 条废止"也没有产生既判力的分居判决,并且没有提起离婚或分居诉讼")的生存配偶的情况下,可以通过生前赠与或遗嘱无代价地处分其全部财产。

第 917 条

如果通过生前赠与或遗嘱处分的是用益权或终身定期金,且其价值超过可处分的部分时,享有法律为其保留利益的继承人可以选择:或者执行此项处分,或者放弃处分人可以处分的部分的财产的所有权。

第二节 无偿处分的过多数额的减少

第一目 减少无偿处分数额的前置活动

第 918 条

(2006 年 6 月 23 日第 2006-728 号法律)向直系的有继承权的人之一让与财产,约定由后者向处分人负担终身定期金,或者处分人放弃本金但收取高额利息作为年金,或者保留用益权时,由此让与的财产按照完全所有权计算的价值计入(imputer)处分人可处分的部分①;在此种财产的价值超过可处分的部分的数额时,超过的部分应予减少(réduction)。此种计入和减少,只能由原先对转让没有表示同意的直系的有继承权的人提出请求(原规定为"其他直系继承人如果原已对让与表示同意的,不得再主张此种计入与返还;任何情况下,旁系继承人均不得为此主张")。

---

① 处分人按照第 918 条规定的三种方式让与的财产,均按照完全所有权计算的价值计入其可处分的部分。该条确定的是一种(财产处分的)"无偿性推定",这种推定是指:处分人与有继承权的人之间进行的某些表面上属于有偿性质而实际上是给予某个或某些继承人以更多利益的行为。虽然从表面上看,处分人在实施这些行为时似乎没有赠与的意图,甚至带有射幸性质,例如终身定期金,但法律推定这种行为构成可能的无偿处分,有可能侵害法定的特留份,也就是说,不论转让条件表面上如何,均推定其是具有无偿性质的转让。这一推定仅适用于在进行处分的当时是向"直系的推定继承人"进行的财产处分。向直系的有继承权的人进行的"保留用益权的任何转让",均适用"无偿性推定"。

第 919 条

（1898 年 3 月 24 日法律）赠与人可以通过生前处分行为（acte entre vifs，生前赠与）或遗嘱，将其可处分的部分全部或部分赠与子女或其他有继承权的人；只要明确表示此种赠与是在（2006 年 6 月 23 日第 2006-728 号法律）应继份之外①进行的处分，受赠与人或受遗赠人在将来承认继承时无须进行返还。

有关（2006 年 6 月 23 日第 2006-728 号法律）在应继份之外进行的赠与的声明，可以采用包含此项处分的证书形式，或者在此后采用生前处分（dispositions entre vifs）或遗嘱处分（dispositions testamentaires）的形式。

第 919-1 条

（2006 年 6 月 23 日第 2006-728 号法律）如果赠与文书没有另外的约定，向某一接受继承的特留份继承人提前赠与的遗产份额，应当扣减该人的特留份数额，以及同时计入被继承人可处分之部分，超过被继承人可处分之部分的数额应当减少。

某一特留份继承人放弃继承，以预付遗产份额的形式向该继承人进行的赠与，作为应继份之外的赠与对待；但是，在放弃继承的该继承人依照第 845 条的规定受强制返还其受赠与的财产时，为了进行遗产的拟制汇总，应将（此前）进行的无偿处分（的数额）计入遗产，以及在相应情况下，计算应当减少（的无偿处分）数额，该继承人作为接受继承的继承人对待。

---

① 1804 年法国《民法典》第 919 条中原来使用的表述为"préciput et hors part"，译为"应继份之外的先取利益"，用指"无须返还的无偿处分"，与"免于返还"（dispense de rapport）同义。"préciput"一词源于拉丁语。2006 年 6 月 23 日第 2006-728 号法律改用"hors part successorale"，删除去了第 843 条、第 844 条中原来使用的"préciput"。在分割共有财产时，"hors part"是指，按照法律或协议，在进行任何分割之前，于份额之外先取特定数额的钱款、物品、财产份或特定财产利益。这种优先给予的利益可以是完全所有权、虚有权或者用益权。在夫妻财产契约中也可以作出有关特别利益的约定。

第 919-2 条

（2006 年 6 月 23 日第 2006-728 号法律）在应继份之外进行的无偿处分，计入被继承人可处分之部分，超过的部分应予减少。

第 920 条

（2006 年 6 月 23 日第 2006-728 号法律）损害一名或数名继承人特留份的直接或间接的无偿处分，于继承开始时减少至（被继承人）处分人可处分的部分的数额。

第二目　减少无偿处分数额的具体实施

（2006 年 6 月 23 日第 2006-728 号法律）

第 921 条

减少生前处分的数额，只能由法律为其利益规定特留份的人、这些人的继承人或权利继受人提出请求。受赠与人、受遗赠人或死者债权人，既不能提出此种减少数额的请求，也不得享受其利益。

（2006 年 6 月 23 日第 2006-728 号法律）减少无偿处分数额的诉讼时效期间确定为 5 年，自继承开始计算，或者自继承人知道其特留份利益受到损害之日起计算，时效期间为 2 年，并且在任何情况下，自处分人死亡之日起计算均不得超过 10 年。

（2021 年 8 月 24 日第 2021-1109 号法律）在遗产清算时，公证人确认某个继承人的特留份权利可能因死者进行的无偿处分受到损害的，应当个别告知有关的已知继承人，以及在相应情况下，于任何分割之前，告知其有权请求减少超过死者可处分部分（quotité disponible）的无偿处分。

第 922 条

（1971 年 7 月 3 日第 71-523 号法律）在对赠与人或遗嘱人死亡时

存有的全部财产进行汇总以后,确定应当减少的处分数额。

(2006年6月23日第2006-728号法律)赠与人通过生前赠与处分的财产,按照它们在赠与时的状态以及继承开始时的价值,扣除其债务或负担之后,拟制归入其财产总数。如果财产已经转让他人,按其转让时的价值计算;如果财产已由新的财产取代,根据新财产取得时的状态,按继承开始时的价值计算。但是,由于财产的性质,新财产自取得之日不可避免地发生贬值的,不考虑财产的替代(subrogation,物上代位)。

以上述全部财产为基础,视死者留下的全体继承人的资格,计算死者可处分之部分的数额。

第 923 条

只有在首先从遗嘱处分的全部财产价值中进行扣减仍然不够时,才从生前赠与的财产中进行扣减;并且在需要扣减生前赠与的数额时,应当首先从最后赠与的财产中进行扣减①,依次反推,直至更早进行的赠与。

第 924 条

(2006年6月23日第2006-728号法律)如果无偿处分的数额超过(处分人)可处分的部分,不论受益人是否有继承权,均应当在无偿处分的超额部分的限度之内,对特留份继承人给予补偿,不论超额部分的数额多寡。

特留份继承人应当向遗产支付补偿的情况,采用少取(en moins prenant)应继份的形式进行,并且首先计入其在特留份中享有的权利。

---

① 关于进行扣减的先后顺序,通常首先从遗赠中扣减,然后才从生前赠与中扣减。关于遗赠的扣减顺序,参见第926条。

第 924 条原条文：(1971 年 7 月 3 日第 71-523 号法律) 如果特留份继承人享有的特别权益超过被继承人可处分之部分并且已接受继承，应当按第 866 条的规定承受减少其已经得到的财产价值，并将此价值减至其本人按照特留份中可以得到的权利为止。此种减少可以通过少取应继份的方式进行。

如果应当减少的部分不超过其在特留份财产中应得的份额，特留份继承人可以要求取得遗赠的全部。

第 924-1 条

(2006 年 6 月 23 日第 2006-728 号法律) 尽管有第 924 条的规定，在赠与或遗赠的财产仍然属于受赠人所有，并且除在无偿处分之当时已有的负担或占用之外，没有其他任何负担或占用时，受赠人可以用该财产实物①履行其应当减少的数额。

但是，受赠人自某一特留份继承人催告其作出决定之日起 3 个月内没有表明其选择这种扣减方式的，此项选择权利即告消灭。

第 924-2 条

(2006 年 6 月 23 日第 2006-728 号法律) 应当减少的数额，根据被处分的财产在进行的无偿处分产生效力之日的状态以及赠与或遗赠的财产在遗产分割时或者受赠人转让此种财产时的价值计算。如果财产已经被(新的财产)取代，在计算应当减少的数额时，按照新财产取得时的状态并考虑其在继承开始时的价值，但是，由于财产的性质，新的财产自取得之日不可避免地发生贬值的，不考虑财产的替代(不考虑物上代位)。

---

① 此种情形也称为"原物扣减"或"实物扣减" (réduction en nature)，与代物扣减相对应。

第924-3条

（2006年6月23日第2006-728号法律）除共同继承人之间另有协议外，因减少无偿处分的数额而应当支付的补偿部分，在遗产分割时进行支付。如果无偿处分的财产是一项可以优先分配的财产，法院考虑所涉及的各方利益，可以同意给予一定的支付期限。任何情况下，给予期限，均不得产生将应当补偿的部分的支付推迟到继承开始后超过10年之效果。于此情形，拖欠款项的支付适用（2006年6月23日第2006-728号法律）第828条的规定。

在没有协议或相反约定的情况下，这些款项，自因减少赠与的数额而应当给予的补偿数额确定之日按法定利率计算利息。因给予支付宽限期与支付条件而产生的优惠利益，不构成无偿处分。

在出卖受赠与或受遗赠的全部财产的情况下，仍未支付的款项成为已到期的可以立即追偿的款项。如果仅部分出卖此种财产，由此买卖所得的款项应当支付给共同分割人，并从尚欠的款项中减除。

第924-4条

（2006年6月23日第2006-728号法律）在首先对债务人（受赠人）的财产请求减少处分人无偿处分的数额但其没有支付能力的情况下，如果已经被受赠人转让的、属于无偿处分的不动产是由第三人持有，特留份继承人可以对该第三人提起减少处分数额或追还不动产之诉讼。此种诉讼按照针对受赠人本人的诉讼相同的方式提起。提起诉讼的顺序，按照财产转让的先后，首先从最后转让的财产开始。在不能主张适用第2276条的规定时，可以针对持有动产的第三人提起诉讼。

如果在进行财产赠与之日或者其后，赠与人与推定的全体特留份继承人均已对赠与的财产的转让表示同意，任何特留份继承人均不得针对持有该财产的第三人提起诉讼，即使是在所有的继承人表示同意转让该财产之后才出生的继承人，亦不得提起诉讼。涉及遗赠的财产时,如果特留份继承人原已表示同意转让,也不得再提起此种诉讼。

第 925 条

(2006 年 6 月 23 日第 2006-728 号法律废止)

第 925 条原条文:如果生前赠与的财产价值超过或等于赠与人有权处分的部分的价值,遗嘱处分条款均不发生效力。

第 926 条

遗嘱处分的财产数额超过处分人可处分的部分,或者超过减除生前赠与的财产的价值以后仍然可以处分的财产数额时,无须区分是概括遗赠还是特定财产遗赠,均按比例减少。

第 927 条

但是,在遗嘱人明确声明其希望某一遗赠较其他遗赠优先偿付时①,此项优先偿付应予进行。仅在其他财产的价值不足法定特留份的数额时,才能减少作为这项优先偿付的遗赠标的的财产。

第 928 条

(2006 年 6 月 23 日第 2006-728 号法律) 在用财产实物进行扣减时,受赠与人应当返还超过赠与人可处分的财产部分的孳息;如果要求减少赠与的数额的请求是在当年内提出,孳息自赠与人死亡之日计算;如果该项请求不是在当年内提出,孳息自提出请求之日计算。

---

① 准许遗嘱人或被继承人指定减少遗赠的财产、数额的顺序,遗嘱人特别表明特定的遗赠应当先于其他遗赠受清偿的,应当尊重遗嘱人的意愿。

第三目　减少诉权的提前抛弃①

（2006年6月23日第2006-728号法律）

第929条

（2006年6月23日第2006-728号法律）任何推定的特留份继承人（héritier réservatoire présomptif）均可抛弃在尚未开始的继承中行使请求减少无偿处分数额的诉权。此种抛弃应当为一名或者数名确定的人受益而为。只有在"有资格继受抛弃人并继承遗产的人"已经表示接受抛弃人所为之抛弃时，抛弃人始受约束。

抛弃减少无偿处分之数额的诉权，可以是放弃主张特留份受到的全部侵害，也可仅仅是放弃主张特留份受到的部分侵害，还可以仅仅是放弃主张某项特定财产的无偿处分。

抛弃人所为抛弃行为，不得创设由有资格继承遗产的人负担的义务，或者不得以后者实施某种行为为条件。

第930条

（2006年6月23日第2006-728号法律）抛弃主张减少无偿处分数额之诉权，应当用两名公证人制作的专项公署文书确认。表示抛弃诉权的文书，应当由每一个抛弃人在仅有两名公证人在场时签字。这项文书应当具体写明其将来对每一个抛弃人产生的法律后果（conséquence juridique future）。

---

① "减少诉权的提前抛弃"原文为"renonciation anticipée à l'action en réduction"，不是指"撤诉"，而是指减少处分人所进行的无偿处分数额的诉权请求权或诉权。第930-2条规定，如果并未损害抛弃人的特留份，该人所为之抛弃不产生任何效果。抛弃"请求减少无偿处分数额的诉权"，也不等于抛弃特留份权利。特留份权利人通过两名公证人制作的专门公署文书在继承尚未开始时抛弃此项减少诉权。

没有按照前款确定的条件予以确认的抛弃,或者抛弃人是因发生误解、受到欺诈或胁迫而同意抛弃减少无偿处分数额之诉权时,其所为之抛弃无效。

数名特留份继承人可以用同一份文书抛弃主张减少无偿处分数额之诉权。

第 930-1 条

(*2006 年 6 月 23 日第 2006-728 号法律*)对于抛弃减少无偿处分数额之诉权的人,要求具备的条件,与对同意生前赠与所要求的条件相同,但是,已经解除亲权的未成年人不得提前抛弃主张减少无偿处分之数额的诉权。

抛弃减少无偿处分数额之诉权[①],不论其方式如何,均不构成一种无偿处分。

第 930-2 条

(*2006 年 6 月 23 日第 2006-728 号法律*)如果抛弃人的特留份并没有受到侵害,其所为之抛弃不能产生任何效果;如果特留份仅部分受到损害,抛弃人所为之抛弃仅在因处分人同意的无偿处分使其特留份受到损害的限度内产生效力;如果特留份受到损害的部分超过抛弃文书中所表述的损害,超过部分仍然应当减少。

如果进行的无偿处分对特留份的侵害并没有涉及某项确定的财产,事先抛弃主张减少对确定的财产所为之无偿处分数额的诉权,不能产生效力;即使所进行的无偿处分并不是为了确定的一人或数人的利益,亦同。

---

① 法律规定,抛弃扣减诉权"应当为一名或者数名确定的人"(受益)而为,但并不构成一种赠与。

第 930-3 条

（2006 年 6 月 23 日第 2006-728 号法律）只有在下列情况下，抛弃人才能请求撤回其已经表示的抛弃：

1. 抛弃人的权利继受人不履行对抛弃人的扶养义务；

2. 抛弃人如果没有抛弃诉权，在继承开始之日就不会处于现在的"有需要"的状况时；

3. 从所为之抛弃中获得利益的人因对抛弃人的人身实行重罪或轻罪而被判刑的。

第 930-4 条

（2006 年 6 月 23 日第 2006-728 号法律）抛弃的撤回，始终不能当然发生。

如果抛弃人是以其处于"有需要"的状况为理由撤回原已表示的抛弃，应当自继承开始 1 年内提出请求；如果是以权利继受人不履行扶养义务或者第 930-3 条第 3 点所指的事实之一为依据撤回已表示的抛弃，应当自抛弃人主张的事实发生之日或者自其知道此种事实之日 1 年内提出。

依据第 930-3 条第 2 点的规定撤回抛弃，仅按抛弃人的需要限度作出宣告。

第 930-5 条

（2006 年 6 月 23 日第 2006-728 号法律）抛弃（减少无偿处分数额之诉权），对抛弃人的代位继承人产生对抗效力。

第四章　生前赠与

第一节　生前赠与的形式

第 931 条

载明生前赠与的任何文书，均应当由公证人按照合同的通常形式作成；证书的原本留存于公证人处，否则赠与文书无效。

第 931-1 条

（2016 年 2 月 10 日第 2016-131 号授权法令第 5 条第 5 点）对存在形式瑕疵的生前赠与，不得追认，应当按照法定形式重新进行。

在赠与人死亡之后，赠与人的继承人或权利继受人自愿追认或者履行的，意味着放弃主张赠与存在的瑕疵或其他任何无效原因。

第 932 条

生前赠与，在其经明确的文字表述得到接受之前，对赠与人不产生任何义务约束，也不产生任何效力。

可以在赠与人生前用一项后来作成的公署文书接受赠与，文书的原本留存于公证人处；但是，在此情况下，仅在向赠与人通知确认接受赠与的文书之日，赠与才对赠与人产生效力。

第 933 条

如果受赠与人是成年人，接受赠与应当由其本人而为，或者由持有其授权委托书的人以其名义而为；委托授权书应当明确受托人有接受所进行的赠与的权利，或者明确受托人有接受已进行或将进行的所有赠与的一般权利。

此项委托书应由公证人作成,委托书经认证无误的副本应附于赠与文书的原本,或者在用分开的文书接受赠与时,委托书附于接受赠与的文书的原本。

第 934 条

(1938 年 2 月 18 日法律废止)

第 935 条

向尚未解除亲权的未成年人或受监护的成年人进行的赠与,应当按照"未成年、监护与解除亲权"编第 463 条的规定由监护人代为接受。

(第 2 款由 1964 年 12 月 14 日第 64-1230 号法律废止)

(1964 年 12 月 14 日第 64-1230 号法律)但是,未解除亲权的未成年人的父母,或者即使未成年人的父母生存,其他直系尊血亲,即使不是未成年人的监护人,亦可代未成年人接受赠与。

第 936 条

能写字的聋哑人可以亲自或者由其授予权利的人接受赠与。

如果聋哑人本人不会书写,接受赠与,应当由为此任命的财产管理人按照"未成年、监护与解除亲权"编所定的规则进行。

第 937 条

(2009 年 5 月 12 日第 2009-526 号法律第 111 条)除保留适用第 910 条第 2 款与第 3 款的规定外,为公益性机构受益进行赠与,由这些机构的得到符合规定之授权的管理人接受之。

第 938 条

诸当事人一经合意,符合规定地接受的赠与即告完成,赠与物的所有权转移给受赠与人,无须其他移交手续。

第 939 条

在赠与可能设立抵押权的财产时,(1959 年 1 月 7 日第 59-71 号授权法令第 25 条)记载赠与和接受赠与的文书,以及可能是用分开作成的文书接受赠与的通知书,(2010 年 6 月 10 日第 2010-638 号授权法令)均应当在财产所在地负责不动产公示的部门进行公示。

第 940 条

(第 1 款由 1985 年 12 月 23 日第 85-1372 号法律废止:"夫向妻赠与财产,依夫妻财产契约的规定,仍由夫管理,由夫办理有关的公示事宜;如果夫不进行公示,妻可以不经任何手续自行进行公示。")

向未成年人、受监护的成年人进行赠与,或者向公共机构进行赠与,由监护人或财产管理人或管理人负责(1959 年 1 月 7 日第 59-71 号授权法令第 25 条)进行公示。

第 941 条

任何有利益关系的人均可对没有进行赠与(1959 年 1 月 7 日第 59-71 号授权法令第 25 条)公示提出异议,但应当负责进行此项公示的人(1959 年 1 月 7 日第 59-71 号授权法令第 25 条)或者他们的权利继受人以及赠与人除外。

第 942 条

(1985 年 12 月 23 日第 85-1372 号法律第 49 条)不得以对赠与没有表示接受或者没有进行公示为理由,要求未成年人、受监护的成年人进行返还,(1959 年 1 月 7 日第 59-71 号授权法令第 25 条)但是,如有必要,即使在监护人没有支付能力的情况下,未成年人、受监护的成年人可以向监护人请求赔偿,且不得引起返还。

第 943 条

生前赠与,仅能包括赠与人的现有财产;如果其中包括将来的财产①,涉及这些财产的赠与无效。

第 944 条

生前赠与附有条件且所附条件的执行完全取决于赠与人的单方意思时②,此种赠与无效。

第 945 条

除进行赠与之当时存在的或者在赠与文书或其附件清单中写明的债务和负担外,附有清偿其他债务或负担之条件的赠与,同样无效。

第 946 条

赠与人对包括在赠与财产之内的某一物件或者对特定财产上确定的数额保留处分自由的情况下,如果赠与人在尚未进行处分时即已死亡,该物件与款项应当归于赠与人的继承人,即使在此方面有任何相反的条款约定,亦同。

第 947 条

以上四条规定,不适用于本编第八章及第九章涉及的赠与。

第 948 条

任何动产物品的赠与文书,仅对由赠与人和受赠与人或者替代受赠与人接受赠与的人签字并在附于赠与证书原本的作价清单上载明的物件有效。

---

① 与"赠与不可撤销"相抵触的条款通常涉及的是第 943 条所指的"将来的财产的"赠与(donation des biens à venir)以及第 944 条规定的随意条件或任意条件(condition potestative)。普通法仅禁止"纯粹听任债务人意思的随意条件",但在赠与方面,纯粹的随意条件导致所有的处分无效,因此并不仅仅是禁止赠与人方面的随意条件。就将来财产的赠与而言,由于这里涉及的是赠与是否可以撤销的问题,因此,如果是以"赠与人享有不可撤销之权利的财产"为标的,此种赠与仍然有效,但如果是以"赠与人享有可撤销之权利的财产"为标的,此种赠与无效。

② 此种条件为随意条件或任意条件。

第 949 条

允许赠与人为其本人的利益保留对其赠与的动产或不动产的使用、收益权或用益权,或者为第三人受益处分此种使用、收益权或用益权。

第 950 条

在赠与动产物品的同时保留用益权的情况下,用益权期满后,受赠与人有义务按照财产所处的状态实物受领赠与物;如果赠与物已不存在,得以此为理由,对赠与人或其继承人请求赔偿,但仅以财产的作价清单中所定的赠与价值为限。

第 951 条

赠与人可以约定,在受赠与人本人或者受赠与人及其直系卑血亲先于赠与人死亡的情况下,赠与人对其赠与之物有取回权。①

只能为赠与人本人的利益约定前款所指的权利。

第 952 条

(2006 年 6 月 23 日第 2006-728 号法律)行使取回权的效力是解除对赠与的财产和权利的任何转让,并且将不负担任何抵押权或其他负担的财产复归于赠与人;但是,如果赠与人是将财产赠与配偶,在作为受赠与人的配偶的其他财产不足,并且是通过引起此种负担和抵押权的婚姻财产契约进行赠与时,夫妻之间的法定抵押权不受影响。

---

① 第 951 条规定的是约定的取回权(droit de retour),实际上也是赠与的解除(résolution)。仅在有特别约定时才存在这种取回权,其发生条件是受赠与人先于赠与人死亡。此种取回权仅赋予赠与人。法院判例认为,受赠与人虽死亡但有养子(女)时,赠与人不得主张因受赠与人先死亡而没有子女;养子(女)的存在构成行使取回权的障碍,在此情况下,赠与人不能行使赠与财产的取回权。参见第 966 条。关于法定的取回权,参见第 738-2 条。

第二节　生前赠与不得撤销之规则的例外

第 953 条

生前赠与只能因不履行对赠与规定的条件,受赠与人有负义行为(ingratitude)以及赠与人后来有子女出生之原因而撤销。①

第 954 条

在因不履行对赠与规定的条件而撤销赠与的情况下,赠与的财产返回赠与人,并且解除受赠与人用此财产设立的任何负担及抵押权;同时,赠与人对持有其赠与的不动产的第三人享有如同对受赠与人本人的所有权利。

第 955 条

仅在下列情况下,才能以受赠与人有负义行为之原因撤销生前赠与:

1.如果受赠与人伤害赠与人的生命;

2.如果受赠与人虐待赠与人,或者对赠与人实施轻罪或严重侮辱;

3.如果受赠与人拒绝赡养赠与人。②

第 956 条

因不履行原定的赠与的条件,或者因受赠与人有负义行为而撤销赠与,始终不当然发生。

---

①　生前赠与不得撤销,这是原则,但第 953 条规定了三种情况下可以撤销赠与:受赠与人不履行对赠与规定的条件、有负义行为(ingratitude)以及赠与人后来有子女出生。

②　第 954 条的规定具有公共秩序性质,因受赠与人有负义行为请求撤销赠与的诉讼涉及公共秩序,在没有发生构成负义行为的事实之前,赠与人不得放弃此种诉权。第 955 条仅仅是将"拒绝赡养"作为可以引起撤销赠与的一种"负义行为",并不创设"赠与人可以请求的、由受赠与人负担的赡养债务(本身)"。

第957条

因受赠与人有负义行为主张撤销赠与的诉讼请求,应当自赠与人指控受赠与人有违法行为之日起1年内提出,或者在赠与人发现此种违法行为之日起1年内提出。

赠与人不得对受赠与人的继承人提出撤销赠与的诉讼请求;赠与人的继承人也不得对受赠与人提出此种请求,但是,在后一种情况下,如果赠与人已经提起诉讼,或者赠与人在受赠与人的违法行为之后1年内死亡,不在此限。

第958条

因受赠与人有负义行为而撤销赠与,不影响其已经进行的财产转让,也不影响其用受赠的财产设立的抵押权与其他物上负担,但以这些行为先于撤销赠与的请求在财产所在地的(2010年6月10日第2010-638号授权法令第11条)不动产登记电子档案进行了公示为限。

在赠与被撤销的情况下,受赠与人被判处返还其出让的受赠之物在撤销请求提出时的价值,以及自此种请求提出之日由受赠之物产生的孳息。

第959条

不得以负义行为为原因,撤销为利于婚事而进行的赠与。

第960条

(2006年6月23日第2006-728号法律)赠与人在赠与财产时没有任何生存的子女或直系卑血亲,如果赠与文书有此规定,其进行的任何生前赠与,无论价值如何也不论以何名义而为,即使是相互赠与或有偿赠与,甚至是除夫妇相互赠与以外由其他人为利于婚姻而进行的赠与,均得因赠与人在赠与财产之后甚至在其死后有子女出生而予以撤销。

（2005年7月4日第2005-759号授权法令废止："赠与得因遗腹子女或非婚生子女出生，如果非婚生子女因父母事后结婚而准正或者因其依照第一卷第八编第一章规定的形式与条件收养子女而撤销。"）

第 961 条

（2006年6月23日第2006-728号法律）赠与人，不论男女，虽然在进行赠与时其本人的子女已在胎中①，仍可撤销所为之赠与。

第 962 条

（2006年6月23日第2006-728号法律）即使受赠与人已经占有受赠的财产，以及赠与人在有子女出生之后仍然听任受赠与人占有赠与的财产，赠与同样可以撤销；但是，受赠与人无须返还其已经取得的孳息，不论孳息为何种性质；但是，在赠与人通过执达员送达文书或其他任何符合形式的文书向受赠与人通知其有子女出生，或者通知其按照完全收养的形式收养子女时，受赠与人自该通知之日起收取的孳息除外，即使是在前述通知以后提出将此种孳息计入赠与财产的请求，这些孳息仍应返还。

第 963 条

（2006年6月23日第2006-728号法律）包括在被撤销的赠与中的各项财产和权利，均返还于赠与人的概括财产之内，并且不负担受赠与人用此财产设立的一切负担与抵押权。与此相关联，这些财产不得继续负担夫妻之间的法定抵押权；即使是为受赠与人的婚姻而进行的赠与，并且已写入婚姻财产契约，亦是如此。

---

① 这项规定是对第960条中"赠与人在赠与财产时没有任何生存的子女"作出的补充解释性规定。

第 964 条

（2006 年 6 月 23 日第 2006-728 号法律）赠与人的子女（出生后）死亡的，对第 960 条规定的撤销赠与不产生影响。

第 964 条原条文：由此撤销的赠与，不得因赠与人的子女死亡或者因任何确认证书而予以恢复或者重新发生效力；赠与人在因其有子女出生而撤销赠与以后，如果在其子女尚在时或者在其子女死后，有意将同一财产赠与同一受赠与人，只能重新进行处分。

第 965 条

（2006 年 6 月 23 日第 2006-728 号法律）赠与人得随时放弃以其有子女出生为原因而撤销赠与的请求权。

第 965 条原条文：规定赠与人放弃在其有子女出生时撤销赠与的任何条款与约定，均视为无效且不产生任何效力。

第 966 条

（2006 年 6 月 23 日第 2006-728 号法律）撤销赠与之诉讼，时效期间为 5 年，自（赠与人）子女出生或者收养最后一个子女起计算。

第 966 条原条文：受赠与人、其继承人或权利继受人，仅在赠与人的最后的子女其中包括遗腹子女出生之日起，经过 30 年占有，始得主张已经完成时效，据以对抗因赠与人有子女出生而撤销赠与的行为，并且此项规定对法律上的时效中断不产生影响。

第五章　遗嘱处分

第一节　有关遗嘱形式的一般规则

第 967 条

任何人均得通过遗嘱,或者以指定继承人①的名义,或者以遗赠的名义,或者以其他任何适于表达其意思的名称,处分其遗产。

第 968 条

不论是为第三人受益还是以相互处分遗产②的名义,二人或数人均不得用同一项文书订立一份遗嘱。③

第 969 条

遗嘱得为自书遗嘱,或者采用公开的文书(acte public)或密封的形

---

① 指定继承人,也称为遗嘱指定继承人(héritier institutué par testament),与法定继承人相对应。法国《民法典》规定的指定继承人实际上是指定受遗赠人。遗嘱人通过遗嘱,赋予某人以继承人的名义和资格并为其留下财产(遗产)。参见第三节"指定继承人与遗赠通则"。有些国家对指定继承人规定了范围和条件,应当首先从法定继承人(或者直系卑血亲)中指定继承人,没有法定继承人时才能指定他人为继承人。法国《民法典》对于指定继承人没有此种规定,受遗赠人也不限定为法定继承人之外的其他人。指定继承人与第 1081 条有关契约指定将来财产的继承有所区别。

② "相互处分遗产"原文为"disposition réciproque et mutuelle",也称为"testament réciproque et mutuelle",指"相互遗嘱"。

③ 此种遗嘱原文称为"testament conjonctif"或者"testament conjoint",译为"共同遗嘱"或"合立遗嘱",是由两个或两个以上的遗嘱人共同订立一份遗嘱,分为形式意义上的共同遗嘱和实质意义上的共同遗嘱,源于欧洲中世纪的习惯法,现代各国民法对此规定不一。法国立法禁止两个或两个以上的人订立同一份共同遗嘱,法国《民法典》第 968 条的规定对共同遗嘱采取禁止主义,不承认共同遗嘱的效力。但是,需要与第 1044 条规定的情形相区分。

式(forme mystique)作成。①

第 970 条

自书遗嘱,如果其全部内容并非遗嘱人亲笔书写、注明日期并签字,不发生任何效力。自书遗嘱无须遵守其他任何形式。

第 971 条

(1950 年 12 月 8 日第 50-1513 号法律)用公开的文书作成的遗嘱,由两名公证人作成,或者由一名公证人在两名证人的协助下作成。

第 972 条

(1950 年 12 月 8 日第 50-1513 号法律)如果遗嘱是由两名公证人作成,则应由遗嘱人口授,公证人之一亲笔书写,或者由公证人让他人手书或用机械书写作成。

如果仅有一名公证人,亦应由遗嘱人口授,公证人亲笔书写,或者由公证人让他人手书或经机械书写作成。

(2015 年 2 月 16 日第 2015-177 号法律第 3-11 条)所有情况下,均应向遗嘱人宣读写成的遗嘱。

如果遗嘱人不能用法语表达,在由其口述以及向其宣读遗嘱时,可以由遗嘱人在每一个上诉法院确定的国家司法鉴定人名单上挑选的翻

---

① 除本条规定遗嘱分为自书遗嘱(第 970 条)、公证遗嘱(第 971 条至第 975 条),以及密封遗嘱(第 976 条至第 979 条)三种形式外,法典还对代书遗嘱(第 977 条)作出了规定。这里的"公开的文书"原文为"acte public",它是一个特定概念,不是指一般的公开的文件或公开的资料,不是向大众公开的文书,而是特指至少应当向数个司法助理人员公开其内容并由他们作成的文书,或者向一名司法助理人员并且由证人在场见证公开其内容而作成的文书,与之相对应的是秘密的文书或密封的文书。以"公开的文书"形式作成的遗嘱,是经公证人作成的遗嘱,是公证遗嘱。"acte public"与"acte authentique"(公署文书)的实际含义基本相同,但公署文书是相对私署文书而言,私署文书是仅由私人签字的文书,公署文书则是由公务助理人员、司法助理人员作成的文书。公证人作成的公证书是公署文书的一种。

译陪同。翻译应当注意确保对所说言语的准确翻译；在公证人本人以及相应情况下另一公证人或者见证人懂得遗嘱人使用的语言时，无须借助翻译。

如果遗嘱人能用法语进行书写但不能口头表述，由公证人本人按照遗嘱人在其面前书写的文字记录书写遗嘱或者让他人手书或用机械书写遗嘱，然后再向遗嘱人进行宣读。如果遗嘱人听不见，在公证人进行宣读之后，再由其本人阅读遗嘱的文本，阅知遗嘱的文字内容。

如果遗嘱人不能说话或者听不见，也不会书写或阅读，依照第4款规定的条件完成口述及遗嘱的宣读。

以上诸事项均应明文作出记载。

第 973 条

（1950年12月8日第50-1513号法律）公证遗嘱应当由遗嘱人在证人和公证人在场时签字。如果遗嘱人声明其不会或不能签名，应当在文书中明文记述其所作的声明以及妨碍遗嘱人亲自签名的原因。

第 974 条

（1950年12月8日第50-1513号法律）遗嘱应当有所有证人以及公证人的签字。

第 975 条

受遗赠人，不论以何名义，以及受遗赠人的包括第四亲等在内的血亲或姻亲，作成遗嘱的公证人的书记员，均不得被选作公证遗嘱的证人。

第 976 条

（1950年12月8日第50-1513号法律）遗嘱人有意订立密封遗嘱（testament mystique）的，载有该遗嘱处分的文书，或者文书如果有封皮，已经加封皮的该文书，均应当进行密封并加盖封印。

遗嘱人将密封并盖有封印的遗嘱交给公证人及两名证人，或者由遗嘱人在公证人和两名证人当面进行密封并加盖封印，声明此件的内容是其遗嘱以及遗嘱是由其本人亲自书写或由另一人代为书写并经其本人签字；在遗嘱是由他人代书时，遗嘱人应当确认自己亲自审阅了遗嘱的文字内容。所有情况下，遗嘱人均应指明遗嘱所采用的书写方式（是手书还是机械书写）。

公证人以公证文书的形式作成登记文书。登记文书由公证人书写，或者由其让他人书写在前述文件纸上，或者写在遗嘱密封件的外封皮上，并且写明文书作成的日期与地点以及折痕和封印的状况，同时写明已完成上述各项手续；该文书由遗嘱人及公证人与证人签名。

以上各项手续应连续进行，不得间插其他行为。

遗嘱人在遗嘱上签字之后，因发生某种障碍而不能在上述文书上签字时，应当在该文书上记明他所作的声明和提出的理由。

第977条

（1950年12月8日第50-1513号法律）如果遗嘱人不会写字，或者如果是让他人代书遗嘱，自己不能签字时，应当按照前条规定处理，并且应在登记文书上写明遗嘱人已经声明其不会签字或者是让他人代书遗嘱、自己不能签字之情况。

第978条

不会阅读或者不能阅读的人，不得用密封遗嘱的形式进行遗嘱处分。

第979条

（1950年12月8日第50-1513号法律）在遗嘱人不能说话但可以写字的情况下仍可订立密封遗嘱；但遗嘱必须由其本人书写和签字，或者由他人代书，遗嘱人本人签字；遗嘱人将遗嘱交给公证人与证人，并且在公证人和证人在场时，于登记文书上写明其交付的文书是其遗嘱，并予签名。登记文书上还应当写明遗嘱人是在公证人与证人面前书写这些字句，与此同时，应当遵守第 976 条的各项规定，且与本条的规定不发生抵触。

在本条和以上各条所指情况下，未遵守法定手续的密封遗嘱，虽然作为密封遗嘱无效，但如其具备自书遗嘱的有效性应当具备的各项条件，即使原称为密封遗嘱，仍可作为自书遗嘱有效。

第 980 条

（1950 年 12 月 8 日第 50-1513 号法律）订立遗嘱时受召唤作为见证人到场的人，应当（2006 年 6 月 23 日第 2006-728 号法律）懂法语并且已成年（原规定为"应是成年法国人"），会签字并且享有民事权利；证人不分性别，但夫与妻二人不得作为同一遗嘱的证人。

第二节 有关特定遗嘱[①]形式的特别规定

第 981 条

（1900 年 5 月 17 日法律）国家军事人员、海军人员以及被军队雇佣的人的遗嘱，得根据第 93 条规定的情形和条件，(2014 年 7 月 10 日第 2014-792 号授权法令第 3 条）由一名上级军官和两名证人在场时作成，或者由两名军需特派员或者一名军需特派员及两名官员或军官作成，或者由上述一名官员或军官有两名证人在场时作成；如果军人是在

[①] 法国《民法典》所说的"特定遗嘱"（certains testaments），也译为"特别遗嘱"，指特殊情况下的某些遗嘱，包括：军人的遗嘱（testaments des militaires，第 981 条至第 984 条）、在隔绝地订立的遗嘱（第 985 条至第 987 条）、海上遗嘱（testament en mer，第 988 条至第 996 条）以及"在国外订立的遗嘱"（第 999 条、第 1000 条）。

被隔绝的派遣部队内,受派遣的部队中没有上级军官或相应级别的军医时,军人的遗嘱由派遣部队的指挥官并有两名证人在场协助作成。

指挥被隔绝的派遣分队的军官的遗嘱,可以由级别在该军官之后的另一军官作成。

在本条规定的条件下订立遗嘱的权利,扩大适用于被敌方俘虏的人员。

第 982 条

(*1900 年 5 月 17 日法律*)如果遗嘱人患病或受伤,前条所指遗嘱亦可在三军条例规定的军事医院或军事医疗机构内由主任医生在两名负责行政管理事务的军官协助下作成。主任医生的军阶如何不作要求。

在没有负责行政管理事务的军官的情况下,订立遗嘱时应当有两名证人在场。

第 983 条

(*2006 年 6 月 23 日第 2006-728 号法律*)所有情况下,第 981 条与第 982 条所指的遗嘱均应作成一式两份正本。

如果因遗嘱人的健康状况不能履行前项手续,应当作成一份经认证的副本替代另一原本;该副本由证人与认证证书的见证人签字,并记明未能作成第二份正本的原因。

只要可以恢复通信,即应尽快将两份原本或一份原本、一份副本密封并加盖印记,用分开的邮件寄送负责国防或海洋事务的部长,以便将遗嘱保存于遗嘱人指明的公证人处;没有指明公证人的,遗嘱寄送至遗嘱人最后住所所在行政区的公证人公会会长处。

第 984 条

(*1893 年 6 月 8 日法律*)按照上述确定的形式作成的遗嘱,在遗嘱人到达可以按照普通形式自由订立遗嘱的地区之后经过6个月失去效力；但如果在该期限届满之前，遗嘱人又重新处于第93条所指的特别情况，不在此限；前述遗嘱在此特别情势期间以及在此期限之后的6个月期限内有效。

第985条

（2006年6月23日第2006-728号法律）在因发生传染病、交通通信全部中断的地方，处于病疫流行地区的染上此种传染病的任何人，均可在当地的（2019年9月18日第2019-964号授权法令）司法法院（原规定为"初审法院"）的法官面前订立遗嘱，或者在当地市镇的市镇官员面前有两名证人在场时订立遗嘱。

第986条

（2006年6月23日第2006-728号法律）在属于法国的岛屿上订立遗嘱，如果当地没有公证事务所，也不可能与该岛隶属的陆地进行通信联系时，可以依照第985条的规定作成。无法进行通信联系之情形，应当由作成遗嘱的初审法院的法官或市镇官员出具文书证明。

第986条原条文：（1915年7月28日法律）在属于法国的欧洲领土的岛屿上订立遗嘱，如果当地没有公证事务所，也不可能与大陆进行通信联系时，得按照前条的规定订立遗嘱。

无法进行通信联系之情形应由作成遗嘱的初审法院的法官或市镇官员出具文书以兹证明。

第987条

前两条所指遗嘱，在遗嘱人所在的地方建立起通信联络之后经过6个月或者在遗嘱人迁往有正常通信联络的另一地区后经过6个月，失去效力。

第 988 条

(1893 年 6 月 8 日法律)在海上旅行途中,或者在某一港口停留期间,如果不可能与地面联络,或者如果当事人在国外,其停留的港口没有被赋予公证人职责的法国外交人员或领事人员,船上乘客的遗嘱得有两名证人在场时:在国家船只上,由行政管理官员作成;在没有行政官员时,由船长或行使船长职权的人作成;在其他船只上,由船长、船主在大副的协助下作成;或者在没有此等人员时,由替代他们的人作成。

制作的文书应当指明其是在上述情况下作成。

第 989 条

(1893 年 6 月 8 日法律)在国家船只上,行政管理官员的遗嘱,在前条所指情形下,由船长或替代履行职责的人作成,以及在没有行政部门的官员的情况下,船长的遗嘱,由在船上职务等级在其之后的人作成。

在其他船只上,船长、船主或老板以及大副的遗嘱,相同情形下,由相应的职务序列在后的下级人员作成。

第 990 条

(1893 年 6 月 8 日法律)所有情况下,前几条所指的遗嘱均应当作成两份原本。

如果由于遗嘱人的健康原因未能履行此项手续时,应当作成遗嘱的经认证的副本一份,用以替代第二份正本;该副本应有证人与公证文书见证人的签字,并且其上应写明未能作成第二份正本的原因。

第 991 条

(2006 年 6 月 23 日第 2006-728 号法律)当事人一经到达有法国外交人员或领事人员的下一个外国港口,即应将遗嘱的一份正本或经认证的副本密封并加盖封印交至该人员手中,由该人员将遗嘱送寄负责海洋事务的部长,以便按第983条的规定进行转送。

第992条

(2006年6月23日第2006-728号法律)船只到达属于法国领土的港口时,遗嘱的正本两份,或者一份正本、一份副本,或者如果在航行途中已经转送或送交一份正本,所留下的另一份正本,应当密封并加盖封印:国家船只上作成的遗嘱,送交负责国防事务的部长,其他船只上作成的遗嘱,送交负责海洋事务的部长。这些文书,应当分别用不同的邮件寄送负责海洋事务的部长,由其依照第983条的规定进行转送。

第993条

(2006年6月23日第2006-728号法律)船舶航行日志,依照遗嘱人的名字,逐一记明已按照前述条款的规定将作成的遗嘱的正本或经认证的副本送交领事馆、负责国防事务或海洋事务的部长。

第994条

(1893年6月8日法律)在海上旅行途中依照第988条及随后条款作成的遗嘱,仅在遗嘱人死于船上时,或者在其下船后至其可以按照普通形式订立遗嘱的地点后6个月内死亡时,始为有效。

但是,如果遗嘱人在前述期限届满之前又出海旅行,在此次旅行途中以及遗嘱人再次下船后6个月内,遗嘱仍然有效。

第995条

(1893年6月8日法律)在海上旅行途中订立的遗嘱,除利于遗嘱人的直系亲属或姻亲之外,为船只上的官员受益而订立的条款一律无效且不发生任何效力。

采用自书形式作成的遗嘱,或者依照第988条及随后条款的规定订立的遗嘱,亦同。

第 996 条

（1893 年 6 月 8 日法律）按照不同情况，应当在证人在场时，向遗嘱人宣读第 984 条、第 987 条或第 994 条的规定，并且在遗嘱中记明已进行宣读。

第 997 条

（1893 年 6 月 8 日法律）本节上述条款所指的遗嘱，由遗嘱人、主持作成遗嘱的人与证人签字。

第 998 条

（1893 年 6 月 8 日法律）如果遗嘱人声明其不能或不会签字，应记载其所作的这项声明以及妨碍其签字的原因。

在要求有两名证人在场的情况下，遗嘱至少应有一名证人签字，并且应当记明另一证人没有签字的原因。

第 999 条

在国外的法国人可以如第 970 条的规定，用私署文书订立遗嘱，或者用公署文书，按照当地习惯采用的形式订立遗嘱。

第 1000 条

在国外订立的遗嘱，如果遗嘱人在法国有住所，只有在其住所地的登记处进行登记之后，或者如果遗嘱人在法国没有住所，只有在其于法国所知的最后住所地的登记处进行登记之后，才能就其在法国的财产实施执行；如果遗嘱包括有处分在法国的不动产的条款，还应当在该不动产所在地的登记处进行登记之后，才能付诸执行，但无须要求征收双重赋税。

第 1001 条

本节与前一节规定的各种遗嘱应当履行的手续，均应遵守，否则遗嘱无效。

第三节 指定继承人与遗赠通则

译者简述:"指定继承人"原文为"les institutions d'héritiers",也译为"继承人的设定":遗嘱人通过遗嘱处分,赋予某人以继承人的名义或资格,并通过遗嘱留给其财产。指定继承人是源于罗马法的制度。本节标题为"指定继承人与遗赠通则",对于自然人而言,两种表述的实际意义相同,指定继承人是遗赠的别称,因此指定继承人就是遗嘱人在遗嘱中指定的受遗赠人作为其继承人(视同概括遗赠的受遗赠人),但是,指定继承仅限于财产的继承,不发生身份资格的继承关系。

本节规定的指定继承人与后面第八章、第九章规定的制度不同,后者称为"institution contractuelle",称为"契约指定(继承人)",现在这一特定概念主要是指"将来财产的赠与"(donnation des biens à venir)。

遗赠是通过遗嘱无偿处分遗产,通常不依照(法定的)遗产转移的一般规则。遗嘱人进行遗赠的目的,是将其遗产全部或部分给予某个在正常情况下不能受召唤参与继承的人,或者给予某个法定继承人以超过法律为其保留的遗产份额的数额。

依照法国继承法,继承人的指定与遗赠不限于没有法定继承人的情况;可以指定数人为继承人;不限于指定一人;受指定的人不问是亲属还是非亲属,是尊亲属还是卑亲属;受遗赠人不限于继承人以外的其他人,故法国《民法典》中有向继承人进行遗赠的规定。向继承人进行遗赠,视为"在应继份之外给予的利益",但是,如果遗嘱人有相反意思表示,不在此限,在此情况下,受遗赠人只有少取其应继份,才能要求保留其所受的遗赠(第843条第2款),另参见第849条、第867条等。

遗嘱人应当自己选择受遗赠人,而不得将选择权利抛弃给第三人,听由第三人自由决断并选择受遗赠人,如果是这种情况,第三人便成了真正的处分人,但是,并不因此就要求遗嘱人必须在其遗嘱中写明受遗赠人的姓名,遗嘱人可以仅仅是指明受遗赠人(应当具有的)某种身份。法律没有规定"向没有指明姓名的人进行的遗赠无效"。向法人进行无偿处分,适用相同原则,但也有差别。

第 1002 条①

遗嘱处分，或者是遗产的概括处分，或者是部分概括处分，或者是特定财产的处分。

每一种遗嘱处分，不论是以指定继承人的名义还是以遗赠的名义而为，均依下列关于概括遗赠、部分概括遗赠与特定遗赠的规定发生效力。

第 1002-1 条

（2006年6月23日第2006-728号法律）除处分人另有意思表示外，在至少有一名法律指定的继承人接受继承的情况下，受遗赠人可以将其所得利益的范围限定于为其受益所处分的财产的某一部分；但此种范围限定并不构成受遗赠人对其他有继承权的人进行的无偿处分。

第四节　概括遗赠

第 1003 条

概括遗赠（legs universel）②是遗嘱人将其死后留下的财产整体（universalité des biens）给予一人或数人的遗嘱处分（disposition testimentaire）。

---

① 第1002条将遗赠区分为三类：概括遗赠、部分概括遗赠与特定遗赠，也分别译为"包括遗赠""包括名义遗赠"和"特定财产的遗赠"。概括遗赠是向一人或数人遗嘱处分全部遗产的遗赠（第1003条）；部分概括遗赠，参见第1010条；部分概括遗赠之外的其他一切遗赠，均为特定遗赠。

② 概括遗赠，原文为"legs universel"，也译为"包括遗赠"，是遗嘱人对其财产整体（universalité des biens）的遗嘱处分（disposition testimentaire）。按照判例解释，虽然是全部遗产的遗赠，但并不等于受遗赠人必然可以获得巨额资产，其性质也不是由受遗赠人受领财产的多寡来决定。概括遗赠给予受遗赠人的是一种"不确定的受领全部财产的权利资质"（vocation éventuelle à totalité des biens），即使概括遗赠的受遗赠人从遗赠中并没有获得实际的资产利益（émolument），此种情形仍然可以有效地称为概括遗赠。

第 1004 条

遗嘱人死亡时,如果有法律规定的为他们保留遗产份额的继承人①,这些继承人因遗嘱人死亡依法当然占有属于遗产的全部财产;概括遗赠的受遗赠人应当向此种继承人要求交付遗嘱中包括的遗赠财产。

第 1005 条

但是,在相同情况下,概括遗赠的受遗赠人如果在遗嘱人死亡之后 1 年内提出交付遗嘱中包括的遗赠财产的请求,自遗嘱人死亡之日起便对这些财产享有用益权;否则,仅自其向法院提起诉讼之日或者自继承人自愿同意交付之日,才能开始对财产使用、收益。

第 1006 条

如果遗嘱人死亡时没有法律规定的为他们保留一定遗产份额的继承人,概括遗赠的受遗赠人因遗嘱人死亡当然占有遗产,无须请求财产交付。

第 1007 条

(1966 年 12 月 28 日第 66-1012 号法律)任何自书遗嘱或密封遗嘱,在付诸执行之前,均应当存交至公证人手中。如果遗嘱加有封签,应予启封。公证人当场制作遗嘱启封及遗嘱状态的笔录,并说明寄存件的具体情况。(2016 年 11 月 18 日第 2016-1547 号法律第 44 条)在第 1006 条所指的情况下,公证人根据受遗赠人的权利资质的概括性质以及没有特留份继承人的情况,对受遗赠人占有遗产的条件进行审核。遗嘱连同制作的笔录,以原本保存于保管人处。

---

① 指特留份继承人(第 1006 条所指相同)。已经占有遗赠财产的受遗赠人,无须提出交付遗赠的请求。法律对遗赠的交付没有强制规定任何特别形式,因此,受遗赠人在继承人没有异议的情况下实行占有财产即可引起遗赠的交付。

在笔录制作之后1个月内,公证人将笔录经认证与原本相符的副本以及遗嘱的抄本,寄送继承开始地的(2019年9月18日第2019-964号授权法令)司法法院(原规定为"大审法院")的书记室,由书记员签发收据并将该文件作为原件保存。

(2016年11月18日第2016-1547号法律第44条)在笔录制作之后1个月内,任何利益关系人均可对依据第1006条的规定已经占有遗产的概括遗赠的受遗赠人行使其权利提出异议。在提出异议的情况下,该受遗赠人可以向法院请求认许其对遗产实行占有。前款之规定的适用条件由最高行政法院提出资政意见后颁布的法令作出具体规定。

第1008条

(2016年11月18日第2016-1547号法律第44条废止)

第1008条原条文:在第1006条所指情况下,如果遗嘱是自书遗嘱或密封遗嘱①,需经法院院长在证书存交的同时提出的申请的下端签署命令,概括遗赠的受遗赠人始受认许占有遗产。

第1009条

在概括遗赠的受遗赠人与法律规定为其保留一定遗产份额的继承人同时继承的情况下,受遗赠人对遗嘱人的遗产的债务和负担,按照其分配份的比例个人负清偿义务,并且对其受遗赠的财产上的抵押债务和负担负有全部清偿义务;概括遗赠的受遗赠人还应当负责其他一切遗赠的给付,但第926条与第927条规定的减少数额的情形除外。

---

① 本条规定是对自书遗嘱或密封遗嘱情况下的专门规定,仅适用于自书遗嘱或密封遗嘱,而且,如果继承人是唯一的特留份继承人,由自书遗嘱指定为概括遗赠的受遗赠人时,不需要提出认许对遗产实行占有的请求。现在这一条文已经废止,但现行第812条仍然规定,国家对遗产的占有需经法院认许。

第五节 部分概括遗赠

第 1010 条

部分概括遗赠（legs à titre universel）是指遗嘱人遗赠法律允许其处分的财产数额的一部分，例如，遗赠其可处分之部分的 1/2、1/3，或者全部不动产或全部动产，或者其全部不动产或全部动产的确定的部分。

其他一切遗赠仅构成特定遗赠。①

第 1011 条

部分概括遗赠的受遗赠人应当向法律规定的为他们保留一定遗产份额的继承人请求交付受遗赠的财产；无此等继承人时，应当向概括遗赠的受遗赠人提出交付请求；没有概括遗赠的受遗赠人时，应当向按照"继承"编确定的顺序受召唤参与继承的人请求交付遗赠。

第 1012 条

部分概括遗赠的受遗赠人，如同概括遗赠的受遗赠人，应当按照其取得的财产数额的比例，个人负担清偿遗产的债务和负担，并且对其受遗赠的财产上的抵押债务和负担负有全部清偿义务。

第 1013 条

如果遗嘱人仅处分了可处分的财产中的一部分，并且是以部分概括遗赠的形式进行遗赠时，此种受遗赠人应当与所有自然的继承人一起分担各项特定财产的遗赠的交付义务。

---

① 判例认为，全部不动产的虚有权的遗赠属于部分概括遗赠；全部遗产的用益权的遗赠，或者处分人可处分的部分的用益权的遗赠，或者遗产的一部分的用益权的遗赠，均属于第 1010 条有关部分概括遗赠的定义的范畴。

第六节　特定遗赠

第1014条

一切不附任何条件的遗赠,均赋予受遗赠人在遗嘱人死亡之日对遗赠物的一种权利;这种权利可转移给受遗赠人的继承人或权利继受人。

但是,特定遗赠的受遗赠人,仅于依照第1011条确定的顺序提出要求交付遗赠物之日,或者交付人自愿同意向其交付之日,才能对遗赠物实行占有以及主张享有遗赠物的孳息或利息。

第1015条

下列情形,遗赠之物产生的利息或孳息,自遗赠人死亡之日归受遗赠人,且无须其向法院提出请求:

1. 遗嘱人在遗嘱中对此有明确意思表示的;
2. 以扶养费的名义遗赠终身定期金或养老金时。

第1016条

请求交付遗赠物的费用,由遗产负担,但是不得因此引起法定的特留份受到减损。

遗赠财产的登记税,由受遗赠人支付。

在遗嘱另有规定时,不适用以上各项规定。

每一项遗赠可分别进行登记。此种登记对受遗赠人或其权利继受人以外的其他人不产生任何利益。

第1017条

遗嘱人的所有继承人或者一项遗赠的其他债务人,按照各自从遗产所得的财产份额比例,个人负担交付遗赠的义务。

前款所指个人，在其作为持有人而持有属于遗产的不动产的价值的限度内，对遗赠物所负的抵押债务，负全部清偿义务。

第 1018 条

遗赠之物，按照遗赠人死亡之日所处的状态，连同该物的全部必要附属物（从物）一并交付。

第 1019 条

遗赠不动产所有权的人，随后因取得其他财产而使该不动产的所有权有所增加时，即使其取得的财产与该不动产相互邻接，如果没有进行新的处分，增加的部分不得视为已进行的遗赠的组成部分。

但是，遗嘱人在其遗赠的土地上进行的改良，以及进行的新的建筑，或者扩大其原土地的设围范围，不适用前款的规定。

第 1020 条

如果在订立遗嘱之前或者其后，因遗产的负债，或者甚至因第三人的债务，用遗赠的财产设立抵押权或者负担用益权，应当交付该项遗赠的人不负有解除此种负担的义务，遗嘱人明示规定由其负担此种义务的除外。

第 1021 条

遗嘱人将他人之物用于遗赠的，不论是否知道该物不属于其本人所有，遗赠无效。

第 1022 条

如果遗赠物是不特定物，继承人在交付时无须给予最高质量之物，但也不得给予最低质量之物。

第 1023 条

向债权人进行的遗赠，不得视为用于抵销其债权；同样，向家庭佣人进行的遗赠,亦不视为用于抵销其应得的报酬。

第 1024 条

特定财产的受遗赠人,对遗产的负债不承担任何义务,但是,以上规定的减少遗赠数额以及抵押债权人的请求权,不在此限。

第七节 遗嘱执行人

(2006 年 6 月 23 日第 2006-728 号法律)

第 1025 条

遗嘱人,为了监督或者使其意愿得到执行,可以指任一名或数名具有完全民事能力的遗嘱执行人。

接受任务的遗嘱执行人有义务完成其任务。①

遗嘱执行人的权限不依死因转移。

第 1026 条

法院得因重大理由解除遗嘱执行人的任务。

第 1027 条

如果有多名接受任务的遗嘱执行人,在其他执行人不行为时,其中一人可以执行遗嘱,但遗嘱人另有规定或者对遗嘱执行人的职责已经进行分工的除外。

---

① 判例认为,遗嘱执行人的任务具有个人性质,是一种应当由本人执行的任务。遗嘱执行人的任务内容如果包括销毁文件,意味着遗嘱人委派遗嘱执行人毁掉其所有的私人文件、材料,也意味着剥夺合法继承人以及概括遗赠的受遗赠人对这些文件享有任何权利,可以拒绝向这些继承人或受遗赠人告知交给遗嘱执行人的文件、材料。

第 1028 条

在对遗嘱或遗赠的有效性或执行发生争议的情况下,遗嘱执行人受通知参加诉讼。

所有情况下,为了支持主张遗嘱有效的诉讼请求,或者为了要求执行发生争议的处分事项时,遗嘱执行人均参加诉讼。

第 1029 条

遗嘱执行人可以采取有利于顺利执行遗嘱的各种保全措施。

遗嘱执行人可以依照第 789 条规定的形式进行遗产盘存;在进行遗产盘存时,继承人可以在场,也可以不在场,但应当事先按规定召唤他们到场。

在没有足够的现款清偿遗产的紧迫债务时,遗嘱执行人可以主动提出出卖动产。

第 1030 条

如果在遗嘱人可处分的部分的限度内清偿特定遗赠有所必要,遗嘱人可以授权遗嘱执行人占有其遗产中的全部或部分动产以及出卖这些动产。

第 1030-1 条

在没有已经接受继承的特留份继承人的情况下,遗嘱人可以授权遗嘱执行人处分遗产中的全部或部分不动产,收取并寄托资金、清偿债务和负担,在继承人与受遗赠人之间进行尚存财产的分配或分割。

遗嘱执行人只有在通知各继承人以后,才能出卖遗产中的不动产,否则,不动产的买卖不能产生对抗效力。

第 1030-2 条

遗嘱具有公署文书的形式时,对于行使第 1030 条与第 1030-1 条所指的权限而言,不要求实行第 1008 条所指的认许占有。

第 1031 条

第 1030 条与第 1030-1 条所指的授权，由遗嘱人给予；授权的期限自开启遗嘱时计算不得超过 2 年。法官可以将其最多延长 1 年。

第 1032 条

遗嘱执行人的任务，自遗嘱开启后最迟 2 年终结，法官延长期限的情况除外。

第 1033 条

遗嘱执行人在执行任务终结之后 6 个月内汇报账目。

如果因遗嘱执行人死亡而终止遗嘱的执行，结清账目的义务由遗赠执行人的继承人承担。

遗嘱执行人承担一个无报酬的委托代理人应当承担的责任。

第 1033-1 条

遗嘱执行人的任务不付报酬，但根据处分人的选择权利以及执行人提供的服务，向遗嘱执行人无偿处分特定财产的，不在此限。

第 1034 条

遗嘱执行人在执行任务时承担的费用，由遗产负担。

附：原第七节　遗嘱执行人

第 1025 条　遗嘱人可以指定一名或多名遗嘱执行人。

第 1026 条　遗嘱人可以授权遗嘱执行人占有其全部或部分动产，但遗嘱执行人占有财产的时间，自遗嘱人死亡之日起计算，不得超过 1 年加 1 日。

如果遗嘱人没有授权遗嘱执行人占有财产，遗嘱执行人不得要求实行占有。

第1027条 继承人可以向遗嘱执行人提出其愿意交付足够款项,用于偿付动产遗赠,或者证明其已经清偿动产的遗赠,以终止执行人的占有。

第1028条 无能力负担债务的人,不得作为遗嘱执行人。

第1029条 (1938年2月18日法律废止)

第1030条 未成年人不得作为遗嘱执行人,即使得到监护人或财产管理人的同意,亦同。

第1031条 如果继承人中有未成年人、受监护的成年人或失踪的人,遗嘱执行人应当对遗产进行封存。

遗嘱执行人在推定的继承人在场,或者在对该人进行合法传唤之后,对遗产进行盘存并作成遗产目录。

在没有足够的现金支付遗赠时,遗嘱执行人可以主动提出出卖遗产中的动产。

遗嘱执行人应当确保遗嘱得到执行,并且在发生执行争议的情况下,参加诉讼,以支持遗嘱执行的效力。

遗嘱人死亡后1年期满,遗嘱执行人应当报告其对遗产的管理情况。

第1032条 遗嘱执行人的权限不得转移给其本人的继承人。

第1033条 如果有数名遗嘱执行人并且均已承诺执行遗嘱,每一执行人均可独立执行其任务。数名遗嘱执行人对向其交付的动产账目负连带责任。但如果遗嘱人对遗嘱执行人的职责已进行分工,并且每一人在实际执行中仅限于其本人负担的职责时,不在此限。

第1034条 遗嘱执行人为了封存遗产、加盖封印、制作财产清册、制作账目所支出的费用以及其他有关履行职责的费用,由遗产负担。

第八节 遗嘱的撤销与失效

第 1035 条

只有通过后来订立的遗嘱,或者用在公证人面前作成的、记载改变意愿之声明的文书,才能全部或部分撤销遗嘱。

第 1036 条

后来订立的遗嘱没有明确取消此前的遗嘱时,此前订立的遗嘱所包含的各项处分中仅有与新的处分不相吻合或者相抵触的处分无效。

第 1037 条

即使后来订立的遗嘱因指定的继承人或受遗赠人无能力或者拒绝受领遗产而没有得到执行,由这份新的遗嘱所为之撤销仍然产生完全的效力。

第 1038 条

遗嘱人对其遗赠之物的全部或其中之部分进行的任何转让,即便是按照约定的买回权或者互换的形式进行转让,或者即使后来进行的转让无效且转让物已重归遗嘱人,对于所进行的转让的全部事项而言,均构成撤销遗赠。

第 1039 条

如果受益人先于遗嘱人死亡,任何遗嘱处分均失效。

第 1040 条

以不确定的事件为条件进行的任何遗嘱处分,依照遗嘱人的意图仅在该事件发生或不发生时始予执行的①，如果指定的继承人或受遗赠人在此种条件成就之前死亡，该遗嘱处分失效。

第 1041 条

依照遗嘱人的意思，所附条件仅仅是暂时中止（停止）执行遗嘱处分时，不妨碍指定的继承人或受遗赠人享有已经取得的、可以转移给其本人的继承人的权利。

第 1042 条

如果在遗嘱人生前遗赠物已全部灭失，遗赠失去效力。

在遗嘱人死后，如果遗赠之物灭失不是由于继承人的行为与过错，即使继承人延迟交付遗赠物，但如其已将该物交付至受遗赠人同样会灭失时，遗赠亦失去效力。

第 1043 条

如果指定的继承人或受遗赠人放弃受领遗赠或者没有受领遗赠的能力，遗嘱处分失效。

第 1044 条

在向数人共同进行遗赠的情况下，（如果其中有受遗赠人放弃受领遗赠）发生利益于其他受遗赠人的份额增加（acroissment）。

遗嘱人用单一的遗嘱处分向数人进行遗赠但没有指明每一个共同受遗赠人对遗赠物应得的份额时，视为（对受遗赠人的）共同遗赠。

第 1045 条

用同一份遗嘱向数人赠与某物，即使是分开赠与，如果该物非经损坏便不能分割，也视为进行共同遗赠。

---

① 第 1040 条与第 1041 条分别涉及偶成条件与停止条件，以下第六章关于剩余遗产的遗赠可以看成依偶成条件进行的处分。

第 1046 条

依照第 954 条以及第 955 条的规定允许请求取消生前赠与的原因,同样允许适用于取消遗嘱处分的请求。

第 1047 条

如果是基于对遗嘱人身后名声有重大毁损的原因而提出此种请求,应当自损害行为发生之日起 1 年内为之。

第六章 向后位受赠人无偿处分财产以及剩余财产的无偿处分

(2006 年 6 月 23 日第 2006-728 号法律)

译者简述:1804 年《民法典》第 1048 条至第 1074 条规定,允许为赠与人或遗嘱人的孙子女或其兄弟姐妹的子女的受益进行无偿处分。2006 年 6 月 23 日第 2006-728 号法律明确规定了"向后位受赠人无偿处分财产",这项制度并不是一项全新制度,它是在原来制度的基础上进行改革后形成的。法国民法上早有此类形式的遗赠,只不过名称有所不同。

后位继承是指遗嘱人在遗嘱中不仅指定了继承人,而且规定,继承遗产的遗嘱继承人在其本人死亡时,将其继承的遗产转交给遗嘱人指定(appeler)的人。由遗嘱人指定的人称为后位受赠人(法文称为"second gratifié",直译为"次位或第二位的受赠人")。按照这种方式进行的无偿处分原文称为(liberalités graduelles,直接翻译为"渐进式无偿处分")。处分人规定前位受赠人负担义务,在其本人死亡时,将其赠的财产转移或转交给指定的人(称为"appelé"或"subsitituté",译为"受指定人""受益人或替代人")。前位受赠人也称为"grevé",译为"义务负担人"或"负担转交义务的人"。向后位受赠人无偿处分财产不仅仅指遗赠,也可以是生前赠与,因此,前位受赠人包括受赠与人和受遗赠人,而后位受赠人是前位受赠人的继承人(通常是其第一亲等的直系卑血亲)。

法国民法关于后位继承规则的确定也经历了一个渐进过程。如前所述，1804年《民法典》第896条禁止替代继承，现行第1048条的规定也与原来相同条文的规定有很大不同。参见本章所附原第1048条至第1074条。

第一节　向后位受赠人无偿处分财产

第 1048 条

对无偿处分可以附加一种负担，此种负担包括受赠与人或者受遗赠人负责保管[1]作为受赠标的物的财产或权利，并且负责在其本人死亡时将此财产或权利转移给文书中指定的后位受赠人。

第 1049 条

同意照此进行的无偿处分，仅对前位受赠人死亡时实物尚存并且在转移之日仍可鉴别的财产或权利产生效力。

在此种无偿处分涉及有价证券时，转让这些证券的情况下，对取得的替代证券（依物上代位）产生效力。

在此种无偿处分涉及不动产时，无偿处分的财产上承受的负担应当进行公示。

第 1050 条

后位受赠人的权利，于负担义务的前位受赠人死亡之时开始。

但是，义务负担人可以利益于指定的后位受赠人，抛弃作为无偿处分之标的的财产或权利的使用、收益权。

---

[1]　前位继承人或遗产转交义务负担人，直至其本人死亡，始终是受赠与或受遗赠的财产的所有权人，而受指定的后位继承人在义务负担人生前对这些财产仅仅持有一种不确定的可能权利。显然，义务负担人对其受赠的财产享有比用益权人更加广泛的权利，但是，他有义务保全并向后位继承人转交财产。

提前抛弃使用、收益权,不得损害义务负担人在尚未抛弃受赠物之前就已经存在的债权人的利益,也不得损害从义务负担人手中对其抛弃的财产或权利已经取得权利的第三人的利益。①

第1051条

后位受赠人被视为从进行无偿处分的人手中取得权利;后位受赠人的继承人依照第1056条规定的条件受领无偿处分时,也被视为从无偿处分人手中取得权利。

第1052条

处分人为了保障其对无偿处分所加的负担顺利履行,可以规定提供保证与担保。②

第1053条

不得规定后位受赠人负担保管与转交财产的义务。

如果是对超过第一亲等的人规定的负担,此种义务负担仍然有效,但仅对第一亲等有效。③

第1054条

如果负担义务的前位受赠人是无偿处分人的特留份继承人,转交财产的义务负担只能涉及处分人可处分的部分。

但是,受赠与人可以在赠与文书中,或者在随后依照第930条制定的文书中,同意承受对其特留份的全部或部分规定的转交义务负担。

受遗赠人可以自其知道处分人的遗嘱之日起1年内,请求消除其

---

① 后位受赠人的权利,仅自负担义务的前位受赠人死亡时开始,因此,负担遗产转交义务的前位受赠人与后位继承人之间不存在财产共有关系。
② 前位受赠人应当保证将来执行处分人的意愿,将财产转移给后位继承人。
③ 译者理解,第1053条第1款规定后位受赠人不再负有向其晚辈转交财产的义务,第2款则规定,如果前位受赠人是处分人的孙子辈(超过第一亲等)那么,规定其向曾孙辈转交财产仍然有效,但仅至曾孙辈为限。参见第1056条。

特留份的全部或部分份额上的义务负担,非如此,则应当确保履行这些义务负担。

如果规定的义务负担涉及的是前位受赠人的特留份之部分,经其同意并且在此限度内,当然利益于他的已经出生和将来出生的全体子女。

第 1055 条

只要后位继承人没有按照接受生前赠与所要求的形式向赠与人通知其接受赠与,向后位受赠人进行赠与的人可以撤销此种赠与。

尽管有第 932 条的规定,后位受赠人可以在赠与人死后才接受向其进行的后位赠与。

第 1056 条

后位继承人先于前位受赠人死亡或者放弃享有后位受赠利益的,作为此种无偿处分标的的财产或权利,归入义务负担人(前位受赠人)的遗产,但是,如果文书原已明文规定前位受赠人的继承人可以受领这些财产或者文书指定了另外的后位继承人时,不在此限。

第二节 剩余财产的无偿处分

第 1057 条

无偿处分财产的文书中可以规定,在前位受赠人死亡时,召唤某一人受领处分人向前位受赠人所为的赠与或遗赠中的尚存之物。

译者简述: 这里所说的"剩余财产的无偿处分"原文为"libéralités résiduelles"(de residuo),"剩余财产"是指,无偿处分人处分的财产在受赠人手中虽然经过使用、消费,但在受赠人本人死亡时仍然存在部分财产,特别是在遗产数额巨大的情况下,受赠的继承人在继承之后,生前并没有完全耗尽其继承的全部财产,处分人在进行处分时预先对这种情况作出规定:如果在前位受赠人死亡时,仍然剩有一部分属于处分人的遗产的财

产,剩余的这部分财产不归入受赠人本人的遗产,而是将其转移给特定的后位继承人,这种情况不是指当一人不继承时,由其他人替代继承(第898条)。2006年6月23日法律以前的判例已经确认剩余财产遗赠的有效性。剩余财产的无偿处分与后位继承的共同点是:处分人将财产赠与或遗赠给前后两个人,而且前后两人都是从处分人处直接取得财产。两者的最大区别在于:在后位继承,前位受赠人应当保全其受赠的财产,而在剩余遗产的处分中,前位受赠人仅仅是不得通过遗嘱处分其死亡时仍然存在的(原)受赠财产。

在遗嘱处分人没有作出相反规定的情况下,剩余财产的遗赠应当受双重条件约束:处分人指定的前位受遗赠人死亡时,其所赠财产仍然有一部分存在,而且指定的后位受遗赠人生存。这样,依照第1040条的规定,如果指定受领剩余遗产的后位受遗赠人已死亡,那么,其本人的继承人在前位受遗赠人死亡时,不能要求交付剩余的遗赠财产。

第1058条

剩余遗产的无偿处分,并不强制前位受赠人必须保存其受领的全部财产①,但强制其有义务(在其死亡时向后位受赠人)转移尚存的剩余财产。

当作为剩余遗产处分之标的的财产已经被前位受赠人转让给他人时,对(可能的)剩余遗产享有利益的后位受益人的权利,既不转移至因这些转让所得的利益,也不转移至(用转让所得的款项)取得的新

---

① 这也意味着,即使无偿处分人对前位继承人死亡时可能剩余的遗产表达了如何处分的愿望,但并不强制前位受赠人必须保存其受领的全部财产,因此,前位受赠人完全有可能用尽其受赠的全部财产而不再有任何剩余。因此,剩余财产的无偿处分仅仅产生一种可能的或不确定的权利。第1058条第2款准许前位受赠人生前转让其受赠的财产,在规定剩余财产遗赠的情况下,(遗嘱人)指定的前位受遗赠人完全可以通过(其本人的)生前赠与行为,处分向其遗赠的财产,但是,第1059条第1款禁止他通过遗嘱处分这些财产。这是显而易见的,因为遗嘱处分只能在处分人死后产生效力,如果准许前位受赠人利用遗嘱处分剩余的财产,那么不仅违反原遗嘱处分人"希望看到在前位受遗赠人死亡时将仍然剩余的财产转给指定的后位受遗赠人"的意愿,而且也不可能再有剩余遗产。

财产。

第 1059 条

前位受赠人不得通过遗嘱处分其以剩余遗产遗赠的名义接受赠与或遗赠的财产。

在进行剩余遗产遗赠时,可以禁止前位受赠人通过生前赠处分其受领的财产。

但是,前位受赠人是特留份继承人时,对于按照先予支付应继份的形式向其赠与的财产,仍然保留其进行生前处分或死因处分的可能性。

第 1060 条

前位受赠人没有义务向处分人或处分人的继承人报告管理账目。

第 1061 条

第 1049 条、第 1051 条、第 1052 条、第 1055 条与第 1056 条的规定适用于剩余财产的无偿处分。

第 1062 条至第 1074 条

(废止)

附:原第六章　允许为赠与人或遗嘱人的孙子女或其兄弟姐妹的子女的利益进行的处分

第 1048 条　父和母得以生前赠与或遗嘱,将其可处分的财产全部或部分赠与其子女中的一人或数人,并规定由这些受赠人负担义务,将这些财产转移给他们自己的已经出生或将来出生的子女,但仅以向受赠人的第一亲等转移为限。

第二编 无偿处分

> **译者简述**：这里所附的第六章是《民法典》关于"得到准许的替代继承"（substitution permise）的规定（有别于第898条规定的补位继承）。
>
> 当无偿处分人担心其继承人将来有可能危及家庭财富时，法律准许处分人为了保护晚辈而采用信托继承的方式（substitution fideicommissaire，替代继承原则上受到原第868条的禁止）。但原第1048条仅仅准许：处分人应当是父、母，而且只能是对他们可处分的部分（quotité disponible）规定此种继承方式，义务负担人是处分人的子女，也就是说，处分人只能对作为受赠与人或受遗赠人的子女规定负担，由他们将受赠财产转交给孙子女，受益人只能是义务负担人的第一亲等，而且处分人只能对他们可以处分的部分规定此种负担。原第1049条的规定则是针对处分人没有直系卑血亲的特殊情形，准许为其兄弟姐妹的子女受益而进行替代继承。
>
> 在这种得到准许的替代继承机制中，财产发生两次转移：从处分人转移至义务负担人，在义务负担人本人死亡时，再发生替代转移。如果所有的受益人均无能力或者先于义务负担人死亡，继承替代失效；某一或某些受益人死亡或放弃享有利益，则利益于其他受益人。如果在义务负担人死亡时替代继承已经失效，那么，（原本应转移给晚辈的）财产成为义务负担人（本人）的遗产，按照继承规则移转给他的继承人，此种情况不属于替代继承。在财产没有转移之前，受益人也可以对财产实施保全行为，甚至可以实施处分行为，并且可以禁止义务负担人实施有损于标的物的行为。

第1049条 死者无子女的，得以生前赠与或遗嘱，将不属于法律规定应予保留的遗产之全部或部分，处分给他的兄弟姐妹中一人或数人，并由受赠人负责将这些财产转移给他们自己的已经出生或将来出生的子女。此种处分有效，但仅以向受赠人的第一亲等转交为限。

第1050条 前两条所允许的无偿处分，仅在规定受赠人将其受赠财产转交给他们自己的全体已出生及尚未出生的子女，且不区分这些子女的年龄与性别，也不规定优先受领的情况下，始为有效。

第1051条 如果在上述情况下应当负担向自己的子女转交财产的人死亡，并在其第一亲等中留有子女，以及先去世的子女留有直系卑血亲，由这些直系卑血亲取代先去世的子女受领各自应得的财产部分。

第1052条 （死者的）子女、兄、弟、姐、妹原已接受不附有转交财产之义务的生前赠与，其后又接受新的生前赠与或遗赠，如果对新的赠与和遗赠规定了同时转交前次所赠财产之条件，则不允许受赠人将为其利益前后两次进行的财产处分分开，以期保留第一次的赠与而放弃第二次的赠与，即使受赠人愿意转交第二次受赠的财产，亦同。

第1053条 负担转交义务的子女或兄、弟、姐、妹所享有的用益权，不论因何种原因终止时，应当受领转交之财产的人的权利即告开始。负担转交义务的子女或兄、弟、姐、妹，如果为了接受转交财产的人的利益提前放弃用益权，也不得损害债权产生于放弃用益权之前的债权人的利益。

第1054条 负担转交义务的人的妻子，仅就其奁产的原本，并在遗嘱人明确许可的情况下，在可处分的财产不足时，始对应予转交的财产有补充求偿权。

第1055条 进行以上各条所允许的财产处分的人，得以同一文书或者事后用经公证的文书，选任一名监护人负责执行此种处分；监护人仅得依第428条及随后条款（1964年12月14日第64-1230号法律）规定的原因免除其职务。

第1056条 在上述财产的处分人没有选任监护人的情况下，依负担转交义务的人提出的请求，或者在该人尚未成年时，应其监护人请求，选任一名监护人；此项选任应自赠与人或遗嘱人死亡之日起，或者在遗嘱人死亡后，自其留有记载财产处分之事由的文书被发现之日起1个月内进行。

第1057条 如果负担转交义务的人不履行前条之规定，丧失获得赠与或遗嘱处分之利益，且在此情况下，如果将会接受转交财产的人是成年人，应其本人的请求，可以宣告其开始享有权利；或者如果将会接受转交财产的人是未成年人或受监护的成年人,应其监护人或财产管理人的请求,宣告其开始享有权利;不论接受转交财产的人是成年人还是未成年人或受监护的成年人,亦可应其任何直系血亲的请求,甚至应继承开始地的大审法院的国王检察官(共和国检察官)的要求,依职权宣告其开始享有权利。

第1058条 在以附转交财产之义务为条件进行财产处分的人死亡之后,应当按照普通形式对组成其遗产的全部财产与物品作成盘存清册,但特定财产的遗赠除外。遗产盘存清册应写明对动产物品的公道作价。

第1059条 第1058条指的财产盘存清册,依负担转交义务的人提出的请求,在规定的期限内,有选任的执行监护人在场时制作。制作该清册所需的费用从处分的财产中支付。

第1060条 如果财产盘存清册未在前述期限内由负担转交财产义务的人请求作成,应在下1个月内由选任的执行监护人负责,在负担转交财产义务的人或其监护人面前作成。

第1061条 如果前两条的规定均未得到执行,应第1057条所列之人的请求,并传唤负担转交义务的人或其监护人以及已经选任的执行监护人到场,作成财产盘存清册。

第1062条 负担转交财产义务的人,应通过公告与拍卖方式,出卖包括在处分的财产之内的全部动产物品,但以下两条所指的动产不在此限。

第1063条 包括在处分的财产之内的动产家具与其他动产物品,明示附有保存原物之条件的,按转交时的现状进行移交。

第1064条 供耕作土地使用的牲畜和用具,应认为是包括在此种土地的生前赠与或遗赠之内;负担转交义务的人仅负责对其评估作价,以便在转交时返还相等价值。

第1065条 在遗产的盘存清册作成后6个月内,负担转交财产义务的人应将现金、出卖动产与证券所得的现款,以及从流通证券所收取的钱款投入使用;必要时,规定的期限可予延长。

第 1066 条　负担转交义务的人,应当将由于收取债权与偿还年金所得的现金投入使用;并且应在收到此种现金以后 3 个月内即投入使用。

第 1067 条　如果处分遗产的人原已指定应当购入的财产的种类,此种现金的使用应按其指示进行;否则,只能用于购买不动产或者连同不动产上设立的优先权。

第 1068 条　在决定前述数条规定的现金的使用时,应由已经选任的执行监护人提出请求并有其在场。

第 1069 条　(1959 年 1 月 7 日第 59-71 号授权法令)负担转交财产义务的人进行的生前赠与和遗嘱处分,对于不动产,由负担转交义务的人或选任的执行监护人负责,按照有关不动产公示的法律与条例的规定进行公示;对享有优先权(先取特权)与抵押权的债权,应按照本法典第 2148 条与第 2149 条第 2 款的规定进行公示。

第 1070 条　在处分财产的文书未进行公示(1959 年 1 月 7 日第 59-71 号授权法令第 25 条)的情况下,债权人与取得财产的第三人,即使对未成年人与受监护的成年人,亦可主张其权利;但是,未成年人与受监护的成年人对负担转交义务的人以及对选任的执行监护人有求偿权;即使负担转交财产义务的人与选任的执行监护人处于无支付能力状态,未成年人与受监护的成年人也不得对未进行公示之事由请求恢复原状。

第 1071 条　在没有进行公示的情况下,不能因为债权人或取得财产的第三人通过其他途径已经知悉处分财产之事宜而认为公示欠缺已得到补救或纠正。

第 1072 条　受赠与人、受遗赠人以及处分财产的人的合法继承人,这些人的受赠与人、受遗赠人与合法继承人,在任何情况下均不得以接受转交财产的人未进行公示或未进行登记(1959 年 1 月 7 日第

59-71号授权法令第25条)为事由而对抗之。

第1073条 选任的执行监护人,如果没有遵守以上规定的有关确认财产、出卖动产、使用现金、公示或登记规则,或者一般来说,未尽其一切必要的努力,以完全忠实地履行其转交财产之义务,应当承担责任。

第1074条 如果负担转交财产义务的人是未成年人,即使其监护人处于无支付能力之状态,亦不得以未履行本节所规定的规则而主张恢复原状。

第七章 无偿处分—分割[①]

(2006年6月23日第2006-728号法律)

第一节 一般规定

第1075条

任何人[②]均可在其推定的继承人[③]之间分配与分割其财产和权利。

[①] 在1804年《民法典》中这一章的标题为"父母或其他直系尊血亲就自己的财产为其直系卑血亲进行的分割"。1971年7月3日第71-523号法律将第七章的标题改为"由直系尊血亲进行的分割"(partages faits par les ascendants)。2006年6月23日第2006-728号法律又改为"无偿处分—分割"(des libéralités-partages),但其内容仍然是规定"赠与—分割"(donation-partages)和"遗嘱—分割"(testaments-partages)两种形式。

[②] 第1075条第1款原规定:"父母和其他直系尊血亲可以在他们的子女和直系卑血亲之间分配与分割自己的财产。"现条文将主语改为"任何人",第1075-1条同样改为"任何人"。此种处分行为原文称为"partage d'ascendant"(由尊亲进行分割):尊亲不仅进行财产的分配与分割,而且可以亲自搭配组成应当分配给每一个人的财产份,并尽量做到每一个人所得到的财产份至少等于其特留份份额,避免发生多退少补的情况。

[③] "推定的继承人"(héritiers présomptifs),指被认为是将来有资格继承遗产的人,这是一种可能的资格,但实际上,与"有继承权的人"(successible)同义。

此种行为得以"赠与—分割"或"遗嘱—分割"的形式进行。第一种情形,受有关生前赠与的手续、条件和规则的约束;第二种情形,受有关遗嘱的手续、条件和规则的约束。

第 1075-1 条

任何人均可在其不同亲等的直系卑血亲之间分配与分割其财产和权利,不论这些直系卑血亲是否为其推定的继承人。

第 1075-2 条

如果财产中包括工业、商业、手工业、农业或自由职业性质的个人企业,或者包括处分人在其中担任领导职务的从事工业、商业、手工业、农业或自由职业之活动的公司的权益,处分人可以采取"赠与—分割"的形式,并且依照第 1075 条与第 1075-1 条规定的条件,在这些条文所指的受赠与人和一名或数名其他人之间进行分配与分割①,但应当遵守每一种形式的公司特有的条件或公司章程规定的条件。

在进行此种无偿处分时,用于企业经营的有形财产和无形财产均应当纳入分配与分割,并且此种分配与分割的效力仅赋予上述其他人对这些财产之全部或部分以所有权或者使用、收益权。

第 1075-3 条

不得以显失公平为原因,对赠与—分割和遗嘱—分割提出追加分配份额之诉讼。

第 1075-4 条

无论有何相反规定,第 828 条的规定适用于由受赠人应当负担返

---

① 这项规定源于 1988 年 1 月 5 日法律。当处分人与(并非其直系卑血亲的)其他人之间有第 1075-2 条所指的企业时,所进行的分割便不能再将其看成"尊亲分割",而仅仅是一种"提前分割",这也是将第七章的标题"由直系尊血亲进行的分割"改为"无偿处分—分割"的原因之一。

还的差额部分。

第 1075-5 条

如果处分人死亡时留下的全部财产和权利并未全部包括在已进行的分割之内,没有分割的财产和权利,仍然按照法律的规定进行分配或分割。

第二节 赠与—分割

(2006 年 6 月 23 日第 2006-728 号法律)

第一目 向推定的继承人进行的赠与—分割①

(2006 年 6 月 23 日第 2006-728 号法律)

第 1076 条

(1971 年 7 月 3 日第 71-523 号法律)赠与—分割只能以现有财产为标的。

只要(2006 年 6 月 23 日第 2006-728 号法律)处分人参与两项行为,赠与和分割可以用分开的文书进行。

---

① "赠与—分割"是直系尊血亲进行财产分割的一种形式。直系尊血亲在赠与现有财产的同时,提前在作为推定的继承人的直系卑血亲之间进行财产分割,也称为"生前分割"(les partages par anticipation,提前分割)。尊亲进行财产分割是在直系卑血亲之间进行财产分配(répartition des biens),相当于继承遗产时进行的遗产分割。就赠与—分割而言,相当于分家析产:在进行财产分配的同时还向特定的子女进行财产赠与,因此在这种赠与的同时结合有(将来)遗产的转移。由长辈分家析产,是家长权威的体现,是行使亲属权与"家庭法官职责"。通常认为,"父母会一碗水端平",能够体现公平、公正,但现实往往并非如此,尊亲可能偏爱某个子女,给予其更多的利益,在这种情况下,尊亲分割也不一定能够达到"家庭安宁"或者"家和万事兴"的目标。

第 1076-1 条

（2006 年 6 月 23 日第 2006-728 号法律）在由夫妻二人共同进行赠与—分割的情况下，非双方共同的子女可以受领他们本人的被继承人的特有财产或者共同财产，而夫妻另一方并不因此成为这些共同财产的共同赠与人。

第 1077 条

（2006 年 6 月 23 日第 2006-728 号法律）由推定的特留份继承人依提前分割的名义受领的财产，应当扣减（计入）其特留份份额，但是，如果明文规定受领的财产属于应继份之外的赠与，不在此限。

第 1077 条原条文：由直系卑血亲以提前分割的名义已经受领的财产，构成应当扣减（计入）其特留份的生前赠与，但如果明确是在应继份之外进行的赠与，不在此限。

第 1077-1 条

（2006 年 6 月 23 日第 2006-728 号法律）特留份继承人，没有参与赠与—分割或者受领的财产不足其特留份的，如果在继承开始时尚未进行分割的财产内没有足够的财产组成或者补足其特留份，可以提出减少赠与数额之诉讼请求，但应考虑其本人已经享有的无偿处分的利益。

第 1077-2 条

（2006 年 6 月 23 日第 2006-728 号法律）凡是涉及计入、减少赠与数额和特留份的计算问题，赠与—分割均应遵守有关生前赠与的规则。

（2006 年 6 月 23 日第 2006-728 号法律）只有在进行分割的处分人死亡之后，才能提出减少赠与数额之诉讼。在由夫妻二人共同进行赠与—分割的情况下，只有在两处分人死亡之后，才能提起减少赠与数额之诉讼，但夫妻二人的非共同子女可以在他本人的被继承人死亡之后提起诉讼。诉讼时效期间为5年,自以上所指的死亡之日起计算。

在进行赠与—分割之当时尚未受胎的推定的继承人,享有相同的请求组成或补足其应继份的诉权。

第1078条

(2006年6月23日第2006-728号法律)尽管有适用于生前赠与的各项规则,赠与—分割的财产,应当按照赠与—分割之日的情形作价,以确定如何计算和计入特留份,有相反约定时除外,但以在直系尊血亲死亡时,所有生存的子女或者被代位的子女在先前进行的分割中均已受领一份财产并且已明确表示接受该财产,同时没有就钱款保留用益权为条件。

第1078-1条

(1971年7月3日第71-523号法律)特定的受赠与人的财产份额可以全部或部分由其从(2006年6月23日第2006-728号法律)处分人(原规定为"直系尊亲")受领的赠与财产组成,不论是应当返还的赠与还是在(2006年6月23日第2006-728号法律)应继份之外进行的赠与,并且应当考虑在此期间他可能将受赠与的财产投入使用或再使用的情况。

提前进行的财产分割所适用的作价日期,也适用于纳入分割的此前进行的赠与。

任何相反条款均视为未予订立。

第1078-2条

(1971年7月3日第71-523号法律)诸当事人可以约定(2006年6月23日第2006-728号法律)将原先在应继份之外进行的赠与也并入分割,并且将其作为提前支付的(2006年6月23日第2006-728号法律)继承份,计入受赠与人的特留份。

第 1078-3 条

（2006 年 6 月 23 日第 2006-728 号法律）即使处分人并未进行新的赠与，仍可订立前两条所指的协议。

此种协议不得视为推定的继承人之间的无偿处分，而应当视为处分人进行的分割。

第二目　向不同亲等的直系卑血亲进行的赠与—分割

（2006 年 6 月 23 日第 2006-728 号法律）

第 1078-4 条

直系尊血亲在进行赠与—分割时，其子女可以同意他们自己的直系卑血亲取代他们受领全部或部分财产份额。

后一顺序的直系卑血亲可以在提前进行的分割中分别或共同受领赠与—分割的财产份额。

第 1078-5 条

这种无偿处分构成一种赠与—分割，即使作为赠与人的直系尊血亲仅有一个子女，而财产的分割是在该子女与他（本人）的直系卑血亲之间或者仅在他的直系卑血亲之间进行，亦同。

在进行此种无偿处分时，要求已放弃全部或部分权利的子女以及由此受益的直系卑血亲均用文书作出同意表示。放弃人是因误解、欺诈或胁迫而表示同意放弃权利的，所进行的无偿处分无效。

第 1078-6 条

在不同继承顺序的直系卑血亲参与同一次赠与—分割时，按房数进行分割。

在不同顺序的直系卑血亲之间进行财产分配时，可以仅给予特定房数以财产，而不给予其他房数的财产。

第 1078-7 条

在向不同顺序的直系卑血亲进行财产赠与—分割时,可以包含第 1078-1 条至第 1078-3 条所指的协议。

第 1078-8 条

子女或者他们的直系卑血亲以提前分割的名义从作为赠与人的直系尊血亲的遗产中受领的财产,应当计入属于他们本房继承的份额,并且计入处分人可处分的部分。

先将向同一房的成员进行的所有赠与加在一起,然后再进行扣减,不论成员与死者的亲等关系之远近。

如果作为赠与人的直系尊血亲的所有子女均同意提前分割,并且对钱款没有规定保留用益权,受赠与人分配到的财产依照第 1078 条的规则进行作价。

如果某一房的直系卑血亲在赠与—分割中没有得到份额或者仅得到少于特留份的份额,应当按照第 1077-1 条与第 1077-2 条所定的规则满足他们的权利。

第 1078-9 条

同意由其本人的直系卑血亲替代其受领尊亲赠与—分割的财产的子女,在其本人死亡后的遗产继承时,由这些卑血亲原先从直系尊亲受领的财产,视为来自他们直接的被继承人的财产。

这些财产的虚拟汇总、计入、返还以及相应情况下的扣减,均受有关生前赠与的规则约束。

但是,所有的直系卑血亲在提前进行的分割中均受领了一份财产并且对钱款没有规定用益权时,受赠与人所得的财产视为他们如同从其被继承人经赠与—分割而受领的财产。

第 1078-10 条

在同意由其本人的直系卑血亲替代自己受领财产份额的子女本身又进行赠与—分割时,如果其中包括原先按照第 1078-4 条规定的条件受领的财产,不适用第 1078-9 条所定的规则。

新的赠与—分割可以包含第 1078-1 条与第 1078-2 条所指的协议。

第三节 遗嘱—分割①

(2006 年 6 月 23 日第 2006-728 号法律)

第 1079 条

(2006 年 6 月 23 日第 2006-728 号法律)遗嘱—分割产生分割财产的效力。遗嘱—分割的受益人不得为了要求对遗产重新进行分割而放弃主张遗嘱。

第 1080 条

(2006 年 6 月 23 日第 2006-728 号法律)凡是在遗嘱—分割中没有受领相等于其特留份份额的受益人,均可依照第 1077-2 条的规定提起减少他人受分配的数额的诉讼。

---

① 遗嘱—分割是遗产分割的一种形式,与赠与—分割不同的是:不需要在分开的两个不同时刻才产生效力,处分人死亡(直系尊血亲死亡),继承开始,属于遗嘱人的财产的转移以及受赠人的共同分割人的身份同时发生。关于遗嘱—分割的性质认定尚不很确定:遗嘱—分割和普通遗嘱到底有何区别? 有人认为,此种行为的遗产继承性质远超过遗嘱性质(对此,学者见解分歧),财产是以继承的名义向继承人转移,而不是以遗赠的名义向受遗赠人转移。遗嘱—分割不能以共同财产或共有财产为标的。遗嘱人只能分割属于其本人的财产。通过遗嘱实现的直系尊血亲进行的财产分割,是对遗嘱人死亡时留下的全部或部分财产的处分,由于有可能受到减少数额之诉讼的威胁,遗嘱—分割应当为每一个特留份继承人分配至少等于各自特留份的份额(参见第 1080 条)。

第八章　通过夫妻财产契约向夫妇双方以及他们婚后出生的子女进行的赠与

第 1081 条

现有财产的任何生前赠与,即使是通过夫妻财产契约向夫妇二人或者其中一人进行赠与,均受以此名义进行的赠与的规则约束。

凡不属于本编第六章规定的情形,不得为将来出生的子女受益进行现有财产的任何生前赠与。

第 1082 条

夫妻双方的父母、其他直系尊血亲、旁系血亲,甚至没有任何亲属关系的人,可以通过夫妻财产契约,处分他们死亡时留下的全部或部分财产,以利益于作为受赠与人的夫妻双方;在赠与人后于作为受赠与人的夫妻一方死亡的情况下,所进行的赠与利益于夫妻双方的婚姻将来出生的子女。[1]

---

[1] 第八章规定的是他人(主要是尊亲)通过(他们的)夫妻财产契约向(某一对)夫妇二人或者其中一人进行的赠与,是一种夫妻财产性质的赠与,如同通过夫妻财产契约进行的所有赠与一样,此种赠与不可撤销;如果是婚姻期间由夫妻一方向另一方进行的赠与,则是当然可以撤销的,但在实践中单方撤销此种赠与的情况很少。

契约指定继承人的受益人是配偶与子女。这是一项既具有赠与又具有遗嘱性质的混合制度。这种法律行为产生于一项契约,由于它是无代价的,具有不可撤销性,所以属于赠与,但其赋予的权利则是"死因发生",因此具有继承性质,使其与遗赠相接近。在法国旧时法律中,契约指定继承属于"家庭协议"(pacte de famille)之一种,借助这种协议,可以在家长的权威下安排各继承人的权利,往往是优待男丁,尤其是长子、长孙。1804 年《民法典》保持了这种制度,但没有采用"契约指定继承人"的名称,而是称之为"将来财产的赠与"(但实践中仍然保留使用"契约指定继承人")。第 1081 条第 1 款最后一句中的"以此名义"似指"生前赠与"。

此种赠与，即使仅为夫妻双方或者一方的受益而为，在赠与人后于受赠与人死亡的情况下，均推定是让受赠与的夫妻双方将来出生的子女或直系卑血亲受益。

第 1083 条

按照前条所指的形式进行的赠与不得取消，但此种不得取消的意义仅仅是指：赠与人不能再无偿处分包括在赠与之内的财产，以补偿名义或其他名义仅仅处分数量极少的款项时除外。

第 1084 条

通过夫妻财产契约进行的赠与可以是并合赠与现有的和将来的全部或部分财产，但应当在文书中附有赠与人在进行赠与之日已有的债务和负担的清单。在此情况①下，赠与人死亡之日，受赠与人有"仅限于受领赠与人现有财产并放弃取得其余财产"的自由。

第 1085 条

如果在包括现有的和将来取得的财产的赠与文书中并未附有前条所指的债务与负担的清单，受赠与人负有义务全部接受或者全部放弃这项赠与。如其接受赠与，则只能要求赠与人死亡之日存有的财产，并且应当负担清偿遗产的全部负债与负担。

第 1086 条

无论赠与人是何人，通过夫妻财产契约为一对夫妻双方受益以及为他们婚后将出生的子女的受益进行的赠与，可以附带不加分别地清

---

① 第 1084 条规定的是契约指定继承人（将来财产的赠与）的一种变化形式：它包括同时赠与现有的和将来的全部或部分财产。但这一规定并不是一种积累性赠与（donation cumulative）：受赠与人不能同时兼而取得继承权利和无偿处分的财产。在继承开始时，受指定人应当在"契约指定"与"现有财产的无偿处分"两者之间作出选择，因此需要确定契约订立时财产的清单，包括指定人的动产估价清单与债务清单。

偿遗产的全部负债及负担之条件，或者附加随其意愿执行的其他条件：如果受赠与人不愿放弃接受赠与，则有义务履行这些条件；如果赠与人以夫妻财产契约保留处分包括在现有财产的赠与中的某些物品的自由，或者保留处分从这些财产中取得确定数额的款项的自由，这些物品或款项仍然被视为包括在赠与的财产之内，并属于受赠与人或受赠与人的继承人。

第1087条

通过夫妻财产契约进行的赠与，不得以其没有被接受为理由而对其提出异议，也不得以此理由宣告其无效。

第1088条

为了有利于婚姻而进行的任何赠与，如果该婚姻并未成就，赠与失去效力。[1]

第1089条

依照第1082条、第1084条与第1086条的规定向夫妻双方进行的赠与，如赠与人后于受赠与人及其直系卑血亲死亡，此种赠与亦失去效力。

第1090条

以夫妻财产契约进行任何赠与，在对赠与人开始继承时，均得从其依法律规定允许处分的财产部分中减除。

---

[1] 关于奁产制（régime dotal），参见第1438条、第1439条。所谓奁产，就是俗称的"嫁妆"或"嫁资"，通常是女方婚嫁时带给夫家的婚姻财产，属于依婚姻财产契约，为利于婚姻、分担家事费用负担而进行的婚姻财产性质的无偿处分（liberalites matrimoniales）。与这项规定相类似的一项规则是：如果婚姻无效，赠与无效。

第九章　夫妻之间依财产契约或者在婚姻期间进行的财产处分

第1091条

夫妻双方可以通过财产契约约定,或者相互之间,或者一方向另一方,进行他们认为适当的赠与,但保留执行以下各项限制性规定。

第1092条

夫妻之间通过财产契约进行的任何现有财产的生前赠与,如果没有明文订定是以受赠与人生存为条件,均不得视为附有此种条件;并且此种赠与受对其规定的各项规则与形式的约束。

第1093条

夫妻之间通过财产契约进行的将来财产的赠与,或者赠与现有的和将来的财产,无论是单方赠与还是相互赠与,均受前一章关于由第三人进行相同赠与时所确定各项规则的约束,但是,在受赠与的配偶一方先于赠与人死亡的情况下,由此赠与的财产不得转移给该夫妻婚姻所生的子女。

第1094条

(1972年1月3日第72-3号法律)夫妻一方,得以财产契约或者在婚姻期间约定,在其既无子女又无(2005年7月4日第2005-759号授权法令废止"婚生或非婚生")直系卑血亲的情况下,为另一方受益,处分其有权向非亲属处分的一切财产所有权(2006年6月23日第2006-728号法律废止"与可以处分依本法典第914条所保留给直系尊血亲的财产部分的虚有权")。

第 1094-1 条

（1972年1月3日第72-3号法律）夫妻一方，如果有子女或直系卑血亲①，（2005年7月4日第2005-759号授权法令废止"不论是非婚生还是婚生"）均可为另一方受益，或者处分其有权向非亲属处分的财产的所有权，或者处分其1/4财产的所有权和剩余3/4财产的用益权，或者仅处分其全部财产的用益权。

（2006年6月23日第2006-728号法律）除处分人另有约定条款作出规定外，生存配偶可以将其可得的权益限制于为其受益而处分的财产的一部分。不得将这种利益限制视为向其他有继承权的人进行的一种无偿处分。

第 1094-2 条

（2001年12月3日第2001-1135号法律第21条废止）

第1094-2条原条文：在以所有权，或者以所有权加用益权，或仅以用益权进行赠与，并且赠与的数额超过财产的一半时，每一子女或直系卑血亲均有权就其各自的继承份额，要求通过提供充分的担保并保证维持原有之等值，将用益权转变为等值的终身定期金。

但是，对受赠与的配偶一方死亡时作为主要居所的居住场所的用益权，以及对该居住场所内配备的家具的用益权，不得行使该项权利。

---

① 这一条文的规定显然涉及并影响有前婚所生子女的人再婚情况下作出的规定。无论社会形态如何，再婚的父或母的前婚所生子女与继母或继父之间往往会发生利益冲突，尤其是再婚的父或母有可能通过订立夫妻财产契约，或者订立变更原财产契约的协议，让现配偶获得超过第1094-1条确定的限额的婚姻财产利益（avantages matrimoniaux）。为了防止此种情况，法律为前婚所生子女设立了减少婚姻财产利益之诉权（第1527条），以保护他们不因生父或生母再婚，偏心于现婚所生子女或者现配偶而损害他们的利益。因为，再婚夫妻双方的共同子女可以受领双方的遗产，而一方的前婚所生子女不仅得不到继父母的遗产，而且有可能因生父母在财产利益方面作出的调整安排，使其本可获得的利益受到损害。

第 1094-3 条

（1972 年 1 月 3 日第 72-3 号法律）不论财产处分人有何相反规定，子女或直系卑血亲均可要求对负担用益权的财产制作动产盘存清册、不动产状态说明书，将现款投入使用，以及要求由用益权人选择，将无记名证券转换为记名证券或者寄托至经认可的受寄托人处。

第 1095 条

未成年人，只有得到有权同意其婚姻的人的同意和协助，才能通过夫妻财产契约向配偶进行单纯的赠与或相互的赠与；在获得同意的情况下，未成年人可以向其配偶赠与法律允许成年夫妻赠与配偶的任何财产。

第 1096 条

（2004 年 5 月 26 日第 2004-439 号法律第 21-1 条）夫妻之间在婚姻期间进行的将来财产的赠与，(2006 年 6 月 23 日第 2006-728 号法律废止"即使称为生前赠与"）始终都可撤销。

夫妻之间进行的于婚姻期间产生效力的现有财产的赠与，(2006 年 6 月 23 日第 2006-728 号法律）只能在第 953 条至第 958 条规定的条件下才能撤销。

夫妻之间进行的现有的或将来的财产的赠与，不因有子女出生而取消。

第 1097 条

（2001 年 12 月 3 日第 2001-1135 号法律废止）

第 1097-1 条

（2001 年 12 月 3 日第 2001-1135 号法律废止）

第 1098 条

(1972 年 1 月 3 日第 72-3 号法律) 如果再婚的配偶一方, 在第 1094-1 条所指的限度内, 向其再婚配偶无偿处分财产的所有权, (2006 年 6 月 23 日第 2006-728 号法律) 该人的不是双方婚姻所生的子女中任何一人, 均有权就涉及其个人的部分, 通过放弃他们在(处分人)没有生存配偶的时候就已经受领的那部分遗产的用益权, 以替代执行前述(所有权的)无偿处分, 但如果处分人有明确的相反意愿, 不在此限。

行使这项选择权利的人可以要求适用第 1094-3 条的规定。

第 1099 条

夫妻相互之间不得间接赠与超过以上规定允许赠与的财产数额。

第 1099-1 条

(1967 年 12 月 28 日第 67-1179 号法律) 夫妻一方用另一方赠与的现金取得某项财产的, 这项赠与仅仅是金钱的赠与, 而不是赠与用这些金钱取得的财产。

在此情况下, 赠与人或其继承人的权利, 仅仅是按照财产的现有价值计算的一笔现金; 如果财产已经转让, 则考虑该财产转让之日的价值; 如果已购置新财产替代已转让的财产, 按新财产的价值计算。

第三编① 债的渊源②
(2016 年 2 月 10 日第 2016-131 号授权法令)

第 1100 条

(2016 年 2 月 10 日第 2016-131 号授权法令第 2 条)债产生于法律行为、法律事实或者法律特有之权威效力(l'autorité seule de la loi)。

债可以产生于自愿履行或允诺履行对他人的某种道德义务③。

第 1100-1 条

(2016 年 2 月 10 日第 2016-131 号授权法令)法律行为是旨在产生法律效力的意思表示。法律行为可以是双方合意的,或者是单方的。

法律行为的有效性与效力,理所当然适用调整合同的规则。

第 1100-2 条

(2016 年 2 月 10 日第 2016-131 号授权法令)法律事实是指法律赋予其法定效力的行为(agissements)或事件(événements)。

---

① 自 1804 年以来,法国《民法典》第三卷"取得财产的各种方式"中的第三编"契约或合意之债的一般规定"以及第四编"非因契约而发生的债"的条文规定被认为是法典中最精彩的部分,也是"最稳定的部分",两百多年来少有修改。2016 年 2 月 10 日第 2016-131 号授权法令对这一部分条文进行了全面改革。

② "债的渊源"原文为"les sources d'obligations",也译为"债的发生根据"。

③ "道德义务"原文为"un devoir de conscience",其中"conscience"是一个多义词,通常解释为意识、觉悟、道德心、信仰等,也译为"良心义务"或"道义义务",实指自然之债。

由法律事实产生的债,视具体情况,分别受有关非合同责任①分编或者债的其他渊源分编的规定调整。

第一分编 合 同②

(2016 年 2 月 10 日第 2016-131 号授权法令)

第一章 编首规定③

(2016 年 2 月 10 日第 2016-131 号授权法令)

第 1101 条

(2016 年 2 月 10 日第 2016-131 号授权法令)合同是二人或数人之间

---

① "非合同责任"原文为"responsabilité extracontractuelle",直译为"契约外责任",是近年来法国学者广泛使用的概念,通常用来表述侵权责任和准侵权责任。参见第三编第二分编。

② 通常认为,合同也称为契约,依据习惯用法,两者有时也有差别。译本中根据约定俗成规则,"契约"与"合同"两个术语均有使用,没有统一,例如,婚姻财产契约。

③ 在 1804 年《民法典》中,这一章使用的标题原文为"dispositions préliminaire",而法典开头的第 1 条至第 6 条的标题则为"titre préliminaire",两者均使用了相同词汇"préliminaire"。李浩培先生等的译本将前者译为"通则",后者译为"总则"。我国多数学者认为法国《民法典》没有"总则",并且认为这是法国《民法典》的不足之处。2016 年 2 月 10 日第 2016-131 号授权法令对债法进行改革之后,合同编第一章的标题改为"dispositions liminaire"。法文"liminaire"与"préliminaire"两词本义上都用指文件或演讲的"导言""引言"或"开端"部分。为区分起见,本书没有将它们译为"通则"或"总则",而是分别译为"序编"以及"编首规定"。

旨在创设、变更、转移或者消灭债之关系的合意(accord de volontés)。①

第 1102 条

(2016 年 2 月 10 日第 2016-131 号授权法令)每一个人均有自由在法律确定的界限内缔结合同、不缔结合同、选择与之缔约的相对当事人、确定合同的内容及其形式。

契约自由不得违反涉及公共秩序②的规则。

第 1103 条

(2016 年 2 月 10 日第 2016-131 号授权法令)依法成立的合同对缔结该合同的人具有相当于法律的效力。(参见附目第 1134 条第 1 款)

第 1104 条

(2016 年 2 月 10 日第 2016-131 号授权法令)合同,应当本着善意③谈判、订立和履行。

此项规定具有公共秩序性质。(参见附目第 1134 条第 3 款)

第 1105 条

(2016 年 2 月 10 日第 2016-131 号授权法令)合同,无论有无名

---

① 原第 1101 条表述为:契约是一人或数人据以对另一人或数人负担给付、作为或不作为之债的协议(convention)。其中用语为"convention"一词的意思是"协议""协定""公约"等,也有人将其译为"合意";新条文使用的术语为"un accord de volontés",其意思是"经各方意思达成的协议"或者"各方意思的一致",称其为"合意"似乎更为准确。

② 1804 年《民法典》第 1133 条就债的原因规定,如果原因为法律所禁止,或者原因违反善良风俗或公共秩序时,此种原因为不法的原因。在新的条文中没有再提及"善良风俗",仅保留了"公共秩序"。

③ 原文为"bonne foi",通常译为"善意",也有人译为"诚信",但是,需要区分的是,法国法律中还有"mauvaise foi"(恶意)、"loyauté"(诚信)、"sincérité"(诚实)与"déloyauté"(不诚信)等用语。

称①,均受本分编确定的一般规则约束。

特定合同的特别规则,依每一种合同各自特有的规定确定。

除适用这些特别规则外,适用一般规则。(参见附目第1107条)

第1106条

(2016年2月10日第2016-131号授权法令)诸当事人相互负担债务的合同为双务(synallagmatique)合同。

一人或数人对另一人或数人负担债务,后者不负对应义务的,此种合同为单务合同(contrat unilatéral)。(参见附目第1102条、附目第1103条)

第1107条

(2016年2月10日第2016-131号授权法令)每一当事人均从他方当事人获得利益,作为其为他方当事人带来利益的对待给付时,此种合同为有偿合同。

一方当事人为另一方当事人带来利益,不期待也不受领对待给付的,此种合同为无偿合同。(参见附目第1105条、附目第1106条)

第1108条

(2016年2月10日第2016-131号授权法令)每一当事人承诺义务给予他方当事人的利益被视为与其从他方获得的利益大体等值时,此种合同为实定合同②。

对于合同是带来利益还是损失,所有当事人均接受其效力依赖于某种不确定的事件时,此种合同为射幸合同。(参见附目第1104条)

---

① "有名合同"与"无名合同",指法律,尤其是《民法典》规定有名称或者没有规定名称的合同。

② 原文为"contrat commutatif",与射幸合同相对应,由于合同双方当事人所得利益大体等值,也译为"等价合同""等价契约"。

第 1109 条

（2016 年 2 月 10 日第 2016-131 号授权法令）不论表示同意的方式如何，仅需交换同意意思即告成立的合同，为诺成合同①。

合同的有效性以遵守法律确定的形式为条件的，为要式合同（contrat solennel）。

合同的成立以物的交付为必要条件的，为要物合同（contrat réel）②。

第 1110 条

（2018 年 4 月 20 日第 2018-287 号法律）协商订立的合同（le contrat de gré à gré）是各项约款在当事人之间自由谈判订立的合同。

附合合同（contrat d'adhésion）是包含由一方当事人事先确定的不经谈判的全部条款的合同。

第 1111 条

（2016 年 2 月 10 日第 2016-131 号授权法令）框架合同（contrat-cadre）是诸当事人就将来合同关系的总体性质的诸事项作出约定的一项协议（un accord），框架合同的履行方式由执行合同③具体规定。

---

① 原文为"contrat consensuel"，不仅与要式合同相对应，更与要物合同相对应。有人将"contrat consensuel"译为"意定契约"，有待商榷，按照契约自由原则，契约或合同均为当事人意定。即使存在"强制订约"的情况，也往往限于重大公益需要或者特别情形。

② 也译为实践合同，源于罗马法。随着诺成主义的发展，实践合同类型逐步减少。借贷合同、寄托合同以及担保法改革前的质押合同是典型的实践合同或要物合同。要物合同意味着合同的成立需以交付某物（标的物）为条件。订立要物合同、承担义务的当事人如果不进行物的交付，合同不能成立，但仍有可能构成缔约允诺。物的交付不是一项证明手续，而是要物合同的有效性要求。

③ 执行合同（contrat d'application），也译为"实施合同"，依法文字面意思为"适用合同"。

第 1111-1 条

（2016 年 2 月 10 日第 2016-131 号授权法令）瞬时履行的合同①是其产生的债可以一次性给付即履行完毕的合同。

连续履行的合同是由其产生的债至少有一部分在时间上需要分数次履行的合同。

第二章 合同的成立②

（2016 年 2 月 10 日第 2016-131 号授权法令）

第一节 合同的订立

第一目 谈 判③

第 1112 条

（2016 年 2 月 10 日第 2016-131 号授权法令）合同订立前的谈判提议、谈判的进行以及谈判的中断均是自由的，但应当强制性符合善意

---

① 原文为"contrat à exécution instantanée"，这一术语不是指合同"必须立即履行"，而是指"仅需一次履行行为，瞬时即可履行完毕或给付完毕的合同"，例如，物的交付、确定数额的钱款的一次性支付。瞬时履行的合同与连续履行的合同相对应。本条第 2 款规定的是分多次或分期连续履行或连续给付的合同，履行时间有一定的延续性，法文称为"contrat à exécution successive"。关于合同延续的时间长短，参见第 1210 条至第 1215 条。

② 合同的成立与订立，原文分别为"formation"与"conclusion"。

③ 原文为"les négociations"，也译为"磋商"。但译者认为，"négociations"似乎比"pourparler"更为正式一些。债法改革后，法典就合同的订立作了若干新的规定，例如，合同的谈判、要约与承诺、优先缔约简约（给予优先订约机会的简约）。法国《民法典》此前没有类似的条文规定。

要求。

在谈判中有过错的情况下,赔偿由此引起的损失,不得以补偿对未能订立的合同期待的利益丧失为目的。

第 1112-1 条

(2016 年 2 月 10 日第 2016-131 号授权法令)一方当事人知道某些情况、信息,且由于这些情况的重要性对于另一方当事人的同意起着决定性作用的,只要另一方不了解此种情况、信息属于合情合理,或者出于对相对当事人的信任,了解此种情况、信息的人应当进行告知。

但是,此项信息告知义务不涉及对给付价值的评估。

与合同的内容或各方当事人的资质有直接的必然联系的情况、信息,具有起决定性作用的重要性。

主张应当向其告知某项情况、信息的人,应当证明另一方当事人本应向其提供这些情况、信息,另一方当事人应当证明自己已经提供了此种情况、信息。

各方当事人既不得限制,也不得排除此种告知义务。

违反告知义务,除负有义务的人应当对此承担责任外,可以引起依照第 1130 条及随后条文规定的条件撤销合同(l'annulation du contrat)。

第 1112-2 条

(2016 年 2 月 10 日第 2016-131 号授权法令第 2 条)未经准许,使用或者泄露在合同谈判中获得的具有保密性质的情况、信息的人,依普通法规定的条件承担责任。

第二目 要约与承诺

第 1113 条

(2016 年 2 月 10 日第 2016-131 号授权法令)各方当事人表明承诺

义务之意思的要约与承诺一经合致①,合同成立。

此种意思,可以产生于当事人的某种声明或没有歧义的行为。

第1114条

(2016年2月10日第2016-131号授权法令)向特定的或不特定的人发出的要约,应当包含考虑订立的合同的各项实质性②要素,并且表明要约人在要约得到承诺的情况下受其约束的意思,非如此,仅为进行谈判的邀请。

第1115条

(2016年2月10日第2016-131号授权法令)要约只要尚未到达受要约人(destinataire),均可自由撤回。

第1116条

(2016年2月10日第2016-131号授权法令)在要约人③确定的期限经过之前,或者如果没有确定期限,在合理的期限经过之前,要约不得撤回(rétractée)。

违反前项禁止性规定撤回要约,阻却合同的订立。

违反前项禁止性规定撤回要约的,引起行为人按照普通法规定的条件承担非合同责任,但不强制其补偿受要约人丧失的对合同期待的利益(avantage)。

---

① 此处原文为"la rencontre",意为"相会"或"相合",指要约与承诺相互吻合、相互一致,只有要约与承诺的"意思表示一致"或"合致",合同才能成立,(中文)仅仅译为"相会"并不足够。

② 此处原用语为"essentiel",有"根本的""本质的""主要的""最重要的"等意思,也译为"主要的"。

③ 此处原用语为"auteur",也译为"发出要约的人",并未使用第1118条第2款所使用的"offrant"(要约人)一词。

第 1117 条

(2016 年 2 月 10 日第 2016-131 号授权法令)要约人确定的期限经过,或者没有确定期限的,在合理的期限经过时,要约失效。

要约人发生无能力情形或者死亡,(2018 年 4 月 20 日第 2018-287 号法律)或者受要约人死亡,要约亦失效。

第 1118 条

(2016 年 2 月 10 日第 2016-131 号授权法令)承诺,是受要约人(auteur)同意按照要约的表述事项受其约束的意思表示(manifestation de volonté)。

承诺,只要尚未到达要约人(offrant),在其到达要约人之前,可以自由撤回。

与要约不相吻合的承诺不产生效力,但可以构成一项新的要约。

第 1119 条

(2016 年 2 月 10 日第 2016-131 号授权法令)一方当事人主张的一般条件①,只有他方当事人知道并予接受的,才对该他方产生效力。

每一方当事人各自提出的一般条件不一致的,相互不一致的所有条款均不发生效力。

一般条件与特别条件不一致的,特别条件优先于一般条件。

第 1120 条

(2016 年 2 月 10 日第 2016-131 号授权法令)缄默不产生承诺的效力,但依照法律、习惯、商务关系或特别情节可作此解释的除外。

---

① 此处所说的"一般条件"(conditions générales),通常指生产商、销售商在相关文件或材料上写明的销售条件或交易条件,但不一定是本行业的通用条件。

第 1121 条

(2016 年 2 月 10 日第 2016-131 号授权法令)承诺一经到达要约人,合同即告订立①;承诺到达地视为合同缔结地。

第 1122 条

(2016 年 2 月 10 日第 2016-131 号授权法令)法律或者合同可以确定一个考虑期限,受要约人在该期限经过之前不得表示其承诺,或者可以确定一个撤回期限,在此期限经过之前,受要约人或期限的受益人可以撤回其同意。

第三目 优先缔约简约和单方预约

(2016 年 2 月 10 日第 2016-131 号授权法令)

第 1123 条

(2016 年 2 月 10 日第 2016-131 号授权法令)优先缔约简约(le pacte de préférence)是指当事人一方承诺只要他决定缔结合同,便优先提议与受益人进行洽谈(traiter)的合同。

诺约人违反优先缔约简约,与第三人缔结合同的,该简约的受益人可以对其受到的损失获得赔偿。如果第三人明知存在此种简约并且知道受益人有主张该简约的意图,简约的受益人也可以对已经订立的合同提起无效之诉,或者请求法官判决由其在已经缔结的合同中取代第三人。

第三人可以通过书面方式请求优先缔约简约的受益人在确定的期

---

① 法国法院判决此前认为:关于合同成立的日期与地点,法官对当事人的意思表示有自由裁量权(最高法院第一民事庭,1960 年 12 月 21 日);如果没有相反约定,合同成立的时间不是要约人接到受要约人承诺要约的通知,而是受要约人发出其承诺(通知)的时间(最高法院商事庭,1981 年 1 月 7 日),债法改革之后,第 1121 条明确规定,合同自承诺到达要约人时订立,确认了到达主义或受信主义。

限内确认简约的存在,并询问受益人是否打算主张该项简约。第三人确定的这一询问期限应当合理。

前项文书应当写明优先缔约简约的受益人在确定的期限内未予答复的,不能再请求在第三人缔结的合同中取代该第三人,或者主张所订的合同无效。

译者简述:第1123条规定的优先缔约简约,原文为"pacte de préférence",直接翻译为"优先简约",也译为"首选缔约当事人之简约",实际上表述的是"给予特定的人优先缔结合同的机会",但其中"pacte"一词有协议之意,将这种预约译为"简约",取自罗马法的"pactum"。

本条第1款明确定义这种简约是一项合同,不过,依照第1123条的表述,这种简约仍然属于单方的预约,作出此项预约的人是向特定人承诺:只要他决定缔结合同,一定优先考虑并首选该人作为合同相对当事人,商谈交易、缔结合同,因此属于单方预约性质。当事人仅仅是承诺优先与特定的人洽谈交易,仅仅是允诺"给予缔约优先机会或待遇",并不意味着必然会订立正式契约(本约),因此优先缔约简约并不等同于后来可能正式订立的合同(本合同或本约),当然,正式合同或本约是在优先缔约简约的基础上订立的。从优先缔约简约的性质来看,只有当诺约人(promettant)后来作出缔约决定时,其考虑订立的合同才能最后订立,因此,无须事先确定拟订立的合同(本约)的价金。仅仅就某项财产订立优先缔约简约,并不禁止所有权人(诺约人)仍然正常使用该财产,但是,如果诺约人将简约涉及的财产出租给在该财产买卖时享有先买权的第三人,那么,因优先缔约简约产生的优先权也就成为毫无实际内容的一纸空文,如果优先缔约简约的诺约人这样做,就是故意将自己放在不可能履行该简约的境地,应当赔偿简约的受益人(bénéficiaire)由此受到的损失。只要诺约人没有告知其已经作出出卖(简约所涉及的)财产的决定,那么,优先缔约简约的受益人就绝对无法行使其(优先缔约的)权利,因此,时效对其停止进行。

"pacte de préférence"这一术语有其特指意义,不能与另一术语——"droit de préférence"相混淆,后者通常是指优先认购权或优先分配权、优先受偿权,例如,股份公司的股东对公司增资时发行的股票享有优先认购权;此外,还需要与担保法规定的优先权或先取特权相区别,这种优先权称为"privilège",本义为"特权",是指相对于其他债权人而享有的特权,这种情况下,也称为"优先受偿权",甚至是相对于抵押权的优先受偿特权。

由第1123条第3款的规定产生的特定诉讼或诉权,法文称之为"action

interrogatoire",取自拉丁语"interrogatories",译为"质询书",此处译为"询问诉权"或"询问诉讼"。另参见第1158条、第1183条的规定。

第1124条

(2016年2月10日第2016-131号授权法令)单方预约(promesse unilatérale)是一项合同,一方当事人作为诺约人同意给予另一方当事人作为受益人缔结某项合同的选择权利;拟订立的合同的主要要素已经确定,受益人一经同意,合同成立。

在为受益人保留作出选择决定的时间里撤回(révocation)单方预约,并不妨碍允诺的合同的成立。

违反单方预约,与知道存在该预约的第三人订立的合同无效。

译者简述: 在法国法律术语中,"预约"统称为"les avant-contrats",字面意思是"合同之前的合同",与另一表述——"l'après-contrat"(后合同)相对应。预约也称为"contrat préparatoire",译为"预备性合同",拉丁语为"pactum prae paratorium"或"pactum de contrahendo"。

1804年《民法典》没有使用"预约"这一概念。依照债法改革后的规定(第1123条与第1124条),法国民法中的"预约"分为"La promesse de contrat"(预约,预约合同)和"Le pacte de préférence"(优先缔约简约,给予优先订约机会)。"预约合同"又包括单方的预约和双方的预约(La promesse synallagmatique de contrat)。单方预约的效力强于优先缔约简约,双方的预约相当于本约或本合同。

在法国法律及法学著作中,"单方预约"原文也称为"La promesse unilatérale de contrat",这一概念不称为"单方允诺",法语"单方允诺"或"单方承诺"通常表述为"engagemnet unilatéral de volonté"(直接翻译是"单方义务承诺之意思表示")。法国学者认为,"单方允诺"是一个来自德国法的概念。对于法国法是否应当承认"单方允诺"的问题,学者持有不同观点。持反对意见的学者认为,法国法律现有的概念已经足够表达相同的法律现象,无须再引进"engagemnet unilatéral de volonté"(单方允诺)这样一个新的概念或表述。法国债法改革以后的条文表述中仍然没有使用"单方允诺"这一术语。

除前述概念外,实践中,随着合同标的或者适用的法律不同,还常常使用其他概念,例如,"contrat de réservation"(预订合同或预售合同),还有"contrat préliminaire"(先期合同),尤其是在不动产买卖、待建不动产或期房买卖方面往往使用后一名称,此外,在买卖方面,特别是不动产的买卖,使用的预约还称为"promesse de vente""offre d'achat""compromis de vente"等。

第四目　有关经电子途径订立的合同的专门规定

(2016年2月10日第2016-131号授权法令)

第1125条

(2016年2月10日第2016-131号授权法令)可以采用电子途径提交各项约款或者提供有关财产或服务的各种信息。(参见附目第1369-1条)

第1126条

(2016年2月10日第2016-131号授权法令)如果收件人同意使用电子邮件,为了订立合同要求提供的信息,或者在履行合同过程中向其提供的信息,可以通过此种方法传送。(参见附目第1369-2条)

第1127条

(2016年2月10日第2016-131号授权法令)从事职业活动的人只要告知其电子通信地址,可以通过电子邮件向其发送为其提供的信息。

如果这些信息必须载于某种格式的表格,应当将该表格经电子邮件提交收件人填写。(参见附目第1369-3条)

第1127-1条

(2016年2月10日第2016-131号授权法令)任何人以从事职业的名义通过电子途径提出有关财产供货或服务性给付之提议的,其采用的全部约款,均应当保证可以保存和复制。

只要要约人发送的要约仍然可以从电子途径接收与下载,要约人始终受义务约束。

此外,要约应写明以下事项:

1. 通过电子途径订立合同应当遵循的操作步骤;

2. 能够让受要约人在合同订立之前识别其在获取数据资料时可能发生的错误并进行更正的技术手段;

3. 为订立合同而提议使用的语言;如使用多种语言,其中必须有法语;

4. 相应情况下,要约人所定的合同归档转存的方式以及进入归档转存合同的条件;

5. 通过电子途径查询要约人打算在相应情况下自律遵守的行业规则与商业规则。(参见附目第1369-4条)

第1127-2条

(2016年2月10日第2016-131号授权法令)只有受要约人在确认其订货以及表示最终承诺之前,有可能审核其订货的详细情况和价金总额并且对可能出现的错误进行更正时,合同才能有效订立。

要约人应当在合理的期限内通过电子途径确认已经收到向其发出的订单。

订单、对要约承诺的确认以及接收订单,在双方收件人均可进入相关邮件时,视为已经收悉。(参见附目第1369-5条)

第1127-3条

(2016年2月10日第2016-131号授权法令)对于唯一通过交换电子邮件方式订立的财产供货合同或服务性给付合同,第1127-1条第1点至第5点以及第1127-2条第1款与第2款所指的义务可作出例外处理。

此外,对于从事职业活动的人相互间订立的合同,可以作出与第

1127-1 条第 1 点至第 5 点及第 1127-2 条不同的规定。(参见附目第 1369-6 条)

第 1127-4 条

(2016 年 2 月 10 日第 2016-131 号授权法令) 在第 1125 条与第 1126 条规定的情况之外采用电子形式提交某项文书,在收件人能够知道该文书并且已经签收时,即为实际送交。

如果规定应当向收件人宣读文书,按照第 1 款规定的条件将电子文字传送至收件人,相当于进行了宣读。① (参见附目第 1369-9 条)

第二节 合同的有效性

第 1128 条

(2016 年 2 月 10 日第 2016-131 号授权法令) 以下所列为合同的有效性所必要:

1. 各当事人的同意;

2. 各当事人的缔约能力;

3. 合法与肯定的内容。(参见附目第 1108 条)

---

① 2006 年债法改革后废止了原第 1369-10 条和第 1369-11 条的规定。

原第 1369-10 条 (2005 年 6 月 16 日第 2005-674 号授权法令) 在要求纸载文书必须遵守可读性或者专门格式之特别条件的情况下,采用电子形式的文书应符合类似的要求。

通过电子手段可以下载表格并以相同途径返回时,即认为电子途径可以满足有关采用表格的要求。

原第 1369-11 条 (2005 年 6 月 16 日第 2005-674 号授权法令) 在要求发送一式多份的文书时,如果文书能够为收件人打印,即属电子形式的文书符合此项要求。

译者简述：原第 1108 条规定："契约之有效性应当具备四项根本条件：1. 负担债务的当事人之同意；2. 其订立契约的能力；3. 构成义务承诺之内容的确定标的；4. 债的合法原因。"

在债法改革之前，债的原因（cause de l'obligation）与标的、同意（合意）、缔约能力是法国合同法的四个核心概念，对合同的有效性起着决定性作用。没有原因的合同或非法原因的合同无效。教会法学者曾将原因分为近原因与远原因（la cause efficiente, cause finale, 目的因），学理上，按照原因的性质分为客观原因与主观原因。让·多玛与波迪耶相继发展了传统的原因理论——客观原因论，并被 1804 年《民法典》采纳。

法国学者对债的原因持有不同的意见，"原因论者"与"反原因论者"就此展开过激烈的论战。债法改革后的新条文没有明文规定债的原因或合同的原因，但并不意味着有关债的原因的观念已经完全被法国民法扬弃或排除（参见〔法〕弗朗索瓦·泰雷等：《法国债法》，罗结珍译，中国法制出版社 2018 年版）。原因（cause）是法国债法特有的概念，既用于表示合同的原因，也用于表示债的原因，与英美法中的"consideration"（约因或对价）有所不同，法国法律在表述"对价"这一概念时，通常使用"contrepartie"一词，也译为"对待给付"。

第一目 同 意

（2016 年 2 月 10 日第 2016-131 号授权法令）

一、同意的存在

第 1129 条

（2016 年 2 月 10 日第 2016-131 号授权法令）依照第 414-1 条的规定，为了能够有效同意订立合同，应当精神健全。（参见第 414-1 条、第 901 条及附目第 1109 条）

译者简述：法国部分学者认为，民法上的错误或误解（L'erreur）可以分为以下三种类型：(1) 障碍性错误或误解（erreur-obstacle）；(2) 构成同意瑕疵的错误或误解（第 1131 条）；(3)（法律）"不予考虑的误解"（erreur indifférente）。

所谓障碍性错误或误解是一个特定概念，它是由"错误"和"障碍"两个独立词汇结合而成。法国法律中有不少类似的结合性术语,例如,"赠与—分割"(donation-partage)、"法律性法令"(décrét-loi,原指具有法律效力的法令,即授权法令,现在改为"ordonnance")。

合同无效分为绝对无效(nullité absolue)和相对无效(nullité relative),最基本的区分标准是:凡是违反保护总体利益的规则或者缺乏法律行为的某个根本要件的情形,以绝对无效作为制裁,任何利益关系人均可主张合同(绝对)无效;凡是违反私益的法律行为或合同,以相对无效论处,只有受相应规范保护的当事人才能主张合同的相对无效(参见第1179条)。

法国法学理论认为,对于那些由于缺乏"某种带有根本性质而且非常明显的构成要件"因而无效的法律状态与法律关系,有必要作出特殊处理。在此类情况下,合同的无效,并无必要经法院判决确认。这就是合同"不存在理论"(théorie d'inexistence)(这一理论并未得到学者们的一致承认,也始终没有得到法院判例的确认)。

"障碍性错误或误解",是"妨碍或阻止合同成立"的错误或误解。障碍性错误的严重性在于,它阻碍了当事人的意思的合致(rencontre même des volontés),意味着"同意不存在",故"合同不存在",而不仅仅是"同意瑕疵"问题,因为它根本就不是一项合同,而纯粹是一种误会(Ce n'est pas un contrat, c'est un malentendu, Planiol),由此,所订立的合同绝对无效。

"障碍性错误"可以是对合同性质的错误(erreur sur la nature du contrat, error in negotio),例如,一方当事人以为是订立一项租赁合同,另一方却以为是订立一项买卖合同;也可以是对合同标的的错误(erreur sur l'objet du contrat, erreur sur l'identité de la chose, error in corpore),例如,一方当事人出卖的是一辆汽车,购买方以为是一辆摩托车。

构成同意瑕疵的错误,是合同相对无效的原因,如以下第1130条至第1144条所规定。

至于最后一种误解——不予考虑的误解,如果合同中写明了订立合同的动机,那么,作为特殊情形,即使是"不在法律考虑之列的误解",仍然会受到制裁。

二、同意的瑕疵

第1130条

(2016年2月10日第2016-131号授权法令)如果没有错误、欺诈和胁迫,当事人一方就不会同意缔结合同或者可能按照根本不同的条件缔结合同,于此情形,错误、欺诈和胁迫引起同意的瑕疵。

错误、欺诈和胁迫是否具有决定性质,依据当事人以及作出同意表示的具体情节判断。①

第 1131 条

（2016 年 2 月 10 日第 2016-131 号授权法令）同意的瑕疵是合同相对无效的一种原因。

第 1132 条

（2016 年 2 月 10 日第 2016-131 号授权法令）法律上或事实上的错误，在其涉及应为之给付的根本品质或者涉及相对当事人的根本资质时，构成合同无效的原因，但不可原谅的误解除外。（参见附目第 1110 条）

> **译者简述：** 第 1132 条中所说的"给付的根本品质"与"当事人的根本资质"，原文均为"les qualités essentielles"，也译为"根本品质"或"主要品质"。这是债法改革后新条文使用的表述，而原第 1110 条第 1 款规定："错误，仅在其涉及作为契约之标的物的实质（substance）本身时，始构成契约无效的原因。"
>
> 所谓标的物的实质或本质，法文原文分别为"erreur sur la substance"和"erreur sur la substance de la chose ou de l'objet"，其中"la substance"一词有物质、材料、实体等意思。这一术语有各种各样的中文翻译，例如，"特性错误"（Eigenschaftsirrtum）、"性质错误""本质错误""本质性的错误"（errore essenziale）等，也有人将"对标的物实质或本质的误解"称为"无效性误解"。在中文里，"实质"一词泛指事物的本质，而"本质"一词则是指本来的品质或质地，也指事物的根本性质，与现象相对应，这就是说，实质与本质两者并无根本性差别。对标的物的"本质"（substance）的错误，不仅仅是指对"组成标的物的材料、物质"本身的错误，而且一般地指与契约订立时当事人所考虑的标的物的主要质量有关的一切事项，例如，标的物的真实性、来源、用途等。法国学者将标的物的"本质"解释为给付或物的"根本品质""主要品质"（les qualités essentielles）。

---

① 参见附目第 1109 条、附目第 1110 条（错误）、附目第 1111 条（胁迫）、附目第 1116 条（欺诈）。

第 1133 条

（2016 年 2 月 10 日第 2016-131 号授权法令）给付的根本品质是指，双方当事人明示或默示约定的、据以考虑订立合同的品质。

错误（erreur），不论是涉及一方还是另一方当事人的给付，均构成合同无效之原因。

对给付的某种品质同意承受其射幸性质的，排除主张与该品质相关的错误。

第 1134 条

（2016 年 2 月 10 日第 2016-131 号授权法令）只有订立的合同是基于对人的考虑时，对合同相对当事人的根本资质的错误，始构成合同无效的原因。（参见附目第 1110 条）

第 1135 条

（2016 年 2 月 10 日第 2016-131 号授权法令）与应为之给付的主要品质或相对当事人的根本资质无关的单纯的动机错误，不是合同无效的一种原因，各方当事人明示将动机作为其表示同意的决定性因素的除外。

但是，进行无偿处分的动机错误，在行为人无此错误就不会进行处分的情况下，构成无效的原因。

第 1136 条

（2016 年 2 月 10 日第 2016-131 号授权法令）一方当事人仅仅是对价值作出了不准确的经济评价，但并未搞错给付的根本品质（qualité essentielle）时，关于价值的错误不是无效的原因。[1]

---

[1] 法律通常不承认对标的物的价值的误判或误解作为合同无效的原因。这种错误是一种不能得到承认或不在考虑之列的错误（erreur non adminssible, erreur indifférente）。对标的物的价值的误判，可以源于对其经济价值的评价错误，也可以是源于对可能产生的经济效益的误判。

第 1137 条

（2016 年 2 月 10 日第 2016-131 号授权法令）欺诈是指，缔结合同的一方当事人为了取得他方当事人的同意，采取种种操作手段或告以谎言之事实。

合同当事人明知某种情况、信息对他方当事人具有决定性作用，故意隐瞒此种情况、信息的，也构成欺诈。（参见附目第 1116 条）

（2018 年 4 月 20 日第 2018-287 号法律）但是，一方当事人不向相对当事人透露自己对给付价值的估计，不构成欺诈。

第 1138 条

（2016 年 2 月 10 日第 2016-131 号授权法令）缔约当事人一方的代理人、事务管理人（gérant d'affaires）、职员或者担保其为特定行为的担保人的行为，也可以构成欺诈。（参见附目第 1116 条）

（2018 年 4 月 20 日第 2018-287 号法律）欺诈来自相互串通的第三人的，亦同。

第 1139 条

（2016 年 2 月 10 日第 2016-131 号授权法令）因受到欺诈引发的错误始终为可以原谅的错误，此种错误即使涉及给付的价值或单纯的订约动机，亦构成合同无效之原因。（参见附目第 1116 条）

第 1140 条

（2016 年 2 月 10 日第 2016-131 号授权法令）一方当事人是在受到某种强制，导致其担心自己或亲属的人身、财产面临重大损害的压力下作出义务承诺时，存在胁迫。（参见附目第 1112 条）

第 1141 条

（2016 年 2 月 10 日第 2016-131 号授权法令）威胁要采取法律途径（menace de voie de droit），不构成胁迫，但是，如果法律途径被转移了目

的,或者以诉诸法律相威胁是为了获得明显过分利益的除外。(参见附目第1112条)

第1142条

(2016年2月10日第2016-131号授权法令)由一方当事人或者第三人实施的胁迫,构成合同无效之原因。(参见附目第1111条)

第1143条

(2016年2月10日第2016-131号授权法令)一方当事人滥用相对当事人所处的依赖状态,获得该人在没有受到此种强制的情况下便不会缔结的义务承诺,从中获取明显过分的利益时,亦存在胁迫。

第1144条

(2016年2月10日第2016-131号授权法令)在错误或者欺诈情况下,无效之诉的期间仅自发现错误或欺诈之日计算;在胁迫情况下,期间仅自胁迫停止之日计算。(参见附目第1115条、附目第1304条)

第二目 能力与代理

一、能 力

第1145条

(2016年2月10日第2016-131号授权法令)任何自然人均可缔结合同,法律规定无能力的情形除外。

法人的能力,(2018年4月20日第2018-287号法律)受各自适用的规则限制。(原规定为:"法人的能力,遵守各自适用的规则,限于为实现章程规定的宗旨所必要的行为及其附属行为。")

第1146条

(2016年2月10日第2016-131号授权法令)下列之人在法律确定

的程度上无能力：

1. 尚未解除亲权的未成年人；

2. 第425条意义上的受保护的成年人。（参见附目第1124条）

第 1147 条

（2016年2月10日第2016-131号授权法令）无缔约能力，是合同相对无效的一种原因。

第 1148 条

（2016年2月10日第2016-131号授权法令）只要是按照正常条件订立合同，任何无缔约能力的人均可单独完成依据法律和习惯准许的日常行为。

第 1149 条

（2016年2月10日第2016-131号授权法令）未成年人完成的日常行为得因单纯的显失公平（lésion）而撤销；但是，显失公平是因无法预见的事件造成时，不导致合同无效。

未成年人简单声称自己已经成年，不妨碍撤销其订立的合同。

未成年人不得逃避其在从事职业时作出的义务承诺。（参见附目第1305条、附目第1308条）

译者简述：依据法国《民法典》原第1118条的规定，因显失公平，致使一方当事人遭受损失之事实，仅对特定的契约或者仅对特定的人，构成取消契约的原因。"显失公平"原文为"lésion"，虽然有"受到损害"的意思，但它在法国民法中并不是指一般的损害，而是一个有着特定含义的概念，它与合同订立时确定价金或财产的价值评估有着紧密的联系，特别是在合同成立时当事人之间约定的对应给付严重不对等，在经济上严重失衡，或者在财产分割时，一方当事人所得份额与其应得的权利之间的差额特别巨大，致使该方当事人受到重大损害。从这个意义上，"lésion"的基本特征是：存在非常特别的损失。这种非常特别的损失构成合同或法律行为无效的原因。"lésion"是合同成立上的瑕疵（vice de formation),不是"同意瑕疵"。将"lésion"简单称为"损害"或"合同损害",是不正确的。法国《民法典》原来规定显失公平的基本条文是第 1118 条,该条对"lésion"的适用范围进行了严格限制:(1)仅适用于法律列举的特定情形,主要是不动产买卖(les ventes d'immeubles)、肥料买卖(la vente d'engrais)、著作权转让,以及在遗产分割时,如果当事人受到的损害超过一定的限度,可以以显失公平主张取消财产分割或者获得补充的份额。现在适用"lésion"的情形有所增加,范围有所扩大。显失公平有别于价格极为低廉,也不等于亏损极大的赔本买卖。显失公平不适用于射幸合同。(2)仅适用于特定的人:成年人之间订立的合同,只有在法律特别规定的情形与条件下,才能据此原因取消或解除合同。例如,《民法典》第 1674 条关于在不动产买卖中损失超过不动产价款的 7/12 时,第 889 条关于共同继承人在分割遗产时继承份额的数额短少超过 1/4 时,以及对特定合同规定的有利于未成年人的情形。债法改革之后的规定有所不同。

第 1150 条

(2016 年 2 月 10 日第 2016-131 号授权法令)受保护的成年人实施的行为,受本法典第 435 条、第 465 条与第 494-9 条调整,且不影响适用第 1148 条、第 1151 条及第 1352-4 条的规定。(参见附目第 1313 条)

第 1151 条

(2016 年 2 月 10 日第 2016-131 号授权法令)有缔约能力的当事人证明其缔结的合同有益于受保护的人且不存在显失公平的情形,或者证明合同已经为受保护的人带来利益的,可以阻止针对其提出的合同无效之诉。

有缔约能力的当事人也可以主张相对当事人在成为或重新成为有能力人时已对合同给予追认,对无效之诉提出抗辩。(参见附目第 1125 条、附目第 1311 条、附目第 1312 条)

第 1152 条

(2016 年 2 月 10 日第 2016-131 号授权法令)合同无效之诉的时效

期间：

1. 对于未成年人实施的行为，自其成年或者解除亲权之日计算；

2. 对于受保护的成年人实施的行为，自其知道自己已处于可以有效地重新订立合同之日计算；

3. 对于受监护的或者财产受管理的人的继承人，或者对需经家庭授权的人，如果此前时效期间尚未开始计算，则自被继承人死亡之日计算。（参见附目第 1304 条）

二、代 理①

第 1153 条

（2016 年 2 月 10 日第 2016-131 号授权法令）法定代理人、司法（指定的）代理人或者意定的代理人（约定代理人）②仅在赋予其权限③的范围内有依据从事活动。

第 1154 条

（2016 年 2 月 10 日第 2016-131 号授权法令）代理人在其权限范围内以被代理人的名义、为被代理人的利益开展活动时，由被代理人承担由此缔结的义务。

代理人声明是为他人利益开展活动但以自己的名义缔结合同的，由其对相对当事人承担义务。

---

① "代理"，原文为"représentation"，其意思为"代表"，与第十三编规定的委托（mandat）有所不同，后者也译为委任或委托代理。

② 也就是说，代理分为法定代理、司法指定的代理以及约定代理，法文表述分别为：représentation légale, judiciaire et conventionnelle。

③ 此处原用语是"pouvoir"，是"权限"或"权力"，而不是"权利"（droit），代理人本身并不享有"代理他人的权利"，而是由法律、司法或者合同赋予其"代表他人从事活动、实施行为的权限或权力"，因此是代理权限或代理权力。按照法语用语，"代理权"的笼统表述并不准确。

第 1155 条

（2016 年 2 月 10 日第 2016-131 号授权法令）采用一般表述对代理人的权限作出规定的，代理人的权限仅包括保全行为与管理行为。

对代理人的权限加以特别确定的，代理人仅能完成其得到授权的行为以及与此种行为相关的从属行为。

第 1156 条

（2016 年 2 月 10 日第 2016-131 号授权法令）代理人无权或者越权实施的行为，不能对抗被代理人，但是，如果缔结合同的第三人合理相信代理人的权限的现实性，特别是基于被代理人的行为表现或其所作的声明，可以合理相信代理人权限的现实性之情形除外。

缔结合同的第三人不知道行为是由无权代理人实施或者是代理人越权实施，可以主张实施的行为无效。

被代理人已批准所实施的行为的，既不得再主张行为无对抗效力，也不得再主张行为无效。

第 1157 条

（2016 年 2 月 10 日第 2016-131 号授权法令）代理人擅自将其得到的授权另作他用、损害被代理人利益的，如果第三人知道或者不可能不知道代理人是挪用授权时，被代理人可以主张实施的行为无效。

第 1158 条

（2016 年 2 月 10 日第 2016-131 号授权法令）第三人在打算缔结合同时对意定代理人的权限范围存有疑问的，可以通过书面方式要求被代理人在合理的确定期限内向其确认代理人得到缔结合同的授权。

此项文书应当写明如果在此期限内没有作出答复，视代理人得到缔结合同的授权。

第 1159 条

（2016 年 2 月 10 日第 2016-131 号授权法令）法定代理或司法指定的代理一经设立,停止被代理人在此期间行使已转移给代理人的各项权限(pouvoir)。

意定代理仍然保留被代理人行使其权利。

第 1160 条

（2016 年 2 月 10 日第 2016-131 号授权法令）代理人发生无能力情形或者受禁止代理时,其权限（权力）停止。

第 1161 条

（2018 年 4 月 20 日第 2018-287 号法律）在自然人代理事务方面,代理人不得为利益相互对立的多方合同当事人开展活动,也不得为其本人的利益与被代理人缔结合同。

第 1161 条原条文：（2016 年 2 月 10 日第 2016-131 号授权法令）代理人不得为合同双方当事人的利益开展活动,也不得为其本人的利益与被代理人缔结合同。

前述情形,实施的行为无效,但法律准许或者被代理人给予批准或追认的除外。

第三目　合同的内容

第 1162 条

（2016 年 2 月 10 日第 2016-131 号授权法令）合同的约定条款及目的均不得违反公共秩序,不论所有的当事人是否都知道此种目的。

第 1163 条

（2016 年 2 月 10 日第 2016-131 号授权法令）债以现时的或者将来

的给付为标的(objet)。①

给付应当是可能的、确定的或可以确定的。

无须当事人达成新的合意,从合同或者参照习惯或当事人先前的关系可以推知的给付,为可以确定的给付。(参见附目第1126条、附目第1129条、附目第1130条)

第1164条

(2016年2月10日第2016-131号授权法令)在框架合同中,可以约定由一方当事人单方确定价金,但在发生争议的情况下,该方当事人应当说明其确定价金的理由。

对于确定价金时滥用权利的情形,法官可以受理旨在获得损害赔偿的请求,以及在相应情况下,受理解除合同的诉讼请求。

第1165条

(2016年2月10日第2016-131号授权法令)如果双方当事人在服务性给付合同履行之前没有就价金达成协议,价金可以由债权人确定;但是,在发生争议的情况下,债权人应当说明其确定价金数额的理由。

对于确定价金时滥用权利的情形,法官可以受理旨在获得赔偿的请求,(2018年4月20日第2018-287号法律)以及相应情况下,受理解除合同的诉讼请求。

第1166条

(2016年2月10日第2016-131号授权法令)在给付的品质没有确定或者不能依据合同确定时,债务人应当按照给付的性质、习惯以及对

---

① 依照第1163条的规定,债的标的是"现时的或者将来的给付",而给付的标的本身似有不同,这也意味着债的标的与合同的标的有所区别。

待给付的数额,提供符合诸当事人合理期待之品质的给付。(参见附目第1246条)

第1167条

(2016年2月10日第2016-131号授权法令)如果价金或者合同的其他任何要素需要参照某种指数,而该指数不存在或者不再存在或者不能取得时,可以用与之最接近的指数替代。

第1168条

(2016年2月10日第2016-131号授权法令)双务合同中给付不对等不是合同无效的原因,法律另有规定的除外。(参见附目第1118条关于显失公平的规定)

第1169条

(2016年2月10日第2016-131号授权法令)有偿合同成立时,为利益于义务承诺人而约定的对待给付有名无实或者微不足道的,合同无效。

第1170条

(2016年2月10日第2016-131号授权法令)使债务人的根本性义务丧失其实质的任何条款,均视为不曾订立。

第1171条

(2018年4月20日第2018-287号法律)由一方当事人在附合合同中事先确定的任何条款,造成合同各方当事人的权利和义务典型失衡(un déséquilibre significatif)①的，均视为未予订立。

对典型失衡情形的评价，既不涉及合同的主要标的，也不涉及价金与提供的给付是否对等。

第三节 合同的形式

（2016年2月10日第2016-131号授权法令）

第一目 一般规定

（2016年2月10日第2016-131号授权法令）

第1172条

（2016年2月10日第2016-131号授权法令）合同原则上为诺成性质。

作为例外，要式合同的有效性应遵守法律确定的形式，未遵守此种形式的合同无效，但可以进行补正的除外。

此外，法律规定特定合同的成立以物的交付（la remise d'une chose）

---

① "典型失衡"，法语原文也称为"un déséquilibre caractéristique"，也译为"过分失衡"，其中"caractéristique"一词的意思是"有特征的""有意义的""能够说明问题的""能够体现事物性质或特点的"。1980年关于国际货物买卖的《罗马公约》（法文本）使用了一个特定表述——"prestation caractéristique"，国内有的书籍将其译为"特征履行"或"特定履行"，例如："合同特定履行的当事人在订立合同时，其惯常居所地的国家，或者当事人是法人组织或非法人组织时，其管理中心所在地的国家，应当推定为与该合同有最密切联系的国家。"译者认为，"特征履行"或"特定履行"不够明确。合同的履行往往涉及多项履行行为，其中最能体现给付特征的履行行为是据以确定合同应当适用的法律的依据。以服装来料加工合同为例，外方从其国采购面料运至中国，由中国工厂加工制作，再将成品运出以及最后进行结算，这些活动都是履行合同的给付行为，但服装生产厂的加工制作活动是最能体现履行合同之特征的给付，是各项给付中"最具典型意义的给付"。法国《民法典》第1171条使用的"典型失衡"（un déséquilibre caractéristique）概念中的"caractéristique"与此意义相同。

为条件。

第1173条

（2016年2月10日第2016-131号授权法令）为了确立证据或者能够产生对抗效力之目的而要求的形式，对合同的有效性不产生影响。

第二目 有关经电子途径订立的合同的特别规定

（2016年2月10日第2016-131号授权法令）

第1174条

（2016年2月10日第2016-131号授权法令）合同的有效性要求采用书面文字的，可以按照第1366条与第1367条规定的条件，采用电子形式制作与保存；要求采用公署文书（acte authentique）的，依第1369条第2款之规定。（参见附目第1108-1条）

第1175条

（2021年9月15日第2021-1192号授权法令）有关亲属法和继承法的私署文书，可以不依前条之规定，但是按照第229-1条至第229-4条或者第298条规定的形式，有双方当事人在场，由律师副署的、原本寄存于公证人处的协议除外。

第1176条

（2016年2月10日第2016-131号授权法令）纸质的书面合同文本，应当遵守可读性或表述形式之特别条件；电子文本应当满足类似要求。

采用电子手段下载的电子格式文本并且经相同途径发送的，视为满足发送多份副本的要求。（参见附目第1369-10条）

第1177条

（2016年2月10日第2016-131号授权法令）如果收件人可以打印

文本,通过电子途径发送的文本视为满足提交多份文本的要求。(参见附目第 1369-11 条)

第四节 制 裁

(2016 年 2 月 10 日第 2016-131 号授权法令)

第一目 无 效

(2016 年 2 月 10 日第 2016-131 号授权法令)

第 1178 条

(2016 年 2 月 10 日第 2016-131 号授权法令)不具备对其有效性要求的各项条件的合同无效。无效应当由法官作出宣告,但各当事人以一项共同协议认定合同无效的除外。

被撤销的合同视其自始不存在。

已经履行的给付,依照第 1352 条至第 1352-9 条规定的条件予以返还。

除撤销合同之外,受到损害的当事人可以依照非合同责任之普通法请求赔偿受到的损害。(参见附目第 1117 条)

第 1179 条

(2016 年 2 月 10 日第 2016-131 号授权法令)违反以保护公共利益为目的的规则的合同,绝对无效;违反以保护私人利益为唯一目的的规则的合同,相对无效。①

---

① 这一条文明确规定了区分相对无效与绝对无效的标准:合同违反的规则是有关保护公共利益的规则还是有关保护私益的规则。合同当事人表示的同意存在瑕疵,只能由该当事人提出;主张合同相对无效的诉权具有财产性质,在当事人死亡之后,此种诉权可以转移给其概括权利继受人,但不能转移给特定权利继受人和代位权人。

第 1180 条

(2016 年 2 月 10 日第 2016-131 号授权法令)证明有利益的任何人以及检察院均可提起合同绝对无效之诉。

绝对无效不得通过对合同的追认①而不予追究。

第 1181 条

(2016 年 2 月 10 日第 2016-131 号授权法令)合同的相对无效只能由法律欲加保护的当事人提出请求。

相对无效得通过对追认而不再追究。

如果多人享有主张相对无效之诉权,其中一人所为之抛弃,不妨碍其他人提起诉讼。

第 1182 条

(2016 年 2 月 10 日第 2016-131 号授权法令)追认是指本可主张合同无效的人放弃此种主张的行为(文书)。追认文书(确认函)应当写明债的标的以及影响合同的瑕疵。

只有在合同订立之后才能进行追认。

明知存在合同无效之原因但自愿履行的,产生追认效力;受胁迫订立的合同,仅在胁迫停止之后才能给予追认。

追认意味着放弃本可提出的诉讼理由和抗辩,但不得损及第三人的权利。

第 1183 条

(2016 年 2 月 10 日第 2016-131 号授权法令)一方当事人可以通过书面形式要求可能主张合同无效的当事人或者对合同予以追认,或者

---

① 所谓追认或确认(confirmation),不是指法院认定或确认合同无效,而是指本可主张合同无效的当事人放弃此种主张,对合同给予追认或确认。对于不具有对抗效力的行为给予确认或追认,要求(追认人)知道该行为存在的瑕疵,同时有进行修补的意图或意思表示。

在6个月期限内提起无效之诉,否则丧失权利,但在提出此种要求时无效原因应已停止。

前述文书应写明如果在6个月期限经过时仍然没有提起无效之诉,视合同已得到追认。

第1184条

(2016年2月10日第2016-131号授权法令)无效原因仅仅影响合同的一项或数项条款时,只有当这项条款或这些条款构成双方当事人或者其中一方当事人义务承诺的决定性因素时,才引起整个合同无效。

法律视某项条款不曾订立或者从条款所违反的规则的目的考虑,要求维持合同时,合同仍予保留。

第1185条

(2016年2月10日第2016-131号授权法令)无效抗辩,如其涉及的是一项没有得到任何履行的合同,不受时效限制。[1]

---

[1] 法律格言说:"诉讼有时间限制,抗辩为恒久性质"(quae temporalia sunt adagendum, perpetua sunt ad excipiendum)。时效期间经过,便不能再提起合同无效诉讼,但是,无效抗辩是一项针对合同尚未有任何履行(行为)的情况设计的制度。只有在合同尚未有任何履行(行为)之前,为了使要求履行该合同的诉讼请求归于失败,才能主张无效抗辩。如果合同已经履行或者已经开始履行,无效抗辩不能得到受理。当合同已经开始履行,一方当事人不能再提出无效抗辩,这一规则显然可以制止恶意的无效抗辩。无效抗辩所起的作用只不过是使针对"尚未得到任何履行的合同"提出的履行请求不能成立。适用无效抗辩规则时,无须区分(进行无效抗辩的人)是主张合同相对无效还是绝对无效。"抗辩不受时效限制"这项规则,不适用于"因逾期丧失权利"的情况。当(法律)规定的期间是一种"预定期间"(délai préfix,不变期间)时,该期间一旦经过,随之引起所有的解除合同的请求均因逾期而丧失权利,因此不再适用"抗辩不受时效限制"之规则。

第二目 失 效

(2016年2月10日第2016-131号授权法令)

第1186条

(2016年2月10日第2016-131号授权法令)有效成立的合同,如其根本要素之一消失,该合同失效。①

如果履行数项合同是为了实现同一项目活动所必要,当其中一项合同消失引起其他合同无法履行,并且消失的合同的履行是一方当事人同意缔结合同的决定性条件时,各项合同均因该合同消灭而失效。

但是,只有缔约当事人在作出同意表示时知道存在这一整体项目活动的,才发生针对该当事人主张的合同失效。

第1187条

(2016年2月10日第2016-131号授权法令)合同失效,合同终止。

合同失效可以引起依照第1352-2条至第1352-9条规定的条件进行返还。

---

① 失效(caducité,caduc),是法国法律中一个运用广泛的概念,除本条所指的合同失效外,还有第26条有关国籍的声明的失效;第220-1条已废止的如果在作出相应宣告之后经过4个月,没有提出任何分居申请或离婚申请,已采取的各项措施失效;丈夫原来同意前妻使用其姓氏,因前妻再婚,原表示的同意失效;第439条规定,实行司法保护措施的时间不得超过1年,否则措施失效;由于受遗赠人先于遗嘱人死亡,遗嘱失效;在民事诉讼法中,作为原告的当事人在(向被告)送达(提起诉讼的)传唤状经过4个月以后,仍然没有向法院提起诉讼,该传唤状失效;提起诉讼的原告没有正当理由不出庭,法官甚至可以依职权宣告传唤状失效;自提出上诉状起2个月后,上诉法院没有受理上诉,上诉状失效;等等。总的来说,"失效"是指原本有效的法律行为,因其后发生的事实,尤其是在法律明确规定对权利的承认或享有需要遵守确定期间的情况下,如果没有遵守行使权利的期间,该权利失效。失效的权利(本身)并未消灭,如果债务人自愿履行,法律承认此种履行有效;与此相反,如果没有债务人方面的承认或自愿履行,债权人则没有(就已经失效的权利再)提起诉讼的权利。

第三章 合同的解释

（2016 年 2 月 10 日第 2016-131 号授权法令）

第 1188 条

（2016 年 2 月 10 日第 2016-131 号授权法令）合同依照诸缔约当事人的共同意图（commune intention）进行解释，不应拘泥于用语的字面意思。

不能揭示当事人的共同意图时，合同按照一个有理性的人处于相同状况下可能赋予的意思进行解释。（参见附目第 1156 条）

第 1189 条

（2016 年 2 月 10 日第 2016-131 号授权法令）合同的全部条款，在赋予每项条款遵从合同的协调性所产生的意义的基础上互为解释。

按照各当事人的共同意图为实施同一项目订立有多项合同时，根据该整体项目活动互为解释。（参见附目第 1161 条）

第 1190 条

（2016 年 2 月 10 日第 2016-131 号授权法令）协商订立的合同存有疑义的情形，作不利于债权人以及有利于债务人的解释；附合合同，对于提出该合同文本的人，作不利解释。（参见附目第 1162 条）

第 1191 条

（2016 年 2 月 10 日第 2016-131 号授权法令）一项条款可能作两种解释时，宁取其可以产生某种效果的解释而舍其不能产生任何效果的解释。（参见附目第 1157 条）

第 1192 条

（2016 年 2 月 10 日第 2016-131 号授权法令）清晰且明确的条款无须解释，否则以曲解条款的本质论处。

第四章 合同的效力

第一节 合同在当事人之间的效力

第一目 强制力

第 1193 条

（2016 年 2 月 10 日第 2016-131 号授权法令）只有当事人相互同意或依法律准许的原因，才能变更或撤销合同。（参见附目第 1134 条第 2 款）

第 1194 条

（2016 年 2 月 10 日第 2016-131 号授权法令）合同不仅对其表述的诸事项产生义务，而且对于依公平、习惯或者法律赋予它的所有随附结果产生义务。[1]（参见附目第 1135 条）

---

[1] 关于与特定的合同相关联的义务，依照第 1194 条的规定，合同对其明文规定的所有事项，均产生义务，但是，有些义务并非必须在合同中作出明文表述，而是依公平、习惯或法律赋予合同的随附结果（suite），即使相关事项在合同中并未作出明文表述，同样属于合同性质的强制义务，例如，特定的合同包含安全义务：旅客运输合同、接待公众与住宿合同；有许多合同包含情况说明或告知义务，或者提供建议的义务，如医疗服务合同、技术顾问与法律顾问合同等；银行借贷合同，贷与人有义务向借贷人提出建议，防止个人超额负债；还有一些合同包含协助、合作义务。志愿协助协议，对被协助人而言，必然引起其担保志愿协助人因可能的事故而对受害人承担的责任，不论受害人是否为（与其一道从事志愿活动的）其他志愿协助者。

第 1195 条

（2016年2月10日第2016-131号授权法令）如果发生合同订立时无法预见的情势变更①，致使并未同意接受承担此种风险的一方当事人履行合同需要付出过分代价时，该当事人可以请求相对当事人就合同重新进行协商谈判。在此期间，当事人继续履行其债务。

在相对当事人拒绝重新协商或者协商失败的情况下，诸当事人可以约定，至确定的日期并且按照确定的条件解除合同，或者达成一致协议，请求法官对合同进行适应性调整；当事人在合理期限内达不成一致意见的，法官可以应一方当事人的请求并依确定的条件至确定日期变更或终止合同。

---

① "情势变更"，法文通常用语是"imprévision"，基本意思是"没有预见"或者"缺乏预见""不曾预料"，也表述为"révision pour imprévison"（因情势变更而修改合同）或者"imprévison contractuellle"。在第1195条中表述为"un changement de circonstances imprévisible"，有时也表述为"changement de circonstances économiques"（经济情势的变更或改变）。在第900-2条中也有"情势发生改变"的表述，它是对赠与合同的规定。在过去长时间里，基于"契约不变更性原则"（principe d'intangibilité des contrats），司法法院原则上不承认"情势变更"，往往拒绝合同当事人以当初"没有预见"为理由请求变更合同。2016年债法改革则对此作出了相应的规定。

情势变更与显失公平（Lésion）有着明确区别。显失公平是在合同订立时就已经存在的双方当事人之间的对待给付严重不平衡；而情势变更则相反，是在订立合同时并未预见或未能预见的、在合同履行期间情势发生重大变化，导致合同履行极为艰难，如果继续按照原合同的约定履行，必将造成双方当事人的给付发生重大失衡，致使一方当事人遭到重大损失。法国合同法坚持"信守既出之言"的教会法道德标准，坚持"依法成立的合同在当事人之间具有相当于法律之效力"的原则，承认"情势变更"实为例外。债法改革后有所变化。

第二目 转移权利的效力

（2016年2月10日第2016-131号授权法令）

第1196条

（2016年2月10日第2016-131号授权法令）以让渡所有权或者转让其他权利为标的的合同，于其订立时即发生权利转移。①

依当事人的意思、物的性质或法律的效力，可以延后权利的转移。

所有权的转移引起物的风险随之转移，但是，负交付义务的债务人，自依照第1344-2条的规定受到催告起，物的风险仍然由其负担，但保留适用第1351-1条所定规则。

第1197条

（2016年2月10日第2016-131号授权法令）物的交付义务，在物交付之前，当然包含物的保管义务；对于物的保管，应当给予一个有理性的人的悉心关注。

第1198条

（2016年2月10日第2016-131号授权法令）两人前后对同一有体动产取得的权利源于同一人时，最先对该动产实行占有的人取得优先地位，即使其取得权利的时间在后，但以其是善意为条件。

先后取得同一不动产的两人，权利来源于同一人时，最先在不动产登记档案上公示其取得该不动产的公署文书的人取得优先地位，即使

---

① 关于"所有权转移的即时性"原则，参见〔法〕弗朗索瓦·泰雷、〔法〕菲利普·森勒尔：《法国财产法》，罗结珍译，中国法制出版社2008年版，第479页。参见第1583条，这一条文是法国民法"意思自治"或"诺成主义"原则的集中体现。

其取得权利的时间在后,但以其是善意为条件。

第二节　合同对第三人的效力

(2016 年 2 月 10 日第 2016-131 号授权法令)

第一目　一般规定

(2016 年 2 月 10 日第 2016-131 号授权法令)

第 1199 条

(2016 年 2 月 10 日第 2016-131 号授权法令)合同仅在诸当事人之间创设债务。

第三人既不得请求履行合同,也不受强制履行合同,但保留适用本节以及第四编第三章的规定。(参见附目第 1165 条)

第 1200 条

(2016 年 2 月 10 日第 2016-131 号授权法令)第三人应当尊重由合同创设的法律状态。

第三人可以主张此种法律状态,尤其是在为了提出某种事实的证据之时。(参见附目第 1165 条)

第 1201 条

(2016 年 2 月 10 日第 2016-131 号授权法令)当事人之间订立一份表见的合同,以此隐瞒另一份不公开的合同时,这份称为秘密

附约①的不公开的合同在当事人之间产生效力,对第三人没有对抗效力,但第三人可以主张该合同。(参见附目第 1321 条)

第 1202 条

(2016 年 2 月 10 日第 2016-131 号授权法令)在转让司法助理职位②时以提高转让价金为目的订立的秘密附约一律无效。

在不动产买卖、营业资产或者顾客群体③的转让以及租约权的转让时订立的以隐瞒部分价金为目的的任何合同,或者隐瞒全部或部分不动产租约预约之利益,以及隐瞒包含有不动产、营业资产或顾客群体

---

① 这一条文是针对订立阴阳合同的行为作出的规定。法文"simulation"一词本义是指隐瞒、掩饰、伪装等。史尚宽先生在《债法总论》第 338 页认为,德国民法中"simulation"为"虚假之意思表示"。在法国民法中,"simulation"并不是指一般的掩饰,其确切意义是指:合同当事人之间为了某种目的而进行隐瞒,特地起草与制定两份合同或两份文书,其中一份合同否定另一份合同的某些规定或者作出相反的补充规定。合同外第三人仅知道那份公开的合同,并不了解那份被隐瞒的文书或其规定,因此,被"隐瞒的合同"(acte simulé)称为秘密合同或秘密文书(un acte secrét)。《民法典》原第 1321 条规定,私下订立的废除或者变更原契约的秘密附约,仅在缔结此种附约的当事人之间有效,对第三人不具有任何效力。法国最高法院第一民事庭 1953 年 1 月 13 日的判决指出:"秘密附约"的概念,意味着在相同的当事人之间存在两项协议,其中一项是公开的协议,另一项是私下订立的秘密协议,而订立第二项秘密协议是为了变更或者取消第一项协议所作的规定。阴阳合同本身并不无效,订立阴阳合同的行为并非必定为了实行欺诈,也不都是为了某种非法目的(参见第 1396 条关于夫妻财产契约的条文表述)。但是,如果通过订立阴阳合同这种手段来达到规避公共秩序性质的法律规定之目的,此种合同无效,例如,通过假结婚取得法国国籍,规避移民法;通过假离婚谋求某种利益,以及虚假的赠与、隐瞒的赠与等。"contre-lettre"仅指被隐瞒的那份不公开的合同,而不是同时包括公开的表见合同在内的两份合同。

② 法国现行制度中,有一类任职资格或职位的持有人有权推荐继任人,其职位或任职资质具有财产权价值并且可以转让,例如,司法助理人员的任职资格或职位。这是封建时代卖官鬻爵现象的传统延续。

③ "顾客群体"(clientel)是法国商法的一个特定概念,统指从事职业活动特别是从事商业、服务业、自由职业的人通过其对营业资产的经营活动、品牌、产品、质量、信誉、声誉等要素逐步形成的潜在的顾客人群,它是营业资产的根本要素,如果没有顾客群体,任何一项营业资产都没有价值,也不可能存在,经营活动必将终止。

在内的交换或分割的全部或部分余额的任何合同,一律无效。

第二目 担保他人为特定行为与利他约款①

(2016 年 2 月 10 日第 2016-131 号授权法令)

第 1203 条

(2016 年 2 月 10 日第 2016-131 号授权法令)任何人,仅得为其本人,以本人之名义承诺义务。(参见附目第 1122 条)

第 1204 条

(2016 年 2 月 10 日第 2016-131 号授权法令)可以许诺担保第三人为特定的行为。②

如果第三人完成诺约人所允诺的行为,诺约人即属履行了全部义务;相反情况下,诺约人得受判赔偿损害。

担保第三人批准某项承诺的,此种承诺的有效性追溯至该项担保承诺作出之日。(参见附目第 1120 条)

---

① 除涉及第三人的其他合同外,本法典规定的"涉他合同"统称为"contrat pour autrui",包括"第三人为给付合同"(第三人负担合同)和"第三人取得给付合同"(第三人利益契约或利他契约)。第 1204 条和第 1205 条(附目第 1120 条与附目第 1121 条)是两个相对应的条款,前者规定的是"convention de porte-fort",译为"担保第三人为特定行为的协议"(或合意),后者规定的是"la stipulation pour autrui",译为"为他人利益之约款或利他约款"。表述有所不同。

② "担保第三人为特定的行为",原用语为"se porter fort pour un tier"(简单表述为"se porter fort"或"porte-fort"):当事人向自己的相对当事人担保第三人一定实施特定行为,或者担保第三人批准其所作的承诺。这种情形为"第三人负担合同"之一种,属于合同对第三人效力的范畴,与担保法规定的"保证"(cautionnement)是不同概念(似不应简单称为"为他人作保")。在"担保第三人为特定的行为"的情况下,允诺人或诺约人称为"promettant",相对人称为受益人(bénéficiaire)。

第 1205 条

(2016 年 2 月 10 日第 2016-131 号授权法令)任何人均可为他人订立合同。①

合同当事人一方可以让另一方允诺履行利益于第三人的给付。前者为缔约人,后者为诺约人,第三人为受益人;受益人可以是将来的人,但应当是具体指定的人或者是在执行允诺时可以确定的人。(参见附目第 1121 条)

第 1206 条

(2016 年 2 月 10 日第 2016-131 号授权法令)利他约款一经订立,受益人对诺约人享有主张给付的直接权利。

但是,只要受益人尚未对约款表示接受,缔约人可以自由撤回约款。

在承认已经到达缔约人或诺约人时,利他约款不得撤销。(参见附目第 1121 条)

第 1207 条

(2016 年 2 月 10 日第 2016-131 号授权法令)利他约款只能由缔约人撤回,或者在缔约人死后,只能由其继承人撤回。继承人只有在催告受益人承认约款 3 个月期限届满,才能撤回约款。

如果在撤回约款的同时没有指定新的受益人,视具体情形,撤销约款利益于缔约人或其继承人。

---

① "stipulation pour autrui"这一特定概念,通常翻译为"为他人订立合同"或"为他人合同"。订立此种合同或约款的人称为"缔约人"(stipulant,也称"订约人"),我国台湾地区"民法"称其为"要约人",也有人译为"指定人"。相对当事人则称为"诺约人"(promettant),也称"允诺人"或"约定人",我国台湾地区"民法"仍称为债务人。第三人(autrui,他人)则是此种合同或约款的"受益人"(bénéficiaire)。法文"stipulation pour autrui"或"stipuler pour autrui"这两个表述既指"合同中为他人利益订立的条款",也可以指订立利他合同或约款本身。法国《民法典》原第 1121 条的表述为"on peut stipuler au profit d'un tier",现在第 1205 条的表述更为简洁:"on peut stipuler pour autrui"。

撤回约款，自受益第三人或者诺约人知悉时产生效力。

如果是通过遗嘱撤回约款，自遗嘱人死亡时产生效力。

最初指定的第三人被视为从未享有为其受益而订定的约款的利益。(参见附目第1121条)

第1208条

(2016年2月10日第2016-131号授权法令)对要约的接受，可以出自受益人，或者在受益人死后，出自其继承人。接受要约，得为明示，或为默示。即使在缔约人或者诺约人死后，仍可接受要约。

第1209条

(2016年2月10日第2016-131号授权法令)缔约人本人可以要求诺约人履行其对受益人的义务承诺。

第三节 合同的存续期限

第1210条

(2016年2月10日第2016-131号授权法令)禁止永久性(perpétuel)义务约束。

每一方当事人均可依照不定期合同规定的条件，终止永久性义务承诺。

第1211条

(2016年2月10日第2016-131号授权法令)订立的合同没有约定确定的期限时，每一方当事人均可随时终止合同，但应当遵守合同约定的预先通知期限，或者没有此项约定的，应当遵守合理的通知期限。

第1212条

(2016年2月10日第2016-131号授权法令)订立的合同约定有确

定期限的,每一方当事人均应履行合同至其到期。

任何人不得强求续订合同。

第 1213 条

(2016 年 2 月 10 日第 2016-131 号授权法令)如果诸当事人在合同到期之前均表示意愿,合同期限可以延长;合同期限的延长(prorogation)不得损害第三人的权利。

第 1214 条

(2016 年 2 月 10 日第 2016-131 号授权法令)定期合同可以依法律的效力或者各方当事人的合意予以续订(renouvellement)。

合同的续订①产生一项新合同,其内容与前一合同相同,但是不确定期限。

第 1215 条

(2016 年 2 月 10 日第 2016-131 号授权法令)有确定期限的合同到期之后,诸当事人继续履行各自义务的,构成合同的默示续期(reconduction tacite);默示的合同续期,产生与续订合同相同的效力。

第四节 合同的转让

第 1216 条

(2016 年 2 月 10 日第 2016-131 号授权法令)合同一方当事人,经作为被转让人(cédé,承受人)的相对当事人同意,可以将其合同当事人

---

① 第 1213 条、第 1214 条及第 1215 条分别为合同期限变更的三种情形:合同期限的延长、合同的续订以及合同的续期,各自产生的后果并不相同。

的资格①让与第三人，前者为转让人（cédant），第三人为受让人（cessionnaire），原相对当事人是承受人（cédé，被转让人）。②

同意合同转让，可以事先作出表示，特别是在将来的转让人与其相对当事人之间订立的合同中事先表示该合同可以转让，于此情形，向承受人通知转让人与受让人之间订立合同，或者承受人已将此事项记载在案时，合同的转让即对承受人产生效力。

合同的转让应当用书面文字见证，否则无效。

第 1216-1 条

（2016 年 2 月 10 日第 2016-131 号授权法令）如果承受人明示同意，合同的转让解除转让人对将来负担义务。

如果承受人没有明示同意，转让人对合同的履行负连带义务，另有条款规定的除外。

第 1216-2 条

（2016 年 2 月 10 日第 2016-131 号授权法令）受让人可以对承受人主张与债务相关联的所有抗辩，诸如无效、同时履行抗辩、解除以及有关联的债务的抵销。受让人不得主张属于转让人的个人抗辩，据以对抗承受人。

---

① 第1216条对合同转让的性质作出明确认定：合同转让是合同主体的变更。转让人是将其作为合同当事人的资格让与受让人，是当事人资格的移转（transport），例如，参加团体旅游的旅游者，由其他人替代。合同转让不是债权转让（cession de créance）加债务转让（cession de dette）。合同转让需经相对当事人（被转让人或承受人）同意，可以默示同意，但在劳动法中，除可能适用《劳动法典》第 1224-1 条的规定外，通过协议约定或者作出调整安排，改变雇主，要求得到薪金雇员的明确同意。参见附目第 1122 条关于合同当事人为本人订立合同的原则。《民法典》同时规定了"债权的让与"和"债务的转让"（债务的转移）。

② 在法文表述中合同转让涉及的三方当事人均有特定的名称，他们分别是"cédant"和"cédé"，前者译为"转让人"或"让与人"，后者直译应为"被转让人"，是"承受人"，承受人是被转让的合同的相对当事人，第三人是"受让人"（cessionnaire）。

承受人可以对受让人主张其原可对转让人主张的所有抗辩。

第 1216-3 条

（2016 年 2 月 10 日第 2016-131 号授权法令）如果承受人并未同意转让人解除债务，此前可能已经同意设立的担保继续存在，相反情况下，（2018 年 4 月 20 日第 2018-287 号法律）由转让人或者第三人同意提供的担保，只有经他们同意，才能继续存在。

如果转让人已解除义务，其连带共同债务人仍然负担债务，但应当减去转让人原先在债务中负担的份额。

第五节　合同的不履行

（2016 年 2 月 10 日第2016-131 号授权法令）

第 1217 条

（2018 年 4 月 20 日第 2018-287 号法律）一方当事人不履行或者不完全履行[①]对他方当事人的债务时，他方当事人可以：

——拒绝履行或者中止履行自己的债务；

——诉请强制债的现实履行；

——要求降低价金；

——主动提出解除合同；

——请求赔偿因合同不履行造成的后果。

相互不发生冲突的制裁可以合并运用，始终得另加请求损害赔偿。

---

① 原文为"imparfaitement"，意为"不完善""不完满""不完全"，似应包括"不完全履行"和"瑕疵履行"。

第 1218 条

（2016 年 2 月 10 日第 2016-131 号授权法令）在合同方面，发生债务人不能掌控，在订立合同时不能合理预见，采取适当措施仍然不能避免其后果的事件，由此阻碍债务人履行其债务的，构成不可抗力。

如果是暂时性障碍，债务的履行暂予中止，但由此引起的迟延履行证明有解除合同之理由的除外；如果是最终定局的履行障碍，合同当然解除，各方当事人依照第 1351 条与第 1351-1 条规定的条件不再负担债务。①

原第 1148 条规定：（2016 年 2 月 10 日第 2016-131 号授权法令废止）如果债务人因不可抗力或偶然事件，不能履行其负担的给付或作为之债，或者实施其受到禁止的行为，不引起任何损害赔偿。

第一目　同时履行抗辩②

（2016 年 2 月 10 日第 2016-131 号授权法令）

第 1219 条

（2016 年 2 月 10 日第 2016-131 号授权法令）一方当事人，在他方不履行其债务并且不履行之情形足够严重时，可以拒绝履行自己债务，即使其债务已到清偿期限，亦可拒绝履行之。

第 1220 条

（2016 年 2 月 10 日第 2016-131 号授权法令）只要一方当事人到期将不会履行其债务的情形已经很明显，且不履行的后果对于他方当事

---

① 参见附目第 1148 条关于不可抗力、附目第 1184 条关于解除合同的规定。
② "同时履行抗辩"原文为"exception d'inexécution"，直译为"不履行抗辩"，两者为同义语。第 1219 条的条文表述对"不履行"（情形）附加了"并且不履行之情形足够严重"的表述。第 1219 条与第 1220 条分别规定了两种抗辩，但其中不包括先履行抗辩。

人足够严重时,他方当事人可以中止履行其债务。① 中止履行债务的,应当尽快通知对方。

第二目 强制现实履行

(2016年2月10日第2016-131号授权法令)

第1221条

(2018年4月20日第2018-287号法律)一项债务的债权人,可以在进行催告之后,诉请现实履行该债务(exécution en nature),但是,如果已不可能现实履行,或者现实履行对善意债务人的代价与其对债权人的利益之间明显不成比例的除外。(参见附目第1142条、附目第1184条)

第1222条

(2016年2月10日第2016-131号授权法令)债权人在进行催告之后,也可以在合理的期限内、以合理的代价、由其本人请他人履行债务,或者经法官批准,请人毁弃违反义务所为之事务;债权人可以要求债务人偿还由此产生的费用;债权人也可以向法院请求由债务人预付此种履行或毁弃所必要的款项。(参见附目第1143条、附目第1144条)

第三目 降低价金

(2016年2月10日第2016-131号授权法令)

第1223条

(2018年4月20日第2018-287号法律)在给付不完全履行的情况

---

① 因他方当事人不履行合同义务的风险而提出的抗辩,似为不安抗辩。

下,债权人在进行催告之后,如其尚未支付①全部或部分给付的价金,可以尽早向债务人通知其按照比例减少价金的决定;债务人接受债权人减少价金的决定,应当采用书面形式。

如果债权人已经进行支付,在双方当事人达不成协议的情况下,可以诉请法官减少价金。

第1223条原条文:(2016年2月10日第2016-131号授权法令)债权人可以在向债务人进行催告之后接受有瑕疵的履行,并要求按比例减少价金。

如果价金尚未支付,债权人应当尽早通知其要求减少价金的决定。

第四目 解除合同②

(2016年2月10日第2016-131号授权法令)

第1224条

(2016年2月10日第2016-131号授权法令)适用解除条款(clause résolutoire),或者在不履行合同的情形足够严重时,由债权人向债务人发出通知,或者经法院判决,引起合同解除(résolution)。

---

① 实际上涉及互为债权人问题。本条规定是将"给付"作为债的标的,负担给付的人是债务人,相对方为债权人,因此是债权人支付价金。这种情况下,价金的支付是履行行为还是债本身,理论上有讨论。

② 法国《民法典》原第1184条规定,解除契约,应向法院提出请求,法院得视情形给予被告一定的期限。"résolution"(解除)一词既指"消灭合同之诉权",也指此种诉讼所产生的结果。狭义上的"résolution"特指原则上具有溯及力地消灭双务合同。按照法国法律术语,解除合同区分为"有溯及力的解除合同"(résolution)与"无追溯力的解除合同"(résiliation)。参见第1229条第3款。

债法改革以后,第1224条规定,可以通过以下方式解除合同:适用合同中约定的解除条款(第1225条),一方当事人自担风险通知解除合同(第1226条),以及向法院提起解除合同的诉讼(第1227条)。

第 1225 条

(2016 年 2 月 10 日第 2016-131 号授权法令)解除条款具体约定不履行哪些义务承诺时引起合同解除。

如果没有(明确)约定只要有合同不履行之事实即引起解除合同,解除合同需以事先催告无果为条件。进行催告(la mise en demeure),只有如其明确提示解除条款①,才能产生效力。(参见附目第 1184 条)

第 1226 条

(2016 年 2 月 10 日第 2016-131 号授权法令)债权人可以自担风险,经发出通知(notification)解除合同。② 除紧急情况外,债权人应当事先向不履行债务的债务人进行催告,促其在合理期限内履行债务。

催告通知(mise en demeure)应当明文指出如果债务人不履行债务,债权人有权解除合同。

如果仍然不履行合同,债权人通知债务人解除合同以及解除合同的理由。

债务人得随时向法官就解除合同提出异议,于此情形,债权人应当证明合同不履行的情形的严重性。

---

① 准许双方当事人可以不经法官裁判即解除合同的"当然解除条款"(clause résolutoire de plein droit),应当是一项没有歧义的、表述清楚的条款,应当具备非常明确的性质(第 2 款第 1 句的规定),否则,法官仍然行使自由裁量权。在租赁合同中订有"当然解除条款"的情况下,并不剥夺出租人因相同的违约事由请求经司法裁判解除合同的权利。如果合同没有明确地、毫不含糊地约定解除合同可以免除事先进行催告,只要不属于事先已经进行催告但无结果的情况,那么,债权人不能主张解除条款已经产生效力。要求债权人为善意,债务人善意与否没有影响。

② 自行通知解除合同可能构成过错,因此强调自担风险。此前的法院判例:如果合同的一方当事人的行为表现或所作所为问题很严重,另一方当事人有正当理由,自担风险与损害,单方面终止合同,但是,尽管相对当事人的行为存在严重性,仍然不能免除打算中断合同的当事人应当提前进行通知的义务。

第 1227 条

（2016 年 2 月 10 日第 2016-131 号授权法令）任何情况下，均可向法院诉请解除合同。

第 1228 条

（2016 年 2 月 10 日第 2016-131 号授权法令）法官可以根据具体情节确认或者宣告解除合同，或者命令履行合同，但可能给予债务人一个期限，或者仅判处其给予损害赔偿。

第 1229 条

（2016 年 2 月 10 日第 2016-131 号授权法令）合同解除（résolution），该合同终止。

视具体情形，合同解除，或者依照解除条款约定的条件，或者在债务人接到债权人的通知之日，或者于法官确定的日期，产生效力；不属于此种情况的，解除合同自发出起诉传唤状（assignation）之日产生效力。

如果各当事人互为之给付只有在被解除的合同完全得到履行的情况下才能产生用益，各方当事人均应当返还已经互为的全部给付；但是，如果当事人互为的给付随着合同的对应履行已经产生用益，在最后一次进行的给付尚未获得对待给付之前的时期已经完成的给付无须返还。于此情形，合同的解除称为无追溯力的解除合同（résiliation，或者称"合同履行截止"）。

返还，依照第 1352 条至第 1352-9 条规定的条件进行。

第 1230 条

（2016 年 2 月 10 日第 2016-131 号授权法令）解除合同，不影响有关解决争议的条款，也不影响即使在解除合同的情况下仍然具有效力的相关条款，例如保守秘密条款、竞业禁止条款。

第五目　因合同不履行引起的损失的赔偿

（2016年2月10日第2016-131号授权法令）

第1231条

（2016年2月10日第2016-131号授权法令）债务人只有事先受到在合理期限内履行合同的催告①，始负损害赔偿之责，但合同不履行既成定局的除外。（参见附目第1146条）

第1231-1条

（2016年2月10日第2016-131号授权法令）债务人如不能证明其债务的履行是受到不可抗力阻碍，在有必要时，得因债的不履行或迟延履行被判支付损害赔偿。（参见附目第1147条）

第1231-2条

（2016年2月10日第2016-131号授权法令）应当给予债权人的损害赔偿一般为其已受到的损失和丧失的可得利益②，以下例外与限制除外。（参见附目第1149条）

第1231-3条

（2016年2月10日第2016-131号授权法令）债务人仅对订立合同

---

① 也就是说，债权人向债务人进行履行催告，仍然应当给债务人留出履行债务的合理期限。只有在此期限经过之后债务人仍未履行债务，才负担损害赔偿。

② 有的著作认为，法国的"合同损害赔偿既包括直接损失，也包括间接损失，亦称可得利益损失"。这一解释有错误，不应当将"丧失的可得利益"理解为受到的间接损失。德国《民法典》第252条规定："赔偿之损害，包含所失利益。依事物的通常运行，或者根据特别情形，尤其是根据所做准备及预先已采取的措施，有极大的可能性预期得到的利益，视为所失利益。"第1231-2条中在表述"受到的损失和丧失的可得利益"时均使用了过去时态，表明是指"已经发生的损失和可得的利益"，第1231-3条则涉及将来的损失或可得利益。

时已预见或可预见的损害负赔偿义务,但债的不履行是由于其重大过失或欺诈性过错造成时,不在此限。(参见附目第1150条)

>**译者简述**:第1231-3条提到"重大过失"(faute lourde)或"欺诈性过错"(faute dolosive)两个概念,两者中间使用了"或"一词,似可理解为"重大过失"与"欺诈性过错"的意思相同,其实,二者也有细微的差别。此外,立法条文与法院判例有时还使用"faute grave",强调"过错的严重性"或"严重程度"(gravité),很多情况下,"严重过错"(faute grave)与"faute lourde"也是同义语,但是,在有些情况下,两者意义也有所不同,例如,薪金雇员因有"严重过错"(faute grave)被解雇的情况,就不一定仅仅是"重大过失"的问题。
>
>法语中"faute"一词,既可译为"过错",也可译为"过失",诸如"过错责任原则"或"过失责任原则"。译者认为,中文的"过失"较多强调"非故意",而"过错"似可包括"故意"与"非故意"(过失)。我国学者通常使用的概念是"过失""重大过失",往往把拉丁语法律格言"culpa lata dolo aequiparatur"译为"重大过失等同故意"。但是,其中"dolo"或"dol"一词的准确意思并非"一般的故意",而是带有"欺诈"性质。欺诈当然属于故意,但更甚于故意,所以,这一格言似乎应为"重大过错视同欺诈",这样比较接近第1231-3条中的"重大过失或欺诈性过错"的表述,而如果将"欺诈性过错"称为"欺诈性过失",似乎不太合理。

第1231-4条

(2016年2月10日第2016-131号授权法令)即使在合同不履行是由于债务人的重大过错或欺诈性过错造成的情况下,损害赔偿仍然仅包括因不履行引起的最接近的直接后果(suite immédiate et directe)。①

---

① 这里使用的"immédiate et directe"并非简单的重复,虽然"immédiate"一词也有"直接的"意思,但它还有"立即发生的""最接近的"或者"当前的"等意思。排除对"间接损害"的赔偿,是法国民法关于损害赔偿的一项基本原则。现行第1231-2条至第1231-4条的规定与原第1149条至原第1151条的规定基本相同。

第三编 债的渊源

(参见附目第1151条)

第 1231-5 条

（2016年2月10日第2016-131号授权法令）合同约定不履行合同的人应当支付一定数额的款项（une certaine somme）作为损害赔偿时，给付他方当事人的款项既不得高于也不得低于该数额。

但是，如果约定的违约金数额明显过高或者微不足道，法官可以，甚至依职权，减少或增加其数额。

约定承担的债务已经部分履行的，法官可以，甚至依职权，根据部分履行已为债权人带来利益的比例，相应减少违约金的数额，但不影响适用前款之规定。

抵触前两款规定的任何约款，均视为不曾订立。

债务人仅在受到催告时，始应给付违约金，但合同不履行已成定局的，不在此限。（参见附目第1152条、附目第1226条）

译者简述：法国《民法典》原来在规定连带之债、可分之债、不可分之债的同时，将"附违约金条款的债"（原第1226条至原第1233条）同样规定为债的一个类型，现在将"附违约金条款的债"列为"合同不履行"中的一条。

"违约金"与违约金条款，原用语分别为"peine"和"clause pénale"，意思为"处罚"（刑法上为刑罚）或者具有威胁性质的处罚条款（罚则）。合同中订立违约金条款，是双方约定在主债务不履行的情况下，向相对当事人支付"一定数额的款项"作为损害赔偿。原第1229条明确规定违约金具有补偿性质，是对损害赔偿的一种抵偿，但违约金并不等于损害赔偿本身。该条第2款对"单纯的延迟履行"规定的违约金具有惩罚性质。通常情况下，约定的违约金的数额往往高于甚至远远高于实际损失，除在上诉审法官认定违约金数额明显过高的情形外，法官原则上既不得减少也不得增加当事人在合同中约定的违约金数额。（参见附目第1152条规定）

债法改革之前，原第1226条的文字表述没有明确"违约金条款"是承诺在合同不履行的情况下支付一笔金钱的条款，而是运用了一种泛指性表述——"s'engage à quelque chose"（承诺某种事情、某种事务）。现在第 1231-5 条第 1 款明确表述违约金是支付"一定数额的款项"作为损害赔偿，并且在第 2 款、第 3 款中使用"pénalité"一词取代原第 1152 条的用语"peine"。民事活动中的违约金及违约金条款，并不是指任何一种处罚，而是在合同中约定在一方当事人不履行债务时应当负担的、作为损害赔偿并且数额确定的款项，因此违约金具有约定性质。

第 1231-6 条

（2016 年 2 月 10 日第 2016-131 号授权法令）迟延清偿一笔金钱债务引起的损害赔偿是指自履行催告起按照法定利率计算的利息。

无须债权人证明受到任何损失，此种损害赔偿均应支付。

迟延清偿的债务人，除迟延清偿外，恶意造成某种损失的，债权人可以获得与迟延利息分开的损害赔偿。（参见附目第 1153 条）

第 1231-7 条

（2016 年 2 月 10 日第 2016-131 号授权法令）在所有诉讼中判处的赔偿金均意味着按照法定利率计算利息，即使诉讼当事人没有提出请求或者判决没有特别规定，亦同。除法律另有规定外，利息自判决宣告之日计算，法官另有决定的除外。

在上诉审法官完全确认一审法官给予赔偿金的判决的情况下，自一审法院判决作出之日起，当然按照法定利率计算赔偿金的利息；其他情况下，在上诉审裁判中判处的赔偿金，自上诉审判决作出之日起计算利息。上诉审法官始终可以作出不同于本条之规定的判决。

第 1232 条至第 1239 条

（暂时保留空位）

第二分编　非合同责任

（2016年2月10日第2016-131号授权法令）

第一章　非合同责任之一般规定

第1240条

（2016年2月10日第2016-131号授权法令）人的任何行为给他人造成损害时，因其过错致该行为发生之人有义务赔偿损害。（参见附目第1382条）

译者简述：2016年2月10日第2016-131号授权法令对法国《民法典》债法部分改革之前，在该法典第三卷"取得财产的各种方法"第四编"非因合同产生的债"中，第一章为"准契约"（无因管理、不当得利），第二章为"侵权行为与准侵权行为"。第二章仅有五个条文——第1382条至1386条，自法国《民法典》诞生以来这些条文始终没有修改（2016年的授权法令仍然如此）。本书译文第1240条至第1244条与原第1382条至原第1386条的文字表述完全相同。

第1240条（原第1382条）原文为："tout fait quelconque de l'homme, qui cause à autrui un dommage, oblige celui par la faute du quell il est arrivée à le reparer."该条有不同的中文译文，例如，"任何行为致他人受损害时，因自己的过错致行为发生之人对该他人负赔偿的责任"，又如"因过错致人损害者，应对他人负赔偿之责"。后一译文过分简化原文的文字表述。原文的表述强调"人的任何行为"，也没有限定或强调"对他人"负赔偿责任，而是笼统地表述为（有义务）"赔偿损害"。

我国法学界通常认为，民事责任的归责原则是"过错责任原则"或"过失责任原则"，有说"过错包括故意与过失"，有说"过失包括故意与过失"，"过错"似与"过失"同义，由于表述不统一，也给法语"faute"一词的中文翻译带来困扰。李浩培先生等翻译的《拿破仑法典（法国民法典）》（商务印书馆1979年版）将"faute"译为"过失"（第1382条），史尚宽先生在《债法总论》(第115页)称"faute"为"广义之过失","包含故意及狭义的过失"。

法国《民法典》没有对"faute"作出定义。按照学者的解释,"faute"是指:具备以下三个要件的不法行为或违法行为(acte illicite):(1)事实要件(élément matériel,客观要件),即引起过错的"起源事实"(fait originaire);(2)(行为的)违法性要件或不法性要件(élément d'illicéité);(3)主观要件(élément moral),即行为的"可追究性要件"(élément d'imputabilité)(但客观过错理论除外)。事实要件可以是"由实施行为体现的主动事实",或者"以不行为体现的放弃(事实)";违法性是指违反义务、违反法律(包括违反习惯);主观要件则是指行为人的辨识能力。"faute"分为"faute civile"(民法上的过错,民事过错)、"faute pénale"(刑法上的过错,刑事过错)。民事过错是指契约过错、侵权过错,两者都包括故意与过失,因此,学者和法院判例也常常表述为"故意过错"(faute intentionnelle)与"非故意过错"(faute non intentionnelle)。如果将故意行为归为"过失",有悖中文词义。译者认为,将"faute"一词译为"过错"为宜。

第 1241 条

(2016年2月10日第2016-131号授权法令)任何人不仅对其行为造成的损害负赔偿责任(responsable du dommage),而且对因其懈怠(négligence)或疏忽大意(imprudence)①造成的损害负赔偿责任。(参

---

① 第1241条(原第1383条)的文字表述中同时使用了"négligence"与"imprudence"两个词,两者都有懈怠、粗心大意、漫不经心、疏忽大意、轻率等意思(条文的文字表述使用了"或",应为同义选择)。李浩培先生等翻译的《拿破仑法典(法国民法典)》(商务印书馆1979年版)在将原第1382条中的"faute"译为"过失"的同时,将原第1383条中的"négligence"也译为"过失"。译者认为,"négligence"与"imprudence"两词虽然有"过失"的意思,但它们主要还是用于表达"过失"的具体表现,而非过失概念本身。法院判例与学者将其归为"faute non intentionnelle"(非故意过错),是对"过失"这一概念的另一种表达。法国有学者认为原第1383条并无多大用处,因为原第1382条本身并没有将疏忽大意或过失(imprudence)与过错区分开来(这实际上是说,"faute"一词本身就包含了故意和过失);另一些学者认为,由于原第1382条没有对过错作出定义,原第1383条则是一种补充。

法国民法理论占主导地位的观点认为:侵权行为由"侵权过错"(faute délictuelle)引起。侵权过错与契约过错(faute contractuelle)都是引起民事责任的条件。无过错责任除外,故意过错是侵权行为的发生依据,非故意过错是准侵权行为的发生依据。第1240条(原第1382条)与第1241条(原第1383条)分别是有关侵权行为与准侵权的规定。

见附目第 1383 条)

第 1242 条

(2016 年 2 月 10 日第 2016-131 号授权法令)任何人不仅对因自己的行为造成的损害负赔偿责任,而且对应由其负责之人的行为或由其照管之物①造成的损害负赔偿责任。

但是,不论以何名义持有不动产或动产之全部或部分的人,在该不动产或动产内发生火灾的情况下,仅在证明火灾的发生应当归咎于该财产持有人的过错时,或者应当归咎于由其负责之人的过错时,始就火灾造成的损害,对第三人负赔偿责任。

前款规定不适用于所有权人与承租人之间的关系,此种关系仍然受本法典第 1733 条与第 1734 条之规定调整。

父与母,只要他们行使对子女的亲权②,即应当对与其在一起居住的未成年子女造成的损害,承担连带责任。

主人与雇主,对其家庭佣人与受雇人在履行受雇的职责中造成的损害,负赔偿责任。

小学教师与家庭教师及手工艺人,对学生与学徒在受其监管的时间内造成的损害,负赔偿责任。

除父、母与手工艺人证明他们不可能阻止引起前述责任的行为之外,均发生前述责任。

涉及小学教师与家庭教师时,其受到指控的造成损害事实的过错、

---

① 第 1242 条第 1 款规定的两种责任,法院判例与学理上分别称之为"因他人行为引起的责任"和"因物引起的责任",法文分别为"responsabilité du fait d'autrui"和"responsabilité du fait de chose"。"因物引起的责任"是指,对无生命物负有照管或看管义务的人,对于该物给第三人造成的损害应当承担的侵权责任。

② 此处原来使用的是"droit de garde",意为"照管权""看管权"或"管领权",但没有直接指明或要求是"行使亲权"。2002 年 3 月 4 日第 2002-305 号法律将其改为"亲权",但仍然保留了"在一起居住"这项条件。

轻率不慎或疏忽大意，应当由原告按照普通法在诉讼中举证证明之。
（参见附目第 1384 条）

第 1243 条

（2016 年 2 月 10 日第 2016-131 号授权法令）动物的所有人或者使用人，在使用牲畜的时间内，对动物或牲畜造成的损害负赔偿责任，不论该动物或牲畜是在其管束之下还是走失或逃逸。（参见附目第 1385 条）

第 1244 条

（2016 年 2 月 10 日第 2016-131 号授权法令）建筑物的所有人，对建筑物因维修不善或者因建筑瑕疵而倒塌造成的损害负赔偿责任。
（参见附目第 1386 条相同）

第二章　有缺陷的产品引起的责任

（2016 年 2 月 10 日第 2016-131 号授权法令）

第 1245 条

（2016 年 2 月 10 日第 2016-131 号授权法令）产品的生产者对因其产品的缺陷造成的损害承担责任，不论其与受害人是否有合同联系。

第 1245-1 条

（2016 年 2 月 10 日第 2016-131 号授权法令）本章之规定适用于因人身伤害引起的损害赔偿。

本章之规定也适用于对有缺陷的产品本身之外的其他财产造成的超过法令确定之数额的损害的赔偿。

第 1245-2 条

（2016 年 2 月 10 日第 2016-131 号授权法令）一切动产财产都是产品，其中包括土地的产品、畜产品、猎获物与水产品，即使是添附于不动产并与之结合成一体，亦同；电，视为一种产品。

第 1245-3 条

（2016 年 2 月 10 日第 2016-131 号授权法令）产品在其不能提供人们可以合理期待的安全性时，为本章意义上的有缺陷。

在评判什么是"可以合理期待的安全性"时，应当考虑各种情形，尤其应当考虑对产品的介绍，可以对其合理期待的用途以及产品投入流通的时间。

不得仅仅因为后来投入市场流通的产品在性能上更加完善，就认为（此前的）某一产品存在缺陷。

第 1245-4 条

（2016 年 2 月 10 日第 2016-131 号授权法令）产品的生产者自愿放弃占有产品之时，产品属于投入流通。

一项产品投入市场流通，只能有一次。

第 1245-5 条

（2016 年 2 月 10 日第 2016-131 号授权法令）最终成品的制造者、原材料的生产者、组成部件的制造者，以从事职业的名义开展活动的，均为生产者。

适用本章之规定，任何人以从事职业的名义，属下列情况的，视同生产者：

1. 以生产者的身份在产品上加有其名称、商标或其他鉴别标识的；

2. 为了销售、租赁，不论是否带有买卖预约，或者其他任何形式的经销，在共同体内进口产品的。

可以依照本法典第 1792 条至第 1792-6 条与第 1646-1 条的规定追究其责任的人，不视为本章意义上的生产者。

第 1245-6 条

（2016 年 2 月 10 日第 2016-131 号授权法令）如果无法鉴别产品的生产者，除信贷租赁人或被视为信贷租赁人的人以外，产品的销售人、出租人或者其他任何专业供应商，依照与生产者相同的条件对有缺陷的产品承担责任，但是，如果在向其通知受害人提出的请求之日起 3 个月期限内指明谁是自己的供应商或生产商，不在此限。

供应商对生产者的求偿权，依有缺陷的产品的直接受害人提起诉讼的相同规则，但是，供应商求偿时，应当自向法院提出起诉传唤状之日起 1 年内进行诉讼。

第 1245-7 条

（2016 年 2 月 10 日第 2016-131 号授权法令）与另一产品装配成一体的部件，因其缺陷造成损害的，该部件的生产者以及实现部件装配、组装的产品的生产者负连带责任。

第 1245-8 条

（2016 年 2 月 10 日第 2016-131 号授权法令）原告应当证明损害、产品的缺陷以及缺陷与损害之间存在因果关系。

第 1245-9 条

（2016 年 2 月 10 日第 2016-131 号授权法令）即使产品的生产遵守了工艺规则或现有规范，或者产品的生产得到行政批准，生产者对其产品的缺陷仍然可能负有责任。

第 1245-10 条

（2016 年 2 月 10 日第 2016-131 号授权法令）除证明以下情况外，

产品生产者当然应负责任：

1. 产品并未投入流通；

2. 考虑到具体情形，有理由认为在产品投入流通的当时并不存在造成损害的缺陷，或者有理由认为是后来才出现的缺陷；

3. 产品并不是为了投入买卖或者其他任何形式的流通经销；

4. 产品在投入流通时，按照科学与技术知识现状，并不能够发现存在的缺陷；

5. 或者产品符合立法与条例的强制性规则，其缺陷系由此引起。

如果产品的组成部件的生产者能够证明存在的缺陷是由于其为之提供该部件的产品的设计或产品生产者发出的指令所造成，部件的生产者不承担责任。

第 1245-11 条

（2016 年 2 月 10 日第 2016-131 号授权法令）如果是由于人体的某种因素或人体产生之物引起的损害，生产者不得主张第 1245-10 条第 4 点有关免除责任的规定。

（废止："如果产品的生产者没有进行适于防止损害发生的处理，在产品投入流通之后 10 年期限内发现产品的缺陷，生产者不得主张第 1245-10 条第 5 点有关免除责任的规定。"）

第 1245-12 条

（2016 年 2 月 10 日第 2016-131 号授权法令）如果是由于产品本身的缺陷以及受害人本人的过错或者受害人应负责任之人的过错共同引起损害，在考虑全部情节的基础上，可以减轻或者免除生产者的责任。

第 1245-13 条

（2016 年 2 月 10 日第 2016-131 号授权法令）第三人对损害的发生也起了作用的，并不因此减轻生产者对受害人的责任。

第 1245-14 条

（2016 年 2 月 10 日第 2016-131 号授权法令）禁止订立旨在排除与限制因有缺陷的产品引起的责任的任何条款。此种条款视为没有订立。

但是，对受害人不是主要供自己使用或私人消费的财产造成的损害，在专业人员之间订立的前项条款有效。

第 1245-15 条

（2016 年 2 月 10 日第 2016-131 号授权法令）除生产者本人有过错外，在引起损害的产品投入流通之后经过 10 年，以本章规定为依据的生产者的责任消灭，受害人在此期间已经提起诉讼的除外。

第 1245-16 条

（2016 年 2 月 10 日第 2016-131 号授权法令）以本章之规定为依据的赔偿诉讼，时效期间为 3 年，自原告知道或应当知道其受到损害、产品缺陷以及生产者的身份时开始计算。

第 1245-17 条

（2016 年 2 月 10 日第 2016-131 号授权法令）本章之规定不损及受害人依据合同责任法或合同外责任法或者特别责任制度可以主张的权利。

生产者对其过错或其应负责任之人的过错引起的后果承担责任。

第三章　对生态损害的赔偿

（2016 年 8 月 8 日第 2016-1087 号法律第 4-6 条）

第 1246 条

任何人，对造成生态损害负有责任的，负修复赔偿义务。

第 1247 条

凡是对生态系统的构成要素或其功能或者对人自环境可得的集体享益造成不可忽视的损害,均属于可以按照本编规定的条件进行修复赔偿的生态损害。

第 1248 条

请求修复赔偿生态损害的诉权,属于任何有资格和利益提起此种诉讼的人,例如,国家、法国生物多样性总署、地方行政部门和区域范围有所涉及的各地方行政部门的联合组织、公共机构以及在提起诉讼之前得到认可或创立的至少已有 5 年、以保护自然与环境为宗旨的协会。

第 1249 条

对生态损害进行修复赔偿,以现实修复赔偿优先。

在法律上或者事实上不可能采取修复赔偿措施的,或者采取此种措施仍然不足以修复赔偿的情况下,法官判处责任人向原告支付损害赔偿金,用于修复环境,或者在原告本身不能采取有效措施进行生态修复时,损害赔偿金支付给国家。

对生态损失的评估,相应情况下,应考虑已经采取的措施,特别是在实施《环境法典》第一卷第六编之规定的框架内已经采取的各项措施。

第 1250 条

在规定逾期罚款的情况下,罚款数额由法官结清,以便原告将此罚款用于环境修复,或者在原告本身不能采取有效的修复措施时,逾期罚款支付给国家,并用于相同目的。

法官保留结算逾期罚款的权力。

第 1251 条

为了防止即将发生损害、避免损害加剧或者减少损害后果而支出的经费,均构成应予赔偿的损失。

第 1252 条

受理第 1248 条所指的人之一提起的诉讼的法官,可以在生态损害修复赔偿之外,责令采取适于预防或制止损害的合理措施。

第 1253 条至第 1299 条

(暂时保留空位)

第三分编　债的其他渊源

(2016 年 2 月 10 日第 2016-131 号授权法令)

译者简述: 原第三卷第四编将准合同、侵权行为或准侵权行为规定为"非因合意发生的债",并且在编首规定了一个概括性的一般性条文,即原第 1370 条(参见本书附目六)。学者认为,该条的列举从整体上看是一些更为混杂的规则,将许多由不同根据产生的债集合在一起,对于这样的整合,应当从历史的角度进行解释。现行的法国《民法典》第 1300 条第 2 款则明确规定,准合同是指无因管理、非债清偿以及不当得利,并相应地分三章作出规定。改革前的有关条文——原第 1371 条至原第 1381 条没有进行这样的划分。通常认为,原第 1372 条至原第 1375 条涉及的是无因管理,原第 1376 条至原第 1381 条是有关非债清偿的返还诉权的规定,其中原第 1376 条也被解释为"偿还无原因进行的清偿"。在返还款项的数额可以依据法律、条例的规定或者合同的约定得到确定时,善意受领了本不欠其款项的人,有义务返还该款项以及自返还请求提出之日起计算的延期利息(最高法院全体庭,1993 年 4 月 2 日)。

法国旧法不承认一般的不当得利返还规则,1804 年《民法典》中上述 11 个条文也没有规定一般的不当得利规则。这方面的一般规则是在《民法典》产生之后,首先由学说和法院判例承认并逐步确立起来的,直至 2016 年的债法改革才从立法条文上对此作出正式确认。

在债法改革之前,法国《民法典》在财产法与合同法中也有许多涉及不当得利的特别条文,例如:用他人材料在自己土地上建筑(第554条),在他人土地上建筑(第555条),有关损害用益权人的权利(第599条),为保护他人财产而支出费用(第2080条),使用共同财产获取个人收益(第1416条);合同法中的相关条文,如第1235条、第1312条、第1673条、第1926条、第1993条;此外,还可以列举第815-13条、第862条、第1469条、第1634条等条文的规定。

第 1300 条

(2016 年 2 月 10 日第 2016-131 号授权法令)准合同(les quasi-contrats)是指,纯属自愿的行为(faits purement volontaire),由此引起对不享有权利但获得利益的人承担某种义务(engagement),以及有时引起行为人对他人承担某种义务。

受本分编调整的准合同是指无因管理、非债清偿以及不当得利。(参见附目第 1371 条)

第一章 无因管理

(2016 年 2 月 10 日第 2016-131 号授权法令)

第 1301 条

(2016 年 2 月 10 日第 2016-131 号授权法令)在事务主人(本人)不知情或者没有反对的情况下,虽不负义务但明知并且有益地为他人管理事务的人,在实施其管理的法律行为与事实行为时,负有一个委托代理人应当负担的全部义务。(参见附目第 1372 条)

第 1301-1 条

（2016 年 2 月 10 日第 2016-131 号授权法令）管理人应当对事务的管理给予一个理性之人的悉心照管（tous les soins）；应当持续管理至事务主人（本人）或其继任人能够自行管理为止。

法官可以视具体情节适当减少管理人因过错或懈怠应当向事务主人支付的赔偿金。（参见附目第 1374 条）

第 1301-2 条

（2016 年 2 月 10 日第 2016-131 号授权法令）事务得到有益管理的人，应当履行管理人为其利益缔结的义务。

事务得到有益管理的人应当偿还管理人为其利益所付出的费用，以及赔偿因其进行管理受到的损害。

管理人垫付的款项自支付之日计算利息。（参见附目第 1375 条）

第 1301-3 条

（2016 年 2 月 10 日第 2016-131 号授权法令）事务主人（本人）对管理给予追认（ratification de la gestion，批准），产生委托的效力。（参见附目第 1372 条第 2 款）

第 1301-4 条

（2016 年 2 月 10 日第 2016-131 号授权法令）管理人对于负担管理他人事务有自己的利益时，并不排除适用无因管理的规则。

在此情况下，承诺的义务负担、费用以及各种损害，均按照各自在共同事务中所占利益的比例分摊。（参见附目第 1372 条）

第 1301-5 条

（2016 年 2 月 10 日第 2016-131 号授权法令）如果管理人的行为不具备无因管理的条件，但对主人的事务有利，后者应当按照有关不当得利的规则对管理人给予补偿。

第二章 非债清偿

(2016 年 2 月 10 日第 2016-131 号授权法令)

第 1302 条

(2016 年 2 月 10 日第 2016-131 号授权法令)清偿,以存在债务为前提,受领并不负债之清偿的①,应予返还。

自愿清偿自然之债的,不得主张返还。

第 1302-1 条

(2016 年 2 月 10 日第 2016-131 号授权法令)因错误或者明知而仍然受领本不应当向其所为之清偿的,应当向进行了不当清偿的人返还。
(参见附目第 1376 条)

第 1302-2 条

(2016 年 2 月 10 日第 2016-131 号授权法令)因错误或者受到强制,清偿了他人债务的人,可以对债权人提出返还之诉,但是,在债权人受领清偿之后已经毁弃凭据或者抛弃债权担保的情况下,这项(提起返还之诉的)权利即告停止。

清偿人也可以向因其错误支付、债务获得清偿的人请求返还。
(参见附目第 1377 条)

---

① 非债清偿(payement de l'indu),直译为"不当支付"或"不当清偿"。2005 年 3 月 1 日最高法院第一民事庭判决认为返还不当获取(percu)的利益,属于准合同或准合同的特别制度。"非债清偿返还之诉"的法文为"action en répétition de l'indu"。

第 1302-3 条

（2016 年 2 月 10 日第 2016-131 号授权法令）返还，受第 1352 条至第 1352-9 条确定的各项规则约束。

因过错（faute）而为清偿的①，向其返还的数额得予减少。（参见附目第 1378 条）

第三章　不当得利②

（2016 年 2 月 10 日第 2016-131 号授权法令）

第 1303 条

（2016 年 2 月 10 日第 2016-131 号授权法令）除无因管理和非债清偿之情形外，没有正当原因获得某种利益、损害他人利益的，应当向由此减少利益的人支付补偿金，数额相等于获利与受损两者价值中数额最少的一项。

第 1303-1 条

（2016 年 2 月 10 日第 2016-131 号授权法令）如果获得利益既不是

---

① 第 1302-3 条与第 1302-2 条规定的是两种不同情形：清偿人进行清偿时有过错（faute）以及清偿人因错误和误解（erreur）进行清偿。两者后果不同。

② "不当得利"原文为"enrichissement sans cause"或者"enrichissement injustifié"，前者意思是"没有原因的获得利益"或者"没有原因的增加财富"，后者译为"没有正当理由的获得利益"或者"没有正当理由的增加财富"，指"没有正当原因获得某种利益、损害他人利益"之事实（第 1303 条）。

由于利益受损人①应当完成某项义务,也不是源于其有赠与的意图时,是没有正当原因的获得利益。(参见附目第1371条)

第 1303-2 条

(2016年2月10日第2016-131号授权法令)如果利益受损是源于当事人为其本人的利益实施的某种行为,不发生补偿。

如果利益受损是源于受损人的某种过错,法官可以减少补偿数额。(参见附目第1371条)

第 1303-3 条

(2016年2月10日第2016-131号授权法令)利益受损的人,如果可以提起另一诉讼,或者另一诉讼遇到诸如时效等法律上的障碍,则不享有以不当得利为依据的诉权。

第 1303-4 条

(2016年2月10日第2016-131号授权法令)在费用支出之日确认的利益损失以及提出请求之日尚存的获益,均按照判决之日进行评价;在获得利益的人为恶意的情况下,其应当支付的补偿金数额等于获利与受损两项价值中的最高数额。(参见附目第1371条)

---

① 利益受损人与利益受损,原文分别为"appauvri"和"appauvrissement",日常用语的意思为"变穷的人"和"变得贫穷"。不当得利的构成条件可以归结为:(1)一方获得利益;(2)他方利益受损;(3)一方获得利益与他方利益受损两者之间有相互对应的关系;(4)获得利益及利益受损,均无法律根据。

第四编　债的一般制度

（2016年2月10日第2016-131号授权法令）

第一章　债的类型①

（2016年2月10日第2016-131号授权法令）

第一节　附条件之债

（2016年2月10日第2016-131号授权法令）

第1304条

取决于将来的某种不确定事件的债，为附条件之债。

条件一经成就，债不再附任何条件的，为停止条件。②

条件一经成就，债随之消灭的，为解除条件。（参见附目第1168条与附目第1183条）

---

① 第四编的标题原文为"régime général des obligations"，有译为"债的通则""债的总则"，本书按原文表述直译为"债的一般制度"。第一章的标题原文为"les modalités de l'obligation"，有译为"债的形态"，本书译为"债的类型"。旧条文中原文为"des diverses espèces d'obligations"（不同类型的债），通常译为"债的种类"。

② 债可附的条件分为停止条件与解除条件，法国《民法典》原先将两者进行分目规定，改革后合为一目。不应将法文"obligation conditionnelle"解释为"附条件的债权"。
停止条件，原文为"condition suspensive"，也译为中止条件。

第 1304-1 条

（2016 年 2 月 10 日第 2016-131 号授权法令）条件应当合法，否则债无效。（参见附目第 1172 条）

第 1304-2 条

（2016 年 2 月 10 日第 2016-131 号授权法令）按照取决于债务人的单方意思成就的条件缔结的债无效；但完全知情且已履行债务时，不得主张此种无效。（参见附目第 1174 条）

第 1304-3 条

（2016 年 2 月 10 日第 2016-131 号授权法令）有利益阻碍停止条件成就的一方当事人阻止条件成就的，视停止条件已经成就。

解除条件成就对其有利益的当事人主动挑动条件成就的，视解除条件没有成就。（参见附目第 1178 条）

第 1304-4 条

（2016 年 2 月 10 日第 2016-131 号授权法令）专为一方当事人的利益约定的条件只要尚未成就，（2018 年 4 月 20 日第 2018-287 号法律修改）或者并非已不能成就，该当事人有放弃条件的自由。

第 1304-5 条

（2016 年 2 月 10 日第 2016-131 号授权法令）在停止条件成就之前，债务人应当放弃实施任何阻止债的适当履行的行为；但债权人可以实施任何保全行为，以及对债务人诈害其权利而完成的行为提起诉讼。

只要停止条件尚未成就，已经进行的支付得予收回。（参见附目第 1180 条）

第 1304-6 条

（2016 年 2 月 10 日第 2016-131 号授权法令）自停止条件成就之时，债成为不附任何条件之债。

但是，双方当事人可以规定，条件成就的效力追溯至合同订立之日；债的标的物，仍然由债务人承担风险；直至条件成就之前，债务人保留对物的管理并对孳息享有权利。

在停止条件不能成就的情况下，债视为自始不存在。（参见附目第 1179 条与附目第 1182 条）

第 1304-7 条

（2016 年 2 月 10 日第 2016-131 号授权法令）解除条件成就，追溯消灭债的关系，但在相应情况下不影响保全行为与管理行为的效力。

如果当事人之间订有协议，或者随着合同的履行，相互进行的给付使双方各得其利益，条件成就不发生追溯效力。

第二节　附期限之债

（2016 年 2 月 10 日第 2016-131 号授权法令）

第 1305 条

（2016 年 2 月 10 日第 2016-131 号授权法令）债的可要求清偿性推迟至将来的特定事件发生之时，即使该事件的发生日期尚不肯定，为附期限之债。（参见附目第 1185 条）

第 1305-1 条

（2016 年 2 月 10 日第 2016-131 号授权法令）期限，得为明示，或为默示。

当事人不能达成一致意见时，法官得考虑债的性质以及双方当事人的状况,确定期限。

第 1305-2 条

(2016 年 2 月 10 日第 2016-131 号授权法令)只有在到期时才能要求清偿的债,在到期之前不得要求清偿;但已经提前清偿的,不得请求返还。(参见附目第 1187 条)

第 1305-3 条

(2016 年 2 月 10 日第 2016-131 号授权法令)期限利益于债务人,但是,依据法律、各方当事人的意思或者具体情节,为债权人或双方当事人规定的期限除外。

独享为其利益确定的期限的当事人,可以抛弃期限,且无须经他方当事人同意。

第 1305-4 条

(2016 年 2 月 10 日第 2016-131 号授权法令)如果债务人不提供其向债权人允诺的担保,或者减少对其债务的担保,不得要求享有期限利益。

第 1305-5 条

(2016 年 2 月 10 日第 2016-131 号授权法令)债务人之一丧失期限利益的,对其共同债务人及保证人不具有对抗效力,即使是连带债务人,亦同。

第三节　多数之债

（2016年2月10日第2016–131号授权法令）

第一目　多数标的①

（2016年2月10日第2016–131号授权法令）

第一段　并合之债

（2016年2月10日第2016–131号授权法令）

第1306条

（2016年2月10日第2016–131号授权法令）以多项给付为标的，只有债务人履行全部给付始能消灭的债，为并合之债（obligation cumulative）。②

第二段　选择之债

（2016年2月10日第2016–131号授权法令）

第1307条

（2016年2月10日第2016–131号授权法令）以多项给付为标的，

---

① 多数标的（pluralité d'objets），相对于本节第二目的标题，"标的"也译为"客体"。多数之债（obligation plurale）包括多数客体（多数标的）与多数主体两种情形。在债的标的为多项给付时，可以分为并合之债或重叠之债、选择之债和任意之债三种形态或类型。

② 并合之债，原文为"obligation cumulative"，其中"cumulatif"（cumulative）一词有"竞合""合并""累积""合成"等意思。这一概念由第1306条作出定义，是指"以多项给付为标的，只有债务人履行全部给付始能消灭的债"。这一概念有各种不同的翻译，例如"复合之债""合成之债""累积之债""重叠之债"等。

债务人履行其中一项给付即告消灭的债,为选择之债(obligation alternative)。

第 1307-1 条

(2016 年 2 月 10 日第 2016-131 号授权法令)在各项给付中进行选择的权利属于债务人。

如果在约定的时间里或者合理的期限内债务人没有作出选择,另一方当事人可以在进行催告之后行使选择权,或者解除合同。

已经作出的选择为终局选择,债自此丧失选择性质。(参见附目第 1190 条)

第 1307-2 条

(2016 年 2 月 10 日第 2016-131 号授权法令)如果因不可抗力引起已经选择的给付不可能履行,债务人不再负给付义务。(参见附目第 1193 条)

第 1307-3 条

(2016 年 2 月 10 日第 2016-131 号授权法令)债务人没有告知其所作的选择的,如果给付之一已经不可能履行,应当履行其中之另一给付。

第 1307-4 条

(2016 年 2 月 10 日第 2016-131 号授权法令)债权人没有告知其所作的选择的,如果因不可抗力给付之一已不可能履行,只能满足于其中的另一给付。(参见附目第 1194 条)

第 1307-5 条

(2016 年 2 月 10 日第 2016-131 号授权法令)如果所有给付均已不可能履行,只有在每一给付之不能履行均是由不可抗力造成时,债务人才不再负担给付。

第三段 任意之债

（2016年2月10日第2016-131号授权法令）

第1308条

（2016年2月10日第2016-131号授权法令）虽以特定给付为标的，但债务人有选择权利（faculté）提供另一种给付即属履行的债，为任意之债（obligation facultative）。

由于不可抗力原因，原先约定的给付不可能履行时，任意之债消灭。

第二目 多数主体

（2016年2月10日第2016-131号授权法令）

第1309条

（2016年2月10日第2016-131号授权法令）约束多数债权人或多数债务人的债，在他们之间当然可分；在债权人或者债务人的继承人之间，债亦可分，即使是连带之债，亦同。如果法律或合同没有另作规定，债的分割等份进行。

每一个债权人仅对其在共同债权中的份额享有权利；每一个债务人仅对其在共同债务中的债额承担义务。

只有连带之债，或者如果应为之给付不可分，始在诸债权人与债务人的关系中另作处理。

第四编 债的一般制度

第一段 连带之债

（2016年2月10日第2016-131号授权法令）

译者简述：法国《民法典》原第1202条以及改革后的第1310条均规定，债的连带性，或为法定，或为约定，不得推定。依据这项原则，在法律规定、当事人约定（意定）或习惯之外，法官在对多数人作出处罚的判决中不得附加认定或规定他们应负连带责任。

19世纪，在罗马法和法国旧法的实践基础上，法院判决承认过"即使没有法律条文规定，仍然可以对共同责任人作出连带承担责任的处罚"，但这样的处理招到理论界的强烈批评（进而只能收回）；随后，同样是在理论界的支持下，法院判例借助罗马法的规则，在"法律（规定的情形）之外"（praeter legem）创设了一种连带责任的"替代品"（succédané），称为"obligation in solidum"，有时也称为"solidarité imparfaite"，译为"不完全的连带责任"或"不真正的连带责任"，但在法国判例与著述中较少使用这一表述。

拉丁语"in solidum"一词，法语解释为"au tout"（整个、整体），而"应当整体履行的债"法文为"obligation in solidum"，指的是每一个债务人均有义务清偿债务之全部（la totalité de la dette）。依照这一概念，从法院判例中往往可以看到："responsabilité in solidum"（应当整体承担的责任）、"condamnation in solidum"（判处承担整体责任）、"tenu in solidum"（负担整体义务），等等。本书按照法语表述，将"obligation in solidum"译为"应当整体履行的债"（无论是"不真正的连带责任"还是"应当整体履行的债"，都是外来术语的翻译，译者认为，"应当整体履行的债"更接近于法国法律概念的字面意义）。

以前，法国立法仅在刑事方面以及具体的民事责任中针对共同责任人设立了连带之债（obligation solidaire），后者如原第1384条第4款的规定，父与母，只要他们行使对子女的照管权（现改为"亲权"），即应当对与其一起居住的未成年子女造成的损害，承担连带责任。但法国《民法典》中有关连带责任的条文规定并不多。学界几乎一致希望，在民事案件有多名共同责任人的情况下，任何受害人都可以享有相同的利益。

在法国，至今为止，"应当整体履行的债"，都是由法院判例作出认定。法官没有类推适用法定的连带责任的权利。运用"应当整体履行的债"这一概念，可以提供一种解决方法。民事责任领域是适用"应当整体履行的债"最常见的领域，例如，数人作为同一侵权行为的共同侵权人应当被判处对整个损害负整体赔偿义务;在不是以过错为基础的责任,尤其是在数物共同造成同一损害或者数人对同一物负有照管义务的情况下,也是如此。不论引起不同责任的缘由是否有区别:是由本人的行为还是由他人的行为引起的责任,或者是由物引起的责任,也不论是侵权责任与合同责任,还是由同一合同或不同合同引起的责任,是直接行为人的责任还是保险人的赔付义务,如此等等,所有情况下,至少都要求引起责任的不同事实是造成"单一损害"或"单一损失"(préjudice unique)的根源。其特别之处就在于,与连带责任不同,引起共同义务人的债务的事实可以是分开的,但由其造成的损失是单一的与不可分的,共同义务人应当负担整体履行义务。

法国有学者认为,"obligation in solidum"或者"solidarité imparfaite"这一概念能否成为一个独立于"本义上的连带之债"概念,始终存在不确定性,但通常都认为"应当整体履行的债"(obligation in solidum)与连带之债(obligation solidaire)并不相同,甚至与连带债务无关,前者不能产生"消极的连带之债"或连带债务的全部效果,因此,不应当使用"连带""连带性"之类的表述。法院判例在这方面往往回避使用"solidaire""solidarité"等术语。当法院宣告"连带处罚"(condamnation solidaire)的判决时,并不是宣告"整体处罚"(condamnation in solidum),反过来,当法院宣告"整体处罚"时,并不等于是宣告"连带处罚"。

但是,就主要效果而言,"应当整体履行的债"大体上产生与连带之债相同的效力。应当整体履行的债的每一个共同债务人均可因债权的全部而受到追偿;债权人可以同时或者先后针对数人提起诉讼,无须分别求偿,也没有任何求偿顺序或层级上的强制要求;显然,一债务人进行清偿可以解除其他债务人的义务;债权人在任何情况下都只能受领其可受领的部分。

与共同连带债务人一样,清偿了应当整体履行的债的债务人,对其他共同债务人有求偿权,但是,如果考虑到共同责任人之一的过错起主导作用或者当两物造成损害但各自所起的作用不同时,有理由判定共同责任人负不等责任,特定情况下,共同债务人之一应当承担全部责任。

涉及次要效果时,应当整体履行的债与连带之债不同。在共同债务人之间不存在共同利益或"利益共同体"(communaute des intérêts),无论是催告、时效中断、救济途径的运用,对共同债务人之一的既判事由,原则上,对其他债务人均没有效力或影响。

第 1310 条

（2016 年 2 月 10 日第 2016-131 号授权法令）债的连带性（solidarité）[①]，或为法定，或为约定，不得推定。（参见附目第 1202 条）

第 1311 条

（2016 年 2 月 10 日第 2016-131 号授权法令）债权人之间的连带关系准许每一个债权人要求和受领整个债权的清偿；债务人向债权人之一为清偿，消灭其对所有债权人的债务；受领清偿的债权人应向其他债权人报账。

债务人，只要没有受到某一个债权人追偿，可以向任一连带债权人为清偿。（参见附目第 1197 条与附目第 1198 条）

第 1312 条

（2016 年 2 月 10 日第 2016-131 号授权法令）对连带债权人之一中断或中止时效的任何行为，均利益于其他债权人。

第 1313 条

（2016 年 2 月 10 日第 2016-131 号授权法令）债务人之间的连带关系使其每一个人均对整个债务承担义务，债务人之一所为之清偿，解除所有债务人对债权人的债务。

债权人可以向其选择的连带债务人请为清偿；对连带债务人之一提出追偿，不妨碍对其他债务人进行追偿。（参见附目第 1200 条、附目第 1203 条、附目第 1204 条）

第 1314 条

（2016 年 2 月 10 日第 2016-131 号授权法令）向连带债务人之一提出支付利息的请求，对所有的连带债务人均开始计算利息。（参见附

[①] 指债权债务关系的连带性质（solidarité，连带性），法文为"caractère solidaire"。

目第 1207 条)

第 1315 条

（2016 年 2 月 10 日第 2016-131 号授权法令）受到债权人追偿债务的连带债务人可以主张全体共同债务人共同的抗辩，诸如无效或解除，也可以主张专属其本人的抗辩，但不得主张属于其他债务人个人的抗辩，例如给予的期限，但是，当属于另一债务人的个人抗辩消灭该人的债的可分份额时，尤其是在其抵销与免除债务的情况下，受到追偿的债务人可以主张从债务总额中减少相应的数额。（参见附目第 1208 条）

第 1316 条

（2016 年 2 月 10 日第 2016-131 号授权法令）债权人受领连带债务人之一所为之清偿并同意免除该债务人负连带义务的，仍然保留对其他债务人的债权，但保有的债权数额应当是扣除其已经解除的债务之后的债额。

第 1317 条

诸连带债务人相互之间仅按各自的份额分担债务。

清偿数额超过其应负份额的债务人，对于其他债务人，按照他们各自应负债额的比例，有求偿权。

如果连带债务人中有人没有支付能力，应由其负担的份额在其他连带债务人之间分摊①，其中包括已经进行清偿以及享有免负连带义务的债务人。（参见附目第 1213 条）

第 1318 条

（2016 年 2 月 10 日第 2016-131 号授权法令）如果债务是由仅仅与

---

① 此处原文为"contribution"，本义为"分担额""分摊额"。法官有权且有义务根据具体情况确定每一个共同债务人的分摊数额。

连带债务人之一有关的事务引起,对于其他共同债务人而言,这项债务由该连带债务人一人负担;如果该债务人已经进行清偿,对其他共同债务人没有任何求偿权;如果其他共同债务人进行清偿,对该债务人有求偿权。(参见附目第 1216 条)

第 1319 条

(2016 年 2 月 10 日第 2016-131 号授权法令)所有的连带债务人对债的不履行承担连带责任;但此种负担最终由被归咎造成债的不履行的人承担。

第二段　不可分给付之债①

(2016 年 2 月 10 日第 2016-131 号授权法令)

第 1320 条

(2016 年 2 月 10 日第 2016-131 号授权法令)因其性质或合同约定为不可分给付之债,每一个债权人均可要求或者受领债的全额清偿,并向其他债权人报账,但不得单独处分债权,也不得受领价金替代受领标的物。

此种债务的每一个债务人均对整个债务负清偿义务,但对其他债务人有分摊求偿权(recours en contribution)。

这些债权人与债务人的继承人适用相同规定。(参见附目第 1217 条、附目第 1218 条)

---

①　此处标题原文为"obligation à prestation indivisible",而不是简单表述为"obligation indivisible"(不可分之债)。

第二章 有关债的各种活动①

（2016年2月10日第2016-131号授权法令）

第一节 债权转让

（2016年2月10日第2016-131号授权法令）

第 1321 条

（2016年2月10日第2016-131号授权法令）债权转让（La cession de créance）是转让人（créancier cédant）将其对（被转让的债权的）债务人（débuteur cédé）的债权全部或部分有偿或无偿转移给第三人的合同②，第三人称为受让人（cessionnaire）。

债权转让可以是让与一项或数项现在的或将来的、确定的或可以确定的债权。

---

① 法国债法改革之后，在"有关债的各种活动"（les opérations sur obligations）一章中分别规范了债权转让、债务转移、债的更新以及债的承担。这四项活动包括债的主体变更和债的内容变更。通过合同进行债的移转（债权、债务的转让或转移）以及债的承担，是债的主体变更；债的更新是债的内容变更，但不损及债的同一性：当事人自由进行债的变更，在罗马法上称为"novatio"，法国民法取同源词为"novation"。

② 债权让与或转让，债务转移或债的承担，都涉及三方当事人的相互关系。就债权转让而言，转让人是债务被转让的人的债权人，反过来说，债务被转让的人是转让人的债务人，但是，依照法国民法术语，三方当事人各自有特定名称：转让人称为"créancier cédant"或"cédant"，债权人将其对债务人的债权转让给受让第三人（cessionnaire,受让人）；债务人被动承受债权的转让，称为"débuteur cédé"或"cédé"（直译为"被转让人"）；第三人（受让人）成为"被转让人"的新债权人。为了适应我国学界通常使用的术语，译文在很多情况下仍然使用债权人、债务人的概念。在债的承担方面，也是类似情况。

债权转让扩张至债权的各项从权利。

债权转让无须经债务人同意,但约定债权不得转让的除外。

第1322条

(2016年2月10日第2016-131号授权法令)债权转让应以文书为见证,否则无效。

第1323条

(2021年9月15日第2021-1192号授权法令)在当事人之间,现在的或将来的债权,于文书作成之日发生转移(le transfert)。

债权的转移自此时起,对第三人产生对抗效力;在有争议的情况下,关于债权让与日期的证据,由受让人负责举证,受让人得以任何方法(moyen)①提出有关债权让与日期的证据。

(2021年9月15日第2021-1192号授权法令废止:"但是,无论是在当事人之间还是对于第三人,将来的债权仅在其产生之日才发生转移。")

第1324条

(2016年2月10日第2016-131号授权法令)债权的转让,如果债务人此前没有表示同意②,仅在向其进行了通知,或者如其已记载在案,才能对债务人产生对抗效力。

债务人可以对受让人主张债务固有的抗辩,诸如无效、同时履行抗辩、解除或者有关联的债务的抵销。债务人也可以主张在债权转让之前由其与转让人的关系产生的各种抗辩,诸如给予的期限、债的免除或者没有关联性(non connexes)的债务的抵销。

转让人和受让人对无须债务人垫付的、由债权的让与引起的全部

---

① 此处原文为"moyen de preuve"(证据方法),而不是"mode de preuve"(证据形式)。

② 债务人是被动承受债权的转让,第1321条最后一款规定转让债权无须事先征得债务人同意,第1324条的规定仅仅意味着应当进行通知。

额外费用负连带责任；除另有条款约定外，这些费用由受让人承担。

第 1325 条

（2016 年 2 月 10 日第 2016-131 号授权法令）一项债权的先后受让人之间发生权利竞合时，按有利于（转让）日期最早的受让人处理；对于债务人可能已经向其进行了清偿的人，最先的受让人有求偿权。

第 1326 条

（2016 年 2 月 10 日第 2016-131 号授权法令）有偿转让债权的人，应担保该债权及其各项从权利的存在，但是，受让人自担风险取得债权或者知道债权带有不确定性的除外。

有偿转让债权的人，仅在其作出承诺时，始对债务人的清偿能力承担责任，且以其从债权让与中获得的价金数额为限。

转让人对债务人的清偿能力作出担保的，也仅仅是指担保债务人当前有清偿能力；这项担保可以扩张担保债务人至债务到期均有清偿能力，但以转让人明确作出此项特别约定为条件。

第二节　债务转移①

（2016 年 2 月 10 日第 2016-131 号授权法令）

第 1327 条

（2016 年 2 月 10 日第 2016-131 号授权法令）经债权人同意，债务

---

① 原文使用的术语仍然是"cession"，与"债权转让""合同转让"用语相同，应为"债务的转让"，但按照通说，也译为"债务转移"。债务转移是债法改革后分专节规定的有关债的一种运作活动，原则上准用诸如债的承担以及他人之约款的相应机制。第 1328 条概括规定了债务转移的法律制度。法律条文在这里使用的概念分别是"原债务人"（débiteur originaire）和"替代债务人"（débiteur substitué），"替代债务人"指"新债务人"。

人可以转移(céder,转让)其债务。(2018 年 4 月 20 日第 2018-287 号法律)债务转移应当采用书面形式,否则无效。

第 1327-1 条

(2016 年 2 月 10 日第 2016-131 号授权法令)债权人如果没有事先同意债务转移或者没有参与其中,仅自向其通知债务转移或者自其将债务转移事宜记载在案之日,债务转移才能对债权人产生对抗效力,或者才能对债权人主张债务的转移。

第 1327-2 条

(2016 年 2 月 10 日第 2016-131 号授权法令)如果债权人明示同意债务转移,对于将来而言,原债务人(débuteur originaire)解除其债务,否则,原债务人仍然对债的清偿负连带责任,另有条款约定的除外。

第 1328 条

(2016 年 2 月 10 日第 2016-131 号授权法令)替代债务人(débiteur substitué,新债务人)以及原债务人(débiteur originaire),如后者仍然对债务负有义务,可以对债权人主张债务所固有的各项抗辩,诸如无效、同时履行抗辩、解除或者有关联的债务的抵销。每一债务人也可以主张专属于其本人的各种抗辩。

第 1328-1 条

(2016 年 2 月 10 日第 2016-131 号授权法令)如果债权人并未解除原债务人的债务,债的各项担保仍然存在;相反情况下,(2018 年 4 月 20 日第 2018-287 号法律)由债务人或者第三人同意设立的担保,只有得到他们同意,才能继续保留。

如果转移债务的人已经解除债务,其共同连带债务人对扣除转让人的债额以后的债务数额仍然承担义务。①

第三节 债的更新

（2016年2月10日第2016-131号授权法令）

第1329条

（2016年2月10日第2016-131号授权法令）债的更新是用其创设的一项新债替代由其消灭的一项债务②的合同。

在相同的当事人之间，通过变更债务人，或者变更债权人，可以因债的替代（substitution d'obligation）发生债的更新。（参见附目第1271条）

第1330条

（2016年2月10日第2016-131号授权法令）债的更新不得推定；更新的意思，应当用文书明文表示。（参见附目第1273条）

第1331条

（2016年2月10日第2016-131号授权法令）只有如旧债和新债均有效时，始发生债的更新，但是进行更新的目的是用一项有效的义务承诺取代带有瑕疵的义务承诺的除外。（参见附目第1271条）

第1332条

（2016年2月10日第2016-131号授权法令）由改变债务人引起债

---

① 最后一款指的是有多名债务人但只有其中一人或部分人转让债务的情形。
② 债的更新是用新债替代原债，并以此为前提条件。只有用一项有效的债务取代原来的债务，才能发生债的更新，如果更新债务的协议被撤销，原债仍然恢复其全部效力。不论各方当事人的意图如何，如果仅仅是调整债务的数额，不足以体现债的更新的特征。

的更新,无须原债务人参与协助。

第 1333 条

(2016 年 2 月 10 日第 2016-131 号授权法令)由改变债权人引起债的更新,要求得到债务人的同意,债务人可以事先同意原债权人指定新的债权人。

债的更新,仅自文书①作成之日产生对抗效力;在对债的更新日期发生争议的情况下,由新的债权人负举证责任;新的债权人得以任何方法提出债的更新日期的证据。

第 1334 条

(2016 年 2 月 10 日第 2016-131 号授权法令)旧债的消灭及于其全部从权利。

作为例外,经提供担保的第三人同意,可以保留原债务的担保,作为新债的担保。

第 1335 条

(2016 年 2 月 10 日第 2016-131 号授权法令)债权人与连带债务人之一约定的债的更新,解除其他连带债务人的债务。

债权人与一个保证人之间约定的债的更新,不解除主债务人的债务;债权人与进行债的更新的保证人之间,在扣除得到更新的债务而减少的债额的限度内,解除其他保证人的义务。

---

① 此处原文为"acte",虽有"行为""文书"等多种意思,但依第 1330 条的规定,第 1333 条中的"acte"只能指"文书",表明债的更新不能依实施行为默示发生。

第四节　债的承担

（2016年2月10日第2016-131号授权法令）

第1336条

（2016年2月10日第2016-131号授权法令）债的承担是指示人（délégant）获得另一人作为承担人（délégué）对第三人承担债务，该第三人接受承担人作为其债务人的活动。第三人称为承受人（délégataire）。

除另有约款规定外，承担人不得对承受人主张由其与指示人的关系或者由指示人与承受人的关系所产生的任何抗辩。（参见附目第1275条）

译者简述： 1804年法国《民法典》仅在"债的更新"一节中规定了"以债务转移为目的的债务承担"，根据原第1275条的规定，债务人让他人对债权人承担其债务的，非经债权人同意明示解除债务人的债务，不发生债的更新的效力。

2016年2月10日第2016-131号授权法令对债法进行的改革，在规定债务转移（债务转让）的同时，将债的承担规定为一项独立的有关债的活动。一般而言，债的承担（la délégation）是指示人（délégant，也就是债务人，反过来又是债权人）向欠其金钱的人或应为其他给付的人（délégué，承担人）发出指令（ordre），让其向指定的人（délégataire，译为"承受人"）清偿债务。但指示人的清偿指令既不是债的承担的有效性的一项条件，也不是债的承担的一项构成要件，而是一种履行方式。债的承担的有效性不要求如债权转让一样进行通知。

第1336条对于债的承担中的三方当事人均使用了专门的术语，而不是笼统地称为债权人、债务人及第三人。这三个术语分别是："délégant"（承担指示人或指示人，本义为"授权人""委任人"）、"délégué"（承担人、受委任人）、"délégataire"（承受人）。指示人是承受人的债务人，承受人则是指示人与承担人之外的第三人。

最高法院商事庭1994年6月21日判例认为,只要承担人是在完全知情条件下承担债务,至于他是不是指示人本人的债务人,对其作为"清偿承担"(la délégation de payement)而进行的活动的有效性而言,在所不问。实际上,是债务人让承担人承担他对债权人所负的债务,不一定需要承担人对指示人负有债务(dette)(当然,承担人通常是指示人的债务人,参见第1339条),依照第1340条的规定,单纯指定他人代为清偿债务并不引起债的承担。

对于并存的债务承担,我国《民法典》第552条的规定是"第三人与债务人约定加入债务并通知债权人",按文字表述,"加入债务"的主动性似乎来自第三人;而法文的"délégant"是主动态:这里似有"第三人是主动加入"还是"受指示加入"的区别。

第1337条

(2016年2月10日第2016-131号授权法令)当指示人是承受人的债务人并且文书明确表示承受人解除指示人的债务的意思时,债的承担引起债的更新。①

但是,如果指示人明示承诺其担保承担人将来有清偿能力,或者承担人在承担债务时正在实行清理债务程序,指示人仍然负担债务。②

第1338条

(2016年2月10日第2016-131号授权法令)指示人是承受人的债务人但承受人并未解除指示人的债务时,债的承担为承受人增加第二个债务人。③

---

① 此种情形为"免责的债的承担"或"单纯的债务承担",也译为"完全的债务承担"(délégation parfaite)。

② 第2款对第1款补充规定的前一种情况实际上构成并存的债务承担。

③ 第1338条规定的情形是(本义上的)"并存的债务承担"或"重叠的债务承担",也译为"共同的债务承担",法国法表述的概念是"délégation imparfaite",直译为"不完全的债务承担"。按照第1337条第1款与第1338条的规定,除有约款明文规定外,债的承担一般不引起债的更新。承担人无清偿能力时,指示人仍然对承受人负担债务。

第 1339 条

（2016 年 2 月 10 日第 2016-131 号授权法令）指示人是承担人的债权人时，仅依承担人对承受人履行债务且仅在其已经履行的数额的限度内，消灭指示人的债权。

至此时，指示人只能请求或受领超过承担人承担之部分的债务的清偿；指示人只有履行了他本人对承受人（尚存）的债务，才能收取其（对承担人的）债权。

只有依相同限制，指示人的债权的转让或扣押才能产生效力。

但是，如果承受人已经解除指示人的债务，承担人本身也在其对承受人的义务承诺的限度内解除对指示人的债务。

第 1340 条

（2016 年 2 月 10 日第 2016-131 号授权法令）债务人①单纯指示由某个指名的人代替其清偿债务的，既不随之引起债的更新，也不引起债的承担；债权人单纯指示由某个指名的人代替其受领清偿，亦同。

第三章　为债权人设立的诉权②

（2016 年 2 月 10 日第 2016-131 号授权法令）

第 1341 条

（2016 年 2 月 10 日第 2016-131 号授权法令）债权人有权要求债的

---

① 与前几条使用的概念相比较，第 1340 条改用"债务人"（débuteur），因为本条规定的情况既不是债的更新也不是债的承担。

② 本章规定为债权人设立的诉权为以下三项：债权人的代位诉权、撤销诉权（代位诉权、撤销诉权）和直接诉权。

履行;债权人可以按照法律规定的条件强制(contraindre)债务人履行债务。①

第1341-1条

(2016年2月10日第2016-131号授权法令)债务人怠于行使其财产性质的权利和诉权,损害债权人权利的,债权人可以为其债务人利益②行使这些权利,但专与(债务人)人身相关的权利除外。(参见附目第1166条)

第1341-2条

(2016年2月10日第2016-131号授权法令)债权人也可以以其本人的名义提起诉讼③,请求宣告诈害其权利(en fraude de ses droits)的行为对其不具有对抗效力,但如果涉及的是有偿行为,应当证明缔结合同的第三人知道此种欺诈。(参见附目第1167条)

第1341-3条

(2016年2月10日第2016-131号授权法令)在法律有规定的情况下,债权人可以直接对其债务人的债务人提起清偿之诉(agir en paiement)。

译者简述:法国《民法典》此前已在分散的条文中对直接诉权作出了规定。债法改革后,为债权人设立的诉权,除代位诉权(action oblique)、撤销诉权(action paulienne)外,

---

① 关于债的强制现实履行,参见第1221条。
② 行使代位权的主体是债权人,由其代位行使债务人的权利。第1341-1条规定"债权人可以为其债务人利益"(pour le compte de son débuteur)行使权利,并没有指明是"以债务人的名义",但最高法院第一民事庭1970年12月9日的判决则使用了这样的表述:虽然说债权人依据第1166条的规定,"以债务人的名义"(au nom de son débuteur)行使该债务人的权利,他同时也是"以其本人的名义"(en son nom propre)提起诉讼。
③ 本条规定的提起诉讼(agir en justice)实为撤销之诉(action paulienne),也译为"撤销诉权",是债权人请求撤销债务人诈害其债权的行为的诉讼或诉权。

用新的条文设立了直接诉权,它也是对合同相对效力原则的一个突破。直接诉权分为直接清偿诉权(action directe en payement)与合同责任直接诉权。在合同责任直接诉权中又分为合同性质与侵权性质两种情形。

直接清偿诉权(或诉讼)是指,依据法律的规定(在法律确定的情况下),赋予债权人以其本身的名义,针对其债务人的债务人直接提起诉讼,请求后者进行清偿的权利,例如,第1753条关于房屋所有权人对转租人提起的支付承租人所欠租金的诉权,第1798条关于房屋建筑与其他承揽工程中受雇用的工人对工程业主(发包人)的直接诉权,第1994条关于委托人对替代委托代理人的人(转委托人)享有的直接诉权。关于责任的直接诉权或直接诉讼(参见原第1199条、原第1605条、原第1641条),行使直接诉权往往涉及的是:连续成立的合同组成的合同链(chaine des contrats)或者一组合同(groupe des contrats)的情况,涉及最初的合同当事人与最后的合同当事人之间的关系,即所谓"远端合同当事人"(les contractants extrêmes)之间的相互关系。

第四章 债的消灭

(2016年2月10日第2016-131号授权法令)

第一节 清 偿

(2016年2月10日第2016-131号授权法令)

第一目 一般规定

(2016年2月10日第2016-131号授权法令)

第1342条

(2016年2月10日第2016-131号授权法令)清偿是自愿履行应为

之给付。

债务到期,可要求清偿的(exigible),应当进行清偿。

清偿,解除并消灭债务人对债权人的债务,法律或合同规定的对债权人的权利取得代位权的除外。(参见附目第1235条)

第1342-1条

(2016年2月10日第2016-131号授权法令)可以由不负债务的人进行清偿,债权人可以合理拒绝的除外。(参见附目第1236条)

第1342-2条

(2016年2月10日第2016-131号授权法令)应当向债权人或指明的受领清偿的人进行清偿。

向没有受领清偿资质的人所为之清偿,如果得到债权人的追认,或者债权人于其中获得利益,清偿有效。

向处于无缔约能力状况的债权人进行清偿,如果该债权人并未从中获得利益,不为有效清偿。(参见附目第1239条)

第1342-3条

(2016年2月10日第2016-131号授权法令)向表见的债权人(créancier apparent)善意进行的清偿有效。(参见附目第1240条)

第1342-4条

(2016年2月10日第2016-131号授权法令)债权人可以拒绝部分清偿,即使是可分的给付,亦同。

债权人可以同意受领应向其给付以外的他物清偿。(代物清偿,参见附目第1243条、附目第1244条)

第1342-5条

(2016年2月10日第2016-131号授权法令)交付特定有体物

（corps certain）之债的债务人，将该物按其状态交付债权人，即解除其债务，但是，如果物有损坏的情形，债务人应当证明此种损坏不是由其本人或其应当负责之人所造成。（参见附目第 1245 条）

第 1342-6 条

（2016 年 2 月 10 日第 2016-131 号授权法令）应当在债务人住所地进行清偿，法律、合同或者法官另行指定清偿地点的除外。（参见附目第 1247 条）

第 1342-7 条

（2016 年 2 月 10 日第 2016-131 号授权法令）清偿费用由债务人负担。（与附目第 1248 条相同）

第 1342-8 条

（2016 年 2 月 10 日第 2016-131 号授权法令）清偿，得以任何方法证明之。

第 1342-9 条

（2016 年 2 月 10 日第 2016-131 号授权法令）债权人自愿向债务人交还私署的债权证书原件或具有执行力的复本的，均产生解除债务的简单推定效力。

向连带债务之一为相同之交付，对所有债务人产生相同效力。（参见附目第 1282 条、附目第 1283 条、附目第 1284 条）

第 1342-10 条

（2016 年 2 月 10 日第 2016-131 号授权法令）负多项债务的债务人，可以在进行清偿时指明其打算清偿的债务。

债务人没有指明的，按以下顺序指定清偿：首先清偿已到期的债务；在已到期的债务中，首先清偿对于债务人最有利益清偿的债务；利益相同时,清偿产生时间最早的债务;如果所有债务的诸事项均相同,按比例清偿各债。① (参见附目第 1253 条、附目第 1256 条)

第二目 有关金钱之债的特别规定

(2016 年 2 月 10 日第 2016-131 号授权法令)

第 1343 条

(2016 年 2 月 10 日第 2016-131 号授权法令)金钱债务的债务人通过支付字面上写明的债务数额,即告清偿其债务。

应付款项的数额得按指数调整。

时值债务(dette de valeur)②的债务人支付经清算确定的款项,即解除债务。

第 1343-1 条

(2016 年 2 月 10 日第 2016-131 号授权法令)金钱之债产生利息的,债务人支付本金与利息,债务解除;部分清偿的,首先充抵利息。

利息依法律规定或者在合同中约定;约定的利率应当用书面文字确定,未作明确规定的,视为年利率。(参见附目第 1254 条)

---

① 清偿指定(imputation des paiements),其中"imputation"一词有多层意思,诸如扣抵、冲抵、计入等。

② 所谓"时值债务",法语原文为"dette de valeur",其中"dette"一词与"obligation"不同,它仅指负债或债务,不包括权利,其实际意义仅仅是指:为了避免受到货币波动的影响,债务人负担的债务在按照金钱计算时,并不是事先确定的不变数额,而是按照清偿时对财产评估或者财产分割的价值来进行计算,并最终确定债务的金钱数额,例如,在遗产继承关系中,此前因被继承人实施的赠与行为而获得超过其应得份额之财产的继承人,在进行遗产分割时,应当按照此时的财产评估价值,而不是按照当初赠与时的财产价值,将超过的部分返还至遗产之内。"dette de valeur"(时值债务)关注的仅仅是按照哪一时间点以及何种价格评价债务的具体金钱数额。

第 1343-2 条

（2016 年 2 月 10 日第 2016-131 号授权法令）如果合同有规定或者法院判决有明确裁判的，拖欠至少一个整年的到期利息产生复利。
（参见附目第 1154 条）

第 1343-3 条

（2018 年 4 月 20 日第 2018-287 号法律）在法国，钱款之债用欧元清偿。

但是，如果有国际性质的合同或者外国判决产生的债是用外国货币表示，金钱之债的清偿也可以使用另一种货币。如果是在从事职业的人之间进行的支付，在对所涉及的活动普遍准许使用外国货币时，当事人可以约定用外汇进行支付。（参见附目第 1243 条）

第 1343-4 条

（2016 年 2 月 10 日第 2016-131 号授权法令）金钱之债的清偿地点是债权人的住所地，法律、合同或者法官另行指定清偿地点的除外。
（参见附目第 1247 条）

第 1343-5 条

（2016 年 2 月 10 日第 2016-131 号授权法令）根据债务人的状况以及债权人的需要，法官可以延迟或者分期清偿应付的款项，但以 2 年时间为限。

法官作出说明理由的特别裁定，可以命令对于与到期期限相对应的款项，按照不低于法定利率的降低利率计算利息，或者规定进行的清偿首先用于偿付本金。

法官可以规定采取这些措施应以债务人完成便于清偿或担保清偿的行为为条件。

法官作出的裁定停止债权人可能已经开始的执行行为；在法官确定

的期限内，不对延迟清偿加收利息或处以罚款。(参见附目第 1244-1 条)

任何相反的约定条款均视为不曾订立。

本条之规定适用于扶养债务。

第三目　催　告

(2016 年 2 月 10 日第 2016-131 号授权法令)

第一项　对债务人的催告

(2016 年 2 月 10 日第 2016-131 号授权法令)

第 1344 条

(2016 年 2 月 10 日第 2016-131 号授权法令)债务人接到催告通知书(une sommation)或其他可以起到充分催促效果的文书,或者如果合同有规定,只要债务到期,债务人即属受到催告。(参见附目第 1139 条)

第 1344-1 条

(2016 年 2 月 10 日第 2016-131 号授权法令)对清偿金钱之债进行催告,开始按照法定利率计算滞纳利息,无须债权人证明受到损失。(参见附目第 1153 条)

第 1344-2 条

(2016 年 2 月 10 日第 2016-131 号授权法令)如果物的风险不是由债务人承担,进行物的交付催告后,物的风险转由债务人承担。(参见附目第 1138 条)

第二项 对债权人的催告

（2016 年 2 月 10 日第 2016-131 号授权法令）

第 1345 条

（2016 年 2 月 10 日第 2016-131 号授权法令）债务到期，债权人无正当理由拒绝受领应当向其所为之清偿，或者以其行为阻碍清偿的，债务人得催告债权人接受清偿或者使其能够进行清偿。

向债权人进行催告，停止计算债务人应纳的利息，并且如果债权人尚未负担物的风险，物的风险转由债权人承担，但债务人有重大过失或欺诈性过错的除外。

向债权人进行催告，不中断时效期间。

第 1345-1 条

（2016 年 2 月 10 日第 2016-131 号授权法令）如果自进行催告之日起 2 个月内障碍仍未终止，在涉及金钱债务时，债务人可以将款项提存于信托管理处，或者在涉及物的交付之债时，向专业保管人为讼争物寄托。

如果不可能进行讼争物寄托或者此种寄托的代价过高，法官可以批准自愿协商进行出卖或者公开拍卖。所得价金，在扣除买卖费用之后提存于信托管理处。

进行提存或者讼争物保管，自向债权人进行通知，债务人的债务解除。

第 1345-2 条

（2016 年 2 月 10 日第 2016-131 号授权法令）债涉及另一标的物时，如果自催告起 2 个月期限过后（清偿）障碍仍然存在，债务人不再负担债务。

第 1345-3 条

（2016 年 2 月 10 日第 2016-131 号授权法令）催告、提存或者讼争物寄托的费用，由债权人承担。（参见附目第 1260 条）

第四目　代位清偿①

（2016 年 2 月 10 日第 2016-131 号授权法令）

第 1346 条

（2016 年 2 月 10 日第 2016-131 号授权法令）对于清偿债务有着某种正当利益的人，只要其所为之清偿解除应当最终负担全部或部分债务的人对债权人的债务，仅依法律之效力发生代位权。（参见附目第 1249 条、附目第 1251 条）

第 1346-1 条

（2016 年 2 月 10 日第 2016-131 号授权法令）债权人受领第三人所为之清偿，并由第三人代位行使其对债务人的权利的，依债权人的主动，发生约定的代位权。

这种代位权应当明示。

应当在进行清偿的同时就代位权有合意表示，但如果债权人②在此前的文书中已经表明在进行清偿时由其合同相对当事人取得代位权的意思，不在此限。

---

① 代位清偿原文为"payement avec subrogation"，其中"subrogation"本义为"代位"，根据上下文的具体情况，分别译为"代位清偿"或者"代位权"。

② 在 1804 年《民法典》第 1249 条至第 1252 条有关代位清偿的条文涉及代位清偿的诸当事人时，使用的术语是债权人与债务人。改革后的相关条文交替使用债权人、代位人和被代位人。取得并且行使代位权的人称为"subrogé"（代位人或代位人），"债权人"有时称为"subrogeant"（被代位人）。本书这里的译文保留了原文用语，没有统一译为债权人或债务人。

代位权与清偿的同时性，得以任何方法证明之。（参见附目第1249条、附目第1250条）

第1346-2条

（2016年2月10日第2016-131号授权法令）债务人为了清偿债务进行借贷，并由贷与人在债权人的参与协助下代位行使债权人的权利时，亦发生代位权。在此情况下，代位权应当明示，债权人出具的收据应当指明其受领的资金的来源。

即使没有债权人参与协助，也可以同意代位清偿，但应以债务已经到期或者为债务人的利益规定有期限为条件；由此，借贷文书和收据均应经公证人作成；在借贷文书中应当申明进行借贷是为了清偿债务，在收据中应当申明是用新的债权人为此支付的款项进行的清偿。（参见附目第1250条）

第1346-3条

（2016年2月10日第2016-131号授权法令）债权人仅获得部分清偿时，代位权行使不得损害债权人的利益；在此情况下，对于尚欠的债务部分，债权人优先于仅受领了部分清偿的人行使权利。（参见附目第1252条）

第1346-4条

（2016年2月10日第2016-131号授权法令）代位清偿，在清偿的限度内，向享有代位权利益的人转移债权及其从权利[①]，但专与债权人本人相关的权利除外。

但是，代位人如果没有与债务人约定新的利息，仅自进行催告之日

[①] 代位权人不仅不能获得双重利益，而且以其所为清偿数额为限，也不能获得超过（原）债权人的权利的更多利益。

对法定利息享有权利;在与债权相关联的担保是由第三人设立时,如果第三人没有同意承担更多义务,前述利息受与债权相关联的担保的保障,且以原先承诺的担保义务为限。(参见附目第1252条)

第1346-5条

(2016年2月10日第2016-131号授权法令)债务人自知悉之日即可主张已经代位清偿,但是,只有向债务人进行了通知或者只有如其已记载在案,代位权始能对抗债务人。

自清偿之时起,代位权对第三人产生对抗效力。

债务人可以对取得代位权的债权人主张与债务相关联的所有抗辩,诸如无效、同时履行抗辩、解除、相互有关联的债务的抵销;债务人也可以主张在代位权对其产生对抗效力之前由其与被代位的债权人的关系产生的各种抗辩,诸如同意给予的宽限期、债的免除或者无关联的债务之间的抵销。(参见附目第1252条)

第二节 债的抵销

(2016年2月10日第2016-131号授权法令)

第一目 一般规则

(2016年2月10日第2016-131号授权法令)

第1347条

(2016年2月10日第2016-131号授权法令)债的抵销是两人之间相互债务的同时消灭。

抵销,于其具备各项条件之日发生,但以主张抵销为限。(参见附目第1289条、附目第1290条)

第 1347-1 条

除保留执行下一目的规定外,只有在两项可替代的、肯定的、数额确定并可要求清偿的债务之间才能进行抵销。

金钱之债(somme d'argent),即使是用不同的货币表示,只要可以兑换,或者以一定数量的相同种类物为标的的债,是可替代的债。(参见附目第 1290 条、附目第 1291 条)

第 1347-2 条

(2016 年 2 月 10 日第 2016-131 号授权法令)不得扣押的债权,与返还寄托物、使用借贷之物或者无正当理由所有权人被剥夺之物的债务之间,只有经债权人同意,才能进行抵销。

第 1347-3 条

(2016 年 2 月 10 日第 2016-131 号授权法令)清偿宽限期不妨碍债的抵销。(参见附目第 1292 条)

第 1347-4 条

(2016 年 2 月 10 日第 2016-131 号授权法令)如有多项可以抵销的债务,在进行抵销时,可转用有关指定清偿顺序的规则。(参见附目第 1297 条、附目第 1256 条)

第 1347-5 条

(2016 年 2 月 10 日第 2016-131 号授权法令)债务人原已对债权的转让无保留地记载备案的,不得以其原可对转让人主张债的抵销而对抗受让人。(参见第 1324 条和附目第 1295 条)

第 1347-6 条

(2016 年 2 月 10 日第 2016-131 号授权法令)保证人可以主张债权人欠主债务人的债务的抵销。

（2018年4月20日第2018-287号法律）连带债务人可以主张债权人欠共同债务之一的债务的抵销，并从债的总额中减去分开的份额。（参见附目第1294条）

第1347-7条

（2016年2月10日第2016-131号授权法令）债的抵销，不损害第三人已经取得的权利。（参见附目第1298条、附目第1299条）

第二目　特别规则

（2016年2月10日第2016-131号授权法令）

第1348条

（2016年2月10日第2016-131号授权法令）债务之一虽然肯定但尚未确定数额或者尚不可要求清偿时，仍然可以由法院宣告抵销。于此情形，抵销自法院判决之日产生效力，另有裁判的除外。

第1348-1条

（2016年2月10日第2016-131号授权法令）法官不得仅仅以债务之一的数额尚未确定或者尚未到期为理由，拒绝相互有关联的债务抵销。

在此情况下，债的抵销视为发生于两债务中第一个可要求清偿之日。

相同情况下，由第三人对债务之一取得权利，不妨碍其债务人主张抵销。

第1348-2条

（2016年2月10日第2016-131号授权法令）各当事人可以自由约定通过抵销方式消灭他们之间现有的或者将来的所有相互债务。在当事人达成合意之日，抵销发生效力，或者如果涉及的是将来之债，于债务存在之日,抵销发生效力。

第三节　债的混同

（2016年2月10日第2016-131号授权法令）

第1349条

（2016年2月10日第2016-131号授权法令）同一债务的债权人与债务人的资格集于同一人时,引起债的混同（confusion）；债的混同消灭债权（créance）及其从权利,已经由第三人取得的权利或者对第三人取得的权利除外。（参见附目第1300条）

第1349-1条

（2016年2月10日第2016-131号授权法令）在多个债务人或者多个债权人之间存在连带关系,而债的混同仅与其中一人有关时,对于其他人,仅在该人的份额限度内消灭债务。

当债的混同涉及由保证人担保的债务时,保证人解除其保证义务,即使是连带保证人,亦同；当混同涉及由多个保证人中一人负担的义务时,主债务人不因此解除债务,其他连带保证人仅在该保证人的担保份额限度内解除担保义务。（参见附目第1209条、附目第1301条）

第四节　债务免除

（2016年2月10日第2016-131号授权法令）

第1350条

（2016年2月10日第2016-131号授权法令）债务免除是债权人解除债务人的债务的合同。

第 1350-1 条

（2016 年 2 月 10 日第 2016-131 号授权法令）同意免除连带债务人之一的债务，其他连带债务人在该债务人获得免除的债额限度内解除债务。

连带债权人中只有一人免除债务的，仅在该债权人的债额限度内解除债务人的债务。（参见附目第 1285 条）

第 1350-2 条

（2016 年 2 月 10 日第 2016-131 号授权法令）同意免除主债务人的债务，亦解除保证人的担保义务，即使是连带保证人，亦同。

同意免除连带保证人之一的义务，并不解除主债务人的债务，但在该保证人负担的保证额度内，解除其他保证人的义务。

债权人从保证人之一受领的清偿并解除该保证人的保证义务时，应当抵充债务，并按比例解除主债务人的债务；其他保证人仅对扣除已经解除保证义务的保证人的份额之后的债额承担义务；如果已经解除担保义务的保证人提供的价值超过其负担的担保份额，其他担保人仅对扣除该项价值之后的债额承担义务。（参见附目第 1287 条、附目第 1288 条）

第五节　履行不能

（2016 年 2 月 10 日第 2016-131 号授权法令）

第 1351 条

（2016 年 2 月 10 日第 2016-131 号授权法令）如果履行不能是因不可抗力引起且已成定局，在债务人不能履行的债额限度内免除其债务，但如果原有约定，债务人仍应负担债务的，或者债务人此前已经受到履行催告的，不在此限。（参见第 1218 条、附目第 1148 条）

第 1351-1 条

（2016 年 2 月 10 日第 2016-131 号授权法令）如果是因应予给付之物灭失导致履行不能，已经受到催告的债务人，如能证明即使其履行债务，该物同样会灭失，可以解除义务。

但是，债务人应当将附属于该物的权利与诉权让与债权人。（参见附目第 1302 条、附目第 1303 条）

第五章　返　还

（2016 年 2 月 10 日第 2016-131 号授权法令）

第 1352 条

（2016 年 2 月 10 日第 2016-131 号授权法令）除钱款外，物的返还以实物为之；不可能实物返还的，按返还之日物的评估价值返还。（参见附目第 1379 条）

第 1352-1 条

（2016 年 2 月 10 日第 2016-131 号授权法令）物的返还人应当对因损坏而导致物的价值降低承担责任，但如其是善意并且物的损坏并非因其过错造成的除外。（参见附目第 1379 条）

第 1352-2 条

（2016 年 2 月 10 日第 2016-131 号授权法令）善意受领人已将其受领之物卖出的，仅需返还其出卖该物所得的价金。

如果受领人是恶意受领，在返还之日物的价值高于原价金时，应当返还该物在该日的价值。（参见附目第 1380 条）

第1352-3条

（2016年2月10日第2016-131号授权法令）返还，包括物已带来的孳息及其使用、收益的价值。

使用、收益的价值，由法官根据其判决之日的情况评价。

除另有约定外，孳息如已无原物，根据偿还之日物的状况，按该日评估的价值返还。（参见附目第1380条）

第1352-4条

（2018年4月20日第2018-287号法律）应当由（due par）没有解除亲权的未成年人或受保护的成年人负担的返还，以其从被撤销的合同中获得的利益为限。（参见附目第1312条）

第1352-4条原条文：（2016年2月10日第2016-131号授权法令）应当向（due à）没有解除亲权的未成年人或受保护的成年人进行的返还，按照其从被撤销的合同中已获得的利益的比例酌减。

第1352-5条

（2016年2月10日第2016-131号授权法令）在确定返还的数额时，应当考虑负有返还义务的人为了物的保管以及为增加物的价值而支出的必要费用，物的增加价值以返还之日评估的数额为限。（参见附目第1381条）

第1352-6条

（2016年2月10日第2016-131号授权法令）钱款的返还，包括按法定利率计算的利息以及交纳至受领人手中的各项税金。（参见附目第1378条）

第1352-7条

（2016年2月10日第2016-131号授权法令）恶意受领清偿的人，

应当返还自清偿之日计算的利息、其收取的孳息或者其使用、收益的价值;善意受领清偿的人仅自返还请求提出之日负此种返还义务。(参见附目第 1378 条)

第 1352-8 条

(2016 年 2 月 10 日第 2016-131 号授权法令)劳务性给付(prestation de service,服务性给付)按其价值返还;给付的价值按提供之日的情形评估。

第 1352-9 条

(2016 年 2 月 10 日第 2016-131 号授权法令)为清偿债务设立的担保,当然转移至返还义务,但并不取消保证人所享有的担保期限。

第四编（二） 债的证据

（2016 年 2 月 10 日第 2016-131 号授权法令）

第一章 一般规定

（2016 年 2 月 10 日第 2016-131 号授权法令）

第 1353 条

（2016 年 2 月 10 日第 2016-131 号授权法令）要求履行债务的人，应当证明债的存在。

反之，声称自己不负债务的人应当证明已经进行清偿，或者证明有引起债务消灭的事实。（参见附目第 1315 条）

第 1354 条

（2016 年 2 月 10 日第 2016-131 号授权法令）法律视特定行为或特定事实具有肯定性，据此作出的推定，免除享有此种推定之利益的人提出有关该行为或事实的证据。

法律保留可以提出相反证据的情况下，可以用任何证据形式予以推翻的推定，为简单推定；法律对推翻推定的方法或者可据此推翻推定的标的加以限制的，称为混合推定（mixte）；不可能推翻的推定，称为不可反驳的（irréfragable）推定。（参见附目第 1350 条、附目第 1352 条）

第 1355 条

（2016 年 2 月 10 日第 2016-131 号授权法令）既判力仅对已经判决的事由发生。请求之物应为同一物（la même chose）；诉讼请求应基于同一原因（la même cause）；诉讼应在相同的当事人（les mêmes parties）之间进行，并且应是由相同的原告针对相同的被告以相同的身份（la même qualité）提起。

译者简述：第 1355 条关于既判力的规定与原第 1351 条的规定基本相同。既判力的原文为"l'autorité de la chose jugée"，直译为"已判决事由的权威效力"。法国《民法典》对既判力的规定要求：前后两个诉讼应当符合第 1355 条规定的条件，后一诉讼才会因对前一诉讼所作判决的权威效力而不予受理。这些条件是：当事人同一（原告和被告同一）、当事人是以同一资格进行诉讼、诉讼是基于同一原因、诉讼标的相同。可以概括称为"四个同一"。条文使用的术语是"même"（相同的），但学理和判例解释为"identique"（一致的、同一的）。

不要完全混同"判决的确定力"与"判决的既判力"两个概念。判决的确定力（la force de la chose jugée），原文直译为"既判事由的力量"，是指法院作出的判决不能再通过任何普通救济途径进行救济，尤其是不能向上诉法院提起上诉，或者因为所有的救济途径均已用尽，或者提出救济申请的期间已经经过，该判决产生既判事由之确定力，或者说判决已经取得确定力。判决一经确定，当事人不得通过声明不服或者再行提起诉讼请求废除判决的效力。判决的确定力包括判决形式的确定力与判决实质的确定力两个方面。只有确定判决具有形式上的确定力，才能确定判决具有实质上的确定力。另外，不要混淆"chose jugée"（既判事由）和"chose décidée"（既决事由），后者属于行政法的概念，所谓"既决事由"规则（La règle dite de la chose décidée）是指行政法上有关撤回或者废止行政行为的规则。

第 1356 条

（2016 年 2 月 10 日第 2016-131 号授权法令）在涉及当事人可以自由处分的权利时，关于证据的合同约定有效。

但是，关于证据的合同约定不得抵触由法律确立的不可反驳的推定，也不得变更与（当事人）自认或宣誓相关联的可信力；此种合同约定也不能确立仅利益于一方当事人的不可反驳的推定。

第 1357 条

（2016 年 2 月 10 日第 2016-131 号授权法令）证据的司法运用与采信以及与此有关的争议，受《民事诉讼法典》的规定调整。

第二章　证据形式①的可采性

（2016 年 2 月 10 日第 2016-131 号授权法令）

第 1358 条

（2016 年 2 月 10 日第 2016-131 号授权法令）除法律另有规定的情形外，得以任何方法（tout moyen）提出证据。（参见附目第 1341 条、附目第 1348 条）

第 1359 条

（2016 年 2 月 10 日第 2016-131 号授权法令）法律行为涉及的款项或价值只要超过法令确定的数额，均应当采用私署文书或公署文书为证明。

即使款项或价值不超过法令规定的数额，针对确认某种法律行为的文书、字据提出反证，只能用另一项私署文书或公署文书为证明。

债权数额超过第 1 款规定之限额的人，不得通过限制其请求数额

---

① 原文为"mode de preuve"。按照第三章规定的内容，应为证据形式，但第 1358 条关于"得以任何方法提出证据"的表述中使用的术语为"moyen"，可译为"举证方法"。

的方式免于提出书证。

债权的原数额高于法令规定的数额,在提出的请求涉及该债权的余额或其一部分时,即使请求的数额低于法令规定的限额,亦不能免于提出书证。

第 1360 条

（2016 年 2 月 10 日第 2016-131 号授权法令）如果习惯上不制作文书或字据,或者文书、字据因不可抗力灭失,在事实上或者从精神道德方面来看不可能取得书证的情况下,前条所定的规则得有例外。（参见附目第 1348 条）

第 1361 条

（2016 年 2 月 10 日第 2016-131 号授权法令）诉讼中的自认、决讼宣誓或者得到其他证据形式佐证的书证之端绪,可以替代书证。（参见附目第 1347 条、附目第 1356 条、附目第 1363 条）

第 1362 条

（2016 年 2 月 10 日第 2016-131 号授权法令）出自对某项文书持有异议的人或其代理之人的任何文书、字据,倾向于证实所主张的事项的,构成书证之端绪。

一方当事人亲自出庭时所作的声明,拒绝回答法庭的提问或者开庭时缺席之情形,法官可以视之为相当于书证之端绪。

公署文书或者在公共登记簿上登记的私署文书上所作的记载,具有书证之端绪的效力。（参见附目第 1347 条）

第三章　各种证据形式

(2016 年 2 月 10 日第 2016-131 号授权法令)

第一节　书　证

(2016 年 2 月 10 日第 2016-131 号授权法令)

第一目　一般规定

(2016 年 2 月 10 日第 2016-131 号授权法令)

第 1363 条

任何人均不得自行为自己建立凭证。

第 1364 条

(2016 年 2 月 10 日第 2016-131 号授权法令)法律行为的证据,得事先以公署形式或私署形式的文书、字据①建立。

第 1365 条

(2016 年 2 月 10 日第 2016-131 号授权法令)文书、字据由具有可读性表意的连贯文字、字母、数字或者其他符号或代号组成,其载体如何,在所不问。

第 1366 条

(2016 年 2 月 10 日第 2016-131 号授权法令)电子文书、字据与纸

---

① 即所谓"事前建立的证据"(preuve préconstituée)。此处的文书、字据原文为"écrit",是对书面材料、文书、文件、字据等的统称。

质载体的文书、字据具有相同的证明力,但以能够按照规定鉴别发送人,制作与保存均足以保障其完整性为条件。

第 1367 条

(2016 年 2 月 10 日第 2016-131 号授权法令)文书的签字人,依法律文书之完备所必要的签字作为辨别;在文书上签字,表明当事人同意由该文书产生的债务;公务官员在文书上签字,赋予文书以公署文书性质。

电子签字,应当采用能够保证签字与所签文书有联系的可靠鉴别方法。在按照最高行政法院提出资政意见后颁布的法令规定的条件制作电子签字、签字人确已得到鉴别、文书的完整性得到保障时,推定这种方法具有可靠性,有相反证据时除外。

第 1368 条

在没有相反规定或相反协议约定时,由法官处理书证之间的冲突,用任何方法确定哪一证书、文书、字据最可采信。

第二目 公署文书[①]

(2016 年 2 月 10 日第 2016-131 号授权法令)

第 1369 条

(2016 年 2 月 10 日第 2016-131 号授权法令)公署文书是由具有制

[①] "公署文书"原文为"acte authentique",与私署文书(acte sous sein privé)相对应。公署文书与公证人出具的"公证书"以及行政部门的公文仍有所不同。在法国,公证人制作对公证书只是公署文书中的一种。"公署文书"统指由公务员或者公务助理人员制作的文书,其中包括公证人制作的公证书(acte notarié,公证文书),但不限于公证书。广义上的公署文书包括:身份官员(户籍官员)制作或出具的文书、司法警察警官制作的笔录、法庭书记员和其他公务助理人员制作的文书,也可以指法院的司法官作出的判决、裁定以及签署的笔录等。第 1367 条中使用的术语是"公务官员"。法国有一类公务助理人员与司法助理人员,是自由职业人员,但可行使相关的公权力。

作此种文书之权限和资质的公务助理人员按照要求的形式作成的文书。

公署文书,如果符合最高行政法院提出资政意见后颁布的法令规定的条件制作与保存,可以通过电子载体制作。

公署文书是由公证人作成时,可以免除法律要求的一切手写的文字记载。(参见附目第 1317 条)

第 1370 条

(2016 年 2 月 10 日第 2016-131 号授权法令)一份文书,由于制作文书的官员无权限或无资格,或者制作的文书不符合规定的形式,因而不构成公署文书时,如果各当事人均已在其上签字,仍然具有私署文书(écrit sous signature privée)的效力。(参见附目第 1318 条)

第 1371 条

公署文书,对于公务助理人员在其上写明是由其亲自完成或者见证的所有事项均具有完全证明效力(faire pleine foi),提出公署文书属于伪造之声明的情况除外。

在提出公署文书属于伪造之声明①的情况下,法院得停止文书的执行。(参见附目第 1319 条)

第三目 私署文书

(2016 年 2 月 10 日第 2016-131 号授权法令)

第 1372 条

(2016 年 2 月 10 日第 2016-131 号授权法令)向当事人一方提出的

---

① "提出公署文书属于伪造之声明"原文为"inscription de faux",是向民事法院附带提出或者以本诉提出声明,指称某项公署文书属于伪造。"提出公署文书属于伪造之声明"与"伪造文件"(faux documentiare)有所不同,后者属于刑法规定的轻罪。

一份私署文书(acte sous signature privée),在得到该人承认或者依法得到承认时,该文书在各签字人之间以及在签字人的继承人和权利继受人之间具有证据效力。(参见附目第1322条)

第 1373 条

(2016年2月10日第2016-131号授权法令)当事人一方提出一份私署文书时,另一方当事人可以否认该文书上是其本人的字迹或签字。当事人的继承人或权利继受人同样可以否认文书上是其被继承人的字迹或签字,或者申明不认识文书上的字迹或签字,在此情况下有必要做字迹鉴定。(参见附目第1323条、附目第1324条)

第 1374 条

(2016年2月10日第2016-131号授权法令)由双方当事人的律师或者各方当事人的共同律师分别副署的私署文书,其文字表述或签字对各方当事人以及各当事人的继承人或权利继受人,均具有证明力。

对此情形,适用《民事诉讼法典》规定的关于伪造文书的程序。

对此种文书,免除法律所要求的各项手书的记载。

第 1375 条

(2016年2月10日第2016-131号授权法令)用于见证双务合同的私署文书,只有按照具有不同利益的当事人的人数制作相应份数的原本,并由每一当事人各执一份时,始为有效;但是,如果各当事人达成一致意见,仅制作一份文书并将其交由第三人保管时,不在此限。

私署文书的每一份原本上均应写明同时制作的原本的份数。

已经履行合同的当事人,即使仅仅是部分履行,不得再以文书没有制作多份复本或者没有写明其制作的份数作为抗辩。

采用电子形式(sous forme électronique)制作的合同,在其是按照第1366条与第1367条的规定制作与保存,并且使用的手段可以使每一方当事人均持有一份文本或者可以进入该文档时,视为符合原本一式多份之要求。

第 1376 条

(2016 年 2 月 10 日第 2016-131 号授权法令)仅由一方当事人单方承担义务向另一方当事人给付一定数额的金钱或某一可替代的财产的私署文书,必须用另一份包含订立此项义务的人签名的证书予以确认,同时写明(2000 年 3 月 13 日第 2000-230 号法律)是由其本人用大写数字与数目书写款项数额或财产数量。两者有差异的情况下,私署证书用大写数字书写的有效。(参见附目第 1326 条)

第 1377 条

(2016 年 2 月 10 日第 2016-131 号授权法令)私署文书,仅在其登记之日,或者文书签署人之一死亡之日,或者其实质内容得到公署文书确认之日,才对第三人取得具有对抗效力的确定的日期(date certaine)。① (参见附目第 1328 条)

第四目 其他证书

(2016 年 2 月 10 日第 2016-131 号授权法令)

第 1378 条

(2016 年 2 月 10 日第 2016-131 号授权法令)从事职业的人应当备

---

① 所谓"确定的日期"(date certaine),与文书签字的日期不同,指文书对第三人产生证明力的日期,这或者是由于文书已经得到公务助理人员的审核确认(公署文书),或者是因为(私署文书)已经履行了登记手续,或者因为发生某种事件(例如,合同当事人之一死亡),使该文书不再有可能受到质疑的日期。确定的日期包括指明年月日,在特定的文书中,还包括指明时间(如果时间对确定优先顺序起决定性作用),公署文书(公文书)——法院判决与裁定、公证文书、司法执达员文书必须写明日期。对于公证人制作的文书,不强制要求所有的签字人必须是同一时刻在文书上签字,但应当各自署明签字的日期。

置或建立的登记簿或文件,对于备置或建立此种文书的人具有与私署文书相同的证明力;但是,在用此种文书作为有利于自己的证据时,不得将文书中的记载分割开来,并仅仅主张对其有利的记载。(参见附目第 1329 条、附目第 1330 条)

第 1378-1 条

(2016 年 2 月 10 日第 2016-131 号授权法令)家庭自立的登记簿册与字据,不得用作有利于其书写人的证明,但以下两种情形,对于制作登记簿册和字据的人,得为不利证明:

1. 凡是登记簿册与字据中载明其已受领清偿的;

2. 登记簿册与字据中有明文记载提及书写人对某人负有债务,而此项债务并无证书,此项记载是替代该证书时。(参见附目第 1331 条)

第 1378-2 条

债权人在始终由其占有的原始证书上写有清偿或者其他消灭债务之原因的文字的,产生解除债务人债务的简单推定效力。

在债务人手中的证书复本或收据复本上有相同的文字记载的,亦同。(参见附目第 1332 条)

第五目 副 本①

(2016 年 2 月 10 日第 2016-131 号授权法令)

第 1379 条

(2016 年 2 月 10 日第 2016-131 号授权法令)可信的复本与原本具

---

① 法国《民法典》中关于证书的"副本",原文一直为"copie",对于 1804 年的法典而言,将其译为"抄本"当然没有歧义,但是,随着科学技术的发展,"copie"一词可以指采用不同的复制手段制作的复本;文件的复印、传真、下载或复制等均可制作副本。但是(中文)复印件和副本的意义实际上可能并不相同。

有相同的证明力。复本的可信度由法官评判。但是,公署文书产生执行力的副本或此种文书的公署的复本①视为可信。

凡是采用符合最高行政法院提出资政意见后颁布的法令确定之条件的方法,在时间上可以保证其完整性,与文书的形式和内容完全同一的复本,推定为可信的复本。

只要文书的原本存在,始终可要求提交原本。(参见附目第1334条、附目第1335条、附目第1348条)

第六目 承认证书②

(2016年2月10日第2016-131号授权法令)

第1380条

(2016年2月10日第2016-131号授权法令)即使有承认证书,仍不免除提交证书的原本,但是,如果在承认证书中已特别写明原始证书的内容,不在此限。

承认证书包含的内容超出原始证书内容或者与原始证书内容不一致的,不产生任何效力。(参见附目第1337条)

---

① 这是两种不同的情形,分别称为"copie exécutoire d'un écrit authentique"和"copie authentique d'un écrit authentique"。
② 法国《民法典》原第1337条至原第1340条规定了两种证书:其一为"承认证书",原文为"actes recognitifs";其二为"追认证书"(确认证书),原文为"actes confirmatifs"或"actes de confirmation",也译为"批准证书"(acte de ratification)。从原第1337条与原第1338条的规定来看,"承认"与"确认"不是同一概念。

第二节　证人证言[①]

（2016年2月10日第2016-131号授权法令）

第1381条

（2016年2月10日第2016-131号授权法令）由第三人依照《民事诉讼法典》规定的条件所作的声明的证明价值，由法官裁量。（参见附目第1302-3条、附目第1352-5条）

第三节　裁判推定[②]的证据

（2016年2月10日第2016-131号授权法令）

第1382条

（2016年2月10日第2016-131号授权法令）不是由法律确定的推定，留待法官裁量；法官只有在法律准许以任何方法提出的证据的情况下才能承认严肃的（grave）、明确的（précise）、相互一致的（concordante）推定。（参见附目第1353条）

[①] 原文为"preuve par témoins"，由证人以口头声明或书面声明提供的证据，与"preuve testimoniale"相同。

[②] 也译为"司法推定"。

第四节 自 认

(2016年2月10日第2016-131号授权法令)

第1383条

(2016年2月10日第2016-131号授权法令)自认是指某人承认对其足以产生法律后果的事实确属真实的声明(la déclaration)。

自认得为诉讼中的自认,或为诉讼外的自认。① (参见附目第1354条)

第1383-1条

(2016年2月10日第2016-131号授权法令)只有在法律准许以任何方法提出证据的情况下,纯粹言词的诉讼外的自认才能得到采纳。

此种自认的证明价值由法官裁量。(参见附目第1355条)

第1383-2条

(2016年2月10日第2016-131号授权法令)诉讼中的自认是指当事人或者经当事人专门委托授权的人在法庭上所作的声明(déclaration)。

诉讼中的自认,对于作出自认的人,具有完全的证据效力。

不得针对诉讼中作出自认的人分割利用其所作的自认。

诉讼中的自认不得撤回,但有事实错误的除外。(参见附目第1356条)

---

① 法国法律承认两种自认,分别为"aveu judiciaire"和"aveu extrajudiciaire",也译为"裁判上的自认"与"裁判外的自认"。

第五节 宣 誓

(2016年2月10日第2016-131号授权法令)

第1384条

(2016年2月10日第2016-131号授权法令)一方当事人得以决讼的名义(à titre décisoire)要求另一方宣誓,使诉讼的判决取决于宣誓;法官也可以依职权要求一方当事人为宣誓。(参见附目第1357条)①

第一目 决讼宣誓

(2016年2月10日第2016-131号授权法令)

第1385条

(2016年2月10日第2016-131号授权法令)无论何种争议,在任何情况下②,均可要求为决讼宣誓。③(参见附目第1358条)

第1385-1条

(2016年2月10日第2016-131号授权法令)只能要求与宣誓人本人有关的事实为决讼宣誓。(参见附目第1359条、附目第1360条)

第1385-2条

(2016年2月10日第2016-131号授权法令)受要求宣誓的人拒绝宣誓,或者不同意要求对方当事人宣誓,或者受反要求进行宣誓的人拒

---

① 原第1357条规定:"裁判上的宣誓分以下两种:1. 当事人一方要求另一方宣誓,使诉讼的判决系于此种宣誓时,为决讼宣誓;2. 法官依职权命令当事人一方进行的宣誓。"本条规定相同。在两种不同的宣誓中,法官的职权有所不同。

② 此处原文为"en tout état de cause"。

③ 也译为"终局宣誓"或"诉讼结局宣誓"。

绝宣誓的,诉讼请求予以驳回(删去"抗辩不予受理")。(参见附目第1361条)

第1385-3条

(2016年2月10日第2016-131号授权法令)一方当事人要求或反要求他方当事人进行宣誓的,在他方当事人已声明准备宣誓时,不得撤回其要求。(参见附目第1364条)

受要求或受反要求的宣誓已经进行的,不准许他方当事人证明宣誓虚假。(参见附目第1363条)

第1385-4条

(2016年2月10日第2016-131号授权法令)宣誓,仅对要求进行宣誓的人及其继承人与权利继受人作有利或不利之证据。

连带债权人之一要求债务人进行的宣誓,仅对该债权人的债权部分解除债务人的债务。

主债务人受要求所为之宣誓,解除保证人的义务。

要求连带债务人之一进行的宣誓,利益于他的共同债务人。

保证人受要求进行的宣誓,利益于主债务人。

在后两种情况下,只有连带债务人或者保证人受要求就债务而不是就债的连带性或保证进行的宣誓,才能利益于其他共同债务人或主债务人。(参见附目第1365条)

第二目 法院依职权要求进行宣誓

第1386条

(2016年2月10日第2016-131号授权法令)法官得依职权令一方当事人宣誓。

受命令宣誓的一方当事人不得反要求他方宣誓。

宣誓的证明价值由法官裁量。(参见附目第 1366 条、附目第 1368 条)

第1386-1条

(2016年2月10日第2016-131号授权法令)对于诉讼请求或者对提出的抗辩,只有在其尚未得到充分证明或者并非完全没有证据时①,法官才能依职权令进行宣誓。(参见附目第1367条)

---

① 原第1367条 只有符合以下两项条件的情况下,法官才能依职权就诉讼请求或者针对此种请求提出的抗辩令当事人宣誓。

第五编　夫妻财产契约[①]与夫妻财产制

（1965 年 7 月 13 日第 65-570 号法律）

第一章　通　则

（1965 年 7 月 13 日第 65-570 号法律）

第 1387 条

夫妻财产关系，仅在没有特别约定时，始依法律的规定调整[②]；只要不违反善良风俗和以下规定，夫妻双方可随其所愿订立契约。

第 1387-1 条

（2005 年 8 月 2 日第 2005-882 号法律）在宣告夫妻离婚时，如果有双方此前在企业管理范围内连带或分开缔结的债务或者同意提供的担保，（2019 年 3 月 23 日第 2019-222 号法律）司法法院可以判决由继续保有用于从事职业的全部财产或者继续保有作为企业之基础的职业资质[③]的配偶一方单独承担。

[①]　"夫妻财产契约"，原文为"contrat de mariage"，字面意思虽然是"婚姻契约"，但与通常所说的"订婚"或"婚约"（fiançaille）是不同的两个概念。夫妻财产制（régime matrimoniaux），也译为"婚姻财产制"。

[②]　在有特别协议约定时，也就是有约定的夫妻财产契约时，依契约的约定；没有夫妻财产契约的，夫妻财产关系依法律的规定调整，适用法定制度（régime légale）。

[③]　例如，经营许可证，公证人、司法助理人员或公务助理人员的执业资质等。

第1388条

夫妻双方均不得违反由婚姻产生的义务和权利,也不得违反有关亲权、法定管理与监护的各项规则。

第1389条

夫妻不得订立旨在改变继承的法定顺序的任何协议,或者以此为目的放弃继承,但不妨碍依照本法典规定的形式与情况可以进行的无偿处分。

第1390条

但是,夫妻双方可以订立条款约定,在一方死亡、婚姻关系解消之后,生存的一方(2006年6月23日第2006-728号法律第29-30条)有权利取得(2006年6月23日第2006-728号法律第29-30条)先去世的配偶个人的特定财产①,或者相应场合在进行财产分割时请求分配特定财产,但应当将在行使此项权利之日这些财产的价值将计入先去世的配偶的遗产。

(2006年6月23日第2006-728号法律第29-30条)订立的约款可以规定,生存配偶在行使前项权利时,对于其分配或取得的企业从事经营活动所需的不动产,可要求继承人同意与其订立租约。

第1391条

夫妻财产契约应当确定为生存配偶受益而约定的上述权利涉及哪些财产。夫妻财产契约可以确定财产价值的评估基础与支付方式,但是,特留份继承人在其中有间接利益的,应当为他们的利益减少数额。

---

① 在夫妻财产契约中订立的这种条款也被称为"商业条款"(clause commerciale)。夫妻财产契约准许生存配偶保留特定财产,实际上是一项涉及"将来继承的协议"。如果营业资产是夫妻双方生前的共同财产,生存的一方无偿保留这些财产,便构成一种婚姻财产利益(avantage matrimoinial),如果是有偿保留,便构成一种优先分配。

考虑这些条款约定,以及在各方当事人达不成一致意见时,财产的价值由(2019年3月23日第2019-222号法律)司法法院确定。

第1392条

生存配偶如果在受到先去世的配偶的继承人催告作出决定之日起1个月期限内,仍然没有向这些继承人进行通知,也没有行使权利,为其设立的上述权利即告失效(caduque)。(2006年6月23日第2006-728号法律第29-31条)在第792条规定的期限尚未届满之前,不得进行前项催告。

在规定的期限内进行的通知,构成在行使权利之日进行的财产买卖,或者在相应场合,构成财产的分割活动。

第1393条

夫妻双方可以一般地声明打算按照本法典规定的某一种财产制度结婚。

在没有不同于共同财产制(régime de communauté)[1]的特别约定时,或者在没有变更共同财产制的特别约定时,第二章第一部分确定的各项规则构成法国之普通法。

第1394条

夫妻之间的所有财产协议,均应由协议的所有当事人或他们的委托代理人,在公证人面前同时表示同意,用文书作成。

夫妻财产契约签字时,公证人免费向各当事人提交一份采用无印花空文纸制作的证书。证书应当载明公证人的姓名与居所地,拟婚夫

---

[1] 共同财产制(régime de communauté)区分为:法定的共同财产制(communauté légale)(第二章第一部分)和约定的共同财产制(第二章第二部分)。

"约定的共同财产制"与"约定的财产制"是两个不同但有所重叠的概念:夫妻双方也可以约定实行分别财产制(régime de séparation de biens)(第三章)。

妻各自的姓名、身份、住所以及契约订立的日期。证书指明在举行结婚之前应将此证书交给身份官员。

如果结婚证书写明夫妻双方没有订立财产契约，对于第三人，夫妻双方被视为按照普通法财产制结婚，夫妻在与第三人缔结的契约中申明订有夫妻财产契约的除外。

（2005年5月6日第2005-428号授权法令废止："此外，如果夫妻一方在结婚时是商人或者结婚后成为商人，其所订夫妻财产契约以及该契约的变更，均应按照有关'商事及公司登记簿'的立法与条例确定的条件和处罚，由其主动并由其单方负担责任，进行公示。"）

第1395条

有关夫妻财产的各项协议，均应在结婚举行之前订定，但只能自举行结婚之日产生效力。

第1396条

在举行结婚之前可能对夫妻财产契约的条款作出的更改，应当采用前述相同形式作成的证书予以确认；如果订立夫妻财产契约的各当事人或他们的代理人没有到场且没有同时表示同意，夫妻财产契约的任何更改，或者订立的附约，均没有效力。

夫妻财产契约的任何更改，或者订立的附约，如果不是书写在契约的原本之后，即使具备前条规定的形式，对第三人也不产生效力；如果公证人此后并未就所作的更改或附约进行登记，不得提交该夫妻财产契约的抄本或副本。

（2006年6月23日第2006-728号法律第44条）结婚一经举行，只有在分别财产或采取其他司法保护措施的情况下，应夫妻一方请求，或者在以下条款所指情况下，应夫妻双方的共同请求，才能通过一项得到认可的公证文书（acte notarié，公证书）对夫妻财产制作出变更。

第 1397 条

（2006 年 6 月 23 日第 2006-728 号法律）为了家庭利益，夫妻双方可以（废止"在夫妻财产制实施 2 年之后"）用公证文书订立变更财产制的协议，或者甚至完全改变夫妻财产制。（2007 年 3 月 5 日第 2007-308 号法律）如有必要，公证书应当包含对已经变更的夫妻财产制的清算，否则无效。

在考虑变更财产制时，应当通知拟变更的财产契约的各方当事人以及夫妻每一方的成年子女。收到这项通知的每一个人均可在 3 个月期限内反对财产制的变更。在有受监护的未成年子女或者受司法保护的成年子女的情况下，向他们的代理人进行通知。代理人提起诉讼，可以不经亲属会议或者监护法官事先批准。

在夫妻双方住所所在省的一份有资格登载法律通知的报纸上登载一份通知，向所有的债权人告知夫妻双方考虑变更财产制；每一个债权人均可在上述公告起 3 个月期限内反对进行财产制变更。

在提出反对意见或者异议的情况下，经公证的文书应当提交夫妻住所地的法院认可。认可请求与认可判决（décision d'homologation）依照《民事诉讼法典》规定的条件与制裁提出和作出。

在夫妻任何一方有（2019 年 5 月 22 日的 2019-486 号授权法令）实行法定管理制度的未成年子女的情况下，公证人可以依照第 387-3 条第 2 款规定的条件向监护法官提出请求。

夫妻财产制的变更，自文书订立或者批准变更的判决作出之日，在各当事人之间发生效力，对于第三人，自变更事由在夫妻财产契约的备注栏内作出记载 3 个月后发生效力；但是，即使没有作出记载，如果在夫妻双方与第三人订立的合同（文书）中申明他们已经变更夫妻财产制，此种变更对第三人同样产生对抗效力。

（2007 年 3 月 5 日第 2007-308 号法律）夫妻任何一方按照本法典

第一卷第十一编规定的条件被实行某种法律保护措施时,夫妻财产制的改变或变更,事先应当提交监护法官批准,或者如果已设置亲属会议,由亲属会议事先批准。

所作的变更应当在经过变更的夫妻财产契约的原本上作出记载(2007年3月5日第2007-308号法律废止"如果夫妻一方是商人,还应在'商事及公司登记簿'上作出记载")。

此前并未提出异议的所有债权人,如果夫妻财产制的变更损害他们的权利,仍然可以按照(2016年12月23日第2016-1803号授权法令第5-4条)第1341-2条规定的条件,对夫妻财产制的变更提出异议。

本条的适用条件由最高行政法院提出资政意见后颁布的法令具体规定。

第1397-1条

(1975年7月11日第75-617号法律)正在进行离婚诉讼的夫妻就其财产制的清算订立的协议,不适用前条之规定。

(2004年5月26日第2004-439号法律)第265-2条与第1451条之规定适用于此种协议。

第1397-2条

(1997年10月28日第97-987号法律)夫妻依据1978年3月14日在海牙订立的关于夫妻财产制适用法律公约已经指定他们的财产制适用的法律时,适用本法典第1397-3条与第1397-4条之规定。

第1397-3条

(1997年10月28日第97-987号法律)夫妻在结婚之前已指定他们的财产制适用的法律时,拟婚夫妻应当向户籍官员提交他们作出此项指定的文书,或者提交有资格制作此种文书的人出具的证明书。证明书应写明拟婚夫妻的姓名和居住地,指定适用法律的文书的制作日期,以及制作该文书的人的姓名与居所。

如果夫妻是在婚姻期间指定他们的财产制适用的法律,夫妻双方应当按照《民事诉讼法典》规定的形式与条件进行有关指定适用法律的公示。如果夫妻已经订立财产契约,有关指定适用法律的记载,应当在夫妻财产契约的原本上写明。

无论是在结婚之前还是在婚姻期间,在指定夫妻财产制适用的法律时,夫妻双方均可指明他们所选择的财产制的性质。

(最后一款废止:"如果夫妻一方在结婚时是商人,或者在结婚之后成为商人,在婚前或婚姻期间指定适用法律的文书应当按照有关商事与公司登记的规定所定的条件进行公示,否则受相同规定的处分。")

第 1397-4 条

(1997 年 10 月 28 日第 97-987 号法律)在婚姻期间指定夫妻财产制适用的法律时,指定适用法律的文书自其制定之日在当事人之间产生效力;对于第三人,这项文书自履行第 1397-3 条规定的公示手续 3 个月之后产生效力。

但是,在没有履行这些手续的情况下,如果夫妻双方在与第三人订立的合同中申明他们的财产制所适用的法律,有关适用法律的指定对第三人产生对抗效力。

第 1397-5 条

(1997 年 10 月 28 日第 97-987 号法律)因适用有关婚姻的外国法律引起夫妻财产制改变时,夫妻双方应当履行《民事诉讼法典》规定的公示手续。

第 1397-6 条

(1997 年 10 月 28 日第 97-987 号法律)夫妻财产制的变更,自变更判决作出之日或者自规定变更事项的文书作成之日,对当事人双方产生效力;对于第三人,自完成第 1397-5 条规定的各项公示手续之日产生效力。

但是,在没有履行这些公示手续的情况下,如果夫妻双方在与第三人订立的合同中申明他们已经变更财产制,财产制的变更对第三人具有对抗效力。

第 1398 条

有能力缔结婚姻的未成年人,亦有能力同意订立财产契约所允许的一切协议,并且只要未成年人在缔结婚姻时得到需经其同意婚姻才能有效的人的参与协助,在财产契约中所作的一切约定和赠与,均属有效。

如果未成年人的有关夫妻财产的协议在订立时并未得到前述之人的协助,未成年人本人,或者未成年人结婚应经其同意的人,可以请求撤销所订立的协议;但是,只有在未成年人达到成年年龄后当年内才能提出请求。

第 1399 条

(1968 年 1 月 3 日第 68-5 条号法律)受监护或者财产受管理的成年人,在订立合同时如果没有得到(2019 年 3 月 23 日第 2019-222 号法律)其监护人或财产管理人的协助(废止"如果没有得到应经其同意结婚才能有效的人的参与协助"),不得缔结有关夫妻财产的协议。

在没有得到前款所指的协助的情况下,可以在结婚后当年内由受保护人本人请求撤销已订立的协议,或者由对受监护或者财产受管理的成年人结婚有同意权的人或监护人或财产管理人请求撤销协议。

(2019 年 3 月 23 日第 2019-222 号法律)但是,负担执行保护措施的人可以向法官请求批准其为保护受保护人的利益单独订立涉及该人的财产的协议。

第二章　共同财产制

(1965年7月13日第65-570号法律)

第一部分　法定的共同财产制①

第1400条

夫妻没有订立财产契约或者简单声明他们按照共同财产制结婚的,由此确立的共同财产制受以下三节明定的规则约束。

第一节　构成共同财产的资产与债务

第一目　共同财产的资产

第1401条

共有财产(communauté)的资产组成是,夫妻双方在婚姻期间通过各自的劳动技能②共同或者分开取得的财产,以及他们各自的特有财

---

① "法定的共同财产制"(communauté légale)是"劳动所得共同制加特有财产所得共同制",称为"所得共同制"(communauté d'acquêts)。夫妻双方或一方劳动所得归夫妻共同共有,加上他们各自的特有财产的孳息与收入形成的节余,构成法定的共同财产的资产,但是,因继承、遗赠等非劳动所得仍然归相应的一方个人所有(参见第1405条)。在法定的共同财产制与约定的共同财产制中,夫妻每一方的特有财产都有与之相对应的规定。

② 原文"industrie"是一个多义词,例如,工业、产业、手艺、技巧、技艺,大多数译文将其简单译为"劳动",在现代社会里,单纯的体力劳动与知识、技术、技能的投入存在很大差别。

产的孳息和收入形成的节余。

（1985年12月23日第85-1372号法律废止："妻之保留财产,即使依第224条的规定分开单独管理,仍为共同财产的组成部分。"）

第1402条

任何动产或不动产,凡是不能证明依照法律的规定属于夫妻一方的特有财产的,均视为共同财产所得(acquêts de communauté)。

如果财产本身不带有证明其来源的证据或标志,在该财产是否属于夫妻一方个人所有存在争议时,财产的个人所有权应当以书证为证据;如果没有财产清册或其他事先建立的证据(preuve préconstitué),法官可以考虑任何书证,尤其可以考虑家庭凭证、家事登记簿册或者文件、字据,以及银行的文件与发票。如果认定夫妻一方从事实上或精神上均不可能取得作为证据的书证,法官甚至可以准许运用证人证言或推定。

第1403条

夫妻每一方均对各自的特有财产保有完全所有权。

共同财产仅对已经收取且尚未消费的孳息享有权利;但是,夫妻一方对其怠于收取或欺诈消费的孳息,在共同财产制终止时,应当对共同财产给予补偿,已经过去5年以上时间的,不再追究。

第1404条

以下财产,即使是在婚姻期间取得,依其性质仍然构成个人特有财产:属于夫妻一方使用的衣物及其他布织品;本人受到的身体或精神伤害请求赔偿之诉权;不得让与的债权和抚恤金,一般而言,具有个人性质的所有财产以及专与个人相关的一切权利。

夫妻一方从事职业所必要的劳动工具,依其性质,亦构成个人特有财产,但在必要时已经给予该方补偿的除外;如果此种工具属于一项营业资产的附属部分,或者属于构成共同财产的经营事务的附属部分时,不属个人特有财产。

第 1405 条

夫妻双方在举行结婚之日各自享有所有权的财产或者占有的财产,或者在婚姻期间各自因继承、赠与或遗赠取得的财产,仍然为各人的特有财产。

在进行无偿处分时可以订立条款规定,作为赠与标的物的财产属于夫妻共同财产。向夫妻二人共同进行的无偿处分,由此所得的财产归入共同财产,另有条款约定的除外。

父母或其他直系尊血亲,为了清偿对夫妻一方的债务,或者在指定夫妻一方清偿赠与人(即父母或其他直系尊血亲)对他人的债务之后,留给或让与该方的财产,仍为该方的特有财产,但(共同财产)已对该方给予了补偿的除外。

第 1406 条

由某项特有财产依添附的名义取得的财产,以及与夫妻各方自有的有价证券相关联的新证券及其他增添的财产,属于夫妻各自的特有财产,但如有必要对所有人给予补偿的,不在此限。

因物上代位(subrogation réelle)的效力,替代特有财产的债权和补偿金,以及依照第 1434 条与第 1435 条的规定,通过特有财产的利用或再利用而取得的财产,亦属于个人的特有财产。

第 1407 条

夫妻一方用属于自己的特有财产交换另一方的特有财产,由此取得的财产仍为各人的特有财产;但是,如有差额并且用共同财产补足,或者有欠共同财产的部分时,与此有关的一方应当对共同财产给予补偿。

如果共同财产负担的差额超过让与的财产的价值,通过交换取得的财产应当归入共同财产,但如果对让与人给予了补偿,不在此限。

第 1408 条

夫妻一方是某项共有财产的共有人,通过拍卖或其他途径取得该财产中属于他的部分时,其取得的该财产部分不构成夫妻共同财产所得,但是,如果买入该财产所使用的费用是由共同财产负担,应当对共同财产给予补偿。

第二目　共同财产的负债

第 1409 条

(1985 年 12 月 23 日第 85-1372 号法律)共同财产的负债由下列构成:

——依照第 220 条的规定,夫妻双方为了维持家庭日常开支和子女的教育费用,应当负担的生活费用和缔结的债务,属于终局确定的负债;

——在共同财产制期间发生的其他债务,视情况,或者属于终局确定的共同债务,或者应当对共同财产给予补偿。

第 1410 条

夫妻双方在结婚举行之日负担的债务,或者在婚姻期间受领的遗产和无偿处分的财产上负担的债务,不论是本金、定期金的分期应付款项还是利息,均为个人债务。

第 1411 条

夫妻一方或另一方的债权人,在前条所指的情况下,只能就其债务人的特有财产(1985 年 12 月 23 日第 85-1372 号法律)和收入追偿债务。

但是，如果夫妻在结婚之日拥有的动产物品或者因继承或赠与而受领的动产物品已经与共同的概括财产相混同，而且不可能按照第1402条的规则区分鉴别时，夫妻一方或另一方的债权人也可以扣押属于共同财产的财产。

第 1412 条

夫妻一方动用共同财产清偿个人债务的，应当对共同财产给予补偿。

第 1413 条

(1985年12月23日第85-1372号法律)夫妻每一方在共同财产制期间所负的债务的清偿，无论债务的发生原因如何，均可就共同财产实行追偿，但是，作为债务人的配偶一方有欺诈行为以及债权人为恶意的除外；相应场合，如有必要，应当对共同财产给予补偿。

第 1414 条

(1985年12月23日第85-1372号法律)依照第220条的规定，只有为了维持家庭日常开支或子女的教育费用缔结的债务，夫妻一方的债权人才能对其配偶所得的收益与工资实施扣押。

如果配偶一方的收益和工资已经转入日常往来账户或者已经存入账户，仅在法令有规定的条件下，始得扣押之。

第1414条原条文：下列情形，妻子在共同财产制期间可能负有的债务的清偿，可以就全部共同财产实行追偿：

1. 如果是没有订立任何协议而承诺的义务；

2. 义务承诺虽是依协议成立，但经丈夫同意或者得到法院的批准以及属于第1419条所指的情况；

3. 如第220条的规定为了维持家庭生活或者子女的教育缔结义务承诺。

第 1415 条

（1985 年 12 月 23 日第 85-1372 号法律）夫妻每一方在向他人提供保证和进行借贷时，只能用其特有财产和自己的收入承诺义务，但是，如果缔结的保证和借贷得到另一方的明示同意，不在此限；即使是此种情形，另一方仍然不用其特有财产承担义务。

第 1416 条

凡是为了夫妻一方的个人利益以及为取得、保管或改善夫妻一方的特有财产而缔结的债务，依据以上条款的规定可以就共同财产实行追偿的，在用共同财产进行清偿之后，应当对共同财产给予补偿。

第 1417 条

夫妻一方因刑事犯罪被判处罚金，或者因侵权行为或准侵权行为被判处损害赔偿并支付诉讼费用的，如果是用共同财产进行支付，应当对共同财产给予补偿；相应情况下，给予补偿的数额应扣除共同财产可能（从实施的行为中）获得的利益。

夫妻一方不顾婚姻强制其应当履行的义务而缔结债务，并且用共同财产进行清偿的，同样应当对共同财产给予补偿。①

第 1418 条

一项债务仅仅是由于夫妻一方的原因而成为共同财产负担的债务的，不得就该债务对另一方的特有财产提出求偿请求。

如果是连带债务，视其以夫妻双方的名义缔结并由共同财产负担。(1985 年 12 月 23 日第 85-1372 号法律废止："但是，如果夫妻一方仅仅是对另一方的债务表示同意，此种债务仅以另一方的名义归由共同财

---

① 第 1416 条、第 1417 条中"应当对共同财产给予补偿"，原文为"la communaute a droit à recoompense"，直译应为"共同财产有获得补偿的权利"。

产负担。")

第 1419 条

(1985 年 12 月 23 日第 85-1372 号法律废止)

第 1419 条原条文:但是,对于妻子经丈夫同意缔结的债务,债权人既可以对夫妻共同财产,也可对妻或夫的特有财产提出清偿请求,而妻子一方应当对共同财产给予补偿,或者对夫给予补偿。

如果债务是依照第 217 条的规定经法院批准缔结,对于此种债务,仅得对妻的特有财产以及对共同财产提出清偿请求。

第 1420 条

(1985 年 12 月 23 日第 85-1372 号法律废止)

第 1420 条原条文:如果妻与夫分开从事职业,应当用特有财产和专用财产负担在从事职业时缔结的债务。

如果夫对其妻缔结的合同曾明示同意,或者即使没有明示的同意,但夫已自行参与从事妻的职业,对于此种债务,得对共同财产之全部以及对夫之特有财产提出清偿请求。夫以其在商事登记簿记载的声明对妻从事的某种交易明示同意之情形,亦同。

第二节 共同财产及特有财产的管理

第 1421 条

(1985 年 12 月 23 日第 85-1372 号法律)夫妻每一方均有单独管理和处分共同财产的权限(pouvoir),但应对其在管理时的过错承担责任。夫妻一方无欺诈地完成的行为,对另一方有对抗效力。

分开从事职业的夫妻的一方唯一有权限完成其职业所必要的管理行为和处分行为。

上述规定,以适用第 1422 条至第 1425 条之规定为保留条件。

第 1422 条

（1985 年 12 月 23 日第 85-1372 号法律）夫妻一方未经另一方同意,不得生前无偿处分属于共同财产的财产。

（2006 年 3 月 23 日第 2006-346 号授权法令第 50-2 条）夫妻一方未经另一方同意,不得用某项共同财产担保第三人的债务。

第 1423 条

（1985 年 12 月 23 日第 85-1372 号法律）夫妻一方所为之遗赠,不得超过其在共同财产内的份额。

如果夫妻一方遗赠属于共同财产之物件,只有当该遗赠之物通过遗产分割归入遗嘱人的继承人的财产份①内时,受遗赠人才能请求实物交付该遗赠之物。

如果该遗赠之物完全没有分配到这些继承人应得的财产份内,受遗赠人可以就遗赠之物的全部价值获得补偿;补偿的价值用遗嘱人的其他继承人在共同财产中的份额以及遗嘱人的特有财产负担。

第 1424 条

（1985 年 12 月 23 日第 85-1372 号法律）夫妻任何一方,非经另一方同意,不得让与属于共同财产的不动产、营业资产及经营的事业或者用这些财产设立物权;也不得转让不能上市交易的公司权益以及需经公示才能转让的有体动产。夫妻任何一方非经另一方同意,不得受领来自此种交易活动的资金。

（2008 年 8 月 4 日第 2008-776 号法律第 18-1 条）同样,夫妻任何

---

① 在遗产分割时,既有动产又有不动产,还可能有企业或经营实体,以及公司股份或者现金资金,因此,需要按照具体情况以及继承人的人数,搭配成相应的财产份数,经搭配后的每一份财产（un lot）为各继承人的应继份,但可能会存在差额,应多退少补。

一方非经另一方同意,不得将共同财产中某项财产转移到已经交付托管的概括财产之内。

第 1425 条

（1985 年 12 月 23 日第 85-1372 号法律）夫妻任何一方非经另一方同意,不得出租属于共同财产的农村地产或者有商业、工业或手工业用途的不动产。夫妻一方可以单独就其他共同财产订立租约。此种租约,适用用益权人订立租约时所适用的相同规则。

第 1426 条

如果夫妻一方持续处于不能表示自己意思的状态,或者（1985 年 12 月 23 日第 85-1372 号法律）对共同财产进行的管理已经证明其没有管理能力或者有欺诈行为,另一方可以向法院提出请求,由其本人取代该方行使其权利。此项请求,适用第 1445 条至第 1447 条之规定。

得到法院授权的夫妻一方,享有与其替代的夫妻相同的权利。

（1985 年 12 月 23 日第 85-1372 号法律）如果没有进行替代,凡是应当经另一方同意才能订立的契约,均可经法院批准订立之。

被剥夺（管理）权限的夫妻一方此后如果证明不再存在将权限转移另一方行使的理由,可以向法院请求恢复行使权限。

第 1427 条

如果夫妻一方超越其对共同财产（1985 年 12 月 23 日第 85-1372 号法律废止"或对特留财产"）的权限（pouvoirs）而实施行为,另一方得诉请撤销此种行为,其对行为予以批准的除外。

另一方自知道越权行为之日起 2 年期间,均可向法院提出撤销之诉;但如果共同财产制终止（dissolution de la communauté,也译为"共同财产制解除或解散"）后时间已经超过 2 年,不得再行提起此种诉讼。

第 1428 条

夫妻每一方对其特有财产享有管理及使用、收益权,并且可以自由处分。

第 1429 条

如果夫妻一方持续处于不能表示意思的状况,或者如其听任特有财产荒废破败,或者隐匿或转移从特有财产中所得的收益,危害到家庭利益时,应另一方的请求,可以取消该方依照前条规定享有的管理、使用、收益权。此项请求适用第 1445 条至第 1447 条之规定。

除法院认为有必要任命一名财产管理人的情形外,判决赋予作为原告的配偶一方以权限,由其管理被取消权限的另一方的特有财产并受领孳息;管理人应当将孳息用于家庭生活费用开支以及为共同财产的利益使用多余的部分。

自提出上述请求起,被取消权限的夫妻一方单独只能处分其财产的虚有权。

被取消权限的夫妻一方,如果能证明剥夺其权限所依据的理由已经不再存在,可向法院请求恢复行使权限。

第 1430 条

(1985 年 12 月 23 日第 85-1372 号法律废止)

第 1430 条原条文:夫对妻使用或再使用个人特有财产的失误,不负担保责任,但如其参与了财产的让与或受领活动,或者经证明其受领了金钱或将此金钱挪用于自己的利益,不在此限。

第 1431 条

如果在婚姻期间夫妻一方委托另一方管理其特有财产,适用有关委托代理之规则;但是,在委托书没有明文作出强制性规定时,作为代理人的夫妻一方可免于报明孳息的情况。

第 1432 条

在夫妻一方已经掌管对另一方的特有财产的管理,另一方知悉后未予反对的,视该方得到默示委托。此种委托包括对财产的管理和收益行为,但不包括处分行为。

该方就其进行的管理,作为委托代理人,对另一方承担责任;但其仅需对现存的孳息登记入账。在对该方怠于收取或欺诈消费的孳息进行追究时,仅以最近 5 年期间的行为为限。

如果夫妻一方显然不顾另一方确实反对,干预另一方对其特有财产的管理事务,应当对因其干预所产生一切后果承担责任,并对其已经受领、怠于受领或欺诈消费的全部孳息入账,并且不受前述规定的限制。

第 1433 条

只要共同财产因特有财产获得利益,均应当用共同财产对作为特有财产所有权人的夫妻一方给予补偿。

共同财产受领了夫妻一方的特有金钱时,或者受领了因出卖某项特有财产获得的金钱时,如果这些金钱没有投入使用或再使用,应当对该方给予补偿。

如果发生争议,得以各种方法提出有关共同财产从特有财产获得利益的证据,甚至可以运用证人证言或推定证明之。

第 1434 条

在取得某项财产时,只要夫妻一方申明用于取得该财产的款项是其特有金钱现款,或者是使用转让其特有财产所得的资金,并且是将此资金投入使用或再使用时,可以认为该配偶一方已经对其财产进行了使用或再使用。如果在取得财产的证书中没有作出此项声明,只有经夫妻双方同意,才能认为获得的这些资金已经投入使用或再使用,并且仅在夫妻相互之间发生效力。

（第2款与第3款由1985年12月23日第85-1372号法律废止）

第1435条

（1985年12月23日第85-1372号法律）如果是资金的提前使用或再使用，由此取得的财产仍为（夫妻一方的）特有财产，但以对特有资产期待取得的款项在5年内支付至共同财产为条件。

第1436条

（1985年12月23日第85-1372号法律）如果取得财产的价金和费用超出投入使用或再使用的款项的数额，对于超出的部分，共同财产有权获得补偿；但是，如果共同财产负担的数额超过作为财产买受人的夫妻一方付出的数额，取得的财产应当归入共同财产，但应当对该方给予补偿。

第1437条

凡是动用属于共同财产的款项清偿夫妻一方的个人债务或负担，例如，用于支付其特有财产的价金或部分价金，或者用于支付地役权的赎回金，或者用于取回、保存或改善其特有财产，广而言之，只要夫妻一方从共同财产中获得个人利益，均应当对共同财产给予补偿。

第1438条

如果父母双方向共同的子女共同赠与财产作为奁产但并未明确各自打算承担的数额，不论提供或许诺的奁产是动用共同财产还是夫妻一方的个人财产，均应当认为夫妻双方各自承担奁产的一半用资。

在动用夫妻一方的特有财产作为赠与子女的奁产的情况下，被动用特有财产的一方对另一方的财产享有请求补偿之诉权，可以请求的数额为赠与的奁产用资的一半。奁产的用资（数额）按照赠与当时财

产的价值计算。(参见第 1088 条)

第 1439 条

用共同财产作为向夫妻的共同子女赠与奁产的用资,由共同财产负担。

(1985 年 12 月 23 日第 85-1372 号法律)在共同财产制终止时,赠与的此项用资,应当由夫妻双方各负担一半,但是,如果在赠与的当时夫妻一方明示声明其负担全部奁产赠与的用资,或者负担一半以上的用资,不在此限。

第 1440 条

任何人许诺赠与奁产用资的,应当保证该用资的给付,并且自子女结婚之日起计算此项赠资的利息,即使订有支付期限,亦同,有相反条款规定的除外。

第三节 夫妻共同财产制的终止

第一目 共同财产制终止的原因与分别财产

第 1441 条

共同财产制依下列原因终止[①]:

1. 夫妻一方死亡;
2. (1977 年 12 月 28 日第 77-1447 号法律)宣告失踪;
3. 离婚;
4. 分居;

---

① 夫妻共同财产制的解散或消解,原文为"la dissolution de la communaute"或者'se dissoudre',为"解散""解体""废除",也有"解除"的意思。

5. 分别财产;

6. 夫妻财产制的改变(changement)。

第 1442 条

(1985 年 12 月 23 日第 85-1372 号法律)(在以上所指情况下)即使有任何相反约定,夫妻共同财产制均不可能继续存在。

如有必要,夫妻任何一方均可请求,在他们的相互关系中,将终止共同财产制的效力推迟至夫妻停止共同居住或停止合作之日。(2004 年 5 月 26 日第 2004-439 号法律第 21-11 条废止:"但是,造成夫妻分离有主要过错的一方不能获准推迟共同财产制终止的生效时间。")

第 1443 条

由于夫妻一方理财混乱、管理不善或者行为不端,继续维持共同财产制看来将危害另一方的利益时,另一方可以向法院诉请分别财产。

任意(自行)分别财产的行为一律无效。

第 1444 条

虽经法院作出夫妻分别财产的宣告,但如果在判决产生既判事由之确定力起 3 个月内仍然没有要求开始对各当事人的权益进行清算,以及在开始清算活动后 1 年内未能终结清算,已经宣告的分别财产无效(nulle)。前述 1 年期限,可以由法院院长(2019 年 7 月 17 日第 2019-738 号授权法令)依申请(废止"依紧急审理程序")作出裁定,予以延长。

第 1445 条

分别财产的诉讼请求与判决,应当依照《民事诉讼法典》规定的条件与处罚进行公示(2005 年 5 月 6 日第 2005-428 号授权法令废止"如果夫妻一方是商人,还应遵守有关商事条例的规定")。

宣告分别财产的判决的效力,追溯至分别财产的诉讼请求提出之日。

此项判决应在结婚证书的备注栏内和夫妻财产契约的正本上作出记载。

第 1446 条

夫妻一方的债权人不得主动要求夫妻双方分别财产。

第 1447 条

如果已经提起分别财产诉讼，债权人得以（1985 年 12 月 23 日第 850-1372 号法律）律师对律师之书状，催促向其传达已经提出的诉讼请求与证据材料。债权人为保全其权利，甚至可以参加诉讼。

如果分别财产被宣告侵害债权人的权益，债权人得依《民事诉讼法典》规定的条件对分别财产提出第三人撤销之诉。

第 1448 条

获准分别财产的配偶一方，应当依照其本人与配偶各自的能力，按比例分担家庭生活费用与子女的教育费用。

如果配偶一方没有任何财产，获准分别财产的配偶一方应当负担前述费用之全部。

第 1449 条

经法院宣告分别财产，产生夫妻实行第 1536 条及其后条款规定的分别财产制的效力。

（1985 年 12 月 23 日第 85-1372 号法律）法院在宣告分别财产时，可以命令夫妻一方向另一方支付其应当负担的款项，此后则由该方单独负责清偿因婚姻引起的对第三人的全部负担。

第 1450 条

（由 2004 年 5 月 26 日第 2004-439 号法律修改并移至

第 265-2 条)

第 1451 条

（2004 年 5 月 26 日第 2004-439 号法律第 21-5 条）依照第 265-2 条的规定订立的协议，至离婚宣告之前，效力中止；此种协议，即使在夫妻相互关系中，仅在判决产生既判事由之确定力时，才能付诸执行。

如果法院判决确定的离婚后果使协议清算和分割共同财产的基础发生改变，夫妻一方可请求在离婚判决中变更所订的协议。

第 1452 条至第 1466 条

（废止）

第二目 共同财产的清算与分割

第 1467 条

共同财产制终止，夫妻每一方均可以取回完全没有归入共同财产的、尚存的财产实物，或者取回已经替代该财产的所有财产。

随后，应当进行共同财产的资产与负债的清算。

第 1468 条

以夫妻每一方的名义建立一项补偿账目，用于记录依据前述各节的规定应当由共同财产对夫妻每一方给予补偿的数额，以及夫妻每一方应当对共同财产给予补偿的数额。

第 1469 条

应当给予的补偿数额，一般来说，按照支出的费用与现存利益两种款项中最低的数额计算。

但是，如果支出的费用实属必要，应当给予的补偿数额不得低于已支出的费用。

（1985 年 12 月 23 日第 85-1372 号法律）如果借贷的款项是用于取

得、保养或改善某项财产,并且在共同财产清算之日该财产仍然存在于借款人的概括财产之内时,应当给予的补偿不得低于其现存的获益(profit substant);如果取得、得到保养或改善的财产在共同财产清算之前已被转让,按转让之日的情况评价所获得的利益;如果被转让的财产已由取得的新财产替代,按新财产计算所获得的利益。

第1470条

如果账目的出项与入项两者相抵尚有属于共同财产之利益的差额,夫妻一方应当将此差额退还至共同财产之内。

如果收入与支出两项相抵尚有属于夫妻一方之利益的差额,该方可以选择:或者要求支付差额;或者按差额的数目从共同财产中先取某些财产。

第1471条

(1985年12月23日第85-1372号法律)先取财产时,首先从现金中提取,其次取动产,然后再从不动产中提取尚未提足的部分。先取财产的配偶一方有权选择其将要先取的动产与不动产,但是,不得以其所作的选择损害另一方请求维持财产不可分割的权利或优先分配特定财产的权利。

如果夫妻双方均希望先取同一财产,依抽签方式决定。

第1472条

(1985年12月23日第85-1372号法律)如果共同财产不足,夫妻每一方先取的财产的数额根据应当向他们给予补偿的数额的比例确定。

但是,如果是由于夫妻一方的过错造成共同财产不足,另一方可以先于有过错的一方从全部共同财产中先取财产;尚有不足的部分,可以从有责任的一方的特有财产中提取。

第 1473 条

（1985 年 12 月 23 日第 85-1372 号法律）应当由共同财产以及应当对共同财产给予补偿的数额，自共同财产制终止之日当然计算利息。

但是，如果应当给予的补偿数额等于已有的收益，仅自共同财产清算之日开始计算利息。

第 1474 条

从共同财产中先取财产，构成财产的分割活动，但是，先取财产并不赋予夫妻一方享有优先于共同财产的债权人的任何权利，由于必要情况下依法定抵押权而产生的优先受偿权除外。

第 1475 条

从共同财产中先取财产的活动全部完成之后，剩余的财产在夫妻双方之间对半分割。

如果共同财产中有某宗不动产属于夫妻一方的另一项特有不动产的附属部分，或者邻接于另一不动产，作为后一宗不动产所有权人的一方，有权请求优先分配该附属部分或邻接部分，但应当按照提出此项请求之日该财产部分的价值计入其本人应得的数额，或者支付差额。

第 1476 条

夫妻共同财产的分割，凡是涉及分割方式、维持财产共有状态、优先分配财产、财产拍卖、分割的效力以及余额等诸事项，均受"继承"编关于共同继承人之间分割财产的规则约束。

但是，因离婚、分居或分别财产而终止的共同财产制时，任何情况下，均不当然优先分配财产，并且在任何情况下，均得决定可能应付的差额全部用现金支付。

第 1477 条

夫妻一方转移或隐匿属于共同财产的任何物件的,剥夺其对该物原可享有的权利之部分;同样,夫妻一方明知而故意隐瞒某项共同债务的,应当对该债务最终承担责任。

第 1478 条

分割活动一经完成,如果夫妻一方是另一方的个人债权人,例如,原来动用了其财产的价金支付了另一方的个人债务或者其他原因,该方可以就共同财产中已经归属另一方的部分或者就另一方的特有财产行使其债权。

第 1479 条

夫妻一方对另一方有可以行使的个人债权,不产生先取财产的权利,并且仅自清偿催告之日开始计算债权的利息。

(1985 年 12 月 23 日第 85-1372 号法律)前项债权,属于第 1469 条规定的情形时,按照该条第 3 款所定的规则进行评价,当事人之间另有约定的除外;于此情形,利息自财产清算之日起计算。

第 1480 条

夫妻一方以前可能已向另一方进行的赠与,只能用赠与人在共同财产中应占的部分及其特有财产履行之。

第 1481 条

(2001 年 12 月 3 日第 2001-1135 号法律废止)

第 1481 条原条文:如果是因夫妻一方死亡共同财产制终止,生存配偶在此后 9 个月期间,有权使用共同财产负担丧葬费及本人的吃住开支。此种开支与费用应当考虑共同财产所能提供的财力以及家庭的状况。

生存配偶的此项权利专属其本人。

第三目　共同财产制终止后的债务以及对债务的分担

（1985年12月23日第85-1372号法律）

第1482条

（1985年12月23日第85-1372号法律）夫妻每一方，对因其自身的原因使共同财产负担的、在共同财产制终止之日仍然存在的全部债务，得受到追偿并负清偿责任。

第1483条

夫妻每一方，对因其配偶的原因使共同财产负担的债务，可以仅就其一半受到追偿并负清偿责任。

（1985年12月23日第85-1372号法律）在共同财产分割之后，除有隐匿财产的情形外，只要有财产清册，夫妻各方对清偿债务所负的责任仅以其从共同财产获得的利益为限，但应当报明财产清册的各项内容、其本人由分割财产所得的数额以及已经清偿的共同债务的数额。

第1484条

前条所指的财产清册，应当采用《民事诉讼法典》规定的形式制作，并且另一方应当到场或者按规定传唤其到场。财产清册应在夫妻共同财产制终止之日起9个月内制作完成，法官决定延长期限的除外。应当在作成财产清册的公务助理人员面前确认该项清册真实可信。

第1485条

由共同财产负担但不是应当给予补偿的债务，夫妻双方对半分担，并且对半负担因财产封存、盘存、动产出卖、进行清算与财产分割引起的费用。

夫妻每一方对于应当由其负责补偿才能成为共同债务的负债，单独负清偿责任。

第 1486 条

夫妻一方可以主张第 1483 条第 2 款规定之利益的,对于由另一方的原因引起的共同财产负担的债务,分担的数额不超过其从共同财产中获得的利益;但本应由其给予补偿的债务除外。

第 1487 条

夫妻一方清偿的债务数额超过其依照前条规定应当负担的部分时,就此超过的部分,对另一方有求偿权。

第 1488 条

夫妻一方,就其多清偿的部分,对债权人不享有任何请求返还的权利,但如果清偿收据中已载明其拟清偿的数额仅以其应当负担的债务数额为限的除外。

第 1489 条

在进行财产分割时,夫妻一方因分配给他的不动产上设立的抵押权的效力,受到债权人诉请清偿共同财产的某项债务之全部时,就此项债务的一半,对另一方有求偿权。

第 1490 条

以上各条规定,不妨碍在不损害第三人权益的情况下订立一项分割财产的条款,规定夫妻一方不按照上述规定的数额清偿债务,或者甚至规定由一方清偿全部负债。

第 1491 条

在共同财产制终止的情况下,夫妻双方的继承人行使与各自代位的被继承人相同的权利、承担相同的义务,但诸继承人均不得主张第 1481 条规定的权利。

第1492条至第1496条

（废止）

第二部分　约定的共同财产制

第1497条

夫妻双方可以在婚姻财产契约中订立与第1387条、第1388条及第1389条的规定不相抵触的任何协议，对法定的共同财产制进行调整。①

夫妻双方尤其可以约定：

1. 共同财产包括动产与婚后所得（acquêts）；
2. 不执行有关财产管理的规则；
3. 夫妻一方得以支付补偿金的方式先取（prélever）特定的财产；
4. 夫妻一方享有生存配偶的先取权（préciput）；
5. 夫妻二人在共同财产内所占份额不相等；
6. 夫妻之间实行概括共同财产制（communauté unverselle，也译为"一般共同制"）。

凡是未经当事人约定的其他所有事项，仍然适用法定共同财产制规则。

---

① 约定的共同财产制是夫妻双方约定对法定的共同财产制进行变更。第1475条第1款规定："从共同财产中先取财产的活动全部完成之后，剩余的财产在夫妻双方之间对半分割。"但是，夫妻财产契约也可以作出与此项规则不同的规定，这也是约定的共同财产制的主要约定事项。第1497条规定的六项内容是概括性规定，以下分六节进一步作出具体规定，其中特别规定了三种不同的方式：以支付补偿金的方式先取（prélever）特定的财产；生存配偶的先取权（préciput）；双方在共同财产内所占不等份额，以及概括共同制。

第一节　动产及婚后所得共同制

第 1498 条

夫妻双方约定实行动产及婚后所得共同制①的，该共同制的资产部分，除在法定的共同财产制下应当属于共同财产的财产之外，还应包括夫妻双方在结婚之日享有所有权或者占有的动产，或者婚后因继承或无偿处分所得的动产，遗嘱人或赠与人另有规定的除外。

但是，依第 1404 条的规定，在法定共同财产制下由于财产的性质应当属于一方特有财产的动产财产，即使是在共同财产制期间取得，仍然为夫妻各方的特有财产。

如果夫妻一方在订立包括动产及婚后所得共同制条款的财产契约之后至举行结婚之前期间取得某宗不动产，该宗不动产归入共同财产，但是，如果该不动产的取得是因执行夫妻财产契约的某项条款，则依双方的协议处理。

第 1499 条

实行动产及婚后所得共同制的夫妻双方，除在法定共同财产制下属于共同负债的那些债务之外，在结婚时已负担的债务部分，或者夫妻双方在婚姻期间由于接受继承或无偿处分而负担的债务，归入共同的

---

① 这种约定的共同财产制原文为"communauté des meubles et acquêts"。依照第 1498 条第 1 款的规定，在此种财产制里，除依照法定的共同财产制应当属于共同财产的那些财产之外，还包括夫妻双方结婚时已有的全部动产和婚姻期间归属于夫妻的全部动产，婚姻期间夫妻取得的不动产（但无偿取得的除外）（参见第 1402 条），婚姻期间，夫妻的特有财产所产生的一切收益及劳动收入。可见，这种共同财产制包括的资产范围比法定的共同财产制更为广泛（参见第 1401 条至第 1405 条）。

负债(passif commun)。

共同财产应当负担的债务部分,与其按照前一条所定的规则在夫妻结婚之日从配偶一方的财产中接收的资产部分互成比例,或者与接受继承和无偿处分的全部财产中所得的资产部分互成比例。

为了确定这一比例,资产的各组成项目及其价值,依照第1402条的规定予以证明。

第1500条

与接收的财产相对应的、应当由共同财产负担的债务,由共同财产最终负担。

第1501条

结婚之前的负债,或者继承的遗产和无偿处分的财产上负担的债务,在分摊时,不得损害债权人的利益。

所有场合,债权人均保有扣押此前构成担保物的财产的权利;在债务人的动产已经与共同财产混同且不能按照第1402条所定的规则进行区分鉴别时,债权人甚至可以就全部共同财产实行追偿。

第1502条

(1985年12月23日第85-1372号法律废止)

第二节 联合管理条款

(1985年12月23日第85-1372号法律)

第1503条

(1985年12月23日第85-1372号法律)夫妻双方可以约定联合管理共同财产(administrer conjointement,也译为"共同管理")。

在此情况下,由夫妻双方共同签字才能实施共同财产的管理行为和处分行为,并且此种管理与处分行为当然产生债务的连带性质。

夫妻每一方可以分别实施财产保全行为。

第 1504 条至第 1510 条

(废止)

第三节　通过给予补偿的方式先取财产的条款

第 1511 条

夫妻双方可以订立条款规定:一方去世,生存的一方,或者具体指明的一方后去世,或者甚至在共同财产制终止的所有情况下,任何一方,有权先取特定财产①,并按照在共同财产分割时该财产的价值向共同财产给予补偿,另有约定的除外。

第 1512 条

夫妻财产契约可以规定对可能存在的差额进行评价的基础与支付方式。在双方对财产的价值不能达成一致意见时,由(2019 年 9 月 18 日第 2019-964 号授权法令)司法法院考虑到这些条款的规定确定。

第 1513 条

如果享有先取财产选择权利的配偶一方在另一方或其继承人催告

---

① 生存配偶通过给予补偿的方式先取财产,并没有打破分割平等的权利,也没有给予约定的受益人更多的财产利益,只是使双方得以保存特定的财产,例如,家庭住房或者家庭生计来源的营业资产或企业。它与第 1390 条关于取得先逝配偶特定的个人财产的规定有着相同的目标,实际上仍然是一种约定的优先分配权利(faculté,选择权利)。

第 1511 条至第 1525 条的规定尤其与第 1527 条有着紧密的联系。

其作出决定之日起1个月期限内仍然没有向另一方或其继承人进行通知，也没有行使其享有的权利，先行提取财产的权利(faculté de prélèvement)失去效力。在"继承"编规定的财产盘存、制作财产清册以及进行商议的期限届满之前，不得发出前述催告。

第1514条

先取财产是一种财产分割活动。先行提取的财产应当计入受益的配偶一方可得的财产份额；如果先取的财产的价值超过其份额，超过的部分应支付差额。

夫妻双方可以约定，先行提取财产的配偶一方应当支付的补偿金可以留待以后从该方对先去世的配偶的财产享有的继承权益中扣减。

第四节 生存配偶的先取权

第1515条①

夫妻财产契约中可以约定，配偶任何一方死亡，生存的一方，或者

---

① 第1515条至第1519条规定夫妻财产契约中可以约定生存的一方有权利从共同财产中无偿地先取财产，与以下第五节规定的"不等份额约款"一样，均打破夫妻财产分割的平等原则。

第1515条规定先取权的标的是"一定数额的款项，或者特定的财产实物，或者一定数量的确定种类的财产"，可以是概括先取所有的动产或者所有的不动产。

这种先取权是给予生存配偶，但并不意味着在共同财产制因配偶一方死亡之外的其他原因而终止的情况下，就失去效力。第1518条规定，"如果在夫妻双方生前共同财产制已经终止，则没有必要交付先取的财产利益；但是，为其利益规定先取权的配偶一方，在另一方死亡的情况下，仍可保留此项权利"。这意味着先取权条款仅仅是暂时停止执行。

夫妻双方也可以约定，先取权仅限于因一方死亡而引起共同财产制终止的情形，这样，在夫妻双方生前终止共同财产制的情况下，仍然应当按照平等原则进行财产分割。

指明的一方后去世,在对共同财产进行任何分割之前,准许其先行提取(prélever)一定数额的款项,或者特定的财产实物,或者一定数量的确定种类的财产。

第 1516 条

生存配偶先取财产(le préciput)利益,无论从实质还是从形式,均不视为赠与,而是一项婚姻财产协议(convention de mariage),并且是共同财产制的参与人(entre associés)之间的协议。

第 1517 条

(废止)

第 1518 条

(1985 年 12 月 23 日第 85-1372 号法律)如果在夫妻双方生前共同财产制已经终止,则没有必要交付先取的财产利益;但是,为其利益规定先取权的配偶一方,在另一方死亡的情况下,仍可保留此项权利,(2004 年 5 月 26 日第 2004-439 号法律第 21-6 条)且不妨碍适用第 268 条的规定。享有此项权利的配偶一方可以要求另一方设定保证,用以担保其权利。

第 1519 条

共同财产的债权人始终有权请求出卖包括在生存配偶先取权之内的物品;但生存配偶对共同财产的剩余部分有求偿权。

第五节　不等份额约款

第 1520 条

夫妻双方可以不遵守法律确定的对等分割财产的规定。①

第 1521 条

如果订有条款规定配偶一方或其继承人对共同财产仅享有一定的份额,例如,1/3 或 1/4 份额,由此减少了份额的配偶一方或其继承人,仅按照他们从共同财产的资产中取得的份额的比例,负担共同财产的债务。

如果订立的条款规定,减少了财产份额的配偶一方或其继承人仍应负担高于其所取财产份额的债务数额,或者免除配偶一方负担与其从资产中取得的数额相等的债务,此种协议无效。

第 1522 条及第 1523 条

(废止)

第 1524 条

只能约定在夫妻一方死亡另一方生存的情况下,为指明的一方受益,或者无论哪一方后去世,为后去世的一方受益,将全部共同财产归

---

① 夫妻双方可以不遵守法律确定的对等分割财产的规定。实际上,第 1475 条等条文规定的先取财产也可能构成不等份额分配,包括第 1521 条所指的双方订立的条款,以及第 1524 条规定的"将全部共同财产归属于生存配偶"(clause d'attribution intégrale)并且排除"投入的财产的取回条款"(clause de reprise des apports)。第 1525 条则规定"不等份额的条款以及不等额分配的条款"不妨碍先去世的配偶一方的继承人取回被继承人投入的财产。所谓"投入的财产的取回条款"是指,拟婚夫妻(通常多为女方)在婚姻财产契约中订立条款规定,当夫妻放弃所实行的共同财产制时,将取回其在结婚时或者婚后投入共同财产的全部或部分财产。如果订立"全部共同财产归属于生存配偶"的约款,有可能构成以剥夺其他继承人的继承权为目的的死因处分之意思表示。

属于生存配偶。① 照此方式取得全部共同财产的一方,应当负担偿还全部债务。

也可以约定,在夫妻一方死亡另一方生存的情况下,生存的一方除了取得一半财产外,还对死亡一方应得的另一半财产享有用益权。在此情况下,生存配偶依照第612条所定的规则就用益权负担债务。

如果共同财产制在夫妻二人生前已经终止,前述约定条款适用第1518条之规定。

第1525条

夫妻双方约定在共同财产中所占不等份额的条款以及不等额分配财产的条款,无论从实质还是从形式,均不视为赠与,而是一项婚姻财产协议,并且是共同财产制的参与人之间的协议。

除有相反条款规定外②,前述协议不妨碍先去世的配偶一方的继承人取回被继承人投入共同财产的财产与本金。

---

① 第1524条第一句话的表述排除了夫妻双方生前将共同财产归于其中一方的可能性。该条所指的约款原文为"clause d'attribution intégrale",译为"共同财产全额归属条款",并且如第1525条第1款规定,这种处理不视为赠与,而是"共同财产制的参与人之间的协议",同时第1524条最后一款规定,如果不是第1款开头所指的情况,应当依照第1518条的规定处理。

② 第1525条以及第1516条的规定意味着,依据这些规定产生的利益是无须返还的利益,也就是说,它们属于"婚姻财产利益"(avantages matrimoniaux)。夫妻一方先去世,该方的继承人取回他们的被继承人投入其夫妻共同财产制的财产和资本金(reprise des apports et capitaux),只不过是从共同财产中取回被继承人的财产,而这些财产属于被继承人的遗产的一部分,被继承人可以在其有权处分的数额(quotité disponible,可处分的部分)限度内进行处分。

第六节　概括共同财产制[①]

第 1526 条

夫妻双方可以通过财产契约确定实行概括共同财产制,既包括动产也包括不动产,既包括现有财产也包括将来取得的财产;但是,除另有约款规定外,第 1404 条宣告的依其性质属于特有财产的财产仍然不归入该共同财产之内。

概括共同财产应当最终承担现有的与未来的全部债务。

有关第二章两部分的共同规定

第 1527 条

夫妻一方或另一方从约定的共同财产制的条款中可能获得的利益(avantages),以及因双方的动产或负债相互混同可能产生的利益,均不视为赠与。

(2001 年 12 月 3 日第 2001-1135 号法律第 17 条)但是,在有不是夫妻双方所生的子女的情况下,订立的任何协议产生的后果是给予配偶一方的财产数额超过第 1094-1 条规定的数额的,对于超过的部分,不产生效力;由夫妻双方共同劳动所得产生的单纯盈余以及夫妻各自

[①] 原文为"communauté universelle",也译为"一般共同制""包括共同制",属于约定的普遍共同制。与此相对应,本章前几节规定的共同财产制属于"限制的共同财产制"。依据第 1497 条宣告的夫妻财产契约自由原则,准许拟婚夫妻双方采取一般共同财产制,并且订立条款规定全部财产(将来)归属于其中一人。拟婚双方有前婚所生子女的,不能阻止双方作出的自由选择;至于特留份继承人的权利问题,由第 1527 条规定的减少婚姻财产利益之诉权(action de retranchement)给予保障,而不是诉请撤销有争议的夫妻财产契约。

的收入所剩的节余,即使双方收入不等,仍然不视为是损害前婚所生子女的而给予现配偶的利益。

(2006年6月23日第2006-728号法律第45条)但是,前婚所生的子女,可以按照第929条至第930-1条规定的形式,放弃请求减少(réduction)在生存配偶①死亡之前(继父、母得到的)过多婚姻财产利益(avantages matrimoniaux)。在此情况下,无论有何相反规定,前婚所生子女当然享有第2402条第4点所指的法定抵押权利益,并且可以请求制作动产盘存清册以及不动产状态说明书。

译者简述:第1527条中所说的"利益"(avantages)是指婚姻财产利益(avantages matrimoniauxl),它是一个特定概念,用指夫妻关系存续期间,因夫妻财产制的运作而产生的利益,或者由夫妻双方约定给予生存的一方或指明的一方的财产利益。

婚姻财产利益产生于夫妻双方的约定,诸如:妻一方通过支付补偿金的方式先取(prélever)特定的财产、生存配偶的先取权(le préciput)、对共同财产占有不等份额的条款或不等额分配财产的条款(第1516条、第1525条);第1524条与第1526条准许夫妻在选择实行一般共同财产制时约定将全部共同财产归属于生存配偶。这些情况都属于婚姻财产利益。

以上种种安排,显然会打破夫妻共同财产清算和分割的平等分配原则,但是,法律并不将这种财产利益视为一方对另一方的赠与,而仅仅将其看成是婚姻财产协议,并且是共同财产制参与人之间的协议,因此无须返还。第1527条第1款规定:"夫妻一方或另一方从约定的共同财产制的条款中可能获得的利益(avantages),以及因双方的动产或负债相互混同可能产生的利益,均不视为赠与。"第1516条、第1525条两个条文均特别强调,这种婚姻利益的产生,仅仅属于婚姻财产协议,并且是共同财产制参与人之间的协议。由夫妻双方共同劳动所得的盈余(利润)以及各自收入的节余或积蓄,即使数额不相等,也不能视为是对夫妻一方给予婚姻财产利益并损害另一婚姻所生子女的利益。

但是,现实生活中,如果生父、母中有一人先去世,生存的一方再婚,有可能通过与继

---

① 第2款与第3款所指的情况是:夫妻一方死亡,生存的一方再婚。因此,这里的"生存配偶"仍然是指这些子女的后去世的生父或生母。

母或继父订立的夫妻财产契约,给予再婚配偶过多的利益或者偏心于后婚所生的子女。法国民法对这一问题同样给予了重视。为了保护前婚所生子女的利益,第 1094-1 条对先去世的配偶处分财产确定了限额,处分人在婚姻财产利益的名义下进行的处分需要遵守有关无偿处分的特定规则。如果前婚所生子女的生父或生母死亡之前,继母或继父依照夫妻财产契约的约定条款获得的财产利益超过第 1094-1 条确定的限额,相应情况下,前婚所生子女可以提出特别诉讼请求,此种诉讼称为"婚姻财产利益减少之诉"(action de retranchement, action en réduction)",这是一项专门为不是夫妻二人共同的直系卑血亲规定的诉权。只有在对有前婚所生子女的人的遗产进行清算时,前婚所生的子女才能以(他们对自己的生父或生母的遗产具有)特留份继承人的身份提出此项请求。前一婚姻期间出生的非婚生子女与婚生子女处于相同的地位。已经由现配偶收养的另一方的前婚所生子女不享有此种诉权,因为这时他已不再属于前婚所生子女。

第 1528 条至第 1535 条①

(废止)

第三章　分别财产制

(1965 年 7 月 13 日第 65-570 号法律)

第 1536 条

夫妻双方在订立财产契约时约定实行分别财产制(regime de

---

① 这一部分条款涉及夫妻结婚时约定不设立共同财产的条款,称为"无共同财产制"(régime sans communauté) 或者"排除共同财产制"(régime exclusif de communauté)。但这方面的规定以及 1804 年《民法典》第 1540 条和第 1563 条规定的妆奁制(régime dotal,奁产制)均已废除。在妆奁制里,由女子为分担家事费用负担带给丈夫的财产,俗称嫁妆。现在仍然存在通过夫妻财产契约向妻子或丈夫进行赠与的制度。参见第 1091 条及其后条文。

séparation)的,每一方均保留对个人财产(biens personnels)的管理、收益和自由处分的权利。

夫妻每一方单独负担其本人在结婚之前和婚姻期间产生的债务,但第 220 条规定的情形除外。

第 1537 条

夫妻双方按照财产契约中订立的协议分担家事费用负担;如果双方对此没有任何约定,家事费用负担依照第 214 条确定的比例分别承担。

第 1538 条

夫妻每一方得以任何方式对其配偶或第三人证明自己对某项财产享有独占所有权。

在夫妻财产契约中表述的所有权的推定,对第三人具有效力;如果没有相反约定,此种推定在夫妻相互关系中亦具有效力,但理所当然允许提出相反证据。得以任何方式提出相反证据,证明财产不属于依据推定指名的配偶一方;或者即使财产属于依据推定指名的配偶一方,仍然可以以任何方式证明该财产是由另一方进行的无偿处分所取得。

夫妻任何一方均不能证明其享有独占所有权的财产,属于夫妻共同所有,双方各占一半。

第 1539 条

如果在婚姻期间夫妻一方将个人财产交由另一方管理,适用委托代理规则;但是,在委托书没有强制性明文规定时,受委托的配偶一方可免于报明收益。

第 1540 条

夫妻一方知道另一方对其财产进行管理但并未提出异议的,视管理财产的人获得默示委托;此种委托包括对财产的管理与经营行为,但不包括处分行为。

管理财产的一方，就其管理行为对另一方负受托人之责任，但仅对现有的收益入账；对受托人怠于受领的孳息或者欺诈消费的孳息提出追偿，仅以最近5年内实施的行为为限。

配偶一方不顾另一方确实反对，插手另一方的财产管理事务，应当对其插手管理事务所引起的一切后果负责，并且应将其受领、怠于受领或者欺诈消费的一切孳息全数入账并承担责任。

第 1541 条

夫妻一方对另一方财产的利用或再利用发生的差错（défaut），不负担保责任；但是，如其参与了让与活动或收取款项，或者经证明受领了金钱或者有将金钱转为自己利益之情形除外。

第 1542 条

（1975年7月11日第75-617号法律）夫妻一方死亡、婚姻解消之后，实行分别财产制的夫妻的共有财产的分割、分割的形式、是否维持共有，以及优先分配财产和财产的拍卖、分割的效力、担保及余额等事项，均受"继承"编有关共同继承人之间财产分割的规则约束。

在夫妻离婚或分居以后，亦适用相同规则；但是，并不当然进行优先分配财产；任何情况下，均可决定拖欠的余额全部用现金支付。

第 1543 条

（1985年12月23日第85-1372号法律）第1479条之规定适用于夫妻一方可以对另一方行使的债权。

第 1544 条至第 1568 条

（废止）

第四章　所得参与制①

（1965 年 7 月 13 日第 65-570 号法律）

第 1569 条

夫妻双方声明按照所得参与制结婚的，每一方均保留对个人特有财产的管理、收益和自由处分的权利，无须区分是结婚之日就属其所有的财产还是结婚之后因继承或无偿处分而取得的财产，也无须区分是否属于婚姻期间有偿取得的财产。

在婚姻期间，所得参与财产制的运作，如同夫妻实行分别财产制。在此种财产制终止时，夫妻每一方均有权分享另一方概括财产中经确认属于婚后所得的净财产的一半价值。婚后所得的财产价值，按照原有概括财产与最后概括财产两次评价计算。②

只要夫妻财产制没有终止，分享所得的权利不得转让。如果因配偶一方死亡夫妻财产制终止，该配偶一方的继承人对另一方婚后所得的净财产也享有与他们的被继承人相同的权利。

---

① "所得参与制"（régime de participation aux acquêts），也译为"所得共享制"或"所得分享制"，属于夫妻共同财产混合制。第 1569 条的规定是对该财产制的定义。所得参与制中的所得（acquêts）指夫妻每一方在婚姻期间实现的财产增加价值，也就是结婚时原有的概括财产与最后的概括财产两者之间的差额。配偶双方相互有权分享对方婚后所得的（财产）价值，准确地说，这种增加的价值属于婚后净所得（acquêts nets），因此也将这种制度称为"净益共同制"（参见第 1569 条第 2 款）。

② 此处的另一方的财产以及下文的原有财产和最后财产都是指全部财产（patrimoine，概括财产）。

第 1570 条

（1985 年 12 月 23 日第 85-1372 号法律）夫妻双方各自的原有概括财产包括：结婚之日属于各方的财产，结婚以后因继承和无偿处分所得的财产，以及在法定共同财产制下依其性质属于无须给予补偿的特有财产。不考虑这些财产的孳息以及其中具有孳息性质的财产或者夫妻一方在婚姻期间通过生前赠与形式已经处分的财产。

原有概括财产的具体构成内容，以配偶另一方在场时制作的并经其签字的详细清册为见证；财产清册即使是采用私署证书的形式，亦可。

在没有财产清册或者财产清册不完整的情况下，有关原有概括财产的组成内容的证据，只能依第 1402 条所指的方法提出。

第 1571 条

（1985 年 12 月 23 日第 85-1372 号法律）原有的各项财产的价值，按照结婚之日或取得财产时的状况以及夫妻财产制清算时财产的价值进行评估；已经转让的财产，按照转让之日的价值计算；如果被转让的财产已由新的财产替代，按新财产的价值计算。

原有财产的资产中应当扣除其负担的债务，如有必要，应当按照第 1469 条第 3 款所定的规则对债务重新进行评估。如果负债超过资产的价值，超过的部分虚拟计入最后概括财产。

第 1572 条

在夫妻财产制终止之日属于一方的全部财产，构成其最后概括财产，其中包括相应情况下已经进行死因处分的财产，并且不排除其作为配偶的债权人应当收取的款项；如果夫妻离婚、分居或者提前对婚后所得进行清算，夫妻财产制视为在提出相应请求之日终止。

最后概括财产的各项组成要素，依详细的登记清册作为证明，甚至可以用私立的登记簿册作为证明。财产登记清册应当由夫妻一方或其继承人在另一方或其继承人在场或者按规定传唤他们到场时作成。财产登记清册应当在夫妻财产制终止后9个月内制作完成,法院院长依申请作出裁定(2019年7月17日第2019-738号授权法令废止"以紧急审理形式作出裁判")决定延长期限的除外。

关于最后概括财产中可能应当包括其他财产的证据,得以各种方式提出,甚至通过证人作证或者依推定证明之。

夫妻每一方均可要求依照《民事诉讼法典》确定的规则,在对方的财产上加贴封签,进行盘存。

第1573条

(1985年12月23日第85-1372号法律)夫妻一方未经另一方同意,以生前赠与方式处分的财产,只要没有记入其原有概括财产,以及欺诈转让的财产,均虚拟计入其现存财产(biens existants);以负担终身定期金为条件或者采取放弃本金、收取较高利息的方式转让的财产,如果配偶一方并未同意此种转让,均推定是诈害配偶权益而为。

第1574条

(1985年12月23日第85-1372号法律)按照夫妻财产制终止之日财产的状况以及财产制清算之日财产的价值,对现有财产进行评估。已经通过生前赠与方式转让的财产,或者欺诈配偶的权益转让的财产,按照转让之日财产所处的状况,以及如果该财产得到保存,按其在清算之日应有的价值计算。

按照以上方式重新组成的资产,应当扣除全部尚未清偿的债务,其中包括可能拖欠配偶一方的款项。

夫妻一方在夫妻财产制终止之前未经另一方同意于婚姻期间对另一方提供的财产进行的改善,应当按照财产转让之日的价值增加到他的最后概括财产之内。

第 1575 条

如果夫妻一方的最后概括财产少于其原有概括财产,短少的部分全部由该方承担。

如果夫妻一方的最后概括财产超过其原有概括财产,增加的部分属于所得净财产(acquêts nets),并由夫妻双方分享之。

如果夫妻一方或另一方有取得的净财产,首先应将其用于对各方的补偿,剩余的部分再由夫妻双方分享:少得利益的一方,就该剩余部分的一半,对他方为债权人。

为适用相同规则,夫妻一方由于在婚姻期间提供的价值和其他补偿金因而作为其配偶的债权人的款项,相应情况下在扣除其对配偶的欠款之后,也计入夫妻双方的分享性债权。

第 1576 条

(由所得参与制产生的)分享性债权(créance de participation)用金钱清偿。如果作为债务人的配偶一方自财产清算终结之后遇到严重困难,不能全数清偿其债务时,法官可以给予该方宽限期,但宽限期不得超过 5 年。该方应提供担保,并支付利息。

但是,如果作为债务人的配偶一方能够证明其有严重困难,不能用金钱清偿债务时,经夫妻双方同意,或者依据法官的裁判,可以用实物结清分享性债权。

如果分配的财产并未包括在原有概括财产之内,或者受财产分配的配偶一方后来继承他方的遗产,前款所指的用实物结算,应当视为财产的分割活动。

财产清算,对夫妻双方的债权人不具有对抗效力;对于分配给他们的债务人的配偶的财产,债权人保留扣押的权利。

第 1577 条

（1985 年 12 月 23 日第 85-1372 号法律）作为债权人的配偶一方，就其享有的参与性债权，首先应当就（债务人的）现有财产进行追偿；如果仍然有剩余部分，自最后转让的财产开始，对通过生前赠与或者诈害配偶权益的方式转让的第 1573 条所指的财产实行追偿。

第 1578 条

在夫妻财产制终止时，如果双方当事人对于按照协议进行清算达不成一致意见，任何一方均可请求法院裁判进行财产清算。

有关实现遗产与共同财产的裁判分割的各项规则，理所当然适用于此种请求。

双方当事人应当相互通报并向法官报送有益于进行财产清算的一切文件与材料。

有关财产清算的诉讼，时效期间为 3 年，自夫妻财产制终止时计算；依照（2016 年 2 月 10 日第 2016-131 号授权法令）第 1341-2 条的规定开始的对第三人的诉讼，时效期间为 2 年，自清算终结起计算。

第 1579 条

如果采用第 1571 条与第 1574 条所指的评估规则对财产价值进行评估将明显导致不公平结果，法院应夫妻一方的请求，可以不采用此种规则。

第 1580 条

如果夫妻一方理财混乱、管理不善或行为不当，有理由担心继续保持夫妻财产制将危害另一方的利益时，另一方可以请求提前对其可以享有的参与性债权进行清算。

有关分别财产的规则适用于此种请求。

在此种请求得到法院接受时，夫妻双方受第 1536 条至第 1541 条所规定的财产制的约束。

第1581条

夫妻双方在订立婚后所得参与制的条款时,可以采用与第1387条、第1388条与第1389条不相抵触的任何条款。

夫妻双方尤其可以约定不对等分割财产的条款,或者订立条款规定在夫妻一方死亡后,生存的一方,或者其中指明的一方如果后去世,对他方在婚后所得的净财产之全部享有权利。

夫妻双方也可以约定,在进行财产清算时,一方对另一方享有分享性债权,如果证明其有根本利益请求将配偶的某一特定财产分配给自己,可以要求其配偶用该特定财产进行代物清偿。

第六编 买 卖

第一章 买卖的性质与形式

第 1582 条

买卖是一方负担义务向他方交付某物,他方支付该物价金的协议(convention,合意)。

买卖得以公署文书或私署文书为之。

第 1583 条

当事人一经就物和价金达成合意,买卖完全成立,买受人从法律上对出卖人取得所有权(la propritété est acquise),即使物尚未交付,价金未予支付,亦同。

> **译者简述**:买卖是典型的诺成合同,诺成主义(consensualisme)是原则,各方当事人的同意(买卖)不受任何形式条件约束:买卖的成立无须考虑物的交付方式。价金的支付方式或支付条件,对于买卖的成立而言,是无须考虑的要件。除有相反规定或约定外,自买卖双方当事人对买卖标的物及其价金交换同意意思、达成合意之时,买卖之物的所有权即告转移。
>
> 但第1583条的规定具有补充性质:在合同中是否规定"只有经过确定的期限、履行一定条件或者按照规定办理要求的各项手续之后",出卖之物的所有权才能转移给买受人,这些问题都由双方当事人自行约定;第1583条关于出卖物的所有权转移的时间的规定,不具有公共秩序性质。买卖的双方当事人可以不按照本条的规定,自行约定他们进

行的买卖的条件。

　　第 1583 条的规定既体现了买卖合同的诺成性质。一般认为,也体现了法国民法规定的债权变动模式,即所谓债权意思主义:当事人的意思表示直接引起物权变动。但是,对于不动产,法国民法采取登记对抗主义:不动产物权变动,只要没有进行登记公示,不能对抗第三人。参见第 1601-2 条、第 1601-3 条等。

第 1584 条

　　买卖可以不附任何条件,或者附停止条件或解除条件。

　　买卖得以两个或数个可以相互替代之物为标的。

　　各种情形,买卖的效力,均依合同一般原则确定。

第 1585 条

　　商品不是按批或按份出售,而是按重量、数量或长度出售时,至其称出重量、计算数目或者量出长度之前,买卖不为完全成立,在此意义上,出卖之物(les choses vendues)仍由出卖人承担风险,但是,在承诺的义务不履行的情况下,如有必要,买受人得请求交付标的物,或者请求损害赔偿。

第 1586 条

　　反之,如果商品是按批或者按份出售,即使尚未称出重量、计算数量或量出长度,买卖亦完全成立。

第 1587 条

　　酒类、油类或者习惯上在购买之前事先品尝的其他之物,在买受人尚未品尝并同意购买之前,买卖不成立。

第 1588 条

　　所有场合,试用之后再决定的买卖,推定附停止条件。

第 1589 条

买卖预约，在双方当事人对物和价金已相互同意（consentement réciproque）时，等于买卖。

（1930年6月30日法律）买卖预约如果涉及已分块或待分块出售的土地，对预约的接受，以及由此产生的合同，依支付部分价金以及对地产取得占有而确立，无论这种部分价金支付取何种名称。

合同订立的日期，即使事后填写，均为第一次支付部分款项之日。

> **译者简述：** "买卖预约"，原文为"prommesse de vente"，直译为"出卖预约"，有时也称为"compromis de vente"。法国法律中的"预约"包括单方预约（promesse unilateral）和双方预约（prommesse synallagmatique）。法国《民法典》第 1589 条第 1 款规定，在当事人就物与价金相互同意、取得合意时买卖成立。"双方的买卖预约等于买卖合同"，但在法律规定本约的最后签订需要得到行政许可或者需要公司股东作出集体决定，或者需要制作公证文书的情况下，签字人需要确定随后在履行一项或多项手续时将要遵守的规则。预约通常可以包含"撤回条款"（clause de rétractation），即所谓撤回权（droit de rétractation）。预约可以规定附停止条件或中止条件的条款。很多合同都可以事先签订预约，例如租约或租赁合同，营业资产的买卖合同，航空器或船舶的买卖合同，等等。
>
> 在法语中，"vente"一词的本义是"卖"，但通常译为"买卖"。法国《民法典》的许多条文有关"买卖"的规定侧重于使用"vente"（卖）一词，但第二章的标题为"Qui peut acheter ou vendre"，明确使用了"acheter"与"vendre"两个词，直接翻译应为"可以进行购买或卖出的人"，第三章的标题则为"Des choses qui peuvent être vendues"，直接翻译应为"可以出卖之物"。

第 1589-1 条

（2000年12月13日第2000-1208号法律第72-3条）凡是为了取得某宗不动产财产或不动产权利而作出的单方承诺，如果要求义务承担人交纳款项或收取款项,不论原因及形式如何,均以无效论处。

第 1589-2 条①

（2005年12月7日第2005-1512号法律第24-1-2条）任何单方的买卖预约,凡是涉及不动产、不动产权利、营业资产以及对不动产的整体或其中一部分的租约权或者《税收总法典》第728条与第1655-3条所指的公司证券的,如果没有经公署文书确认,或者没有用预约受益人在接受预约起10日期限之内登记的私署文书确认,一律无效且不产生任何效力;上述预约的任何转让,如果没有用公署文书或者没有在相同期限内用登记的私署文书确认,同样无效。

第 1590 条

付定金订立的买卖预约,缔约当事人任何一方均可抛弃之:

——支付定金者,抛弃定金;

——收受定金者,双倍返还其收受的定金。

第 1591 条

买卖的价金应当由双方当事人确定并指明。

第 1592 条

但是,买卖的价金也可以交由第三人评判（2019年7月19日第2019-744号法律废止"交由第三人进行仲裁"）;如第三人不愿意或者不能作出评判,买卖不成立。

第 1593 条

有关买卖的文书费用和其他附属费用,由买受人负担。

---

① 这一条文出自1963年12月19日法律第7条,是在《税收总法典》第1840A条增加的条文。

第二章　得为买卖之人

第1594条

凡未受到法律禁止进行买卖的人,均可买受或卖出。

第1595条

(1985年12月23日第85-1372号法律第35条废止)

第1596条

下列之人,不得自己或者通过中间人,成为下列财产的竞价买受人,否则,竞价买受无效:

——监护人,对受其监护之人的财产;

——受托人(代理人),对其受委托出卖的财产;

——财产管理人,对托付其照管的市镇行政区或公共机构的财产;

——公务助理人员,对因其职权,经其买卖的国家财产;

——财产托管人对组成交由其托管的概括财产的各项财产或权利。

第1597条

法官、代理法官、行使检察院职责的司法官、法院书记员、执达员、上诉法院诉讼代理人、辩护人(律师)以及公证人,不得成为属于其履行职务的辖区内的法院管辖权限的诉讼、有争议的权益与诉权的受让人,否则,受让无效。

第三章 得予买卖之物

第 1598 条

凡是可以进行商事交易的物①,特别法不禁止出让的,均得买卖之。

第 1599 条

出卖他人之物无效;在买受人不知物属他人时,出卖他人之物得产生损害赔偿。

第 1600 条

(2001年12月3日第2001-1135号法律废止)

第1600条原条文:生存的人将来留下的遗产,即使经其同意,亦不得买卖。

第 1601 条

如果在买卖进行时,出卖之物已全部灭失的,买卖无效。

如果出卖之物仅部分灭失,买受人可以选择:或者放弃买卖,或者请求经分别评估确定尚存之部分的价金后,买受该物的尚存部分。

---

① 原文为"tout ce qui est dans le commerce",意为"准许作为商业交易之标的的一切",均可作为买卖标的。法国《民法典》原第1128条规定:"得为契约标的者,以许可交易之物为限。"

第三章(二)　待建不动产①的买卖

(1967年7月7日第67-547号法律)

第1601-1条

(1967年7月7日第67-547号法律)待建不动产的买卖是指,出卖人承担义务,按照合同规定的期限建筑一宗不动产的买卖。

待建不动产的买卖,可以是期房买卖,或者是按照逐步完工状态进行的买卖。

第1601-2条

(1967年7月7日第67-547号法律)期房买卖是指,出卖人承担义务,在不动产完工时交付该不动产,买受人承担义务,在交付之日受领该不动产并支付价金的合同。不动产的所有权转移,依公证文书确认不动产完工时当然发生。所有权转移的效力追溯至买卖成立之日。

第1601-3条

(1967年1月3日第67-3号法律)按逐步完工状态买卖待建不动产是指,出卖人将其对地基的权益与现存建筑的所有权立即转移给买受人的合同。

待建工程随其逐步完工,逐步成为买受人的财产;取得该不动产的人有义务按照工程施工的进度支付价金。

---

① "la vente d'immeuble à construire"是指建房销售(期房买卖)。法国土地制度与我国不同,买卖独栋房屋同时涉及土地。

直至工程验收为止,出卖人保有工程业主的权利。

第 1601-4 条

(1967 年 7 月 7 日第 67-547 号法律)取得不动产的人转让其在待建不动产的买卖中享有的权益,当然由受让人取代转让人对不动产的出卖人负担的债务。

如果买卖附有委托代理,该项委托在出卖人与受让人之间继续存在。

以上规定,适用于当事人生前自愿或者被迫进行的(不动产)所有权的任何变更,或者适用于因当事人死亡发生的所有权的变更。

第四章　出卖人的义务

第一节　一般规定

第 1602 条

出卖人应当清楚说明其承担哪些义务。

任何隐晦或含糊不清的条款,均作不利于出卖人的解释。

第 1603 条

出卖人有两项主要义务:交付其出卖之物以及对其出卖之物负担保义务。

第二节 交 付

第 1604 条

交付（la délivrance）是将出卖物转移给买受人支配（en la puissance）和占有。

第 1605 条

涉及建筑物①的买卖时，出卖人交钥匙或交付所有权证书，即是履行交付不动产的义务。

第 1606 条

动产物品的交付，依下列方式进行：

——（2009 年 5 月 12 日第 2009-526 号法律第 10 条）物的移交（remise de la chose，此前的用语为"tradition rélle"，译为"实物移交"或"现实移交"）；

——或者，移交存放该动产物品的建筑物的钥匙；

——或者，如果在买卖当时不能搬运，或者买受人依另一名义已经掌管这些动产，仅需各当事人同意，即属进行交付。

第 1607 条

无形权利的交割（tradition），以移交（la remise）权利证书为之，或者由权利取得人经出卖人同意使用此项权利。

---

① 第 1605 条明确指明了"bâtiment"（建筑物），同时也使用了"immeuble"（建筑物、不动产）。（在法国）交付所有权证书既涉及建筑物也涉及地产，但这里的证书，并非房产证或土地所有权证。

第 1608 条

交付（délivrance）动产引起的费用由出卖人负担，提取动产引起的费用由买受人负担，有相反条款约定的除外。

第 1609 条

应当在买卖时标的物所在地点进行交付，另有约定的除外。

第 1610 条

如果出卖人在双方当事人约定的时间内未能进行交付，且迟延的原因完全是由出卖人单方造成时，买受人可以选择，或者要求解除买卖，或者要求对标的物实行占有。

第 1611 条

所有情况下，如果在约定的期限到期时未进行交付，致使买受人遭到损失的，出卖人应被判负担损害赔偿。

第 1612 条

如果买受人不支付物的价金，且出卖人并未同意给予支付宽限期的，出卖人没有交付标的物的义务。

第 1613 条

即使出卖人已同意延期支付价金，但如果在买卖成立以后，买受人因资不抵债或者无支付能力，使出卖人面临丧失价金之危险的，出卖人也不负交付义务，买受人提供到期支付价金之保证的除外。

第 1614 条

标的物应当按买卖时所处的状态交付。

自该日起，标的物产生的所有孳息属于买受人。

第 1615 条

交付标的物的义务包括交付其从物以及旨在能够长久使用该物所

需的一切物件。

第 1616 条

出卖人有义务按照合同规定的面积(contenance)进行交付,但以下表述的限制情形除外。

第 1617 条

如果是依据确定的度量单位①指明的面积进行不动产买卖,在买受人有此要求时,出卖人有义务按照合同指明的面积向买受人进行交付。

但是,如果出卖人不可能按照合同指明的面积交付不动产,或者买受人没有提出要求,出卖人应当接受按比例减少价金。

第 1618 条

反之,在前条所指情况下,不动产的面积超过合同表述的面积时,买受人可以选择:或者支付超过部分的价金,或者在超过合同原定面积的 1/20 时,取消原订的合同。

第 1619 条

在其他所有情况下:

——或者买卖是以限定的特定物体为标的;

——或者以分开的不同的土地为标的;

——或者在买卖之前先对标的物进行度量,或在标的物指定以后再进行度量,经度量的结果,实际数量与合同表述的数量有出入时,即使相对于出卖物的总价额而言,相差数额多出或短少 1/20,对于多出的部分,无须向出卖人增付价金;对于短少的部分,买受人亦不得请求减付价金;双方另有约定的除外。

---

① 按建筑面积、套内面积、使用面积等不同方式进行的不动产买卖。

第 1620 条

在依前条规定实际度量的数量超出合同原定的数量，因而有必要增加价金的情况下，不动产买受人可以选择：或者自行取消合同，或者提供追加的价金，并且如果买受人已经保留不动产，还应当支付追加的价金的利息。

第 1621 条

在买受人有权取消合同的所有情况下，出卖人除应当向买受人返还已经收取的价金外，如其收取了合同费用，亦应予返还。

第 1622 条

出卖人请求追加价金的诉讼以及买受人请求减少价金或取消合同的诉讼，应自合同成立之日起 1 年内提起，否则丧失权利。

第 1623 条

如果用同一份合同、单一的共同价金出卖两块土地，并且合同中指明每一块土地的面积，但在实际丈量之后，其中一块土地的面积少于合同写明的面积，而另一块土地的面积超出合同载明的面积，可以在相应的限度内进行抵销。有关追加价金或减少价金的诉讼，只能按照以上各条所定的规则提起。

第 1624 条

关于在交付之前标的物灭失或损坏的责任应当由出卖人负担还是由买受人负担的问题，依（原）"契约或合意之债的一般规定"编所定的规则处理。

第三节 担　保

第 1625 条

出卖人应当向买受人负担的担保①目的有二：担保买受人平静占有买卖之物，担保出卖之物没有隐蔽瑕疵或可据以解除合同的瑕疵。

第一目　标的物被追夺情况下的担保

第 1626 条

即使在买卖之当时没有关于担保的任何约定，出卖人仍受强制当然对买受人负有义务，担保其买受之物不会全部或部分被追夺，或者担保买受人不承受在买卖时并未向其申明的、可能对该物主张的负担。

第 1627 条

当事人可以通过特别协议约定增加出卖人负担的此项当然义务的效力，或者减少其效力；当事人甚至可以约定出卖人不负任何担保义务。

第 1628 条

即使约定出卖人不负任何担保义务，出卖人对属于其个人行为引起的担保仍应承担义务，任何相反约定均无效。

第 1629 条

在订立条款约定出卖人不负担保义务的情况下，如其出卖之物被

---

① 本节规定出卖人应当向买受人负担的担保分别为"权利瑕疵担保"与"标的物不受追夺担保"。出卖人应当保证其出卖的标的物的权利完整有效，同时担保权利完整转移，没有第三人可能对标的物主张任何权利，也就是说，应当担保标的物不被第三人主张权利或追夺。如果发生第三人主张权利的情形，出卖人负有义务证明第三人无权主张任何权利；如果第三人有权向买受人追夺标的物，出卖人应负赔偿责任。

(第三人)追夺,出卖人有义务返还出卖物的价金,但是,如果买受人在进行买卖之当时就知道其买受之物有被追夺的危险,或者约定(此种情况)由买受人自负风险,不在此限。

第 1630 条

在出卖人已经承诺担保,或者对此没有作出任何约定时,如果买受人买受之物被追夺,买受人有权向出卖人请求:

1. 返还价金;

2. 在买受人已负担义务向行使追夺权的所有权人交还物的孳息时,由出卖人向买受人偿还此种孳息;

3. 买受人提起请求出卖人履行担保义务之诉讼引起的费用,以及追夺该财产的原诉讼的原告所支付的费用;

4. 损害赔偿以及合同的正当费用和支出。

第 1631 条

在买受物被追夺时间里,由于买受人疏忽大意或者由于不可抗力性质的意外事件,出卖物因此降低了价值或者受到重大损坏,出卖人仍应负担返还全部价金之义务。

第 1632 条

但是,如果由于买受人所为,致使买受物受到损坏并从中获得利益,出卖人有权从出卖物的价金中扣取与买受人获得的利益相等的款项。

第 1633 条

如果出卖物被追夺时价格有所增加,即使与买受人所为无关,出卖人仍然应当向买受人支付超出原价金的款项。

第 1634 条

买受人买受的不动产被追夺的,出卖人应当向买受人偿还对不动产进行的一切有益的修整和改善的费用,或者由其让行使追夺权的人向买受人进行偿还。

第 1635 条

出卖人如果是恶意出卖他人的不动产,对于买受人在其买受的不动产上设置的一切奢侈设施或消遣设施的费用支出,应负偿还义务。

第 1636 条

买受人虽然只被追夺一部分买受物,但由此引起的结果是,相对于物的整体而言,如果没有这一部分,买受人不可能买受该物时,买受人得请求解除买卖。

第 1637 条

在买受的不动产部分被追夺的情况下,如果买卖并未因此解除,无论买卖的不动产价值是涨是落,被追夺的这一部分的价款,均按照其被追夺时的价格而不按照买卖总价款的比例,由出卖人向买受人偿还。

第 1638 条

如果卖出的土地负担非表见的役权但出卖人并未作声明,而且从此种役权产生的影响足以推断买受人如果事先知道役权的存在便不会购买该土地时,买受人不满足于获得补偿金的,可以请求解除买卖。

第 1639 条

因出卖人不履行买卖合同引起的可以对买受人给予损害赔偿的其他问题,应当按照(原)"契约或合意之债的一般规定"编所定规则处理。

第 1640 条

买受人听任受到终审判决或不得再提起上诉的判决的处罚而没有

通知出卖人参加诉讼,如果出卖人证明其本来有充分理由可以使(针对买受人追还财产的)诉讼请求被驳回时,出卖人担保其出卖之物不受追夺的义务即告停止。

第二目 对出卖物的瑕疵担保

第 1641 条

由于出卖物存在隐蔽瑕疵,致使其不能用于规定的用途,或者造成其在用于本来的用途时,效用有所降低,如果买受人事先知道此种情形可能不会买受该物,或者仅在降低价格之后始予买受的,出卖人应当负担保责任。

译者简述:第二目标题中的"瑕疵",原文为"défaut",意为"缺陷""不足""瑕疵"。"隐蔽瑕疵"原文为"défauts cachés",与"vice caché"同义,但使用较多的是后一术语。

隐蔽瑕疵统指非表见的瑕疵或缺陷,是在订立合同时或者货品交付时,买受人、收货人或者物的承租人仅凭自身的能力或知识难以发现甚至不可能发现的瑕疵,有时甚至需要经过物理、化学检测才能发现的瑕疵或缺陷。出卖人或出租人对标的物的隐蔽瑕疵应当负担保义务,称为"隐蔽瑕疵担保义务"。

以隐蔽瑕疵担保为依据提起的解除买卖合同的诉讼称为"action rédihbitoire",这一术语表述的是由于标的物存在重大缺陷或瑕疵,导致其无法用于正常用途的情况下提起的诉讼的专用名称。第 1644 条规定,在第 1641 与 1643 条所指情况下,买受人可以选择返还其买受之物并要求返还全部价金,或者保留买受之物并要求依鉴定人之公断向其返还部分价金。这种在"因隐蔽瑕疵取消买卖之诉"(action rédihbitoire)与"重新作价之诉"(action estimatoire)两者之间的选择权,只能属于买受人。

第 1642 条

对于买受人本可自行确定存在的表见瑕疵,出卖人不负担保责任。

第 1642-1 条

（2009 年 3 月 25 日第 2009-323 号法律）待建不动产的出卖人在工程验收之前以及在买受人取得占有之后 1 个月期限内，对于建筑瑕疵（2009 年 3 月 25 日第 2009-323 号法律）或者建筑物表见的不符合要求的缺陷，不得解除其应负的责任。

如果出卖人承担修理义务，没有必要解除合同或降低价金。

第 1643 条

出卖人对隐蔽瑕疵负担保责任，即使他并不知道出卖物存在此种瑕疵，亦同，但是，有约款规定在此情况下出卖人不承担任何责任的除外。

第 1644 条

在第 1641 条与第 1643 条所指情况下，买受人可以选择返还其买受之物并要求返还全部价金，或者保留买受之物并要求依鉴定人之公断向其返还部分价金。

第 1645 条

如果出卖人知道出卖物的瑕疵，除返还其收受的价金外，还应当对买受人负全部损害赔偿责任。

第 1646 条

如果出卖人不知其出卖之物的瑕疵，仅负担向买受人返还价金与偿还因买卖引起的费用的义务

第 1646-1 条

（1978 年 1 月 4 日第 78-12 号法律）待建不动产的出卖人，自工程验收起，负有建筑师、工程承包人或以工程租赁合同与业主有联系的其他人依照本法典第 1792 条、第 1792-1 条、第 1792-2 条以及第 1792-3

条的规定应当承担的义务。该不动产前后相继的所有权人享有此项担保利益。

如果出卖人承担义务,负责赔偿本法典第 1792 条、第 1792-1 条、第 1792-2 条定义的损失,并且负责提供第 1792-3 条所指的担保,无须解除买卖或者减少价金。

第 1647 条

如果有瑕疵的物随后因其质量低劣而灭失,由出卖人承担物的灭失责任,并且应当向买受人返还价金以及上述两条规定的其他赔偿款项。

但是,因偶然事件引起物的灭失,由买受人承受。

第 1648 条

因存在隐蔽瑕疵引起解除买卖的诉讼,应当由买受人(2005 年 2 月 17 日第 2005-136 号授权法令第 3 条)自发现瑕疵之日 2 年期限内提起(原规定为"依据此种瑕疵的性质以及买卖进行地的习惯,在短期限内提起")。

(1967 年 7 月 7 日第 67-547 号法律)在第 1642-1 条所指情形下,应当在出卖人可以对出卖物的瑕疵(2009 年 3 月 25 日第 2009-323 号法律第 109 条)或明显不符合要求之瑕疵不再负责任之日起 1 年内提起诉讼。

第 1649 条

由司法机关裁判进行的买卖不发生此种诉讼。

第五章　买受人的义务

第 1650 条

买受人的主要义务是按照买卖合同规定的日期与地点支付价金。

第 1651 条

如果在买卖成立时对价金的结算没有作出任何规定,买受人应在买受之物交付的时间与地点支付价金。

第 1652 条

以下三种场合,至买卖价金的本金支付为止,买受人应当支付价金的利息:

——如果在买卖时有此约定;

——如果卖出并已交付之物产生孳息或其他收益;

——如果买受人受到支付催告。

最后一种情形,仅自支付催告之日计算利息。

第 1653 条

如果因第三人基于抵押权或追还财产请求权提起诉讼,买受人受到妨害或者有正当理由担心受到此种诉讼的妨害时,可以暂停支付价金,直至出卖人排除此种妨害;但是,如果出卖人愿意提供担保,或者原已订立条款规定,即使买受人受到妨害仍应支付价金的除外。

第 1654 条

如果买受人不支付价金,出卖人得请求解除买卖。

第 1655 条

如果不动产出卖人有丧失出卖之物及价金的危险，可以请求（2009年5月12日第2009-526号法律第10条）立即宣告解除不动产买卖。

如果不存在此种危险，法官可以根据具体情形，给予不动产买受人相应的延期付款期限。

期限经过之后，买受人仍未支付价金的，宣告解除买卖。

第 1656 条

如果在不动产买卖时约定买受人在协议的期限内未支付价金买卖当然解除，只要买受人没有受到支付催告，仍然可以在此期限届满之后进行支付；但是，在买受人受到催告之后，法官不得给予支付期限。

第 1657 条

在买卖食品或动产物品方面，买受人在约定的期限届满仍未受领其买受之物的，为了保护出卖人的利益，可以不经催告，当然解除买卖。

第六章　买卖无效和解除

第 1658 条

除本编规定的买卖无效和解除买卖的原因以及任何协议之无效与解除的共同原因以外，买卖合同得因行使买回权以及价金过分低廉（vileté du prix）而解除。

第一节　买回权[①]

第1659条

买回权(la faculté de rachat)是指,如第1673条规定,出卖人通过返还价金本金并偿还相应款项,保留取回其出卖物之权利的简约(pacte)。

第1660条

约定买回权的期限不得超过5年;约定的期限超过5年的,应当减至5年。

第1661条

确定的期限应当严格遵守,法官不得延长该期限。

第1662条

出卖人在规定的期限内没有行使买回诉权的,买受人成为不可取消的所有权人(propriétaire irrévocable)。

第1663条

约定的期间对任何人均适用,即使对未成年人,亦同;但是,如果未成年人因此遭受损失,可以向其法定代理人请求赔偿。

[①] 本章标题"买卖无效和解除",原文为"de la nullité et de la résolution de la vente",其中"nullité"一词应为"无效"。买回权属于解除(合同的)选择权,行使买回权意味着解除条件成就。在买卖合同订立时规定买回权的约款也可称为"clause de réméré""pacte de rachat"(赎回条款、回购条款,第1664条)。附有买回权的买卖也可以是一种"vente à réméré"(典卖、活卖),但并不都是"典卖"。法国法上的"典卖"是指,出卖人依据赎回简约(pacte de rachat,第1664条),在约定的期限内(不得超过5年,第1660条),向买受人返还价金与费用,并行使取回其出卖之物的选择权利(faculté)的买卖。

第 1664 条

订有买回条款的出卖人,可以对其出卖物被转卖之后的(再)买受人行使诉权,即使在转卖合同中没有关于买回权的声明,亦同。

第 1665 条

在订有买回条款的买卖中,买受人可以行使其出卖人的所有权利;买受人可以对物的真正所有权人以及对主张在出卖之物上享有权利或抵押权的人主张时效。

第 1666 条

出卖人的债权人主张权利时,买受人有权要求债权人首先向出卖人追偿(bénéfice de discussion)①。

第 1667 条

如果仅对某宗不动产的共有部分订有买回权条款,在针对该财产的买受人要求进行的拍卖中,该买受人又成为该宗不动产之全部的竞价买受人时,出卖人如果打算利用订立的买回条款,买受人可以要求出卖人买回该不动产之全部。

第 1668 条

如果数人用同一项合同共同卖出他们共有的不动产,每一个人仅能就各自所有的部分行使买回诉权(action en rachat)。

---

① 原文为"bénéfice de discussion",译为"先诉抗辩权",是给予受到履行债务请求的人要求债权人首先就主债务人的财产进行追偿的权利,这与担保法中规定的普通保证人享有的此种权利相似。如果涉及扣押程序,则是指要求债权人首先扣押与变卖债务人的财产。"bénéfice de discussion"与附目第 1203 条所指的"分割或分诉抗辩权"(bénéfice de division)相对应。"分割抗辩权"源自罗马法的"beneficium divisionis",这一特定概念有不同译称:"分担利益""分别利益""诉权划分照顾""分别求偿抗辩利益"。参见附目第 2303 条关于共同保证人的规定。

第 1669 条

单独一人卖出某宗不动产的出卖人如果有多名继承人,亦适用前条之规定。

每一个共同继承人仅能对其个人自遗产中受领的部分行使买回权(faculté de rachat)。

第 1670 条

但是,在前两条所指情况下,买受人可以要求通知全体共同出卖人或共同继承人参加诉讼,以便在他们之间达成买回不动产之全部的协议;如果达不成协议,买回财产的诉讼请求(demande)予以驳回。

第 1671 条

一宗不动产属于数人所有但不是由该数人共同出卖该不动产整体,而是由各人出卖各自所有的部分时,各出卖人可以分别就属其所有的部分行使买回诉权;并且不得强迫按此方式行使买回权的人买回整个不动产。

第 1672 条

如果买受人有数名继承人,在买卖之物仍然处于共有状况以及在诸继承人之间已经进行份额分割的情况下,对买受人的每一个继承人,只能就他们各自所占的部分行使买回诉权。

如果遗产已经进行分割,并且买卖之物全部归入继承人之一的分配份之内,可以对该继承人就物之全部行使买回诉权。

第 1673 条

运用买回条款的出卖人,除应当偿还原价款的本金外,还应偿还因买卖引起的各项费用和正当的手续费用、必要的修整费以及增加了不动产(fonds)价值的修缮费用,但以其价值增加的部分为限。出卖人只有在完全履行上述义务之后,才能对其买回之物实行占有。

(1959年1月7日第59-71号授权法令)在出卖人依买回条款的效力重新受领不动产时,如果买受人用该不动产设立了负担和抵押权,只要原订的买回权条款在(2010年6月10日第2010-638号授权法令第11条)抵押权登记档案(fichier immobilier)上符合规定进行的公示先于这些负担与抵押权的公示,那么,出卖人取回不动产时对这些负担与抵押权不负责任;但出卖人应当履行买受人在没有欺诈的情况下订立的租赁合同。①

第二节　因显失公平之原因取消买卖

第 1674 条

如果出卖人②受到的损失超过不动产价金的 7/12,买卖显失公平时,有权请求取消该不动产的买卖(la rescision de la vente),即使其在合同中明文表示抛弃请求取消买卖的选择权以及申明将超过部分的价值作为赠与,亦同。

第 1675 条

为了认定是否因显失公平,受到的损失超过 7/12,应当按照不动产买卖时的状况和价值进行评价。

(1949年11月28日第49-1509号法律)在买卖预约是由单方提出的情况下,因价格过低受到的损失,应当按照实现买卖之日的情形进行

---

① 仍然属于"买卖不破租赁"规则,第1744条等规定了例外处理。
② 依第1674条规定,只有在不动产的出卖人因过低价格遭受损失达7/12,买卖显失公平时,才能发生以显失公平之原因取消买卖的请求权;第1683条明确规定"不为买受人的利益发生因显失公平取消买卖",也就是说,买受人不得主张因买价过高取消买卖。另见第1684条的规定。

评价。

第 1676 条

自买卖之日起2年期限届满，以显失公平之原因请求取消买卖的，不再受理。

（2018年8月3日第2018-703号法律废止："这一期限也适用于已婚妇女、失踪者、受监护的成年人以及继承成年出卖人权利的未成年人。"）

在对买回条款规定的期间内，前述期限不停止计算。

第 1677 条

只有在列举的事实足够真实、足够严重，可以推定存在显失公平情形时，有关显失公平的证据才能得到法院判决承认。

第 1678 条

只有由三名鉴定人提交报告，才能提出此种证据。三名鉴定人应当作成一份共同的鉴定笔录，并且仅能按照多数赞成的结果表明一种意见。

第 1679 条

鉴定人之间有不同意见时，作成的鉴定笔录应当载明理由，但不得写明每一个鉴定人持何种意见。

第 1680 条

三名鉴定人（由法院）依职权任命；但如果诸当事人对共同任命三名鉴定人达成一致意见，不在此限。

第 1681 条

在因显失公平取消买卖之诉（action en réscision）得到支持的情况下，买受人可以选择：或者返回其买受之物并收回已经支付的价金，或者保留买受的不动产,并在减少总价金的 1/10 以后,支付按照合理的价格计算的补充款项。

物的占有第三人亦有相同权利,但要求出卖人提供担保的权利除外。

第 1682 条

买受人如果宁愿按照前条的规定追加款项、保留其买受之物,应当负担自取消买卖的请求提出之日追加的款项产生的利息。

买受人如果宁愿返还原物、收回价金,应当返还自取消买卖的请求提出之日该财产产生的孳息。

买受人已支付的价金产生的利息,也自上述同一请求之日计算,或者如果买受人并未受领财产的任何孳息,自价金支付之日计算。

第 1683 条

不为买受人的利益发生因显失公平取消买卖。

第 1684 条

凡是按照法律规定只有经法院批准才能进行的买卖,均不发生因显失公平而取消。

第 1685 条

关于行使取消买卖之诉权,同样应当遵守前一节对数人共同或分开进行的买卖,以及就出卖人或买受人有数名继承人的情况所确定的规则。

第七章 拍 卖①

第 1686 条

在数人共同之物不能方便无损地进行分割,或者在协议分割共同财产的情况下,如果任何一个共同分割人均不能或者不愿受领其中的某些财产,买卖以公开竞价拍卖的方式进行;拍卖所得的价金在共同所有权人之间分配。

第 1687 条

每一共同所有权人②均可自主召唤第三人参加拍卖;如果共同所有权人之一是未成年人,必须召唤第三人参加拍卖。

第 1688 条

拍卖应当遵守的方式和手续,依"继承"编及"诉讼法典"之规定。

---

① 第七章的标题为"licitation",但其规定的不是一般的财产拍卖,而是指多人共同财产的拍卖,例如,共有不动产的拍卖。依第 1686 条规定:在同一财产上有不能立即行使的多项权利共存的情况下,通过公开竞价或相类似的方法,使这种权利状态或事实状态得到解决,并产生对共同财产的分割或买卖的效力。商事方面有体动产的自愿拍卖由法国《商法典》规定,而动产与不动产的强制拍卖,属于民事强制执行程序,并适用相关规则。

② 依法文概念,与"共有人"(indivisaire)不同,此种共同所有权人称为"copropriétaire"。

第八章　特定的无形权利、继承权益以及系争权利的让渡[1]

（2016年2月10日第2016-131号授权法令第5条第6点）

第1689条

让渡(transport)对第三人的某项（2016年2月10日第2016-131号授权法令第5条第6点废止"债权"并改为）权利或诉权，通过让与人和受让人之间移交权利证书(remise du titre)进行交付(délivrance)。

第1690条

受让人，对于第三人，只有经司法执达员向债务人送达[2]关于让渡权利的通知，才能占有权利；但是，受让人也可依债务人用公署文书接受让渡而占有其受让的权利。

第1691条

如果债务人在收到转让人或者受让人送达有关债权转让的通知之前已经向让与人进行清偿，其所负债务有效解除。

第1692条

（2016年2月10日第2016-131号授权法令废止）

---

[1] 第八章的原标题为"债权与其他无形权利的让渡"。此处的"让渡"，原文为"transport"，与"cession"（转让、让与）同义。依照法国《民法典》，特定的无形权利、继承权益以及系争权利的让渡属于买卖范畴，涉及让与人、受让人和第三人，而第三人通常是让与人的债务人。参见第1321条及随后条文关于债权转让的规定。

[2] 原文为"signification"，是通过司法执达员进行的送达。就转让人与受让人的关系而言，第1690条所说的债务人是第三人。

第 1692 条原条文：债权的买卖或让与，包括该债权的从权利，诸如保证、优先权与抵押权。

第 1693 条

出卖（2016 年 2 月 10 日第 2016-131 号授权法令第 5 条第 6 点）某项无形权利的人①，尽管进行让渡没有担保，仍然应当担保在让渡时该权利的存在。

第 1694 条

（2016 年 2 月 10 日第 2016-131 号授权法令废止）

第 1694 条原条文：出卖债权或其他无形权利的人，仅在约定其承担义务的情况下，才对债务人的清偿能力负担保责任；并且，此种担保责任仅以出卖人出让其权利时所得价金为限。

第 1695 条

（2016 年 2 月 10 日第 2016-131 号授权法令废止）

第 1695 条原条文：出卖债权或其他无形权利的人，允诺担保债务人有清偿能力的，此项允诺仅适用于债务人在转让进行当时有清偿能力，不适用于担保债务人将来有清偿能力，让与人明确约定其对债务人将来的清偿能力也负担保责任的除外。

第 1696 条

出卖（2009 年 5 月 12 日第 2009-526 号法律第 10 条）某项遗产②的人没有详细列出遗产的财产细目的，仅担保其具有继承人的资格。

---

① 这几条的原文中均使用"出卖人"和"出卖"两词替代"转让人"和"转让"。
② 此处原文为"une succession"，意思是"遗产"，可用指被继承人的"遗产整体"，但在第 1696 条中所加的不定冠词"une"，可译为"某项遗产"或"一项遗产"，可用以表示"遗产中的财产"，而不是"出卖遗产整体"。

第1697条

出卖人如果已收取属于遗产的任何不动产的孳息,或者已受领属于遗产的某项债权的款额,或者已经出卖(2009年5月12日第2009-526号法律第10条)遗产(原规定为"其应继份中的某宗不动产")中的某些物件,在进行买卖时如果没有明确保留这些收益,应当将此利益返还买受人。

第1698条

买受人方面应当将出卖人为清偿遗产的债务与负担而支付的款项,以及出卖人以该遗产的债权人的资格应当取得的一切款项,返还给出卖人,有相反约定除外。

第1699条

一项系争权利(droit litigeux)[①]被转让的人,可以向受让人偿还其受让时的实际价金与费用以及正常的手续费,连同自受让人支付向其进行转让的价金之日起计算的利息,以此消灭(其与转让人之间的)诉讼。

---

① 第1699条的规定是所谓"赎回系争权利",指债权人与债务人之间对于发生争议的权利正在进行诉讼,并且债务人在该诉讼中为被告,而债权人已经将此权利转让他人,作为被告的债务人通过向受让人支付第1699条限制列举的几种款项,赎回被债权人转让的权利,并由此终止其与债权人之间涉及该权利的诉讼。这一条文规定的制度,法文为"retrait litigeux"(系争权利或系争标的赎回)。在这一机制中,系争权利的受让人被称为"权利被赎回人"(retrayé),债务人被称为"权利赎回人"(retrayant)。系争权利的赎回权是专属于被告的权利,因此,赎回权人必须是系争权利诉讼中的被告。有争议的权利可以是对人权,也可以是对物权,赎回权人可以是自然人或者法人。只有在权利转让之日债务人和债权人对权利本身或权利实体存在争议,而不仅仅是对行使权利的方式、履行或程序上的困难发生争议时,才能适用第1699条的规定。实践中,在转让人(债权人)将其与债务人发生争议并为此进行诉讼的权利低价转让给他人的情况下,债务人有利益将该权利赎回,因为被债权人转让的权利的价金低于实际价值,债务人按照转让的"实际价金"赎回该权利,不仅可以完全摆脱他此前对债权人的债务,而且还可能有结余的利益,同时诉讼也可终止。

第 1700 条

只要就权利实体发生诉讼与争议,该项权利(原文为"la chose",事情)被视为有争议。

第 1701 条

下列情形,停止适用第 1699 条之规定①:

1. 向被转让的权利的共同继承人或共同所有权人进行转让;
2. 作为清偿对债权人之一的债务向该债权人进行转让;
3. 向作为系争权利标的不动产的占有人进行转让。

第 1701-1 条

(2016 年 2 月 10 日第 2016-131 号授权法令)第 1689 条、第 1691 条与第 1693 条不适用于由第 1321 条至第 1326 条调整的转让。

---

① 第 1701 条规定在三种例外情形下不能行使系争权利的赎回权。

第七编 互 易

第 1702 条

互易是诸当事人相互之间以物换物的合同。

第 1703 条

只需当事人按照与买卖相同的方式达成合意,互易即告进行。

第 1704 条

互易人一方在受领他方向其交付的互易物之后,如果证明他方互易人不是该物的所有人,该互易人一方不受强制交付其允诺的互易之物,但仅应返还其收受之物。

第 1705 条

互易人被追夺其收受的互易物时,可以选择:或者请求赔偿损害,或者请求返还其交付之物。

第 1706 条

在互易合同中,不发生因显失公平请求取消互易。①

第 1707 条

有关买卖合同的其他各项规则,适用于互易。

---

① 参见第 1674 条及随后条款。

第八编 租赁合同

第一章 一般规定

第 1708 条

租赁合同有两种：

——物的租赁（louage des choses）；

——劳动力出租（louage d'ouvrage）。①

第 1709 条

物的租赁是一方当事人承担义务，在一定期间让他方当事人使用某物、获得利益，他方当事人负担义务，支付确定的租金的合同。

第 1710 条

劳动力出租是指一方当事人承担义务，为他方完成某种事务并由该他方向其支付经双方约定的报酬的合同。

第 1711 条

以上两种租赁还可分为数种特别类型：

——房屋租赁与动产租赁被称为"付租金的租约"；

——土地租赁是指农村土地的租赁；

---

① "le contrat de louage d'ouvrage"，现在通常称为承揽合同。参见第 1779 条注释。

——雇佣是指劳务与服务的租赁(雇工);

——牲畜租养是指租养畜类并由所有权人与承租人分享由此获得的利润的合同;

——按确定的价款承揽一项工程的包工、承揽,在材料是由工程定做人提供时,也属于租赁之一种。

后三类租赁,应当遵守特别规则。

第1712条

国家财产、市镇行政区的财产以及公共机构的财产的租赁适用特别规章。

第二章 物的租赁

第1713条

各种动产与不动产均可用于租赁。

第一节 房屋租赁与农产租赁的共同规则

第1714条

(1946年4月13日第46-682号法律)租赁得以书面或口头方式订立租约,但农产租赁适用土地租赁与雇佣佃农之特别规则时,不在此限。

第1715条

不是书面订立的租约,如其尚未执行,在一方当事人否认存在租约时,不论租金如何低微,即使他方认为其已经交纳定金,有关是否存在租约的证据,均不得由证人证明。

在此情况下,仅得要求否认存在租约的一方进行宣誓。

第1716条

在口头租约已经开始执行,租金发生争议又没有任何收据时,如果承租人不肯请求由鉴定人评估,得以财产所有权人的宣誓为准。如果承租人要求由鉴定人进行评估,在评估的租金超过其申明的数额时,鉴定费用由承租人负担。

第1717条

承租人有进行转租(sous-louer),甚至有将租约转让(céder)他人的权利,但租约规定禁止其享有此种权利的除外。

此种权利禁止,得为全部,或仅为其中之部分。

此种条款始终有拘束力。

第1718条

(1965年7月13日第65-570号法律)第595条第2款与第3款有关用益权人订立的租约的规定适用于监护人未经亲属会议批准订立的租约。

第1719条

无须订立任何特别约款规定,出租人依租约的性质负担以下义务:

1. 向承租人交付出租物,(2000年12月13日第2000-1208号法律第187-1条)如果出租的场所是用作主要居住场所,应当提交适当的住房;如果出租的场所不适于居住,出租人不得为了驱逐承租人而主张租约无效或解除租约①;

2. 保持出租物处于能够用于据以订立租约之用途或使用的状态;

---

① 也就是说,出租人不得为了终止租约而寻找此类借口。

3. 保证承租人在承租期间不受妨害地使用、收益；

4. （1946 年 4 月 13 日第 46-682 号法律）以及保证栽种物的持久性和质量。

第 1720 条

出租人有义务交付各方面均处于良好维护状态的出租物。

在租约期间，出租人应当对出租物进行可能有必要的一切修缮，但是，应当由承租人负担修缮的除外。

第 1721 条

出租物存在瑕疵或缺陷，妨害使用的，出租人应当对承租人负担保责任；即使出租人在订立租约时并不知道存在此种瑕疵或缺陷，亦同。

如果因出租物的瑕疵或缺陷给承租人造成某种损失，出租人应负赔偿责任。

第 1722 条

在租赁期间出租物因意外事件全部被毁的，租约当然解除；如果出租物仅部分被毁，承租人可以视情况，或者请求减少租金，或者请求解除租约。此两种情形，均不发生任何赔偿责任。

第 1723 条

出租人在租约期间不得改变出租物的形态（forme）。

第 1724 条

如果在租约期间需要对出租物进行紧急修缮，且此种修缮不能推迟至租约期满后才进行时，不论修缮给承租人带来何种不便，即使承租人在修缮期间被部分剥夺对租赁物的使用，承租人应当承受。

但是，如果此种修缮的延续时间超过 40 天，应当按照承租人被剥夺使用租赁物的时间长短以及被剥夺使用的部分所占的比例，相应减少租金。

如果因修缮致使承租人及其家庭居住的必要场所不能用于居住，承租人可以请求解除租约。

第 1725 条

对于第三人在并不主张对出租物享有任何权利的情况下以粗暴行为给承租人占有、使用租赁物造成的妨害，出租人不负保证义务；承租人应当以其本人的名义对第三人提出排除妨害之诉。

第 1726 条

如果与前述情形相反，由于与不动产的所有权有关的诉讼结果，房屋承租人或土地承租人对租赁物的使用、享益权因此受到妨害时，只要他已经向所有权人告知发生此种妨害，即有权要求按相应比例减少房屋租金或土地租金。

第 1727 条

如果实施粗暴行为的人主张对出租物享有某种权利，或者承租人本人被诉至法院并被判处放弃承租物之全部或其中之部分，或者被判处承受某种役权，承租人应当召唤出租人作为担保人参加诉讼，并且如其提出要求，在指明出租人的姓名并说明其本人是为该出租人而占有出租物之后，脱离该诉讼。

第 1728 条

承租人负有两项主要义务：

1. 以（2014 年 8 月 4 日第 2014-873 号法律第 26 条）合理的（原规定为"以善良家父的态度"）悉心注意并且按照租赁合同规定的目的使用出租物，或者在没有协议约定的情况下，按照具体情形推定的目的使用出租物；

2. 按照约定的期限支付租金。

第 1729 条

（2007 年 3 月 5 日第 2007-297 号法律第 18-1 条）如果承租人不（2014 年 8 月 4 日第 2014-873 号法律第 26 条）合理地（原规定为"不以善良家父的态度"）使用承租物或者将承租物用于规定的用途以外的其他用途或者由此给出租人造成损失的，出租人可以根据具体情节，请求解除租约。

第 1730 条

出租人和承租人之间如已制作出租场所的状态说明书，(在租赁终止时)承租人应当按其接受租赁时出租物的原状将出租物返还给出租人，但因年久破败或不可抗力原因导致出租物灭失或毁坏的情况除外。

第 1731 条

如果没有制作出租场所的状态说明书，推定承租人接受的场所处于修缮完好的可出租状态，因此应当按此原状将其交还出租人，有相反证据的除外。

第 1732 条

承租人应当对承租期间承租物发生的损坏或灭失负赔偿责任；其证明此种损坏或灭失非因其过错造成的除外。

第 1733 条

承租人应当对发生火灾承担责任，但能证明下列情形的除外：
——火灾的发生是由于偶然事件或不可抗力或者建筑物本身的缺陷所造成；
——或者火灾的发生是由于毗邻房屋起火延烧所造成。

第 1734 条

（1883 年 1 月 5 日法律）承租人为数人时，所有承租人均按照各自占有的房屋部分的出租价值的比例，对发生火灾承担责任，但下列情形除外：

——如果能够证明火灾始发于某个承租人的住房之内；在此情况下，仅由该承租人一人承担责任；

——或者如果承租人中一些人证明火灾不是始发于他们的房间；在此情况下，这些承租人不负责任。

第 1735 条

承租人对在其房屋内的人所为或者由他的次承租人所为引起的损坏或灭失，负赔偿责任。

第 1736 条

没有采用书面形式订立的租赁合同，当事人一方只有按照当地习惯确定的期限向他方当事人通知，才能退租。

第 1737 条

采用书面形式订立的租赁合同，至约定的期限届满时当然终止，没有必要进行终止租约的预先通知。

第 1738 条

在书面订立的租约期满之后，承租人仍然留在承租场所或者出租人听任其占用场所的，成立新的租赁；此项租约的效力依照前述有关非书面形式订立的租赁的条文规定。

第 1739 条

在已经送达终止租约的通知之后，承租人即使继续享有租赁物，仍然不得据此主张该租约已默示续订。

第 1740 条

在前两条所指情况下,为租约提供的保证,不扩大至因租期延长而产生的义务。

第 1741 条

租赁合同因出租物灭失以及出租人和承租人不履行各自承诺的义务而解除。

第 1742 条

租赁合同不因出租人或承租人死亡而解除。

第 1743 条

(1946 年 4 月 13 日第 46-682 号法律)如果出租人出卖出租物,买受人不得辞退已订立经过公证的或者规定有确定期日的租赁合同的土地承租人、佃农或房屋承租人。

但是,如果在租赁合同中原已保留此项权利,买受人可以辞退非农业财产的承租人。

第 1744 条

(1945 年 10 月 17 日第 45-2380 号授权法令)如果订立的租赁合同约定在出卖出租物的情况下,买受人可以辞退承租人,且没有就损害赔偿事宜订立任何条款,出租人有义务按以下方式对承租人给予补偿。

第 1745 条

如果出租物是房屋、套房或店铺,出租人以给予损害赔偿的名义,向被解除租约的承租人支付相等于承租人在受到解约通知至其搬出承租场所这一段时间内按当地习惯计算的租金的款项。

第 1746 条

如果出租物是农用地产,出租人应向土地承租人支付的赔偿金为:

按租赁合同规定尚剩的全部租赁时间的 1/3 的租金。

第 1747 条

如果出租物是加工制作企业、工厂或其他需要先期投入大量款项的设备、设施,赔偿金数额通过鉴定人鉴定确定。

第 1748 条

(1945 年 10 月 17 日第 45-2380 号授权法令)出租财产的买受人,欲利用原租赁合同中规定的在出卖出租物的情况下可以辞退承租人的权利时,仍然有义务按照当地习惯遵守有关提前通知的时间,向承租人通知退租。

第 1749 条

(1945 年 10 月 17 日第 45-2380 号授权法令)只要出租人没有向承租人按照以上的规定支付损害赔偿金,不得驱逐承租人;如果出租人不支付损害赔偿金,由租赁物的买受人支付。

第 1750 条

如果租赁合同不是采用公署文书作成,或者没有规定确定的日期,租赁物的买受人不负担任何损害赔偿。

第 1751 条

如果是(1962 年 8 月 4 日第 62-902 号法律)夫妻二人订立的租约,(2014 年 3 月 24 日第 2014-366 号法律第 4 条)不论他们实行何种财产制度,也不论有何相反约定条款,即使租约是在结婚之前订立,或者由订立紧密关系民事协议的两伴侣订立的租约,只要联合提出请求,他们实际用于居住、不具有职业性质或商业性质的场所的租约权(droit au bail)属于夫妻或伴侣双方。

在双方离婚或者分居的情况下,由受理离婚诉讼或分居诉讼的法院根据所涉及的社会利益和家庭利益的具体情况,将此项租约权给予其中一方,但另一方保留获得补偿或赔偿的权利。

（2001年12月3日第2001-1135号法律第14条）在夫妻一方或者订立紧密关系民事协议的两伴侣一方死亡的情况下,作为租约共同持有人的生存配偶对该租约享有独占权利,但明确放弃该权利的除外。

第1751-1条

（2014年3月24日第2014-366号法律第4条）在解除紧密关系民事协议的情况下,伴侣一方可以向管辖租约诉讼的法官提出请求,将两伴侣用于实际居住、不具有职业性质或商业性质的场所的租约权分配给自己,但保留利益于另一方享有的债权或者获得补偿金的权利。出租人受通知参加诉讼。法官考虑双方当事人的社会与家庭利益,对所提请求作出裁判。

第二节　房屋租赁的特别规则

第1752条

房屋承租人不为其租赁的房屋配置足够家具的,可予驱逐,如其提供能够保障租金支付担保除外。

第1753条

房屋的次承租人对房屋所有权人所负的义务,仅以其在受到扣押之当时作为债务人应当交纳的转租租金数额为限,但不得以租金（已经）提前支付（给转租人）作为抗辩。

房屋的次承租人依据租赁合同的条款或当地习惯进行的支付,不视为提前支付。

第 1754 条

如果没有相反的条款约定,承租人应当对租赁物进行的修缮或零星维修,依当地习惯,主要包括下列各项:

——壁炉的炉膛、炉背、炉框及壁炉的台面;

——套房或其他居住场所墙壁下段 1 米高的灰泥粉饰;

——室内的地板砖或铺地石材有破碎的,对此种地板砖或铺地石材的修整;

——门窗的玻璃,但如果是因冰雹或其他承租人不负责任的特殊事故或不可抗力致其破碎的除外;

——门、窗、隔板或店铺的门板、挂钩、插销与门锁。

第 1755 条

被视为应当由承租人进行的任何租赁性质的修缮,如果是因租赁物年久破败或者因不可抗力造成,承租人不予负担。

第 1756 条

水井与方便场所的疏浚,由出租人负担,另有条款约定的除外。

第 1757 条

为整所房屋、整个住所、店铺或者居住套房配备的其他任何家具的租赁期间,按照当地的习惯,视为与上述各场所的通常租赁期间相同。

第 1758 条

带家具出租的套间:

——规定 1 年租金为若干的,租赁期间视为 1 年;

——规定 1 月租金为若干的,租赁期间视为 1 月;

——规定 1 日租金为若干的,租赁期间视为 1 日;

——如果没有任何规定表明租赁期间是按年、月、日计算,按照当地的习惯确定租赁期间。

第 1759 条

如果房屋或套房的承租人在书面租赁合同规定的期限届满后继续占用租赁场所,且出租人没有提出异议,视承租人按照相同条件在当地习惯确定的期限内继续承租该场所,并且只有在按照当地习惯确定的期限内预先进行通知以后,才能让承租人腾退,或者辞退承租人。

第 1760 条

由于承租人的过错租赁合同被解除的情况下,承租人应当负担该场所至其再出租时所需的必要时间的租金,且不妨碍对其滥用权利请求损害赔偿。

第 1761 条

如果没有相反协议,即使出租人申明要收回出租的房屋供其本人使用,仍然不能据此解除租约。

第 1762 条

如果在租赁合同中已有约定出租人可以收回房屋供其本人占用,仍然应当按照当地习惯规定的期限,提前送达终止租约的通知。

第三节 土地租赁的特别规则

第 1763 条

(1946 年 4 月 13 日第 46-682 号法律废止)

第 1764 条

在承租人违反租约的情况下,土地所有权人有权收回其出租的土地的使用、收益权,承租人因不履行租约可以受判决负担损害赔偿。

第 1765 条

如果在土地租约中计算的土地面积大于或小于实际面积,仅在本法典"买卖"编所指的情况下并依该编所定的规则,才能引起土地承租人增加或减少租金。

第 1766 条

如果农用土地的承租人不配备土地耕作所必要的牲畜和用具,或者抛弃耕作,或者不是以善良管理人之注意从事耕种,或者将租赁的土地用于租约规定的用途以外的其他用途,总之,如果承租人不履行租约条款的规定并且对出租人造成损害的,出租人得视具体情形,诉请解除租约。

在因承租人的行为而解除租约的情况下,承租人应当按照第 1764 条的规定负损害赔偿责任。

第 1767 条

农用土地的任何承租人,均应当在租约规定的场所储存收获物。

第 1768 条

在发生侵夺租赁的土地的情况下,农用土地承租人应当通知土地所有权人,否则,应当负担由此引起的一切费用,并负损害赔偿责任。

应当进行前项通知的期限,依照视距离远近进行传唤的规则而定。

第 1769 条

如果租赁合同订定的期限为数年,并且在租赁期间因意外事件造成收成全部损失,或者至少损失 1/2 时,土地承租人可以请求减少租金,已经从此前年份的收成中获得补偿的除外。

如果承租人没有得到补偿,有关减少租金的事由,只能在租约终止时进行评价;在进行评价时,承租人可以在占用土地的所有年份之间相互充抵。

但是，法官得视承租人受到损失的具体情况，先行免除部分租金。

第 1770 条

如果租赁合同订定的期限仅为 1 年，并且当年的收成全部损失或者至少损失 1/2 时，承租人按相应比例免交部分租金。

如果损失部分不到 1/2，承租人不得主张减少租金。

第 1771 条

收获已毕，收获物发生损失的，承租人不能获得租金的任何减免；但是，如果租约规定向土地所有权人支付部分收成的实物，土地所有权人则应当承受损失之一部分；承租人如果已受催告向土地所有权人交付其应当交纳的收获物，对损失之部分，土地所有权人不负责任。

如果在租约订立时就存在可能造成损失的原因，并且承租人知道存在此种原因，承租人也不得诉请减付租金。

第 1772 条

如果租约条款有明文规定，可以根据此种条款由承租人对意外事件承担责任。

第 1773 条

此种条款仅涉及平常的意外事件，例如，冰雹、雷击、霜打或落果。

此种条款不涉及特别的意外事件，例如，战争破坏或者发生水灾，致使乡村受到并非一般的灾害，但是，如果规定承租人对已预见或未预见的所有意外事件均负担责任，不在此限。

第 1774 条

没有采用书面形式订立的农用土地租赁合同，其期限视为承租人能够收获承租的土地的全部果实所需的必要时间。

依此规定，牧场、葡萄园或其他可以当年全部收获果实的土地，租赁期间视为 1 年。

按照轮作或季节划分的可耕土地,租赁期间视为轮作所需的年限。

第 1775 条

(1942 年 7 月 15 日法律)农用土地租约,即使不是采用书面形式订立,仅得以一方当事人在前条规定的期限届满前至少 6 个月用书面形式向另一方当事人提出解除租约的通知,至该期限届满时终止。

如果在上述特别规定的期限内没有进行通知,视为成立新的租赁,其效力依第 1774 条之规定。

书面订立的租约期满之后,如果承租人仍然继续享有租赁物或者出租人听任承租人继续享有出租物,适用前款之规定。

第 1776 条

(1945 年 10 月 17 日第 45-2380 号授权法令废止)

第 1777 条

被解除租约的土地承租人,应当为继续承租该土地、进行耕作的人留下适当的居住房屋以及下一年耕作所需的其他方便条件;与之相对应,续租土地的人,应当为退租人安排适当的房舍并提供其他方便,供其储藏饲料和尚待收取的庄稼、果实。

前述两种场合,均应遵守当地习惯。

第 1778 条

退租人在其开始承租时如果收取了承租开始的当年的禾草与肥料,退租时也应留下当年的禾草与肥料;即使退租人在开始承租时并未收取当年的禾草与肥料,土地所有权人亦可在当年内按照评估的价值让退租人留下这些物料。[①]

[①] 编者在法国《民法典》第 1778 条之后附有关于租赁方面的特别立法规定,其中主要有农产租约、商业租约、居住场所或从事职业用的场所的租约。限于篇幅,从略。

第三章　雇工与劳务

第 1779 条

雇工与劳务①雇佣主要有三种：

1.（2009 年 5 月 12 日第 2009-526 号法律第 10 条）为他人提供劳务的雇工；

2. 负责水陆运送人员（乘客）或货物的雇工；

3.（1967 年 1 月 3 日第 67-3 号法律）因研究设计、工程概算或工程承包，有关建筑设计人员、工程承包人或技术人员的雇佣。

第一节　为他人提供劳务的雇工

第 1780 条

任何人，只能就一定的时间或确定的事务，对他人承担提供劳务的义务。

（1890 年 12 月 27 日法律）雇工，未确定雇佣时间的，始终可以依缔结合同的当事人之一的意愿随时终止。

但是，依缔结合同的一方当事人单方意愿解除合同时，得产生损害赔偿。

---

① 这一表述原文为"contrat de louage d'ouvrage"。法国《民法典》第 1708 条将租赁合同区分为"物的租赁"（le louage de choses），称为租赁合同（le contrat de bail），以及劳动力出租，也称为"louage d'ouvrage"或"le louage d'industrie"，现在通常称为承揽合同（contrat d'entreprise，包工合同）、劳务合同（contrat de service，服务合同），后者属于劳动合同。

为确定应当给予的赔偿金的数额,相应情况下,应当考虑习惯、约定的劳务的性质、已提供劳务的时间、依据退休金的规定扣取的款项以及已经进行的支付,总之,应当考虑能够证明存在损害以及确定所造成的损害范围的各种情形。

各方当事人不得预先抛弃依据以上规定可能请求损害赔偿的权利。

执行前几款的规定可能引起的争议,在提交民事法院与上诉法院受理时,得作为简易案件进行紧急审理裁判。

第1781条

(1868年8月2日法律废止)

第二节　水陆运输劳务合同

第1782条

水陆运输承运人,对交付其托运而保管和照管的物,负有与旅店经营者相同的义务。此种义务依"寄托与讼争物寄托"编的规定。

第1783条

水陆运输承运人不仅对其已经接收并装入车船的货物负有责任,而且对已经交至码头或仓库,等待装车、装船的货物负有责任。

第1784条

水陆运输承运人对交付其托运之物的灭失与毁损承担责任,但其证明物的灭失与毁损是由于意外事件或不可抗力造成的除外。

第1785条

陆路、水路公共运输车辆的承包人应当备置登记簿,对其负责承运的钱款、物品或包裹进行登记。

第1786条

公共运输业车辆与马车的承包人与经理,各种船只的船主,还应受特别规章的约束。

此种特别规章,在他们与其他公民之间具有法律的效力。

第三节 工程承揽与包工

第1787条

约定为他人完成某一工程的,可以约定仅提供劳动或技艺,或者同时提供物料。

第1788条

在承揽人提供物料的情况下,如果物在交付之前不论以何种方式灭失,均由施工承揽人承担责任,但业主已经受到接收物料催告的情形除外。

第1789条

承揽人仅提供劳动或技艺的情况下,如果物料灭失,仅对其过错承担责任。

第1790条

如果前条所指情况在工作物验收之前,并且在业主没有受到催告对工作物进行检查时该物灭失,无论承揽人是否有过错,均不得请求任何工资;但物的灭失是由于材料本身的性质引起的除外。

第1791条

如果工作物本身包括数个部分或者是按度量计算,可以仅对其中一部分进行检查验收;如果业主按照已经完成的工作物部分的比例向工人支付报酬,视其已经支付报酬的整个部分均已通过检查验收。

第1792条

（1978年1月4日第78-12号法律）工程建筑人就工程引起的损害，对工程业主或工程领受人当然负赔偿责任，即使是由土地缺陷影响到工程的坚固性而造成的损害，或者是由于土地缺陷影响到工程之一部分或设备之一部分的坚固性，从而导致工程不能使用的情形，亦应负赔偿责任。

如果工程建筑人证明损害是由外来原因造成的，不负前述责任。

第1792-1条

（1978年1月4日第78-12号法律）下列之人，视为工程的建筑人：

1. 建筑师、工程承包人、技术员或其他依工程承包合同与工程业主有合同关系的人；

2. 在工程完工之后出售其建筑的工程，或者出卖其让他人建筑的工程的人；

3. 虽以工程所有人的代理人的身份行事，但完成类似于工程出租人工作的人。

第1792-2条

（1978年1月4日第78-12号法律）第1792条确立的责任推定，扩大适用于影响到（2005年6月8日第2005-658号授权法令第1条）工程（原规定为"建筑物"）内部部分设备坚固性的损害，但是，仅在这些设备部分与通道、基础、架构、围墙或屋顶工程不可分开地构成一体时，始适用这一推定。

如果不损坏或者不拆毁工程本身的材料，某一设备的构件就无法安装、拆卸或更换时，视其与前款所指的工程、（2005年6月8日第2005-658号授权法令第1条）施工前的准备工程、基础、构架或者顶盖不可分开地构成一体。

第1792-3条

（2005年6月8日第2005-658号授权法令第1条）工程（原规定为"建筑物"）的其他设备构件，应能保证自工程验收起至少2年期限内运转良好。

第1792-4条

（1978年1月4日第78-12号法律）工程、工程之部分的制造人，以及为了在投入使用时能满足事先明确规定的特定要求而设计和生产的各种设备部件的制造人，对第1792条、第1792-2条与第1792-3条规定的工程出租人应当负担的义务负连带责任；但工程的出租人在将工程、工程之部分或设备构件投入使用时，应当遵守制造人所定的规则而不作更改。

为适用本条之规定，下列之人视为制造人：

——进口国外制造的某种工程、工程之一部分以及各种设备部件的人；

——在工程、工程之一部分或设备部件上标示其名称、加贴自己的制造商标或其他区分标记，将工程、工程之一部分或设备部件作为自己制造的产品加以介绍的人。

第1792-4-1条

依照本法典第1792条至第1792-4条的规定可能应当承担责任的任何自然人或法人，自工程验收起经过10年，或者依照第1792-3条规定在该条所指的期限到期之后，不再承担依据第1792条至第1792-2条的规定应当由其承担的责任与担保。

第1792-4-2条

基于影响到工程或第1792条与第1792-2条所指的工程设备部件的损害，针对分包人提起责任诉讼，时效期间为10年，自工程验收起计算;涉及第1792-3条所指的工程设备部件的损害,自工程验收起计算,时效期间为2年。

第1792-4-3条

除第1792-3条、第1792-4-1条与第1792-4-2条规定的诉讼外,针对第1792条与第1792-1条所指的建筑者及其分包人提起责任诉讼,时效期间为10年,自工程验收起计算。

第1792-5条

(1978年1月4日第78-12号法律)合同中订立的任何条款,旨在排除或限制第1792条、第1792-1条、第1792-2条规定的责任,或者旨在排除(1990年12月19日第90-1129号法律)第1792-3条与第1792-6条规定的担保或限制此种担保的范围,或者旨在排除或限制第1792-4条所规定的连带责任的,均视为未予订立。

第1792-6条

(1978年1月4日第78-12号法律)工程验收是指工程的业主声明有保留或无保留地接收工程的行为。工程验收,应最迫切方的请求进行,或者由各方自愿验收,或者在不肯自愿验收的情况下,由法院裁判验收。所有场合,工程验收均应在各方当事人到场时对席作出宣告。工程承揽人,自工程验收之日起1年期限内,对工程的完全完工负担保责任。

此种担保扩大适用于对工程业主在验收笔录中指出的各种不符合要求的情形的修缮,以及在工程验收之后发现并且已经书面通知的各种不符合规定的情形的修缮。

进行修缮所必要的时间,由工程业主与有关的工程承揽人经过协商确定。

在不能协商一致时,或者在确定的期限内没有进行修缮,虽经催告而无结果之后，进行修缮，由不履行义务的承揽人承担费用与风险。

在以完全完工担保的名义下进行的修缮，由双方共同验证；在不能取得共同意见时，由法院裁判确证。

前述担保不扩大适用于因正常使用或消耗磨损而进行的必要的施工。

第 1792-7 条

（2005 年 6 月 8 日第 2005-658 号授权法令第 1 条）专门用于在工程内从事专业活动的设备，包括它们的配件，不视为第 1792 条、第 1792-2 条、第 1792-3 条与第 1792-4 条意义上的设备构件。

第 1793 条

由建筑师或承揽人承担义务，负责按照与地基所有权人协商确定的方案承揽某项建筑工程时，在工程进展过程中，不得以劳动力或材料有所增加为理由，也不得以对原方案有所增改为理由，要求增加任何工程造价款项；但如果与业主协商一致，工程增加或增改得到业主的书面批准的，不在此限。

第 1794 条

工程业主可以随时依其单方面的意愿解除工程承揽合同，即使工程已经开始施工，亦同；但是，应当对工程承揽人在该工程中已经付出的所有费用和所有劳务以及业主可以从已经施工的工程中得到的一切利益给予赔偿。

第 1795 条

工程承揽合同，因工人、建筑师或承揽人死亡而解除。

第 1796 条

但是，工程业主应当按照协议规定的工程造价的比例，将已经施工的部分的工程款以及为工程准备的材料的价款支付至前述之人的遗产之内，但仅以准备的材料和已经完成的工程部分对业主有用为限。

第1797条

工程承揽人对其雇佣的人的行为承担责任。

第1798条

在房屋建筑与其他承揽工程中受雇佣的泥瓦工、木工及其他工人对工程业主的诉权，仅以在提起诉讼时业主对承揽人所负的债务为限。

第1799条

按照约定的价款直接承揽工程的泥瓦工、木工、锁匠或其他工人，应当遵守本节所定的规则；此等工匠对其处理的工程部分（视）为承揽人。

第1799-1条

（1994年6月10日第94-475号法律）订立第1779条所指的私人承揽工程合同的业主一方，在其应付的款项超过最高行政法院提出资政意见后颁布的法令规定的限额时，就此种款项的支付，对工程承揽人负担保责任。

在工程业主使用专项贷款作为工程所需的经费时，只要第1779条所指的人因给予贷款的项目所产生的债权尚未得到全数清偿，贷款机构便不得将贷与的款项支付给第1779条所指之人以外的其他人。贷款的款项，依书面支付令并由工程业主唯一承担责任，支付至为此指定的人或其委托代理人手中。

在工程业主不是使用专项贷款或者仅部分使用专项贷款时，以及在没有特别约定的担保时，通过（2013年6月27日第2013-544号授权法令第18条）信贷机构、保险企业或集体担保组织按照最高行政法院提出资政意见后颁布的法令规定的方式同意设立的担保，以保证支付。

在没有任何担保的情况下,只要承揽人已经完成的工程的费用尚未得到支付,承揽人向业主催告支付没有结果的,得在经过15天期限以后,暂缓实施工程。

(1995年2月1日第95-96号法律)工程业主为自己的利益和需要,订立不属于承揽工程职业活动范围的工程施工合同,不适用前款之规定。

《住宅建筑法典》第411-2条所指的组织,或者混合经济组织,为承建国家提供资金帮助供出租的住房①而订立的工程承揽合同,不适用本条之规定。

第四章　牲畜租养

第一节　一般规定

第 1800 条

牲畜租养是指,一方当事人将畜群交给另一方当事人按照双方约定的条件看管、饲养和照料的合同。

第 1801 条

牲畜租养分以下几种:

——单纯的或普通的牲畜租养;

——对半租养牲畜;

——土地承租人或佃农租养牲畜。

---

① 如廉租房、公租房。

此外，还有第四种牲畜租养合同，此种合同并非严格意义上的牲畜租养合同。

第 1802 条

可以繁殖或用于农业耕作或可以用于交易的一切种类的牲畜，均可交由他人租养。

第 1803 条

在没有特别协议约定的情况下，牲畜租养合同应当遵守以下原则。

第二节　单纯的牲畜租养

第 1804 条

单纯的牲畜租养是指，一方当事人将畜群交由另一方当事人看管、饲养和照料的合同。合同的条件是，承租人获得繁殖的牲畜的 1/2，并且在有损失的情况下，负担 1/2 的损失。

第 1805 条

（1941 年 6 月 9 日法律）单纯的牲畜租养合同中所列的交付饲养的牲畜的数目、状况与估价的清单，并不是依此将牲畜的所有权转移给承租人；制作此份清单的目的，仅仅是在牲畜租养合同终止时提供一个进行结算的基础。

第 1806 条

承租人应当对保全其承租的畜群给予（2014 年 8 月 4 日第 2014-873 号法律）合理照料（原规定为"善良家父之照料"）。

第 1807 条

只有在发生意外事故之前承租人有过错，如无此过错便不会发生损失的情况下,承租人才对意外事故承担责任。

第 1808 条

在发生争议的情况下,承租人应当对发生意外事故的具体情形提出证明,出租人则应当证明存在可归咎于承租人的过错。

第 1809 条

因发生意外事故并且可以免除责任时,承租人在任何情况下,均有义务报明畜皮的张数。

第 1810 条

(1941 年 10 月 5 日法律)如果畜群全部损失,承租人并无任何过错的,损失由出租人承担。

如果畜群仅受到部分损失,按照租养合同原来估算的价值以及合同终止时的估计,由双方共同分担损失。

第 1811 条

牲畜租养合同中不得订立以下条款:

——即使发生意外事故且承租人没有过错时,牲畜的全部损失仍由承租人负担;

——承租人对损失负担的份额超过其在分配利益时可得的份额;

——租养合同终止时,出租人先取超过其原先提供的畜群的部分。

一切类似的协议均无效。

承租人单独享有其租养的牲畜的乳品、畜粪与畜力。

所产畜毛和繁殖的牲畜,由双方分享。

第 1812 条

非经出租人同意,承租人不得处分原畜群以及繁殖的畜群中的任何牲畜,反之亦同。

第 1813 条

在将牲畜交给他人土地的承租人租养时,应当通知该土地的所有权人,如未通知,该土地的所有权人可以扣押畜群,并就其土地的承租人所欠的债务,出卖畜群中的牲畜。

第 1814 条

没有事先通知出租人并得到其同意,承租人不得剪取羊毛。

第 1815 条

如果租养合同没有就牲畜租养期限作出规定,合同期限视为 3 年。

第 1816 条

如果承租人不履行义务,出租人可以请求提前解除牲畜租养合同。

第 1817 条

(1941 年 6 月 9 日法律)租养合同终止或者被解除时,出租人可从每一种类的牲畜中取回相应数目的牲畜,使取回的牲畜与其当初交付租养的牲畜相同,尤其是取回的牲畜数目、品种、畜龄、重量与质量等方面与其当初交付租养的牲畜相同。剩余部分,由双方对分。

如果牲畜的数目不足,不可能按前述方式形成当初交付租养的畜群时,损失的部分,以合同终止之日牲畜的价值为基础,由双方当事人分担。

凡是协议约定在租养合同终止或解除时,承租人应当留下与其接收畜群时评估的价金相等价值的畜群资产,此种协议无效。

第三节 对半租养牲畜

第 1818 条

对半租养牲畜是指,合同双方当事人各提供畜群的一半,共享利润或共负损失的合伙。①

第 1819 条

如同单纯的牲畜租养,对半租养牲畜的承租人单独享有牲畜的乳品、畜粪及畜力之利益。

出租人仅对畜毛与繁殖的牲畜享有一半权利。

任何相反的协议均无效;但如果出租人是分成制出租的田地的所有权人,租养牲畜的人是土地承租人或分成制佃农时,不在此限。

第 1820 条

有关单纯的牲畜租养的其他规则,均适用于对半租养牲畜。

第四节　土地所有权人将牲畜交由承租人或分成制佃农租养

第一目　将牲畜交由土地承租人租养

第 1821 条

(1941 年 6 月 9 日法律)此种牲畜租养(又称"严格的牲畜租养")是指,农村经营实体的所有权人与土地承租人约定,在土地租约终止时,承租人为所有权人留下与其接收的畜群相同的畜群资产。

第 1822 条

(1941 年 6 月 9 日法律)制定租养合同所附的写明交付租养的牲畜数目、状况与估价清单,并不是依此向承租人转移牲畜的所有权;制作这一清单的目的仅仅是租养合同终止时作为结算的基础。

---

① 也称为"合伙租养牲畜"。

第 1823 条

租约期间所有利润均属于土地承租人,有相反规定的除外。

第 1824 条

在将牲畜交由土地承租人租养时,畜粪不属于承租人个人享有的利益,而属于分成制出租的土地,并且应当专用于租赁土地的经营。

第 1825 条

(1941 年 10 月 5 日法律)损失,即使是因意外事件引起全部损失,均由土地承租人负担,另有协议约定的除外。

第 1826 条

土地租赁合同终止或解除时,承租人应当留下能够形成与其接收的畜群资产相同的每一类牲畜,尤其是在数目、品种、畜龄、重量与质量方面相同的畜群资产。

如有多余,归土地承租人所有。

如果不足,在当事人之间按照合同终止时牲畜的价值进行结算。

凡是协议约定在土地租赁合同终止或解除时,承租人应当留下与其接收畜群时评估的价金相等价值的畜群资产,此种协议无效。

第二目 将牲畜交由分成制佃农租养

第 1827 条

(1941 年 10 月 5 日法律)如果不是因分成制佃农(métayer)的过错,交付租养的牲畜全部损失时,损失由出租人负担。

第 1828 条

租养合同可以规定:

——分成制佃农可以按低于一般市价的价格,将羊毛让与出租人;

——出租人可得大部分利润;

——出租人可得一半乳品；

——但是，不得约定由分成制佃农负担全部损失。

第 1829 条

此种牲畜租养随土地分成制租赁合同终止而终止。

第 1830 条

此种租养适用有关一般的牲畜租养的所有规则。

第五节　非严格意义上的牲畜租养合同

第 1831 条

出租人如果将一头或数头奶牛交由他人留栏照管与饲养，仍然保留其所有权时，其所得仅为繁殖的牛犊。

第八编（二） 房地产开发合同

(1971年7月16日第71-579号法律)

第1831-1条

房地产开发合同（contrat de promotion immobilière，不动产开发合同）是一种共同利益委托（mandat d'interet commun），依此委托，称为"房地产开发商"（promoteur immobilier）的人，对工程业主承担义务，按照约定的价金订立工程承揽合同，让他人实施一座或多座建筑项目工程的施工活动，并由其本人或他人完成与同一目标有关的全部或部分法律、行政与资金方面的手续。房地产开发商，在其本人以业主的名义与他人进行的业务活动中，对其应当履行的义务负担保责任。（1978年1月4日第78-12号法律）房地产开发商尤其应当对本法典第1792条、第1792-1条、第1792-2条与第1792-3条规定的义务承担责任。

如果房地产开发商本人负担工程项目的部分施工活动，就这些施工活动而言，负工程承揽人之责任。

第1831-2条

订立房地产开发合同，意味着开发商有订立各种合同、验收工程、结清工程款项的权限，并且一般而言，开发商有权以工程业主的名义完成建筑项目要求的各项活动，但以约定的总价款为限。

但是，开发商仅在依据合同或以后订立的文书中约定的专门委托，才能使工程业主对其缔结的贷款或处分行为承担责任。

对于开发商依据法律或协议获得的权限并以工程业主的名义缔结的全部义务,工程业主应当履行。

第 1831-3 条

在建筑项目完成之前,如果工程业主将其对建筑项目享有的权利让与他人,受让人当然取代工程业主在合同整体中的权利与义务,(1972 年 7 月 11 日第 72-649 号法律)但是,让与人对于依据被转让的合同的规定本应由工程业主承担的义务的履行负担保人之责任。

对房地产开发商给予的各项特别委托,在开发商与受让人之间继续有效。

非经工程业主同意,房地产开发商不得让第三人取代其履行对工程业主缔结的义务。

房地产开发合同,仅自其在不动产登记簿上登记之日,始对第三人产生对抗效力。

第 1831-4 条

只有在工程业主与房地产开发商之间最终确定建筑施工账目以后,房地产开发商的任务才能于工程交付时终止;于此情形,仍然不影响工程业主对不动产开发商提起追究责任的诉讼。

第 1831-5 条

财产清算或司法清算,并不当然引起解除不动产开发合同,任何相反条款均视为不曾订立。

第九编 公 司[①]

（1978年1月4日第78-9号法律）

第一章 一般规定

（1978年1月4日第78-9号法律）

第1832条

（1985年7月11日第85-697号法律第1条）公司由二人或数人依

[①] 法语中"Société"一词是一个多义词，通常有"社会""社团""公司"之意。法国《公司法典》将《民法典》的这一编收为首编，称为对"公司的一般规定"。因此，"Société"一词一般是指"公司"。有人称之为"社团"，但一般很少用"商事社团""民事社团"的概念。

与此同时，法国《公司法典》将公司分为"商事公司"（société commerciale）、"民事公司"（民事合伙，société civile）和其他公司等几大类型。所谓"民事公司"，实为民事合伙，主要包括：建筑师公司、律师公司、会计监察人公司（审计公司）、法律顾问公司、专利顾问公司、公证人公司、商事法院书记员公司等，虽然这些公司的合伙性质显而易见，但并不都是"合伙"。在法国法律中，"合伙"只是"公司"的一种形式，就此而言，没有"合伙"这样一个独立的概念，除"商事公司"与"民事公司"（民事合伙）外，法国《公司法典》中还有关于特殊公司的规定。特殊公司主要是指：无法人资格的公司，如隐名合伙、事实公司；可变资本公司以及专门宗旨公司，如农业公司、农业利益混合公司、土地整治公司、农业开发有限责任公司、林业生产组合、合作保险公司、工人参与性股份有限公司、地方混合经济公司、国有化的公司以及"雷诺汽车国家管理局"等。按照概念统一的原则，在法国《民法典》中仍将"société"译为"公司"，但"société en participation"译为"隐名合伙"。现行的法国《民法典》第九编的规定与1804年法国《民法典》关于"合伙"的规定有很大差别。

据合同约定①将其财产或技艺用于共同事业,以期分享利润或者获取由此可得的经济利益而设立。

在法律有规定的情况下,公司得依一人的意思表示行为而设立。

股东负分担亏损之义务。

第 1832-1 条

(1982 年 7 月 10 日第 82-596 号法律)即使仅动用共同财产作为向公司出资或者取得公司股份,夫妻二人可以单独或者与其他人一起为同一家公司的股东②,一起或不一起参与公司的管理。(1985 年 12 月 23 日第 85-1372 号法律废止"但是,此种权利只有在夫妻双方均不对

---

① 法国《民法典》第 1832 条是法国公司法的一项支柱性质的条文。在 1985 年 7 月 11 日法律之前,法国法一直将公司定义为合同,例如,直至 1978 年 1 月 4 日第 78-9 号法律对法国《民法典》的这一条文进行修改,仍然表述为:"公司是二人或数人约定将其部分财产或技艺共集在一起,以期分享利润或者获取由此可得之经济利益的合同。"由于 1985 年 7 月 11 日第 85-697 号法律承认单独一人可以设立公司,第 1832 条也随之修改为现行的条文:公司由"二人或数人"设立,或者由"一人的意思表示行为而设立"。这一表述也相应地收缩了"参加公司的意愿"的传统概念。1985 年 7 月 11 日第 85-697 号法律承认一人可以设立公司,在公司法里引起了一场小小的革命,法国《民法典》第 1832 条作为公司法的支柱也被动摇。从此以后,法国有关公司的基本法律条文都不再将公司定义为合同。

② 在法国法律中,各种公司的股东或持股人有不同名称。在合名公司、有限责任公司、普通两合公司中持有资本份额的人均称为"associé",意为"参股人""合伙人""合作人";在可以发行股票的公司,例如股份有限公司与股份两合公司中持有资本份额的人,则称为"actionnaire",意为"股票持有人",此为本义上的"股东"。为了遵从习惯,译文将所有公司的参股人统一译为"股东"。

同样,按照法国法律的规定,只有可以发行股票的公司的股份才称为"action",而代表这种股份的证券本身也是"action"(股票),其他公司的股份均称为"part"(份额,股份),日本公司法将有限责任公司中的股份称为"持分",属同一意义,译本统一译为"股份",只有在涉及证券本身时才区别译为"股票"或"股份"。

有限责任公司、合名公司、普通两合公司的经理称为"génant",意为"管理人""管理者",译本统一称其为"经理管理人";只有股份有限公司的经理称为"directeur"(général),译本统一称其为"总经理"。

公司的债务相互负无限连带责任时才能发生")。

夫妻之间由公司合同产生的利益和无偿处分,在其条件是用公署文书作出规定时,不得以其构成掩饰的赠与为原因而宣告无效。

第 1832-2 条

(1982 年 7 月 10 日第 82-596 号法律)夫妻一方,在事先没有告知另一方并且没有文书证明其有未进行告知的理由的,不得动用夫妻共同财产向公司出资或者用其取得不能流通的公司股份,否则依第 1427 条的规定进行处罚。

承认夫妻二人中出资或实际取得股份的一方具有股东资格。

夫妻另一方向公司告知其本人意欲作为股东的,承认其对已经认购或取得的股份的一半享有股东资格;如其在出资或取得股份时即告知此意愿,其他股东的接受或认可对夫妻二人均具有效力;如果是在出资或取得股份之后才进行告知,公司章程就此事项规定的"认可条款"对该方具有对抗效力。在审议是否认可该方享有股东资格时,夫妻中已具有股东资格的一方不参加投票,其所持股份不计入会议要求达到的法定人数与多数。

本条规定仅适用于股份不得自由转让的公司,且仅在夫妻共同财产制尚未终止之前适用。

第 1833 条

任何公司均应当有合法的宗旨,并且为股东的共同利益设立。

(2019 年 5 月 22 日第 2019-486 号法律)公司应当重视其从事的活动对社会和环境的影响,为社会利益进行管理。

第 1834 条

本章之规定适用于所有公司,法律依据公司的形式或宗旨另有规定的除外。

第 1835 条①

公司章程应当采用书面形式制定。除确定每一名股东的出资数额外,章程还应当确定公司的(法律)形式、宗旨、名称、注册住所②、公司资本、存续期限及其运作方式。

章程可以具体规定本公司自定的各项原则所构成的理由,以及为了遵守这些原则和实现其从事的活动打算投入的资金与财产。

第 1836 条

公司章程只有经全体股东一致同意始能修改,有相反条款规定的除外。

任何情况下,非经股东同意,不得增加其承担的义务。③

第 1837 条

(1978 年 1 月 4 日第 78-9 号法律)注册住所在法国领土上的所有公司,均应遵守法国法律的规定。

第三人得主张章程中确定的公司注册住所;但是,如果公司总机构的实际住所在另一地点,公司不得用章程中确定的注册住所对抗第三人。

第 1838 条

(1978 年 1 月 4 日第 78-9 号法律)公司的存续期限不得超过 99 年。

---

① 第 1835 条的规定适用于所有的公司,但实际上主要适用于民事公司,因为,商事公司还应受法国《商法典》第 210-2 条之规定的约束。所有的公司都必须有章程,而章程必须采用书面形式,否则公司将被视为"事实上设立的公司"。

② 原文为"siège sociale",公司的注册住所和总机构的实际住所可能并不在相同的地址。参见第 1837 条。

③ 第 1836 条第 2 款表述了所有公司均"禁止增加股东承担的义务"这样一个基本原则。法国《商法典》第 223-30 条第 2 款与第 225-96 条第 1 款分别对有限责任公司与股份有限公司重申了这一原则。这一原则源于有关公司的"契约设立说"观念,也是股东权利不可侵犯之传统理论的反映。

第1839条

（1978年1月4日第78-9号法律）如果公司章程没有包含立法要求应当规定的全部事项，或者立法规定的设立公司应当办理的手续有遗漏或者不符合规定，任何利益关系人均可请求法院命令补正手续。逾期没有补正手续的，处以逾期罚款。检察院（2009年5月12日第2009-526号法律第10条）可以（原规定为"有权"）为同样目的提起诉讼。

修改章程，适用相同规则。

上述第1款所指的以补正手续为目的的诉讼，时效期间为3年，自公司注册登记之日或者修改章程的文书公示之日计算。

第1840条

（1978年1月4日第78-9号法律）公司发起人以及经营管理、领导或管理机关的最初成员，对因章程漏载某一法定应载事项，或者因没有办理或没有按规定办理设立公司应当办理的某项手续所造成的损失，负连带责任。

在修改章程的情况下，前款规定适用于当时在职的公司经营管理、领导或管理机关的成员。

此种诉讼，时效期间为10年，自第1839条第3款所指不同情况的这一或那一手续原应办理之日起计算。

第1841条

（2019年10月21日第2019-1067号授权法令废止）

第1841条原条文：禁止没有得到法律许可的公司（2009年1月2日第2009-80号法律）公开募集资本，（2016年12月9日第2016-1691号法律）或者发行金融证券或可流通证券，（2016年12月9日第2016-1691号法律）或者进行《货币与金融法典》第411-1条意义上的向公众募集资金，违反此项规定的，缔结的合同或发行的证券（2016年12月9

日第 2016-1691 号法律) 以及公司股份, 一律无效。

第 1842 条[①]

(1978 年 1 月 4 日第 78-9 号法律) 除本编第三章所指的隐名合伙以外的公司, 自其注册登记之日起享有法人资格。

公司注册登记之前, 股东之间的关系由公司合同以及适用于合同和债的法律一般原则调整。

第 1843 条

(1978 年 1 月 4 日第 78-9 号法律) 在公司注册登记之前以正在设立中的公司的名义开展活动的人, 对其由此实施的法律行为产生的债务承担责任; 如果是商事公司, 负连带责任; 其他情况下, 不负连带责任。公司在按照规定注册登记之后, 可以承接已经缔结的义务, 在此情况下, 这些义务视为一开始即是由公司缔结。

第 1843-1 条

(1978 年 1 月 4 日第 78-9 号法律) 需经公示始能对第三人产生对抗效力的财产出资或权利出资, 可以在公司注册登记之前进行公示, 但以注册登记为条件; 自公司注册登记起, 公示手续的效力追溯至其完成之日。

第 1843-2 条

(1978 年 1 月 4 日第 78-9 号法律) 每一名股东在公司资本中的权利, 与其在公司设立时或者在公司存续过程中的出资比例成正比。

[①] 第 1842 条规定了对所有公司均适用的原则,《商法典》第 210-6 条第 1 款也表述了这一原则:公司只有自其在法国《商事及公司登记簿》注册登记之日才取得法人资格。公司的注册登记是在《商事及公司登记簿》上登记。法国《商事及公司登记簿》由商事法院书记室掌管, 不属于工商管理方面的行政主管机关(法国没有类似的行政机关)。有管辖权的法院的书记员按照有关商事及公司登记的立法与条例规定的条件审核公司设立符合规定之后, 公司即可进行注册登记。

第九编　公司　　　　　　　　　　　　　　　　　　　　　　　　第 1843-3 条

（1982 年 7 月 10 日第 82-596 号法律第 14 条）劳动、技艺出资①不参与构成公司的注册资本，但可以分派"有权分享公司利润与净资产的份额"，并相应承担填补亏损之责任。

第 1843-3 条

（1978 年 1 月 4 日第 78-9 号法律）每一名股东，就其许诺向公司投入的全部实物、货币②或劳动技艺③，为公司的债务人。

实物出资（l apports en nature），以向公司转移相对应的权利并将财产实际交由公司支配而实现。

用财产所有权出资（l apports en propriété）时，出资人对公司，如同出卖人对买受人，负担保人之责任。

用使用、收益权④出资（l apports en jouissance）时，出资人对公司，

---

① 原文为"apport en industrie"，这里的"劳动、技艺出资"（les apports en industrie）中的"技艺"不是指专利技术、专有技术，因此不是指技术入股，而是指出资人本人的劳动技能，是用劳动技能出资。这种出资不能参与形成公司的注册资本。法律规定股份有限公司的股份不得为劳动、技艺出资，但是，依据这种出资，出资人有权分享公司利润与净资产的份额，并且应负填补亏损之责任。第 1843-3 条最后一款规定："承诺用劳动技艺向公司出资的股东，应当将通过属于其出资标的的活动所实现的全部利益归于公司。"这也是"资本股"与"劳动股"的区分基础。参见法国《商法典》第 223-7 条与第 225-3 条、第 225-258 条及随后条文关于"工人参股股份有限公司"的规定以及法国《商法典》第 225-122 条。

② 随着 2003 年 8 月 1 日法律规定有限责任公司章程可以自由确定其注册资本的数额，也就是说，甚至可以用 1 欧元的注册资本设立有限责任公司，因此，用货币出资（或者金钱出资），广而言之，非象征性的出资之必要性已经丧失了实际意义。参见法国《商法典》第 223-2 条。

③ 在资合公司中，原则上禁止用劳动、技艺作为出资。这主要是指股份有限公司与简化的可以发行股票的公司，两合公司中只是禁止有限责任股东用劳动、技艺出资（参见法国《商法典》第 222-1 条）。但是，由于"人力资本""智力资本"越来越占有重要地位，人们也主张在非公开上市的股份有限公司中准许用"专有技术"出资。

④ 此处的"使用、收益权"（jouissance）不是"用益权"（usufruit）。实践中，很少有"使用、收益权"出资的情况，但这种出资方式有很多优点：出资人始终保持其作为出资的财产的所有人，公司解散时，不仅可以从公司收回其对财产的完全使用、收益权，而且可以获得财产价值的偿还，在公司进行清算时，这种财产不属于公司资产的一部分，可以避免强制变现。

如同出租人对承租人，负担保人之责任，但是，使用、收益权出资涉及的标的是种类物时，或者是在公司存续期间需要正常更新的其他任何财产时，通过订立合同，将上述作为出资的财产的所有权转移给公司，并负担返还同样数量、质量及价值的财产。在此情况下，出资人按照前款规定的条件，负担保人之责任。

应当用一定数额的钱款向公司出资的股东，如果不缴纳此款项，无须公司提出请求，依法当然成为负担该款项所生利息的债务人。该项利息自前述款项应当支付之日计算，且不影响在必要时支付更高数额的损害赔偿。（2001年5月15日第2001-420号法律）此外，如果在法定期限内没有为实现全额缴清公司资本而进行股金收缴，任何利益关系人均可请求法院院长依紧急审理程序命令公司董事、经理管理人与领导人收缴股金，逾期仍不收缴股金，处以罚款；或者请求法院院长指定一名代理人负责完成此项手续。

承诺用劳动技艺向公司出资的股东，应当将通过属于其出资标的的活动所实现的全部利益归于公司。

第1843-4条

一、（2014年7月31日第2014-863号授权法令）在法律指明参照本条规定确定某一股东的公司权益①转让价金的条件或者在公司回购这种权益的情况下，关于此种权益的价值，发生争议时，由双方指定的鉴定人确定，或者如果就指定鉴定人达不成协议，由（2019年7月17日第2019-738号授权法令）司法法院院长（废止"依紧急审理程序"）或者有管辖权的商事法院院长依照加快程序进行审理、作出裁判。对

---

① 原文为"les droits sociaux"，本义为"社会权利"，指宪法赋予劳动者的权利，以建立社会平等，使之享有劳动自由、就业自由、结社与罢工自由，捍卫他们的职业利益。这一术语运用在公司法中，指股东在公司内享有的特定的金钱性质的权利，即股东权利，例如，所持的股份及相关权利、优先认购权（优先购买权）等。

此项裁判,不得提出不服申请。

(2014年7月31日第2014-863号授权法令)在公司章程或者当事人之间订立的任何协议规定了确定股权价值的规则时,指定的鉴定人应当适用这种规则。

二、在公司章程对股东在公司的权益的转让或者公司回购这种权益作出了规定但没有确定或可以确定此种股权的价值的情况下,发生争议时,由按照第1款规定的条件指定的鉴定人确定此种权益的价值。在公司章程或者当事人之间订立的任何协议规定了确定股权价值的规则时,受指定的鉴定人应当适用这种规则。

第 1843-5 条

(1988年1月5日第88-15号法律)一名或数名股东,除了就个人受到的损害提起赔偿诉讼之外,可以对公司经理管理人提起追究责任的公司诉讼(行使公司诉权)①;起诉方有权就公司受到的损失请求赔偿。法院判处的损害赔偿金应归于公司。

公司章程的任何条款,凡是产生行使公司诉权应当预先通知或者需经股东大会批准之效力的,或者包含预先放弃行使此项诉权之规定的,均视为不曾订立。

股东大会的任何决议均不得具有消灭对履行委任职务时有过错的经理管理人追究法律责任之诉权的效力。

---

① 原文为"action sociale",指由公司,或者在特定情况下,由股东个人为了维护公司的权益,提起旨在请求赔偿公司所受损害的诉讼或者行使此种诉权。在1988年1月5日第88-15号法律之前,法国公司法对有限责任公司与股份有限公司的股东就已经赋予股东诉权,股东可以提起"公司诉讼"(参见法国《商法典》第223-22条与第225-252条),现在,所有公司的股东都可以行使这种诉权,提起诉讼,尤其是在所有的"民事公司"与"合名公司",不仅其法定代表,而且其一名或数名股东都可以单独行使这一诉权。但是,与法国《商法典》第223-22条及第225-252条的规定不同的是,法国《民法典》第1843-5条的规定并不准许股东集合在一起共同行使诉权,提起"集团诉讼"(action de groupe,集体诉讼)。

第 1844 条

（1978年1月4日第78-9号法律）每一名股东均有权参与集体决定。

共有股份的全体共同所有人，从共有人中或者从共有人之外推选唯一的代理人。在不能就推选代理人取得一致意见的情况下，由法院应共有人中最积极请求者的请求，指定代理人。

如果股份设立了用益权，（2019年7月19日第2019-744号法律）虚有权人和用益权人均有权参与作出集体决定，表决权属于虚有权人，但是涉及分派利润的决定的表决权除外，此种场合，表决权属于用益权人。（2019年7月19日第2019-744号法律）对于其他决议，虚有权人和用益权人可以通过协议约定由用益权人行使表决权。

公司章程可以作出与第2款及第3款第2句话的规定不同的规定。

第 1844-1 条

（1978年1月4日第78-9号法律）每一股东分享利润与填补亏损的份额均按照其在公司资本中所占份额的比例确定；仅用劳动技艺作为出资的股东，所占的份额与出资最少的股东所持份额相同。此两项，有相反规定时，依其规定。

但是，在任何情况下，将公司所得利润全部分派给一名股东或者完全免除某一股东分担亏损，以及排除某一股东分享利润或者责成其承担全部亏损的约定条款，视为未予订立。①

第 1844-2 条

（1978年7月17日第78-753号法律第64条）即使设立抵押权或

---

① 应当说，股东按照其在公司资本中所占份额的比例确定其分享利润的原则仅仅属于补充性原则，因为，除本条第2款之保留外，公司章程可以规定其他的分配利润的方式。

担保应当采用公署文书,但是,依据审议决议赋予的权限或者用私署的委托书,也可以就公司财产设立抵押权或设立其他任何物的担保。

第 1844-3 条

(1978 年 1 月 4 日第 78-9 号法律)公司符合正规手续由一种形式转变为另一种形式的,并不导致创立新的法人;公司存续期限的延长以及章程的任何修改,亦同。

第 1844-4 条

(1978 年 1 月 4 日第 78-9 号法律)公司,即使正在实行清算,仍然可以被另一公司吸收(absorption)①,或者通过合并(fusion)方式,参与组建另一新的公司。

公司亦可通过分立将其全部财产、权利与义务转移给现存的或者新创立的公司。

可以在不同形式的公司之间进行此种活动。

此种活动由有关的各公司依照修改章程规定的条件作出决定。

如此种活动包括创建新的公司,每一家新公司均分别按照各自采取的公司形式所适用的专门规则设立之。

第 1844-5 条②

(1981 年 12 月 30 日第 81-1162 号法律第 1 条第 1 款)公司的全部

---

① 吸收合并,是公司合并方式之一种。
② 第 1844-5 条确认了在公司"成为"一人公司之后仍然可以继续维持其存在,显然这不是指"一开始设立的一人公司"的情况,而是指原有多名股东的公司在其存续过程中"成为一人公司",例如,通过股份转让或者股份的继承转移而引起法律条文所说的"公司的全部股份集中于一人之手"。因此,第 1844-5 条的规定适用于除有限责任公司和简化的可以发行股票的公司以外的所有公司,其中包括股份有限公司。因为,对于两种被排除的公司来说,"一人公司"的形式是由立法者承认的一种选择。公司债权人异议是债权人认为公司的行为可能影响其债权时,针对该行为提出的异议。

股份集中于一人之手,并不当然导致公司解散;但是,如果在1年期限内仍然没有按照规定的手续调整此种状况,任何利益关系人均可请求解散公司。法院得同意给予公司最长6个月期限,以便其进行调整、符合规定。如果在法院进行实质审理之日,公司的状况已经按照规定调整,不得判令公司解散。

公司全部股份的用益权属于同一人时,对公司的存在不产生影响。

(1988年1月5日第88-15号法律)公司解散导致公司的全部财产、权利与义务转移给唯一持股人时,不必进行清算。债权人得自解散公告之日起30日内对解散公司提出异议;法院作出裁定,或者驳回异议,或者责令清偿债务,或者在公司提供担保且法院认为担保充分时,设立担保。仅在可以提出异议的期限届满,或者在相应情况下,仅在提出的异议被一审法院驳回或者在清偿债务之后,或者在担保设立之后,始能实现公司财产、权利与义务的转移以及法人资格的消失。

(2001年5月15日第2001-420号法律)第3款的规定不适用于唯一持股人是自然人的公司。

第1844-6条

(1978年1月4日第78-9号法律)公司期限的延长,由股东一致同意作出决定①,或者如章程有规定,按照修改章程所需的多数作出决定。

在公司存续期限届满之日前至少1年,应当征询全体股东的意见,以决定是否延长公司的期限。

如果没有进行此项意见征求,任何股东均可以请求法院院长依申请作出裁定,指定一名司法代理人负责进行第2款所指的征求意见。

(2019年7月19日第2019-744号法律)在没有进行征求意见的情

---

① 这里规定的"经全体同意的决议"原则(一致同意原则)只适用于特别重大的事项,它是对各类公司的规定,不仅仅是适用于合名公司或有限责任公司。

况下,法院院长,应任何股东在公司年限到期后的当年内提出的请求,可以依申请作出裁定确认股东有延长公司期限的意愿,并批准在3个月内进行征求意见,作为补正手续;相应情况下,指定负责主动征求意见的委托代理人。如果公司期限得到延长,符合法律以及公司期限延长之前的章程规定的所有行为,均视为符合规定,并且是由期限延长后的公司所为。

第1844-7条

(1978年1月4日第78-9号法律)公司因下列事由终止[①]:

1. 公司创立时规定的期限到期,但依第1844-6条的规定决定延长期限的除外;

2. 公司宗旨已经实现或消失;

3. 公司合同被撤销;

4. 全体股东决定提前解散公司;

5. 应一名股东有正当理由的请求,法院宣告公司提前解散,尤其是在某一股东不履行其义务或者股东之间不和,致使公司无法运营的情况下提出解散公司的请求;

6. 法院在第1844-5条规定的情况下宣告公司提前解散;

7. (1988年1月5日第88-15号法律)因公司资产不足,法院命令公司终止司法清算(2005年7月26日第2005-845号法律第189条废止"或者命令转让公司全部资产")的判决生效;

8. (1985年1月25日第85-98号法律)章程规定的其他任何原因。

[①] 本条列举的是普通法上的公司解散的八种原因,此外还有每一类公司解散的特别原因以及在法人应负刑事责任的情况下作为刑事制裁而宣告法人解散。本条第5点提及的"法院宣告公司提前解散"的正当理由(justes motifs)并非限制性列举。这里的解散公司的正当理由是:股东之一不履行合同义务而产生争议,股东之间严重不和,致使公司运作瘫痪。

第 1844-8 条

（1978 年 1 月 4 日第 78-9 号法律）公司解散引起公司进行清算，但第 1844-4 条（1988 年 1 月 5 日第 88-15 号法律）以及第 1844-5 条第 3 款规定的情况除外。公司解散，仅在其进行公示之后始对第三人产生效力。

依据公司章程的规定任命清算人；章程没有规定的，清算人由全体股东任命；或者如果股东未能进行此项任命，由法院作出裁判任命。按照相同条件可以免除清算人的职务。清算人的任命与免职，仅自公示起，始对第三人产生对抗效力。清算人的任命或免职按照规定一经公示，无论是公司还是第三人均不得援用清算人的任命或免职不符合规定作为理由，摆脱其承担的义务。

为公司进行清算之需要，公司的法人资格延续至清算终结公示。①

如果在自公司解散起 3 年期限内仍然没有终结清算，检察院或者任何利益关系人均可请求法院指派人员进行公司清算，或者如公司清算已经开始，指派人员完成清算。

第 1844-9 条

（1978 年 1 月 4 日第 78-9 号法律）在清偿公司债务和偿还股本以后，股东之间按照各自参与分享利润时相同的比例分割资产，另有条款或协议作出不同规定的除外。

有关遗产分割的规定，其中包括优先分配财产的规定，适用于股东

---

① 第 1844-8 条重申了仅仅为了进行清算之需要公司的法人资格继续存在的原则，如果自公司解散起 3 年期限内公司仍未结束清算，检察院或者任何利益关系人均可向法院提出请求，由法院派人进行清算，或者派人完成已经开始的清算。公司清算终结进行公告，法人资格即告终止。通常情况下清算工作最迟应在公司解散后 3 年内完成，但法院判例明确认为："只要公司性质的权利与义务尚未清算完毕，法人资格均可继续存在。"

之间的资产分割。

但是，公司章程可以规定，或者股东通过决议，或者以单项文书的形式，有效决定将某些财产分配给某些股东；如果没有此种情况，在原来投入的任何财产的实物仍然存在于可以分配的资产之内时，可以应原出资人的请求，并在支付差价的条件下，分配给原出资人。可以优先于其他任何优先分配权行使此项权利。

全体股东，或者仅其中某些股东，也可继续保持公司全部或部分财产的共有；于此情形，在公司清算终结以后，就此种财产而言，这些股东之间的关系受有关共有的规定调整。

第 1844-10 条①

（1978 年 1 月 4 日第 78-9 号法律）只有因违反第 1832 条、第 1832-1 条第 1 款以及第 1833 条之规定，或者存在合同无效之某项一般原因时，才引起公司无效。

公司章程的任何条款，虽然违反本编的某项强制性规定，但此种情况不以公司无效实行罚处时，均视为不曾订立。

除第 1833 条最后一款的规定外，仅在违反本编的强制性规定或者存在合同无效之某项一般原因时，才引起公司机关的文件以及审议决议无效。

第 1844-11 条

（1978 年 1 月 4 日第 78-9 号法律）在一审法院进行实体审理之

---

① 第 1844-10 条是有关公司无效理论的一项中心条款，与 1966 年 7 月 24 日商事公司法的有关规定同样都是关注保护第三人的利益，需要对引起公司无效的原因进行限制。除本条第 1 款所指的"原因"（causes）之外，不得宣告公司无效。所列举的原因是：违反有关合同的普通法的规定，违反第 1832 条与第 1833 条的规定，违反公司合同的特别规则——没有资本或者虚拟资本，在法律不准许采用一人公司形式的情况下从一开始即由唯一的股东设立公司，缺乏设立公司的意愿、公司的宗旨非法、缺乏股东的共同利益。

日,如果导致上述无效的事由已经消灭,无效之诉亦告消灭,但是由于公司宗旨非法而引起的无效除外。

第1844-12条

（1978年1月4日第78-9号法律）公司无效或其成立之后的决议或文件无效是由于某一股东的同意意思表示有瑕疵或者无能力但此种情况可以得到纠正时,于其中有利益的任何人均可以向有可能采取行动的人发出催告,促其纠正上述状况,或者,在6个月期限内提起无效之诉,否则因逾期而丧失此项权利。该项催告应通知公司。

公司或者一名股东,可以在前款规定的期限内向受诉法院提出取消原告之利益的任何措施,尤其是通过回购原告在公司的权益以取消其利益。在此情况下,法院可以作出判决,或者宣告（公司）无效,或者在上述提议的措施事先已由公司按照修改章程规定的条件通过时,宣判此种措施具有强制效力。公司内的权益受到此种回购请求的股东本人的表决投票,对公司作出决定不产生影响。

在有争议的情况下,向该股东偿还的权益的价值,依照第1843-4条的规定确定。

第1844-13条

（1978年1月4日第78-9号法律）受理无效之诉的法院可以甚至依职权确定一个期限,以便公司对无效事由进行补正。法院不得在司法执达员送达起诉状后尚不满2个月时便宣告（公司）无效。

为了对无效事由进行补救,如果应当召开股东大会,或者应当与股东协商,并且证明大会的召集符合规定,或者证明已经向股东寄送了决议草案文本和应当向他们通报的文件,法庭可以裁定给予一个必要的期限,以便股东能够作出决定。

第 1844-14 条

（1978 年 1 月 4 日第 78-9 号法律）对公司，或者对公司成立以后的审议决议与文件提出无效之诉，时效期间为 3 年，自无效事由发生之日起计算。

第 1844-15 条

（1978 年 1 月 4 日第 78-9 号法律）公司被宣判无效①，引起无追溯力地终止执行合同。

对于已经产生的法人，公司被宣判无效，产生法院宣判解散该法人的效力。

第 1844-16 条

（1978 年 1 月 4 日第 78-9 号法律）无论是公司还是股东，均不得对善意第三人主张无效事由，但对于因没有民事能力或因同意瑕疵引起的无效，无能力人或其法定代理人，或者因发生误解、受到欺诈或胁迫而作出同意意思表示的股东，可以主张无效事由对第三人具有对抗效力。

第 1844-17 条

（1978 年 1 月 4 日第 78-9 号法律）基于公司被撤销（annulation）或者公司创立之后作出的审议决议与文件被撤销而提起追究责任之诉讼，时效期间为 3 年，自撤销判决（la décision d'annulation）产生既判事由之确定力日起计算。

产生无效的原因（la cause de nullité）消失，不阻碍为弥补因公司、行为或审议决议存在瑕疵而造成的损害提起损害赔偿的诉讼（action en dommages-interets）。此种诉讼时效期间为 3 年，自无效事由消失之

---

① 第 1844-12 条及以下条文中的"无效"一词均为"nullité"，不是"annuler"（撤销），后者是指因无效而引起的撤销。

日起计算。

第二章　民事公司[①]

第一节　一般规定

第 1845 条

本章之规定适用于所有的民事公司,但保留执行特定的民事公司适用的特别法定规则。

任何公司,凡法律未因其形式、性质或宗旨赋予其另一种性质的,均为民事性质。[②]

第 1845-1 条

公司资本分为相等份额。[③]

(2001 年 12 月 3 日第 2001-1168 号法律)《商法典》第二卷第三编第一章有关公司可变资本的规定适用于民事公司。

[①]　本书不将其译为"合伙"或"民事合伙"。法国法律中的"société"一词既用于商事公司,也用于民事合伙。法国《民法典》和《商法典》中,"société"这一概念的含义应当是一致的。法国法律有"民事公司"(sociétés civiles)与"商事公司"(sociétés commerciales)之分。法国《民法典》关于"société"的规定是一般规定,法国《商法典》的规定是特别规定,但是,很难认为有关"合伙"或"民事合伙"的规定是公司的普通法。

[②]　大体上说,设立民事公司有以下两种情况:其一,共同从事农业或自由职业,特别是职业民事公司(职业民事合伙);其二,是私人财产的管理。

[③]　有关民事公司的普通法没有规定公司的最低资本数额,这意味着可以设立没有注册资本的民事公司,设立这种民事公司的人可以共同运用他们的劳动技艺,共同从事活动,而劳动技艺并不参与形成公司资本。民事公司具有法人资格。

第二节 公司的管理

第 1846 条

公司由一人或数人经营管理,不论该人是否为股东。管理人在章程中任命,或者另以文书任命,或者由股东作出决定任命。

公司章程确定指定一名或者数名经理管理人的规则以及经营管理的组织方式。

除公司章程另有规定外,经理管理人由代表半数以上资本的股东作出决定任命。

如果章程没有作出规定,以及股东在指定经理管理人时没有作出另外的决定,经理管理人的任期视同公司的存续期限。

当公司不论何种原因没有经理管理人时,任何股东均可请求法院院长依申请作出裁判,指定一名代理人负责召集股东会议,任命一名或数名经理管理人。

第 1846-1 条

(1978 年 1 月 4 日第 78-9 号法律)除第 1844-7 条所指的情况外,公司如果在 1 年以上时间里没有经理管理人,法院可以应任何利益关系人的请求,宣告公司提前解散,公司由此终止。

第 1846-2 条

(1978 年 1 月 4 日第 78-9 号法律)经理管理人的任命与停止履职,应当进行公示。

只要经理管理人的任命和停止履职的决定按照规定进行了公示,无论是公司还是第三人,均不得援用经理管理人的任命或停止履职有不符合规定之事由,借以摆脱其应当承担的义务。

第 1847 条

（1978 年 1 月 4 日第 78-9 号法律）如果是由法人行使公司的经理管理职能，该法人的领导人，如同其本人担任经理管理人，依相同条件，负相同义务，并承担同样的民事责任与刑事责任，且不妨碍其领导的法人承担连带责任。

第 1848 条

（1978 年 1 月 4 日第 78-9 号法律）在股东相互关系中，经理管理人可以完成公司利益所要求的一切管理行为。

在有多名经理管理人的情况下，由他们分别行使这些权限，但属于每一个经理管理人的、在某项经营业务缔结之前反对该项业务活动的权限除外。

在章程对公司管理方式没有任何特别规定时，前两款之规定适用于各种问题。

第 1849 条

（1978 年 1 月 4 日第 78-9 号法律）在与第三人的关系中，经理管理人以属于公司宗旨范围内的行为使公司承担义务。

在有多名经理管理人的情况下，各经理管理人分别掌握前款所指的权限。一经理管理人对另一位经理管理人的法律行为提出的异议，对第三人没有效力，但证明第三人知道此种情形的除外。

公司章程有关限制经理管理人权限的条款不能对抗第三人。

第 1850 条

（1978 年 1 月 4 日第 78-9 号法律）每一经理管理人个人因违反法律与法规，或者因违反公司章程，或者因其管理活动中的过错，对公司及第三人承担责任。

如果有多名经理管理人参与了相同的事务，他们对公司以及对第三人的责任为连带责任,但是,在他们的相互关系中,法院可以裁判各经理管理人对赔偿损失应当分担的份额。

第 1851 条

除章程另有规定外,由代表公司一半以上资本股份的股东作出决定,可以解除经理管理人的职务。无正当理由决定解除经理管理人职务的,可以引起损害赔偿。

应任何股东的请求,亦可由法院以正当原因解除经理管理人的职务。

除另有规定外,解除一位经理管理人的职务,不论其是否股东,均不引起解散公司。如果被解除职务的经理管理人是股东,他可以依照第 1869 条第 2 款规定的条件退出公司,公司章程另有规定或者其他股东决定提前解散公司的除外。

第三节　集体决定

第 1852 条

凡是超出赋予经理管理人权限的决定,均依章程的规定作出,或者在章程没有规定时,由股东一致同意作出。

第 1853 条

集体决定由全体股东召开大会作出;公司章程也可以规定通过书面征求意见的方式作出集体决定。

第 1854 条

也可以由全体股东用一项文书表示同意作出集体决定。

第 1854-1 条

(2019 年 7 月 19 日第 2019-744 号法律)在民事公司(合伙)合并

的情况下,虽然章程规定应当听取吸收公司的股东的意见,但如果自存交合并方案起至实现合并活动时,吸收公司已经持有被吸收公司至少90%的股份,可以不要求征求意见。

但是,至少持有吸收公司5%的资本的一名或数名股东,可以请求法院指定一名委托代理人,由其主动征求吸收公司股东的意见,确定他们是否赞成公司合并。

第四节　向股东通报情况

第1855条

股东有权至少每年一次得到公司簿册及文件资料的通报,并且有权就公司的管理状况书面提出问题。对于提出的问题,应当在1个月期限内作出书面答复。

第1856条

经理管理人应当至少每年一次向股东报告他们的管理情况。该项报账活动应当包括一份在本会计年度内公司整体活动的书面报告,或者已经过去的会计年度内公司整体活动的书面报告,其中包括说明可实现或可预计的利润,以及已经出现或预计的亏损情况。

第五节　股东对第三人的义务

第1857条

(1978年1月4日第78-9号法律)对于第三人,每一名股东均按照债务可追偿之日或停止支付之日各自在公司资本中所占的份额比例,就公司负债承担无限责任。

仅以劳动技艺出资的股东,如同参与公司资本最少的股东,对公司负债承担责任。

第1858条

债权人只有在事先向法人本身进行追偿而没有结果之后,才能对股东追偿公司债务。

第1859条

针对不担任清算人的所有股东或他们的继承人与权利继受人提起诉讼,时效期间为5年,自公司解散公告之日起计算。

第1860条

如果某一股东资不抵债,无力清偿债务、个人破产、财产清算或司法清理债务或司法清算,可以按照第1843-4条规定的条件,偿还该人的在公司内的权益,该人由此丧失股东资格,但如果其他股东一致同意决定提前解散公司,或者公司章程对此种解散已有规定的除外。

第六节 公司股份的转让

第1861条

(1978年1月4日第78-9号法律)只有经全体股东认可,才能转让公司股份,但可以在公司章程中约定,按照章程规定的多数即可取得认可,或者,经理管理人也可以给予认可。① 公司章程亦可规定,向股东或者其中之一人的配偶转让股份,无须得到认可。除章程另有规定

---

① 对民事公司的股份转让规定认可条款有多方面的意义:有助于保持公司的人格信誉,例如,在某一股东去世时,其他股东依据认可条款,可以阻止他们不希望进入公司的该去世股东的配偶或继承人进入公司,依据认可条款,还可以摆脱法国继承法有关遗产继承的某些强制性规则,例如,有关特留份的规则。

外,向转让人的直系尊、卑亲属转让公司股份,无须得到认可。

转让股份的计划,连同请求认可的申请,应通知公司和每一名股东;在章程规定可以由经理管理人给予认可时,上述计划只需通知公司。

在夫妻二人同为公司成员的情况下,其中一方向另一方转让股份,为了使其能够有效,应当采用公证文书,或者除让与人死亡外,应当采用署明确定日期的私署文书。

第 1862 条

(1978 年 1 月 4 日第 78-9 号法律)在有多名股东表示愿意取得某一股东打算转让的股份的情况下,除另有条款或协议规定外,视其按照原先所持股份数目的比例取得拟转让的股份。

如果没有任何股东出面取得拟转让的股份,公司可以让经过其他股东一致指定的第三人取得这些股份,或者按照章程规定的方式,由第三人取得这些股份。公司亦可回购这些股份并予以注销。

提议取得股份的人的姓名,无论是股东还是第三人,或者公司提议的买回要约以及所出的价格,均应通知转让人。在对价格有争议的情况下,按照第 1843-4 条的规定确定之。任何情况均不影响转让人保留其股份的权利。

第 1863 条

(1978 年 1 月 4 日第 78-9 号法律)如果自第 1861 条第 3 款所指的最后一次通知起 6 个月期限内没有向转让人提出任何购买要约,视其已经获准认可转让,其他股东在相同期限内决定提前解散公司的情况除外。

在后一种情况下,转让人可以在此项决定作出之日起 1 个月期限内告知其放弃转让股份,使解散公司的决定不产生效力。

第 1864 条

（1978 年 1 月 4 日第 78-9 号法律）只有在为了变更第 1863 条规定的 6 个月期限时，才能不依前述两条的规定；且公司章程规定的期限不得超过 1 年，也不得低于 1 个月。

第 1865 条

股份转让应当有书面文字确认。转让股份依第 1690 条规定的形式对公司产生对抗效力，或者如果公司章程有规定，在公司登记簿册上进行转账过户，即对公司产生对抗效力。

股份转让，只有在完成上述手续并且在（2019 年 7 月 19 日第 2019-744 号法律）商事及公司登记簿进行公示以后，才能对第三人产生对抗效力。可以通过电子途径提交公示材料。

第 1866 条

（2021 年 9 月 15 日第 2021-1192 号授权法令）可以依照本法典第 2355 条最后一款的规定用公司股份设无形动产质权。

第 1867 条

（1978 年 1 月 4 日第 78-9 号法律）任何股东，均可按照转让股份需获得认可的相同条件，获得其他股东同意其用股份设质的计划。

对股份设质计划给予同意，意味着在这些股份被强制变卖的情况下认可（非股东）受让人，但此种强制变卖应在出卖前 1 个月通知各股东与公司。

自出让股份起 5 个整日内，每一股东均可取代打算取得股份的（前述）受让人。如果有多位股东行使该项权限，除有相反条款或协议外，视他们按照各自原有的股份比例取得拟出让的上述股份；如果没有任何股东行使该项权限，公司也可自行回购这些股份，予以注销。

（2021 年 9 月 15 日第 2021-1192 号授权法令）第 2 款所指的通知

以及第 3 款的规定,不适用于依照第 2348 条实现的无形动产质押。

第 1868 条

其他股东并未同意用股份设质的,因设质引起的股份强制变卖,也应在出卖股份前 1 个月通知公司及股东。

在此期限内,股东可以决定解散公司,或者按照第 1862 条及第 1863 条规定的条件取得拟变卖的股份。

如果股份出售已经进行,股东或公司可以行使第 1867 条赋予的替代权;如果不行使该项替代权,即是认可取得这些股份的人(成为公司股东)。

第七节　股东的退出或死亡

第 1869 条

在不损及第三人权益的情况下,股东可以按照章程规定的条件完全或部分退出公司,或者在章程没有规定时,可以由其他股东一致作出决定批准某个股东退出公司。也可由法院以正当理由裁定批准股东退出公司。

除执行第 1844-9 条的规定外,退出公司的股东有权要求偿还其在公司的权益的价值;在协议不成的情况下,该股东在公司的权益的价值依第 1843-4 条的规定确定。

第 1870 条

公司不因某一股东死亡而解散,但可以由死者的继承人或受遗赠人参与而继续存在,如果公司章程规定继承人或受遗赠人参与公司应当得到其他股东的认可,不在此限。

但是,可以约定:一股东死亡将导致公司解散,或者公司仅以其他股东为成员而继续存在。

亦可约定:公司得由死亡的股东的生存配偶为其成员而继续存在,或者以该股东的一名或数名继承人,或者公司章程指定的其他任何人为其成员而继续存在,或者如果章程允许,可以由遗嘱指定的人成为公司的成员。

除公司章程另有条款规定外,在继承的财产转归某一法人时,该法人仅在得到其他股东的认可之后才能成为公司的股东。此项认可,按照章程规定的条件给予,或者在章程没有规定的情况下,经股东一致同意给予。

第 1870-1 条

没有成为公司股东的继承人或受遗赠人,仅对被继承人的股份的价值享有权利。与此项价值的相对应的款额,由股份的新的持有人支付,或者,在公司回购这些股份予以注销的情况下,由公司自行支付。

死亡的股东在公司内的权益的价值,于其死亡之日,按照第 1843-4 条规定的条件确定。

第三章 隐名合伙

第 1871 条

合伙人可以约定他们之间的合伙不进行任何注册登记,此种情况称为"隐名合伙"(societes en participation)。隐名合伙不是法人,不需要履行公示手续。① 隐名合伙(的存在)，得以各种方式证明之。

合伙人可以自由约定隐名合伙的宗旨、经营管理的运作与条件，但不得违反第 1832 条、第 1832-1 条、第 1833 条、第 1836 条(第 2 款)、第 1841 条、第 1844 条(第 1 款)与第 1844-1 条(第 2 款)以及《货币与金融法典》第 411-1 条的各项强制性规定。

第 1871-1 条

除规定另一种组织形式外，如果合伙属于民事性质，各合伙人之间的关系受适用于民事公司的规定约束；如果合伙具有商事性质，受适用于合名公司的规定的约束。

第 1872 条

对于第三人，每一个合伙人仍然是其交给合伙支配的财产的所有权人。

在合伙存续期间，因使用或再使用共有的金钱而取得的财产，以及在交给合伙支配之前已经属于共有的财产，视为合伙人之间的共有财产。

诸合伙人约定归入共有的财产，亦同。

此外，还可以约定，对于第三人，合伙人之一是其为实现合伙的宗旨而取得的全部或部分财产的所有权人。

第 1872-1 条

每一个合伙人均以其本人的名义缔结合同，并且单独对第三人承

---

① 由于隐名合伙不是法人，无须履行公示手续。对于一些不需要很长时间即可完成的短期活动，设立隐名合伙比较合适。目前，设立隐名合伙的领域各不相同，例如，企业间的合作、投资合伙(pools d'investissement)、银行合伙(pools bancaires)、共有财产的管理、共同购买彩票，等等，尽管隐名合伙没有注册登记，但并不意味着它是"暗中的合伙"。自 1978 年 1 月 4 日第 78-9 号法律以来，隐名合伙可以向第三人披露，并且不因此就导致其成为"事实公司"。

担义务。

但是，如果参加合伙的人以合伙人身份从事活动，而且第三人知道此种情形，在合伙为商事性质时，每一合伙人均就其他合伙人以此身份实施的行为产生的义务，对第三人连带承担责任；其他情形，不负连带责任。

由于合伙人的参与或干预，使与其订立合同的人认为该合伙人意欲对其承担义务时，或者经证明缔结的义务已转为利益于该合伙人时，适用前款之规定。

所有情况下，涉及依第1872条（第2款与第3款）规定被视为共有的财产时，在与第三人的关系中，或者适用本法典第三卷第一编第六章的规定，或者如果已经完成第1873-2条规定的手续，适用本卷第九编（二）的规定；在此情况下，所有合伙人均视为共有财产的管理人，有相反协议约定的除外。

第1872-2条

如果隐名合伙没有确定的期限，经合伙人之一向其他合伙人进行通知，合伙得于任何时候解散；但此种通知应善意而为，并且应当合于时宜。

除另有约定外，只要合伙尚未解散，任何合伙人均不得请求按照第1872条的规定分割共有财产。

第1873条

事实上设立的公司①，适用本章之规定。

---

① "事实上设立的公司"（societes crees de fait）与"事实公司"（societes de fait）是两个不同的概念，两者不能混淆，也不能与隐名合伙混淆。"事实公司"这一概念是指被撤销的公司（在一定程度上仍然存在）；而第1873条所指的"事实上设立的公司"则是指这样一种情形：二人或者数人的行为如同公司股东，但并没有办理设立公司所必要的各种手续。因此，"事实上设立的公司"还是具备设立公司的各项要件：出资、分享利润、分担亏损，特别是要有"设立公司的意愿"（affectio societatis），这往往是认定公司的决定性要素。

第九编（二） 有关行使共有权的协议
（1976年12月31日第76-1286号法律）

第 1873-1 条

有权以所有权人、虚有权人或者用益权人的名义对共有财产行使权利的人，可以缔结有关行使此种权利的协议。

第一章 在没有用益权人的情况下有关行使共有权的协议

第 1873-2 条

如果共有财产的全体共有人均表示同意，可以约定继续维持财产共有。

此种协议应当以书面形式订立，否则无效；书面协议应当具体指明哪些财产为共有财产，并且指明属于每一共有人的份额；如果共有财产中包括债权，应当办理第1690条规定的手续；如果其中包括不动产，应当履行不动产公示手续。

第 1873-3 条

订立（维持财产共有的）协议可以有确定的期限。协议的期限不得超过5年。各方当事人作出明文决定,可以延展协议的期限。仅在有正当理由的情况下,才能在协议到期之前提议分割财产。

也可以订立不确定期限的协议,在此场合,可以在任何时候主动提出分割共有财产的请求,但是,提出此项要求应非出于恶意且合于时宜。

当事人可以决定,有确定期限的协议可以默示延长一个确定的或不确定的期限。在没有达成一致意见的情况下,有确定期限的协议到期以后,共有财产受第815条及其后条款的约束。

第 1873-4 条

订立旨在维持财产共有协议的人,应当有处分共有财产的能力或权限。

但是,也可以由未成年人的法定代理人单独以未成年人的名义订立维持财产共有的协议,在此情形下,无论协议的期限如何,未成年人在其到达成年年龄后的1年内可以终止协议。

第 1873-5 条

共有财产的全体共有人可以任命一名或数名管理人。管理人从共有人中挑选。管理人的指任与免职条件和方式,由共有人一致决定确定。

在不能达成协议时,从财产共有人中挑选的管理人只能依其他共有人的一致决定免除职务。

如果管理人不是共有人,得依其委托人之间约定的条件免除职务;或者在其委托人之间没有此种约定时,得依人数与财产份额均占多数的共有人的决定免除职务。

所有情况下,如果因管理人的过错致使共有财产的利益受到危害,法院应共有人之一的请求,可以宣告解除管理人的职务。

如果被撤销职务的管理人是财产共有人,自其被撤销职务之日起,维持财产共有的协议视为不确定期限的协议。

第 1873-6 条

共有财产的管理人在其权限范围内,就民事生活的行为代表全体共有人,或者代表财产共有人在法院起诉或应诉,并且有义务在其提出的第一份书状中指明全体共有人的姓名。指明共有人的姓名纯粹是为了说明情况。

管理人管理共有财产,并为此行使如同法律赋予(1985年12月23日第85-1372号法律)夫妻各方对共同财产的权利。

但是,共有财产的管理人,只有在因共有财产的正常经营所需要时,才能处分共有财产中的有形动产;或者只有在因财产难以保存或易于损失的情况下,才能进行此种处分。任何有关扩大管理人权限的条款,均视为不曾订立。

第 1873-7 条

即使财产共有人中有无行为能力人,共有财产的管理人亦可行使依前条规定而享有的权利。

但是,(原)第456条第3款的规定适用于在财产共有期间同意订立的租约。

第 1873-8 条

超过管理人权限的决定,由全体共有人一致同意作出,但如果管理人本人也是财产共有人,由其行使第815-4条、第815-5条与第815-6条所指的请求权时,不在此限。

如果共有人中有未成年人或无行为能力的成年人,在作出前款所指的决定时,应当适用有关保护无行为能力人的规则。

共有人之间可以约定:在共有人中没有无行为能力人的情况下,某些类型的决定无须经共有人一致同意即可作出;但是,非经全体共有人同意,不得转让任何共有的不动产,适用上述第 815-4 条与第 815-5 条之规定时除外。

第 1873-9 条

在有多名管理人的情况下,有关共有的协议可以就财产的管理方式作出规定。在没有此种专门条款约定时,共有财产的数名管理人可以分别享有第 1873-6 条所指的权利;但每一管理人在任何交易缔结之前对此项活动提出反对意见的权利除外。

第 1873-10 条

(2019 年 9 月 18 日第 2019-964 号授权法令)共有财产的管理人对其提供的劳动有权获得报酬,另有协议时除外。对共有财产管理人给予报酬的条件,由诸共有人确定,但当事人本人不得参与作此决定,或者在没有确定给予管理人的报酬时,由(2019 年 9 月 18 日第 2019-964 号授权法令)司法法院院长先行裁判确定。

管理人,如同受委托人(委托代理人),对其在管理中的过错承担责任。

第 1873-11 条

每一共有人均可要求向其通报有关财产管理的所有文件。共有财产的管理人应当每年一次向共有人报告其管理情况。此时,管理人书面说明已实现的利润以及已经发生或者可以预计的亏损。

每一共有人均有义务分担因保管共有财产引起的费用开支。在没有特别协议的情况下,本法典第 815-9 条、第 815-10 条与第 815-11 条的规定适用于使用权与收益权的行使,亦适用于利润的分配以及亏损的分担。

第 1873-12 条

共有人之一转让其在全部共有财产中的全部权利或部分权利,或者转让其对一宗或数宗财产的全部或部分权利时,其他共有人享有本法典第 815-14 条至第 815-16 条与第 815-18 条规定的先买权和替代权。

无论何种原因,共有财产的一部分转归共有人以外的其他人时,有关维持财产共有的协议视为不确定期限的协议。

第 1873-13 条

全体共有人可以约定,在共有人之一死亡的情况下,其他生存的每一共有人均可取得死者的财产份额,或者去世的共有人的生存配偶或指明的其他继承人亦可请求分配该财产份额,(1978 年 6 月 10 日第 78-627 号法律)但应当考虑在取得或分配财产时这些财产的价值,并将其计入死者的遗产。

如果有数名共有人或有数名继承人同时行使取得或分配财产的权利,视这些共有人或继承人按照各自在共有财产或遗产中所占的份额比例,共同取得死亡的共有人的财产份额。

本条规定不妨碍适用(2006 年 6 月 23 日第 2006-728 号法律)第 831 条至第 832-3 条之规定。

第 1873-14 条

可以取得或分配财产的人,如果在受到催促其作出决定的催告通知起 1 个月期限内没有向生存的其他共有人以及(2006 年 6 月 23 日第 2006-728 号法律第 29-32 条)先去世的共有人的继承人进行通知,并表明其行使权利时,其取得财产或分配财产的权利即告失效。此项催告本身不得在本法典"继承"编规定的财产盘存、制作财产清册与评议期限之内发出。

在没有规定取得权或分配权的情况下,或者在此种权利已经失效的情况下,死亡的共有人的财产份额转归继承人或受遗赠人;在此场合,有关共有财产的协议,视为自继承开始即是一项按照不确定期限订立的协议。

第 1873-15 条

第 815-17 条的规定适用于共有财产的债权人以及共有人个人的债权人。

但是,共有人个人的债权人,仅在其债务人本人可以要求分割财产的情况下,才能主动提出分割财产的要求;其他情况下,共有人个人的债权人可以依照《民事诉讼法典》规定的形式,请求对其债务人在共有财产中所占的份额实施扣押或出卖。第 1873-12 条的规定适用于此种情形。

第二章 在有用益权人的情况下有关行使共有权的协议

第 1873-16 条

如果共有财产负担用益权,在虚有权人之间,或者在用益权人之间,或者在虚有权人与用益权人之间,可以订立原则上适用前一章之规定的协议;对财产享有用益权的数人与对全部财产享有虚有权的一人之间,同样可以订立此种协议;在全部概括的用益权人与虚有权人之间,亦同。

第 1873-17 条

如果用益权人不是订立协议的当事人,与共有财产的管理人进行交易的第三人,不得援用虚有权人可能委托给管理人的权利而损害用益权人的利益。

第1873-18条

如果虚有权人和用益权人之间订立的协议规定有关决定必须按照人数与财产份额之多数才能作出时,与财产份额相关的表决权在用益权人与虚有权人之间对半享有,但如果各方当事人另有约定,不在此限。

超出用益权人义务的所有费用开支,依第582条及其后条款之规定,仅在用益权人于协议中或随后订立的文书中表示同意时,用益权人才承担义务。

非经用益权人同意,不得转让共有财产的完全所有权,但如果有资格诉请出卖财产的债权人主动要求转让,不在此限。

第十编 借 贷

第 1874 条

借贷分两种：

——可以使用但不毁损借贷物的借贷；

——因使用而消费之物的借贷。

第一种借贷称为"使用借贷"（prêt à usage）（2009 年 5 月 12 日第 2009-526 号法律第 10 条取消原来使用的拉丁语"commodat"）。

第二种借贷称为"消费借贷"或简称"借贷"。

第一章 使用借贷或无偿借贷

第一节 使用借贷的性质

第 1875 条

使用借贷是指一方当事人向另一方当事人提交某物，供其使用并由其在使用完毕归还原物的合同。

第 1876 条

使用借贷本质上为无偿借贷。

第 1877 条

出借人（贷与人）仍然是其出借之物的所有权人。

第 1878 条

凡是可用于交易且不因使用而消费之物，均可作为使用借贷协议的标的。

第 1879 条

因无偿使用而形成的义务，可以转移至借用人（借贷人）的继承人以及出借人的继承人。

但是，如果出借人之所以给予借贷，完全是考虑借用人本人并且仅借给借用人本人时，不在此限；在此场合，借用人的继承人不得继续使用借用之物。

第二节 借贷人的义务

第 1880 条

借贷人有义务（2014 年 8 月 4 日第 2014-873 号法律第 26 条）合理照管与保存其借用之物（原规定为"给以善良家父之注意"）。借贷人只能按照借用之物的性质或协议确定的用途使用借用物。如有必要，应负损害赔偿责任。

第 1881 条

如果借贷人将其借用之物用于其他用途，或者超过约定的时间使用借用之物，即使是因意外事件引起借用物灭失，借贷人应当承担责任。

第 1882 条

虽然是因意外事件引起借用物灭失，但借贷人如果是使用其本人之物则可以保证该物不灭失，或者虽然遇到意外事件，借贷人在借用之物与其本人之物两者间仅能保全一物时，借贷人宁选保全自己之物，于此情形，应当对借用之物的灭失承担责任。

第 1883 条

如果借用物在出借时进行了评价，借用物灭失的，即使是因意外事件灭失，损失由借贷人负担，另有约定的除外。

第 1884 条

如果借用之物仅仅是由于使用而有所坏损，在此种使用属于借用目的之内且借贷人没有任何过错时，借贷人对物的坏损不承担责任。

第 1885 条

借贷人不得留置其借用之物，用于抵销出借人对其所欠的债务。

第 1886 条

借贷人为了使用借用之物而支出的费用，不得请求出借人偿还。

第 1887 条

数人共同借用同一物，对出借人负连带责任。

第三节 出借人的义务

第 1888 条

出借人仅在约定的期限届满之后才能收回其出借之物；或者在没有此种约定时，仅在借用人使用完毕才能收回其出借之物。

第 1889 条

但是，在约定的借用期限内，或者在借用人尚未使用完毕之前，出借人如果因未能预见的紧急情形，急需其出借给他人之物时，法院得视情形强制借用人将其借用之物归还出借人。

第 1890 条

如果在借用期间借用人为保全借用物必须支出非常的必要费用，并且由于情形紧急来不及事先通知出借人的，出借人应予偿还。

第 1891 条

因借用之物存在缺陷，可能给使用人造成损失时，如果出借人知道此种缺陷但并未告知借用人，应当承担责任。

第二章　消费借贷或单纯借贷

第一节　消费借贷的性质

第 1892 条

消费借贷是指，一方当事人向另一方当事人提交一定数量的经使用即消费之物，借贷人负责向贷与人偿还相同种类、相同质量、相同数量之物的合同。

第 1893 条

因消费借贷合同的效力，借贷人成为借贷之物的所有权人；借贷之物不论因何种情形灭失，均属于由借贷人负担的损失。

第 1894 条

虽然属于同一种类但（2009 年 5 月 12 日第 2009-526 号法律第 10 条）（个体上）并不相同的物，例如，牲畜，不得以消费借贷的名义出借，于此情形，应当订立使用借贷。

第 1895 条

因借贷金钱而产生的债务,在任何情况下,仅为合同中写明(2009年5月12日第 2009-526 号法律第 10 条废止"数字的")的款项数额。

如果在支付之日前货币发生增值或贬值,债务人应当偿还的款项的数目为其所借(2009 年 5 月 12 日第 2009-526 号法律第 10 条废止"写明数字的")的数目,并且仅用支付时流通的货币进行偿还。

第 1896 条

如果借贷的是金银条块,不适用前条所定的规则。

第 1897 条

如果借贷的是金银条块或食物,无论其价值是增是减,债务人均应偿还相同质量、相同数量的金银条块或食物,但仅按此数量与质量进行偿还。

第二节 贷与人的义务

第 1898 条

在消费借贷中,贷与人负有与第 1892 条对使用借贷规定的相同责任。

第 1899 条

贷与人不得在约定的期限到期之前要求归还贷与之物。

第 1900 条

如果没有确定归还的期限,法官可以酌情给予借贷人一个期限。

第 1901 条

如果仅仅约定在借贷人可能偿还或者有偿还手段时才进行偿还,

法官得酌情确定偿还期限的到期日。

第三节　借贷人的义务

第 1902 条

借贷人应当依照约定的期限，按相同数量与相同质量偿还借贷物。

第 1903 条

如果借贷人不可能按照前述规定履行义务，应当按照协议规定其偿还借贷物的时间和地点，偿还借贷物的价值。

如果没有规定偿还的时间与地点，按照借贷时借贷地的价格进行偿还。

第 1904 条

（1900 年 4 月 7 日法律）如果借贷人不按照约定的期限偿还借贷物或其价值，应当自其受到偿还催告之日起，或者自向法院提出诉讼请求之日起，支付利息。

第三章　有息借贷

第 1905 条

对于金钱或食物或其他动产物品的消费借贷，准许约定利息。

第 1906 条

虽然没有约定利息但借贷人已经支付的，不得请求返还，亦不得用其充抵本金。

第 1907 条

利息得为法定利息,或为约定利息。法定利息由法律规定。只要法律不予禁止,约定的利息可以高于法定利息。

约定利息的利率应当书面确定。

第 1908 条

无保留地出具本金已经偿还的收据,并且没有写明利息尚未支付的,推定已经清偿并解除债务。

第 1909 条

当事人可以订立条款规定用利息支付本金,贷与人自行放弃请求返还本金。

此种借贷称为"设立定期金"。

第 1910 条

此种定期金得以两种方式设立:永久定期金或终身定期金。

第 1911 条

永久定期金,依其本质,得予赎回。

当事人可以仅约定在确定的期限未满之前不得赎回永久定期金,但约定的期限不得超过 10 年;或者双方当事人约定在确定的期限之前如果没有通知债权人,不得赎回永久定期金。

第 1912 条

下列情形,永久定期金的债务人可以受强制赎回定期金:

1. 如其已有两年停止履行义务;
2. 如其没有向贷与人提供合同规定的担保。

第 1913 条

在债务人破产或资不抵债、无支付能力的情况下,永久定期金的本金成为可追偿的到期债务。

第 1914 条

有关终身定期金的规则,在"射幸契约"编中规定。

第十一编　寄托与讼争物寄托

第一章　寄托的通则及其种类

第 1915 条

　　寄托一般是指当事人一方接收他方之物、负责保管并返还原物的合同（acte，行为）。

第 1916 条

　　寄托有两种，一为本义上的寄托，一为讼争物寄托。

第二章　本义上的寄托

第一节　寄托合同的性质与本质

第 1917 条

　　本义上的寄托，本质上是一种无偿契约。

第 1918 条

　　本义上的寄托的标的物仅以动产为限。

第 1919 条

本义上的寄托仅以寄托物的现实交付或虚拟交付而发生效力。

在受寄托人依其他任何名义已经持有他方当事人同意作为寄托而留下之物时,仅依虚拟交付即成立寄托。

第 1920 条

寄托,为自愿寄托(任意寄托)或紧迫寄托。

第二节　自愿寄托

第 1921 条

自愿寄托(dépôt volontaire,任意寄托),依受寄托人与寄托人之间相互同意而成立。

第 1922 条

只有寄托物的所有权人,或者经所有权人明示或默示同意,才能合规成立自愿寄托。

第 1923 条

(1980 年 7 月 12 日第 80-525 号法律废止)

第 1923 条原条文:自愿寄托,应以书面形式为证明。寄托物的价值超过 50 法郎时,不得以证人证言作为证明。

第 1924 条

(1980 年 7 月 12 日第 80-525 号法律)在寄托物的价值超过(2016 年 2 月 10 日第 2016-131 号法律第 5 条第 7 点)第 1359 条(第 1341 条)规定的数字并且不能以书证证明时,作为受寄托人受到起诉(attaqué)的人,得以其声明证明寄托之事实或者证明寄托的标的物,或者证明已经返还标的物之事实。

第 1925 条

自愿寄托,仅能发生于有缔结合同能力的人之间。

但是,如果有缔结合同能力的人接受无能力人所为之寄托,应当负担有效寄托的受寄托人应负的全部义务。进行此种寄托的人的监护人或财产管理人得对受寄托人提起诉讼。

第 1926 条

如果有缔结合同能力的人向无能力人进行寄托,寄托人仅对仍然在受寄托人手中的寄托物有请求返还之诉权,或者仅以受寄托人获得的利益为限行使返还请求权。

第三节 受寄托人的义务

第 1927 条

受寄托人在保管寄托物时,应当如同保管自己之物给予悉心关照。

第 1928 条

下列情形,前条规定在适用时应当更加严格:

1. 如果受寄托人主动提议接受寄托;
2. 如果约定受寄托人因保管寄托物而获得报酬;
3. 如果寄托完全是为了受寄托人的利益而为;
4. 如果有明文规定,受寄托人对一切类型的过失均应承担责任。

第 1929 条

受寄托人在任何情况下对不可抗力事件均不承担责任,但如其已经受到返还寄托物催告而未予返还,不在此限。

第 1930 条

受寄托人未经寄托人明示的或推定的允许,不得使用寄托物。

第 1931 条

如果寄托物在交付给受寄托人时存放在关闭的箱、柜之内,或者封装在加盖印记的封袋之内,受寄托人不得设法探知交付其保管的是何物。

第 1932 条

受寄托人应当原封不动地返还其收受寄托的原物。

依此规定,收受寄托的钱币,不论其价值增减,均应返还与原寄托的种类相同的钱币。

第 1933 条

受寄托人仅需按照寄托物在应当返还时所处的状态进行返还。非因受寄托人的过错而发生的损坏,由寄托人承担损失。

第 1934 条

因不可抗力而丧失寄托物的受寄托人,如果获得寄托物的价值或任何替代物作为补偿,应当返还其受领之物,用以替代返还其收受寄托的原物。

第 1935 条

受寄托人的继承人,在不知道寄托的情况下善意出卖(他人)寄托之物,仅负义务返还其收受的价金,或者如果出卖人并未收取价金,仅负义务让与其对买受人的诉权。

第 1936 条

受寄托人如果已经受领寄托物产生的孳息,应当返还其收取的孳息;受寄托人对寄托的金钱不负担任何利息,但如其受到催告返还而延迟返还的除外。

第 1937 条

受寄托人仅应将寄托物返还给寄托人或者以寄托人的名义进行寄托的人,或者向受指定接收寄托物的人进行返还。

第 1938 条

受寄托人不得要求寄托人证明其本人是寄托物的所有权人。

但是,如果受寄托人发现寄托物属于偷盗物,并且知道该物的真正所有权人时,应当将向其进行此项寄托之事实告知该寄托物的真正所有权人,并催促真正的所有权人在确定的足够期限内提出返还该寄托物的请求;受到此项催促的人怠于提出请求的,受寄托人可以将其收受的寄托物交还寄托人并可有效免除自己的责任。

第 1939 条

进行寄托的人自然死亡(2009 年 5 月 12 日第 2009-526 号法律第 10 条废止"或民事上死亡"),只能向其继承人返还寄托物。

如果继承人有数人,寄托物应当按各继承人所占的继承份,返还给每一继承人。

如果寄托物是不可分之物,诸继承人应在协商一致后进行受领。

第 1940 条

(1985 年 12 月 23 日第 85-1372 号法律第 52 条)如果进行寄托的人被剥夺管理财产的权限,只能向管理寄托人财产的人返还原寄托物。

第 1941 条

(1985 年 12 月 23 日第 85-1372 号法律第 52 条)如果是由监护人或财产管理人以此一种名义进行寄托,在监护人或财产管理人已经终止管理的情况下,只能向监护人或财产管理人原来代理的人返还寄托物。

第 1942 条

如果寄托合同指定了应当返还寄托物的地点或场所,受寄托人有义务将寄托物送至该地点或场所。寄托人负担由此引起的运送费用。

第 1943 条

如果寄托合同没有指定返还寄托物的地点或场所,应当在进行寄托的同一地点或场所进行返还。

第 1944 条

即使寄托合同订定了返还寄托物的确定期限,只要寄托人提出返还寄托物的要求,即应将寄托物交还寄托人;但是,(第三人)在受寄托人手中实行扣押或者对返还或移动(搬走)寄托物提出异议的,不在此限。

第 1945 条

不诚实履行义务的受寄托人,不得享有转让寄托物之利益。

第 1946 条

受寄托人如果发现并证明其本人是寄托物的所有权人,受寄托人的各项义务均告终止。

第四节 寄托人的义务

第 1947 条

进行寄托的人,对受寄托人为保管寄托物所支出的费用负偿还义务,并且对寄托物可能给受寄托人引起的全部损失负补偿义务。

第 1948 条

受寄托人得留置寄托物,直至寄托人全部清偿因寄托产生的债务。

第五节　紧迫寄托

第1949条

紧迫寄托（必要的寄托）是指，因诸如火灾、坍塌、抢劫、船舶遇难或其他不能预见的事件所迫而引起的寄托。

第1950条

（1980年7月12日第80-525号法律）紧迫寄托，即使价值超过（2016年2月10日第2016-131号授权法令）第1359条（原第1341条）规定的数额，亦准许以证人证言为证明。

第1951条

此外，紧迫寄托受以上表述的各项规则约束。

第1952条

（1973年12月24日第73-1141号法律）旅馆或饭店经营人对在其旅馆或饭店留住的旅客带进旅馆或饭店内的衣服、行李与其他物品，作为受寄托人承担责任。此种物品的寄托视为紧迫寄托。

第1953条

（1973年12月24日第73-1141号法律）如果此种物品被偷盗或者有损失，无论是由旅馆或饭店的（2009年5月12日第2009-526号法律第10条）职员所为，还是由出入旅馆或饭店的第三人所为，旅馆或饭店经营人均应承担责任。

寄托至旅馆或饭店经营人手中的任何性质的物件被偷盗或受到毁损之情形，或者旅馆与饭店经营人无正当理由拒绝接受此种物品寄存时，前述责任为无限责任，任何相反条款均无效。

其他所有场合，应给予旅行者的损害赔偿，以其所住客房日租房价的 100 倍为限，排除任何约定的较低限额；但是，如果旅行者证明受到的损失是由其留住的旅馆或饭店的经营人的过错引起，或者是由经营人应当负责任的人的过错引起，不适用前述限额。

第 1954 条

（1973 年 12 月 24 日第 73-1141 号法律）旅馆或饭店经营人对因不可抗力而引起的偷盗或损害不负责任，也不对由于物的性质或缺陷引起的损失负责；但应负举证责任证明其主张的事实。

作为对第 1953 条之规定的例外，旅馆或饭店的经营者对于在其私用的场所停放的车辆内留有的物品应当承担责任，此种责任以每日客房价的 50 倍为限。

第 1952 条与第 1953 条不适用于活的动物。

第三章　讼争物寄托

第一节　讼争物寄托的种类

第 1955 条

讼争物寄托，或为约定的讼争物寄托，或为裁判上的讼争物寄托。

第二节　约定的讼争物寄托

第 1956 条

约定的讼争物寄托是指，由一人或数人将有争议之物交至第三人手中的寄托；争议终结以后，第三人有义务将寄托物交还依判决应当取得该物的人。

第 1957 条

讼争物寄托得为有偿寄托。①

第 1958 条

讼争物寄托为无偿寄托时,受本义上的寄托的规则约束,但保留执行以下不同规定。

第 1959 条

讼争物寄托的标的,不仅可以是动产物件,甚至可以是不动产。

第 1960 条

讼争物寄托的受寄托人,只有经全体利益关系人同意,或者以判决认定的正当原因,才能在争议终结之前,解除其负担的义务。

第三节 裁判上的讼争物寄托

第 1961 条

对于下列物件,法院得命令为讼争物寄托:

1. 债务人的受到扣押的动产;

2. 二人或数人之间就所有权或占有发生争议的不动产或动产物品;

3. 债务人提供的用于清偿债务之物。

第 1962 条

法院指定一名司法保管人(gardien judiciaire),这项指定在实施扣

---

① 原条文直译应为:"讼争物寄托可以不是无偿的寄托"。

押的人与保管人之间产生相互义务,保管人对保全被扣押之物应当给予(2014年8月4日第2014-873号法律第26条)合理的(原规定为"善良家父")悉心关照。

在实施扣押的人出卖扣押之物并依此解除保管人的义务时,保管人应当交出受到扣押之物,或者在取消扣押时,将受到扣押之物交还已对其实施强制执行的当事人。

实施扣押的人有义务向保管人支付依法确定的报酬。

第1963条

裁判上的讼争物寄托,或者交给有利益关系的各当事人一致同意的人,或者交给法官依职权指定的人。

在前款所指的这一情形与那一情形下,受委托照管寄托物的人应当履行如同约定的讼争物寄托所产生的全部义务。

第十二编　射幸契约

第 1964 条

(2016 年 2 月 10 日第 2016-131 号授权法令废止)

第 1964 条原条文:射幸契约是指当事人相互间的一种约定:所有的当事人或者其中一当事人或数当事人是获利还是受损失,均依赖于某种不确定的事件,例如:

——保险契约;

——航海方面的高风险借贷;

——赌博性游戏与赌注;

——终身定期金契约。

第一章　赌博性游戏与赌注

第 1965 条

法律对赌博债务(赌债)或赌注的支付,不赋予任何诉权。[①]

[①] 最高法院混合庭 1980 年 3 月 14 日的判决认为:在海水浴场、温泉浴场等地开设赌场,进行赌博活动,需要得到法律准许,并由公共权力机关作出规定。这些赌博机构有资格接受支票(等于认定赌场支票的有效性)。在(赌客)交付空头支票的情况下,不能因出票人所负的债务依据第 1965 条的规定属于"不赋予任何诉权"的赌债,便驳回赌场提出的偿还款项与损害赔偿的诉讼请求。

第 1966 条

有关练习使用武器的赌博性游戏、赛跑、赛马、赛车、赛球以及其他旨在锻炼身体与训练技巧的赌博性游戏，不适用前条规定。

但是，法院如果认为请求数额过大，得驳回请求。

第 1967 条

任何情况下，赌博中的输家不得请求返还其自愿支付的款项，但是如果赢家有欺诈、舞弊或诈骗情形，不在此限。

第二章　终身定期金契约

第一节　终身定期金契约的有效性要求具备的条件

第 1968 条

终身定期金（la rente viagère）[①]得用一定数额的金钱或者可以评价的动产物或不动产有偿设立。

第 1969 条

终身定期金亦可通过生前赠与或遗嘱纯粹无偿设立[②]；于此情形，

---

① "la rente viagère"，也译为"终身年金"，用动产或不动产财产设立的、按照约定期支付扶养费的制度，支付年限或期间通常为定期金权利人或年金权利人的生存或生命期间。用金钱设立终身定期金，不等于定期存款。

② 例如，年迈的父母为身患残疾的儿子设立终身定期金，以便其在父母身后有一定的生活来源。终身定期金契约通常为诺成契约，依当事人之间意思表示一致而成立，不以现实给付为成立要件，但通过生前赠与或者遗嘱纯粹无偿设立终身定期金，应当遵守赠与或遗赠的法律形式。

终身定期金应当具备法律要求的形式。

第 1970 条

在前条所指情况下,终身定期金的数额如果超过处分人可处分的数额,得予减少;为没有受领能力的人受益而设立的终身定期金无效。

第 1971 条

终身定期金得按照提供代价(prix)的人生存时间设立,或者按照第三人的生存时间设立,即使该第三人对所设立的定期金没有任何享益的权利。①

第 1972 条

终身定期金得按照一人或数人的生存时间设立。

第 1973 条

可以为第三人受益设立终身定期金,即使是由另一人提供设立定期金的代价。

在此情况下,尽管终身定期金具有赠与性质,仍不适用对赠与所要求的形式的规定;但第 1970 条表述的有关无效与减少数额的情形除外。

(1963 年 11 月 6 日第 63-1092 号法律)在终身定期金是由夫妻二人设立或者夫妻一方设立时,此种定期金是利益于生存配偶而约定设立的可复归定期金。约定的(定期金)可复归性条款可以是无偿处分(libéralité)性质,也可以是有偿行为(acte à titre onéreux)性质。在后一种情况下,对于定期金复归于共同财产或(2006 年 6 月 23 日第 2006-728

---

① 实际上是由第三人为另一人受益而提供相应的代价设立定期金,例如,出卖不动产。另见第1973条的规定。第1972条规定可以同时为数人设立终身定期金,例如,年纪较大的夫妻二人以出卖一宗不动产为代价,为二人设立终身定期金。

号法律第 29-32 条）复归于先去世之人的遗产而享有利益的人应当负担的补偿数额，等于可复归的定期金的价值；但如果夫妻双方另有安排，推定他们同意定期金的复归为无偿复归（la réversion à titre onéreux）。

第 1974 条

按照订立契约之日已经死亡的人的生存时间设立终身定期金的契约，不产生任何效力。

第 1975 条

按照设立终身定期金的契约订立之后 20 天内就因患病死亡之人的生存时间设立的定期金，适用前条之规定。①

第 1976 条

终身定期金可以按照缔结契约的各方当事人自愿确定的每期付款的比率设立。

第二节 契约在缔约当事人之间的效力

第 1977 条

用设立终身定期金代替支付价金时，如果设立该定期金的人不向定期金的债权人提供规定的担保，以保障契约的履行，为其受益设立终身定期金的人（定期金债权人）可以请求解除契约。

---

① 终身定期金契约是一种带有射幸性质的契约，第 1974 条与第 1975 条所指的定期金契约则不具有这种性质，已经死亡的人显然不可能享受定期金的利益，为在极短时间内就将死亡的人设立定期金，即使该债权人是因其他疾病死亡，如果采用支付终身定期金的形式订立买卖合同，债务人在订立契约时明明知道定期金债权人不久于人世，意味着他只需付出很小的代价就可以取得他人的巨额财产。

第1978条

终身定期金债权人,不得仅仅因为定期金分期应付的款项已经到期但尚未支付,便请求偿付本金或者收回已经出让的不动产。终身定期金的债权人仅享有扣押并出卖定期金债务人的财产的权利,并且仅有权请求法院裁定或同意其从出卖的财产所得的款项中提取足够的款项,用于支付定期金的到期应付的数额。

第1979条

终身定期金的设立人,不得通过提议"偿还本金并放弃请求返还已经支付的分期所付的款项",自行免除支付定期金的义务;终身定期金的设立人,在为其受益设立此种定期金的一人或数人的生存期间,均有义务支付定期金,不论这些人的寿命长短,也不论终身定期金的负担变得多么沉重。

第1980条

终身定期金的受领人①只能就(定期金设立之后)已经经过的时日,按照比例取得定期金。

但是,如果当事人约定定期金可以提前支付,实际进行支付之日即是应当支付分期款项的到期期限。

第1981条

只有无偿设立的终身定期金,才能订立条款规定该定期金不得扣押。

第1982条

(废止)

第1982条原条文:终身定期金不因其受益人民事上死亡而消灭;

---

① 第1980条与第1983条中的"受领人"原文为"proprietaire"(所有权人)。

在受益人的自然生命期间,均应继续支付定期金。

第1983条

终身定期金的受领人仅在证明其生存或者证明为之设立终身定期金的人仍然生存的情况下,才能请求支付定期金已经到期的分期应付的款项。

第十三编 委 托

第一章 委托的性质与形式

第1984条

委托或代理(授权)①是指一人授权另一人以委托人的名义,为委托人完成某种事务的行为。

委托合同,只有得到受委托人的承诺(接受)才能成立。

第1985条

(1980年7月12日第85-525号法律)给予委托,可以采用公署文书或私署文书,甚至以信件为之;亦可口头给予委托,但是,仅在依照(原)"契约或合意之债的一般规定"编所定的规则时,始允许以证人证言为其证明。

接受委托,得仅为默示,可以产生于受委托人执行对其委托的事务。

第1986条

除另有约定外,委托不付报酬。

---

① 原文分别为"mandat"和"procuration"(授权),两者为同义词,也译为"委任"。本编规定的是委托代理,委托人称为"mandant",受委托人为"mandataire",也译为"委托代理人"。在法文里,"mandat"一词,既指委托代理权限或权力(pouvoir),也指授予代理权限的文书。"mandat"(委托)与"représentation"(代理)两者的意思有所重叠,尤其是债法方面有关"代理"的规定。但是,代理权限不等于代理权利。

第 1987 条

委托,或者是仅就委托人的某一事务或某些事务的特别委托,或者是委托人的全部事务的一般委托。①

第 1988 条

使用一般用语表述的委托,仅包括(对)管理行为(的委托)。

如果涉及财产的让与或抵押,或者涉及财产所有权的其他任何行为,委托应当明示。

第 1989 条

受委托人不得处理超过委托书载明的范围以外的任何事务;(受委托人)试行和解的权限不包括实行仲裁的权限。

第 1990 条

(1965 年 7 月 13 日第 65-570 号法律)未解除亲权的未成年人,得受选任作为受委托人;但是,委托人仅在有关未成年人的义务规则范围内,对未成年受委托人享有诉权。

第二章 受委托人的义务

第 1991 条

受委托人只要仍然负担委托,均有义务完成其所受的委托,并且对因其不履行义务可能引起的损害负赔偿责任。

在委托人死亡时已经着手进行的事务,如果延迟即有可能造成损

---

① 一般委托(mandat général)与特别委托(mandat spécial,专门委托)相对应,是对委托人的一般事务的委托,也译为"概括委托"或"整体委托"。

失的,受委托人应继续进行之。

第 1992 条

受委托人不仅对其欺诈行为承担责任,而且对其在管理中的过错承担责任。

但是,涉及过错引起的责任时,无偿委托的受委托人的责任轻于收受报酬的受委托人的责任。

第 1993 条

任何受委托人,均应向委托人报告其进行管理的情况以及将其依据委托授权所受领的一切交给委托人,即使其受领之物并不属于委托人,亦同。

第 1994 条

下列情形之一,受委托人应当对代替其管理事务的人承担责任：

1. 受委托人并未获得可以由他人替代的权限；

2. 虽然给予受委托人可以由他人替代的权限,但并未指明具体人选时,而受委托人选择的替代人明显无能力或明显无支付能力。

所有情况下,委托人均可直接对替代受委托人的人提起诉讼。

第 1995 条

用同一委托书选任数个得到授权的人或受委托人,仅在有明文规定他们负连带责任时,各受委托人相互间始负连带责任。

第 1996 条

受委托人对其个人挪用的款项,应当支付自挪用之日起计算的利息；对于债务余额,受委托人自受到催告交付之日起应负延迟交付期间的利息。

第 1997 条

受委托人以此资格向与其缔结契约的人已充分说明其所享有的权

限时，对于超出此种权限的事务，不负任何担保责任，但受委托人自行承担此种责任的除外。

第三章　委托人的义务

第 1998 条

委托人应当履行由受委托人按照赋予他的权限缔结的各项义务。

对于受委托人超越授权所为的事务，委托人只有在明示或默示批准时，始负履行责任。

第 1999 条

委托人应当偿还受委托人为履行委托而垫付的款项和支出的费用，以及在约定向受委托人支付报酬时，应当支付报酬。

如果没有任何可以归咎于受委托人的过错，委托人不得自行免除前述费用与报酬的偿还和支付，即使其委托的事务并未获得成功，亦同；委托人不得借口费用或垫款本可少一些而要求减少其应当偿还和支付的数额。

第 2000 条

委托人应当补偿受委托人在管理事务中并非因其不谨慎而受到的损失。

第 2001 条

受委托人垫付的款项的利息，自此种垫付得到确认之日起，由委托人负担。

第 2002 条

委托人是由数人为同一项共同事务委任时，每一个委托人均有义务就委托的全部效力对受委托人承担连带义务。

第四章 终止委托的各种方式

第 2003 条

委托因下列事由终止：

——受委托人被解除委托；

——受委托人抛弃委托；

——委托人或受委托人自然死亡(2009 年 5 月 12 日第 2009-526 号法律第 10 条废止"或民事上死亡")，成年人实行监护，或者非商人资不抵债。

第 2004 条

委托人在认为恰当时，可以解除委托，必要时，可以要求受委托人交回记载委托的私署文书，或者如果委托书是经公证的原本，可以要求受委托人交回该委托书的原本；如果委托书的原本是由委托人保管，可以要求受委托人交回经认证与原本相符的副本。

第 2005 条

仅仅是向受委托人通知解除委托，对于不知道此项解除事由、仍然与(原)受委托人进行交易的第三人不具有对抗效力，但委托人对受委托人有求偿权。

第 2006 条

为同一事务选任新的受委托人，自向原受委托人通知新的委托之日起，产生解除对原受委托人的委托的效力。

第 2007 条

受委托人可以向委托人发出抛弃受委托的通知,抛弃其所受的委托。

但是,如果抛弃委托对委托人的利益造成损害,受委托人应负责对委托人给予补偿,受委托人本人非受重大损失便不能继续履行其所受之委托的情形除外。

第 2008 条

受委托人不知道委托人死亡或其他终止委托的原因,在不知情的情况下所为之事务仍然有效。

第 2009 条

在以上所指情况下,对于善意第三人,应当履行由受委托人缔结的义务。

第 2010 条

如受委托人死亡,其继承人应当告知委托人,并且在等待的同时,为委托人的利益处理因具体情况要求处理的事务。

第十四编　财产托管[①]

（2007年2月19日第2007-211号法律）

第 2011 条

财产托管是指一名或数名托管人[②]，将其现有的或将来的某些财产、权利或担保，或者财产、权利或担保组成的整体，转移给一个或数个受托人，受托人将这些财产与他们本人的财产分开持有，并且为一个或数个受益人的利益按照确定的目的实行管理的活动。

第 2012 条

财产托管，依法律的规定设立，或者依合同设立。财产托管应为明示。

（2009年1月30日第2009-112号授权法令第1条）如果转移到托管的概括财产内的所有财产、权利或担保属于夫妻之间现存的共同财

[①] 法国《民法典》原先没有关于财产托管（la fiducie）合同的规范，2007年的法律将财产托管归入法国《民法典》。这是一项受英美法"信托"（trust）制度影响的制度。按照财产托管合同，托管人将财产转移给受托人，受托人负担管理财产的任务。交付托管的财产构成与受托人的概括财产分开的另一项概括财产，属于"指定用途的概括财产"（le patrimoine d'affectation）。法国《民法典》第三卷第十四编原来是有关保证的专门规定，由2006年3月23日授权法令废止。有关"保证"的规定，原第2011条至原第2043条由2006年3月23日授权法令重新规定在《民法典》第2288条至第2320条，2021年9月15日第2021-1192号授权法令保持了相同序号。

[②] 转移现有的或将来的某些财产、权利或担保，设立财产托管的人，原文称为"fiduciant"，也称"constituant"（托管设立人），受托人称为"fiduciaire"。

产制的财产,或者属于共有财产,托管合同(contrat de fidude)应当用公证文书(acte notarié)作成,否则无效。

第 2013 条

如果是出于向受益人进行赠与的意图订立财产托管合同,该托管合同无效。此种无效具有公共秩序性质。

第 2014 条

(2008 年 8 月 4 日第 2008-776 号法律第 18-1 条废止)

第 2014 条原条文:只有依法当然缴纳公司所得税或者选择缴纳公司所得税的法人,才能作为财产托管人。托管人以托管财产的名义享有的权利,既不得无偿转移,也不得有偿转让给缴纳公司所得税的法人以外的其他人。

第 2015 条

只有《货币与金融法典》(2013 年 6 月 27 日第 2013-544 号授权法令)第 511-1 条第 1 点所指明的信贷机构、第 518-1 条所列举的机构与服务部门、第 531-4 条所指的投资企业、证券管理公司以及《保险法典》第 310-1 条所指的保险企业,(2007 年 2 月 19 日第 2007-211 号法律)才具有作为财产托管的受托人资格。

(2008 年 8 月 4 日第 2008-776 号法律第 18-1 条)律师职业的成员也可以有财产托管的受托人资格。

第 2016 条

托管人(constituant,托管设立人)或者受托人,可以是财产托管合同的受益人或者受益人之一。

第 2017 条

除财产托管合同另有规定外,托管人得于任何时候指定第三人负责确保其在履行合同的范围内的利益,第三人可以享有法律赋予托管人的权限。

(2009年1月30日第2009-112号授权法令第2条)托管人是自然人时,不得放弃此项权限。

(2020年2月12日第2020-115号授权法令)托管人应当向受托人通知其对第三人的指定。

第2018条

财产托管合同应当明确规定以下事项,否则无效:

1.(交付托管并)转移的财产、权利或担保;如果转移的是将来的财产、权利或担保,这些财产、权利或担保应当是可以确定的;

2.财产转移的持续期间,自托管合同签字之日起,不得超过(2008年8月4日第2008-776号法律第18-1条)99年;

3.财产托管人或诸托管人的身份;

4.受托人或者诸受托人的身份;

5.受益人或者诸受益人的身份;或者在没有指明受益人时,应当写明据以指定受益人的规则;

6.受托人或者诸受托人的任务及其进行管理和处分的权限范围。

第2018-1条

(2008年8月4日第2008-776号法律第18-1条)在托管合同规定托管人保留其对转移至受托管的概括财产中的营业资产或从事职业的不动产的使用权(usage)或使用、收益权(jouissance)时,为此目的订立的合同不受《商法典》第一卷第四编第四章和第五章规定的约束,另有约定的除外。

第2018-2条

(2008年8月4日第2008-776号法律第18-1条)在财产托管范围

内实现的债权转让,自托管合同订立之日或者自确认债权转让的附加条款订立之日,对第三人产生对抗效力。只有经债权转让人或受托人向债务人通知转让,此种转让才能对被转让的债权的债务人产生对抗效力。

第 2019 条

财产托管合同及其附加条款,应在其订立起 1 个月期限内,在受托人的总机构住所地的税务机构进行登记,或者如果受托人的住所不在法国,应当在非居民税务部门进行登记,否则无效。

财产托管合同及附加条款涉及不动产或者不动产物权时,应当按照《税收总法典》第 647 条与第 657 条规定的条件进行公示,否则无效。

由财产托管合同引起的权利的转移,以及如果在财产托管合同中没有指明受益人,对于随后进行的指定,应当制作按照相同条件进行登记的书面文书。

(2020 年 2 月 12 日第 2020-115 号授权法令)依照第 2017 条指定的第三人以及有关《货币与金融法典》第 561-2-2 条所指的托管财产的实际受益人的身份,也应当由受托人制作一份书面文书,并按照相同条件进行登记,否则无效。

第 2020 条

按照最高行政法院提出资政意见后颁布的法令规定的条件设立全国财产托管登记簿(登记处)。

第 2021 条

受托人为其托管的财产的利益开展活动,应当明确作出记载。

同样,在交付托管的概括财产中如果包括发生变动即应进行公示的财产或权利,在进行的公示中应当写明符合资格的受托人的名称。

第 2022 条

财产托管合同应当具体规定受托人向托管人报告其履行托管任务的条件。

但是,如果在托管合同执行过程中对财产托管人实行监护措施,应托管人的监护人的要求,受托人应当每年至少一次向监护人报告其执行托管任务的情况,且不影响按照合同规定的定期向监护人进行报告。

如果在财产托管合同执行过程中对托管人实行财产管理措施,受托人应当按照上述相同条件向托管人及其财产管理人报告执行托管任务的情况。受托人按照合同规定的定期,应受益人或依照第 2017 条指定的第三人的要求,向其报告执行托管任务的情况。

第 2023 条

在与第三人的关系中,受托人视为对受其托管的概括财产享有最广泛的权利,但证明第三人知道对受托人的权利有所限制的除外。

第 2024 条

为受托人的利益开始实行保护程序或者司法重整或司法清算程序时,不影响已经交付托管的概括财产。

第 2025 条

除有诈害托管人的债权人权利之情形外,只有因保管或管理托管财产而产生的债权的持有人,才能扣押已经设立托管的财产,但是,不影响托管人的债权人享有的与托管合同订立之前进行了公示的担保相关联的追及权。

在交付托管的概括财产不足的情况下,托管人的概括财产构成对这些债权人的共同担保物,托管合同另有条款规定全部或部分负债由受托人负担时除外。

托管合同也可以将对负债的义务限制在实行托管的财产限度之

内;但此种条款仅对明文接受该条款的债权人具有对抗效力。

第 2026 条

受托人用其自己的概括财产对其在履行托管任务中的过错承担责任。

第 2027 条

(2008 年 8 月 4 日第 2008-776 号法律第 18-1 条)在没有合同条款对替代条件作出规定的情况下,如果受托人不履行其职责或者使交付其托管的财产利益受到危害,或者如其实行保护程序或司法重整程序,托管人、受益人或者依照第 2017 条指定的第三人,均可请求法院任命一名临时受托人,或者请求更换受托人。法院作出支持此项请求的判决当然停止原受托人的托管权限,并将交付托管的概括财产转移给替换人。

第 2028 条

只要受益人尚未接受财产托管合同,托管人均可撤销该合同。

在受益人接受所订立的财产托管合同之后,只有经其同意,或者经法院判决,才能变更或撤销该合同。

第 2029 条

财产托管合同因设立托管的自然人死亡、合同到期而终止,或者在其尚未到期之前财产托管的目的已经实现时,合同亦终止。

如果全体受益人均放弃财产托管,合同当然终止,但如果合同原已对其继续存在的条件作出了规定,不在此限。依相同保留条件,如果(法人)受托人实行司法清算或者解散或者因转让或合并而消失,财产托管合同亦终止。如果受托人是律师,在其被暂时禁止执业、在律师公会被注销登记或排除登记时,财产托管合同亦予终止。

第 2030 条

由于没有受益人,在财产托管合同终止的情况下,交托管的财产中现存的权利、财产或担保当然返回托管人。

(2008 年 8 月 4 日第 2008-776 号法律第 18-1 条)在财产托管合同是因托管人死亡而终止的情况下,交付托管的概括财产当然返还至托管人的遗产(之内)。

第 2031 条

(2008 年 8 月 4 日第 2008-776 号法律第 18-1 条废止)

第 2031 条原条文:在法人托管人解散的情况下,如果权利继受人不是应当缴纳公司所得税的法人,交付托管的财产可以分配给这些在托管合同终止之日具有此种资格的权利继受人。在这种情况下,权利继受人以托管财产的名义享有的权利,不得进行生前有偿转移也不得进行有偿转让。

第 2032 条至第 2043 条

(空缺)

第十五编　和　解

第 2044 条

和解是诸当事人据以终止已经产生的争议或者防止发生争议的协议(合同)。

此种协议应采用书面形式作成。

第 2045 条

为了进行和解,和解人应当具备处分包括在和解范围之内的各项标的的能力。

监护人只能按照第 506 条的规定,为未成年人或受监护的成年人进行和解;并且只能按照第 511 条的规定在未成年人达到成年时就监护账目进行和解。

(2011 年 5 月 17 日第 2011-525 号法律第 158 条)国家公共机构,非经总理明文许可,不得进行和解。

第 2046 条

对于因侵权行为产生的民事利益,可以进行和解。

实行和解,不妨碍检察院提起追诉。

第 2047 条

(2016 年 11 月 18 日第 2016-1547 号法律第 10 条废止)

第 2047 条原条文:和解协议可以规定对不履行已达成的和解的人

处以违约金。

第 2048 条

和解的效力仅限于其标的范围;在和解中抛弃任何权利、诉权与诉讼主张的,仅以与引起和解的争议有关者为限。

第 2049 条

和解,仅处理包括在和解范围内的争议;此种争议的范围,或者依当事人以特定的或一般的表述所表明的意思为准,或者依据当事人自己的表述,他人据此推断必然认定的意思为准。

第 2050 条

已经就其享有的某项权利实行和解的人,如果随后因他人之原因取得类似的权利,新取得的权利不受先前达成的和解约束。

第 2051 条

利益关系人中一人达成的和解,对其他利益关系人没有任何拘束力,但其他利益关系人不得反对其中一人达成的和解。

第 2052 条

(2016 年 11 月 18 日第 2016-1547 号法律第 10 条)实现和解,阻止具有相同标的的诉讼各当事人之间提起或继续进行诉讼。

第 2052 条原条文:实现和解,在诸当事人之间,具有终审判决(en dernier ressort)的既判力。

对于此种和解,不得以对法律的误解,也不得以显失公平之原因提起诉讼(attaquer)。

第 2053 条

(2016 年 11 月 18 日第 2016-1547 号法律第 10 条废止)

第 2053 条原条文:但是,如果是在对当事人或者对争议的标的发生错误的基础上实现的和解,此种和解得予撤销。

凡是在胁迫或欺诈的情况下实现的和解,均得撤销之。

第 2054 条

(2016 年 11 月 18 日第 2016-1547 号法律第 10 条废止)

第 2054 条原条文:对于因执行某项无效的证书而达成的和解协议,可提起取消之诉;但是,当事人如果已明确对该证书的无效事项作出处理并且仍然缔结和解协议的,不在此限。

第 2055 条

(2016 年 11 月 18 日第 2016-1547 号法律第 10 条废止)

第 2055 条原条文:基于后来证明属于伪造的证书达成的和解协议无效。

第 2056 条

(2016 年 11 月 18 日第 2016-1547 号法律第 10 条废止)

第 2056 条原条文:当事人双方或其中一方不知道诉讼因产生既判力的判决已经终结的,就此种诉讼实现的和解无效。

当事人虽然不知道法院已经作出判决,但该判决是允许向上诉法院提起上诉的判决时,就诉讼达成的和解仍然有效。

第 2057 条

(2016 年 11 月 18 日第 2016-1547 号法律第 10 条废止)

第 2057 条原条文:诸当事人对共同有关的全部争议概括达成和解协议的,不得用在实行和解的当时尚不了解的证书以及后来才发现的证书作为取消和解协议的原因,但是,如果这些证书是由于当事人之一的行为被扣留而未予提出时,不在此限。

如果从达成和解协议之后新发现的证书来看,可以认定一方当事

第十五编 和 解

人对达成和解的标的物并无任何权利,就该标的物达成的和解协议无效。

第 2058 条

(2016 年 11 月 18 日第 2016-1547 号法律第 10 条废止)

第 2058 条原条文:和解协议中存在的计算方面的错误,应予纠正。

第十六编　仲裁协议
（1972 年 7 月 5 日第 72-626 号法律）

第 2059 条

（1972 年 7 月 5 日第 72-626 号法律）任何人均可就其可以自由处分的权利提请仲裁。

第 2060 条

（1972 年 7 月 5 日第 72-626 号法律）有关人的身份和能力、离婚与分居的问题，或者涉及公共机构和公共行政机关之利益的争议，广而言之，与公共秩序有关的所有争议，均不得提交仲裁。

（1975 年 7 月 9 日第 75-596 号法律）但是，具有工商性质的公共机构，可以依法令的规定允许诉诸仲裁。

第 2061 条

（2016 年 11 月 18 日第 2016-1547 号法律第 11 条）主张用仲裁条款对抗一方当事人时，仲裁条款应当是该方当事人原已接受的条款；当事人是原已接受仲裁协议的人的权利义务继受人时，亦可主张之。

一方当事人不是在从事职业的范围内订立合同时，仲裁条款对其不具有对抗效力。

第 2061 条原条文：（2001 年 5 月 15 日第 2001-420 号法律第 126 条）除特别法另有规定外，在基于职业活动之原因而订立的合同中订立的仲裁条款有效。

第十七编　参与性程序协议
(2010年12月22日第2010-1609号法律第37条)

第2062条

(2016年11月18日第2016-1547号法律第9条)参与性程序协议是指,发生某项争议的各方当事人承诺通过友好协商、共同努力,善意处理他们的争议,或者为处理他们的争议进行诉前准备的协议。

第2063条

参与性程序协议应当采用书面文书,其内容应具体包括以下事项,否则协议无效:

1. 协议的期限;

2. 争议的标的;

3. 对于处理争议或者为了处理争议进行准备所必要的书面材料与信息资料,以及这些材料的交换方式;

4. (2016年11月18日第2016-1547号法律第9条)相应情况下,各方当事人一致同意按照最高行政法院提出资政意见后颁布的法令确定的条件制作的并由律师副署的各项文书。

第2064条

(2015年8月6日第2015-990号法律第258条)任何人,由律师协助,均得就他们可以自由处分的权利订立参与性程序协议,但保留执行第2067条的规定。

第 2065 条

（2016 年 11 月 18 日第 2016-1547 号法律第 9 条）在法院受理诉讼之前订立的参与性程序协议只要仍然在执行当中，诉诸法官裁判争议的请求不予受理。但是，在一方当事人不履行协议时，准许另一方当事人向法官提起诉讼，以期对争议作出审理裁判。

紧急情况下，参与性程序协议不妨碍各方当事人请求采取临时措施或保全措施。

第 2066 条

（2021 年 9 月 15 日第 2021-1192 号授权法令）不妨碍适用《民事执行程序法典》第 111-3 条第 7 点的规定，如果各方当事人根据参与性程序协议的规定，达成一项解决他们之间全部或部分争议的协议，可以将此协议提交法官认可。

（2016 年 11 月 18 日第 2016-1547 号法律第 9 条）各方当事人在法院受理诉讼之前订立的参与性程序协议到期时仍然没有达成协议的，可以将争议提交法官审理；相应情况下，各方当事人免于事先试行和解或调解。

（2015 年 8 月 6 日第 2015-990 号法律）本条第 2 款的规定不适用于劳资纠纷方面的争议。

第 2067 条

在离婚或者分居诉讼中，夫妻双方为了寻求自愿处理问题，也可以订立参与性程序协议。

离婚或者分居诉讼，不适用第 2066 条的规定。在订立参与性程序协议之后提出的离婚或者分居诉讼请求，按照第一卷第六编有关离婚的规则提出与判决。

第 2068 条

参与性程序受《民事诉讼法典》调整。

第十八编　（空缺）

第十九编　不动产扣押及价金的分配（废止）[①]

附:《民事执行程序法典》第三卷　不动产扣押及买卖价金的分配

第一编　一般规定

第 311-1 条　不动产扣押的目的是强制变卖债务人的不动产,或者在相应情况下,变卖由第三人持有的不动产,以分配价金。(《民法典》原第 2190 条)

第 311-2 条　任何债权人,持有确认其享有数额确定、可以追偿的到期债权的执行根据的,均可按照本章以及与本法典第一卷与之不相抵触的规定的条件,实施不动产扣押。(《民法典》原第 2191 条)

第 311-3 条　当事人之间订立的任何协议,约定在债务人不履行对债权人承担之义务的情况下,债权人可以在对不动产扣押规定的形式之外变卖债务人的不动产,此种协议无效。(《民法典》原第 2201 条第 2 款)

第 311-4 条　在依据具有先予执行力的法院判决进行债务追偿

[①] 旧《民事诉讼法典》第 673 条至第 778 条有关不动产扣押的规定既详细又复杂,2006 年 4 月 21 日关于修改不动产扣押程序的第 2006-461 号授权法令废止了这些条文,同时废止了《民法典》第三卷第十九编(原第 2204 条至原第 2219 条)有关不动产扣押及价金分配的规定,这些规定现在编为《民事执行程序法典》第三卷"不动产扣押及买卖价金的分配"。因此《民法典》目前第 2069 条至第 2218 条没有条文。

时，不动产的强制变卖只能在终局判决产生既判力之后进行。

但是，在对缺席判决可以提出异议的期间，不得依据缺席作出的判决实行任何追偿。(《民法典》原第 2191 条第 2 款、第 3 款)

第 311-5 条　对债务人的一宗不动产实施扣押的债权人，只有在已经受到扣押的财产仍然不足的情况下，才能对债务人的其他不动产实施新的扣押程序。

债权人只有在其享有的抵押权不能满足其权利时，才能扣押没有为其利益设立抵押权的不动产。(《民法典》原第 2192 条)

第 311-6 条　除有特别立法规定外，可以对与不动产相关联的所有权利实施不动产扣押，其中包括可以作为转让标的的、视为不动产性质的添附权利。(《民法典》原第 2193 条)

第 311-7 条　夫妻共同的不动产的扣押，针对夫妻二人实施。(《民法典》原第 2195 条)

第 311-8 条　对于未成年人，即使已经解除亲权，或者对于财产受管理或受监护的成年人，在首先就其动产实施追偿之前，不得扣押其不动产。

但是，在对成年人与未成年人或者财产受管理或受监护的成年人共有的不动产实施扣押之前，如果是他们共同的债务，不得要求首先就动产实行追偿。在求偿之诉已经开始时对成年人尚未实行财产管理或者监护的情况下，也不得要求首先就其动产实施追偿。(《民法典》原第 2190 条)

第二编　不动产扣押与变卖

第一章　不动产的扣押

第 321-1 条　债权人通过向债务人或者向持有不动产的第三人送达文书，对不动产实施扣押。

第 321-2 条　(送达)扣押文书，使不动产成为不得处分的财产，并限制受到扣押的债务人的使用权、收益与管理权。

债务人既不得转让受到扣押的不动产,也不得用其设立物权,但保留适用本法典第 322-1 条的规定。

除不动产正在出租外,债务人成为讼争物保管人,但如具体情况证明有理由指定第三人为讼争物保管人,或者因重大原因驱逐债务人时,不在此限。(《民法典》原第 2198 条)

第 321-3 条 对不动产实行扣押,引起对其孳息的扣押,但此前已实行的扣押产生的效力除外。

第 321-4 条 在不动产扣押实施之后由债务人同意订立的租约,不论时间长短,均对实施扣押的债权人以及不动产取得人不具有对抗效力。

有关租约在先的证据得以任何方法提出。(《民法典》原第 2199 条)

第 321-5 条 不动产扣押自其在不动产登录簿公示之日,对第三人产生对抗效力。

凡是未经公示的转让,或者在扣押之后才进行公示的转让,对实施扣押的债权人以及按照本法典第 322-1 条规定的条件取得不动产的人,均不产生对抗效力,但如果为了清偿已登记的债权人与实施扣押的债权人本金、费用及利息而寄存了足够的款项,不在此限,由此寄存的款项应当专用于清偿这些债权人的债权。

由于债务人原因,不是在不动产扣押公示之前进行的登录,同样不能产生对抗效力,但应保留不动产出卖人、为取得不动产而提供借贷的借贷人以及共同分割人按照《民法典》第 2379 条与第 2381 条规定的条件登记的优先权的权利。此种优先权依《民法典》第 2374 条的规定赋予。(《民法典》原第 2200 条)

第 321-6 条 在数宗不动产同时受到扣押的情况下,债务人可以请求法官对这些扣押的范围加以限制。

债务人也可以向法官请求将这些扣押转换为对其特定不动产的抵押。此种抵押权自扣押公示之日起即产生清偿顺位,但以自收到判决通知起 1 个月内进行担保登录为保留条件。(《民法典》原第 2190 条)

第二章　被扣押的不动产的变卖

第一节　一般规定

第 322-1 条　受到扣押的财产,或者经法院批准自愿协商出卖,或者公开竞价拍卖。(《民法典》原第 2201 条第 1 款)

第 322-2 条　实施执行行动的司法执达员可以进入受扣押的场所,相应情况下,让人打开门户与家具,以便对受扣押的不动产作出描述。

如果场所的占据人不在场,或者拒绝司法执达员进入场所,执达员按照本法典第 142-1 条与第 142-2 条的规定处理;如果场所是由持有对债务人具有对抗效力的权利的第三人占据,司法执达员只有事先得到执行法官的批准,或者得到占据人的同意,才能进入该场所。

第二节　经法院批准自愿协商出卖被扣押的不动产

第 322-3 条　经法院批准自愿协商变卖受到扣押的不动产,产生任意变卖的效力。(《民法典》原第 2202 条)

第 322-4 条　只有根据寄存的出卖财产的价金与费用以及有关缴纳出卖财产的税款的证明,才能制作有关财产出卖的公证书。(《民法典》原第 2190 条)

第三节　公开竞价拍卖

第 322-5 条　不动产拍卖,由法官主持开庭,进行公开竞价。(《民法典》原第 2204 条)

第 322-6 条　财产的起拍价由实施扣押的债权人确定。在无人竞价的情况下,宣告实施扣押的债权人按照起拍价的数额成为竞价买受人。

在实施扣押的债权人确定的起拍价明显过低的情况下,债务人可以向法官提出请求以便按照不动产的市价和市场条件确定起拍价,但是,在没有人参与竞价的情况下,只按照最先的起拍价宣告实施扣押的债权人为竞价买受人。(《民法典》原第2206条)

第322-7条 任何人,如证明有支付保证,均可作为竞买人,但因其履行的职责而无此能力的除外。(《民法典》原第2205条)

第322-8条 公开竞价拍卖不得产生定购交付拍卖的财产的声明。(《民法典》原第2207条)

第322-9条 竞价买受人应当将拍卖价金寄存至讼争物保管账号,或者寄存至信托银行,并交纳拍卖费用。

竞价买受人在寄存价金与交纳费用之前,不得对财产实施处分行为,但为了取得该财产而筹措资金、进行借贷、设立从属的抵押权除外。(《民法典》原第2211条)

第322-10条 公开竞价拍卖,意味着强制变卖受到扣押的财产并将财产的所有权转移给竞价买受人。

公开竞价拍卖只能将属于财产受扣押人的权利赋予竞价买受人,财产受到扣押的人有义务向买受人交付财产并担保其不受追夺。(《民法典》原第2208条)

第322-11条 只有在证明已经支付了税费之后,才能向竞价买受人提交买卖文书。(《民法典》原第2211条)

第322-12条 在买受人没有寄存价金与交纳拍卖费用的情况下,不动产的买卖当然解除。

如果该财产在再次出卖时的价格低于公开竞价的价格,不履行义务的(原)竞价买受人应当支付差额,不履行义务的竞价买受人不得主张返还其已经支付的款项。(《民法典》原第2212条)

第322-13条 竞价拍卖成交判决构成对财产受到扣押的人的执

行根据。(《民法典》原第2210条)

第四节 共同规定

第322-14条 寄存拍卖成交的价金以及交纳拍卖费用,当然清除因债务人的原因在不动产上设立的一切抵押权与优先权。(《民法典》原第2213条)

第三编 价金的分配

第331-1条 只有实施扣押的债权人、在具有扣押效力的支付催告令书公示之日已经就受到扣押的不动产进行了登记的债权人、在买卖文书公告之前就不动产登记的债权人,以及《民法典》第2374条第1b点与第2375条列举的债权人,才准许就拍卖不动产的价金主张权利。(《民法典》原第2214条)

第331-2条 受到申报债权催告但疏于申报的债权人,对不动产买卖价金的分配丧失其享有的担保利益。(《民法典》原第2215条)

第二十编 消灭时效
（2008年6月17日第2008-561号法律）

译者简述：依法国法律，时效（prescription）是一种推定，其效力有时是消灭权利，有时是创设权利。前者为"消灭时效"（prescription extinctve，第2219条）：在确定的时间里不行使权利，推定权利或债务消灭，它引起的是"实体权利的丧失"（perte du droit substantiel）；后者为"取得时效"（prescription acquisitive，第2258条）：它可以导致取得某种主物权（un droit réel principal），如所有权，特别是不动产所有权。不动产所有权，可以依符合规定之条件的占有，经30年时效取得。30年时效是一种取得时效。

法国《民事诉讼法典》第122条规定："旨在请求法院宣告对方当事人因没有诉讼权利，诸如无诉讼资格、无诉讼利益、已过时效、已过预定期间、属于既判事由之原因，其诉讼请求不经实体审理而不予受理的任何理由，均构成诉讼不受理。"依据这一规定，除其他原因外，时效与预定期间（除斥期间）都是消灭起诉权（droit d'agir en justice）的方法：当事人在法律规定的期间不行使起诉权，不提起诉讼，导致在期间经过之后才提出的诉讼不予受理，这种情形构成上述第122条意义上的"诉讼不受理"。

法国法律中的"诉讼不受理"（fin de non-recevoir）的概念与我国法律所说的诉讼不受理有区别。为了理解这一概念，需要了解法国《民事诉讼法典》规定的立案程序和防御方法。法国民事诉讼没有立案审查程序，而诉讼不受理是被告在庭审时可以运用的一种防御方法。防御方法包括：实体上的辩护、程序上的抗辩以及诉讼不受理。诉讼不受理是介于"本义上的防御"和"抗辩"之间的一种混合性质的防御方法：一方面，它使原告的诉讼请求归于失败；另一方面，被告并不是直接从实体上否定原告的诉讼请求，而是使其请求得不到法院受理，以此阻却原告提起的诉讼。但是，如果原告诉讼所存在的障碍被消除，仍然可以提起新的诉讼。法院判例表述为"一方当事人因时效期间已过而丧失对某项法律行为提起无效之诉的权利"（原文为"la partie qui a perdu, par expiration du delai de prescription, le droit d'intenter l'action en nullite d'un acte juridique"），从这一表述来看，时效产生的效力并不导致原告"丧失胜诉权"，而是引起诉讼不受理，实际上是丧失起诉权；第2219条表述为"某项权利"。

第一章 一般规定

第 2219 条

消灭时效（prescription extinctive）是指，因权利人在特定时间内不行为引起的某项权利消灭的方法。（参见附目第 2219 条）

第 2220 条

除法律另有规定外，除斥期间（délai de forclusion，逾期丧失权利的期间）①不受本编规定调整。

第 2221 条

消灭时效受其涉及的权利所适用的法律调整。

---

① 依照法文原文，"除斥期间"表述为"délai de forclusion"，直接翻译应为"逾期丧失权利的期间"，是"失权期间"（本书译文中这些表述意思相同）。除斥期间是带有禁止性质的制裁措施，权利人或诉权持有人在法定的、约定的或者法院裁判确定的期间不完成应当履行的手续，自此禁止该当事人履行此种手续；不服一审判决的当事人在法律规定的期间不向上诉法院提起上诉，丧失提起上诉的权利。除斥期间不属于法律规定的时效期间（délai de prescription）。时效被解释为一种推定，可以放弃已经取得的时效。第2220条规定除斥期间不受关于消灭时效的规定的调整。除斥期间通常是"预定期间"（délai prfix），但"预定期间"既不能停止，也不能中断，而第 2241 条规定"向法院起诉……中断时效期间和除斥期间（逾期丧失权利的期间）"，因此"预定期间"与"除斥期间"（失权期间）也存在某种差别。

第 2222 条

规定延长某一时效期间或除斥期间（逾期丧失权利期间）的法律，对于已经取得的时效或者已经发生的丧失权利，不产生效力。在此种法律生效之日尚未经过的时效的期间或除斥期间，适用该法律。于此情形，应当考虑已经经过的期间。

在缩短时效期间或除斥期间的延续时间的情况下，新的期间自新法生效之日起计算，且总的延续时间不得超过此前法律规定的时间。

第 2223 条

本编之规定不妨碍适用其他法律规定的特别规则。

第二章　消灭时效的期间及其起始时间

第一节　普通法的期间及其起始时间

第 2224 条

对人诉讼（actions personnelles，债权诉讼）或者动产诉讼（actions mobilières）[①]，时效期间为 5 年，自权利（持有）人知道或应当知道其可以行使权利的事实之日起计算。

[①] 涉及行使某项动产权利的诉讼时，依据该权利是对人权还是对物权，分为对人诉讼（action personnelle，债权诉讼）与对物诉讼（action réelle），前者如请求支付一笔金钱的诉讼，后者如追还被盗的动产的诉讼。与动产诉讼（动产诉权）相对应，为"不动产诉讼"（action immobilière）或不动产诉权，是涉及不动产权利的诉讼，如第 526 条的规定中表述的有关追还不动产的诉讼（诉权）。

第二节　若干特别时效及其起始时间

第 2225 条

针对代理或者协助过诉讼当事人的人提起追究责任之诉讼,包括因交付的文书、材料遗失或毁弃而提起的责任之诉,时效期间为 5 年,自他们的代理或协助任务终了时计算。

第 2226 条

由造成身体伤害的事件受到损失的直接的或间接的受害人提起的追究责任之诉讼,时效期间为 10 年,自最初的伤情或者加重的损害最终确定之日起计算。

但是,在针对未成年人实施拷打或野蛮行为、暴力或性侵犯行为造成损害的情况下,提起追究民事责任之诉讼,时效期间为 20 年。

第 2226-1 条

(2016 年 8 月 8 日第 2016-1087 号法律第 4-6 条)旨在请求赔偿依照本卷第三编第二分编(非合同责任)第三章(对生态损害的赔偿)规定应予赔偿的损害生态的责任诉讼,时效期间为 10 年,自诉权持有人知道或者应当知道生态损害发生之日计算。

第 2227 条

所有权不受时效限制,除此保留外,不动产物权诉讼,时效期间为 30 年,自权利(持有)人知道或应当知道其可以行使权利的事实之日计算。

第三章　消灭时效期间的计算

第一节　一般规定

第 2228 条

时效按日计算,不按小时计算。(附目第 2260 条)

第 2229 条

期间的最后一日结束,时效即告完成。(附目第 2261 条)

第 2230 条

时效中止,暂时停止期间的进行,但不取消已经经过的期间。

第 2231 条

时效中断,取消已经经过的期间,并且开始计算与原期间相同的新的期间。

第 2232 条

后延时效期间的起始时间、时效的中止或中断,均不得产生将消灭时效期间延长至自权利产生之日起超过 20 年的效果。

第 1 款的规定不适用于第 2226 条、第 2227 条、第 2233 条与第 2236 条、第 2241 条第 1 款与第 2244 条所指的情况,也不适用于有关人的身份的诉讼。

第二节 时效起始时间的后延或时效中止的原因

第 2233 条

以下情形,时效停止进行:

1. 对于附条件的债权,至该条件成就之时;

2. 对于担保诉讼,至追夺财产发生之日;

3. 对于有确定到期日的债权,至该日期到来之前。(参见附目第2257条)

第 2234 条

对于因法律规定、协议约定或者不可抗力之原因引起的障碍而不能提起诉讼的人,时效不进行或者停止进行。(参见附目第2251条)

第 2235 条

对于没有解除亲权的未成年人和受监护的成年人,时效不进行或者停止进行,但是,对于支付之诉或者有关返还工资、定期金的分期付款、生活费、房屋或土地的租金、承租人应当负担的费用、出借款项之利息的诉讼,总之,一切有关按年支付或者按照更短的时间间隔定期支付的款项的支付之诉,不在此限。(参见附目第2252条)

第 2236 条

在配偶之间,以及在订立紧密关系民事协议的两伙伴之间,时效不进行,或者停止进行。(参见附目第2253条)

第 2237 条

对于仅按净资产接受继承的继承人,就其对遗产的债权而言,时效停止进行。(参见附目第2258条)

第 2238 条

当事人在争议发生之后达成协议、诉诸调解或者实行和解的,自该协议之日,时效停止进行,或者在没有书面协议的情况下,自第一次调解会议或和解会议之日,时效停止进行。(2010 年 12 月 22 日第 2010-1609 号法律第 37 条)自参与性程序协议订立之日,时效也停止进行,或者(2015 年 8 月 6 日第 2015-990 号法律第 208 条)自司法执达员确认债务人同意参与(2016 年 2 月 10 日第 2016-131 号授权法令)《民事执行程序法典》第 125-1 条所指的程序之日,时效停止进行。

自双方当事人或者其中之一人,或者调解人或和解人宣告调解或和解已经结束之日,时间不少于 6 个月的,时效期间重新开始进行。(2010 年 12 月 22 日第 2010-1609 号法律第 37 条)在订立参与性程序协议情况下,时间不少于 6 个月的,时效期间重新开始进行;或者(2016 年 2 月 10 日第 2016-131 号授权法令)在前述同一条文规定的(2015 年 8 月 6 日第 2015-990 号法律第 208 条)程序失败的情况下,时间不少于 6 个月的,经司法执达员确认债务人拒绝参与程序之日起时效期间重新开始进行。

第 2239 条

法官支持当事人在任何诉讼之前提出的关于证据收集和保全措施的申请时,时效亦停止进行。

自采取此种证据保全措施之日起,时间不少于 6 个月的,时效重新开始进行。

第三节 时效中断的原因①

第 2240 条

债务人承认"时效之进行对其不利的人"②的权利,时效中断。(参见附目第 2248 条)

第 2241 条

向法院起诉,即使是提出紧急审理申请,中断时效期间(le délai de prescription)和除斥期间(le délai de forclusion,逾期丧失权利的期间)。③

向没有管辖权的法院提起诉讼④,或者请求法院受理诉讼的文书因存在程序上的瑕疵被撤销时,仍然中断时效期间和除斥期间(逾期丧失权利的期间)。(参见附目第 2244 条)

---

① 原第 2242 条 时效得自然中断或依民事法律的规定而中断。
原第 2243 条 占有人被原所有权人或者甚至被第三人剥夺其享有占有物的时间达 1 年以上的,时效为自然中断。
② 消灭时效的进行,产生消灭一方当事人的权利的效力,如果相对当事人承认该方当事人的权利,时效中断。
③ 原第 2244 条 向欲阻止时效进行的人送达法院的传票,即使是紧急审理之传票,送达支付催告令或扣押命令,中断时效的进行并且中断进行诉讼的期限。
原第 2246 条 法院传票传唤,即使是传唤至无管辖权的法官面前,亦中断时效。
也就是说,要想中断时效,应当向法院针对试图阻止时效进行的人提起诉讼;时效也只能对作为此种诉讼当事人的人发生中断(最高法院第二民事庭,2018 年 9 月 13 日)。
④ 向法院提起诉讼(agir en justice),指原告向法院提起诉讼。时效期间(délai de prescription)不等同于"向法院提起诉讼的期间"(délai d'agir),例如,向上诉法院提起上诉的期间。法国《民事诉讼法典》第 386 条专门规定:当事人在向法院提起诉讼之后,"如果 2 年当中,任何一方当事人均未尽其责任进行诉讼,诉讼因此而失效"。这种情况称为"péremption",译为"诉讼失效"(参见第 2243 条);在法国民事诉讼法中,"向法院提起诉讼的期间"(le délai d'agir)、"诉讼失效"(péremption,诉讼过期)、诉讼时效(prescription)以及"逾期丧失权利"(forclusion)是不同的概念。

第 2242 条

向法院提起诉讼引起的时效中断,直至诉讼消灭,均产生效力。

第 2243 条

如果原告撤诉,或者在提起诉讼之后,听任法律规定的期间经过而不实施任何诉讼行为,诉讼因此失效(périmer)时,或者诉讼请求被终局驳回时,时效的中断不曾发生。(参见附目第 2247 条)

第 2244 条

(2011 年 12 月 19 日第 2011-1895 号授权法令第 3 条)依照《民事执行程序法典》的规定采取保全措施或者实施强制执行行为,也中断时效期间或除斥期间(逾期丧失权利的期间)。

第 2245 条

由于向法院起诉或者实施强制执行行为,或者债务人承认"时效之进行对其不利之人"的权利,据此向连带债务人之一发出传唤,对于其他债务人,甚至对于他们的继承人,均发生中断时效的效力。

与此相反,向一个连带债务人的继承人之一发出传唤,或者该继承人承认债务,如果是不可分之债,对其他共同继承人并不中断时效期间,即使是在享有抵押权的债权的情况下,亦同。此种传唤或承认债务,对于其他共同继承人,仅就该继承人负担的债务份额发生中断时效的效力。

为了能够对整个债务并对其他共同债务人中断时效期间,应当向死亡的债务人的所有继承人进行传唤,或者所有的继承人都承认债务。(参见附目第 2249 条)

第 2246 条

向主债务人送达传唤(interpellation),或者主债务人承认债务,对保证人中断时效。(参见附目第 2250 条)

第四章　消灭时效的条件

第一节　主张时效

第 2247 条

法官不得依职权替代当事人提出依时效产生的理由。(参见附目第 2223 条)。

第 2248 条

除抛弃主张时效之外,无论诉讼进行至何种程度,即使是在上诉法院,均可主张时效。(参见附目第 2224 条)

第 2249 条

为消灭某项债务而进行的清偿,不得仅仅以时效期间已过为理由,要求返还。

第二节　抛弃时效

第 2250 条

只有已经取得的时效,才能抛弃。(参见附目第 2220 条)

第 2251 条

抛弃时效,得为明示,或为默示。

默示抛弃时效,由没有歧义的确认不再主张时效之意思的具体情节产生。(参见附目第 2221 条)

第 2252 条

本人不能行使权利的人,不得单独抛弃已经取得的时效。(参见附目第 2222 条)

第 2253 条

债权人或者对时效之完成享有利益的任何人,均得主张或援用时效,即使债务人已经抛弃时效,亦同。(参见附目第 2225 条)

第三节　时效的协议调整

第 2254 条

时效期间,得经各方当事人一致同意的协议缩短或延长;但是,不得将此期间减少至不满 1 年,或者延长超过 10 年。

诸当事人也可以一致同意在法律规定的原因之外增加其他停止或中断时效的原因。

前两款的规定不适用于支付之诉或有关返还工资、定期金的分期应付款项、生活费、房屋或土地的租金、承租人应当负担的费用、出借款项的利息之诉讼,总之,一切有关按年支付或者按照更短时间间隔支付定期款项的诉讼,不适用这些规定。

第二十一编 占有与取得时效
（2008年6月17日第2008-561号法律）

第一章 一般规定

第2255条

对自己掌握（tenir）之物或行使之权利的持有或使用、收益（jouir），或者对由他人以我之名义掌握之物或行使之权利的持有或使用、收益，谓之占有。（参见附目第2228条）

译者简述：第2255条关于占有的定义是：由自己掌握之物或行使的权利以及由他人以我之名义掌握的物或行使的权利。条文中所指的物（chose），似应理解为"财产"；"掌握"一词原文为"tenir"，是一个多义词，在这里主要体现为"掌管""握有""执有""拿着"，指实际管领或控制。权利的占有为"准占有"（quasi-possession），在罗马法中称为"possessio juris"，指除所有权以外，与其他物权相对应的占有，如役权的占有、用益权的占有。

占有是一种事实状态（état de fait）。这种状态产生于某人自认为是某个动产物或不动产物的所有权人，并公然以所有权人的身份实施行为的事实。例如，某人购得某物，但并不知晓向其出卖或转让该物的人并不是物的所有权人；或者依据某项证书或名义善意取得财产的人，其证书因形式不符合规定（例如，遗嘱被撤销）而被宣告无效。在此两种情况下，所涉及的人在法律上是占有人（possessseur）。

在取得时效制度中，无论是以概括名义还是以特定名义，有偿还是无偿，继受善意占有人权利的占有人，可以将本人的占有与向其让与权利的人的占有合并，无论其是以何种方式接替让与人为占有,是以概括的或特定的方式还是以有偿的或无偿的方式,在所不问(第2265条、原第2235条)。如果经过合并,善意占有人的占有时间等于或者超过法定期间,便拥有一项无可否定的名义或证书。这就是"占有的合并"(jonction des possessions)规则。

对于动产,和平的、公然的、善意的占有,构成所有权的相对推定;对于不动产所有权,符合规定期间的占有,构成依时效取得财产的方法。

第2256条

始终推定是以所有权人的名义为自己占有,如证明一开始便是为他人占有的除外。(参见附目第2230条)

第2257条

占有人一开始就是为他人占有的,推定其始终是以相同名义为占有,有相反证据的除外。(附目第2231条)

第二章 取得时效

第2258条

取得时效是指,无须主张时效的人提出某项证书或者他人也不得以其属恶意对其提出抗辩,依占有的效力取得财产或权利的方法。①

第2259条

第2221条、第2222条及本卷第二十编第三章与第四章的规定适

---

① 依法国民法,取得时效制度对于动产同样提供了有效的适用条件和一般原则,在善意占有有形动产的情形下,善意占有人通过即时取得(acpuis instantanemen),可以取得所有权。

用于取得时效,但保留适用本章之规定。

第一节 取得时效的条件

第 2260 条

不能进行商事交易的财产或权利,不得依时效取得。(参见附目第 2226 条)

第 2261 条

为了能够完成时效,应当是以所有权人的名义、持续且不间断的、平静的、公开的、身份明确①的占有。(参见附目第 2229 条)

第 2262 条

纯粹的随意行为(acte de pure faculté)②,或者单纯的容忍行为(acte de simple tolérance),不得作为占有及取得时效的依据。(参见附目第 2232 条)

第 2263 条

胁迫行为亦不得作为据以完成时效之占有的依据。

有效的占有,仅始予胁迫停止之时。(参见附目第 2233 条)

---

① 此处"明确"一词原文为"non équivoque",其中"équivoque"的意思是"模糊不清""模棱两可""不明确""有歧义"。对于取得时效而言,要求为"身份明确的占有"(non équivoque),是"显然的""非模棱两可"的占有。第 2261 条规定了取得时效应当具备的条件,其中"平静的"(paisible,也译为"和平的"),"公开的"(pubilque,也译为"公然的")。反过来,如果不具备这些特征或条件,则是"有瑕疵的占有"(possession viciée, possession vicieuse)。

② 纯粹的随意行为(acte de pure faculté),是指正常行使所有权,不侵占他人不动产、不构成"依占有取得权利"的行为,例如,邻接相邻建筑物不动产的墙壁的所有权人在该墙壁上设置采光口,在相邻人对该墙壁取得共同分界权时,墙壁的所有权人不能因其持续的占有而取得"禁止相邻人堵塞该采光口"的权利。

第 2264 条

现时的占有人,证明其占有时间很久的,推定其在中间时间里均为占有,有相反证据的除外。(参见附目第 2234 条)

第 2265 条

为完成时效,占有人可以将本人的占有与其权利来源人①的占有合并②,无论其是以何种方式接替让与人为占有,是以概括名义或特定名义还是以有偿名义或无偿名义,在所不问。(参见附目第 2235 条)

第 2266 条③

为他人占有的人,无论占有的时间长短,均不得主张依时效取得所有权。

因此,承租人、受寄托人、用益权人、本人并非所有权人但不确定地持有所有权人的财产或者权利的其他任何人,均不得主张依时效取得所有权。(参见附目第 2236 条)

第 2267 条

以前条所指的任何一种名义持有财产或权利的人的继承人,也不得依时效取得所有权。(参见附目第 2237 条)

第 2268 条

但是,第 2266 条与第 2267 条所指的人,如其占有的名义由于来自

---

① 原文为"auteur",下文的"接替"为"succéder",有继承、接替等意思,权利让与人似为"被继承人"。

② 占有的合并(jonction des possesions)是指,在计算完成取得时效的期间时,占有人可以将其前手占有人已经实现占有的时间与其本人占有的时间合并,两者相加构成占有的全部时间。

③ 第 2266 条(附目第 2236 条)是有关"持有"(détention, detentio)的规定,通常也称为"不确定的持有、暂时的持有"(détention précaire),或者称为"不确定的占有"(possession précaire)。

第三人的某种原因,或者由于其本人否认所有权人的权利而为相反主张①,从而使其占有名义发生转换②的,可以主张依时效取得所有权。(参见附目第2238条)

第2269条

由承租人、受寄托人或者其他的不确定持有人通过转让所有权的证书(titre translatif de propriété)向其转让财产的受让人,可以主张依时效取得所有权。(参见附目第2239条)

第2270条

任何人均不得以其相反的名义主张依时效取得所有权,依此意义,任何人均不得自行改变其占有的原因和原则。(参见附目第2240条)

第2271条

一项财产的占有人被所有权人或者甚至第三人在超过1年的时间内剥夺其对该财产的使用、收益权时,取得时效中断。(参见附目第2243条)

---

① "相反主张",原文为"contradiction",本义为"持相反意见""矛盾"。在涉及占有名义的转换时,所谓"相反主张"是指,持有人针对所有权人提出的相反主张:持有人认为他自己才是财产的所有权人,而不是"不确定的持有人",同时认为所有权人并非"真正的所有权人"。法律要求,所有权人应当知道财产持有人有此种相反主张,并且存在所有权人"知道的、显而易见的明确事实",才能引起(占有)名义转换(inteversion de titre),例如,直接向所有权人送达准备书状,提出相反主张,所有权人由此受到催告,促其对这种相反主张提出异议,这样才能产生名义转换的效力;提出经公证的证书,指明该证书具有"完成取得时效的公知证书的性质",清楚表明不确定的占有人想要让其他人知道"他才是财产的所有权人"。由该证书产生的名义转换,占有人依时效取得所有权。

② "占有名义发生转换"原文为"inteversion de titre",由于来自第三人的原因或者因持有人或其继承人对所有权人的权利提出相反主张,引起占有名义的改变,使"不确定的持有"转换为可以产生取得时效的有效占有。

第二节　不动产的取得时效

第 2272 条

对于取得不动产的所有权，要求的时效期间为 30 年；但是，善意并且依据正当的证书或名义取得（acquerir）不动产的人，经过 10 年，依时效取得所有权。（参见附目第 2265 条）

第 2273 条

因形式欠缺（par défaut de forme）而无效的证书，不得作为 10 年时效的依据。（参见附目第 2267 条）

第 2274 条

善意，始终为推定；主张他人为恶意的，应予证明。（参见附目第 2268 条）

第 2275 条

仅需在取得财产的当时存在善意，即告足够。（参见附目第 2269 条）

第三节　动产的取得时效

第 2276 条

在动产方面，占有即等于所有权证书。

但是，丢失物品的人或者物品被盗的人，自物品丢失或被盗之日起 3 年内，可以向该物品现时在其手中的人请求返还，但该人可以对其取得该物的人请求赔偿。

译者简述：第2276条（原第2279条）的规定不仅仅是重申"占有推定所有权"原则，还意味着占有赋予动产占有人一项有别于权利来源人的"新的证书"（un nouveau titre）或新的名义，但要求动产占有人是善意占有。虽然在第2279条第1款中并没有明确表述这一条件，但是，原第1141条规定："如果负有义务应当先后向二人给付或交付之物完全是动产，二人中已经实际占有该物的人，其权利优先于另一人的权利，并因此成为物的所有权人，即使该人取得权利的证书日期在后，亦同，但以其是善意占有为限。"原第1141条是第2279条所定规则的适用。这也是法国民法上有关有体动产的即时取得原则，是有体动产的直接取得方式之一。这一规则本身即具有证明功能：占有，推定占有人本人取得财产的所有权完全符合规定，有相反证据推翻这一推定的除外。这就是说，第2279条规定的原则包含对两类问题的处理：其一，从非所有权人的手中取得动产的占有人有可能与被侵夺占有的（真正）所有权人发生冲突，而如果占有人具备占有所要求的各项条件，他就享有第2279条所确定的规则的保护，享有这一规则所具有的"取得功能带来的利益"；其二，占有人有可能与向其转让权利的人或该人的继承人发生冲突，在这种情况下，涉及是否存在取得动产的证书，第2279条所定规则的证明功能即可得到确认。

第2277条

如果被盗之物或他人丢失之物的现时占有人（possesseur actuel，当前占有人）是在交易会、市场、公开销售或出卖相类似之物的销售处购得该物，原所有权人仅在偿还占有人为取得该物所支付的价金之后，才能请求占有人归还原物。

出租人，依据第2332条的规定，请求追还未经其同意被取走并被他人依（前款）相同条件买受的动产物品时，应当向买受人偿还其为购买该物品所支付的价款。

第三章 占有保护

第 2278 条

不论权利的实体如何,占有均受保护,使之不受妨害或威胁。

占有保护,同样给予持有人,使之免受其他任何人的妨害,但其所持权利的权源人除外。

译者简述:法国《民法典》原第 2279 条规定:"平静占有或持有财产的人,得依《民事诉讼法典》规定的条件享有占有诉权。"占有诉权(action possessoire,也译为占有诉讼),是不动产占有保护诉权或诉讼。它是一种专门诉讼,分别为:排除妨害(complainte,也译为占有保持)、请求废止新的工程(dénonciation de nouvel oeuvre,也译为占有保全),以及占有回复(reintégrande)。占有诉讼由不动产所在地的初审法院管辖,2006 年后改由司法法院管辖。

此前,在《民事诉讼法典》原第 1264 条至原第 1267 条对占有诉讼作出了专门规定。原第 1246 条规定:"除遵守有关公产的规则外,平静占有和持有财产至少 1 年的人,在发生侵害的当年内,可以提起诉讼。但是,即使被侵夺占有或持有的受害人占有或持有财产的时间不到 1 年,对于采用打斗手段(暴力手段)剥夺其占有或持有之财产的行为人,仍然可以提起回复占有诉讼。"原第 1265 条规定:"占有保护与权利实体在任何情况下均不竞合。但是,法官可以对各种凭据进行审查,以核实是否具备占有保护的条件。各项证据调查措施,均不得涉及权利实体。"原第 1266 条规定:"提起实体诉讼的人,不得提起占有诉讼。"原第 1267 条规定:"占有诉讼的被告仅在停止侵害之后始能提起实体诉讼。"

这些条文确立了"占有诉讼与本权诉讼不竞合"规则。在原告既可以提起占有诉讼,也可以提起本权诉讼的情况下,如其首先选择占有诉讼,仍然保留提起本权诉讼的权利;反过来,如其首先选择本权诉讼,败诉之后,丧失提起占有诉讼的权利,整个诉讼因此终结。占有诉权有别于本权诉权。允许占有诉讼的原告不受占有判决的约束,提起本权诉讼。本权诉讼保护不动产所有人、用益权人、使用权与居住权、不动产质权人。但是,禁止原告在本权诉讼发生系属之后放弃本权诉讼,或者在本权诉讼终结之后,再提起占有诉讼。在一方当事人已经提起占有诉讼的情况下,在诉讼程序终结之前,双方当事人都不能提起任何形式的本权诉讼。这是法国民事诉讼法"禁止并行诉讼"原则。占有诉讼的原告不得在诉讼进行过程中向其他法院提起本权诉讼,避免原告在本权诉讼和占有诉讼中同时胜诉的情况下取得两个内容相同的判决,或者相反,在本权诉讼败诉,占有诉讼胜诉的情况下,出现两个相互矛盾判决。被告不得在占有诉讼中提出基于本权的反诉或抗辩。

法国最高法院早在1996年6月28日的判决中就认为,占有诉讼可以由紧急审理法官管辖。2015年2月16日关于法律现代化与简化国内诉讼程序的第2015-177号法律取消了"占有诉讼"(action possessoire)这一专门名称,现在,法国法律中已经不存在占有诉讼。占有保护唯一由占有紧急审理程序(référé possessoire)予以保障。2017年5月6日第2017-892号法律废止了《民事诉讼法典》的上述条文。上述三项占有诉讼均随之取消。

取消占有诉讼,改为占有紧急审理,改变了占有保护的特殊性及管辖规则。法国法律的紧急审理(référé),原文的完整表述为"la procédure de référé"(译为紧急审理程序),是一种简化的口头程序(une procédure orale et simplifiée),原则上由受诉法院院长管辖,由其作为独任法官(juge unique,唯一的法官)进行审理裁判。与原来的占有诉讼一样,占有紧急审理诉讼(action en référé,紧急审理之诉)也具有保全性质,属于普通法紧急审理程序,由不动产所在地的司法法院管辖。取消占有诉讼,并不是取消占有保护。紧急审理裁定(ordonnance de référé)对"本诉讼"(principal)没有既判力,因此,占有紧急审理(référé possessoire)并没有改变原有的"占有诉讼与本权诉讼不竞合"规则(la règle du non-cumul du pétitoire et du possessoire)。

第 2279 条

(2015 年 2 月 16 日第 2015-177 号法律废止[①])

---

① 2015 年 2 月 16 日第 2015-177 号法律废止第 2279 条以后,法国《民法典》现行条文中没有第 2279 条至第 2283 条。

第 2279 条原条文:平静占有或持有财产的人,得依《民事诉讼法典》规定的条件享有占有诉权。

第 2280 条至 2283 条

(空缺)

第四卷

担　保

（2021年9月15日第2021-1192号授权法令）

第四卷 担 保

译者简述：至 2006 年 3 月 23 日担保法改革，法国《民法典》有关担保的规定在其第三卷"取得财产的各种方法"的第十四编，改革之后，担保法独成一卷，法国《民法典》也由原来的人法、物法、债法三卷（编）体系改为四卷。2021 年 9 月 15 日关于改革担保法的第 2021-1192 号授权法令又进行了较大幅度修改。本书将 2006 年的担保法部分条文移为附目八。部分新条文后面括注的"参见附目条文"为译者所加。保证合同、抵押合同、质押合同均是运用极为广泛的"典型合同"（有名合同）。按照物权法体系，质押、抵押可以归入"担保物权"，但保证却无法归入其中。法国《民法典》的担保法改革将人的担保与物的担保归为同编，似有值得借鉴之处。

汉语"担保"一词在法文中有两个不同的概念："sûretés"和"garantie"。"sûretés"一词的基本意思是"安全"，例如国家安全（sûreté de l'Etat）、公共安全（sûretés publique）。

担保法赋予"sûretés"一词以狭义：它是给予债权人防范债务人支付能力风险的保障，用指"担保"。现行法国《民法典》第四卷的标题是"sûretés"，是一个总体概念，包含有体动产质押（质权）、留置权、无体动产质押（质权）、优先权（先取特权）和抵押权；"La garantie"一词也有广义和狭义之分，一般也用指某项具体的担保或保障，例如，"独立担保"（garantie autonome）、"以担保的名义让与所有权"（la propriété cédée à titre de garantie）、买卖合同方面"隐蔽瑕疵担保"（garantie de vice caché）、"建筑物与工程的 10 年担保"（garantie décennale en matière de construction d'immeuble et de travaux）、"买受物或财产不受追夺担保"（garantie d'éviction），等等。

法国《民法典》第四卷关于"担保"（sûretés）的规定包括"人的担保"和"物的担保"。因此不应将"sûretés"译为"担保物权"。

第 2284 条

任何人，个人负有债务者，有义务以其现有的和将来的全部动产和不动产履行其承诺。（同附目第 2284 条）

第 2285 条

债务人的全部财产是对其债权人的共同担保①；除债权人之间有优先受偿的正当原因（cause légitime de préférence）外，价金在债权人之间按各自债额的比例分配。（同附目第 2285 条）

译者简述：第 2285 条规定了利益于债权人的"一般担保"原则："债务人的全部财产是对其债权人的共同担保"（les biens du débuteur est le gage commun de ses créanciers）。一般担保权仅涉及债务人的概括财产本身。近年来，法国法律有关有限责任的制度在不断发展，除传统的有限责任公司、股份有限公司外，相继规范了一人有限责任公司、一人有限责任企业（entreprise unipersonnelle à résponsabilité limitée）以及"特定财产不具有可扣押性之声明"（déclaration d'insaisissabilité）等制度，2011 年 5 月 17 日的法律又对"有限责任个体企业主"（entrepreneur individuel à résponsabilité limitée）进行了规范，准许个体企业主对"与其本人的概括财产分开的概括财产"规定用途、专门用于从事职业活动，且无须另设法人："有限责任个体企业主"可以仅在这种专门用途的概括财产的限度内承担有限责任。这样，立法上就准许同一人拥有与"其本人的概括财产"分开的"专门用途的概括财产"，承认"同一个人可以有一项或多项概括财产"，承认所谓"指定用途"或"专门用途"（patrimoine d'affectation）的概括财产。而专门用途的概括财产是对从事职业活动引起的债务的担保，专门用途的概括财产的债权人不能对债务人的其他概括财产享有一般担保权利。所谓"指定用途的概括财产"是一个与德国法上的"目的性概括财产"（patrimoine-but）相类似的概念。

---

① 第 2285 条确定的原则产生的结果：最先或最快主张自己债权的债权人将先于较晚或较慢主张债权的人获得清偿，也被称为"竞跑受偿法则"（loi de course）。第 2332-2 条也有相同的规定：处于相同受偿顺位的享有优先权的债权人（按各自债权的数额）平等受偿。对自己的债权保持相同的谨慎勤勉态度的债权人受到同等对待，享有平等的权利，即所谓"竞合受偿规则"（loi de concours）。

关于"特定财产不得扣押的声明",是一项保护个体经营者的措施,由法国《商法典》(第526-1条及其后条文)进行规范,其目的主要是保护个体企业经营者及他们的配偶的权益。尽管有法国《民法典》第2284条与第2285条的规定,在具有职业性质的"法定公告登记簿"(相当于工商业登记)上登记注册的任何自然人,或者从事农业或独立职业活动(例如,手工业、家庭个体作坊)的任何自然人,可以通过一项专门的声明,宣告其对"确定为主要居所的不动产上的权利"及其对"没有用于从事职业活动的那些有建筑或无建筑的不动产财产上的权利"均为不得扣押的权利,实际上是声明其仅负有限责任的一种方式。在某宗不动产仅有一部分用于从事职业活动的情况下,对于没有用于从事职业活动的部分,只有在该不动产的区分状况说明书已经写明时,才能属于"不受扣押的财产声明"的范围。声明人依照法国《商法典》第123-10条的规定将职业注册住所设在自己的居住场所时,不妨碍其"声明该场所为不受扣押的财产"。"特定财产不得扣押的声明"应当经公证人公证。公证书应当对不得扣押的财产作出详细表述,说明"其本身具有的特定性质"。这项声明应当在财产所在地的抵押权登记服务部门进行公示。声明中指定的不动产权利被转让的情况下取得的价金,对于声明人在该项声明公示之后因从事职业活动产生的债务的债权人而言,仍然为不得扣押的款项,但声明人应当在1年期限内将这些款项用于取得作为主要居所的不动产。在取得新的不动产的文书中指明所动用的款项是使用转让价金时,债权人仍然不得扣押声明人对其新取得的该主要居所的权利,声明人可以随时按照上述相同条件放弃"特定财产不得扣押的声明",也可以就财产的全部或其中一部分放弃主张财产不得扣押的权利。如果在夫妻共同财产制终止时原提出声明的人分配到该声明所涉及的财产,上述关于财产不得扣押的声明仍然保持其效力,声明人死亡引起原声明被取消。

第2286条

(2006年3月23日第2006-346号授权法令)下列之人得主张对物的留置权:

1. 物已交至其手中的人,直至其债权得到清偿;

2. 合同虽然规定其负有交付物的义务,但由该合同产生的债权尚未得到清偿的人;

3. 债权产生于其持有标的物之时,但尚未得到清偿的人;

4. (2008 年 8 月 4 日第 2008-776 号法律第 79 条)享有不转移占有的有体动产质权的人。

留置权因自愿放弃物的占有(déssaisissement volontaire)而丧失。(参见附目第 2286 条)

> **译者简述**:留置权是指"留置属于他人的、本应返还之物的权利"。担保法改革之前,法国《民法典》中有关留置权的规定分散于合同或非合同领域的一些特别情形,例如,受寄托人的留置权(第 1948 条),住店客人的住宿及其他费用尚未支付时,旅馆对住店客人带入客房的物品的留置权(第 1952 条);价金尚未全额支付时,出卖人对其出卖之物的留置权(第 1612 条),委托代理人的留置权以及汽车修理厂、物或商品的受寄托人、保管人、运输人对他们保管或承运之物或货物(在运输费用没有支付时)可以享有的留置权,等等。法国《民法典》还分别(默示)为普通质权债权人(第 2344 条)、不动产质权人(第 2375 条)等规定了留置权;除法国《民法典》的这些分散条文外,特别法中也有许多关于留置权的条文规定,例如,《劳动法典》第 143-12 条,法国《海关法典》第 379 条,法国《商法典》第 145-28 条、第 624-14 条,1996 年 7 月 2 日关于金融活动现代化的第 96-597 号法律第 29 条规定了质权债权人在任何情况下均享有对金融工具(instrument financier,金融票据)和设质的账号上用任何货币记载的款项的留置权;法国《货币与金融法典》第 431-4-3 条,法国《商法典》第 622-7 条、第 641-13 条、第 642-12 条以及第 642-20-1 条对留置权也作了专门规定,等等。这些特别情形,秉持的是相同的思想:基于当事人之间存在的合同关系而产生的留置权,留置权人的债权与被留置物之间存在纯粹的实际关系。
>
> 法国学界以及司法判例对留置权的性质始终存有不同看法。通常认为,留置权具有特别性质,但这并不影响其作为一种广义上的担保;不过,也有学者持不同见解,他们认为留置权仅仅是一种施加压力的手段,或者仅仅是一种保全措施;还有人认为留置权是一种优先受偿的特别工具。虽然有许多法院判例认为留置权是一种担保,但最高法院判决却持否定意见,认为留置权不是一种担保,不能视同有体动产质权(最高法院商事庭,1998 年 6 月 9 日);对一物的留置权是对持有(la détention)该物而产生的后果,是一种对所有的人都具有对抗效力的物权,即使是对"并不负担债务的第三人",也具有对抗效力

(最高法院第一民事庭,2009年9月24日)。

留置权确实具有特殊性,它与抵押权不同:债权人实际持有属于债务人之物,剥夺了债务人对物的利用(使用);留置权不同于质权:债权人并不是事先依据合同的条款规定享有此项权利,而是由于债务人不履行合同义务,产生债权人留置依据该合同而持有的标的物权利,只要债权人自愿放弃持有标的物,留置权便没有任何基础依据。与质权和抵押权相反,留置权并不赋予权利人请求出卖标的物并优先就价金受偿的权利,但留置权却处于"一种法定的优先地位",他可以强制债务人或者债务人的债权人偿还,就此而言,留置权使债权人的这种优先地位与债的抵销相接近,此外,也可以说,留置权与"同时履行抗辩权"有着紧密的联系。

传统上,留置权仅适用于有体动产。学者认为,"欲予留置,须先握持"(pour retenir, il faut tenir);而无体动产或者无形权利不能"执之于手",因此无法留置;但也有学者认为,如果我们承认只有有体物可以适用留置权,那么,有体物是动产性质还是不动产性质,是具有智力上的用途还是物质上的用途,其经济价值是高还是低,均可不在区分和考虑之列。只要是属于法律意义上"可交易物",均可作为留置权的标的。鉴于无形财产或无形权利范围越来越广,必须作出灵活处理,只要留置权所引起的后果是"瘫痪"(所有权人)对物的权利,那么无形财产也可以留置。除有些用无记名证券代表的非物质财产权利之外,无记名证券的留置,被视为有体动产留置,它可以导致证券所有人无法行使被留置的证券所表示的权利。既然留置权引起的效果仅仅是阻止对物的权利的行使,因此,也可以承认对不动产的留置权,例如,承揽人的留置权并不是对已经完全完工的不动产本身实行留置,而是可以留置该不动产的钥匙。法国《民法典》2006年将担保法独立为卷之前的原第2387条默示承认不动产质权人享有留置权,原第2373条第2款规定"可以留置不动产所有权作为担保"。

留置权,以当事人之间订有合同以及存在"肯定的债权"为前提条件:债权与可以被留置的标的物之间存在实际的关联性,例如,受委托人对因履行委托事务而交付给他的物件享有留置权,直至其因受委托从事的活动的应得报酬获得支付。但是,法院判决也认为,受委托人违背委托人的意愿,恶意留置其依委托的名义持有的财产,仅在受到司法追诉的强制下才予以返还时,构成背信罪(滥用他人信任罪)(最高法院刑事庭,1970年11月17日)。对不动产的留置权,不需要进行不动产公示。

担保法改革之后,法国《民法典》第2286条虽然规定了留置权,但仍然将其放在担保法的一般规定当中,没有明确认定留置权是"人的担保"还是"物的担保"。这似乎表明,法国立法上仍然没有完全解决留置权的性质问题。

也有学者认为,留置权也许不像其他任何一种物的担保,它不能产生优先受偿权(droit de preference)和追及权,但是我们也不应当将"物的担保的典型效力"作为认定留置权性质的一项标准。留置权可以对抗所有的人,完全可以被定性为物权,留置权是以物的持有为基础,如果丧失持有,必然丧失留置权,因此谈不上追及权的问题,但留置权始终是债权的从权利,因此仍然不妨碍将其定性为担保。总之,关于留置权的性质的讨论仍将继续。

在法国《民法典》第2286条列举的四类关系中,留置权的性质并不完全相同。留置权源于当事人的协议本身,纯属约定性质(第1点);留置权源于当事人之间先前建立的合同关系(第2点,关于保留所有权条款,参见第2367条等);留置权源于物的性质,留置权人保管标的物并予留置(第3点)(2008年法律增加了第4点)。留置权可以分为民事留置权与商事留置权。

第 2287 条

(2006年3月23日第2006-346号授权法令)本卷之规定不妨碍适用在开始实行破产保护程序、司法重整或司法清算程序或者(自然人)个人超额负债处理程序的情况下所定的各项规则。(同附目第2287条)

第一编　人的担保

（2021年9月15日第2021-1192号授权法令）

第2287-1条

（2006年3月23日第2006-346号授权法令）受本编调整的人的担保是保证、独立担保和意愿函（la lettre d'intention）。① （同附目第2287-1条）

第一章　保　证

（2021年9月15日第2021-1192号授权法令）

第一节　一般规定

（2021年9月15日第2021-1192号授权法令）

第2288条

（2021年9月15日第2021-1192号授权法令）保证是保证人向债权人承诺在债务人不履行债务的情况下履行其债务的合同。（参见附

---

① 2006年3月23日第2006-346号授权法令将"独立担保"和"意愿函"明定为人的担保。学者认为，除法国《民法典》规定的三种人的担保外，还有其他的义务承诺或协议也可以起到人的担保的功能，可以看成非典型担保，例如，债的连带性（solidarité）、不可分性（indivisibilité）、债的承担（délégation）、担保第三人履行义务的承诺（porte-fort d'exécution）等。

目第 2288 条)

保证可以应主债务人的请求①,或者在其没有请求,甚至不知情的情况下(sans demande de sa part et même à son insu)缔结。(参见附目第 2291 条第 1 款)

第 2289 条

(2021 年 9 月 15 日第 2021-1192 号授权法令)法律规定行使某项权利以提供保证为条件的,称为法定保证。

法律赋予法官以权力,由其规定满足某项请求需以提供保证为条件的,称为裁判上的保证。

第 2290 条

(2021 年 9 月 15 日第 2021-1192 号授权法令)保证,或为一般保证,或为连带保证。

(保证的)连带性(La solidarité),可以在保证人与主债务人之间、诸保证人之间或者在主债务人与诸保证人之间订定(stipulée)。②

第 2291 条

(2021 年 9 月 15 日第 2021-1192 号授权法令)可以向以债权人为

---

① 原第 2291 条第 1 款表述为"sans ordre de celui pour lequel on s'oblige"(直译为"即使没有为之承担义务的人的委托书",指即使"没有债务人的委托书"。其中"ordre"一词本义为"指令",在证券交易方面通常称为"交易指令"或"委托书"。本款直译为"没有为之负担义务的人的指令",指受担保人的指令。

② 依照这一条文的规定,"连带保证"包括保证人与主债务人之间的"连带义务保证"(连带责任保证)、共同保证人之间的连带保证,以及诸共同保证人与主债务人之间的"连带义务保证"(连带责任保证)。参见第 2306 条第 1 款。

主债务人的保证人提供保证。① （参见附目第 2291 条第 2 款）

第 2291-1 条

（2021 年 9 月 15 日第 2021-1192 号授权法令）再保证（sous-cautionnement）是某人向保证人承诺清偿因其提供保证债务人可能对其负有的债务的合同。

第二节　保证的成立与范围

第 2292 条

（2021 年 9 月 15 日第 2021-1192 号授权法令）保证,可以担保一项或多项现在的或将来的,确定的或可确定的债务。

第 2293 条

（2021 年 9 月 15 日第 2021-1192 号授权法令）保证仅能对有效的债务存在。

但是,为其知道没有缔结合同能力的自然人作保证的人,有义务履行其承诺。（参见附目第 2289 条）

第 2294 条

（2021 年 9 月 15 日第 2021-1192 号授权法令）保证应当明示。

保证不得被扩张至超过约定的范围（limites）。（参见附目第 2292 条）

---

① 第 2291 条中的"为主债务人的保证人提供保证",原文为"caution de la personne qui a cautionné le débiteur principal"。原第 2291 条第 2 款也有规定。"再保证人",法文为"sous-caution"或者"certificateur",再保证为"sous-cautionnement"或"certification de la caution"。再保证是保证之保证,也译为复保证、副保证,作为设立再担保基础的前一项担保是主担保或正担保。再保证有别于反担保。

第 2295 条

（2021 年 9 月 15 日第 2021-1192 号授权法令）除另有条款规定外，保证扩张至受担保的债务的利息和其他附加部分，以及第一次追偿的费用和向保证人进行通知之后发生的所有费用。（参见附目第 2293 条第 1 款）

第 2296 条

（2021 年 9 月 15 日第 2021-1192 号授权法令）保证不得超过债务人应当负担的债务，也不得按照代价更重的条件缔结，否则，应将其减少至与受担保的债务相应的程度。

可以仅为债务的一部分以及按照负担较轻的条件缔结保证。（参见附目第 2290 条）

第 2297 条

（2021 年 9 月 15 日第 2021-1192 号授权法令）自然人保证人应当亲自在文书中注明他是以保证人的身份承诺在债务人不履行债务的情况下向债权人清偿债务人所负的债务，债务以大写数字表明的本金和附加部分的数额为限，否则保证人的义务承诺无效。在存在差异的情况下，保证对大写数字写明的款项数额有效。

如果保证人被取消先诉抗辩权（bénéfices de discussion，先诉抗辩利益）或者分割抗辩权（bénéfices de division，分割抗辩利益）[1]，应当在上述注明文字中承认其不能要求债权人首先向债务人追偿，或者不能要求在诸保证人之间分割追偿（il divise ses poursuites entre les

---

[1] "bénéfices de discussion""bénéfices de division"，分别与罗马法上的"beneficium excusiionis""beneficium divisinis"相对应。对于"bénéfices de division"，中文有很多不同译法，诸如"分诉抗辩权""分诉清偿抗辩""检索抗辩利益""分诉抗辩利益""诉权划分照顾""分割的善举"等。

cautions，分别追偿）；没有此项注明文字的，保证人保留主张享有这些利益的权利。

委托他人作为保证人的自然人，应当遵守本条之规定。

第三节 保证的效力

第一目 保证在债权人与保证人之间的效力

第 2298 条

（2021 年 9 月 15 日第 2021-1192 号授权法令）保证人可以对债权人主张属于债务人本人的（personnel）或者与债务相关联的所有抗辩，但保留适用第 2293 条第 2 款的规定。

但是，保证人不得主张债务人在债的不履行情况下享有利益的法定的或者裁判规定的措施，另有特别规定的除外。（参见附目第 2313 条）

第 2299 条

（2021 年 9 月 15 日第 2021-1192 号授权法令）在主债务人承诺的义务与其经济能力不相适应时，从事相应职业活动的债权人[①]有义务提醒自然人保证人。

如果未予提醒，债权人在保证人受到的损失的程度上，丧失对保证人的权利。

第 2300 条

（2021 年 9 月 15 日第 2021-1192 号授权法令）自然人向从事相应

---

① 原文为"Le créancier professionnel"（专业债权人、从事职业的债权人），例如，银行、信贷机构等从事借贷职业，因放贷而成为债权人。

职业活动的债权人缔结的保证,如果在缔结时就与保证人的收入及概括财产明显不成比例,应当减少至该自然人在缔结保证之日可以承担义务的程度。

第 2301 条

(2021 年 9 月 15 日第 2021-1192 号授权法令)以法定保证或裁判上的保证的名义承担义务的人,应当有足够的清偿能力承担债务。

如果该保证人成为没有支付能力的人,债务人应当以其他保证人替代之,否则丧失(债务的)期限,或者丧失以提供保证为条件才能享有的各项利益。

债务人可以用充分的物的担保(une sûreté réelle suffisante)替代法定保证或裁判上的保证。

第 2302 条

(2021 年 9 月 15 日第 2021-1192 号授权法令)从事相应职业活动的债权人有义务在每年 3 月 1 日前自费向所有的自然人保证人告知至上一年 12 月 31 日在受担保的债务的名义下仍然存在的债务本金、利息和其他附加款项的数额,否则丧失对前一次告知至进行新的告知之日所产生的利息和违约金的担保。在债权人与保证人的关系中,债务人在此期间进行的清偿,优先指定清偿债务本金。(参见附目第 2293 条第 2 款)

从事相应职业活动的债权人有义务自费并依相同处罚,提醒自然人保证人注意其义务承诺的到期期限,或者如果是不确定期限的保证,应当提醒保证人有随时解除保证的选择权利以及行使此项权利的条件。

本条规定也适用于由法人对信贷机构或金融机构为担保给予某个

企业的资金协助所缔结的保证。

第 2303 条

（2021 年 9 月 15 日第 2021-1192 号授权法令）从事相应职业活动的债权人,自债权可要求清偿的当月内发生第一次未能正常支付的事件起,有义务将主债务人没有清偿到期债权之事实告知任何自然人保证人,否则,丧失自该事件发生之日至进行告知之日产生的利息和违约金的担保。

在债权人与保证人的关系中,债务人在此期间进行的清偿,优先指定清偿债务本金。

第 2304 条

（2021 年 9 月 15 日第 2021-1192 号授权法令）保证人在依照第 2302 条与第 2303 条的规定接收到信息的当月内,自费向再保证人转达这些信息。

第二目 保证在债务人与保证人之间的效力

第 2305 条

（2021 年 9 月 15 日第 2021-1192 号授权法令）先诉抗辩权（Le bénéfice de discussion,先诉抗辩利益）,准许保证人强制债权人首先向主债务人追偿。

与债务人连带承担义务（tenue solidairement）的保证人,放弃先诉抗辩权的保证人以及裁判上的保证人,不得主张享有先诉抗辩利益。

第 2305-1 条

（2021 年 9 月 15 日第 2021-1192 号授权法令）保证人,自向其首先提出追偿时,即应主张先诉抗辩权。（参见附目第 2299 条）

保证人应当向债权人指示债务人的可以扣押的财产,但其指示的财产不得是系争财产或者是已负担利益于第三人的特别担保的财产。(参见附目第 2300 条第 1 款)

债权人如果疏于向债务人追偿,在保证人向其有效指示的财产的价值限度内就债务人无支付能力对保证人承担责任。(参见附目第 2301 条第 1 款)

第 2306 条

(2021 年 9 月 15 日第 2021-1192 号授权法令)数人为同一债务作保证人时,他们每一个人均对整个债务承担义务(chacune tenues pour le tout)。① (参见附目第 2302 条)

但是,受到追偿的保证人可以对债权人主张分割抗辩权(bénéfice de division,分诉抗辩权,分割抗辩利益),于此情形,债权人有义务(向诸保证人)分割追偿,并且仅能要求受到追偿的保证人清偿其负担的

---

① 数人为同一债务作保证人,相互之间没有约定是按份共同保证还是连带共同保证的,原第 2302 条(2006 年授权法令)规定:"elles sont obligées chacune à toute la dette"(每一保证人均就整个债务负保证义务),2021 年 9 月 15 日第 2021-1192 号授权法令修改后的第 2306 条第 1 款将其改为:"chacune tenues pour le tout"(他们每一个人均对整个债务承担义务)。这两个表述在含义上虽有相同之处,即共同保证人中"每一个人均对整个债务负保证义务",并且两者都没有明确使用"每一个保证人均连带承担义务"。但是,两者也有细微差别:译者理解,新修改的第 2306 条第 1 款之所以改为"tenues pour le tout",与法国法院判例通常使用的"tenu in solidum"有关联。法院判例通常将"tenues pour le tout"解释为"obligation in solidum"。最高法院第一民事庭 1984 年 6 月 27 日的判决认为:数个保证人为同一债务就同一债务提供保证时,除有相反约定外,诸保证人不得以分割抗辩权对抗债权人,即使保证人之间并未约定(他们的保证义务的)任何连带性质。

我国学者往往将"obligation in solidum"译为"不真正的连带之债"。因此,两个条文所表述的是:当数人为同一债务作保证人,相互之间没有约定是按份共同保证还是连带共同保证的,法律"推定他们负不真正的连带保证义务",而不是"推定负连带保证义务"。另参见第 1310 条关于债的连带性以及第 2290 条第 2 款关于保证的连带性质不得推定的规定。

份额。(参见附目第 2303 条第 1 款)

所有的连带保证人相互之间,以及放弃分割抗辩利益的诸保证人,均不得主张享有分割抗辩利益。

第 2306-1 条

(2021 年 9 月 15 日第 2021-1192 号授权法令)保证人①,自向其首先提出追偿时,即应主张分割抗辩权。

分割抗辩权仅能在有清偿能力的诸保证人之间实施。在分割追偿抗辩提出之日,某一保证人无清偿能力的,由其他有清偿能力的保证人承受。已经提出分割求偿抗辩的保证人,不得因其后发生的另一保证人无清偿能力,再受要求分担义务。(参见附目第 2303 条)

第 2306-2 条

(2021 年 9 月 15 日第 2021-1192 号授权法令)债权人自行分割行使其诉权的,对此分割追偿,不得反悔,即使在诉讼时已经存在没有清偿能力的保证人②,亦同。(参见附目第 2304 条)

第 2307 条

(2021 年 9 月 15 日第 2021-1192 号授权法令)债权人行使诉权,不得产生剥夺自然人保证人享有《消费法典》第 731-2 条确定的最低收

---

① 本条文第 1 款原文虽然是"la caution"(保证人),但实际上是指"共同保证人之一",或者说数个(共同)保证人中的受到追偿的人。保证人一经受到追偿,即应主张先分割抗辩权,也就是说,不能"迟迟不主张此种权利"。

② "除有相反约定外",共同保证,可以是按份保证(第 2306 条第 2 款最后一句话),或者连带保证。一般保证人享有先诉抗辩权,但第 2298 条规定保证人与债务人连带承担义务的除外;连带保证人不享有先诉抗辩权。(一般)共同债务人享有分割抗辩权,连带共同保证人除外(第 2306 条第 3 款)。

原第 2303 条第 1 款、第 2 款和原第 2304 条第 1 款分别规定了预先分割、宣告分割和自愿分割。共同保证人可以放弃主张分割利益或分割抗辩权(第 2306 条第 3 款、原第 2303 条第 1 款)。

人的效果。(参见附目第 2301 条第 2 款)

第 2308 条

(2021 年 9 月 15 日第 2021-1192 号授权法令)已经清偿全部或部分债务的保证人,就其清偿的款项以及利息和费用,对债务人享有个人的求偿权(recours personnel)。(参见附目第 2305 条)

利息,自清偿之日当然开始计算。

只有在保证人向债务人通知其已受到追偿之后产生的费用,才属于可以向其返还的费用。

如果保证人在第 1 款所指的款项延迟清偿之外还受到某种损失,也可以获得赔偿。

第 2309 条

(2021 年 9 月 15 日第 2021-1192 号授权法令)已经全部或部分清偿债务的保证人,代位取得债权人对债务人的权利。(参见附目第 2306 条)

第 2310 条

(2021 年 9 月 15 日第 2021-1192 号授权法令)同一债务有数个连带主债务人的,保证人对每一个债务人均享有前几条规定的求偿权(recours)。(参见附目第 2307 条)

第 2311 条

(2021 年 9 月 15 日第 2021-1192 号授权法令)如果保证人清偿了债务但没有通知债务人,债务人后来如果进行了清偿,或者,在保证人进行清偿时,债务人原有请求宣告债务已经消灭的方法,保证人对债务人没有求偿权,但是,保证人可以对债权人提出返还之诉(agir en restitution)。(参见附目第 2308 条)

第三目　保证在诸保证人之间的效力

第 2312 条

（2021 年 9 月 15 日第 2021-1192 号授权法令）在有数个保证人的情况下，已经进行清偿的保证人，对其他保证人，就他们各自负担的份额，有个人求偿权（recours personnel）以及代位求偿权（recours subrogatoire）。① （参见附目第 2310 条）

第四节　保证的消灭

第 2313 条

（2021 年 9 月 15 日第 2021-1192 号授权法令）保证人的义务，依消灭其他债务相同的原因消灭。（参见附目第 2311 条）

受担保的债务消灭，保证亦消灭。

第 2314 条

（2021 年 9 月 15 日第 2021-1192 号授权法令）因债权人的过错，导致保证人不能为其受益对债权人的权利取得代位权时，保证人在其受到的损失的限度内，解除其负担的义务。

任何相反条款均视为不曾订立。（参见附目第 2314 条）

保证人不得责备债权人选择的实现担保的方式。

第 2315 条

（2021 年 9 月 15 日第 2021-1192 号授权法令）对将来的债务的保

---

① 这就是说，共同保证人中清偿了债务的人对其他共同保证人享有两项权利，似未区分共同连带保证人与一般共同保证人。

证没有确定期限的,保证人得随时终止保证,但以遵守合同约定的预先通知期限为保留条件,或者没有约定期限的,应当遵守合理的预先通知期限。

第 2316 条

(2021 年 9 月 15 日第 2021-1192 号授权法令)终止对将来的债务的保证时,保证人对此前产生的债务仍然负担义务,有相反条款规定的除外。

第 2317 条

(2021 年 9 月 15 日第 2021-1192 号授权法令)保证人的继承人,仅对保证人死亡之前产生的债务承担义务。

任何相反条款均视为不曾订立。

第 2318 条

(2021 年 9 月 15 日第 2021-1192 号授权法令)作为债务人或债权人的法人因合并、分立或者由于第 1844-5 条第 3 款规定的原因解散的情况下,保证人对于在此种活动发生对抗第三人的效力之前产生的债务仍然承担义务;保证人仅在此种活动进行时已表示同意,或者事先对与债权人公司有关的活动已表示同意的,始对其后产生的债务承担义务。

在作为保证人的法人由于第 1 款所指的原因之一解散的情况下,由保证产生的全部义务均发生转移。

第 2319 条

(2021 年 9 月 15 日第 2021-1192 号授权法令)往来账户上的余额或寄托款项余额的保证人,在保证终止之后经过 5 年,不得再受到追偿。

第一编　人的担保

第 2320 条

（2021 年 9 月 15 日第 2021-1192 号授权法令）债权人单纯同意给予主债务人延长债务期限的，不解除保证人的义务。

在原定的期限到期时，保证人可以：或者向债权人进行清偿，然后向债务人求偿，或者依据《民事执行程序法典》第五卷的规定，要求在受担保的债务的限度内就债务人的任何财产设立裁判上的担保。于此情形，推定保证人有理由证明可能威胁其收取债权的事实情节，债务人提出相反证据的除外。

第二章　独立担保

第 2321 条

（2006 年 3 月 23 日第 2006-346 号授权法令）独立担保（garantie autonome）①是担保人（le garant）基于第三人缔结的债务，按照见索即付（à la premiere demande）②或约定的其他方式，支付一定款项的义务承诺。

在此种担保的受益人明显滥用权利，或者明显欺诈，或者与指令下达人相互串通的情况下，担保人不承担义务。

担保人不得主张基于受担保的债务的任何抗辩。

---

① 独立担保（garantie autonome）是担保人对受益人作出的保证，承诺在受益人提交符合承保书条款规定的见单索款请求或附有其他单据文件的索款请求时，向受益人支付一定金额的款项。在不同的法律文件和著作中，独立担保这一概念的表述常有不同，诸如"见单即付担保""见索即付担保"，还有称其为"无条件、不可撤销的担保""备用信用证担保"、银行担保等。担保法进行改革之前，法国《民法典》中没有关于独立担保的规定。

② 原文为"à la premiere demande"，也译为"见票即付""见索即付担保"。"见索即付担保"并非独立担保的唯一形式。

除有相反协议外,独立担保不跟随受担保的债务。(同附目第2321条)

第三章 意愿函

第 2322 条

(2006 年 3 月 23 日第 2006-346 号授权法令)意愿函(La lettre d'intention,支持函)[1]是指以支持债务人履行其对债权人之债务为目的作为或不作为承诺。

---

[1] "意愿函",原文为"lettre d'intention"(也译为"意图函""意向书"),实践中,法国法律术语还使用其他两个同义概念,分别称为"lettre de confort"(安慰函)和"lettre de patronage"(支持函),两者更明确地表达给予"支持"(appuis、soutien)的意向、意愿或意图。广义上的"lettre d'intention"是指载明某种意图的函件,例如,载明要约、建议、提议或者义务承诺的函件,通常用于控股母公司(或者政府)为了借款人进行的融资、借贷活动而向贷款方出具的表示对借款方还款愿意提供支持、帮助的书面文件,也是广义上的国际融资信用担保文件。

第二编　物的担保[①]
（2021年9月15日第2021-1192号授权法令）

第一分编　一般规定

第2323条

（2021年9月15日第2021-1192号授权法令）物的担保是将现在的或将来的某项财产或者全部财产优先用于或专门用于清偿债权人的债权的担保。

第2324条

（2021年9月15日第2021-1192号授权法令）物的担保，视其由法律根据债权的品质（la qualité de la créance，债权的性质）或者由判决以保全名义设立，或者依据某项协议设立，分别为法定担保、裁判设立的担保或者约定的担保。

物的担保，视其设立于动产或不动产，分别为动产担保或不动产担保。

物的担保，在其设立于一般动产和一般不动产时，或者仅设立于动

[①] 依法国法，"物的担保"（原文为"suretés réelles"）是与人的担保相对应的概念。有人认为，法国《财产法》（les biens）涉及的内容是物权，因此应当称为"物权法"，并且将"suretés réelles"译为"担保物权"。有待商榷。

产或不动产时,为一般担保;在其设立于确定的或可以确定的财产时,不论是动产还是不动产,为特别担保。

第 2325 条

(2021 年 9 月 15 日第 2021-1192 号授权法令)约定的物的担保,可以由债务人或者第三人设立。

由第三人约定设立物的担保时,债权人仅对用于担保的财产享有诉权,于此情形,适用第 2299 条、第 2302 条至第 2305-1 条、第 2308 条至第 2312 条和第 2314 条的规定。

第 2326 条

(2021 年 9 月 15 日第 2021-1192 号授权法令)即使设立担保应当采用公署文书,仍可依据经私人签字制作的审议决定或授权书赋予的权限,用私法法人的财产设立物的担保。

第 2327 条至第 2328 条

(空缺)

第二分编　动产担保

第 2329 条

(2009 年 1 月 30 日第 2009-112 号授权法令)动产担保是指:

第二编 物的担保

1. 动产优先权（Les privilèges mobiliers）①；
2. 有体动产质权；
3. 无形动产质权；
4. 以担保的名义留置（2009年1月30日第2009-112号授权法令）

---

① "优先权"（privilège，也译为"先取特权"）与"优先受偿权"（droit de préférence）是两个有联系但含义并不完全相同的特定概念。担保法对优先权或先取特权作出了具体规定：优先权或先取特权的效果强于按照清偿顺序享有的优先受偿权。
依照原第2323条的表述，广义的优先受偿（préférence）的合法原因是指，优先权和抵押权，这表明优先权只是优先受偿权的一种。"优先权"分为动产优先权与不动产优先权（参见第2376条）。2006年的担保法规定动产和不动产优先权分为"一般优先权"和"特别优先权"，但2021年修改后的条文没有再规定"不动产的特别优先权"。
原第2324条规定："优先权是由债权的品质（la qualité de la créance）赋予债权人先于其他债权人，甚至先于抵押权人受清偿的权利。"这一条文虽然使用了依据"债权的品质"的表述，但优先权是由法律基于特定债权的特别性质作出的规定。只能由法律设立优先权，即所谓优先权的"法律赋予原则"。特定债权，例如，生活费、薪金、税金等，就是具有特殊品质（qualité，性质）的债权。法国《民法典》以及其他法律对特定债权确立了先取受偿（priorité）制度。参见"动产优先权"（第2330条等）与不动产优先权（第2376条等）。
不同的优先权相互之间也有一定的顺序，即所谓"排列顺序规则"（参见附目第2325条）。相对于其他优先权，有些优先权排在受偿顺序的最前列，被称为"超级优先权"（superprivilège）或"最先优先权"，例如，在企业司法重整或司法清算程序中，薪金雇员的工资以及最近60天的相应补偿金，优先于其他所有的优先权进行清偿或支付。
狭义的优先受偿权（droit de préférence）一般是指在出卖债务人的财产、进行价金分配时，特定的债权人先于其他债权人或特定类型的债权人受清偿的权利，例如，有担保的债权人与无担保的债权人之间、有担保的债权人相互之间，按照受偿顺位，其中有些债权人优先获得清偿。
动产优先权，原文为"privilèges mobiliers"，分为一般优先权（privilèges généraux）和特别优先权（第2330条第2款），一般优先权是对债务人的一般动产或者全部动产（généralité des meubles，动产整体）享有的优先权。第2331条列举的各项债权，对债务人的一般动产享有一般优先权：当债务人的一般动产被出卖时，所得的款项应当优先用于清偿该条所列举的债权。在这些债权竞合受偿的情形下，按照条文排列的顺序进行清偿。特别优先权是特定的债权对债务人的特定动产享有的优先权，亦称对特定动产的特别优先权。对特定动产享有优先权的债权，只有在出卖与之相对应的（债务人的）特定动产时，才能就所得的款项行使先取特权。

或让与的财产所有权。

第一章　动产优先权

第 2330 条

（2021 年 9 月 15 日第 2021-1192 号授权法令）动产优先权由法律赋予。

动产优先权，或者为一般优先权，或者为特别优先权。（参见附目第 2330 条）

对于调整动产优先权的法律规定，应作严格解释。

动产优先权赋予优先于其他债权人受清偿的权利。

除另有规定外，动产优先权不赋予追及权。动产优先权转移至债务人对买受人的价金债权。

第一节　一般优先权

第 2331 条

（2021 年 9 月 15 日第 2021-1192 号授权法令）除特别法律规定的债权外，对(债务人的)一般动产享有优先权的债权是：

1. 诉讼费，但以其利益于受优先权对抗的债权人为条件；

2. 丧葬费；

3. 下列报酬与补偿金：

——薪金雇员和学徒最近 6 个月的报酬；

——《农业和海洋渔业法典》第 321-13 条规定的过去一年及当年拖欠的工资；

——由1989年12月31日关于发展商业和手工业企业以及改善它们的经济、法律与社会环境的第89-1008号法律第14条和《农业和海洋渔业法典》第321-21-1条设立的生存配偶的债权；

——《劳动法典》第1243-8条规定的终止合同的补偿金以及同一法典第1251-32条规定的因工作不稳定应当支付的补偿金；

——因没有遵守《劳动法典》第1234-5条规定的解雇预先通知期限应当给予的补偿金以及同一法典第1226-14条规定的补偿性赔偿金；

——同一法典第3141-24条及随后条文规定的因带薪假期应当给予的补偿金；

——因执行"集体劳动协议""机构集体劳动协议""劳动规章""劳动惯例"以及《劳动法典》第1226-14条、第1234-9条、第7112-3条至第7112-5条对低于或等于该法典第3253-2条所指最高限额之部分的全额以及高于限额之部分的1/4应当给予的补偿金；

——因执行《劳动法典》第1226-15条、第1226-20条、第1226-21条、第1235-2条至第1235-4条、第1235-11条、第1234-12条、第1235-14条与第1243-4条之规定，在相应情况下应当给予薪金雇员的补偿金；

4. 由农业经营者在经认可的跨行业长期协议框架内最近一年提交的产品，以及农业经营者的任何合同当事人根据经认可的标准合同，应当支付的款项。①

第2331-1条

（2021年9月15日第2021-1192号授权法令）国库和社会保险管

---

① 第2331条列举的各项债权对债务人的一般动产享有一般优先权；当债务人的一般动产被出卖时，所得款项应当优先用于清偿该条列举的债权；在这些债权竞合受偿的情形下，按照本条所列顺序进行清偿（参见第2332-2条）。与此前的规定相比，修改后的第2331条以及第2377条对债务人的一般动产和不动产享有优先权的债权的列举均有大幅简化。

理机构的优先权,由与之相关的法律规定。

第二节　特别优先权

第 2332 条

（2021 年 9 月 15 日第 2021-1192 号授权法令）除特别法律规定的债权外,对(债务人的)特定动产享有优先权的债权是:

1. 因履行不动产租约,或者因占用不动产,应当支付的所有款项,对场所内配备的属于债务人的动产,其中包括相应情况下,用于从事经营活动的动产以及当年的收获物;

2. 保存动产的费用,对该动产享有优先权;

3. 出卖动产的价金,对该动产享有优先权;

4. 由符合《劳动法典》第 7412-1 条的定义的家庭劳动者的薪金雇员助手订立的劳动合同产生的债权,对来料加工的人应当支付给该家庭劳动者的款项享有优先权。

第三节　优先权的排列顺序

第 2332-1 条

（2006 年 3 月 23 日第 2006-346 号授权法令）除另有规定外,特别优先权优先于一般优先权。

第 2332-2 条

（2021 年 9 月 15 日第 2021-1192 号授权法令）一般优先权按照第 2331 条规定的顺序行使,但国库与社会保险管理机构的优先权除外;国库优先权的顺位由与之相关的法律规定,社会保险管理机构的优先权与薪金雇员的优先权按同一顺位受偿。

处于相同受偿顺位的享有优先权的债权人(按各自债权的数额)平等(par concurrence)受偿。

第 2332-3 条

(2021 年 9 月 15 日第 2021-1192 号授权法令)不动产出租人、动产保管人和出卖人的特别优先权,按照以下顺序行使:

1. 保管费后于其他优先权产生的,保管人的优先权(最先行使);

2. (此前)不知道存在其他优先权的不动产出租人的优先权;

3. 保管费先于其他优先权(债权)产生的,保管人的优先权;

4. 动产出卖人的优先权;

5. (此前)知道存在其他优先权的不动产出租人的优先权。

同一动产的所有保管人之间,给予最近的保管人优先受偿权。

就适用上述规则而言,家庭劳动者的领取薪金的助手的优先权,视同动产出卖人的优先权。

第 2332-4 条

(2021 年 9 月 15 日第 2021-1192 号授权法令)有体动产质押赋予的优先受偿权,按不动产出租人的优先权顺位行使,适用特别法规定的除外。

第二章　有体动产质权

(2021 年 9 月 15 日第 2021-1192 号授权法令)

译者简述:法国《民法典》原第十七编将质押(质权)统称为"nantissement"。原第

2072条规定"动产物(chose mobilière)的质押称为动产质权(gage);不动产物(chose immobilière)的质押称为不动产质权(antichrèse)"。这里所说的质押都是"nantissement"。

原第2075条规定:"在用无形动产设立动产质押时,例如,以动产债权设立质押时,合法登记的公署文书或私署文书,应送达已用于设立质权的债权的债务人,或者应由该债务人以公证文书接受之。"原第2081条在规定债权设质时表述为"créance donnée en gage"。这两个条文虽然已经规定"用无形动产设立动产质押",但并未使用"无形动产质权"这一专门术语。

随着现代社会无形财产的巨大发展,有些动产具有非常高的价值,而不再是所谓"低值之物"。担保法的改革也体现了这种社会现实。法国《民法典》的条文中取消原来有关质权的总称(nantissement),而是按照不同客体,将质权分为三种:"gage"(有体动产质权,第2333条至第2354条)、"nantissement"(无形动产质权,2355条至第2366条)和"antichrèse"(不动产质权)。2009年5月12日法律再次修改,放弃了自1804年以来一直使用的"antichrèse"(不动产质权)这一术语,将其改称为"gage immobilier"(第2387条至第2392条)。这样,原先的"nantissement"这一概念便成为法文"无形动产质权"的专门概念(至于是否应当将其译为"权利质权",同样涉及物权法与财产法在概念运用上的差异)。需要指出的是,质权、抵押权等术语,既是指质押物或抵押物本身,也用指质权或抵押权,有时也用指设质或设立抵押的行为。

按照适用的法律进行分类,质权分为民事质权、商事质权与营业质权(质权的一种特殊类型,通常仅在典当法律关系中存在,用指专为担保典当借款的清偿)。最高法院商事庭1974年6月11日的判决认为:质权是民事性质还是商事性质,评判依据是其担保的债务的性质,而不是考虑设质人的身份(资格)。这是法国法院判例的认定标准。

法文"gage""hypothèque"等术语既可指"质押""抵押",也可指"质权""抵押权",权利与设立权利的行为是同一的。因此,第2333条第1款的译文中表述为"有体动产质押",而第2379条与第2385条也都没有使用"不动产质权"和"抵押权",而是表述为"质押"和"抵押"。

原第2071条规定:"质押是债务人为担保其债务,将某物交给债权人的合同。"改革后的第2333条第1款则表述为:"有体动产质押是设质人给予债权人就某项有体动产或者现有的或将来的全部有体动产优先于其他债权人受清偿的权利的协议。"比较两个条文,我们可以看到,后者并不强调质押(质权)需以转移标的物的占有为必要,动产质权可以转移占有,也可以不转移占有;不转移占有的动产质权(质押)只不过是动产质权的一种特别运用形式。

第 2333 条

(2006 年 3 月 23 日第 2006-346 号授权法令)有体动产质押是设质人给予债权人就某项有体动产或者现有的或将来的全部有体动产优先于其他债权人受清偿的权利的协议(convention)。

受担保的债权可以是现有的或将来的债权;后一种情况,应当是可以确定的债权。(同附目第 2333 条)

第 2334 条

(2021 年 9 月 15 日第 2021-1192 号授权法令)依用途为不动产的动产,可以作为有体动产质权的标的。

抵押债权人与质押债权人相互间的优先受偿顺位,依照第 2419 条的规定确定。

第 2335 条

(2021 年 9 月 15 日第 2021-1192 号授权法令)用他人之物设立有体动产质权,得依此前不知质押物属于他人的债权人的请求撤销之。

第 2336 条

(2006 年 3 月 23 日第 2006-346 号授权法令)制作一份写明受担保的债务、用于设质的财产数量及其类型或性质的文书,有体动产质押完全成立。(同附目第 2336 条)

第 2337 条

(2021 年 9 月 15 日第 2021-1192 号授权法令)有体动产质权经公

示,对第三人产生对抗效力。

将作为有体动产质权标的的财产的占有,或者将诸如提单之类的代表该财产的证书的占有,转移给债权人或约定的第三人,亦产生对抗第三人的效力。

有体动产质权符合规定进行了公示的,设质人的特定财产权利继受人不得主张第2276条的规定。(参见附目第2337条)

译者简述:有体动产质押,可以转移占有,称为"gage avec dépossession",也可不转移占有,称为"gage sans dépossession",分别体现在第2337条、第2340条、第2341条与第2342条。法国担保法确立了不转移占有的动产质权,并使其成为一种普通法有体动产质权模式。不转移占有的动产质权一经登记公示,产生第2276条第2款规定的法律效力。

设立有体动产质权但不转移占有,债权人可能会面临风险。立法者特别强化了设质人保全作为质押标的的财产。如果设质人不履行保管质押物的义务,债权人可以主张受担保的债务已经到期限或者要求增加质押物(第2344条第2款)。

随着现货仓储质押业务的发展,立法者(在商法方面)设置了各种类型的无须挪动(不转移占有)大宗商品的仓储质押模式,例如,农产品的仓储(库存)质押、石油仓单质押、饭店设备融资质押等。对于工商业生产、经营活动而言,为了适应实践需要,仓储质押很难让债务人转移用于设质的财产。质押的财产对于债务人从事经营活动必不可少,而债权人一般既无时间也无手段将质押财产转移至自己的场所内保管。

有关仓储融资质押的规定属于《商法典》的规范,其中第527-1条第1款规定:金融机构同意为私法人或自然人从事职业活动提供的任何信贷(crédit,贷款),可以用该法人或自然人持有的仓储物(des stocks,库存货品)设立不转移占有的动产质权作为担保。第527-3条还规定:"除订立有保留所有权条款的财产外,属于债务人的原材料与供货物资、中间产品、半成品与制成品,均可用于设质。这些物资按照实物评估其价值,或者按照最后盘存日的价值计算。"与普通动产质权不同,《商法典》规范的不转移占有的动产质权必须在商事法院书记室掌管的专门登记簿上进行登记公示。

第一节 有体动产质权之普通法(标题已废止)

第 2338 条

(2006 年 3 月 23 日第 2006-346 号授权法令)有体动产质权在专门的登记簿上登记,即属进行公示。有关有体动产质权登记的具体条件由最高行政法院提出资政意见后颁布的法令作出规定。

除适用第 2342 条的情况外,对已进行登记注册的陆路机动车辆或挂车的动产质权,在行政机关按照最高行政法院提出资政意见后颁布的法令确定的条件掌管的登记簿上进行登记,即属进行公示。此种动产质权的登记阻止对同一车辆进行任何新的登记。(参见附目第 2338 条)

第 2339 条

(2006 年 3 月 23 日第 2006-346 号授权法令)设质人只有在全额清偿受担保的债务的本金、利息和费用之后,才能要求注销动产质权登记,或者要求返还质押的财产。(同附目第 2339 条)

第 2340 条

(2006 年 3 月 23 日第 2006-346 号授权法令)同一财产作为先后设立的多项不转移占有的有体动产质权的标的时,各债权人之间的受清偿顺序,按照各自质权登记的顺序确定。

用于设质但不转移占有的财产随后又用作转移占有的有体动产质权的标的时,在原先设立的动产质权符合规定进行了公示的情况下,该质权债权人的优先受偿权可以对抗后来的质权人,即使后者享有留置权,亦无影响。(同附目第 2340 条)

第 2341 条

(2021 年 9 月 15 日第 2021-1192 号授权法令)转移占有的有体动

产质权是以可替代物为标的时,债权人应当将质押物与属于其本人的相同性质的物分开持有;非如此,设质人得主张第 2344 条第 1 款之规定。

如果协议免除债权人承担前项(分开持有质押物的)义务,由债权人取得质押物的所有权,但应负责返还相同数量的等值物。

在第 1 款所指情况下,如协议有规定,设质人可以转让质押物,但应当负责用相同数量的等值物替换。(参见附目第 2341 条)

第 2342 条

不转移占有的有体动产质权是以可替代物为标的时,如果协议有规定,设质人可以转让用于设质的可替代物,但应当负责用相同数量的等值物替换。(同附目第 2342 条)

第 2342-1 条

在设质人按照第 2341 条或者第 2342 条规定的条件有转让质押财产的选择权利时,由此取得的替换财产当然包括在负担有体动产质权的财产基数(assiete du gage)之内。

第 2343 条

(2006 年 3 月 23 日第 2006-346 号授权法令)(设置转移占有的有体动产质权时)设质人应当偿还债权人或约定的第三人为保管质押物所付出的有益的或必要的费用。(同附目第 2343 条)

第 2344 条

(2006 年 3 月 23 日第 2006-346 号授权法令)设立转移占有的有体动产质权时,如果债权人或者约定的第三人不尽到保管质押物的义务,设质人可以要求返还质押物,且不影响请求损害赔偿。

设立不转移占有的有体动产质权时,如果设质人不尽到保管质押物的义务,债权人可以主张受担保的债务已到期限或者要求增加质押

物。(同附目第 2344 条)

第 2345 条

(2006 年 3 月 23 日第 2006-346 号授权法令)除另有协议约定外,受担保的债务的债权人持有设质财产时,可以受领该财产的孳息并用其充抵利息,或者在没有规定利息的情况下,用其扣减债务的本金。(同附目第 2345 条)

第 2346 条

(2021 年 9 月 15 日第 2021-1192 号授权法令)受担保的债务未获清偿的,债权人可以诉请出卖质押财产。财产的出卖依照《民事执行程序法典》规定的方式与条件进行,质押协议不得另行规定与此不同的方式。

为担保职业债权设立有体动产质押时,债权人可以请求经公证人、司法执达员、司法拍卖评估作价人或者经宣誓的商品经纪人,在向债务人或相应情况下向设质第三人进行通知送达后经过 8 日,对质押财产进行公开竞卖(vente publique)。

第 2347 条

(2021 年 9 月 15 日第 2021-1192 号授权法令)债权人也可以请求法院命令将财产留其用于债务清偿。①

财产的价值超过受担保的债务数额时,等于差额的款项支付给设质人,或者如果还有其他质权债权人,款项予以寄存。

---

① 债权人想要取得质押物的完全所有权,应当取得法院判决,在其债权限度之内获得清偿,由此可以推断,在当事人对财产的价金达不成一致意见的情况下,可以由法官确定价金数额,但在多数情况下,还是由当事人一致同意或者法官指定的鉴定人对质押物作价。

第 2348 条

（2021 年 9 月 15 日第 2021-1192 号授权法令）设立有体动产质押时或者其后可以约定，在受担保的债务没有得到履行的情况下，债权人将成为质押财产的所有权人。

财产的价值，在没有《货币与金融法典》意义上的市场交易平台的正式市价时，按照协商指定或法院裁判指定的鉴定人于所有权转移之日确定。

任何相反条款均视为不曾订立。

财产的价值超过受担保的债务数额时，等于差额的款项支付给设质人，或者如果还有其他质权债权人，款项予以寄存。

> **译者简述：** 在法国法律中常常使用的约定条款被称为"pacte commissoire"，是一项威慑性质的条款，其意思是"如果不履行债务，就取消合同或当然解除合同的条款"，源自拉丁语"lex commisoria"（参见第 1656 条）。这项条款的第二层意思是指，债务人不履行债务，持有质押物或抵押物的债权人可以自动取得物的所有权，类似协议或条款被称为"流质条款"与"流押条款"，法文表述为"clause de voie parée"。在担保法改革之前，法国《民法典》原第 2078 条第 1 款规定：债权在未得到清偿时，债权人不得处分质押物；但债权人可以请求法院裁判，经鉴定人作价，在其债权数额的限度内，以该质押物抵偿债权，或者将质押物公开拍卖，用于清偿其债权。同时，该条第 2 款明确规定，"允许债权人不经任何手续、自行取得或处分质押物的任何条款无效"。但法院判例认为，只有在"设立质押之时"订立的流质条款才无效，承认"在设立质押之后订立的此种条款仍然有效"。担保法改革之后，法国《民法典》第 2348 条第 1 款承认债权人可以请求法院裁定将质押物归属于自己，有条件地承认流质协议（条款）的有效性；第 2459 条同样承认流押条款的有效性。

第 2349 条

（2006 年 3 月 23 日第 2006-346 号授权法令）有体动产质权不可分割，即使在债务人的继承人之间或者在债权人的继承人之间债务（债权)具有可分性,亦同。

只要债务尚未全额清偿,已经清偿其份额的债务人的继承人,不得请求返还其对质押物所占的份额。

与此相对应,已经受领其债权份额的债权人的继承人不得损害共同继承人中尚未得到清偿之人的利益而交还质押物。(同附目第2349条)

第2350条

(2021年9月15日第2021-1192号授权法令)经法院裁判命令以担保或保全的名义设立的钱款、票据或有价证券的讼争物保管或寄存,产生第2333条意义上的特别用途和优先受偿权。(参见附目第2350条)

第二节 用机动车辆设立的动产质权

(2021年9月15日第2021-1192号授权法令废止)

第2351条

(2021年9月15日第2021-1192号授权法令废止)

第2351条原条文:用陆路机动车辆或注册的拖车设立动产质权,按照最高行政法院提出资政意见后颁布的法令规定的条件,向行政机关进行申报,对第三人产生对抗效力。

第2352条

(2021年9月15日第2021-1192号授权法令废止)

第2352条原条文:质权债权人提交申报回证,视其对用于设质的财产保持占有。

第 2353 条

(2021 年 9 月 15 日第 2021-1192 号授权法令废止)

第 2353 条原条文：不论债务人的身份如何，质押物的变现，受第 2346 条与第 2348 条所定规则约束。

第三节 共同规定

(2021 年 9 月 15 日第 2021-1192 号授权法令废止)

第 2354 条

(2021 年 9 月 15 日第 2021-1192 号授权法令废止)

第 2354 条原条文：本章之规定不影响适用商事方面或者为得到批准的借贷机构的利益对质押物所定的特别规则。

第三章 无形动产质权

译者简述：术语原文为"nantissement"。如前所述，过去这一概念是对动产质权和不动产质权的统称，现在专用指无形动产质权。

译者认为，法国民法上无形动产质权仍然是以"财产"为标的，并不完全等于以"权利"为标的的权利质权。第 2355 条的表述也可以看到这一见解：无形动产质押是将现有的或将来的某项无形动产或全部无形动产（un bien meuble incorporel ou d'un ensemble de biens meubles incorporels, présents ou futurs）用于担保某项债务。按照法国商法，营业资产（fonds de commerce）是一种无形动产，用营业资产设质，称为"nantissement du fonds de commerce"，很难认为它是一种权利质。

法国《民法典》将仓单、股份、股票的质押规定在动产质押（gage）类型当中。法国《商法典》第521-1条第2款与第3款关于用可流通的有价证券以及可发行股票的公司发行的股票、金融公司、工业公司、商事公司或民事公司的权益份额与记名债券设质的规定，也与我国学者所持观点有所不同。

这一问题，理论上存在不同见解。我国学者认为：一般而言，无形动产质权是权利质权，标的是权利，是准质权。可以用于质押的权利大体归为三类：票据等有价证券，如汇票、本票、支票、债券、存单、仓单、提单、股票、股份；知识产权；依法可以用于质押的其他权利。仓单质押在性质上应为权利质押而不能为动产质押。如果仓单质押是动产质押，那么，仓单质押的标的物应为动产，但是，仓单本身并不是动产，而是设定并证明持单人有权取得一定财产的书面凭证，是代表仓储物所有权的有价证券，其本身并无任何意义，仓单的意义在于记载其上的财产权利，虽然仓单是物权证券化的一种表现形式，合法拥有仓单即意味着拥有仓储物的所有权，但其本身仅仅是一纸文书。

法国实行的是民商法分立制度，除法国《民法典》规定的权利质以外，还有法国《商法典》第225-215条等条文关于用公司股份设质的规定（参见《民法典》第2355条最后一款）以及商事质押。本节规定的内容主要是债权设质。法国《民法典》第2355条最后一款特别指明"除特别规定外，用其他无形动产设质，受有体动产质权的规则调整"，最高法院商事庭1975年2月25日判决认定：用无记名证券设立动产质押，依照有体动产质押相同的规则。

第2355条

（2021年9月15日第2021-1192号授权法令）无形动产质押是将现有的或将来的某项无形动产或全部无形动产用于担保某项债务。

无形动产质押，依约定设立，或者依司法裁判设立。①

司法裁判设立的无形动产质权，受民事执行程序适用的规定调整。

---

① 原文为"le nantissement est conventionnnelle ou judiciaire"，也译为"无形动产质权，为约定性质，或者为司法裁判性质"。

约定用债权设立无形动产质权,受本章之规定调整①,有特别规定的除外。

除特别规定外,用其他无形动产设质,受有体动产质权的规则调整,但第 2286 条第 4 点的规定排除适用。(参见附目第 2355 条)

第 2356 条

(2006 年 3 月 23 日第 2006-346 号授权法令)用债权设立无形动产质权,应当订立书面(conclupar écrit)合同,否则无效。

受担保的债权和用于设质的债权,均应在文书中指明。

如果是用将来的债权设质,合同中应当能够表明它们各自的特性,或者包含能够具体表明这些债权各自特性的诸项要素,例如,指明其债务人、清偿地点、债权数额或者债权的估值,必要时,指明债权的到期期日。(同附目第 2356 条)

第 2357 条

(2021 年 9 月 15 日第 2021-1192 号授权法令废止)

第 2357 条原条文:以将来的债权为标的的无形动产质权,自该债权产生之时,质权债权人即对其取得权利。

第 2358 条

(2006 年 3 月 23 日第 2006-346 号授权法令)用债权设立无形动产质权,可以有确定的时间。

可以用债权的一部分设立无形动产质权,但不可分割的债权除外。(同附目第 2358 条)

---

① 从第 2355 条最后两款的规定可以看到,本编第三章关于无形动产质权的规定实际上主要涉及用债权设立的质权(参见第 2355 条第 4 款)。

第 2359 条

（2006 年 3 月 23 日第 2006-346 号授权法令）除各方当事人另有约定外，无形动产质权扩张至债权的从权利。（同附目第 2359 条）

第 2360 条

（2006 年 3 月 23 日第 2006-346 号授权法令）用银行账号设立无形动产质权，用于设质的债权是指，在该项担保实现之日账号上的贷方余额，不论其为暂时余额还是最终确定的余额，但保留按照民事执行程序规定的条件由进行中的收支活动引起的余额的变动调整。

除相同保留外，在设质人实行保护程序、司法重整、司法清算程序或者（自然人）个人超额负债处理程序的情况下，质权债权人的权利是对此种程序开始之日设质账号上的余额的权利。（同附目第 2360 条）

第 2361 条

（2021 年 9 月 15 日第 2021-1192 号授权法令）用现在的或将来的债权设质，自设质文书之日，在各方当事人之间产生效力，并且对第三人产生对抗效力。在有争议的情况下，有关设质日期的证据，由质权债权人负责举证。债权人得以任何方法提出证据。（参见附目第 2361 条）

第 2361-1 条

（2021 年 9 月 15 日第 2021-1192 号授权法令）用同一债权连续设立无形动产质权的，各债权人的受偿顺位，依各自的设质文书的先后顺序确定。设质文书日期最早的债权人对债务人可能已经清偿债务的债权人有求偿权。

第 2362 条

（2006 年 3 月 23 日第 2006-346 号授权法令）用债权设立无形动产质权，为了对该债权的债务人产生对抗效力，应当通知设质债权的债务人,或者债务人应当参与设质行为。

非如此,唯有设质人才能有效受领债权的清偿。(同附目第2362条)

第 2363 条

(2021年9月15日第2021-1192号授权法令)在进行通知后,质权债权人对用于设质的债权享有留置权,并且唯其有权受领设质债权的本金和利息的清偿。(参见附目第2363条)

质权债权人,如同设质(债权)人,可以诉请履行债务,并按照规定告知另一方。

第 2363-1 条

(2021年9月15日第2021-1192号授权法令)设质债权的债务人,可以对质权债权人主张与债务相关联的所有抗辩,也可以主张在无形动产质权对其产生对抗效力之前由其与设质人(设质债权的债权人)之间的关系产生的所有抗辩。

第 2364 条

(2021年9月15日第2021-1192号授权法令)以设质债权的名义支付的款项,在受担保的债权到期时,指定清偿该债权。

相反情况下,质权债权人将此款项以担保的名义存入其在有资格接收款项的机构内开立的专用账户,如果受担保的债务得到履行,其负责返还款项。(2007年2月20日第2007-212号法律第10-11条)在受担保的债权的债务人不履行债务的情况下,经催告后8日内仍无效果,质权债权人在尚未获得清偿的债额限度内,将此资金用于清偿其债权。(参见附目第2364条)

第 2365 条

(2006年3月23日第2006-346号授权法令)在债务人不履行债务

的情况下,质权债权人可以向法官提出请求,或者按照设质协议规定的条件,将用于设质的债权及与之相关联的权利归属于自己。

质权债权人也可以等待设质债权到期。(同附目第 2365 条)

第 2366 条

(2006 年 3 月 23 日第 2006-346 号授权法令)如果向质权债权人清偿的款项数额超过受担保的债务的数额,质权债权人应当向设质人退还差额。(同附目第 2366 条)

第四章 以担保的名义留置或让与所有权

(2006 年 3 月 23 日第 2006-346 号授权法令)

译者简述:"以担保的名义留置或让与所有权",原文为"propriété retenue ou cédée à titre de garantie",由 2006 年 3 月 23 日关于担保法改革的第 2006-346 号授权法令所增设,简称为"所有权—担保"(propriété—sûreté),包括保留所有权和通过财产托管让与所有权,两者都是以所有权作为担保。

法国民法奉行买卖诺成主义(consensualisme),买卖合同是一种诺成合同(参见第 1583 条有关所有权的即时转移原则的规定),此前一直没有就保留所有权问题作出明确规范,保留所有权不是法国法的传统制度。对于保留所有权的法律性质,学者之间始终存在争议:这种形式的买卖是附期限的买卖还是附条件的买卖? 如果是后者,是附中止条件还是附解除条件? 依照罗马法,物的所有权,自物的交付移转于买受人,但出卖人可以附一项解除约款(Lex Commissoria,如不履行,即解除合同):如果买受人在预定的期限内不支付价款,出卖人有权单方解除合同。与此不同,现行法国《民法典》第 2367 条第 1 款中规定,"保留所有权条款中止由合同产生的转移所有权的效力,直至构成对价的债务完全清偿"。法院判例认定:"对于依保留所有权出卖的财产行使追还权,不是一种解除买卖之诉。"由此可见,这里采取的是"附中止条件的所有权移转"理论,但是,"所有权的中止转移"并不等于"合同本身附有中止条件":保留所有权条款并不阻止合同的履行。买受人不支付价金,属于合同的不履行。由合同债务不履行引起的违约责任与保留所有权条款的效力,两者没有直接的联系。出卖人保留所有权,目的在于担保价款获得全额清偿。第2367条第1款规定"一项财产的所有权,得因保留所有权条款的效力受到留置,作为担保"。第2款规定"照此保留的所有权,是其担保清偿的债权的从权利"(accessoire de la creance)。这样一来,作为绝对权与对世权的所有权,被用来服务于对人权,成为债权的从权利(第2367条第2款);保留所有权条款赋予出卖人追还财产的权利。与第三人担保相比,"所有权担保"更为直接,更为可靠。关于不动产,参见第2488-1条。

第一节 以担保的名义留置所有权

第 2367 条

(2006年3月23日第2006-346号授权法令)一项财产的所有权得因保留所有权条款的效力受到留置,作为担保。保留所有权条款中止由合同产生的转移所有权的效力,直至构成对价的债务完全清偿。

照此保留的所有权,是其担保清偿的债权的从权利。(同附目第2367条)

第 2368 条

(2006年3月23日第2006-346号授权法令)保留所有权应当有书面约定。(同附目第2368条)

第 2369 条

(2006年3月23日第2006-346号授权法令)保留可替代物的所有权,以尚存债权的数额为限,可以对债务人持有或者为其利益持有的相同性质和相同质量的财产实施。(同附目第2369条)

第 2370 条

(2006年3月23日第2006-346号授权法令)保留所有权的动产附

合于另一财产但这些财产可以不受损坏地分开时,不妨害债权人的权利。(同附目第 2370 条)

第 2371 条

(2006 年 3 月 23 日第 2006-346 号授权法令)债务到期未获全额清偿的,债权人可以请求返还(其保留所有权的)财产,收回处分财产的权利。

收回的财产的价值,以清偿的名义,指定清偿受担保的债权的余额。

收回的财产的价值超过仍可追偿的受担保的债务的数额时,债权人应当向债务人返还相等于差额的款项。(同附目第 2371 条)

第 2372 条

(2021 年 9 月 15 日第 2021-1192 号授权法令)如果财产已被转让或者灭失,(被留置的)所有权转移至债务人对次买受人的债权,或者转移至取代该财产的保险赔付款。(参见附目第 2372 条)

次买受人或保险人可以对债权人主张与债务相关联的所有抗辩,以及主张在其知道担保转移事由之前因其与债务人之间的关系产生的所有抗辩。

第二节 以担保的名义让与所有权

第一目 以担保的名义托管财产

第 2372-1 条

(2021 年 9 月 15 日第 2021-1192 号授权法令)可以按照适用第 2011 条至第 2030 条的规定订立的财产托管合同,以担保某项债务的名义，让与一项动产财产①或权利的所有权（la propriété d'un bien mobilier ou d'un droit）②。

受担保的债务可以是现在的或者将来的债务，后一种情况下，应当是可确定的债务。

尽管有第 2029 条的规定，设立财产托管的自然人死亡，不终止依照本节规定订立的财产托管合同。（参见附目第 2372-1 条）

第 2372-2 条

（2021 年 9 月 15 日第 2021-1192 号授权法令）在以担保的名义订立财产托管合同的情况下，除第 2018 条的规定外，合同应当写明受担保的债务，否则无效。（参见附目第 2372-2 条）

第 2372-3 条

（2021 年 9 月 15 日第 2021-1192 号授权法令）受担保的债务未获清偿的情况下，受托人就是（受担保的债权的）债权人时，由其取得以担保的名义让与的财产或权利的自由处分权，托管合同（contrat de fiducie）另有规定的除外。

受托人不是（受担保的债权的）债权人时，债权人可以要求向其交付（受托管的）财产，并由此可以自由处分之，或者，如果托管合同有规定，债权人可以要求出卖被让与的财产或权利，并向其交付价金之全部或其中之部分。

被让与的财产或权利的价值，由当事人自愿协商指定或者法院指定的鉴定人确定，但如果财产或权利的价值是按照《货币与金融法典》

---

① 另见第 2488-1 条至第 2488-5 条关于以担保的名义托管财产。

② 此处原文为"la propriete d'un bien mobilier ou d'un droit"，它表明法国民法承认"权利的所有权"。单纯从概念而言，动产和权利都是财产，是财产即有所有权。权利是无形财产，本条中所指的权利是（无形）动产。第 2373 条有"一项债权的所有权"（la propriete d'une creance）的表述。

意义上交易平台挂牌的市价确定,或者财产是一笔钱款,不在此限。任何相反条款均视为不曾订立。

受托人如果找不到按照鉴定人确定的价金取得财产的人,可以按照由其承担责任评估的与财产的价值相适应的价位,出卖财产或权利。(参见附目第 2372-3 条)

第 2372-4 条

(2021 年 9 月 15 日第 2021-1192 号授权法令)如果财产托管的受益人已经依照第 2372-3 条的规定取得被让与的财产或权利的自由处分权,在该条倒数第 2 款所指的财产或权利的价值超过受担保的债务的数额时,等于该价值与债务数额两者之间差额的款项,支付给财产托管设立人,但以首先清偿此前因保管或管理交付托管的财产产生的债务为保留条件。

按照相同保留条件,如果受托人按照财产托管合同的规定出卖被让与的财产或权利,应当将买卖所得的款项在相应情况下超过受担保的债务价值的部分返还给财产托管设立人。(参见附目第 2372-4 条)

第 2372-5 条

(2021 年 9 月 15 日第 2021-1192 号授权法令)只要设立财产托管的合同(l'acte constitutif,设立文书)有明文规定,依照第 2372-1 条的规定让与的所有权,其后还可以用于担保该合同写明的债务以外的其他债务。①

设立财产托管的人不仅可以向原来的债权人提供此种担保,而且可以向新的债权人提供此种担保,即使前一债权人尚未得到清偿,亦同。设立财产托管的人是自然人时,其交付托管的概括财产,只能在担

---

① 参见第 2416 条关于可增负抵押权或重复抵押协议的规定。

保增负（la recharge，重复担保）之日评定的新债务的价值限度内，用于担保新的债务。

依照第2372-2条的规定订立的可增负担保协议（la convention de rechargement，重复担保协议），依照第2019条规定的形式进行登记，否则无效。登记日期确定各债权人之间的受偿顺位。

本条规定具有公共秩序性质，任何相反条款的规定均视为不曾订立。（参见附目第2372-5条）

第二目 以担保的名义让与债权

第 2373 条

（2021年9月15日第2021-1192号授权法令）一项债权的所有权（la propriété d'une créance），得依适用第1321条至第1326条的规定订立的合同（un contrat）的效力，以担保某项债务的名义让与之。

第 2373-1 条

（2021年9月15日第2021-1192号授权法令）受担保的债权与被让与的债权，均应在合同（acte）中指明。

如果是将来的债权，合同应能具体表明这些债权各自的特性，或者包含能够具体表明这些债权各自特性的要素，诸如，指明其债务人、清偿地点、债权数额或者债权的估值，必要时，指明债权的到期日。

第 2373-2 条

（2021年9月15日第2021-1192号授权法令）以被转让的债权的名义向受让人支付的款项，在受担保的债权到期时，用于指定清偿该债权。

相反情况下，受让人依照第2374-3条至第2374-6条规定的条件保留这些款项。

第 2373-3 条

（2021 年 9 月 15 日第 2021-1192 号授权法令）在被转让的债权获得全额清偿之前，受担保的债权已获全额清偿的，转让人当然回复该债权的所有权（la propriété de celle-ci）。

第三目 以担保的名义让与钱款

第 2374 条

（2021 年 9 月 15 日第 2021-1192 号授权法令）一笔钱款，无论是欧元还是其他货币，其所有权均得以担保一项或数项现在的或将来的债权的名义让与之。

第 2374-1 条

（2021 年 9 月 15 日第 2021-1192 号授权法令）钱款的让与，应经书面订立（conclu par écrit）。

这项文书应当写明受担保的债权。如果是将来的债权，文书应能具体表明这些债权各自的特性，或者包含能够具体表明这些债权各自特性的要素，诸如，指明其债务人、清偿地点、债权数额或者债权的估值，必要时，指明债权的到期日。

第 2374-2 条

（2021 年 9 月 15 日第 2021-1192 号授权法令）被让与的钱款一经交付，此项让与，产生对抗第三人的效力。

第 2374-3 条

（2021 年 9 月 15 日第 2021-1192 号授权法令）受让人自由处分被让与的钱款，但另有协议具体规定钱款用途的除外。

第 2374-4 条

（2021 年 9 月 15 日第 2021-1192 号授权法令）受让人对让与的钱

款没有自由处分权的，钱款产生的孳息和利息增添为担保的基数（l'assiette de la garantie），另有条款约定的除外。

受让人对让与的钱款有自由处分权的，可以约定利益于让与人的利息。

第 2374–5 条

（2021 年 9 月 15 日第 2021–1192 号授权法令）债务人不履行债务的情况下，受让人可以用让与的钱款连同相应的孳息与利息指定清偿受担保的债权，相应情况下，将超过的部分返还让与人。

第 2374–6 条

（2021 年 9 月 15 日第 2021–1192 号授权法令）受到担保的债权全额获得清偿时，受让人将让与的钱款连同相应情况下增加的孳息与利息，一并返还让与人。

第三分编　不动产担保

第 2375 条

（2021 年 9 月 15 日第 2021–1192 号授权法令）不动产担保是指优先权（privilège）、不动产质权（gage immobilier）和抵押权（hypothèque）。

不动产的所有权也可以留置（retenu）[①]或让与（cédé），用于设立担保。（参见附目第 2373 条）

[①] 法国《民法典》中除这一条文规定留置不动产所有权作为担保外，没有其他条文就此作出规定。参见第 1948 条。

第一章　不动产优先权

第 2376 条

（2021 年 9 月 15 日第 2021-1192 号授权法令）不动产优先权由法律赋予。

不动产优先权为一般优先权。①

不动产优先权免登记手续。

调整不动产优先权的法律规定，应予严格解释。

不动产优先权赋予优先于其他债权人受清偿的权利，但不赋予追及权。

优先权设立于债务人的一般动产的，仅在没有足够的动产时，始能对不动产行使。

第 2377 条

（2021 年 9 月 15 日第 2021-1192 号授权法令）除特别法律规定享有优先权的债权外，对一般不动产享有优先权的债权是：

1. 诉讼费，但以其利益于受优先权对抗的债权人为条件；

2. 以下各项报酬和补偿金：

——薪金雇员与学徒最近 6 个月的报酬；

——《农业和海洋渔业法典》第 321-13 条规定的过去一年以及当年拖欠的工资；

——由 1989 年 12 月 31 日关于发展商业和手工业企业以及改善

---

① 2021 年 9 月 15 日第 2021-1192 号授权法令修改后的条文取消了有关不动产特别优先权的规定（参见附目第 2374 条），但规定了特别抵押权，两者有部分内容相同。

它们的经济、法律与社会环境的第 89-1008 号法律第 14 条和《农业和海洋渔业法典》第 321-21-1 条设立的生存配偶的债权；

——《劳动法典》第 1243-8 条规定的终止合同的补偿金以及同一法典第 1251-32 条规定的因工作不稳定应当支付的补偿金；

——因没有遵守《劳动法典》第 1234-5 条规定的解雇预先通知期限应当给予的补偿金以及同一法典第 1226-14 条规定的补偿性赔偿金；

——同一法典第 3141-24 条及随后条文规定的因带薪假期应当给予的补偿金；

——因执行"集体劳动协定""机构集体劳动协议""劳动规章""劳动惯例"以及《劳动法典》第 1226-14 条、第 1234-9 条、第 7112-3 条至第 7112-5 条对低于或等于该法典第 3253-2 条所指最高限额之部分的全额以及高于限额之部分的 1/4 应当给予的补偿金；

——因执行《劳动法典》第 1226-15 条、第 1226-20 条、第 1226-21 条、第 1235-2 条至第 1235-4 条、第 1235-11 条、第 1235-12 条、第 1235-14 条与第 1243-4 条之规定，在相应情况下应当给予薪金雇员的补偿金。

第 2378 条

（2021 年 9 月 15 日第 2021-1192 号授权法令）一般优先权（Les privilèges généraux）优先于①与不动产质权和抵押权相关联的优先受偿权（le droit de préférence）。

一般优先权按照第 2377 条规定的顺位行使。

---

① 相对于不动产质权和抵押权产生的优先受偿权，不动产一般优先权属于所谓"超级优先权"之一种。

第二章　不动产质权

译者简述：在2006年3月23日关于担保法改革的授权法令之前，法国《民法典》关于不动产质权(不动产质押)使用的术语一直是"antichrèse"，2009年5月12日法律将其改称"gage immobilier"，由此，"antichrèse"成为一个过时的概念。

依法国民法，不动产质权是一种约定的物的担保：债务人或第三人将不动产的占有转移给债权人。不动产质权的设立准用有关不动产抵押权的诸多规则，但是，与不动产抵押显著不同的是，不动产质押需转移占有。法国《民法典》原第2389条规定，在质权存续期间，赋予债权人对不动产的使用、收益权，因此，质权人依合同有权收取质押物产生的孳息，并且可以将收取的孳息用于不动产的保护即维修。如果债权规定有利息的，不动产所得的收益应当首先用于抵充利息，然后用于偿付债权本金。不动产质权具有用益质和销偿质的特点。与转移占有的动产质权相同，对管理债务人用于设质的不动产，债权人应当尽到善良管理人的谨慎注意义务。质权人可以出租用于设质的不动产，甚至可以将其出租给债务人本人。禁止订立不动产流质条款。质权人应当按照不动产的用途使用质押物。在债务完全清偿之前，质权债权人可留置不动产。不动产质权非以书面形式不得设立。在债务人不清偿债务的情况下，债权人可以(请求)变卖不动产并就所得价金受偿。不动产质权人对质押不动产物所卖得价金没有优先受偿权，这也是不动产质权与动产质权的重大区别。

不动产质权是从权利，需以债权的存在为前提。出质人对于主债务负清偿责任。当质押物(的价金)不足以清偿全部债务时，出质人对于不足部分负清偿之责。质押物因不可抗力灭失，由债务人或出质人承担风险。

虽然法国民法上的不动产质权准许质权人收取质押物产生的孳息，并且可以使用质押物，获得收益，与我国旧时的不动产典权制度有某些相似之处，但两者之间也存在很大差别。法国法规定的不动产质权是一种(不动产)物的担保，而不是用益物权。

第 2379 条

（2021 年 9 月 15 日第 2021-1192 号授权法令）不动产质押（Le gage immobilier，不动产质权）是设质人将某宗不动产用于担保某项债务并转移占有（avec dépossession）。（参见附目第 2387 条）

第 2380 条

（2021 年 9 月 15 日第 2021-1192 号授权法令）第 2390 条、第 2409 条至第 2413 条、第 2415 条以及第 2450 条至第 2453 条有关抵押权的规定，适用于不动产质权。（参见附目第 2388 条）

第 2381 条

（2021 年 9 月 15 日第 2021-1192 号授权法令）债权人受领用于设立担保的不动产的孳息；如果债权应付利息，债权人负责将受领的孳息首先指定清偿利息，辅助清偿债务的本金。

债权人有义务负担不动产的保护和维修，否则丧失权利[①]；债权人可以将受领的孳息首先用于此种保护与维修，然后用于指定清偿债务；债权人随时可以将财产返还所有权人，摆脱此项义务负担。（参见附目第 2389 条）

第 2382 条

（2021 年 9 月 15 日第 2021-1192 号授权法令）债权人可以将不动产出租给第三人或者债务人本人，且不因此丧失对不动产的占有。[②]（参见附目第 2390 条）

[①] 丧失对用于质押的不动产的权利。

[②] 占有人持有并占有，属于本人占有，第三人为占有人持有财产，仍然属于占有人占有，第三人仅仅是单纯的持有人（simple détenteur）。用于设质的不动产的占有已经转移给质权人，在质权人（债权人）将该不动产出租给债务人或第三人的情况下，后两者仅仅是不动产的持有人，而不是占有人，质权人（债权人）并不丧失对该不动产的占有。

第 2383 条

(2021 年 9 月 15 日第 2021-1192 号授权法令)债务人在全额清偿其债务之前,不得要求返还不动产。(参见附目第 2391 条)

第 2384 条

(2021 年 9 月 15 日第 2021-1192 号授权法令)持有不动产质权的债权人(créancier titulaire d'un droit de gage)的权利主要依下列原因消灭:

1. 主债务消灭;
2. 提前将不动产返还其所有权人。(参见附目第 2392 条)

第三章　抵押权①

第一节　一般规定

第 2385 条

(2021 年 9 月 15 日第 2021-1192 号授权法令)抵押(权)是抵押人(设立人)将某宗不动产用于担保某项债务但不转移占有。(参见附目

---

① 法文"hypothèque"这一概念仅指不动产抵押权,与不动产质押不同,不动产抵押权是不转移占有的不动产物的担保。原第 2398 条明确规定"动产不得设立抵押权",但是,特殊类别的动产,例如海上船舶、内河船只与航空器等特殊动产用作担保物时,也被称为设立抵押权,而不是有体动产质押,这种情形分别称为"海上抵押权"(Hypothèque maritime)与"内河抵押权"(Hypothèque fluviale),但这种动产抵押应当遵守特定规则(参见附目第 2399 条)。这些特殊类型的动产抵押权的典型特征是,如同不动产抵押权,债务人不转移对抵押标的物的占有,以及应当遵循公示规则,并且享有追及权与优先受偿权。

抵押权分为约定的抵押权、裁判上的抵押权以及法定抵押权。

第 2393 条)

第 2386 条

(2021 年 9 月 15 日第 2021-1192 号授权法令)仅在法律允许的情况下并且按照法律允许的形式,始产生抵押权。(参见附目第 2394 条)

第 2387 条

(2021 年 9 月 15 日第 2021-1192 号授权法令)抵押权,或者为法定抵押权,或者为裁判上的抵押权,或者为约定的抵押权。(参见附目第 2395 条)

第 2388 条

(2021 年 9 月 15 日第 2021-1192 号授权法令)属于可以交易的所有不动产物权(tous les droits réels immobiliers),均可用于设立抵押权。(参见附目第 2397 条)

第 2389 条

(2021 年 9 月 15 日第 2021-1192 号授权法令)抵押权扩张至对抵押不动产进行的改善以及被视为不动产的从物。(参见附目第 2397 条)

第 2390 条

(2021 年 9 月 15 日第 2021-1192 号授权法令)抵押权扩张至受担保的债权的利息及其他从属部分。对于受担保的债权取得代位权的第三人而言,就其享有的应付利息和其他从权利,抵押权的此种扩张也为其带来相同利益。

第 2391 条

(2021 年 9 月 15 日第 2021-1192 号授权法令)抵押权不可分割,即使债务分割,亦同。作为共同债务人的抵押不动产的所有权人,以该不动产负担整个债务。每一个债权人，为担保其在债权中的份额，对整个不动产享有权利。

即使不动产分割，或者有多宗不动产，抵押权仍然不可分割；被分割的不动产的每一部分，多宗不动产中的每一宗不动产，均用于担保债务全额。

第二节 法定抵押权

第 2392 条

（2021 年 9 月 15 日第 2021-1192 号授权法令）法定抵押权，或者为一般抵押权，或者为特别抵押权。

享有（法定的）一般抵押权的债权人，可以就当前属于债务人的所有不动产登记其权利。债权人可以就此后进入其债务人概括财产的不动产进行补充登记。

享有（法定的）特别抵押权的债权人，仅能就负担抵押权的不动产登记其权利。

第一目 一般规定

第 2393 条

（2021 年 9 月 15 日第 2021-1192 号授权法令）除特别法律规定的债权外，享有法定一般抵押权[①]的债权是：

1. 夫妻一方对另一方的债权；

[①] 法定抵押权是由法律为担保特定债权规定的抵押权，第 2393 条对这些债权进行了列举（参见附目第 2400 条）。1804 年法国《民法典》第 2121 条仅列举前三项，2006 年 3 月 23 日第 2006-346 号授权法令在第 2400 条中仅规定了五种债权享有法定抵押权。2021 年 9 月 15 日第 2021-1192 号授权法令修改后，法定抵押权的范围进一步扩大。

2. 未成年人或者受监护的成年人对法定管理人或监护人债权；

3. （2022 年 3 月 23 日第 2022-408 号授权法令废止"国家、省、市镇行政区、公共机构对税务人员与财务管理人员的债权"）；

4. 受遗赠人依照第 1017 条的规定对遗产中的不动产财产享有的债权；

5. 丧葬费债权；

6. 对受到处罚的债务人作出的判决规定的债权；

7. 依照《税收总法典》确定的条件，国库的债权；

8. 依照《社会保险法典》确定的条件，社会保险管理机构的债权。

（参见附目第 2400 条）

第一段　夫妻法定抵押权的特别规则

第 2394 条

（2021 年 9 月 15 日第 2021-1192 号授权法令）夫妻双方约定实行婚后所得参与制的，每一方为担保参与性债权，均有权登记法定抵押权，另有协议约定的除外。

可以在夫妻财产制解除之前进行此种抵押权登记，但仅自夫妻财产制解除起产生效力，且以登记此种抵押权的不动产在该日期仍然在作为债务人的配偶一方的概括财产之内为条件。

在夫妻财产制提前清算的情况下，清算请求提出之前已经进行的抵押权登记，自提出清算申请之日产生效力，在此后进行的抵押权登记，仅于第 2418 条规定的日期产生效力。

抵押权登记，也可以在夫妻财产制解除后 1 年内进行，于此情形，抵押权自登记之日产生效力。（参见附目第 2402 条）

第 2395 条

（2021 年 9 月 15 日第 2021-1192 号授权法令）适用前一条规定已

经登记法定抵押权的,除夫妻财产契约有明文禁止条款外,享有登记利益的配偶一方,可以同意为另一方的债权人或其本人的债权人的利益,让与其受偿顺位,或者同意对由其登记产生的权利取得代位权。

为担保给予或可能给予配偶一方的扶养金而登记的裁判上的抵押权,对于该配偶或其子女,亦适用前款规定。

如果享有抵押权登记利益的配偶一方拒绝让与其受偿顺位或者拒绝实行代位,阻止另一方设立家庭利益所要求的抵押权,或者该配偶一方不能表示自己的意思,法官可以按照其认为对保护有利益关系的配偶一方的权利所必要的条件,批准受偿顺位的转让或者批准代位。在婚姻财产契约包含第1款所指的条款时,法官亦有相同权力。

第 2396 条

(2021年9月15日第2021-1192号授权法令)适用前一条的规定作出的判决,依照《民事诉讼法典》规定的形式作出。

夫妻之间的法定抵押权的延展登记,应当遵守第2429条的规则。
(参见附目第2407条)

第 2397 条

(2021年9月15日第2021-1192号授权法令)按照法令规定的条件,向夫妻双方或拟婚夫妻双方告知第2393条至第2396条的规定。
(参见附目第2408条)

第二段 未成年人或者受监护的成年人的法定抵押权的特别规则

第 2398 条

(2021年9月15日第2021-1192号授权法令)在设立任何监护时,

亲属会议，或者没有亲属会议的，法官在听取监护人的意见后，决定是否要求就监护人的不动产登记抵押权。在决定进行登记的情况下，由亲属会议或法官确定登记的抵押权数额，并指明负担抵押权的是哪些不动产；在决定不登记的情况下，亲属会议或法官仍可决定设立有体动产质权或无形动产质权替代抵押权登记，并自行确定设立质权的条件。

在监护期间，未成年人或受监护的成年人的利益有此要求时，亲属会议，或者没有亲属会议的，法官得随时命令：或者第一次进行抵押权登记，或者进行补充登记，或者设立有体动产质权或无形动产质权。

在对未成年人的财产实行法定管理的情况下，监护法官或者依职权或者应某个血亲或姻亲或者检察院的申请（à la requête），同样可以决定就法定管理人的不动产登记抵押权，或者决定法定管理人应当设立有体动产质权或无形动产质权。

本条规定的登记，应监护法官的书记员的申请进行，登记费用计入监护账目。（参见附目第 2409 条）

第 2399 条

（2021 年 9 月 15 日第 2021-1192 号授权法令）未成年人，在其成年或解除亲权后，或者受监护的成年人，在解除监护以后 1 年期限内，得请求登记法定抵押权，或者进行补充登记。

如果未成年人在尚未成年时死亡，或者受监护的成年人死亡，在相同期限内，或者在未成年人或者受监护的成年人死亡后 1 年内，前项权利得由他们的继承人行使。（参见附目第 2410 条）

第 2400 条

（2021 年 9 月 15 日第 2021-1192 号授权法令）在未成年人尚未成

年期间,或者在成年人受监护期间,依照本法典第 2398 条的规定进行的抵押权登记,应当由司法法院的书记员予以延展。(参见附目第 2411 条)

第三段 与处罚判决相关联的法定抵押权的特别规则

第 2401 条

(2021 年 9 月 15 日第 2021-1192 号授权法令)与处罚判决相关联的法定抵押权,产生于终局确定或先予执行的对席判决或缺席判决,利益于取得此种判决的人。

此种法定抵押权,亦产生于取得执行令的仲裁裁决以及外国法院作出的、在法国取得执行力的司法裁判决定。

第二目 特别抵押权

第 2402 条

(2021 年 9 月 15 日第 2021-1192 号授权法令)除特别法规定的债权外,享有法定特别抵押权的债权是:

1. 买卖某宗不动产的价金债权,以该不动产为担保;

2. 为取得某宗不动产提供金钱的人的债权,只要依据借贷文书经公署形式确认(authentiquement constaté)其借贷的款项已作此用途,并且出卖人出具的收据也确认价金是用借贷的金钱支付,以该不动产为担保;

3. 区分所有权物业管理人的与当年以及最近 4 年有关的任何性质的(收费)债权,以作为债务人的区分所有权人出卖的区分份额为担保;

4. 某个继承人或共同分割人,依财产分割、返还或扣减数额的效力

而产生的债权,以被分割、被赠与或遗赠的所有不动产为担保;

5. 对已去世的人的债权和金钱款项的遗赠,以及对继承人的个人的债权,如第 878 条规定,分别以遗产中的不动产或继承人本人的不动产为担保;

6. 持有 1984 年 7 月 12 日关于通过租赁方式取得不动产所有权的第 84-595 号法律规定的"租赁—取得不动产合同"的人的债权,为担保其依此合同产生的权利,以作为合同标的的不动产为担保;

7. 国家、市镇行政区、实行独立税制的跨市镇行政区的合作性公共机构,或者里昂市的债权,视不同情况,适用《建筑与住宅法典》第 184-1 条以及第五卷第一编第一章的规定产生的债权,以依照这些规定采取相应措施的不动产为担保。

第 2403 条

(2021 年 9 月 15 日第 2021-1192 号授权法令)出卖人的特别抵押权消灭后,或者在没有进行此项抵押权登记的情况下,不得行使第 1654 条确立的解除诉权,损害由于买受人的原因对不动产取得权利并且已进行公示的第三人的利益。

第 2404 条

(2021 年 9 月 15 日第 2021-1192 号授权法令)第 2402 条第 7 点所指的债权持有人(Le titulaire de la créance),进行以下两项登记,保持其抵押权①:

1. 由依据这些条文的规定就指令采取的措施发出安全保险行政决定的人进行的登记。《建筑与住宅法典》第 184-1 条规定,如果经营者

---

① 参见附目第 2384-1 条。

与所有权人不采取行政决定规定的措施,作为处分,禁止居住或使用场所或者彻底关闭机构,同一法典第 511-11 条规定对采取的措施或者需要实施的工程的费用作出大体评估。

2. 由发出债权收取凭证的人登记收取债权的凭据。

在命令拆除宣告为不安全的建筑物或者有倒塌危险的建筑物时,对于依据《建筑与住宅法典》第五卷第一编第一章或者第 521-3-2 条的规定产生的债权,按照评估的数额为限登记抵押权,或者如果在第一项登记之后,收取债权的凭据上写明的数额低于评估的数额,以及在第二项登记以后,收取债权的凭据写明的数额高于第一项登记的数额,抵押权数额均以收取债权的凭据写明的数额为限。

其他债权,以评估的数额为限,保持抵押权;如果收取债权的凭据写明的数额低于评估的债权数额,以收取债权的凭据写明的数额为限,保持抵押权。

第 2405 条

(2021 年 9 月 15 日第 2021-1192 号授权法令)尽管有第 2404 条的规定,仅需登记债权收取凭据,也可以在其价值的数额限度内,保持抵押权。

第 2406 条

(2021 年 9 月 15 日第 2021-1192 号授权法令)抵押权登记的费用,由债务人负担。

第 2407 条

(2021 年 9 月 15 日第 2021-1192 号授权法令)第 2404 条第 1 点所指的行政决定或催告通知书规定的措施,由机构的所有权人或经营人执行;在同一条文第 2 点规定的债权收取凭据登记之前作出的取消抵押权的行政决定,由他们负担费用进行公示。进行此项公示，意味着第一项登记失去效力。由于登记失效引起的抵押权注销，在原登记事项的备注栏内作出记载，费用由所有权人或者经营人负担。

第二项登记的注销，只能依照第 2436 条及其后条文的规定进行。

第三节　裁判上的抵押权

第 2408 条

（2021 年 9 月 15 日第 2021-1192 号授权法令）裁判上的抵押权，以保全的名义设立，由《民事执行程序法典》作出规定。（参见附目第 2412 条）

第四节　约定的抵押权

第 2409 条

（2021 年 9 月 15 日第 2021-1192 号授权法令）约定的抵押权，用公证文书（acte notarié）同意设立。（参见附目第 2416 条）

设立抵押权的委托书（Le mandat d'hypothéquer），依相同形式。

第 2410 条

（2021 年 9 月 15 日第 2021-1192 号授权法令）只有对负担抵押权的不动产有处分能力的人，才能同意设立约定的抵押权。

第 2411 条

（2021 年 9 月 15 日第 2021-1192 号授权法令）对不动产仅享有附条件的权利的人，仅能同意设立受相同条件约束的抵押权。

第 2412 条

（2021 年 9 月 15 日第 2021-1192 号授权法令）共有不动产的抵押权，如果是经全体共有人同意设立，不论该不动产分割的结果如何，均保持其效力；相反情况下，共有不动产的抵押权，仅在同意设立抵押权的共有人于财产分割时分配到这项或这些共有不动产的范围内，才保持其效力，或者，在不动产拍卖给第三人的情况下，如果同意设立抵押权的共有人分配到拍卖价金，抵押权才保持其效力。

用一项或数项共有不动产中所占的份额设立抵押权，仅在同意设立抵押权的共有人于财产分割时分配到这项或这些共有不动产的范围内，才保持其效力，于此情形，抵押权在此项分配的整个范围均保持效力，而不限于原属同意设立抵押权的共有人的份额；在不动产拍卖给第三人的情况下，如果同意设立抵押权的共有人分配到拍卖价金，抵押权亦保持效力。（参见附目第 2414 条）

第 2413 条

（2021 年 9 月 15 日第 2021-1192 号授权法令）如果政治性法律或条约没有与这项原则相反的规定，在外国订立的合同，不得给予对法国财产[①]的抵押权。

第 2414 条

（2021 年 9 月 15 日第 2021-1192 号授权法令）可以同意用现有的

---

① 此处"法国财产"原文为"les biens de France"，而不是"在法国的财产"（les biens en France）。

或者将来的不动产设立抵押权。① （参见附目第 2419 条）

经公证的文书，如第 2421 条规定，应当特别指明设立抵押权的每一宗不动产的性质和所在位置，否则无效。

第 2415 条

可以同意为担保一项或多项现在的或将来的债权设立抵押权。如果是将来的债权，应当是可确定的债权。

设立抵押权的原因，在文书中确定。

第 2416 条

（2021 年 9 月 15 日第 2021–1192 号授权法令）只要设立抵押权的文书有明文规定，由自然人或法人为从事职业目的设立的抵押权，随后可用于担保该文书中写明的债权以外的其他职业性债权（créances professionnelles）。

于此情形，抵押权设立人可以在设立文书（l'acte constitutif）规定的以及第 2417 条所指的数额限度内，将其设立的抵押权不仅用于向原来的债权人提供担保，而且用于向新的债权人提供担保，即使前一债权人尚未得到清偿，亦同。

---

① 1955 年 1 月 4 日第 55–22 号法令在法国《民法典》原第 2130 条中规定："不得用将来的财产设立抵押权。但是，如果现有的可自由处分的不动产不足以为债权提供担保，债务人在承认此种不足的同时，可以同意将日后取得的每一项财产，随其取得，专用于设立抵押权。"

原第 2131 条则补充规定："同样，如果现有的用于抵押的不动产或每一宗不动产全部灭失或受到毁损，因而不足以担保债权时，债权人得从现在起请求或诉请清偿其债权，或者取得补充抵押。"

2006 年 3 月 23 日第 2006–346 号授权法令对担保法修改后，法国《民法典》第 2419 条规定："原则上只能同意用现有的不动产设立抵押权。"但在第 2420 条对用将来的不动产设立抵押权作了具体规定。

2021 年 9 月 15 日第 2021–1192 号授权法令又修改为："可以同意用现有的或者将来的不动产设立抵押权。"

设立抵押权的人与原来的债权人或者新的债权人订立的可增负抵押协议(convention de rechargement,重复抵押协议)①,应当采用公证文书的形式。

此项可增负抵押协议(重复抵押协议),应当依照第2425条规定的形式进行公示,否则,对第三人没有对抗效力。(参见附目第2422条)

第2417条

(2021年9月15日第2021-1192号授权法令)抵押权始终为担保债的本金设立。担保的数额以公证文书写明的确定的数额为限,否则无效;相应情况下,各当事人应当为此目的对不确定的、可能的或者附条件的年金、给付与权利作出评估。如果债权附有重新评价条款,只要证书有此规定,担保扩张于重新评价后的债权。

在同意为担保将来的一项或数项债权以及就不确定的期限设立抵押权时,设立人可以随时解除抵押权,但应当遵守提前3个月的通知期

---

① 抵押权虽然是一种比较理想的担保类型,但其复杂的手续和很高的费用多受诟病。2006年3月23日关于担保法改革的授权法令设立一种新的抵押权,法文原文称为"hypothèque rechargeable",直接翻译是"可增负的抵押(权)"或"可再使用的抵押(权)"。日、韩学者将其翻译为"充填抵押"(充填抵当)。

原第2422条和现第2416条对此种抵押作了专门规定:只要设立抵押权的文书有明文规定,设立的抵押权随后可以用于担保除该文书写明的债权以外的其他从事职业性质的债权。

订立可增负条款(clause de rechargement,重复抵押条款)仅仅是为将来的活动做准备。即使在设立抵押权的文书中订立了该条款,并不意味着当事人将来必定增加抵押负担,一切都取决于实际情况和当事人的意思。这项条款赋予抵押权设立人以自由,其设立的抵押权可以再用于担保新的信贷,抵押权设立人可以充分利用其不动产的财务资源,已经负担抵押权的不动产构成一种信用储备(réserve de crédit),一种信用工具,他可以运用这个工具,为现有的同一债权人的将来债权提供担保,甚至可以将其用于为其他新的债权人提供担保,即使最先的抵押权人的债权尚未获得清偿。

在抵押权设立之后,也可以通过订立附加议定书或补充条款(附加条款)设立重复抵押,在此情况下,附加条款于其公示之日产生效力,而原先登记的抵押权优先于由附加条款产生的可增负抵押权。这项附加文书应当采用公证文书,并在其备注栏内写明最先设立抵押权的文书中提及的最高数额限度内已经进行的登记,否则,附加议定书无效。

间。抵押权一经解除,仅对此前已经产生的债权仍为担保。(参见附目第 2423 条)

第五节 抵押权的排列顺序

第 2418 条

(2021 年 9 月 15 日第 2021-1192 号授权法令)法定抵押权、裁判上的抵押权以及约定的抵押权,仅自债权人按照法律规定的形式和方式,于不动产登记簿上进行登记之日确定受偿顺位(rang)。

作为例外,第 2402 条第 3 点所指的抵押权免于登记。此种抵押权优先于当年以及最近两年的其他所有抵押权受偿。此种抵押权与此前年份的出卖人和资金贷与人的抵押权竞合(en concours)受偿。

同一日进行的涉及同一不动产的数项抵押权登记,各自的受偿顺位如下确定,不论在第 2447 条所指的登记簿上进行登记的顺序如何:

法定抵押权的登记,视为取得先于裁判上的抵押权和约定的抵押权的顺位。如果有多项法定抵押权登记,相互之间平等(en concurrence)受偿,但出卖人的特别抵押权以及钱款贷与人的特别抵押权除外;前者视为先于后者。

有多项约定的抵押权或裁判上的抵押权登记的情形,根据日期最早的证书进行的登记,视为取得在先受偿顺位;如果证书的日期相同,相互之间平等受偿。(参见附目第 2425 条)

第 2419 条

(2021 年 9 月 15 日第 2021-1192 号授权法令)抵押债权人与质权债权人之间的优先受偿顺位,在质权设立于视为不动产的财产范围内,依照各自的证书公示的日期确定,即使质权债权人享有留置权,亦同。

第 2420 条

（2021 年 9 月 15 日第 2021-1192 号授权法令）持有同一项可增负抵押权的各债权人，享有由设立此种担保的协议的登记顺位。

但是，在诸债权人的相互关系中，依照可增负抵押协议（conventions de rechargement，重复抵押协议）公示的日期，确定各自的受偿顺位；对于持有法定抵押权或者裁判上的抵押权的债权人，亦同。

第六节 抵押权的登记

第一目 一般规定

第 2421 条

（2021 年 9 月 15 日第 2021-1192 号授权法令）法定抵押权、裁判上的抵押权或者约定的抵押权，在财产所在地的负责不动产公示的部门进行登记，但保留适用第 2418 条第 2 款规定的例外。

任何情况下，负责不动产公示的部门均不得依职权进行抵押权登记，仅能依照第 2423 条确定的条件，为某一数额的款项以及就确定的不动产登记抵押权。

任何情况下，凡是请求在其上进行抵押权登记的不动产，均应当单项指明，并指示其所在的市镇行政区，甚至限制到具体的地理位置，排除任何一般的笼统指示。

第 2422 条

（2021 年 9 月 15 日第 2021-1192 号授权法令）自有利于第三人进行（不动产权利）的变动公示起，抵押债权人不能再针对财产的原所有权人有效登记抵押权。

在仅按照净资产接受继承或者在宣告无人继承遗产的情况下，如果只是在被继承人死亡之后由遗产的债权人之一进行的抵押权登记，此种登记在遗产的所有债权人之间不产生任何效力。

在实行不动产扣押，或者实行保护程序、司法重整或司法清偿程序，或者自然人个人超额负债处理程序的情况下，抵押权的登记产生依《民事执行程序法典》第三卷以及《商法典》第六卷第二编、第三编或第四编之规定调整的效力。

在上莱茵省、下莱茵省、莫塞尔省，不动产强制执行情况下，抵押权登记产生依1924年6月1日法律之规定调整的效力。

第2423条

（2021年9月15日第2021-1192号授权法令）抵押权由负责不动产公示的部门依据向其存交的两份清单进行登记。两份清单由1955年1月4日法令第5条与第6条所指的身份证书的签字人注明日期、签字并认证两者相符。最高行政法院提出资政意见后颁布的法令确定旨在保存于负责不动产公示的部门的清单应当遵守的形式条件。如果登记申请人没有使用条例规定格式的清单，负责不动产公示的部门仍然可以接受清单的存交，但保留执行本条倒数第2款的规定。

但是，为了登记与处罚判决相关联的法定抵押权和裁判上的抵押权，债权人还应当亲自或者由第三人向负责不动产公示的部门提交以下材料：

1. 对于依据第2401条的规定产生的抵押权，产生该抵押权的判决书的原本、经认证与原本相符的副本或准确的文字节本；

2. 对于裁判上的抵押权，法官的批准书、法院判决或裁定或者权利证书。

提交的每一份清单排他性包含最高行政法院提出资政意见后颁布的法令确定的各项指示和说明内容。

以下情形,负责不动产公示的部门拒绝接受存交清单：

1. 对于与处罚判决相关联的法定抵押权以及裁判上的抵押权,没有提交产生担保的根据(titre)；

2. 没有写明1955年1月4日第55-22号法令第5条与第6条规定的、与各方当事人的身份证明的相关内容；或者没有单项指明用于设立担保的不动产及其所在的市镇行政区。

负责不动产公示的部门,如果在接受存交的材料后,发现应当写明的规定事项有遗漏,或者有关当事人身份的文字表述或清单中涉及的不动产的指示说明存在矛盾,或者发现清单中或自1956年1月1日以后公示的证书中包含的这些表述有矛盾,拒绝办理(抵押权登记)手续,但是,如果登记申请人对其提交的清单进行补正,或者提出能够证明清单所载事项准确无误的证明材料,负责不动产公示的部门不得拒绝办理登记手续。于此情形,登记手续,自存交清单的登记簿上确认交付清单之日,产生清偿顺位。

对于与处罚判决相关联的法定抵押权、裁判上的抵押权,如果提交的清单中记载的受担保的债权数额高于证书中记载的数额,以及对于本条第1款所指的抵押权,如果登记申请人不用按照条例规定的格式制作的新的清单替代形式上不符合规定的原清单,亦拒绝办理登记手续。

关于拒绝接受存交的登记材料或者拒绝办理登记手续的具体条件与方式,由以上所指的法令规定。

第2424条

(2021年9月15日第2021-1192号授权法令)受区分所有权规约约束的建筑不动产的区分部分设立抵押权时,为了登记需要,该区分部分中包含的共用部分的份额,视为不负担抵押权。但是,在设立抵押权的区分部分发生变动,其价金成为分配标的时,已经登记的各债权人可以对变动发生时包括在区分面积中的上述份额行使权利;这一比例份额仅负担与私人部分相同的担保,且仅负此担保。

第2425条

(2021年9月15日第2021-1192号授权法令)已得到同意的抵押权的代位、解除、减少抵押数额、在先受偿顺位的转让和转移、期限的延长、住所的改变,总之,任何变更,尤其是享有抵押权登记利益的债权人本人方面发生的任何变更,只要不产生加重债务人负担之效力,均采用在现有登记的备注栏内作出记载的形式进行公示。

用抵押债权进行的生前赠与或遗嘱处分,负返还义务的,亦适用前款之规定。

应当依照第2416条的规定进行公示的协议,依上述相同形式进行公示。

确认上述各种协议或处分的证书和法院判决、裁定,以及为了进行上述记载,向负责不动产公示的部门存交的各项文书副本或节本,均应当按照1955年1月4日法令第5条与第6条第1款的规定指明各方当事人。关于此项指明,无须提交认证证明。

此外,在记载的变更事项仅仅涉及负担抵押权的不动产的某些部分时,应当分别单独指明这些不动产,否则拒绝接受存交材料。

第2426条

(2021年9月15日第2021-1192号授权法令)负责不动产公示的部门,在以下第2447条所指的登记簿上记明(登记申请人)已经提交清单,并将登记证书或者证书的副本以及一份登记清单交给申请人,在清单下方写明其送交日期以及归档时的登记卷册与编号。

登记的日期,按照登记簿上的记载确定。

第 2427 条

(2021 年 9 月 15 日第 2021-1192 号授权法令)本金可以产生利息与定期应付款项的,为此进行了登记的抵押债权人,有权就此排列与本金相同的清偿顺位,但仅以 3 年的利息与定期应付的款项为限,且不妨害就原始登记保全的利息与定期应付的款项以外的其他利息和定期应付款项,自他们享有抵押权之日,进行特别登记。

但是,设立抵押权是为了担保《消费法典》第 315-1 条定义的终身性质的借贷时,债权人有权就全部利息排列与本金相同的受偿顺位。

第 2428 条

已经申请登记的人、其代理人或者权利受让人,可以到负责不动产公示的部门用公署证书变更其在登记时选定的住所,但应当负责选定另一住所,并指明该住所在法国本土、海外省或者圣皮埃尔与密克隆领地。

第 2429 条

(2021 年 9 月 15 日第 2021-1192 号授权法令)已进行登记的,直至由债权人按照以下规定确定的日期,均保持抵押权。

如果受担保的债务原本应当在一个或数个确定的日期清偿,在到期日之前或者在规定的最后到期日之前进行的登记,其效力的最后日期最迟至该到期日以后 1 年届满,并且登记的延续时间不得超过 50 年。

如果没有确定的到期日,或者没有最后到期日,特别是在《消费法典》第 315-1 条规定的情况下,或者如果抵押权附有本法典第 2416 条所指可增负抵押条款(une clause de rechargement,重复抵押条款),登记效力的延续时间,自办理登记手续之日起计算,最长为 50 年;

如果债务的到期日或最后的到期日先于登记,或者与登记的时间相同,登记效力的延续期间,自办理登记手续之日计算,最长为10年。

在担保多项债权,并且这些债权可以适用上述第2款、第3款和第4款的规定时,债权人可以申请:或者就每一项债权分开进行登记,或者就全部债权进行单一的一项登记,全部登记的延续期间直至最晚到期日的债权到期之日;在仅适用上述第2款规定的情况下,多项不同的债权没有相同的期日或者没有相同的最后的到期日时,亦作相同处理。

第 2430 条

(2021年9月15日第2021-1192号授权法令)如果最迟至第2429条第1款所指的日期没有延展登记,原登记效力停止。

每一次均可要求将登记延展至一个确定的日期。视债权的到期日或者最后的到期日是否确定,即使到期日是由延长期限所引起,也不论债权的到期日或最后的到期日是否在延展登记之日后,该日期均依照第2329条的规定确定。

在登记已经产生法定效力的情况下,尤其是担保物变现的情况下,直至债务清偿或价金提存,延展登记均具有强制性。

第 2431 条

(2021年9月15日第2021-1192号授权法令)如果第2428条与第2429条所指的期限之一没有得到遵守,在超过该期限的到期日之后,登记不再有效。

第 2432 条

(2021年9月15日第2021-1192号授权法令)已经临时登记裁判上的抵押权时,第2429条至第2431条的规定适用于这种抵押权的最终登记及其延展登记。认定的期限的起始日期,是最终登记或延展登记的日期。

第 2433 条

（2021 年 9 月 15 日第 2021-1192 号授权法令）如果没有相反条款约定，登记费用，其中包括由登记人垫付的费用，均由债务人负担；买卖文书的公示费用，由财产买受人负担。财产出卖人为了登记其法定抵押权，可以要求进行买卖文书的公示。

第 2434 条

（2021 年 9 月 15 日第 2021-1192 号授权法令）因登记可能产生的针对债权人的诉讼，通过向债权人本人或者登记清单上债权人选定的最后住所送达执达员文书，向有管辖权的法院提起，即使债权人死亡或者债权人在其处选定住所的人死亡，仍依此规定。

第二目 登记的注销与减少

第一段 一般规定

第 2435 条

（2021 年 9 月 15 日第 2021-1192 号授权法令）经有能力的诸利益关系当事人同意，或者依据终审判决或产生既判事由之确定力的判决，已经进行的登记予以注销。对于没有依照第 2416 条第 4 款的规定通过在备注栏内作出记载的形式进行登记公示的债权人，强制注销登记。

第 2436 条

（2021 年 9 月 15 日第 2021-1192 号授权法令）在前述两种情况下，申请注销登记的人，应当向负责不动产公示的部门提交载明同意注销登记的公署文书的经认证的副本或者判决书的副本。

有关确认诸当事人的身份、能力和资质的表述，凡是经过公证人或行政机关在制作的文书中认证属实的，不再要求提交任何证明材料作为公署文书副本的佐证。

可以通过向负责不动产公示的部门存交公证文书的公署副本,申请注销登记。公证文书应当证明债权人应债务人的请求已经同意注销登记。负责不动产公示的部门仅限于监督文书的形式是否符合规定,排除对文书实质上的有效性进行监督。

第 2437 条

(2021 年 9 月 15 日第 2021-1192 号授权法令)未经债权人同意,注销抵押权登记,向原来在其辖区内进行登记的法院提出请求,但是,如果进行登记是为了担保可能的或者数额不确定的处罚事项,而债务人与自认为是债权人的人就该处罚事项的执行或清算正在另一法院进行诉讼,或者应当由另一法院作出判决时,请求注销登记的申请,应当向另一法院提出,或者应当移送另一法院。

但是,如果债权人与债务人订立协议约定,在发生争议的情况下向他们指定的法院提出诉讼,此种协议在当事人之间应当得到执行。

第 2438 条

(2021 年 9 月 15 日第 2021-1192 号授权法令)既不是依据法律,也不是依据证书进行的登记,或者虽然是依据证书进行登记但证书不符合规定,或者登记所依据的证书已经失效,或者证书记载的债务已经清偿,或者抵押权经法定途径已经消除,应当由法院命令注销登记。

第 2439 条

(2021 年 9 月 15 日第 2021-1192 号授权法令)如果依照这些条文的规定登记的一般法定抵押权数额过大,债务人可以按照第 2437 条确定的管辖权规则,请求减少登记的数额。

仅一宗不动产或者数宗不动产的价值即已超过债权的本金及法定从权利的数额的两倍又 1/3 时,就此数宗不动产进行的登记视为数额过大。

第二段 有关夫妻和受监护的人的抵押权的特别规定

第 2440 条

(2021 年 9 月 15 日第 2021-1192 号授权法令)法定抵押权是依据第 2394 条的规定进行登记的,除夫妻财产契约有明定条款禁止外,享有登记利益的配偶一方可以同意全部或部分取消抵押权登记。

为了担保给予或者应当给予配偶一方或其子女的扶养费而设立的法定抵押权,或者可能情况下的裁判上的抵押权,亦适用前款之规定。

如果享有登记利益的配偶一方拒绝减少其抵押权数额或者拒绝同意取消抵押权登记,阻止另一方设立家庭利益所要求的抵押权或财产转让时,或者,如该方处于不能表达意思的状态,法官根据保护有利益关系的配偶一方的权益所必要的条件,可以批准减少登记的数额,或者取消登记。在夫妻财产契约中包含有第 1 款所指的条款时,法官亦有相同权力。

第 2441 条

(2021 年 9 月 15 日第 2021-1192 号授权法令)如果设立未成年人或受监护的成年人的抵押权的不动产的价值明显超过为担保监护人的管理所必要的数额,监护人可以请求亲属会议,或者在没有亲属会议时,请求法官将登记的数额减少至足够的不动产数额。

监护人同样可以请求减少原先评估的、对未成年人的债务。

依照第 2398 条的规定就法定管理人的不动产登记抵押权的,法定管理人在相同情况下可以向监护法官请求减少登记抵押权的不动产或受担保的款项的数额。

此外,监护人与法定管理人,如有必要,也可以请求全部取消抵押权,但应当遵守相同的条件。

抵押权的部分或全部注销，涉及监护人的不动产时，依据得到为此授权的亲属会议的某一成员签署的取消抵押权的文书进行，或者，在没有此项授权的情况下，依监护法官的裁判决定进行；涉及法定管理人的不动产时，依据监护法官的裁判决定，予以注销。

第 2442 条

（2021 年 9 月 15 日第 2021-1192 号授权法令）应夫妻一方、监护人或者法定管理人在以上条文所指情况下提出的请求，按照《民事诉讼法典》规定的形式作出判决。

如果法院宣告将抵押权减为由特定的不动产负担，就其他所有不动产进行的抵押权登记均予注销。

第三目　登记簿的公示以及在不动产公示方面的责任

第 2443 条

（2021 年 9 月 15 日第 2021-1192 号授权法令）负责不动产公示的部门有义务向提出请求的任何人提供在请求之日前 50 年内存交的文件的复印件或节本，但登记清单除外。负责不动产公示的部门有义务提供尚存的登记的复印件或节本，或者出具证明证实没有属于请求范围内的任何文件或登记。

负责不动产公示的部门亦有义务依据提出的申请，在 10 日期限内提交不动产登记卡的副本或节本，或者出具证明证实不存在属于请求范围内的任何登记。

第 2444 条

（2021 年 9 月 15 日第 2021-1192 号授权法令）一、国家对每一个负责不动产登记的部门在履行职责时发生的过错引起的损失承担责任，特别是在以下情况下承担责任：

1. 只要不是由于有拒绝公示或驳回公示的决定,对于已经存交至负责不动产登记的部门的文书和司法裁判决定以及要求进行的登记,没有进行公示的;

2. 在负责不动产登记的部门出具的证明书中遗漏已有的一项或数项登记的,但是,后一种情况下,因不能归咎于不动产登记部门的不充分或不准确的事项说明引起的错误,不在此限。

二、因负责不动产登记的部门有过错对国家提起责任之诉,自错误发生之日起,10年期限内向司法法官提出,否则逾期丧失权利。

第2445条

(2021年9月15日第2021-1192号授权法令)负责不动产公示的部门在向某项不动产物权的新持有人提交证明时遗漏写明某项抵押权的登记的,只要权利的新持有人是按照其公示的证书请求提交该项证明,那么,该项不动产物权在新持有人手中不受没有揭示的抵押权的约束。(但是)只要财产买受人①尚未支付价金,或者允许其参加在其他债权人之间的清偿顺位的排列,对被遗漏的登记享有利益的债权人,并不丧失主张此项登记赋予其顺位的权利,且不妨害可能对国家提起求偿。

第2446条

(2021年9月15日第2021-1192号授权法令)除按照有关地产公告的法律或规章的规定有正当依据拒绝(接受)存交的材料或者驳回某项手续外,负责不动产公示的部门不得拒绝或拖延办理手续,也不得拒绝或拖延提交符合规定要求的文件,否则,对当事人负损害赔偿责任。为此,应申请人的要求,由司法法院的一名法官或法庭执达员,或者由其他执达员或公证人,在两名证人的协助下,当场制作关于负责不

---

① 即财产的新的持有人。

动产公示的部门拒绝或拖延办理手续或提交文件的笔录。

第 2447 条

（2021 年 9 月 15 日第 2021-1192 号授权法令）负责不动产公示的部门有义务备置登记簿。在此登记簿上，按照文书提交的先后顺序，逐日编号登记存交的证书、判决或裁定、清单，广而言之，凡是向其提交的用于履行公示手续的文件，均应当进行登记。

负责不动产公示的部门只能按照向其送交文件的日期和先后顺序办理登记手续。

每年均应将上一年已经登记截止的登记簿复制副本一份，并将该副本存交至负责不动产公示的部门所在地的行政区以外的另一行政区的司法法院的书记室，不收取费用。

向哪一法院书记室存交登记簿的副本，由司法部长发布条例确定。

颁布一项法令确定本条的实施方式，尤其确定为制作向法院书记室存交的副本可以采用的技术手段。

第 2448 条

（2021 年 9 月 15 日第 2021-1192 号授权法令）依据前条的规定备置的登记簿，自第一页至最后一页，每一页均应由登记处所在管辖区的司法法院的法官编号并签名。登记簿应当每天按时编定。

尽管有前款规定，书面的计算机文件可以具有相当于登记簿的效力。在此情况下，该文件自制作起，即应采用能够保障提供证据的方法进行编号并注明日期。

第 2449 条

（2021 年 9 月 15 日第 2021-1192 号授权法令）负责不动产公示的部门依照第 2448 条第 2 款的规定掌管登记簿的，对于在请求提供情况的申请中个别指明的不动产，可以出具在不动产登记页面已接受存交材料和进行登记的手续的证明。最高行政法院提出资政意见后颁布的法令具体规定这项证明书的内容。

第七节 抵押权的效力

第一目 优先受偿权和追及权

第 2450 条

（2021 年 9 月 15 日第 2021-1192 号授权法令）未获清偿的抵押债权人,可以按照《民事诉讼程序法典》规定的方式诉请出卖抵押财产,抵押协议不得另行规定出卖财产的其他方式。

未获清偿的抵押债权人,对买卖价金优先于无担保债权人受偿;如果是与其他抵押债权人竞合受偿,依照第 2418 条至第 2420 条规定赋予的顺位受偿。

第 2451 条

（2021 年 9 月 15 日第 2021-1192 号授权法令）如果不动产不是抵押人（抵押权设立人）的主要居所,抵押债权人也可以向法院请求将不动产留给其用于清偿债务。

第 2452 条

（2021 年 9 月 15 日第 2021-1192 号授权法令）在抵押协议中可以约定债权人将成为抵押不动产的所有权人,但对于作为债务人主要居所的不动产,这项条款没有效力。

第 2453 条

（2021 年 9 月 15 日第 2021-1192 号授权法令）在前两条所指情况下,应当由当事人协商指定或法院指定的鉴定人对不动产评估作价。

如果不动产的价值超过受担保的债务数额，债权人应当向债务人退还等于差额的款项；如果还有其他债权人，此款项予以提存。

第 2454 条

在不动产转让情况下，抵押权随该不动产追及至买受第三人（tiers acquéreur）之手。

由此，买受第三人，在登记的抵押权限度（limite）内，对受担保的整个债务负担义务，包括本金和利息，不论其数额如何。

抵押债权人仍未获清偿的，可以依照《民事执行程序法典》第三卷规定的条件诉请出卖该不动产。

第 2455 条

取得不动产的第三人本人不负债务的，如果还有由主债务人占有的、为担保同一债务设立抵押的其他不动产，可以反对出卖其买受的不动产，以及要求首先按照本法典第四卷第一编第一章规定的形式进行分诉求偿（requérir la discussion）。在分诉求偿期间，暂缓抵押不动产的出卖。

取得不动产的第三人，如同保证人，还可以对债权人主张属于主债务人的所有抗辩。

第 2456 条

（2021 年 9 月 15 日第 2021-1192 号授权法令）取得财产的第三人一经受到清偿催告，除享有前条所指的分割抗辩权外，可以：

——或者进行清偿；

——或者依照下一目所定的规则，清除不动产负担的抵押权；

——或者听任不动产受到扣押。

第 2457 条

（2021 年 9 月 15 日第 2021-1192 号授权法令）由于取得不动产的

第三人的行为或过错,造成该不动产受到损坏,导致其价值降低时,应当赔偿抵押债权人由此受到的损失;但是,取得不动产的第三人,对于保管不动产付出的必要费用以及为增加不动产的价值付出的必要费用,可以按照返还之日评估的增加价值的限度,从买卖价金中先行提取款项,获得偿还。

第 2458 条与第 2459 条

(废止)

第 2460 条

(2021 年 9 月 15 日第 2021-1192 号授权法令)取得不动产的第三人清偿了抵押债务,或者承受抵押不动产被扣押的,依照普通法的条件享有担保求偿权(recoursen garantie),以及对主债务人的代位求偿权(recours subrogatoire)。

第二目　抵押权的清除

第 2461 条

(2021 年 9 月 15 日第 2021-1192 号授权法令)在法律有规定的情况下,特别是依据不动产扣押(saisie immobilière)[①],为公共用益之原因进行财产征收,或者《商法典》第四卷或《消费法典》第七卷规定的情形,不动产当然清除与抵押权相关联的追及权(droit de suite)。

第 2462 条

(2021 年 9 月 15 日第 2021-1192 号授权法令)仅仅是在负责不动产公示的部门公示转移所有权的证书,并不清除不动产上设立的抵押权。

[①] 民事强制执行程序之一种。

出卖人仅仅是向买受人转移其本人对出卖物享有的所有权和其他权利。

出卖人在转移其享有的所有权和其他权利时，出卖物负担的抵押权一并转移。

第 2463 条

在抵押不动产出卖时，已经登记的所有债权人与债务人达成协议约定买卖所得的价金将用于清偿他们或者其中特定的人的全部或部分债权的，可以就价金行使优先受偿权，并且可以对任何受让人以及对价金债权实行扣押的任何债权人主张此种权利。

因进行清偿产生的效力，与抵押权相关联的不动产的追及权即予清除。

第 2464 条

没有达成前条所指的协议时，买卖一经公示，取得不动产的第三人可以清除与抵押权相关联的对不动产的追及权。

取得不动产的第三人，应当在受到追偿之前，或者自向其第一次进行催告通知之日起 1 个月内，用一项文书通知债权人，告明其准备立即清偿已经到期或尚未到期的抵押债务，但仅以买卖文书中约定的价金为限，或者如其是依赠与而受领不动产，则仅以其报明的价值为限。

第 2465 条

已经登记的任何债权人，只要提议超过约定的或报明的价金的 1/10 的出价，并且按照规定要求的数额提供保证人，可以在向其进行前条所指的通知起 40 日期限内，要求通过公开竞价拍卖不动产。

第 2466 条

提出公开拍卖不动产要求的债权人，不得通过撤回其要求，阻止不动产的公开竞价，即使其主动提议支付增加的价金，亦同。但如果已经登记的其他所有债权人均表同意,不在此限。

第 2467 条

如果没有任何债权人在规定的期限内按照规定的形式要求公开拍卖不动产,该不动产的价值最终确定为约定的价金或报明的价值。

向已经登记的所有债权人支付这些款项,或者将款项提存,由此解除不动产负担的任何抵押权。

第 2468 条

如有必要,依照《民事诉讼法典》确定的形式,应提出要求的债权人或取得财产的第三人的请求进行拍卖。

第 2469 条

竞买成交的买受人,除买定财产的价金外,还应当向财产的前买受第三人偿还其(买卖)合同的费用,包括买卖的公示费用、通知费用以及为了清除抵押权支付的其他各项费用。

第 2470 条

如果是原买受第三人成为竞价买受人,并由此保有不动产的所有权时,没有义务公示竞买成交判决(le jugement d'adjudication)。

该竞价买受人对超过约定的价金的款项以及对此超过部分自支付之日起的利息,对出卖人有求偿权。

第 2471 条

在取得财产的第三人用同一份文书,按照一笔总价金或者分别的价金,取得几宗不动产与动产或者数宗不动产,其中仅有特定的不动产负担抵押权时,不论它们是否组成同一个经营事业,已经登记抵押权的每一宗不动产的价金,均在第 2464 条所指的通知中予以报明,如有必要,对总价金进行分摊。

提出加价拍卖的债权人,在任何情况下均不受强制将其提出的竞价价位扩张至动产，或者扩张至为担保其债权而设立抵押权的不动产以外的其他不动产，但是，取得财产的第三人，因其取得的标的物财产被分割或者财产的经营使用权被分割而受到损害时，对出卖人享有的求偿权，不在此限。

第 2472 条

如果被转让的不动产包含一项负担质权的依其用途为不动产的财产，质权债权人视同依照本目的规定进行了登记的（抵押）债权人。

买卖一经公示，取得财产的第三人可以依照第 2464 条的规定清除与质押相关联的、对依其用途为不动产的财产的追及权。在此情况下，通知书应当指明被质押的依其用途为不动产的财产的价金，如有必要，指明其在总价金中的分摊数额，并且通知书中应当包含按照该条确定的范围与条件清偿受质押担保的债务的义务承诺。

如果质押债权人依照第 2465 条的规定提出加价拍卖财产，此种拍卖仅涉及被质押的依其用途为不动产的财产。

如果是一个质押债权人与一个抵押债权人提出加价拍卖，只有抵押债权人提出的加价拍卖产生效力。

由于适用第 2463 条或者第 2467 条第 2 款的规定进行的清偿或款项提存产生的效力，不动产解除一切质权。

第八节　抵押权的转移与消灭

第 2473 条

抵押权当然随着受其担保的债权一起转移。抵押债权人可以代位取得其他债权人在抵押权中的权利并保持其债权。

抵押债权人，通过转让在先顺位，可以向顺位在其后的债权人转让其登记顺位并取得后者的位置。

第 2474 条

抵押权主要因以下事由消灭：

1. 主债务消灭，但保留第 2422 条规定的情况；

2. 享有抵押权的债权人抛弃抵押权，但保留前项相同的情况；

3. 抵押权的清除；

4. 因第 2417 条最后一款所准许并且在该条规定的限度内解除（la résiliation）抵押权。

第 2475 条至第 2488 条

（废止）

第四章　以担保的名义托管财产[①]

（2021 年 9 月 15 日第 2021-1192 号授权法令）

第 2488-1 条

一宗不动产财产的所有权（La propriété d'un bien immobilier），可以依照适用第 2011 条至第 2030 条的规定订立的财产托管合同（un contrat de fiducie），以担保的名义让与之。

受担保的债务可以是现在的或者将来的债务，后一种情况下，应当是可确定的债务。

尽管有第 2029 条的规定，自然人托管人死亡，不终止依照本章之规定设置的财产托管合同。

[①] 2006 年 3 月 23 日第 2006-346 号授权法令此处的标题为"以担保的名义让与所有权"（de la propriétée cédée à titre de garantie），2021 年 9 月 15 日第 2021-1192 号授权法令改为"以担保的名义托管财产"（De la fiducie à titre de garantie）。

第 2488-2 条

在以担保的名义缔结财产托管（合同）的情况下，除第 2018 条的规定外，合同应当写明受担保的债务，否则无效。

第 2488-3 条

在受担保的债务未获清偿的情况下，除财产托管合同另有规定外，受托人是（受担保的债权的）债权人时，由其取得以担保的名义让与的财产的自由处分权。

受托人不是（受担保的债权的）债权人时，债权人可以要求向其交付（用作担保的）财产，并可自由处分，或者在托管合同有规定时，可以要求出卖被让与的财产，并向其交付全部或部分价金。

财产的价值，由当事人协商指定或法院指定的鉴定人确定。任何相反条款均视为不曾订立。

受托人如果找不到按照鉴定人确定的价位买受财产的人，可以按照由其承担责任评估的、与财产或权利的价值相适应的价金，出卖财产或权利。

第 2488-4 条

（2021 年 9 月 15 日第 2021-1192 号授权法令）如果财产托管的受益人依照第 2488-3 条的规定取得财产的自由处分权，在该条倒数第二款所指的价值超过受担保的债务的数额时，等于该价值与债务数额两者之间的差额，支付给财产托管人（托管设立人），但以首先清偿因保管或管理交付托管的财产所产生的债务为保留条件。

按照相同保留条件，如果受托人按照财产托管合同出卖财产，应当将买卖所得的款项在相应情况下超过受担保的债务价值的部分返还给财产托管人（constituant）。

第2488-5条

（2009年5月12日第2009-526号法律）只要设立财产托管的合同有明文规定，依照第2488-1条的规定让与的财产所有权，其后可以用于担保该合同所指的债务以外的其他债务。

财产托管人不仅可以向原来的债权人提供此种担保，而且可以向新的债权人提供此种担保，即使前一债权人尚未得到清偿。财产托管人是自然人时，其交付托管的概括财产只能在增加新的担保之日评定的价值限度内用于担保新债务。

按照第2488-2条的规定订立的可增负担保协议（la convention de rechargement，重复担保协议），依照第2019条规定的形式进行登记，否则无效。各债权人之间的受偿顺位按照登记日期确定。

本条规定具有公共秩序性质，任何相反条款的规定均视为不曾订立。

第三编　担保代理人[①]
（2017年5月4日第2017-748号授权法令）

第 2488-6 条

任何担保,均可由担保代理人以其本人的名义,为受担保的债务的债权人的利益设立、登记、管理与实现。

第 2488-7 条

担保代理人是各项担保的持有人。

担保代理人在履行职责中取得的全部权利与财产,构成与其本人的概括财产分开的、专用于履行职责的概括财产。

第 2488-8 条

担保代理人为受担保的债务的债权人的利益开展活动时,应当指明其身份资质。

第 2488-9 条

担保代理人,为了保护受担保的债务的债权人的利益,可以进行任何诉讼以及进行任何债权申报,无须证明其受到专门的委托。

第 2488-10 条

对于担保代理人在履行职责中取得的全部权利与财产,只有因保

[①] 也译为"担保经纪人"（agent de sûreté）。

管或管理这些权利与财产而产生的债权的持有人才能实行扣押；担保代理人实行保护程序、司法重整程序、司法清算程序或者个人重整程序时①，对其用于履行职责的概括财产不产生影响。

第 2488-11 条

在没有合同条款就担保代理人的替换事宜作出规定时，以及如果担保代理人违反其职责，使托付给他的利益面临危害，或者担保代理人实行保护程序、司法重整程序、司法清算程序或者职业重整程序时，享有担保与保障利益的任何债权人均可请求法院指定临时的担保代理人或者替换担保代理人。担保代理人的约定替换或司法裁判替换，当然将相应的概括财产转移给新的担保代理人。

第 2488-12 条

担保代理人在履行职责时有过错的，用其本人的概括财产承担责任，善意的自然人债务人超额负债，不能采取处理债务的措施时，可以请求实行个人重整程序。

---

① 善意自然人债务人超额负债，在不能采取处理债务的措施时，可以请求实行个人重整程序。

第五卷

适用于马约特的规定

第五卷　适用于马约特的规定

第 2489 条

本法典,按照本卷规定的条件,适用于马约特。①

第 2490 条

本法典适用于马约特时,以下术语按本条规定改换:

1."大审法院"或"初审法院"改换为"一审法院";

2."上诉法院"改换为"高等上诉法院";

3."初审法官"改换为"一审法院院长或其授权代表";

4."省"或"区"改换为"省行政部门";

5.(废止);

6."1955年1月4日法令"改换为"第四卷第四编之规定";

7."抵押权登记处"或"不动产登录处"改换为"不动产登记部门";

8."抵押权登记员"改换为"不动产登记员";

9."在不动产登录处进行登录"改换为"在不动产登记簿上进行登记";

10."不动产登记表"改换为"不动产登记簿"。

---

① 马约特位于印度洋科摩罗群岛,全岛面积为374平方公里,经公投,于2011年成为法国的一个海外省。法国《民法典》原先并无第五卷,按照2002年12月19日第2002–1476号授权法令的规定,法国《民法典》第五卷于该法令颁布之日第18个月第一日开始生效,也就是自2004年6月1日起开始生效。

序编　有关序编的规定

第2491条

第1条至第6条之规定适用于马约特。

第一编 有关第一卷的规定

第 2492 条

第 7 条至第 32-5 条,第 34 条至第 56 条,第 58 条至第 61 条,第 62-1 条,第 63 至第 315 条以及第 317 条至第 515-8 条适用于马约特。

第 2493 条

(2006 年 7 月 24 日第 2006-911 号法律第 2 条废止)

第 2493 条原条文:第 26 条第 1 款适用于马约特时,改用以下条文:"有关国籍的声明由一审法院院长或其授权代表按照最高行政法院提出资政意见后颁布的法令规定的形式接受之。"

第 2494 条

(2006 年 7 月 24 日第 2006-911 号法律第 108 条废止)

第 2495 条

第 57 条与第 61-3 条按照 1993 年 1 月 8 日修改《民法典》有关户籍、家庭、子女权利以及设置家事法官的第 93-22 号法律的条文规定执行。

2002 年 3 月 4 日第 2002-304 号法律对这些条文所作的修改,自 2007 年 1 月 1 日起在马约特实行。

第 2496 条

第一卷第六编的规定适用于在马约特自 2005 年 1 月 1 日起达到

结婚年龄、属于当地法律管辖之民事地位的人。

第 2497 条

（2005 年 7 月 4 日第 2005-759 号授权法令废止）

第 2498 条

第 354 条、第 361 条与第 2363 条按照 1993 年 1 月 8 日第 93-22 号法律的条文表述适用于马约特。

2002 年 3 月 4 日第 2002-304 号法律对上述条文的修改，自 2007 年 1 月 1 日起适用于马约特。

第 2499 条

第 515-3 条与第 515-7 条适用于马约特时，"初审法院书记室"改换为"一审法院书记室"，"初审法院书记员"改换为"一审法院书记员"。

第 2499-1 条

（2006 年 7 月 24 日第 2006-911 号法律第 108 条废止）

第 2499-1 条原条文：第 57 条、第 62 条与第 316 条适用于马约特时，保留适用第 2499-2 条至第 2499-5 条之规定。

第 2499-2 条

（2006 年 7 月 24 日第 2006-911 号法律第 108 条）如果根据重大迹象推定认领子女具有欺诈性质，户籍官员应向共和国检察官报告并通知认领人。

共和国检察官应在受理案件起 15 日内作出决定，是听任户籍官员对认领子女进行登记还是听任其在出生证书的备注栏内作出记载，或者决定推迟登记，以待调查的结果，或者反对进行登记。

如果共和国检察官决定推迟登记，推迟的时间不得超过 1 个月，但以特别说明理由的决定可以延长一次。如果需要外交机构或领事机构在国外进行全部或部分调查,检察官推迟作出决定的时间增至 2 个月,并且得以特别说明理由的决定延长推迟登记的时间;但是,在任何情况下,推迟登记的决定或者延长推迟登记的时间,均应通知户籍官员以及认领子女的人。

在推迟登记的时间经过之后,共和国检察官如果准许登记认领子女,或者准许在子女的出生证书的备注栏内作出记载,应以说明理由的决定告知户籍官员及有关的当事人。

认领子女的人,可以对共和国检察官推迟登记的决定或延长推迟登记时间的决定,向一审法院提出异议。

在向上诉法院提起上诉的情况下,高等上诉法院应在相同期限内进行审理、作出裁判。

第 2499-3 条

(2006 年 7 月 24 日第 2006-911 号法律第 108 条)提出异议的任何文书,均应写明认领人的姓名,所涉及的子女的姓名、出生年月日和出生地。

在子女出生之前即已进行认领的情况下,对此认领提出异议的文书,应当写明认领人的姓名以及向户籍官员报送的有关将要出生的儿童的身份的各项说明。

对认领子女的登记提出异议的任何文书,或者对在子女的出生证书备注栏内记载提出异议的任何文书,均应写明提出异议的人的资格以及提出异议的理由。

异议人应在提出异议的文书的正本与副本上签字并通知户籍官员,户籍官员在正本上签名见证。

户籍官员应立即在户籍登记簿上对提出的异议作出大体记述,并且在登记此项异议的备注栏内写明可能已向其送交撤销异议的决定副本。

在提出异议的情况下，户籍官员不得进行认领子女的登记，或者不得在子女的出生证书上作出记载，否则对其科处第 68 条所指罚款，但如此前已向其送交撤销异议的决定的副本，不在此限。

第 2499-4 条

（2011 年 3 月 29 日第 2011-337 号授权法令）一审法院，应认领人提出的撤销异议的请求，在其受理该项请求后 10 日内作出宣告，即使认领人是未成年人，亦同。

对法院就认领子女的登记事由提出的异议作出的缺席判决，或者对在子女出生证书上作出记载提出的异议作出的缺席判决，不得再提出取消缺席判决之异议。

第 2499-5 条

（2006 年 7 月 24 日第 2006-911 号法律第 108 条）如果共和国检察官受理的案件涉及的是在子女出生之前即进行认领之事由，或者涉及在申报子女出生的同时即认领子女之事由，子女的出生证书对此认领不做任何记载。

第二编 有关第二卷的规定

第 2500 条

（2005 年 7 月 28 日第 2005-870 号授权法令）除第 642 条与第 643 条之外，（2015 年 2 月 16 日第 2015-177 号授权法令）第 515-4 条至第 710 条适用于马约特，但保留执行第 2501 条与第 2502 条的调整性规定。

涉及不动产的规定，仅在保留执行本卷第四编之规定的条件下才予适用。

第 2501 条

为适用第 524 条第 9 款之规定，（2015 年 2 月 16 日第 2015-177 号授权法令）不与任何水流、水渠、水溪相通的水面和鱼池里饲养的鱼，在其是由所有权人为利用或开发其地产而投放时，依其用途为不动产。

第 2502 条

为适用第 564 条之规定，第 432 条与第 433 条所指的"水面"一词改换为"养鱼池"或"封闭的鱼塘"。

第三编 有关第三卷的规定

第 2503 条

（2006 年 6 月 23 日第 2006-728 号法律第 40 条）第 711 条至第 832-2 条，第 832-4 条至第 2279 条适用于马约特，但保留执行第 2504 条至第 2508 条的调整性规定。

第 2504 条

（2012 年 5 月 31 日第 2012-789 号授权法令废止）

第 2504 条原条文：第 831-1 条以及第 832-1 条第 2 款、第 3 款、第 4 款和最后一款的规定不适用于马约特。

第 2505 条

（2006 年 6 月 23 日第 2006-728 号法律第 40 条）第 833 条之规定在适用于马约特时，其中提到的"第 831 条至第 832-4 条"改换为"第 831 条至第 832-1 条、第 832-3 条与第 832-4 条"；为适用第 833 条第 2 款之规定，"第 832 条"改换为"第 832 条与第 832-2 条"。

第 2506 条

（2006 年 6 月 23 日第 2006-728 号法律废止）

第 2507 条

第 1873-13 条之规定适用于马约特时，"第 831 条至第 832-1 条、第 832-3 条与第 832-4 条"改换为"第 832 条至第 832-2 条"。

第 2508 条

(2012 年 6 月 7 日第 2012-792 号授权法律令)第三卷第十九编和第四卷第二编的规定适用于马约特,但保留执行本卷第四编的规定及以下规定:

第 2331 条各点按照以下条件适用于马约特:

1. (第 1 点废止);

2. 第 2 点不予适用;

3. 第 3 点中第 3 款改为以下规定:"手工业或商业企业的主要领导人的生存配偶以任何方法证明其至少在 10 年期间实际参与企业活动、没有领取工资也不参与分享企业利润与亏损而由此产生的债权。

"前述债权的数额为企业主死亡之日实行的有保障的跨行业最低工资的 3 倍,但以其遗产资产的 25% 为限。相应情况下,在遗产分割以及夫妻财产制清算活动中生存配偶特有权利的数额应减去该债权的数额。就清算遗产上的权利而言,此项债权应加在生存配偶的份额之上。"

(以下内容废止)

第四编 有关不动产登记以及对不动产的权利登记的规定

第 2509 条

在马约特,对不动产享有的权利,优先权与抵押权以及有关不动产物权或者其他需公示的权利与行为,其组织、建立、转移、消灭的规则为普通民事立法所定的规则,但保留适用本编之规定。

第一章 不动产登记制度

第一节 一般规定

第 2510 条

不动产登记是对所有权的保证,也是对经过可以揭示在不动产上设立的全部权利的程序之后制作的所有权证书所承认的其他各项权利的保证。最高行政法院提出资政意见后颁布的法令确定此种程序的具体实施方式。

第 2511 条

除保留执行本条第 3 款与第 4 款的规定之外,任何性质的不动产,不论是否为建筑不动产,均应在第 2513 条所指的马特约不动产登记簿上进行登记,属于公产的不动产不在此限;不动产上的各种权利的变动与设立,亦应在同一登记簿上登记。

没有进行登记的任何不动产在法院进行出卖时,均应在拍卖竞价之前按照最高行政法院提出资政意见后颁布的法令确定的条件进行登记。

不动产的某一部分上建有墓地时,可以进行登记。

习惯法确认的不动产的集体权利不适用上述登记制度;此种权利转换为个人权利时,可进行不动产登记。

第 2512 条

在不动产登记簿上进行登记以及第 2521 条所指各项权利的登记,均具有强制性,不论所有权人或权利人的法律地位如何。

不影响合同当事人因执行合同而产生的相互权利与诉权,第 2521 条所指的各项权利,仅在其按照本章的规定并根据具体情况在不动产登记簿上进行了登记与登录时,始对第三人产生对抗效力。

第 2513 条

不动产登记簿上由旨在用于公示不动产上的各项权利的簿册构成。

不动产登记簿由不动产所有权登记部门掌管。不动产所有权登记部门可以按照第 1316-1 条确定的条件采用电子版形式掌管不动产登记簿。

第 2514 条

不动产登记以及对不动产的各项权利的登记,按照最高行政法院提出资政意见后颁布的法令确定的条件提出申请。

为保障第 2521 条所指权利之一取得登记顺位,或者为保障往后可能进行的更正有效,可以按照法院判决进行先期说明登记。

(2007 年 2 月 21 日第 2007-224 号法律第 20 条第 20 点) 由申请人

提出申请,在就排除妨害登记的事由所规定的期限内,登记员可以按照最高行政法院提出资政意见后颁布的法令确定的条件进行保全性临时登记。

第 2515 条

在登记程序进行过程中,提出旨在追还对不动产享有的此前未经揭示的某项权利的诉讼,得予受理。

第二节　不动产登记及其效力

第 2516 条

需要登记的不动产,在登记之前应当进行划界、建立分界标志,但是,任何所有权人,经相邻所有权人的同意,可以放弃建立分界标志。所建立的分界标志属于不动产定界立标的所有权人。

第 2517 条

不动产登记,由不动产所有权登记员出具一份所有权证书。

所有权证书,作为必要,是对所有权人资格的证明。

对于法院,所有权证书自其登记之日构成对不动产的权利的起始时间。

在不动产登记之后,有利益关系的人提出请求,可以制作若干特别证书。

第 2518 条

不动产登记之后,所有权证书的任何变更,仅对其上记载的权利有效,提出相反证据时除外。

第 2519 条

所有权证书及其登记,只要没有被撤销或者被变更,即保有其上记载的各项权利,并对第三人具有证明该证书指名的人享有其上记载的各项权利的效力。

第 2520 条

如果不动产登记员驳回登记申请,或者认为不能对登记申请给予回答,应将该登记申请移送法院。

同样,如果有人提出异议,或者如果没有用公证文书的形式认可撤销登记申请,或者申请人拒绝认诺,所提出的登记申请,亦应移送法院。

法院得命令进行不动产的全部或部分登记以及命令登记其承认的各项物权或负担。如果有必要,法院派人更正分界标志及不动产的平面图示。

命令进行不动产登记的法院的判决成为终局判决时,在对分界标志与不动产的平面图示进行可能的更正之后,或者在履行规定的各项手续之后,不动产登记员按照法院的判决制作所有权证书。

第三节 对不动产的权利的登记

第 2521 条

为取得对抗第三人之效力,以下权利应在不动产登记簿上登记,且不影响本法典、其他法典或者适用于马约特民事立法规定所指的需要登记的各项权利:

一、以下各项不动产物权:

1. 不动产所有权;

2. 由人的意思设立的同一财产的用益权;

3. 使用权与居住权;

4.《农村法典》第 451-1 条至第 451-12 条所指的长期租约权;

5. 地上权;

6. 役权；

7. 不动产质权；

8. 因适用于马约特的《国家公产与地方行政部门公产法典》之规定而签发的占用国家公产的证书或者占用国家公共机构之一的公产的证书而产生的物权；

9. 优先权与抵押权。

二、期限超过 12 年的租约，以及期限虽然更短但相当于 3 年租金或没有到期的租金的收据或转让。

三、因确认或宣告解除、撤销、取消某项协议或某项死因处分而根据第一项与第二项之规定应当进行公示的各项权利；但是，因场所的自然位置产生的役权或者由法律规定的役权，免于公示。

第 2522 条

向法院提出旨在撤销、解除、取消某项合同或某项死因处分的诉讼请求，如果其涉及第 2521 条第一项与第二项所指权利，应在不动产登记簿上进行登记，否则不予受理。

第 2523 条

第 2521 条所指的权利之一的持有人，如果向其转移该项权利的最后一个所有权人本身就没有进行登记，亦不得进行此项权利登记。

除所有权以外的其他权利的持有人，只有在不动产所有权人进行登记之后才能登记其权利，但如果不动产是因时效取得或者因转让取得，不在此限。

第 2524 条

与可以登记的权利相关的任何文书，为登记之需要，均应由公证人、普通法院或者公共权力机关采用公证书的形式制作。

采用其他形式登记的任何转移或宣告不动产所有权的生前处分行

为以及任何设立或转移不动产役权的生前处分行为，均应在随后采用公证文书的形式，或者在一方当事人提出异议的情况下，应采用向法院提出的诉讼请求的形式，否则失去效力。

为确认被转移的权利或设立的权利而采用公证文书的形式时所必要的各项证明材料，由最高行政法院提出资政意见后颁布的法令具体规定。该法令还规定，在继承开始或者登记权利时应当提交哪些材料。

第 2525 条

不论各方当事人的意思如何，司法助理人员以及公共权力机关有义务立即登记在他们面前制作的第 2524 条所指的文书产生的第 2521 条所指的各项权利。

第 2526 条

任何利益关系人，提交有关设立需要登记之权利的公证文书以及本编规定的必须提交的其他材料，可以要求登记员登记、注销或者更正某项权利。

第 2527 条

不动产登记员或者法院，如果其已受理争议，应当审核所提交的申请中涉及的权利是否可以进行登记，审核所提交的用于支持申请的各项材料是否符合规定的形式，权利人本人是否按照第 2523 条的规定已经进行登记。

第 2528 条

按照第 2521 条之规定应当登记的各项权利如果没有登记，对于从同一个所有权人手中就同一不动产竞合取得应当登记之权利的第三人不产生对抗效力。

如果这些权利虽已进行登记，但在第三人主张的权利登记在先时，也不产生对抗第三人的效力。

如果第三人本身即是应当对竞合的权利负责登记的人,或者是部分概括权利继受人时,不得主张前述规定。

第 2529 条

同一日就同一不动产有数项请求提出,要求办理按照第 2528 条的规定可以产生对抗第三人之效力的手续时,不论所提交的申请登记的时间先后,根据日期最早的证书提出的登记申请视为取得在先顺位。

除第 2521 条第一项与第二项的规定外,同一日就同一不动产提出申请,要求办理按照第一项之规定必须履行的、根据第 2528 条之规定可以产生对抗第三人之效力的手续以及登记抵押权的申请时,如果待公示的证书与登记证书两者为同一日期,抵押权登记视为取得在先顺位,不论提交的证书登记的时间先后。

除第 2521 条第一项与第二项的规定外,如果在同一日提出多项请求,要求办理按照本条第一项之规定必须履行的、足以产生对抗第三人之效力的各项手续,如果待公示的证书均为相同日期,所办理的这些手续视为取得相同顺位。

如果同一日就相同不动产提出一项请求,要求办理根据第 2528 条之规定足以产生对抗第三人之效力的手续,以及提出申请、公示相当于实施扣押的支付指令,不论两者登记的时间先后,其顺位按照支付指令中所写明的执行根据的日期以及与之竞争的手续的证书日期确定。如果两证书的日期相同,视"具有扣押效力的支付指令"的公示取得优先受偿顺位。

在第 2386 条第 2 款所指的情况下,第 2383 条所规定的概括财产的分开,以及第 2400 条规定的法定抵押权,相对于同一日申请办理的其他任何手续,视为取得优先顺位。

第二章 其他规定

第一节 优先权与抵押权

第 2530 条

尽管有第 2375 条的规定,但适用于马约特的对不动产享有一般优先权的权利,仅指诉讼费用和国库的权利。此两项优先权免于在不动产登记簿上进行登记。

第 2531 条

仅有以下财产才能设立抵押权:

1. 可用于交易的不动产财产以及视为这种不动产的添附权利;

2. 第 1 点所指不动产的用益权及其存在期间的添附权利;

3. 长期租约权,在其存在期间;

4. 地上权。

第 2532 条

设立约定的抵押权,只能采用公证形式的文书。此种抵押权的转移与撤销,应采用相同的形式。

不是在马约特订立的合同,只有符合本编之规定,才能就位于马约特的不动产设立抵押权。

第二节　强制剥夺所有权

第 2533 条

（2011 年 12 月 19 日第 2011-1895 号授权法令第 2 条废止）

第 2533 条原条文：持有不动产登记员签发的指名登记证书或执行根据的债权人，在债权到期未获清偿时，得请求强制变卖债务人用于担保其债权并进行了登记的不动产。在用数宗不动产担保同一债权的情况下，仅在得到法官批准之后，才能同时就每一宗不动产实施追偿。

第 2534 条

为进行公示需要，对属于建筑不动产共同所有权的份额（区分所有权份额）实施强制执行的命令，视其不涉及该份额在不动产的公用部分内所占的份额。

但是，实施扣押的债权人可以就该份额在物权变动时所占的实际内容行使其权利，该项变动所得价金构成分配的标的。

附 目

附目一　原离婚（第229条至第295条）的条文[1]

第六编　离　婚

第一章　离婚的各种情形

（1975年7月11日第75-617号法律）

第229条

下列情形，得宣告离婚：

——两愿离婚；

——共同生活破裂；

——因有过错。

---

[1] 2004年5月26日第2004-439号法律修改后的条文，参见《法国民法典》，罗结珍译，北京大学出版社2010年版。

第一节　两愿离婚

第一目　依夫妻双方共同请求离婚

第 230 条

夫妻双方共同申请离婚,无须说明离婚原因;夫妻双方仅应向法官提交确定离婚后果的协议草案,诉请批准。

离婚申请,得由当事人各自的律师提交,或者由双方共同协议选任的律师提交。

夫妻双方在结婚后的 6 个月期间,不得提出两愿离婚请求。

第 231 条

法官首先分别与夫妻各方,然后再与夫妻双方一起,对离婚申请进行审查,此后,再传唤当事人的律师或他们各自的律师。

如果夫妻双方坚持离婚意愿,法官向他们指出给予他们 3 个月的考虑期限,其后重新提出离婚申请。

如果在考虑期限届满后 6 个月内没有重新提出离婚申请,原来的共同离婚申请即失去效力。

第 232 条

如果法官确信夫妻双方的离婚意愿是真实的,并且双方均属自由同意离婚,法官得宣判离婚;法官得以同一判决认可夫妻双方处理离婚后果的协议。

法官如果确认该协议对子女的利益或者对配偶一方的子女利益保护不够,得拒绝予以认可,并且不宣判离婚。

第二目　由配偶一方提出申请,另一方接受离婚

第 233 条

夫妻一方得列举诸种事实证明维持夫妻共同生活已不能容忍,请求离婚。

第 234 条

如果另一方在法官面前承认此种事实,法官得宣判离婚,无须对双方分担过错作出裁判。由此宣告的离婚产生与夫妻双方均有过错引起的离婚相同的效力。

第 235 条

如果另一方不承认此种事实,法官不宣告离婚。

第 236 条

夫妻双方所作的声明,不得作为证据用于其他任何诉讼。

第二节　因共同生活破裂离婚

第 237 条

如果夫妻事实上分开生活已达 6 年,配偶一方得以共同生活持续中断请求离婚。

第 238 条

如果配偶一方的精神官能严重受损,夫妻之间无任何共同生活已达 6 年,并且按照最合乎情理的预计,此种损害在将来亦不可康复时,适用前条的规定。

如果离婚有可能对该配偶一方的疾病造成极严重的后果,法官得

依职权驳回离婚申请。第 240 条的规定保留适用。

第 239 条

以夫妻共同生活破裂为理由申请离婚的配偶一方应承担全部负担,在其提交的申请中应当具体写明以何方式履行其对配偶和子女的义务。

第 240 条

如果另一方能证明,鉴于其本人的年龄与结婚时间,离婚对其本人和子女在精神与物质上都将引起极为严重的后果,法官得驳回离婚申请。

在第 238 条所指情况下,法官甚至得依职权驳回申请。

第 241 条

只有起诉离婚的配偶一方,也就是提出本诉请求的配偶一方,才能主张以共同生活破裂为离婚理由。

另一方在此场合得提出称为反诉的诉讼请求,并且可以援用主动提出离婚请求的一方的过错。但此种反诉仅得为主张离婚之诉,而不得为主张分居之诉。如果法官支持提出的反诉,即驳回本诉,并宣告因主动提出离婚的一方有过错而离婚。

第三节　因有过错离婚

第 242 条

夫妻一方,因另一方反复或者严重违反婚姻权利与义务的事实,致使夫妻共同生活不能忍受时,得诉请离婚。

第 243 条

在配偶一方被判处《刑法典》第 131-1 条所指刑罚(1992 年 12 月

16 日第 92-1336 号法律第 136 条)之一时,另一方得请求离婚。(1994 年 3 月 1 日起生效)。

第 244 条

夫妻在诉讼中援引的事实发生之后双方已实行和解的,不得再主张以相同事实作为请求离婚的原因。

在此情况下,法官宣告离婚申请不予受理;但是,可以依据夫妻在实现和解之后发生或发现的事实重新提出离婚请求;于此情形,可以重提原来的事实,用以支持新的离婚请求。

夫妻暂时维持共同生活或者暂时恢复共同生活,如果仅仅是为了进行和解努力而有所必要,或者是为了子女教育之需要,不视为夫妻已经实现和解。

第 245 条

主动提出离婚的配偶一方有过错,并不妨碍对其提出的离婚请求进行审查,但此种过错可以抵消其归咎于另一方并构成离婚原因的事实的严重性。

另一方可以援引主动提出离婚的配偶一方的过错,用以支持其本人提出的离婚反诉请求。如果本诉与反诉均得到法院支持,以夫妻双方均有过错宣判离婚。

即使没有提出反诉,如果经审理确认夫妻双方均有过错,得依夫妻双方均有过错宣告离婚。

第 246 条

在依据第 233 条至第 245 条的规定申请离婚时,只要未作出任何实体上的裁判,夫妻双方得请求家事法官确认他们已达成协议并认可解决离婚后果的协议草案。

第 231 条与第 232 条的规定适用之。

第二章　离婚的程序

第一节　一般规定

第 247 条

审理民事案件的大审法院对离婚及其后果作出宣告有唯一管辖权。

（1993 年 1 月 8 日第 93-22 号法律）大审法院委派本法院一名法官负责家庭事务案件，（2002 年 3 月 4 日第 2002-305 号法律废止："该法官更为关注保障未成年子女的利益。

"该法官对宣告离婚有管辖权，无论离婚原因如何。法官得将符合审理条件的案件移送合议庭审理。在一方当事人提出请求时，此项移送应当然进行。"）

（1987 年 7 月 22 日第 87-570 号法律）不论离婚原因如何，对宣判离婚以后行使亲权的方式，（2000 年 6 月 30 日第 2000-596 号法律）变更生活费、调整补偿性给付或其支付方式，以及决定将子女托付第三人照管，家事法官有唯一管辖权。在此情况下，该法官得不拘任何形式作出决定，并且可以依利益关系当事人提出的简单申请受理请求。

第 248 条

就离婚原因、离婚后果以及先予执行措施，庭审辩论不公开进行。

第 248-1 条

在因有过错离婚的情况下以及应配偶双方的请求，（1993 年 1 月 8 日第 93-22 号法律）家事法官在其判决理由中得仅限于确认存在构成离婚理由之事实,无须写明各方当事人的过错与受害申诉。

第 249 条

如果离婚申请应当以受监护的成年人的名义提出,此项申请,由监护人听取医生的意见并经亲属会议批准后提交。

财产受管理的成年人在其财产管理人的协助下自行进行诉讼。

第 249-1 条

如果被诉离婚的配偶一方是受监护人,离婚之诉向其监护人提出;如果被诉离婚的人是财产受管理人,由其本人在财产管理人的协助下进行辩护。

第 249-2 条

如果监护权或财产管理权已托付给无行为能力人的配偶行使,得任命一名特别监护人或财产管理人。

第 249-3 条

如果夫妻一方受到司法保护,仅在对监护或财产管理作出安排之后,始得对离婚申请进行审查。

第 249-4 条

在配偶一方置于下述第 490 条①所指的保护制度时,不得提出任何经夫妻双方相互同意的(两愿)离婚请求。

第 250 条

在配偶一方因有罪判决,受到法定禁止权利的情况下,只有受到禁止权利的该配偶一方的许可,监护人始得提起离婚诉讼。

---

① 指受保护的成年人的保护制度。

第二节 调 解

第 251 条

在因夫妻共同生活破裂或因有过错请求离婚的情况下,向司法诉讼之前,试行调解属强制性步骤。调解亦得于诉讼过程中再行提出。

在夫妻双方相互同意申请离婚的情况下,诉讼过程中,得依照适用于此种离婚案的程序规则,试行调解。

第 252 条

法官在对夫妻双方试行调解时,应当亲自同夫妻各方分别谈话,然后再召集夫妻二人一同至法官面前。

在第 238 条所指情况下,以及在针对其提出离婚请求的配偶一方不到场的情况下,法官仍应同另一方谈话并提请其多加考虑。

第 252-1 条

在法官给予夫妻双方不超过 8 天的考虑时间内,调解尝试得暂行中止,并且得不经任何手续恢复调解。

如果有必要给予更长的考虑时间,法官得决定中止调解程序,并且可以最长在 6 个月期限内进行新的调解尝试;如果有必要,法官得命令采取必要的临时措施。

第 252-2 条

如果法官不能使夫妻双方放弃离婚请求,仍应尽力让夫妻双方通过协商,达成协议解决离婚的各项后果,尤其是涉及子女的问题。(1993 年 1 月 8 日第 93-22 号法律)法院在作出判决时得考虑此种协议。

第 252-3 条

在试行调解期间,口头与书面提到的一切,不论其产生形式如何,均不得在随后的诉讼程序中由配偶一方或针对配偶一方或第三人援用之。

第三节　临时措施

第 253 条

在依据共同申请离婚的情况下,夫妻双方在临时性协议中自行规定各项先予执行的措施。临时性协议应作为离婚申请的附件。

但是,法官认为临时性协议中有条款违背子女利益时,得让当事人取消或修改此种条款。

第 254 条

在第 233 条所指情况下夫妻双方出庭时,或者在其他情况下作出夫妻双方没有实现和解的裁定时,法官得规定采取夫妻双方及子女生活所必要的各项措施,直至法院判决产生既判力。

第 255 条

法官尤其可以:

1. 允许夫妇分开居住;

2. 允许夫妇中一人享用住宅以及家庭内的动产用品的使用权,或者允许夫妇双方分享使用之;

3. 命令交回个人的衣物;

4. 确定配偶一方应当向另一方支付的扶养费数额以及预付的诉讼费用;

5. 如果有必要,可以从配偶一方所占的共有财产份额中预先给予该方一定的款项。

第 256 条

（2002年3月4日第2002-305号法律）父母离婚对子女的后果依本卷第九编第一章的规定处理

第256条原文：(1987年7月22日第87-570号法律)，如果有未成年子女，法官应当对行使亲权的方式作出宣告；法官也可以决定将未成年子女交由第三人照管，(1993年1月8日第93-22号法律)并且对父母探望权与留宿权作出规定，与此同时，法官还确定平时不同子女住在一起或不行使亲权的父、母一方对子女的生活费与教育开支应当分担的数额。

第 257 条

离婚申请一经提出，法官即可规定采取紧急措施。

法官得依此申请批准提出离婚请求的配偶一方分别居住；如果有必要，与其未成年的子女一起居住。

为保证配偶一方的权利，法官得命令采取任何保全措施，例如，对夫妇共有财产加以封存。但是，第220-1条的规定以及由夫妻财产制规定的其他保护措施仍然适用。

第 258 条

法官在最终驳回离婚请求时，得就家事费用负担的分担、家庭居所以及(1987年7月22日第87-570号法律)行使亲权的方式作出裁判。

第四节　证　据

第 259 条

不论是作为离婚的理由，还是作为对离婚请求的答辩，所主张的各项事实,得以任何证据形式予以证明,其中包括自认。

第 259-1 条

夫妻一方不得在法庭辩论中提出其采取暴力行为或欺诈行为获得的另一方与第三人之间的往来信件。

第 259-2 条

应夫妻一方的请求制作的现场见证书,如果有对住所或私生活的非法侵犯情形,应排除于法庭辩论之外。

第 259-3 条

夫妻双方应当相互传达,并向法官及其指定的鉴定人传达对于确定给付数额、扶养费以及对夫妻财产制的清算有益的各项材料与文件。

法官得派人前往债务人或为夫妻持有有价证券的任何人那里进行调查。对此种调查,不得以保守职业秘密相对抗。

第三章　离婚的后果

第一节　离婚效力产生的期日

第 260 条

宣告离婚的判决,于其产生既判力之日,解除婚姻关系。

第 261 条

女方重新结婚,应当遵守第 228 条规定的 300 天期限。

第 261-1 条

(2004 年 5 月 26 日第 2004-439 号法律第 7-1 条)如果夫妻双方在

离婚诉讼期间即已获准分开居住,前述期限自批准分开居住的裁定作出之日起计算,或者在双方共同申请离婚的情况下,该期限自认可为此订立的临时协议的裁定作出之日起计算。

在第 237 条与第 238 条所指情况下宣告离婚,女方重新结婚不需遵守任何期限。

第 261-2 条

在批准或认可夫妇分开居住的裁定作出之后,如果女方分娩,或者在没有此种情形时,自离婚判决产生既判力之日,前述期限即告终止。

如果夫在离婚判决尚未产生既判力之前去世,前述期限自批准或认可夫妇分开居住的决定作出之日起计算。

第 262 条

离婚判决,自依照有关户籍、身份的规定在身份证书的备注栏内完成记载的手续,就夫妻财产而言,对第三人产生对抗效力。

第 262-1 条

(2004 年 5 月 26 日第 2004-439 号法律第 7-1 条) 离婚判决,就夫妻财产而言,自财产分割确定之日,在夫妻之间产生效力。(1985 年 12 月 23 日第 85-1372 号法律) 夫妻双方或一方,如果有必要,得请求离婚判决推迟至夫妻停止同居之日或停止合作之日生效;但是,对离婚负有主要过错的配偶一方不能获得推迟判决生效的时间。

第 262-2 条

配偶一方缔结的由共同财产负担的一切债务,以及由配偶一方在离婚起诉状提出之后,虽在其权限范围内进行的任何财产转让,如果经证明对另一方的权利有欺诈行为,均属无效。

第二节　离婚对夫妻双方的后果

第一目　一般规定

第 263 条

已经离婚的夫妻,如果愿意复婚,必须重新举行结婚仪式。

第 264 条

离婚之后,夫妻各方均可恢复使用其本人的姓氏。

但是,在第 237 条与第 238 条所指情况下,如果离婚是由夫提出,妻有权保留使用夫姓。

其他情况下,妻如果能证明保留使用夫姓对其本人及子女均有特别利益,经夫同意,或者经法官批准,亦可保留使用夫姓。

第 264-1 条

(1985 年 12 月 23 日第 85-1372 号法律)家事法官在宣告离婚时,(1993 年 1 月 8 日第 93-22 号法律)应裁定对夫妻财产性质的利益进行清算与分割,并且如果有必要,应当对维持共有财产或优先分配财产之请求作出裁判。

第二目　不同情况下离婚的结果

第 265 条

如果夫妻离婚,过错全在配偶一方,离婚视为对该一方作出的宣告。主动提出离婚的配偶一方基于共同生活破裂之原因获准离婚的,离婚亦视为对该一方作出宣告。

针对其作出离婚宣告的配偶一方,丧失法律或与第三人订立的协议所赋予的离婚配偶的权利。

在夫妻双方均有过错或双方相互同意离婚（两愿离婚）的情况下，不丧失此种权利。

第 266 条

在唯一因配偶一方有过错宣告离婚的情况下，该方对另一方因婚姻解消而受到的物质上与精神上的损失，得受判负损害赔偿责任。

但是，另一方只有在进行离婚诉讼时才能请求此种损害赔偿。

第 267 条

在因配偶一方单方有过错宣告离婚的情况下，该方当然丧失另一方在结婚时或者其后同意的一切赠与和财产利益。

另一方保留原已同意给予他（她）的一切赠与及利益，不论此种赠与和利益是否为相互性质。

第 267-1 条

在因夫妻双方均有过错宣告离婚的情况下，夫妻各方均得撤销原已同意给予对方的赠与及利益之全部或一部。

第 268 条

在基于夫妻双方共同申请宣告离婚的情况下，夫妻双方得自行决定如何处理相互间原已同意给予的赠与及利益；如果夫妻双方没有对此作出任何决定，已给予的赠与及利益视为得到保留。

第 268-1 条

在基于配偶一方提出申请、另一方接受而宣告离婚的情况下，夫妻各方均得撤销其原同意给予对方的赠与及利益。

第 269 条

在基于共同生活破裂宣告离婚的情况下，主动提出离婚请求的一方当然丧失对方原已同意给予他（她）的赠与及利益。

另一方保留其受领的赠与及利益。

第三目 补偿性给付

第 270 条

除基于共同生活破裂宣告离婚的情形外,离婚终止《民法典》第212 条规定的夫妻间相互的救助义务;但是,配偶一方得向另一方支付旨在补偿因婚姻中断而造成的各自生活条件差异的补偿金。

第 271 条

补偿性给付的数额,按照受领方的需要以及给付方的收入情况而定,但应当考虑夫妻离婚时的情况以及在可预见的将来此种情况的变化。

(2000 年 6 月 30 日第 2000-596 号法律)在由法官或者由当事人在第 278 条所指的协议中确定补偿性给付的范围内,或者在请求变更给付数额时,各方当事人应向法官进行忠实申报。

第 272 条

在确定上述需要及收入数额时,法官尤其应考虑以下情况:

——夫妻双方的年龄及身体状况;

——(2000 年 6 月 30 日第 2000-596 号法律)双方婚姻持续的时间;

——已经负担子女教育的时间,或者还应负担子女教育的时间;

——(2000 年 6 月 30 日第 2000-596 号法律)从劳动市场的角度看,夫妻双方的专业资格与职业状况;

——双方现有的与可预见的(财产)权利;

——(2000 年 6 月 30 日第 2000-596 号法律)夫妻双方丧失领取可复归性养老金的权利的可能性;

——夫妻双方在对财产制进行清算之后,以本金与收益计算的财产总额。

第 273 条

(2000年6月30日第2000-596号法律)补偿性给付具有一次性总算之性质。

第273条原条文:补偿性给付具有一次性总算之性质,即使双方当事人的需要与收入发生未预见到的变化,亦不得变更;但是,如果不进行变更,对配偶一方将产生极为严重的后果时,不在此限。

第 274 条

(2000年6月30日第2000-596号法律)补偿性给付以本金的形式支付,数额由法官确定。

第274条原条文:如果负担给付补偿金的配偶一方的财产组成允许,补偿金得以本金形式给付。

第 275 条

法官判决作为本金提供的财产的分配及使用方式:

1. 支付一笔款项;

2. (2000年6月30日第2000-596号法律)以所有权、用益权的形式现实放弃财产、动产或不动产,供使用或居住;法院可以判决利于债权人的强制性转让;

3. 将可以产生收益的有价证券寄托于第三人之手,由该人负责向作为补偿金债权人的配偶一方支付证券的收益,直至规定的期限。

离婚判决得以本金实际支付为条件,或者以设立第277条所指的保证为条件。

第275-1条

（2000年6月30日第2000-596号法律）债务人无财力按照第275条规定的条件支付本金时，法官确定在8年期限内以按月或者按年支付的形式支付本金，并且规定按照生活费所适用的规则增加计算指数。

债务人在其经济状况发生明显改变的情况下，可以请求调整支付方式。特殊情况下，法官可以作出特别说明理由之裁定，准许债务人支付本金的时间超过8年期限。

作为债务人的配偶一方死亡的情况下，剩余的尚未支付的本金由继承人负担。继承人得按照前款规定的条件请求调整支付方式。

债务人或其继承人可以在任何时候结清本金余额。

在夫妻财产制清算之后，补偿性给付的债权人可以向法官提出结清本金余额的请求。

第275-1条原条文：如果作为给付补偿金债务人的配偶一方没有可以处分的款项，可以允许其在设立第277条所指保证的条件下，分3年设立本金。

第276条

（2000年6月30日第2000-596号法律）特殊情况下，根据债权人的年龄或健康状况，其生活需要不能满足时，法官可以以特别说明理由的决定采用终身定期金的形式确定补偿性给付。法官应当考虑第272条规定的各项评价因素。

第276条原条文：在没有设立本金的情况下，或者设立的本金不足的情况下，补偿性给付可以采取定期金形式。

第276-1条

（2000年6月30日第2000-596号法律废止："给付定期金的时间，等于或短于作为债权人的配偶一方的寿命时间。"）

（2000年6月30日第2000-596号法律）定期金按指数计算。定期金指数的确定方式，如同确定抚养费的方式。

确定指数之前的定期金数额，按照统一的方式对整个期间确定，或者按照收入和需要可能发生的变化按期进行变更。

第276-2条

作为债务人的配偶一方死亡之后，定期金的给付由该方配偶的继承人负担。可能已经由死亡的配偶一方支付的可复归性补偿金从债权人享有的定期金中当然扣减，但是，如果法官认可债权人的请求，另行作出决定的除外；如果债权人丧失对可复归之补偿金的权利，仍应进行数额扣减。

第276-3条

（2000年6月30日第2000-596号法律）在双方当事人的收入或发生重大改变的情况下，以终身定期金的形式确定的补偿性给付可以调整、中止或取消。

对终身定期金进行调整时，不得将其上调至高于法官一开始确定的数额。

债务人及其继承人均有权请求调整定期金的数额。

第276-4条

（2000年6月30日第2000-596号法律）以终身定期金的形式给予补偿性给付的债务人，可以随时向法官提出请求，用按照第275条与第275-1条规定的方式确定的本金替代定期金。

债务人的继承人也享有此项权利。

补偿性给付的债权人如果证明债务人的经济状况已经发生变更，可以用支付本金的形式替代终身定期金，特别是在进行夫妻财产制清算时，也可以提出同样的请求。

第 277 条

（2000 年 6 月 30 日第 2000-596 号法律）尽管有法定抵押权或者裁判上的抵押权，法官仍可要求作为债务人的配偶一方设立质押或者提供保证，或者订立用于担保定期金或本金支付的合同。

第 278 条

夫妻双方在共同申请离婚的情况下，可以在订立的协议中自行确定补偿金的给付方式与数额；但协议应当经法官认可。（2000 年 6 月 30 日第 2000-596 号法律）夫妻双方还可以约定，在确定的事件发生时即停止补偿性给付的支付。补偿性给付可以在限定的期间采取定期金的形式支付。

但是，法官如果认为协议中约定的夫妻双方的权利与义务不平衡，得拒绝认可该协议。

第 279 条

经法官认可的协议具有与司法裁判决定相同的执行力。

只有夫妻之间订立新的协议并同样经法官认可之后，才能变更原协议。

但是，夫妻双方可以在协议中事先约定，在他们的收入和需要发生重大（原规定为"未预见到的"）变化时，任何一方均得请求法院调整补偿性给付。

第 280 条

本节所指的转让与放弃，视为对夫妻财产制的参与；此种转让与放弃，不视同赠与。

第 280-1 条

因单方有过错对其宣告离婚的配偶一方，无权享有任何补偿性给付。

但是，如果考虑到夫妻共同生活时间较长以及单方有过错的配偶对另一方的职业给予的合作，在夫妻离婚之后完全拒绝给予该方任何金钱性补偿显然有失公平时，该方配偶可以获得特别名义的补偿金。

第四目　离婚后的救助义务

第 281 条

在因夫妻共同生活破裂宣告离婚的情况下，主动提出离婚的一方完全负有救助义务。

在第 238 条所指情况下，救助义务包括负担生病的配偶一方的医疗所需的一切。

第 282 条

扶助义务，依生活费的形式履行。此种生活费可以根据夫妻各方的财力与需要随时重新审议调整。

第 283 条

如果作为生活费债权人的一方再婚，生活费当然停止给付。

如果生活费债权人公开与他人姘居，给付亦停止。

第 284 条

如果作为生活费债务人的一方死亡，生活费给付由其继承人负担。

第 285 条

在生活费债务人一方的财产组成允许时，可以按照第 274 条至第 275-1 条与第 280 条的规则，采用设立本金的方式取代生活费之全部或部分。

如果设立的本金不足以满足债权人一方的需要，可以请求以生活费的形式给予补充。

第五目 住 房

第 285-1 条

如果作为家庭住房的场所属于配偶一方的特有财产或者属于个人所有,下列情形,法官得将其出租给另一方:

1. (1987 年 7 月 22 日第 87-570 号法律)在由另一方对一子女或数子女行使亲权时;或者在双方共同行使亲权的情况下,一子女或数子女平常在此住房内居住;

2. 在宣告离婚是因作为住房所有人的配偶一方以共同生活破裂为理由提出请求时。

以上第 1 点所指情形,法官应当确定租赁合同的时间,并且可以延长,直至最小的子女成年。

以上第 2 点所指情形,住房租约约定的时间不得超过 9 年,但可以依作出新的决定延长。承租人再婚,租约自然终止;如果承租人公开与他人姘居,租约亦终止。

所有情形,如果新的情况证明解除租约合理,法官得解除该住房租约。

第 286 条

(2002 年 3 月 4 日第 2002-305 号法律)父母离婚对子女的后果依照本卷第九编第一章的规定处理。

第 286 条原条文:父母离婚之后,父与母对子女的权利与义务仍然存在,但以下规则保留执行。

第 287 条至第 295 条

(第 2002 年 3 月 4 日第 2002-305 号法律废止)

第287条原条文:(1993年1月8日第93-22号法律)亲权由父、母双方共同行使。在双方不能协商一致时,或者法官认为达成的协议违背子女利益时,法官可以指定由子女平常在其处居住的父或母单方行使亲权。

如果子女的利益有此要求,法官得将亲权交由父、母中一人行使。

父母双方,或者由他们主动提议,或者依法官的要求,可以对行使亲权的方式提出意见。

第287-1条原条文:(1987年7月22日第87-570号法律)特殊情况下,以及在子女的利益有此要求时,法官得决定子女居住在另一人家中。优先选择居住在有亲属关系的人家中;或者如果不可能作出这种安排,法官得决定将子女托付给教育机构。受托付照管子女的人,可以完成通常情况下照管与教育子女所必要的一切行为。

第287-2条原条文:(1987年7月22日第87-570号法律)在确定行使亲权与探望方式或将子女交由第三人照管的任何最终或临时决定作出之前,法官可以委派任何有资格的人进行社会调查。此种调查的目的是收集有关家庭的物质与道德状况、子女的生活与教养条件,为其利益有必要采取的措施等方面的情况材料。

如果配偶一方对社会调查结论持有异议,可以请求另行调查。

在对离婚原因的辩论中,不得采用社会调查方法。

第288条原条文:(1987年7月22日第87-570号法律)不行使亲权的父、母一方,保留对子女的抚养与教育进行监视的权利,因此,对涉及子女生活的重大选择,均应通知该方。不行使亲权的父、母一方,对子女的抚养与教育,应视其本人与另一方的财力情况,按比例分担费用。

仅在有重大理由的情况下,始能拒绝该方探望与留宿子女的权利。

尽管有第372-2条与第389条的规定,如果对子女的财产进行妥善管理有此要求,该父、母一方可以在司法监督下,负担管理子女财产之全部或其中一部分。

(1987年7月22日第87-570号法律)在父母双方共同行使亲权的情况下,子女平常不在其处居住的父、母一方,应当视其本人与另一方的财力情况,对子女的生活与教育按比例分担费用。

第289条原条文:(1987年7月22日第87-570号法律)法官对行使亲权的方式作出裁判,或者应父、母一方、家庭之一成员或检察机关的请求,裁定将子女托付第三人照管。

第290条原条文:法官应当考虑:

1. 夫妻间已经订立的协议;

2. 第287-1条所指的社会调查与另行调查收集到的各种情况;

3. (1993年1月8日第93-22号法律)未成年的子女在第388-1条所指条件下表达的感情。

第291条原条文:应夫妻一方、家庭一成员或者检察机关的请求,有关行使亲权的各项决定,得由法官随时变更或补充。

第292条原条文:在依夫妻双方共同申请离婚的情况下,经法官认可的有关行使亲权的协议的各项条款,得应夫妇一方或检察机关的请求,因重大原因重新审议调整。

第293条原条文:(1993年1月8日第93-22号法律)第288条所指的对子女的生活费及教育费用的分担,采取抚养费的形式,视情况,支付给子女平常与其在一起居住的父、母一方,或者支付给行使亲权的人或受托付照管子女的人。

此种抚养费的支付方式与担保由判决确定,或者在夫妻双方共同申请离婚的情况下,由得到法官认可的夫妻双方订立的协议确定。

第294条原条文:在作为债务人的一方的财产组成允许时,抚养费的全部或部分,可以依第274条至第275-1条与第280条所定规则,代以向受委托的组织支付一笔款项，然后由该组织负责向子女给付按指数计算的定期金，或者向子女放弃其享有用益权的财产，或者由其使用可以产生收益的财产，以替代支付费用。

第294-1条原条文：如果由此设立的本金不能满足子女的需要，（1987年7月22日第87-570号法律）行使亲权或子女平常在其处居住的父、母一方，或者受托照管子女的人，可以请求以抚养费的形式追加数额。

第295条原条文：对不能自食其力的成年子女负主要抚养责任的父、母一方，可以请求另一方分担该子女的生活费用和教育费用。

附目二 原亲子关系（第310-1条至第342-8条）的条文

第七编 亲子关系

第一章 有关婚生与非婚生亲子关系的共同规定

（1972年1月3日第72-3号法律）

第310-1条

（2002年3月4日第2002-305号法律）亲子关系依法得到确定的所有子女，在其与父母的关系中享有相同的权利、承担相同的义务，所有子女均为其家庭的成员。

第一节 有关亲子关系的推定

第311条

法律推定子女是在其出生之日前第300日至第180日期间受胎，第300日与第180日包括在内。

基于子女的利益提出的要求,受胎时间推定为上述时期内的任何时刻。

为推翻此推定,相反证据得予受理。

第 311-1 条

占有身份的确立,应当依据表明一个人与其自称所属家庭之间有亲子关系和亲属关系的充分事实。

占有身份应当是持续的。

第 311-2 条

这些事实主要是指:

——人们认为某人系谁人所生,且该人一直使用被认为是其生父、母的姓氏;

——被认为是该人生父、母的人待该人如同子女,而该人亦待他们为父与母;

——被认为是生父、母的人以此种身份负担该人的教育、抚养与居住场所;

——该人在社会上和家庭中均得到如是承认;

——公共机关亦如是承认。

第 311-3 条

父母或子女,均可请求监护法官依本法典第 71 条与第 72 条规定的条件,向其签发一份能够证明占有身份的证明书;对此证明书得以相反证据推翻之。

如果占有身份受到异议,不妨碍父、母或子女使用其他任何证据方法,在法院确认其身份之存在。

(1993 年 1 月 8 日第 93-22 号法律)经证明书确认的占有身份并由此确立的亲子关系,应在子女的出生证书的备注栏内记明。

第二节　有关亲子关系的诉讼

第 311-4 条

就出生时未存活的婴儿的亲子关系提起任何诉讼均不予受理。

第 311-5 条

有关亲子关系的诉讼,受理民事案件的大审法院有唯一管辖权。

第 311-6 条

在发生侵害某人亲子关系之轻罪的场合,仅在就亲子关系问题作出的判决产生既判力以后,始得对刑事诉讼作出裁判。

第 311-7 条

有关亲子关系的诉讼,时效期间为 30 年,自当事人个人被剥夺其主张的身份之日起计算,或者自其身份受到异议之日起计算,但法律对此诉讼规定较短时效期间的除外。

第 311-8 条

属于某一个人的有关亲子关系的诉权,仅在该人未成年时即已死亡的情况下,或者仅在其成年或解除亲权后 5 年内死亡的情况下,始得由其继承人行使。

继承人亦可继续该人已经开始的诉讼,但如其撤诉或者应当继续进行诉讼的期间已过,不在此限。

第 311-9 条

有关亲子关系的诉权,不得舍弃。

第 311-10 条

就亲子关系作出的判决,即使对并非诉讼当事人的人,亦具有对抗效力,但是,并非诉讼当事人的人有权对判决提出第三人异议(撤销之诉)。

凡属法官认为应当作出共同判决的所有利益关系人,均得命令他们都参加诉讼。

第 311-11 条

同样,在对依下述第 340 条与第 342 条提起的诉讼之一提出诉讼不受理时,或者以(1993 年 1 月 8 日第 93-22 号法律废止"作为母亲的一方")在法定受孕时期与第三人有关系为理由进行答辩时,法官得命令该第三人参加诉讼。

第 311-12 条

对法律没有规定其他原则的亲子关系冲突,由法院以各种证据方法确定最为可信的亲子关系,对争议作出裁判。

法官在缺乏形成内心确信的充分证据时,应当考虑占有身份之事实。

第 311-13 条

法官排除事实上养育未成年子女的一方当事人的诉讼主张时,仍然可以考虑子女的利益,同意给予该当事人以探望权。

第三节 有关亲子关系的法律冲突

第 311-14 条

(1972 年 1 月 3 日第 72-3 号法律)亲子关系适用子女出生之日母之属人法;如果生母不明,适用子女之属人法。

第 311-15 条

(1972 年 1 月 3 日第 72-3 号法律)但是,如果(2005 年 7 月 4 日第

2005-759号授权法令废止"婚生子女与其父母,非婚生子女与其父母之一人",并改为)子女与其父母或其中之一人在法国有共同的或分开的惯常居所,占有身份产生按照法国法律可以产生的全部后果,即使亲子关系的其他要件可能取决于某一外国法律规定,亦同。

第 311-16 条

如果在举行结婚仪式之日,此种后果为约束婚姻效力的法律所承认,或者为配偶一方的属人法所承认,或者为子女的属人法所承认,(二人)结婚即告承认(他们的)非婚生子女为婚生子女。

经法院裁判承认非婚生子女为婚生子女,依请求人选择,适用申请人之属人法或者子女之属人法。

第 311-17 条

(1972年1月3日第72-3号法律)自愿承认父子(女)关系或母子(女)关系,如果符合作出此项承认的人的属人法,或者符合子女本人的属人法,自愿承认有效。

第 311-18 条

(1972年1月3日第72-3号法律)为取得生活费而提起的诉讼,由子女选择,适用其惯常居所地的法律或者债务人惯常居所地的法律。

第四节 借助医学方法进行的生育

(1994年7月29日第94-653号法律)

第 311-19 条

(1994年7月29日第94-653号法律)在由第三人作为捐赠人提供

协助,通过医学方法生育的情况下,捐赠人与采用医学方法出生的儿童之间,不得确立任何亲子关系联系。

对捐赠人,不得提起任何责任之诉。

第 311-20 条

（1994年7月29日第94-653号法律）夫妇或者姘居的男女为生育而借助医学方法并需要第三人作为捐赠人时,应当事先按照保守秘密的条件,向法官或公证人表明他们同意按此方法生育。法官应当告知他们的行为在亲子关系方面的后果。

对采用医学方法生育表示同意之后,禁止（2005年7月4日第2005-759号授权法令）为确立亲子关系或者对亲子关系提出异议之目的提起任何诉讼;但如果证明子女并非采用医学方法所生,或者证明当事人原先表示的同意没有效力的,不在此限。

如果在实施医学生育方法之前当事人死亡或者已提出离婚申请或分居申请,或者已停止共同生活,原表示的同意失去效力;或者在借助医学方法生育实施之前,如果男方或女方已向负责实施该医学方法的医生撤回其已表示的同意,此项同意亦失去效力。

对借助医学方法生育已表示同意的人,事后不承认由此出生的子女,应当对子女之母及子女本人承担责任。

（2005年7月4日第2005-759号授权法令）此外,父子（女）关系由法院作出宣告。此种诉讼适用第340-2条至第340-6条的规定。①

---

① 本款原文:"对原表示同意借助医学方法生育,事后不承认由此所生子女的人,应当裁判宣告其存在婚外父子（女）关系。此种诉讼适用第340-2条至第340-6条的规定。"

第五节　家庭姓氏的转归规则

（2003年6月8日第2003-516号法律）

第311-21条

（2003年6月8日第2003-516号法律）如果最迟在申报子女出生之日或者在此之后，子女同时对父母双方确立亲子关系，由父母双方选择转移子女使用的家族姓氏：或者选用父姓，或者选用母姓，或者按照他们选定的顺序将父母双方各自家族的姓氏结合使用，但仅以转移各自的一个姓氏为限。在父母双方没有向身份官员作出为子女选用姓氏的共同声明时，子女取首先对其确立亲子关系的父或母一方的姓氏；如果子女同时对父母双方确立亲子关系，首先取父姓。

第311-22条

（2003年6月8日第2003-516号法律）按照最高行政法院提出资政意见后颁布的法令确定的条件，子女依据第22-1条的规定已经成为法国人的，适用第311-21条之规定。

第311-23条

（2003年6月8日第2003-516号法律）依照第311-21条与第334-2条的规定设立的选择权只能行使一次。

第二章　婚生亲子关系

第一节　父子(女)关系的推定

第 312 条

婚姻期间受胎的子女,夫为其父。

但是,夫如果提出事实证据足以证明其不可能是子女之父,得向法院否认该子女。

第 313 条

在法院作出离婚或分居判决的情况下,或者甚至在提出离婚请求或分居请求的情况下,允许夫妻分开居住的裁定作出之后超过 300 天才出生的子女,以及在最终驳回离婚申请或分居申请或者夫妻双方和解之后不到 180 天出生的子女,不适用有关父子(女)关系的推定。

但是,如果子女对夫妻双方均占有婚生子女身份,关于父子(女)关系的推定当然恢复效力。

第 313-1 条

如果在子女登记时未指明父姓且仅对母占有其身份时,父子(女)关系推定予以排除。

第 313-2 条

按照前几条规定的条件排除父子(女)关系的推定时,如同法院承认"对亲子关系的否认",子女的亲子关系仅对母亲一方确立。

夫妻任何一方,如果证明在法定受孕期间夫妻在一起有过结合,从而可认定夫对子女有父子(女)关系时,可以请求重新确立对父子(女)

关系推定的效力。(1993年1月8日第93-22号法律)子女在其成年后2年期间得提起诉讼。

第314条

夫妻结婚后180天内出生的子女为婚生子女,并且视其自受胎起即为婚生子女。

但是,夫得依第312条的规则否认之。

夫甚至可以仅以分娩日期为唯一证据,否认该子女;但如果夫在结婚之前即知妻已怀孕,或者在子女出生以后,夫之行为如父,不得否认该子女。

第315条

在婚姻解消之后超过300天出生的子女,或者在宣告夫失踪的情况下,在夫失踪后超过300天出生的子女,不适用亲子关系推定。

第316条

夫否认亲子关系的,如其在子女出生地,应于子女出生后6个月内提出否认之诉。

如果夫当时不在子女出生地,应自其返回后6个月内提出否认之诉。

如果对夫隐瞒子女出生,夫应在发现欺诈行为之后6个月内提出否认之诉。

第316-1条

夫如果在其尚未提出否认之诉时已死亡,但可以提出此种诉讼的有效期间尚未届满,夫的继承人有资格对夫的子女的婚生身份提出异议。

但是,自子女开始占有其所谓父亲的财产起经过6个月,或者继承人本身占有的财产受到该子女异议起经过6个月,继承人再提起诉讼的,不予受理。

第 316-2 条

包含有夫对子女婚生资格的否认或夫的继承人对该子女的婚生资格提出异议的任何司法外文书,如果 6 个月内未在法院继以诉讼,失去效力。

第 317 条

(1993 年 1 月 8 日第 93-22 号法律)否认之诉,应当依照第 389-3 条规定的条件,于母在场时,向由监护法官为子女指定的特别监护人提起。

第 318 条

即使父并未对其与子女的父子(女)关系作出否认,但是,如果母在解除与前夫的婚姻之后同子女的真正父亲结婚,亦可对前夫与该子女间的父子(女)关系提出异议,但仅能为确认原来的非婚生子女为婚生子女而提出异议。

第 318-1 条

对夫或其继承人提起的诉讼,应当与(1993 年 1 月 8 日第 93-22 号法律)在大审法院提出的确认非婚生子女为婚生子女的诉讼附带提起,否则不予受理。

此种诉讼应由母与其新的配偶在他们结婚后 6 个月内且子女年龄未满 7 周岁时提起。

第 318-2 条

法院以同一判决对两项诉讼请求作出判决。只有在确认非婚生子女为婚生子女之诉得到允许时,始得认可有关父子(女)关系的异议。

第二节　婚生子女关系的证据

第 319 条

婚生子女的亲子关系,以在户籍登记簿上登记的出生证书为证明。

第 320 条

没有此项证书时,占有婚生子女身份之事实,足以证明亲子关系。

第 321 条

子女仅在因占有与其父、母有不可分割的联系时,始为占有婚生子女身份。

第 322 条

任何人都不得要求与出生证书所赋予的身份以及依此证书而占有的身份相反的身份。

反之,对于符合出生证书而占有身份的人,任何人均不得对其身份提出异议。

第 322-1 条

但是,如果有人提出在身份证书制作之前或之后有冒领或替换婴儿之情形,即使属于非故意行为,与此有关的证据得予接受,并且得以各种方法提出。

第 323 条

在没有出生证书和占有身份的情况下,或者如果子女是以假名登记,或者在未指明生母姓名的情况下,仅有存在推定或相当重大的线索可据以承认此种推定时,有关亲子关系的证据始得经司法途径提出。

第 324 条

（1993 年 1 月 8 日第 93-22 号法律废止）

第 325 条

相反证据，得以有助于确认提出主张的人不是其指认的生母所生的任何方法提出，或者甚至在母子（女）关系得到证明时，相反证据得以能够确认提出主张的人不是其母之夫所生的任何方法提出。

如果夫未参加子女提出的主张身份的诉讼，在其知道认可子女的请求并已产生既判力的判决之日起 6 个月期限内，可以对其与子女的父子（女）关系提出异议。

第 326 条

不待子女提出要求身份的诉讼，夫得在知道有子女出生之日起 6 个月内，以任何方法，对其与子女的父子（女）关系提出异议。

第 327 条

夫死之后，如果允许提出异议的期间未过，夫之继承人亦有权以预防之名义，对夫与其子女间的父子（女）关系提出异议，或者在对要求身份的诉讼中作出答辩时提出此种异议。

第 328 条

夫妻双方得分别或共同提出上述第 323 条所指的证据，主张子女为他们的子女；如果该子女已确立另一亲子关系，夫妻双方得首先提出此种关系不确实的证据，但应以法律允许提出此种证明为前提条件。

第三节　非婚生子女的准正

第 329 条

（1993 年 1 月 8 日第 93-22 号法律）非婚生子女，只要依法确立亲子关系,均可取得婚生子女资格。

第 330 条

非婚生子女得因父母结婚或者依法院裁判取得婚生子女资格。

第一目　因父母结婚,非婚生子女准正

第 331 条

非婚生子女,(1993 年 1 月 8 日第 93-22 号法律)即使已经死亡,均因其生父母事后结婚,当然取得婚生子女资格。

如果非婚生子女的亲子关系尚未确立,父母举行结婚时得进行认领。

在此场合,主持结婚的身份官员得以分开的证书确认此项承认,并确认该子女取得婚生子女资格。

第 331-1 条

如果非婚生子女对其父母或对其中一人的亲子关系仅在生父母结婚之后才得到确立,只能依判决取得婚生子女资格。

该项判决应当确认该子女自父母举行结婚起具有父母的共同子女的身份。

第 331-2 条

非婚生子女的准正,应在取得此种资格的子女的出生证书的备注栏内作出记载。

这项记载事宜,得由任何利益关系人提出请求。在第 331 条所指情况下,身份官员如果知道子女存在,亦可自行为之。

(2002 年 3 月 4 日第 2002-304 号法律)在已经成年的子女的出生证书上记载其取得婚生子女资格,如果未同时记明当事人同意改变家族姓氏,这项记载对当事人的家族姓氏不产生效果。

第 332 条

（1993 年 1 月 8 日第 93-22 号法律废止）

第 322 条原条文：非婚生子女，如其有直系卑血亲，亦可在其死后准正；于此情形，取得婚生子女资格利益于直系卑血亲。

第 332-1 条

非婚生子女准正，赋予其婚生子女的权利和义务。

（2003 年 6 月 8 日第 2003-516 号法律）当亲子关系依照第 334-1 条规定的条件得到确立并且父母没有运用第 334-2 条规定的权利时，父母在举行结婚时提出共同声明，或者提出经法官确认的共同声明，可以享有第 311-21 条所设立的选择权。（1993 年 1 月 8 日第 93-22 号法律）但是，非经本人同意，非婚生子女的准正不得产生改变成年子女（2003 年 6 月 8 日第 2003-516 号法律）家族姓氏之效果。

取得婚生子女资格，自父母结婚之日起产生效力。

第二目　依法院裁判，非婚生子女准正

第 333 条

如果父母二人不可能结婚，只要子女对要求其取得婚生子女资格的父母一方占有非婚生子女身份，法院得裁判赋予该子女以婚生子女资格。

第 333-1 条

为取得婚生子女资格的申请，由父、母一方或父母双方共同向大审法院提出。

第 333-2 条

如果子女的生父、母中有一方在该子女受胎时有尚未解除的婚姻关系，该父、母一方提出的有关承认子女为婚生子女的申请，仅在得到

配偶同意时,始予受理。

第 333-3 条

法院应当审查是否具备法律要求的各项条件,并在听取子女本人的意见之后,或者在相应场合,主动让子女本人提出其意见之后,或者其父、母中的另一方不是提出诉状的当事人时,在听取其意见或让其提出意见后,如果法院认为所提请求成立,可以宣告该子女取得婚生子女资格。

第 333-4 条

经法院裁判取得婚生子女资格,自最终宣告取得婚生子女资格的判决作出之日产生效力。

如果经法院裁判取得婚生子女资格仅仅是应父、母中一方的申请,取得此种资格对父母中另一方没有任何效力。经法院裁判取得婚生子女资格不引起子女(2002 年 3 月 4 日第 2002-304 号法律)变更家庭姓氏,但法院另有裁判的除外。

第 333-5 条

(2003 年 6 月 8 日第 2003-516 号法律)如果经法院裁判取得婚生子女资格是对父母双方作出的宣告,依照第 311-21 条与第 311-23 条的规定确定子女使用家族姓氏;如果子女尚未成年,(1987 年 7 月 22 日第 87-570 号法律)法院依照离婚案件相同规则,就行使亲权的方式作出裁判。

第 333-6 条

(2002 年 3 月 4 日第 2002-304 号法律)经法院裁判取得婚生子女资格,适用第 331-2 条、第 332-1 条第 1 款与第 2 款的规定。

第三章 非婚生亲子关系

第一节 非婚生亲子关系的效果与确立此种关系的一般方式

第 334 条

（2002 年 3 月 4 日第 2002-305 号法律废止"非婚生子女，在同其父与母的关系中，一般享有与婚生子女相同的权利，负相同的义务。"）

非婚生子女为其生父或生母家庭的成员。

（2001 年 12 月 3 日第 2001-1135 号法律第 16 条废止"如果在法定的受孕时期，生父或生母同另一人有婚姻关系，非婚生子女的权利仅在法律规定的范围内损及该父、母一方因婚姻事实而承诺的义务。"）

第 334-1 条

非婚生子女取得其首先确立亲子关系的父、母一方的姓氏（2002 年 3 月 4 日第 2002-304 号法律废止"如其同时对父、母双方确立亲子关系，则使用父姓"）。

第 334-2 条

（2003 年 6 月 8 日第 2003-516 号法律）非婚生子女的姓氏没有依照第 311-21 条规定的条件转归时，在子女未成年时期，其父、母可以向身份官员提出共同声明，选用后一位对其确立亲子关系的父或母的家族姓氏替代原姓氏，或者按照父母的选择在两家族姓氏的范围内结合使用两姓氏。姓氏的改变应当在子女的出生证书的备注栏内作出记载。

如果子女已经年满13周岁(1993年1月8日第93-22号法律),改姓必须征得本人同意。

第334-3条

(2003年6月8日第2003-516号法律)在第334-2条所指的声明未能提出时,(1993年1月8日第93-22号法律)非婚生子女改姓,应当向家事法官提出请求。但是,受理非婚生子女变更身份之诉的大审法院,得以同一判决对此申请与可能提出的改姓申请作出裁判。

在子女未成年期间或其成年后2年内,或者其变更身份后2年内,均得提起此种诉讼。

第334-4条

姓氏的替代,当然扩张适用于当事人的未成年子女,但对已成年的子女,仅在其同意时,始扩张适用。

第334-5条

(2003年6月8日第2003-516号法律废止)

第334-5条原条文:在子女未确立亲父子(女)关系的情况下,母之夫得依第334-2条所指的条件,与母共同提出声明,同意子女使用其本人的姓氏替代原姓氏。

但是,该子女在其成年后2年内,得以向家事法官提出申请,(1993年1月8日第93-22号法律)恢复使用原姓。

第334-6条

以上各条确定的有关使用父姓或母姓的规则,不妨碍占有身份之效力。

第334-7条

(2001年12月3日第2001-1135号法律废止)

第334-7条原条文：在第334条第3款所指情况下，非婚生子女，只有经其生父或生母的配偶同意，才能在生父或生母夫妻的住所内抚养。

第334-8条

（1982年6月25日第82-536号法律）非婚生子女的亲子关系，得经自愿承认（认领）而合法确立。

非婚生子女的亲子关系，亦得依占有身份或者依法院判决的效力确立。

第334-9条

在子女因占有身份已经确立婚生亲子资格之后，任何认领均无效，任何寻认亲子关系之诉讼均不予受理。

第334-10条

非婚生子女的生父与生母因亲属关系存在第161条与第162条所指的不能结婚之情形，只要子女对其中一方已确立亲子关系，禁止对另一方再确立此种关系。

第二节　非婚生子女的认领

第335条

（1993年1月8日第93-22号法律）认领非婚生子女，得以由身份官员作成的文书，或者以其他经公证的任何文书，在该子女的出生证书上为之。文书应当包括第62条规定的各事项。

（1996年7月5日第96-604号法律）文书还应写明认领非婚生子女的人知道非婚生亲子关系具有不可分割之性质。

第 336 条

父认领子女,未指明生母是何人以及未指明生母自认的,仅对父产生效力。

第 337 条

其上写明生母姓名的出生证书,如果依占有身份得到证实,具有认领子女之效力。

第 338 条

已经作出的认领,只要在法院未受到异议,不得再确立与之相矛盾的另一非婚生亲子关系。

第 339 条

对认领非婚生子女,任何于其中有利益的人,均可提出异议,甚至得由生父、生母本人提出异议。

如果检察机关从各项证书本身发现的线索可以判断,已宣告的亲子关系并不真实,亦可就此提出诉讼。

如果子女因得到认领而与之相符地占有身份,并且自得到认领起至少已过 10 年,对这一认领再提出任何异议均不予受理,但如果提出异议的是父、母中的另一方或子女本人,或者是自称为真正父、母的人,不在此限。

第三节 请求确认父子(女)关系与母子(女)关系的诉讼

第 340 条

(1993 年 1 月 8 日第 93-22 号法律)婚外父子(女)关系,得经法院裁判作出宣告。

仅在存在推定或重大线索时,始得提出婚外父子(女)关系的证据。

第 340 条原条文：下列情形，婚外父子（女）关系得经法院裁判宣告：

1. 在妇女被诱拐或被强奸的情况下，此种事实的发生时间与怀孕相关时；

2. 在采用欺骗手段、滥用职权或允诺婚姻或订婚，进行勾引的情况下；

3. 存在出自所谓的父亲之手的信件或其他文字、字据，完全可以确立父子（女）关系的情形；

4. 所谓的父亲与母亲在法定的受孕时期一起姘居生活，虽无共同的家庭，但有经常的稳定关系；

5. 所谓的父亲以此身份对子女的生活、教育与居住给予或参与负担费用之情形。

第 340-1 条

（1993 年 1 月 8 日第 93-22 号法律废止）

第 340-1 条原条文：下列情形，寻认父子（女）关系的诉讼不予受理：

1. 如果可以认定，在法律规定的有关妇女受孕的时期内，母亲显然行为不轨或者与另一男子有不当关系；但如果经过验血或采取其他任何可靠的医学手段，可以认定该人不可能是子女之父的，不在此限；

2. 如果所谓的父亲在上述同一时期内，由于离家外出或者发生某种事故，从其体能上判断不可能为子女之父时；

3. 如果经验血或其他任何可靠的医学手段认定，所谓的父亲不可能为子女之父时。

第 340-2 条

诉权仅属于子女。

在子女未成年时期,母亲,即使其本人也未成年,唯一有资格行使诉权。

如果母亲并未承认子女,或者如其已死亡或处于不能表述意思之状态,得依照本法典第 464 条第 3 款的规定提起诉讼。

第 340-3 条

(1993 年 1 月 8 日第 93-22 号法律)寻认父子(女)关系之诉,得对所谓的父亲或其继承人提起;在没有继承人时,或者如果继承人放弃继承权,得对国家提起;但应传唤继承人参加诉讼,以便他们主张自己的权利。

第 340-4 条

此种诉讼应当在子女出生后 2 年内提起,否则,因逾期丧失权利。

(1993 年 1 月 8 日第 93-22 号法律)但是,如果所谓的父与母在法定的妇女受孕期内属于姘居生活,虽无共同的家庭,但有经常的稳定关系,至其停止姘居之后 2 年届满,仍可提起诉讼。如果所谓的父亲以此身份参与负担子女的生活、教育或住宿费用,在其停止此种负担后 2 年届满,可以提起诉讼。

如果在子女未成年时期没有提起诉讼,该子女成年后 2 年内,仍可提起诉讼。

第 340-5 条

如果法院支持母之诉讼请求,得判处父偿还母之全部或部分生养费用以及子女出生前后各 3 个月的生活费用,且不妨碍依照第 1382 条与第 1383 条的规定可以主张的损害赔偿。

第 340-6 条

如有必要，法院得依第 334-3 条（2002 年 3 月 4 日第 2002-305 号法律）与第 372 条的规定，对使用姓氏与行使亲权作出裁判。

第 340-7 条

如果法官驳回诉讼请求，在母与被告之间的关系依照第 341 条及随后条款规定的条件得到证明时，仍得判给子女生活补助费。

第 341 条

（1993 年 1 月 8 日第 93-22 号法律）寻认母子（女）关系，可以允许；但适用第 341-1 条的情形除外。

提起诉讼的子女，应负责举证，证明其系所指的母亲所生。

（1993 年 1 月 8 日第 93-22 号法律）仅在存在推定或者有重大线索的情况下，始得提出证据。

第 341-1 条

（1993 年 1 月 8 日第 93-22 号法律）妇女（生母）在分娩时可以要求对其住院和身份保守秘密。

第四节　为取得生活补助费的诉讼

第 342 条

凡是没有依法确立父子（女）关系的非婚生子女，均有权向在法定的妇女受孕期内与其母有关系的人请求生活补助费。

（1977 年 12 月 29 日第 77-1456 号法律）子女在未成年的整个时期内，均可提起此种诉讼；如果子女在未成年期间没有提起诉讼，其成年后 10 年内仍可提起此种诉讼。

即使父或母在法定的妇女受孕期内与另一人有婚姻关系约束，或者父与母之间存在本法典第 161 条至第 164 条规定的不准结婚之障碍，提起前项诉讼仍可得到受理。

第 342-1 条

已婚妇女的子女，如其婚生子女名分未经占有身份证实，亦可提起取得生活补助费的诉讼。

第 342-2 条

生活补助费，以抚养费的形式，按照子女的需要和债务人的收入及其家庭状况而定。

子女成年后，如其仍有需要，仍可请求对其负担抚养费，但以其处于有需要这种状况并非因其过错造成为条件。

第 342-3 条

在有必要适用上述第 311-11 条规定的情况下，如果没有其他据以作出裁判的材料，经认定被告有过错或者被告在此前有义务约束，法官有权规定被告负担用于保证子女生活和教育的补偿金。

此种补偿金，由儿童社会援助基金、经认定具有公益性质的慈善事业或法院确定的受托人收取。受托人应当保守职业秘密。收取的补偿金由其支付给子女的法定代表人。补偿金的收取与支付条件由法令具体规定。

有关补助费的各项规定亦适用于补偿金。

第 342-4 条

（1993 年 1 月 8 日第 93-22 号法律）被告得以任何方法提出证据，证明其不可能是孩子的生父，以排除对其提出的诉讼请求。

第 342-5 条

生活补助费可以按照上述第 207 条所定的规则，转由债务人的遗产负担。

第 342-6 条

（1977年12月29日第77-1456号法律）为取得补助费的诉讼,适用上述第340-2条、第340-3条与第340-5条的规定。

第 342-7 条

法院作出的同意给予补助费的判决,在债务人与补助费受益人之间,以及相应情况下,在每一个受益人与其父母或另一方的配偶之间,成立由本法典第161条至第164条规定的不准结婚之障碍。

第 342-8 条

有关补助费诉讼的既判事由,对以后提起的寻认父子（女）关系之诉,不构成任何不受理之理由。

如果此后子女对债务人以外的另一人确立父子（女）关系,生活补助费的给付停止。

附目三 原收养子女①的条文

第八编 收养子女

(1966年7月11日第66-500号法律)

第一章 完全收养②

(1966年7月11日第66-500号法律)

第一节 完全收养要求具备的条件

第343条

(1996年7月5日第96-604号法律)没有分居,结婚超过2年或者

---

① 本编标题原文为"filiation adoptive",直接翻译应为"收养亲子关系",是拟制的血缘关系,与第七编的标题亲子关系(filiation)相对应。亲子关系,是父母子女之间血缘上的亲子关系。

② 法国民法规定的收养关系分为"完全收养"(adoption pleniere)和"简单收养"(adoption simple),两者最主要的差别体现在收养是否可以撤销,被收养人是否脱离原家庭。

双方均满 28 周岁的两配偶①,可以请求收养子女。

第 343 条原条文:(1976 年 12 月 22 日第 76-1179 号法律)没有分居的两配偶,结婚满 5 年的,可以申请收养子女。

第 343-1 条

(1996 年 7 月 5 日第 96-604 号法律)年满 28 周岁(1976 年 12 月 22 日第 76-1179 号法律规定为"30 周岁")的任何人均可申请收养子女。②

如果收养人已婚且没有分居,收养子女有必要征得配偶的同意,但是,如果配偶一方处于不能表达意思的状态,不在此限。

第 343-2 条

(1976 年 12 月 22 日第 76-1179 号法律)在收养配偶的子女③的情况下,不要求符合前条规定的年龄条件。

第 344 条

收养人的年龄应当比其打算收养的子女的年龄大 15 周岁以上,但

---

① 第 343 条中的"两配偶"原文为"les deux epoux",与以前条文相比,这里的用语并无改变,"les deux epoux"可以译为"夫妻二人",但是,同性别的双亲也可以收养子女,故"夫妻二人"改为"配偶双方"或"两配偶"。第 343 条规定的是夫妻或配偶二人共同收养子女。依照法国现行法律,同性别的双亲(parents)收养子女符合宪法。"如果收养人不是夫妻二人,任何人均不得由数人收养"(第 346 条第 1 款)。

第 343-1 条第 1 款规定的是一人单独收养及夫妻一方单独收养,包括再婚的人收养现任配偶的前婚所生子女(收养继子女)。

第 343-1 条第 2 款规定的是"夫妻一方单独收养"。这种单方收养"必须征得配偶的同意"。

② 欧洲人权法院 1979 年 6 月 13 日裁决认为:《欧洲人权公约》第 8 条规定的(人人都享有)家庭生活受到尊重的权利,意味着以存在一个家庭为前提条件,而不是保护一种单纯的建立家庭的愿望。在 2002 年 1 月 26 日的裁决中明确指出:公约并不保障某种收养权利,也就是说,不存在收养权。

③ 参见第 345-1 条的规定。

是，如果被收养人是收养人的配偶的子女，仅要求年龄相差 10 周岁即可。

（1976 年 12 月 22 日第 76-1179 号法律）但是，如果有正当理由，在收养人与被收养人的年龄相差不到前款规定的周岁数时，法院可以宣告收养。

第 345 条

只有年龄不满 15 周岁①，在收养人或两收养人家庭中接纳至少已经 6 个月的儿童，始允许（完全）收养。

但是，如果子女已年满 15 周岁，并且在其满 15 周岁之前即已由当时尚不具备法定收养条件的人收留或简单收养，在（1996 年 7 月 5 日第 96-604 号法律）该子女尚未成年期间及其成年后 2 年内各项条件均具备时，可以请求完全收养。

如果被收养人已年满（1976 年 12 月 22 日第 76-1179 号法律）13 周岁，完全收养应当征得其本人同意。（2010 年 12 月 22 日第 2010-1609 号法律第 28 条）此种同意按照第 348-3 条第 1 款规定的形式作出此种同意表示，至宣告收养之前，可随时撤回同意。

第 345-1 条

（1996 年 7 月 5 日第 96-604 号法律）以下情况，准许完全收养配偶

---

① 这是一般情况下被收养人年龄的上限。收养人本人的年龄下限为年满 28 周岁，第 343-2 条规定的收养配偶的子女的情况除外；收养人与被收养人的年龄相差至少 15 周岁；收养配偶的子女，收养人与被收养人年龄只要求相差 10 周岁；只有年龄不满 15 周岁的孩子，也就是说，只有（较低年龄的）未成年人，才允许完全收养，但第 345 条第 2 款有例外规定。

的子女①：

1. 子女仅对配偶一方依法确立亲子关系②；

(2013年5月17日第2013-404号法律) 1b. 子女已经由该配偶一人单独完全收养并且仅对该方确立(收养)亲子关系③；

2. 孩子的生父母中有一方被完全取消④亲权；

3. 孩子的生父母中有一人已经死亡且没有第一亲等的直系尊血亲，或者这些直系尊血亲对孩子不闻不问。

第345-1条原条文：(1993年1月8日第93-22号法律) 完全收养配偶的子女，只有在该子女仅对该配偶一方合法确立亲子关系时，才能得到准许。

第346条

如果收养人不是夫妻二人，任何人均不得由数人收养。

(1976年12月22日第76-1179号法律) 但是，在收养人或者两收养人死亡之后，或者两收养人之一死亡后，生存配偶一方的新配偶如果提出请求，可以宣告再次收养。

---

① 第345-1条规定配偶一方可以收养另一方的子女，通常是指收养人再婚，收养再婚配偶的子女(或者收养此前的情人的子女)，实为收养继子女。

虽然在法语中有"père adoptif""fils adoptif""mère adoptive""fille adoptive"(养父、养子、养母、养女)等称谓，但《民法典》的条文中没有使用这些术语，而是直接称为"子女""父母"，仅在第366条第3点中使用了"enfants adoptifs"(养子女)的概念。第358条仍然使用"被收养人"一词。

② 这一规定涉及的情况是：孩子仅对其生父母中一人确立了亲子关系，收养人收养(现)成为其配偶的人的子女。

③ 实为收养配偶一方此前单独收养的养子女。

④ 第2点的原文是"配偶之外的另一方被完全取消亲权"，指再婚配偶的前夫或前妻被完全取消亲权，其中"取消"一词为"retirer"，意思是"收回""撤销""取消"，与"剥夺"一词的意思有所差别。但依我国的用语习惯，有时也译为"剥夺"亲权。参见第378条至第381条。

第 347 条

可以收养：

1. 父与母或者亲属会议有效同意送养(adoption)①的儿童；

2. 国家收容的被遗弃儿童；

3. (2016 年 3 月 14 日第 2016-297 号法律) 在第 381-1 条与第 381-2 条②所指条件下宣告被遗弃的儿童。

第 348 条

在儿童已经对其父母双方确立亲子关系的情况下，送养应当得到父母双方的同意。

如果父母一方已去世或者不能表达自己的意思，或者如其已丧失亲权，仅有另一方同意送养即可。

第 348-1 条

仅对生父母中一方确立亲子关系的儿童的送养，由该一方表示同意。

第 348-2 条

如果儿童的父母均已死亡或者处于不能表达自己意思的状态，或者双方均丧失亲权，由亲属会议听取实际照管儿童的人的意见之后，对送养作出同意决定。

儿童没有确立亲子关系的情况，亦同。

第 348-3 条

对收养或送养表示的同意，(原规定为"向作出此种同意表示的人

---

① 法律条文的原文在这里仍然使用的是"adoption"(收养)一词，并不是说收养子女必须得到收养人本人的父母或其亲属会议的同意，这里应当是指被收养人的父母"同意送养"。以下条文也与送养有关。

② 参见第 350 条废止的规定。

的住所地或居所地的初审法院主任书记员")在法国或外国的一名公证人面前,或者在法国外交人员或领事人员面前作出;在儿童已经托付给"社会援助儿童机构"照管时,也可以由该机构接收有关对收养或送养表示的同意。

对送养儿童已经作出的同意表示,可以在(1996年7月5日第96-604号法律)2个月(原规定为"3个月")期间撤回。撤回同意,应当用挂号信并要求回执向此前接收同意表示的人或机构提出。按照提出的请求,甚至根据口头提出的请求,将儿童交还其父母,同样具有撤销同意(送养)的证据效力。

即使在同意送养之后(1996年7月5日第96-604号法律)2个月(原规定为"3个月")期限届满没有撤回同意,只要儿童尚未因收养得到安置,父母仍可请求将儿童送还。如果已经接纳儿童的人拒绝将儿童送还,父母可以向法院提出请求;法院根据儿童的利益,裁判是否有必要送还儿童。将儿童送还,引起此前表示的同意收养失去效力。

第348-4条

(1996年7月5日第96-604号法律)如果儿童的父与母或者亲属会议同意送养,并将儿童交给"社会援助儿童机构"或得到批准的收养事务机构,收养人由监护人选择,但应当得到由国家收容的弃儿的亲属会议的同意,或者应当得到经批准的收养事务机构提议安排监护的亲属会议同意。

第348-5条

除收养人与被收养人之间有包括第六亲等在内的血亲或姻亲关系外,只有在儿童已经实际交由社会援助儿童机构或(1996年7月5日第96-604号法律)经批准的收养事务机构的情况下,才能有效同意收养不满 2 周岁①的儿童。

第 348-6 条

（2005 年 7 月 4 日第 2005-759 号授权法令废止"在合法婚姻或非婚姻的"）父母完全不照管子女，有危害子女身心健康之危险的情况下，父母双方或者仅其中一方仍然拒绝将子女送他人收养时，如果法院认为此种拒绝完全是一种滥权行为，可以宣告儿童送养。

亲属会议滥行拒绝送养的，亦同。

第 349 条

由国家收容的弃儿②，在其父母并未同意送养时，可以经该弃儿家庭的亲属会议同意送养。

第 350 条

（2016 年 3 月 14 日第 2016-297 号法律废止）

第 350 条原条文：由个人、救助儿童社会机构或部门收容的儿童，在宣告其为弃儿的请求提出之前的 1 年期间，其父母显然已表明完全不照管该儿童时，得由大审法院宣告该儿童为弃儿，但是，（2005 年 7 月 4 日第 2005-759 号授权法令）由于儿童的父母处境极为困难且不影响第 4 款的规定时，不在此限。有关宣告儿童为弃儿的请求，必须由上述个人、救助儿童社会机构与部门在儿童的父母显然完全放弃照管该儿童之后 1 年期限内提出。

（1976 年 12 月 22 日第 76-1179 号法律）父母对儿童不是维系感情

---

① 欧洲人权法院 2002 年 7 月 16 日裁决认为，如果得到父母或亲属会议同意，收养新生儿，在特定条件下，可以符合《欧洲人权公约》第 8 条的规定。如果立法上设置一种旨在保护儿童的紧急程序，准许将新生儿从其生母那里抱走，这样的立法本身并不抵触公约的规定。

② 指"被遗弃""被抛弃""被找到"的弃儿。

所必要的联系,视为显然对儿童不闻不问、漠不关心。

父母仅仅是撤回对送养儿童表示的同意,打听儿童的消息,或者仅仅表示某种愿望但并无领回儿童的实际行动时,并不表明其对儿童已经给予足够的关注,不足以作为当然驳回宣告儿童为弃儿之请求的理由。(1993年1月8日第93-22号法律)以上所指的各种做法并不中断第1款规定的期限。

如果在本条第1款规定的期限内,家庭中有某一成员提出请求,保证负担抚养该儿童,并且如果经认定此种请求符合儿童的利益,不得宣告儿童为弃儿。

法院宣告儿童为弃儿时,应以同一判决委托救助儿童社会机构、(1993年1月8日第93-22号法律)收容儿童或受托付照管儿童的机构或个人,行使对该儿童的亲权。

仅在对儿童的身份有欺诈、舞弊或发生错误的情况下,第三人提出异议始予受理。

第二节 为完全收养进行安置与完全收养判决

第351条

将已经确定且有效同意送养的儿童、国家收容的弃儿或者经法院判决宣告为弃儿的儿童实际送交已定的将来的收养人,即告实现为收养而进行的安置。

如果儿童没有确立亲子关系,自接纳儿童起(1996年7月5日第96-604号法律)2个月(原规定为"3个月")期限内,不得为完全收养而进行安置。

在儿童的父母要求送还儿童的情况下,只要法院尚未应最迫切请求的当事人提出的申请就父母提出的请求是否有依据作出审理裁判,不得进行收养安置。

第 352 条

只要已经为完全收养进行安置,即阻止将儿童送还原家庭。一经进行完全收养安置,任何有关亲子关系的声明以及任何认领①均不能产生效力。

如果已停止为完全收养而进行的安置或者法院拒绝宣告收养,已经进行的安置追溯撤销。

第 353 条

收养,由(2019 年 3 月 23 日第 2019-222 号法律)司法法院(原规定为"大审法院")应收养人的申请作出宣告。(1993 年 1 月 8 日第 93-22 号法律)司法法院应当在受理申请之日起 6 个月期限内审查是否具备法律规定的收养条件以及收养是否符合儿童的利益。

(2016 年 3 月 14 日第 2016-297 号法律)法院听取有辨别能力的未成年人的意见,或者在未成年人的利益有此要求时,由法院为此指定的人听取意见。在听取未成年人的意见时,应当采用适于其年龄与成熟程度的方式。在未成年人拒绝法院或他人听取其意见时,由法院评判这种拒绝是否有依据。可以单独听取未成年人的意见,也可以与其律师或由其选择的人一起听取其意见。如果未成年人自己进行的人员挑选看来不符合其利益,法院可以指定另外的人。

(1976 年 12 月 22 日第 76-1179 号法律)在收养人有直系尊血亲的情况下,法院还应当审查该人收养子女是否影响家庭生活。

如果收养人在符合规定地接纳拟收养的子女之后死亡,可以由收养人的生存配偶或继承人之一以收养人名义提出收养申请。

---

① 指儿童的(非婚生)父、母在此时再出面认领。

(1996年7月5日第96-604号法律) 如果儿童本人在符合规定地受到收养接纳之后死亡,收养申请仍然可以提出,法院作出的判决自儿童死亡前一日产生效力,但该判决仅仅引起儿童身份的改变。

宣告收养的判决无须说明理由。

第353-1条

(1996年7月5日第96-604号法律) 收养国家收容的弃儿或者(2002年1月22日第2002-93号法律)由得到批准的收容机构照管的儿童,或者收养不是收养人配偶子女的外国儿童,法院在宣告收养之前,应当审查收养申请人或者两申请人是否得到收养认可或者免于取得认可。

如此前提出的认可申请被拒绝,或者在法定期限没有给予收养认可,法院在认为收养人具备接纳儿童的能力并且收养符合儿童的利益时,可以宣告收养。

第353-2条

只有存在可归咎于收养人的欺诈行为时,对收养判决提出第三人撤销之诉始予受理。

(2013年5月17日第2013-404号法律) 向法院隐瞒由家事法官依据第371-4条的规定作出的在被收养的儿童与某个第三人之间继续保持联系的判决,构成本条第1款意义上的欺诈(dol)行为。

第354条

宣告完全收养的判决,自产生既判事由之确定力起15日内,应共和国检察官的要求,登录于被收养人出生地的户籍(身份)登记簿。

(1996年7月5日第96-604号法律) 如果被收养人出生在国外,完全收养判决在外交部户籍身份中心的登记簿上进行登录。

登录应当写明儿童的出生日期、时间与地点、性别及(2002年3月

4 日第 2002-304 号法律)其家庭姓氏、名字等事项;此外,还应按照收养判决的规定,写明该儿童的收养人或两收养人的姓名、出生日期与地点、职业与家庭住所。

登录事项中不包括有关儿童的实际亲子关系的任何说明。

进行登录,相当于被收养人的出生证书。

(1996 年 7 月 5 日第 96-604 号法律)(被收养人的)原出生证书由法国身份官员保管,以及在相应情况下,依据第 58 条的规定制作的出生证书,依共和国检察官的要求,经加盖"收养"字样之后,视为无效。

第三节 完全收养的效力

第 355 条

完全收养,自提交收养申请之日产生效力。①

第 356 条

完全收养赋予子女一种替代原始亲子关系的亲子关系。②

被收养人不再属于与其有血缘关系的家庭,但保留适用第 161 条至第 164 条有关禁止结婚的规定。

(1976 年 12 月 22 日第 76-1179 号法律)收养配偶的子女,对该配偶一方及其家庭仍然保留原始亲子关系;除此之外,此种收养产生由夫妻二人共同收养所具有的各项效力。

---

① 法院作出的收养判决是(为被收养人)创设新的身份,而不是宣告其原已存在的身份;但儿童对其在被收养之前已经终局取得的孤儿抚恤金仍然保留权利。

② 第 356 条所说的"一种替代原始亲子关系的亲子关系"(une filiation),在文字上并未明文表述其为"法律拟制的直系血亲关系"。

第 357 条

（2013 年 5 月 17 日第 2013-404 号法律）完全收养，赋予子女以收养人的姓氏。

在收养配偶子女的情况下，或者在由配偶二人收养子女的情况下，由收养人与其配偶或者两收养人以共同声明选择转移给养子女的姓氏。转移给养子女的姓氏：或者是收养人之一的家族姓氏，或者是两者的姓氏按照第一个字母的顺序结合而成的姓氏，但以每一家族取一个姓氏为限。

选用姓氏的权利，只能行使一次。

在没有作出选用子女姓氏的共同声明的情况下，子女使用收养人及其配偶的家族姓氏，或者使用两收养人各自的家族姓氏，但以两者的姓氏按照字母顺序结合每一家族取第一姓氏为限。

在对共同的子女适用第 311-21 条、第 311-23 条第 2 款或者本条规定的情况下，前述姓氏的转移，适用于被收养人。

收养人或者其中一人使用双姓的，可以通过共同的声明，只向被收养人转移其中一个姓氏。

应收养人或者两收养人的请求，法院可以变更养子女的名字。

第 357-1 条

（2013 年 5 月 17 日第 2013-404 号法律）在国外符合规定宣告的收养在法国产生完全收养效力的，适用第 357 条的规定，但其最后一款的规定除外。

收养人在申请登录收养判决时，可以通过向此项登录进行地的共和国检察官提交声明，作出该条为其规定的选择。

收养人在请求国外收养判决的执行令时，应当将其作出的选择声明附于所提出的请求。在所作的判决上应记载该声明。

为收养的子女而选用的姓氏，在共和国检察官关注下，记载于子女的出生证书。

第358条

被收养人在收养人的家庭中享有与(2002年3月4日第2002-304号法律)依照本卷第七编的规定已经确立亲子关系的子女(原规定为"婚生子女")相同的权利,负相同的义务。①

第359条

完全收养不得解除。②

第二章 简单收养

(1966年7月11日第66-500号法律)

第一节 简单收养应当具备的条件与判决

第360条

无论被收养人的年龄如何,均允许简单收养。

(1996年7月5日第96-604号法律)如果证明有重大理由,准许简单收养已经被完全收养的子女。

(2013年5月17日第2013-404号法律)此前已经由一人单独收养的子女,不论其形式是简单收养还是完全收养,可以由该人的配偶按照简单收养的形式再次收养。

如果被收养人已年满(1993年1月8日第93-22号法律)13周岁,收养应当征得本人的同意。

---

① 这也意味着,收养在被收养人与收养人的近亲属之间产生近亲属的权利义务关系。

② 参见第370条的规定。

第 361 条

（1976 年 12 月 22 日第 76-1179 号法律）本法典第 343 条至第 344 条、（2010 年 12 月 22 日第 2010-1609 号法律）第 345 条、第 346 条至第 350 条、第 353 条、第 353-1 条、（2001 年 2 月 6 日第 2001-111 号法律）第 353-2 条、第 355 条（2013 年 5 月 17 日第 2013-404 号法律）与第 357 条最后一款的规定，适用于简单收养。

第 362 条

宣告简单收养的判决，自产生既判事由之确定力起 15 日内，应共和国检察官的要求，在户籍登记簿上作出记载或登录。

第二节　简单收养的效力

第 363 条

（2013 年 5 月 17 日第 2013-404 号法律）简单收养赋予被收养人在本人的姓氏中增加收养人的姓氏，但是，如果被收养人是成年人，需得到其同意才能增加姓氏。

如果被收养人与收养人或其中一人使用的是双姓，赋予被收养人的姓氏由收养人的姓氏加上被收养人的姓氏构成，但仅限于两姓氏中各取一姓。使用哪一姓氏以及两姓氏的顺序，由收养人选定，但是，被收养人已年满 13 周岁的，应当事先得到被收养人的同意。双方意见不一致，或者没有作出选择的情况下，赋予被收养人的姓氏由收养人与被收养人各自的第一个姓氏相加组成，收养人的第一个姓氏放在被收养人第一姓氏的后面。

在由配偶二人收养子女的情况下，加在被收养人姓氏上的姓氏，应收养人的要求，使用其中一人的姓氏，且仅限于使用一个姓氏；如果被收养人使用的是双姓,其保留使用哪一姓氏以及姓氏的顺序,由收养人选定;被收养人年满 13 周岁的,应听取他本人的意见;如果达不成一致意见,或者没有作出选择,赋予被收养人的姓氏由收养人与被收养人各自的第一个姓氏相加组成,并按字母顺序排列,收养人的第一个姓氏放在被收养人第一姓氏的后面。

但是,应收养人的请求,法院得决定被收养人仅使用收养人的姓氏,或者,在收养配偶的子女的情况下,被收养人仍然保留其原来的姓氏。在配偶二人收养子女的情况下,由收养人选择,可以用丈夫的姓氏或者用妻子的姓氏替代被收养人的原姓氏,或者由夫妇二人的姓氏结合使用,顺序由夫妇二人决定,但以各自取一姓氏为限。有关使用姓氏的请求也可以在收养之后提出,如果被收养人已年满 13 周岁,家族姓氏的替代必须得到其本人的同意。

第 363-1 条

(*2002 年 3 月 4 日第 2002-304 号法律*) 被收养人的出生证书是由法国权力机关存档保管的,第 363 条的规定适用于在国外符合规定宣告的、在法国具有简单收养效力的收养。

收养人依照第 363 条的规定,向提出申请时被收养人出生证书保存地的共和国检察官提交声明,行使该条为其规定的选择权利。

在共和国检察官的关注下,收养人选用的姓氏记载于子女的出生证书。

第 364 条

被收养人仍留在原来的家庭内并保留其全部权利,尤其是保留其继承权。

被收养人与其原始家庭之间,适用第 161 条至第 164 条有关禁止结婚的规定。

第 365 条

收养人唯一对被收养人享有全部亲权性质的权利,其中包括同意被收养人婚姻的权利,但是,如果收养人是被收养人的(生)父、母的配偶,不在此限。在此情况下,收养人与其配偶竞合享有亲权,(2011 年 12 月 13 日第 2011-1862 号法律第 11 条)但配偶一人可以保留单独行使亲权(原规定为"唯有被收养人的生父或生母单独保留行使亲权");如果为了共同行使亲权之目的,配偶与收养人一起(2019 年 3 月 23 日第 2019-222 号法律)向司法法院(原规定为"向大审法院")书记室主任书记员提出共同声明的除外。

亲权性质的权利,由收养人或两收养人按照(2002 年 3 月 4 日第 2002-304 号法律)本卷第四编第一章所规定的条件行使。

有关(2002 年 3 月 4 日第 2002-304 号法律)未成年人财产的法定管理与监护的规则,适用于被收养人。

第 366 条

因收养产生的亲属关系扩张至被收养人的(1996 年 7 月 5 日第 96-604 号法律废除"婚生"二字)子女。

下列之人相互之间禁止结婚:

1. 收养人、被收养人以及被收养人的直系卑血亲之间;

2. 被收养人与收养人的配偶之间;反之,收养人与被收养人的配偶之间;

3. 同一人的养子女(enfants adoptifs)相互之间;

4. 被收养人与收养人的子女之间。

但是,以上第 3 点与第 4 点规定的禁止结婚,在有重大理由时,得经共和国总统特许令取消。

(1976 年 12 月 22 日第 76-1179 号法律)上述第 2 点规定的禁止结

婚,在创设婚姻关系的人死亡的情况下,也可以按相同条件取消之。

第367条

(2007年3月5日第2007-293号法律)如果收养人有需要,被收养人应对其负担赡养费,与此相对应,收养人应给予被收养人生活费。被收养人的(生)父、母仅在被收养人从收养人那里不能得到生活费时才有义务为其提供生活费;只要被收养人经认定具有国家收容的弃儿身份或者在《社会行动与家庭法典》第132-6条规定的期限内由国家负担生活费,向其父母提供生活费的义务即告停止。

第368条

(2002年3月4日第2002-304号法律)被收养人及其直系卑血亲在收养人的家庭里享有第三卷第一编第三章规定的继承权。

(1996年7月5日第96-604号法律)但是,被收养人及其直系卑血亲不能对收养人的直系尊血亲取得特留份继承人的资格。

第368-1条

(2006年6月23日第2006-728号法律)如果被收养人死亡,又没有直系卑血亲和生存配偶,其遗产中原来由收养人赠与的财产或者从收养人的遗产中取得的财产,在被收养人死亡时原财产实物尚存的,除用于负担债务以及保留第三人已经取得的权利之外,转归收养人或者收养人的直系卑血亲。被收养人从其生父或生母那里无偿取得的财产,同样转归其生父或生母①或者他们的直系卑血亲。

被收养人财产的其余部分,在其有血缘关系的原家庭和收养家庭之间对半分配(2006年6月23日第2006-728号法律第29-4条废止

---

① 第368-1条是在简单收养制度中作出的规定。"如果被收养人死亡,又没有直系卑血亲和生存配偶"的情况下,其原先受赠与的财产转归赠与人,实际上是赠与人的取回权。参见第951条。

"但是,不得损害被收养人的配偶对全部遗产的继承权")。

第 369 条

简单收养,即使(被收养人在)其后确立亲子关系,仍保留其全部效力。

第 370 条

(2016 年 3 月 14 日第 2016-297 号法律)如果经证明有重大理由①,在被收养人已经成年时,应其本人的请求,或者收养人的请求,可以解除(简单)收养(关系)。

第 370 条原条文:(2016 年 3 月 14 日第 2016-297 号法律第 32 条)如果证明有重大理由,在被收养人已经成年时,应被收养人或者收养人的请求,或者被收养人是未成年人时,应检察院的要求,可以解除(简单)收养关系。

如果被收养人是未成年人,只能由检察院要求解除(简单)收养(关系)。

第 370-1 条

解除(简单)收养的判决应当说明理由。

判决的主文按照第 362 条所指的条件记载于(被收养人)出生证书的备注栏,或者记载于收养判决的登录备注栏。

第 370-2 条

(简单)收养关系的解除,对将来,终止收养的一切效力,(2011 年 12 月 13 日第 2011-1862 号法律)但姓名的更改除外。

---

① 法语中,"grave"一词的意思是"严重的""重大的",按照《民法典》与法院判例的用法,它与另一个词语"lourd"属于同义词,译为严重过错(过失)与重大过错(过失)并无很大差别。

第三章　有关收养亲子关系的法律冲突以及国外宣告的收养在法国的效力

（2001年2月6日第2001-111号法律）

第370-3条

收养的条件受收养人的本国法约束，或者在配偶二人收养子女的情况下，受调整该配偶婚姻之效力的法律约束，但是，如果配偶二人中有一人的本国法禁止收养，不得宣告收养。

如果外国未成年人的本国法禁止收养，不得宣告收养该外国未成年人，但如果该未成年人出生在法国并且在法国有惯常居住，不在此限。

不论适用何种法律，收养均要求得到儿童的法定代理人的同意。同意，应当是在儿童出生之后，由法定代理人自由作出，不得附加任何对应的条件；同意人应当对收养的后果有明确了解，尤其是在同意未成年人的完全收养时，应当明确知道中断原先存在的亲子关系所产生的不可撤销的全部后果。

第370-4条

在法国宣告的收养的效力是由法国法律规定的效力。

第370-5条

在国外符合规定宣告的收养，如果其完全地、不可解除地断绝原有的父母子女关系，在法国产生完全收养的效力；在并不完全地、不可解除地断绝原有的父母子女关系的情况下，在国外符合规定宣告的收养在法国产生简单收养之效力；如果当事人是在完全知情的情况下表示明确的同意，简单收养也可以转为完全收养。

附目四 原未成年、监护及解除亲权的条文

第十编 未成年、监护及解除亲权

第一章 未成年

第 388 条

(1974 年 7 月 5 日第 74-631 号法律)年龄未满 18 周岁的男或女是未成年人。

第 388-1 条

(1993 年 1 月 8 日第 93-22 号法律)在涉及未成年人的任何诉讼程序中,凡是有辨别能力的未成年人,均可由法官,或者(2007 年 3 月 5 日第 2007-293 号法律第 9 条)在未成年人的利益有此要求时,由法官为此指定的人听取其意见,但不影响有关未成年人参加诉讼或者提起诉讼应得到其同意的规定。

(2007 年 3 月 5 日第 2007-293 号法律第 9 条)未成年人提出请求的,当然应听取其意见;未成年人拒绝听取意见时,由法官评判此种拒绝是否有正当理由。在听取未成年人的意见时,未成年人可以单独一

人到场，或者由律师或其挑选的人陪同。如未成年人所作的挑选不符合其本人的利益，法官得为其另行指定他人。

在诉讼程序中听取未成年人的意见，并不因此赋予未成年人以诉讼当事人的资格。

（2007年3月5日第2007-293号法律第9条）法官应确保已经告知未成年人有权要求听取其意见以及有权得到律师的协助。

第 388-2 条

（1993年1月8日第93-22号法律）如果在诉讼中发生未成年人的利益与其法定代理人的利益相冲突的情形，监护法官按照第389-3条规定的条件，或者在没有监护法官时，受理诉讼的法官得为未成年人指定一名专门管理人代理该未成年人。

第二章 监 护

（1964年12月14日第64-1230号法律）

第一节 实行法定管理或监护的各种情形

第 389 条

（1985年12月23日第85-1372号法律）如亲权是由父母共同行使，父母即是法定管理人（administrateurs légaux）；其他情况，法定管理属于父母中行使亲权的一方。

第 389-1 条

（1985年12月23日第85-1372号法律）由父母共同行使亲权时，

法定管理无任何条件。

第 389-2 条

（1985 年 12 月 23 日第 85-1237 号法律）如父母中有一人已去世，或者（2002 年 3 月 4 日第 2002-305 号法律）被剥夺行使亲权，法定管理受监护法官的监督；单方行使亲权的情况下亦同。

第 389-3 条

法定管理人在所有民事行为中代理未成年人，但法律或习惯上允许未成年人本人进行民事行为的情况除外。

在法定管理人的利益与未成年人的利益相抵触时，法定管理人应当请求监护法官依职权任命一名专门管理人（administrateur ad hoc）；（1993 年 1 月 8 日第 93-22 号法律）在法定管理人未做此努力时，法官得应检察院或未成年人本人的请求或者依职权任命专门管理人。

向未成年人赠与或遗赠的财产，在其已由第三人管理的条件下，不纳入法定管理之列。作为管理人的该第三人享有赠与或遗嘱所赋予的权限；在赠与或遗嘱没有规定时，该第三人享有受司法监督的法定管理人的权限。

第 389-4 条

（1975 年 7 月 11 日第 75-617 号法律）在无条件的法定管理中，对于第三人，(1985 年 12 月 23 日第 85-1372 号法律) 父母每一方均视为从另一方得到准许其单独进行任何监护人均无须经任何批准而实施的行为的权限。

第 389-5 条

（1985 年 12 月 23 日第 85-1372 号法律）在无条件的法定管理中，由父母一起完成作为监护人仅在得到亲属会议批准后始能完成的行为。

在亲属之间达不成一致意见的情况下,拟完成的行为应经监护法官批准。

即使父母双方一致同意,非经监护法官允许,仍不得采取买卖双方协商的形式出卖属于未成年人的不动产或商业营业资产,或者将其作为对公司的出资;也不得以未成年人的名义缔结借贷或者代替其抛弃某项权利。父母双方自愿协议进行财产分割时,也应经监护法官允许,并且财产清算清册(état liquidatif)(2006年6月23日第2006-728号法律第29-5条)必须经监护法官批准。

如实施的行为给未成年人造成损害,父母双方连带承担责任。

第389-6条

(1975年7月11日第75-617号法律)在受司法监督的法定管理中,法定管理人必须得到监护法官的批准,才能实施监护人需经批准才能实施的行为。

第390条

父母二人均已去世,或者均(2002年3月4日第2002-305号法律)被剥夺亲权时,设立监护。

对(2005年7月4日第2005-759号授权法令废止"已得到父母自愿认领的非婚生子女")无父无母的儿童,亦设立监护。

有关调整救助儿童社会部门之特别法的规定,应当得到遵守。

第391条

在受司法监督的法定管理中,监护法官得于任何时候,或者依职权,或者应血亲或姻亲的请求,或者应检察院的要求,除紧急情形外,在听取法定管理人的意见或者传唤法定管理人以后,设立监护。

除紧急情况外,法定管理人,自设立监护的请求提出之日起直至法院作出终局判决,不得进行任何如同在已经设立监护的情况下需经亲属会议批准的行为。

监护法官亦可决定在无条件的法定管理情况下设立监护,但仅以有重大理由为限。

在受司法监督和无条件的法定管理两种情况下,如已设立监护,由监护法官召集亲属会议。亲属会议可以任命监护人为法定管理人,或者另行指定监护人。

第 392 条

如果在设立监护之后(2005 年 7 月 4 日第 2005-759 号授权法令废除"非婚生")子女得到生父母之一的认领,应该人提出的请求,监护法官可以用第 389-2 条所指的法定管理形式①替代监护。

第二节　监护的组织

第一目　监护法官

第 393 条

监护法官(juge des tutelles)的职责由未成年人的住所所在辖区的初审法院法官行使。

第 394 条

如国家收养的弃儿的住所迁移至另一地点,监护人应当立即将此事由通知原先有管辖权的监护法官。监护法官将有关监护的案卷转送新住所地的监护法官,但有关此项转送的记载仍保存于初审法院的书记室。

---

① 用"受司法监督的法定管理"替代监护。

第 395 条

监护法官对其管辖区内的法定管理与监护实行一般监督。

监护法官得召见法定管理人、监护人或其他监护组织,要求他们说明情况并向他们提出要求、宣告指令。

对没有正当理由不遵照其指令的人,监护法官得科处《民事诉讼法典》规定的罚款。

第 396 条

在监护法官前的各种诉讼行为的形式,由《民事诉讼法典》规定。

第二目 监护人

第 397 条

如父母二人中后去世的一方在其本人去世时仍保留行使法定管理权或者监护权,选任监护人的个人权利仅属于该后去世的父或母,无论所选监护人是否亲属。

第 398 条

选任监护人,只能以订立遗嘱或者在公证人前作出专门声明的形式为之。

第 399 条与第 400 条

(废止)

第 401 条

由父母选定的监护人并无义务接受监护任务,但属于即使没有专门选定,亲属会议仍可委以监护任务的人除外。

第 402 条

如父母中后去世的一方没有选任监护人,(2002 年 3 月 4 日第

2002–305号法律废除了"婚生"二字）子女的监护交给属于最近亲等中的直系尊血亲。

第403条

在同一亲等的直系尊血亲有数人时，亲属会议得指定其中一人为监护人。

第404条

在既没有遗嘱选定的监护人也没有可以作为监护人的直系尊血亲时，或者受指定作为监护人的人停止履行监护职责时，由亲属会议为未成年人另行指定监护人。

第405条

亲属会议由监护法官依职权召集，或者由其依未成年人的父母的血亲或姻亲以及债权人或其他任何有利益关系的人向亲属会议提出的请求，或者依检察院向亲属会议提出的要求召集。任何人均可告诉监护法官需要任命监护人之事实。

第406条

监护人受指定任职的期间与监护的延续期间相同。

但是，如重大情节有此要求，亲属会议得在监护期间更换监护人，且不妨碍在监护人自行请求去职、无能力或被解除职责的情况下进行更换。

第三目　亲属会议

第407条

亲属会议由四名至六名成员组成，其中包括监护监督人，但不包括监护人本人和监护法官。

亲属会议成员由法官指定，成员任职期间与监护的延续期间相同；

但是，在不影响执行第 428 条及随后条款之规定的情况下，为了适应各当事人情况可能发生的变化，法官得依职权在监护期间更换一名或数名亲属会议成员。

第 408 条

监护法官在考虑各种情节的基础上，从未成年人的父母的血亲或姻亲中选任亲属会议的成员。所谓各种情节是指，亲属关系的远近、当事人的居住地点、年龄和能力。

监护法官应当尽量避免出现两系中有一系没有代表的情形，但是，法官首先应当考虑的是未成年人的父母平常与血亲或姻亲之间的关系以及这些血亲或姻亲对未成年子女已经或可能给予的关注程度。

第 409 条

监护法官亦可召请在其看来可以对子女给予关注的朋友、邻居或其他任何人作为亲属会议的组成人员。

第 410 条

亲属会议由监护法官召集。如有两名亲属会议成员提出召集会议的要求，或者监护人、监护监督人提出要求，或者年满（1974 年 7 月 5 日第 74-631 号法律）13 周岁的未成年人本人提出要求，法官应当召集亲属会议。

（1998 年 5 月 14 日第 98-381 号法律）应年龄虽然未满 13 周岁但有分别能力的未成年人的要求，亦可召集亲属会议，但如法官另有特别说明理由的决定，不在此限。

第 411 条

召开亲属会议，至少应提前 8 天发出召集通知。

（1998 年 5 月 14 日第 98-381 号法律）在亲属会议召开之前，法官按照第 388-1 条规定的条件听取有辨别能力的未成年人的意见。

第 412 条

亲属会议各成员应当亲自参加会议;但是,每一名亲属会议成员均得由未成年人的父母的直系血亲或姻亲代表其参加会议,如这些直系血亲或姻亲并未以其本人的名义成为亲属会议成员。夫得代表妻参加亲属会议,反之亦同。

亲属会议成员无正当理由不参加会议,也不由他人有效代理其参加会议,处《民事诉讼法典》规定的罚款。

第 413 条

如果从拟作决定的内容来看,监护法官认为并非一定要召开亲属会议,也可以通过向每一亲属会议成员发送拟作决定的文本并附有相关情况的必要说明,代替召开亲属会议。

亲属会议的每一成员均在监护法官规定的期限内采用书信的形式进行投票表决,在此期限内不进行投票的成员将受到《民事诉讼法典》规定的罚款。

第 414 条

仅在其成员至少有一半人出席或委派代理人出席的情况下,亲属会议始能进行审议。

如达不到要求的人数,法官可以:或者推迟召开会议,或者在情况紧急时,自行作出决定。

第 415 条

亲属会议由监护法官主持。监护法官有审议权。在持不同意见的人数相同的情况下,监护法官的表决票具有决定作用。

监护人应当列席亲属会议,可以在会议上发言,但不参加投票表决;由监护监督人替代监护人的情形,监护监督人亦不参加投票表决。

(1998 年 5 月 14 日第 98-381 号法律)如果法官认为不违背未成年

人的利益,有辨别能力的未成年人可以以咨询性名义列席会议。如果是应年满16周岁的未成年人的请求而召开亲属会议,未成年人必须收到召集会议的通知。(原规定为:"如监护法官认为有必要,年满16周岁的未成年人本人可以列席亲属会议,有发言权但无表决权;应未成年人的要求召开亲属会议,必须通知未成年人本人参加。")

任何情况下,即使未成年人对某项行为表示同意,亦不因此而免除监护人或其他监护机关的责任。

第416条

亲属会议的审议决定如果是在受到欺诈或舞弊的情况下作出,或者遗漏根本手续,所作决定无效。

审议决定无效,得按照第1338条具有确认效力的新的审议决定而不予追究。

监护人、监护监督人、亲属会议成员或者检察院在审议决定作出后2年内,以及已经成年或解除亲权的弃儿在其成年或解除亲权后2年内提起无效之诉。在有欺诈行为或舞弊行为的情况下,直至此种事实被排除之时,时效中断。

依据被撤销的审议决定而完成的行为,本身亦属可以按照相同方式撤销的行为,但期间仅自行为之日而不自作出决定之日起计算。

第四目　其他监护机关

第417条

亲属会议得视有关当事人的能力以及待管理的全部财产的组成情况,决定监护职责由一名人身监护人(tuteur à la personne)与一名财产监护人(tuteur aux biens)分开行使,或者将某些特别财产交由辅助监护人管理。

按照这种方式任命的监护人,就各自的职责而言,相互独立,互不承担责任,但如亲属会议另有安排,不在此限。

第 418 条

监护是一种应由本人负担的责任。

监护职责不得自行转移给监护人的配偶;但是,如监护人的配偶插手被监护人的财产管理,对其参与后进行的全部管理,应与监护人连带承担责任。

第 419 条

监护职责不得转移给监护人的继承人。监护人的继承人仅对被继承人所进行的管理承担责任,并且如果监护人的继承人已经成年,有义务继续进行管理,直至任命新的监护人。

第 420 条

在任何监护中,均可设置一名监护监督人。监护监督人由亲属会议从其成员中选任。

监护监督人的职责是:对监护人的管理实行监督,并且在未成年人的利益与监护人的利益相抵触时代表未成年人。

监护监督人对监护人在管理中的过错进行查证。监护监督人应当立即将此种过错报告监护法官,否则,引起其个人责任。

第 421 条

如在任命监护监督人之前监护人即已插手管理,在其有欺诈行为时,得被撤销监护职责,且不影响对未成年人应当给予的损害赔偿。

第 422 条

(废止)

第 423 条

如监护人是未成年人的父系或母系的血亲或姻亲,监护监督人应尽量从另一亲系的成员中挑选。

第 424 条

在监护人死亡或者无能力时,或者监护人放弃监护时,监护监督人并不当然替代监护人;但是,在此情况下,监护监督人应当主动提议任命新的监护人,否则,对由此给未成年人可能造成的损失负赔偿责任。

第 425 条

监护监督人的职责停止的时间与监护人停止其职责的时间相同。

第 426 条

监护人不得主动提出撤销监护监督人的职务,也不得在为此目的召集的亲属会议上参加投票表决。

第五目　监护职责

第 427 条

监护,作为对儿童的保护,是一种属于公共性质的职责。

第 428 条

除父母处于第 391 条所指情况外,因年龄、疾病、距离、职业或家庭事务极为繁忙而不能负担监护任务的人,或者已经负担监护任务如再增加新的任务,负担将过于沉重的人,得免于负担监护任务。

第 429 条

除父母之外,由于前一条所指原因之一不能继续履行监护职责的人,如此种原因发生在其接受监护任务之后,得卸去其负担的监护职责。

第 430 条与第 431 条

(废止)

第 432 条

并非未成年人的父与母的血亲和姻亲的人,不得受强迫接受监护职责。

第 433 条

(1989 年 7 月 10 日第 89-487 号法律第 12 条)如果没有监护人,在监护涉及成年人时,监护法官得决定将监护事务交由国家负担,或者在涉及未成年人时,交由救助儿童社会部门负担。

第 434 条

免于负担或卸去监护任务的理由,得扩大适用于监护监督人,甚至扩大至亲属会议的成员,但仅能视原因的重大程度而定。

第 435 条与第 436 条

(废止)

第 437 条

亲属会议对监护人与监护监督人提出的不能负担监护任务的理由作出审议决议;亲属会议成员提出此种理由时,由监护法官审议。

第 438 条

如果受任命的监护人出席会议、参与为向其交付监护任务而进行的审议,其不能负担监护任务的理由应在当场提出,亲属会议对此作出审议决定,否则,此后提出的任何请求均宣告不予受理。

第 439 条

如受任命的监护人没有出席会议,应在接到任命通知之日起 8 日内请求召集亲属会议,由亲属会议对其提出的不能负担监护职责的理由作出审议决议。

第 440 条

监护人提出的理由被驳回时,得向大审法院提出申诉,以请求大审法院认定其提出的理由;但是,在争议没有解决期间,监护人仍应临时负责管理。

第 441 条

任何人,不分性别,均得完成各项监护任务,但因以下所指的无能力、排除监护、解职或申请回避之情形除外。

第 442 条

下列之人无能力负担任何监护职责:

1. 未成年人,但已为人之父、母者除外;

2. 受监护的成年人、精神病人以及财产受管理的成年人。

第 443 条

下列之人当然排除或解除其负担的各项监护职责:

1. 被判处施体刑或加辱刑的人,或者依据《刑法典》第 131-26 条之规定受禁止负担监护职责的人。

但是,依亲属会议提出的同意意见,这些人仍可被允许负担对自己的子女的监护职责。

2. 丧失亲权的人。

第 444 条

行为明显不轨的人以及公认的不诚实、一贯失职或无能力管理事务的人,得被排除或解除其负担各项监护职责。

第 445 条

本人或其父母与未成年人之间存有争议的人,在此争议牵涉未成年人的身份或财产之重要部分时,应当自行回避或者受申请回避负担各项监护任务。

第 446 条

如亲属会议的某一成员被排除或被解除负担监护任务,或者受申请回避负担此种任务,监护法官得依职权,或者应监护人、监护监督人或检察院的请求,自行作出决定。

第 447 条

如排除或解除监护职责的原因或者申请回避的原因涉及监护人或监护监督人,由亲属会议对此作出决定。监护法官依职权或者应第 410 条所指的人提出的请求或应检察机关的请求召集亲属会议。

第 448 条

仅在听取监护人或监护监督人的意见之后,或者仅在对其进行传唤之后,始得排除或解除其负担的监护任务,或者因回避而不再负担此种任务。

如监护人或者监护监督人参加了审议,对此应作出记载;新的监护人或新的监护监督人即开始任职。如监护人或者监护监督人没有被接受参加会议,可以按照《民事诉讼法典》所确定的规则提出异议;但是,如监护法官认为情况紧急,得立即为未成年人的利益采取临时措施。

第三节　监护的运作

第 449 条

亲属会议在考虑父母就此问题表达的意思的基础上,对子女的生活与教育的一般条件作出规定。

第 450 条

监护人应当关注保护未成年人的人身,并在所有民事行为中代表未成年人，但法律或习惯允许未成年人自己完成的行为，不在此限。

监护人应以善良家父的态度管理未成年人的财产，并对其管理不善造成的损失负赔偿责任。

监护人不得买受未成年人的财产，也不得承租此种动产或不动产，亲属会议批准监护监督人同其订立租赁契约除外；监护人也不得接受针对其监护的未成年人的权利或债权的让与。

第 451 条

监护人，如在受任命时本人在场，自其受任命之日起开始进行管理，并以此身份开展活动；如受任命时本人不在场，仅自向其通知任命之日起开始进行管理并以此身份开展活动。

如财产上加有封签，监护人得在受任命后 10 日之内，请求去掉封签并在监护监督人当面立即对未成年人的财产进行盘存。盘存清册的副本应送交监护法官。

如在规定的期限内没有进行财产盘存，监护监督人得请求监护法官指定他人进行盘存，否则，监护监督人与监护人对于为受监护的未成年人的利益而可能宣告的所有处罚连带承担责任。

如对受监护的未成年人的财产没有进行盘存并制作财产清册，允许未成年人以任何方法提出其财产价值与财产组成的证据，甚至得以用众人皆知的传闻证明之。

如未成年人对监护人欠有债务，监护人应在财产盘存时作出申报，否则丧失权利；此项申报，应当依照公务官员向申报人提出的要求进行并且在盘存笔录上作出记载。

第 452 条

在监护开始后 3 个月内，监护人应将属于未成年人的所有无记名证券转换为记名证券，或者将无记名证券寄存至经政府认可的有资格接受受监护的未成年人的资金和有价证券的受寄托人处,以未成年人的名义开立账户并写明其属于未成年人,但如监护人得到允许,依第457条与第468条的规定转让此种证券时,不在此限。

同样,监护人应当依相同保留条件,将随后无论以何种方式取得的属于未成年人的无记名证券转换为记名证券,或者将其寄存至经认可的受寄托人处。此项转换或寄存,应在持有证券之日起3个月内进行。

监护人不得提取其按照前几款的规定已经寄托的证券,也不得将记名证券转换为不记名证券,但通过经政府认可的受寄托人进行转换,不在此限。

如有必要,亲属会议得确定完成这些活动的最长期限。

第453条

监护人仅在有监护监督人副署的情况下,才能签发为未成年人的利益受领资金的收据。

这些资金应由监护人存入经政府认可的有资格接受受监护的未成年人的有价证券和资金的受寄托人处,以该未成年人的名义开立账户并且写明其属于未成年人。

寄托,应在受领此种资金后1个月期限内进行;过此期限没有存入账户的资金,监护人当然应负担利息。

第454条

在任何监护开始实施之时,亲属会议根据受管理的财产的数量,确定每年可以安排的未成年人的生活费与教育费款项、财产管理费用以及可能给予监护人的补偿金。

同一审议决定还应专门规定是否允许监护人将专门管理人或其可能请求帮助并由其负责的人的工资记入管理账目。

亲属会议也可以批准监护人为管理未成年人的有价证券而订立契

约。审议决定应具体指明可以与其订立契约的第三人并专门拟定契约条款。在指定第三人时,主要应当考虑该人的支付能力和管理经验。即使有任何相反条款,所订契约得随时以未成年人的名义解除之。

第 455 条

亲属会议可以决定,自何数额开始,监护人有义务使用未成年人的流动资金及其收入的节余部分。此种使用应在 6 个月期限内进行,但如亲属会议同意延长期限,不在此限。超过此期限仍未投入使用的资金,监护人应依法负担利息。

利用此种资金可以取得何种性质的财产,由亲属会议确定:或者事前确定,或者在进行每项交易活动时确定。

任何情况下,第三人均不保证此种资金得到使用。

第 456 条

监护人,作为未成年人的代理人,单独完成所有的管理活动。

因此,监护人可以有偿转让日用的动产物品以及属于孳息性质的财产。

由监护人同意订立的租约,并不赋予承租人在未成年人达到成年或解除亲权之后延展租约的任何权利,也不赋予其在租约期满后仍然占有场所的权利,任何相反条款规定均不产生效力,但是在监护开始之前即已同意并经监护人延展的租约,不适用此项规定。

哪些行为应当看成是为了管理受监护的未成年人的有价证券,属于法定管理人与监护人或者得到认可的受寄托人的义务和权限范围内的管理行为,由最高行政法院提出资政意见后颁布的法令确定。

第 457 条

监护人,非经亲属会议批准,不得以未成年人的名义实施处分行为。

非经亲属会议批准,监护人尤其不能替代受监护的未成年人进行借贷,也不得让与不动产、商业营业资产、有价证券和其他无形权利,或者用其设立物权;贵重的动产物品或构成受监护的未成年人财产之重要部分的财产,亦同。

第458条

亲属会议在给予批准的同时,可以规定其认为有益的措施,尤其可以规定有益于资金再使用的措施。

第459条

出卖属于未成年人的不动产和商业营业资产,应当按照《民事诉讼法典》第953条及随后条款规定的条件,有监护监督人在场,通过公开竞价方式拍卖。

但是,亲属会议得批准自愿变卖财产,或者按照事先确定的底价进行拍卖,或者按照确定的价格与条款协议买卖。在进行自愿拍卖的情况下,得始终按照《民事诉讼法典》规定的条件开展竞价。

将不动产或商业营业资产作为向公司的出资,得由双方协议、自愿为之。以此种财产作为对公司的出资时,由亲属会议依据监护法官指定的鉴定人提出的财产作价报告,予以批准。

公开挂牌上市的有价证券,通过经纪人的协助出卖。

其他有价证券,通过经纪人或者在批准出卖的审议决定中指定的公证人前,竞价拍卖;但是,亲属会议得依据由监护法官指定的鉴定人的报告,批准按照其确定的价格与条款自愿买卖。

第460条

对让与未成年人的财产所要求的批准,不适用于应共有财产的共同所有人的请求经法院判决命令进行拍卖的情形。

第 461 条

（2006 年 6 月 23 日第 2006-728 号法律第 29-6 条）尽管有第 768 条的规定，监护人只能按照（2006 年 6 月 23 日第 2006-728 号法律第 29-6 条）净资产接受应由未成年人继承的遗产；但是，如果遗产的资产部分明显超过负债部分，亲属会议得以专门的审议决定批准监护人无条件接受继承。

非经亲属会议批准，监护人不得（2006 年 6 月 23 日第 2006-728 号法律第 29-6 条）放弃受领应当归属未成年人的遗产。

第 462 条

（2006 年 6 月 23 日第 2006-728 号法律第 29-7 条）在以未成年人的名义放弃受领的遗产尚未被其他继承人受领以及在国家尚未实行占有的情况下，可以由亲属会议重新审议之后得到授权的监护人或者由已经成年的原未成年人撤销所做的放弃。在此情况下，适用第 807 条的规定。

第 463 条

监护人得不经批准接受向受监护的未成年孤儿进行的赠与和特定财产的遗赠，但如财产上有负担，不在此限。

第 464 条

监护人得不经批准提起涉及未成年人财产权利的诉讼；监护人甚至可以撤回此种诉讼；亲属会议得指令监护人起诉、撤诉或者为撤诉而提出允诺条件，否则，监护人应承担责任。

监护人得单独在他人针对未成年人提起的诉讼中应诉，但是，仅在得到亲属会议批准的情况下始能作出认诺。

凡是涉及非财产权利的诉讼，均应得到亲属会议的批准。

第 465 条

非经亲属会议批准,监护人不得以未成年人的名义提出分割财产的请求;但是,监护人得不经亲属会议批准在他人向未成年人提起的分割财产的诉讼中应诉,或者参加由全体利益关系人按照第822条的规定为财产分割而提出的集体申请。

第 466 条

(2006年6月23日第2006-728号法律第29-9条)对未成年人,财产可以进行自愿协商分割。

在此情况下,亲属会议得批准分割财产,即使是部分分割,并且如有必要,为进行财产分割指定一名公证人。财产清算清册应提交亲属会议批准。

也可以按照第840条至第842条的规定经法院进行财产分割。

其他任何分割,只能视为临时性分割。

第 467 条

监护人只有在请求亲属会议批准和解条款之后,才能以未成年人的名义进行和解。

第 468 条

在监护人的行为只有得到亲属会议批准始能有效的所有场合,如订立的契约涉及的财产的价值按本金计算不超过法令规定的数额,得以监护法官的批准替代亲属会议的批准。

如监护人认为拖延有价证券的出卖将受到损失,应其请求,监护法官得取代亲属会议批准出卖有价证券,但应尽快向亲属会议报告出卖证券的情况,并由亲属会议决定资金的再使用。

第四节　监护的账目与责任

第 469 条

任何监护人,在监护终止时,均应对其管理进行结算。

第 470 条

在监护终止之前,监护人每年都应向监护监督人报送管理账目。账目的制定与送交,不付费用,使用的纸张不加贴印花。

(1995 年 2 月 8 日第 95-125 号法律第 11 条)监护监督人将此账目连同其提出的意见,转送初审法院首席书记员。首席书记员得要求监护监督人提供任何情况。在发生困难的情况下,首席书记员得向监护法官报告,监护法官可以召集亲属会议。此种情形不影响法官随时要求向其报送账目以及随时对账目进行监督。

如未成年人已满(1974 年 7 月 5 日第 74-631 号法律)16 周岁,监护法官得决定向未成年人传达监护账目。

第 471 条

在监护终止以后 3 个月内,应向已经成年或解除亲权的未成年人本人汇报最终确定的账目,或者向其继承人报送最终确定的账目。监护人先垫付费用;费用由受监护的未成年人负担。一切有充分证明的有益的开支,均应偿还给监护人。

监护人如在监护终止之前即已停止履行职责,应当向新的监护人报送有关其管理的账目摘要;新的监护人仅在得到亲属会议依据监护监督人的意见给予批准后,始能接受该账目。

第 472 条

未成年人至成年或解除亲权时,仅在监护人向其提交账目并附有各项证明材料,出具收据之后经过1个月,才能批准监护账目。在此期限未满之前,对账目的任何批准均无效。

受监护的未成年弃儿至成年或解除亲权时,与原监护人之间订立的契约,如目的在于免除监护人部分或全部报明账目之义务,此种约定无效。

如对账目有异议,应当按照《民事诉讼法典》有关"账目制作"编的规定进行审理并判决。

第 473 条

批准账目,不影响可以属于受监护的未成年人的、对监护人与其他监护机关提起责任诉讼的权利。

对受监护的未成年孤儿,国家唯一承担责任,但在有必要时,对监护法官或者其书记员(1995年2月8日第95-125号法律第12条)或初审法院首席书记员,或者依据第433条之规定负责无人监护之职责的公共行政管理人员,在监护运作过程中可能有的任何过错引起的损害赔偿,国家有求偿权。

受监护的孤儿对国家提起的责任诉讼,在所有场合,均向大审法院提起。

第 474 条

由监护人拖欠的款项余额,自账目通过之日起当然计算利息,或者最迟自监护停止后3个月起开始计算利息。

未成年人欠监护人的款项应当支付的利息,仅自批准账目之后受到延迟支付催告之日开始计算。

第 475 条

未成年人对监护人、监护机关或国家提起有关监护费用的任何诉讼,时效期间为5年,自未成年人成年之日起计算,即使此前已解除亲权。

第三章　解除亲权

(1964 年 12 月 14 日第 64-1230 号法律)

第 476 条

(1974 年 7 月 5 日第 74-631 号法律)未成年人结婚,当然解除亲权。

第 477 条

(1974 年 7 月 5 日第 74-631 号法律)未成年人即使未婚,在其年满 16 周岁时,可以解除亲权。

(1993 年 1 月 8 日第 93-22 号法律)应父母或其中一人的请求,监护法官在听取未成年人本人的意见之后,如果认定有正当理由,可以宣告解除亲权。

在解除亲权的请求仅由双亲中一人提出时,法官在听取另一人的意见之后,作出判决,但另一人处于不能表示意思的状态时除外。

第 478 条

(1974 年 7 月 5 日第 74-631 号法律)无父无母的未成年人,应亲属会议的请求,得依相同方式解除亲权。

第 479 条

在前条所指情况下,监护人未采取任何行动时,如果亲属会议之一成员认为未成年人有能力解除亲权,可以请求监护法官召集亲属会议就此问题作出审议决定。未成年人本人亦可请求召集亲属会议。

第 480 条

财产管理账目或监护账目,视具体情况,按照第 471 条规定的条件,交还给已经解除亲权的未成年人。

第 481 条

已经解除亲权的未成年人,如同成年人,有实施一切民事生活行为的能力。

但是,就结婚或自行同意由他人收养而言,解除亲权的未成年人仍然应当遵守如同其尚未解除亲权时相同的规则。

第 482 条

已经解除亲权的未成年人不再处于父与母的权力之下。

父与母也不再仅仅因其具有父母之身份而对未成年人在解除亲权以后给他人造成的损害当然承担责任。

第 483 条至第 486 条

(废止)

第 487 条

(1974 年 7 月 5 日第 74-631 号法律)解除亲权的未成年人不得作为商人,指 16 周岁至 18 周岁,达到成年年龄之前。

附目五 原继承法部分的条文

第 718 条

继承,因自然死亡与民事上的死亡而开始。

第 719 条

(1854 年 5 月 31 日法律废止)

第 720 条

如果相互有继承权的数人在同一事件中死亡,无从了解何人死亡在先时,对后死亡的推定依具体的事实情形确定;无此种情形时,依年龄与性别确定之。

第 721 条

同一事件中死亡的数人均不满 15 周岁,推定其中年龄最大的后死亡。

同一事件中死亡的数人年龄均在 60 周岁以上,推定其中年龄最小的后死亡。

同一事件中死亡的数人有的年龄不满 15 周岁,有的年龄在 60 周岁以上,推定年幼者后死亡。

第 722 条

同一事件中死亡的数人年龄在 15 周岁以上 60 周岁以下而且年龄相同,或者年龄相差不到 1 周岁,推定男性后死亡。

同一事件中死亡的数人性别相同,应当采用能够使继承按照自然顺序开始的推定,并据此确定后死亡者;依此而定,推定年轻者后于年长者死亡。

第 723 条

(1958 年 12 月 23 日第 58-1307 号授权法令)婚生继承人、非婚生继承人以及生存配偶之间,继承顺序由法律规定;无继承人时,财产归属国家。

第 724 条

(1958 年 12 月 23 日第 58-1307 号授权法令)婚生继承人、非婚生继承人以及生存配偶,依法当然占有死者的财产、权利与诉权,但有义务清偿遗产的全部负担。

国家应当经判决认许占有遗产。

第 725 条

只有在继承开始时生存的人始能继承。

依此规定,下列情形,无能力继承:

1. 尚未受胎者;

2. 出生时未存活的婴儿;

3. (1854 年 5 月 31 日法律废止)。

(1977 年 12 月 28 日第 77-1447 号法律)依照第 112 条的规定推定失踪的人可以继承。

第 726 条

(1819 年 7 月 14 日法律废止)

第 727 条

下列之人无资格继承,排除其继承遗产:

1. 因杀害被继承人既遂或未遂而被判刑的人;

2. 控告死者,指控其当受死刑,但此种控告被判决认定为诬告的;

3. 成年继承人知道被继承人被杀害而不向司法机关告发的。

第 728 条

对于杀人者的直系尊血亲与直系卑血亲,以及同亲等的姻亲,其夫或妻、兄弟姐妹、叔伯、姑婶姨、舅侄甥,不得因他们没有告发而对抗其继承权。

第 729 条

因丧失继承资格被排除继承的继承人,有义务返还其自继承开始以后享用的果实(孳息)和收入。

第 730 条

丧失继承资格的人的子女,以他们自己的地位参与继承,不属于代位继承时,并不因他们的父亲的过错被排除继承,但是,对于子女由此继承的财产,其父在任何情况下都不得请求享有法律赋予的父母对子女财产的用益权。

第三章 继承的各种顺序

第一节 一般规定

第 731 条

(1958 年 12 月 23 日第 58-1307 号授权法令)遗产按照以下确定的顺序和规则,归属于被继承人的子、女与直系卑血亲、直系尊血亲、旁系血亲及生存配偶。

第 732 条

法律在规定财产继承时,不考虑财产的性质与来源。

第 733 条

(1972 年 1 月 3 日第 72-3 号法律)凡归于直系尊血亲或旁系血亲继承的遗产,无论这些亲属是婚姻之亲还是非婚姻之亲,均分为对等两部分:其中一部分归父系血亲,另一部分归母系血亲。

同母异父或同父异母的血亲,并不被同父同母的血亲排除继承,但他们仅能从属于其本系继承的财产中取得继承份,第 752 条之规定除外;同父同母血亲可以从属于两系的财产中取得继承份。

(1957 年 3 月 26 日第 57-379 号法律)除第 753 条之规定外,仅在两系中有一系没有任何直系尊血亲与旁系亲属的情况下,始能将属于该系继承的财产转由另一系亲属继承。

第 734 条

继承人按父系与母系进行第一次划分之后,不同的亲属分支之间不再进行划分,但是,分别归属于每一系的一半遗产应由亲等最近的继承人或诸继承人继承,以下规定的代位情形,不在此限。

第 735 条

亲属关系远近,依代数确定。一代为一亲等。

第 736 条

亲等的相互连续形成一亲系:一人为另一人所生,此等人相互之间的亲等连续称为直系;一人非另一人所生但有共同的上辈同源人,此等人相互之间的亲等连续称为旁系。

直系血亲分为直系尊血亲与直系卑血亲。

直系尊血亲是指,联系上辈及该上辈所生之人相互间的亲系;直系卑血亲是指,联系一人与其所生之人相互间的亲系。

第737条

直系血亲,各代人之间间隔几代即为几个亲等。因此,子对父为第一亲等,孙对祖父为第二亲等;与此相对应,父与祖父对子和孙,分别为第一亲等和第二亲等。

第738条

旁系血亲,自亲属之一往上数至共同的上辈但不包括共同的上辈在内,再自共同的上辈往下数至另一亲属,亲等按间隔的代数相加计算。因此,两兄弟为第二亲等;叔、伯与侄,舅与甥,为第三亲等;堂、表兄弟为第四亲等,依此类推。

第二节 代位继承

第739条

代位继承是法律上的一种拟制,其效力是让代位继承人进入被代位人的地位、亲等与权利。

第740条

直系卑血亲均得代位继承,并无代数限制。

不论是由被继承人的现有子女与先于被继承人去世的子女留下的直系卑血亲共同继承,也不论由于被继承人的所有子女都先于该人去世,而这些子女留下的直系卑血亲亲等是否相同,所有情况,均允许代位继承。

第741条

直系尊血亲不得代位继承。两系中任何一系,均按最近的亲等排除最远的亲等为继承。

第742条

　　旁系亲属中,死者的兄弟姐妹的子女与直系卑血亲,亦允许代位继承,不论他们是与叔、伯、姑、舅、姨共同继承,还是因被继承人的兄弟姐妹均先死亡,财产转归与他们的亲等相同或不相同的直系卑血亲,均准许代位继承。

第743条

　　在允许代位继承的所有情况下,遗产按房数分配,如同一房亲属有数个分支,遗产在每一分支仍按房数分配;同一分支的成员之间按人头分配遗产。

第744条

　　(1972年1月3日第72-3号法律)不得代表健在的人为代位继承,只能代表已去世的人为代位继承。

　　某人此前曾放弃继承先去世之人的遗产,仍可代表该先逝之人为代位继承。

　　就行使代位继承权而言,法律并不区分婚生子女与非婚生子女。

第三节　归于直系卑血亲的遗产

第745条

　　子女或他们的直系卑血亲,不分性别和长幼,即使出于不同的婚姻,均得继承其父与母、祖父与祖母或其他直系尊血亲的遗产。

　　子女或他们的直系卑血亲,均属于第一亲等并以自己的名义为继承时,按人头与相同的继承份继承;在他们全部或其中部分人是代位继承时,应按房①继承。

第四节　归于直系尊血亲的遗产

第746条

如果被继承人没有后裔,也没有兄弟姐妹,或者其兄弟姐妹亦无直系卑血亲时,该人的遗产在父系直系尊血亲与母系直系尊血亲之间对半继承。②

最近亲等的直系尊血亲,排除其他所有尊亲,受领转归本亲系的一半遗产。

同一亲等的直系尊血亲按人头继承。

第747条

(1972年1月3日第72-3号法律第4条废止:"子女或其他直系卑血亲受直系尊血亲赠与之后死亡且没有后裔,如果遗产中仍有赠与物的原物,直系尊血亲得排除其他亲属继承该物。

"如果赠与物已经被出卖,由作为赠与人的直系尊血亲继承尚未收取的卖价,并继承可能属于受赠与人的取回诉权。")③

第748条

如果死者虽没有后裔,但其父与母生存,并且有兄弟姐妹或兄弟姐妹的直系卑血亲,该人的遗产对半分开,其中仅一半归属于父与母,父

---

① 原文为"par souche",也译为"按股"继承。
② 祖父母需在被继承人没有后裔,也没有兄弟姐妹或其兄弟姐妹亦无直系卑血亲的情况下才能继承,遗产在父系直系尊血亲与母系直系尊血亲之间对半继承。
③ 该条规定的"遗产之取回继承",为例外情形,原第766条关于非婚生子女的父母先于非婚生子女死亡的情况下,非婚生子女在父母生前自父母处受领的财产,如果仍然在遗产中保有原物,应归属于婚生的兄弟姐妹,以及有关回复权的规定,均已废止。

母之间亦对半分割。

遗产的另一半,依照本章第五节的规定,属于被继承人的兄弟姐妹或兄弟姐妹的直系卑血亲。

第 749 条

如果死者没有留下后裔,但有兄弟姐妹或者兄弟姐妹有直系卑血亲,并且如果死者的父或母已死亡,依照前条的规定属于父母继承的一半遗产,依照本章第五节的规定,转入属于兄弟姐妹或其代位继承人的另一半遗产之中。

第五节 旁系继承

第 750 条

如果死者的父母先已去世,其本人没有后裔,该人的兄弟姐妹或兄弟姐妹的直系卑血亲得排除其直系尊血亲与其他旁系血亲继承该人的遗产。①

死者的兄弟姐妹或者兄弟姐妹的直系卑血亲,如本章第二节规定,或者以自己的名义继承,或者代位继承。

第 751 条

死者虽没有留下后裔,但其父与母生存,死者的兄弟姐妹或者兄弟姐妹的代位继承人,仅对一半遗产有继承权;如果死者的父或母仅有一人生存,死者的兄弟姐妹或他们的代位继承人可得遗产的 3/4。

第 752 条

依前条规定属于死者兄弟姐妹继承的 1/2 遗产或 3/4 遗产,在这

---

① 在旁系继承中,死者的兄弟姐妹实为最近亲等。

些兄弟姐妹是同父同母所生时,他们之间按相等份额分配;如果兄弟姐妹不属同父同母所生,遗产在父系与母系两系之间对半分配;同父同母兄弟姐妹于两系中取得应继份;非同父同母的兄弟姐妹仅从其所属亲系取得应继份①;如果仅有属于一系的兄弟姐妹,可以继承全部遗产,排除他系的任何亲属继承。

第 753 条

(1957 年 3 月 26 日第 57-379 号法律)死者无兄弟姐妹或者兄弟姐妹无直系卑血亲并且在一亲系中无直系尊血亲时,死者的遗产全部转归另一系的直系尊血亲;如果两系均无直系尊血亲,遗产转归两亲系中最近的亲属。

同亲等的旁系亲属共同继承时,遗产在他们之间按人头分配。

第 754 条

(1957 年 3 月 26 日第 57-379 号法律废止)

第 755 条

(1917 年 12 月 31 日法律第 17 条)超过第六亲等的旁系亲属不继承遗产,但是,死者的兄弟姐妹的直系卑血亲除外。

但是,在死者生前并非不能立遗嘱并且没有受到法定禁止时,旁系亲属至第十二亲等,仍可有继承权。②

(1930 年 12 月 3 日法律)如果死者的两亲系中一亲系有继承资格的亲等中没有亲属,也没有已经产生既判力的判决宣告分居的配偶,另一亲系的亲属得继承全部遗产。

---

① 半血缘者,按父系或者母系进行遗产分割。
② 1804 年法国《民法典》第 755 条对于旁系继承规定表述有所不同,该条文明确"十二亲等以外的血亲无继承权"。

第六节　由非婚生亲子关系产生的继承权[①]

（1972年1月3日第72-3号法律）

第756条

（1972年1月3日第72-3号法律）非婚生亲子关系，仅在已经依法确立时，始产生继承权利。

第757条

（1972年1月3日第72-3号法律）非婚生子女，对其父与母以及其他直系尊血亲的遗产，对其兄弟姐妹或其他旁系亲属的遗产，一般来说，享有与婚生子女同等的权利。

第758条

（1972年1月3日第72-3号法律）与之相对应，非婚生子女的父与母以及其他直系尊血亲，其兄弟姐妹以及其他旁系亲属，对该非婚生子女的遗产，得如其是婚生子女继承之。

第759条

（1972年1月3日第72-3号法律）如果非婚生子女在受胎期间，其生父或生母与另一人有婚姻关系，在无这些非婚生子女情况下，另一人依以下第765条与第766条的规定本可参与继承时，不得排除他们继承该非婚生子女的生父或生母的遗产。

类似情况下，这些非婚生子女，不论人数多少，仅能继承其生父或生母如果没有非婚生子女时按照以上引述的条款本应归其配偶继承的

[①]　1804年法国《民法典》将非婚生亲子关系产生的继承权称为不正常的继承，规定非婚生子女不得为继承人，即使非婚生子女得到认领，继承权也受到很大限制。

附目五　原继承法部分的条文

遗产的一半。遗产在两系之间平均分配。

遗产的分配,按照被继承人死亡之日享有继承权的人的权利清单确定,即使继承人此后放弃继承权,亦同。

第760条

(1972年1月3日第72-3号法律)非婚生子女,如果在其受胎期间生父或生母另有婚姻关系约束,并且有婚生子女,应当与这些婚生子女一起共同继承其生父或生母的遗产;但每一非婚生子女仅能继承如果死者的所有子女(包括参与继承的非婚生子女本人)都是婚生子女时本可能继承的遗产的一半。

由此减少的非婚生子女继承遗产的部分,加给因父或母通奸而受到损害的婚生子女的继承部分;此部分遗产,在婚生子女之间按照他们各自的继承份的比例分配。

第761条

(1972年1月3日第72-3号法律)如果非婚生子女的生父或生母的生存配偶或者他们的婚姻所生的子女请求依照第832条规定的条件将遗产中某些财产优先分配给他们,并且在必要时补足差额,以上两条所指的非婚生子女不得反对此种优先分配。相同权利扩大至提出请求的人或诸申请人原有第二居所的居住场所。

非婚生子女的生父或生母的配偶,如果依第759条或第767条之规定参与继承,即可行使该项权利,并且在任何情况下,均可请求仅仅优先分配对相同财产的用益权。

第762条

(1972年1月3日第72-3号法律)在第759条与第760条所指情况下,生父或生母生前可以给予非婚生子女足够的财产,以此排除他们参与后来的遗产清算与分割,但应当明文说明此种给予财产是作为对非婚生子女继承权的提前处理。

第 763 条

（1972 年 1 月 3 日第 72-3 号法律）此种财产的给予，以赠与的形式进行；受财产给予的人或其法定代理人接受此种给予，财产的所有权发生转移。

只要此种财产给予未被接受，给予财产的人可以按照相同形式撤销或进行变更。如果接受此种财产给予的人不愿或不能受领财产的收益，此种收益得为该人的利益并以其名义进行使用。如果在继承开始之前给予的财产已为受给予人接受，此种财产给予自继承开始时产生效力。

第 763-1 条

（1972 年 1 月 3 日第 72-3 号法律）在继承开始时，按照财产退还的方式，对已给予的财产进行估价，如果认定给予的财产价值超过受给予人的继承权利，或者相反，低于其继承权利，应当按照具体情况减少或增加给予的财产数额；但是，其他继承人与子女本人对已经受领的收益，无论是多是少，均不得提出任何要求。

如果已给予的财产不足而应予补足时，补给的部分，随其他继承人的意愿，或者补以现金，或者补以实物。

第 763-2 条

（1972 年 1 月 3 日第 72-3 号法律）只有在给予财产的同时，授予在法令认可的职业中从业的第三人以不可撤销的专有权利，由该第三人在将来进行的全部财产清算与分割中代表受给予人，并在因继承权提起的任何诉讼中，代表受给予人起诉和应诉时，给予财产始具有提前处分遗产的效力。

第 763-3 条

（1972 年 1 月 3 日第 72-3 号法律）由死者生前选任的第三人，作为接受财产给予的人的代理人,应负委托代理人的全部义务。

第 764 条

（1972 年 1 月 3 日第 72-3 号法律）如果在继承开始时死者既无生存配偶也无婚生子女,或者配偶与婚生子女均放弃继承,代位权利当然终止,并且原已给予的财产作为生前赠与处理。

第七节 生存配偶的权利

（1972 年 1 月 3 日第 72-3 号法律）

第 765 条

（1972 年 1 月 3 日第 72-3 号法律）如果死者有继承权的亲等中没有血亲,或者仅有除兄弟或姐妹或这些人的直系卑血亲以外的旁系亲属,死者遗产中的全部财产以完全所有权的形式属于没有离婚并且没有对其作出产生既判力的分居判决的生存配偶。

第 766 条

（1972 年 1 月 3 日第 72-3 号法律）如果死者仅在父系或母系一系有继承人的亲等中没有任何血亲,或者在一系中仅有除兄弟姐妹或这些人的直系卑血亲以外的旁系亲属时,尽管有第 753 条的规定,其遗产的一半属于没有离婚并且没有对其作出产生既判力的分居判决的生存配偶。

第 767 条

（1972 年 1 月 3 日第 72-3 号法律）没有离婚并且没有对其作出产生既判力的分居判决的生存配偶,如果没有继承财产的完全所有权,依下列规定对先死亡配偶的遗产享有用益权：

——如果死者留有一名或数名婚生子女，无论他们是否同一婚姻所生，或者留有一名或数名非婚生子女，生存配偶的用益权为遗产的 1/4；

——如果死者留有兄弟姐妹、兄弟姐妹的直系卑血亲、直系尊血亲或合法婚姻期间成孕的非婚生子女，生存配偶的用益权为遗产的一半；

（1981 年 3 月 9 日法律）立遗嘱人死亡时所有的财产均应纳入计算，并且为继承人的利益，应将其以生前赠与或遗赠形式处分但并不免于返还的财产虚拟纳入计算之列。

但是，生存配偶仅能对先去世的配偶没有以生前赠与或遗赠形式处分的财产行使其权利，并且不影响特留份的权利与请求返还的权利。

生存配偶，如果已经得到先去世的配偶赠与的财产，即使是以继承份以外的特别利益进行的赠与，只要总额已经达到本法典赋予生存配偶的权利数额，即应停止行使前述权利；如果赠与的财产数额没有达到法律赋予的权利的数额，生存配偶仅能要求增加其用益权。至财产最终分割之前，继承人得以充分的担保（1963 年 7 月 13 日第 63-699 号法律）以及保证维持原有的相等数额，要求将生存配偶对遗产的用益权转换为等价的终身定期金。如果继承人之间达不成一致意见，法院得视此种转换为任意性质。

（最后一款由 1917 年 4 月 3 日法律废止）

第四章　国家的权利

（1958 年 12 月 23 日第 58-1307 号授权法令第 2 条）

第 768 条

（1958 年 12 月 23 日第 58-1307 号授权法令）无继承人时，遗产由国家取得。

第 769 条

（1958 年 12 月 23 日第 58-1307 号授权法令）准备对遗产取得权利的国家财产管理部门，应当按照遗产清册利益之方式，先盘存，后接受，对遗产进行盘存并派人封存，作成清单。

第 770 条

（1958 年 12 月 23 日第 58-1307 号授权法令）国家财产管理部门应当向遗产所在辖区内的大审法院申请认许实际占有遗产。

管理部门得免于借助诉讼代理人（律师）。法院按照通常方式进行公告之后 3 个月又 40 天（参见第 795 条），并且听取共和国检察官的意见，对所提申请作出裁判。

在按照规定对无人继承的财产已经进行申报，从而任命国家财产管理部门为遗产管理人以后，管理部门在提出申请之前，得自行完成前款规定的公告手续。

（1958 年 10 月 24 日第 58-1007 号授权法令）所有情况下，应由国家财产管理局局长签署一份通告并附有继承开始地的市长提出的证明，证明已完成公示手续。

第 771 条

（1958 年 12 月 23 日第 58-1307 号授权法令第 3 条废止）

第 772 条

（1958 年 12 月 23 日第 58-1307 号授权法令）国家财产管理部门如果不履行规定其应当完成的手续，在此后有继承人出现时，得被判处对继承人负损害赔偿责任。

第 773 条

（1896 年 3 月 25 日法律废止）

第五章　接受与放弃继承

第一节　接受继承

第 774 条

遗产继承，得无条件接受，或者按照遗产清册利益接受。

第 775 条

任何人对于可归其继承的遗产，不负有接受之义务。

第 776 条

（1938 年 2 月 18 日法律）应由未成年人或受监护的成年人继承的遗产，只有按照"未成年、监护与解除亲权"编的规定，始能有效接受之。

第 777 条

接受继承的效力，追溯至继承开始之日。

第 778 条

接受遗产继承得为明示，或为默示。以公署文书或私署文书接受继承人之身份或资格时，为明示接受继承；继承人实施某种只能以继承人身份或资格实施的行为，从而必然认定其有接受遗产继承之意愿时，为默示接受。

第 779 条

如果行为人没有取得继承人的身份或资格,由其实施的纯属保全、监管或管理行为,不属于接受继承行为。

第 780 条

共同继承人之一,向外人或其他全体共同继承人,或者向其他共同继承人中某些人,赠与、出卖或转移其继承权利的,意味着接受继承。

下列情形,也意味着接受继承:

1. 共同继承人之一放弃继承,为其他共同继承人中一人或数人受利益的,即使是无偿放弃;

2. 共同继承人之一放弃继承,不加区别地为其他全体继承人受利益,但其受领放弃之遗产的价金。

第 781 条

如果有继承权的人在尚未明示或默示放弃或接受继承之前死亡,该人的继承人得以其名义接受或放弃继承。

第 782 条

如果该人的继承人对接受或放弃继承遗产达不成一致意见,应依遗产清册利益之形式接受继承。

第 783 条

成年人,对某项遗产已明示或默示表示接受之后,仅在其是因受到欺诈才表示接受之意思时,始得就此提起诉讼;成年人在任何情况下均不得以显失公平、受到损害为借口,对其已经表示的接受继承提出异议;但是,如果事后发现在其接受继承时尚未发现的遗嘱,而此时遗产已所剩无几或者已经减少一半以上的情况除外。

第二节　放弃继承

第 784 条

放弃继承不得推定。放弃继承仅得向继承开始地的大审法院书记室提出,并且在专门为此设置的登记簿上进行登记。

第 785 条

放弃继承遗产的继承人,视其从未是继承人。

第 786 条

放弃继承的人的应继份,增添给其共同继承人;如无共同继承人,此部分遗产转归后继亲等。

第 787 条

继承人如果已经放弃继承,任何人均不得代位继承。如果放弃继承的人属于其亲等中的唯一继承人,或者如果所有的共同继承人均放弃继承,他们所生的子女按人均份继承。

第 788 条

因继承人放弃继承而受到损害的债权人,得请求法院批准其以债务人的名义、取代债务人的地位接受继承。

在此情况下,对继承已经作出的放弃,仅得为债权人的利益并且仅在其债权的限度内取消;不得为已经放弃继承的继承人的利益取消其已经表示的放弃继承。

第 789 条

接受或放弃继承的权利,经过法律对不动产权利规定的最长时效期间而消灭。

第 790 条

原已放弃继承的继承人,只要其接受继承的权利并未因时效完成而消灭,如遗产尚未被其他继承人接受,仍有接受继承的权利;但不得因此损害第三人因时效完成或者依其与无人继承的遗产的管理人有效订立的契约而已经对该遗产取得的权利。

第 791 条

任何人,即使通过订立夫妻财产契约,亦不得放弃对生存之人将来的遗产的继承,不得让与可能对此种遗产继承享有的权利。

第 792 条

继承人侵吞或隐匿遗产中的某些财物的,丧失放弃继承的权利;侵吞或隐匿遗产的人,即使表示放弃继承,仍然为无条件继承人,但对其侵吞或隐匿的财产不得主张享有任何应继份额。

第三节　遗产清册利益、其效果以及享有遗产清册利益之继承人的义务

第 793 条

继承人用以表明其仅按遗产清册利益取得继承人资格的声明,向在其辖区内开始继承的大审法院书记室提出①;此项声明应登录于专门为受理放弃继承文书而设置的登记簿。

第 794 条

只有在声明提出之前或其后,按照诉讼程序法规定的形式并且在以下规定的期限内提出忠实、准确的遗产清册,前项声明始生效力。

---

① 第 793 条明定应以声明方式向法院为限定继承之意思表示。

第 795 条

继承人得自继承开始之日起 3 个月内提出前述遗产清册。

此外,继承人得在 40 天期限内考虑是接受还是放弃继承;此期限自为制作遗产清册规定的 3 个月期限届满之日起开始计算,或者如果在 3 个月届满前已经完成遗产盘存、作成清册,自盘存结束之日开始计算。

第 796 条

但是,如果遗产中有容易变坏的物品,或者有需要耗费大量费用始能保存的物品,继承人得以其享有继承权的身份与资格,请求法院允许变卖这些物品,但不得依此推断该人已接受继承。

此种财产的变卖,应当在依据程序法规定揭示和进行公示以后,由公务助理人员进行。

第 797 条

在进行遗产盘存与考虑期间,继承人不得受强制接受继承人的资格,亦不得针对其作不利判决;如果继承人在前述期限届满后放弃继承,此前由其合理支出的费用,由遗产负担。

第 798 条

在上述期限届满之后,继承人受到他人针对其提起的诉讼时,可以请求给予其进行考虑的新的期限。对此请求,由法院酌情决定是同意还是拒绝。

第 799 条

在前条所指情况下,如果继承人证明他并不知道被继承人已死亡,或者证明由于财产所处的位置或者存在争议,给予他进行考虑的期限不够,诉讼费用由遗产负担;如果继承人不能作此证明,诉讼费用应由其个人负担。

第 800 条

但是,在第 795 条给予的期限届满之后,甚至在法官依照第 798 条之规定给予的期限届满之后,如果继承人尚未实施继承行为,或者如果没有已经确定的判决判处其应依无条件继承人的资格接受继承时,继承人仍然保有重新制作遗产清册以及成为享有遗产清册利益之继承人的权利。

第 801 条

继承人如果隐匿属于遗产的财产,或者故意且恶意将属于遗产的物件遗漏或不记入遗产清册的,丧失享有遗产清册利益。

第 802 条

遗产清册利益的效果是,给予继承人如下利益:

1. 仅以其受领的财产价值①为限,对遗产上的负债负清偿义务,甚至可以将遗产抛弃给债权人和遗赠受领人,从而免除清偿遗产负债之义务;

2. 不将其个人财产与遗产相混同,并且保留对遗产请求清偿其本人的债权的权利。

第 803 条

享有遗产清册利益的继承人负责管理属于遗产的财产,并且应当向债权人与遗赠受领人提交管理账目。

享有遗产清册利益的继承人仅在受到提交账目的催告以后仍不能履行此项义务时,始就其个人财产受到强制。

在账目核查之后,享有遗产清册利益的继承人仅在拖欠的数额限

---

① 由遗产清册利益产生的有限责任是以遗产价值而不是以遗产存在为限度,甚至可以将遗产抛弃给债权人与遗赠受领人。

度内,就其个人财产受到强制。

第 804 条

享有遗产清册利益的继承人仅对其负责管理中的重大过失承担责任。

第 805 条

享有遗产清册利益的继承人只能在公务助理人员的协助下按照惯例进行揭示与公告之后,以公开拍卖的形式出卖遗产中的动产。

如果享有遗产清册利益的继承人提交此种财产的原物,仅对因其懈怠所引起的财产贬值与损坏承担责任。

第 806 条

享有遗产清册利益的继承人只有按照程序法规定的形式,才能出卖不动产;在抵押债权人通知存在其抵押权时,享有遗产清册利益的继承人应当向该债权人转交出卖不动产的价金。

第 807 条

如果债权人或其他利益关系人有此要求,享有遗产清册利益的继承人有义务就包括在遗产清册中的动产的价值以及不动产价金中没有移交给抵押债权人的部分,提供有支付能力的可靠的保证人。

享有遗产清册利益的继承人如果不提供此种保证,动产予以出卖,其价金以及不动产价金中没有交给抵押债权人的部分应予提存,用于清偿遗产上的负债。

第 808 条

如果有债权人提出异议,享有遗产清册利益的继承人只能按照法官规定的顺序与方式进行清偿。

如果没有债权人提出异议,随着债权人和受遗赠人出面提出请求,依次清偿之。

第 809 条

没有提出异议并且仅在核查账目与支付剩余欠款之后才出面主张其权利的债权人,仅能针对遗赠受领人行使请求权。

所有情况,此种请求权自核查账目以及清偿剩余欠款之日起,经过 3 年期间因时效而消灭。

第 810 条

制作遗产清册的账目的费用,以及如果进行封存,封存财产所需的费用,由遗产继承人负担。

第四节 无人承认的继承

第 811 条

在对遗产进行盘存、制作清册以及给予的考虑期间经过之后,没有任何人主张继承遗产,或者没有已知的继承人,或者已知的继承人均放弃继承时,此种遗产视为无人继承的遗产。

第 812 条

继承在其管辖区内开始的大审法院,应利益关系人的请求,或者应王国初级检察官(共和国检察官)的请求,任命一名财产管理人。

第 813 条

无人继承的遗产的管理人有义务首先对遗产进行盘存,确认遗产的状况:

遗产管理人行使属于遗产的权利,并且可以经诉讼途径主张此种权利;针对遗产提出的诉讼请求,由管理人应诉。管理人对遗产进行管理,并且为保全遗产的权利,负责将遗产中的现金以及由出卖动产或不动产所得价金提存于王家(国立)信托托管处,同时负责向遗产应当归属的人报明账目。

第 814 条

本章第三节关于享有遗产清册利益的继承人作成遗产清册的形式,遗产的管理方式,应当报明的账目,与《民事诉讼法典》第 1000 条与第 1001 条不相抵触的,均适用于无人继承的遗产的管理人。

第六章 遗产的分割与返还

第一节 遗产的共有与分割遗产之诉

(1976 年 12 月 31 日第 76-1286 号法律)

第 815 条

(1976 年 12 月 31 日第 76-1286 号法律)任何人均不受强制维持共有;得随时提出遗产分割请求,但如果判决或协议另行规定暂缓分割的除外。

(1978 年 6 月 10 日第 78-627 号法律)如果立即对遗产进行分割有可能损害共有财产的价值,或者,如果共有人之一只有在 2 年期限之后始能进入属于遗产之一部分的农业经营场所,应共有人之一的请求,法院得判决最长在 2 年期间暂缓分割遗产。此种暂缓分割得适用于共同财产整体,或者仅适用于其中某些财产。

与此同时,如果部分共有人愿意继续维持共有,法院应其中一人或数人的请求,依据各方的利益且不妨碍适用第 832 条至第 832-3 条的规定,在经过鉴定之后,给予请求分割遗产的人以其应得的继承份;如果给予的这部分财产能够很方便地与其他共有财产分开,可以将此财产实物给予请求人;或者,如果实物分配不方便,或者请求人表示愿意取得现金,则用现金支付;如果遗产中没有足够的现金,不足的部分应当由参与提出财产分割请求的其他共有人支付,但是,如果有另外的共有人表示支付意愿,不妨碍他们参与支付的可能性。在此情况下,参与支付的人在共有遗产内所占的份额,按照他们为此支付的款项数额相应地增加。

第815-1条

（1976年12月31日第76-1286号法律）在达不成一致意见的情况下,对死者及其配偶共同经营的,构成单一的经济单位的任何农业实业,应下述第3款与第4款所指之人的请求,可以按照法院规定的条件维持其共有现状。法院依据各方利益以及家庭可能从不可分割的财产中取得利益的可能性,作出判决。如果遗产中有继承人或配偶在继承开始之前即是所有人或共同所有人的财产,维持遗产共有即有可能。

涉及居住场所与业务场所的所有权时,如果当事人死亡时这些场所确属该人或其配偶用于此种用途,应上述相同之人的请求,并按照法院确定的条件,亦可维持共有。用于从事业务活动的动产物品,亦同。

如果被继承人留有一名或数名未成年的直系卑血亲,死者的生存配偶、任何继承人或未成年人的法定代理人,均可以提出请求,维持遗产的共有。

在没有未成年的直系卑血亲的情况下,只能由生存的配偶请求维持遗产共有,并且以配偶在当事人死亡之前或者因当事人死亡而成为农场或居住场所或业务场所的所有权人为条件;如果涉及的是居住场所,以在当事人死亡时配偶在该场所内居住为条件。

规定维持遗产共有的时间,不得超过5年;在第3款所指情况下,期限可以延长,直至最小的直系卑血亲成年为止;在第4款所指情况下,直至配偶死亡为止。

第 815-2 条

（1976 年 12 月 31 日第 76-1286 号法律）任何共有人均可采取保全共有财产的必要措施，(2006 年 6 月 23 日第 2006-728 号法律第 2 条）即使这种措施并不具有紧急性质，亦同。

共有人得为此使用由其掌握的用于此项安排的共有资金，并且对于第三人，共有人被视为对此资金享有自由处分的权利。

在没有属于共有财产的资金的情况下，共有人得要求其他共有人与其一起负担必要的费用支出。

共有财产负担用益权时，在用益权人应负的维修义务的限度内，前述权利对用益权人具有对抗效力。

第 815-3 条

（1976 年 12 月 31 日第 76-1286 号法律）共同财产的管理与处分行为，需经全体共有人同意。全体共有人得对其中一人或数人授予有关管理的一般委托；不属于共有财产正常经营范围的任何行为，以及缔结财产租赁契约或延长租赁契约，均应经专门的委托授权。

如果共有人之一在其他共有人不知情的情况下负责管理共有财产但其他共有人事后并未表示反对，视其得到其他共有人默示的委托授权。这种授权包括所有的管理行为，但不包括处分行为以及缔结租赁契约或延长租赁契约的行为。

第 815-4 条

（1976 年 12 月 31 日第 76-1286 号法律）如果共有人之一处于不能表示意思的状态，另一共有人可以向法院提出请求，由其一般代理该共有人，或者仅代理特定的个别行为。此种代理的条件与范围由法官确定。

在无法定权限、无委托授权或无法院授权的情况下，由一共有人代理另一共有人所为之行为,按照无因管理规则对该人有效。

第 815-5 条

(1976年12月31日第76-1286号法律)如果因某一共有人拒绝订立契约导致共同利益受到危害,其他共有人可以经法院批准,单独订立本应得到该共有人同意才能订立的契约。

(1987年7月6日第87-498号法律)法官不得应虚有权人的请求,不顾用益权人的意愿,命令出卖负担用益权的财产的完全所有权。

但是,按照法院批准的条件订立的契约,对并未表示同意的共有人具有对抗效力。

第 815-6 条

(1976年12月31日第76-1286号法律)大审法院院长可以规定或者批准采取共同利益所要求的各种紧急措施。

大审法院院长可以批准一共有人从共有财产的债务人或共有资金的寄存人处提取资金,用于偿付紧急需要,并且在必要时规定资金的使用条件。此种批准,并不导致生存配偶或继承人由此取得继承人资格。

大审法院院长亦可指定一共有人作为财产管理人,并规定其在必要时提供担保,或者任命一财产保管人。除法院另有决定外,本法典第1873-5 条至第 1873-9 条的规定适用于管理人的权利与义务。

第 815-7 条

(1976年12月31日第76-1286号法律)法院院长亦可禁止搬走有体动产,但如果已经特别指定属于某一权利继受人个人使用的动产,不在此限。如果法院认为有必要,由权利继受人提供担保,才能搬走该财产。

第 815-8 条

（1976 年 12 月 31 日第 76-1286 号法律）任何人为共有财产的利益受领的收入或支出的费用，均应建立清册，以备共有人查阅。

第 815-9 条

（1976 年 12 月 31 日第 76-1286 号法律）每一共有人均可在不违背其他共有人权利的范围内以及依据在共有期间符合规定订立的契约，按照共有财产的用途使用共有财产。在有利益关系的共有人之间无法达成一致意见时，此种权利的行使，由法院院长临时裁定之。

共有人私自使用或享用共有物，应负补偿责任，但另有约定的除外。

第 815-10 条

（1976 年 12 月 31 日第 76-1286 号法律）在没有进行预先分割或者没有订立分别享用共有财产的孳息与收益的任何协议的情况下，共有财产的孳息与收益增加到共有财产之内。

但是，前述孳息与收益受领之后如果已超过 5 年时间，任何有关追回孳息与收益的诉讼，均不予受理。

每一共有人均有权获得由共有财产产生的利润，以及应当按照各自在共有财产中的权利比例负担亏损。

第 815-11 条

（1976 年 12 月 31 日第 76-1286 号法律）任何共有人均得请求其每年应得的利润份额，从分得的利润中应当扣除由其同意的行为或对其有对抗效力的行为所引起的开支。

在没有其他证书的情况下，每一共有人在共有财产中的权利范围依公证文书产生，或者依公证人制定的财产清册的前言确定。

在有争议的情况下，大审法院院长可以命令先行分配利润，但应在进行最后结算时制定账目。

在可处分的资金允许的限度内,法院院长还可以命令按照共有人在将来进行的财产分割中所占的权利比例先行支付本金。

第 815-12 条

(1976 年 12 月 31 日第 76-1286 号法律)负责管理一项或数项财产的共有人,应当负责返还其管理财产所产生的净收益;管理人有权按照共同协商确定的条件,或者在没有一致意见的情况下,按照法院判决确定的条件,就其管理活动取得报酬。

第 815-13 条

(1976 年 12 月 31 日第 76-1296 号法律)如果一共有人用自己的费用对某项共同财产进行了改善,应当依据公平原则以及该财产在分割或转让时增加的价值,对该共有人给予补偿。即使该共有人没有对财产进行任何改善,亦应当考虑其为保管财产用其本人的金钱支付的必要的修缮费用,并给予补偿。

反过来,共有人应当对因其所为或过错给共有财产造成的损坏或贬值以及财产价值的减少承担责任。

第 815-14 条

(1976 年 12 月 31 日第 76-1286 号法律)共有人拟将其在整个共有财产或者其中一项或数项共有财产中的权利全部或部分有偿让与共有人以外的其他人时,应当用司法外文书通知其他共有人其拟定让与的财产的价格和条件以及自荐财产取得人的姓名、住所与职业。

任何共有人,均可在此项通知之日起 1 个月期限内用司法外文书通知让与人,表明自己将按照让与人向其通知的价格和条件行使先买权。

在行使先买权的情况下,先买权人自其向财产出卖人作出答复之日起，可以有 2 个月期限实现该财产的变卖；超过此期限，经向其发出催告后 15 日仍无效果时，该人有关优先买受财产的声明当然无效，且不妨碍出卖人可能对其提出损害赔偿请求。

如果有多名共有人行使先买权，按照他们各自在共有财产中所占的份额比例，共同取得拟出卖的财产，有相反协议的除外。

如果让与人同意给予宽限期，适用第 833-1 条之规定。

第 815-15 条

（1976 年 12 月 31 日第 76-1286 号法律）如果有必要拍卖共有人之一在全部共有财产或者其中一项或数项财产中的全部或部分权利，律师或公证人应当在预定的拍卖日期之前 1 个月通知其他共有人。

（1978 年 6 月 10 日第 78-627 号法律）每一共有人均可在拍卖竞价起 1 个月期限内，通过向法院书记室或者公证人提出声明，取代在拍卖竞价中取得这些财产的买受人的地位。

为出卖财产制定的拍卖细则应当写明此种取代权。

第 815-16 条

（1976 年 12 月 31 日第 76-1286 号法律）违反第 815-14 条与第 815-15 条的规定进行的任何让与或任何拍卖均无效。无效之诉，时效期间为 5 年。此种诉讼仅得由应当向其进行通知的人或他们的继承人提起。

第 815-17 条

（1976 年 12 月 31 日第 76-1286 号法律）在财产成为共有财产之前本可追偿债务的债权人，以及由于保管或管理财产而产生债权的债权人，可以在财产分割之前，从财产的资产中先取受偿。此外，这些债权人还可以诉请扣押和出卖共有财产。

共有人个人的债权人，仅得对该共有人在共有的动产或不动产财产中所占有的份额实施扣押。

但是,共有人个人的债权人有权以其债务人的名义主动提出分割财产的要求,或者参加由债务人主动提出的财产分割活动。诸财产共有人,得以该债务人的名义并按其应当负担的债务数额,清偿其债务,以停止分割财产的诉讼。行使此项权利的人,可以从共有财产中先取受偿。

第815-18条

（1976年12月31日第76-1286号法律）第815条至第815-17条的规定,凡是与用益权规则不发生抵触的,均适用于用益权的共有。

第815-14条、第815-15条与第815-16条所指的通知,应当送交任何虚有权人以及任何用益权人；但是,仅在任何虚有权人均不打算取得财产的情况下,某一用益权人才能按照虚有权取得该部分财产；而虚有权人也仅在没有任何用益权人打算取得财产的情况下,才能按照用益权取得该部分财产。

第816条

即使共同继承人之一已单独享有遗产中的部分财产,如果没有财产分割证书,或者未经充分占有而取得时效,对此财产仍可请求分割。

第817条

（1939年6月19日法律）针对未成年共同继承人或者受监护的成年共同继承人,请求分割遗产之诉,得由亲属会议专门授权的监护人提起。

对于失踪的共同继承人,此种诉权属于经法院认许占有财产的亲属。

第818条

（1985年12月23日第85-1372号法律废止）

第 819 条

(1985 年 12 月 23 日第 85-1372 号法律第 47 条)如果所有的继承人均到场并且均有能力,可以采取各方当事人认为适当的形式与证书进行遗产分割。

第 820 条

(1985 年 12 月 23 日第 85-1372 号法律第 47 条)应利益关系人的请求,或者应检察院的要求,按照《民事诉讼法典》规定的条件与形式,对可继承的财产之全部或其中一部分,得采取任何保全措施,例如,加贴封签予以封存。

第 821 条

(1985 年 12 月 23 日第 85-1372 号法律第 48 条废止)

第 822 条

(1938 年 6 月 17 日授权法令)分割遗产诉讼以及在维持遗产共有之时或者在进行遗产分割的过程中发生的争议,受继承开始地的法院唯一管辖,否则无效。遗产的拍卖应在该法院进行;有关共同分割人之间担保财产份额的请求以及取消分割的请求,亦应提交该法院受理。在有必要按照《民事诉讼法典》第 48 条(已废止)之规定试行和解的情况下,继承开始地的法院的法官有唯一管辖权,否则无效。

(1921 年 12 月 15 日法律)如果各方当事人均同意,法院得依诸当事人的诉讼代理人(律师)签署的共同申请,受理有关分割遗产的诉讼请求。如果有必要进行拍卖,所提申请应当包括对遗产的作价,作为估价的基础。在此情况下,判决在评议室作出,并且如果法院对申请中陈述的各项理由不经任何变更即予接受,对此判决不得向上诉法院提出上诉。

(1939 年 6 月 19 日法律)无论利益关系人的能力如何,以及即使有法院指定的代理人,均适用以上各款规定,且无须事先经过批准。

第 823 条

如果共同继承人之一拒绝同意分割遗产,或者因分割遗产的方式或因终结分割的方式发生争议,法院得依简易程序作出宣告,或者如有必要,为进行遗产分割活动委派一名法官,法院依该法官的报告对争议作出裁判。

第 824 条

由利益关系人挑选的鉴定人对不动产进行评估作价;在利益关系人拒绝挑选鉴定人时,由法院依职权任命。

鉴定人的笔录应当提出对遗产进行估价的基础。笔录应当指出经估价的财产是否可以方便进行分割,采用何种方法分割,最后还应确定在分割时遗产可以搭配组成的份数,以及每一份遗产的价值。

第 825 条

如果按照规定制作的财产清册不包括对动产的作价,应当由内行人士依恰当的价格并且不予加价,对动产作出估价。

第 826 条

每一共同继承人均可请求按实物取得遗产中的动产与不动产的份额;但是,如果有实行扣押的债权人或提出异议的人,或者如果大多数共同继承人认为有必要出卖财产,用所得款项清偿遗产负担的债务,可以按照普通形式公开出卖动产。

第 827 条

(1938 年 6 月 17 日授权法令)如果不动产不能按照本法典规定的方式很方便地进行分割或分配,应当在法院以拍卖方式予以出卖。

但是,各方当事人如果均已成年,可以同意经公证人进行拍卖。公证人由当事人一致同意挑选之。

第 828 条

在对动产与不动产进行估价并予出卖之后,如果有必要,受委派的法官应通知各当事人前往公证人处。公证人由各方当事人协商一致挑选,或者如果当事人对挑选公证人不能达成一致意见,由法院依职权选任。

在公证人面前,对共同分割人应得的财产进行结算,对应予分割的财产总数进行汇总,将财产搭配组成应有的份数,并向每一共同分割人提议其可取份额的财产。

第 829 条

每一共同继承人,均应当按照以下所定的规则,将原来赠与他的财产及其所欠款项返还至可以分割的遗产的总数之内。

第 830 条

如果不是实物返还上述财产,其他应当得到返还之财产的共同继承人,可以从遗产总数中先取与之相等的份额。

先取的财产部分以及未能实物返还的财产,在性质、质量及完好程度上应当尽量相同。

第 831 条

在先取财产之后,再对剩余的遗产总额进行分配,有多少共同继承人或者有多少继承房数,财产即应当搭配为几个相等的份数。

第 832 条

(1938 年 6 月 17 日授权法令)在搭配组成每一份财产时,以及每一份财产的各组成部分,应当尽力避免将不动产分割成零散小块,或者将正在经营中的实业分割开来。

在可以避免将不动产分割成零散小块以及避免分割经营中的实业的条件下,应当尽量做到每一份财产全部或部分由价值相当的动产或不动产、权利或债权组成。

（1982年7月10日第82-596号法律）生存配偶或者任何共同继承人，在进行财产分割时，均可以请求优先分配能够形成一个经济单位的整个或部分农业经营实体或者不可分割的完整农业经营实体之一部分，甚至在被继承人死亡之前，生存配偶或继承人已经是此种财产的所有权人或共同所有权人并且参与或实际参与经营使用，亦可提出前述请求，但应当支付超出其继承份额之部分的价金。如果提出请求的是继承人，其配偶参与经营，亦属具备前述参与条件。如果有必要，亦可对公司股份提出优先分配的请求，但是，不影响法律与公司章程有关生存配偶或一名或数名继承人参与公司并在此基础上公司可以继续存在的规定。

对于规模不超出家庭性质的工业、商业或手工业企业，亦适用相同规则。

（1980年7月4日第80-502号法律）在生存配偶或任何共同所有权继承人均不要求适用上述第3款的规定以及第832-1条或第832-2条规定的情况下，可以给予任何共同分割人优先分配财产的权利，但他们应当在6个月期限内依照《农村法典》第六卷第一编第七章的规定，将此财产出租给具备上述第3款所指个人条件的一名或数名共同继承人，或者出租给这些继承人的具备同样条件的一名或数名直系卑血亲。

（1961年12月19日第61-1378号法律）生存配偶或者任何共同所有权继承人亦可请求优先分配下列权利：

——其实际用作居住场所的所有权或租约权；

——其实际用于从事职业活动的场所的所有权或租约权，以及这些场所内配备的动产物品的所有权或租约权；

——由去世的人生前以佃农身份或分成制佃农身份经营的农村财产所必需的全部动产，如果为请求人的利益继续租赁土地或者对请求人已经同意给予新的租赁。

优先分配财产可以由多名有继承权的人共同提出请求。

(2001年12月3日第2001-1135号法律第11条)第7款所指的场所及其内配备的家具的所有权当然地优先分配给生存配偶。

在前款所指情况下,享有优先分配权的生存配偶可以要求其他共同分割人支付差额,该部分差额的支付期限不得超过10年。除另有协议之外,拖欠的款项按照法定利率计算利息。

在出卖上述场所及配备的家具的情况下,相应的差额可以立即要求清偿;在仅仅出卖其中之部分时,出卖所得款项支付给共同分割人,并计入仍然拖欠的差额之部分。

因优先分配财产而产生的权利,不损害配偶依照第767条的规定可以行使的终生性质的居住权和使用权(用益权)。

(1982年7月10日第82-596号法律)在各方当事人不能协商一致的情况下,优先分配财产的请求向法院提出,由法院依据各当事人的利益作出裁判。在有多人对同一经营实体或同一企业提出优先分配请求时,法院应当考虑提出请求的每一个人管理该实体或企业的能力以及他们坚持管理的能力,尤其应当考虑他们本人是否有时间亲自参与该实体或企业的经营活动。

(1961年12月19日第61-1378号法律)优先分配的财产,按照财产分割之日的价值进行评估。

在各共同分割人达不成一致意见时,剩余的部分应当以现金支付。

第832-1条

(1980年7月4日第80-502号法律)尽管有第832条第11款与第13款的规定以及依据第815条与第815-1条之规定提出维持财产共有的请求,第832条第3款所指的优先分配财产当然适用于面积不超过最高行政法院提出资政意见后颁布的法令规定限度的农业经营事业。如果有多人对同一经营事业提出优先分配的请求,法院应当依据各方的利益以及提出请求的人的管理能力与持久维持经营的能力,从中指定优先分配该财产的人,或者指定共同的优先分配人。

前款所指的可能情况下,即使经法院裁判进行优先分配财产,受优先分配财产的人仍可要求其他共同分割人支付相当于差额一半的款项,支付期限不得超过 10 年,除另有约定外,拖欠的款项应当计算利息。

(1961 年 12 月 19 日第 61-1378 号法律)在将分配的财产全部出卖时,拖欠的余额成为应当立即清偿的款项。在部分出卖分配的财产时,出卖所得,应当支付给共同分割人,并从拖欠的余额中扣减。

第 832-2 条

(1980 年 7 月 4 日第 80-502 号法律)如果没有因适用第 815 条第 2 款与第 815-1 条的规定命令继续维持财产共同所有,以及在没有进行第 832 条第 3 款或第 832-1 条所指的优先分配财产的情况下,生存配偶或任何共有权继承人,均可请求优先分配属于遗产的农用财产和不动产权利的全部或其中之部分,以便与一名或数名共同继承人,或者在相应情况下,与一名或数名第三人联合进行农业经营活动。

如果符合第 832 条第 3 款所指的个人条件的一名或数名共同继承人要求按照《农村法典》第六卷第一编第七章规定的条件,租赁农业经营实体的财产之全部或其中之部分,当然进行前述优先分配。

在有多个优先分配财产的请求提出时,如果联合经营的财产组成情况允许,可以将财产分别出租给不同的共同继承人;相反情况下,以及在达不成一致意见时,法院在考虑提出请求的人管理相应财产的能力以及维持管理的能力的基础上,指定取得该财产的人。如果对租赁或多项租赁的有关条款与条件达不成一致意见,由法院确定此种条款与条件。

对请求人不准备投入农业经营组合的不动产财产与权利,以及遗产中的其他财产,可以按照各自享有的继承权利,优先分配给对组成农业经营组合并未表示同意的共同财产的共有人。如果这些共有人没有获得按此分配所给予的权利,应当向他们支付欠额。

除共同分割人之间协商一致外,可能的差额应在财产分割后1年内支付。可以用农业经营组合的股份形式进行抵偿,但如果利益关系人在向其提出上述建议之后的当月内,表明其反对采取此种支付形式时,不在此限。

第 832-3 条

(1980年7月4日第80-502号法律)如果构成一个经济单位但不是以公司的形式经营的农场并未依照第815条第2款与第815-1条的规定维持共有,并且也未依照第832条、第832-1条或第832-2条所指条件进行优先分配,愿意参与经营或原已实际参与经营的配偶以及任何共同所有权继承人,如果愿意继续经营,可以要求共同分割人同意按照《农村法典》第六卷第一编第七章确定的条件,将财产租赁给他们,并在此条件下进行财产分割。除当事人之间协商一致外,请求享有本条规定之利益的人,可以优先按照其应得的份额受领用于经营与居住的建筑物。

可以构成一个经济单位的农业经营实体中的一部分,亦适用前款之规定。如有必要,应当考虑到在对各份财产内的土地进行评估作价时因存在租约权而引起的土地价值的降低。

《农村法典》第807条与第808条的规定确定本条第1款所指的租约的专门规则。

如果有多人提出请求,大审法院应视各方的利益,以及他们管理相应财产的能力与维持管理的能力,指定一名或数名受分配人。

如果提出请求的人明显不具备经营该财产的能力，共同继承人的利益可能受到危害时，法院可以裁定不执行本条第1款的规定。

第1款所指的经济单位，可以由生存配偶和共同所有权继承人已有的财产组成。如果请求人是继承人，其配偶参与经营的，亦属具备参与经营这项条件。

第 832-4 条

（1980年7月4日第80-502号法律）第832条、第832-1条、第832-2条、第832-3条之规定利于生存配偶或任何继承人，无论其是享有完全所有权的共同所有权人还是虚有权人。

第832条、第832-2条与第832-3条之规定亦利于依据遗嘱或合同安排享有概括遗赠或部分概括遗赠的遗赠受领人。

第 833 条

如果实物组成的各份财产之间价值不相等，差额部分得以定期金的形式进行补偿，或者用现金补偿。多退少补。

第 833-1 条

（1971年7月3日第71-523号法律）在应当补付差额的债务人得到延期支付的宽限期时，并且如果随后由于经济情势变化，自财产分割以后归入其份内的财产的价值有增加或者减少，且变化的数额达1/4以上时，拖欠未付的差额款项亦按比例相应增加或减少。

但是，当事人仍可约定，拖欠的差额不随发生的变化进行变动调整。

第 834 条

如果共同继承人能够达成一致意见，并且他们挑选的人接受任务，由共同继承人中一人进行财产分配份的搭配；相反情况下，由委派法官指定的鉴定人将财产搭配成相应的份数。

共同继承人随后进行抽签。

第 835 条

在对搭配的各份财产进行抽签之前,允许每一个共同分割人对每份财产的组成提出要求。

第 836 条

对应当分割的全部财产确定的分割规则,在参与分割的不同房数之间进行财产再分割时,亦可适用。

第 837 条

如果在公证人面前进行的财产分割活动中发生争议,公证人应当制作发生此种困难的笔录,写明各方当事人提出的意见,并且让当事人前往为分割财产而任命的法官面前,由法官按照诉讼程序法律规定的形式进行处理。

第 838 条

(1964 年 12 月 14 日第 64-1230 号法律)如果共同继承人没有全部到场,财产分割应当按照第 819 条至第 837 条之规则在法院进行。

如果共同分割人中有未解除亲权的未成年人或者有受监护的成年人,亦适用此项规定,但保留执行第 466 条之规定。

如果有多名未成年人,可以为每一个人选派一名专门的特别监护人。

第 839 条

(1964 年 12 月 14 日第 64-1230 号法律)如果有必要进行拍卖,在前条第 1 款所指情况下,只能在法院按照对未成年人的财产拍卖所规定的手续进行,外人始终允许参加拍卖。

第 840 条

（1964 年 12 月 14 日第 64-1230 号法律）按照以上所定规则，以推定失踪的人的名义（1977 年 12 月 28 日第 77-1447 号法律）以及未到场的人的名义进行的分割，均为最终分割；仅在所定的规则未得到遵守的情况下，此种分割始为临时性质。

第 841 条

（1976 年 12 月 31 日第 76-1286 号法律第 17 条废止）

第 842 条

财产分割之后，归属于每一个共同分割人的所有财产、物件的单项证书，应当分别交给每一共同分割人。

被分割的财产的所有权证书，仍然由占有该财产最大部分的人持有，但在其中有利益的共同分割人提出要求时，持有证书的人应对该共同分割人给以帮助。

对于整个遗产共同的各种证书，交由全体持有人共同挑选的继承人保管，但是，在有人提出任何要求时，该继承人应给予帮助。如果挑选保管人有困难，由法官裁定。

第二节　向有继承权的人赠与物的返还、计入与减少

（1971 年 7 月 3 日第 71-523 号法律）

第 843 条

（1898 年 3 月 24 日法律）任何继承人，即使是享有遗产清册利益的继承人，在参与继承时均应向其他共同继承人返还其因死者生前赠与直接或间接受领的全部财产，但是，在向其进行赠与时即已明确此种

财产属于其应继份之外的特别利益的,或者当时就已明确是免于返还的赠与财产除外;继承人不得留置死者向其赠与的财产。

　　向某一继承人进行的遗赠,视为在该人的应继份之外作为特别利益而为,但遗嘱人有相反意思表示的除外;在此情况下,遗赠受领人只有通过少取其应继份,才能请求保有受遗赠物。

第844条

　　(1971年7月3日第71-523号法律)以应继份之外的特别利益或者按照免于返还之方式进行的赠与,以及由参加继承的继承人要求的遗赠,仅在被继承人有权处分的数额限度内,始能不予返还;超过可处分的数额的部分,应当扣减在分割时可得的财产。

第845条

　　但是,放弃继承的继承人可以保留被继承人生前赠与的财产,或者要求取得向其遗赠的财产,但以被继承人可处分的财产部分为限。

第846条

　　受赠人在受赠时并非推定的继承人但在继承开始之日取得继承权的,亦应返还其受赠的财产,但如果赠与人原已免除其返还,不在此限。

第847条

　　向继承开始时有继承权的人的儿子进行的赠与和遗赠,始终视为免于返还。前述受赠人之父继承赠与人的遗产时,无须返还前述赠与和遗赠。

第848条

　　同样,子以其本人的名义继承赠与人的遗产时,无须返还赠与人原来向其父所为之赠与,即使其已承认继承其父的遗产,亦同;但是,如果子仅仅是代位继承,则应当返还赠与人向其父赠与的财产,即使其本人放弃继承,亦同。

第 849 条

向有继承权的人的配偶进行的赠与和遗赠,视为免于返还的赠与及遗赠。如果向夫妻二人共同赠与和遗赠,在其中仅一人有继承权时,该人应当返还受赠与的财产的一半;如果仅仅是向有继承权的一方配偶赠与财产,该人应全数返还其受赠的财产。

第 850 条

返还财产,仅向赠与人的遗产返还。

第 851 条

为了共同继承人之一成家立业或者清偿其债务而动用的财产的赠与,应予返还。

第 852 条

生活、教育、学徒费用以及一般的设备费用、婚礼与习惯上的礼品的费用,不应返还。

第 853 条

继承人与死者订立的契约如果在订立时并未对继承人给予任何间接利益,继承人从此种契约中获得的利益,不予返还。

第 854 条

同样,死者与其继承人之一没有欺诈而成立的合伙的条件是用公证文书确定时,合伙财产无须返还。

第 855 条

(1971 年 7 月 3 日第 71-523 号法律)因偶然事件灭失的财产,受赠人并无过错的,无须返还。

但是,如果财产灭失以后得到损害赔偿,重新组成财产的,受赠人应当按照用于重组该财产的赔偿金的比例进行返还。

如果所得到的赔偿金并未用于重组财产,赔偿金本身应予返还。

第856条

应当返还之物产生的孳息,仅自继承开始之日计算。

第857条

返还,仅仅是共同继承人对(其他)共同继承人的义务;无须向遗赠受领人或遗产的债权人进行返还。

第858条

(1971年7月3日第71-523号法律)返还,得通过少取应得的继承份额为之;不得要求用实物返还,赠与文书另有规定的除外。

在有此种约款规定的情况下,由受赠人同意设立的物权或进行的物权转让因返还的效果而消灭,但由赠与人原已同意设立或转让的物权除外。

第859条

(1971年7月3日第71-523号法律)继承人也可选择原物返还仍然属其所有的原赠与物,但以该物不负担赠与之当时不曾有的负担或占用为条件。

第860条

(1971年7月3日第71-523号法律)返还,按照赠与的当时财产所处状态以及遗产分割时财产的价值进行。

如果赠与的财产在遗产分割之前已经转让,应当考虑该财产在转让时的价值,以及在用新的财产替代被转让的财产时,应当考虑新的财产在分割时的价值。

赠与文书另有规定时,依证书规定。

如果赠与文书有此规定,应当返还的财产价值低于按照第922条规定的评价规则确定的财产价值时,此种差价成为受赠人以继承份之外的特别利益取得的间接利益。

第 861 条

（1971 年 7 月 3 日第 71-523 号法律）如果以实物返还财产,并且原赠与财产的状况因受赠人的所为得到改善,对受赠人而言,该财产在分割或转让时增加的价值之部分,应予计算。

受赠人为了保存财产所支出的必要费用,亦应计算,即使财产并未得到任何改善,亦同。

第 862 条

（1971 年 7 月 3 日第 71-523 号法律）实物返还财产的共同继承人,可以留置占有其原受赠的财产,直至为改善或保存财产所支出的费用得到全数偿还。

第 863 条

（1971 年 7 月 3 日第 71-523 号法律）在实物返还财产的情况下,受赠人对因其所为或过错,使受赠的财产受到损坏或损伤而减少的价值,亦应计算。

第 864 条

（1971 年 7 月 3 日第 71-523 号法律）以生前赠与方式向承认继承的特留份继承人进行的赠与,如果赠与文书没有相反约定,应当将其计入该继承人的特留份,如果还有余额,应计入赠与人可处分的部分的数额。

超过特留份的部分应当扣减。

以生前赠与方式向放弃继承的特留份继承人所为赠与,按先取利益处理。

第 865 条

（1971 年 7 月 3 日第 71-523 号法律）以分配份额以外的特别利益进行的赠与，计入赠与人可处分的部分；超过的部分应予减少。

第 866 条

（1971 年 7 月 3 日第 71-523 号法律）向有继承权的人之一，或者向其中数人共同进行的赠与，在其超过赠与人可处分的部分时，不论超过的数额多少，受赠与人可以全部保留，但应当对其他共同继承人给予现金补偿。

第 867 条

（1971 年 7 月 3 日第 71-523 号法律）如果向有继承权的人之一进行的赠与或者向其中数人的共同遗赠是包括某一整体的一项或数项财产，并且其价值超过赠与人可以处分的财产部分，不论超过的数额多少，遗赠受领人或该数位遗赠受领人，均可请求遗赠物之全部，但应当对其他共同继承人给予现金补偿。如果遗赠的财产是死者与受遗赠人原来共同使用的动产物品，亦适用前述规定。

第 868 条

（1971 年 7 月 3 日第 71-523 号法律）如果在减少数额时并不要求交出实物，在应当减少的赠与之外仍有超过的部分时，受赠与人与遗赠受领人仍应给予等值的补偿。此项补偿金按照遗产分割之日赠与物或遗赠物的价值以及赠与生效之日的状态计算。补偿金于财产分割时支付，但共同继承人另有约定的除外。

但是，如果赠与的财产是可以先予分配的财产，在处分人没有给予支付期限时，法院得视各方的利益，给予延期支付的期限。给予此种宽限期，在任何情况下，均不得使补偿金被推迟至继承开始后 10 年才进行支付。于此情形，第 833-1 条之规定适用于欠款的支付。

在没有相反约定或条款规定时,这些款项应当按照法定利率计算利息。由于给予的宽限期以及支付方式所产生的利益,不构成赠与。

在赠与或遗赠的财产被全部出卖的情况下,拖欠的款项立即成为可追索的款项;如果仅部分出卖此种财产,出卖所得款项应支付给共同继承人,并相应减少拖欠的数额。

第869条

(1971年7月3日第71-523号法律)如果应当返还的是一笔现款,按数额返还;如果款项已用于取得一项财产,应依照第860条规定的条件,按财产的价值返还。

第三节 债务的清偿

第870条

共同继承人按照各自受领的遗产的比例,分担清偿遗产上的债务与负担。

第871条

部分概括遗赠受领人,与共同继承人一起,按照其获得的遗赠利益的比例,分担遗产的债务与负担;但特定遗赠的受领人,除遗赠的不动产上有关抵押权的请求权外,对债务与负担不承担义务。

第872条

如果遗产中的不动产依特别抵押而负担定期金,每一个继承人均可要求在搭配组成财产份数之前偿还定期金并清除不动产上的负担。如果共同继承人按遗产的原有状态进行分割,对有负担的不动产,应当按照其他不动产相同的标准评定作价,然后从总价金中减去定期金的本金;该宗不动产归入哪一继承人的财产份之内,即由该继承人单独负担支付定期金的义务,并且应向其他共同继承人提出支付保证。

第 873 条

诸继承人对遗产的债务与负担,各自按照实际分配份额的比例承担清偿义务,对抵押债务与负担,负全部清偿义务;但是,在清偿之后,对其他共同继承人或者概括遗赠的受领人,按他们各自应当分担的部分,有求偿权。

第 874 条

特定遗赠的受领人,在清偿其受遗赠的不动产负担的债务之后,可以对继承人与部分概括遗赠的受领人,代位行使债权人的权利。

第 875 条

共同继承人或者部分概括遗赠的受领人,因抵押权之效力,清偿的债务超过其共同债务之部分时,对其他共同继承人或其他部分概括遗赠的受领人,仅能就他们各自应当负担的部分行使求偿权,即使清偿债务的共同继承人在清偿债务之后,可以代位行使债权人的权利,亦同,且不影响某一共同继承人因遗产清册利益之效果,同其他任何债权人一样,保留要求偿还其个人债权的权利。

第 876 条

共同继承人或部分概括遗赠的受领人之一没有清偿能力时,该人对抵押债务应负担的部分,由其他继承人或遗赠受领人按照各自分配份的比例分担。

第 877 条

债权人对死者取得的有执行力的文书,对继承人本人同样具有执行力;但是,债权人仅得在向继承人本人或者向其住所送达此种执行根据之后经过 8 天,始得对债务人诉请执行。

第878条

前条所指的债权人,得于任何情形以及对任何债权人,请求将继承人的财产与死者的遗产分离。

第879条

同意承认继承人作为债务人,引起对死者的债权更新时,不得再行使前条所指的权利。

第880条

前条所指的要求分离财产的权利,对于动产,经过3年,因时效而消灭。

对于不动产,只要该不动产在继承人之手,均可行使前项请求权。

第881条

不准许继承人(个人)的债权人,针对遗产的债权人请求将继承人的财产与遗产分离。

第882条

共同分割人之一的债权人,为避免遗产分割损害其权利,可以对在其没有到场时进行的分割活动提出异议。共同分割人之一的债权人有权自行负担费用参加遗产分割,但不得对已经完成的分割提出异议;共同分割人不顾债权人已经提出异议,在债权人没有到场时仍然进行财产分割的情形除外。

第四节 分割的效果与分配份的担保

第883条

(1976年12月31日第76-1286号法律)每一共同继承人均视为单独继承,并且视为直接接受包括在其分配份内的全部财产或者经裁判拍卖归其所得的全部财产,同时视为对遗产中的其他财产从未享有所有权。

通过其他具有终止共有之效力的任何行为进行的财产分割,不论此种行为是终止全部共有还是部分共有,也不论是仅对某些财产还是仅对某些继承人终止共有,归属于每一个共同继承人的财产,也适用前款规定。

但是,依据共同共有人的委托或者经法院裁判批准有效完成的行为,仍然保留其效力,不论作为分割客体的财产在分割时分配给了何人,均不受影响。

第884条

诸共同继承人仅就由于分割前的原因引起的对财产的侵害、追夺,相互负担保责任。

如果财产被追夺的具体情形属于分割证书中明定的特别条款排除的情况,不发生前条所指的担保责任;如果共同继承人的财产被追夺是由于其本人的过错引起,前项担保责任亦告停止。

第885条

每一共同继承人均按照其继承份的比例,对其他共同继承人因继承的遗产被追夺而受到的损失,负偿还责任。

如果共同继承人之一没有支付能力,应当由其负担的部分,由被担保人和其他有清偿能力的共同继承人分担。

第886条

对定期金债务人的清偿能力的担保,仅得在财产分割5年后执行;如果债务人无支付能力之事实发生在完成遗产分割之后,对债务人的无支付能力无须负担保责任。

第五节 分割的取消

第 887 条

因受到胁迫或有欺诈行为之原因,可以取消分割。

如果共同继承人之一受到损害,证明其所得的分配份较之其应得的继承份数量短少 1/4 以上,亦可请求取消分割;但如果仅仅是由于在分割时遗漏分配遗产中的某一物件,不得取消分割,但可以请求进行补充分配。

第 888 条

对于以终止共同继承人之间财产共有为目的的任何行为,均允许提出取消之诉,即使此种行为被称为买卖、交换、和解或者冠以其他任何名义,亦同。

但是,在进行财产分割或具有类似效力的行为之后,就分割遇到的困难进行的和解,不允许提出取消之诉,即使尚未产生诉讼,亦同。

第 889 条

在共同继承人或其中一人没有欺诈地向共同继承人之一出卖继承的权益并由该买受人负担风险的情况下,不允许对此种买卖行为提出取消之诉。

第 890 条

为了评判是否存在显失公平之情形,应当按照分割时财产的价值进行评价。

第 891 条

取消之诉的被告,如果用现金或实物向原告提供补充分配份,可以停止取消之诉以及阻止进行新的分割。

第 892 条

共同继承人转让其分配份之全部或其中之部分，如其进行的转让是在发现有欺诈行为之后，或者是在胁迫停止之后，不得基于欺诈与胁迫之原因提出取消转让之诉。

附目六　原第三卷第三编与第四编关于债法的条文

第三编　契约或合意之债的一般规定

第一章　编首规定

第1101条

契约是一人或数人据以对另一人或数人负担给付、作为或不作为之债的协议。

第1102条

缔结契约的当事人相互负担债务时，此种契约为双务(synallagmatique)契约或双方(bilatéral)契约。

第1103条

一人或数人对另一人或数人负担债务，后者不负担义务的契约为单务(unilatéral)契约或单方契约。

第1104条

每一当事人承担的给付或作为义务大体等于他方对其承担的给付或作为义务时，此种契约为实定(commutatif)契约(也译为"等价契约")。

在等价(équivanlent)是指每一个当事人依据某种不确定的事件,均有获得利益或者遭受损失的机会时,此种契约为射幸契约。

第 1105 条
一方当事人给另一方当事人带来纯粹无偿利益的契约为恩惠契约。

第 1106 条
规定每一方当事人均应负担给付或作为之债务的契约为有偿契约。

第 1107 条
契约,无论是否有特定的名称,均受本编所定的一般规则的约束。

特定契约的特别规则,由各该契约有关的编章确定;商事交易的特别规则,由有关商事的法律确立之。

第二章 契约有效成立的要件

第 1108 条
契约之有效性应当具备四项根本①条件:

1. 负担债务的当事人的同意;
2. 其订立契约的能力;
3. 构成义务承诺之内容②的确定标的;
4. 债的合法原因。

第 1108-1 条
(2004 年 6 月 21 日第 2004-575 号法律第 25-1 条)法律行为的有

---

① 此处原用语为"essentiel",有"根本的""本质的""主要的""最重要的"之意。
② 此处原用语为"matière",有"物质""材料""事实""内容"之意。

效性要求有书面文字时,该文书可以采用符合第 1316-1 条与第 1316-4 条规定条件的电子形式制作与保存,以及在要求采用公证文书时,可以按照第 1317 条第 2 款规定条件采用电子形式制作与保存。

在要求承担义务的人本人手书文字时,也可以采用电子形式,但以采用这种形式的条件足以保障只能由其本人而为。

第 1108-2 条

(2004 年 6 月 21 日第 2004-575 号法律第 25-1 条)对于以下文书,第 1108-1 条之规定得为例外:

1. 有关亲属权与继承权的私署文书;

2. 有关人的担保与物的担保的私署文书,不论其为民事性质还是商事性质,但为职业需要订立的文书除外。

第一节 同 意

第 1109 条

如果同意是因错误所致,受胁迫或者受欺诈而为,不为有效的同意。

第 1110 条

错误(erreur),仅在其涉及作为契约之标的物的实质(substance,本质)本身时,始构成契约无效的原因。

错误仅仅涉及当事人意图与之订立契约的个人时,不构成无效原因,但基于人的考虑是订立协议的主要原因时除外。

第 1111 条

对缔结债务的人实施的胁迫(la violence),构成契约无效原因;即使是由为其利益订立契约的人以外的第三人实施胁迫,亦同。

第 1112 条

凡是足以让有理智的人产生惧怕,使其担心人身或财产面临现时的重大损失的言行,均构成胁迫。

第 1113 条

不仅对缔结契约的当事人实施胁迫构成契约无效之原因,而且对缔结契约的当事人的配偶、直系卑血亲或直系尊血亲实施胁迫,亦同。

第 1114 条

仅仅是出于对父母或其他直系尊血亲心怀敬畏,在并未受到胁迫时,不足以主张撤销契约。

第 1115 条

如果自胁迫停止以后,契约得到明示或默示批准或认许,或者听任法律确定的可以请求取消契约的期限经过而未采取行动的,不得再以受到胁迫之原因对契约提出异议。

第 1116 条

如果当事人一方不采取欺骗手段,另一方当事人显然不会与其缔结契约时,欺诈(le dol)构成契约无效之原因。

欺诈不得推定,应当证明之。

第 1117 条

因错误、胁迫或欺诈订立的契约并非当然无效;此种契约,依本编第五章第七节规定的情形与方式,仅产生请求宣告其无效或应予撤销之诉权。

第 1118 条

因显失公平,致使一方当事人遭受损失之事实,如同本编第五章第七节所规定,仅对特定的契约或者仅对特定的人,构成取消契约的原因。

第 1119 条

一般来说,任何人仅得以本人的名义、为本人承诺义务,订立契约。

第 1120 条

但是,一人得担保第三人为特定行为;如果第三人拒绝承诺义务,保证让其为特定行为的人或者许诺让其批准此种承诺的人,应负赔偿损失责任。

第 1121 条

在为第三人利益订立契约是为本人订立契约的条件或者是向他人赠与财产的条件时,亦可为第三人利益订立契约;如果第三人表明愿意享有契约之利益,订立契约的人不得取消之。

第 1122 条

订立契约的人被视为为其本人及其继承人和权利继受人订立契约;但如果契约另有表述,或者依契约的性质产生相反意义时,不在此限。

第二节 缔结契约之当事人的能力

第 1123 条

任何人,如果未由法律宣告无能力,均得订立契约。

第 1124 条

(1968 年 1 月 3 日第 68-5 号法律)下列之人,在法律规定的范围内,无缔结契约能力:

——没有解除亲权的未成年人;

——本法典第 488 条意义上的受保护的成年人。

第 1125 条

(1968 年 1 月 3 日第 68-5 号法律)有能力缔结契约并受义务约束

的人,不得以与其缔结契约的相对人无能力为由而主张契约无效。

第 1125-1 条

（1968 年 1 月 3 日第 68-5 号法律）禁止在安置老年人或进行精神病治疗的机构内履行职责或从事工作的任何人取得属于这类机构接纳与照管的人的财产,或者受让其权利;亦禁止这些工作人员在前述人等被接纳进入这类机构之前,承租他们占用的住房,否则,取得、受让或租赁无效,但得到法院批准的除外。

为适用本条之规定,受上述禁止规定的人的配偶、直系尊血亲与直系卑血亲视为中间人。

第三节　契约的标的与客体

第 1126 条

任何契约,均以一方当事人承诺给付某物(chose)或者承担作为或不作为之义务为标的。

第 1127 条

物的单纯使用或单纯占有,如同物之本身,得为契约之标的。

第 1128 条

得为契约标的者,以许可交易之物为限。

第 1129 条

债的标的物至少应当是种类上已确定之物。物的数量可以是尚未确定的,只要其可以确定。

第 1130 条

未来之物得为债的标的。

但是,任何人(2006年6月23日第2006-728号法律第29条第28点)只有按照法律规定的条件才能放弃尚未开始的继承①,才能就此种继承订立任何约款(废止"即使得到被继承人同意,亦同")。

第四节 原 因②

第1131条

没有原因的债,或者基于错误原因或不法原因的债,不发生任何效力。

---

① 2006年6月23日第2006-728号法律修改之前,原第1130条规定:"任何人均不得放弃尚未开始的继承,也不得就此种继承订立任何约款,即使取得被继承人同意,亦同。"

② 原因(cause)是法国合同法特有的概念。法律并未对这一概念作出明确定义。第1131条表述为"没有原因的债",有时又表述为合同的原因(例如,第1132条),两者交替使用,法院判例也是如此。在双务合同中,每一缔约当事人的债务的原因即在其考虑应当由对方当事人实际履行的债务之中。任何一方当事人不履行其承诺,或者承诺无效,或者承诺不能实现时,债即没有原因(最高法院民事庭,1941年12月30日)。就双务合同而言,在一方当事人不履行债务时,赋予对方当事人不履行其债务的权利,由双务合同产生的相互之债具有的相互依赖性,从根本上来说,前提条件是由同一合同产生的债务(最高法院诉状审理庭,1938年5月17日)。情人向与其同居的人无偿赠与财产的原因在于促使其进行赠与的动机(最高法院第一民事庭,1959年10月6日)。"见索即付担保"的原因,也就是承诺"见索即付担保"义务,在指令人(donneur d'ordre)有利益订立"基础合同"时,即是有原因的义务承诺,尽管担保人不是(基础合同的)一方当事人(最高法院商事庭,2005年4月19日)。要物合同中债的原因,例如借款人债务的原因在于将其为之缔结借贷而必要的资金交由其支配、处分(最高法院第一民事庭,1974年11月20日);寄托合同的原因在于交还寄托的标的物(最高法院商事庭,2000年10月1日);借用人将借用之物交给第三人时,由其负担归还义务存在原因(最高法院第一民事庭,2007年12月6日)。承认债的存在,意味着作出这项承认的人同意承担债务的对待给付(最高法院商事庭,2006年3月14日)。虽然说买受人的债的原因确实在于(买受物的)所有权的转移和买受物的交付,但买卖合同的原因则是指决定订立合同的动机,也就是说,如果没有此种动机,买受人就不会缔结债务(最高法院第一民事庭,1989年7月12日)。完成一种良心债务(义务),本身就是许诺支付生活费的充分的合法原因(最高法院民事庭,1862年5月27日)。债的原因是否存在,应当按照债的关系缔结之日的情况判断(最高法院第三民事庭,1996年7月17日)。(转下页)

第 1132 条

即使原因未予写明,合同①同样有效。

（接上页）债没有标的,例如,订立独占性(排他性)合同的销售商承担义务,保证在 5 年内向供应商独家订购确定数量的货品,供应商承担的义务则是为对方合同当事人取得贷款并为其提供担保(卖方担保),与销售商承担的义务相比,供应商的义务微不足道,因此,该合同因没有原因而无效(最高法院商事庭,1997 年 10 月 14 日)。原因消失,引起合同失效,例如,需要连续履行的债务的原因消失,引起此种义务消失(最高法院第一民事庭,2008 年 10 月 30 日)。在债务人不履行其根本性债务(主要义务)的情况下,[合同中订立的]限制责任条款与合同所规定的义务相抵触,因此,该条款应当视为未予订立(最高法院商事庭,1996 年 10 月 22 日)。对"原因的存在"的误解,例如错误地以为(债的)原因存在,即使这种误解是"不能原谅的误解",亦有正当理由认定债务因没有原因而解除(最高法院第一民事庭,1995 年 5 月 10 日)。对承诺义务的原因的误解,例如本人并非债务人,承诺支付一定的款项,进行支付的主要条件是清偿第三人的债务,而该第三人因中止对其个人追偿之规则的效果而不会受到求偿,因此,承诺支付义务的人对其承担义务的原因发生了具有决定性作用错误,这一支付行为因(支付人的)同意瑕疵而撤销(最高法院第一民事庭,1996 年 4 月 2 日)。原因部分不真实,并不引起债务被撤销,而是将债务减少至与存在部分的原因相适当的程度(最高法院第一民事庭,2003 年 3 月 11 日)。

① 此处原用语是"convention",而不是"债"(obligation)。第 1132 条的规定是推定(当事人)所主张的债的原因存在,而不是推定原因非法(最高法院第一民事庭,1988 年 6 月 14 日)。没有表述原因的票证(无因票证),推定其原因存在(最高法院第一民事庭,1967 年 10 月 25 日);应当由出票人(签发人)证明原因不存在或者非法(最高法院商事庭,1975 年 10 月 13 日)。有关非法原因的证据,得以任何方法提出(最高法院第一民事庭,1995 年 7 月 4 日);但是,在当事人的相互关系中,文书所表述的原因虚假的证据,应当按照第 1341 条规定的条件,以书面文字提出(最高法院第一民事庭,1995 年 7 月 4 日)。合同表述的是一种被认定为"隐瞒的原因",这种合同并不必然无效,而是应由主张该合同的人负举证责任,证明合同的真实原因(最高法院民事庭,1900 年 12 月 5 日)。

契约均须有合法的原因,契约与给付的原因是不可分离的,这就是"要因契约"或"要因行为"。所谓无因票据(billet non causé),仅仅是说"没有明确表述原因",而不是真正的"无原因"。第 1131 条规定"没有原因之债"无效。而所谓"无因行为",其中"无因"一语法文表述为"cause abstraite"。"无因行为"或"无因契约"是指其成立与有效性不以考虑原因作为条件的法律行为或契约,原因可以分离开来,不论原因是否欠缺,甚至违法,法律行为自其完成时发生效力,不受原因的制约。在法文里,"无因"与"没有原因"这两个术语分别为"cause abstraite"和"absence de cause",从字面上就可看出两者是完全不同的概念,但是,中文"无因"和"没有原因"却是一个意思。为区别起见,"absence de cause"应当为"没有原因"或"缺乏原因",而"cause abstraite"则译为"无因"。

第1133条

原因为法律所禁止,违反善良风俗或公共秩序时,此种原因为不法原因。①

第三章 债的效力

第一节 一般规定

第1134条

依法成立的契约,对于缔结契约的人,有相当于法律的效力。

此种契约只有经各方当事人相互同意或者依法律允许的原因才能撤销。

契约应善意履行。

第1135条

契约不仅对其中表述的各事项产生义务,而且对于公平原则、习惯与法律按照债的性质所赋予的全部附随结果产生义务。

---

① "独身条款"(clause de célibat)。在劳动合同中订立的"限制(当事人的)结婚权利与劳动自由"的独身条款具有极为特别的性质,因此,必须是由于(当事人所)担负的职责的性质或者是因为履行职责的条件有此强制性必要时,才能有订立此种条款的正当理由(最高法院社会庭,1968年2月7日)。关于有的企业内部规章禁止同时聘用夫妇二人的条款,也做相同处理(最高法院社会庭,1982年6月10日)。关于在赠与财产时规定受赠与人不得结婚的条款(保持独身的条款),参见原第900条。夫妻双方为了协议分居而进行财产赠与,不论是无偿还是有偿处分,如果是基于不法原因,进行的处分无效,因此,法院为了查明合同原因是否非法,除了合同本身的表述之外,原则上,可以运用法律准许的任何证据方式,在这方面,没有必要区分无偿行为与有偿行为(最高法院第二民事庭,1907年1月2日)。

第二节　给予之债

第 1136 条

给予之债是指，交付某物并在交付之前保存该物的债，否则，对债权人负损害赔偿之责。

第 1137 条

负责保管某物之债，使负担此种债务的人对物的保管应尽善良家父之悉心照应，不论契约是仅以当事人一方用益为目的，还是以诸当事人之共同用益为目的。

此种债务，相对于特定的契约，范围各有不同；其在这方面的效力依各有关编章之规定。

第 1138 条

交付标的物之债，一经缔结契约的诸当事人取得合意，即告完全成立。

交付标的物之债，自应当交付该物之时，债权人成为物的所有权人，并由其承担物的风险，即使尚未进行物的移交，亦同；但是，债务人如果已受到交付催告，不在此限；在此场合，物的风险仍由债务人负担。

第 1139 条

债务人接到催告通知（une sommation）或其他相类似文书，（1991年7月9日第91-650号法律）例如，书信的用语足以产生充分催促之效果时，成立对债务人的催告，或者如果契约写明，无须任何文书，只要债务到期，债务人即属受到催告，对债务人的催告依契约的效力成立。

第 1140 条

给付或交付不动产之债，其效力依"买卖"编和"优先权与抵押权"编的规定。

第 1141 条

如果负担义务先后向二人给付或交付之物完全是动产,二人中现实占有(possession réelle)该物的人权利优先并为物的所有权人,即使其证书的日期在后,亦无影响,但以其是善意占有为限。

第三节　作为之债或不作为之债

第 1142 条

一切作为之债或不作为之债,在债务人不履行的情况下,均引起损害赔偿。①

第 1143 条

但是,债权人有权请求废除违反义务承诺已为之事务,并可请求允许由债务人负担费用废除之;如有必要,债权人仍可请求损害赔偿。

第 1144 条

在债务人不履行债务的情况下,债权人也可请求允许其自行让人履行之,费用由债务人负担。(1991 年 7 月 9 日第 91-650 号法律第 82 条)债务人得受判处预先支付因此种履行所必要的款项。

第 1145 条

如果债务是不作为之债,只要有违反义务之事实,违反义务的人即应负损害赔偿责任。

---

① 作为之债或不作为之债的不履行,引起损害赔偿,这是原则,即使此种不履行并无过错,在所不问(最高法院商事庭,1992 年 6 月 30 日)。作为之债:一方当事人,在其相对当事人对其所作的义务承诺完全没有得到履行但可能履行的情况下,可以强制相对当事人履行(最高法院第三民事庭,2005 年 5 月 11 日)。金钱之债:合同约定的金钱之债没有得到履行的债权人,始终有权首先要求支付价金,而不是首先要求损害赔偿或者解除合同(最高法院第一民事庭,2003 年 7 月 9 日)。

第四节　因不履行债务引起的损害赔偿

第 1146 条

损害赔偿,仅在债务人受到履行债务之催告时发生,但是,如果债务人承诺应当给付之物或应当作为之事只有经过一定时间才能给付或者完成,债务人在此时间内不履行债务的情形不在此限。(1991 年 7 月 9 日第 91-650 号法律第 85 条)催告得由信件引起,但以信件中足以表明有催促债务人履行债务的意思为限。

第 1147 条

凡债务人不能证明其不履行债务是由于不能归咎于他本人的外来原因时,即使其本人方面并无任何恶意,如有必要,均因债务不履行或者迟延履行被判支付损害赔偿。

第 1148 条

如果债务人因不可抗力或偶然事件,不能履行其负担的给付或作为之债务,或者实施其受到禁止的行为,不引起任何损害赔偿。

第 1149 条

应当给予债权人的损害赔偿一般为其受到的损失和丧失的可得利益,但以下所指的例外和限制除外。

第 1150 条

债的不履行完全不是由于债务人有欺诈时,债务人仅对在订立契约时所预见或可预见的损害与利益负赔偿责任。

第 1151 条

即使契约不履行是由债务人的欺诈引起的,对债权人受到的损失与丧失的可得利益应当给予的损害赔偿,仍然仅包括由契约不履行引起的最接近的直接结果(suite immédiate et directe)。

第 1152 条

契约规定不履行契约的人应支付一定数额的款项作为损害赔偿时,给予他方当事人的款项数额不得高于也不得低于规定的数额。

(1985年10月11日第85-1097号法律)但是,在约定的数额明显过高或过低时,法官可以,甚至依职权,减少或增加此种违约金的数额,(1975年7月9日第75-597号法律)任何相反约款均视为没有订立。

第 1153 条

(1975年7月11日第75-619号法律)仅仅是支付一定款项的债务,因其迟延履行引起的损害赔偿,在任何情况下都只能判令支付按照法定利率计算的利息,但依有关商事和保证特别规则时除外。

(1959年1月7日第59-148号法律)无须债权人证明其受到任何损失,此种损害赔偿均应支付。

(1975年7月11日第75-619号法律)此种损害赔偿,仅自支付催告之日开始计算,(1992年7月13日第92-644号法律)或者,在使用诸如信件等其他足以表明催促清偿债务之意思的文书时,仅自此种文书之日开始计算,但法律规定当然计算利息的情形除外。

(1900年4月7日法律)债务人因恶意在迟延履行债务之外造成债权人损失的,债权人得在其债权的迟延利息之外获得损害赔偿。

第 1153-1 条

(1985年7月5日第85-677号法律)在任何诉讼中,判处支付赔偿金,均引起按照法定利率计算利息,即使并未提出此项请求或者判决并无此项特别规定,亦同。除法律另有规定外,利息自判决宣告起开始计算,法官另有决定的除外。

在上诉审法官完全确认给予赔偿金的原裁判的情况下,赔偿金当然按照法定利率计算利息,此种利息自一审法院判决作出起计算;其他情形,上诉审判给的赔偿金,自上诉法院判决作出起计算利息。上诉法院法官得始终不依本款之规定。

第 1154 条

向法院提出请求,或者依特别约定,本金产生的利息到期未付的,得产生复利,但计算复利的利息仅以请求或契约中所指的到期至少已满 1 年的利息为限。

第 1155 条

但是,已经到期的应收款项,如地租、房租、永久定期金或终身定期金的分期应付款项,自提出请求或者约定之日起产生利息。

返还孳息以及第三人代债务人向债权人支付的利息,适用相同规则。

第五节　契约的解释

第 1156 条

解释契约,应当从契约中寻找诸缔约当事人的共同意图(commune intention),而不应拘泥于用语的字面意思。

第 1157 条

一项条款可能作两种解释时,宁取其可以产生某种效果的解释而舍其不能产生任何效果的解释。

第 1158 条

用语可能作两种解释时,应取其与契约的实际内容最为适合的解释。

第 1159 条

有歧义的文字,依契约缔结地习惯上的意义解释之。

第 1160 条

属于契约习惯上的条款,即使在契约中未予写明,应用其作为补充。

第 1161 条

契约的全部条款可互为解释,并且赋予每一条款依整个契约而产生的意义。

第 1162 条

契约条款有疑义的情形,应作不利于订立条款的人而作有利于债务人的解释。

第 1163 条

不论订立契约的用语如何笼统,契约的标的均只包括可以推知属于当事人本意立约的事项。

第 1164 条

在契约中对某一具体情况作出表述用于解释债务时,不得认为当事人是以此限制义务承诺的范围;该债务仍包括未予表述的各种情形当然应有的范围。

第六节 契约对于第三人的效力

第 1165 条

契约仅在诸缔约当事人之间发生效力;契约不能损害第三人,并且仅在本法典第 1121 条规定的情形下才能利益于第三人。

第 1166 条

但是，债权人得行使其债务人的一切权利与诉权，但专与人身相关联的权利除外。

第 1167 条

债权人也可以以其本人的名义对债务人欺诈侵害其权利的行为提起诉讼。

（1965 年 7 月 13 日第 65-570 号法律）但是，涉及"继承"编和"夫妻财产契约与夫妻财产制"编规定的权利时，债权人应遵从该各编章所定的规则。

第四章　债的种类

第一节　附条件之债

第一目　条件通则及条件的种类

第 1168 条

债务取决于将来的不确定的事件，至此种事件发生之前债务中止履行，或者视此事件发生或不发生而解除债务时，此种债务为附条件之债。

第 1169 条

偶成条件是指取决于偶然事因并且完全不是债权人与债务人之力所能支配的条件。

第 1170 条

任意条件(随意条件)是指将契约的履行取决于缔约当事人一方或另一方有权限让其发生或阻止其发生之事件的条件。

第 1171 条

混合条件是指既取决于缔约当事人一方意志又取决于第三人意志的条件。

第 1172 条

以不可能之物①为条件,或者违反善良风俗或法律禁止的任何条件,一律无效,并且使有赖于此种条件的契约无效。

第 1173 条

以不为某种不可能之事为条件,并不引起按照该条件缔结的债务无效。

第 1174 条

按照负担债务的一方当事人的任意条件缔结的债,一律无效。

第 1175 条

任何条件均应以诸当事人真正愿意并期待的方式成就之。

第 1176 条

以在确定的时间内发生某种事件为条件缔结的债,如果时间经过事件并未发生,条件视为不能成就;如果没有规定确定的时间,此种条件得始终成就;只有可以肯定事件不会发生时,条件才被认为不能成就。

---

① 此处原文为"une chose impossible",意为"某种不可能之物""某种不可能之事"。第 1173 条同。

第 1177 条

以在确定的时间内不发生某种事件为条件缔结的债,如果时间经过事件并未发生,条件视为已经成就;如果在规定的期限到来之前确知事件不会发生,条件亦视为成就;如果没有规定确定的时间,只有可以肯定该事件不会发生时,条件始视为成就。

第 1178 条

缔结附条件之债的债务人阻止条件成就的,视条件已经成就。

第 1179 条

已经成就的条件,其效力追溯至义务缔结之日;如果债权人在条件成就之日前死亡,其权利转归继承人。

第 1180 条

债权人得于条件成就之前实施保全权利的一切行为。

第二目 停止条件

第 1181 条

附停止条件(condition suspensive,中止条件)缔结的债是指,取决于将来的某种不确定的事件或者现时虽已发生但诸当事人并不知道之事件的债。

第一种情形,债仅在事件发生之后,始得履行之。

第二种情形,债自缔结之日产生效力。

第 1182 条

按照停止条件缔结的债,作为契约客体之物仍然由仅在条件成就时始有义务给付该物的债务人承担风险。

如果债务人并无过错但物已完全灭失时,债的关系随之消灭。

如果债务人并无过错但物已受到损坏,债权人可以选择:或者解除债的关系;或者要求按物所处状态进行交付,但不降低价金。

如果因债务人有过错致使物受到损坏,债权人有权:或者解除债的关系;或者要求按物所处状况进行交付,并可请求损害赔偿。

第三目 解除条件

第1183条

解除条件(condition résolutoire)是指,条件成就时解除(révocation)债的关系并使所有事项(les choses)均回复至如同此前不存在此种关系时的状态。

解除条件并不停止债的履行,仅仅是使债权人在条件所规定的事件发生时有义务返还其收受之物。

第1184条

双务契约中,凡是当事人一方不履行义务承诺的情形,均不言而喻地存在解除条件。

但是,在此情况下,契约并不当然解除,一方当事人在他方当事人根本没有履行对其承诺的义务时,可以选择:或者在契约仍有可能履行时,强制他方当事人履行;或者请求解除契约并请求损害赔偿。

解除契约,应当向法院提出请求,法院得视情形给予被告一定的期限。

第二节 附期限之债

第1185条

期限有别于条件者,在于其并不停止(中止)义务承诺,而仅仅是推迟其履行。

第 1186 条

附期限的债,在到期之前,不得要求履行,但已经提前进行的清偿,不得请求返还。

第 1187 条

债的期限始终推定是为债务人受益作出的约定,但如果依据契约条款或者具体情形,双方约定期限也是为债权人受益时,不在此限。

第 1188 条

(1985 年 1 月 25 日第 85-98 号法律第 217 条)债务人以其所为减少依据契约向债权人提供的担保的,不得再要求享有期限之利益。

第三节 选择之债

第 1189 条

选择之债的债务人,交付属于债务内的二物之一,其义务解除。

第 1190 条

选择权属于债务人,但明文规定是给予债权人以选择权的除外。

第 1191 条

债务人交付约定的二物之一,即可解除债务;但是,债务人不得各以一物和另一物之部分强迫债权人受领之。

第 1192 条

即使是以选择的方式缔结的债,如果约定的二物中有一物不得作为债的标的,所缔结的债为不附任何条件之债。

第 1193 条

如果约定的二物之一因灭失而无法交付,即使物的灭失是由于债务人的过错引起,选择之债亦成为不附任何条件之债。不得以交付灭失之物的价金替代债的履行。

如果二物均已灭失,且债务人对其中一物的灭失有过错的,债务人应当支付后灭失之物的价金。

第1194条

契约规定在前条所指情况下债权人有选择权时:

如果二物中仅有一物灭失且债务人并无过错的,债权人应当受领尚存之物;如果债务人有过错,债权人得请求交付尚存之物,或者请求交付灭失之物的价金;

如果二物俱已灭失且债务人对物的灭失均有过错的,或者仅对其中一物的灭失有过错时,债权人得依其选择,请求交付任何一物之价金。

第1195条

如果二物之灭失均非债务人的过错引起,且物的灭失在债务人受到催告之前,依第1302条之规定,债的关系消灭。

第1196条

选择之债的标的物有两个以上的情况,适用相同规则。

第四节　连带之债

第一目　债权人之间的连带关系

第1197条

证书明文赋予多名债权人中每一个人就债权全额请求清偿的权利,且向债权人之一进行清偿即解除债务人的债务时,即使债的利益在各债权人之间可分割与可分,此种债为多名债权人间的连带之债。①

第 1198 条

债务人只要没有受到连带债权人之一追偿,可以选择向任何一个连带债权人进行清偿。

但是,仅由连带债权人之一免除债务人的债务时,只能免除该债权人的债权之部分。

第 1199 条

对连带债权人之一中断时效的任何行为,亦利益于其他债权人。

第二目 债务人方面的连带关系

第 1200 条

诸债务人负担同一债务②,其中每一人均对债的全部负清偿责任,且只要其中一人进行了清偿即解除其他债务人对债权人的债务时,成立诸债务人方面的连带关系。

第 1201 条

即使债务人之一对同一债务的清偿所负担的义务不同于其他债务人,例如,一债务人仅依某种条件负担债务,其他债务人所负债务不附任何条件,或者一债务人的债务附有并未给予其他债务人的期限,此种债仍可为连带性质。

第 1202 条

债的连带性,不得推定,应当明文订定。

只有在依法律规定当然成立连带性的场合才停止适用此项规则。

---

① 此处原文仍为"obligation"(债),虽然从条文内容来看,其表述的是"债权",但并未使用"连带债权"一语。

② 原文为"obligés à une meme chose",意为"就同一物""同一事务"负担义务。

第 1203 条

连带缔结的债务的债权人,得对其愿意选择的债务人提出清偿请求,该债务人不得对债权人主张向其他债务人分割清偿之利益。

第 1204 条

债权人对债务人之一提起诉讼,不妨碍对其他债务人提起同样的诉讼。

第 1205 条

如果应当给付之物因连带债务人之一人或数人的过错而灭失,或者是在一债务人或数债务人受到给付催告之后灭失,其他共同债务人不得免除支付物的价金之义务,但不负损害赔偿责任。

债权人可以仅请求损害赔偿。此种请求可以向因过错导致应当给付之物灭失的债务人提出,也可以向受到给付催告的债务人提出。

第 1206 条

对连带债务人之一人提起诉讼,对全体债务人均中断诉讼时效期间。

第 1207 条

对连带债务人之一人提出支付利息的请求,全体债务人均负支付利息之义务。

第 1208 条

受到债权人起诉的连带债务人,得提出基于债的性质而产生的各种抗辩以及专属其个人的抗辩,也可提出属于全体连带债务人的共同抗辩。

受到债权人起诉的连带债务人,不得提出纯属于其他共同债务人中某些人的个人抗辩。

第 1209 条

债务人之一成为债权人的唯一继承人或者债权人成为债务人之一

的唯一继承人时,因债的混同而消灭的连带债权,仅以该债务人或债权人所持的债务或债权之部分为限。

第 1210 条

债权人同意连带债务人中一人分割债务时,仍保留其他债务人负连带责任之诉权,但应当从连带债务中减除其已经同意免负连带责任的债务人应分担的债务之部分。

第 1211 条

债权人分开受领连带债务人之一清偿其应当分担的债务之部分,在收据中没有对债权的连带性或其权利作出保留时,仅免除该债务人的连带责任。

债权人从连带债务人之一人受领等于该债务人应当负担之债务部分的款项,如果收据中并未载明该债务人应当负担的"债务份额已如数结清"(c'est pour sa part)①,不认为已经免除该债务人的连带责任。

债权人单纯对连带债务人之一人就其应当负担的债务部分提出诉讼请求时,如果该债务人不认诺这一请求,或者如果法院尚未作出不利判决,亦适用前款之规定。

第 1212 条

债权人无保留地分割受领连带债务人之一人清偿其本人在债务的定期应付款项或利息中应当负担的部分,仅对已经到期的分期应付款或利息丧失让该人负连带责任之权利,而不丧失让该债务人对没有到期的分期应付款和利息以及本金继续负连带责任的权利,但如果分割清偿已经连续进行 10 年,不在此限。

---

① 此处原文运用的是在此场合特定的法文文书表达方式:"c'est pour sa part",意为"此据系为结清其本人的欠账"或"其本人的欠额收讫"。这也意味着债权人应当在收据上特别注明此等字样,否则,仍然存在连带责任。这是一种格式。

第 1213 条

与债权人连带缔结的债务,在诸债务人相互之间当然分开负担;在诸债务人之间,每一人仅就其应当负担的债务数额与部分承担义务。

第 1214 条

已经全额清偿连带债务的共同债务人,对其他每一个债务人只能请求偿还他们各自应当负担的债务份额与部分。

如果其他债务人中有人没有支付能力,由于无力清偿造成的损失,在有清偿能力的其他债务人和已经进行全额清偿的债务人之间按比例分担。

第 1215 条

在债权人放弃对债务人之一的连带诉权的情况下,如果其他债务人中有一人或数人没有支付能力,该一人或数人应当负担的债务部分在所有的债务人之间按比例划分,其中包括债权人此前已经解除其连带义务的债务人。

第 1216 条

如果为之缔结连带债务的事务仅与共同连带债务人中一人有关,该人应就全部债务对其他连带债务人负担义务;对该债务人而言,其他连带债务人仅视为他的保证人。

第五节　可分之债与不可分之债

第 1217 条

根据债的标的物或作为其标的的行为在交付或履行时是否可以进行物质上或智力上的分割,债为可分之债,或者为不可分之债。

第 1218 条

作为债的标的之物或行为,即使依其性质可以分割,但如果从债的关系考虑,债务不能部分履行时,仍为不可分之债。

第 1219 条

约定的债的连带性质,并不赋予债的不可分性质。

第一目 可分之债的效果

第 1220 条

可分之债,在债权人与债务人之间,应如同不可分之债予以履行。债的可分性,仅在债权人与债务人的继承人不止一人时,始适用于这些继承人;各继承人替代债权人或债务人,仅能请求清偿其有权请求之部分,或者仅清偿其有义务清偿之部分。

第 1221 条

下列情形之一,对债务人的继承人不适用前条确定的原则:

1. 债务有抵押担保的情况;
2. 债务涉及特定物时;
3. 债权人可以选择二物之一的选择之债,其中一物不可分割的情况;
4. 依照文书,仅由债务人的继承人中一人负担履行债务的;
5. 根据义务的性质或标的物的性质,或者依契约中订定的目的,可以知道诸缔约人的本意是该债务不得部分清偿时。

前三种情况,占有应予交付之物或担保债的抵押不动产的继承人,得就该应交付之物或抵押的不动产被诉清偿债之全部,但已经进行清偿的继承人对其他共同继承人有求偿权。在第四种情况下,单独负担债务的继承人,以及第五种情况,每一个继承人,均得被诉清偿债之全部,但对其他共同继承人有求偿权。

第二目　不可分之债的效果

第 1222 条

数人共同缔结一项不可分之债，即使不是连带缔结的债，每一债务人均对债的全额负清偿义务。

第 1223 条

对于缔结此种债务的人的所有继承人，亦适用前条相同的规则。

第 1224 条

债权人的每一个继承人均得要求清偿不可分之债的全额。

各继承人不得单独免除全部债务，亦不得单独受领价金替代债的原标的物；如果继承人之一单独免除债务或者单独受领物之价金，其他共同继承人仅在扣除已经免除债务或受领价金的继承人应得的份额之后，始得请求给付不可分之物。

第 1225 条

债务人的继承人之一被诉清偿全部债务时，可以请求给予一个期限，以便通知其他共同继承人参加诉讼，但是，如果因债务的性质决定只能由被诉的继承人为全部清偿的除外；在此场合，受传唤的继承人得单独受判决清偿全部债务，但对其他共同继承人有求偿权。

第六节　附违约金条款的债

第 1226 条

违约金条款是指，一方当事人为确保契约的履行，承诺在不履行契约的情况下支付违约金的条款。

第 1227 条

主债务无效,违约金条款随之无效。

违约金条款无效,不引起主债务无效。

第 1228 条

对于受到履行催告的债务人,债权人可以不请求给付约定的违约金,而是请求履行主债务(obligation principale)。

第 1229 条

违约金是对债权人因主债务不履行而受到的损害赔偿的补偿(compensation)。

不得同时请求履行主债务和违约金,但是,就单纯的迟延履行规定的违约金除外。

第 1230 条

不论主债务是否规定有其应当履行的期限,仅在承担交付、受领或者作为之义务的人因迟延履行而受到催告(mise en demeure)时,始应支付违约金。

第 1231 条

(1975年7月9日第75-597号法律)在承诺的义务(engagement)已部分履行时,原订的违约金得(1985年10月11日第85-1097号法律)由法官视这种部分履行给债权人带来的利益依职权相应减少,且不影响适用第1152条的规定,任何相反条款均视为未予订立。

第 1232 条

附违约金条款缔结的原始债务(obligation primitive)以不可分之物为标的时,如果债务人的继承人中有任何一人违反义务,应当支付违约金,并且债权人得请求违反义务的人负担全部违约金,或者请求每一个共同继承人支付各自应当负担的部分与份额,或者就抵押的财产请求全部违约金,但是,没有违反义务的继承人对违反义务的继承人有求偿权。

第1233条

附违约金条款缔结的债务为可分之债时,违约金仅由债务人的继承人中违反义务的人负担,并且仅对其在主债务中应当负担的部分支付违约金;债权人对于已经履行义务的继承人不享有请求负担违约金的诉权。

如果在契约中订立违约金条款的本意是规定不得部分清偿债务,在某一共同继承人妨碍债的全部履行时,前条所指规则不予适用;在此场合,债权人可以要求该继承人负担全部违约金,并且可以请求其他共同继承人就各自应当负担的部分支付违约金,但共同继承人对妨碍债务全部履行的继承人有求偿权。

第五章 债的消灭

第1234条

债因以下情形之一而消灭:

——清偿;

——更新;

——自愿免除;

——抵销;

——混同;

——标的物灭失;

——无效或取消;

——因前章规定的解除条件之效力;

——时效完成,但该项内容由专章规定。

第一节 清 偿

第一目 清偿通则

第 1235 条

任何清偿均以有债务为前提;不欠债务而进行的清偿,得请求返还。对已经自愿清偿的自然债务①,不得请求返还。

第 1236 条

债务得由任何利益关系人为清偿,例如,共同债务人或者保证人。

债亦可由没有任何利益关系的第三人进行清偿,但以第三人是用债务人的名义并为结清债务人的债务进行清偿为限;或者,如果第三人以其本人的名义进行清偿,则以其不为代位取得债权人的权利为限。

第 1237 条

在债权人有利益要求由债务人本人履行作为之债时,不得违背债权人的意愿而让第三人履行该债务。

第 1238 条

为使清偿有效,进行清偿的人应当是其用于清偿之物的所有权人,

---

① 所谓"自然之债"的实例:对尚未确立亲子关系的(非婚生)子女,其生父负有抚养义务;父母有义务为其已参加工作、有薪金、作为年轻劳动者的子女免费提供住宿;打算抛弃与之同居的情人的人,有责任保障被遗弃者的未来。

并且有让与该物的能力。

但是,用金钱或其他因使用即消费之物清偿债务,清偿之后已为债权人善意消费的,不得请求返还,即使清偿是由非所有权人或无能力让与该物的人所为,亦同。

第 1239 条

应当向债权人为清偿,或者向享有债权人委托之权利的人或经法院或法律允许替代债权人受领清偿的人为清偿。

向无权为债权人受领清偿的人所为之清偿,如果债权人事后批准或追认或者获得清偿之利益,此种清偿有效。

第 1240 条

善意向占有债权的人所为之清偿有效;即使占有人之占有事后被追夺,亦同。

第 1241 条

如果债权人无能力受领清偿,向其进行的清偿无效;但是,债务人能够证明其清偿之物已使债权人受益的除外。

第 1242 条

债权人的债权受到其本人的债权人扣押,或者受到异议的,债务人仍向其债权人进行清偿,损害实施扣押或提出异议的债权人的利益时,此种清偿对实施扣押或提出异议的债权人不发生效力。

实施扣押或提出异议的债权人得按照各自的权利,强迫债务人为第二次清偿,但是在此场合,债务人对其本人的债权人有求偿权。

第 1243 条

债权人不受强制受领应向其交付之物以外的他物,即使向其提供的物的价值等于或大于其应当受领之物的价值,亦同。

第 1244 条

（1991 年 7 月 9 日第 91-650 号法律第 83 条）债务人不得强制债权人受领债务的部分清偿，即使是可分之债，亦同。

第 1244-1 条

（1991 年 7 月 9 日第 91-650 号法律第 83 条）但是，法官考虑到债务人的状况以及债权人的需要，得判令暂缓或分期清偿所欠款项，期间以 2 年为限。

法官得以特别说明理由之判决，命令被推迟清偿期限的款项按照降低的利率计算利息，但降低的利率不得低于法定利率；或者法官得以同一判决规定首先清偿本金。

此外，法官得规定在债务人完成便于清偿或保证清偿的行为之后，始适用上述措施。

本条规定不适用于扶养之债。

第 1244-2 条

（1991 年 7 月 9 日第 91-650 号法律第 83 条）法官依据第 1244-1 条之规定所作的判决，中止可能由债权人已经实施的强制执行程序；按照迟延清偿之情形加收的利息或处罚款项，在法官确定的期间，亦停止支付。

第 1244-3 条

（1991 年 7 月 9 日第 91-650 号法律第 83 条）违反第 1244-1 条与第 1244-2 条之规定的任何约定条款，均视为未予订立。

第 1245 条

应当给付确定的特定物的债务人，按照该物在交付时所处的状态进行交付，由此可解除其债务；但以该物受到的损坏不是由债务人的行为或过错引起，也不是由债务人应负责任之人的行为或过错引起，或者在损坏发生时债务人并未受到交付催告为限。

第 1246 条

如果债务的标的是仅按种类确定的物,债务人仅须交付上等品质的该种类物,债务即可消灭,但债务人不得交付最差品质的该种类物。

第 1247 条

(1958 年 12 月 23 日第 58-1298 号法律第 35 条)应当在契约指定的地点进行清偿;如果契约没有指定清偿地点,交付确定的特定物时,应当在缔结契约时债的标的物所在地进行清偿。

由法院裁判的扶养费,应当在受领此种给付的人的住所地或居所地支付,法院另有决定的除外。

除以上所指情况外,清偿应当在债务人的住所地进行。

第 1248 条

清偿费用由债务人负担。

第二目 代位清偿

第 1249 条

向债权人进行清偿的第三人,代位行使债权人的权利;此种代位权或者为约定,或者为法定。

第 1250 条

下列情形为约定的代位清偿:

1. 当债权人受领第三人的清偿即由该第三人代位行使其对债务人的权利、诉权、优先权或抵押权时;此种代位权必须明示并与清偿同时发生。

2. 当债务人借款清偿债务即由贷与人代位行使债权人的权利时,为使此种代位清偿有效,借据和受领清偿的收据均应当经公证人作成,并且借据应当写明此项借款是用于清偿该项债务;受领清偿的收据也应当写明此项清偿是用新债权人为此提供的款项而为。此种代位权的成立,无须债权人同意。

第 1251 条

对于下列之人,依法当然产生代位权:

1. 本人也是债权人的人,向根据优先权或抵押权,权利优先于自己的另一债权人为清偿的;

2. 债务人的不动产的买受人用其取得该不动产时应当支付的价金向对该不动产享有抵押权的债权人为清偿的;

3. 由于有义务与他人一起共同清偿债务或者有义务为他人清偿债务因而有利益清偿债务的人,已向债权人进行清偿的;

4. (2006 年 6 月 23 日第 2006-728 号法律第 29-29 条)以遗产的净资产为限接受继承的继承人(原规定为"遗产清册利益享有人")用自己的金钱清偿遗产的全部债务的;

5. 用本人的金钱替代用遗产支付死者丧葬费的人。

第 1252 条

以上条文确定的对债务人行使的代位权,亦对保证人发生;在债权人仅得到部分清偿时,代位权不得损害债权人的利益;在此情况下,债权人对于尚未清偿的债务部分,得优先于他仅从其手中受领了部分清偿的人行使权利。

第三目　指定清偿

第 1253 条

负担数项债务的债务人在进行清偿时,有权申明其欲清偿哪一项债务。

第 1254 条

计息债务或者产生定期应付款项的债务,非经债权人同意,债务人不得指定其进行的清偿首先用于偿还本金,其后才偿还利息或定期应付的款项;在同时清偿本金与利息时,如不足以偿还全部数额,亦应首先偿还利息。

第 1255 条

负担数项债务的债务人在进行部分清偿时,如果债权人在清偿收据上特别指明其受领的清偿是用于偿还其中某一项债务,已经接受该收据的债务人不得再行请求用此给付指定清偿另一项债务,但债权人有欺诈或突然变卦的情形时,不在此限。

第 1256 条

债权人在受领清偿的收据上没有写明其受领的清偿是用于偿还哪一项债务时,应当将此给付用于偿还债务人在进行清偿时已经到期的各项债务中有最大利益先予清偿的债务,否则,用于偿还已经到期的债务,即使受到清偿的该项到期债务的负担轻于其他债务。

如果数项债务的性质相同,应当首先指定清偿产生时间最早的(la plus ancienne)债务;数项债务的所有事项均相同时,按各债务的比例清偿之。

第四目 清偿提议①与提存

第 1257 条

在债权人拒绝受领清偿时,债务人得向债权人提议现实清偿;债权人仍拒绝受领时,债务人得将款项或提议之物予以提存。

在现实清偿提议之后将物或现款提存,解除债务人的债务;有效提出的现实清偿,对于债务人而言,产生清偿的效力;照此提存之物由债权人承担风险。

第 1258 条

提议现实清偿应当符合下列各项规定才能有效:

1. 现实清偿应向有受领能力的债权人提出;或者向有权为债权人受领清偿的人提出;

2. 现实清偿应当由有能力进行清偿的人提出;

3. 提出的现实清偿应当能够偿还已经到期、可追偿的全部款项,连同定期应付的款项和利息、已经清算的费用以及尚未清算的费用的估算款项;估算不足的,应予补足;

4. 如果为债权人的利益订有清偿期限,清偿期限已到;

5. 缔结的债务所附的条件已经成就;

6. 现实清偿应在约定的清偿地提出;如果对于清偿地没有专门的约定,现实清偿应向债权人本人提出,或者在债权人的住所地为之,或者在债权人为履行契约所选定的住所为之;

---

① 此处原文为"offres de payement",与条文中使用的概念"offres réelles"同义。前者直译为"清偿要约",后者译为"现实的提议",指债务人催告债权人接受向其支付的款项或者接受向其提交的应当交付之物,用以清偿债务,在债权人拒绝的情况下,可以将提议之物或金钱予以提存,亦属有效清偿。

7. 现实清偿应当由有资格作成此种证书的公务助理人员为之。

第 1259 条

（1981 年 5 月 12 日第 81-500 号法令废止）

第 1260 条

现实清偿与提存如果有效，引起的费用由债权人负担。

第 1261 条

只要进行的提存尚未经债权人接受，债务人均可撤回；债务人撤回提存，其共同债务人或保证人的债务并不消灭。

第 1262 条

在债务人本人已获得发生确定力的判决宣告其进行的现实清偿和提存适当并且有效时，债务人不得再撤回其已经进行的提存，损害共同债务人或保证人的利益，即使债权人同意其撤回，亦同。

第 1263 条

在法院宣告债务人所为之提存有效的判决发生确定力之后，债权人同意债务人撤回提存的，不得再为请求清偿其债权再行使与之相关联的优先权或抵押权；但是，债权人仅自其同意撤回提存的文书具备撤销抵押权而应当具备的必要形式之日起，始不再享有抵押权。

第 1264 条

如果应当给付之物是必须在该物所在地交付的特定有体物（un corps certain），债务人应当用文书通知债权人本人，或者通知至其住所，或者通知至其为履行契约选定的住所，催促其取走该物；如果债权人受到催促仍然不取走该物，债务人需要利用放置该物的场所时，债务人得请求法院允许将该物转放至其他场所。

第五目 财产的让与

第 1265 条至第 1270 条

(1991 年 7 月 9 日第 91-650 号法律废止)

第二节 债的更新

第 1271 条

债的更新依下列三种方式：

1. 债务人对其债权人缔结新债务取代旧债务，旧债务消灭；
2. 由新的债务人替代原债务人，债权人解除原债务人的债务；
3. 因新的义务承诺的效力，新债权人取代原债权人，债务人由此解除对原债权人的债务。

第 1272 条

债的更新只能在有能力缔结契约的人之间进行。

第 1273 条

债的更新不得推定；进行债的更新的意思，应当在证书中清楚表明。

第 1274 条

即使没有原债务人的参与协助(concours)，仍可因新债务人取代原债务人而发生债的更新。

第 1275 条

债务人向债权人提出由另一债务人对其负担债务而发生的债务承担(la délégation)，如果债权人没有明确申明其同意解除原债务人的债务,不发生债的更新(la novation)。

第1276条

债务人指示由他人承担债务,在债权人已解除原债务人的债务之后,如果承担人成为无清偿能力人,债权人对原债务人没有任何求偿权;但是,如果所订契约中有明文保留,或者承担人在其承担债务时即已开始破产程序或者处于无支付能力状态的除外。

第1277条

债务人单纯指明由某人代其清偿债务的,不发生债的更新。

同样,债权人单纯指明由某人代其受领清偿的,也不发生债的更新。

第1278条

原债权享有的优先权(先取特权)与抵押权,不转移至替代该债权的债权,但债权人已作出明文保留的除外。

第1279条

在因新债务人替代旧债务人发生债的更新时,属于债权的原有优先权(先取特权)与抵押权,不得转移至新债务人的财产。

(1971年7月16日第71-579号法律第46条)为保证新债务人履行其承诺的义务,经负担优先权与抵押权之财产的所有权人同意,原债权享有的优先权与抵押权得予保留。

第1280条

在债权人与诸连带债务人中一人之间发生债的更新时,属于原债权的优先权(先取特权)与抵押权只能对缔结新债的人的财产保留之。

第1281条

在债权人与连带债务人(débiteurs solidaires)中一人之间发生债的

更新时,解除诸共同债务人(codébiteurs)的债务。

对主债务人发生的债的更新,解除诸保证人的担保义务。

但是,如果债权人在第一种场合要求其他共同债务人,在第二种场合要求保证人仍然参与承诺新的安排(nouvel arrangement),其他共同债务人与保证人拒绝参与时,原债权继续存在。

第三节　债务免除

第1282条

债权人自愿将其私署证书的原本交还债务人,成立免除债务的证明。

第1283条

债权人自愿将证书的经公证的大字抄本交还债务人,推定其免除债务或者债务已经清偿,有相反证据时除外。

第1284条

债权人自愿将私署证书的原本或者经公证的大字抄本交还连带债务人中之一人,产生利于其他共同债务人的相同效力。

第1285条

债权人为连带债务人之一人的利益,以契约约定免除或解除该债务人的债务,亦解除其他所有的连带债务人的债务,但债权人明示保留对其他债务人的权利时除外。

后一种情况下,债权人只能要求清偿扣减其免除之部分的债权。

第1286条

(仅仅是)退还用于设立(2006年3月23日第2006-346号授权法令)有形动产质权(gage,有形动产质押)或无形动产质权

（nantissement）之物，不足以推定免除债务。

第 1287 条

约定同意免除或者解除主债务人的债务，保证人的担保义务亦告解除。

同意免除或解除保证人的义务，并不解除主债务人的债务。

同意免除或解除保证人之一人的义务，不解除其他保证人应负的义务。

第 1288 条

债权人受领保证人为解除其本人负担的保证义务而进行的给付，应当充抵债务的清偿，并在已清偿的数额之内，解除主债务人与其他保证人的义务。

第四节 债的抵销

第 1289 条

二人互为债务人时，相互之间按照以下表述的方式和情况，进行债务抵销，消灭两项债务。

第 1290 条

即使各债务人均不知晓，仍可唯一依法律的效力当然进行债的抵销。

两项债务自同时存在时起，在各自同等数额的限度内相互消灭之。

第 1291 条

只有在两项债务均以一定数额的金钱为标的，或者均以一定数量的同种类、可替代物为标的，并且数额均已确定、清偿期限已到的，始能进行抵销。

应当给付之物是谷物或食品时，在没有争议并且是依时价确定价格的情况下,得用一定数额的可追偿的钱款进行抵销。

第 1292 条

清偿宽限期不妨碍债的抵销。

第 1293 条

无论此债或彼债的原因如何,均可相互抵销,但以下情形除外:

1. 物的所有权人被不法侵夺占有,请求返还该物时;

2. 请求返还寄托之物和使用借贷之物时;

3. 以宣告不得扣押之扶养费为标的的债务。

第 1294 条

债权人欠主债务人的债务,保证人得主张抵销。

但是,债权人欠保证人的债务时,主债务人不得主张抵销。

连带债务人对于债权人欠其共同债务人的债务同样不得主张抵销。

第 1295 条

债务人无条件同意债权人向第三人让与其权利的,不得再对受让人提出其在同意债权让与之前本可对让与人主张的债的抵销。

向债务人送达了通知但其没有同意债权的让与,仅阻止在此项通知以后发生的债权的抵销。

第 1296 条

两项债务不能在同一地进行清偿时,仅在一方将"交付"所需的费用补偿他方之后,才能主张债的抵销。

第 1297 条

同一人负数项可以抵销的债务时,为进行抵销,适用第 1256 条对指定清偿所确定的规则。

第 1298 条

债的抵销不得损害第三人已经取得的权利。因此,作为债务人的人,在第三人于其手中实施支付扣押之后才对其债权人取得债权的,不得损害实施扣押的人的利益而主张他本人与其债权人之间进行债的抵销。

第 1299 条

债务人对债权人的一项债务本可与其对债权人的债权相互抵销而消灭,但债务人并没有进行抵销而是清偿了该债务,不得损害第三人利益,在行使其没有进行抵销的债权时再行主张该债权所附有的优先权与抵押权;但是,如果因正当原因不知道其享有可以抵销其债务的债权,不在此限。

第五节　债的混同

第 1300 条

债权人与债务人的资格集于一人时,依法当然发生债的混同(confusion de droit),消灭两项债权(créance)。

第 1301 条

主债务人与债权人身份发生混同,为保证人带来利益。

保证人与债权人身份发生混同,不引起主债务消灭。

债权人身份与连带债务人之一身份混同,仅就其作为债务人而负担的债务之部分,为其他共同债务人带来利益。

第六节 标的物灭失

第1302条

债的标的是确定的特定物,如其灭失、不能再用于交易或者绝对不知下落时,如其在债务人受到清偿催告之前被毁坏或灭失,且债务人于其中并无过错,债的关系消灭。

债务人虽然受到清偿催告但并未约定其应当对偶然事件承担责任时,在标的物即使已经交付债权人仍不能免于毁坏的情况下,债的关系亦消灭。

债务人对其主张的偶然事件应负举证责任。

盗窃之物,无论如何毁坏或遗失,盗窃者均不因此免除返还物的价金的义务。

第1303条

标的物灭失,不能用于交易或者遗失,不是由于债务人的过错引起时,如果债务人就此事由对他人有损害赔偿请求权或诉权,应将此求偿权与诉权让与其债权人。

第七节 请求宣告契约无效或取消契约之诉

第1304条

(1968年1月3日第68-5号法律)请求宣告契约无效或取消契约之诉讼,凡特别法律没有规定更短期限的情形,均应在5年内提起。

在存在胁迫的情况下,前款所定期间仅自胁迫停止之日起计算;在有错误或欺诈之场合,前款所定期间仅自发现错误或欺诈之日起计算。

对于未成年人实施的契约行为,前述期间仅自未成年人到达成年之日或解除亲权之日起计算;对于受保护的成年人实施的契约行为,在该成年人能够有效地重新实施契约行为时,仅自其知道订立契约之日起计算;对于无能力人的继承人,前述期间如果在无能力人死亡之前未开始计算,仅从该人死亡之日起计算。

第 1305 条

(1964 年 12 月 14 日第 64-1230 号法律)任何种类的契约,只要因显失公平,致使未解除亲权的未成年人受到损害,均得为未成年人的利益取消之。

第 1306 条

如果显失公平、受到损失完全是由不可预见的偶然事件引起的,未成年人亦不得以此原因主张取消契约。

第 1307 条

未成年人在订立契约时简单声称(la simple déclaration)其已经成年的,不妨碍取消已订立的契约。

第 1308 条

(1974 年 7 月 5 日第 74-631 号法律)已经从事职业的未成年人不得主张取消其在从事该职业时作出的义务承诺。

第 1309 条

未成年人的夫妻财产契约中订立的条款,如果得到其"婚姻需经其同意才能有效"的人的赞同和协助,未成年人不得主张取消此种条款。

第 1310 条

未成年人不得主张取消因其侵权行为或准侵权行为引起的损害赔偿之债。

第 1311 条

未成年人对其在未成年时期缔结的义务,无论是形式上无效还是仅仅属于可以取消之列,如其成年时予以追认或确认,不得再主张取消。

第 1312 条

(1938 年 2 月 18 日法律)在未成年人或受监护的成年人准许以此种资格请求取消其义务承诺时,对于在他们未成年期间或受监护期间由此种义务引起他方当事人已经进行的给付不得要求偿还;但是,如果证明所进行的给付已转为使未成年人或受监护的成年人本人受益,不在此限。

第 1313 条

成年人因订立的契约显失公平而受到损害时,仅在符合本法典特别规定的情形与条件时,才能以此原因请求取消契约。

第 1314 条

如果对未成年人或受监护的成年人在不动产让与或者遗产分割时要求的各项手续均完备,视未成年人或受监护的成年人是在成年之后或受监护之前完成这些手续。

第六章 债的证据与清偿证据

第 1315 条

要求履行债务的人,应当证明债的存在;与此相对应,主张债务已经清偿的人,应当证明其已进行清偿或者证明有引起债务消灭的事实。

第 1315-1 条

(2000 年 3 月 13 日第 2000-230 号法律)有关书证、证人证言、推定、当事人自认与宣誓的规则在以下各节规定。

第一节 书 证

第一目 一般规定

（2000 年 3 月 13 日第 2000-230 号法律）

第 1316 条

（2000 年 3 月 13 日第 2000-230 号法律）书证（la preuve littérale, la preuve par écrit）由文书、单据、文字、数字或者其他各种具有可理解之意义的符号或象征产生，不论其载体与传达方式如何。

第 1316-1 条

（2000 年 3 月 13 日第 2000-230 号法律）电子形式的文字，如同纸质载体书写文字，准许作为证据，但以按照规定能够鉴别其发送人的身份，以及按照足以保证其完整性的条件建立和保存为限。

第 1316-2 条

（2000 年 3 月 13 日第 2000-230 号法律）在法律没有确定其他原则，且当事人之间没有有效协议的情况下，由法官处理书证的冲突并以任何方法认定最具真实性的证书，不论其载体如何。

第 1316-3 条

（2000 年 3 月 13 日第 2000-230 号法律）电子载体的文字与纸质载体的文字具有同样的证明力。

第 1316-4 条

（2000 年 3 月 13 日第 2000-230 号法律）对于法律行为的完善有必要的签字，可以用来鉴别签字人。签字，表明当事人同意由文书产生的债务。由公务助理人员在文书上签字,赋予该文书以公署性质。

如果是电子形式的签字,应当使用可行的鉴别方法,保证此种签字与有关联的行为联系起来。此种方法的可行性属于推定的可行性,有相反证据时除外。电子签字一经成立,按照经最高行政法院提出资政意见后颁布的法令规定的条件,确保能够鉴别谁是签字人以及确保文书的完整性。

第二目 公署文书

第 1317 条

公署文书是指,有权制作此种文书的公务助理人员在其制作文书的场所并按照要求的格式作成的文书。

(2000 年 3 月 13 日第 2000-230 号法律)如果符合经最高行政法院提出资政意见后颁布的法令规定的条件制作和保存,公署文书也可以采用电子载体制作。

第 1318 条

因制作文书的官员无权限或无资格,或者因制作的文书不符合规定的形式,不能认为是公署文书时,如果双方当事人均已在其上签字,仍可产生私署文书的效力。

第 1319 条

公署文书,在缔结契约的当事人之间以及在他们的继承人或权利继受人之间,具有证明其包含的各约定事项的完全效力(faire pleine foi)。

但是,在经本诉途径提出告诉,指控文书属于伪造之声明的情况下,被指属于伪造的文书因受到起诉而中止其效力;在以附带之诉提出文书属于伪造之声明的情况下,法院得视情形,暂时停止执行文书。

第 1320 条

不论是公署文书还是私署文书,在当事人之间均具有证据效力;即使其中仅以解释性用语表述的事项,只要此种表述与约定的条款有直接关系,亦具有证据效力;与所订条款无关的表述,仅得作为书证之端绪。

第 1321 条

私下订立的废除或者变更原契约的秘密附约,仅在缔结此种附约的当事人之间有效,对第三人不具有任何效力。

第三目 私署文书

第 1322 条

针对某人提出的私证书得到该人承认时,或者依法得到承认其属真实时,该私证书在其签字人之间以及在签字人的继承人和权利继受人之间,具有与公证书相同的证据效力。

第 1323 条

当事人一方针对另一方提出一份私署文书时,另一方当事人必须肯定地承认或者否认证书上是其本人的字迹或签名。

另一方当事人的继承人或权利继受人,得仅作不认识被继承人的签字或字迹的声明。

第 1324 条

如果当事人否认私署文书上是他的字迹或签名,或者该当事人的继承人或权利继受人声明不认识私署文书上是谁的字迹或签名,法院得命令进行字迹鉴定。

第 1325 条

包含有双务契约的私署文书,仅在按照具有不同利益的当事人的人数制作相应份数的原本并且每一个当事人各执一份时,始为有效。

对于具有相同利益的每一个当事人,共备一份原本即可。

私署文书的每一份原本上均应写明同时制作的原本份数。

但是,如果证书上没有写明原本一式二份,一式三份,等等,已经履行该证书所载的契约的人,不得再主张取消该证书。

(2005年6月16日第2005-674号授权法令)文书是按照第1316-1条与第1316-4条制作与保存,使用的手段可以使每一方当事人均持有一份文本或者可以进入该文本时,对于采用电子形式订立的合同,视为符合原本一式多份的要求。

第1326条

(1980年7月12日第80-525号法律)一方当事人单方承担义务向另一方当事人给付一定数额的金钱或者交付某一可替代之财产时,这一法律行为,必须用另一份包含有订立此项义务的人签名的证书确认,同时写明(2000年3月13日第2000-230号法律)"经其本人签字"之字样,并且用大写数字与数目书写款项的数额或者财产的数量。在两份文书有差别时,私署证书用大写数字书写的有效。

第1327条

(1980年7月12日第80-525号法律废止)

第1327条原条文:如果证书的正文中写明的款项数额与在另一行写明的并且在其上注明"有效"二字的数字不一致,推定债务仅为较小的数字表明的数额,即使证书与注明的字迹均系负担债务的人本人所写,亦同;但如果能够具体证明哪一个数字是写错的数字,不在此限。

第1328条

私证书仅以其登记之日,或者签署证书的人或其中一人死亡之日,或者其主要内容得到公务助理人员制作并加盖印记的笔录或财产目录之类的文书确认之日,作为可以对第三人主张的日期。

第1329条

商人的登记簿册,对于非商人,不构成其上记载的供货的证据,但以下条款有关宣誓的规定保留适用。

第1330条

商人的账册,得作为对其本人的不利证据;但欲用此账册作为利于自己的证据的,不得将账册中不利其主张的记载分割排除之。

第1331条

家庭自立的登记簿册与字据,不得作为书写人享有某项权利的证明,但以下两种情形对于制作登记簿册和字据的人得为不利之证明:

1. 凡是登记簿册与字据中载明其已受领清偿的;

2. 登记簿册与字据中有明文记载,书写人对某人负有债务,而此项债务并无证书,此项记载是替代该证书时。

第1332条

债权人在其始终占有的证书的末尾、页边或背面加写的文字,在其倾向于确认债务人已经解除债务时,即使没有债权人的签字与注明日期,亦具有证明债务已经清偿的效力。

债权人在证书或收据的复本的背面、页边或末尾加写的此种文字,亦同,但以该复本在债务人手中为限。

第四目 尺 码

第1333条

与样品一致的尺码,在习惯上依此确认零售供货与收货的人相互之间,具有证据效力。

第五目 证书的抄本

第 1334 条

证书的原本存在时,其抄本仅为原本所载内容的证明。

始终可以要求提交原本。

第 1335 条

证书的原本不复存在时,按照以下区分,抄本得为原本的证明:

1. 经公证的原大字抄本或最初抄本,与原本具有相同的证明力;依司法官之命令,于当事人在场或者依法传唤当事人到场作成的抄本,或者在当事人面前并经当事人双方同意作成的抄本,亦具有与原本相同的证明力。

2. 虽无司法官的命令,亦未经诸当事人同意,由接受原本的公证人或该公证人的继任人或者因其身份保存有寄存的原本的公务员,在提交经公证的大字抄本或最初抄本之后,依据原本作成的抄本,如其已经陈旧,在原本遗失的情况下,亦具有与原本相同的证明力;抄本作成后历时已达 30 年以上的,视其为陈旧;如果抄本历时不满 30 年,仅得作为书证之端绪。

3. 依据原本作成的抄本,如果不是由接受原本的公证人或该公证人的继任人之一制作,或者不是由因其身份保有寄存的原本的公务员制作,不论其历经年限如何,均只能作为书证之端绪。

4. 依据抄本制作的抄本,按具体情形,仅视为普通材料。

第 1336 条

一项文书已在公立登记簿上进行登记的,该登记簿上的记载仅得为书证之端绪,且应具备以下条件:

1. 经证明公证人在作成该证书的同一年内制作的所有证书均已遗

失,或者该证书的原本遗失系因特别事件所致;

2. 公证人依照规则编制的证书登记目录能够确认证书的作成日期与当事人本人所述的日期相一致。

在运用上述两种情形并允许证人作证时,如果作成证书时的证人仍在,应当听取其证言。

第六目 承认证书与确认证书

第1337条

即使有承认证书,仍不免除提出证书的原本,但如果原始证书的内容在承认证书中已经特别写明,不在此限。

承认证书所载的内容超出原始证书所载内容的,或者与原始证书所载内容不一致的,不生任何效力。

但是,在承认证书有多份且各份证书所载内容均一致并为债权人持有时,如果其中一份已历时达30年,得免除债权人提出原始证书的义务。

第1338条

对于法律允许提出无效之诉或取消之诉的债务,用证书予以确认或批准(ratification,追认)的,仅在证书中载明债务的要旨、提出取消之诉的理由以及补正提出此种诉讼所依据的缺陷的意愿时,始为有效。

在没有确认证书或批准(追认)证书时,只要在对债务可进行有效确认或批准的期间之后自愿履行该债务,亦等同对债务的确认或批准(追认)。

依法律确定的方式与期间,对债务作出确认、批准或自愿履行,意味着抛弃对该债务证书原可提出的一切诉讼与抗辩,但不得损及第三人的权利。

第 1339 条

赠与人所为生前赠与因其形式瑕疵而无效时,不得以任何确认(追认)文书补正此种瑕疵;赠与人应当按照法定形式重新进行赠与。

第 1340 条

赠与人的继承人或权利继受人在赠与人死后确认(追认)或承认或者自愿履行赠与人所为之赠与,意味着抛弃对形式瑕疵的诉讼和其他一切抗辩。

第二节 证人证言

第 1341 条

(1980 年 7 月 12 日第 80-525 号法律)凡是超过法令确定之款额或价值之物(chose),即使是自愿寄托,均应在公证人前作成证书,或者作成经各方签名的私署文书;在证书作成之后,凡是与证书内容不同或超出证书内容的事项,不得以证人证明,也不得对证书作成之前、之时或之后声明的诸事项,以证人证明之,即使涉及的款额或价值低于法律规定的数额或价值,亦不得以证人作证明。

前述各项规则不影响有关商事交易的法律规定。

第 1342 条

(1948 年 2 月 21 日第 48-300 号法律)在提起的诉讼中,除请求本金之外还请求利息时,两者合计超过(1980 年 7 月 12 日第 80-525 号法律)前条规定的数额的,亦适用该条所定的规则。

第 1343 条

(1948 年 2 月 21 日第 48-300 号法律)提出的诉讼请求的数额超过第 1341 条规定的数额时,即使减少一开始主张的数额,亦不得再以证人作证明。

第 1344 条

（1948 年 2 月 21 日第 48-300 号法律）即使提出的诉讼请求数额低于第 1341 条所定的数额，在该数额经宣告是一项并未依书证证明的更大债权的余额或其一部分时，不得以证人证言为证明。

第 1345 条

（1948 年 2 月 21 日第 48-300 号法律）如果一方当事人在同一诉讼中提出多项债权请求，在此种请求并无任何证书为凭据，且数项债权合计超过第 1341 条规定的数额时，不得以证人证明，即使该当事人认为其数项债权产生的原因不同，成立的时间有先有后，亦同；但如果债权人的此种权利是因继承、赠与或其他方式来自不同的人，不在此限。

第 1346 条

任何诉讼请求，无论以何名义，凡不能以书证完全证明的，均应以同一书状提出；此后提出的不能以书证证明的其他任何请求，均不予接受。

第 1347 条

在有书证之端绪时，不适用上述各条确定的规则。

由诉讼被告或由其代表的人书面出具的任何文书，倾向于证实原告主张的事实的，称为书证之端绪。

（1975 年 7 月 9 日第 75-596 号法律）一方当事人亲自出庭时所作的声明，拒绝回答法庭的提问或者在开庭时缺席，法官可以将此种情形视为相当于书证之端绪。

第 1348 条

（1980 年 7 月 12 日第 80-525 号法律）对于因准契约、侵权行为或准侵权行为产生的债务,或者在当事人之一客观上或精神上不可能取得其法律行为的书证时,或者在当事人之一因意外事件或不可抗力失去可以用作书证的证书时,亦不适用上述规则。

在一方当事人或受寄托人没有保存证书的原本,但提交的抄本不仅与原本完全相符而且可以长期保存时,亦不适用前述规则。凡是原本的复制件不可涂擦,如在其上涂擦即造成不可复原的,视为可长期保存的复制件。

第三节 推 定

第1349条

推定是指法律或者司法官依据已知的事实推断未知事实所得的结果。

第一目 由法律确立的推定

第1350条

法律上的推定(présomption légale)是指,由某一特别法律将其与特定行为或特定事实联系起来的推定,例如:

1. 法律唯一依据行为的性质,推定其违反法律的规定宣告其无效的行为;
2. 法律宣告由某些确定的情节引起所有权或者解除债务的情况;
3. 法律赋予既判事由的权威效力;
4. 法律赋予当事人的自认或宣誓的效力。

第1351条

既判力仅对已经判决的事由发生。请求之物应为同一物(la même chose);诉讼请求应基于同一原因(la même cause);诉讼应在相同的当事人(les mêmes parties)之间进行,并且应是由同一原告针对同一被告以同一身份(la même qualité)提起。

第 1352 条

法律上的推定,免除受其利益的当事人的一切举证责任。

依据法律上的推定,法律视某些行为无效或视其不发生诉权时,不准许提出任何证据推翻之;但法律允许提出反证的,以及有关宣誓与诉讼中的自认的规定,不在此限。

第二目　并非由法律确立的推定

第 1353 条

并非由法律确立的推定,由司法官依其明见与审慎自定之;司法官仅应承认重大的、明确具体的、前后一致的推定,且仅在法律允许以证人作证的情形下作此种推定,但如证书因欺诈之原因被提起诉讼的,不在此限。

实行分别财产制的夫妻之间有关财产所有权的证据,不依第 1341 条的规定处理,而应当依据第 1538 条之规定,对此种财产所有权准许以任何方法提出证据。关于医生履行了自己的告知义务的证据,得依推定提出。

第四节　当事人自认

第 1354 条

对于当事人一方不利的自认,或者为裁判外的自认,或者为裁判上的自认。

第 1355 条

凡是涉及不准运用证人证言的诉讼请求,援用他方当事人在裁判外纯粹言词上的自认,不产生任何效力。

第 1356 条

裁判上的自认是指,当事人或者经当事人专门委托授权的人在法庭上所作的公开声明(déclaration)。

裁判上的自认,对于作此自认的人具有完全的证据效力。

裁判上的自认,不得针对作此自认的人分割利用。

裁判上的自认,不得撤回,但如能证明其系因事实错误而为,不在此限;不得以误解法律为借口主张撤回裁判上的自认。

第五节 宣 誓

第 1357 条

裁判上的宣誓分以下两种:

1. 当事人一方要求另一方宣誓,使诉讼的判决系于此种宣誓时,称为决讼宣誓;

2. 由法官依职权命令当事人一方进行的宣誓。

第一目 决讼宣誓

第 1358 条

不论何种争议,均得要求为决讼宣誓。

第 1359 条

只有与受宣誓要求的人本人有关的事实,始能要求其为决诉宣誓。

第 1360 条

无论诉讼至何阶段,即使请求或抗辩并无任何书证之端绪,亦得就此种请求或抗辩要求对方为决讼宣誓。

第 1361 条

如受要求宣誓的人拒绝宣誓,或者不同意要求其宣誓的对方当事人进行宣誓,或者受反宣誓要求的对方当事人拒绝宣誓,诉讼请求应予驳回,或者抗辩不予接受。

第 1362 条

如果宣誓所涉及的事实并非与双方当事人有关,而纯粹与受要求宣誓的一方当事人个人有关时,不得反过来要求对方当事人宣誓。

第 1363 条

一方受到要求、已经宣誓或受到反要求、已经宣誓,不允许对方当事人证明宣誓虚假。

第 1364 条

一方当事人要求或反要求对方当事人宣誓,在对方当事人声明准备宣誓之后,不得反悔。

第 1365 条

宣誓仅对于已进行宣誓的人及其继承人或权利继受人为有利或不利之证明。

但是,连带债权人之一要求债务人进行的宣誓,仅就该债权人所占债权之部分解除债务人的债务。

主债务人受要求进行的宣誓,亦解除保证人的义务。

连带债务人中一人受债权人要求而进行的宣誓,为其他共同债务人带来利益。

保证人受债权人的要求进行的宣誓,为主债务人带来利益。

前两种情形,仅在对债务要求宣誓而不是对连带责任或保证责任之事实要求宣誓时,由一连带债务人或保证人所为之宣誓,始利于其他共同债务人,或者利于主债务人。

第二目　法院依职权要求进行的宣誓

第 1366 条

为了使诉讼的判决取决于宣誓,或者仅仅是为了确定判处的数额,法官得令一方当事人宣誓。

第 1367 条

只有符合以下两项条件的情况下,法官才能依职权就诉讼请求或者针对此种请求提出的抗辩令当事人宣誓:

1. 请求或抗辩尚未完全得到证明;
2. 请求或抗辩并非完全无证据。

除此两种情形外,法官应当或者照准宣誓,或者径直驳回请求。

第 1368 条

法官依职权令当事人一方宣誓时,受命令宣誓的当事人不得反要求他方当事人亦进行宣誓。

第 1369 条

就请求之物的价值宣誓,仅在此种价值不能用其他方法确定时,法官始得令原告宣誓。

在此场合,法官仍应确定一个数额,原告宣誓的数额在此限数内,始为可信。

第七章　采用电子形式订立的合同

（2004年6月21日第2004-575号法律）

第一节　采用电子形式订立合同情况下的信息交换

（2005年6月16日第2005-674号授权法令）

第1369-1条

（2005年6月16日第2005-674号授权法令）可以采用电子途径提出订立合同的条件或者提供有关财产或服务的信息。

第1369-2条

（2005年6月16日第2005-674号授权法令）如收件人同意使用电子邮件，可以通过此种手段(向其)传送为订立合同而要求提供的信息，或者传送在履行合同过程中提供的信息。

第1369-3条

（2005年6月16日第2005-674号授权法令）从事职业的人只要告知其电子通信地址，向其提供的信息得经电子邮件发送。

如果这些信息必须载于表格，该表格经电子邮件提交应填表格的人。

第二节　采用电子形式订立的合同

（2005年6月16日第2005-674号授权法令）

第1369-4条

（2004年6月21日第2004-575号法律）任何人以从事职业名义通过电子途径提供财产供货或服务给付时，应当采用可以保存并且可以复制的方法提出所采用的合同条件。只要通过电子途径可以接触财产或服务的提供者，该提供者即由此承担义务，但不影响在要约中已经写明的有关其有效性的确认条件。

与此同时，要约应写明以下事项：

1. 为通过电子途径订立合同应当遵守的后续操作步骤；
2. 能够让使用者在订立合同之前鉴别在取得数据资料时出现的错误并进行更正的技术手段；
3. 为订立合同，建议采用的语言；
4. 在转存合同的情况下，要约人转存合同的方式，以及进入已转存的合同的条件；
5. 通过电子途径查阅要约人在相应情况下准备遵守的行业与商业规则。

第1369-5条

（2005年6月21日第2004-575号法律）为了使合同有效订立，要约的收件人在确认其订货并表示接受之前，应当有可能审查其订货的细节和价金总额以及更正可能出现的错误。

要约人应当在合理的期限内通过电子途径接受向其发出的订单。

订货、确认接受要约以及接受订货，在双方收件人均可进入相关邮件时，视为已经收悉。

第 1369-6 条

（2005 年 6 月 16 日第 2005-674 号授权法令）对于唯一经交换电子邮件订立的财产供货或服务给付合同，第 1369-4 条第 1 点与第 5 点以及第 1369-5 条第 1 款所指的义务可以有例外。

此外，在从事职业的人之间订立的协议，可以规定第 1369-5 条与第 1369-4 条第 1 点至第 5 点之规定的例外。

第三节 通过电子途径发送或提交信件、文书

（2005 年 6 月 16 日第 2005-674 号授权法令）

第 1369-7 条

（2005 年 6 月 16 日第 2005-674 号授权法令）与订立或者履行合同有关的普通信件可以经电子邮件发送。

在电子手段符合最高行政法院提出资政意见后颁发的法令确定的条件时，发送电子邮件的日期由电子手段产生，其有效性得到推定，有相反证据时除外。

第 1369-8 条

（2005 年 6 月 16 日第 2005-674 号授权法令）与订立或者履行合同有关的挂号信可以经电子邮件发送，但应符合以下条件：该邮件经第三人传送，传送手段可以鉴别该第三人并能指明发送人，可以保障收件人身份并确定信件是否已传送到收件人。

挂号信的内容，由发送人选择，可以由第三人打印在纸张上发送收件人或者通过电子途径发送。后一种情况下，如果收件人不是职业从业者，他应当要求通过这种手段发送或者在此前的交换往来过程中已

同意过这种做法。

在发信或者收信日期均产生于电子途径时，如果此种方法符合最高行政法院提出资政意见后颁布的法令确定的条件，其有效性得到推定，有相反证据时除外。

收信人可以经电子途径或者通过可以保存信件的其他任何手段发出收到信件的通知。

最高行政法院提出资政意见后颁布的法令确定本条的适用条件。

第1369-9条

（2005年6月16日第2005-674号授权法令）除第1369-1条与第1369-2条规定的情况外，用电子形式提交一份文书，在收件人能够知道该文书并予接收时，即为实际提交。

如果有条款规定应当向收件人宣读文书，按照第1款规定的条件将电子文字传送给收件人，即等于宣读。

第四节　形式上的特定要求

（2005年6月16日第2005-674号授权法令）

第1369-10条

（2005年6月16日第2005-674号授权法令）在要求纸载文书必须遵守可读性或者专门格式之特别条件的情况下，采用电子形式的文书应符合类似的要求。

通过电子手段可以下载表格并以相同途径返回时，即认为电子途径可以满足有关采用表格的要求。

第1369-11条

（2005年6月16日第2005-674号授权法令）在要求发送一式多份

的文书时,如果文书能够为收件人打印,即属电子形式的文书符合此项要求。

第四编　非因合意发生的债

第1370条

某些义务(engagement)或债务,无论是承担义务或债务的人一方,还是对其承担义务或债务的人一方,可以在没有任何合意的情况下成立。

此种义务或债务,有些唯一是由法律的权威效力(autorité de la loi)而发生,有些是因负担义务或债务的人本人的行为而发生。

因法律的权威效力而发生的义务或债务是并非依当事人自己的愿意成立的义务或债务,诸如相邻所有权人之间的义务、不得拒绝法律规定的应当履行之职责的监护人或其他管理人的义务或债务。

由于负担债务的人本人的行为产生的债务是指,由准契约、侵权行为或准侵权行为引起的债务。本编所规定者,属于此种债务。

第一章　准契约

第1371条

准契约(les quasi-contrats)是指人的纯粹自愿行为引起对第三人承担某种义务(engagement)以及有时引起双方当事人相互负担义务。

第 1372 条

自愿管理他人事务时,不论该事务的所有人是否知道此种管理事由,进行管理的人均属缔结继续进行其已经开始的管理的默示义务,直至事务的所有人(本人)能够自行管理为止;管理人也应当负责管理与同一事务有关的所有附属事务。

管理人负有如同所有权人对其有明示委托时产生的全部义务。

第 1373 条

即使事务的所有人在该事务终了之前死亡,管理人仍然负有继续管理之义务,直至事务所有人的继承人能够负担管理时为止。

第 1374 条

管理人应当对事务的管理给予善良家父(bon pere de famille)之应有的注意。

但是,关于因管理人的过错或懈怠引起的损害赔偿,法官可以根据管理人之所以负责管理事务的具体情形,酌情减轻之。

第 1375 条

其事务受到很好管理的所有人,应当履行管理人以其名义缔结的义务;对管理人为管理事务而负担的全部个人债务应给予补偿,同时应偿还管理人为此负担的一切有益的或必要的费用。

第 1376 条

因误解或者明知但有意受领不当受领之物的人,对给付人负返还其受领之物的义务。

第 1377 条

误认为自己负有债务并进行了清偿的人,有权要求债权人返还。

但是,债权人在受领清偿之后已将证书毁弃的情况下,进行清偿的人向债权人请求返还的权利即告停止,但对真正的债务人有求偿权。

第1378条

如果受领人为恶意,应当返还本金以及自清偿之日产生的利息或孳息。

第1379条

如果不当受领之物是不动产或有形动产并且原物仍然存在时,受领人有义务返还原物;如果因受领人的过错致其受领之物灭失或损坏,应返还物之价金。

如果受领人为恶意,即使是因意外事件致其受领之物灭失,仍应对此负担保人之责任。

第1380条

善意受领人如果已将受领之物卖出,仅需返还其出卖该物所得的价金。

第1381条

返还之物的收受人应当偿还物的占有人为保存该物所负担的必要的、有益的费用,即使对于恶意占有人,亦同。

第二章 侵权行为与准侵权行为

第1382条

人的任何行为给他人造成损害时,因其过错致该行为发生之人有义务赔偿损害。

第1383条

任何人不仅对其行为造成的损害负赔偿责任(responsible du dommage),而且对因其懈怠(négligence)或疏忽大意(imprudence)造成的损害负赔偿责任。

第 1384 条

任何人不仅对因自己的行为造成的损害负赔偿责任，而且对应由其负责之人的行为或由其照管(sous sa garde)之物造成的损害负赔偿责任。

(1922年11月7日法律)但是，不论以何名义持有不动产或动产之全部或部分的人，在该不动产或动产内发生火灾的情况下，仅在证明火灾的发生应归咎于该财产持有人的过错时，或者应归咎于由其负责之人的过错时，始就火灾造成的损害，对第三人负赔偿责任。

前款规定不适用于所有权人与承租人之间的关系，此种关系仍然受本法典第1733条与第1734条之规定调整。

(1970年6月4日第70-459号法律)父与母，只要他们行使(2002年3月4日第2002-305号法律)对子女的亲权(原规定为"行使对子女的照管权")，即应当对与其一起居住的未成年子女造成的损害，承担连带责任。

主人与雇主，对其家庭佣人与受雇人在履行受雇的职责中造成的损害，负赔偿责任。

小学教师与家庭教师及手工艺人，对学生与学徒在受其监管的时间内造成的损害，负赔偿责任。

(1937年4月5日法律)除父、母与手工艺人证明他们不可能阻止引起前述责任的行为之外，均发生前述责任。

涉及小学教师与家庭教师时，其受到指控的造成损害事实的过错、轻率不慎或疏忽大意，应由原告按照普通法在诉讼中举证证明之。

第 1385 条

动物的所有人或者使用人，在使用牲畜的时间内，对动物或牲畜造成的损害应负赔偿责任,不论该动物或牲畜是在其管束之下还是走失或逃逸。

第1386条

建筑物的所有人,对建筑物因维修不善或者因建筑瑕疵而倒塌造成的损害负赔偿责任。

附目七 原时效与占有的条文

第二十编 时效与占有

（1975 年 7 月 9 日第 75-596 号法律）

第一章 通 则

第 2219 条

时效是指按照法律确定的条件，经过一定期间，取得财产所有权或者自行免除义务的一种方法。

第 2220 条

任何人均不得提前抛弃时效，但可以抛弃已经取得的时效。

第 2221 条

抛弃时效，得为明示，或为默示。

默示抛弃时效，由能够推定放弃既得权利的事实产生。

第 2222 条

不得让与财产的人，不得抛弃已经取得的时效。

第 2223 条

法官不得依职权替代(当事人)援用由时效产生的方法。

第 2224 条

无论诉讼进行至何种程度,即使在王国法院(上诉法院),均得主张时效,但是没有提出时效抗辩并且按照具体情形应当推定其已经抛弃时效的当事人除外。

第 2225 条

债权人或者对于时效之完成有利益的其他任何人,均得主张时效,即使债务人或财产所有权人抛弃时效,亦同。

第 2226 条

不属于商事交易之内的物,不得适用有关时效的规定。

第 2227 条

国家、公共机构以及市镇行政区,与个人一样,受相同的时效规定的约束,并且可以主张时效。

第二章 占 有

第 2228 条

对自己掌管之物或行使之权利的持有或享有,或者对由他人以我之名义掌管之物或行使之权利的持有或享有,谓之占有。

第 2229 条

为时效得以完成,占有应当是以所有权人的名义,持续的、不间断的、平静的、公开的、明确的占有。

第 2230 条

如果不能证明占有人一开始就是为他人占有,始终推定其是以所有权人的名义为自己占有。

第 2231 条

占有人一开始就是为他人占有的,推定其始终是以相同名义为占有,有相反证据时除外。

第 2232 条

纯粹的授权行为,或者纯粹的容忍行为,不得作为占有和时效的依据。

第 2233 条

胁迫行为亦不得作为可以完成时效之占有的依据。

有效的占有,仅始予胁迫停止之时。

第 2234 条

现时占有人,能证明其很久就占有者,推定其在中间经过的时间内亦为占有,有相反证据时不在此限。

第 2235 条

占有人得将其本人占有的时间和向其让与占有的人占有的时间合并在一起,以完成时效,不论占有人是以何方式接替让与人而占有,也不论其是以概括的或特定的权利为依据,还是以有偿的或无偿的名义为依据。

第三章 阻止时效的原因

第 2236 条

为他人占有的人,无论经过的时间长短,均不得主张因时效而取得所有权。

因此,土地承租人、受寄托人、用益权人、本人并非所有权人而暂时持有所有权人之物的其他任何人,均不得主张因时效而取得该物的所有权。

第 2237 条

以前条所指的任何一种名义持有物的人,其继承人亦不得因时效而取得该物的所有权。

第 2238 条

但是,第 2236 条与第 2237 条所指的人,如其占有财产的名义由于来自第三人的原因,或者由于其本人否认所有权人的权利而为相反主张,从而使其占有的名义发生变换。

第 2239 条

由土地承租人、受寄托人或其他不确定的持有人通过转让所有权的证书向其转让财产的受让人,得主张因时效而取得财产的所有权。

第 2240 条

任何人均不得以其相反的名义主张因时效取得财产所有权,依此意义,即是说,任何人均不得自行改变其占有的原因和原则。

第 2241 条

任何人均得以其名义相反的名义主张依时效取得财产所有权,依此意义,即是说,任何人均得依时效而主张解除其缔结的债务。

第四章 时效中断与时效停止的原因

第一节 时效中断的原因

第 2242 条

时效得自然中断或依民事法律的规定而中断。

第 2243 条

占有人被原所有权人或者甚至被第三人剥夺其享有占有物的时间达 1 年以上的,时效为自然中断。

第 2244 条

(1985 年 7 月 5 日第 85-677 号法律)向欲阻止时效进行的人送达法院的传票,即使是紧急审理之传票,送达支付催告令或扣押命令,中断时效的进行并且中断进行诉讼的期限。

第 2245 条

为了进行和解传唤当事人至治安法官办公室,并且当事人此后在法定期间内向法院提出传唤状时,由此引起的时效中断自为了实行和解而发出传唤状之日计算。

第 2246 条

法院传票传唤[①],即使是传唤至无管辖权的法官面前,亦中断

---

① 原术语为"citation",通常由司法执达员或者法院书记员制作,送达的诉讼文书,要求对方当事人出庭应诉、主张权利、作出陈述。本节所使用的"传票""法院传票""传票传唤",均指此种诉讼文书。

时效。

第 2247 条

以下情形，不视为发生时效中断：

——如果当事人的传唤状因不符合形式而无效；

——如果原告撤诉；

——如果原告听任诉讼逾期而不进行诉讼；

——或者，如果原告的诉讼请求被驳回。

第 2248 条

债务人或占有人，如果承认时效之进行对其不利之人的权利，时效中断。

第 2249 条

按照以上各条规定对连带债务人之一人进行传唤，或者该债务人承认其债务，对其他债务人，甚至对其他债务人的继承人，亦发生中断时效之效力。

第 2250 条

向主债务人进行传唤，或者主债务人承认债务，对保证人发生中断时效之效力。

第二节　时效中止的原因

第 2251 条

除法律规定的若干例外，时效对任何人均不停止进行。

第 2252 条

（1964 年 12 月 14 日第 64-1230 号法律）对于没有解除亲权的未成

年人以及受监护的成年人,时效停止进行,但第 2278 条规定以及法律确定的其他特别情形,不在此限。

第 2253 条

时效在夫妻之间停止进行。

第 2254 条

对于已婚妇女,就其夫管理的财产,时效不停止进行,即使依婚姻财产契约或者由法院判决,夫妻并未分别财产,亦同,但妻对夫有求偿权。

第 2255 条与第 2256 条

(1965 年 7 月 13 日第 65-570 号法律废止)

第 2257 条

以下情形,时效停止进行:

——对于附条件的债权,至该条件成就之时;

——对于有关担保的诉权,至财产被追夺之时;

——对订有确定日期的债权,至该日期到来之前。

第 2258 条

有限责任继承人所继承的遗产的债权,对该继承人,时效停止进行。对无人认领的遗产,即使未指定财产管理人,时效仍然进行。

第 2259 条

在编制遗产清册与 40 天的审议期内,时效亦进行。

第五章　时效期间

第一节　一般规定

第 2260 条

时效按日计算,不按小时计算。

第 2261 条

期间的最后一日结束,时效即告完成。

第二节　30 年时效

第 2262 条

一切诉讼,无论是对物诉讼还是对人诉讼,时效期间均为 30 年,主张此时效的人无须提出某种证书,他人亦不得提出该人系恶意而为抗辩。

第 2263 条

自最后的证书日期起 20 年以后,终身定期金的债务人得受强制以其自己的费用向债权人或者债权人的权利继受人提交新的证书。

第 2264 条

除本编规定的标的物以外,其他标的物的时效规则,由与之相关的各编规定。

第三节 10年时效与20年时效①

第 2265 条

依据正当的证书善意取得不动产的人,如果真正的所有权人居住在该不动产所在地的王国法院(上诉法院)管辖区内,经过 10 年,得因时效完成取得该不动产的所有权;如果真正的所有权人居住在该法院管辖区以外,经过 20 年,善意取得人即可取得不动产的所有权。

第 2266 条

如果真正的所有权人在不同的时间里分别居住在王国法院(上诉法院)管辖区之内或之外,为完成时效,其在该管辖区内居住不满 10 年的,应以其在该管辖区之外居住的时间每 2 年算作 1 年,补足 10 年时间。

第 2267 条

证书由于不符合形式而无效的,不得作为计算 10 年或 20 年时效的依据。

第 2268 条

善意,始终得为推定,认为他人系恶意者,应负举证责任。

第 2269 条

只需要在取得财产之当时为善意即可。

第 2270 条

(1978 年 1 月 4 日第 78-12 号法律)任何依照本法典第 1792 条至

---

① 按照第 2265 条判例 2 的表述,也称为"缩短期间的取得时效"(prescription acquisive abrégée)。

第1792-4条之规定应承担责任的自然人与法人,在工程验收后10年,得依第1792条至第1792-2条之规定解除其负担的责任与保证,或者在第1792-3条所指的期限经过之后,得依该条之规定解除其负担的责任与保证。

第四节 若干特别时效

第2271条

(1971年7月16日第71-586号法律)下列诉讼,时效期间为6个月:

——科学与艺术教师有关其按月授课所得酬金的诉讼;

——旅馆经营者与餐饮店经营者因其提供的住宿与饮食而产生的诉讼。

第2272条

(1971年7月16日第71-586号法律)司法执达员对其送达的文书与其执行的任务应得工资的诉讼,时效期间为1年。

寄宿学校的教师对其学生的寄宿费用以及其他教师寄宿费用和学徒费用产生的诉讼,其时效为1年。

医生、外科医生、牙科医生、助产士以及药剂师对其门诊、手术或药品的诉讼,时效期间为2年。

商人对其销售给非商人的个人的商品的诉讼,时效期间为2年。

第2273条

上诉法院诉讼代理人(律师),对其工资与费用的支付的诉讼,时效期间为2年,自法院对诉讼作出判决之日或各方当事人实现和解之日起计算,或者自诉讼代理人免职之日起计算。对尚未终结的诉讼案件,上诉法院诉讼代理人(律师)不得对时间已经经过 5 年的费用与工资提出诉讼请求。

第 2274 条

在以上所指的各种场合,即使供应、交货、服务与工程仍在继续,时效期间亦开始计算。仅在有结算账单、借据或债据以及收到法院的传票且未过期的情况下,时效期间始停止计算。

第 2275 条

但是,主张时效已经完成的人,应当就是否已为实际清偿之问题,向相对人宣誓。如果主张时效完成的人本人已经死亡,亦可要求该人的生存配偶与继承人,或者如果继承人尚未成年,继承人的监护人进行宣誓,以申明其是否知道负债情形。

第 2276 条

(1971 年 7 月 7 日第 71-538 号法律)法官与在诉讼中代理或协助当事人的人,在法院作出判决之后或者在其停止给予协助之后 5 年,对诉讼中的各项材料之保管不再负有责任。

第 2277 条

(1971 年 7 月 16 日第 71-586 号法律)下列款项的支付之诉,时效期间为 5 年:

——工资;
——永久定期金与终身定期金以及抚养费;
——房屋租金与土地租金;
——借贷款项的利息。

总之,按年支付的款项以及有更短支付期限的定期支付款项,时效期间均为 5 年。

第 2277-1 条

（1989 年 12 月 19 日第 89-906 号法律第 6 条）对于依法有资格在法院代理或协助当事人进行诉讼的人，因其应负的责任而对其可以行使的诉权，时效期间为 10 年，自其代理与协助任务结束时开始计算。

第 2278 条

本节各条中规定的时效期间的计算，亦适用于未成年人与受监护的成年人，但他们对其监护人有求偿之权利。

附目八 2006年3月23日第2006-346号授权法令修改第四卷担保

第四卷 担 保

（2006年3月23日第2006-346号授权法令）

第2284条

任何人，个人负有债务者，有义务以其现有的和将来的全部动产和不动产履行其承诺。

第2285条

债务人的全部财产是对其债权人的共同担保；除债权人之间有优先受偿的正当原因外，价金在债权人之间按各自债额的比例分配。

第2286条

下列之人得主张对物的留置权：

1. 物已交至其手中的人，直至其债权得到清偿之前；

2. 合同虽然规定其负有交付物的义务，但由该合同产生的债权尚未得到清偿的人；

3. 债权产生于其持有标的物之时，但尚未得到清偿的人。

留置权因自愿放弃对物的实际持有而丧失。

附目八 2006年3月23日第2006-346号授权法令修改第四卷担保

第2287条

本卷之规定不妨碍适用在开始实行破产保护程序、司法重整或司法清算程序或者(自然人)个人超额负债处理程序的情况下所定的各项规则。

第一编 人的担保

(2006年3月23日第2006-346号授权法令)

第2287-1条

(2006年3月23日第2006-346号授权法令)受本编调整的人的担保是保证、独立担保和意愿函(la lettre d'intention)。

第一章 保 证

(2006年3月23日第2006-346号授权法令)

第一节 保证的性质与范围

第2288条

为一项债务作保证的人,如果债务人本人不履行其债务,有义务向债权人履行该债务。

第2289条

保证仅能对有效的债务存在。

但是,即使债务因纯属负担债务的人的个人抗辩原可被撤销,仍然可以为该债务提供保证,例如,(债务人在)未成年期间为缔结的债务提供担保。

第 2290 条

保证,不得超过债务人负担的债务范围,亦不得依照代价更重的条件缔结。

保证,可以仅为债务的一部分以及按照负担较轻的条件缔结。

超过债务的保证或者以代价更重的条件缔结的保证,并非无效,仅仅是应当降到与主债务相应的程度。

第 2291 条

即使没有债务人的委托书(ordre)①,甚至在其不知情的情况下,仍可为其提供保证。

不仅可以作为主债务人的保证人,而且可以作为其保证人的保证人。

第 2292 条

保证不得推定,应当明示,且不得将其扩张至超过约定的担保范围。

第 2293 条

对主债务无限定的保证,扩张至该债务的所有从属部分,甚至扩张至最初的诉讼费用以及在向保证人进行通知之后发生的所有费用。

(1998 年 7 月 29 日第 98-657 号法律第 101 条)在此种保证是由自然人缔结时,债权人至少每年应当按照各方当事人约定的日期,向作为保证人的该自然人告知受担保的债权以及这些从属权利的数额变化情

---

① 第 2291 条第 1 款原文为"sans ordre de celui pour lequel on s'oblige",其中"ordre"一词本义为"指令",在证券交易方面通常为"委托书"或交易指令。本款直译为"没有为之负担保义务的人的指令",指受担保人的指令。

况；如果当事人没有约定应当进行告知的日期，在合同订立的每一周年时进行此项告知，否则，债权人丧失全部附带的权利、费用与违约金。

第 2294 条

如果承担的义务仍然是保证人原来的承诺，(2011 年 5 月 17 日第 2011-525 号法律废止"除民事拘禁外")①，保证人的义务转由其继承人承担。

第 2295 条

(2009 年 5 月 27 日第 2009-594 号法律)有义务提供保证人的债务人，应当提议有缔约能力、有足够财产、可以对债务标的承担责任的人作为保证人。

债权人不得以保证人不居住在其要求的上诉法院辖区内为理由，拒绝债务人提供的保证人(原规定为："保证人的住所应在其提供保证时所在的上诉法院的辖区之内")。

第 2296 条

保证人的支付能力，仅考虑其不动产财产(propriété foncière)②，商事领域或者小额债务除外。

有争议的不动产(immeuble)，或者因位置遥远、追偿起来过于困难的不动产，不在考虑之列。

第 2297 条

如果得到债权人自愿接受的保证人或者经法院裁判得到债权人接受的保证人后来发生没有偿债能力的情形，应当另行提供保证人。

---

① 民事、商事案件以及对于外国人的民事拘禁已由 1867 年 7 月 22 日的法律取消。
② 这里的"不动产财产"一词原文为"propriété foncière"，有"地产"之意，但中文里"不动产"与"地产"并不完全同义。本条第 2 款使用的是"不动产"(immeuble)。

只有在按照债权人要求某人作为保证人的约定而提供该保证人的情况下,前项规则得有例外。

第二节 保证的效力

第一目 保证在债权人与保证人之间的效力

第 2298 条

仅在债务人不履行债务时,保证人始对债权人负清偿义务;债权人应当首先就债务人的财产请求清偿,但如果保证人放弃先诉抗辩权(bénéfice de discussion,先诉抗辩利益)或者保证人与债务人连带承担义务的情况除外,于此情形,保证人的义务承诺的效力,按照对连带债务确定的原则处理。

第 2299 条

只有在保证人一经受到追偿请求即提出要求时,债权人才有义务首先向债务人求偿。

第 2300 条

保证人要求债权人首先向主债务人求偿的,应当向债权人指示主债务人的财产,并且为先诉求偿提供足够的费用。

保证人不得指示主债务人不在应当进行清偿之地的王国法院(上诉法院)辖区内的财产,也不得指示有争议的财产以及已经用于债务抵押、不再为债务人占有的财产。

第 2301 条

保证人一经指示前条允许其指示的财产并且为债权人先诉求偿提供了足够的款项,债权人如果不进行债务追偿,此后发生主债务人无支付能力的情形,债权人应当在保证人向其指示的财产限度内,就主债务人无支付能力对保证人承担责任。

（1998年7月29日第98-657号法律第103条）在任何情况下，由保证引起的债务数额，均不得产生剥夺作为保证人的自然人享有《消费法典》第331-2条确定的最低收入的效力。

第2302条

数人就同一债务为同一债务人作保证人时，每一保证人均就整个债务负保证义务（chacune à toute la dette）。

第2303条

但是，每一个（共同）保证人均可要求债权人首先分割行使（diviser）追偿权，并且按照每一个保证人承担的保证份额与比例，行使此种诉权，保证人放弃主张此种分割求偿利益的除外。

在共同保证人之一请求法院宣告债权人分割行使求偿权的时间内，如果有保证人发生无支付能力情形，提出该请求的保证人应当按照无支付能力的人负担的债务比例，承担清偿义务，但不得因分割求偿之后发生的无支付能力再受到追偿。

第2304条

如果债权人本人自愿分割行使求偿权，不得反悔并要求取消分割求偿，即使在其同意分割求偿之前就已经有保证人无支付能力，亦同。

第二目　保证在债务人与保证人之间的效力

第2305条

不论主债务人是否知悉已提供的保证，已经进行清偿的保证人，对主债务人有求偿权。

此种求偿权既对本金发生，也对利息和费用发生；但是，保证人仅对其在向债务人告知受到追偿之后发生的费用有求偿权。

如有必要，保证人对损害赔偿也有求偿权。

第 2306 条

已经清偿债务的保证人，取得债权人对其债务人享有的全部权利。

第 2307 条

同一债务有数个连带主债务人时，为全体主债务人提供保证的保证人，就其已经清偿的款项的全额偿还，对每一个债务人均有求偿权。

第 2308 条

已经进行第一次清偿的保证人，如果没有将其已进行的清偿通知主债务人，对于进行了第二次清偿的主债务人没有任何求偿权，但对债权人有请求返还的权利。

保证人在尚未受到债权人的追偿时即已清偿债务，并且没有将其进行的清偿告知主债务人，而主债务人在保证人清偿债务之时本来有请求宣告债务消灭的防御方法的，保证人对主债务人没有任何求偿权，但对债权人有请求返还的权利。

第 2309 条

下列情形，保证人，即使是在进行清偿之前，亦可对债务人提起诉讼[①]，以获得债务人的赔偿：

1. 保证人在法院被追偿债务的；
2. 债务人陷于破产或非商人资不抵债、无清偿能力的；
3. 债务人擅自承诺推迟一定时间才解除保证人的义务负担的；

[①] 第 2309 条规定的诉讼称为"recours avant paiement"，译为"清偿之前的求偿"，是在这一条文限制性列举的五种（第 2316 条增加了另一种）情形下，保证人在尚未进行清偿之前便向债务人提出求偿。这种求偿具有特别性质。不论是一般保证人还是连带保证人，在已经受到追偿或者即将受到追偿，紧急需要债务人参加诉讼（第 1、2、4 点）时，或者在保证人的担保义务被延长超过规定的期限或超过合理的期限（第 3、4、5 点）时，均可在本条规定的情况下提起"清偿之前的求偿之诉"。

4. 债务因约定的期限到期,成为可追偿债务时;

5. 主债务没有规定清偿期限但已经经过 10 年的;但如果主债务不具有在特定时间之前可以消灭之性质,例如,监护义务,不在此限。

第三目　保证在共同保证人之间的效力

第 2310 条

数人为同一债务人的同一债务提供保证的,已经清偿债务的保证人,对其他保证人就他们各自负担的部分有求偿权。

但是,只有保证人是在前条规定的一种情况之下进行的清偿,才发生此种求偿权。

第三节　保证的消灭

第 2311 条

由保证产生的债务,因消灭其他债务的相同原因而消灭。

第 2312 条

主债务人与保证人一方成为另一方的继承人时,两者资格发生混同的,并不消灭债权人对已经成为保证人之保证人的请求权。

第 2313 条

保证人得对债权人主张属于主债务人的、与债务相关联的一切抗辩。

但是,保证人不得主张纯属债务人的个人性质的抗辩。

第 2314 条

因债权人本人的行为,致使保证人不能代位行使债权人的权利、抵押权和优先权时,保证人解除其负担的义务,(1984 年 3 月 1 日第 84-148 号法律)任何相反条款均视为不曾订立。

第 2315 条

债权人自愿接受用于清偿主债务的不动产或其他任何财产,解除保证人的义务,即使债权人接受的财产日后被追夺,亦同。

第 2316 条

债权人仅仅是同意主债务人延长债务期限,并不因此解除保证人的义务,但保证人在此情况下得对债务人提起诉讼,强制债务人清偿债务。

第四节　法定保证人与裁判设置的保证人

第 2317 条

某人依据法律或者因受到判决的处罚,有义务提供保证人的,由其提出的保证人应当具备第 2295 条与第 2296 条规定的条件。

(2011 年 5 月 17 日第 2011-525 号法律废止:"涉及裁判设置的保证时,保证人应当是依法可以对其施行司法强制的人①。")

第 2318 条

找不到保证人的人,准许设立足够的转移占有的无形动产质押②替代。

第 2319 条

裁判设置的保证人,不得要求债权人首先向主债务人求偿。③

---

① 原规定为"可以实行民事拘禁"(contrainte par corps)的人。
② 准许找不到保证人的人用设立转移占有的动产质押(gage en nantissement)替代保证。
③ 裁判上的保证人没有先诉抗辩权。

第 2320 条

单纯为裁判设置的保证人提供保证的人,不得要求首先分别向主债务人与保证人求偿。①

第二章 独立担保

(2006年3月23日第2006-346号授权法令)

第 2321 条

(2006年3月23日第2006-346号授权法令)独立担保是担保人基于第三人缔结的债务,按照见索即付或约定的其他方式,支付一定款项的义务承诺。

在此种担保的受益人明显滥用权利,或者明显欺诈,或者与指令下达人相互串通的情况下,担保人不承担义务。

担保人不得主张基于受担保的债务的任何抗辩。

除有相反协议外,独立担保不跟随受担保的债务。

第三章 意愿函

(2006年3月23日第2006-346号授权法令)

第 2322 条

(2006年3月23日第2006-346号授权法令)意愿函是指以支持债

---

① 为裁判设置的保证人提供保证的一般保证人也没有分割抗辩权。

务人履行其对债权人之债务为目的的作为或不作为承诺。

第二编　物的担保

（2006年3月23日第2006-346号授权法令）

第一分编　一般规定

（2006年3月23日第2006-346号授权法令）

第 2323 条

优先受偿的合法原因是指优先权与抵押权。

第 2324 条

优先权（privilège）是由债权的品质（la qualité de la créance）赋予债权人先于其他债权人，甚至先于抵押权人受清偿的权利。

第 2325 条

在优先权债权人之间，优先受偿的顺序依据各自的优先权的不同品质处理。

第 2326 条

同一顺位的享有优先权的诸债权人，按各自债权的数额平等受偿。

第 2327 条

国库权益享有的优先权及其行使顺序，依照与之有关的法律确定。但是，国库不得损害第三人此前已经取得的权利而取得优先权。

第 2328 条

优先权可以设立于动产或不动产。

第 2328-1 条

(2007年2月19日第2007-211号法律第16条)任何物的担保,均可由受担保债务的各债权人在确认该债务的文书中就此指明的人为债权人的利益进行登记、管理与兑现。

第二分编 动产担保

(2006年3月23日第2006-346号授权法令)

第 2329 条

动产担保是指:

1. 动产优先权;
2. 有体动产质权;
3. 无形动产质权;
4. 以担保的名义留置(2009年1月30日第2009-112号授权法令)或者让与的财产所有权。

第一章 动产优先权

第 2330 条

动产优先权,或者是对一般动产的优先权,或者是对特定动产的特别优先权。

第一节 一般优先权

(2006年3月23日第2006-346号授权法令)

第2331条

对(债务人)一般动产享有优先权的债权是指以下所列并依此顺位行使的债权：

1. 诉讼费。

2. 丧葬费。

3. (1892年11月30日)最后的疾病引起的任何费用,无论疾病的最后结果如何,就此费用应受清偿的每个人有平等受偿权。

4. (1979年1月3日第79-11号法律)在不影响可能适用《劳动法典》第143-10条、第143-11条、第742-6条与第751-15条之规定的情况下：

受雇人员过去一年以及当年的报酬；

由1939年7月29日关于法国家庭与出生率的法令第63条设立的因劳动合同引起的延迟支付的工资；

(1989年12月31日第89-1008号法律第14-2条)由1989年12月31日关于发展商业与手工业企业以及改善它们的经济、社会与法律环境的第89-1008号法律第14条设立的生存配偶的债权以及(1999年7月9日第99-574号法律第36条)《农村法典》第321-21-1条设立的生存配偶的债权；

(1989年7月10日第89-488号法律第6条)薪金雇员与学徒最近6个月的报酬,以及按照《劳动法典》第980-11-1条的规定由雇主应当

附目八 2006年3月23日第2006-346号授权法令修改第四卷担保

给予开始就业实习的青年的补贴;

(1982年2月5日第82-130号授权法令)《劳动法典》第122-3-4条规定的终止合同补偿金以及(1990年1月2日第90-9号法律)同一法典第124-4-4条规定的因工作不稳定而引起的补偿金;

因没有遵守《劳动法典》第122-8条规定的解雇预先通知期限而应当给予的补偿金以及同一法典第122-32-6条规定的补偿性赔偿金;

(1979年1月3日第79-11号法律)因带薪假期应当给予的补偿金;

因执行"集体劳动协定""机构集体劳动协议""劳动规章""劳动惯例"及《劳动法典》第122-9条、第122-32-6条、第761-5条与第761-7条的规定,对低于或等于该法典第143-10条所指最高限额之部分的全额以及高于限额之部分的1/4应当给予的补偿金;

(1982年2月5日第82-130号授权法令)执行《劳动法典》第122-3-8条第2款、第122-14-4条、第122-14-5条第2款、第122-32-7条与第122-32-9条的规定,在相应情况下应当给予薪金雇员的补偿金。

5.(1964年7月6日第64-678号法律)最后一年内向债务人及其家庭提供的货品,以及在相同时间内由农业生产者在经认可的跨行业长期协议范围内提交的产品,(1980年7月4日第80-502号法律)以及由农业经营者的任何合同当事人根据经认可的标准合同而应当获得支付的款项。

6.(1898年4月9日法律)事故受害人或其权利继受人有关医疗费、药费、丧葬费的债权,以及由于暂时丧失劳动能力而应当取得的补偿金债权,受《民法典》第2331条的优先权担保,并归入其第6点。

7.(1932年3月11日法律)由补偿金管理处和其他经认可的家庭补贴管理机构拖欠的工人与雇员的补贴费,或者由依据《劳动法典》第一卷第74条之规定免于加入此种机构的雇主所欠的工人与雇员的补贴费。

8. 补偿金管理处以及其他经认可的家庭补贴金管理机构对其参加成员为享受家庭补贴的支付以及由此种给付的支付所引起的费用而应当承担义务交纳份额款所产生的债权。①

第二节 特别优先权

（2006年3月23日第2006-346号授权法令）

第2332条

对特定动产享有优先权的债权是：

1. 出租不动产的地租与房租，对（承租人）当年收获的果实（孳息）以及在租用的房屋或农场里配备的一切物品和用于农场经营的一切物

---

① 《商法典》第622-17条

一、在实行司法保护程序的判决作出之后，因程序进展或观察期的需要或者作为在此期间（2008年12月18日第2008-1345号法律第29条废止"为其从事职业活动而"）向债务人提供给付的对价符合规定产生的债权，到期时即予清偿。

二、这些债权到期没有得到清偿的，优先于其他任何债权受偿，不论其他债权是否享有优先权或担保，但是，受《劳动法典》第143-10条、第143-11条、第742-6条与第751-15条确定的优先权担保的债权，以及在实行保护程序的判决作出之后因程序进展的需要、符合规定产生的诉讼费用和受本法典第611-1条确立的优先权担保的债权除外。

三、清偿按照以下顺序进行：

1. 数额没有按照《劳动法典》第43-11-1条与第143-11-3条的规定予以支付的工资债权。

2. 同意给予的借贷以及按照第622-13条的规定继续履行合同所引起的、对方合同当事人同意延期清偿的债权；此种借贷的数额以及延迟支付的期限，应得到委任法官的批准，且以观察期内企业继续经营活动所必要为限。在符合规定继续履行的合同被解除的情况下，赔偿金与违约金排除享有本条规定的利益。

3. 其他债权，按照各自的顺位受偿。

四、没有得到清偿的债权，如果没有告知管理人，以及在没有管理人的情况下，如果没有告知司法代理人，或者在这些机关已经停止履行职责的情况下，没有告知受到委任的（保护）方案执行人或者清算人，自观察期结束起经过1年，丧失上述第二项赋予的优先权。

品的价金享有优先权;即是说,如果租约是用公署文书作成或者虽为私署文书但有确定的日期,已经到期与将要到期的全部租金均享有此种优先权;并且,在此两种情况下,其他债权人有权在土地或房屋的租约或租赁期满之前,将其出租给其他人,获得土地或房屋出租的租金利益,但应当向土地或房屋的所有权人支付尚欠的全部款项。

在租约不是用公证文书作成,或者租约是用私署文书作成且没有确定的日期时,自当年年终开始一年之内,(1948年8月25日第48-1311号法律)租赁性质的修缮费用以及与履行租约有关的全部费用,均产生相同的优先权;对无论以何名义占用场所而引起的利于所有权人或出租人的任何债权,亦产生此种优先权。

(1936年3月24日法律)但是,因种子、肥料和改良土壤而应付的款项,因灭菌、灭虫药剂,用于消灭植物害虫与伤害庄稼的动物的药剂应付的款项,或者因当年收获庄稼的费用而应付的款项,用出卖当年的收成所得的价款偿还;因器具、用具而应付的款项,用出卖此种器具、用具的价款偿还,在此两种场合,(对这些款项享有优先权的人)均优先于(土地与房屋的)所有权人受偿。

未经所有权人同意,承租人将房屋与农场里配备的动产物品搬走的情况下,所有权人可以扣押这些动产物品,并且在涉及农场配备的动产物品时,只要所有权人在40天期限内提出追还请求,或者在涉及房屋内配备的动产物品时,只要所有权人在15天内提出追还请求,所有权人对这些动产物品均可保有优先权。

2. 由债权人占有的动产质押物担保的债权(就质押物出卖时的价金优先受偿)。

3. 为物的保存而支出的费用(就该物出卖时的价金优先受偿)。

4. 购买动产物品尚未支付的价金,如果该动产仍由债务人占有,无论其属于现金买卖还是赊账购买,出卖人对该动产物品(在再出卖时所得的价金)有优先权。

如果买卖不是赊账交易,只要出卖的动产物品仍由债务人占有,出卖人甚至可以请求追还该物品,并且只要此种追还请求是在交付物品之后 8 天内提出,物品仍然处于交付时的原状时,出卖人(如果愿意)可以阻止债务人转卖该物品。

但是,出卖人的优先权,只能在房屋所有权人或农场所有权人的优先权之后行使,但如果出卖人证明房屋所有权人或农场所有权人知道其房屋或农场配备的家具与其他动产物品不属于承租人,不在此限。

以上规定不改变商事方面的法律与习惯有关追还所有权的规定。

5. 旅馆经营人就其提供的服务,对旅行者带入其旅馆的物品有优先权。

6. (1998 年 2 月 6 日第 98-69 号法律废止:"运输费用及附加费用,就所运输的物品有优先权。")

7. 因公务员在履行职责中滥用权力或渎职而引起的债权,就公务员保证基金及该基金可得的利息有优先权。

8. (1913 年 5 月 28 日)因发生事故而产生的利于受到事故损害的第三人或其权利继受人的债权,对民事责任保险人承认由其负担的赔偿金或者依保险契约经法院裁判民事责任保险人作为债务人给予的赔偿金有优先权。

只要优先权债权人的债权尚未得到全数清偿,向被保险人进行的任何支付均不解除保险人的责任。

9. (1943 年 6 月 28 日法律)按照《劳动法典》第 721-1 条的定义,由家庭劳动者负责的领取薪金的助手的劳动合同产生(该助手)的债权,对来料加工人拖欠该家庭劳动者的款项有优先权。

第三节　优先权的排列顺序

（2006年3月23日第2006-346号授权法令）

第2332-1条

（2006年3月23日第2006-346号授权法令）除另有规定外,特别优先权优先于一般优先权。

第2332-2条

（2006年3月23日第2006-346号授权法令）一般优先权按照第2331条规定的顺序行使,但国库与社会保险金管理处的优先权除外；国库优先权的顺位由与之相关的法律规定,社会保险金管理处的优先权与薪金雇员的优先权按同一顺序受偿。

第2332-3条

（2006年3月23日第2006-346号授权法令）不动产出租人、动产保管人与出卖人的特别优先权,按照以下顺序行使：

1. 保管费后于其他优先权产生的,保管人的优先权（最先行使）；
2. 不知道存在其他优先权的不动产出租人的优先权；
3. 保管费先于其他优先权产生的,保管人的优先权；
4. 动产出卖人的优先权；
5. 知道存在其他优先权的不动产出租人的优先权。

同一动产的所有保管人之间,优先受偿权给予最近的保管人；在同一动产的先后出卖人之间,优先受偿权给予最早的出卖人。

就适用上述规则而言,旅馆经营者的优先权视同不动产出租人的优先权；家庭劳动者的领取薪金的助手的优先权,视同动产出卖人的优先权。

第二章 有体动产质权

(2006年3月23日第2006-346号授权法令)

第一节 有体动产质权之普通法

第2333条

（2006年3月23日第2006-346号授权法令）有体动产质押是设质人给予债权人就某项有体动产或者现有的或将来的全部有体动产优先于其他债权人受清偿的权利的协议。

受担保的债权可以是现有的或将来的债权；后一种情况，应当是可以确定的债权。

第2334条

（2006年3月23日第2006-346号授权法令）有体动产质押可以由债务人或者第三人同意设立。在由第三人设质的情况下，债权人仅对用作担保的财产享有诉权。

第2335条

（2006年3月23日第2006-346号授权法令）用他人之物设立有体动产质权无效，在债权人不知道质押物属于他人时，设质人应负损害赔偿之责。

第2336条

（2006年3月23日第2006-346号授权法令）制作一份写明受担保的债务、用于设质的财产数量及其类型或性质的文书，有体动产质押完全成立。

第 2337 条

（2006 年 3 月 23 日第 2006-346 号授权法令）有体动产质权进行公示，对第三人产生对抗效力。

将作为有体动产质权标的物的财产的占有转移给债权人或约定的第三人，亦产生对抗第三人的效力。

有体动产质权符合规定进行了公示的，设质人（constituant）的特定财产权利继受人不得主张第 2276 条的规定。

第 2238 条

（2006 年 3 月 23 日第 2006-346 号授权法令）有体动产质权在专门的登记簿上登记，即属进行公示。有关有体动产质权登记的具体条件由最高行政法院提出资政意见后颁布的法令作出规定。

第 2339 条

（2006 年 3 月 23 日第 2006-346 号授权法令）设质人只有在全额清偿受担保的债务的本金、利息和费用之后，才能要求注销动产质权登记，或者要求返还质押的财产。

第 2340 条

同一财产作为先后设立的多项不转移占有的有体动产质权的标的时，各债权人之间的受清偿顺序，按照各自质权登记的顺序确定。

用于设质但不转移占有的财产随后又用作转移占有的有体动产质权的标的时，在原先设立的动产质权符合规定进行了公示的情况下，该质权债权人的优先受偿权可以对抗后来的质权人，即使后者享有留置权，亦无影响。

第 2341 条

用可替代物设立转移占有的有体动产质权,债权人应当将质押物与属于其本人的相同性质之物分开持有;非如此,设质人得主张第 2344 条第 1 款之规定。

如果协议免除债权人分开持有质押物的义务,债权人可以取得质押物的所有权,但应当返还相同数量的等值之物。

第 2342 条

不转移占有的有体动产质权是以可替代物为标的时,如果协议有规定,设质人可以转让用于设质的可替代物,但应当负责用相同数量的等值物替换。

第 2343 条

(2006 年 3 月 23 日第 2006-346 号授权法令)(设立转移占有的有体动产质权时)设质人应当偿还债权人或约定的第三人为保管质押物所付出的有益的或必要的费用。

第 2344 条

(2006 年 3 月 23 日第 2006-346 号授权法令)设立转移占有的有体动产质权时,如果债权人或者约定的第三人不尽到保管质押物的义务,设质人可以要求返还质押物,且不影响请求损害赔偿。

设立不转移占有的有体动产质权时,如果设质人不尽到保管质押物的义务,债权人可以主张受担保的债务已到期限或者要求增加质押物。

第 2345 条

(2006 年 3 月 23 日第 2006-346 号授权法令)除另有协议约定外,受担保的债务的债权人持有设质财产时,可以受领该财产的孳息并用其充抵利息,或者在没有规定利息的情况下,用其扣减债务的本金。

第 2346 条

（2006 年 3 月 23 日第 2006-346 号授权法令）受担保的债务未得到清偿的，债权人可以向法院请求出卖设质的财产。此种出卖按照民事执行程序规定的限制条件进行，设质协议不得另行规定出卖质押物的条件。

第 2347 条

债权人也可以请求法院命令将该财产留给其用于债务清偿。

财产的价值超过受担保的债务的数额时，等于差额的款项支付给债务人，或者另有其他质权债权人时，款项予以寄存。

第 2348 条

设立动产质押时或者其后，也可以约定在受担保的债务没有得到履行的情况下，债权人将成为质押财产的所有权人。

财产的价值，在没有《货币与金融法典》意义上的市场价格时，按照协商指定或法院裁判指定的鉴定人依据所有权转移之日的情形确定。任何相反条款均视为不曾订立。

财产的价值超过受担保的债务的数额时，等于差额的款项支付给债务人，或者另有其他质权债权人时，款项予以寄存。

第 2349 条

（2006 年 3 月 23 日第 2006-346 号授权法令）有体动产质权不可分割，即使在债务人的继承人之间或者在债权人的继承人之间债务（债权）具有可分性，亦同。

只要债务尚未全部清偿，已经清偿其份额的债务人的继承人，不得请求返还其对质押物所占的份额。

与此相对应，已经受领其债权份额的债权人的继承人不得损害共同继承人中尚未得到清偿之人的利益而交还质押物。

第 2350 条

（2006 年 3 月 23 日第 2006-346 号授权法令）经法院裁判命令以担保或保全的名义存交或寄存款项、票据或有价证券，产生第 2383 条意义上的特别用途和优先受偿权。

第二节　机动车辆设立的动产质权

第 2351 条

（2006 年 3 月 23 日第 2006-346 号授权法令）用陆路机动车辆或注册的拖车设立动产质权，按照最高行政法院提出资政意见后颁布的法令规定的条件，向行政机关进行申报，对第三人产生对抗效力。

第 2352 条

（2006 年 3 月 23 日第 2006-346 号授权法令）质权债权人提交申报回证，视其对用于设质的财产保持占有。

第 2353 条

（2006 年 3 月 23 日第 2006-346 号授权法令）不论债务人的身份如何，质押物的变现，受第 2346 条与第 2348 条所定规则约束。

第三节　共同规定

第 2354 条

（2006 年 3 月 23 日第 2006-346 号授权法令）本章之规定不影响适用商事方面或者为得到批准的借贷机构的利益对质押物所定的特别规则。

第三章　无形动产质权

第 2355 条

（2006 年 3 月 23 日第 2006-346 号授权法令）用无形动产设质（设立无形动产质权）是指，将现有的或将来的某项无形动产或全部无形动产用于担保某项债务。

无形动产质权，或者依合同设立，或者依法院裁判设立。

经法院裁判设立的无形动产质权，受民事执行程序适用的规定调整。

在没有特别规定的情况下，约定用债权设立无形动产质权，受本章之规定调整。

在没有特别规定的情况下，用其他无形动产设质，受有体动产质权之规则调整。

第 2356 条

（2006 年 3 月 23 日第 2006-346 号授权法令）用债权设无形动产质权，应当订立书面合同，否则无效。

受担保的债权和用于设质的债权，均应在文书中指明。

如果是用将来的债权设质，合同中应当能够表明它们各自的特性，或者包含能够具体表明这些债权各自特性的诸项要素，例如，指明其债务人、清偿地点、债权数额或者债权的估值，必要时，指明债权的到期期日。

第 2357 条

（2006 年 3 月 23 日第 2006-346 号授权法令）以将来的债权为标的

的无形动产质权,自该债权产生之时,质权债权人即对其取得权利。

第 2358 条

(2006 年 3 月 23 日第 2006-346 号授权法令)用债权设立无形动产质权,可以有确定的时间。

可以用债权的一部分设立无形动产质权,但不可分割的债权除外。

第 2359 条

(2006 年 3 月 23 日第 2006-346 号授权法令)除各方当事人另有约定外,无形动产质权扩张至债权的从权利。

第 2360 条

(2006 年 3 月 23 日第 2006-346 号授权法令)用银行账号设立无形动产质权,用于设质的债权是指,在该项担保实现之日账号上的贷方余额,不论其为暂时余额还是最终确定的余额,但保留按照民事执行程序规定的条件由进行中的收支活动引起的余额的变动调整。

除相同保留外,在设质人实行保护程序、司法重整、司法清算程序或者(自然人)个人超额负债处理程序的情况下,质权债权人的权利是对此种程序开始之日设质账号上的余额的权利。

第 2361 条

(2006 年 3 月 23 日第 2006-346 号授权法令)用现在的或将来的债权设立无形动产质权,自设质文书之日起,在各方当事人之间产生效力,以及对第三人产生对抗效力。

第 2362 条

(2006 年 3 月 23 日第 2006-346 号授权法令)用债权设立无形动产质权,为了对该债权的债务人产生对抗效力,应当通知设质债权的债务人,或者债务人应当参与设质行为。

非如此,唯有设质人才能有效受领债权的清偿。

第 2363 条

(2006 年 3 月 23 日第 2006-346 号授权法令)在进行通知之后,唯有质权人才能有效受领设质债权的本金与利息的清偿。

在按规定通知其他债权人之后,每一个债权人均可诉请执行。

第 2364 条

(2006 年 3 月 23 日第 2006-346 号授权法令)以设质债权的名义支付的款项,在受担保的债权到期时,用于扣抵该债权的数额。

相反情况下,质权债权人将此款项以担保的名义存入其在有资格接收款项的机构内开立的专用账户,如果受担保的债务得到履行,其负责返还款项。(2007 年 2 月 20 日第 2007-212 号法律第 10-11 条)在受担保的债权的债务人不履行债务的情况下,经催告后 8 日内仍无效果,质权债权人在尚未获得清偿的债额限度内,将此资金用于清偿其债权。

第 2365 条

(2006 年 3 月 23 日第 2006-346 号授权法令)在债务人不履行债务的情况下,质权债权人可以向法官提出请求,或者按照设质协议规定的条件,将用于设质的债权以及与之相关联的权利归属于自己。

质权债权人也可以等待设质债权到期。

第 2366 条

(2006 年 3 月 23 日第 2006-346 号授权法令)如果向质权债权人清偿的款项数额超过受担保的债务的数额,质权债权人应当向设质人退还差额。

第四章 以担保的名义留置或让与所有权

（2006 年 3 月 23 日第 2006-346 号授权法令）

第一节 以担保的名义留置所有权

第 2367 条

（2006 年 3 月 23 日第 2006-346 号授权法令）一项财产的所有权得因保留所有权条款的效力受到留置，作为担保。保留所有权条款中止由合同产生的转移所有权的效力，直至构成对价的债务完全清偿。

照此保留的所有权，是其担保清偿的债权的从权利。

第 2368 条

（2006 年 3 月 23 日第 2006-346 号授权法令）保留所有权应当有书面约定。

第 2369 条

（2006 年 3 月 23 日第 2006-346 号授权法令）保留可替代物的所有权，以尚存债权的数额为限，可以对债务人持有或者为其利益持有的相同性质和相同质量的财产实施。

第 2370 条

（2006 年 3 月 23 日第 2006-346 号授权法令）保留所有权的动产附合于另一财产但这些财产可以不受损坏地分开时，不妨害债权人的权利。

第 2371 条

（2006 年 3 月 23 日第 2006-346 号授权法令）债务到期未获全额清偿的，债权人可以请求返还（其保留所有权的）财产，收回处分该财产的权利。

收回的财产的价值，以清偿的名义，指定清偿受担保的债权的余额。

收回的财产的价值超过仍可追偿的受担保的债务的数额时，债权人应当向债务人返还相等于差额的款项。

第 2372 条

（如果债务人已将财产转让他人，被留置的）所有权转移至债务人对从其手中取得财产的买受人的债权，或者转移至替代该财产的保险赔付款。

第二节　以担保的名义让与所有权

第 2372-1 条

动产或权利的所有权，得依据适用第 2011 条至第 2030 条的规定订立的财产托管合同，以担保某项债务的名义让与之。

尽管有第 2029 条的规定，自然人托管人（constituant，托管设立人）死亡，不终止按照本节规定订立的财产托管合同。

第 2372-2 条

以担保的名义订立财产托管合同的情况下，除第 2018 条的规定外，合同应当写明受其担保的债务以及转移至受托人概括财产内的财产或权利的价值，否则无效。

第 2372-3 条

受担保的债务未获得清偿的情况下,除财产托管合同另有规定外,如果受托人就是(受担保的债权的)债权人,由其取得以担保的名义让与的财产和权利的自由处分权。

如果受托人不是(受担保的债权的)债权人,债权人可以要求受托人向其交付(用于担保的)财产,并可自由处分之,或者,在财产托管合同有规定时,债权人可以要求出卖所让与的财产或权利,并向其交付全部或部分价金。

被让与的财产或权利的价值,由当事人协商或者法院指定的鉴定人确定,但如果财产或权利的价值是按照《货币与金融法典》意义上有组织的市场公开挂牌的市价确定,不在此限。任何相反条款均视为不曾订立。

第 2372-4 条

如果财产托管合同的受益人按照第 2372-3 条的规定取得被让与的财产的自由处分权,在该条最后一款所指的财产或权利的价值超过受担保的债务的数额时,应当向财产托管人支付该财产价值中超出债务数额的部分,但可以保留此前因保管或管理交付其托管的财产所产生的债务而支付的款项。

按照相同保留条件,如果受托人按照财产托管合同出卖被让与的财产或权利,相应情况下,应向将其财产交付托管的人返还买卖所得的款项中超过受担保的债务的价值之部分。

第 2372-5 条

如果设立财产托管的合同有明文规定,依照第 2372-1 条的规定被让与的所有权,随后仍可用于担保该合同所指的债务以外的其他债务。财产托管人不仅可以向原来的债权人提供此种担保,而且可以向新的债权人提供此种担保,即使前一债权人尚未获得清偿。

(2009年5月12日第2009-526号法律)将财产交付托管的人(财产托管人)是自然人时,其交付托管的财产只能在新的担保设立之日新债务的价值限度内用于担保新债务。

依照第2372-2条的规定订立的可增负担保协议(convention de rechrgement,重复担保协议),按照第2019条规定的形式进行登记,否则无效。各债权人之间受清偿的顺位按照该登记日期确定。

本条之规定具有公共秩序性质,任何相反条款的规定均视为不曾订立。

第三分编　不动产担保

(2006年3月23日第2006-346号授权法令)

第2373条

(2006年3月23日第2006-346号授权法令)不动产担保是指优先权(privilège,先取特权)、不动产质权(gage immobilier)和抵押权(hypothèque)。

不动产所有权也可以被留置(retenu)或让与(cédé),作为担保。

第一章　不动产优先权

（2006年3月23日第2006-346号授权法令）

第一节　特别优先权

（2006年3月23日第2006-346号授权法令）

第 2374 条

对不动产享有优先权的债权人是①：

1. 出卖人，就价金的支付，对其出卖的不动产享有优先权。

如果不动产连续多次买卖，价金全部或部分尚未得到支付时，第一次的出卖人先于第二次的出卖人受偿，第二次的出卖人先于第三次的出卖人受偿，依次类推。

（1994年7月21日第94-624号法律第34条）1b. 共同所有权业主联合会与房产出卖人，以及在相应场合，与下列第二项所指的钱款的贷与人，就1965年7月10日关于确定建筑不动产共同所有权规则的第65-557号法律第10条、第24条和第30条所指的费用与工程款的支付，以及与当年和最近4年有关的同一法律第14-2条所指的工程款项已经到期的分摊份额款的支付，对(区分所有权人)出卖的建筑不动产共同所有权区分份额②享有优先权。

---

① 第2374条列举的八项规定不仅规定了"对不动产享有优先权的债权人"，而且具体规定了因什么样的债权对什么样的特定不动产享有特别优先权。
② 即建筑物的某一部分，例如，套房。

但是,共同所有权业主联合会①,对于当年和最近2年实施的工程有关的费用的债权,先于不动产出卖人与钱款贷与人受偿。

1c.《建筑与住宅法典》第615-10条所指的活动人员,在卖出的财产对集体利益性质的财产负担役权时,与出卖人,或者在相应情况下,与本条第2点所指的金钱的贷与人,共同享有特别优先权。

2. 为取得某宗不动产提供资金(贷款)的人,即使没有取得代位权,只要借贷合同是经公署形式认定借出的款项是用于取得该不动产,并且出卖人出具的收据也可以确认是用该项借款支付价金,对该不动产享有优先权。

3. 共同继承人,为担保他们之间进行的遗产分割和差额,或者担保多分配的份额的返还.对遗产中的不动产享有优先权,对于担保依据第924条的规定应当给予的补偿金而言,已经赠与或者遗赠的不动产视为遗产的不动产。

4. 建筑师、承包人、建筑工人与其他受雇于建筑、重建或修理楼房、管道或其他任何工程的工人,只要楼房、建筑物所在辖区的司法法院依职权任命的专家鉴定人事先作成的笔录确认与所有权人宣告打算实施的工程有关的场地的状况,并且工程完工以后最迟6个月内已由同样依职权任命的鉴定专家验收,对该工程有优先权。

但是,此种优先权的数额不得超过第二份笔录确认的价值,并且以转让不动产时已经进行的工程产生的增加值为限。

5. 出借钱款,用于支付或偿还上述工人费用的人,只要经公署形式确认从借贷文书和工人出具的收据来看,所出借的款项确实被用作此种用途,如同上述为取得不动产提供借贷资金的人,享有相同的优先权。

---

① 建筑不动产区分所有权业主联合会。

6.（2006年6月23日第2006-728号法律第29-33条）已经去世的人的债权人和金钱的受遗赠人，以及继承人的个人债权人，为保证他们依第878条的规定而产生的权利，分别对遗产中的不动产或继承人本人的不动产享有优先权。

7.（1984年7月12日第84-595号法律）持有1984年7月12日关于通过租赁方式取得不动产所有权的第84-595号法律规定的"租赁—取得不动产合同"的人，为担保其依此合同产生的权利，对作为合同标的的不动产享有优先权。

8.（2007年1月11日第2007-42号授权法令）国家或者市镇行政区，为担保适用《公共卫生法典》第1331-30条、《建筑与住宅法典》第123-3条或者该法典第129-4条、第511-4条和第521-3-2条的规定产生的债权，在此种债权涉及如果不执行"以禁止居住或使用场所或最终关闭机构论处"的措施时，享有优先权。

第二节 一般优先权

（2006年3月23日第2006-346号授权法令）

第2375条

对一般不动产享有优先权的债权是：

1.（1955年5月20日第55-678号法令）诉讼费；

2.（1979年1月3日第79-11号法律）在不影响可能适用《劳动法典》第143-10条、第143-11条、第742-6条与第751-15条之规定的情况下。

受雇人员过去一年以及当年的报酬。

由1939年7月29日关于法国家庭与出生率的法令第63条所设

立的因劳动合同引起的推迟支付的工资。

(1989年12月31日第89-1008号法律第14-3条)由1989年12月31日关于发展商业和手工业企业以及改善它们的经济、法律及社会环境的第89-1008号法律第14条设立的生存配偶的债权,(1999年7月9日第99-574号法律第36条)以及《农村法典》第321-21-1条设立的生存配偶的债权。

(1989年7月10日第89-488号法律第6条)薪金雇员与学徒最近6个月的工资报酬,以及依照《劳动法典》第980-111条的规定由雇主给予职业生活初始阶段实习的青年人的补贴。

(1982年2月5日第82-130号授权法令)《劳动法典》第122-3-4条(1990年1月2日第90-9号法律)规定的终止合同补偿金以及同一法典第124-4-4条规定的因工作不稳定应当给予的补偿金。

因没有遵守《劳动法典》第122-8条规定的解雇预先通知期限而应当给予的补偿金以及同一法典第122-32-6条规定的补偿性赔偿金。

(1979年1月3日第79-11号法律)带薪假期应当给予的补偿金。

按照集体劳动协定、机构集体劳动协议、劳动规章、劳动习惯、《劳动法典》第122-9条、(1981年1月7日第81-3号法律)第122-32-6条、第761-5条与第761-7条的规定应当给予的解雇补偿金。

(1982年2月5日第82-130号授权法令)相应场合,因适用《劳动法典》第122-3-8条第2款、第122-14-4条、第122-14-5条第2款、第122-32-7条与第122-32-9条之规定应当给予薪金雇员的补偿金。

第2376条

(1955年1月4日第55-22号法令)在没有动产的情况下,前条列举的优先权债权人与其他对不动产享有优先权的债权人一起就出卖该不动产的价金受偿时,先于后者并按前一条规定的顺位受偿。

第三节　优先权应当进行登记的情况

（2006 年 3 月 23 日第 2006-346 号授权法令）

第 2377 条

（1955 年 1 月 4 日第 55-22 号法令）在债权人之间，优先权只有按照以下条款以及第 2426 条与第 2428 条确定的方式在抵押权登记处进行登记依此得到公示时，才能对不动产产生效力。

第 2378 条

（1955 年 1 月 4 日第 55-22 号法令）第 2375 条列举的债权以及第 2374 条列举的建筑不动产共同所有权业主联合会的债权免除登记手续。

第 2379 条

（1955 年 1 月 4 日第 55-22 号法令）享有优先权的（不动产）出卖人或者为取得不动产提供借贷资金的人，由其负责在买卖文书作成之日起 2 个月期限内按照第 2426 条与第 2428 条规定的形式进行登记，即保持其优先权。此项优先权，自买卖文书作成之日产生清偿顺位。

在出卖人的优先权消灭之后；或者如果在以上规定的期限内没有进行此项优先权登记，不得损害因财产取得人的原因已经对不动产取得权利并且进行了公示的第三人的利益，行使第 1654 条规定的解除买卖之诉权。

第 2380 条

（1967 年 7 月 7 日第 67-547 号法律）在依照第 1601-2 条的规定订立待建不动产买卖合同的情况下，不动产出卖人或者为买受人提供借贷资金的出借人的优先权,如果在经公署文书确认建筑物完工之日起2个月期限内进行登记,自买卖合同作成之日起产生清偿顺位。

第 2381 条

（1955 年 1 月 4 日第 55-22 号法令）共同继承人或财产共同分割人,自财产分割或拍卖之日或者本法典第 924 条所指的补偿金确定之日起 2 个月期限内,由其负责依照第 2426 条与第 2428 条规定的形式就每一宗不动产进行优先权登记,可以就结算余额或者份额的返还,或者就拍卖的价金,对每一份财产或者拍卖的财产保持其优先权。此种优先权于上述分割行为或拍卖之日起产生清偿顺位。

第 2382 条

建筑师、承包人、工人与其他受雇实施建筑、重建或修缮楼房、管道或其他工程的工人,以及为支付或偿还这些人的款项而提供金钱借贷并且借款用途得到确认的贷与人,通过以下两项登记：

1. 确认现场状况的笔录；
2. 工程验收笔录,自第一份笔录登记之日起保持其优先权。

第 2383 条

（2006 年 6 月 23 日第 2006-728 号法律第 29-34 条）已经去世的人的债权人和金钱款项的受遗赠人,以及继承人本人的债权人,在继承开始后 4 个月内,按照第 2426 条与第 2428 条规定的形式,就第 2374 条第 6 点所指的每一宗不动产进行登记,可以保持其优先权。此项优先权于继承开始之日产生清偿顺位。

第 2384 条

（2006 年 3 月 23 日第 2006-346 号授权法令）通过租赁取得所有权的人,由其负责在"租赁—取得"所有权的合同签订之日起 2 个月期限内,按照第 2426 条与第 2428 条规定的形式就作为合同标的的不动产进行登记,保持其优先权;此项优先权于合同签订之日产生清偿顺位。

第 2384-1 条

债权持有人通过以下所指的两次登记保持其优先权①:

1. 由当事人登记按照《公共卫生法典》第 1331-28 条、《建筑与住宅法典》第 123-3 条或该法典第 129-2 条、第 129-3 条、第 511-2 条或第 511-3 条之规定出具的保险单。前两项条文规定:如其未得到遵守,以禁止居住或使用场所或者最终关闭机构论处,在《建筑与住宅法典》第 129-2 条、第 129-3 条、第 511-2 条或第 511-3 条的规定中包含对需要采取的措施或待实施的工程的费用的大体估计;或者,由当事人登记按照《公共卫生法典》第 1331-26-1 条或第 1331-29 条第 2 点、《建筑与住宅法典》第 123-3 条或该法典第 129-2 条或第 511-2 条第 4 点之规定提出的催告书。前三项条文规定的相应措施如果未遵守,以禁止居住或使用场所或者最终关闭机构论处,在《建筑与住宅法典》第 129-2 条或第 511-2 条的规定中包含对需要采取的措施或待实施的工程的费用的大体估计。

2. 由当事人登记收取债权的凭证。

对于因适用《建筑与居住法典》第 521-3-2 条、第 511-2 条或者《公共卫生法典》第 1331-28 条第 1 点的规定产生的债权,如果已经命令拆除被宣告不卫生或者有倒塌危险的建筑物,优先权在债权的估计数额内,或者在收取凭据所载明的数额的限度内,自第一次登记或者就收取凭据所载数额超过第一次登记的数额的部分进行第二次登记时,取得清偿顺位。其他债权,在评估的数额限度内,或者如果收取债权的凭证写明的数额低于评估的数额,在收取凭证所写明的数额限度内保留其清偿顺位。

---

① 这里规定的优先权主要是指,在行政命令拆除危房或违章建筑的情况下,如果当事人本人不执行拆除命令或者不采取相应措施,在由行政机关委托第三人采取措施时,由此引起的费用产生的优先权或法定抵押权。

第 2384-2 条

（2007 年 1 月 11 日第 2007-42 号授权法令第 1-2 条）尽管有第 2384-1 条的规定，也可以通过一次性登记债权收取凭证，在其价值限度内保持优先权。

在此情况下，对于依据《建筑与住宅法典》第 521-3-2 条、第 511 条第 1 点以及《公共卫生法典》第 1331-28 条第 1 点之规定产生的债权，在已经命令拆除被宣告不卫生或者有可能倒塌的建筑物时，优先权如果在证书签发起 2 个月内进行了登记，自该证书签发之日起产生清偿顺位。

第 2384-3 条

（2007 年 1 月 11 日第 2007-42 号授权法令第 1-2 条）登记费用由债务人负担。

第 2384-4 条

（2007 年 1 月 11 日第 2007-42 号授权法令第 1-2 条）如果所有权人或者经营者执行了第 2384-1 条第 1 点所指的凭据或催告书中规定的措施，在该条第 2 点所指的收取凭证登记之前自费公示撤销凭单，自第一次登记起，即失去效力，由所有权人或者经营者负担费用在登记的备注栏内写明由此种失效引起的注销登记。

注销第二次登记，只能按照第 2440 条及随后条文的规定进行。

第 2385 条

以上各种优先权债权的受让人，可以取代出让人，行使与其相同的各项权利。

第 2386 条

在用于担保优先权债权的不动产上登记的抵押权，于第 2379 条、第 2381 条与第 2383 条给予的申请优先权登记的期限内，不得损害优先权债权人的利益。

应当进行登记的任何优先权债权,在为保留优先权而规定的上述各项条件没有成就时,并不停止其保有抵押债权的性质,但是,抵押权仅自登记之日起对第三人产生顺位。

第二章　不动产质权

（2006 年 3 月 23 日第 2006-346 号授权法令）

第 2387 条

（2006 年 3 月 23 日第 2006-346 号授权法令）不动产质押(质权)是将某宗不动产用于担保某项债务;不动产质押(质权)引起设质人转移不动产的占有。

第 2388 条

（2006 年 3 月 23 日第 2006-346 号授权法令）第 2397 条最后一款、第 2413 条、第 2414 条、第 2416 条、第 2417 条与第 2421 条有关约定的抵押权的规定,适用于不动产质权。

第 2458 条至第 2460 条有关抵押权的效力的各项规定,也适用于不动产质权。

第 2389 条

（2006 年 3 月 23 日第 2006-346 号授权法令）债权人受领用于设立担保的不动产的孳息。如果债权应付利息,债权人首先将其受领的孳息偿付利息,然后用于清偿债务的本金。

债权人有义务负责对不动产的保护与维修,否则,丧失权利;债权人可以将其受领的孳息首先用于不动产的保护与维修,剩余的部分用于充抵债务。债权人可以随时将财产返还给所有权人而不再负担保护与维修义务。

第 2390 条

（2006 年 3 月 23 日第 2006-346 号授权法令）债权人可以将不动产出租给第三人或债务人本人，且不因此丧失占有。

第 2391 条

（2006 年 3 月 23 日第 2006-346 号授权法令）债务人不得在全数清偿债务之前请求返还不动产。

第 2392 条

（2006 年 3 月 23 日第 2006-346 号授权法令）持有不动产质权的债权人的权利主要因以下原因消灭：

1. 主债务消灭；
2. 不动产提前返还给其所有权人。

第三章　抵押权

（2006 年 3 月 23 日第 2006-346 号授权法令）

第一节　一般规定

（2006 年 3 月 23 日第 2006-346 号授权法令）

第 2393 条

抵押权是对用于担保清偿某项债务的不动产的一种物权。

抵押权依其性质不可分割，并且对抵押的所有不动产、其中每一宗不动产以及这些不动产的每一部分，均完整存在。

无论负担抵押权的不动产转入何人之手,抵押权均随其存在。

第 2394 条

仅在法律允许的情况下并且按照法律允许的形式,才能设立抵押权。

第 2395 条

抵押权,或者为法定抵押权,或者为裁判上的抵押权,或者为约定的抵押权。

第 2396 条

(1955 年 1 月 4 日第 55-22 号法令)法定抵押权是依法律的规定产生的抵押权。

裁判上的抵押权是依判决产生的抵押权。

约定的抵押权是依协议(合同)设立的抵押权。

第 2397 条

抵押物仅以下列财产为限:

1. 属于可交易的不动产以及被视为不动产的添附权利;

2. 在用益权期间,与前项所指相同的不动产及其添附部分的用益权。

(2006 年 3 月 23 日第 2006-346 号授权法令第 17 条)抵押权扩张至对不动产进行的改善。

第 2398 条

动产不得设立抵押权。

第 2399 条

本法典之规定不改变海商法有关海上船舶与船只的规定。

第二节　法定抵押权

（2006年3月23日第2006-346号授权法令）

第一目　一般规定

（2006年3月23日第2006-346号授权法令）

第2400条

除其他法典和特别法规定的法定抵押权外，可以赋予法定抵押权的权利与债权是：

1.（1965年7月13日第65-570号法律）夫妻一方的权利与债权，对另一方的财产享有法定抵押权；

2. 未成年人或者受监护的成年人的权利与债权，对监护人或法定管理人的财产享有法定抵押权；

3. 国家、省、市镇行政区、公共机构的权利与债权，对税收人员与会计人员的财产享有法定抵押权；

4. 受遗赠人依据第1017条规定的权利与债权，对遗产财产享有法定抵押权；

5. 第2331条第2点、第3点、第5点、第6点、第7点、第8点列举的权利与债权享有的法定抵押权。

第2401条

（1965年7月13日第65-570号法律）除本法典、其他法典或者特别法规定的例外，以及除债务人有权主张（1955年1月4日第55-22号法令）第2444条及随后条款规定的权利外，享有法定抵押权的债权人可以就当前属于债务人的所有不动产登记其权利，但应当遵守第2426条的规定。在相同限制下，债权人可以就随后归入债务人概括财产内的不动产进行补充登记。

第二目 夫妻法定抵押权的特别规则

（2006年3月23日第2006-346号授权法令）

第2402条

（1965年7月13日第65-570号法律）夫妻双方约定实行婚后所得参与制的，除另有协议外，约定的条款当然赋予夫妻一方与另一方以权利，为担保对婚后所得财产的参与性债权，登记法定的抵押权。

可以在夫妻财产制终止之前进行此种抵押权的登记，但仅自夫妻财产制解除时才产生效力，且以登记涉及的不动产在该日期仍然在债务人的配偶一方的概括财产之内为前提条件。

在夫妻财产制提前清算的情况下，清算请求提出之前已经进行的抵押权登记，自申请提出之日产生效力，在此之后才进行的抵押权登记，仅在第2425条所指的日期产生效力。

也可以在夫妻财产制解除后1年内进行抵押权登记，在此情况下，登记当日即生效力。

第2403条

（1985年12月23日第85-1372号法律）在夫妻参与分享婚后取得财产制之外，只有如本条及下一条规定，经法院参与，才能登记夫妻之间的法定抵押权。

如果夫妻一方向法院提起诉讼，请求确认其对配偶或配偶的继承人的某项债权，该配偶一方，自提出请求起，可以请求先行（临时）登记法定抵押权，并提交已送达的传唤状的原本以及法院书记员出具的证明法院已经受理诉讼的证明。在提出反诉的情况下，该一方配偶，提出准备书状的副本，享有相同权利。

（1965年7月13日第65-570号法律）登记的有效期为3年，可以延展。登记受本编第四章及随后章节的规则约束。

如果提出的请求得到法院支持，由提出请求的原告一方主动负责，在判决终局确定之日起1个月内，将该判决记载于先行登记的备注栏，否则该项登记无效。法院判决构成进行最终登记的证书，取代原进行的先行登记；登记的顺序依判决作出之日确定。当涉及的债权的本金及附属权利超过先行登记所保全的数额时，超过的部分，只能依据第2148条的规定进行的登记予以保全，并且如第2134条所规定，此项登记仅于登记之日产生效力。

如果提出的请求全部被驳回，由作为被告的一方提出的请求，法院命令注销临时登记。

第2404条

（1965年7月13日第65-570号法律）同样，如果在婚姻期间夫妻一方依第1426条或第1429条的规定有必要向另一方转移某些财产的管理，法院可以在命令转移管理的判决中，或者在随后作出的判决中，决定就负责财产管理的配偶一方的不动产登记法定抵押权。法院在作出此项判决的情况下，应当确定登记的抵押权数额，并且指明用于设立此项抵押权的是哪些不动产。如果法院不作出前述决定，仍可决定设立动产质权，以替代抵押权登记，并且确定设立此种动产质权的条件。

如果随后出现的新情况有此要求，法院始终可以作出判决：或者进行第一次抵押权登记，或者进行补充登记，或者设立动产质权。

本条所指的抵押权登记，得依检察院的申请进行和延展。

第2405条

（1965年7月13日第65-570号法律）已经依照（1985年12月23

日第 85-1372 号法律)第 2402 条或第 2403 条的规定登记法定抵押权的,除夫妻财产契约有条款明文禁止外,享有抵押权登记利益的配偶一方可以同意为另一方的债权人或其本人的债权人的利益,转让其抵押权的顺位,或者对其进行登记而产生的权利取得代位权。

为了担保向配偶一方给付或应当给付的扶养金登记的法定抵押权或可能的裁判上的抵押权,对于该配偶或其子女,亦适用前款之规定。

如果享有抵押权登记利益的配偶一方由于拒绝转让其抵押权顺位或拒绝实行代位,阻止另一方设立家庭利益所必要的抵押权,或者该配偶一方不能表示自己的意思,法院可以按照其认为对保护有利益关系的配偶一方的权利所必要的条件,批准转让抵押权顺位或者批准实行代位。在婚姻财产契约包含第 1 款所指的条款时,法官亦有相同的权力。

第 2406 条

(1965 年 7 月 13 日第 65-570 号法律)如果依照第 2404 条的规定已经进行抵押权登记,在转移财产管理权的期间,只能依法院命令转移管理权的判决发生抵押权顺位的转让或者实行代位。

财产管理权的转移一经停止,可以按照第 2405 条规定的条件进行抵押权顺位的转让或实行代位。

第 2407 条

(1965 年 7 月 13 日第 65-570 号法律)依据以上两条的规定作出的判决,应当遵守《民事诉讼法典》规定的形式。

除保留适用第 2403 条的规定外,夫妻之间的法定抵押权的更新登记,应当遵守第 2434 条的规定。

第 2408 条

（1965 年 7 月 13 日第 65-570 号法律）第 2402 条至第 2407 条之规定，应当按照法令规定的条件，告知夫妻双方或拟婚的夫妻双方。

第三目 受监护人的法定抵押权的特别规则

（2006 年 3 月 23 日第 2006-346 号授权法令）

第 2409 条

（1964 年 12 月 14 日第 64-1320 号法律）在任何监护开始设立时，亲属会议，或者没有亲属会议的，法官在听取监护人的意见之后，可以决定是否应当要求就监护人的不动产登记抵押权。在决定进行此项登记的情况下，亲属会议应当确定登记的抵押权数额，并指明用于负担抵押权的是（监护人的）哪些财产；在决定不要求进行抵押权登记的情况下，亲属会议仍可决定设立动产质权，替代登记抵押权，并且确定设立动产质权的条件。

在监护期间，如果未成年人或受监护的成年人的利益有此要求，亲属会议可以随时命令：或者进行第一次抵押权登记，或者进行补充登记，或者设立动产质权。

在依据第 389 条的规定有必要实施法定管理的情况下，监护法官，或者依职权，或者应某一血亲或姻亲的要求，或者应检察院的要求，仍可决定就法定管理人的不动产登记抵押权，或者决定法定管理人应当设立动产质押。

本条所指的登记，应监护法官的书记员的请求进行，登记费用计入监护账目。

第 2410 条

（1955 年 1 月 4 日第 55-22 号法令）国家收容的弃儿，在其达到成年年龄或解除亲权之后,或者受监护的成年人,在解除监护之后,1 年期限之内,可以请求登记法定抵押权,或者进行补充登记。

(1959 年 1 月 7 日第 59-71 号授权法令)此外,这项权利可以在相同期限内由未成年的儿童或者受监护的成年人的继承人行使;以及受保护人在监护停止或者解除禁治产之前死亡的,在其死亡后的 1 年内,可以由其继承人行使此项权利。

第 2411 条

(1955 年 1 月 4 日第 55-22 号法令)在当事人尚未成年期间,或者在成年人受监护期间,依据第 2409 条的规定进行的抵押权登记,应当依照《民法典》第 2434 条的规定,由司法法院的书记员予以延展。

第三节 裁判上的抵押权

(2006 年 3 月 23 日第 2006-346 号授权法令)

第 2412 条

(1955 年 1 月 4 日第 55-22 号法令)裁判上的抵押权,依据终局的或者先予执行的对席判决或缺席判决,为取得该判决的人的利益设立。

裁判上的抵押权,亦因(2016 年 11 月 18 日第 2016-1547 号法律第 11 条)取得执行令的仲裁裁决以及在国外作出并经法国法院宣告具有执行力的判决产生。

除债务人可以在诉讼过程中或者在其他任何时候主张第 2444 条及随后条款的规定外,享有裁判上的抵押权利益的债权人,可以就现在属于其债务人的所有不动产登记其权利,但应当遵守第 2426 条之规定。债权人可以在相同保留条件下,就以后归入债务人概括财产内的不动产登记其权利。

第四节　约定的抵押权

（2006 年 3 月 23 日第 2006-346 号授权法令）

第 2413 条

只有有能力转让负担抵押权的不动产的人，才能同意用该不动产设立约定的抵押权。

第 2414 条

对不动产仅享有附停止条件之权利的人，或者仅享有在特定情况下可予解除或可以撤销之权利的人，仅得同意设立受相同条件约束或者同样可以解除或撤销的抵押权。

（2006 年 3 月 23 日第 2006-346 号授权法令第 18 条）用共有不动产设立的抵押权，如果得到全体共有人同意，不论该不动产分割的结果如何，均保持其效力；相反情况下，用共有不动产设立抵押权，仅在财产分割时同意设立抵押权的共有人分配到该项或这些不动产的限度内，或者在不动产拍卖给第三人的情况下，只有在该共有人分配到该不动产的拍卖价金的限度内，才能保持其效力。

用在一项或数项共有不动产中占有的份额设立抵押权，只有在财产分割时同意设立该抵押权的共有人分配到这项或这些不动产的限度内，才能保持其效力。在此情况下，抵押权对该共有人分配到的整个份额均保持效力，而不局限于原属于同意设立抵押权的共有人的应得份额；在不动产拍卖给第三人时，如果该共有人分配到该不动产的拍卖价金，其设立的抵押权亦保持其效力。

第 2415 条

未成年人、受监护的成年人以及失踪人的财产，在其仅仅被暂时许可占有时，只能按照法定的形式和原因，或者只能依据法院判决，用于设立抵押权。

第 2416 条

（2006 年 3 月 23 日第 2006-346 号授权法令第 19 条）约定的抵押权，只能用公证文书（acte notarié）同意设立。

第 2417 条

在外国订立的合同，不得产生对法国财产的抵押权，但如果政治性法律或条约有与此项原则相反的规定除外。

第 2418 条

（1955 年 1 月 4 日第 55-22 号法令）约定的抵押权的设立，只有在债权的公署的设立证书或者随后公署证书，按照以下第 2426 条的规定，特别申明同意用于设立抵押权的每一宗不动产的性质与所在位置时，始为有效。

第 2419 条

（2006 年 3 月 23 日第 2006-346 号授权法令第 20 条）原则上只能同意就现有的不动产设立抵押权。

第 2420 条

（2006 年 3 月 23 日第 2006-346 号授权法令第 20 条）作为前一条的例外规定，按照以下情况与条件，也可以同意用将来的不动产设立抵押权：

1. 不占有现在的无任何负担的不动产的人，或者占有的不动产数量不足以担保债权的人，可以同意将其日后取得的每一项财产，随其取得，均用于债权的清偿；

2. 设立抵押权的现有财产已经灭失或者受到损坏，致使其不足以担保债权时，同样可以按照第 1 点的规定办理，但不影响债权人从现时起即追偿债务；

3. 占有现时权利、准许其在他人土地上进行建筑的人，可以抵押已经开始建筑的或仅仅计划建筑的建筑物。在建筑物被毁的情况下，抵押权当然转移至在同一场地建起的全部新建筑。

第2421条

（2006年3月23日第2006-346号授权法令第20条）可以同意为担保现有的或将来的一项或数项债权设立抵押权；如果是将来的债权，应当是可以确定的债权。

设立抵押权的原因应在文书中明定。

第2422条

（2014年12月20日第2014-1545号法律第48条）只要设立抵押权的文书有明文规定，设立的抵押权随后可以用于担保该文书写明的债权以外的其他职业性债权。

在此情况下，设立抵押权的人可以在设立文书规定的以及第2423条所指的数额限度内，不仅将其设立的抵押权用于向原来的债权人提供担保，而且可以用于向新的债权人提供担保，即使原来的债权人尚未得到清偿，亦同。

设立抵押权的人与最初的债权人或者新的债权人订立的可增负抵押协议（convention de rechargement，重复抵押协议），应当采用公证文书的形式。

此项可增负抵押协议（重复抵押协议），应当依照第2430条规定的形式进行公示，否则对第三人不具有对抗效力。

协议的公示确定就享有同一抵押权的债权人的受偿顺序。

不影响第2424条第2款的规定，本条之规定具有公共秩序性质，与之相抵触的任何条款均视为不曾订立。

第 2423 条

（2006年3月23日第2006-346号授权法令第20条）抵押权始终为债的本金设立，担保数额以公证书写明的确定的数额为限，否则无效；相应情况下，各当事人应当为此目的对不确定的、可能的或者附条件的年金、给付和权利作出评估。如果债权附有重新估值条款，只要证书有此规定，原提供的担保亦扩张至重新评估后的债权。

为担保将来的一项或数项债权而同意设立抵押权，以及就不确定的期限设立抵押权时，设立抵押权的人可以在任何时候取消之，但应当遵守3个月的提前通知期间。抵押权一经取消，仅对此前已经产生的债权仍为担保。

第 2424 条

（2006年3月23日第2006-346号授权法令第20条）抵押权当然随其担保的债权转移。抵押权债权人（抵押权人）可以代位取得另一债权人在抵押权中的权利并保全其债权。

抵押权人也可以通过转让其优先受偿顺位，将其抵押权登记顺序转让给顺位在其之后的债权人，后者取代前者的位置。

第五节　抵押权的排列顺序[①]

（2006年3月23日第2006-346号授权法令）

第 2425 条

（1955年1月4日第55-22号法令）无论是法定抵押权、裁判上的

---

① 法国《民法典》原来使用的术语为"le rang"，译为"顺位"，现在使用的词汇为"classement"，译为"排列顺序"。

抵押权还是约定的抵押权,在债权人之间,抵押权的顺位(rang)仅于债权人按照法律规定的形式和方式在抵押权登记处进行登记之日确定。

同一日就同一不动产有数起抵押权登记申请时,依据载明最早日期的证书申请进行的登记,视为取得在先顺位,不论在第2453条所指的登记簿上的进行登记时的顺序如何。

(1998年4月6日第98-261号法律)但是,在第2386条第2款所指情况下进行的第2383条所指的分别概括财产登记,以及第2400条第1点、第2点、第3点所指的法定抵押权的登记,其顺位视为先于同一日进行的任何裁判上的抵押权和约定的抵押权的登记所产生的顺位。

如果同一日依据第2款所指的载有相同日期的证书就同一不动产进行数起抵押权登记,或者为持有第3款所指的抵押权与优先权的申请人的利益进行数起抵押权登记,不论在前述登记簿上进行登记的顺序如何,各项登记均取得相同的顺位。

(2006年12月21日第2006-1666号法律第7-1条)国库的法定抵押权的登记或者保全性裁判抵押权的登记产生的顺位,在此种抵押权的登记先于可增负抵押协议(重复抵押协议)的公示时,视为先于此种协议所赋予的顺位。

(2006年12月21日第2006-1640号法律第39-1条)第5款之规定适用于强制社会保险管理机构的法定抵押权的登记。

享有优先权或抵押权的债权人与仓库存货单持有人之间,在仓库存货单持有人对视为不动产的财产享有质权担保的限度内,按照各自的证书的公示日期确定优先权的顺位;库存货单的公示,受规定此种事项的特别法律的约束。

附目九 司法部2017年3月13日提交的民事责任改革法案①

第二分编 民事责任

第1232条

除保留适用有关特别制度的特有规定外,适用第一章至第四章的规定。

---

① 《民法典》关于民事责任的改革尚未完成。早在2005年,由法国著名法学家卡特拉先生主持的关于民事责任法的建议草案开启了改革的序幕。这一部分的改革内容主要涉及《民法典》中原来有关侵权行为与准侵权行为的规定。2016年4月29日法国司法部向社会发布了民事责任改革法案的建议(征求意见稿),2017年3月13日司法部提交了关于民事责任改革法案。按照这个法案的条文安排,有关民事责任的规定将编入《民法典》第1232条至第1299-4条。目前,该法案尚未经国民议会通过,改革仍在进行过程中。因此,到目前为止,《民法典》仍然保留了有关侵权行为与准侵权行为的原条文规定,即原第1382条至第1386条,现在编为第1240条至第1244条。

第一章　编首规定

第 1233 条

合同债务不履行之情形,无论是债务人还是债权人,均不得避开适用有关合同责任的专门规定转而选择适用有关非合同责任的特别规定。①

第 1233-1 条

因人身损害引起的损失,依非合同责任规则进行赔偿,即使是在履行合同时造成的此种损失,亦同。

但是,受害人可以主张合同中明文规定的比适用非合同责任规则对其更为有利的约款。

第 1234 条

合同之不履行给第三人造成损害时,第三人只能以非合同责任为依据请求债务人对损害后果进行赔偿,且应负责提出第二章第二节所指的产生损害之事实的证据。

但是,对合同的适当履行有正当利益的第三人,只要合同不履行给其造成某种损害,也可以以合同责任为依据主张合同之不履行。合同当事人之间的关系中适用的责任条件和限制,对第三人有对抗效力。限制合同当事人对第三人的合同责任的任何条款,均视为不曾订立。

---

① 法国民法始终坚持"合同责任与侵权责任不竞合"规则,但有关民事责任的改革草案第 1233 条至第 1234 条对这一规则作出了相应的调整处理。

第二章 责任的条件

第一节 合同责任与非合同责任的共同规定

第一目 可赔偿的损失

第 1235 条

因某种损害(dommage)引起的、构成财产性或非财产性正当利益之减损(la lésion)的任何肯定的损失(préudice certain),均可予赔偿。

第 1236 条

将来的损失,在其是事情的当前状态的肯定的直接延续时,可予赔偿。

第 1237 条

原告(demandeur)为了预防即将发生的损害,或者为了避免损害加重,以及为降低损害后果所支出的费用,只要是合理的负担,构成可赔偿的损失。

第 1238 条

仅有某种有利的可能性现时且肯定消失的情况,构成可予赔偿的丧失机遇。

此种损失,应当根据已丧失的机遇进行评价,不得等于如果此种机遇得以实现可能带来的获利。

第二目 因果关系

第 1239 条

责任,以归咎于被告的事实(fait)和损害之间存在因果关系(lien de causalité)为条件。

因果关系的成立得以任何方式认定。

第 1240 条

协同行动或者从事类似活动且经识别认定的数人中有人造成他人人身损害但未能确定其人是谁时,每一个人均应对损害整体(le tout)承担责任,证明自己不可能造成损害的人除外。

在此情况下,诸责任人相互之间按照各自造成损害的概率比例分担赔偿。

第二节 有关非合同责任的特有规定

第一目 引起非合同责任的事实

第一项 过 错

第 1241 条

任何人均对因其过错造成的损害承担责任。

第 1242 条

违反法律的规定或者未尽到谨慎或勤勉之一般义务,构成过错。

第二项 因物引起的损害

第1243条

任何人对在其管领下的物造成的损害,当然承担责任。

运动中的物,只要与损害部位发生接触,推定是该物引起的损害。

其他情况下,受害人应当证实物的瑕疵,或者证实物的位置、状态或态势不正常,据以证明因物引起的损害。

物的照管人是指,在造成损害的事实(发生)时使用、控制、管领该物的人。推定所有权人是物的照管人。

第三项 对相邻关系的不正常妨害

第1244条

所有权人、承租人或者持有的证书主要宗旨是准许其占用或经营某处不动产的人,工程业主或者行使业主权限的人,对相邻关系造成超过正常程度之妨害的,对因此种妨害引起的损害当然承担责任。

即使造成损害的活动原是经行政批准,法官仍可判处损害赔偿,或者命令采取能够排除侵扰的合理措施。

第二目 由他人造成的损害的归责

第1245条

在第1246条至第1249条规定的情况及条件下,应当对因他人造成的损害承担责任。

此种责任的前提条件是,证明有足以引起直接造成损害的行为人承担责任的事实。

第1246条

下列之人对未成年人的行为当然承担责任:

——父母,只要其行使亲权;

——监护人,只要其对未成年人的人身负担责任;

——由司法判决或行政决定指定持续负责安排和监督未成年人生活方式的自然人或法人。在此情况下,该未成年人的父母不承担责任。

第 1247 条

由司法判决或行政决定指定的、持续负责安排和监督成年人生活方式的自然人或者法人,对处于其监督下的成年人造成损害的行为当然承担责任。

第 1248 条

依据合同、以从事职业的名义承担监督他人之任务或者安排与监督他人之活动的其他人,对受其监督的自然人造成损害的行为承担责任,但证明自己没有过错的除外。

第 1249 条

委派人(commettant)对受其委派之人(préposé)造成的损害当然承担责任。有权限(权力)对受委派人下达与其完成的职务相关的命令或指令的人为委派人。

在委派(préposition)关系发生转移的情况下,由转移委派的受益人承担责任。

如能证明受委派人是在其受雇职务之外从事的活动、未经批准,并且是为与其职责无关的目的,委派人或转移委派的受益人不承担责任;如果证明受害人与受委派人有串通,委派人或转移委派的受益人也不承担责任。

受委派人仅在有故意过错的情况下,或者其实施的行为目的与其职责不符且没有获得授权的情况下,才引起个人责任。

第三节　合同责任的专门规定

第 1250 条

合同的任何不履行给债权人造成损害的,均强制债务人对此承担责任。

第 1251 条

债务人仅对合同订立时可以合理预见的不履行结果负赔偿责任,有重大过失或者欺诈性过错的除外。

第 1252 条

对迟延履行引起的损失的赔偿,以事先向债务人进行催告为条件。对于其他任何损失的赔偿,只有在催告对于具体说明债务不履行之性质有所必要时,才要求进行催告。

第三章　免除责任或排除责任的原因

第一节　免责原因

第 1253 条

意外事件(le cas fortuit)、第三人的行为或者受害人的行为,如果具备不可抗力特征,具有完全的免责效力。

在非合同方面,不可抗力是指被告或被告应当负责的人不能控制、采取适当手段仍然不能避免其发生,也不能阻止其后果的事件。

在合同方面,不可抗力依第 1218 条的定义。

第 1254 条

受害人不履行其合同义务、其本人或其应当负责的人的过错促成损害发生的,具有部分免除责任之效力。

在人身损害情况下,只有重大过错才可引起部分免除责任。

第 1255 条

缺乏辨识能力的人的过错不具有免责效力,但如其具有不可抗力性质,不在此限。

第 1256 条

对直接受害人具有对抗效力的过错或者合同不履行,对受到间接损失的受害人也具有对抗效力。

第二节 排除责任的原因

第 1257 条

行为人处于《刑法典》第 122-4 条至第 122-7 条所指情况之一的①,造

---

① 第 122-4 条 完成法律或条例规定或允许之行为的人,不负刑事责任。
完成合法当局指挥之行为的人,不负刑事责任,但此种行为明显非法者,不在此限。
第 122-5 条 在本人或他人面临不法侵害之当时,出于保护自己或他人正当防卫之必要,完成受此所迫之行为的人,不负刑事责任,但所采取的防卫手段与犯罪之严重程度之间不相适应之情况除外。
为制止实施侵害某项财产之重罪或轻罪而完成除故意杀人以外的防卫行动,在此种行动属于实现目的所绝对必要,采取的防卫手段与犯罪行为之严重程度相一致时,完成该防卫行动的人不负刑事责任。
第 122-6 条 完成下列行为的人,推定其进行了正当防卫:
1. 夜间击退破门撬锁、以暴力或诡诈进入居住场所之行为的人;
2. 对盗窃犯或暴力抢劫之行为的人进行自我防卫者。
第 122-7 条 面对威胁到本人、他人或某项财产之现行的或紧急的危险,完成保护人身或财产之紧迫行为的人,不负刑事责任;但所使用的手段与所受到的威胁的严重性不相适应之情况除外。

成损害的事实不引起其责任。

第 1257-1 条

如果受害人原已表示同意,损及受害人可以处分的某种权利或利益的、造成损害的事实,不引起责任。

第四章 责任的效果

第一节 原　则

第 1258 条

赔偿的目的旨在尽可能使受害人回复到如同致害行为不曾发生时所处的状态;既不应由此导致其受到损失,也不应导致其多获利益。

第 1259 条

赔偿,可以采用现实赔偿或损害赔偿金之方式;两种赔偿措施可以并合,以确保对损失的全额赔偿。

第一目 实现赔偿

第 1260 条

实现赔偿应当是特别适合于消除、减少或补偿损害的情形。

第 1261 条

实现赔偿不得强加于受害人。

在没有可能进行现实赔偿或者现实赔偿对责任人的代价与其对受害人利益之间明显不成比例的情况下,不得判令现实赔偿。

依前款相同保留条件,法官可以准许受害人自行采取现实赔偿措施,费用由责任人承担;责任人得受判决预付必要的款项。

第二目 损害赔偿

第 1262 条

损害赔偿金的数额,考虑自损害开始显现之日对损失的确定与价值产生影响的所有情况,及其可以合理预见的变化,按判决之日情形进行评价。

在判决作出之后损害加重的情况下,对于由此产生的损失,受害人可以请求追加赔偿金。

每一项损失分别评价。

第 1263 条

受害人,特别是从其可以作出努力的能力来看,没有采取适于避免损失加重的合理的可靠措施的,法官可以减少损害赔偿金数额。

第 1264 条

赔付的款项,由受害人自由处分。

第三目 多数责任人的影响

第 1265 条

多人对同一损害负有责任的,对受害人连带负赔偿义务。

如果所有的人或者其中特定的人有过错,根据可归咎于他们的致害事实的严重程度及其对致害产生的作用,按比例分担责任;如果任何人均无过错,依据可归咎于他们各自的致害事实所起的作用,按比例分担责任,非如此,则等额分担之。

第四目 停止违法行为

第 1266 条

在非合同责任方面,在对受到的损失进行赔偿之外,法官可以命令采取适宜于防止损害或制止原告可能面临的违法侵扰的合理措施。

第 1266-1 条

在非合同责任方面,造成损害的行为人为了获取某种利益或节约省事而有意实施过错行为的,法官得应受害人的请求或者检察院的要求,以特别说明理由的判决,对致害人宣告民事罚款。

罚款数额与致害人的过错的严重程度、负担能力(facultés contributives)及其从中获得的利益相适应。

罚款数额不得超过实现的获利数额的 10 倍。

如果责任人是法人,罚款可以达到其自有过错的会计年度之前一个会计年度起,在法国实现的税负外最高营业额的 5%。

收取的罚款用作与所受的损害在性质上有关联的赔偿基金的资金;如果无此类基金,罚款收归国库。

第二节 对特定类型的损害引起的损失给予赔偿的特别规则

第一目 因身体损害引起的损失给予赔偿的特别规则

第 1267 条

本目之规则适用于司法法院与行政法院的裁判决定,以及受害人与负赔偿责任的债务人之间达成的和解协议(transaction)。

第 1267-1 条

抵触本目之规定的任何约款,视为不曾订立,但对受害人更为有利的约款除外。

第 1268 条

因受害人自身体质的原因存在的病症,只不过因损害事实而引发或表现出来时,在进行损失评估时不应考虑此种病症。

第 1269 条

因身体损害引起的财产损失和非财产损失,按照最高行政法院提出审查意见后颁布的法令(décret)确定的损失事项的非限制性分类表逐项(poste par poste)确定。

第 1270 条

除有特别规定外,身体功能的损伤,在伤情稳定之后,根据统一的损伤等级医疗标准进行评定。损伤等级医疗标准具有参照意义,其制定、修订与发布方式由行政法规作出具体规定。

第 1271 条

最高行政法院提出审查意见后颁布的法令确定列入非财产损失的各项目,并按照"损害赔偿参照标准"(un référentiel indicatif d'indemnisation)进行评估。"损害赔偿参照标准"的制定与修订方式由最高行政法院提出资政意见后颁布的法令作出具体规定,并根据各法院给予赔偿金的平均数额的变化每 3 年进行一次修订。

为此,基础数据库,在国家监督下并按照最高行政法院提出资政意见后颁布的法令(décret)确定的集中收集上诉法院就交通事故受害人人身损害赔偿案件作出的终局判决。

第 1272 条

以职业收益的名义、以近亲属的收入损失或者失去第三人辅助倚靠的名义应当给予的赔偿金,原则上采用定期金的形式,定期金按照行政法规确立的指数并与最低工资标准变化挂钩调整。

经当事人协商一致或者根据法院作出的特别说明理由的判决,按照行政法规在考虑可预见的通货膨胀并且在每 3 年按照国家统计局发布的最新生活水准统计情况的变化,实时更新的利率基础上确定的利率计算表,可以将定期金转换为本金。

如果依据协议或者司法判决给予的定期金是对将来发生的损失的赔偿,定期金权利人(crédirentier),在其本人状况显示有必要的情况下,有权要求改用本金方式支付届时到期的全部或部分款项;转换方式依据前款所指的计算表确定。

第 1273 条

由第三人作为支付人(les tiers payeurs),为赔偿目的向受害人支付的款项,仅在法律规定的情况下,始对责任人产生代位追偿权(recours subrogatoire)。

第 1274 条

向身体损害的受害人进行的给付中,仅有下列各项产生对赔偿义务人或其保险人的求偿权:

1. 强制性社会保险制度的管理组织、机构或者服务部门进行的各项给付;

2. 关于国家及其他特定公共法人机构的民事赔偿诉讼的 1959 年 1 月 7 日第 59 -76 号授权法令第 1 条第 2 点所列举的各项给付;

3. 为偿还医疗费用以及再教育费用支付的款项;

4. 在因造成损害的事件导致的持续不能劳动的期间内,雇主仍然支付的工资及附加工资福利;

5. 由《合作社法典》规范的合作性团体、《社会保险法典》或《农业和海洋渔业法典》规范的预防性公积金(prévoyance)机构以及《保险法典》规范的保险公司支付的病人日赔偿金以及残疾补助金;

6.《社会行动与家庭法典》第245-1条所规定的给付。

第1275条

雇主可以直接向造成损害的责任人或者其保险人要求偿还由资方负担的与受害人不能工作期间向其支付或维持的报酬待遇相关的部分。尽管有前述1959年1月7日第59-76号授权法令第2条的规定,本条规定同样适用于国家。

第1276条

除非财产性质的损失之外,可以产生求偿权的各项给付,作为支付方的第三人负担的各项损失,逐项计入由责任人应当承担的单一赔偿金。

如果责任人无支付能力,妨碍其对受害人的全额赔偿,对于责任人仍然拖欠的部分,受害人优先于作为支付人的第三人受偿。

受害人有过错的,只能从第三方支付人已经进行的给付未能赔偿的损失部分中减少其主张赔偿的权利。第三方支付人对责任人所负债务的余额享有权利。

第1277条

除第1274条和第1275条所指给付外,依据法定、约定或章程规定的义务而进行的、利益于受害人的任何支付,均不产生对赔偿责任人或其保险人提起诉讼的权利。

但是,在合同有约定时,已经向受害人垫付事故赔偿金的保险人,可以在向第1274条所指的第三人进行支付之后仍存的余额限度内对赔偿义务人的保险人行使代位求偿权;如果有必要,应在法律规定第三方支付人申报债权的期限内行使此项权利。

第二目　因财产损害引起的损失给予赔偿的特别规则

第 1278 条

在侵害有体财产（bien corporel）的情况下，赔偿金的数额为：恢复原状的费用与财产替换费用二者中的最少数额，不考虑财产的破旧程度，也不考虑经修理后可能产生的增加值。

如果财产不能恢复原状也无法替换，赔偿金额为判决作出之日该财产受到损害之前的状况可能具有的价值。

如果应受害人的请求，受到损害的财产没有交给责任人，应当从赔偿金数额中扣除财产的尚存价值。

第 1279 条

相应情况下，赔偿金也用于补偿无法使用受损的财产的损失、经营损失或者其他任何损失。

第三目　因环境损害引起的损失给予赔偿的特别规则

第 1279-1 条

对造成生态损害负有责任的人，对此种损害有修复赔偿义务。

第 1279-2 条

对生态系统的构成要素或功能或者对人从环境中可以获得的集体利益造成不容忽视的侵害的生态损失，按照本目规定的条件进行赔偿。

第 1279-3 条

任何有资格和利益提起诉讼的人，均享有要求修复生态损失之诉权，例如，国家、法国生态多样性管理署、所涉地域的各地方行政部门及其团体,以及公共机构和得到认可的或者以保护自然和环境为宗旨、在提起诉讼之日成立至少已经5年的协会。

第1279-4条

修复生态损失,首选现实的修补方式。

在不可能采取(现实)修复措施或者修复措施不够的情况下,法官判处责任人支付损害赔偿金,用于环境修复;款项支付给原告,在原告不能采取有效修复环境的措施时,赔偿金支付给国家。

第1279-5条

在规定逾期罚款的情况下,由法官为原告的利益进行结算。罚款用于修复环境,或者原告如果不能采取这方面的有效措施,罚款收归国家并将其用于此种目的。

第1279-6条

第1266条的规定适用于环境受到的非法侵扰。

第四目　因迟延支付金钱引起的损失给予赔偿的特别规则

第1280条

对金钱的迟延清偿所产生损失,通过支付按照法定利率计算的利息予以赔偿。

无须债权人证明受到任何损失,前款所指利息均应支付,但仅自催告之日起开始计算,法律规定当然计算利息的情形除外。

因债务人迟延支付金钱,受到额外损失的债权人可以获得与债权滞纳利息分开的损害赔偿金。

第五章　有关责任的条款

第一目　排除或限制责任的条款

第 1281 条

无论是合同责任还是非合同责任，以排除或者限制责任为目的或效果的条款，原则上均有效。

但是，在人身损害情况下，不得以合同排除或者限制责任。

第 1282 条

在合同领域，债务人有重大过错或者欺诈性过错的情况下，限制或排除责任条款不发生任何效力；使债务人的根本义务丧失其实质的条款，视为不曾订立。

第 1283 条

在非合同领域，任何人均不得排除或者限制因其过错引起的责任。

第二目　违约金条款

第 1284 条

合同条款规定不履行合同的一方当事人将支付特定数额的违约金（pénalité）作为赔偿时，由其给予另一方当事人的违约金既不能超过，也不能低于约定的数额。

但是，约定的违约金明显过高或者微不足道的，法官得依职权，降低或增加照此约定的违约处罚数额。

在合同义务已经部分履行的情况下，法官可以，甚至依职权，根据部分履行给债权人带来的利益，按比例相应减少约定的违约金数额，且不影响前款规定的适用。

与前两款相反的任何约款，视为未曾订立。

仅在债务人受到被催告的情况下，才能主张给付违约金，合同不履行已成定局的情形除外。

第六章　责任的主要特别制度

第一节　陆路机动车辆行为

第 1285 条

陆路机动车辆的驾驶人或管领人，就其车辆、挂车或者半挂车牵涉（impliquer）的交通事故造成的损害，当然承担责任。

本节之规定具有公共秩序性质，且仅适用于交通事故涉事车辆的驾驶人或照管人。在受害人依据合同搭乘车辆的情况下，也适用本节的规定。

第 1286 条

不得以意外事件或者第三人的行为对抗受害人，即使此种事件或行为具有不可抗力性质，亦同。

受害人故意追求其受到的损害的，不享有依据本节之规定的赔偿权利。

第 1287 条

在造成身体损害的情况下，受害人的过错对其主张赔偿的权利不产生影响。

但是,受害人有不可原谅的过错时,如其是引发事故的排他性原因(la cause exclusive),取消其对赔偿的任何权利。

陆路机动车驾驶人虽有不可原谅的过错,但不是引发事故的排他性原因时,具有限制其请求赔偿之权利的效果。

除陆路机动车驾驶人之外,受害人年龄不满16周岁或超过70周岁的,或者,无论其年龄如何在事故发生时有证书承认其属于永久无能力人或者伤残至少达80%的,在任何情况下其身体损害均给予赔偿。

第1288条

在财产损害(dommage matériel,物质损害)的情形下,受害人的过错促成损害发生的,可以产生限制或者排除对其所受损失的赔偿。

在排除给予赔偿时,应当参照过错的严重程度特别说明理由(motiver)。

但是,对于根据医嘱提供之物及设备造成的损害,按照适用于人身伤害赔偿的规则予以赔偿。

如果陆路机动车辆的驾驶人不是该车辆的所有权人,就身体损害以外的其他损害的赔偿而言,可以对所有权人主张驾驶人的过错。所有权人对驾驶人有求偿权。

第二节 有缺陷的产品引起的责任

第1289条

生产者对因其产品的缺陷(défaut)造成的损害承担责任,无论其与受害人之间是否有合同联系。

本节之规定具有公共秩序性质,即使受害人与生产者之间有合同关系,亦予适用。

第 1290 条

本节之规定适用于对人身损害造成的损失的赔偿。

除有缺陷的产品本身外,侵害其他财产,引起的损失超过行政法规(décret)确定的数额的,亦适用本节之规定进行赔偿,但以财产属于通常用于个人使用或消费之类型并且受害人主要是为了其个人使用或消费。

第 1291 条

一切动产财产,即使已成不动产的添附物,其中包括土地产品、畜牧产品、狩猎和捕捞的产物,均为产品。电力视为一种产品。

第 1292 条

产品在其不能提供人们可以合理期待的安全性时,依本编之意义,为有缺陷的产品。

在评判什么是"可以合理期待的安全"时,应当考虑各种情形,尤其应考虑产品的介绍与人们可以对其合理期待的用途,以及考虑产品投入流通的时间。

后来投入流通的产品在性能上更为完善时,不得仅仅依据这一事实就认为此前的某一产品有缺陷。

第 1293 条

制成品的制造者、原材料的生产者、各种组成部件的制造者,以从事职业的名义开展活动的,均为产品的生产者。

为适用本编之规定,任何人以从事职业的名义属于下列情况的,视同生产者:

1. 以生产者的面目在产品上加其名称、商标或其他区别标识的;

2. 不论是否订有买卖预约或其他任何批发形式,为销售、租赁或者其他任何形式的销售,在欧盟内进口产品的。

可以按照本法典第 1792 条至第 1792-6 条与第 1646-1 条之规定追究其责任的人,不视为本编意义上的产品生产者。

第 1294 条

如果不能鉴别生产者,除信贷租赁人或被视为信贷租赁人的人之外,销售人、出租人,或者其他任何专业供应商,按照与产品生产者相同的条件,对有缺陷的产品承担责任,但如其在受害人向其通知请求之日起 3 个月内指明谁是其供货人或生产者,不在此限。

供货商对生产者的求偿权应当遵守与缺陷直接受害人所提请求相同的规则,但供货商应当自收到法院传票之日起 1 年内行使权利。

第 1295 条

损害系由于添附在其他产品中的某一产品的缺陷造成的,该构成部件的生产者以及实现组装的人,承担连带责任。

第 1296 条

原告应当证明损害、产品的缺陷以及产品缺陷与损害之间的因果关系。

第 1297 条

即使产品是按照工艺规章或现行规范制造,或者得到行政许可,仍可能要求生产者对产品缺陷承担责任。

第 1298 条

生产者为当然责任人,能证明以下事项的除外:

1. 其并未将产品投入流通;
2. 根据情形,生产者将产品投入流通时并不存在造成损害的缺陷或者该缺陷系后来才产生;
3. 产品不是用于出卖或者其他任何形式的经销之目的;
4. 产品进入流通时,当时的科学技术状况无法发现缺陷的存在;

5. 或者产品的缺陷是因产品遵守立法或行政法规的强制性规定造成的。

产品部件的生产者，如果能证明是由于使用其部件的产品在设计上有缺陷或者可归责产品制造者所给出的指示的，不承担责任。

第 1298-1 条

如果是由于人体某种因素或者人体所产生之物制造的产品造成的损害，或者是由于《公共卫生法典》第五部分第一卷第一编第一章所指的供人使用的任何卫生产品造成的损害，生产者不得主张第 1298 条第 4 点规定的免责原因。

第 1299 条

第 1254 条第 2 款的规定不予适用。

第 1299-1 条

以本节规定为依据的责任，在产品投入流通之后经过 10 年，即使其造成过损害，亦不再追究，但如果在此期间受害人已经提起诉讼，不受此限。

第 1299-2 条

依据本节之规定提起的赔偿诉讼时效期间为 3 年，自原告知道或应当知道产品的缺陷以及生产者的身份之日起计算。

第 1299-3 条

禁止订立旨在排除或限制有缺陷的产品责任的条款，此类条款被视为没有订立。

第 1299-4 条

只要其他合同责任或非合同责任是以产品缺乏安全性为基础，本节之规定并不禁止受害人主张这些制度的有关规定。

部分内容提示[1]

B

保留所有权(réserve de propriété)
第 2329 条[2], 第 2367 条, 第 2373 条
——不动产(immeubles) 第 2373 条
——承揽合同(contrat d'entreprise) 第 1787 条

——动产(meubles) 第 2329 条, 第 2367 条
* 动产的混合(附合)(incorporation) 第 2370 条
——可替代的财产(bien fongible,

---

[1] 这里的"内容提示"编译自法国 Dalloz 出版的《民法典》,它不是单纯的词汇或术语检索。法典条文有集中规定的内容大多没有列入(因为很方便查找),例如,国籍、用益权、役权、公司等。重点放在提示较为分散的事项,例如,"保留所有权""保留所有权条款""保证""监护""未成年人",等等,每一项内容列为一个条目,每一条目下用破折号列出其包含的事项,例如,"保留所有权"条目下列有:"——不动产"(指不动产所有权的保留),"——承揽合同"(指承揽合同履行中涉及所有权的保留问题)。有些条目,例如,"婚姻""亲子关系""完全收养",等等,几乎囊括了与各自有关的全部事项。

每一个条目列出的每一事项后面均标示了与其相关的法律条文,例如,"保留所有权",其后列有(原)第 2329 条、(原)第 2367 条、(原)第 2373 条等三个条文,前两条的文字表述中就有保留所有权,而(原)第 2373 条的文字中虽然没有出现"保留所有权"这一术语,但"不动产担保"同样可能涉及这个问题。其他条文也有类似情况。

同一个词汇,例如"动产"(meuble)一词,出现不同的地方,表明相关条文都会涉及同一问题,例如"未成年人"一词,显然会涉及各种不同的情况。

本内容提示的原文按照法文术语的第一个字母顺序排列,译者按照条目术语的第一个汉字的拼音排列。为了将相关事项放到一起,有时不能完全做到按照拼音排列。本书的全部法条是按照法律网站公布的文件翻译,由于书籍出版周期滞后,部分条文的序号是本书附目中的条文序号。

[2] 第 2284 条至第 2425 条的序号为附目八的条文序号。

可替代物）第2369条

——所有权的转移（transfert de propriété）第1583条

——所有权的转移（transmission）第2372条

保留所有权条款（clause de réserve de propriété）第2367条

——适用的法律（loi applicable）

——占有（与占有的冲突）第2276条

——质押（gage,有体动产质权）

＊冲突（conflit,与有体动产质押的冲突）第2367条

保证（cautionnement）第2288条

——保证的定义（définition）第2288条

——保证（数额）不成比例（disproportion）第2298条

——保证的范围（étendue）第2290条

——（保证人的）能力、资力（capacité）第2295条

——保证人死亡（décès de la caution）第2294条

——保证义务的解除（décharge）第2314条

——保证的效力（effets）

＊在保证人之间（entre cautions）第2310条

＊在保证人与债权人之间（entre caution et créancier）第2298条

＊在保证人与债务人之间（entre caution et débiteur）第2305条

——裁判上的保证人（caution judiciaire）第2317条

＊先诉抗辩权（bénéfice de discussion）第2319条,第2320条

＊条件（condition）第2317条

＊质押（gage）第2318条

——保证的消灭（extinction）第2311条

——标的（objet）第2289条

——比例性（proportionnalité,互成比例,比例原则）第2298条

——代位权（subrogation,代位）第2306条,第2314条

——代位权利益（bénéfice de subrogation,享有代位权）第2314条

——担保（sûretés）第2314条

——抵销（compensation）（新）第

部分内容提示

1347-6条①,(原)第1294条

——多数保证人(pluralité de cautions,共同保证人) 第2302条,第2310条

——法定保证人(caution légale) 第2317条

　＊条件(conditions) 第2317条

　＊质押(gage,有体动产质权) 第2318条

——返还(restitution) (新)第1352-9条

——分割抗辩权、分诉抗辩权(bénéfice de division,享有分诉利益,向其他共同保人分别求偿) 第2303条,第2304条

——夫妻(époux)

　＊实行法定共同财产制(的夫妻提供保证)(communauté légale) 第1415条

——公务员的保证(cautionnement de fonctionnaire) 第2332条第7点

——共同保证人(cofidéjusseurs) 第2302条,第2310条

——过度保证(cautionnement excessif) 第2298条

——(主债务人与保证人身份)混同(confusion) 第2312条,(原)第1349-1条

——抗辩(exception) 第2313条

　＊抵销(compensation) (新)第1347-6条,(原)第1294条

——连带义务,连带性(solidarité) 第2298条

　＊(连带)保证人(cautions) 第2302条

　＊(连带)债务人(débiteurs) 第2307条

　＊手写文字(mention manuscrite) 第2298条

——期限的延长(prorogation de délai) 第2316条

——求偿(权)(recours) 第2305条,第2310条

——先诉抗辩权(bénéfice de discussion,享有先诉利益,要求债权人首先向债务人求偿) 第2298条

　＊裁判上的保证人(caution judiciaire) 第2319条

　＊放弃(先诉抗辩权)(renonciation) 第2298条

——形式(forme) 第2292条

　＊手写文字(mention manuscrite) (新)第1376条

——宣誓(serment) (新)第1385-

---

① 第1101条至第1386条的序号中的(新)或(原),分别指第三卷第三编与第四编关于债的条文。(原)条文见附目六。

4 条
——用益权人（usufruitier） 第 601 条
——再保证人（caution de caution，副保证人，保证人的保证人） 第 2291 条
——债的更新（novation）（新）第 1335 条,（原）第 1281 条
——债务减免（remise de dette）（新）第 1350–2 条
——债务的从属性（从债）（accessoires de la dette） 第 2293 条
——债务人破产（faillite du débiteur） 第 2309 条
——证据（preuve） 第 2292 条,（新）第 1376 条
——支付能力（solvabilité） 第 2295 条
——住房租约（bail d'habitation） 第 1778 条

表见,外观（apparence）
——代理（représentation）
*表见代理（représentation apparente，mandat apparent）（新）第 1156 条

补偿（récompense,动用夫妻共同财产情况下）
——补偿账目（compte） 第 1468 条
——给予补偿的各种情况（cas） 第 1412 条,第 1416 条,第 1433 条
——价值的评估（évaluation） 第 1469 条
——结算（règlement） 第 1470 条
——利息（intérêts） 第 1473 条

不担保条款（clause de non-garantie，无担保条款）
——承揽合同（contrat d'entreprise） 第 1792–5 条
——买卖（vente） 第 1627 条

不当得利（enrichissement injustifié）（新）第 1300 条,第 1303 条
*不当得利（enrichissement sans cause）（原）第 1371 条,（新）第 1303 条

不当得利返还之诉（action in rem verso,转化物之诉） 第 1303 条

不动产公示（publicité foncière） 第 2488 条
——公署文书（acte authentique） 第 710–1 条

不动产质押（不动产质权）（gage immobilier） 第 2387 条
——不动产租约（bail de l'immeuble） 第 2390 条
——不动产保全（保管）（conservation de l'immeuble） 第 2389 条

——返还（restitution） 第 2389 条，第 2392 条

——转移占有（dépossession） 第 2387 条，第 2390 条

——不动产质权的消灭（extinction） 第 2392 条

——孳息（fruits） 第 2389 条

不能（进入）交易的物，非交易物（chose hors du commerce，不能用于交易或买卖之物）（新）第 1162 条

——借贷（prêt，使用借贷，借用） 第 1878 条

——买卖（vente） 第 1598 条

C

财产（biens） 第 515-14 条

——动物（animaux） 第 515-14 条

——共同财产（biens communs） 参见"法定的共同财产制""法律冲突"

——市镇行政区的财产（biens communaux） 第 542 条，第 1712 条

——无主财产（biens vacants et sans maître） 第 713 条

——财产的转让（cession de biens）（原）第 1265 条

——（不属于任何人的）共同物（chose commune） 第 714 条

——遗失物（choses perdues，丢失物） 第 717 条

——公产（domaine public） 第 537 条

——不动产（immeubles） 第 516 条，参见"不动产"

——动产（meubles） 第 516 条，第 527 条

——可扣押的财产（biens saisissables） 第 2323 条，《民事执行程序法典》第 112-1 条

——（财产）不得转让条款（clause d'inaliénabilité） 第 900-1 条，第 2488 条

财产的分配（attribution，财产的归属）与优先分配财产（attribution préférentielle）

——夫妻共同财产的分配（attribution de communauté，共同财产制的分割与分配） 第 1524 条

——排除性分配（attribution éliminatoire，为了维持共有，通过分配应得份额的方式，将提出分割请求的共有人排除出共有） 第 824 条，（原）第 815 条

——差额（soulte，实际分配数额与应得数额之间的差额多退少

补） 第832-4条
——财产的优先分配（attribution préférentielle） 第831条
——财产价值的评估（estimation des biens，财产作价） 第832-4条
——从事职业的场所（的分配）（local professionnel） 第831-2条
——当然的优先分配（attribution préférentielle de droit） 第831-3条，第832条
——夫妻财产制（régime matrimonial）
　＊共同财产（制）的清算（liquidation） 第1476条
　＊分别财产（séparation des biens） 第1542条
——公司（société）
　＊清算（liquidation，公司清算终结进行的财产分配） 第1844-9条
——共同优先分配财产（attribution préférentielle conjointe，demandes conjointes，共同或联合提出优先分配财产的请求） 第832-3条
——机动车辆（的分配）（véhicule） 第831-2条
——紧密关系民事协议（PACS）解除之后的财产分配 第515-6条
——竞合的分配请求（demandes concurrentes，数人竞争请求分配特定财产） 第832-3条
——离婚（情况下的财产分配） 第267条，第1467条
——农业经营事业（的分配）（exploitation agricole） 第831条，第831-1条，第831-2条
——商业、工业或手工业、自由职业企业的分配 第831条
　＊当然的优先分配（attribution préférentielle de droit） 第832条
　＊从事经营活动的设备、物资（matériel d'exploitation） 第831-2条
　＊分割（partage）
　＊＊长期租约（bail à long terme） 第832-2条
——遗嘱指定的继承人（héritier testamentaire） 第833条
——居住场所（的分配或归属）（local d'habitation） 第831-2条

财产管理制度（curatelle，对未成年人或受保护的成年人的财产实行管理制度） 第440条
——财产管理的机关（organe） 第445条
——财产管理的持续时间（durée） 第441条
——财产管理的公示（publicité）

部分内容提示

第 444 条

——财产管理人（curateur） 第 446 条

——财产管理的终止,终结（fin） 第 441 条

——财产受管理人结婚（mariage） 第 460 条

——财产受管理人的居所（résidence） 第 459-2 条

——财产受管理人的遗嘱（testament） 第 470 条

——财产托管（fiducie） 第 468 条

——夫妻财产契约（协议）（convention matrimoniale） 第 1399 条

——管理行为（acte de gestion） 第 496 条

——管理账目（compte） 第 468 条,第 472 条

——关于将来实行保护的委托（mandat de protection future） 第 477 条

——离婚（divorce） 第 249 条

——精神官能与身体官能损坏（altération des facultés mentales ou corporelles） 第 440 条,第 442 条

——强化的财产管理制度（curatelle renforcée） 第 472 条

——起诉（action en justice,在法院起诉或应诉） 第 468 条

——司法委托代理人（mandataire judiciaire） 第 450 条,第 454 条

＊委托代理人的报酬（rémunération） 第 419 条

＊司法委托代理人的责任（responsabilité） 第 422 条

——住房租约（bail d'habitation） 第 472 条

——资本金（capitaux） 第 468 条

——赠与（donation） 第 470 条

——无继承人的遗产的管理（curatelle à succession vancante） 第 809-1 条

财产托管（fiducie） 第 2011 条

——担保（sûreté） 第 2372-1 条,第 2488-1 条

——第三保护人（tiers protecteur,第三人作为保护人） 第 2017 条

——登记（enregistrement） 第 2019 条

——概括财产分开（patrimoine séparé） 第 2011 条,第 2025 条

——监督（contrôle） 第 2031 条

——解除（撤销）财产托管合同（révocation） 第 2028 条

——（托管）合同（contrat） 第 2012 条,第 2018 条

——律师（avocat） 第 2015 条

——所有权的转移（transfert de propriété） 第 2011 条

——受托人（fiduciaire） 第 2015 条

＊实行集体程序（procédure

collective) 第 2024 条
　＊责任(responsabilité) 第 2026 条
——(托管财产的)受益人(bénéficiaire) 第 2016 条
——托管人(constituant,托管设立人) 第 2014 条
　＊(作为托管人的法人)解散(dissolution) 第 2031 条
——托管的终止(fin) 第 2029 条
——未成年人(mineur) 第 408-1 条

财产持有第三人(tiers détenteur,持有债务人财产的第三人)
——优先权与抵押权(privilèges et hypothèques) 第 2461 条

参与性程序协议(convention de procédure participative) 第 2062 条
——时效(prescription) 第 2238 条

拆除在他人土地上的建筑(démolition, construction sur terrain d'autrui) 第 555 条
——强制拆除(exécution forcée,强制执行) (新)第 1222 条,(原)第 1143 条

(债权人的)撤销诉权(action paulienne,撤销诉讼) (新)第 1341-2 条,(原)第 1167 条

沉默,缄默(réticence,故意缄默,不告知实情)
——欺诈(dol) (新)第 1137 条

成年人保护的司法委托代理人(mandataire judiciaire à la protection des majeurs)
——司法随护措施(mesures d'accompagnement judiciaire) 第 495-6 条
——报酬(rémunération) 第 419 条
——责任(responsabilité) 第 422 条

承揽合同(contrat d'entreprise,工程承包合同) 第 1792 条
——承揽人死亡(décès de l'entrepreneur) 第 1795 条
——担保(garantie)
　＊建筑工程 2 年担保(garantie biennale) 第 1792-3 条,第 1792-4-1 条
　＊建筑工程 10 年担保(garantie décennale) 第 1792 条,第 1792-4-1 条
　＊条款(clause) 第 1792-5 条
——独栋房屋的建筑合同(maison individuelle, contrat de construction) 第 1799-1 条
——分包(sous-traitance) 第 1799-1 条

部分内容提示

　　*责任、时效(prescription)第1792-4-2条

——工人(施工人员)对工程业主的直接诉权(action directe des ouvriers contre maître d'ouvrage) 第1798条

——建筑保险(assurance-construction) 第1792-6条

——建筑者(constructeur)

　　*定义(définition) 第1792-1条

——建筑人的优先权(privilège du constructeur) 第2374条第4项,第2382条

——建筑人的责任(responsabilité du constructeur) 第1792条

　　*限制责任条款(clause limitatives) 第1792-5条

——(工程、设备的)可靠性(坚固性)担保(équipement, garantie de solidité) 第1799-2条

——(设备)运转良好担保(équipement, garantie de bon fonctionnement) 第1792-3条

——时效(prescription) 第1792-4-1条

——工程统包合同(marché à forfait) 第1793条,第1794条

——完全完工担保(garantie de parfait achèvement) 第1792-6条

——物的灭失(perte de la chose) 第1788条

——支付担保(garantie de paiement) 第1799-1条

——(设备、材料的)制造厂商,制造人(fabricant) 第1792-4条

承诺、同意、接受(acceptation)

——承认继承(acceptation de la succession,接受继承) 第768条,(原)第774条

　　*以净资产为限接受继承(acceptation à concurrence de l'actif net) 第787条

　　*无条件接受继承,无限继承(acceptation pure et simple) 第782条

　　*限定继承、遗产清册利益(bénéfice d'inventaire,有限继承) (原)第793条

——合同要约(的承诺)(offre de contrat) (新)第1113条,(新)第1118条,(新)第1127-1条

——接受离婚(divorce accepté,夫妻一方提出,另一方同意离婚) 第233条

——接受无偿处分(acceptation des libéralités) 第910条,第932条

——受领清偿(paiement,接受清偿)

＊(债务人)对债权人进行催告(mise en demeure du créancier) (新)第 1345 条

＊现实的清偿提议(offres réelles) (原)第 1257 条,(原)第 1261 条

——他人之约款的承认或接受(stipulation pour autrui,利他契约、为他人受益订立的约款或合同) (原)第 1121 条,(新)第 1205 条

——债权转让(cession de créance)
＊债务人(débiteur)接受 第 1690 条

承认债务(reconnaissance de dette) (新)第 1376 条,(原)第 1326 条
——债权人
＊手写的文字记载(mention manuscrite) (新)第 1378-2 条,(原)第 1332 条

承认证书(acte recognitif,权利承认证书) (新)第 1380 条,(原)第 1337 条

持有(détention) (原)第 2228 条
——暂时持有(détention précaire,暂时占有,不确定的占有) 第 2266 条

冲积地(alluvions,水流冲击自然形成的滩地、沙洲) 第 556 条,第 596 条

出生证书(acte de naissance) 第 55 条,第 27 条,第 54 条
——财产管理(curatelle,实行财产管理)
＊在出生证书上作出记载(mention en marge) 第 444 条
——出生申报(déclaration de naissance) 第 55 条,第 56 条,第 93 条
——收养的子女(enfant adopté,养子女) (原)第 354 条,(原)第 362 条
——婴儿死亡(enfant sans vie,死婴,未存活) 第 79-1 条
——拾得的婴儿(enfant trouvé) 第 58 条
——出生证书上应当记载的事项(énonciations) 第 57 条
——出生证书的节本(extraits) 第 54 条
——出生证书记载事项的更正(rectification) 第 99 条
——国籍(nationalité)记载 第 28 条
——海上旅行中出生(的婴儿)(voyage maritime) 第 59 条
——监护(tutelle,实行监护)
＊在出生证书备注栏内作出

——记载（mention en marge） 第444条

——紧密关系民事协议（PACS）备注栏作出记载（mention en marge） 第515-3-1条

——军人、海员申报子女出生（militaires et marins） 第93条

——认领（非婚生）子女（reconnaissance d'enfant） 第62条，第316条

——姓氏和名字（nom et prénoms） 第57条

船舶（bateau） 第531条

——船舶的抵押（hypothèque） 第2399条

——优先权（privilège，先取特权） 第2332条

船工（batelier）

——（船工的）住所（domicile） 第102条

——水上运输承运人（voiturier par eau） 第1782条

从物、从权利、从属、附属、附随（accessoires）

——保留的所有权（propriété réservée） 第2367条

——保证（cautionnement）

＊保证的范围（étendue） 第2293条

——抵押权（hypothèque） 第2397条，第2423条

——债权的转让（cession de créance，从权利一并转让） 第1692条

——遗赠（legs）

＊遗赠（物）的交付（délivrance） 第1018条

——买卖（vente）

（标的物的从物）交付（délivrance） 第1615条

催告（mise en demeure，进行催告）

——对债权人的催告（mise en demeure du créancier） （新）第1345条

——对债务人的催告（mise en demeure du débiteur） 第1344条

——合同的履行（催告）（exécution） （新）第1344条，（原）第1139条，（原）第1146条

——解除条款（clause résolutoire） （新）第1224条，（原）第1184条

——违约金条款（clause pénale） （新）第1231-5条，（原）第1230条

催告（书）（sommation，催告通知）

——支付催告书（sommation de

payer） 第1153条,（原）第1139条

*买卖（vente） 第1652条

D

代理,代位继承（représentation）
——继承（succession） 第751条
　　*放弃继承的继承人（héritier renonçant） 第754条,第805条,（原）第787条
——合同（contrat）（新）第1153条
——身份证书（acte de l'état civil） 第36条
——失踪（人的代理）（absence） 第113条
——受监护的成年人（majeur en tutelle） 第473条,第496条
——未成年人（的代理）（mineur）
　　*法定管理人（administrateur légal） 第382条
　　*监护人（tuteur） 第408条,第496条
——无因管理（gestion d'affaires）（新）第1301条,（原）第1372条

代位,代位权（subrogation）
——保证（cautionnement） 第2306条,第2314条

——代位清偿（payement avec subrogation） 第1346条,（原）第1249条
——法定的代位（权）（subrogation légale） 第1346条,（原）第1251条
——民事责任（responsabilité civile）
　　*交通事故（accident de circulation） 第1242条
　　*共同行为人（coauteur,共同造成损害的人） 第1241条,第1242条
——损害险（assurance de dommages,损害保险）（新）第1346–5条
——约定的代位（权）（subrogation conventionnelle）（新）第1346–1条,（原）第1250条

代位利益（bénéfice de subrogation,享有代位权）
——保证（cautionnement） 第2314条

（债权人的）代位诉权（action oblique,

代位诉讼)（新）第 1341-1 条，
(原)第 1166 条

代物清偿(dation en payement,抵债)
第 1342-4 条,(原)第 1243 条
 ——保证（cautionnement） 第 2315 条
 ——婚后所得共享（分享婚后所得)（participation aux acquêts)
  * 清算（liquidation） 第 1581 条

担保（garantie）
 ——(财产)不受追夺担保（éviction）
  * 财产分割（partage） 第 884 条
  * 互易物（不受追夺担保)（échange） 第 1705 条
  * 买卖（标的物不受追夺)(vente) 第 1626 条
  * 租约（bail） 第 1721 条,第 1725 条
 ——财产分割（partage） 第 884 条
 ——待建不动产的买卖（vente d'immeuble à construire） 第 1642-1 条,第 1646-1 条
 ——法定的担保供货与订货相符(消费者)（garantie légale de conformité） 第 1649 条
 ——出资（apport） 第 1843-3 条
 ——建筑人（constructeur） 第 1792 条
  * 担保持续的时间（durée） 第 1792-4-1 条,参见承揽合同
 ——买卖（vente） 第 1625 条
  *（担保）标的物不受追夺（éviction） 第 1626 条
  * 隐蔽瑕疵担保（vice caché） 第 1641 条
 ——委托代理人（mandataire） 第 1997 条
 ——债权的转让（cession de créance） 第 1693 条
 ——租约（bail） 第 1725 条
  * 租金的一般担保（garantie universelle de loyer） 第 1778 条

担保（suretés） 第 2288 条
 ——保证（cautionnement） 第 2287-1 条,第 2288 条
 ——不动产担保（suretés immobilières） 第 2373 条
 ——不动产质权（antichrèse） 第 2373 条,第 2387 条
 ——裁判上的担保（sûreté judiciaire） 第 2323 条
 ——财产托管（fiducie） 第 2372-1 条,第 2488-1 条
 ——代位权（subrogation,代位)(新)第 1346-4 条

——担保代理人(agent de sûretés) 第 2488-6 条
——抵押权(hypothèque) 第 2373 条,第 2393 条
——电子形式(的文书)(forme électronique) 第 1175 条
——动产担保(sûretés mobilières) 第 2329 条
——独立担保(garantie autonome) 第 2287-1 条,第 2321 条
——留置权(droit de rétention) 第 2286 条
——返还(restitution) (新)第 1352-9 条
——非债清偿(paiement de l'indu) (新)第 1302-2 条
——附期限之债(obligation à terme) (新)第 1305-4 条
——集体程序(procédure collective) 第 2287 条
——合同的转让(cession de contrat) (新)第 1216-3 条
——留置所有权(propriété retenue) 第 2329 条,第 2367 条,第 2373 条
——人的担保(sûretés personnelles) 第 2287-1 条
——物的担保(sûretés réelles) 第 2323 条
——无形动产质权(nantissement de meubles incorporels) 第 2329 条,第 2355 条
——意图函(lettre d'intention), (lettre de confort,安慰函) 第 2287-1 条,第 2322 条
——有体动产质权(质押)(gage de meubles corporels) 第 2329 条,第 2333 条
——优先权(privilèges,先取特权)
  *不动产优先权(privilèges immobiliers) 第 2373 条,第 2374 条
  *动产优先权(privilèges mobiliers) 第 2329 条,第 2330 条
——债务转让(cession de dette) (新)第 1328-1 条
——债的更新(novation) (新)第 1334 条
——自然人个人超额负债(surendettement) 第 2287 条

独立担保(garantie autonome) 第 2287-1 条,第 2321 条
——与保证的区别(distinction avec le cautionnement) 第 2321 条
——原因(cause) (原)第 1131 条
——实行共同财产制的夫妻(époux communs en biens) 第 1415 条

盗窃(vol)
——盗窃物的寄托(dépôt de la

chose volée) 第1938条

——盗窃寄托之物(vol de la chose déposée) 第1953条

——盗窃之物的遗失或灭失(perte de la chose volée) （新)第1196条,(原)第1302条

——被盗物的追还(revendication) 第2276条,第2277条

抵销(compensation) （新)第1347条,(原)第1289条

 ——保证人(caution) （新)第1347-5条,(原)第1294条

 ——债权转让(cession de créance) （新)第1347-5条,(原)第1295条

 ——连带共同债务人(codébiteur solidaire) （新)第1347条,(原)第1294条

 ——(抵销的)条件(conditions) （新)第1347-1条,(原)第1291条

 ——(清偿)宽限期(délai de grâce) （新)第1347-3条,(原)第1292条

 ——抗辩(exception) （新)第1347-2条,(原)第1293条

 ——多项债务(数宗债务)(pluralité de dettes) （新)第1347-4条,(原)第1297条

 ——使用借贷(prêt à usage) 第1885条

——工资、薪金(salaires) （新)第1347-7条,《劳动法典》第3251-1条

——第三人(tiers) （新)第1347-7条,(原)第1298条

抵押权,抵押(hypothèque) 第2393条

——(对)不动产(进行)的改善(amélioration de l'immeubles) 第2397条

——裁判上的抵押权(hypothèque judiciaire,参见该词条)

——第三持有人(tiers détenteur,持有抵押财产的第三人) 第2461条

——抵押权的不可分性(indivisibilité) 第2393条

——抵押权的定义(définition) 第2393条

——抵押权登记(inscription) 第2426条

——抵押权的清除(purge) 第2476条

——抵押权的消灭(extinction) 第2488条

——法定抵押权(hypothèque légale,参见该词条)

——国家(Etat),责任 第2450条

——可用于设立抵押的财产(biens susceptibles) 第2397条,第2398条

 *赠与(donation),公示(publication) 第939条

——海商（船舶）抵押权（hypothèque maritime） 参见第2399条,1967年1月3日法律

——内河（船舶）抵押权（hypothèque fluviale） 第2399

——顺序（rang,抵押权顺位） 第2425条

——遗赠物（chose léguée,遗赠之物） 第1020条

——优先受偿权（droit de préférence） 第2323条

——约定的抵押权（hypothèque conventionnelle,参见该词条）

——追及权（droit de suite） 第2393条,第2398条

裁判上的抵押权（hypothèque judiciaire）

——裁判上的担保（sûretés judiciaires） 参见《民事执行程序法典》第531-1条

——定义（définition） 第2396条

——根据（source,设立裁判上的抵押权的依据） 第2412条

——判决金钱性质的处罚（condamnation pécuniaires）

　　*收取款项（recouvrement） 第2488条

法定抵押权（hypothèque légale） 第2400条

——不动产优先权（privilèges immobiliers） 第2328条

——受监护的成年人（majeur en tutelle） 第2400条,第2409条,第2447条,第2488条

——登记（负担抵押权的财产）范围（assiéte） 第2401条

——法定抵押权定义（définition） 第2396条

——夫妻之间的法定抵押权（époux） 第2400条,第2402条,第2437条,第2488条

——公共机构（établissement public） 第2400条

——国家（Etat） 第2400条

——国库（trésor pubilc） 第2488条

——海关（douanes） 第2488条

——社会保险（sécurité sociale） 第2331条

——市镇行政区（commune） 第2400条

——效力（effet） 第2401条

约定的抵押权（hypothèque conventionnelle） 第2413条

——不确定的期限（的抵押权）（durée indéterminée）

　　*解除（résiliation） 第2423条

——（抵押）财产的改善（améliorations） 第2397条

——代位权（subrogation） 第

2424 条

——定义（约定的抵押权）（définition） 第 2396 条

——共有（财产）（indivision） 第 2414 条

——家庭住房（logement familial） 第 215 条

——(用)将来的财产设立抵押权（biens à venir） 第 2419 条

——重复抵押协议（convention de rechargement，可增负抵押协议，重复抵押协议） 第 2422 条，第 2488 条

* 登记（inscription hypothécaire） 第 2428 条，第 2430 条，第 2434 条

* 公示（publicité） 第 2488 条

* 顺位的排列（classement） 第 2425 条

——(用)将来的不动产（设立抵押权）（immeubles à venir） 第 2419 条

——将来的债权（créances futures） 第 2421 条，第 2423 条

——能力（capacité） 第 2413 条

——流押条款（voie parée） 第 2458 条

——威胁条款（pacte, clause commissoire，流押条款） 第 2459 条

——确定的数额（montant déterminé） 第 2423 条

——（在先）受偿顺位的转让（cession d'antériorité，抵押权顺位的转让） 第 2424 条

——条件（condition） 第 2414 条

——特定性（spécialité）

* 财产的特定性 2418 条

* 债权的特定性 第 2421 条

——效力（effets） 第 2458 条

——新的债权人（nouveau créancier） 第 2422 条

——形式（forme） 第 2416 条

* 公司（société） 第 1844-2 条

——约定的抵押权的解除（résiliation） 第 2423 条

——在国外同意设立的抵押权（hypothèque consentie à l'étranger） 第 2417 条

地上权（droit de superficie）

——在他人土地上的建筑（construction sur sol d'autrui） 第 553 条

第三人（tiers）

——合同（第三人）

* 合同的相对效力（effet relatif） （新）第 1199 条，（原）第 1165 条

——秘密附约（contre-lettre，阴阳合同）

* （对第三人）没有对抗效力（inopposabilité） （新）第

1201 条,(原)第 1321 条

典型失衡(déséquilibre significatif)
(新)第 1171 条

电子邮件(courrier électronique)
——合同的成立(手续)(formation contractuelle) (新)第 1126 条,第 1127–5 条,(原)第 1369–2 条,第 1369–7 条
　　*挂号信(lettre recommandée) 第 1127–4 条
——离婚(divorce)
　　*(作为)证据(preuve) 第 259 条

定金(arrhes) 第 1590 条
——动产买卖(vente mobilière) 第 1590 条

定期金(rente,年金) 第 1909 条
——动产性质(caractère mobilier) 第 529 条
——离婚(divorce)
　　*补偿性给付(prestation compensatoire) 第 276 条
　　*转换为本金(conversion en capital) 第 309 条
——子女的抚养费(entretien d'un enfant) 第 373–2–3 条

永久定期金(rentes perpétuelles) 第 1911 条
——(用)不动产(价金设立)的永久定期金(rente foncière) 第 530 条
——定期金的(两种)设立方式(rentes constituées) 第 1910 条
——破产(faillite) 第 1913 条
——赎回(rachat) 第 530 条,第 1911 条,第 1912 条
——数额的调整(révision) 第 1976 条

终身定期金(rente viagère) 第 1968 条
——本金(capital) 第 1968 条
　　*偿还(remboursement,不得通过偿还本金免除支付定期金) 第 1979 条
——比率(taux) 第 1976 条
——担保(sûreté)
　　*没有提供担保(défaut) 第 1977 条
——定期金的设立(constitution) 第 1968 条
——定期金的利息(intérêts)
　　*延迟支付(定期金延迟支付)(retard) 第 1978 条
——(定期金的)动产性质(caractère mobilier) 第 529 条
——可复归性质(réversibilité) 第 1973 条

部分内容提示

——继承(succession)
  *配偶的用益权(usufruit du conjoint),转换(conversion) 第759条
——(定期金的)扣押(saisie) 第1981条
——赔偿性质的定期金(rentes indemnitaires)
  *交通事故(accident de circulation) 第1974条
——数额的调整(révision) 第1976条
——无偿处分(libéralités) 第917条,第1015条,第1969条
——无偿(设立的)定期金(rente à titre gratuit) 第1969条,第1981条
——无效(nullité) 第1974条,第1975条
——效力(effets,终身定期金契约在当事人之间的效力) 第1977条
——(定期金的)用益权(usufruit) 第588条
——有偿(设立的)定期金(rente à titre onéreux) 第1968条
  *债权人(死亡)(créancier, décès) 第1980条
  *(债权人)生存(vie),证据(preuve) 第1983条
——定期金债权人所患的疾病(maladie du crédirentier) 第1975条

动产(meubles) 第516条,第527条
——动产(effets mobiliers,动产物品,动产物件) 第535条
  *赠与(donation) 第948条
  *动产的分割(partage),价值的评估(estimation,作价) (原)第825条
——动产占有(possession) 第1198条,第2279条,(原)第1141条
——动产的追还(revendication) 第2276条
——抵押权(某些动产的抵押)(hypothèque) 第2398条
——继承(succession)
  *法律冲突(conflit de lois) 第3条
——提前作动产处理(的财产)(meubles par anticipation,先期作动产处理) 第520条,第521条
——(动产)添附(accession) 第546条,第565条
——由法律认定的动产(meubels par détermination de la loi) 第529条
——依性质为动产(meubles par nature) 第527条

动物(animaux) 第515-14条

——(添附于)不动产(用于土地耕作)的牲畜 第522条,第524条
——(因动物引起的)交通事故
　＊担保基金(fonds de garantie) 第1242条
——借用(prêt,使用借贷) 第1894条
——牲畜、动物的买卖(vente)
　＊隐蔽瑕疵(vice caché) 第1649条
——因添附产生的所有权(propriété par accession,饲养动物、牲畜繁殖或产物产生的添附权) 第547条,第564条
——因动物引起的(侵权)责任(responsabilité du fait des animaux) (新)第1243条,(原)第1385条
——制度(régime,动物作为财产适用的制度) 第515-14条
——住房租约(baux d'habitation) 第1778条

对待给付(contrepartie)
　＊对待给付微不足道、虚假不实(contrepartie illusoire ou dérisoire)(新)第1169条

F

法定的使用、收益权(jouissance légale,法定享益权) 第386-1条
——负担(charges) 第386-3条
——国家收容的弃儿(pupilles de l'Etat) 第375-9条
——继承缺格(无继承资格)(indignité successorale)
　＊排除(exclusion) 第729-1条
——监护法官(juge des tutelles) 第387条
——排除(法定使用、收益权)的财产(biens exclus) 第386-4条
——(权利的)停止(cessation) 第362-2条

法定管理(administration légale) 第382条
——法定管理人(administrateur légal) 第382条
　＊(法定管理人的)义务(obligations) 第385条
　＊(法定管理人的)权限,权力(pouvoirs) 第387-1条
　＊未成年人的代理(représen-

tation du mineur,未成年人的代表) 第388-1-1条

*(法定管理人的)责任(responsabilité) 第386条

——(受)法定管理的财产(biens soumis) 第384条

——法定管理的账目(compte de gestion) 第387-5条

——法定的使用、收益权(jouissance légale,法定的享益权) 第386-1条

——(受管理的)概括财产的盘存(inventaire du patrimoine,资产负债的盘存) 第387-4条

——管理行为(acte d'administration) 第382-1条,第496条

——监护(tutelle) 第391条

——监护法官(juge des tutelles) 第387条

——亲权(autorité parentale) 第382条

——(法定管理人之间)意见不一致(désaccord) 第387条

——未成年人的抵押权(hypothèque du mineur) 第387-1条,第2400条,第2409条,第2447条

——专门指定的管理人(administrateur ad hoc,特别管理人) 第383条

*未成年人(mineur) 第383条,第388-2条

**否认婚生子女之诉(action en désaveu) 第317条

**法定管理(administration légale) 第382条

法律冲突(conflit de lois) 第3条

——离婚,分居(séparation de corps) 第309条

——夫妻财产制(régime matrimonial),指定适用的法律 第1397-2条

——合同债务(obligation contractuelle) 参见2008年6月17日罗马规则

——婚姻(mariage,结婚) 第202-1条

——离婚(divorce) 第309条,参见2010年12月20日欧盟条例

——确立亲子关系(établissement de filiation) 第311-14条

——收养(adoption) 第370-3条

法律行为(acte juridique) (新)第1100条

返还(restitution) (新)第1352条

——非债清偿的返还(indu) (新)第1302条

——(合同)失效(caducité) (新)第1187条

——合同无效(nullité du contrat)

（新）第 1178 条

——合同解除（résolution） （新）第 1229 条

非债清偿的返还（répétition de l'indu）（新）第 1302 条,（原）第 1235 条,第 1376 条

妨害使用、收益（权）（trouble de jouissance）

——买卖（vente） 第 1625 条,第 1652 条

——用益权（usufruit） 第 599 条

——租约（bail） 第 1725 条

放弃（renonciation）

——撤销赠与（révocation de donation） 第 965 条

——抵押权（hypothèque） 第 2488 条

——减少无偿处分（数额）请求权（诉讼）（action en réduction de libéralité）

﹡提前放弃（renonciation anticipée） 第 929 条

——监护人（tuteur） 第 509 条

——继承（succession） 第 722 条,第 768 条,第 801 条,第 804 条,（原）第 784 条

﹡放弃遗产清册利益（bénéfice d'inventaire） （原）第 795 条,（原）第 797 条

﹡代理（représentation） 第 754 条

——时效（prescription） 第 2250 条

——无效或解除（取消）（nullité ou rescision）

﹡追认（confirmation,确认）（新）第 1181 条,（原）第 1338 条

——遗赠（legs） 第 1043 条

——用益权（usufruit） 第 622 条

﹡生存配偶（conjoint survivant）,转换权（faculté de conversion,转换选择权） 第 759-1 条

——有关亲子关系的诉讼（诉权）（action relative à la filiation） 第 321 条

放弃,不作为（abstention,义务不履行）

——过错（faute）

﹡责任（responsabilité） 第 1241 条

﹡蜂群（essain） 第 564 条

——因动物引起的责任 第 1243 条

﹡蜂箱（ruches） 第 524 条

分割求偿抗辩（bénéfice de division,分诉抗辩利益,分诉抗辩权）

——保证（cautionnement,共同保证人） 第 2303 条

分界标志(分界石)的安设(bornage,土地分界划定) 第 646 条

分居(séparation de corps) 第 296 条,第 309 条
——财产分开(séparation des biens,分居引起的分别财产) 第 302 条
　　*分居双方恢复共同生活(reprise de la vie commune) 第 305 条
——(分居适用的)程序(procédure) 第 298 条
——分开的住所(domicile distinct) 第 108-1 条
——夫妻之间的共同财产制(communauté entre époux)
　　*解消,终止(dissolution) 第 1441 条
——由分居转为离婚(conversion en divorce) 第 306 条
　　*分居的期限(délai) 第 308 条
　　*共同请求(demande conjointe) 第 307 条
　　*后果(conséquence) 第 308 条
——分居的终止(fin) 第 305 条
——父子(女)关系推定(présomption de paternité) 第 313 条
——分居对财产的效力(effet)的

日期(date) 第 302 条
——反诉(demande reconventionnelle) 第 297 条
　　*离婚(divorce) 第 297 条
——扶养费(pension alimentaire,生活费) 第 303 条
——共同居住的终止(cohabitation,fin)
——(分居的)后果(conséquences) 第 299 条,第 304 条
——恢复共同生活(reprise de la vie commune) 第 305 条
——继承权(droits successoraux) 第 301 条
——救助义务(devoir de secours) 第 303 条
——离婚(divorce)
　　*反诉(demande reconventionnelle) 第 297 条
——离婚之诉与分居之诉竞合(demandes concurrentes) 第 297-1 条
——生存配偶(conjoint survivant)
　　*权利(droits) 第 301 条
——(提出分居请求的)条件(conditions) 第 296 条
——仲裁(compromis)
　　*禁止(诉诸仲裁)(interdiction) 第 2060 条

分居(事实上分居)(séparation de fait)

1389

——分担婚姻家事负担(contribution aux charges du mariage) 第214条

——共同财产制(communauté)

＊终止(dissolution,解消)

＊＊物品的返还(report des effets) 第1442条

——离婚(divorce)

＊夫妻关系恶化无可挽回(altération définitive du lien conjugal) 第238条

＊诉讼请求被驳回(rejet de la demande) 第258条

＊物品的返还(report des effets) 第262-1条

——亲权(autorité parentale) 第373-2条

——(以夫妻事实上分居的情况下)因子女的行为引起的责任(responsabilité du fait des enfants) 第1242条

分娩(acouchement)

——匿名分娩(accouchement "sous X") 第326条

——出生申报(déclaration de naissance) 第55条,第56条,第93条

——婴儿死亡(enfant décédé avant la déclaration de sa naissance, enfant sans vie,在尚未申报出生之前婴儿死亡,无生命婴儿) 第79-1条

＊死产儿(mort-né) 第79-1条

分期付款方式进行的购买(区分夫妻共同债务与个人债务)(achat à tempérament)

——夫妻(époux)

＊连带性质,连带债务(solidarité) 第220条

分支、分系(branche,继承法上父母两系亲属的划分) 第673条

夫妻财产契约(contrat de mariage, conventions matrimoniales)

——变更、修改、修订(modification) 第1396条,第1397条

——法院裁判分别财产(séparation des biens judiciaire)

＊在夫妻财产契约上作出记载(mention) 第1445条

——夫妻财产契约的形式(forme) 第1394条

——夫妻财产制(régime matrimonial)

＊收养子女(adoption) 第1393条

＊选择(choix,选择权) 第1387条

＊普通法(droit commun) 第1393条

部分内容提示

＊适用的法律(loi applicable)
＊＊指定适用的法律(désignation) 第1397-2条
＊＊法定制度(régime légal) 第1400条
——公证证(明)书(certificat notarial) 第1394条
——继承(succession, 遗产) 第1389条
＊特定财产分配条款(clause d'attribution de certain biens) 第1390条
——结婚证书(acte de mariage)
＊在结婚证书上作出记载(mention) 第75条, 第1394条
＊变更(modification) 第1397条, 第1445条
——受到禁止的协议(conventions prohibées) 第1388条
——秘密附约(contre-lettre) 第1396条
——商业条款(clause commerciale) 第1390条
——(意思表示的)时间(époque)
——受保护的成年人(majeur protégé) 第1399条
——未成年人(mineur) 第1398条
——向身份官员作出的说明(indication à l'officiers d'état civil) 第75条
——正在进行离婚诉讼的夫妻(époux en instance de divorce) 第1397-1条
——准许订立的协议(conventions permises) 第1387条

(通过)夫妻财产契约进行赠与(donation par contrat de mariage) 第1081条
——将来财产的赠与(biens à venir) 第1082条
——接受赠与(acceptation) 第1087条
——失效(caducité) 第1088条
——受赠与人(donataire) 第1081条, 第1082条
——现有财产的赠与(biens présents) 第1081条, 第1084条
——赠与人(donateur) 第1082条
——赠与数额的减少(réduction) 第1090条
——债务与负担(dettes et charges) 第1084条

夫妻财产制(régimes matrimoniaux)
——变更财产制(changement) 第1397条
＊外国法律(loi étrangère) 第1397条
——动产及婚后所得共同制(communauté de meubles et acquêts) 第1498条
——法定共同财产制(communauté

légale）第 1400 条，第 1401 条，第 1402 条

——分别财产制（séparation des biens）第 1536 条

——概括共同财产制（communauté universelle，一般共同制，包括共同制）第 1526 条

——婚后所得参与制（participation aux acquêts，所得分享制）第 1569 条

——夫妻财产契约（contrat de mariage）第 1387 条

——死后结婚（mariage posthume）第 171 条

——所得合伙制（société d'acquêts）第 1415 条，第 1536 条

——约定的共同制（communauté conventionnelle）第 1497 条

夫妻关系恶化无可挽回（离婚原因之一：夫妻关系最终破裂）（altération définitive du lien conjugal）第 237 条

夫妻和解（reconciliation des époux）
　——分居（séparation de corps）
　　＊恢复共同生活（reprise de la vie commune）第 305 条
　——离婚（divorce）第 244 条

夫妻之间的赠与（donation entre époux）第 1091 条

——不得离婚条款（clause de non-divorce）（原）第 1096 条

——不可撤销性（irrévocabilité）
　＊现有财产的赠与（biens présents）第 1096 条

——夫妻之间赠与的可撤销性（révocabilité）（原）第 1096 条
　＊将来财产的赠与（biens à venir）（原）第 1096 条

——夫妻（époux）
　＊未成年人（mineur）第 1095 条
　＊再婚配偶（remarié）第 1098 条

——夫妻财产制（régime matrimonial）
　＊改变夫妻财产制（changement）第 1397 条

——共同财产制（communauté），赠与的履行（exécution）第 1840 条

——（赠与人）可处分的部分（quotité disponible）第 1094 条

——钱款的赠与（donation de deniers）第 1099-1 条

——伪装的赠与（donation déguisée，掩饰的赠与）第 1099 条

——用受赠的金钱取得的财产（biens acquis avec deniers donnés）第 1099-1 条

——用益权的赠与（usufruit）

*(用益权的)可复归性条款(clause de réversibilité) 第1093条

*协议(convention) 第759条

——赠与用益权的财产(bien donné en usufruit)

*动产的盘存(inventaire) 第1094-3条

*不动产,状态说明书(état) 第1094-3条

*无记名证券(titre au porteur),寄托(dépôt) 第1094-3条

——赠与的形式(forme) 第1092条

——他人介入或参与(interposition des personnes) 第1099条

夫妻之间相互救助(assistance)义务(devoir) 第212条

父、母、父母双亲(père,mère,parents)

——抚养子女的义务(obligation d'entretien des enfants) 第203条,第204条,第371-2条

*离异(分手)的父母(parents séparés) 第373-2-2条

——继承(succession)

*继承权益(droits successoraux) 第734条,第746条

——民事责任(responsabilité) (新)第1242条,(原)第1384条

*解除亲权的未成年人(mineur émancipé) 第413-7条

——生活费(aliments)

*债权,债权人(créancier) 第205条

——赠与(donation)

*取回权(droit de retour) 第738-2条

*替代未成年人接受赠与(acceptation pour mineur) 第935条

负担(charges)

——法定的使用、收益权(jouissance légale) 第386-1条

——家事费用负担(charges du mariage,家计负担,婚姻负担) 第214条

*离婚

**分别财产(séparation des biens) 第1537条

**法院裁判分别财产(séparation des biens judiciaire) 第1448条

——买卖(vente)

*未作申报(non déclaration) 第1626条,第1638条

——通过夫妻财产契约进行赠与(donation par contrat de mariage) 第1084条

——无偿处分

＊变更、调整（数额）（révision） 第900-2条
＊（因不履行规定的负担）撤销无偿处分（révocation） 第953条,第1046条

——用益权(usufruit) 第608条

复利(anatocisme,计算复利) （新）第1343-2条,（原）第1154条

G

工伤事故(accidents du travail,劳动事故)
　　——责任
　　　　＊交通事故(accidents de la circulation) （新）第1242条,参见《保险法典》第211-8条
　　　　＊共同行为人(coauteur,共同责任人、共同肇事人) （新）第1241条
　　　　＊和解、交易(transaction) 第2051条

公共秩序(ordre public) 第6条,（新）第1162条,（原）第1133条
　　——代孕(gestation pour autrui) 第16-7条
　　——合同(contrat) （新）第1162条,（原）第1133条
　　——亲子关系(filiation) 第310条

公署文书(acte authentique) （新）第1369条,（原）第1317条
　　——不动产公示(publicité foncière) 第710-1条
　　——（文书）不符合规定(irrégularité,不符合要求,不正规) （新）第1370条,（原）第1318条
　　——（公署文书的）定义(définition) （新）第1317条,（原）第1369条
　　——采用电子文件形式制作的公署文书(support électronique) （新）第1174条,（原）第1108-1条
　　——秘密附约(contre-lettre) （新）第1201条,第1202条,（原）第1321条,第1321-1条
　　——签字(signature) （新）第1367条,（原）第1316-4条
　　——手写的文字（记载）(mention manuscrite) （新）第1174条,第1369条,（原）第1108-1

条,第 1317 条
——司法助理人员(官员)(officier ministériel)
　　*无权限或无能力(incompétence ou incapacité) (新)第 1370 条,(原)第 1318 条
——文本制作、复制(reproduction)
　　*方法,手段(procédés) (原)第 1317 条
——形式瑕疵(vice de forme) (新)第 1370 条,(原)第 1318 条
——应当进行不动产公示的文书(行为)(acte soumis à publicité foncière) 第 2488 条
——证明力(force probante) (新)第 1370 条,(原)第 1318 条
——提出公署文书属于伪造的声明(inscription de faux) (新)第 1371 条,(原)第 1318 条

公证文书,公证书(acte notarié,公证人制作的文书) (新)第 1369 条,(原)1317 条
　——采用电子依托制作的文本(support électronique) (新)第 1371 条
　——大字抄本(grosse) (新)第 1371 条,(原)第 1335 条
　——公证书原本(minute,文书正本) (新)第 1371 条,(原)第 1335 条
　——公证人的书记员(的权限)(clerc)
　　*授权(habilitation) (新)第 1371 条
　——公证书的证人(témoins instrumentaire,要式证书制作时的见证人) (新)第 1371 条
　——公署的副本(copie authentique) (新)第 1371 条
　——经认证的副本(expédition) (新)第 1371 条,(原)第 1335 条
　——具有执行力的副本(copie exécutoire) (新)第 1371 条
　——买卖、互易或财产分割(vente、échange ou partage) 第 1593 条
　——外交人员与领事人员 (新)第 1371 条
　——债权的转移(transmission des créances) 第 1701 条

公知证书(acte de notoriété)(用公知证书作为证据)
　——共有(indivision)
　　*权利的范围(étendue des droits) 第 815-11 条
　——婚姻(mariage)
　　*夫妻(époux),出生证书 第 71 条
　　*父母双方(对子女结婚)意见不一致(dissentiment) 第 155 条

——继承(succession)

　*继承人的身份或资格(qualité)　第730-3条

　*(遗产的)共有(indivision),权利的范围(étendue des droits)　第815-11条

——亲子关系(filiation)

　*(用公知证书作为亲子关系)证据(preuve)　第310-3条,第317条,第335条

共同财产制(communauté)

法定的共同财产制(communauté légale)　第1400条

——保证(cautionnement,为他人提供保证)　第1415条

——无法共同居住,无法合作(cohabitation et collaboration impossible)　第1442条

——补偿(récompense)　第1412条,第1416条,第1433条

　*账目(compte,补偿的账目)　第1468条

　*利息(intérêts)　第1473条

　*数额的评估(évaluation)　第1469条

　*补偿数额的结算(règlement)　第1470条

——财产分割(partage,共同财产分割)　第1474条

——财产托管(fiducie)　第1424条

——资金的再利用(remploi,财产再投入使用)　第1406条,第1434条

　*提前再使用(anticipation)　第1435条

——处罚性罚款与赔偿(amendes pénales et réparations)　第1417条

——定义(définition)　第1400条

——对债务应当承担的义务(obligation aux dettes)　第1482条

　*继承人(héritiers)　第1491条

——法院裁判分别财产(séparation des biens judiciaire)　第1443条

——负债(passif,共同财产的负债)

　*负债的构成(composition)　第1409条

　*负债的分担(contribution au passif)　第1485条

——扶养费(aliments,生活费)　第1409条

——(夫妻双方)分开从事职业(profession séparée)　第1421条

——公司或合伙的出资或取得股份(apports ou acquisition de parts)　第1832-1条,第1832-2条

部分内容提示

——共同财产的资产(actif) 第1401条
——共同财产制的管理(administration de la communauté) 第1421条
——共同财产的转让(aliénation de biens communs) 第1424条
——共同财产制的解消(dissolution,共同财产制的终止或解散) 第1441条
　　*原因(cause) 第1441条
　　*(夫妻双方)无法共同居住及无法合作(cohabitation et collaboration impossibles) 第1442条
　　*法院裁判分别财产(séparation des biens judiciaire) 第1443条
　　*追溯力,溯及力(rétroactivité) 第1442条
——共同财产制终止时夫妻一方分得的积极财产(资产利益)部分(bénéfice d'émolument) 第1483条,第1486条
——(夫妻双方实行)共同管理(cogestion des époux) 第1422条,第1424条,第1425条
——管理上的过错(faute de gestion) 第1421条
——婚后所得(acquêts) 第1401条,第1402条
——借贷(emprunts) 第1415条

——家庭利益面临危害(intérêts familiaux en péril) 第1429条
——家庭企业(entrprise familiale)
　　*在其中从事工作的配偶(conjoint y travaillant) 第1424条
——劳动工具(instruments de travail) 第1404条
——离婚(divorce)
　　*诉讼(instance) 第265-2条,第1451条,(原)第1450条
——连带债务(solidarité,连带性质) 第1418条
——盘存(inventaire) 第1483条
——配偶处于不能表达意思的状态(hors d'état de manifester sa volonté) 第1426条,第1429条
——欺诈(fraude) 第1421条,第1426条
——侵吞或挪用共同财产(divertissement) 第1477条
——清算(liquidation,共同财产的清算) 第1467条
　　*共同财产总额(masse commune) 第1467条
　　*先取财产(prélèvement) 第1471条
　　*补偿(récompenses) 第1468条

1397

*取回财产(reprises,个人取回投入的特定财产) 第1467条

——人寿保险(assurance-vie) 第1400条

——司法授权(habilitation judiciaire) 第1426条

——收益与工资(gains et salaires) 第1414条

——特有财产(biens propres,自有财产) 第1402条,第1428条

——特有财产的管理(administration des propres) 第1428条

——委托(mandat,委托代理) 第1431条

 *表见代理(mandat apparent,表见委托) 第1424条

 *默示委托(mandat tacite) 第1432条

——无偿处分(libéralités) 第1422条,第1423条

——赠与共同子女的奁产(dot à l'enfant commun) 第1438条

——先取财产(prélèvement) 第1470条

——性质上属于个人的财产(biens ayant un caractère personnel,具有个人性质的财产) 第1404条

——越权(dépassement de pouvoirs,超越权限、权力) 第1427条

——已经收取但未消费的孳息和收入(fruits et revenus perçus et non consommés) 第1403条

——遗赠(legs) 第1423条

——隐匿财产(recel) 第1477条

——有限责任个体企业主(entrepreneur individuel à responsabilité limitée) 第1424条,《商法典》第526–11条

——优先分配(attribution préférentielle) 第1476条

——债务(dettes) 第1409条

 *婚前债务(dettes antérieures) 第1410条

 *共同债务(dettes communes) 第1409条

 *债务的分担(contribution aux dettes) 第1485条

 *个人债务(dettes personnelles) 第1410条

 *债务(债权)的收取(recouvrement)

 **扣押(saisie) 第1414条

 *继承或无偿处分(succession ou libéralités) 第1410条

——租约(baux) 第1425条

约定的共同财产制(communauté conventionnelle) 第1497条

——不等份额(part inégale,夫妻双

方各占的份额不等）第1520条

——（财产、权利的）不等额分配（attribution inégale）第1524条

——动产及婚后所得共同制（communauté de meubles et acquêts）第1498条

——共同管理（administration conjointe，夫妻双方共同管理）第1503条

——婚姻财产利益（avantages matrimoiniaux，在夫妻财产制基础上给予一方的利益）第1527条

——减少婚姻财产利益之诉（action en retranchement，前婚生子女请求减少生父或生母在夫妻财产制的基础上给予再婚配偶过多财产利益的诉讼）第1527条

——先取权（préciput，先取分、先取利益）第1515条

——先取财产（prélèvement，先行提取财产）第1511条

——一般共同制（communauté universelle，概括共同制，包括共同制）第1526条

——约定的共同财产制的清算（liquidation）第1511条

共同财产与特有财产（biens communs, biens propres）第1402条

——补偿（récompense）第1433条

——财产（资金）投入再使用（remploi）第1406条，第1434条

——财产的收回（reprise）第1467条

——财产的收入（revenus）第1403条

——共同管理条款（clause d'administration conjointe，联合管理条款）第1503条

——家庭利益面临危害（intérêts familiaux en péril）第1429条

——（由）配偶管理（gestion par conjoint）第1403条

——使用、收益（权）（jouissance）第1428条

——某项特有财产的从物（从权利）（accessoire d'un propre）第1406条

——特有财产的管理（administration des propres）第1428条

——特有不动产的附属部分（annexe de l'immeuble propre）第1475条

——物上代位（subrogation réelle，物的替代）第1406条，第1407条

——知识产权（propriété intellectuelle）第1405条

*著作权（droit d'auteur）第

1404 条

——孳息（fruits，果实）　第 1403 条

共同财产（制）的分割（partage de communauté，共同财产的分割）

第 1474 条

——不等额分配（parts inégales）

＊约定的共同财产制（communauté conventionnelle）　第 1520 条

——附属于夫妻一方某项特有不动产的不动产（immeuble annexe d'un immeuble propre）　第 1475 条

——夫妻之间的赠与（donation entre époux）　第 1480 条

——减少婚姻财产利益之诉（action en retranchement，前婚生子女请求减少其再婚的父或母在夫妻财产制的基础上给予现配偶过多婚姻财产利益之诉讼）　第 1527 条

——配偶一方是另一方的债权人（époux créancier du conjoint）　第 1478 条

——效力（effets）　第 1476 条

——挪用或转移共同财产（divertissement）　第 1477 条

——隐匿财产（recel）　第 1477 条

——先取权（préciput，先取利益，先取分）

＊约定的共同财产制（communauté conventionnelle）　第 1515 条

——形式（forme）　第 1476 条

——先取财产（prélèvement，先行提取财产）

＊约定的共同财产制（communauté conventionnelle）　第 1511 条

——优先分配财产（atrribution préférentielle）　第 1476 条

——一般规则（règles générales）　第 1476 条

共同分割人（copartageant，共同参与财产分割的权利人）

——优先权（privilège，先取特权）　第 2374 条第 3 点，第 2381 条

共同居住（cohabitation），

——夫妻（époux）　第 108 条，第 215 条

＊终止（共同居住）（fin）

＊＊终止共同居住的效力　第 262-1 条，第 1442 条

＊无效婚姻（mariage nul）

＊＊追认（confirmation，确认）　第 181 条

＊分居（séparation de corps）　第 299 条

——父母与子女（parents et enfants）

＊（对子女行为的）民事责任

部分内容提示

（responsabilité civile）（新）第 1242 条

共同所有权（copropriété，区分所有权，共有权） 第 664 条

共同庭院（cour commune，共用庭院） 第 674 条

共同物（chose commune，海水、空气等公众共同享有的共同物） 第 714 条

共有分界物（相邻所有权人共有的分界物）（mitoyenneté） 第 653 条

——产物（produits） 第 669 条

——费用（frais） 第 667 条

——加高（exhaussement） 第 658 条

——建筑（construction） 第 657 条，第 662 条

——坑、池（fosse） 第 666 条

——篱笆（haie） 第 668 条

——抛弃（abandon） 第 656 条

——区分所有权建筑物（immeuble en copropriété）

＊墙壁与隔断（mur et cloisons） 第 664 条，1965 年 7 月 10 日法律

——（共有分界物的）取得（acquisition） 第 661 条

——设围（clôture） 第 666 条

——树木（arbre） 第 668 条

——（共有分界物的）推定（présomption） 第 653 条、第 654 条，第 666 条

——修缮（réparation，修理、修整） 第 655 条

——重建（reconstruction） 第 655 条，第 665 条

——转让（cession） 第 668 条

共有（协议）（indivision, conventions） 第 815-1 条，第 1873-1 条

——共有持续的时间（durée） 第 1873-3 条

——共有财产的管理（administration） 第 1873-5 条

——管理人（gérant） 第 1873-5 条

——合同整体（ensemble contractuel）（新）第 1186 条

——能力（capacité） 第 1873-4 条

——（关于）取得或分配（财产的）协议（convention d'acquisition ou d'attribution） 第 1873-13 条

——先买权（préemption） 第 1873-12 条

——形式（forme） 第 1873-2 条

——用益权人（usufruitier） 第 1873-16 条

——有限责任个体企业主（entrepreneur individuel à responsabi-

1401

lité limitée） 参见《商法典》第 526-11 条
——债权人（créanciers） 第 1873-15 条

共有（法定制度）（indivision, régime légal, 个人使用、收益） 第 815 条
——维持共有（maintien） 第 815 条,第 815-1 条
——抵押权（hypothèque）,效力 第 2414 条
——个人享用共有财产（jouissance privative） 第 815-9 条
——个人占用财产应当给予的补偿金（indemnité d'occupation privative） 第 815-9 条,第 815-10 条
——共有财产的管理（administration） 第 815-2 条
——共有持续的时间（durée） 第 815 条
——共有份额的扣押（saisie des parts indivises） 第 815-17 条
——共有人（indivisaire）,权利 第 815-9 条
——共有财产的分割（partage） 第 815 条,参见遗产的分割新制度
——共有财产的管理（gestion） 第 815-3 条,第 815-12 条
——共有的公司股份（part sociale indivise） 第 1844 条
——居住场所或从事职业用场所（local d'habitation ou professionnel） 第 815-1 条
——农业经营事业（exploitation agricole） 第 815 条,第 815-1 条
——排除性分配（attribution éliminatoire） 第 815 条
——2/3 多数（同意）（majorité des deux tiers） 第 815-3 条
——生存配偶（conjoint survivant） 第 815-1 条
——收入与孳息（revenus et fruits） 第 815-10 条
——替代权（droit de substitution） 第 815-15 条
——(共有的)停止,终止（cessation） 第 815 条
——物上代位（subrogation réelle） 第 815-10 条
——先买权（préemption） 第 815-14 条
——(要求共有人)一致同意（consentement unanime） 第 815-3 条
——用益权（usufruit） 第 815-2 条,第 815-5 条,第 815-18 条
——有限责任个体企业主（entrepreneur individuel à responsabilité limitée） 参见《商法典》第 526-11 条

——债权人(créancier) 第815-17条
——暂缓分割(sursis au partage) 第815条
——住房租约(bail d'habitation) 第1778条
——(批准)转让(aliénation) 第815-5-1条
＊共有权利的转让(cession de droit) 第815-14条

供货合同(contrat de fourniture,供应合同) 参见框架合同(contrat-cadre)

股息(dividende) 第586条

寡居条款、鳏居条款(clause de viduité,不得再婚条款) 第900条

关联性(connexité)
——抵销(债权债务之间应当具有关联性)(compensation) 第1348-1条
——留置(权)(与标的物有关的债务应当具有关联性) 第1948条

管辖权冲突(conflit de juridictions,司法管辖权冲突) 第14条,第15条

国籍(nationalité)
——国籍证书(certificat de nationalité)

国际管辖权(compétence internationale) 第14条,第15条

过错(faute,过失)
——合同责任(responsabilité contractuelle) (新)第1231-1条
——侵权责任(responsabilité délictuelle) (新)第1242条,(原)第1382条
——重大过失(faute lourde) (新)第1231-3条,(新)第1345条

H

好意协助、志愿协助,自愿相助(assistance bénévole),参见志愿协助协议(convention d'assistance, contrat d'assistance) (新)第1194条

合同与协议(contrat et convention)

1403

（新）第1101条，（原）第1101条
——标的（objet） （原）第1126条
　　*给予之债（obligation de donner） （原）第1136条
　　*作为或不作为之债（faire ou ne pas faire） （原）第1142条
——变更（modification，合同的变更） （新）第1193条，（原）第1134条
——变更，调整（révision，修订） （新）第1193条，（原）第1134条
——不可抗力（force majeure） （新）第1218条，（原）第1148条
——不履行（inexécution，合同不履行） （新）第1217条，（原）第1146条
——合同的成立（formation） （新）第1112条，（原）第1101条
——错误（erreur，误解） （新）第1130条，（原）第1110条
——磋商（pourparler） （新）第1112条
——催告（mise en demeure） （新）第1344条，（原）第1139条，第1146条
——担保第三人为特定行为（port-fort，se porter fort） （新）第1204条，（原）第1120条
——单务合同（contrat unilatéral）

（新）第1106条，（原）第1103条
——（合同）第三人（tiers） （新）第1199条，（原）第1165条
——定义（définition） （新）第1101条，（原）第1101条
——电子合同（contrat électronique） （新）第1125条，第1176条，（原）第1369条
——电子形式（forme électronique） （新）第1125条，（原）第1369-1条
——对尊长的敬畏（crainte révérencielle） （原）第1114条
——分类（classification） （新）第1105条，（原）第1102条
——公共秩序（ordre public） 第6条，（新）第1162条
——合意（consentement，同意） （新）第1129条，（原）第1109条
——合同的订立（conclusion du contrat，合同的缔结） （新）第1112条
——合同、协议的相对效力（relativité des conventions） （新）第1199条，（原）第1165条
——合同适用的法律（loi applicable） 参见2008年6月17日罗马规则
——合同的有效性（validité du contrat） （新）第1162条，（原）

部分内容提示

第 1128 条
——合同责任(responsabilité contractuelle) (新)第 1231 条,(原)第 1147 条
——价金(prix)
   *价金的确定(détermination du prix) (新)第 1163 条,(原)第 1129 条
——减少价金(降价)(réduction du prix) (新)第 1223 条
——交付(livraison) (新)第 1196 条,(原)第 1136 条
——解除之诉(action résolutoire,解除合同的诉讼或诉权) (新)第 1224 条,(原)第 1184 条
——解除(合同)(résolution) (新)第 1224 条,(原)第 1184 条
   *因显失公平解除合同(rescision) 参见显失公平(lésion)
——解释(interprétation) (新)第 1188 条,(原)第 1156 条
   *曲解合同的本质(dénaturation) (新)第 1192 条
——拒绝缔约(refus de contracter) (新)第 1102 条
——滥权条款(clause abusive,权利滥用条款) (新)第 1171 条
——利他合同(stipulation pour autrui,他人之契约,为第三人利益订立约款) (新)第 1205 条,(原)第 1119 条
——履行中止(suspention de l'exécution du contrat,履行停止) (新)第 1220 条
——默示续订(tacite reconduction) (新)第 1215 条
   *租约(bail) 第 1738 条,第 1759 条
——能力(capacité,缔约能力) (新)第 1145 条,(原)第 1123 条
——内容(contenu de contrat,合同的内容) (新)第 1162 条,(原)第 1128 条
——契约自由(liberté contractuelle) (新)第 1102 条
——欺诈(dol) (新)第 137 条,(原)第 1116 条
——善良风俗(bonnes moeurs) (原)第 1133 条
——善意履行(exécution de bonne foi,合同应善意履行) (新)第 1104 条,(原)第 1134 条
——射幸合同(contrat aléatoire) (新)第 1964 条,参见射幸、陆上保险、赌博、彩票、终身定期金
——双务合同(contrat synallagmatique) (新)第 1106 条,(原)第 1102 条,(新)第 1168,(新)第 1375 条
——受保护的成年人(majeurs protégés) (新)第 1146 条,

——(原)第1124条

——实定合同(contrat commutatif,等价契约)(新)第1108条,(原)第1104条

——条件(condition)(新)第1304条,(原)第1168条

——同时履行抗辩(exception d'inexécution,不履行抗辩)第1219条

——违约金条款(clause pénale)(新)第1231-5条,(原)第1226条

——无偿合同(contrat de bienfaisance,恩惠契约)(新)第1107条,(原)第1105条

——无偿合同(contrat à titre gratuit)(新)第1107条,(原)第1105条

——无效(nullité)(新)第1128条,(原)第1108条

＊时效(prescription)(原)第1304条

——效力(effets)(新)第1193条,(原)第1134条

＊相对效力(effet relatif)(新)第1199条,(原)第1165条

＊(财产、权利的)转移效力(effet translatif)(新)第1190条

＊第三人(tiers,合同对第三人的效力)(新)第1199条

——显失公平(lésion)(原)第1118条

＊成年人(majeur)(订立合同)(新)第1149条,(原)第1313条

＊未成年人(mineur)(订立合同)(新)第1149条,(原)第1305条

——胁迫(violence)(新)第1140条,(原)第1111条

——未成年人(mineur)(新)第1146条,(原)第1124条,(原)第1125条

——要约(offre)(新)第1113条

——延迟履行(retard)(新)第1231-1条,(原)第1147条

——原因(cause,合同的原因)(原)第1131条

——(合同义务的)延续时间(durée)(新)第1210条

——有偿合同(contrat à titre onéreux)(新)第1107条,(原)第1106条

——债权人(法律赋予债权人的诉权)

＊撤销诉权(action paulienne)(新)第1341-2条,(原)第1167条

＊代位诉权(action oblique)(新)第1341-1条,(原)第1166条

——重新谈判(renégociation)

（新）第 1195 条
——合同的转让（cession）（新）第 1216 条，（原）第 1122 条

合同不履行（inexécution du contrat）（新）第 1217 条
——降低价金（réduction du prix）（新）第 1223 条
——解除（résolution）（新）第 1224 条
——赔偿损失（réparation du préjudice）（新）第 1231 条
——强制现实履行（exécution forcée en nature）（新）第 1221 条
——同时履行抗辩（exception d'inexécution，不履行抗辩）（新）第 1219 条

合同类型（有名合同，contrat nommé）
——承揽（工程）合同（contrat d'entreprise，承包合同）（新）第 1792 条
——单务合同（contrat unilatéral）（新）第 1106 条
——不定期合同（contrat à durée indéterminée）（新）第 1211 条
——定期合同（contrat à durée déterminée，有确定期限的合同，定期合同）（新）第 1212 条
——电子合同（contrat sous forme électronique，采用电子形式订立的合同）（新）第 1125 条，（新）第 1176 条，（原）第 1369-1 条
＊用挂号信交付文本（lettre recommandée）（新）第 1127-4 条
＊制作合同正本一式数份（pluralité d'originaux）（原）第 1325 条，（新）第 1375 条
——附合合同（contrat d'adhésion）（新）第 1110 条
＊（双方当事人权利义务的）典型失衡（déséquilibre significatif）（新）第 1171 条
＊附合合同的解释（interprétation）（新）第 1192 条
——供货合同（contrat de fourniture）参见框架合同
——框架合同（contrat-cadre）（新）第 1111 条
＊价金的确定（新）第 1164 条
——劳动合同（contrat de travail，工作合同）（新）第 1870 条
——劳务合同（contrat de prestaion de service，服务性给付合同）
＊价金（prix）（新）第 1165 条
——连续履行的合同（contrat à exécution successive）（新）第 1111-1 条

——诺成合同(contrat consensuel)（新）第 1109 条,（新）第 1172 条
——双务合同(contrat synallagmatique)（新）第 1106 条,（新）第 1168 条,（新）第 1375 条
——射幸合同(contrat aléatoire)（新）第 1108 条
——实定合同(contrat commutatif)（新）第 1108 条
——瞬时履行的合同(contrat instantané, contrat à exécution instantanée)（新）（新）第 1111-1 条
——无偿合同(contrat à titre gratuit)（新）第 1107 条
——无名合同(contrat innomé, 非典型合同)（新）第 1105 条
——要式合同(contrat solennel)（新）第 1109 条, 第 1172 条
——要物合同, 实践合同(contrat réel)（新）第 1109 条
——医疗合同(contrat médical)（新）第 1242 条
——运输合同(contrat de transport)（新）第 1782 条
——有关证据的合同(contrat sur preuve)（新）第 1356
——有偿合同(contrat à titre onéraux)（新）第 1107 条
——自由协商订立的合同(contrat de gré à gré) 第 1110 条

合同成立之前的责任(responsabilité précontractuelle)（新）第 1112 条

合同无效(nullité du contrat)（新）第 1178 条
——部分无效(partielle, 一部无效)（新）第 1184 条
——返还(restitution)（新）第 1178 条
——绝对无效(absolue)（新）第 1180 条,（原）第 1179 条
——相对无效(relative)（新）第 1191 条,（原）第 1179 条
——询问之诉(action interrogatoire, 质询之诉, 要求相对当事人表明其作出决定之请求)（新）第 1183 条
——（双方当事人）协议认定的无效(conventionnelle)（新）第 1178 条

合同责任(responsabilité contractuelle, 违约责任) 第 1231 条,（原）第 1146 条
——保密性质的资料、信息(information confidentielle)（新）第 1112-2 条
——不可抗力(force majeure) 第 1218 条,（原）第 1148 条
——合同无效(nullité du contrat)（新）第 1178 条

——损害赔偿(dommages-intérêts)(新)第1231条,(原)第1146条
——(合同的)谈判(négociation)(新)第1112条
——限制责任条款(clauses limitatives,限责条款)
——要约(offre)(新)第1116条
——优先给予缔约机会(pacte de préférence,首选缔约当事人,优先缔约简约)(新)第1123条
——有缺陷的产品引起的责任(responsabilité du fait des produits défectueux)
  *诉讼竞合(cumul)(新)第1245-7条,(原)第1386-18条

和解、交易(transaction) 第2044条
——标的(objet) 第2046条
——定义(définition) 第2044条
——交通事故(accident de circulation) 第1242条
——既判事由(chose jugée) 第2052条
——监护(tutelle) 第506条,第2045条
——取消、撤回(rescision) 第2053条
  *在财产分割之后实行和解(transaction après partage)

第890条,(原)第888条
——(实行和解的)能力(capacité) 第2045条
——范围(étandue) 第2048条
——误解、错误(erreur) 第2052条,第2053条
——显失公平(lésion) 第2052条
——形式(forme) 第2044条

互易(échange) 第1702条
——(互易物价值之间存在)差额(soulte)
  *隐瞒(dissimulation)(新)第1202条,(原)第1321-1条
——法定的共同财产制(communauté légale)
  *特有财产(bien propre) 第1407条
——(互易物的)追夺(éviction) 第1705条
——他人之物(chose d'autrui) 第1704条
——显失公平(lésion,不发生因显失公平取消互易合同) 第1706条
——遗赠之物(的互易)(chose léguée) 第1038条

怀胎、怀孕、妊娠(conception)
——父子(女)关系的推定(présomption de paternité) 第

312 条
——继承(succession)　第 725 条
——结婚,婚姻(mariage)
　　*法定结婚年龄(âge légal)
　　第 185 条(废止)
——身前处分(disposition entre vifs)　第 906 条
——采用试管受孕(conception in vitro)　参见借助医学方法辅助生育(procréation médicalement assistée)
——受孕期间(période,法律推定的妇女受孕期)(présomption),第 311 条
——终止妊娠(interruption de grossesse)　第 16 条

婚后所得(acquêts)
　　——法定的共同财产制(communauté légale)　第 1401 条,第 1402 条
　　——动产及婚后所得共同制(communauté de meubles et acquêts)　第 1498 条
　　——婚后所得参与制(participation aux acquêts)　第 1569 条

婚后所得参与制(participation aux acquêts,婚后所得分享制)　第 1569 条,第 1581 条
　　——不等份分割(partage inégal)　第 1581 条

——裁判分割(partage judiciaire)　第 1578 条
——参与性权利不得转让(incessibilité du droit de participation)　第 1569 条
——参与性债权(créance de participation)　第 1575 条
　　*债权的收取(recouvrement)　第 1577 条
　　*债权结算(règlement)　第 1576 条
——定义(définition)　第 1569 条
——夫妻双方的债权人(créanciers des époux)　第 1576 条
——婚后所得参与制开始时的概括财产(patrimoine originaire,原有概括财产)　第 1570 条
——婚后净所得(acquêts nets)　第 1569 条,第 1575 条
——(婚后所得的)盘存(inventaire)　第 1572 条
——加封签(scellés)　第 1572 条
——继承人(héritier)　第 1569 条
——亏空、赤字(déficite)　第 1575 条
——任意性条款(clauses facultatives)　第 1581 条
——提前清算(liquidation anticipée)　第 1580 条
——详细的财产登记清册(état descriptif)　第 1570 条,第 1572 条

部分内容提示

——追偿权(droit de poursuite) 第1577条

——(财产制终止时的)最后概括财产(patrimoine final) 第1572条

婚姻,结婚(mariage) 第143条

——变性人(transsexuels) 第143条

——不可能结婚(mariage impossible) 第333条

——不履行义务(manquement aux devoirs)

*采取紧急措施(mesures urgentes) 第220-1条

——不适龄(impuberté,未到结婚年龄)

*检察院(ministère public) 第190条

*无效(nullité) 第184条

——常用名(nom d'usage) 第225-1条

——错误(erreur,误解,同意结婚的错误或误解) 第180条,第181条

——处于不能表达自己意思的配偶(époux hors d'état de manifester sa volonté) 第217条,第219条

——动产(meubles)

*处分(disposition) 第215条,第222条

*权限的推定(présomption de pouvoir) 第222条

——对尊长的敬畏(crainte révérencielle) (原)第1114条(合同) 第180条(婚姻)

——法国人在国外结婚(Français à l'étranger) 第146-1条,第171-1条,第171-8条

——分期付款购买(achat à tempérament) 第220条

——分别从事职业(profession séparée) 第223条

——扶养义务(obligation alimentaire,扶养之债) 第205条

——夫妻财产契约(contrat de mariage) 参见该词条

——夫妻共同住所(domicile conjugal) 第215条

*分开的住所(domicile distinct) 第108条,第108-1条

——夫妻相互忠诚、救助与扶助义务(devoir de fidèlité、secours et assistance) 第212条

——夫妻之间的委托(mandat entre époux) 第218条

——扶助(assistance,夫妻之间相互扶助义务) 第212条

——工资(salaires) 第223条

——共同生活(communauté de vie) 第215条

——国籍(nationalité) 第21条,第23-5条

1411

——家事债务（dettes ménagères，家计债务）　第 220 条
——家事费用负担（charges de mariage，家计负担）
　＊分别财产（séparation des biens）　第 1448 条，第 1537 条
　＊离婚，驳回分担请求（rejet）　第 258 条
　＊双方分担（家计费用负担）（contribution）　第 214 条
——家庭生活所需（besoins du ménage）　第 220 条
——家庭暴力（violence conjugale，夫妻之间的暴力）　第 220-1 条，第 515-9 条
——家庭户籍簿（livret de famille）
　＊样式（modèle）　参见 2006 年 6 月 1 日部颁条例
——家庭利益面临危害（intérêts familiaux en péril）　第 220-1 条
——家庭的同意（consentement familial，未成年人结婚）　第 148 条
　＊未经同意（défaut，应当取得同意但未经同意）　第 182 条，第 183 条
　＊父母已去世（parents décédés）　第 149 条，第 150 条
　＊父母下落不明（parents disparus）　第 160 条

——家庭住房（logement familial）　第 215 条
——过分的开支（dépenses excessives）　第 220 条
——婚姻（关系的）解消（dissolution，婚姻关系的解除）　第 227 条
——婚姻中介（courtage matrimonial）　（原）第 1135 条
——婚姻异议（opposition，利益关系人对婚姻提出异议）　第 66 条，第 172 条
　＊上诉（appel）　第 178 条
　＊原因（causes）　第 174 条，第 175 条
　＊关于没有人提出异议的证明（certificat de non-opposition）　第 69 条
　＊损害赔偿（dommages-intérêts）　第 179 条
　＊效力（effets）　第 68 条
　＊（应当）表述的事项（énonciations）　第 176 条
　＊形式（forme）　第 66 条
　＊撤回异议（mainlevée，撤销异议）　第 173 条，第 174 条，第 177 条
　＊作出记载（mentions）　第 67 条
　＊检察院　第 174 条，第 175-1 条，第 175-2 条
　＊对缺席判决提出撤销之诉

部分内容提示

(opposition au jugement,对缺席判决的异议,撤销之诉) 第179条

*诉讼失效(péremption) 第176条

*提出异议的人的资格(提出撤销之诉的资格)(qualité de l'opposant) 第172条

——婚姻中介事务所(agence matrimoniale,婚姻介绍所) 参见婚姻中介

——结婚公示(publication)

*公示的说明事项(énonciations) 第63条

*公示延续的时间(durée) 第64条

*公示的地点(lieu) 第63条,第166条

*免于公示(dispense) 第169条

*在国外结婚的公示 第171-1条

*重新公示(renouvellement) 第65条

——结婚年龄(âge) 第144条,第145条,第184条

——结婚适用的法律(loi applicable,婚姻适用的法律) 第3条(法律冲突)

——结婚的形式(forme) 第165条

——结婚的效力

*在夫妻之间(entre époux) 第6-1条,第212条

*在父母子女之间(entre parents et enfants) 第203条

*农业经营事业(exploitation agricole) 第226条

——结婚障碍(empêchement,禁止结婚,禁止结婚事由) 第143条,第342-7条

——结婚的秘密性(clandestinité,没有公示的秘密结婚)

*罚款(amende) 第192条,第193条

*无效(nullité) 第191条

——经法院裁判授权由配偶一方替代(habilitation judiciaire pour suppléance d'un conjoint) 第217条,第219条

——检察院(ministère public)

*免除(年龄限制)(dispense,检察院基于重大理由,免除结婚年龄的限制、免除医疗证明) 第145条,第169条

*(检察院提出婚姻)无效(nullité) 第190条

*(检察院提出)异议,反对结婚(opposition) 第172条,第714条,第175-1条,第175-2条

——禁止亲近结婚(inceste,禁止乱伦婚、直系尊卑血亲之间结婚) 第161条

——举行结婚仪式(célébration du mariage) 第74条,第165条
  *形式(forme) 第75条
  *地点(lieu) 第74条
——居所(résidence),选择(choix) 第215条
——连带性(solidarité,连带关系) 第220条
  *分期付款方式进行的购买(achat à tempérament) 第220条
——拟婚的(配偶)一方死亡(décès d'un futur époux) 第171条
——旁系亲属(collatéral)
  *(婚姻)无效之诉(action en nullité) 第187条
  *禁止结婚(empêchement,结婚障碍事由) 第162条
  *(婚姻)异议(opposition,反对结婚) 第174条
——配偶代理(représentation du conjoint)
  *司法裁判授权(habilitation judiciaire) 第219条
  *委托(mandat) 第218条
——配偶双方的性别(sexe des époux) 第143条
——配偶双方的能力(capacité des époux) 第216条
——(本人)亲自到场(comparution personnelle) 第146-1条

  *免除亲自到场(dispense),军事人员与海员 第96-1条
——亲属关系(parenté)
  *免除(dispense,基于重大理由免除结婚限制) 第164条
  *婚姻障碍(empêchement,禁止结婚事由) 第161条,第342-7条
——亲属会议
  *同意(consentement,同意结婚) 第159条
  *异议(opposition,反对结婚) 第175条
——死后结婚(mariage posthume) 第171条
  *军事人员与海员 第96-1条
——商业与手工业企业(entreprise commerciale et artisanale)
  *(从事职业中)配偶合作人(conjoint collaborateur) 第226条,参见《商法典》第121-6条
——身份官员(officier de l'état civil)
  *听取拟婚夫妇的意见说明(audition des futures époux) 第63条
  *举行结婚仪式(célébration,举行结婚) 第165条
  *没有权限(incompétence) 第191条
  *责任 第156条,第157条,

第 192 条

——受保护的成年人　第 460 条

——受监护的成年人（majeur en tutelle）　第 460 条

——收养（adoption）

　　*结婚障碍（empêchement à mariage, 收养人与被收养人之间禁止结婚）　第 356 条, 第 364 条, 第 366 条

——收益与工资（gains et salaires）

　　*处分（权）（disposition, 可以获得收益与工资, 有条件的自由处分）　第 223 条

——双方同意结婚（consentement des époux, 结婚合意）　第 146 条

——手工业者与商人的配偶（conjoint d'artisan et de commerçant）　第 226 条,《商法典》第 121-6 条

——条件（condition, 结婚的条件不再要求必须是一男一女）　第 143 条

——听取将要结婚的（未来）夫妻双方的意见（audition des futurs époux）　第 63 条

——通知（notification）　第 154 条, 第 157 条

——同性别的人结婚（同性婚姻）　第 143 条（2013 年 5 月 17 日法律）

　　*收养（adoption）

　　**收养配偶的子女（enfant du conjoint）　第 345-1 条, 第 360 条

　　*此前的婚姻, 前婚（mariage entérieur）（2013 年 5 月 17 日法律）, 有效性　第 227 条

　　*拒绝宣告结婚（refus de prononcer un mariage）　第 74 条（2013 年 5 月 17 日法律）

——同性（婚姻）（homosexuels）,

　　*配偶双方的性别　第 143 条

　　*在国外结婚（mariage à l'étranger）　第 146-1 条, 第 171-1 条, 第 171-9 条

——未成年人　第 144 条, 第 148 条, 第 158 条

　　*解除亲权（émancipation）第 413-1 条, 第 413-6 条

——误想婚（mariage putatif, 臆想婚, 误认为合法的婚姻）

　　*善意（bonne foi）　第 201 条

　　*效力（effet）　第 202 条

——无效（nullité）　第 180 条, 第 184 条, 第 190 条

——无效之诉（action en nullité）第 180 条

——一夫一妻制（monogamie）　第 147 条

——银行账号（compte bancaire）第 221 条

——意见分歧（dissentiment, 不

同意)
  *直系尊血亲(对子女结婚意见不一致) 第150条,第154条,第155条
  *父母之间(对子女结婚意见不一致) 第148条,第154条
——姻亲关系
  *结婚禁止事由的免除(dispense) 第164条
  *禁止结婚(empêchement,结婚障碍事由) 第161条,第162条,第163条
  *无效(nullité) 第184条,第190条
——子女的教育(éducation des enfants) 第213条,第220条
——解除亲权(émancipation) 第143条,第342-7条
——占有身份(possession d'état) 第196条
——证据(preuve) 第194条
——直系尊血亲(ascendant)
  *同意婚姻(consentement,婚姻同意权) 第150条,第160条
  *禁止结婚(empêchement à mariage) 第161条
——重婚(bigamie) 第147条
  *禁止结婚(empêchement) 第184条
  *婚姻无效(nullité) 第188条
  *婚姻异议(opposition à mariage,反对结婚) 第172条

婚姻财产利益(avantages matrimoiniaux) 第1527条
——(离婚时)婚姻财产利益的最终处理(sort) 第265条,第267条
——夫妻之间的合伙(société entre époux) 第1832-1条

婚姻中介(courtage matrimonial)
——合法性(licéité) (原)第1135条

混同(confusion)
——债的混同(confusion) (新)第1349条,(原)第1300条
——保证(cautionnement,保证人与债权人身份或资格发生混同) 第2312条

部分内容提示

J

给付的根本品质(根本质量)(qualité essentielle de prestation) (新)第1132条

集体劳动协议(convention collective de travail,行业工会签署的本行业劳动条件的集体协议) (新)第1188条

既判力(autorité de la chose jugée,既判事由的权威效力)
　　——既判事由(chose jugée,既判事项) (新)第1355条,(原)第1351条
　　——既判事由之确定力(force de la chose jugée) 参见《民事诉讼法典》第500条,第539条,第579条

继承(succession, nouveau régime,继承法规定的新制度) 第720条
　　——保全行为(actes conservatoires) 第764条
　　——财产的管理(administration des biens) 第800条
　　——财产实物的保存(保管)(conservation d'un bien en nature)

第793条
　　——代位继承(représentation) 第751条
　　＊同一事件中死亡的相互有继承权的人(comourants) 第725-1条
　　——单纯承认(acceptation pure et simple,无条件接受继承,无限继承) 第782条
　　——放弃继承(renonciation) 第722条,第804条
　　＊撤回放弃(révocation) 第807条
　　——父与母(père et mère) 第734条,第746条
　　——概括财产的分开(séparation des patrimoines) 第791条
　　——国家收容的弃儿(pupilles de l'Etat) 第375-9条
　　——家庭雇用的人(empoyé de maison) 第764条
　　——简单收养(adoption simple) 第364条,第368条
　　——财产或遗产权利证明书;继承权证明书(certificat d'hérédité) 第730条
　　＊欧洲继承权证明书(certificat

successoral europien,参见 2012 年 7 月 4 日条例） 第 720 条

——继承的开始（ouverture） 第 720 条

——继承开始的地点（lieu d'ouverture） 第 720 条

——（继承开始后）继承人享有的权利或权益（droits successifs） 第 1696 条

* 继承权益的转让（cession de droits successifs） 第 1696 条

* 显失公平（lésion,遗产分割显失公平）

——继承人的选择权（option de l'héritier） 第 768 条

* 无效（nullité） 第 777 条

* 继承人的多种选择（pluralité d'options） 第 792-2 条

* 时效（prescription） 第 780 条

——继承人资格的证据（preuve de la qualité d'héritier） 第 730 条

——继承人的债权人（créancier de l'héritier） 第 779 条,第 799 条

* 优先受偿权（droit de préférence） 第 878 条

——继承顺序（ordre） 第 734 条

——继承委托（mandat successoral） 第 812 条

* 协议委托（mandat conventionnel）

* 死后效力的委托（mandat posthume） 第 812 条

*（受托人的）报酬（rémunération） 第 812-2 条

——继承协议（pacte successorale） 第 929 条

* 就将来的继承订立的协议（pacte sur succession future） 第 722 条,第 1363 条

——旁系亲属（collatéraux） 第 734 条,第 745 条,第 749 条

——亲等（dégré） 第 741 条

——亲属关系（parenté） 第 731 条,第 734 条,第 741 条

* 亲属的分支（branche,股、房） 第 746 条

* 亲等（dégré） 第 741 条

* 婚姻（mariage）

** 禁止结婚（empêchement） 第 161 条,第 342-1 条

* 继承,遗产（succession）

** 遗产的转移（dévolution） 第 731 条,第 734 条,第 741 条

——亲系（ligne） 第 742 条

——失踪人（absent） 第 725 条

——取回权（droit de retour）

* 简单收养（adoption simple） 第 368-1 条

* 唯一有继承权的配偶（conjoint seul successible） 第 757-3 条

*父与母（père et mère） 第738-2 条

——未存活的婴儿（enfant non viable） 第725 条

——无继承资格（indignité，继承缺格） 第726 条

*（缺格人的）代位继承（représentation） 第755 条

——时效（prescription） 第2237 条

——受监护的成年人（majeur en tutelle） 第507-1 条

——受监护的未成年人（mineur en tutelle） 第507-1 条

——所有权证明书（certificat de propriété） 第730 条

——同一此事件中死亡相互有继承权的人（comourants） 第725-1 条

——完全收养（adoption plénière） 第358 条

——无继承人的遗产（succession vacante） 第809 条

*财产的管理（curatelle） 第809-1 条

——无人继承遗产（déshérence） 第539 条，第811 条

——无遗嘱继承（succession ab intestat） 第721 条

——先行提取财产的权利（droit de prélèvement） （原）第726 条

——兄弟姐妹（frères et soeurs） 第734 条，第737 条，第757-3 条

——延迟支付的工资（salaire différé） 第842 条

——以净资产为限接受继承（acceptation à concurrence de l'actif net） 第787 条

*选择权的丧失（déchéance） 第800 条

*撤销（révocation） 第801 条

——遗产的分割（partage） 第816 条

——遗产的负债（passif） 第796 条

——遗产的盘存（inventaire） 第789 条，第803 条

——遗产的占有（saisine） 第724 条，第1004 条

*非特留份继承人（héritier non réservataire） 第1006 条

*特留份继承人（héritier réservataire） 第104 条，第1005 条

——占有认许（envoi en possession）

*国家（Etat） 第724 条

**无人继承的遗产（succession en déshérence） 第811 条

**无继承人的遗产（succession vacante） 第809 条

*概括遗赠的受遗赠人（légataire universel） 第

1008 条

——遗产的债权人（créanciers de la succession）

　　＊申报债权（déclaration des créances）　第792 条

　　＊优先受偿权（droit de préférence）　第878 条

　　＊清偿（paiement）　第796 条

　　＊追偿（poursuite）　第802 条

——遗产债务的结算（清算）（règlement du passif）　第796 条

——遗嘱的执行人（exécuteur testamentaire）　第1025 条

——赠与和遗赠的返还（rapport des dons et legs，参见该词条）

——隐匿遗产（recel）　第778 条，第800 条

——有继承权的配偶（conjoint successible）　第731 条，第732 条，第756 条，参见生存配偶（conjoint suvivant）

——直系卑血亲（descendants）　第733 条，第734 条

——直系尊血亲（ascendants）　第734 条，第747 条

　　＊生活费债权（créance d'aliments）　第758 条

继承（旧制度）（旧条文）

——遗产清册利益（bénéfice d'inventaire，限定继承）

（原）第793 条

　　＊管理（administration）（原）第803 条

　　＊丧失权利（失权）（déchéance）（原）第801 条

　　＊进行商议的期限（délai pour délibérer）（原）第795 条

　　＊形式（forme）（原）第793 条

　　＊遗产盘存（inventaire）（原）第794 条

　　＊责任（responsabilité）（原）第804 条

——单纯承认继承（acceptation pure et simple，无限继承，无条件继承）（原）第774 条

　　＊有继承权的人死亡（décès du successible）（原）第781 条

　　＊形式（forme）（原）第778 条

　　＊受监护的成年人（majeur protégé）　第461 条，第495 条，（原）第776 条

　　＊未成年人（mineur）（原）第776 条

　　＊撤回（已经作出的无条件继承之选择）（rétractation）（原）第783 条

——非婚生子女（enfant naturel）（原）第756 条

　　＊抛弃权利（abandon des droits）（原）第915-2 条

　　＊生活费（pension alimentaire）（原）第915-2 条

部分内容提示

  *提前结算(règlement anticipé)(原)第762条,(原)第763-2条
——份额增加(accroissement) 第786条
——国家(Etat) (原)第768条
——就将来的继承订立的协议(pacte sur succession future)(原)第791条
——无人继承的遗产(déshérence) (原)第768条
——遗产的分割(partage) (原)第815条
——遗产的负债(dettes successorales) 第870条
  *抵押权(hypothèque)(原)第873条
  *定期金(rente) (原)第872条
  *继承人(héritiers) (原)第870条,(原)第873条
  *受遗赠人(légataire) (原)第871条
  *执行名义(执行根据)(titre exécutoire) (原)第877条
——遗产的转移(转归)(dévolution) (原)第786条
——遗嘱执行人 (原)第1025条
——隐匿遗产(divertissement)(原)第792条,(原)第801条
——隐匿遗产(recel) (原)第792条,(原)第801条
——在同一事件中死亡的相互有继承权的人(comourants)(原)第720条
——赠与和遗赠的返还(rapport des dons et legs) (原)第843条

继承替代(substitution,替代继承)
——可准许的替代继承(substitution permise) (原)第1048条
  *受召唤的替代继承人(appelé) (原)第1048条
  *受益人(bénéficiaires)(原)第1048条
  *(前位继承人对遗产的)使用(emploi) (原)第1066条
  *义务负担人(grevé,负担财产转交义务的前位继承人)(原)第1058条
  *财产盘存(inventaire)(原)第1058条
  *动产(mobilier),买卖(vente) (原)第1062条
  *替代继承的开始(ouverture) (原)第1053条
  *先取特权(优先权)(privilège)
  **优先权的登记(inscription)(原)第1069条
  *优先权的公示(publication)(原)第1069条
  *替代继承的监护人(tuteur à la substitution) (原)第

1055 条
——受禁止的替代继承(prohibition) 第 896 条
——剩余财产的无偿处分(libéralités résiduelles)
——向后位继承人进行的无偿处分(libéralités graduelles) 第 1048 条

寄托(dépôt,寄存) 第 1915 条
——不可抗力(force majeure) 第 1929 条,第 1934 条,第 1954 条
——盗窃(vol)
　　*偷盗物的寄托(dépôt de la chose volée) 第 1938 条
　　*寄托物被盗(vol de la chose déposée) 第 1953 条
——定义(définition) 第 1915 条
——对受寄托人的补偿(indemnisation du dépositaire) 第 1947 条
——费用(dépenses,受寄托人为保管寄托物付出的费用) 第 1947 条
——寄卖(dépôt-vente),滥权条款(clause abusive) (新)第 1171 条
——寄托人死亡(décès du déposant) 第 1939 条
——寄托的标的物,寄托物(objet) 第 1918 条
——寄托物的损坏(détérioration de la chose) 第 1927 条,第 1933 条,第 1953 条
——紧迫寄托(dépôt nécessaire,必要寄托) 第 1949 条
——旅馆寄托(dépôt hôtelier) 第 1952 条
——旅馆,饭店(hôtels) 第 1952 条
——留置、留置权(droit de rétention) 第 1948 条
——(寄托物的)秘密(secret) 第 1931 条
——能力(capacité) 第 1925 条,第 1926 条,第 1940 条,第 1941 条
——裁判上的寄托(dépôt judiciaire) 第 1961 条
——时效(prescription) 第 266 条
——同意、合意(consentement) 第 1921 条,第 1922 条
——寄托物的保险(assurance de la chose)
——寄托物的返还(restitution) 第 1932 条
——物的使用(usage) 第 1930 条
——物的实际移交(tradition) 第 1919 条
——物的孳息(fruits de la chose) 第 1936 条
——寄托的无偿性(gratuité) 第 1917 条

部分内容提示

——自愿寄托(dépôt volontaire) 第1921条

——义务(obligation)

* 寄托人(déposant) 第1947条

* 受寄托人(dépositaire) 第1927条

——证据(preuve) 第1924条,第1950条

——讼争物的保管(寄托)(séquestre) 第1916条,第1955条

提存、寄存(consignation) (新)第1345-1条

——工程施工(marché de travaux),担保款项的留存 第1799条

——现实清偿提议(债权人拒绝受领清偿情况下的提存)(offre réelle de paiement) (原)第1257条

加价拍卖(surenchère)

——优先权与抵押权的清除(purge des privilèges et hypothèques) 第2480条

家庭暴力(violence, couple) 第515-9条

家庭协议(pacte de famille,关于子女

由第三人照管) 第376-1条

家庭住房(logement de la famille) 第215条

——紧密关系民事协议(PACS)

* 生存的伴侣(伙伴)(partenaire survivant) 第515-6条

——家庭暴力(violence conjugale) 第515-11条

——离婚(divorce) 第255条,第285-1条

* 租约权(droit au bail) 第1751条

——受保护的成年人(majeur protégé) 第426条

——有继承权的配偶(époux successible)

* 对住房的有时间限制的权利(droit temporaire au logement) 第763条

* 对住房的终身权利(droit viager au logement) 第764条

——住房租约(bail d'habitation) 第1751条,第1778条

——租约权(droit au bail) 第1751条

——租金(loyers)

* 夫妻双方的连带债务(solidarité entre époux) 第220条

价金(prix)
　——价金的确定(détermination du prix)（新）第1163条,（原）第1129条
　　＊买卖(vente)　第1591条,第1592条
　——减少价金(降价)(réduction du prix)（新）第1223条
　——隐瞒价金(dissimulation)（新）第1202条,（原）第1321-1条

价金减少之诉,重新作价之诉(action estimatoire)　第1644条

监护:未成年人的监护(tutelle des mineurs)　第390条
　——对儿童的社会援助(aide sociale à l'enfance)　第411条
　——法定抵押权(hypothèque légale)　第2400条,第2409条,第2447条
　——孤儿(orphelin)　第390条
　——监护的开始(监护的设立)(ouverture)　第390条
　——监护法官(juge des tutelles)　第387条
　　＊监护法官的责任(responsabilité)　第412条
　——监护机关(organes de la tutelle)
　　＊责任(responsabilité)　第412条

　　＊时效(prescription)　第413条
　——监护人(tuteur)　第403条
　　＊监护人的职责(attributions)　第408条
　　＊由亲属会议指定监护人(désignation par conseil de famille)　第404条
　　＊财产监护人(tuteur aux biens)　第405条
　　＊多名监护人(pluralité)　第405条
　　＊辅助监护人(tuteur adjoint)　第405条
　　＊人身监护人(tuteur à la personne)　第405条
　　＊遗嘱(指定的)监护人(tuteur testamntaire)　第403条
　　＊概括财产的管理(gestion du patrimoine)　第496条
　　＊法定抵押权(hypothèque légale)　第2400条,第2409条,第2447条
　——监护职责(负担)(charges tutélaires)　第394条
　　＊无能力(incapacités)　第395条
　　＊替换(remplacement)　第396条
　　＊撤回(retrait)　第396条
　——监护的终止(fin)　第393条
　——监护监督人(subrogé tuteur)

部分内容提示

第 409 条
* 职责(attributions) 第 410 条
——概括财产的管理(gestion du patrimoine) 第 496 条,第 504 条
* 保全行为(actes conservatoires) 第 504 条
* 处分行为(actes de disposition) 第 496 条,第 505 条
* 财产出租(baux,租约) 第 504 条,第 509 条
* 财产分割(partage) 第 507-1 条
* 财产盘存(inventaire des biens) 第 503 条
* 财产的无偿转让(aliénation à titre gratuit) 第 509 条
* 财产性质的诉讼(actions patrimoniales) 第 504 条
* 第三人撤销之诉(tierce opposition,第三人异议) 第 499 条
* 管理费用(frais de gestion) 第 500 条
* 管理预算费用(budget de gestion) 第 500 条
* 管理行为(actes de gestion) 第 496 条,第 540 条
* 和解(transaction) 第 506 条
* 继承(succession),接受或放弃继承 第 507-1 条
* 监护经费预算(budget de la tutelle) 第 500 条
* 商事(commerce) 第 509 条
* 无偿转让财产(aliénation à titre gratuit) 第 509 条
* 仲裁(compromis) 第 506 条
* 资本金(capitaux) 第 497 条,第 501 条
* 自由职业(profession libérale) 第 509 条
* 监护人(tuteur)
** 受禁止的行为(actes interdits) 第 509 条
** 可自由实施的行为(actes libres) 第 503 条
** 需经批准的行为(actes soumis à l'autorisation) 第 505 条
** 交代账目,交账(reddition des comptes) 第 510 条
——亲属会议(conseil de famille) 第 398 条
* 职权(attribution) 第 401 条
* 人员组成(composition) 第 399 条
* 审议(délibérations) 第 400 条
** 审议无效(nullité) 第 402 条
* 亲属会议的主持(présidence) 第 400 条
* 表决(vote) 第 400 条

监护法官(juge des tutelles)
——法定管理(administration légale)
  *监督(contrôle) 第387条
——国家
  *求偿权,求偿请求权(action récursoire) 第412条,第422条
——经监护法官向检察院提出推定失踪(absence)请求 第112条
——职权(attributions)
  *在受保护的成年人方面的职权(majeur protégé) 第416条
  *在未成年人方面的职权(mineur) 第387条
——责任(responsabilité) 第412条,第422条

监护监督人(subrogé tuteur)
——实行监护的成年人(majeur sous tutelle) 第454条,第456条
  *概括财产的管理(gestion du patrimoine) 第497条,第510条,第511条
  *地位(statut,规则) 第445条
——受监护的未成年人(mineur sous tutelle)
  *概括财产的管理(gestion du patrimoine) 第497条,第510条,第511条
  *地位,规则(statut) 第395条

监护:成年人的监护(tutelle des majeurs) 第440条
——表决(vote) 第473条
——变更(modification) 第442条
——处分行为(acte de disposition) 第496条
——法定抵押权(hypothèque légale) 第2400条,第2409条,第2447条
——管理账目(compte de gestion) 第510条
  *时效(prescription) 第515条
——管理行为(acte d'administration) 第496条
——公示(publicité) 第444条,第465条
——监护的账目(compte de tutelle) 第498条,第501条
——监护持续的时间(durée) 第441条,第453条
——监护经费预算(budget de la tutelle) 第500条
——监护负担(责任)(charge tutélaire) 第445条
——监护机关(organes de la tute-

lle) 第445条

——监护监督人(subrogé tuteur) 第454条

　*财产方面的职权(attributions patrimoniales) 第497条,第510条,第511条

——监护人(tuteur) 第446条

　*监护人的指定(désignation)

　**由亲属会议指定(par le conseil de famille) 第456条

　**由将来受保护的人(自己)指定(par le future majeur protégé) 第448条

　**由法官指定(par le juge) 第447条,第449条

　*概括财产的管理(gestion du patrimoine) 第496条

　*法定抵押权(hypothèque légale) 第2400条,第2409条,第2447条

　*司法指定的委托代理人(mandataire judiciaire) 第450条

　*多名监护人(pluralité) 第447条

　*交代账目,交账(reddition) 第463条

　*专门指定的监护人(tuteur ad hoc,特别监护人) 第455条

　*助理监护人(tuteur adjoint) 第447条

　*财产与人身监护人(tuteur à la personne) 第447条

——监护人空缺(vacance) 第450条

——监护判决作出之前实施的行为(actes antérieurs au jugement d'ouverture) 第464条

　*与受监护人的财产有关的行为(actes patrimoniaux) 第496条,参见受监护人的财产管理

　*严格与人身(个人)有关的行为(actes strictement personnels) 第458条

　*行为不符合规定,不正规的行为(irrégularité) 第465条

　*行为无效(nullité) 第464条

　*减少(réduction) 第464条

——监护的效力(effets)

　*对受监护人概括财产的效力(sur le patrimoine) 第496条

　*对受监护人人身的效力(sur la personne) 第457-1条

——在监护中实施的行为(actes faits dans la tutelle) 第473条

——监护的终止(fin) 第442条,第443条

——紧密关系民事协议(PACS) 第462条

——精神官能与身体官能的损坏（受监护人的）(altération des facultés mentales et corporelles) 第440条, 第442条

——亲属会议(conseil de famille) 第456条

——受监护人的居所(résidence) 第459-2条

——受监护人概括财产的管理(gestion du patrimoine) 第496条

　*保全行为(actes conservatoires) 第504条

　*财产出租(baux, 租约) 第504条, 第509条

　*财产分割(partage) 第507-1条

　*财产盘存(inventaire des biens) 第503条

　*财产(性质的)诉讼(actions patrimoniales) 第504条

　*处分行为(actes de disposition) 第496条

　*第三人撤销之诉(tierce opposition, 第三人异议) 第499条

　*管理费用(frais de gestion) 第500条

　*管理行为(actes de gestion) 第496条

　*管理行为(actes d'administration) 第496条, 第504条

　*和解(transaction) 第506条

　*继承(succession), 接受继承或放弃继承 第507-1条

　*监护人(tuteur)

　**受禁止的行为(actes interdits) 第509条

　**可自由实施的行为(actes libres) 第503条

　**需经批准的行为(actes soumis à l'autorisation) 第505条

　**交代账目, 交账(reddition des comptes) 第510条

　*监护经费预算(budget de la tutelle) 第500条

　*商事(commerce, 经商) 第509条

　*无偿转让财产(aliénation à titre gratuit) 第509条

　*仲裁(compromis) 第506条

　*资本金(capitaux) 第497条, 第501条

　*自由职业(profession libérale) 第509条

——司法委托代理人(mandataire judiciaire) 第450条, 第454条

　*报酬(rémunération) 第419条

　*责任(responsabilité) 第422条

*规则(statut) 第495-9条
——受监护人的婚姻(结婚)(mariage) 第460条
——向法院起诉(action en justice)
  * 非财产性质的诉讼(action extra-patrimoniale) 第475条
  * 财产性质的诉讼(actions patrimoniales) 第504条
——有价证券(valeurs mobilières) 第500条,第505条
——与人身有关的决定(décisions relatives à la personne) 第457-1条
——在医疗机构或社会机构内留住(hébergement en établissement médical ou social) 第451条
——赠与(donation) 第476条
——住所地(lieu de résidence) 第459-2条

减少婚姻财产利益之诉(action en retranchement,前婚生子女请求减少或限制父或母在夫妻财产制的基础上给予再婚配偶过多财产利益之诉讼) 第1527条

简单收养(adoption simple,单纯收养) (原)第360条
　　——被收养人的年龄(âge de l'adopté) (原)第360条
　　——被收养人的继承(succession de l'adopté) (原)第368-1条
——(简单收养的)撤销(révocation) (原)第370条
——法律冲突(conflit des lois) (原)第370-3条
——扶养义务(obligation alimentaire,被扶养人的赡养义务) (原)第367条
——继承权(droits successoraux) (原)第368条
——(被收养人的)国籍(nationalité) 第21条,第21-12条
——简单收养的效力(effets) (原)第355条,(原)第361条,(原)第363条
——解除亲权的未成年人(的简单收养)(mineur émancipé) 原第413-6条
——婚姻禁止(prohibition à mariage) (原)第364条,(原)第366条
——Kafala制度 (原)第370-3条
——可收养的儿童(enfants adoptables) (原)第347条,(原)第361条
——跨国收养(adoption internationale) (原)第370-3条
——(简单收养)配偶的子女(enfant du conjoint) (原)第343-2条,(原)第344条,(原)第345-1条,(原)第356条

——（收养）判决（jugement）（原）第353条,（原）第361条

——身份证书（acte de l'état civil）第54条

——收养人的年龄（âge de l'adoptant）（原）第343-1条,（原）第361条

——亲权（autorité parentale）（原）第365条

——条件（condition,简单收养的条件）（原）第343条,（原）第361条

——同意送养儿童（consentement à l'adoption）（原）第348条,（原）第361条,（原）第377-3条

——同性配偶收养子女（couple homosexuel）（原）第360条

——（被收养人的）姓氏（nom）（原）第361条,（原）第363条,（原）第363-1条

——遗弃子女（abandon）参见父母遗弃子女（délaissement parental）

——在国外宣告的收养（adoption prononcée à l'étranger）（原）第370-5条

——在身份证书上进行转录（transcription à l'état civil）（原）第362条

建筑（construction）

——不动产开发（promotion immobilière）

＊（不动产开发）合同 第1831-1条

＊待更新改造的建筑不动产的买卖（vente d'immeuble à rénover）第1604-4条

——待建不动产的买卖（vente d'immeuble à construire,期房买卖）第1601-1条

——独栋房屋（maison individuelle）建筑合同（contrat de construction）第1799-1条

——对建筑（物）的责任（responsabilité）第1792条

＊限制责任条款（clause de limitation）第1792-5条

＊建筑人（constructeur）

＊＊定义（définition）第1792-1条

＊建筑人责任的延续时间（durée）第1792-3条

＊因设备部件引起的责任（du fait des éléments d'équipement）第1792-2条

＊设备部件制造者（fabricant）

＊＊连带责任（responsabilité solidaire）第1792-4条

——建筑工程的验收（réception de l'ouvrage）第1792-6条

——建筑材料（matériaux）第

532 条

　　＊添附（accession）　第 554 条，第 555 条

——居住用建筑物（楼房）（immeuble d'habitation）　第 1831-5 条

——距离（相邻建筑应当保持的距离）（distance）　第 674 条

　　＊眺望役权、视野役权（servitude de vue）　第 678 条

——侵占（empiétement）　第 555 条

——善意（bonne foi）　第 555 条

——所有权（propriété）　第 552 条，第 553 条

——添附（由建筑带来的）（accession）　第 552 条

——新房买受人的撤销权（撤回权）（faculté de rétractation）　第 1589 条

——因建筑物引起的（侵权）责任（responsabilité du fait des bâtiments）　第 1244 条，（原）第 1386 条

——因有缺陷的产品引起的责任（responsabilité du fait des produits défectueux）

　　＊责任的排除（exclusion）　第 1245-5 条，（原）第 1386-6 条

——在他人土地上进行的建筑（terrain d'autrui）　第 555 条

　　＊抵押权（hypothèque）　第 2133 条

建筑物（bâtiment，楼房）　第 518 条

——（因建筑物引起的）责任（新）第 1244 条，（原）第 1386 条

——（建筑物的）用益权（usufruit）　第 624 条

将来保护的委托（mandat de protection future）　第 477 条

——财产盘存（inventaire des biens）　第 486 条，第 487 条，第 491 条，第 494 条

——撤销委托（révocation，取消，撤回）　第 483 条

——（将来保护的委托）产生效力（prise d'effet）　第 481 条

——经公证的委托书（mandat notarié）　第 477 条，第 489 条

——（受保护人承担的义务过分时）取消或减少（rescision ou réduction）　第 488 条

——私署的委托书（mandat sous seing privé）　第 477 条，第 492 条

——未成年子女（enfant mineur）　第 477 条

——委托代理人（mandataire，受委托人）　第 480 条

　　＊转委托代理人（mandataire subsitiué，委托代理人的替代人）　第 482 条

——无偿性质（gratuité）　第 419 条

——医疗证明(certificat médical) 第481条
——责任(responsabilité,受托人的责任,委托代理人的责任) 第424条
——交代账目,交账(reddition de comptes) 第487条,第491条,第494条
——制度(régime) 第424条,第487条
——(将来保护委托的)终止(fin) 第483条

交付(délivrance) 第1197条,参见遗赠的交付,买卖标的物的交付

交通事故(accidents de la circulation) (新)第1242条

教育性救助(assistance éducative,对未成年人的教育性救助) 第375条
　　——儿童的安置(placement de l'enfant) 第375-3条,第375-5条
　　　*安置进治疗精神疾病人的照管机构(établissement de soins pour malades mentaux) 第375-9条
　　　*公共权力机关的保护(protection des autorités publiques) 第375-9-1条

——负责家庭补贴费用的指定代表(délégué aux prestations familiales) 第375-9-1条
——管辖权(compétence)
　*少年法官(juge d'enfant) 第375-1条
　*共和国检察官(procureur de la République) 第375-5条
——家庭补贴性给付(prestations familiales,家庭补贴) 第375-9-1条
——(接受教育性救助的未成年人的父母)离婚(divorce) 第375-3条
——教育性救助措施的变更(modifications) 第375-6条
——紧急情形(urgence) 第375-5条
——临时措施(mesures provisoires) 第375-5条
——亲权(autorité parentale) 第375-7条
——特别义务(obligations particulières) 第375-2条,第375-4条
——在实行救助教育性救助期间,尽量让未成年人留在现有的环境中(maintien en milieu actuel) 第375-2条

结婚证书(acte de mariage) 第63条

部分内容提示

——出生证书(acte de naissance),经认证的副本(expédition) 第70条

——夫妻财产契约(contrat de mariage) 第75条,第1394条

　　＊变更(modifications) 第1397条

　　＊法院裁判分别财产(séparation des biens judiciaire) 第1445条

——夫妻财产制(régime matrimonial)

　　＊适用的法律(loi applicable)

　　＊有关适用法律的记载(mention) 第76条

——公知证书(acte de notoriété) 第71条,第72条

——婚姻异议(opposition) 第66条,第172条

——家庭的同意(consentement familiale)

　　＊形式(forme) 第73条

——结婚证书应当表述的事项(énonciations) 第76条

——结婚证书记载事项的更正(rectification) 第99条

——军事人员与海员的结婚证书(militaires et marins) 第93条

——在出生证书的备注栏内作出记载(mention en marge de l'acte de naissance) 第76条

——在国外结婚(mariage à l'étranger) 第98-1条,第171-5条

——证人(témoins) 第74-1条

解除、撤销、取消(révocation)

——夫妻之间的赠与(donation entre époux) 第1096条

——简单收养(关系可以解除)(adoption simple) (原)第370条

——委托(mandat,解除委托) 第2003条

——遗嘱(testament,撤销遗嘱) 第1035条

——赠与(donation,撤销赠与) 第953条

解除亲权(émancipation) 第413-1条

——父母亲的责任(responsabilité des père et mère) 第413-7条

——管理或监护账目(compte de l'administration ou de la tutelle) 第413-5条

——经商(commerce) 第413-8条

——年龄(âge) 第413-2条,第413-3条

——能力(capacité) 第413-6条

——收养(adoption) 第413-6条

——效力(effet) 第413-6条,第413-7条

——形式(forme) 第413-2条,第413-3条,第413-4条

——有限责任个体企业(entreprise individuelle à responsabilité limitée) 第413-8条

解除条款(clause résolutoire) (新)第1224条,第1225条

解除之诉(action résolutoire,解除诉权) (新)第1224条,(原)第1184条

精神错乱(aliénation mentale,精神失常、精神障碍) 第414-1条

——到精神病院住院治疗(hôspitalisation) 第515条

——婚姻(mariage) 第146条,第180条

——受保护的成年人(majeur protégé) 第425条,第515条

——(有精神障碍的人)无偿处分财产(libéralités) 第901条

——责任(responsabilité) 第414-3条

——证据(preuve) 第414-1条,参见精神官能或身体官能损坏

精神官能或身体官能损坏(altération des facultés mentales ou corporelles) 第414-1条,第425条,第433条,第440条

——离婚(divorce) 第249条

居所(résidence)

——夫妻(配偶)(époux)

* 分开的居所(résidence séparée) 第108-1条

* (正在进行中的)离婚诉讼(instance en divorce) 第255条,第257条

——家庭居所(résidence de la famille) 第215条

* 离婚诉讼请求被驳回(rejet de la demande en divorce) 第258条

——受保护的成年人(majeur protégé) 第459-2条

——主要居所(résidence principale)

* 定义(définition) 第1778条

* 抵押(hypothèque) 第2458条,第2459条

* 个体企业主(entrepreneur individuel)

** 不得扣押性质(insaisissabilité)

——子女(enfant) 第371-3条

* 父母离异,父母分手(parents séparés) 第373-2条,第373-2-9条

部分内容提示

居住权与使用权：居住权（droit d'habitation），使用权（droit d'usage） 第625条
　　——分担子女的抚养费用（contribution à l'entretien d'un enfant） 第373-2-2条
　　——买卖并保留所有权或使用权（vente avec réserve）
　　　　＊射幸性质（aléa） 第1674条,买卖具有射幸性质的情况
　　——有继承权的配偶（conjoint successible） 第764条
　　　　＊对住房的终身（使用）权利（droit viager au logement） 第764条

举证责任（charge de la preuve）（一般规定）　（新）第1353条,（原）第1315条

K

考古（发掘）（archéologie）
　　——预防性考古发掘（抢救性考古发掘）（archéologie préventive）
　　　　＊动产（meubles） 第552条
　　——考古发掘（fouille archéologique） 第552条

可处分的部分（portion disponible, quotité disponible）
　　——推定（présomption） 第2256条

可处分的部分（quotité disponible,无偿处分人可任意处分的部分,自由分） 第912条
　　——超过可处分部分（dépassement）,向国家遗赠艺术收藏品　（原）第926条
　　——夫妻之间的赠与（donation entre époux） 第1094条
　　——继承分之外的无偿处分（libéralités hors part successorale）　（原）第919条
　　——可处分的部分的计算（calcul） 第913条,第922条
　　——免于返还（dispense de rapport） 第919条
　　——年满16周岁的未成年人（mineur de plus de seize ans）
　　　　＊遗嘱（testament） 第904条
　　——前婚（所生的）子女（enfant de premier lit） 第1098条
　　——特留份（réserve） 第912条
　　——先取权（préciput,先取利益,先取分）　（原）第919条

——用益权(usufruit) 第917条, 第918条
——有继承权的配偶(conjoint successible) 第914-1条
——直系尊血亲(ascendant) (原)第914条
——终身定期金(rente viagère) 第917条,第918条
——子女(enfants) 第913条

可扣押财产(biens saisissables) 第2328条,《民事执行程序法典》第112-1条

L

滥用权利(abus de droit,权利滥用)
 ——妨害相邻关系(trouble de voisinage) 第651条
 ——过错(faute)
  *责任(responsabilité) (新)第1241条
 ——所有权(propriété)的滥用,第544条
 ——用益权(usufruit)的滥用,第618条

滥用职权(abus de fonction,滥用职务,滥用职务之便)
 ——责任(responsabilité)
  *职员、受委派人(préposé) 第1242条
  *法人的领导人 第1241条

劳动合同(contrat de travail) 第1780条
 ——安全义务(obligation de sécurité) (新)第1231-1条
 ——补偿金(indemnité,赔偿金)
  *延期利息 第1231-6条
 ——不可抗力(force majeure) (原)第1148条
 ——裁判解除劳动合同(résolution judiciaire) (原)第1184条
 ——竞业禁止条款(clause de non-concurrence)
 ——排他性条款,独占条款(clause d'exclusivité,规定只能为同一雇主工作的条款) (原)第1133条
 ——聘用许诺(promesse d'embauche) 第1780条
 ——善意履行(exécution de bonne foi) (新)第1104条
 ——(劳动者的)私生活(vie privée) 第9条

——适用的法律(loi applicable) 第 3 条

——争议(litiges)

＊证据(preuve) 第 1353 条

——中断(rupture,解除劳动合同),和解(transaction) 第 2044 条,第 2046 条

离婚(divorce) 第 228 条,第 286 条

——补偿性给付(prestations compensatoires) 第 270 条

＊本金(capital) 第 270 条,第 275 条

＊担保(garantie) 第 277 条

＊按指数调整(indexation) 第 276-1 条

＊变更,调整数额(modification) 第 276-4 条

＊混合性给付(prestation mixte) 第 276 条

＊有时间性的定期金(rente temporaire) 第 278 条

＊终身定期金(rente viagère) 第 276 条

＊用本金替代定期金(substitution d'un capital à une rente) 第 309 条

＊继承(succession) 第 280 条

——财产的分配(attribution de biens,财产的归属) 第 274 条

——法院裁判分割(partage judiciaire) 第 267 条

——处理离婚效力的方案(projet de règlement des effets du divorce) 第 252-3 条,第 257-2 条

——第三人撤销判决之诉(tierce opposition,第三人异议) 参见《民事诉讼法典》第 1104 条

——法律冲突(conflit de loi) 笫 309 条,参见欧盟 2010 年 12 月 20 日条例

——法庭辩论(débats)

＊不公开进行(non publicité) 第 248 条

——反诉(demande reconventionnelle) 第 238 条,第 247-2 条,第 257-1 条

——分开的住所(domicile distinct) 第 108-1 条

——分居(séparation de corps)

＊转为离婚(conversion en divorce) 第 306 条

＊事实上的分手(séparation de fait) 第 238 条

——夫妻关系恶化无可挽回(altération définitive du lien conjugal,夫妻关系损坏无可挽回) 第 237 条

——夫妻财产利益的清算(liquidation des intérêts patrimoniaux) 第 267 条

——夫妻之间的赠与(donations entre époux) 第 265 条

——夫妻财产制清算方案(projet

——de liquidation du régime matrimonial) 第 255 条
——(关于)夫妻双方未能达成和解的裁定(ordonnance de non-conciliation) 第 257-1 条
——父子(女)关系的推定(présomption de paternité) 第 313 条
——公证人(notaire) 第 255 条,第 265-2 条,第 267 条
——共同财产或共有财产(biens communs ou indivis)
　*临时措施或紧急措施(mesures provisoires ou urgentes) 第 255 条,第 257 条
——共同生活(vie commune)
　*停止共同生活(cessation) 第 238 条
　*恢复共同生活(reprise) 第 244 条
——共同(提出)请求(demande conjointe) 第 230 条,第 250 条
　*竞合的请求(demande concurrente,双方当事人各自提出自己的请求) 第 246 条
——管辖(compétence) 第 228 条
——过错(faute) 第 242 条
——和解(reconciliation) 第 244 条
——婚姻财产利益(avantages matrimoniaux) 第 265 条

——家事法官(juge aux affaires familiales) 第 228 条
——接受离婚(divorce accepté,一方要求离婚,另一方接受) 第 233 条
　*律师(avaocat) 第 253 条
　*提起诉讼(introduction de l'instance) 第 257-1 条
　*判决,生效的日期(date d'effet) 第 262-1 条
　*诉讼请求的转换(过渡)(passerelle,从一种请求转换为另一种请求) 第 247-1 条
——紧急措施(mesures urgentes) 第 257 条
——离婚的后果(conséquences) 第 260 条
——(关于处理)离婚后果的协议(convention réglant les conséquences) 第 230 条,第 247 条,第 250-1 条,第 265-2 条,第 268 条
　*经法院裁判两愿离婚后果的协议适用的法律 第 309 条
　*关于处理补偿性给付的协议 第 278 条
——离婚的程序(不公开审理) 第 248 条
——离婚的几种情况(cas,法律规定的四种离婚情形) 第 229 条
——离婚判决(jugement)
　*关于过错与侵害的表述

（énoncé des torts et griefs） 第245-1条

＊判决的节本（extrait） 参见《民事诉讼法典》第1082-1条

——离婚配偶双方复婚（remariage des époux entre eux） 第263条

——两愿离婚（consentement mutuel,双方相互同意离婚） 第229条

＊双方协议两愿离婚（conventionnel） 第229-1条

＊经法院裁判两愿离婚（judiciaire） 第230条

＊＊产生效力的日期（date d'effet） 第262-1条

＊离婚请求（基本依据）的变更（passerelle,离婚请求依据的转换） 第247条

＊补偿性给付（prestation compensatoire） 第278条

＊程序（procédure） 第250条

——临时措施（mesures provisoires） 第254条

——律师 第250条,第251条,第252-1条,第253条

——民事责任 第266条

——欺诈（fraude）

＊配偶一方完全不知情（conjoint tenu dans l'ignorance,向配偶隐瞒实情） 第309条

＊配偶的权利（droit du conjoint） 第262-2条

＊证据材料（éléments de preuve） 第259-1条

——起诉状（requête initiale,诉状,本诉请求,离婚申请） 第251条

——企业（entreprise）

＊因从事职业产生的债务与设立的担保（dette et sûretés d'origine professionnelle） 第1387-1条

——扶养费,生活费（pension alimentaire）

＊临时措施（mesures provisoires） 第255条

——生效的日期（date d'effet） 第260条

＊推迟生效（report） 第262-1条

——事实确认书（constat） 第259-2条

——受保护的成年人（majeur protégé） 第249条

——诉讼费用（dépens） 参见《民事诉讼法典》第1105条,第1125条,第1127条,第1136条

——诉讼请求的依据（fondement de la demande）

＊依据的变更（modification）或诉讼请求的转换（passerelle） 第247条

——损害赔偿（dommages-intérêts）

第 266 条,(新)第 1240 条

——调解（médiation，由家事调解人进行调解，第三人调解）第 255 条

——调解（conciliation，庭前调解）第 252 条

＊调解尝试（tentative de conciliation，试行调解） 第 252 条

——停止共同生活（cessation de la communauté de vie） 第 238 条

——协议的认可（homologation de la convention） 第 232 条,第 250-1 条,第 268 条

——姓氏（nom） 第 264 条

——以荣誉为担保作出诚实可信的声明（déclaration sur l'honneur） 第 272 条

——优先分配财产（attribution préférentielle） 第 1476 条

——预付的费用（provision） 第 255 条

——子女

＊听取子女的意见或证言（audition） 第 259 条

＊（离婚对子女的）后果（conséquences） 第 286 条

＊夫妻双方协议两愿离婚的情形（consentement mutuel conventionnel） 第 229-2 条

＊临时措施（mesures provisoires） 第 256 条

＊子女的出生,父子(女)关系的推定（présomption de paternité） 第 313 条

——自认（aveu） 第 259 条

——仲裁（compromis）

＊禁止（interdiction，禁止诉诸仲裁的事项） 第 2060 条

——证据 第 259 条

——住房（logement） 第 285-1 条

＊租约权（droit au bail） 第 1751 条

＊（由一方单独）占用住房（应当给付）的补偿金（indemnité d'occupation） 第 815-9 条

＊临时措施（mesures provisoires） 第 255 条

＊紧急措施（mesures urgentes） 第 257 条

篱笆（haie）

——距离（distance） 第 671 条

——共有分界物（mitoyenneté） 第 668 条

利润（bénéfice）

——共有（indivision，共有财产产生的利润） 第 815-11 条

——公司（société，公司利润） 第 1844-1 条

＊公司利润的法律性质（nature juridique） 第 586 条

——股息（dividende） 第 586 条

部分内容提示

利他合同、利他约款(stipulation pour autrui,他人之契约,为第三人利益订立之约款) （新）第1205条，(原)第1121条

连带性质(solidarité,连带关系,连带债权) 第1309条,(原)第1197条
——保证(cautionnement,关于共同保证人之间的连带义务) 第2298条,第2302条,第2307条
——不真正的连带之债(obligation in solidum,应当整体履行的债)
  *民事责任,共同责任人(co-responsables) 第1241条,第1242条
——姘居人(concubins) 第515-8条
——父母(parents)
  *法定管理(administration légale) 第382条
——夫妻(époux) 第220条
  *法定共同财产制(communauté légale) 第1414条,第1418条
——使用借贷(prêt à usage,借用) 第1887条
——委托(mandat)
  *委托人(mandant) 第2002条
  *受委托人(mandataire,委托代理人) 第1995条

良心义务(devoir de conscience,良心债,道义义务)
——原因(cause) （原)第1131条
——自然之债(obligation naturelle,自然义务) （新)第1100条

留置权(droit de rétention)
——动产添附(accession mobilière)
  *制作人,加工人(façonnier) 第571条
——借贷(prêt) 第1885条
——寄托(dépôt) 第1948条
——留置(rétention) 第2286条
——留置担保金(retenues de garantie,留置保证金) 第1799-1条
——买卖(vente)
  *交付(délivrance) 第1612条
  *因显失公平取消买卖(rescision) 第1681条
——委托(mandat) 第1999条
——向遗产进行的返还(rapport à succession) 第862条
——有体动产质押(gage,gage de meubles corporels)
——在他人土地上进行建筑(construction sur sol d'autrui) 第555条

律师副署(contreseing de l'avocat)

第 1374 条
*律师副署的文书（acte contresigné par avocat）

M

买卖（vente） 第1582条
——保留所有权（的买卖）（réserve de la propriété） 第1583条
——标的（objet，标的物） 第1598条
——标的物（买卖之物）被追夺（éviction） 第1626条
——（标的）物的灭失或丧失（perte de la chose） 第1601条，第1624条，第1647条
——物的缺陷（défaut de la chose，物的瑕疵） 第1641条
——不得买卖之物（chose hors du commerce） 第1598条
——出卖人的优先权（privilège du vendeur）
　*不动产出卖人（vendeur d'immeuble） 第2374条第1点
　*动产出卖人（vendeur de meuble） 第2332条第4点
　*优先权的排列顺序（classement） 第2332-3条
——趸售（vente en bloc，整批销售，按批销售） 第1586条
——担保（garantie） 第1625条

*担保交货与订货相符（garantie de conformité） 第1649条
*担保标的物不受追夺（garantie d'éviction） 第1626条
*隐蔽瑕疵担保（garantie de vices cachés） 第1641条
——定金（arrhes） 第1590条
——肥料的买卖（engrais），显失公平 第1683条
——风险（risques）（风险转移） 第1585条，第1624条
——夫妻之间的买卖（époux）（原）第1595条
——公卖（vente publique），动产公卖（vente publique de meubles）
——（已经取得的）继承权益的转让（cession de droits successifs） 第1696条
——能力（进行买卖的能力）（capacité） 第1594条
——计量销售（vente au compte，计数销售） 第1585条
——计重销售（vente au poids） 第1585条

部分内容提示

——继承(succession) （原）第1600条

——价金(prix)　第1591条,第1650条

　　*补充价金(supplément)　第1618条

　　*不支付价金(non-paiement)　第1654条

　　*价金的确定(détermination)　第1591条,第1592条

　　*妨碍(trouble)　第1653条

　　*价金产生的利息(intérêts)　第1652条

　　*价金的支付(paiement)（新）第1650条,第1651条

　　*隐瞒价金(dissimulation)　第1202条,(原)第1321-1条

——将来之物的买卖(chose future)（新）第1163条,(原)第1130条

——寄卖(dépôt-vente,寄托—买卖)

　　*滥权条款(clause abusive)（新）第1171条

——交付(délivrance)　第1604条

——交付(livraison,交货)　第1604条

——交货与订货不符(défaut de conformité de la chose, non-conformité)　第1604条

——交货与订货相符(conformité de la chose)　第1604条

——买回权(faculté de rachat,回购权、赎回权)　第1659条

——设立终身定期金(rente viagère)的买卖　第1968条

——买卖场所的面积(contenance)　第1617条

——买卖的定义(définition)　第1582条

——买卖的费用(frais)　第1593条

——买卖的解除(résolution)　第1654条,第1658条

——买卖的取消(rescision,因显失公平取消买卖)　第1674条

　　*(此种取消权利的)受益人(bénéficiaire)　第1683条

　　*期限(délai)　第1676条

　　*效力(effet)　第1681条

　　*时间(époque)　第1675条

　　*鉴定(expertise)　第1678条

　　*继承人(héritier)　第1685条

　　*证据(preuve)　第1677条

　　*补充价金(suplément du prix,追加价金)　第1681条,第1682条

　　*利率(taux)　第1674条

——买卖的条件(conditions)　第1584条

——买卖的形式(forme)　第1582条

——买卖预约(promesse de vente)　第1589条

——拍卖(licitation) 第1686条
——先尝后买,品尝之后才购买(vente après dégustation) 第1587条
——评价之诉(请求对有瑕疵的标的物评估作价,重议价金之诉)(action estimatoire) 第1644条
——(因买卖标的物瑕疵提出)取消买卖之诉(action rédhibitoire)
——赊销、赊卖(vente à crédit) 第1171条(贷款、信贷,保护消费者)
——所有权的转移(transfert de propriété) 第1583条
——牲畜的买卖
　*(因标的物瑕疵提出)取消买卖之诉(action rédhibitoire) 第1649条
——售后服务(sevice après vente) 第1649条
——他人之物(chose d'autui,买卖他人之物) 第1599条,第1635条
——无效(nullité) 第1658条
——系争权利的转让(cession de droits litigeux) 第1699条
——系争权利(标的)的赎回(retrait litigeux) 第1699条
——显失公平(lésion) 第1674条(因显失公平取消买卖)
——先买权(préemption,先购权) 第1583条
——先测量后买卖(vente à la mesure) 第1585条
——先试用后买卖(vente à essai) 第1588条
——义务(obligation)
　*出卖人的义务(vendeur) 第1602条
　*买受人的义务(acheteur) 第1650条
——阴阳合同(contre-lettre,秘密附约) (新)第1202条,(原)第1321-1条
——隐蔽瑕疵(vices cachés) 第1641条
　*待建不动产的隐蔽瑕疵(immeuble à construire) 第1646-1条
——役权(servitude) 第1638条(出卖的土地负担非表见的役权)
——债权转让(cession de créance) 第1689条
——专业出卖人(职业出卖人)(vendeur professionnel)
　*安全义务(obligation de sécurité) 第1603条
　*情况告知义务(obligation de renseignement) 第1615条
　*因有缺陷的产品引起的责任(responsabilité du fait des produits défectueux) (新)第

1245-6条,(原)第1386-7条

　　＊责任,限制责任条款(clauses limitatives de responsabilité)(新)第1231-3条

　——承租物的买卖(chose louée)第1743条

买卖预约(promesse de vente,预约合同)(新)第1124条,第1589条

　——不动产(immeuble)

　　＊权利的转让(cession de droit)第1589条

　　＊登记(enregistrement)第1592-2条

　　＊(因存在预约,财产不能动用给予的)补偿金(indemnité d'immobilisation)(新)第1231-5条

　——单方的买卖预约(promesse unilatérale,单方预约)(新)第1124条

　　＊不动产公示(publicité foncière)第2427条,第2488条

　——定金(arrhe)第1590条

　——土地分块转让(lotissement)

　——显失公平(lésion)第1675条

　——优先缔约简约(pacte de préférence,给予优先缔约机会,首选缔约当事人)(新)第1123条

秘密附约(contre-lettre,阴阳合同)

　——夫妻财产契约(contrat de mariage)第1396条

　——隐瞒(simulation,阴阳合同,虚假意思表示,隐瞒)(新)第1201条,(原)第1321条,(原)第1321-1条

　——买卖(vente)

　　＊隐瞒价金(dissimulation cu prix)(新)第1202条,(原)第1321-1条

母子(女)关系(maternité)

　——代孕(gestation pour autrui)第16-1条

　——借助医学方法辅助生育(procréation médicalement assistée)第311-19条,第311-20条

　——私生活(vie privée)第9条

　——推定(présomption)第311-25条

　——无生命婴儿,死产儿(enfant né sans vie)第79-1条

N

能力(capacité)
　　——合同(capacité de contracter,缔约能力)　(新)第 1128 条,(新)第 1129 条,(新)第 1145 条,(原)第 1123 条
　　——夫妻财产契约(contrat de mariage)　第 1398 条
　　——解除亲权的未成年人(mineur émancipé)　第 413-6 条
　　——精神健康状态(santé mentale, 精神状况)　第 414-1 条
　　——寄托(dépôt)　第 1925 条,第 1941 条

　　——配偶,夫妻(époux)　第 216 条
　　——适用的法律(loi applicable,人的身份、能力适用的法律,属人法)　第 3 条
　　——无偿处分(libéralités)
　　　＊处分财产的能力(capacité de disposer)　第 901 条,第 902 条,第 995 条
　　　＊接受无偿处分(赠与或遗赠)的能力(capacité de recevoir)　第 902 条,第 906 条,第 995 条

O

偶然事件(cas fortuit,偶发事件,相当于不可抗力的可以免责的偶发事件)　(新)第 1218 条,(原)第 1148 条

　　——未成年人(mineur)
　　　＊显失公平(lésion,对偶然事件的例外处理)　(原)第 1306 条

P

拍卖(licitation,共同财产的拍卖)　第 1686 条

部分内容提示

——共同财产分割(拍卖)(partage de communauté) 第1476条

——遗产的分割(partage successoral) 第817条,第840条,(原)第822条,(原)第827条,(原)第839条

盘存(财产),盘点

——法定的共同财产制(communauté légale)

* 按照从共同财产中获得的财产利益份额承担义务(债务)(bénéfice d'émolument) 第1483条

——法定的使用、收益权(jouissance légale,法定的享益权) 第386-1条

——继承(succession)

* 按照遗产清册利益承认继承的继承人(héritier bénéficiaire) 第789条,(原)第793条

* 无人继承的遗产(succession en déshérence) 第811-1条,(原)第769条

* 无继承人的遗产(succession vacante) 第809-2条,(原)第813条

* 有继承权的配偶(conjoint successible),对住房的终身权利(droit viager au logement) 第764条

* 遗嘱执行人(exécuteur testamentaire) 第1029条,(原)第1031条,(原)第1034条

——监护(tutelle)

* 设置(ouverture) 第503条

——替代(继承)(substitution) (原)第1058条

——使用权与居住权(usage et habitation) 第626条

——用益权(usufruit) 第600条

旁系亲属(collatéraux)

——继承权(droits successoraux) 第734条,第745条,第749条

——婚姻(mariage)

* 婚姻无效之诉(action en nullité) 第187条

* 婚姻障碍(empêchement,禁止结婚) 第162条

* 婚姻异议(opposition,对结婚提出异议或反对) 第174条

抛弃,遗弃、放弃(abandon, délaissement)

——抛弃无主财产(biens sans maître) 第713条

——抛弃废物(déchets) 第713条

——(遗弃)子女(enfant),收养 第361条

* 父母遗弃子女(délaissement parental) 第381-1条

——共有分界物[mitoyenneté,抛弃对共同分界物(的权利)] 第656条,第667条
——抛弃物(objets abandonnés) 第717条
——抵押权(hypothèque)
　*抛弃负担抵押权的不动产(délaissement) 第2463条,第2467条
——役权(servitude)(抛弃役权) 第699条

——遗产(succession,放弃继承) 第539条
　*(放弃)遗产清册利益(bénéfice d'inventaire)(原)第802条
　*放弃继承(renonciation) 第804条
　*遗弃家庭(罪)(abandon de famille)
（另见"renonciation""délaissement"）

Q

欺诈(dol)
——财产分割(partage) 第887条
——承揽合同(contrat d'entreprise)
　*欺诈性过错(faute dolosive) 第1792条
——合同 (新)第1137条,(原)第1116条
——继承(succession)
　*继承选择(权)(option seccessorale) 第777条
　*接受继承(acceptation,承认继承)(原)第783条
——收养(adoption) 第353-2条
——无偿处分(libéralités) 第901条
——游戏或赌博(jeu ou pari,射幸性质的合同不存在欺诈) 第1967条

欺诈(fraude,诈害、舞弊)
——变更夫妻财产制(changement de régime matrimonial) 第1397条,第1447条
　*财产分割(partage)(存在诈害他人利益的行为) 第882条
　*放弃用益权(renonciation à usufruit)(以此行为实行欺诈) 第622条
——夫妻(époux)
　*共同财产的管理(administration de la communauté) 第

部分内容提示

1421 条,第 1426 条

＊离婚诉讼(instance en divorce)(采用不当手段取得的证据材料) 第 259-1 条,第 262-2 条

＊(婚后)所得分享,参与婚后所得(中的欺诈行为)(participation aux acquêts) 第 1573 条,第 1574 条

——失踪(absent,有利益关系的人故意挑起宣告他人失踪) 第 131 条

——税务(fisc)方面的舞弊行为

＊隐瞒价金(dissimulation de prix) (新)第 1202 条,(原)第 1321-1 条

——债权人(créanciers)

＊撤销诉权(action paulienne, 债务人有诈害债权人权利的行为,债权人提起撤销之诉) (新)第 1341-2 条,(原)第 1167 条

契约自由(liberté contractuelle) (新)第 1102 条

器官捐赠(don d'organe) 第 16-9 条,参见《公共卫生法典》第 1211-1 条

——保护(保持)匿名(anonymat) 第 16-8 条

——同意(consentement) 第 16-9 条,参见《公共卫生法典》第 1211-2 条

——配子捐赠(don de gamètes) 第 311-20 条,参见《公共卫生法典》第 1244-1 条

——无偿性(gratuité) 第 16-6 条

签字(signature) (新)第 1367 条,(原)第 1316-4 条

——电子签字(signature électronique) (新)第 1367 条,(原)第 1316-4 条

——公署文书(acte authentique,公署证书) (新)第 1369 条

——身份证书(acte de l'état civil) 第 39 条

——私署文书(acte sous seing privé) (新)第 1373 条,(原)第 1323 条

＊否认(私署)文书的真实性(签字的真实性)(dénégation) (新)第 1373 条,(原)第 1323 条

侵权行为与准侵权行为(délits et quasi-délits)

——债(obligation)

＊不法原因(cause illicite) (原)第 1131 条

＊证据 (原)第 1348 条

——侵权责任(responsabilité délictuelle) (新)第 1240 条,

1449

(原)第 1382 条

侵吞财产(divertissement),隐匿财产(recel)
　　——法定的(夫妻财产)共同制(communauté légale) 第 1477 条
　　——继承(succession)(侵吞遗产) 第 778 条,第 800 条,(原)第 792 条,(原)第 801 条

亲权(autorité parentale) 第 371 条及其后条文
　　——成年子女(enfant majeur) 第 373-2-5 条
　　——(对未成年子女的)法定管理(administration légale) 第 832 条
　　——父母共同行使亲权(exercice en commun) 第 372 条
　　——父母一方行使亲权(par un seul parent) 第 372 条,第 373-2-1 条
　　——父母一方去世(parent décédé) 第 373-1 条,第 373-3 条
　　——父母离婚(divorce) 第 256 条,第 286 条
　　——父母分居(parent séparé) 第 373-2 条,第 373-3 条
　　——(父母)无能力(parent incapable) 第 373 条
　　——(父母两边)轮换居住(résidence alternée) 第 373-2-9 条
　　——父母的居所(résidence des parents) 第 371-3 条
　　＊居所的变更(changement) 第 373-2 条
　　＊出境(sortie du territoire) 第 373-2-6 条
　　——父母双方同意的推定(présomption d'accord des parents) 第 372-2 条
　　——无效婚姻(mariage nul) 第 202 条
　　——家事法官的干预(juge aux affaires familiales) 373-2-6 条
　　——家事调解(médiation familiale) 第 373-2-10 条
　　——教育性救助(assistance éducative) 第 375 条
　　——监护的设立(ouverture) 第 373-4 条
　　——亲权的持续时间(durée) 第 371-1 条,第 371-2 条
　　——亲权的放弃(renonciation) 第 376 条
　　——亲权的丧失(déchéance,取消亲权) 参见"retrait"
　　——亲子关系,法院判决(décision judiciaire) 第 331 条
　　——(有关亲权协议事项的)变更(modification) 第 373-2-

1450

13 条

——亲权的取消（retrait）

　＊部分取消（partiel）　第379-1 条

　＊全部取消（total）　第378 条，第380 条

——日常行为（actes usuels）　第372-2 条，第373-4 条

——（对家庭状况的）社会调查（enquête sociale）　第373-2-12 条

——生活费，食宿费（pension alimentaire）　第373-2-2 条

——（子女的）送还（restitution）　第381 条

——收养（adoption，送养）　第365 条

　＊对收养子女的同意（consentement à l'adoption）　第377-3 条

　＊第三人（tiers）　第377 条

——探望权与留宿权（droit de visite et d'hébergement，离婚父母中不行使亲权的一方）　第373-2-11 条

——听取子女（本人的）意见（audition de l'enfant）　第373-2-11 条

——托付第三人照管的子女（enfant confié à un tiers）　第373-3 条

——第三人　第371-4 条，第373-3 条

　＊委托照管（délégation）　第377 条

——委托行使亲权（délégation）　第376 条

　＊对收养子女的同意，第377-3 条

——未成年子女的安置（placement du mineur）　第375-3 条，第377 条

——子女的抚养（费）（entretien de l'enfant）

　＊抚养费的分担（contribution）　第371-2 条，第371-2-1 条

　＊得到认可的协议（convention homologuée）　第373-2-7 条

　＊成年子女　第373-2-5 条

　＊食宿费、生活费（pension alimemtaire）　第373-2-2 条

——子女的安全（sécurité de l'enfant）　第371-1 条，第375 条，第378-1 条

——子女的道德（moralité de l'enfant）　第371-1 条，第375 条，第378-1 条

——子女的教育（éducation de l'enfant）　第371-1 条，第375 条

——子女的健康（santé de l'enfant）　第371-1 条，第375 条，第

378-1 条
——尊重父母(respect dû aux parents) 第 371 条
——直系尊血亲(ascendants) 第 371-4 条,第 378 条

亲属会议(conseil de famille) 第 398 条,第 456 条
——受监护的成年人(majeur en tutelle) 第 456 条
＊同意受监护人结婚(consentement au mariage) 第 460 条
＊同意对受监护人结婚提出异议(consentement à l'opposition au mariage) 第 175 条
＊请求离婚(demande en divorce,离婚之诉) 第 249 条
＊受监护人概括财产的管理(gestion du patrimoine),批准实施行为 第 505 条;批准决定 第 500 条
＊就监护人的不动产规定的法定抵押权(hypothèque légale sur l'immeuble du tuteur) 第 2409 条
——受监护的未成年人 第 391 条,第 398 条
＊就监护人的不动产规定的法定抵押权(hypothèque légale sur l'immeuble du tuteur) 第 2409 条

＊亲属会议的主持(présidence) 第 400 条
＊亲属会议的表决投票(vote) 第 400 条
＊亲属会议的职权(attribution) 第 401 条
＊亲属会议的成员组成(composition) 第 399 条
＊亲属会议的审议(决定)(délibérations) 第 400 条
＊亲属会议审议(决定)的无效 第 402 条
＊同意送养(收养)(consentement à l'adoption) 第 348-2 条,第 349 条
＊同意解除亲权(consentement à l'émancipation) 第 413-3 条
＊同意结婚(consentement au mariage) 第 159 条
＊未成年人概括财产的管理(gestion du patrimoine) 第 401 条

亲子关系(filiation) 第 310 条
——出生证书(acte de naissance) 第 310-3 条
＊父子(女)关系(filiation paternelle) 第 313 条
＊父子(女)关系的异议(contestation de paternité) 第 332 条
＊母子(女)关系(filiation ma-

ternelle) 第 311-25 条

* 母子(女)关系的异议(contestation de maternité) 第 332 条

——出生时未存活的婴儿(enfant né non viable) 第 318 条

——代孕(gestation pour autrui) 第 16-7 条

——父子(女)关系的冲突(conflit de paternité) 第 336-1 条

——公知证书(acte de notoriété) 第 310-3 条,第 317 条,第 335 条

——国籍(nationalité) 第 18 条

——可分性质(divisibilité) 第 316 条

——借助医学方法辅助生育(assistance médical à la procréation) 第 311-19 条,第 311-20 条

——近亲奸生子女的亲子关系或者不准结婚的两人所生的子女(filiation incestueuse,乱伦造成的亲子关系) 第 310-2 条,第 342 条,第 342-7 条

——母子(女)关系的冲突(conflit de maternité) 第 336-1 条

——匿名分娩(accouchement "sous X") 第 326 条

——认领子女(reconnaissance,承认非婚生子女) 第 316 条

* 法律冲突(conflit de lois) 第 311-17 条

* 父子(女)关系冲突(conflit de paternité) 第 336-1 条

* 对认领(子女)的异议(contestation) 第 332 条

* 子女的姓氏(nom de l'enfant) 第 311-23 条,第 337 条

——认领证书(acte de reconnaissance) 第 310-3 条,第 316 条

——生母匿名(或保密,不知自己的身世)(origine personnelle,不知谁是生母) 第 326 条

——生物学鉴定(expertise biologique) 第 310-3 条

——亲权(autorité parentale) 第 331 条

——亲子关系的平等(égalité de filiation,确立父母子女关系的所有子女在家庭中的平等地位) 第 310 条

* 在继承方面的平等地位(matière successoral) 第 733 条

——亲子关系的确立(方式)(établissement) 第 310-1 条,第 311-25 条

——推定(présomption,亲子关系的推定)

* (在法定受孕期间)受孕推定(conception) 第 311 条

＊父子（女）亲子关系推定（présomption de paternité）第312条，第329条
——向法院起诉（action en justice）第318条
　＊管辖（权）（compétence）第318-1条
　＊既判力（autorité de la chose jugée）第324条
　＊（继承已经开始的被继承人的）继承人（héritier du de cujus）第322条
　＊适用的法律（loi applicable）第311-14条
　＊时效（prescription）第321条
　＊先决问题（question préjudicielle），亲子关系（filiation）第319条
　＊（诉权不得）舍弃（renonciation）第323条
——生活费请求权（action à fin de subsides，亲子关系未确立的非婚生子女请求给予生活费的诉讼）第342条
　＊期间（délai）第342条
　＊生活费数额的计算（calcul）第342-2条
　＊判决的效力（effet du jugement）第342-7条
——受胎（怀孕）（时间）（conception）第311条

——收养亲子关系（filiation adoptive）参见完全收养、简单收养
——姓氏（nom de famille，家族姓氏）
　＊法院裁判赋予姓氏（attribution judiciaire）第331条
　＊姓氏的转移（转用）（dévolution）第311-21条
——寻认父子（女）关系（recherche de paternité）第327条
——寻认母子（女）关系（recherche de maternité）第325条，第328条
——占有身份（possession d'état）第310-3条，第311-1条，第317条，第330条，第333条
——证据（preuve）第310-3条

清偿（paiement，支付）（新）第1342条，（原）第1235条
——部分清偿（paiement partiel）（新）第1342-4条，（原）第1244条
——（清偿）错误（erreur，误解）
　＊返还（répétition）（新）第1302-1条，（原）第1376条
——代位清偿（subrogation，payement avec subrogation）（新）第1346条，（原）第1249条
——代物清偿（dation en paiement，抵债）（新）第1342-4条，

（新）第 1343-3 条

——非债清偿（payement de l'indu）（新）第 1302 条,（原）第 1235 条,（原）第 1376 条

——货币条款（clause monétaire）（新）第 1343-3 条

——扣押（saisie） （原）第 1242 条

——款项差额的支付（appoint）（新）第 1343-3 条

——清偿地点（lieu） （原）第 1247 条

——清偿宽限期（délai de grâce）（新）第 1343-5 条,（原）第 1244-1 条

——清偿指定（imputation,指定清偿）（新）第 1347-3 条,（原）第 1253 条

——特定（有体）物（corps certain）（原）第 1245 条,（原）第 1246 条

——提存（consignation,寄存）（原）第 1257 条

——现实清偿提议（offres réelles）（原）第 1257 条

——自取清偿和在指定地点清偿，上门清偿（payement quérable, portable） （新）第 1342-6 条,（原）第 1247 条

——支票或转账（chèque ou revirements） （新）第 1343-3 条

——种类物（chose de genre） （新）第 1166 条,（原）第 1246 条

取回权（droit de reprise,出租物的收回权）,居住与混合租约（1989 年 7 月 6 日法律）,居住与职业租约（1948 年 9 月 1 日法律）

取回权（droit de retour,收回权,回归权）

——简单收养（adoption simple）第 368-1 条

——赠与（donation 赠与物的取回权） 第 951 条,第 952 条

取水、汲水（puisage） 第 688 条,第 696 条

权利滥用条款（clause abusive,滥权条款、滥用条款）

——住房与混合用途的租赁（baux d'habitation et mixtes） 第 1778 条

——消费者的保护（protection des consommateurs） （新）第 1171 条

泉源（source,泉水发源地,泉水） 第 642 条

R

人的尊严(dignité humaine) 第16-9条

人体(corps humain) 第16条,第16-10条
——人体不可侵犯性(inviolabilité) 第16-1条
——不得申请专利(non-brevetabilité) 第16-4条,参见《知识产权法典》第611-17条,第611-18条
——(人体的)成分、组成部分与产生之物(éléments et produits) 第16-1条,第16-5条
　*有缺陷的产品引起的责任 (现)第1245-11条,(原)第1386-12条
——克隆(clonage) 第16-4条
——排除财产权性质(exclusion de la patrimonialité,排除作为财产权的标的) 第16-1条,第1162条
——(保护)人体的完整性(intégrité) 第16-3条
——尸体(cadavre) 参见该词条
——遗传图谱(carte génétique,遗传学图谱;caractéristiques génétiques,遗传特征) 第16-10条
——(有关人的身体)协议(convention),无效 第16-5条,第16-7条
——遗传标记(empreintes génétiques) 第16-11条
——尊重人的身体(respect) 第16-1条
——尊严(dignité) 第16条

认领子女(reconnaissance d'enfant) 第316条
——出生证书(acte de naissance)
　*记载(mention) 第62条
——承认证书(acte de reconnaissance) 第62条,第310-3条
——虚假认领(reconnaissance mensongère)
　*责任(responsabilité) 第1241条

部分内容提示

S

丧失机遇(perte d'une chance) (新) 第1231-2条,第1241条

善良风俗(bonnes moeurs)
——合同(contrat)
　*原因(cause) (原)第1133条
　*条件(condition) (原)第1172条
　*标的(objet) 第6条
——夫妻财产契约(contrat de mariage) 第1387条
——无偿处分(财产)(libéralités) 第900条

善意(bonne foi)
——缔约第三人(tiers contractant,合同第三人)
　*配偶 第220条,第220-2条
　*受保护的成年人(majeur protégé) 第435条,第465条
——合同与协议
　*(善意)履行(exécution)(新)第1104条,(原)第1134条
　*谈判(时的善意)(négociation) (新)第1112条

——非债清偿的返还(répétition de l'indu) (新)第1302条,(原)第1377条
——返还(restitutions) (新)第1352-1条
——前后的买受人(acquéreurs successifs,先后取得同一财产的人)(新)第1198条
——(善意进行)清偿(paiement)(新)第1342-3条
——取得时效(prescription acquisitive)(应当具备善意条件) 第2272条
——臆想婚(mariage putatif,误想婚,误认为合法的婚姻)(善意的一方当事人) 第201条
——占有(possession,善意占有) 第549条,第550条
　*动产(meuble,动产的善意取得) 第2276条
——在他人土地上进行建筑(construction sur terrain d'autrui) 第555条

商人(commerçant)
——法院裁判分别财产(séparation des biens judiciaire) 第

1445 条
——夫妻财产契约
  * 商业条款（clause commerçiale） 第 1390 条
——已解除亲权的未成年人（mineur émancipé） 第 413-8 条
——证据（preuve），商人的商事簿册（livre de commerce）（新）第 1330 条，（原）第 1329 条

商人或手工业者的配偶（conjoint de commerçant ou artisan）
——合伙人（associé，参股人，股东） 第 1832-1 条，第 1832-2 条
——对遗产的债权（créance successorale） 第 842 条
——企业（entreprise）
  * 优先分配（权）（attribution préférentielle） 第 831 条，（原）第 832 条
  * 共同财产制（communauté，实行共同财产制的夫妻）
  ** （共同）财产的转让（aliénation） 第 1424 条
——委托（mandat） 第 226 条，《商法典》第 121-6 条，第 121-7 条
——信息告知（information） 第 1413 条

商业广告（publicité commerciale）
——广告或招牌的安置位置或场所
  * 不动产的所有权（propriété de l'immeuble）
  ** 准许（autorisation） 第 546 条
  * 租赁合同（contrat de louage） 第 1714 条

商业租约（bail commercial，baux commerciaux）
——实行共同财产制的夫妻（époux communs en biens） 第 1425 条
——用益权（usufruit） 第 595 条

射幸合同（contrat aléatoire）（新）第 1108 条，（原）第 1104 条
——没有不确定性（défaut d'aléa，不具有射幸性质）
  * 没有原因（absence de cause）（原）第 1131 条
——射幸性质（aléa，带有不确定性、带有偶然性）（新）第 1108 条，第 1964 条，（原）第 1104 条
——显失公平（lésion）（l'aléa chasse la lésion：想要赌一把，就别谈显失公平） 第 1674 条
——艺术品的买卖（vente d'oeuvre d'art，古董、艺术品、收藏品的买卖） 第 1133 条

部分内容提示

——诊疗方面的不确定性（aléa thérapeuthique） 第1242条

身份证书（acte de l'état civil） 第34条

 ——变造,毁损（altération） 第51条,第52条

 ——出生证书 参见该词条

 ——出生在国外的人（personnes nées à l'étranger） 第98条

 ——代理（représentation,代表） 第36条

 ——罚款（amende） 第50条

 ——贵族爵位（titre nobiliaire,贵族头衔） 第57条

 ——家庭户籍证（册）（livret de famille） 第54条

 ——结婚证书（acte de mariage） 参见该词条

 ——军事人员与海员（militaires et marins） 第93条

 ——向法院起诉（action en justice）,有关身份证书的诉讼 第54条

 ——签字（signature） 第39条

 ——取得法国国籍（acquisition de la nationalité française） 第98条

 ——身份证书的记载事项（énonciations） 第34条,第35条

 ——身份证书事项记载错误或遗漏（erreurs ou omissions）

  ＊更正（rectification） 第99条

 ——身份证书的节本（extraits） 第54条

 ——死亡证书（acte de décès） 参见该词条

 ——委托代理人（mandataire） 第36条

 ——伪造的身份证书（faux） 第52条

 ——在备注栏作出记载的事项（mentions en marge） 第49条,第54条

 ——在国外制作的身份证书（acte dressé à l'étranger） 第47条,第48条

 ——证人（témoin） 第34条,第37条

 ——（身份证书记载事项的登记）转录（transcription） 第49条

生存配偶（conjoint survivant）

 ——分居、别居（séparation de corps） 第301条

 ——扶养费（aliments）（原）第207-1条

 ——共有（财产）（indivision）

  ＊维持（共有）（maintien） 第815-1条

 ——继承（succession）（原）第765条

 ——民事合伙（société civile,民事

1459

公司) 第1870条
——死后结婚(mariage posthume) 第171条
——农业(agriculture)
  *对遗产的债权(créance successorale) 第2331条
——商人或手工业者(commerçant ou artisant)
  *对遗产的债权(créance successorale) 第842条
——约定的共有(indivision conventionnelle)
  *继续保持共有(continuation) 第1873-13条
——夫妻财产制(régime matrimonial) 第1390条
  *约定的共同财产制(communauté conventionnelle) 第1515条,第1520条,第1524条
——延迟支付的工资、薪金(salaire différé)
  *农业(agriculture,为配偶从事的农业经营事业提供劳务) 第842条
  *商人或手工业者(commerçant ou artisan) 第842条
——用益权(usufruit) (原)第767条
——优先分配(权)(attribution préférentielle) 第831条,(原)第832条
——住房租约(bail d'habitation) 第1751条,第1778条
——著作权(droit d'auteur) 第767条

生活费(subsides,非婚生子女请求生活费)
——寻认父子(女)关系(recherche de paternité) 第342条
——(非婚生子女)请求生活费的诉讼(action à fin de subsides,生活费请求权) 第342条

生活费(aliments,扶养费、抚养费、赡养费)
——按指数计算的生活费、扶养费(indexation) 第208条,第373-2-3条,(新)第1343条
——抵销、补偿(compensation) (新)第1347-2条,(原)第1293条
——订立紧密关系民事协议的人(PACS) 第515-4条
——非婚生子女的生活费(subsides) 第342条
  *非婚生子女生活费请求诉权(action à fin de subsides,非婚生子女要求给予生活费的诉讼) 第342条
——继承(succession)
  *直系尊血亲(ascendants) 第758条
  *有继承权的配偶(conjoint

部分内容提示

successible) 第 767 条

——拒绝(refus,受赠与人拒绝赡养)

　*撤销赠与(révocation de donation) 第 955 条

——(支付)宽限期(délais de grâce) (原)第 1244-1 条

——离婚(divorce) 第 255 条,第 270 条

　*子女(enfants) 第 371-2 条,第 373-2-1 条

——配偶(époux) 第 214 条

——姘居男女(无扶养义务)(concubins) 第 515-8 条

——生活费不得扣押(insaisissabilité,生活费、扶养费不具有可扣押性,不得作为强制执行的标的) 第 2323 条,《民事执行程序法典》第 112-2 条

——生活费的支付地点(lieu de paiement (新)第 1342-6 条, (原)第 1247 条

——实物履行(exécution en nature,现实履行,实物给付) 第 210 条,第 211 条

——食宿费,生活费(pension)

　*直接支付(paiement direct) 第 211 条

——收养(adoption) 第 358 条,第 367 条

——减少数额(réduction) 第 209 条

——时效(prescription) 第 2277 条

——相互性(réciprocité) 第 207 条

——义务负担的解除(décharge) 第 207 条,第 379 条

——姻亲(alliance,姻亲关系) 第 206 条

——岳父母,公婆(beaux-parents) 第 206 条

——有继承权的配偶(conjoint successible) 第 767 条

——优先权(privilège,先取特权) 第 2331 条第 5 点

——债权人(créancier)

　*债权人有错的情况(torts) 第 207 条,第 379 条

——子女 第 203 条,第 204 条,第 371-2 条,第 373-2-2 条

　*非婚生子女(enfant naturel) 第 342 条

——直系尊血亲(ascendants) 第 205 条,第 758 条

——住房(logement,住房的处理) 第 210 条,第 211 条

牲畜租养契约(baux à cheptel) 第 1800 条

——定义,第 1711 条,第 1800 条

——单纯的牲畜租养(cheptel simple) 第 1804 条

——动物(animaux) 第 1802 条

——对半牲畜代养(租养)(cheptel à moitié) 第 1818 条

——分成制代养牲畜契约（cheptel à métayage） 第 1827 条
——牲畜代养契约（cheptel） 第 1831 条
——（土地承租人）租养牲畜（严格意义上的牲畜代养契约）（cheptel de fer） 第 1821 条

尸体（cadavre） 第 16-1-1 条
——器官的摘取（prélèvement, d'organe） 第 16-9 条
——人体的保护（corps human, protection） 第 16-1-1 条，第 16-2 条
——遗传标记（empreintes génétiques） 第 16-11 条

失权（déchéance，权利、资格、能力的丧失）
——承认继承（acceptation de succession，接受继承） 第 800 条
——侵吞财产（divertissement，隐匿财产）
　＊隐匿财产（recel），共同财产制　第 1477 条
　＊继承（因隐匿遗产丧失遗产清册利益） 第 800 条，（原）第 792 条
——遗产清册利益（bénéfice d'inventaire，限定继承）（原）第 801 条

——用益权（的丧失）（usufruit） 第 618 条

失效（caducité） （新）第 1186 条（合同失效）

失踪（absence） 第 112 条
——不在（non-présent） 第 120 条，第 121 条
——（失踪人的）财产的管理（administration des biens） 第 113 条
——定义（définition） 第 112 条
——对子女结婚的同意意思表示（consentement au mariage d'un enfant） 第 151 条
——法定的共同财产制（communauté légale）
　＊终止（dissolution，终止，解消） 第 1441 条
——管辖（compétence）
　＊宣告失踪（déclaration d'absenc） 第 122 条
　＊推定失踪（présomption d'absence） 第 112 条
——检察院（ministère public）
　＊推定失踪 第 112 条，第 117 条
　＊宣告失踪 第 122 条，第 124 条
——欺诈（fraude）
　＊制裁（sanction） 第 131 条

——亲权（autorité parentale） 第373条

——失踪人的婚姻（mariage）

　　*婚姻的解消（dissolution） 第128条，第132条

——失踪人留下的授权（procuration laissée par l'absent） 第121条

——失踪人死亡（décès de l'absent） 第119条，第126条

——失踪人的继承（succession，失踪人的遗产） 第725条

——失踪人重新出现（réapparition） 第118条，第126条，第129条

——调查（enquête） 第124条

——推定失踪（présomption d'absence） 第112条

　　*推定失踪的条件（conditions） 第112条，第121条

　　*推定失踪的效力（effets） 第113条

　　*失踪推定的终止（fin） 第118条

——推定失踪人的代理（représentation du présumé absent） 第113条，第115条

——宣告失踪（déclaration d'absence） 第122条

——宣告失踪判决（jugement） 第127条

　　*宣告失踪判决的撤销（annulation） 第129条

　　*宣告失踪判决的效力（effets） 第128条

　　*宣告失踪判决的公告（publicité） 第127条

　　*宣告失踪判决的登记（transcription） 第127条

——为请求宣告失踪提出的诉状（申请）（requête aux fins de déclaration d'absence） 第122条

　　*申请的期限（délai） 第122条，第125条

　　*申请的公示（publicité） 第123条

时效（民法时效的新制度）（prescription civile）

——不得交易之物（chose hors du commerce） 第2226条

——承揽人（entrepreur，承包人） 第1792-4-1条

——定级的动产物件（objets mobiliers classés，艺术品，古董） 第2279条

——分包人，分加工人（sous-traitant） 第1792-4-2条

——概括财产的分开（séparation des patrimoines）（原）第880条

——公证人（notaire） 第2225条

——婚姻、结婚（mariage）

*无效之诉（action en nullité）第181条，第183条，第185条
——监护（tutelle）　第475条
——建筑人（constructeur）　第1792-4-1
——建筑设计人（architecte）　第1792-4-1条
——陆路机动车保险（assurance terrestre）（新）第1346-5条
——所有权（propriété）
　　*无时效限制（imprescriptibilité，不受时效约束）　第544条
——亲子关系（filiation）
　　*有关亲子关系的诉讼（action）　第321条，第329条，第333条，第342条
——取得时效（prescription acquisive）　第258条
——适用的法律（loi applicable）（原）第2221条
——未成年人（mineur）　第2252条，第2278条
——5年时效（prescription quinquennale）　第2277条
——无偿处分（disposition à titre gratuit）
　　*撤销、撤回、取消（révocation）　第957条，第966条，第1047条

——无偿处分（数额）的减少（réduction des libéralités）　第921条
——消灭时效（的新制度）（prescription extinctive）　第2219条
——信托寄存处（caise des dépôts et consignation，法国信托寄存局）
——医生与外科医生（médecin et chirurgien）
　　*责任（responsabilité）（新）第1242条
——役权（servitude）　第690条，第706条
——银行账户（compte bancaire）　第2224条
——用益权（usufruit）　第617条
——债权人（créancier）　第2253条
——占有（possession）　第2278条

时效①（prescription civile, régime ancien，民法时效，旧制度）　第2219条
——不得交易之物（chose hors du commerce）　第2226条
——不确定的持有（détention précaire，暂时持有）　第2236条

---

① 有关民法时效的旧制度的检索条文为附目七的条文。

*买受人(acquéreur,财产取得人) 第2239条

　　*名义的转换(interversion de titre) 第2238条

——法官(juge)

　　*文书、材料(pièces) 第2276条

——法院传票(citation en justice) 第2244条

——夫妻(époux) 第2253条

——学徒(apprentissage) 第2272条

——承揽人(entrepreur,承包人) 第2270条

——担保(garantie)

　　*诉讼(action) 第2257条

——定义(définition) 第2219条

——定期金(rente) 第2277条

——短期间时效(prescription courte) 第2271条

——非合同责任(responsabilité extracontractuelle) 第2270-1条

——非债清偿的返还(répétition de l'indu) 第2262条

——放弃时效(renonciation) 第2220条

　　*能力(capacité) 第2222条

　　*提前放弃时效(renonciation anticipée) 第2220条

　　*形式(forme) 第2221条

——分包人,分加工人(sous-traitant) 第2270-2条

——公证人(notaire) 第2225条

——国家(Etat) 第2227条

——继承(succession) 第2258条

——建筑人(constructeur) 第2270条

——建筑设计人(architecte) 第2270条

——合同责任(responsabilité contractuelle) 第2262条

——2年时效(prescription biennale) 第2272条

——利息(intérêts) 第2277条

——陆路机动车保险(assurance terrestre) 第2274条

——旅馆经营者(hôtelier) 第2271条

——律师(avocat)

　　*文书,材料(pièces) 第2276条

　　*责任(responsabilité) 第2277-1条

——名义的转换(interversion) 第2238条,第2240条

——善意(bonne foi) 第2265条,第2268条

——商人(marchand) 第2272条

——司法执达员(huissier)

　　*酬金(honoraires) 第2272条

　　*文书、材料(pièces) 第2276条

——所有权(propriété)

　　*无时效限制(imprescriptibilité,不受时效约束)　第2262条

——受监护的成年人(majeur en tutelle)　第2252条,第2278条

——期限(terme)　第2257条

——取得时效(prescription acquisive)　第2265条(参见10年与20年取得时效)

——10月时效(prescription de dix mois)　第2271条

——5年时效(prescription quinquennale)　第2277条

——10年与20年取得时效(prescription de dix et vingt ans)　第2265条

——30年时效(prescription trentenaire)　第2262条

——生活费(pension alimentaire)　第2277条

——条件(condition)　第2257条

——未成年人(mineur)　第2252条,第2278条

——无偿处分(disposition à titre gratuit)

　　*撤回,取消(révocation)　第957条,第966条,第1047条

——小学教师(instituteur)　第2271条

——消灭时效(的新制度)(prescription extinctive)　第2262条

——宣誓(serment)　第2275条

——药剂师(pharmacien)　第2272条

——已婚妇女(femme mariée)　第2254条

——医生与外科医生(médecin et chirurgien)　第2272条

——债权人(créancier)　第2225条

——占有(possession)　第2228条

——占有(usucaption)　第2262条

——租金(房租或地租)(loyers et fermages)　第2277条

——正当的名义(juste titre,正当的权源名义,正当的权源证书)　第2265条

——中断(时效)(interruption)　第2242条

——中止(时效)(suspension,停止)　第2251条

　　*民事法律规定的中断(interruption civile)　第2244条

　　*自然中断(interruption naturelle)　第2243条

——准许、承认(admission)　第2223条

——助产士(sage-femme)　第2272条

取得时效(prescription acquisitive)(新制度)

——不动产(immeuble) 第2272条
　*善意(bonne foi) 第2272条,第2274条
　*期限(délai) 第2272条
——不得交易的物(chose hors du commerce) 第2260条
——定义(définition) 第2258条
——动产(meuble) 第2278条
　*追还动产(revendication) 第2277条
　*善意(bonne foi) 第2277条
　*无效证书(titre nul) 第2276条
——放弃时效(renonciation) 第2250条
——计算时效(calcul) 第2259条,2228条
——起始时间(point de départ) 第2259条,第2233条
——时效并合(jonction de prescription) 第2265条
——时效中止(时效停止)(suspension) 第2259条,第2230条,第2233条
——时效转换(interversion de prescription) 第2268条
——适用的法律(loi applicable)
——他主占有(possession pour autrui,为他人占有) 第2266条
——胁迫(violence) 第2263条
——协议调整(aménagements conventionnels) 第2259条,第2254条
——中断(interruption) 第2259条,第2240条
——主张时效(invocation) 第2247条

消灭时效(prescription extinctive)(新制度) 第2219条
——不动产物权(所有权)诉讼(action réelle immobilière) 第2227条
——除斥期间(délai de forclusion,逾期丧失权利的期间,失权期间) 第2220条
——动产诉讼(action mobilière,动产诉权) 第2224条
——放弃时效(renonciation) 第2250条
——关于时效的协议(convention sur prescription) 第2254条
　*禁止(interdiction) 第2254条
——紧密关系民事协议(pacte civil de solidarité) 第2236条
——时效计算(calcul) 第2228条
——起始时间(point de départ) 第2224条,第2233条
——人身损害(dommage corporel,身体损害) 第2226条
——时效停止(suspension,时效中止) 第2230条

——时效中断（interruption） 第2231条，第2240条
　　＊起诉（demande en justice） 第2241条
　　＊庭前准备措施（mesure d'instruction） 第2239条
　　＊调解（médiation） 第2238条
——所有权（droit de propriété） 第2227条
——未成年人（mineur） 第2235条
——协议调整（aménagement conventionnel） 第2254条
——在时间上的适用（application dans le temps） 第2222条
——债权诉讼（action personnelle，对人诉讼） 第2224条
——租约（baux） 第1778条
——主张时效（invocation） 第2247条
——最长时效（期间）（délai maximum） 第2232条

市镇行政区（commune）
——法定抵押权（hypothèque légale） 第2400条
——民法规定的时效（prescription civile）（原）第2227条
——市镇行政区的财产（biens communaux） 第542条
　　＊租约（baux） 第1712条

——无偿处分（libéralités）
　　＊接受无偿处分（acceptation） 第910条
——无主财产（biens sans maître） 第713条

手工业者（artisan）
——配偶合作人（conjoint collaborateur）
　　＊共同财产制（communauté） 第1424条
　　＊对遗产的债权（créance successorale） 第842条
　　＊委托（mandat） 第226条
——手工业企业
　　＊优先分配权（attribution préférentielle） 第831条，（原）第832条
　　＊赠与—分割（donation-partage） 第1075-2条，（原）第1075条
——手工产品制作人（façonnier）
　　＊动产添附（accession mobilière） 第570条
——责任（responsabilité）（新）第1242条
（参见个体企业主）

受保护的成年人（majeurs protégés） 第415条
——安置进（照管、治疗）机构（placement en établissement）

部分内容提示

第 426 条,第 431-1 条

——保护的个人化(个别化)(individualisation,根据个人具体情况采取合适的保护措施) 第 419 条

——保护的辅助性质(subsidiarité de protection) 第 428 条

——保护措施的适应性、适当性(proportionnalité de protection),第 428 条

——保护的设立(ouverture de protection,保护的开始) 第 430 条

——财产管理(对财产实行管理制度,curatelle) 第 440 条

——受保护的成年人的监护(tutelle des majeurs) 第 440 条

——返还(restitution) (新)第 1352-4 条

——管理行为(actes de gestion),496 条

——家庭授权(habilitation familiale) 第 494-1 条

——将来保护的委托(mandat de protection future) 第 477 条,参见该词条

——监护法官(juge de tutelle)

　* 职 权(attributions) 第 416 条

　* 责 任(responsabilité) 第 422 条

——禁止(受保护人的)签发支票(interdiction d'émettre des chèques) 第 427 条

——精神不健全(insanité d'esprit) 第 414-1 条

——(受保护人的)精神官能与身体官能的损坏(altération des facultés mentales et corporelles) 第 425 条,第 428 条

——精神障碍(trouble mental) 第 414-1 条

——居所(résidence) 第 459-2 条

　* 在国外的居所(résidence à l'etranger) 第 443 条

——能力(capacité) (新)第 1146 条

——受保护人的夫妻财产契约(contrat de mariage) 第 1399 条

——受保护人离婚(divorce) 第 249 条,第 309 条

——受保护人的私生活(vie privée) 第 459 条

——受保护人死亡(décès) 第 418 条

——司法保护的机关(organe de protection judiciaire)

　* 给予补偿(indemnisation) 第 419 条

　* 责 任(responsabilité) 第 421 条

——司法委托代理人(mandataire judiciaire) 第 450 条,第

454 条

　　＊报酬（rémunération） 第419 条

　　＊规则（statut） 第 495-9 条

　　＊司法随护措施（accompagnement judiciaire） 第 495-6 条

　　＊责任（responsabilité） 第422 条

——司法救助（sauvegarde de justice） 第 433 条

——司法随护措施（acompagnement judiciaire） 第 495 条

——探望权（droit de visite） 第445 条

——听取当事人的意见说明（audition de l'intéressé） 第 432 条

——未成年人（mineur） 第 429 条

——显失公平（lésion）（新）第1149 条,第 1151 条,第 1168 条,（原）第 1304 条,第 1312 条,第 1314 条

——医疗证明（certificat médical） 第 431 条

——医生（médecin）

　　＊监护或者财产管理性质的责任（charge tutélaire ou curatélaire）

　　＊＊无能力 第 445 条

　　＊主治医生（médecin traitant,治疗医生） 第 431-1 条

——在精神错乱状态下造成的损害的赔偿（dommage causé sous l'empire d'un trouble mental）

——在银行进行收支业务活动（opération bancaire） 第427 条

——资本收入（revenus des capitaux） 第 427 条

——账目或簿册（comptes ou livrets） 第 427 条

——住房及住房内配备的家具（logement et meubles meublant） 第 426 条

书证之端绪（commencement de preuve par écrit）（新）第 1362 条,（原）第 1347 条

树木（arbre）

——共有分界物（范围内的树木）（mitoyenneté） 第 668 条

——依添附取得所有权（propriété par accession） 第 553 条

——用益权（usufruit） 第 590 条

——栽种（plantation,栽种物）

　　＊要求留出的距离（distance） 第 671 条

水流（cours d'eau） 第 643 条

——冲积地（alluvions,水流冲击形成的沙洲、沙滩的添附权） 第 556 条,第 596 条

——河水上漂流物（漂浮物）（épave fluviale） 第 717 条

部分内容提示

——河床(lit) 第561条
　　＊抛弃(abandon,干涸河床的抛荒) 第563条
——(水流、江河岸边的)拉纤与步行小道役权(servitude de halage et de marchepied) 第556条
——(两岸居民对)水的使用(usage des eaux) 第644条
——小岛与沙洲(îles et îlots) 第560条

司法授权(habilitation judiciaire)
　　——共同共有人(coindivisaire) 第815-4条
　　——夫妻之间(époux) 第219条,第1426条

司法随护措施(acompagnement judiciaire)(对受保护的成年人采取的特别措施) 第495条
　　——适用范围(domaine) 第495-4条
　　——措施的延续时间(durée) 第495-8条
　　——司法(指定的)委托代理人(mandataire judiciaire) 第495-6条

私生活(vie privée) 第9条
　　——离婚
　　　　＊证据 第259-2条

——无罪推定(présomption d'innocence)
　　＊尊重私生活(respect de la vie privée) 第9-1条

私署文书(acte sous seing privé,私署证书) (新)第1372条,(原)笫1322条
　　——采用电子形式制作的私署文书(forme électronique) (新)第1174条
　　——否认(私署)文书的真实性[dénégation d'écriture ou de signature,否认(私署)文书的字迹或签字的真实性] (新)第1373条,(原)第1323条,(原)第1324条
　　——副本(copie,复本) (新)第1379条,(原)第1334条,(原)第1335条
　　——公署文书(acte authentique,参见该词条)
　　　　＊无权限(incompétence)或者形式瑕疵(vice de forme) (新)第1370条,(原)第1318条
　　——家庭自立的登记簿册与文件、材料(registres et papiers domestiques) (新)第1378-1条,(原)第1331条
　　——离婚(divorce)(采用私署文书的形式提出离婚申请) 第

229-1 条
——律师副署（contreseing de l'avocat）（新）第 1374 条
　＊（由律师副署的）私署文书（acte sous seing privé contresigné par avocat），（新）第 1374 条
——确定的日期（date certaine）（新）第 1377 条，（原）第 1328 条
——私署文书的登记（enregistrement）（新）第 1375 条
——商事簿册（的记载）（livres de commerce）（新）第 1378 条，（原）第 1329 条，第 1330 条
——手写文字（mention manuscrite，亲笔书写的文字）（新）第 1376 条，（原）第 1326 条
——（私署文书的）证明力（force probante）（新）第 1372 条，（原）第 1322 条
——有关债务清偿的记载（mention libératoire）（新）第 1378-2 条，（原）第 1332 条
——原件（originaux，原本、正本）（新）第 1376 条，（原）第 1325 条

死亡证书（acte de décès）
——安葬（inhumation）
　＊期限（délai）　第 78 条
——暴死（mort violante）　第 81 条，第 85 条
——地点（lieu）　第 78 条

——军事人员与海员（militaires et marins）（的死亡证书）　第 93 条，第 97 条
——囚犯（（prisonnier，在押人犯死亡）　第 84 条，第 85 条
——死亡证书写明或记载的事项（énonciations）　第 79 条
——司法裁判申报（déclaration judiciaire）　第 88 条
——未找到尸体（corps non retrouvé）　第 88 条
——向户籍身份管理部门申报（déclaration à l'état civil）　第 78 条
——下落不明（disparition）　第 88 条
——医院（hôpitaux）　第 80 条
——婴儿未存活（enfant sans vie）　第 79-1 条
——在出生证书的备注栏内作出记载（mention en marge de l'acte de naissance）　第 79 条
——在出生证书备注栏记载的更正（rectification）　第 99 条
——转录登记（transcription）　第 80 条，第 91 条
——海上旅行途中死亡（voyage maritime）　第 86 条

讼争物保管（séquestre）（新）第 1345-1 条，第 1916 条，第 1955 条
——约定的讼争物保管（séquestre

部分内容提示

conventionnel）第 1955 条

——裁判上的讼争物保管（séquestre judiciaire）第 1961 条

诉权,诉讼,请求权(action)
　　——撤销诉权（action paulienne,债权人的撤销诉讼）（新）第 1341-2 条,(原)第 1167 条
　　——代位诉权（action oblique,债权人的代位诉讼）（新）第 1341-1 条,(原)第 1166 条
　　——(非婚生子女,未确立亲子关系的子女)为请求生活费目的之诉权（action à fin de subsides）第 342 条
　　——解除之诉（action résolutoire）（新）第 1224 条,(原)第 1184 条
　　——民事诉讼（action civile）
　　　　*和解（transaction,交易）第 2046 条
　　　　*向继承人转移（transmission aux héritiers）
　　——请求减少价金之诉(讼)（action estimatoire,重新作价之诉）第 1644 条
　　——询问之诉[action interrogatoire,质询之诉,要求（相对人）就相关事项表明态度或作出决定的诉讼]
　　　　*（存在优先缔约机会情况下）要求受益人表明是否行使优先缔约权（pacte de préférence）（新）第 1123 条
　　　　*无效（nullité,合同无效情况下,要求被告表明是追认还是提起无效之诉）（新）第 1183 条
　　　　*代理（représentation,在代理情况下要求明确表示是否得到授权）（新）第 1158 条
　　——因隐蔽瑕疵之原因要求解除买卖之诉讼（action rédhibitoire）第 1644 条

直接诉权（action directe）
　　——保险（方面的）直接诉权
　　　　*受害人对保险人的直接诉权（victime contre assureur）（新）第 1242 条
　　——不当得利返还之诉（action in rem verso）（新）第 1303 条
　　——出租人对分租人(次承租人)的直接诉权（bailleur contre sous-locataire）第 1753 条
　　——分包人对工程业主的直接诉权（sous-traitant contre maître d'ouvrage）第 1799-1 条
　　——施工工人(施工人)对工程业主的直接诉权（ouvrier contre maître d'ouvrage）第 1798 条
　　——委托人对转委托代理人的直接诉权（mandant contre manda-

taire substitué,对替代代理人的人的直接诉权） 第1994条
——债权人的诉权（action du créancier,债权人的诉权）（新）第1341条
——直接诉权（action directe,直接诉讼）
＊隐蔽瑕疵担保的直接诉权（action directe en garantie des vices cachés）
＊直接清偿（支付）诉权（诉讼）（action directe en paiement）（新）第1341-3条,（原）第1165条

溯及力（rétroactivité,追溯力） 第1442条
——法律（loi,无追溯力） 第2条
——返还（restitutions） 第1352条
——解除（résolution）（原）第1184条
——条件成就（condition accomplie）（新）第1304-7条,（原）第1179条

损害赔偿（dommages-intérêts）
——合同不履行（inexécution du contrat）（新）第1231条
——合同责任（responsabilité contractuelle）（新）第1231条,（原）第1146条
——交通事故（accidents de circula-

tion） 参见1985年7月5日法律第2条
＊财产损害（dommages aux biens） 第5条
＊间接损害（dommages par ricochet） 第6条
＊赔偿提议（offre d'indemnité）（新）第1242条,《保险法典》第211-8条
＊人身损害（dommages à la personne,人身伤害） 第3条
——离婚（divorce） 第266条
——侵权责任（responsabilité délictuelle）（新）第1241条
＊损失（préjudice） 第1241条
——违约金条款（clause pénale）（新）第1231-5条,（原）第1152条,（新）第1226条
——限制（limitation） 第1231-3条,（原）第1150条
——限制责任条款（clause limitative de responsabilité） 参见该词条
——延迟利息（intérêts moratoires）（新）第1231-6条,（原）第1153条
——作为之债或不作为之债（obligation de faire ou de ne pas faire）（原）第1142条

所有权（propriété） 第544条
——保留所有权（réserve de

propriété) 参见该词条

——剥夺所有权(expropriation) 第 545 条

——池塘(étang) 第 558 条

——地下(所有权)(sous-sol) 第 552 条

——妨害相邻关系(trouble de voisinage) 第 651 条

——共同分界物(mitoyenneté,相邻的不动产共同分界物的共有权) 参见该词条

——共同物(chose commune) 第 714 条

——湖泊(lac) 第 558 条

——埋藏物(trésor) 第 716 条

——漂浮物,漂流物(épave) 第 717 条

——侵占(empiètement) 第 555 条

——沙洲与小岛(île et îlot) 第 560 条

——水流(cour d'eau) 第 556 条

——所有权的滥用(abus de droit) 第 544 条

——所有权的取得(acquisition) 第 711 条

——所有权的追还(revendication) 第 2276 条

——他人的土地(sol d'autrui)

＊在他人土地上进行的建筑(construction) 第 555 条

——无主财产(biens vacant et sans maître) 第 539 条,第 713 条

——遗失物(chose perdue,丢失物) 第 717 条

T

他人之物(chose d'autrui)

——互易(échange,用他人之物进行互易) 第 1704 条

——买卖(vente,出卖他人之物) 第 1599 条

——设质(gage,用他人之物设质) 第 2335 条

——遗赠(legs,遗赠他人之物) 第 1021 条

谈判(合同谈判应当秉持善意)(négociation) (新)第 1112 条

特留份(réserve héréditaire) 参见可处分的部分(quotité disponible)

添附,附合,从物附合主物(accession) 第 546 条,第 712 条

——不动产添附(immeuble) 第 546 条,第 552 条

——冲积地(alluvions) 第556条,第596条

——动产添附(meubles) 第546条,第565条

——动物(animaux,饲养牲畜、鱼、禽繁殖或逃逸) 第547条,第564条

——发掘(fouilles) 第552条

——夫妻之间的财产共同制(communauté entre époux)

　＊夫妻一方的特有财产(添附)(biens propres) 第1406条

——混合、结合为一体、附合(incorporation) 第551条,第712条

——建筑(constructions) 第552条

　＊在他人土地上的建筑(sur terrain d'autrui) 第555条

——水流(cours d'eau)

　＊水流改道(changement de cours) 第559条,第562条

——小岛、沙洲(îles et îlots) 第560条

——新增沙洲、滩地的添附(relais) 第557条

——孳息(fruits,果实) 第547条

——栽种(plantations,栽种物、种植物的添附) 第552条

　＊葡萄,栽种权(vigne,droit de plantation) 第546条

条件(condition) (新)第1304条,(原)第1168条

——保全行为(acte conservatoire) 第1304-5条,(原)第1180条

——不可能的条件,非法条件或不道德的条件(condition impossible, illicite ou immorale)

　＊无偿处分(libéralités) 第900条

　＊债(obligations,债的关系) (新)第1304-1条,(原)第1172条

——解除条件(condition résolutoire) (新)第1304条,第1304-3条,(原)第1183条

——偶成条件(condition casuelle) (原)第1169条

——任意条件,随意条件(condition potestative,听凭一方当事人单方意思决定的条件)

　＊无偿处分(libéralités) 第944条

　＊债(obligation) (新)第1304-2条,(原)第1170条,(原)第1174条

——条件成就(accomplissement) (新)第1304-3条,(原)第1175条

——特别条件(conditions particulières) (新)第1119条

——条件的变更(révision,调整)

部分内容提示

　　＊无偿处分　第900-2条

——失效(caducité)（新）第1304-6条,(原)第1176条

——一般条件(conditions générales, 合同一般条件,一般销售条件)（新)第1119条

——中止条件(condition suspensive,停止条件)（新)第1304条,(新)第1304-3条,(原)第1181条

条款(clause)①

——霸王条款(clause léonine,"狮子独霸猎获物"条款)　第1844-1条

——保留所有权条款(clause de réserve de propriété)　第1583条,第2367条

——不担保条款

　　＊承揽合同 (contrat d'entreprise)　第1792-5条

　　＊买卖(vente)　第1627条

——不(得)离婚条款(clause de non-divorce)

　　＊夫妻之间的赠与(规定不得离婚条款)(donation entre époux)　第1096条

——不(得)结婚条款(clause de célibat,独身条款)　第900条

——不(得)再婚条款(clause de viduité,鳏夫、寡妇保持独身条款)　第900条

——不得转让条款(clause d'inaliénabilité,规定受赠财产不得转让)　第900-1条

——废约条款(clause de dédit)第1193条,第1231-5条,第1589条

——共同管理条款(clause d'administration conjointe,有关共同财产的管理)　第1503条

——货币条款(clause monétaire)(新)第1343条

——竞业禁止条款(clause de non-concurrence)

　　＊违约金条款(clause pénale)（新)第1231-5条

　　＊(条款的)合法性(licéité)(原)第1133条

——滥权条款(clause abusive,权利滥用条款,保护消费者)　第1171条

——威胁条款、威吓条款(clause commissoire)　第2061条

　　＊流押、流质条款(clause de voie parée)　第2458条,第2348条

---

① 有关各种条款的解释主要来自法院判决,这里所列的与各项条款相关的条文仅为提示。

——指数条款(clause d'indexation)

——仲裁条款(clause compromissoire) 第2061条

眺望(役权),视野役权(servitude de vue) 第675条

通奸(adultère)

——离婚(divorce) 第259-2条

同一事件中死亡的人相互继承问题(comourants) 第725-1条

——过去的制度(régime ancien) (原)第720条

同意、合意(consentement)

——合同(contrat) (新)第1129条,(原)第1109条

——公司、合伙(société)

*无效(nullité) 第1844-6条

——脑成像图像(image cérébrale) 第16-14条

——婚姻(mariage) 第146条

同意瑕疵(vices du consentement)

——财产分割(partage) 第887条

——公司(société) 第1844-16条

——合同(contrat) (新)第1129条,(原)第1109条

——婚姻(mariage) 第146条,第180条

——继承(succession)

*继承选择权(option successorale) 第777条

——无偿处分(libéralité) 第901条

推定(présomption) (新)第1342-9条,第1355条,(原)第1349条

——法律推定(présomption légale) (新)第1354条,(原)第1350条

——夫妻

*共同财产所得(acquêts de communauté) 第1402条

*委托(mandat) 第221条,第226条

*分别财产(séparation des biens) 第1538条

——父子(女)关系(的推定)(paternité) 第312条

——共同财产制(communauté) 第1402条

——共同分界物(的推定)(mitoyenneté) 第653条,第666条

——既判事由(chose jugée,既决事项) (新)第1355条,(原)第1351条

——建筑(constructon)(推定为所有权人所建)

*土地所有权人(propriétaire

du sol) 第 553 条

——民事责任(responsabilité civile)

　　＊物的照管(推定照管人的责任)(garde de la chose)（新）第 1242 条

——亲子关系、父母子女关系(推定)(filiation) 第 311 条

——失踪(absence,推定失踪) 第 112 条

——善意(bonne foi,推定善意) 第 2274 条

——亲权(autorité parentale)

　　＊推定同意(présomption d'accord) 第 372-2 条

——无偿处分(libéralités) 第 918 条

——遗赠(legs)

　　＊推定撤回(révocation,推定撤销) 第 1038 条

——有息借贷(prêt à intérêt)

　　＊本金借据(quittance du capital) 第 1908 条

——诈取遗产(captation d'héritage) 第 909 条

——占有(possession) 第 2257 条,(原)第 2230 条

——债务人(débiteur)

　　＊交还证书(remise de titre, libération,推定解除债务) 第 1342-9 条,(原)第 1283 条

W

完全收养(adoption plénière)① 第 345 条

　——被收养人的年龄(âge de l'adopté)

　——被收养人的权利(droits de l'adopté) 第 358 条

　——(完全收养的)不得撤销(性)(irrévocabilité) 第 359 条

　——撤回、撤销(对收养或送养儿童的)同意(rétractation du consentement) 第 348-3

　——出生证书(acte de naissance) 第 354 条

　——对收养(送养儿童)的同意(consentement à l'adoption) 第 348 条,第 361 条,第 377-3 条

　　＊被收养人(adopté) 第 345 条

---

① 完全收养条目所列的条文为附目三中的条文。

＊父母遗弃(délaissement parental) 第381-1条

＊(同意的)形式(forme) 第348-3条

＊滥行拒绝(refus abusif) 第348-1条

——法律冲突(conflit des lois) 第370-3条

——(父母要求)送还儿童(restitution de l'enfant) 第351条,第352条

——父母的性别(sexe des parents) 第6-1条

＊(2013年5月17日第2013-404号法律第13条)不论配偶双方或者双亲的性别相同还是不同,结婚与收养子女,均产生得到法律承认的相同的效力、权利与义务,但本法典第一卷第七编规定的事项除外

——国家收容的弃儿(pupille de l'Etat) 第347条,第349条,第353-1条

——国籍(nationalité) 第20条

——解除亲权的未成年人(的完全收养)(mineur émancipé) 第413-6条

——跨国收养(adoption internationale,由外国人收养) 第370-3条

——跨国完全收养适用的法律(loi applicable) 第370-3条

——可收养的儿童(enfants adoptables) 第347条

——(收养)配偶的子女(enfant du conjoint) 第343-2条,第344条,第345-1条,第356条

——亲权(autorité parentale) 第365条

——身份证书(acte de l'état civil)(的节本)(extrait) 第54条

——收养安置(placement en vue de l'adoption) 第351条

——收养人的年龄(âge de l'adoptant) 第343-1条,第344条

——收养人死亡(décès de l'adoptant) 第346条,第353条

——同性(恋)配偶收养子女(couple homosexuel) 第345-1条

——(完全收养的)条件(conditions) 第343条,第361条

——完全收养判决(jugement) 第353条

——完全收养的效力(effets) 第355条

——(被收养人的)姓氏(nom) 第354条,第357条,第357-1条

——遗弃(abandon) 参见父母遗弃子女(délaissement parental)

——在国外宣告的收养(adoption

部分内容提示

prononcée à l'étranger) 第370-5条

——在身份证书上进行登记转录（transcription à l'état civil）第354条

威胁制裁条款（pacte commissoire, clause commissoire, 当然解除条款, 威吓条款, 流质条款, 流押条款）

——流押条款（clause de voie parée, 不动产强制买卖条款）

＊抵押权（hypothèque）第2458条

——流质条款（clause de voie parée）

＊质押、质权（gage）第2348条

——无形动产质押（质权）（nantissement）第2365条

——有体动产质押（质权）（gage）第2348条

——约定的抵押权（hypothèque conventionnelle）第2459条

违约金条款（clause pénale）（新）第1231-5条，（原）第1152条，（原）第1226条

——催告（mise en demeure 催告书：进行催告）（新）第1231-5条，（原）第1230条

——法院裁判对违约金进行调整（révision judiciaire）（新）第

1231-5条，（原）第1231条，第1152条

——和解（transaction，交易）

＊（和解协议的）不执行（in-exécution, 不履行）第2047条

——无效（nullité）（新）第1231-5条，（原）第1227条

——性质认定（qualification, 条款性质的认定）（新）第1231-5条

——遗嘱（testament）第900-8条

——（违约金条款的）有效性（validité）第1231-5条

——债权人的选择（权）（choix du créancier）（新）第1231-5条，（原）第1228条

——债务人的继承人（héritier du débiteur）（新）第1231-5条，（原）第1232条，（原）第1233条

围栏（clôture，设围），

——通行权（droit de passage）第682条

——效力（effet）第648条

——选择权利（faculté）第647条

——共同分界物（mitoyenneté, 共有分界物）第666条

——义务（obligation）第663条

委派人(commettant,委任人,雇主)
——民事责任(responsabilité civile) （新）第1242条,（原）第1384条
——受委派人(préposé,职员)
　　＊承揽合同(contrat d'entreprise) 第1797条

委托(mandat) 第1984条
——表见(apparence,外观) 第1998条
　　＊实行共同财产制的夫妻(époux communs en biens) 第1424条
——表见代理(mandat apparent)（新）第1156条
——查找继承人(recherche d'héritier) 第892条
——撤回委托,撤销委托(révocation) 第2003条
——定义(définition) 第1984条
——垫付、预付(款)(avance) 第1999条,第2001条
——放弃(renonciation,受委托人放弃接受的委托) 第2003条,第2007条
　　＊合同(contrat) （新）第1153条
——夫妻(époux) 第218条
　　＊法定的夫妻共同财产制(communauté légale) 第1431条,第1432条

＊商人与手工业者的合作人配偶(conjoint collaborateur du commerçant ou artisan) 第226条
＊分别财产(séparation des biens) 第1539条,第1540条
——工资,薪金(salaire) 第1992条,第1999条
——共同利益委托(mandat d'intérêt commun) 第2004条
——管理上的损失(perte de gestion) 第2000条
——交代管理账目,交账(reddition de compte) 第1993条
——寄托(dépôt) 第1915条
——将来保护的委托(mandat de protection future) 第477条
——继承遗产方面的委托(mandat successoral) 第812条
　　＊协议委托(mandat conventionnel,意定委托) 第813条
　　＊死后效力的委托(mandat posthume) 第812条
　　＊司法指定的委托(mandat judiciaire) 第813-1条
　　＊报酬(rémunération) 第812-2条
——接受委托(acceptation) 第1985条
——利息(intérêt) 第1996条
——连带义务、连带责任(solidarité,连带性质)

* 数名委托人选任一名委托代理人 第 2002 条

* 选任数名委托代理人 第 1995 条

——默示的委托(mandat tacite) 第 1985 条

——能力(capacité) 第 1990 条,第 2003 条

——死亡(décès)

　　* 委托人死亡(mandant) 第 2003 条,第 2008 条,第 2009 条

　　* 委托代理人死亡(mandataire) 第 2003 条,第 2010 条

——司法指定的成年人保护委托人(mandataire judiciaire à la protection des majeurs)

——同意(consentement) 第 1984 条

——未成年人(mineur) 第 1990 条

——委托的范围(étendue) 第 1987 条,第 1988 条

——委托代理人的替代(substitution,转委托) 第 1994 条

——委托代理人的责任(responsabilité,受托人的责任) 第 1991 条,第 1992 条,第 1997 条

——无偿性质(gratuité) 第 1986 条

——义务(obligations)

　　* 委托人的义务(mandant) 第 1998 条

* 受委托人的义务(mandataire) 第 1991 条,第 1596 条

——有关委托的证据(preuve) 第 1985 条

——资不抵债(déconfiture) 第 2003 条

——终止(fin) 第 2003 条

——追认,批准(ratification) 第 1998 条

委托行使亲权(délégation d'autorité parentale) 第 377 条

未成年(minorité)

——财产的分割(partage)

　　* 分割之诉(action en partage) 第 507 条,第 835 条,(原)第 817 条

　　* 裁判分割(partage judiciaire) 第 507 条

　　* 协商分割(partage amiable) (原)第 838 条

——成年(majorité)

　　* 法定的成年年龄(âge légal) 第 414 条,第 388 条

——法定抵押权(hypothèque légale) 第 2400 条,第 2409 条,第 2447 条

——法定管理人(administrateur légal) 第 382 条

——父母的民事责任(responsabilité civile des parents) (新)第

1242 条,(原)第 1384 条
——共有(indivision)
　　*维持共有(maintien) （原)第 815-1 条,第 822 条
——共有财产的拍卖(licitation) 第 1687 条
——国籍(nationalité) 第 17-1 条,第 17-3 条,第 17-5 条,第 20-1 条,第 21-19 条,第 22-1 条
——继承(succession)
　　*承认继承(acceptation,接受继承) 第 507-1 条,(原)第 776 条
——监护(tutelle) 第 390 条
——教育性救助(assistance éducative) 第 375 条
——解除亲权(émancipation) 第 413-1 条
——结婚(mariage) 第 144 条,第 148 条,第 158 条
——合同与协议(contrat et convention)
　　*无能力(incapacité) （新)第 1146 条,(原)第 1124 条,(原)第 1125 条
　　*显失公平(lésion) （新)第 1149 条,(原)第 1304 条
——时效(prescription) 第 2226 条,第 2235 条
——听取未成年人的意见(audition) 第 388-1 条
　　*亲权(autorité parentale)

第 373-2-11 条
——通过夫妻财产契约进行的赠与(donation par contrat de mariage) 第 1095 条
——同意(consentement)
　　*收养(adoption) 第 360 条
　　*改姓(changement de nom) 第 61-2 条,第 61-3 条
——托管(fiducie,财产托管) 第 408-1 条
——委托(mandat) 第 1990 条
——无偿处分(disposition à titre gratuit) 第 903 条,第 907 条
　　*接受(无偿处分)(acceptation) 第 935 条
——显失公平(lésion) （新)第 1151 条,(原)第 1304 条
——一人公司(société unipersonnelle) 第 388-1-2 条
——有限责任个体企业(entreprise individuelle à responsabilité limitée) 第 388-1-2 条
——在父母住所以外的地方安置未成年人(mineur accueille hors du domicile parental) 第 375-9 条
——子女的权利(droit de l'enfant) 参见国际公约
——专门指定的管理人,特别管理人(administrateur ad hoc) 第 383 条,第 388-2 条

部分内容提示

——住所(domicile) 第 108-2 条

无偿处分(disposition à titre gratuit) 第 893 条

无偿处分(生前赠与、遗赠)(libéralités) 第 893 条
　——不得转让条款(clause d'inaliénabilité) 第 900-1 条
　——错误(erreur,误解) (新)第 1135 条
　——法定的共同财产制(communauté légale) 第 1422 条,第 1423 条
　——非婚生子女(enfant naturel) (原)第 908 条
　——(无偿处分时规定的)负担(charges)
　　　＊负担的调整(révision) 第 900-2 条
　——公共机构或公益性质的机构接受无偿处分 参见第 910 条
　——接待未成年人、老年人或能力减退的人的机构
　　　＊工作人员无接受这些人进行的无偿处分 第 909 条
　——接受(无偿处分)(acceptation)
　　　＊行政性监护(tutelle administrative) 第 910 条
　——减少无偿处分的数额(réduction) 第 920 条
——能力(capacité)
　　＊进行无偿处分的能力(capacité de disposer) 第 901 条,第 902 条
　　＊接受无偿处分的能力(capacité de recevoir) 第 902 条,第 906 条,第 995 条
——配偶,夫妻
　　＊实行共同财产制的夫妻(époux communs en bien)
——条件(condition)
　　＊不可能的条件,非法条件或不道德的条件(condition impossible、illicite,immorale) 第 900 条
　　＊任意条件、随意条件(condition potestative,听凭单方意愿的任意条件) 第 944 条
——剩余财产的无偿处分(residuelle) 第 1057 条
——受保护的成年人(majeur protégé) 第 470 条,第 476 条
——替代(substitution,替代继承) 第 896 条,第 898 条
——未成年人(mineur) 第 903 条,第 904 条,第 907 条
——无偿性质推定(présomption de gratuité) 第 918 条
——无能力(incapacité)
　　＊无能力进行无偿处分(de disposer) 第 903 条

＊无能力接受无偿处分（de recevoir）　第906条，第909条
——向公（法）人（personne publique）进行无偿处分　第910条
　　＊调整负担（révision des charges）　第900-8条
——向穷人进行无偿处分（pauvres）　第910条，第937条
——向协会无偿处分财产
　　＊行政性监护（tutelle administrative）　第910条
——向后位受赠人进行的无偿处分（libéralités graduelles）　第1048条
——药剂师（pharmacien）　第909条
——医生（médecin）　第909条
——中间人的参与（interposition de personne）　第911条
——主持宗教仪式的牧师、神父、神职人员（接受赠与）（ministre du culte）　第909条

无偿处分数额的减少（réduction）　第918条
——持有财产的第三人（tiers détenteur）　第930条
——继承协议（pacte successoral）　第929条
——计算（calcul）　第922条
——婚姻财产利益（avantages matrimoniaux）　第1527条
——特留份继承人（héritier réservataire）　第924条
——提前放弃（renonciation anticipée）　第929条
——受益人（bénéficiaire）　第921条
——顺序（ordre，按顺序减少）　第923条
——效力（effets）　（原）第929条
——遗嘱—分割（testament-partage）　第1080条
——赠与（donation）　第844条，第922条
——赠与—分割（donation-partage）　第1077-1条
——孳息（fruit）　第928条
——终身定期金（rente viagère）　第1970条，第1973条

无偿处分—分割（libéralités-partages）　第1075条
——赠与—分割（donation-partage）　第1076条
——遗嘱—分割（testament-partage）　第1079条

无人继承（的遗产）（déshérence）
——无继承人的人或者无人继承　第539条，第811条，（原）第768条

无生命物(choses inanimées) （新）第1242条,(原)第1384条

无效(nullité)
——合同与协议(contrats et conventions) （新）第1128条,(原)第1108条
　*时效(prescription) （原）第1304条
——绝对无效(nullité absolue) （新）第1179条
——无效抗辩(exception de nullité) （新）第1185条,(原)第1304条
——相对无效(nullité relative) （新）第1181条,(原)第1179条

无形动产质权(nantissement,无形动产质押) 第2329条,第2355条
——对抗效力(opposabilité) 第2361条
——当然解除条款(clause commissoire,威吓条款、威胁条款) 第2365条
——文书(écrit) 第2356条
——向债务人通知(notification au débiteur) 第2362条
——债权的从权利(accessoires de la créance) 第2359条
——账目(compte) 第2360条

无因管理(gestion d'affaires) （新）第1301条,(原)第1372条
——共有(indivision) 第815-4条
——配偶(époux) 第219条
——受司法保护的成年人(majeur sous sauvegarde de justice) 第436条

无罪推定(présomption d'innocence)
　*遵守无罪推定(原则)(respect) 第9-1条

物的保全,物的保管、保存(conservation de la chose)
——优先权(privilège) 第2332条第3点
　*优先权的顺位排列(classement) 第2332-3条

物的灭失(perte de la chose,物的丧失) （新）第1196条,(原)第1302条
——承揽合同(contrat d'entreprise) 第1788条
——非债清偿的返还(répétition de l'indu) （新）第1302条,(原)第1379条
——寄托(dépôt) 第1929条,第1953条
——借用(prêt) 第1881条,第

1893 条

——买卖(vente) 第 1601 条,第 1624 条,第 1647 条

——牲畜租养(bail à cheptel) 第 1810 条,第 1825 条,第 1827 条

——书面的证书(titre écrit)（原）第 1348 条

——向遗产返还(rapport à succession) 第 855 条

——遗赠(legs) 第 1042 条

——运输合同(contrat de transport) 第 1784 条

——用益权(usufruit) 第 617 条,第 623 条

——租约(bail) 第 1722 条,第 1741 条

——追还(revendication) 第 2276 条

物上代位(subrogation réelle)

——夫妻之间的赠与(donation entre époux) 第 1099-1 条

——共同财产(制)(communauté)

＊补偿(récompense) 第 1469 条

＊财产的再使用(remploi,取得的财产再投入使用所获得的财产利益) 第 1406 条

——共有(indivision) 第 815-10 条

——物的灭失(perte de la chose)（新）第 1196 条,（原）第 1303 条

——无偿处分的（数额）减少(réduction des libéralités) 第 922 条,第 924-2 条

——赠与与遗赠（物）的返还(rapport des dons et legs) 第 860 条

X

习惯(usages)

——付租金的租约(baux à loyer)

＊辞退承租人,收回出租财产(congé pour reprendre) 第 1762 条

＊租赁性质的修缮(réparation locative) 第 1754 条

＊默示的续订租约(tacite reconduction) 第 1759 条

——建筑,保持距离(distance) 第 674 条

——合同(contrat)

＊合同的成立(formation)（新）第 1120 条

部分内容提示

＊合同的解释（interprétation）
第 1194 条,（原）第 1160 条,（原）第 1159 条
——买卖（vente）
＊（标的物的）瑕疵（vice）
第 1648 条
——农产租约（baux ruraux） 第 1777 条
＊口头租约（bail verbal），期限（durée） 第 1774 条
——强制设围（clôture forcée） 第 663 条
——用益权（usufruit），林木的砍伐（bois） 第 590 条,第 593 条
——栽种（plantations），保持距离 第 671 条

系争权利的转让（cession de droits litigieux） 第 1597 条,第 1699 条
＊系争权利的赎回（retrait litigieux）
第 1699 条

下落不明（disparition, disparu）
——失踪（失踪,不在） 第 112 条
——死亡证书（acte de décès） 第 88 条

先买权（droit de préemption）
——承租人（的先买权）（locataire）
第 1583 条,第 1778 条
——共有人（indivisaire） 第 815-14 条

——市镇规划（urbanisme） 第 1583 条
——艺术品（oeuvres d'art） 第 1583 条

先取权（droit de prélèvement，先行提取财产的权利） （原）第 726 条

先诉抗辩（权）（bénéfice de discussion）
——保证（cautionnement） 第 2298 条
＊裁判上的保证人（caution judiciaire） 第 2319 条
——抵押权（hypothèque） 第 2465 条,第 2466 条

显失公平（lésion）
——因显失公平解除合同或撤销分割（取消分割）（rescision pour lésion）
——不动产买卖（vente d'immeuble）
第 1674 条
——成年人（majeur） （原）第 1313 条
——合同或协议（contrat et convention） （新）第 1149 条,（原）第 1118 条,（原）第 1304 条
＊成年人（majeur） （原）第 1313 条
＊受保护的成年人（majeur protégé） 第 435 条,第 465 条,

第 488 条,(原)第 1304 条,第 1312 条,(原)第 1314 条

　　*未成年人(mineur)　(原)第 1304 条

——继承(succession)

　　*接受继承(承认继承)(acceptation)　(原)第 783 条

　　*继承选择权(option successorale)　第 777 条

——互易(échange)　第 1706 条

——受保护的成年人(majeur protégé)

　　*财产管理(curatelle)　第 465 条

　　*司法保护(sauvegarde de justice)　第 435 条

——未成年人(mineur)　(原)第 1304 条

——财产分割(partage)　第 889 条,(原)第 887 条

——尊亲进行的财产分割(partage d'ascendant)　第 1075-3 条,(原)第 1075-1 条

限制责任条款(clause limitative de responsabilité,限責条款)

——建筑人(constructeur)　第 1792-5 条

——有缺陷的产品(produits défectueux)　(原)第 1386-15 条,(新)第 1245-14 条

——消费者的保护(protection des consommateurs)　(新)第 1171 条

相邻关系(妨害相邻关系)(trouble de voisinage)　第 651 条,第 674 条

相同性别的人结婚(婚姻)　第 143 条(2013 年 5 月 17 日法律)

——此前的婚姻(mariage entérieur)(2013 年 5 月 17 日法律)

　　*有效性(validité)　第 227 条

——拒绝宣告结婚(refus de prononcer un mariage)　第 74 条(2013 年 5 月 17 日法律)

——配偶双方的性别(sexe des époux)　第 6-1 条,第 143 条

——收养(adoption)

　　*收养配偶的子女(enfant du conjoint)　第 345-1 条,第 360 条

——同性(婚姻)(homosexuels)

　　*在国外结婚(mariage à l'étranger)　第 171-9 条

消费者(保护)(consommateurs, protection)

——出卖人应履行的强制性告知义务(information obligatoire pour le vendeur)　第 1602 条

——独立担保(禁止)(garantie autonome, prohibition)　第 1914 条

部分内容提示

——法定的供货与购货相符的担保（garantie légale de conformité） 第1649条
——亏本销售（vente à perte） 第1591条
——交付（livraison,交货）
  ＊期限（délai） 第1610条
——售后服务（service après vente） 第1649条
——消费者的定义（définition） 第1602条
——新房买受人（acquéreur de logement neuf,新建住房买受人）
  ＊撤回权（faculté de rétractation） 第1589条
  ＊提前转账付款（禁止）（versement anticipé） 第1589条
——商业担保（garantie commerciale）

胁迫（violence,暴力）（新）第1140条,（原）第1111条
——财产分割（partage） 第887条
——经济上的胁迫（violence économique）（新）第1142条,（新）第1143条
——继承（succession）
  ＊继承选择方面的胁迫（option successorale） 第777条
——离婚（divorce）

＊家庭暴力（violence conjugale） 第220-1条,第515-9条
＊施暴的证据（preuve） 第259-1条
——配偶、伴侣实施暴力（couple） 第515-9条
——无偿处分（财产）（libéralité,胁迫） 第901条
——结婚、婚姻（mariage,胁迫） 第180条
——占有（possession）（胁迫构成占有瑕疵） 第2263条

行李（bagages）
——饭店寄托（dépôt hôtelier） 第1952条
——（行李、包裹）承运人的责任（responsabilité du transporteur）参见第1231-1条

性别（sexe）
——出生证书（acte de naissance）
  ＊记载（mention） 第57条
  ＊变更（modification） 第61-5条
——结婚（mariage） 第143条
  ＊效力（effets） 第6-1条

宣誓（serment）（新）第1384条,（原）第1357条
——决讼宣誓（serment décisoire）（新）第1385条,（原）第

1358 条
　　——法院依职权命令宣誓（serment déféré d'office）（新）第 1386 条,（原）第 1366 条

学徒（apprentissage）
　　——时效（prescription）　第 2272 条
　　——向（被继承人的）遗产进行返还（rapport à succession）　第 852 条
　　——（学徒的）先取特权（privilège, 优先权）　第 2331 条第 4 点, 第 2375 条第 2 点
　　——（师傅的）责任（responsabilité）（新）第 1242 条

寻认亲生父子（女）关系（recherche de paternité）　第 327 条

寻认亲生母子（女）关系（recherche de maternité）　第 325 条

询问之诉（action interrogatoire, 询问请求权）
　　——在订立首选缔约当事人条款（pacte de préférence, 首选缔约机会条款的情况下, 询问、催促条款受益人作出决定的诉讼）（新）第 1123 条
　　——合同无效之诉（nullité du contrat）（新）第 1183 条
　　——代理（représentation）（新）第 1158 条

Y

檐滴（égout des toits）　第 681 条

阳台
　　*眺望、视野（役权）（vue）
　　**（保持法定的）距离（distance）　第 678 条, 第 680 条

医学方法辅助生育（assistance médicale à la procréation, procréation médicalement assistée）　第 311-19 条, 第 311-20 条
　　——代孕（gestation pour autrui）
　　　*协议无效　第 16-7 条,（新）第 1162 条

遗产的占有（saisine）
　　——继承（succession）
　　　*特留份继承人（héritier réservataire）　第 1004 条
　　　*概括遗赠的受遗赠人

部分内容提示

(légataire universel) 第 1006 条
——遗嘱执行人(exécuteur testamentaire) 第 1030 条,(原)第 1026 条

遗产分割(partage successoral)(新制度)
——部分分割(partage partiel) 第 838 条
——补充分割,追加分割(partage complémentaire) 第 892 条
——补足份额之诉(acton en complément de part) 第 889 条
——错误(erreur) 第 887 条
——搭配的财产分配份(lots) 第 826 条
——待分割的财产的价值(valeur des biens à partager) 第 829 条
——等分分割,平等分割(égalité) 第 826 条
——法院裁判分割(partage judiciaire) 第 840 条
　*管辖法院(tribunal compétent) 第 841 条
——分割之诉(action en partage,遗产分割请求权) 第 816 条
——所得份额与应得份额的差额(soulte) 第 826 条,第 828 条
　*确认文书或行为真实性(affirmation de sincérité) 第 1593 条
　*隐瞒财产(dissimulation)(新)第 1202 条,(原)第 1321-1 条
——共同分割人的优先权(privilège du copartageant) 第 2374 条第 3 点
——共有人之一不行为,懈怠(inertie d'un indivisaire) 第 837 条,第 841-1 条
——共有的重叠(pluralité d'indivision,多项共有) 第 839 条,第 840-1 条
——居住场所(lieu d'habitation)
　*维持共有(maintien dans l'indivision) 第 821-1 条
——可分割的财产总额(masse partageable) 第 825 条
——农业经营事业(exploitation agricole)
　*共有(indivision) 第 821 条
　*优先分配(attribution préférentielle) 第 831 条
　*延迟支付工资合同(contrat de salaire différé) 第 842 条
——欺诈(dol) 第 887 条
——企业(entreprise)
　*维持共有(maintien dans l'indivision) 第 821 条
——生存配偶(conjoint survivant)
　*维持共有(maintien dans l'indivision) 第 821 条

1493

——失踪（absence） 第116条，第836条

——受保护的成年人（majeur protégé） 第836条

——未成年人（mineur） 第507条，第822条，第836条

——委托代理人（mandataire） 第837条，第841-1条

——维持共有（maintien dans l'indivision） 第821条

　＊份额的分配（attribution de part） 第824条

　＊维持共有的时间（durée） 第823条

——无偿处分的返还（rapport des libéralités） 第843条

——无效之诉（action en nullité） 第887条

——显失公平（lésion） 第889条

——胁迫（violence） 第887条

——虚有权的共有（nue-propriété indivise，共有虚有权） 第818条

——用益权的共有（usufruit indivis，共有用益权） 第817条

——优先分配（特定财产的优先分配）（attribution préférentielle） 第831条

——暂缓分割（sursis au partage） 第820条

——债务（dette，遗产上负担的债务） 第864条，第870条

　＊共同分割人（copartageant） 第864条

　＊债务的清偿（paiement） 第864条

——自愿协商分割（partage amiable） 第835条，第842条

　＊失踪人（absent） 第116条，第836条

　＊受保护的成年人（majeur protégé） 第507条，第836条

　＊未成年人（mineur） 第507条，第836条

遗产分割（partage successoral）（旧制度）

——财产的分开使用、收益（jouissance séparée） （原）第816条

——裁判分割（partage judiciaire） （原）第838条

——（债权人的）撤销之诉（action paulienne，撤销诉权） （原）第882条

——搭配的财产份（lots）

　＊各份财产的组成（composition） （原）第828条，（原）第831条

　＊异议（contestation） （原）第835条，（原）第837条

　＊所得份额与应得份额的差额（soulte） （原）第833条，（原）第833-1条

　＊抽签（tirage au sort） （原）

部分内容提示

第 834 条

——担保（garantie） （原）第 884 条

——动产的公卖（vente publique de meubles） （原）第 826 条

——返还（rapport） （原）第 829 条

——分割之诉（action en partage，分割遗产请求权） （原）第 815 条

＊无能力（incapacité） （原）第 817 条

——分割所得份额与应得份额的差额（soulte） （原）第 833 条，第 833-1 条

＊确认文书或行为的真实性（affirmation de sincérité） （原）第 1593 条

＊优先分配（attribution préférentielle） （原）第 832 条

＊隐瞒财产（dissimulation，隐匿财产） （原）第 1321-1 条，（新）第 1202 条

——共同分割人的优先权（privilège du copartageant） 第 2374 条第 3 点

——共有人之间的账目（结算）（compte entre copartageants） （原）第 828 条

——公证人（notaire） （原）第 827 条，（原）第 837 条

——集体申请（requête collective，集体诉状） （原）第 822 条

＊无能力人（incapable） （原）第 465 条

——鉴定（expertise） （原）第 824 条

——可分割的财产总额（masse partageable） （原）第 828 条

——先行（临时）分割（partage provisionnelle） （原）第 840 条

——农业经营事业（exploitation agricole）

＊共有（indivision） （原）第 815 条

＊优先分配（attribution préférentielle） （原）第 832 条

＊延迟支付工资合同（contrat de salaire différé） （原）第 842 条

——（共有财产的）拍卖（licitation） （原）第 822 条,（原）第 827 条,（原）第 839 条

——欺诈（fraude） （原）第 882 条

——取消分割（rescision，因显失公平取消分割） （原）第 887 条

——商业、工业或手工业企业（entreprise commerciale, industrielle ou artisanale） （原）第 832 条

——生存配偶（conjoint survivant） （原）第 815-1 条,（原）第 832 条

——实物分割（partage en nature） （原）第 826 条

——失踪(absence) （原)第 817 条,(原)第 840 条

——所有权证书(titre de propriété) （原)第 842 条

——时效(prescription) （原)第 816 条

——未成年人(mineur) 参见无能力人

——委任法官(juge-commissaire) （原)第 823 条,(原)第 828 条,(原)第 839 条

——无能力人(incapable)

＊分割之诉(action en partage,分割请求权) （原)第 817 条

＊裁判分割(partage judiciaire) （原)第 838 条

——先取财产(prélèvement) （原)第 830 条

——显失公平(lésion) （原)第 887 条

——异议(contestations)

＊程序(procédure) （原)第 823 条

＊管辖权(compétence) （原)第 822 条

＊搭配的分配份(lots) （原)第 835 条,(原)第 837 条

——异议(opposition) （原)第 882 条

——优先分配(特定财产)(attribution préférentielle) （原)第 832 条

——暂缓分割(sursis au partage) （原)第 815 条,(原)第 815-1 条

——债权人(créancier)

＊异议(opposition) （原)第 832 条

——作价(estimation,财产价值评估)

＊不动产(immeuble) （原)第 824 条

＊动产(meuble) （原)第 825 条

——住房(logement) （原)第 815-1 条,第 832 条

遗产清册利益(bénéfice d'inventaire,限定继承) （原)第 793 条

遗赠(legs) 第 1002 条

——标的(遗赠之物)(objet)的确定 第 1002 条,第 1022 条

——不得转让条款(clause d'inaliénabilité) 第 900-1 条

——部分概括遗赠(部分包括遗赠)(legs à titre universel) 第 1010 条

＊(遗赠的)交付(délivrance) 第 1011 条

＊对负债及特定遗赠应当承担的义务(obligation au passif et au legs particulier) 第

部分内容提示

1012 条
——撤销(révocation,取消) 第 1035 条
——返还(rapport) 第 843 条
——(权利)范围限制(cantonnement) 第 1002-1 条
——份额增添(增加)(accroissement) 第 1044 条
——概括遗赠(包括遗赠)(legs universel)
  * 对负债及特定遗赠应当承担的义务(obligation au passif, et au legs particulier) 第 1009 条
  * 负担(charges) 第 1009 条
  * 交付(délivrance) 第 1004 条
  * 认许占有(遗产)(envoie en possession) 第 1008 条
  * 实行占有(saisine) 第 1006 条
——共同遗赠(向数人进行共同遗赠)(legs conjoint) 第 1044 条
——剩余遗产的遗赠(legs de residuo) 第 1040 条,第 1057 条
——失效(caducité) 第 1039 条
——实行共同财产制的夫妻(époux communs en biens) 第 1423 条
  * 受遗赠取得的财产(acquisition par legs)
  ** 特有财产(bien propre)

第 1405 条
——受遗赠人的指定(désignation du légataire) 第 1002 条
——条件(condition) 第 1040 条
——特定遗赠(特定财产的遗赠)(legs particulier) 第 1014 条
  * 从物(accessoires,从权利) 第 1018 条
  * 抵押权(hypothèque) 第 1017 条,第 2400 条第 4 点
  * 定义(définition) 第 1010 条
  * 对负债应当承担的义务(obligation au passif) 第 1024 条
  * 负担(charges) 第 1020 条
  * 交付(délivrance) 第 1014 条,第 1016 条,第 1018 条
  * 他人之物的遗赠(chose d'autrui) 第 1021 条
  * 债权人(créancier)
  ** 不能进行抵销(compensation) 第 1023 条
  * 孳息(fruits) 第 1014 条,第 1015 条
——向法人进行遗赠(personne morale) 第 910 条
——遗嘱执行人(exécuteur testamentaire) 第 1025 条

遗嘱(testament) 第 893 条
——船上订立的遗嘱(testament à bord) 第 988 条

1497

——定义(définition) 第895条
——公署遗嘱,公开文书制作的遗嘱(testament public, testament par acte public)
　　*采用公署文书作成的遗嘱(testament authentique) 第971条
——共同遗嘱(testament conjonctif 合立遗嘱) 第968条
——海员的遗嘱(marin) 第988条
——军人的遗嘱(militaires) 第981条
——密封遗嘱(mystique) 第976条
——能力(capacité) 第901条
　　*受保护的成年人(majeur protégé) 第470条,第476条
——特别遗嘱(testament privilégié) 第981条
——失效(caducité) 第1039条
——手书遗嘱(testament olographe)
　　*形式(forme) 第970条
　　*开启(ouverture) 第1007条
——遗嘱的撤销(撤回)(révocation) 第895条,第1035条
　　*明示撤回(expresse) 第1035条
　　*默示撤回(tacite) 第1038条

——遗嘱的解释(interprétation) 第1002条
　　*翻译(interprète) 第972条
——遗嘱的执行(exécution testamentaire) 第1025条
——遗嘱的形式(forme) 第967条

遗嘱—分割(testament-partage) 第1075条,第1079条

已婚妇女(femme mariée)
——存款与证券账目(comptes de dépôts et de titres) 第221条
——分担家事费用负担(contribution aux charges du ménage) 第214条,第223条
——个人财产(biens personnels) 第225条
——个人工资(salaire personnel) 第223条
——家庭事务的主导(direction de la famille) 第213条
——民事能力(capacité civile) 第216条
——(夫妻、家庭)住所(domicile) 第103条
——收益与工资(gains et salaires) 第220条
——委托(mandat)
　　*家事委托(mandat domestique) 第220条
——姓氏(nom) 第57条

部分内容提示

——职业(profession) 第223条

倚靠(appui,倚靠役权)

 ——共有隔墙(mur mitoyen) 第662条

 ——倚靠役权(servitude d'appui) 第644条

义务承诺(engagement,义务约束)

 ——单方的义务承诺(engagement unilatéral) (新)第1100-1条

 ——没有协议的义务约束或承诺(engagement sans convention) (新)第1300条,(原)第1370条

 ——(禁止)永久性义务约束(承诺)(engagement perpétuel) (新)第1210条

役权(servitude) 第637条

 ——不动产性质(caractère immobilier) 第526条

 ——不可分性(indivisibilité) 第700条

 ——不使用(non-usage) 第706条

 ——袋地(enclave) 第682条

 ——定义(définition) 第637条,第638条

 ——定级分类的(历史)建筑物(monument classé) 第650条

 ——承役地(供役地)(fonds servant) 第699条

 ——架设梯子(tour d'échelle) 第691条

 ——(农闲时土地上的)放牧,放牧权(pâcage) 第688条

 ——公共工程(travaux publics) 第648条

 ——共同分界物(mitoyenneté) 第653条

 ——共同庭院(cour commune) 第674条

 ——加重役权负担(aggravation)

  * 要役地(需役地)(fonds dominant) 第702条

  * 抛弃承役地(供役地)(abandon du fonds servant,将其抛弃给享有役权的不动产所有权人) 第701条

 ——灌溉(irrigation) 第644条

 ——建筑(construction) 第697条,第698条

 ——可行船水流岸边土地应留出的步行小道(marchepied) 第556条,第650条

 ——混同(confusion,要役地与供役地集于同一人) 第705条

 ——买卖(vente)

  * 担保(没有非表见的役权)(garantie) 第1638条

 ——排水(écoulement des eaux) 第640条,第644条

 ——船夫拉纤小道(chemin de ha-

1499

——lage) 第556条
——泉水(source)
　*(泉水井的)挖掘,开凿(fouilles) 第641条
　*(泉水的)使用(usage) 第642条,第643条
——取得(acquisition,役权的设立) 第690条
——容忍相邻人设置的不能开启的窗口(jour de souffrance) 第676条
——设围,建立围栏、围墙(clôture) 第647条,第663条
——设围地上的穿行(parcour) 第648条
——时效(prescription) 第706条
——流水疏导(drainage,排水疏导) 第644条
——眺望、视野(役权)(vue)
　*高度(hauteur) 第677条
　*距离(distance) 第678条,第680条
　*墙壁(mur) 第675条,第676条
——唯一的前所有权人所作的指定用途(作出的安排)(destination du père de famille,家父原有的安排) 第692条
——相邻不动产之间的栽种(物)(plantations)
　*保持距离(distance) 第671条

——要役地(需役地)(fonds dominant) 第697条
——檐滴(égout des toits) 第681条
——役权的分类(classement)
　*表见役权(servitude apparente) 第689条
　*持续的役权(contitue) 第688条
　*法定役权(légale) 第639条,第649条(各种法定的役权)
　*非表见役权(non-apparente) 第639条
　*非持续役权(discontinue,间断的役权) 第688条
　*约定役权(conventionnelle,意定役权) 第639条,第686条
　*自然役权(naturelle) 第639条,第640条
——乡村役权和城市役权(rurale,urbaine) 第687条
——役权的消灭(extinction) 第703条
——倚靠(appui,倚靠役权) 第674条,第644条
——农闲期放牧权(vaine pâture) 第648条
——饮用水(eau potable)
　*引导流向(adduction) 参见第644条

部分内容提示

——用益权(usufruit) 第 597 条
——自然(nature) 第 526 条
——证书(titre,名义) 第 690 条

意向书(意图函,安慰函,支持函)
(lettre d'intention, lettre de confort, lettre de patronage) 第 2287-1 条, 第 2322 条

姻亲关系(alliance)
——生活费、赡养费(aliments) 第 206 条
——亲属会议(conseil de famille) 第 407 条
——婚姻(mariage,结婚)
 *免除(禁止结婚事由)(dispense) 第 164 条
 *障碍(empêchement,禁止结婚事由) 第 161 条,第 162 条,第 163 条
 无效(nullité) 第 184 条,第 190 条

隐蔽瑕疵(vices cachés)
——租约(bail) 第 1721 条
——买卖(vente) 第 1641 条

隐蔽瑕疵担保诉讼(action rédhibitoire)
第 1644 条

隐匿(财产、遗产)(recel)
——共同财产制(communauté) 第 1477 条
——遗产,继承(succession) 第 778 条,第 800 条,(原)第 792 条,第 801 条

营业资产(fonds de commerce)
——单方的买卖预约(promesse unilatérale de vente)
 *登记(enregistrement) 第 1589-2 条
——夫妻(époux)
 *法定的共同财产制(communauté légale) 第 1424 条
 *商业条款(clause commerciale) 第 1390 条
——公司(société,合伙)
 *股份的转让(cession de parts) 第 1842 条
——买卖(vente)
 *担保(garantie) 第 1625 条,第 1628 条
——买卖的价金(prix de vente)
 *隐瞒(价金)(dissimulation) (新)第 1202 条,(原)第 1321-1 条
——(商用场所)商业租约(bail commercial)
 *用益权(usufruit) 第 595 条
——未成年人或受保护的成年人(mineur ou majeur protégé)
 *买卖(vente) 第 505 条
——用益权(usufruit) 第 587 条

1501

——优先分配（权）（attribution préférentielle） 第831条，（原）第832条
——赠与—分割（donation-partage）
　＊第三人（tiers） 第1075-2条，（原）第1075条

用益权（usufruit） 第578条
——保留用益权（réserve d'usufruit）
　＊向有继承权的人转让用益权（aliénation à successible） 第918条
　＊赠与财产，保留用益权（donation，réserve d'usufruit） 第949条
　＊出卖财产，保留用益权（vente，réserve d'usufruit）（射幸性质） 第1674条
——保证人（caution） 第601条
——标的物的买卖（vente de la chose） 第621条，第815-5条
——标的物的孳息（fruits）
　＊法定孳息（fruits civils） 第582条，第584条，第586条
　＊自然孳息（fruits naturels，天然孳息） 第583条，第583条，第585条
——不动产（immeuble） 第581条
　＊性质为不动产的财产（immeuble par nature） 第526条
——财产盘存（inventaire） 第600条
——采料场，采石场（carrière） 第598条
——场所的状态（état des lieux） 第600条
——冲积地添附（的用益权）（alluvion） 第596条
——畜群的用益权（troupeau） 第616条
——出租（louage，出租有用益权的财产） 第595条
——抵押权（hypothèque） 第611条，第2397条
——定义（définition，用益权的定义） 第578条
——动产（meubles） 第581条，第589条
——妨害用益权（trouble） 第614条
——放弃（用益权）（renonciation）
　＊欺诈（fraude） 第622条
——负担（charges），用益权人承担负担 第608条
——改善（amélioration，用益权人对财产的改善） 第599条
——公司股份的用益权（part sociale）
　＊表决权（droit de vote） 第1844条
——共有（indivision） 第815-2条，第815-5条，第815-18条，第1873-16条

——可消费物(的用益权,准用益权)(chose consomptible) 第587条

——矿产、矿场(mines) 第598条

——滥用享益权(abus de jouissance,使用、收益权的滥用) 第618条

——林木(bois) 第590条

  *林木的砍伐规则(coupe de bois) 第590条

——偶发事件(cas fortuit,偶然事件) 第615条,第616条

——金钱的用益权(somme d'argent) 第587条

——生存配偶(conjoint survivant) (原)第767条

  *优先分配(attribution préférentielle) (原)第761条

  *著作权(droit d'auteur) 第767条

——牲畜的用益权(animal) 第615条,第616条

——使用、收益(权)(jouissance,享益权) 第578条

——时效(prescription) 第617条

——树木(arbres) 第590条

——所有权人之物(chose du propriétaire) 第2266条

——条件(condition,用益权的设立条件) 第580条

——物的灭失(perte de la chose)

  *部分灭失(perte partielle) 第623条

  *完全灭失(perte totale) 第617条,第624条

——无偿处分(libéralités)

  *可处分的部分(quotité disponible) 第917条

  *替代(substitution) 第899条

——役权(servitude) 第597条

——协议(convention,依协议设立用益权,意定的用益权) 第579条

——修理,修缮(réparation) 第605条

——用益权的根据(来源)(source) 第579条

——用益权的消灭(extinction) 第617条

  *完全消灭(totale) 第617条

  *身份集中于同一人(consolidation) 第617条

  *时效(prescription) 第617条

  *用益权人死亡(décès de l'usufruitier) 第617条

  *用益权(30年)不使用(non-usage) 第617条

——用益权的延续时间(durée) 第617条,第620条

——有继承权的配偶(conjoint successible) 第757条,第758-

1 条
　　*用益权的转换(conversion)
　　第 759 条
——赠与财产(donation)
　　*保留用益权(réserve d'usufruit)　第 949 条
　　*夫妻之间的赠与,可复性归条款(clause de reversibilité)
　　第 1093 条
——债务(dette)　第 612 条
——终身定期金(rente viagère)
　　第 588 条
——转让(cession)　第 595 条
——准用益权(quasi-usufruit)　第 587 条

准用益权(quasi-usufruit)　第 587 条

优先权(privilège)
——优先权(先取特权)(privilège)　第 2324 条,第 2329 条,第 2373 条
——优先受偿权(droit de préférence)　第 2323 条

优先权与抵押权的清除(purge des privilèges et hypothèques)　第 2476 条
——费用(frais)　第 2483 条
——公示(publication)
　　*买卖文书(acte de vente)
　　第 2476 条

　　*竞价拍卖(adjudication)
　　第 2484 条
——加价拍卖(surenchère)　第 2480 条
　　*竞价拍卖(adjudication)
　　第 2482 条
　　*撤回加价拍卖的请求(désistement)　第 2485 条
　　*加价拍卖的形式(forme)
　　第 2482 条
　　*费用(frais)　第 2483 条
　　*登记转录(transcription)
　　第 2484 条
——求偿、求偿权(recours)　第 2486 条
——效力(effet)　第 2481 条
——协商清除(purge amiable)　第 2475 条

超级优先权(superprivilège,最先优先权,最先先取特权),薪金雇员　第 2331 条

有继承权的配偶(conjoint successible)　第 731 条,第 732 条,第 756 条
——定义(définition)　第 732 条
——对生活费享有的权利(droit à pension)　第 767 条
——继承的权益(droits successoraux)　第 731 条,第 756 条
——与有优先权的旁系亲属共同

继承(concours avec collatéraux privilégiés) 第757-3条

——住房(logement)

＊临时性质的权利(droit temporaire,有时间限制的权利) 第763条

＊终身权利(droit viager) 第764条

——继承选择权(option successorale) 第758-1条

——生活费(pension alimentaire) 第767条

——特留份(réserve,保留份) 第914-1条

——用益权的转换(usufruit) 第757条

＊转换(conversion) 第759条

有缺陷的产品引起的责任(responsabilité du fait des produits défectueux) (新)第1245-15条

——生产者的排除(producteur) (新)第1245条,(原)第1386-1条

有体动产质权(质押)(gage de meubles corporels) 第2329条,第2333条

——不可分性(indivisibilité,有体动产质权不可分割) 第2349条

——登记簿(registre) 第2338条

——对抗效力(opposabilité) 第2337条

——公示(publicité) 第2337条

——继承人(héritier) 第2349条

——借贷机构对质押物所定的特别规则(établissemnt de prêt sur gage) 第2354条

——流质条款(pacte commissoire,当然解除条款,威胁性条款) 第2348条

——商事方面的质押(en matière commercial) 第2354条

——用他人之物设质(chose d'autrui) 第2335条

——陆路机动车辆的质押(véhicules terrestres à moteur) 第2351条

——转移占有(dépossession,转移占有的有体动产质权) 第2387条,第2390条

＊不转移占有的有体动产质权(sans dépossession) 第2338条,第2340条

——文书、字据(écrit) 第2336条

——质押物的孳息(fruits de la chose) 第2345条

有限责任个体企业主(entrepreneur individuel à responsabilité limitée) 参见《商法典》第526-6条

——解除亲权的未成年人(mineur émancipé) 第413-8条

——未成年人(mineur) 第388-1-2条

——受监护的未成年人(mineur sous tutelle) 第401条,第408条

——个体企业主(entrepreneur individuel)

　*离婚(divorce)

　**因从事职业引起的债务和担保(dettes et sûretés d'origine professionnelle) 第1387-1条

　*主要居所(résidence principale)

　**(财产的)不得扣押性(insaisissabilité) 第2285条

原因(cause,债的原因,合同的原因)(原)第1131条

——不当得利(enrichissement sans cause,没有原因的获得利益)(原)第1371条

——没有表明(表述)的原因(cause non exprimée) (原)第1132条

——没有原因[absence de cause,原因欠缺,引起合同或法律行为绝对无效,不同于"无因行为"中的"无因"(cause abstraite)]

——民事责任(responsabilité)

　*因果关系(causalité) (新)第1242条

——非法的原因(cause illicite)(原)第1131条,(原)第1133条

——虚假原因(fausse cause)(原)第1131条

——不道德的原因(cause immorale) (原)第1133条

约定的分别财产制(séparation des biens conventionnelle) 第1536条

——财产的使用或再使用

　*(财产的使用或再使用中发生的)差错或欠缺(défaut) 第1541条

——共有财产的分割(partage de l'indivis)

　*优先分配(attribution préférentielle) 第1542条

——管理(administration) 第1536条

——家事费用负担(charges du mariage) 第1537条

——所有权的推定与证据(présomption et preuve de la propriété) 第1538条

——委托(mandat) 第1539条

　*默示委托(mandat tacite) 第1540条

——由配偶一方管理(gestion par conjoint) 第1539条

——债务(dettes) 第1536条

法院裁判分别财产（séparation des biens judiciaire，裁判上的分别财产） 第1443条
　——程序（procédure） 第1444条
　——分居（séparation de corps）后果（conséquence） 第302条，第305条
　——公示（publicité） 第1445条
　——家事费用负担（charges du mariage） 第1537条
　　* 分担（contribution） 第1448条
　——（法院裁判分别财产的）原因（cause） 第1443条
　——债权人（créancier）
　　* 请求（demande，不得要求夫妻分别财产） 第1446条
　　* 诉讼参加（intervention，参加诉讼） 第1447条
　——（效力）追溯力至请求提出之日（rétroactivité au jour de la demande） 第1445条

运输合同（contrat de transport） 第1782条
　——安全义务（obligation de sécurité）（新）第1231-1条
　——交通事故（accident de la circulation）（新）第1242条
　——滥权条款（clause abusive）（新）第1171条
　——优先权（privilège） 第2332条
　——责任（responsabilité）（新）第1231-1条，（原）第1148条
　　* 限制责任条款（clause limtative）（新）第1231-3条
　　* 重大过失（faute lourde，重大过错）（新）第1231-3条

Z

栽种（plantation，栽种物）
　——要求留出的距离（distance） 第671条
　——所有权（的添附）（在他人土地上进行的栽种）（propriété，accession） 第552条

再婚（remariage） 第184条，第188条
　——失踪（absence，配偶一方失踪情况下另一方再婚） 第128条，第132条
　——婚姻财产利益（avantages matrimoniaux） 第1527条
　——离婚（后复婚）（divorce） 第263条

——可处分的部分(quotité disponible) (原)第1098条

增加、增添(accroissement)
——遗赠(legs) 第1044条
——所有权的增加、所有权的增添
＊冲积地(alluvion,因水流形成的冲积地给土地带来的增加部分或添附) 第556条
——继承遗产(succession,放弃继承的人原可继承的份额由其他继承人继承,各自份额增加) (原)第786条

赠与(donation,生前赠与) 第893条
——保留用益权(réserve d'usufruit) 第949条,第950条
——标的(物)(objet,赠与之物) 第943条
——不得转让条款(clause d'inaliénabilité) 第900-1条
——不可撤销性(irrévocabilité) 第894条,第953条
——撤销赠与(révocation) 第953条
　＊不履行对赠与规定的条件(inexécution des conditions) 第954条
　＊受赠与人有负义行为(ingratitude) 第955条
　＊赠与人有子女出生(survenance d'enfant) 第960条
——定义(définition,赠与的定义) 第894条
——返还(rapport,受赠财产的返还) 第843条
——负担(附负担的赠与)
　＊对赠与附加的负担的不履行(inexécution) 第953条
　＊负担的调整(révision) 第900-2条
——父母的法定的取回权(droit de retour légal des père et mère) 第738-2条
——公示(publication) 第939条
——继承分的预付(avancement de part successorale) 第919-1条
——继承分的预付(avancement d'hoirie) (原)第864条
——将来财产的赠与(biens à venir) 第943条
——价值评定书(état estimatif) 第948条
——接受赠与(acceptation) 第932条
——间接赠与(donation indirecte) 第931条
——精神不健全(insanité d'esprit,心智欠缺) 第901条
——能力(capacité) 第901条
　＊受保护的成年人(majeur protégé) 第470条,第476条

＊受保护的成年人接受赠与（acceptation de donation） 第935条

——条件（condition）

　　＊不可能的条件，非法条件或者不道德的条件（condition impossible, illicite, immorale） 第900条

　　＊任意条件，随意条件（condition potestative） 第944条

——未成年人（mineur）接受赠与 第935条

——伪装的赠与（donation déguisée） 第911条，第931条

　　＊返还（rapport） 第843条

　　＊减少数额（réduction） 第920条，第922条

——无能力人（incapable）

　　＊接受赠与（acceptation） 第935条

——赠与人的债务（dettes du donateur） 第945条

——效力（effet） 第938条

——现实的赠与（don manuel） 第931条

——约定的取回权（droit de retour conventionnel） 第951条，第952条

——赠与物的所有权转移（transfert de propriété） 第938条

赠与分割（donation-partage） 第1075条

——财产价值的评估（évaluation des biens）（评价的）日期，第1078条

——此前进行的赠与（donation antérieure）

　　＊（未）归入其中（incorporation） 第1078-1条

——所得份额的差额（soulte） 第1075-4条，（原）第1075-2条

——撤销（révocation，撤回） 第954条

——分开的文书（acte séparé） 第1076条

——个体企业（entreprise individuelle）

　　＊第三人（tiers） 第1075-2条，（原）第1075条

——孙子女（petits-enfants） 第1078-4条

——显失公平（lésion） 第1075-3条，（原）第1075-1条

——数额减少（réduction） 第1077-1条

赠与和遗赠的返还（rapport des dons et legs） 第843条

——采用少取财产份额的方式进行返还（rapport en moins prenant） 第858条，第860条

——财产价值的评估(évaluation du bien) 第 860 条
——放弃继承的继承人(héritier renonçant) 第 845 条
——范围(étendue,共同继承人进行返还的范围) 第 851 条
——费用(dépense) 第 861 条
——负担(charges) 第 859 条
——返还的财产的价值(valeur du bien rapporté)的计算时间 第 860 条
——负返还义务的继承人(héritier soumis à rapport) 第 843 条
——改善(améliorations,对财产的改善) 第 861 条
——共同继承人(cohéritier) 第 857 条
——间接利益(avantage indirect) 第 853 条,(原)第 860 条
——结婚礼物(cadeaux de mariage) 第 852 条
——金钱的赠与(argent, somme d'argent,赠与现金) (原)第 869 条
——继承分的预付(avancement d'hoirie) (原)第 864 条
——婚姻(mariage) 第 852 条
——利息(intérêts) 第 856 条
——留置(rétention) 第 862 条
——留置权(droit de rétention) 第 862 条
——偶然灭失(perte fortuite) 第 855 条
——偶然事件(cas fortuit) 第 855 条
——日常礼品(présent d'usage) 第 852 条
——实物返还(rapport en nature,原物返还) 第 858 条,第 859 条,第 861 条
——损坏(dégradation) 第 863 条
——食宿与教育费用(frais de nourriture et d'éducation) 第 852 条
——受遗赠人(légataire) 第 857 条
——现金(espèces) (原)第 869 条
——先取利益,先取分(préciput) (原)第 844 条,(原)第 865 条
——学徒费用(的赠与无须返还) (apprentissage) 第 852 条
——与死者订立的协议(convention avec le défunt) 第 853 条
——赠与(donation) 第 843 条
——孳息(fruits) 第 856 条
——子女安置(établissement d'enfant) 第 851 条
——债权人(créancier) 第 857 条
——债务(dettes) 第 851 条

债(obligation,义务,债务,债的关系) (新)第 1100 条
——安全义务(obligation de sécurité) 参见第 1231-1 条

部分内容提示

(关于出租人、工程承揽人、医生、出卖人应负的安全义务)
——不真正连带之债(obligation in solidum,应当整体履行的债)(新)第1310条
　＊民事责任,共同责任人(coresponsable) （新）第1241条,(新)第1242条
——不可分之债(obligation indivisible) （新）第1320条,（原）第1217条,（原）第1222条
——方法之债(obligation de moyen) （新）第1231-1条
——附期限的债(obligation à terme,有确定期限的债) （新）第1305条,（原）第1185条
——附条件的债(obligation conditionnelle) （新）第1304条,（原）第1168条
——给予之债(obligation de donner) （原）第1136条
——可分之债(obligation divisible) （新）第1320条,（原）第1217条
　＊债的可分(性)(division) （新）第1309条
——合同债适用的法律　参见2008年6月17日罗马规则
——并合之债(obligation cumulative,复合之债) （新）第1306条

——结果之债(obligation de résultat) （新）第1231-1条
——连带之债(obligation solidaire) 第1310条
——任意之债(obligation facultative) （新）第1308条
——选择之债(obligation alternative) （新）第1307条,（原）第1189条
——信息告知义务(obligation de renseignement,情况告知义务,告知义务) （新）第1112条
　＊提供咨询建议的义务(obligation de conseil)
——自然之债(obligation naturelle) 第1100条
——债的消灭(extinction) （新）第1342条,（原）第1234条
——作为之债或不作为之债(de faire ou de ne pas faire) （原）第1142条

债的渊源(source d'obligation,债的发生根据) 第1100条

债的承担(délégation) （新）第1336条
　＊债权承担(délégation de créance) （新）第1336条,（原）第1275条

债的更新(novation) （新）第1329条,（原）第1271条

* 债的承担（délégation）（新）第 1336 条,（原）第 1275 条

债权人（créanciers）
——继承（succession,死者的债权人以及继承人本人的债权人）（原）第 878 条
  * 概括财产分开（séparation des patrimoines）（原）第 878 条
——连带债权（solidarité）（原）第 1197 条
——债权的收取简化程序（procédure simplifiée de recouvrement）第 1244-4 条
——债权人的诉权（action du créancier,债权人诉讼）（新）第 1341 条
  * 撤销诉权（action paulienne）（新）第 1341-1 条,（原）第 1167 条
  * 代位诉权（action oblique）（新）第 1341-1 条,（原）第 1166 条
  * 直接诉权（action directe）
  ** 直接清偿诉权（action directe en paiement）（新）第 1341-3 条,（原）第 1166 条
  ** 隐蔽瑕疵担保的直接诉权（action directe en garantie des vices cachés）第 1641 条
  ** 受害人对保险人的直接诉权（victime contre assureur）第 1242 条,另见《保险法典》第 124-3 条
  ** 出租人对次承租人（分租人）的直接诉权（bailleur contre sous-locataire）第 1753 条
  ** 委托人对转委托代理人（替代委托代理人的人）的直接诉权（mandant contre mandataire substitué）第 1994 条
  ** 施工人（工人）对工程业主的直接诉权（ouvrier contre maitre d'ouvrage）第 1798 条
  ** 分包人对工程业主的直接诉权（sous-traitant contre maître d'ouvrage）第 1799-1 条
——一般担保权（droit de gage général,债务人的全部财产是对债权人的一般担保）第 2285 条
——债权转让（cession de créance）第 1689 条
——债权人对债务人与其共同分割人之间财产分割提出异议（partage,opposition）第 882 条

债务（dette）
——按时值计算的债务（dette de valeur,时值债务）第 1343 条

部分内容提示

债务减免(remise de dette) （新）第1350条,（原）第1282条
——保证（人）(caution) （新）1350-2条,（原）第1287条,（原）第1288条
——共同债务人(codébiteur)（新）1350-2条,（原）第1284条,（原）第1285条
——质押(gage) （原）第1286条

占有(possession) 第2255条,（原）第2228条
——定义(définition) 第2255条
——动产（的占有）(meuble) 第2276条
——他主占有(possession pour autrui,为他人占有) 第2257条,第2266条
——推定(présomption) 第2256条,（原）第2230条
——孳息(fruits)的取得(acquisition)
   *善意(bonne foi) 第549条,第550条
——占有保护(protection possessoire,不动产占有保护) 第2278条,（原）第2282条
——占有的并合(jonction de possession) 第2265条

占有身份(possession d'etat)
——亲子关系(filiation) 第310-3条,第311-1条,第317条
   *母子（女）关系或父子（女）关系的异议(contestation de maternité ou paternité) 第333条
   *婚姻关系的证据(preuve du mariage) 第197条
——婚姻(mariage) 第195条
——国籍(nationalite) 第21-13条,第23-6条,第30-2条

账目
——无继承人的人的财产管理人(curateur à succession vacante) 第810-7条,（原）第813条
——遗嘱执行人(exécuteur testamentaire) 第1033条,（原）第1031条
——托管财产的账目(fiducie) 第2022条
——限定继承人(héritier bénéficiaire,按遗产清册利益承认继承的继承人) （原）第803条
——委托代理人(mandataire) 第1993条
——监护人(tuteur) 第510条

证据冲突(conflit de preuves) （新）第1368条

证人(témoin)

——身份证书(acte de l'état civil) 第37条,第75条

——公证书(acte notarié,经公证的文书) (新)第1371条

——公知证书(acte de notoriété) 第71条

——结婚、婚姻(mariage) 第74-1条

——遗嘱(testament) 第971条,第973条,第976条,第979条

——证人证言,证人作证(preuve testamoniale) (原)第1341条,(新)第1358条

——为司法提供协助(concours à la justice)

　*(有作证的)义务(obligation) 第10条

证书(titre,名义)

——副本(copie,复本) (新)第1379条,(原)第1334条,(原)第1348条

——可信的副本(copie fiable,可靠的副本) (新)第1379条

——名义的转换(interversion de titre,持有名义的转换) 第2268条,第2270条

——所有权证书(titre de propriété,所有权的权源证书)

　*(财产)分割(partage) 第842条

　* 不动产买卖(vente d'immeuble) 第1605条

——无效证书,无效名义(titre nul) 第2273条

——正当的(权源)名义(juste titre,正当的(权源)证书,正当权源) 第2272条

——执行名义,执行根据(titre exécutoire) 第2323条,参见《民事执行程序法典》第111-1条

直系尊血亲(ascendants)

——亲权(autorité parentale) 第371条

——赠与(donation)

　* 替未成年人接受赠与(acceptation pour mineur) 第935条

——婚姻(mariage,结婚)

　* 障碍(empêchement,直系尊、卑血亲之间禁止结婚) 第161条

　* 同意(对未成年人结婚的同意权) 第150条

　* 异议(对子女结婚的异议) 第173条

——(对直系尊血亲的)赡养义务(obligation alimentaire) 第205条

——由直系尊血亲进行的财产分割(partage d'ascendant,尊亲分割) 第1075条,(原)第

1075 条

——直系尊血亲与(孙)子女的个人关系(relation personnelle avec l'enfant) 第 371-4 条

——继承(succession)

   * 赡养费债权(créance d'aliment) 第 758 条

   * 继承权(droits successeraux) 第 734 条,第 747 条

   * 代位(représentation,代位继承) 第 752-1 条

   * 特留份(réserve) 第 914 条

仲裁(compromis, arbitrage) 第 2059 条

——仲裁裁决(décisions)

   * 裁判上的抵押权(hypothèque judiciaire) 第 2412 条

——仲裁条款(clause compromissoire) 第 2061 条

——仲裁员的责任(responsabilité des arbitres) 第 1231-1 条

——当事人平等(égalité des parties)

   * 公共秩序(ordre public) 第 6 条

——禁止(诉诸仲裁的事由)(interdiction) 第 2060 条

仲裁条款 第 2061 条

主张(亲子)身份(réclamation d'état,要求承认亲子身份) 第 322 条

住所(domicile) 第 102 条

——保证(caution) 第 2018 条

——变更住所(changement) 第 103 条

——商事住所(domicile commercial) 第 102 条

——船工(bateliers) 第 102 条

——法人的住所(domicile de la personne morale) 第 102 条,第 9 条

——夫妻住所(domicile conjugal) 第 215 条

   * 夫妻分开的住所(domiciles distincts,夫妻双方各有自己的住所) 第 108 条,第 108-1 条

——个人地址(adresse personnelle),私生活 第 9 条

——公务员(的住所)(fonctionnaire) 第 106 条,第 107 条

——家庭雇用人员,佣人(domestique) 第 109 条

——继承(的开始,死者的住所)(succession) 第 720 条

——离婚或分居(divorce ou séparation de corps)

   * 程序(procédure) 第 108-1 条

——私生活（vie privée，住所的保护） 第9条，第102条

——受监护的成年人的住所（majeur en tutelle） 第108-3条

——税务住所（domicile fiscal） 第102条

——未成年人的住所（mineur） 第108-2条

——薪金雇员（salarié）

　＊私生活（vie privée）的保护 第9条

——选举住所（domicile électoral） 第102条

——选择的住所（domicile élu） 第111条

——在押人员的住所（détenu，在押人犯） 第102条

——住所的保护，第102条

专门指定的管理人（administrateur ad hoc，特别管理人）

——未成年人（财产的特别管理人）（mineur） 第383条，第388-2条

　＊否认（婚生亲子关系）之诉（action en désaveu） 第317条

　＊法定管理（administration légale） 第382条

转让（cession）

——合同的转让（cession de contrat） （新）第1216条

——系争权利的转让（cession de droits litigeux） 第1597条，第1699条

——显失公平（lésion） 第891条，第889条

——在先受偿顺序的转让，受偿顺位的转让（cession d'antériorité） 第2424条，第2425条

——债权的转让（cession de créance） （新）第1321条，第1689条

　＊抵销（compensation） （新）第1347-5条，（原）第1295条

　＊抵押债权的转让（créance hypothècaire） 第1701条

——债务转让（cession de dette） （新）第1327条

——租约转让（cession de bail） 第1717条

——住房租约转让（baux d'habitation） 第1778条

——遗产权益的转让（cession de droits successsifs） 第1696条

——转让中规定的货币条款（clause monétaire） （新）第1343条

追还（revendiction）

——被盗物或遗失物的追还（chose volée ou perdue） 第2276条

——出卖他人之物的追还（vent de la chose d'autui）

追认（confirmation，确认） （新）第 1182 条,（原）第 1338 条

追认、承认、批准（ratification）
　　——合同（contrat） （新）第 1156 条
　　——无因管理（gestion d'affaire）（新）第 1301-1 条
　　——委托（mandat） 第 1998 条
　　——担保第三人为特定行为（porte-fort,convention de porte-fort） （新）第 1204 条

追认证书（acte confirmatif,确认证书） （新）第 1181 条,（原）第 1338 条

准合同（quasi-contrat） （新）第 1300 条,（原）第 1371 条
　　——不当得利（enrichissement injustifié,没有正当原因的增加利益） （新）第 1302 条
　　——不当得利（enrichissement sans cause,没有原因的增加利益） （新）第 1300 条,（原）第 1371 条
　　——无因管理（gestion d'affaires,事务管理） （新）第 1301 条,（原）第 1372 条

——非债清偿的返还（répétition de l'indu） （新）第 1302 条,（原）第 1376 条

资金,本金（capital,资本金）
　　——（实行）财产管理（curatelle）第 648 条
　　——监护（tutelle） 第 497 条,第 501 条
　　——离婚（divorce）
　　　　*生活费（pension alimentaire,采用本金支付的生活费） 第 373-2-3 条
　　　　*补偿性给付（prestation compensatoire,补偿费、补偿金采用本金支付） 第 270 条,第 274 条
　　——利息的本金化（capatalisation des intérêts,利息资本化、利息转为本金,利滚利） （新）第 1343-2 条,（原）第 1154 条
　　——配偶的用益权（usufruit du conjoint）
　　　　*转换（conversion,用益权的转换） 第 761 条

孳息（fruits,果实） 第 582 条
　　——不动产（immeubles） 第 520 条
　　——受遗赠（légataire） 第 1014 条
　　——抵押权,抵押物（hypothèque）
　　　　*（持有抵押财产的）第三持有人（tiers détenteur） 第

2471 条
——动产(meubles) 第 520 条
——夫妻财产制(régimes matrimoniaux)
　　*管理配偶的财产(gestion des biens du conjoint) 第 1431 条,第 1539 条
——共有(indivision) 第 815-10 条
——共有分界物(mitoyenneté) 第 669 条,第 670 条
——买卖(vente) 第 1614 条,第 1652 条
——缺格继承人(héritier indigne,无继承资格的继承人)
　　*(孳息的)返还(restitution) 第 729 条
——受寄托人(dépositaire)
　　*孳息的返还(restitution) 第 1936 条
——添附(accession) 第 556 条,第 557 条
——用益权(usufruit) 第 582 条
——有体动产质押(gage) 第 2345 条
——赠与(donation,赠与财产的孳息) 第 856 条
——赠与和遗赠的返还(rapport des dons et legs) 第 856 条

子女的教育(éducation des enfants)
——亲权(autorité parentale) 第 371-1 条
——婚姻(结婚)(mariage) 第 213 条,第 220 条

自甘风险(acceptation des risques,自愿承担风险,自愿接受风险) (新)第 1241 条,(新)第 1242 条
——业主同意自担风险(maître d'ouvrage) 第 1792 条,(新)第 1241 条,(新)第 1242 条

自认(aveu) (新)第 1383 条,(原)第 1354 条
——诉讼外的自认(aveu extrajudiciaire) (新)第 1383-1 条,(原)第 1355 条
——诉讼中的自认(aveu judiciaire,裁判上的自认) (新)第 1383-2 条,(原)第 1356 条

字迹(écriture,书写文字)
——否认字迹(dénégation) (新)第 1373 条,(原)第 1323 条
——自书遗嘱(testament olographe) 第 970 条

租约(baux)(《民法典》的规定) 第 1713 条
——建筑与栽种物的添附(accession des construction et plantations)
——可出租的财产(biens suscepti-

部分内容提示

ble) 第1713条
——保证(人)(caution,承租人提供的保证人)
　　*保证的范围　第1740条
——租约转让(cession de bail) 第1717条
——对出租物进行的变更(changement apporté à la chose)
　　*由出租人进行的变更(par bailleur)　第1723条
　　*由承租人进行的变更(par preneur)　第1728条,第1729条
——出租他人之物(chose d'autrui) 第1713条
——分类(classification,租约分类) 第1708条,第1711条
——已经开始履行的租约(commencement d'exécution)　第1716条
——辞退承租人(congé,退租)
　　*期限(délai)　第1736条
　　*由出租人收回出租物(reprise par le bailleur)　第1762条
——生存配偶(conjoint survivant) 第1751条
——死亡(décès)　第1742条
——定义(définition)　第1709条
——承租物的损坏(dégradation) 第1730条,第1732条,第1735条

——出租物的交付(délivrance) 第1719条,第1720条
——出租物的指定用途(destination de la chose)　第1728条,第1729条
——公产的出租(domaine public) 第1712条
——字据(écrit,书面文字)　第1714条,第1737条
——长期租约(emphytéose,永租权)　第1709条
——出租物的维护(entretien,维修、保养)　第1719条,第1730条
——夫妻之间的租赁
　　*共同财产的租约(bail d'un bien commun)　第1425条,第1424条
　　*农业经营事业的承租(exploitation agricole)　第1751条
　　*住房的承租(logement)　第215条
　　*离婚(divorce)　第285-1条
　　*承租权(droit au bail,租赁权)　第1751条
——承租场所的状态(说明书)(état des lieux)　第1730条,第1731条
——形式(forme)　第1714条
——担保(garantie)　第1721条,第1725条

1519

——火灾(incendie) 第1733条,第1734条
——共有(indivision) 第815-3条
——使用、收益(权)(jouissance) 第1719条,第1728条,第1729条
——口头租约(location verbale) 第1714条,第1736条
——受保护的成年人(majeur protégé) 第504条,第509条,第1718条
——未成年人(mineur) 第504条,第509条,第1718条
——出租人的义务(obligation du bailleur) 第1719条
——承租人的义务(obligation du preneur) 第1728条
——出租物的灭失(perte de la chose louée) 第1722条,第1741条
——时效(prescription)
　*出租物(de la chose) (原)第2266条
　*租金(loyer) (原)第2277条
——证据(preuve) 第1715条,第1716条
——出租人的优先权(privilège du bailleur) 第2332条第1点
　*清偿顺序排列(classement) 第2332-3条

——价金(prix) 第1709条,第1711条,第1728条,第1760条
——有缺陷的产品(的出租)(produit défectueux)
　*出租人(bailleur)
　*责任(responsabilité) (新)第1245-6条,(原)第1386-7条
——不动产公示(publicité foncière) 第1709条
——赔偿(réparation) 第1719条,第1720条,第1724条
——租约的解除(résiliation) 第1722条,第1724条,第1729条,第1741条,第1760条
——责任(responsabilité)
　*(出租)物的照管(garde de la chose) (新)第1242条
——转租(sous-location,分租) 第1717条
——租约的默示续订(tacite reconduction) 第1738条
——租约的到期期限(terme) 第1737条
——妨害(对承租物的)享益(trouble de jouissance,妨害承租人的使用、收益权) 第1725条
——用益权(usufruit) 第595条
——出租物的买卖(vente de la chose louée) 第1743条
——出租物的瑕疵(vice de la chose louée) 第1721条

部分内容提示

祖父母(grands-parents)
　　——孙子女
　　　　*赠与—分割(donation-partage) 第1078-4条

　　　　*个人关系(relation personnelle) 第371-4条

尊重人的生命(vie humaine) 第9-1条